BENEDIKTINISCHES ANTIPHONALE

BAND I
VIGIL · LAUDES

VIER-TÜRME-VERLAG MÜNSTERSCHWARZACH
2002

Herausgegeben
von der
Abtei Münsterschwarzach

Das im *Benediktinischen Antiphonale I–III* enthaltene monastische Stundengebet stellt unsere Applicatio der Rahmenordnung des *Thesaurus Liturgiae Horarum Monasticae* dar (vgl. Nr. 1 der *normae directivae*). Es wurde erarbeitet mit besonderer Berücksichtigung von Nr. 259ff der *Instructio Generalis de Liturgia Horarum*, unter Beachtung der mit den Vorgänger-ausgaben gemachten Erfahrungen. Die Textfassung der Psalmen und Cantica entspricht dem von der Salzburger Äbtekonferenz in Auftrag gegebenen „Singpsalter für das gemeinsame Stundengebet".

Münsterschwarzach, den 24. April 1996
+ FIDELIS RUPPERT OSB
Abt von Münsterschwarzach

Redaktion und Musikalische Bearbeitung:
RHABANUS ERBACHER OSB (Münsterschwarzach)
ROMAN HOFER OSB (Engelberg)
GODEHARD JOPPICH

Für die Kurzlesungen, die der Einheitsübersetzung der Heiligen Schrift entnommen sind, erteilte die katholische Bibelanstalt die Abdruckerlaubnis:
Einheitsübersetzung der Heiligen Schrift

3. Auflage 2009

Gesamtherstellung: Vier-Türme GmbH, Benedict Press,
Münsterschwarzach Abtei
ISBN 978-3-87868-542-5
Gesamtausgabe ISBN 978-3-87868-541-8

www.vier-tuerme-verlag.de

VORWORT

Gnade und Friede jnn Christo. Wir haben unser Deudsch Psalterlin widderumb uberlauffen und zum letzten mal gebessert. Da bey wirs gedencken, hinfurt zu bleiben lassen. Mit den Worten, die Martin Luther 1531 seinen *Summarien über die Psalmen* voranstellte, sei das BENEDIKTINISCHE ANTIPHONALE auf den Weg gebracht und in die Hände der Beter und Beterinnen gelegt. Auch dieses Antiphonale versteht sich ja in gewissem Sinn als *unser Deudsch Psalterlin*: als – zum gesungenen Stundengebet in der Muttersprache – erweitertes und eingerichtetes Psalterium für unsere und andere benediktinische Gemeinschaften. Und auch für diese Ausgabe trifft zu, daß sie nicht ein völlig neues Werk darstellt, sondern die *uberlauffene* und *gebesserte*, die gründlich revidierte, in vieler Hinsicht ergänzte und in entscheidenden Punkten umgearbeitete Neufassung des Deutschen Antiphonale (I–III), das in der Abtei Münsterschwarzach erarbeitet und in den Jahren 1969 bis 1974 herausgegeben wurde, in der Absicht, *das heute und jetzt Erreichbare und Verantwortbare zu tun, um die gesungene Feier des Gotteslobs in der Muttersprache zu ermöglichen.*

Die Notwendigkeit und der Wunsch, die durch das Zweite Vatikanische Konzil initiierten Reformen im monastischen wie im liturgischen Bereich ohne langes Zögern in die Praxis umzusetzen und – die gewährte Möglichkeit zum Experiment nützend – hilfreiche Erfahrungen zu sammeln, zwang damals zu raschem Handeln. In vergleichsweise kurzer Zeit konnte ein nahezu vollständig singbares deutsches Stundengebet entstehen. Dies lag nicht nur am hingebungsvollen Eifer, mit dem man in jenen Jahren des langersehnten Aufbruchs und Umbruchs zu Werke ging, es hatte seinen Grund auch darin, daß gewisse Vorarbeiten schon geleistet und bestimmte Probleme schon ausgiebig bedacht worden waren. Ein von Notker Füglister OSB in langen Jahren erarbeiteter Entwurf zur Erneuerung des Stundengebets lag bereits vor, welcher die Zahl, den Umfang und teilweise auch den Aufbau der Horen neu konzipierte – im Respekt vor den Werten einer kostbaren Tradition, aber auch im Blick auf die Gegebenheiten der Gegenwart und in Sorge um die Wahrhaftigkeit unseres Betens. Ebenso war der (nicht nur unter dem Gesichtspunkt der Praktikabilität) überzeugende und schlüssige Vorschlag Notker Füglisters für eine neue Verteilung der Psalmen bereits verfügbar.

Der Entscheidung für die konkrete musikalische Formung kam ebenfalls die Gunst der Stunde zu Hilfe. Die Orientierung am Gregorianischen Gesang, mit dem man durch die bisherige lateinische Praxis vertraut und verbunden war, legte sich sozusagen von selber nahe. Aber hatten sich nicht die von der Liturgischen Bewegung schon längst unternommenen Versuche einer „Deutschen Gregorianik" eindeutig als unbefriedigend erwiesen? Auf dem Weg der sogenannten Interlinear-Gregorianik – dies jedenfalls hatten die engagierten Experimente früherer Jahre klargestellt – war das Gesuchte nicht zu gewinnen, denn unter dem Zwang, sich vorgegebenen Melodien anzupassen und sich überdies dem noch unangefochten geltenden Gesetz der äqualistischen Singweise zu unterwerfen, konnte die deutsche Sprache nicht zu wirklichem klingenden Eigen-Leben kommen. Wie glücklich fügte es sich da, daß zu eben der Zeit, in welcher diese Einsicht unabweisbar wurde, ein neuer und genauerer Blick der Forschung auf die ältesten Quellen des gregorianischen Gesangs erkennen ließ, wie weit ein sprachwidrig äqualistisches Singen den gregorianischen Choral von seinem Ursprünglichen und Eigentlichen entfernt hatte. Das staunende neue Wahrnehmen des wundersamen In-Eins von Wort und Ton im frühen gregorianischen Gesang, wo Melodie nicht „schöne Musik" sein, sondern einzig und allein das singende Beten, Meditieren, Verkündigen des heiligen Wortes ermöglichen will, konnte nun auch zu dem Versuch ermuntern, ein solches In-Eins auf ähnlichem Weg auch bei der „Vertonung" deutscher Texte anzustreben – jetzt aber (außer im Fall bestimmter Modelltöne oder mehr dem Versmaß als einem bestimmten Text zugeordneter Hymnenstrophen) nicht durch die Übernahme konkreter Melodien der gregorianischen Tradition, wohl aber unter Benützung ihres melodischen Vokabulars und unter Berücksichtigung ihrer Gestaltungsgesetze. In solchem Maß-Nehmen an einer großen Tradition schien die aussichtsreichste Möglichkeit zu liegen, dem neuen Offizium nicht nur eine praktikable musikalische Gestalt, sondern auch jene Einheitlichkeit im musikalischen Habitus zu geben, ohne die eine selbstverständliche Vertrautheit und eine emotionale Beheimatung in solch all-täglicher Gebetswelt kaum entstehen kann. Und welch ein Glücksfall wiederum, daß Godehard Joppich, einer der vorzüglichsten Kenner der ältesten Tradition und ihrer Geheimnisse, sich zur gegebenen Stunde für den liturgischen Gesang in deutscher Sprache (und für die Zusammenführung des Konvents zu e i n e r singenden Gemeinde) engagierte, mit unermüdlicher Hingabe an der sangbaren Gestalt des Stundengebets arbeitete, dessen konkretes Erscheinen in Gang brachte, und schließlich auch die Gestalt der Editionen bis ins Satz- und Notenbild hinein prägte.

Die Ausrichtung an der Tradition betraf natürlich auch und vor allem die Psalmodie. Der Wunsch, sich auch für den deutschen Psalmengesang der überlieferten Psalmtöne zu bedienen, die mit ihrer – in jahrtausendelangen Klärungsprozessen erreichten – Prägnanz und Schlichtheit, Festigkeit und Intensität optimale Lösungen bieten, und das Bedürfnis, vom täglichen meditierenden Psalmengesang alle Störungen der ihm gemäßen Ruhe und selbstverständlichen Gleichförmigkeit fernzuhalten, führte – noch vor dem Erscheinen der Einheitsübersetzung der Heiligen Schrift – zur Erarbeitung eines eigenen, auf gute Singbarkeit hin redigierten Psalmentextes sowie zur Entwicklung spezieller Modifikationen der melodischen Kadenzformeln, welche die sogenannte Akzentverschiebung in der Kadenz überflüssig und damit die unerwünschte Instabilität ihrer rhythmischen Gestalt vermeidbar machten.

* * *

Weder die Freude am neuen Stundengebet noch die Dankbarkeit für das unter großen Anstrengungen Erreichte ließ die Bearbeiter allerdings vergessen, daß das 1969 mit dem Deutschen Psalterium begonnene, 1974 mit dem Vigiliar zur stofflichen Vollständigkeit gebrachte Werk keineswegs ein für allemal abgeschlossen war. In jeder seiner Editionen war ja nachdrücklich auf seine Vorläufigkeit, auf seinen Entwurfcharakter, auf seine Bestimmung zur kritischen Erprobung hingewiesen worden. Durften die Bearbeiter mit Genugtuung die erfreuliche Resonanz auf ihre Bemühungen und die überraschend hohe Akzeptanz des „Entwurfs" bei einer großen Zahl benediktinischer und anderer Männer- und Frauenkonvente wahrnehmen, so blieben sie doch hellhörig sowohl im eigenen Entdecken von Unzulänglichkeiten, die im täglichen Vollzug zutage traten, als auch im Achten auf kritische Fragen und Einwände, die dann und wann von Benützern der Ausgaben geäußert, schließlich aber auch ausdrücklich erbeten und gesammelt wurden. Fragen und Einwände betrafen allerdings kaum je die generelle Art und Anlage des neuen Stundengebets oder die prinzipielle Ausrichtung seiner musikalischen Gestalt. In der Regel waren es lediglich Einzelheiten des textlichen oder melodischen Wortlauts, zu denen Änderungen gewünscht wurden. Vor allem aber wurde man sich im Laufe längerer Erfahrung mancher Lücken und Unvollständigkeiten bewußt. Hatte anfangs die Freude überwogen, überhaupt ein muttersprachliches Offizium singen zu können, in dem es bei aller Bindung an die Tradition (auch die musikalische) zunächst viel Neues und zur geistlichen Aneignung auf neue Weise Einladendes zu entdecken gab (und manches aus verschütteten Traditionen neu ans Licht Gehobene!), so wurde später doch auch manches Fehlende oder noch nicht hinreichend Entfaltete offenkundig. Die meisten Anregungen und Vorschläge bezogen sich denn auch auf Erweiterungen und vervollständigende Ergänzungen.

Als eine revidierte Neuauflage in den Blick kam, wurde allerdings auch nachhaltig für die Beibehaltung gewisser prägender Eigenheiten dieses Offiziums plädiert, die sich in mittlerweile langjähriger täglicher Gebetserfahrung als stimmig und wertvoll erwiesen hatten und den Betern lieb und teuer geworden waren. Solchen aus lebendiger Erprobung und Erfahrung kommenden Wünschen fühlten sich die Bearbeiter der revidierten Ausgabe gerade auch in einigen Punkten verpflichtet, in denen das mittlerweile (1981) erschienene Monastische Stundenbuch - sich kurzerhand der römischen Praxis der *Liturgia Horarum* anschließend oder den Vorgaben der *Thesaurus Liturgiae Horarum Monasticae* fügend - andere Wege beschritt. Hatten dessen Bearbeiter schon durch ihr erklärtes und ausdrückliches Desinteresse an allen Belangen des gesungenen (also des nach AES 268 „wesensgemäßen") Vollzugs des Stundengebets nicht gerade dazu eingeladen, einem neuen oder erneuerten Antiphonale einfachhin das Ergebnis ihrer Arbeit zugrundezulegen, so war eine volle Übereinstimmung mit dem neuen Gebetbuch eben auch deshalb nicht zu erreichen, weil bei der Revision und Neugestaltung des Antiphonale zwar die Devise *Prüft alles* (1 Thess 2,4) maßgeblich war, aber auch deren Fortsetzung: *Behaltet das Gute!* Zu den nicht leichthin aufzugebenden „Gütern" gehört nicht nur das (auch vom Stundenbuch übernommene) Schema der Psalmenverteilung von Notker Füglister, zu ihnen gehört nach unserer Erfahrung auch seine (vom Stundenbuch nicht respektierte) gezielte Plazierung bestimmter Psalmen und Cantica an bestimmten Festtagen, in bestimmten Festzeiten, zu ihnen gehört seine Auswahl der Kurzlesungen und der quasi-zyklische Einsatz bestimmter biblischer Bücher in bestimmten Zeiten und Horen. Dieses Konzept wird hier also weiterhin als Ganzes ernst genommen, hat es sich doch in den Jahren der Erprobung bewährt und seiner Zielsetzungen wie seiner inneren Schlüssigkeit wegen als schätzens- und bewahrenswert erwiesen. - Ein anderer Punkt der Divergenz zum Stundenbuch ist das neutestamentliche Canticum. Obwohl die „klassischen" *Cantica de Evangelio* durch ihren bevorzugten Einsatz an Festtagen auch im vorliegenden Antiphonale ihren traditionellen Rang erkennen lassen, sind sie hier nicht täglich vorgesehen. Dieser gewiß hohe Preis ist unseres Erachtens zu zahlen, wenn die anderen Cantica aus dem Neuen Testament - deren Aufnahme ins Stundengebet vielen als die bedeutendste Frucht seiner Reform gilt! - an einem ihrer Herkunft und ihrer Aussage angemessenen Platz innerhalb der Hore gesungen werden sollen. Sie werden hier also nicht der Psalmodie angehängt (oder gar ganz eliminiert), sondern es ist ihnen der prominente Platz eingeräumt, den vor der Reform einzig *Magnificat* und *Benedictus* innehatten. (Bei einer Umfrage in sechs Klöstern votierten für diese Praxis – nach mehreren Jahren der lebendigen Erfahrung mit ihr – von 307 Konventualen nicht weniger als 253!) – Was den Platz des Hymnus innerhalb der Horen angeht, wurde der benediktinischen Tradition (die den Hymnus ja schon mehrere hundert Jahre vor dem römischen Offizium ins Stundengebet integriert hat) der Vorzug gegeben vor der „gleichschaltenden" Vereinheitlichung der jüngsten römischen Praxis. Hat diese für die melodisch schlichten Hymnen der Wochentage, die ja oft die Zeit und die Stunde „ansagen", auch einiges für sich, so führt sie doch bei vielen festlichen und hochfestlichen Hymnen, deren ausgreifende Art der melodischen und textlichen Diktion den schon „entzündeten" Beter und Sänger voraussetzt, zu Verlegenheiten, weil der eben erst Beginnende und Sich-Einstimmende ihnen noch kaum gewachsen ist.

Neben den genannten Unterschiedlichkeiten zwischen Antiphonale und Monastischem Stundenbuch gibt es natürlich auch ein breites Feld der Gemeinsamkeit. Verwiesen sei dafür zum Beispiel auf das Repertoire der Hymnen: Hatte das Stundenbuch einen Großteil seiner Hymnentexte aus der Münsterschwarzacher Werkstatt übernommen, so konnte jetzt umgekehrt das Antiphonale einige Lücken durch Übernahmen aus dem Stundenbuch schließen. Für eine Reihe weiterer neuer Texte ist Silja Walter (Fahr) herzlich zu danken.

Eine gewisse Kompromißbereitschaft und Beweglichkeit vorausgesetzt, kann das Antiphonale auch den Benützern des Monastischen Stundenbuchs (auf die ja mancherorts, etwa in den Angaben des Ordinariums, ausdrücklich Rücksicht genommen ist) als ihr „Gesangbuch" dienen. Der Grad der Kompatibilität (bzw. die Gefahr unerwünschter Textverdoppelungen oder -ausfälle) hängt bei solchem Miteinander ganz davon ab, welche und wieviele Horen jeweils gesungen werden und für welche und wieviele man die Rezitation nach dem Stundenbuch vorzieht.

Es darf allerdings darauf hingewiesen werden, daß auch mit dem neuen Antiphonale allein ein vollständiges Stundengebet gefeiert werden kann. Anders als die Vorgängerbücher enthält es jetzt ja auch alle Vigilien des Wochenpsalters und der Festtage und Festzeiten, und es enthält die Sprechtexte, die bei der gesungenen Feier Part eines Einzelnen sind: Kurzlesungen, Benediktionen, Horenorationen für Vigil, Mittagshore und Komplet. Nicht aufgenommen wurden lediglich die Tagesgebete (die nicht in allen Ordnungen vorgesehen sind und überdies für das Meßbuch schon wieder überarbeitet werden), die Bitten/Fürbitten in Laudes und Vesper (die in vielen Gemeinschaften nicht praktiziert werden) und die Lesungen der Vigil. Diese Texte können vom jeweiligen Sprecher leicht dem Missale, einem Stundenbuch oder einem Lektionar entnommen werden. – Die Feier aller (auch der nur rezitierten) Horen nach dem Antiphonale legt sich vorab jenen nahe, denen die Einheitlichkeit des Wortlauts der Psalmen im ganzen Offizium (von der ja tatsächlich viel für eine wachsende Vertrautheit mit den Texten und für ihre innere Aneignung abhängt) ein dringliches Anliegen ist. Die Benützung eines „Gesangbuchs" auch für die nicht gesungenen Horen könnte zudem das Bewußtsein wachhalten, daß auch das schlichte Rezitieren ein musikalischer Vorgang ist. Schließlich stünde bei solcher Praxis der Hymnus, der sich der bloßen

Rezitation ja eigentlich verweigert und stets gesungen werden sollte, immer mit seiner Melodie zur Verfügung.

An die jeweiligen Ortsverhältnisse kann das Angebot des Antiphonale in verschiedener Weise angepaßt werden. Die Psalmen der Vigil und der Mittagshore können im Ein- oder im Zweiwochenzyklus gebetet werden. Wer anstelle der zunächst vorgesehenen Mittagshore bei Terz, Sext und Non bleiben kann und will, findet dafür im Anhang zu Band II die Strophen von Psalm 119 (die sonst im Wochenpsalter als „Antwortpsalm" nach den Lesungen der Vigil dienen) in wechselchöriger Einrichtung mit Antiphonen. (Die Kurzlesung ist in diesem Fall allerdings dem Stundenbuch zu entnehmen, ebenso das Responsorium, falls man nicht dasjenige der Mittagshore wiederholen will.) Auch das Angebot im Proprium der Heiligen rechnet mit einer der jeweiligen Kommunität bekömmlichen Auswahl.

Um den Umfang (und das Gewicht) der Bände in Grenzen zu halten, waren Sparmaßnahmen unumgänglich. Häufig wiederkehrende Texte (Psalm 95, *Benedictus*, *Magnificat* u.a.) sind nur einmal abgedruckt und jeweils im betreffenden Abschnitt aufzuschlagen, ohne daß darauf jedesmal eigens verwiesen wird. Die Antiphon steht immer nur vor dem Psalm oder Canticum, was zur Folge haben kann, daß für die Wiederholung der Antiphon zurückgeblättert werden muß. Bei den Responsorien werden die fälligen Wiederholungen weder ausgedruckt noch angezeigt; ihre Doxologie steht - nach den benützten Melodie-Modellen geordnet - im Anhang (und auf einem beigegebenen Einlegeblatt).

* * *

Auf wenigstens einige der Neuerungen und Veränderungen gegenüber der Vorgängerausgabe seien vor allem deren bisherige Benützer aufmerksam gemacht.

Die wesentlichste und folgenreichste Neuerung stellt gewiß der von Grund auf neu bearbeitete Text der Psalmen dar. Für die Erstausgabe war von deren Bearbeitern eine Textredaktion bereitgestellt worden, die zwar als „gut singbare" weithin Zustimmung fand, die aber - unter großem Zeitdruck entstanden und ohne hinreichende Kenntnis des Hebräischen (also lediglich unter Befragung bereits vorhandener Übersetzungen und Kommentare) erstellt - unter dem Gesichtspunkt der Texttreue und der exegetischen Genauigkeit nicht vollauf befriedigen konnte. Die Bearbeiter selbst waren die ersten, die deshalb eine Revision wünschten und erhofften. Zur Mitarbeit an dieser fand sich - nachdem 1981 in Fulda auch die Salzburger Äbtekonferenz einen neuen „Singpsalter" ausdrücklich in Auftrag gegeben hatte - dankenswerterweise eine Gruppe von Exegeten zusammen, der Notker Füglister OSB (Disentis/Salzburg), Georg Braulik OSB (Wien), Pirmin Hugger OSB (Münsterschwarzach), Willibald Kuhnigk OSB (Nütschau) und zeitweise auch Liudger Sabottka OSB (Gerleve) und Christian Brüning OSB (Gerleve) angehörten. Bald zeigte sich, daß es mit einzelnen Retuschen am bisherigen Text nicht getan war. So wurde 1986 bis 1990 in vielen Arbeitsrunden der ganze Psalter Vers für Vers neu übersetzt, um eine deutsche Fassung zu gewinnen, die möglichst hohe philologische und exegetische Verläßlichkeit und möglichst gute Singbarkeit vereinigt. Ein leitendes Prinzip bei der Übersetzung war die strenge Ausrichtung am hebräischen (masoretischen) Text und der weitgehende Verzicht auf Konjekturen und auf das schnelle Ausweichen zur Septuaginta (wie es in der Einheitsübersetzung zu beobachten ist). Bei allem Bemühen, *hart am verbo zu halten*, war allerdings auch immer wieder einmal ein Kompromiß nötig (um der Singbarkeit oder der Verstehbarkeit willen, aus Rücksicht auf liturgische und monastische Traditionen oder auf die heute geforderte „inklusive Redeweise"), sodaß auch hier Luthers Eingeständnis gilt, *daß wir zu weilen stracks den Worten nach gedolmetschet, zu weilen allein den Sinn gegeben haben*. Die Mitarbeit von Alttestamentlern, die mit den Ergebnissen der jüngeren Psalmenforschung vertraut sind, führte mitunter auch zu Lösungen, die zunächst überraschen werden. Überhaupt wird das Sich-Einlassen auf den neuen Text (bzw. das Ihn-in-sich-Einlassen!) viel geduldige Bereitwilligkeit fordern, in der aber auch die Chance zu einer aufregend-anregenden neuen Begegnung mit den Psalmen, dem Herzstück unseres Stundengebets, liegen mag. – Daß im Psalmentext das Wort *Herr*, wo es für den Gottesnamen JHWH steht, jetzt in typographischer Auszeichnung erscheint, geschieht nicht nur zur Unterscheidung von anderen Verwendungen desselben Wortes, sondern auch zum Zeichen der Verbundenheit mit der „Muttergemeinde Israel", deren Geheimnis in den Psalmen aufklingt und deren tiefe Ehrfurcht vor dem unaussprechlichen Namen des Heiligen wir teilen möchten.

Während in besonderen Offizien auch selbständige Psalmabschnitte und gekürzte Texte erscheinen können, enthält der Wochenpsalter alle 150 Psalmen der Bibel ungeteilt und ungekürzt (ausgenommen nur Psalm 70 als Dublette von Psalm 40,14-18). Auch sogenannte „schwer vollziehbare" Stellen sind nicht eliminiert (wie in der *Liturgia Horarum*), sondern lediglich durch eckige Klammern gekennzeichnet, für jene, die den „Mut zur ganzen Schrift" nicht aufbringen können und sie übergehen wollen. Wer glaubt, Psalm 58 und Psalm 83 ganz übergehen zu müssen, kann an ihrer Stelle die sonst entfallenden Dubletten Psalm 53 und Psalm 108 einsetzen. Bei Textteilen in runden Klammern handelt es sich um ergänzende Hinzufügungen, die um der Verständlichkeit willen angebracht schienen.

Das erneuerte monastische Stundengebet versucht sich wieder enger der ältesten Mönchstradition anzuschließen, für die das Psallieren *gemeinsame Schriftmeditation anhand des Psalters* war (*meditari* hier im abendländisch-christlichen Sinn verstanden, wie er noch Martin Luther bekannt war als *Treiben und Reiben des Wortes*, als *Verweilen unter dem Wort*) und Psalmodie demgemäß nicht so sehr die darstellend-vortragende als vielmehr die aneignend-horchende Vergegenwärtigung der Texte des Psalmenbuches, dieser „Bibel im Kleinen". Wenn deshalb *tranquillitas*, die dem empfänglichen Vernehmenwollen entsprechende Ruhe, das oberste Gebot des Vollzugs ist oder immer mehr werden sollte, so ist doch dem ruhig „gelesenen" Psalm jeweils eine Antiphon beigesellt, ein im Wochenpsalter stets dem jeweiligen Psalm entnommenes Wort, das anleiten will, *dem Psalm ins Herz zu schauen*, und das in seiner melodischen Formung auch an die Emotionalität des Psalmen-Lesers und -Hörers appelliert, um ihn im herzhaft-engagierten Singen und Nachsingen jetzt auch ganz ausdrücklich zum „Beter" zu machen. Für die Osterzeit ist in der Neuausgabe sogar eine weitere, größtenteils wiederum psalmographe Antiphonenreihe angeboten, die jeden Psalm für eine Weile deutlich *ins Osterlicht rücken* möchte. An bereits bekannten, gar vertraut gewordenen und liebgewonnenen Antiphonen waren bisweilen melodische und textliche Adaptationen nötig, um sie dem neuen Psalmentext anzugleichen.

Auch im Repertoire der Psalmtöne gibt es einige Veränderungen: das Angebot an *differentiae* zu den einzelnen Tönen wurde noch einmal erweitert; in den Tönen I, III und VII wurde die *mediatio* modifiziert (in der jetzt - unter ganz bestimmten Bedingungen - die Verschiebung des Akzents toleriert wird), im *tonus irregularis* die (jetzt zweiakzentig behandelte) *terminatio*; in *Benedictus*, *Magnificat* und *Nunc dimittis* können jetzt alle Verse mit Initium gesungen werden.

Der Bitte einiger Konvente entsprechend enthält das Antiphonale nun auch alle Vigilien in singbarer Gestalt, mit einem entsprechenden Angebot an Responsorien (die im Wochenpsalter durch die responsorial eingerichteten Strophen von Psalm 119 vertreten werden). Wie für die Responsorien in den Tageshoren sind auch hier für die Festzeiten und für bestimmte Festtypen jeweils gleichbleibende und somit die liturgische Zeit auf jeweils eigene Weise färbende und prägende Melodiemodelle entwickelt und verwendet worden.

Im Grunde genommen können Kurz-Responsorien, wie sie im gesungenen Tagesoffizium gebräuchlich und diesem gemäß sind, die dem Nachtgottesdienst ursprünglich zugeordneten großen Responsorien (die nach dem gesammelten Vernehmen der Lesungen auf ihre unverwechselbar eigene, von zeitvergessener Melismatik geprägte Weise einen Klang-Raum für das innehaltende Nach-Sinnen schufen) nur unzulänglich und notdürftig ersetzen. Damit wenigstens die eine oder andere Vigil-Feier durch die eigentlich angemessenen Meditationsgesänge nach den Lesungen ausgezeichnet werden kann, sind in das Vorsängerbuch zum Antiphonale die im Vigiliar (1974) für 18 ganz bestimmte Anlässe ausgewählten und edierten *responsoria prolixa* wieder aufgenommen worden, als Einladung, auch im muttersprachlichen Offizium - am gemäßen Ort - dem überlieferten Schatz der lateinischen Liturgie und der einzigartigen Schönheit dieser Gesänge dann und wann Raum und Stimme zu gewähren. Bei der freien Wahl aus dem vorliegenden Angebot wird man darauf achten, welches Responsorium am ehesten mit der vorausgehenden Lesung (oder auch der vorausgegangenen Psalmodie) „zusammenklingt".

Das Antiphonale erlaubt es, an allen Sonn- und Festtagen eine Vigil mit drei Nokturnen zu feiern. Das ohnehin schon reichhaltige Repertoire alttestamentlicher Cantica wurde für die neu bereitgestellten dritten Nokturnen mit der sachkundigen Hilfe von Notker Füglister um zwanzig weitere Texte ergänzt. Der Vigilteil der Trauermetten und die Benediktsvigil weichen in ihrer Gestaltung vom üblichen Schema ab. Für die Weihnachtsmette und die Trauermetten stellt das Vorsängerbuch auch gesungene Lesungen bzw. Lamentationen bereit. Jeder Konvent wird im übrigen selbst entscheiden müssen, wie oft er eine „Große Vigil" feiern kann und feiern will, um sich geduldig und beharrlich in das Geheimnis des Kommenden hineinzubeten und hineinzusinnen.

Im Commune-Teil sind für das erneuerte Antiphonale die bisherigen Offizien ergänzt und erweitert worden, z.B. um neue Hymnen oder um eine dritte Nokturn der Vigil, damit auch im Sanctorale nicht entsprechend hervortretende Heilige „hochfestlich" gefeiert werden können, wo lokaler Brauch es fordert. Zwei neue Commune-Offizien sind hinzugekommen: *Für heilige Mönche und Nonnen*, *Für heilige Frauen*. Band III enthält überdies eine Commune-Vesper *Für heilige Hirten und Lehrer der Kirche*.

Die für einzelne Fest- und Gedenktage im Heiligenkalender angegebenen Verweise auf ein Commune entsprechen nicht immer schematisch dem üblichen Titulus des oder der gefeierten Heiligen. Sie achten auch auf charakteristische Züge der jeweiligen Lebensgestalt und versuchen zudem, die verfügbaren Commune-Offizien auch quantitativ halbwegs ausgewogen über das Jahr zu verteilen. Daß jeweils nur ein Commune angegeben ist, hat Gründe der Praktikabilität und will keineswegs verhindern, daß ein anderes gewählt und bevorzugt wird, weil man es als geeigneter betrachtet, oder weil sich nach dem mehrmaligen Einsatz des angegebenen ein Wechsel nahelegt.

Im Commune (wie auch an Hochfesten und Festen des Propriums der Heiligen) findet sich bisweilen der Hinweis auf eine bestimmte Komplet. Er soll einerseits gewisse Psalmen (die im Wochenpsalter der Komplet angehören) in das betreffende Offizium integrieren und andererseits verhindern, daß Texte, die im Wochenpsalter der Komplet angehören, im betreffenden Offizium aber an anderer Stelle (meist in der Vigil) eingesetzt sind, im Verlauf des liturgischen Tages zweimal erscheinen. Es ist ratsam, immer dann, wenn die Vigil aus einem Commune gefeiert wurde, für die Komplet den Hinweis in diesem Commune zu berücksichtigen.

Im Proprium der Heiligen sind Angebot und Auswahl am *Regionalkalender für die Benediktiner des Deutschen Sprachraums* ausgerichtet. Alle dort verzeichneten Hochfeste und Feste sind berücksichtigt. Gedenktage erscheinen im Heiligenkalender des Antiphonale nur dann, wenn für sie auch mindestens ein Eigentext in mindestens einer Hore vorliegt (in den meisten Fällen ist dies die Antiphon zum Canticum der Vesper). Im Angebot solcher Eigentexte für Heiligengedächtnisse ist fast gänzlich auf rein panegyrische Texte ohne biblischen Rückhalt oder charakteristische Aussage verzichtet. Dies dürfte kaum als Mangel erscheinen, zum einen, weil die Commune-Offizien und ihre sinn-reichen Texte ja auch zum Einsatz kommen wollen, zum anderen, weil es ohnehin einer Grundintention der Stundengebetsreform widerspräche, wenn zugunsten aller möglichen Gedächtnisse zu oft und zu eilfertig das neu in den Blick gerückte Psalterium der Woche verlassen würde. Erscheint in einem Band (meist in Band III) ein Gedenktag mit Eigentext, dann wird für den betreffenden Tag in den anderen Bänden ein Commune angegeben. Das möge nicht als Aufforderung verstanden werden, diesen Gedenktag auf alle Fälle und in allen Horen zu berücksichtigen, sondern lediglich als Hinweis für jene, die – aus welchen Gründen auch immer – das betreffende Gedächtnis ausgiebiger begehen wollen.

Berücksichtigt sind in dem über die allgemeinen Hochfeste und Feste hinausgehenden Angebot zunächst einmal jene Gedächtnisse, die kaum ganz nach einem Commune gefeiert werden können (z.B. am 26. oder 29. Juli, oder am 15. September); sodann jene Heiligentage, die in den Klöstern, denen das Antiphonale seine Entstehung und Entwicklung verdankt, oder in anderen Gemeinschaften (zumal in jenen Frauenklöstern, die mit außergewöhnlichem Eifer das gesungene Stundengebet pflegen), oder schließlich auch in bestimmten benediktinisch geprägten Regionen mit besonderer Liebe und Feierlichkeit (bisweilen auch im hochfestlichen Rang mit zwei Vespern) begangen werden. Zugegebenermaßen spielten auch persönliche Neigungen der Bearbeiter eine Rolle bei der getroffenen Auswahl bzw. beim Verzicht auf die Melodisierung von Texten, die außer der formelhaften

Nennung des Heiligen und seiner Tugenden keine Aussage enthalten, die zu betendem Singen einlädt. - Im übrigen darf zur schöpferischen Fantasie im Umgang mit dem Angebot des Heiligenkalenders ermuntert werden. Mit ein wenig Spürsinn läßt sich unter den zumeist biblischen Texten der vorliegenden Antiphonen gewiß Geeignetes finden, wenn ein für die Gemeinschaft wichtiger, im Antiphonale aber nicht berücksichtigter Gedenktag begangen werden soll. (Die Aufforderung zu kreativem Umgang mit dem Antiphonale meint allerdings nicht jene, die es womöglich, wie die Vorgängerausgaben, als willkürlich auszubeutende Vorratskammer für eigene Projekte benützen wollen. Sie seien vielmehr - mit Verlaub - an Sir 21,8 erinnert!)

* * *

Es kann diese Vorrede nicht schließen ohne die herzliche und aufrichtige Danksagung an viele, ohne deren Engagement das Antiphonale nicht hätte entstehen können: An Notker Füglister und Godehard Joppich, die Haupt-Inauguratoren der Erstausgabe, von deren Initiative und Arbeit das neue Antiphonale ja geprägt bleibt; an Godehard Joppich zudem für die Bereitschaft, sich an der Endredaktion der revidierten oder neugeschaffenen Melodien zu beteiligen und den aufwendigen Notensatz für die Neuausgabe zu übernehmen; an Johannes Berchmans Göschl OSB (St. Ottilien) für die nachwirkende Mitarbeit an der musikalischen Gestaltung des zweiten Bandes der Erstausgabe; an Roman Hofer OSB (Engelberg), der über viele Jahre hin die treibende Kraft bei der Arbeit an der neuen Ausgabe und ein entscheidender Mitgestalter ihrer Melodien war; an die bereits genannten Ordensexegeten, die sich in vielen Arbeitswochen und manchen problemgeladenen Diskussionen für die Neufassung des Psalmentextes engagierten; an die Äbte und Konvente von Engelberg und St. Bonifaz/München, wo die Arbeitsgruppen mehrmals zu Gast sein durften; an Abt Benno Malfèr OSB (Muri-Gries) für einen großherzigen Druckkostenzuschuß; an Christoph Gerhard OSB (Münsterschwarzach), der die Notenschrift für dieses Antiphonale entwickelte und bereitstellte; an die Leitung und die Mitarbeiter in Verlag und Druckerei, die das langwierige Unternehmen mit Geduld und Sorgfalt betreuten; schließlich an alle, die in kritischer Anteilnahme das Projekt von der ersten Stunde an gefördert und begleitet haben und die durch ihr Interesse und ihren Zuspruch entscheidend dazu beitrugen, daß den Bearbeitern in fünfzehn langen Jahren, in denen sie (neben ihren sonstigen Aufgaben) durch das Antiphonale beansprucht waren, der Atem nicht ausging.

Hat sich in dieser Neuausgabe auch vieles gewandelt und verändert, so ist sie sich mit der Erstausgabe doch immer noch einig im ersten und entscheidenden Anliegen. Auch sie versucht im Grund nichts anderes, als *der Lebendigkeit, Spontaneität und Freude unseres gemeinsamen Betens und Singens* zu dienen, sie vielleicht gar neu zu wecken.

Münsterschwarzach, am Sonntag *Jubilate* 1996

Im Namen der Herausgeber und der Redaktion:
Rhabanus Erbacher OSB

PROPRIUM
DES HERRENJAHRES

SONNTAGE IM ADVENT

VIGIL

Invitatorium

Am ersten und zweiten Adventsonntag

Am dritten und vierten Adventsonntag

Hymnus

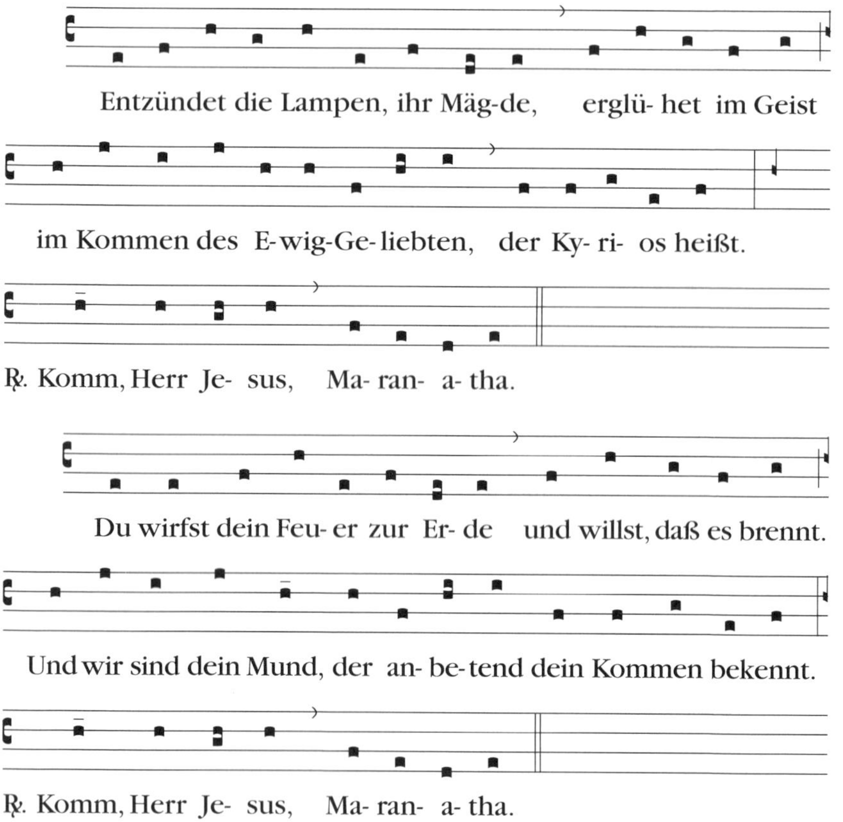

Erste Nokturn

Psalm 80

HÖRE, du Hirte Israels, *
der du Josef leitest gleich einer Herde.
Der du über den Kerubim thronst, erscheine *
vor Efraim, Benjamin und Manasse!
Erwecke deine Heldenkraft, *
und komm, uns zur Rettung.
Gott, richte uns wieder auf! *
Laß dein Angesicht leuchten, dann sind wir gerettet!

HERR, Gott der Scharen, /
wie lange noch raucht dein Zorn, *
während dein Volk zu dir betet?
Tränenbrot läßt du sie essen *
und tränkst sie scheffelweise mit Tränen.
Du machst uns zum Zankapfel für unsere Nachbarn, *
ihren Spott treiben unsere Feinde.
Gott der Scharen, richte uns wieder auf! *
Laß dein Angesicht leuchten, dann sind wir gerettet!

Einen Weinstock hobst du aus in Ägypten, *
hast Völker vertrieben und ihn eingepflanzt.
Du schufst ihm Raum, *
er konnte Wurzeln schlagen und das Land überziehen.
Berge wurden bedeckt von seinem Schatten, *
von seinen Zweigen die Zedern Gottes.
Er streckte seine Ranken bis zum Meer *
und seine Schößlinge bis hin zum Strome.
Warum rissest du seine Mauern nieder, *
daß alle, die des Weges kommen, ihn plündern?
Der Eber aus dem Wald wühlt ihn um, *
es weiden ihn ab die Tiere des Feldes.
Gott der Scharen, kehre doch zurück, /
blicke vom Himmel herab und schaue, *
suche heim diesen Weinstock,
beschütze, was deine Rechte gepflanzt hat, *
den Sprößling, den du dir großzogst.

Er liegt gefällt, vom Feuer verbrannt: *
man vergeht vor deinem drohenden Antlitz.
  Deine Hand sei über dem Mann deiner Rechten, *
  über dem Menschensohn, den du dir großzogst.
Dann werden wir nicht von dir weichen. *
Du wirst uns beleben, und wir rufen deinen Namen aus.
  HERR, Gott der Scharen, richte uns wieder auf! *
  Laß dein Angesicht leuchten, dann sind wir gerettet!

Ant 2
IV

Psalm 31

ZU DIR, o HERR, flüchtẹ ịch, /
laß mich doch niemals scheitern, *
befreie mich in deiner Gerechtigkeit!
  Neige dein Ohr mir zu, *
  eile doch, mich zu entreißen!
Sei mir ein Fels der Zuflucht, *
eine feste Burg, die mich rettet!
  Denn du bist mein Fels und meine Feste. *
  Um deines Namens willen wirst du mich führen und leiten.
Du führst mich hẹraus /
aus dem Netz, das sie mir heimlich legten, *
denn du bist meine Zuflucht.
  In deine Hände befehle ich meinen Geist. *
  Du hast mich erlöst, o HERR, du Gott der Treue.
Ich hasse, die nichtige Götzen verehren, *
ich setze auf den HERRN mein Vertrauen.

Ich will jubeln und deiner Liebe mich freuen, /
denn angesehen hast du meine Not, *
du wußtest um mich in meiner Bedrängnis.
Du gabst mich nicht in die Hand des Feindes, *
du führtest meine Schritte ins Weite.

Sei mir gnädig, o HERR, mir ist bange, *
mein Auge, meine Seele, mein Leib, sie vergehen vor Jammer.
Ja, in Kummer verzehrt sich mein Leben, *
und meine Jahre verrinnen in Seufzen.
Ob meiner Sünde schwindet mir die Kraft, *
und meine Gebeine zerfallen.
Wegen all meiner Bedränger wurde ich zum Spott, *
zum Spott sogar für meine Nachbarn.
Meinen Freunden wurde ich zum Schrecken. *
Wer mir begegnet, geht mir aus dem Wege.
Vergessen bin ich, bin aus dem Sinn wie ein Toter, *
wie ein zerbrochenes Gefäß bin ich geworden.
Ich höre das Zischeln der Menge, *
ringsum ist Grauen:
Zusammen halten sie gegen mich Rat, *
sie sinnen darauf, mir das Leben zu rauben.
Ich aber, HERR, ich vertraue auf dich, *
ich sage: „Mein Gott bist du!“
In deiner Hand ist mein Geschick. *
Entreiß mich der Hand meiner Feinde und Verfolger.
Laß leuchten über deinem Knecht dein Antlitz, *
rette mich in deiner Liebe.
HERR, laß mich nicht scheitern, *
da ich zu dir rufe!
Scheitern sollen die Frevler, *
sie sollen zum Schweigen kommen in der Unterwelt.
Verstummen sollen die lügnerischen Lippen, /
die wider den Gerechten Freches reden *
voll Hochmut und Verachtung.

Wie groß ist deine Güte, o HERR, *
die du denen bewahrst, die dich fürchten.

Du erweist sie denen, die sich bei dir bergen *
offen vor allen Menschen.
  Du birgst sie im Schutz deines Angesichts *
  vor dem Toben der Leute.
In einem Zelt bewahrst du sie *
vor dem Streite der Zungen.
  Gepriesen sei der HERR: /
  Er wirkte an mir Wunder seiner Liebe, *
  er wurde mir zur Stadt, die befestigt ist.
Ich aber sprach in meiner Bestürzung: *
„Ich bin verstoßen aus deinen Augen!"
  Doch du hast mein lautes Flehen gehört, *
  als ich zu dir um Hilfe rief.

Liebt den HERRN, all seine Frommen! /
Der HERR behütet, die ihm treu sind, *
doch reichlich vergilt er dem, der hochmütig handelt.
  Seid stark, und euer Herz sei unverzagt, *
  ihr alle, die ihr hofft auf den HERREN.

Psalm 146

LOBE den HERRN, meine Seele! /
Loben will ich den HERRN, solange ich lebe, *
will singen meinem Gott, solange ich da bin.

  Verlaßt euch nicht auf Fürsten, *
  auf einen Menschen, der nicht retten kann.

Entflieht sein Atem, kehrt er zurück zur Erde, *
an jenem Tage ist es aus mit seinen Plänen.

Selig, wer Jakobs Gott zum Helfer hat, *
wer seine Hoffnung auf den HERRN, seinen Gott, setzt.
Er hat Himmel und Erde geschaffen, /
das Meer und alles, was darin lebt; *
er hält die Treue auf ewig:
Recht schafft er den Unterdrückten, /
den Hungernden gibt er Brot; *
der HERR befreit die Gefangenen.
Der HERR öffnet die Augen der Blinden, /
der HERR richtet auf die Gebeugten, *
der HERR liebt die Gerechten.
Der HERR beschützt die Fremden, /
die Waisen und Witwen stützt er, *
doch den Weg der Frevler lenkt er in die Irre.

König ist der HERR auf ewig, *
dein Gott, o Zion, durch alle Geschlechter.

℣. Gott der Scharen, richte uns wieder auf!
℟. Laß dein Angesicht leuchten, dann sind wir gerettet!

Am ersten und zweiten Adventsonntag

Resp II

cf. Dan 7,13f

Am dritten und vierten Adventsonntag

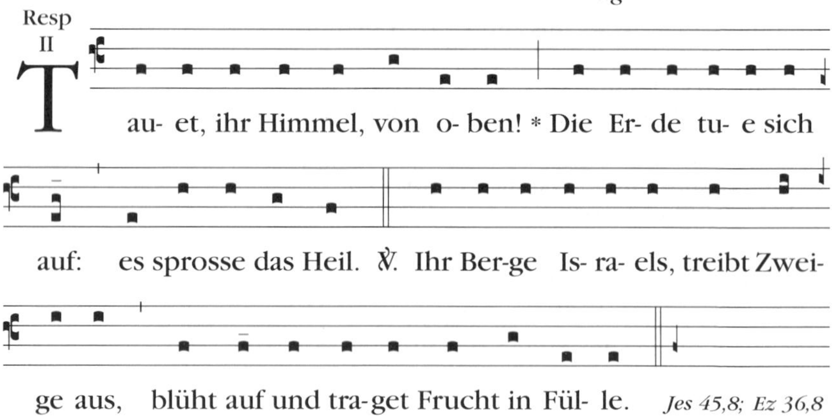

Zweite Nokturn

Jesaja 59,1-20 ( )

SIEHE, der Arm des HERRN ist nicht zu kurz, um zu helfen, *
sein Ohr nicht taub, daß er nicht hört.
Nein, eure Frevel sind die Scheidewand *
zwischen euch und eurem Gott.
Eure Verfehlungen halten sein Antlitz verborgen, *
so daß er euch nicht hört.
Denn eure Hände sind mit Blut besudelt, *
eure Finger mit Frevel.
Eure Lippen reden Lüge, *
eure Zunge murmelt Bosheit.

Niemand bekennt sich zum Recht, *
und keiner führt seine Sache in Redlichkeit.
Auf Nichtiges vertraut man und auf falsche Rede, *
man geht mit Elend schwanger und gebiert Verderben.
Ihre Füße laufen zum Bösen, *
sie eilen, unschuldiges Blut zu vergießen.
Ihre Pläne sind Pläne des Unheils, *
Verwüstung und Zerstörung säumen ihre Straße.
Den Weg des Friedens kennen sie nicht, *
in ihren Geleisen ist keine Gerechtigkeit.
Sie machen sich krumme Pfade, *
wer sie betritt, weiß nichts von Frieden.
Deshalb bleibt das Recht von uns fern, *
und die Gerechtigkeit erreicht uns nicht.
Wir hoffen auf Licht - doch siehe: Finsternis, *
auf Helle - doch wir wandern im Dunkel.
Wir tasten uns wie Blinde der Wand entlang, *
wie ohne Augen tappen wir dahin.
Am Mittag straucheln wir, als wäre es Nacht, *
unter Gesunden sind wir wie Tote.
Wir hoffen auf Gerechtigkeit - sie will nicht kommen, *
auf Heil - es bleibt uns fern.
Ja, zahlreich vor dir sind unsre Vergehen, *
und unsre Verfehlungen klagen uns an,
wir sind uns unsrer Vergehen bewußt, *
wir kennen unseren Frevel:
Wir wurden untreu,
haben den HERRN verleugnet, *
wir wandten uns ab von unserem Gott,
wir planten Unterdrückung und Abfall, *
im Herzen hegten wir Worte der Lüge.
So wird das Recht zurückgedrängt, *
die Gerechtigkeit steht abseits.
Ja, auf dem Markt strauchelt die Redlichkeit, *
die Aufrichtigkeit findet nirgendwo Einlaß.
Vermißt wird die Redlichkeit, *
wer das Böse meidet, wird geplündert.

Der HERR, er sah es, *
und es mißfiel ihm, daß nirgends mehr Recht war.
Er sah, daß niemand da war, *
und es erstaunte ihn, daß keiner eingriff.
Da half ihm sein eigener Arm, *
und seine Gerechtigkeit stand ihm bei.
Gerechtigkeit zog er als Panzer an *
und setzte sich aufs Haupt den Helm des Heils,
Rache zog er als Mantel an *
und hüllte sich in Eifer wie in ein Gewand.
Gemäß den Taten wird er vergelten: *
Grimm seinen Widersachern, Vergeltung seinen Feinden.
Dann fürchten die vom Untergang den Namen des HERRN *
und die vom Aufgang seinen Glanz.
Ja, er wird kommen wie ein reißender Strom, *
den der Odem des HERRN daherjagt.
Doch als Erlöser kommt er für Zion, *
für jene in Jakob, die sich vom Abfall bekehren.

Ant 2
VIII

Jesaja 25,1-9; 26,1-4 ()

HERR, du bist mein Gott! *
Ich rühme dich und preise deinen Namen.
Denn Wunderbares hast du vollbracht, *
Pläne, die seit alters zuverlässig und wahr sind.
Eine Zuflucht warst du dem Schwachen, /
eine Zuflucht dem Armen in seiner Bedrängnis, *
ein Obdach vor dem Wetter, ein Schatten bei der Hitze.

Das Lärmen der Vermessenen hast du gedämpft, /
wie der Schatten der Wolke die Hitze dämpft, *
den Jubel der Tyrannen unterdrücktest du.

Ein Mahl bereiten wird der HERR der Scharen allen Völkern, /
ein Festmahl auf dem Berge Zion, *
ein Mahl von fetten Speisen und von alten Weinen.
Auf diesem Berg nimmt er die Hülle weg,
die auf den Völkern liegt, *
die Decke, die über alle Nationen gedeckt ist.
Den Tod beseitigt er für immer. /
Gott, der HERR, wischt die Tränen ab von jedem Antlitz. *
Von der ganzen Erde entfernt er die Schmach seines Volkes.
An jenem Tag wird man sprechen: /
„Seht da – unser Gott, *
auf den wir hofften, daß er uns helfe!
Das ist der HERR, auf den wir hofften. *
Laßt uns frohlocken und fröhlich sein ob seiner Hilfe!"

An jenem Tag singt man im Lande Juda dieses Lied: /
„Wir haben eine feste Stadt, *
sein Heil gab ihr der HERR als Wall und Mauer.
Öffnet die Tore, /
daß Einzug halte ein gerechtes Volk, *
ein Volk, das die Treue bewahren wird.
Sein Sinn ist fest. /
Du sicherst ihm den Frieden, *
denn auf dich vertraut es.
Vertraut auf den HERRN für immer, *
denn er, der HERR, ist ein Fels für ewige Zeiten!"

Ant 3
VII

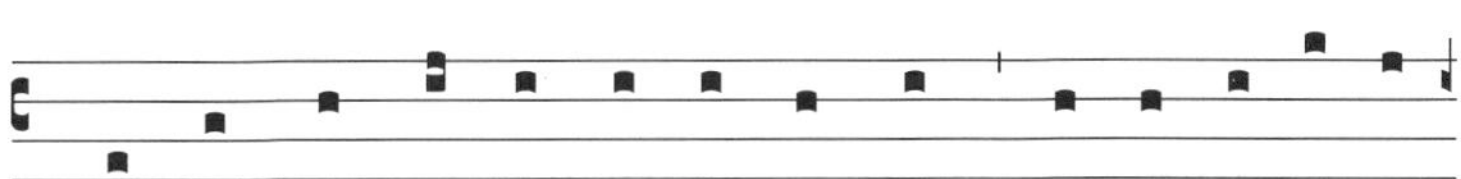

Der Herr wird ju-beln ü- ber sein Volk, * ü- ber Je- ru- sa-

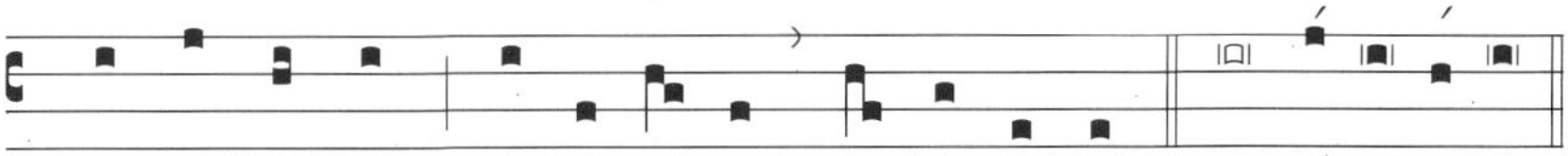

lem frohlocken. Hal-le- lu- ja, hal- le- lu- ja.

Jesaja 65,17-24

SIEHE, ich schaffe einen neuen Himmel *
und eine neue Erde.
Man wird des Früheren nicht mehr gedenken, *
niemand mehr wird sich seiner erinnern,
sondern frohlocken wird man und immerdar jubeln *
über das, was ich schaffe.
Denn siehe, Jerusalem mach ich zu Jubel *
und sein Volk zu Frohlocken.
Ja, ich will über Jerusalem jubeln *
und über mein Volk frohlocken.
Nie mehr hört man dort lautes Weinen *
und lautes Klagen.
Dort wird kein Kind nur wenige Tage leben, *
kein Greis wird sein, der seine Tage nicht erfüllte.
Denn wer mit hundert Jahren stirbt, gilt noch als jung, *
wer seine Hundert verfehlt, gilt als Verfluchter.
Sie bauen Häuser und bewohnen sie selber, *
Weinberge pflanzen sie und genießen die Früchte.
Sie bauen nicht, daß ein andrer bewohne, *
sie pflanzen nicht, daß ein andrer genieße.
Ja, wie das Alter des Baumes, *
so soll das Alter meines Volkes sein,
und was ihre Hände geschaffen, *
das sollen meine Erwählten selbst genießen.
Sie werden nicht umsonst sich mühen, *
nicht Kinder zeugen, um sie früh zu verlieren.
Denn sie gehören zum Geschlecht
der vom HERRN Gesegneten, *
sie und ihre Kinder:
Bevor sie noch rufen, gebe ich Antwort, *
ich erhöre sie, noch während sie reden.

℣. Aus Zion strahlt sein herrlicher Glanz.
℟. Unser Gott wird sichtbar erscheinen.

Am ersten und zweiten Adventsonntag

Resp
II

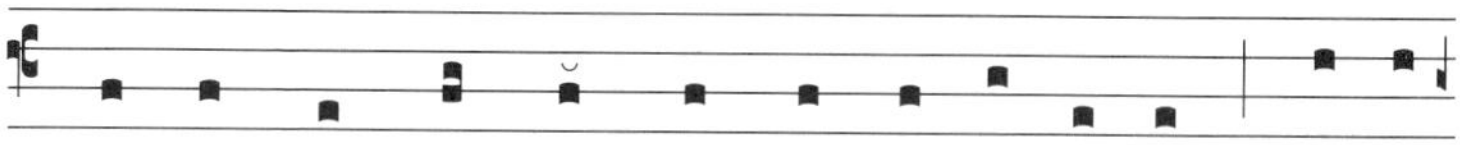

Der Herr wird kommen, sein Volk zu be-frei- en. * Und es

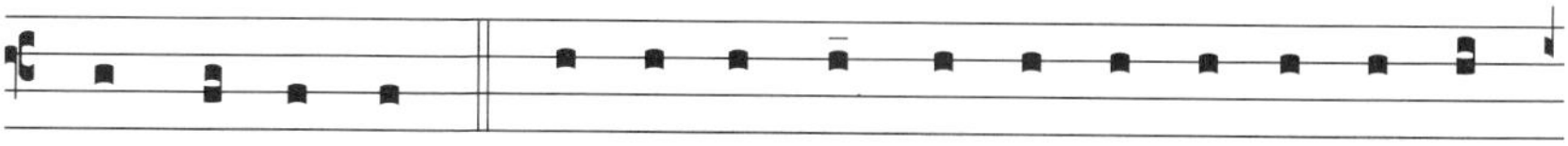

wird Frie-de sein. ℣. An je-nem Tag trie-fen die Ber-ge von Sü-

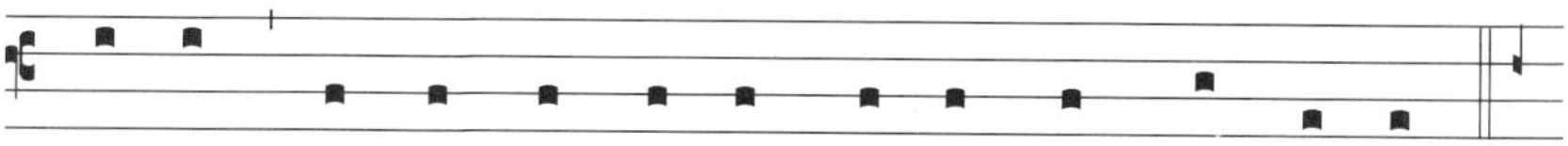

ßigkeit, und von den Hö- hen strömen Milch und Ho- nig.

LT; cf. Joel 4,18 (Vulg)

Am dritten und vierten Adventsonntag

Resp
II

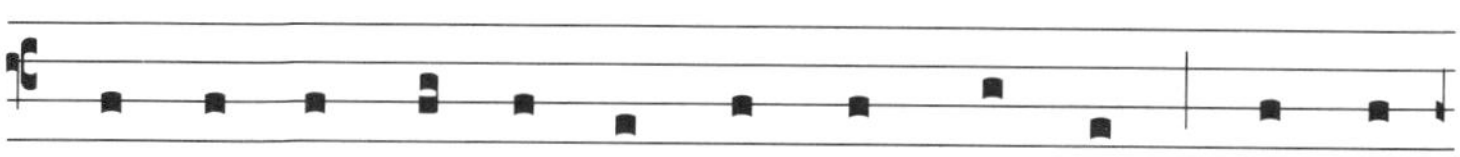

Bald wird erscheinen der Herrscher, der Herr. * Und dies

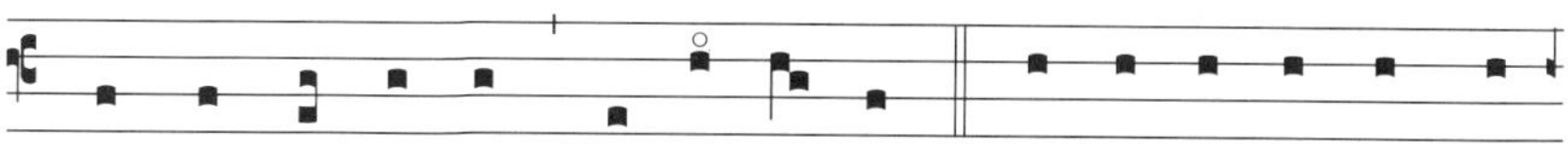

wird sein Na- me sein: 'Imma- nu- el'. ℣. In sei-nen Ta-gen blüht

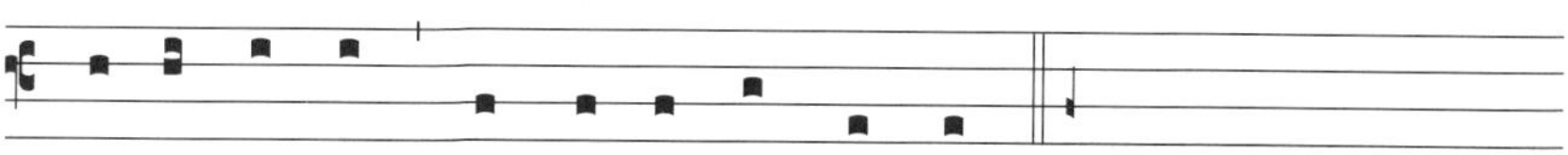

Ge-rechtigkeit und Fül- le des Frie-dens.

cf. Mal 3,1 (Vulg); Jes 7,14; Ps 72,7

Dritte Nokturn

Ant
III

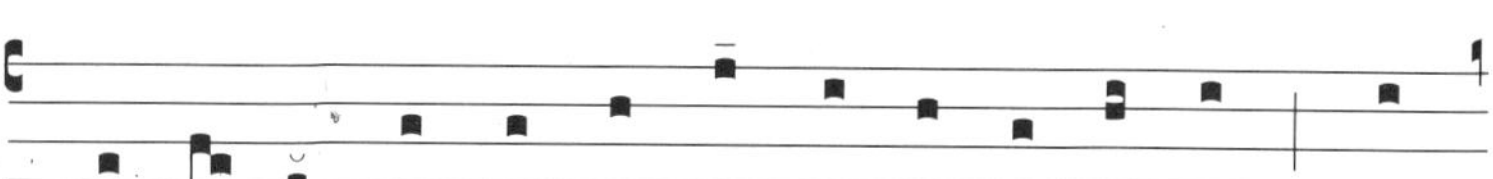

Im Zor- ne schreitet der Herr ü- ber die Er- de: * sein

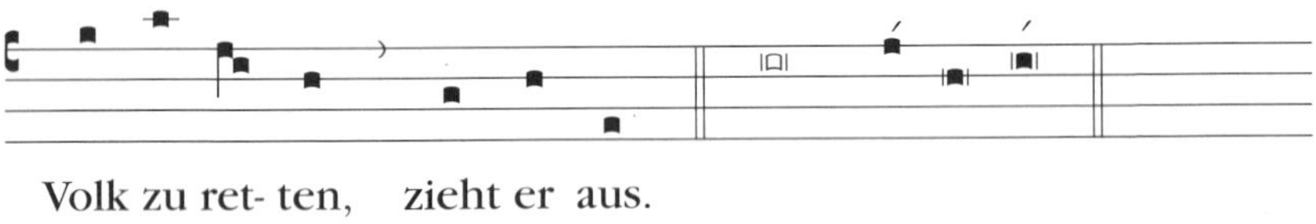

Habakuk 3,2-19

HERR, ich habe die Kunde vernommen, *
HERR, ich habe dein Werk geschaut.
Inmitten der Jahre laß es geschehen, /
inmitten der Jahre tue es kund, *
im Zorn sei eingedenk deines Erbarmens!

Gott kommt heran von Teman, *
der Heilige vom Gebirge Paran.
Seine Hoheit überkleidet den Himmel, *
die Erde ist von seinem Ruhm erfüllt.
Wie das Licht ist sein Glanz, /
von seiner Hand gehen Strahlen aus: *
die Hülle seiner Macht.
Vor ihm her zieht die Seuche, *
und seinen Schritten folgt die Pest.
Sein Tritt läßt die Erde erbeben, *
sein Blick schreckt die Völker auf.
Da bersten die ewigen Berge, /
die Hügel der Vorzeit versinken, *
wo seine ewigen Wege sich ziehn.
Dem Unheil verfallen seh ich die Zelte von Kuschan, *
es erzittern die Zeltdecken der Midianiter.

HERR, ist gegen die Fluten dein Zorn entbrannt, /
wider das Meer dein Wüten, *
daß du mit deinen Rossen und Wagen zum Sieg heranstürmst?
Du hast deinen Bogen enthüllt, *
hast seine Sehne mit Pfeilen gesättigt.
Du spaltest die Erde, /
da brechen Ströme hervor; *
die Berge sehn dich und beben.

Wasser gießen die Wolken, /
die Urflut erhebt ihre Stimme, *
hoch reckt sie die Arme empor.
In ihrer Wohnung verbergen sich Sonne und Mond *
beim Licht deiner fliegenden Pfeile,
beim Glanz deines blitzenden Speers.
Du schreitest über die Erde im Zorn, *
im Grimm zertrittst du die Völker.
So ziehst du aus, dein Volk zu retten, *
zu retten deinen Gesalbten.
Vom Haus des Frevlers schlägst du das Dach weg, *
legst das Fundament frei bis hinab auf den Fels.
Du durchbohrst mit deinen Pfeilen das Haupt der Krieger, /
sie stürmen heran im Übermut, *
mich zu jagen, und im Versteck den Armen zu fressen.
Du bahnst mit deinen Rossen im Meer einen Weg, *
im Brausen der gewaltigen Wasser.

Ich hab es vernommen, mir zittert der Leib, *
die Lippen beben mir vor solcher Kunde,
mir fuhr der Fraß in die Glieder, *
es wankt mir der Schritt.
Doch abwarten will ich in Ruhe den Tag der Bedrängnis, *
der hereinbrechen wird über das Volk, das uns plündert.
Der Feigenbaum grünt nicht, *
an den Reben ist kein Ertrag,
die Frucht des Ölbaums bleibt aus, *
die Äcker bringen kein Brot,
die Schafe sind aus der Hürde verschwunden, *
und in den Ställen steht kein Rind mehr.
Dennoch will ich über den HERRN frohlocken, *
will jubeln über den Gott meines Heils.
Der HERR, mein Gott, ist meine Kraft. /
Er macht meine Füße schnell wie die Füße der Hinden, *
auf Höhen läßt er mich schreiten.

℣. Der König kommt, der Herrscher der Erde.
℟. Er selber wird uns retten.

Am ersten und zweiten Adventsonntag

Resp
II

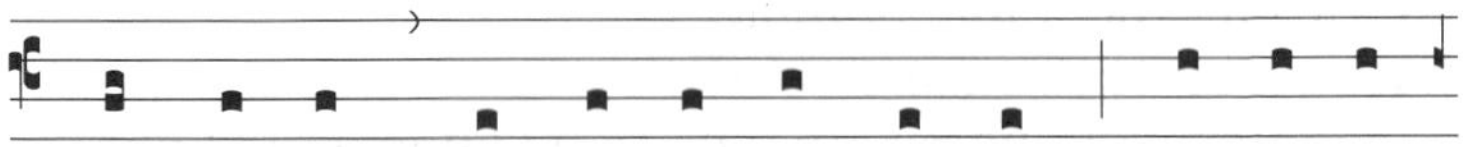

Komm, o Herr, und säu-me nicht län-ger, * til- ge die

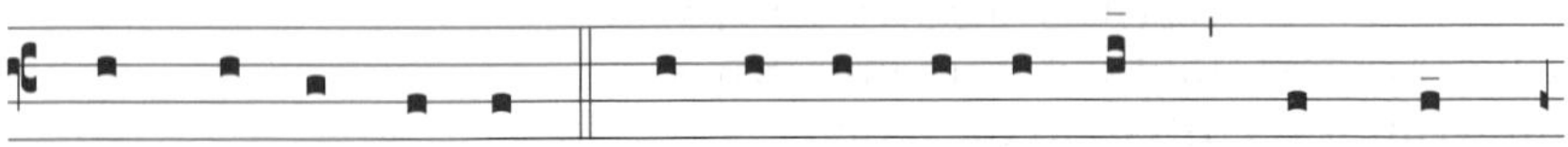

Schuld dei-nes Vol-kes! ℣. Bie- te auf dei-ne Macht, und komm,

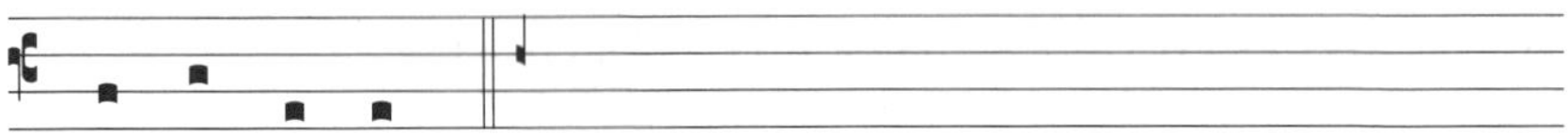

uns zur Ret-tung! *LT; Ps 80,3*

Am dritten und vierten Adventsonntag

Resp
II

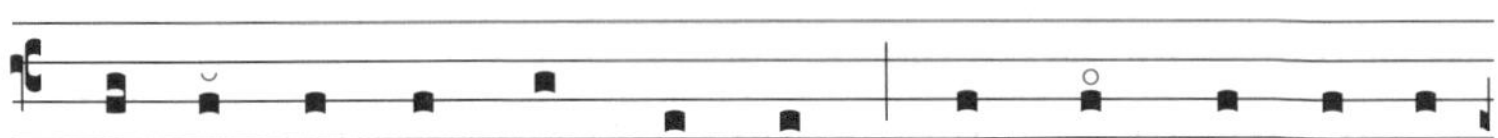

Sie- he, der Herr wird kommen: * im Glanz steigt er her-

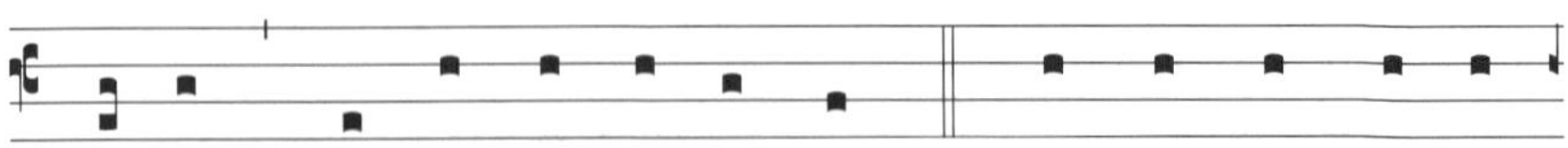

nieder, und mit ihm sei- ne Macht. ℣. Sein Volk sucht er in

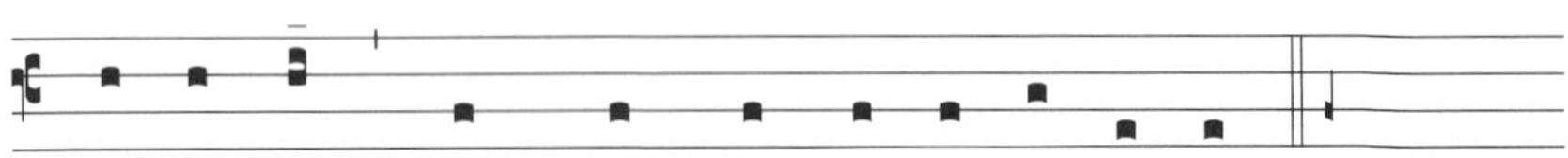

Frie-den heim und schenkt ihm e- wi- ges Le- ben. *LT*

LAUDES

Am ersten Adventsonntag

Ant 1
VIII

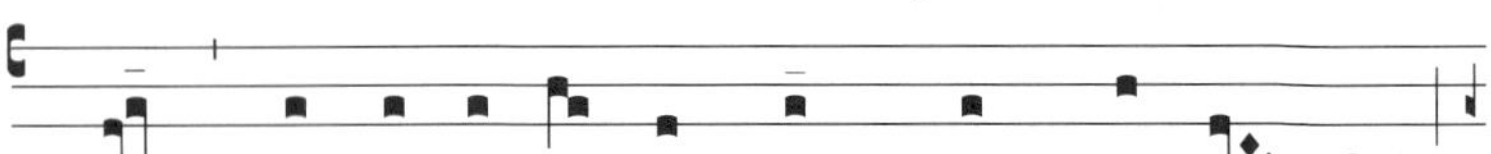

Seht, * die Ma- je-stät des Herrn kommt von fer- ne,

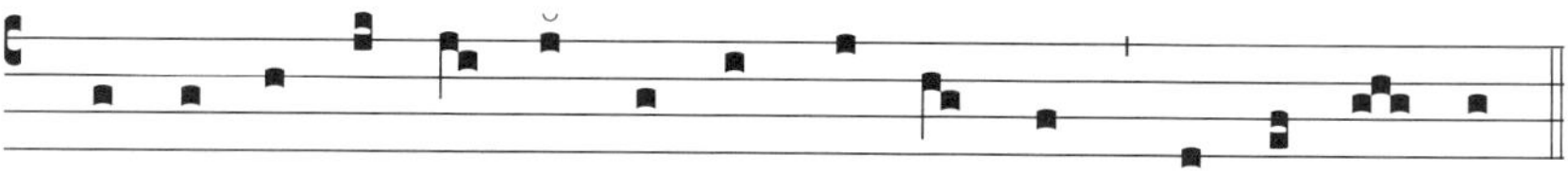

und sei- ne Herrlichkeit er- füllt den Erdkreis. Hal- le- lu- ja.

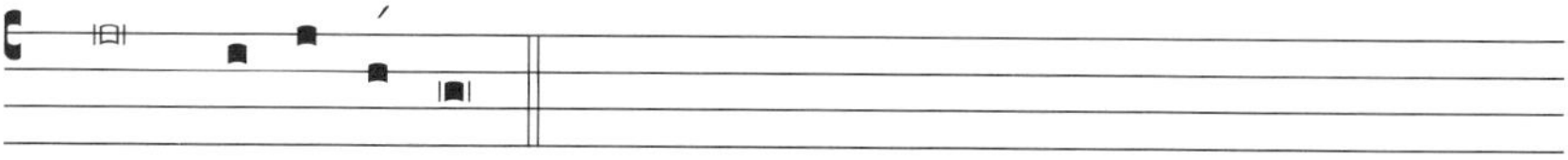

cf. Jes 30,27; Num 14,21

Am zweiten Adventsonntag

Ant 1
III

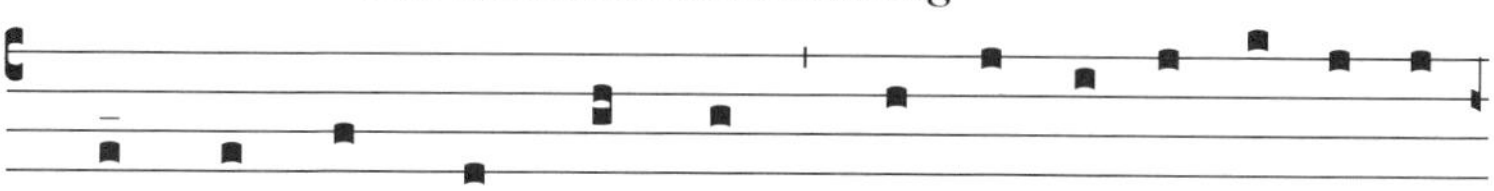

S eht, der Herr wird kommen * und all sei- ne Hei- li- gen

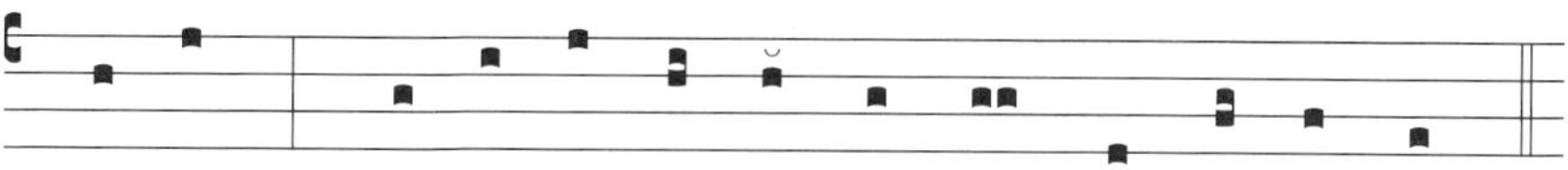

mit ihm. An je- nem Ta- ge er-strahlt ein gro- ßes Licht.

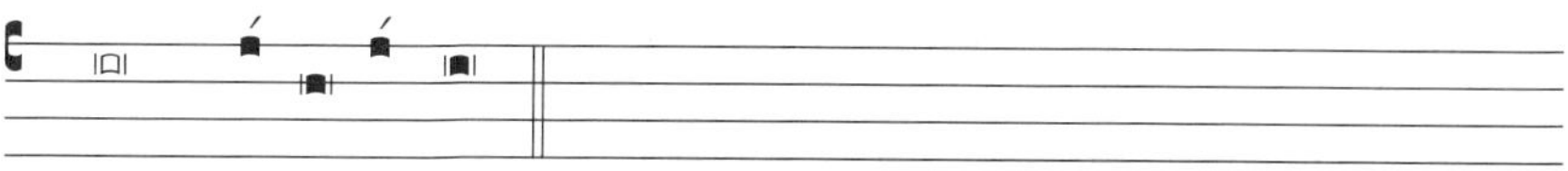

Sach 14,5.7

Am dritten Adventsonntag

Ant 1
I

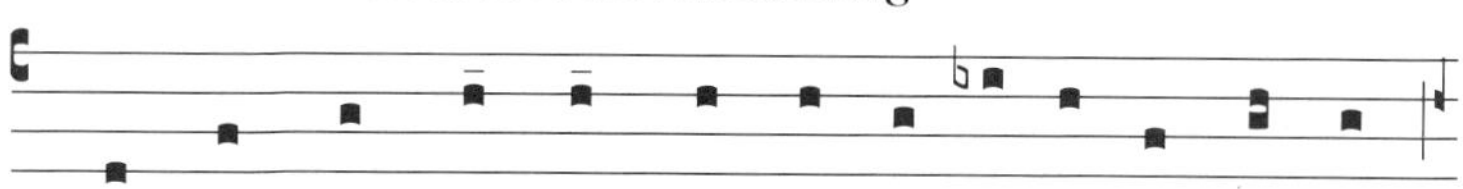

D er Herr wird ausziehn von sei-ner hei- li- gen Stät-te; *

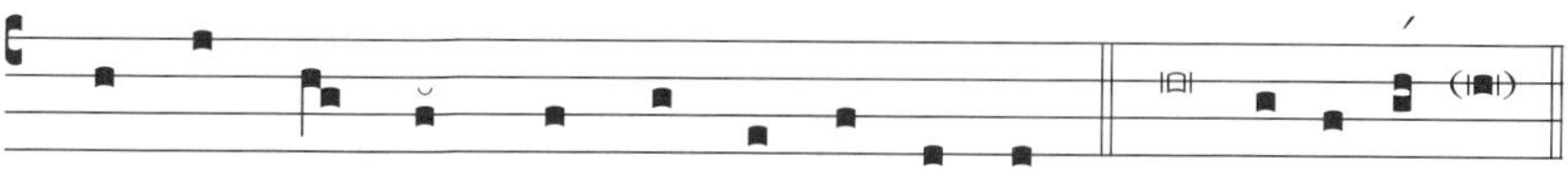

er wird kommen, sein Volk zu er- lö- sen. *Jes 26,21; 35,4*

Am vierten Adventsonntag

Ant 1
I

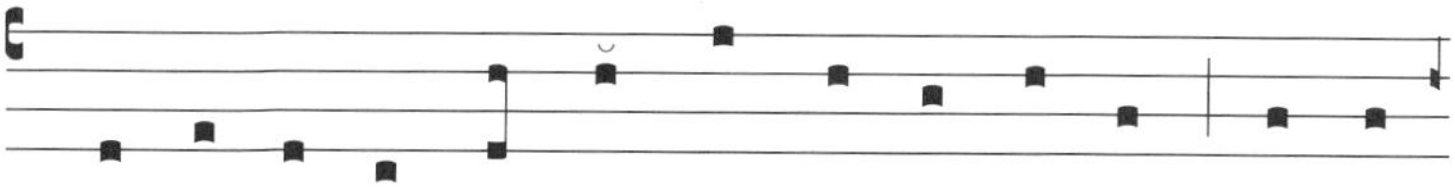

Z er- rei- ße den Himmel und stei- ge her- ab, * und die

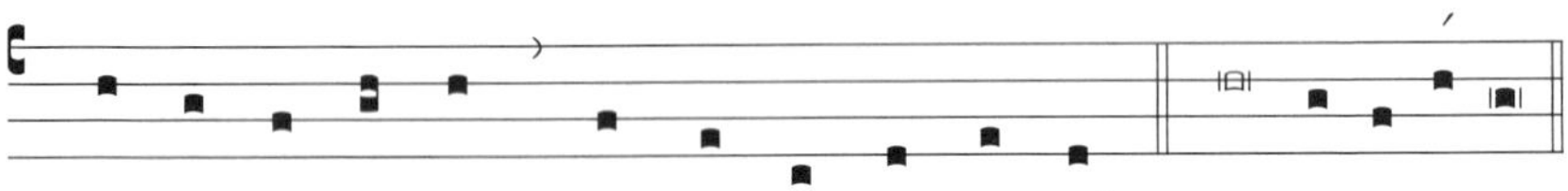

Völ- ker er- zit- tern vor dei-nem An-ge- sicht. *Jes 63,19*

Psalm 19 A

DIE Himmel erzählen die Herrlichkeit Gottes, *
das Firmament verkündet das Werk seiner Hände.
Ein Tag sagt es jubelnd dem andern, *
eine Nacht übergibt der andern die Kunde.
Nicht sind es Worte, nicht sind es Reden, *
deren Stimme man nicht vernähme.
Ihre Botschaft ging in alle Welt hinaus, *
ihre Nachricht bis zu den Enden der Erde.
Dort hat er der Sonne ein Zelt bestimmt: /
wie der Bräutigam aus seinem Gemach tritt sie hervor, *
sie freut sich wie ein Held, die Bahn zu laufen.
Am einen Ende des Himmels geht sie hervor, /
durchläuft den Kreis bis ans andere Ende. *
Nichts kann vor ihrer Glut sich bergen.

Am ersten Adventsonntag

Ant 2
IV

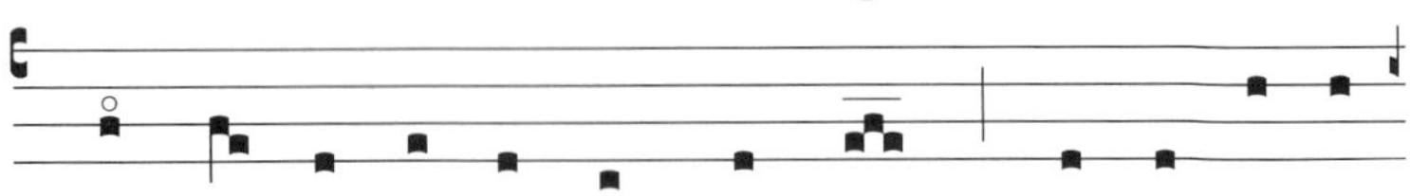

A usschau- en will ich nach dem Herrn, * ich will warten

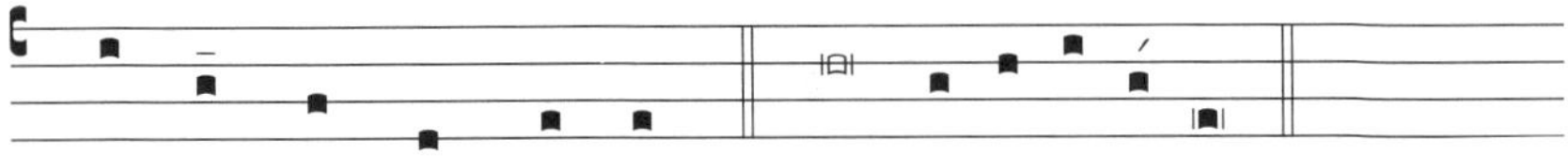

auf Gott, der mein Heil ist. *Mich 7,7*

Am zweiten Adventsonntag

Ant 2
IV

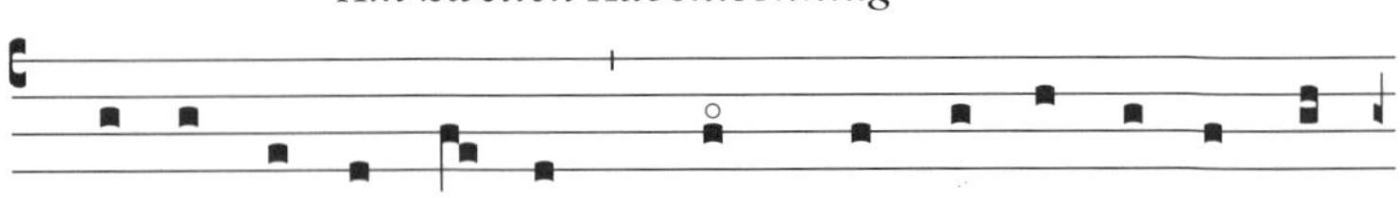

A l- le, die ihr dürstet, * kommt zum le- ben-di- gen Was-

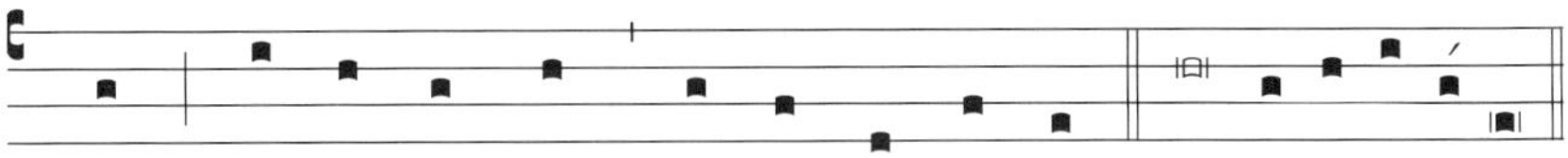

Jes 55,1.6

Am dritten Adventsonntag

Ant 2
VI

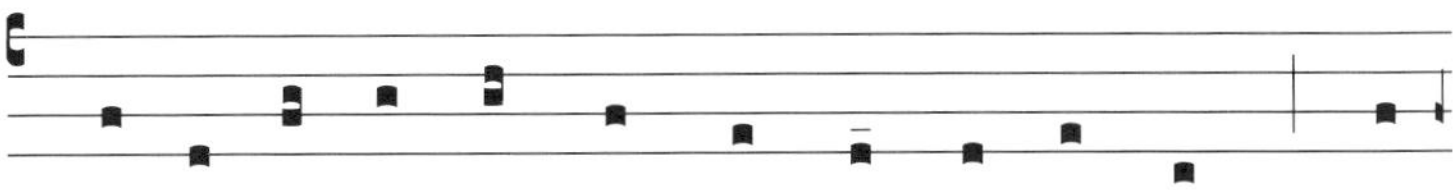

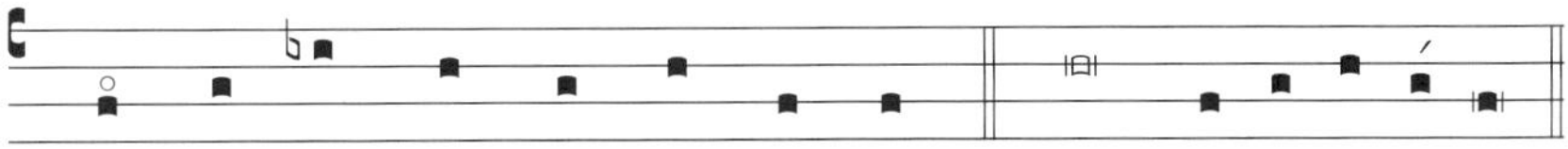

Jes 26,9 (Vulg)

Am vierten Adventsonntag

Ant 2
VIII

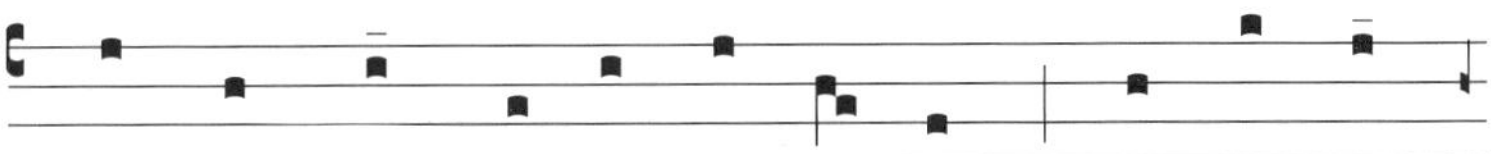

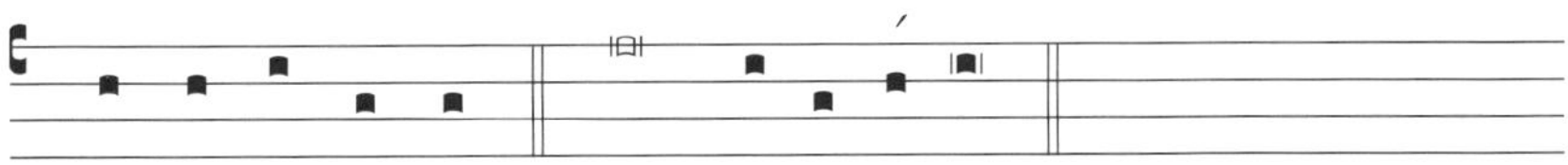

Jes 55,6

Psalm 63

GOTT, du mein Gott, dich suche ich, *
nach dir dürstet meine Seele.
Nach dir schmachtet mein Leib *
wie dürres, lechzendes Land ohne Wasser.
So schaue ich dich im Heiligtum *
und sehe deine Macht und deine Herrlichkeit.
Ja, deine Liebe ist besser als das Leben. *
Meine Lippen sollen dich rühmen!
So will ich dich preisen mein Leben lang, *
in deinem Namen meine Hände erheben.

Wie an Fett und Mark wird satt meine Seele. *
Mein Mund singe Lob mit jubelnden Lippen!
Wenn ich an dich denke auf meinem Lager, *
sag ich von dir in nächtlichem Wachen:
„Du wurdest meine Hilfe, *
im Schatten deiner Flügel darf ich jubeln;
an dir hängt meine Seele, *
mich hält deine Rechte."

Die mir nachstellen, um mich zu verderben, *
sie müssen hinab in die Tiefen der Erde.
Der Gewalt des Schwertes gibt man sie preis, *
den Schakalen werden sie zur Beute.
Der König aber freue sich an Gott! /
Wer bei ihm schwört, darf sich rühmen. *
Doch allen Lügnern wird der Mund geschlossen.

Am ersten Adventsonntag

Ant 3
VIII

Gott kommt vom Li- ba- non, * sein Glanz ist wie das

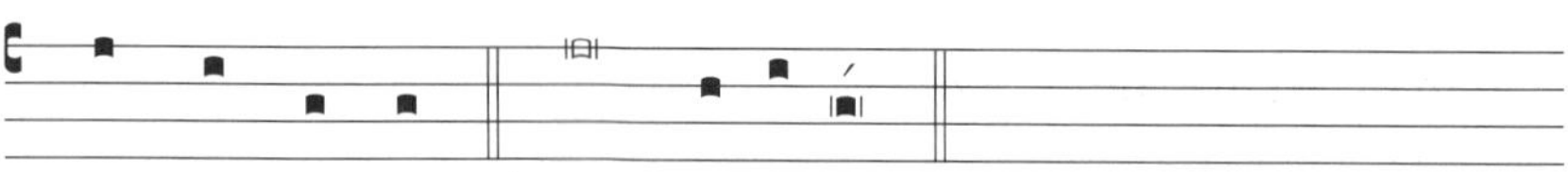

Licht der Son-ne. *Hab 3,3f*

Am zweiten Adventsonntag

Ant 3
II

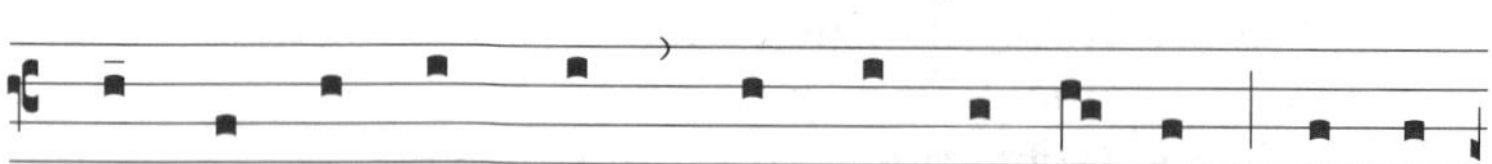

Seht, der Kö- nig kommt, der Herr der Er- de; * er wird

das Joch der Knechtschaft von uns nehmen. *LT*

Am dritten Adventsonntag

Ant 3
VIII

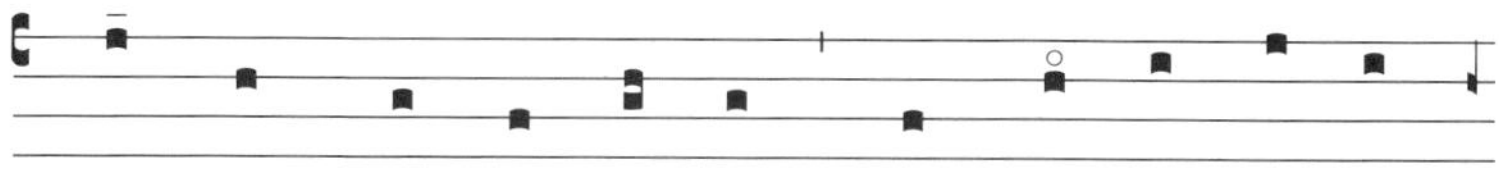

Stärkt die schwachen Hän-de! * Macht fest die wanken-

den Knie! Gott selbst wird kommen und euch er- lö- sen.

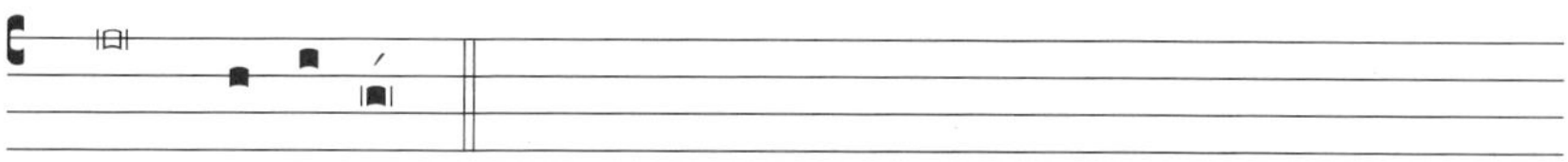

Jes 35,3f

Am vierten Adventsonntag

Ant 3
VIII

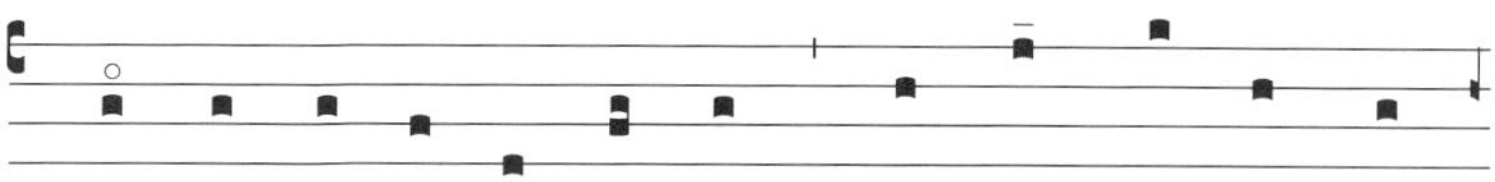

Sagt den ver-zag-ten Her-zen: * Seid stark und fürchtet

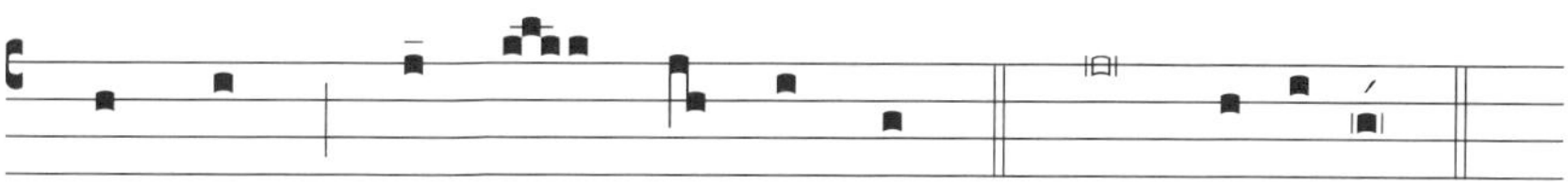

euch nicht! Seht da - eu- er Gott! *Jes 35,4*

Jesaja 35,1-10 ()

JAUCHZEN sollen Wüste und Ödland, *
die Steppe soll frohlocken und blühn.
Wie die Narzisse soll sie erblühen, *
sie soll jubeln und jauchzen vor Lust.
Die Herrlichkeit des Libanon wird ihr zuteil, *
die Pracht des Karmel und der Flur von Scharon.
Die Herrlichkeit des HERRN werden sie schauen, *
die Pracht unseres Gottes.

Stärkt die schwachen Hände! *
Macht fest die wankenden Knie!

Sagt den verzagten Herzen: /
„Seid stark und fürchtet euch nicht! *
Seht da – euer Gott!
Die Rache kommt, Gottes Vergeltung ist nahe! *
Er selber kommt und schafft euch Heil.“
Dann öffnen sich die Augen der Blinden, *
und die Ohren der Tauben tun sich auf.
Dann springt der Lahme wie die Gazelle, *
und die Zunge des Stummen wird jubeln.
Wasser brechen hervor in der Wüste *
und Ströme in der Steppe.
Der dürre Boden wird zum Teich, *
zu Wasserquellen das lechzende Land.
Am Ort, an dem Schakale hausten, *
da sprossen Rohr und Schilf.

Und dort wird eine reine Straße sein, /
man wird sie nennen ’Heiliger Weg’. *
Dort werden wandeln die Erlösten:
die Befreiten des HERRN kehren heim, /
nach Zion kommen sie mit Jauchzen, *
ewige Freude über ihren Häuptern.
Es kehren Freude ein und Wonne, *
Kummer und Seufzen entfliehn.

Am ersten Adventsonntag

Am zweiten Adventsonntag

Ant 4
I

Joel 3,18 (Vulg)

Am dritten Adentsonntag

Ant 4
IV

Jes 55,12; Mi 4,8

Am vierten Adventsonntag

Ant 4
VII

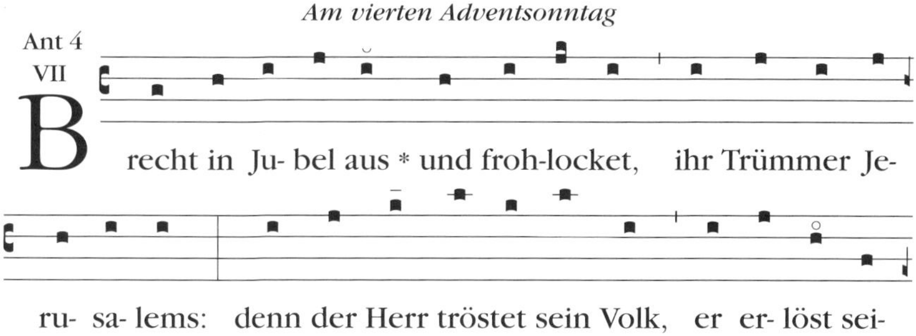

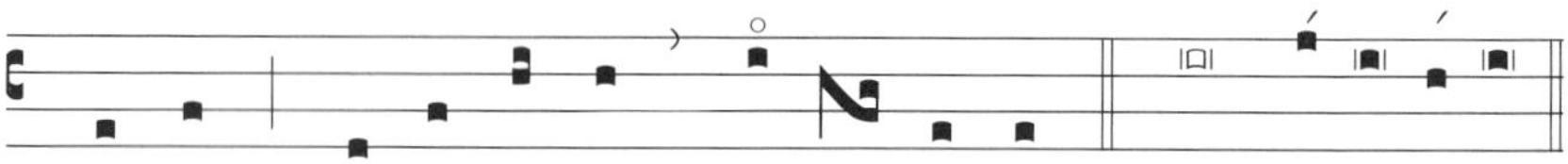

Jes 52, 9

Psalm 147

PREISET den HERRN, /
denn gut ist es, unserem Gott zu spielen, *
ja, es ist schön, sein Lob zu singen.

Der HERR errichtet Jerusalem neu, *
er sammelt die Versprengten Israels.
Er heilt, die gebrochenen Herzens sind, *
er verbindet ihre Wunden.
Er bestimmt die Zahl der Sterne, *
er ruft sie alle beim Namen.
Groß ist unser Herr und gewaltig an Kraft, *
seine Einsicht ist ohne Grenzen.
Der HERR richtet auf die Gebeugten, *
er drückt die Frevler zu Boden.

Stimmt dem HERRN ein Danklied an, *
spielt unserm Gott auf der Harfe!
Er bedeckt den Himmel mit Wolken, /
spendet Regen der Erde, *
Gras läßt er auf den Bergen sprießen.
Er gibt dem Vieh seine Nahrung, *
den jungen Raben, wonach sie schreien.
Keine Freude hat er an der Kraft des Pferdes, *
kein Gefallen am schnellen Lauf des Mannes.
Gefallen hat der HERR an denen, die ihn fürchten, *
die auf seine Güte hoffen.

Preise den HERRN, Jerusalem! *
Lobsinge deinem Gott, o Zion!

Denn er hat die Riegel deiner Tore gefestigt, *
die Kinder in deiner Mitte gesegnet.

Er umgibt dein Gebiet mit Frieden, *
er sättigt dich mit bestem Weizen.
Er sendet sein Wort zur Erde, *
rasch eilt dahin sein Wille.
Er spendet Schnee wie Wolle, *
streut den Reif aus wie Asche.
Sein Eis wirft er herab wie Brocken, *
vor seinem Frost - wer kann da bestehen?
Er sendet sein Wort aus und läßt sie schmelzen, *
er läßt seinen Wind wehn - da rieseln die Wasser.

Er verkündet Jakob sein Wort, *
Israel seine Gesetze und Rechte.
So hat er an den andern Völkern nicht gehandelt, *
sie lernten das Recht nicht kennen.

Kurzlesung *Jes 51,4-6*

Horcht her, ihr Völker, hört auf mich, ihr Nationen! Denn von mir kommt die Weisung, und mein Recht wird zum Licht der Völker. Plötzlich ist meine Gerechtigkeit da, und mein Heil tritt hervor. Mein Arm verschafft den Völkern ihr Recht; auf mich hoffen die Inseln, sie warten auf meinen Arm. Blickt auf zum Himmel, betrachtet die Erde hier unten! Der Himmel vergeht wie Rauch, die Erde zerfällt wie ein Kleid; ihre Bewohner sterben wie die Fliegen. Doch mein Heil bleibt für immer bestehen, und meine Gerechtigkeit wird niemals erschüttert.

Hymnus

VII

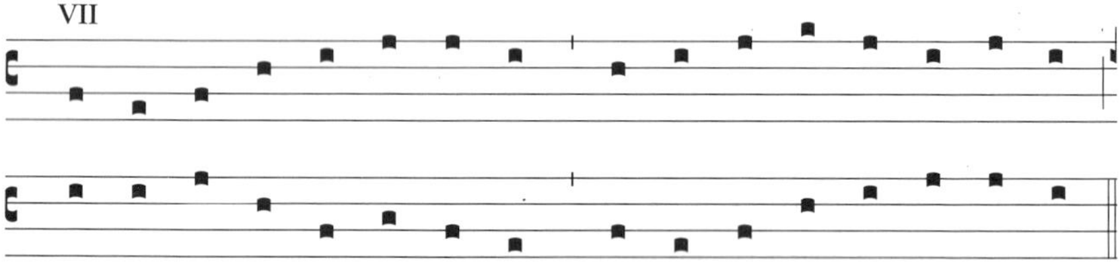

HÖRT, eine helle Stimme ruft
und dringt durch Nacht und Finsternis:
Wacht auf und lasset Traum und Schlaf –
am Himmel leuchtet Christus auf!

Dies ist der Hoffnung lichte Zeit;
der Morgen kommt, der Tag bricht an:
ein neuer Stern geht strahlend auf,
vor dessen Schein das Dunkel flieht.

Vom Himmel wird als Lamm gesandt,
der alle Sünde auf sich nimmt.
Wir blicken gläubig zu ihm auf
und bitten ihn um sein Verzeihn,

daß, wenn im Licht er wiederkommt,
sein Glanz die Welt mit Schrecken schlägt,
er nicht die Sünde strafend rächt,
uns liebend vielmehr bei sich birgt.

Ruhm, Ehre, Macht und Herrlichkeit
sei Gott dem Vater und dem Sohn,
dem Geiste, der uns Beistand ist,
durch alle Zeit und Ewigkeit. Amen.

Am ersten und zweiten Adventsonntag

℣. Aus Zion strahlt sein herrlicher Glanz.
℟. Unser Gott wird sichtbar erscheinen.

Am dritten und vierten Adventsonntag

℣. Der kommen soll, er kommt und zögert nicht.
℟. Er selber wird uns retten.

Am ersten Adventsonntag

Ant C VIII

Röm 13,12

Am zweiten Adventsonntag

Ant C II

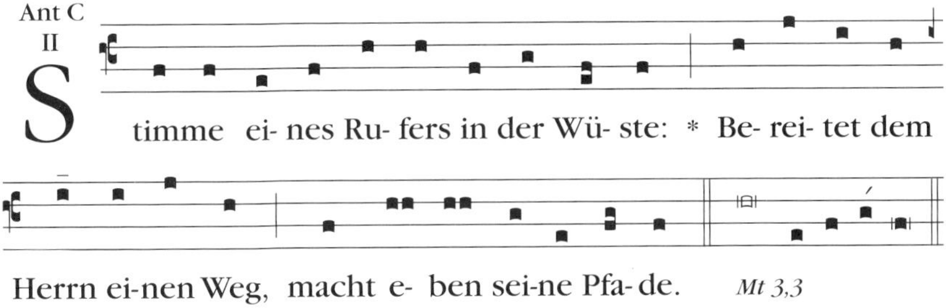

Mt 3,3

Am dritten Adventsonntag

Ant C IV

LT

Am vierten Adventsonntag

Ant C
IV

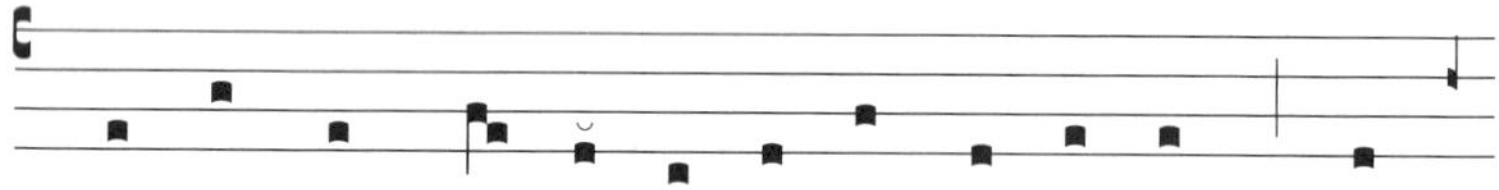

Ein Reis wird sprossen aus I- sais Wurzelstock: * die

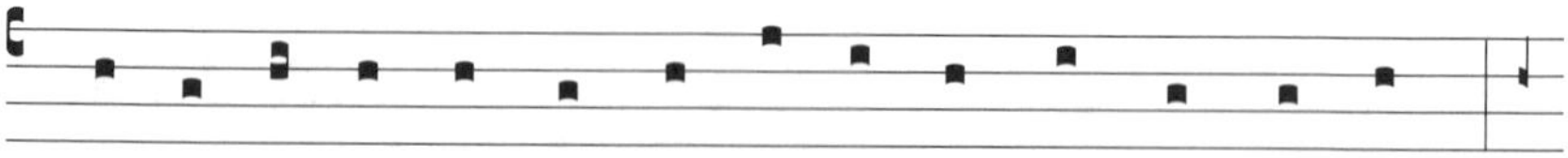

gan-ze Er- de wird von der Herrlichkeit des Herrn er- füllt,

und al-les Fleisch wird schauen Gottes Heil. *Jes 11,1; Num 14,21; Lk 3,6*

WOCHENTAGE IM ADVENT

VIGIL

Invitatorium

In der ersten und zweiten Woche

℟.
VIII

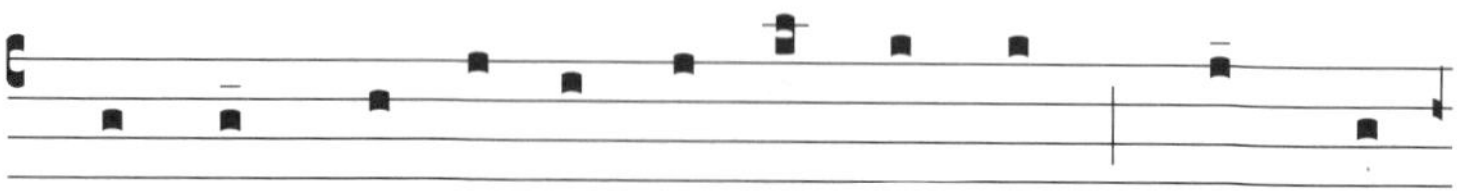

Den Herrn, den Kö- nig, der kommen wird, – kommt, wir

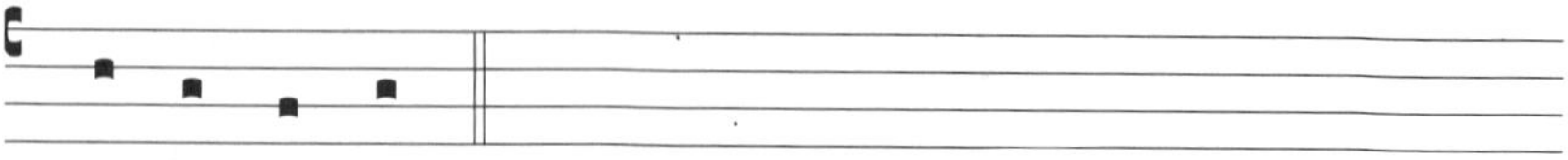

be- ten ihn an!

In der dritten und vierten Woche

℟.
III

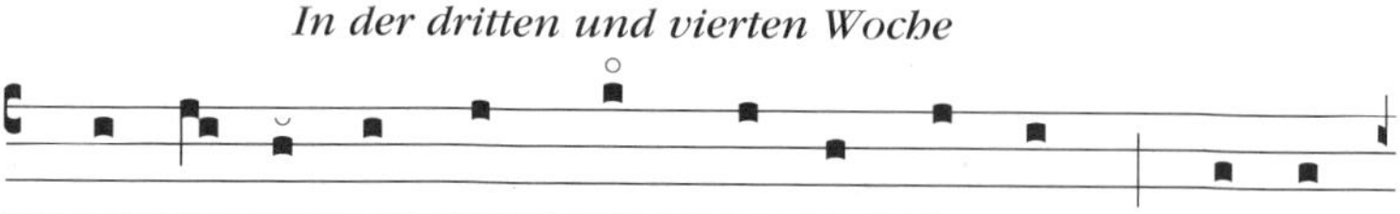

Fallt nie-der vor dem Herrn, unserm Kö- nig: er wird

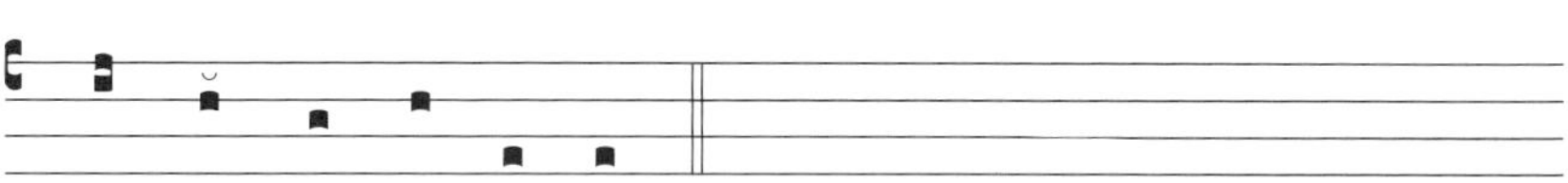

kommen und uns ret- ten.

Hymnus *wie an den Sonntagen im Advent,* 15.

Erste und Zweite Nokturn

Psalmodie und Versikel *wie im Wochenpsalter.*

Am Montag und Donnerstag

Resp 1
II

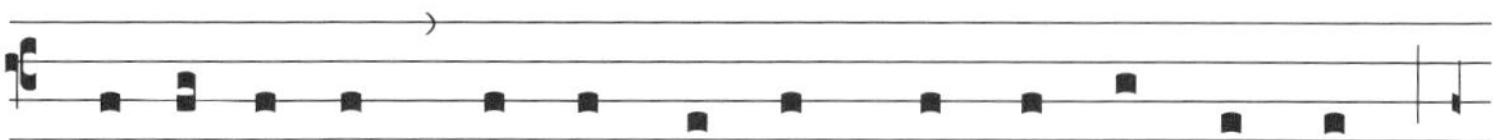

J e- ru- sa-lem, war-um verzehrst du dich in Kummer?

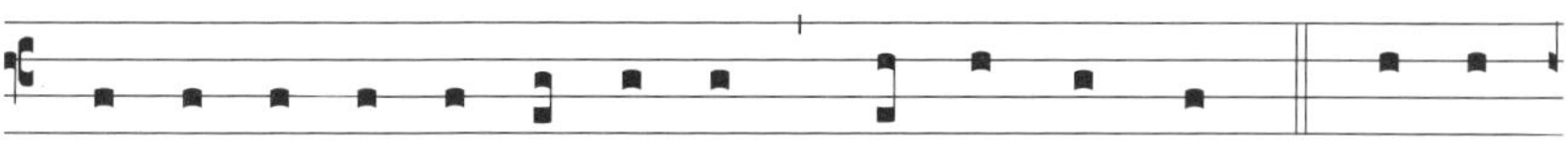

* Ich ret- te und be- frei- e dich; fürchte dich nicht. ℣. Ich bin

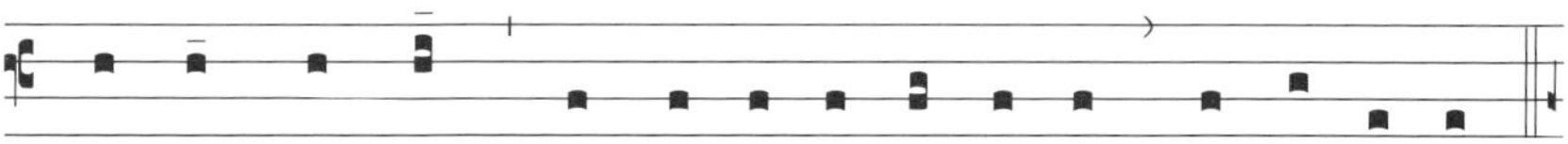

der Herr, dein Gott, der Hei- li- ge Is- ra- els, dein Er- lö- ser.

LT; Jes 43,3

Resp 2
II

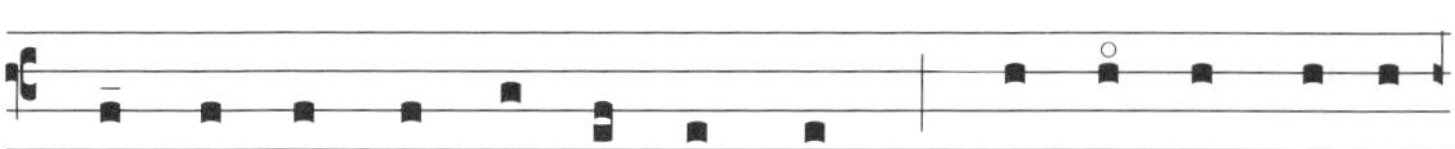

H err, sen-de, den du senden willst! * Sieh an die Trübsal

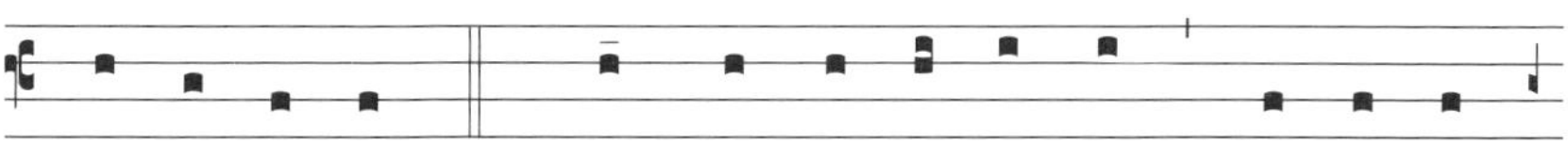

dei-nes Vol-kes. ℣. Komm und er- lö- se uns, wie du es

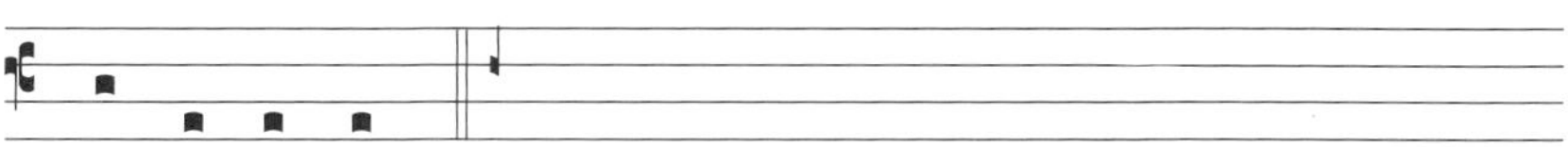

verheißen hast. *LT*

Am Dienstag und Freitag

Resp 1
II

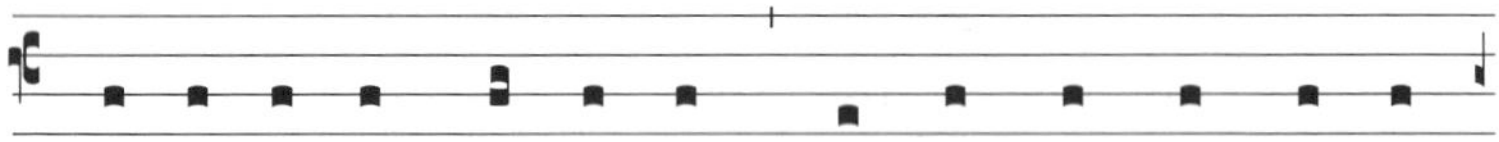

J e- ru- sa- lem, wei- ne nicht: der Herr wird sich dei-ner

er-barmen, * er wird dich be-frei- en aus all dei-ner Trübsal.

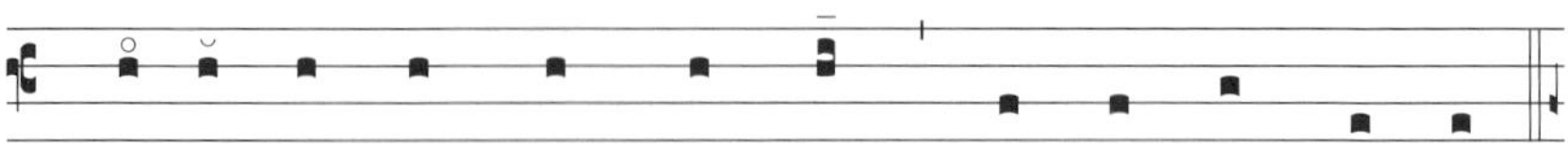

℣. Sie- he, der Herr kommt mit Macht, sein Arm wird herrschen.

LT; Jes 40,10

Resp 2
II

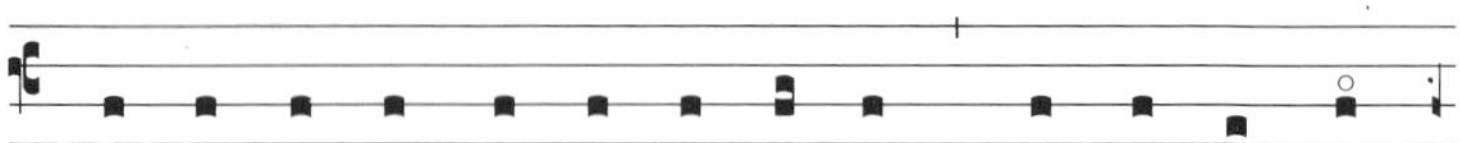

D ie Fel-der der Wü-ste er-blü-hen, denn un-ser Gott

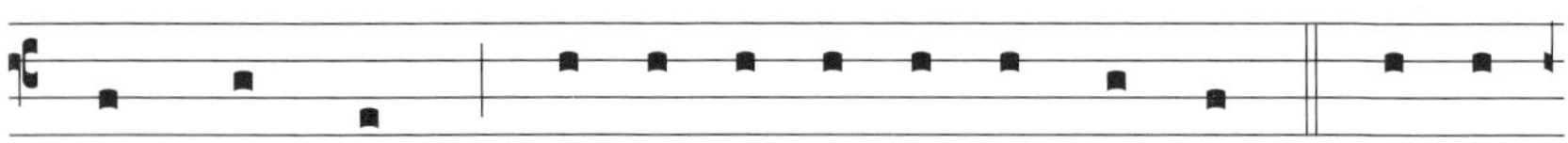

kommt mit Macht, * und sei-ne Herrlichkeit mit ihm. ℣. Aus Zi-

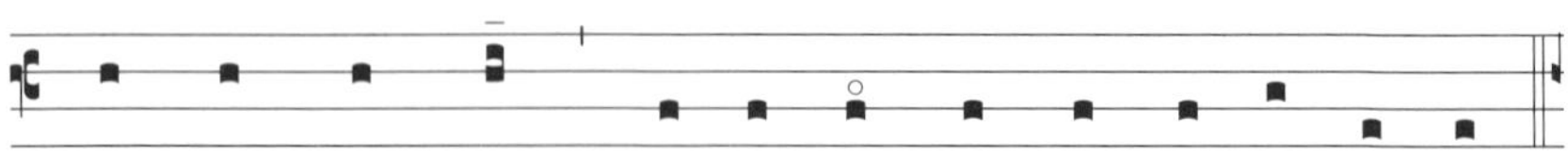

on strahlt sein Glanz: un-ser Gott wird sichtbar erscheinen.

LT; Ps 50,2 (Vulg)

Am Mittwoch und Samstag

Resp 1
II

W ir wol- len nicht von dir weichen, Herr; be- le- be

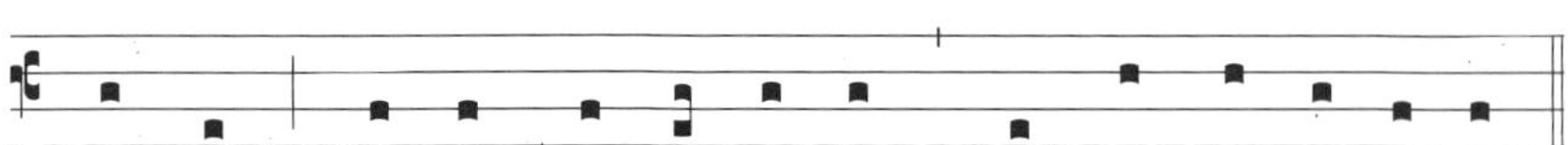

uns neu! * Zeig uns dein An-ge- sicht, dann sind wir ge- ret-tet!

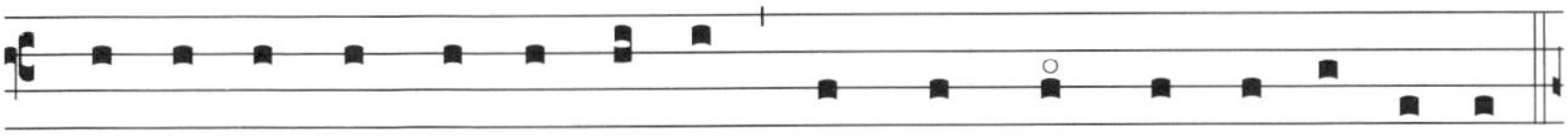

℣. Er-barme dich dei-nes Vol-kes, such uns heim mit deiner Hil- fe.

Ps 80,19f; 106,4

Resp 2
II

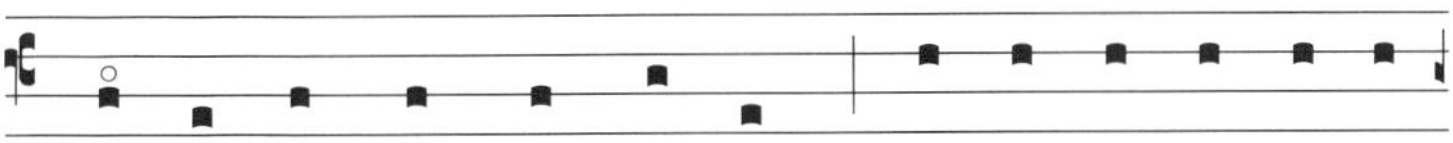

G ott er- hebt sich zum Ge-richt, * den Ar-men auf Erden

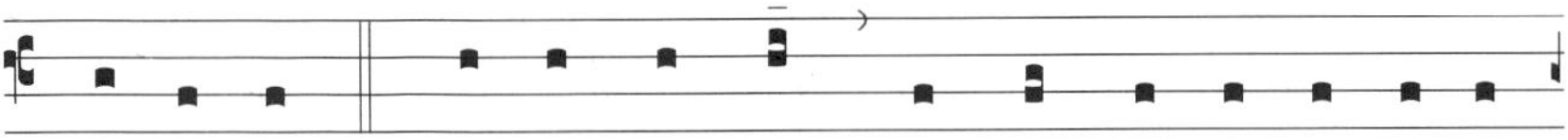

zu hel- fen. ℣. Strahlend von Licht erscheint er von den e-wi-

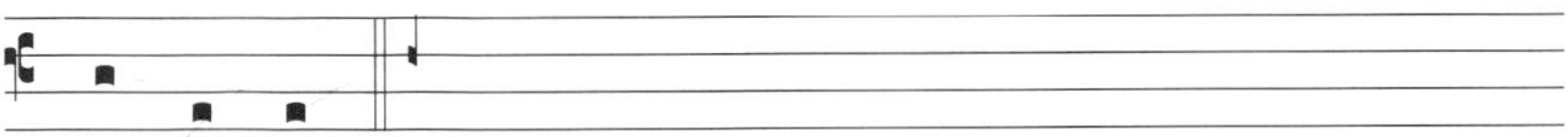

gen Ber-gen. *Ps 76,10.5 (Vulg)*

LAUDES

Psalmodie *wie im Wochenpsalter.*

Am Montag

Kurzlesung *Hab 3,3-6*

Gott kommt von Teman her, der Heilige kommt vom Gebirge Paran. Seine Hoheit überstrahlt den Himmel, sein Ruhm erfüllt die Erde. Er leuchtet wie das Licht der Sonne, ein Kranz von Strahlen umgibt ihn, in ihnen verbirgt sich seine Macht. Die Seuche zieht vor ihm her, die Pest folgt seinen Schritten. Wenn er kommt, wird die Erde erschüttert, wenn er hinblickt, zittern die Völker. Da zerbersten die ewigen Berge, da versinken die uralten Hügel – seine Wege von jeher.

Resp
IV/5

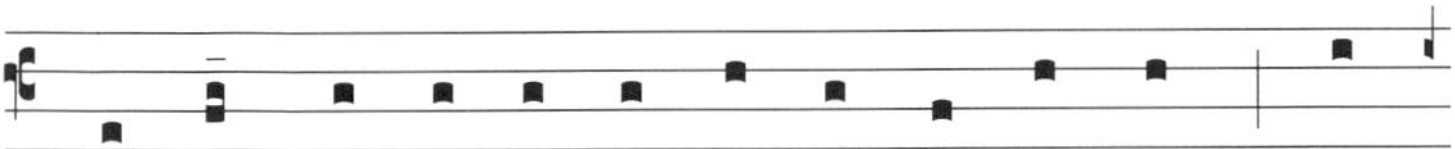

O - Herr, ich ha- be die Kun-de ver-nommen, * ich

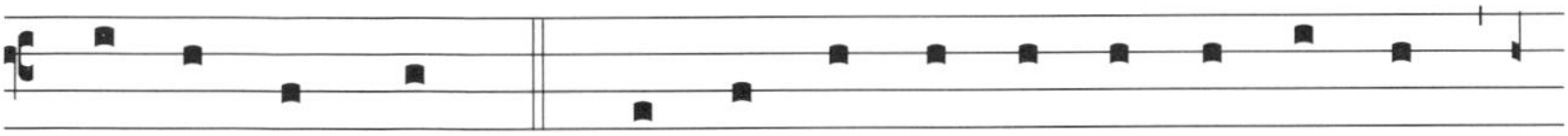

schau-e dein Werk. ℣. Dich se- hen die Ber- ge und be- ben,

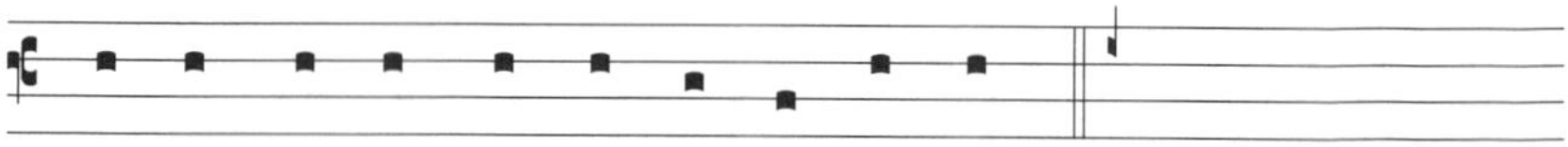

brül-lend er-hebt die Ur-flut die Stimme. *Hab 3,2.10*

Am Dienstag

Kurzlesung *Jes 13,9-11.13*

Siehe, der Tag des Herrn kommt, voll Grausamkeit, Grimm und glühendem Zorn; dann macht er die Erde zur Wüste, und die Sünder vertilgt er. Die Sterne am Himmel lassen ihr Licht nicht mehr leuchten. Die Sonne ist dunkel, schon wenn sie aufgeht, der Mond läßt sein Licht nicht mehr scheinen. Dann bestrafe ich den Erdkreis für seine Verbrechen und die Bösen für ihre Vergehen. Dem Hochmut der Stolzen mache ich ein Ende und werfe die übermütigen Tyrannen zu Boden. Dann wird der Himmel erbeben, und die Erde beginnt an ihrem Ort zu wanken wegen des Grimms des Herrn der Heere am Tag seines glühenden Zorns.

Resp IV/5

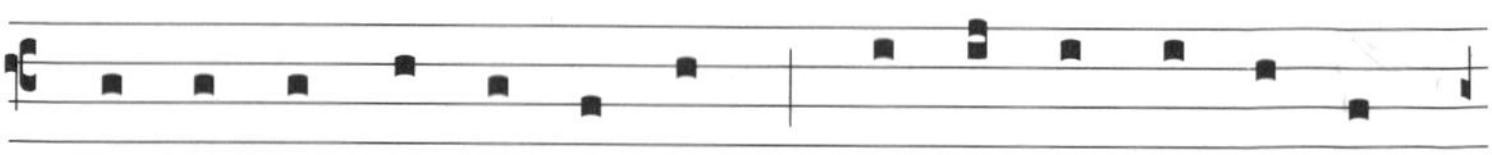

In dei-nem Zor-ne, o Herr, * ge-den-ke dei-nes Er-

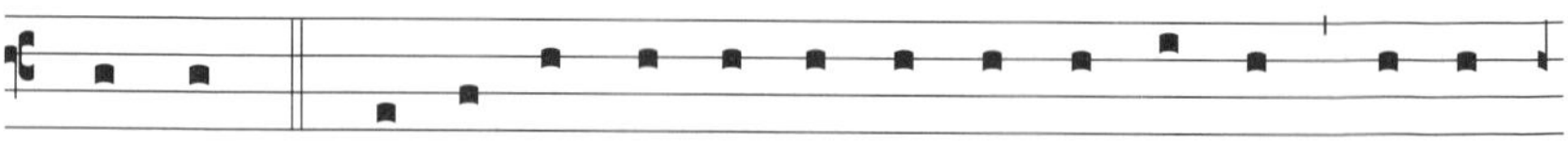

barmens. ℣. In-mit-ten der Jah-re laß es gesche-hen, inmit-

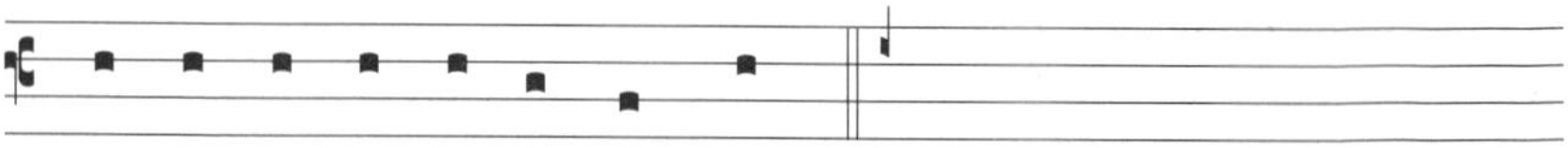

ten der Jah-re tu- e dich kund. *Hab 3,2*

Am Mittwoch

Kurzlesung *Jes 30,18-25()*

Der Herr wartet darauf, euch seine Gnade zu zeigen; er erhebt sich, um euch sein Erbarmen zu schenken. Denn der Herr ist ein Gott des Rechtes; wohl denen, die auf ihn warten. Ja, du Volk auf dem Zion, das in Jerusalem wohnt, du brauchst jetzt nicht mehr zu weinen. Der Herr ist dir gnädig, wenn du um Hilfe schreist; er wird dir antworten, sobald er dich hört. Und es wird geschehen: Auf allen hohen Bergen, auf allen ragenden Hügeln strömen Bäche voll Wasser. Das Licht des Mondes wird so hell sein wie das Licht der Sonne, und das Licht der Sonne wird siebenmal so stark sein wie das Licht von sieben Tagen – am Tag, an dem der Herr die Leiden seines Volkes heilt und seine Wunden verbindet.

Resp
IV/5

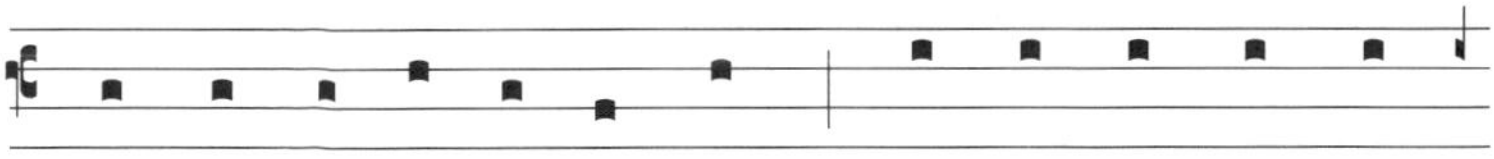

I ch will froh-locken im Herrn, * ich will jauchzen dem

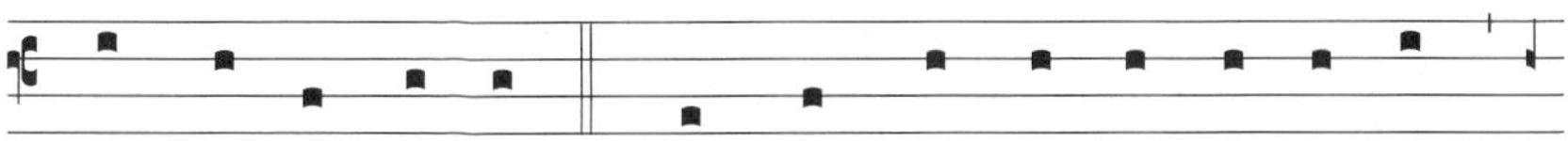

Gott mei-nes Hei- les. ℣. Denn Gott, der Herr, ist mei-ne Kraft,

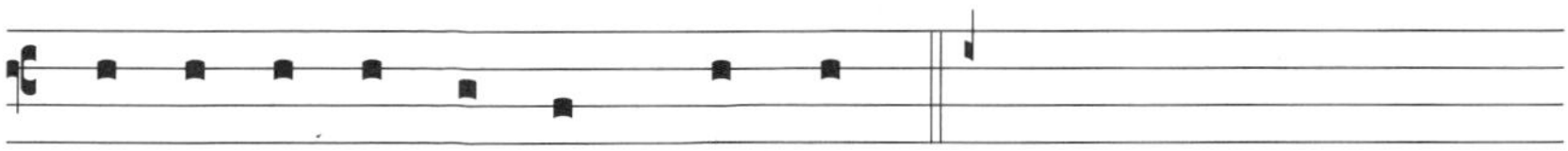

auf Hö-hen läßt er mich schrei-ten. *Hab 3,18f*

Am Donnerstag

Kurzlesung *Jes 57,14-18()*

Bahnt eine Straße, ebnet den Weg, entfernt alle Hindernisse auf dem Weg meines Volkes! Denn so spricht der Hohe und Erhabene, der ewig Thronende, dessen Name 'Der Heilige' ist: Als Heiliger wohne ich in der Höhe, aber ich bin auch bei den Zerschlagenen und Bedrückten, um den Geist der Bedrückten wieder aufleben zu lassen und das Herz der Zerschlagenen neu zu beleben. Denn ich klage nicht für immer an, noch will ich für immer zürnen. Sonst müßte ihr Geist vor mir vergehen und ihr Atem, den ich erschuf. Kurze Zeit zürnte ich wegen der Sünde des Volkes, ich schlug es und verbarg mich voll Zorn. Aber ich will es heilen und führen und wiederum trösten. Seinen Trauernden schaffe ich Lob auf den Lippen. Friede, ja Friede den Fernen und den Nahen, spricht der Herr. Ich werde sie heilen.

Resp
IV/5

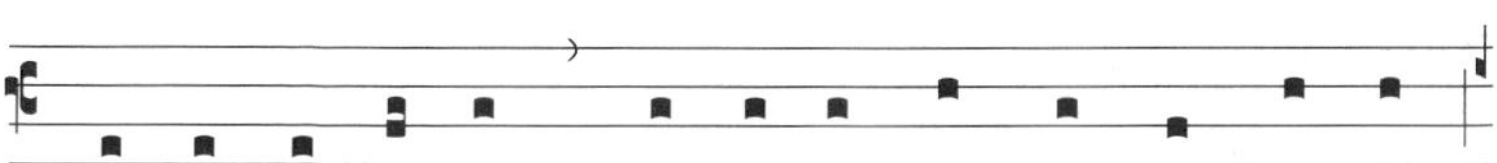

I hr sollt es se- hen, und eu- er Herz wird sich freu-en:

* wie ei- ne Mut- ter will ich euch trö-sten. ℣. An all meinen

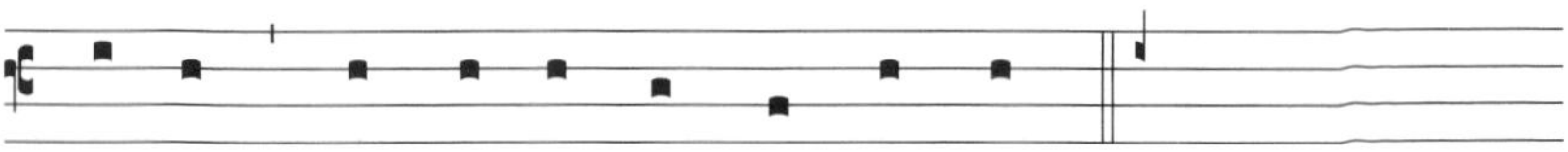

Knechten wird mei-ne Hand sich kundtun. *Jes 66,14.13*

Am Freitag

Kurzlesung *Jer 30,8-11()*

An jenem Tag wird es geschehen – Spruch des Herrn der Heere –, da zerbreche ich das Joch auf Jakobs Nacken; ich zerreiße seine Stricke, und Fremde sollen ihn nicht mehr knechten. Vielmehr wird mein Volk dem Herrn, seinem Gott, dienen und dem König, den ich ihm erstehen lasse. Fürchte dich nicht, mein Knecht Jakob! Israel, verzage nicht! Denn ich bin es, der dich aus fernem Land errettet und deine Kinder aus dem Land der Gefangenschaft. Jakob wird heimkehren und Ruhe haben; er wird in Sicherheit leben und niemand wird ihn erschrecken. Denn ich bin mit dir, um dich zu retten – Spruch des Herrn.

Resp
IV/5

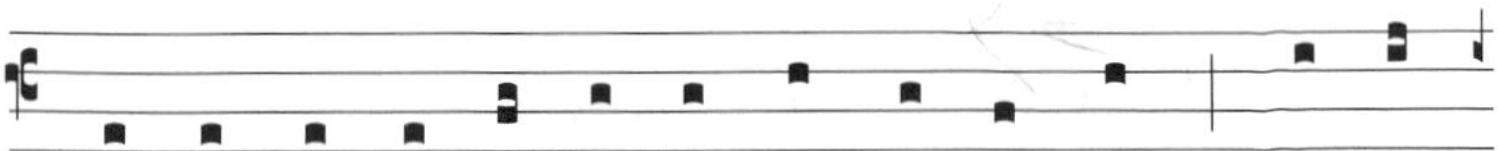

I ch will dich er- hö-ren zur Zeit meiner Huld, * ich hel-

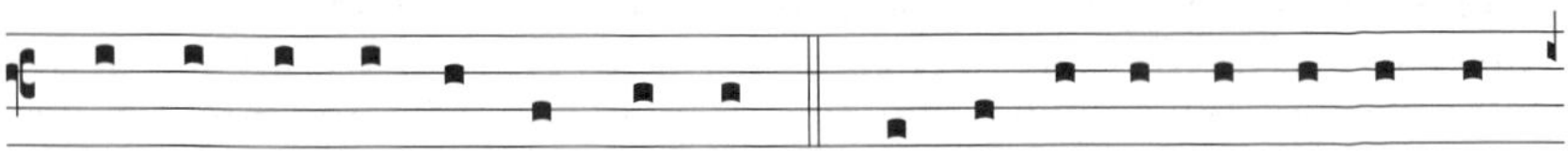

fe dir am Ta- ge des Hei- les. ℣. Ge- fan-ge- ne er-langen die

Freiheit; die in Finsternis sit-zen, kommen ans Licht. *cf. Jes 49,8f*

Am Samstag

Kurzlesung *Jes 7,10-14*

Der Herr sprach zu Ahas: Erbitte dir vom Herrn, deinem Gott, ein Zeichen, sei es von unten, aus der Unterwelt, oder von oben, aus der Höhe. Ahas antwortete: Ich will um nichts bitten und den Herrn nicht auf die Probe stellen. Da sagte Jesaja: Hört her, ihr vom Haus David! Genügt es euch nicht, Menschen zu belästigen? Müßt ihr auch noch meinen Gott belästigen? Darum wird euch der Herr von sich aus ein Zeichen geben: Seht, die Jungfrau wird empfangen, sie wird einen Sohn gebären, und sie wird ihn 'Immanuel' nennen: 'Gott mit uns!'

Resp IV/5

Hymnus

VII

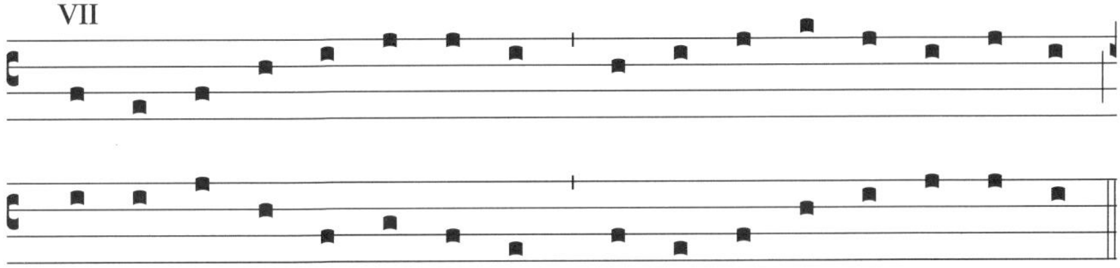

HÖRT, eine helle Stimme ruft
und dringt durch Nacht und Finsternis:
Wacht auf und lasset Traum und Schlaf –
am Himmel leuchtet Christus auf!

Dies ist der Hoffnung lichte Zeit;
der Morgen kommt, der Tag bricht an:
ein neuer Stern geht strahlend auf,
vor dessen Schein das Dunkel flieht.

Vom Himmel wird als Lamm gesandt,
der alle Sünde auf sich nimmt.
Wir blicken gläubig zu ihm auf
und bitten ihn um sein Verzeihn,

daß, wenn im Licht er wiederkommt,
sein Glanz die Welt mit Schrecken schlägt,
er nicht die Sünde strafend rächt,
uns liebend vielmehr bei sich birgt.

Ruhm, Ehre, Macht und Herrlichkeit
sei Gott dem Vater und dem Sohn,
dem Geiste, der uns Beistand ist,
durch alle Zeit und Ewigkeit. Amen.

Am Montag und Donnerstag

℣. Schaut auf und erhebt eure Häupter.
℟. Eure Erlösung ist nah.

Am Dienstag und Freitag

℣. Bereitet dem Herrn den Weg.
℟. Ebnet ihm die Straßen.

Am Mittwoch und Samstag

℣. Über dir, Jerusalem, erstrahlt der Herr.
℟. Und seine Herrlichkeit erscheint.

Antiphon und Canticum *wie im Wochenpsalter.*

24. DEZEMBER

VIGIL

Invitatorium

℟. II

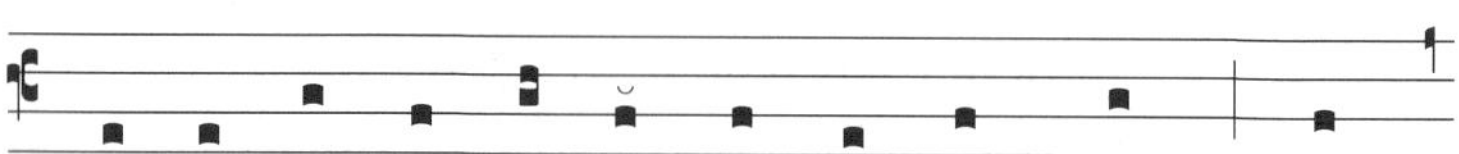

H eu- te sollt ihr wis-sen, daß der Herr kommt, und

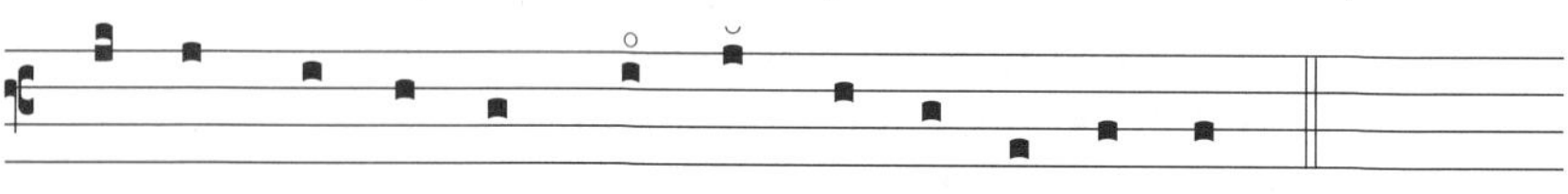

mor- gen wer-det ihr schau- en sei- ne Herrlichkeit.

Hymnus *wie an den Sonntagen im Advent,* 15.

Erste, Zweite und Dritte Nokturn

Psalmodie und Versikel *wie an den Sonntagen im Advent,* 16.

Resp 1
II

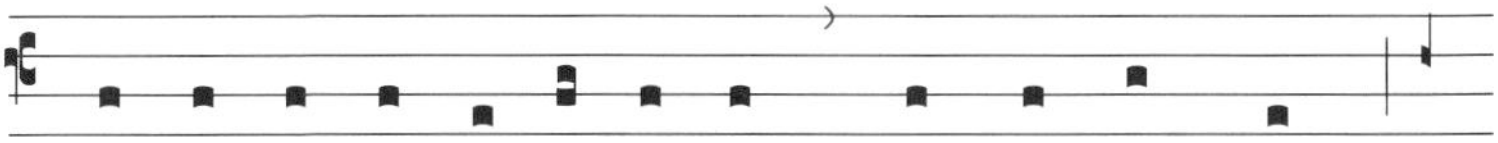

J u- dä- a und Je- ru- sa- lem, fürchtet euch nicht:

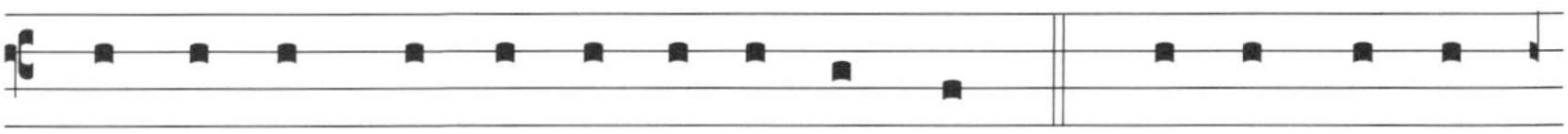

* ihr werdet schau-en die Hil- fe des Herrn. ℣. Mor-gen werdet

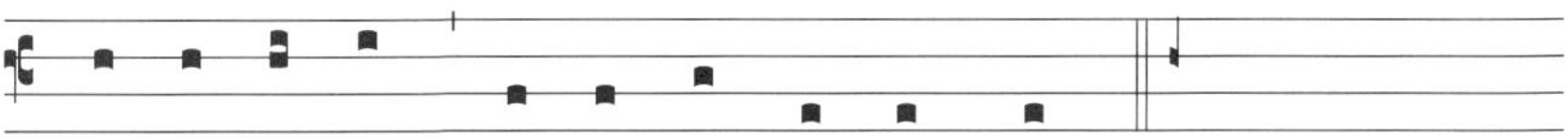

ihr hinausziehn, und Er wird mit euch sein. *2 Chr 20,17*

Resp 2
II

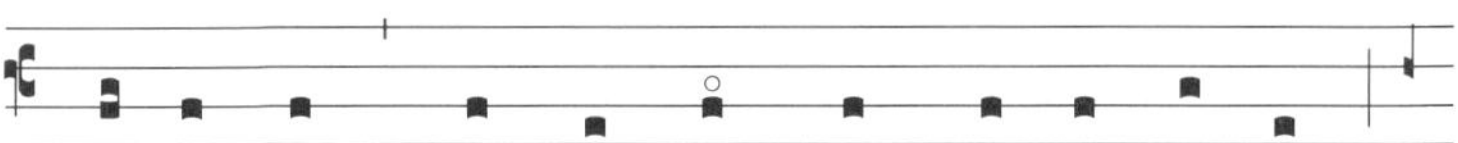

H ei- ligt euch, denn der Herr steigt morgen her- ab!

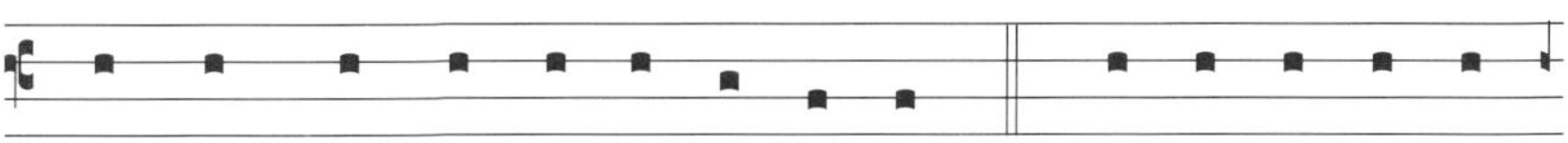

* Er nimmt von euch al- le Ge-brechen. ℣. Die ihr im Stau-be

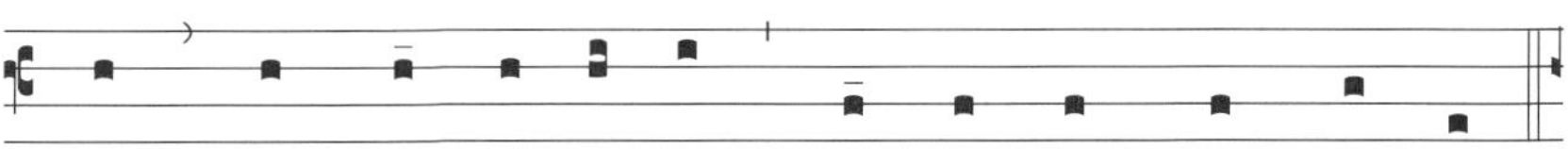

liegt, wacht auf und ju- belt! Seht, der Herr kommt mit Heil.

cf. Ex 19,10f; Dtn 7,15; Jes 26,19

Resp 3
II

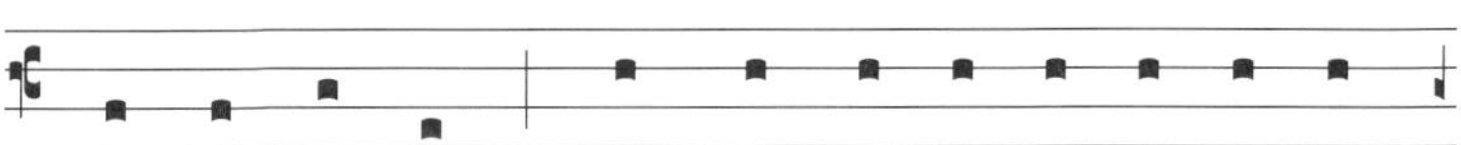

N ur noch ein Tag, * dann wird die Sün-de der Er- de

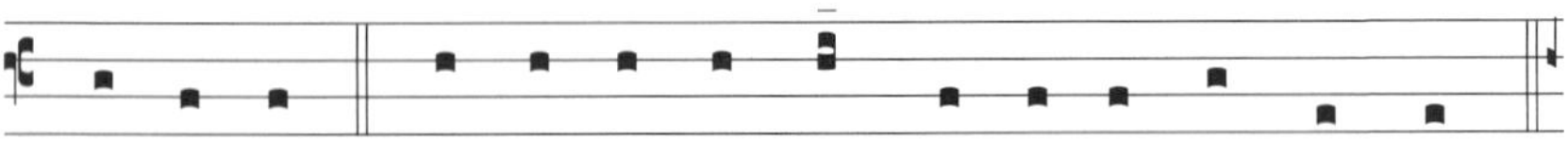

ver-nichtet. ℣. Der Ret-ter der Welt wird ü- ber uns herrschen.

4 Esra 16,53

LAUDES

Ant 1
VIII

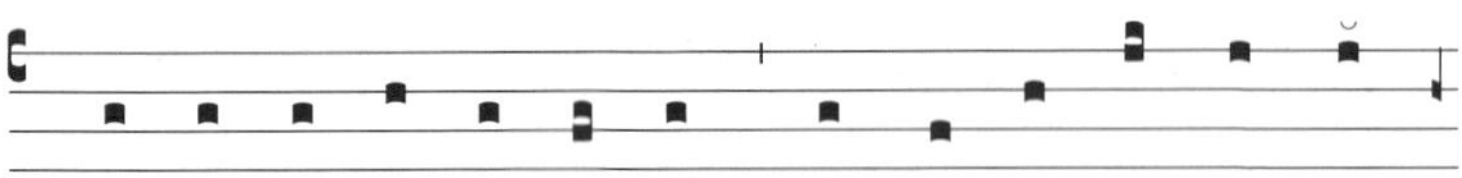

N och ei- ne klei- ne Wei- le, * und der da kommen soll,

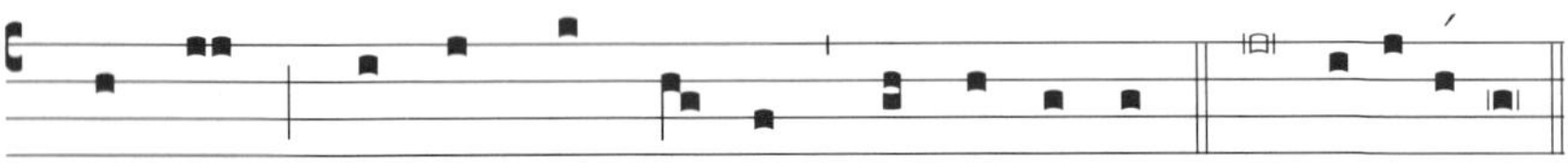

erscheint. Er wird nicht zö-gern. Hal- le- lu- ja. *Hebr 10,37*

Psalm 19 A

DIE Himmel erzählen die Herrlichkeit Gottes, *
das Firmament verkündet das Werk seiner Hände.
Ein Tag sagt es jubelnd dem andern, *
eine Nacht übergibt der andern die Kunde.
Nicht sind es Worte, nicht sind es Reden, *
deren Stimme man nicht vernähme.
Ihre Botschaft ging in alle Welt hinaus, *
ihre Nachricht bis zu den Enden der Erde.
Dort hat er der Sonne ein Zelt bestimmt: /
wie der Bräutigam aus seinem Gemach tritt sie hervor, *
sie freut sich wie ein Held, die Bahn zu laufen.
Am einen Ende des Himmels geht sie hervor, /
durchläuft den Kreis bis ans andere Ende. *
Nichts kann vor ihrer Glut sich bergen.

Ant 2
IV tr

R ei-nigt die Hän-de * und hei-ligt eu- re Her-zen. Na-het

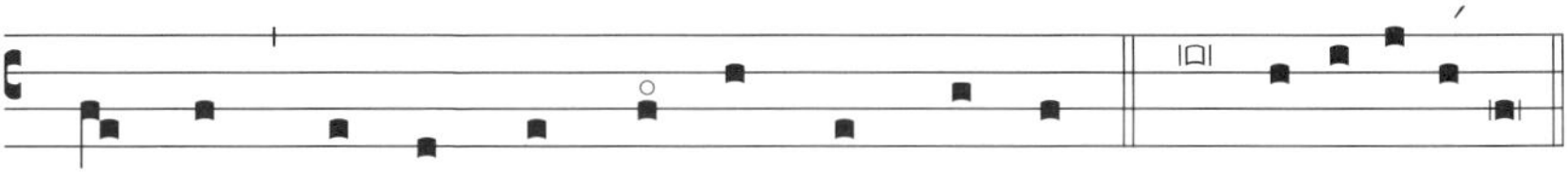

euch Gott, so wird auch er sich euch na-hen. *Jak 4,8*

Psalm 63

GOTT, du mein Gott, dich suche ich, *
nach dir dürstet meine Seele.
Nach dir schmachtet mein Leib *
wie dürres, lechzendes Land ohne Wasser.
So schaue ich dich im Heiligtum *
und sehe deine Macht und deine Herrlichkeit.
Ja, deine Liebe ist besser als das Leben. *
Meine Lippen sollen dich rühmen!
So will ich dich preisen mein Leben lang, *
in deinem Namen meine Hände erheben.
Wie an Fett und Mark wird satt meine Seele. *
Mein Mund singe Lob mit jubelnden Lippen!
Wenn ich an dich denke auf meinem Lager, *
sag ich von dir in nächtlichem Wachen:
„Du wurdest meine Hilfe, *
im Schatten deiner Flügel darf ich jubeln;
an dir hängt meine Seele, *
mich hält deine Rechte.“

Die mir nachstellen, um mich zu verderben, *
sie müssen hinab in die Tiefen der Erde.
Der Gewalt des Schwertes gibt man sie preis, *
den Schakalen werden sie zur Beute.
Der König aber freue sich an Gott! /
Wer bei ihm schwört, darf sich rühmen. *
Doch allen Lügnern wird der Mund geschlossen.

Ant 3
VIII

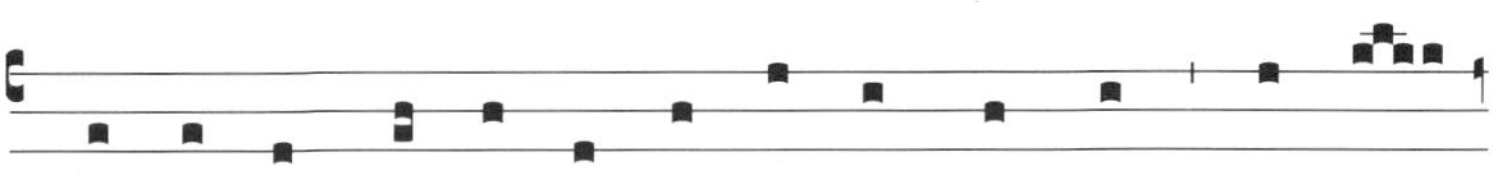

Ihr werdet schauen die Herrlichkeit des Herrn, * die Pracht

cf. Jes 35,2

Jesaja 35,1-10 ( )

JAUCHZEN sollen Wüste und Ödland, *
die Steppe soll frohlocken und blühn.
Wie die Narzisse soll sie erblühen, *
sie soll jubeln und jauchzen vor Lust.
Die Herrlichkeit des Libanon wird ihr zuteil, *
die Pracht des Karmel und der Flur von Scharon.
Die Herrlichkeit des HERRN werden sie schauen, *
die Pracht unseres Gottes.

Stärkt die schwachen Hände! *
Macht fest die wankenden Knie!
Sagt den verzagten Herzẹn: /
„Seid stark und fürchtet euch nicht! *
Seht da – euer Gott!
Die Rache kommt, Gottes Vergeltung ist nahe! *
Er selber kommt und schafft euch Heil.“
Dann öffnen sich die Augen der Blinden, *
und die Ohren der Tauben tun sich auf.
Dann springt der Lahme wie die Gazelle, *
und die Zunge der Stummen wird jubeln.
Wasser brechen hervor in der Wüste *
und Ströme in der Steppe.
Der dürre Boden wird zum Teich, *
zu Wasserquellen das lechzende Land.
Am Ort, an dem Schakale hausten, *
da sprossen Rohr und Schilf.

Und dort wird eine reine Straßẹ sẹin, /
man wird sie nennen 'Heiliger Weg'. *
Dort werden wandeln die Erlösten: *
die Befreiten des HERRN kehrẹn heim, /
nach Zion kommen sie mit Jauchzen, *
ewige Freude über ihren Häuptern.

Es kehren Freude ein und Wonne, *
Kummer und Seufzen entfliehn.

Sach 9,9

Psalm 147

PREISET den HERRN, /
denn gut ist es, unserem Gott zu spielen, *
ja, es ist schön, sein Lob zu singen.

Der HERR errichtet Jerusalem neu, *
er sammelt die Versprengten Israels.
Er heilt, die gebrochenen Herzens sind, *
er verbindet ihre Wunden.
Er bestimmt die Zahl der Sterne, *
er ruft sie alle beim Namen.
Groß ist unser Herr und gewaltig an Kraft, *
seine Einsicht ist ohne Grenzen.
Der HERR richtet auf die Gebeugten, *
er drückt die Frevler zu Boden.

Stimmt dem HERRN ein Danklied an, *
spielt unserm Gott auf der Harfe!
Er bedeckt den Himmel mit Wolken, /
spendet Regen der Erde, *
Gras läßt er auf den Bergen sprießen.

Er gibt dem Vieh seine Nahrung, *
den jungen Raben, wonach sie schreien.
  Keine Freude hat er an der Kraft des Pferdes, *
  kein Gefallen am schnellen Lauf des Mannes.
Gefallen hat der HERR an denen, die ihn fürchten, *
die auf seine Güte hoffen.

  Preise den HERRN, Jerusalem! *
  Lobsinge deinem Gott, o Zion!

Denn er hat die Riegel deiner Tore gefestigt, *
die Kinder in deiner Mitte gesegnet.
  Er umgibt dein Gebiet mit Frieden, *
  er sättigt dich mit bestem Weizen.
Er sendet sein Wort zur Erde, *
rasch eilt dahin sein Wille.
  Er spendet Schnee wie Wolle, *
  streut den Reif aus wie Asche.
Sein Eis wirft er herab wie Brocken, *
vor seinem Frost – wer kann da bestehen?
  Er sendet sein Wort aus und läßt sie schmelzen, *
  er läßt seinen Wind wehn – da rieseln die Wasser.

Er verkündet Jakob sein Wort, *
Israel seine Gesetze und Rechte.
  So hat er an den andern Völkern nicht gehandelt, *
  sie lernten das Recht nicht kennen.

Kurzlesung *Hebr 10,35-39*

Werft eure Zuversicht nicht weg, die großen Lohn mit sich bringt. Was ihr braucht, ist Ausdauer, damit ihr den Willen Gottes erfüllen könnt und so das verheißene Gut erlangt. Denn nur noch eine kurze Zeit, dann wird der kommen, der kommen soll, und er bleibt nicht aus. Mein Gerechter aber wird durch den Glauben leben; doch wenn er zurückweicht, habe ich kein Gefallen an ihm. Wir aber gehören nicht zu denen, die zurückweichen und verlorengehen, sondern zu denen, die glauben und das Leben gewinnen.

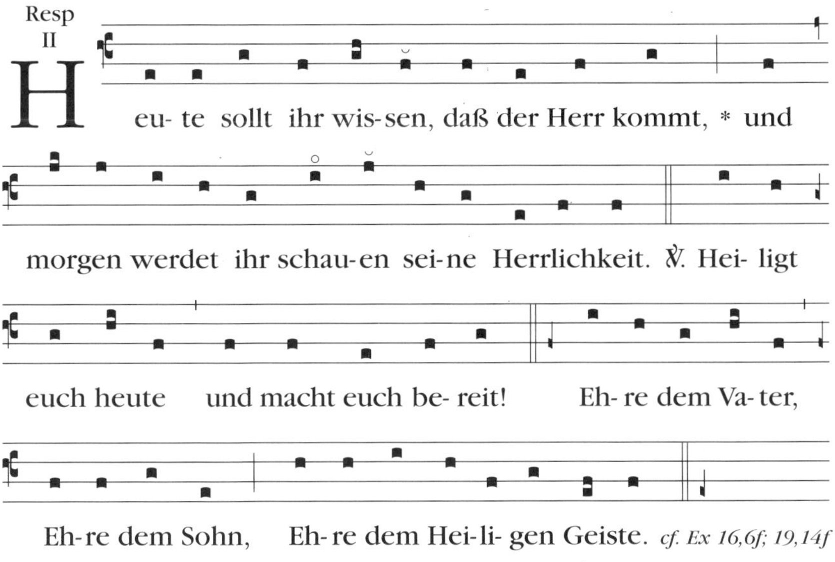

cf. Ex 16,6f; 19,14f

Hymnus

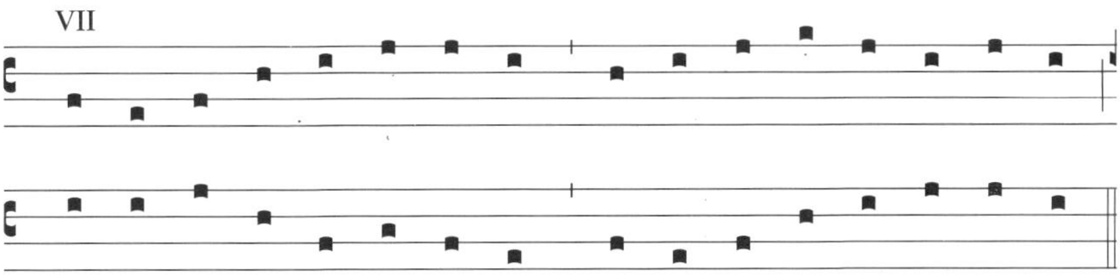

HÖRT, eine helle Stimme ruft
und dringt durch Nacht und Finsternis:
Wacht auf und lasset Traum und Schlaf –
am Himmel leuchtet Christus auf!

Dies ist der Hoffnung lichte Zeit;
der Morgen kommt, der Tag bricht an:
ein neuer Stern geht strahlend auf,
vor dessen Schein das Dunkel flieht.

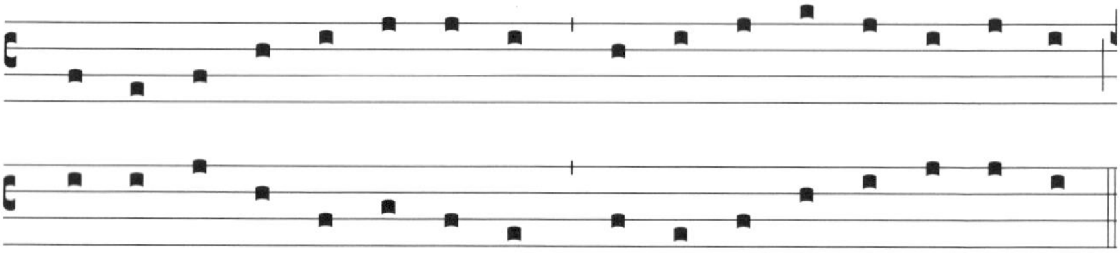

Vom Himmel wird als Lamm gesandt,
der alle Sünde auf sich nimmt.
Wir blicken gläubig zu ihm auf
und bitten ihn um sein Verzeihn,

daß, wenn im Licht er wiederkommt,
sein Glanz die Welt mit Schrecken schlägt,
er nicht die Sünde strafend rächt,
uns liebend vielmehr bei sich birgt.

Ruhm, Ehre, Macht und Herrlichkeit
sei Gott dem Vater und dem Sohn,
dem Geiste, der uns Beistand ist,
durch alle Zeit und Ewigkeit. Amen.

℣. Morgen erscheint euer Heil.
℟. Der Herr, der Gott der Scharen, wird mit euch sein.

Ant C
I

Mi 5,1

25. Dezember

WEIHNACHTEN

HOCHFEST DER GEBURT DES HERRN

VIGIL

Invitatorium

Hymnus

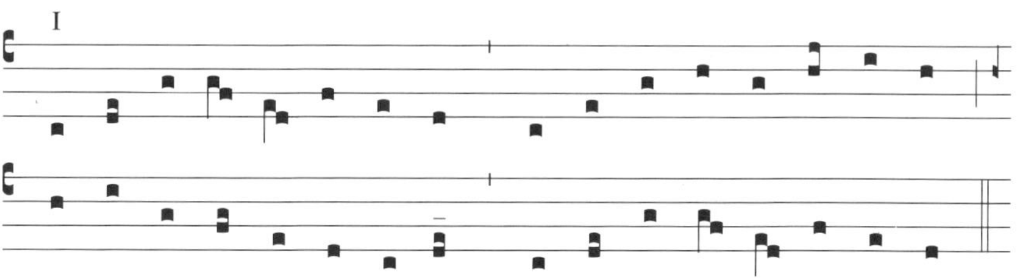

CHRISTUS, Erlöser aller Welt,
du, Gottes einzig wahrer Sohn,
geboren aus des Vaters Schoß
geheimnisvoll vor aller Zeit.

Des Vaters Abglanz, Licht vom Licht,
du aller Hoffnung ew'ger Grund:
erhöre deiner Diener Flehn,
das zu dir dringt vom Erdenkreis.

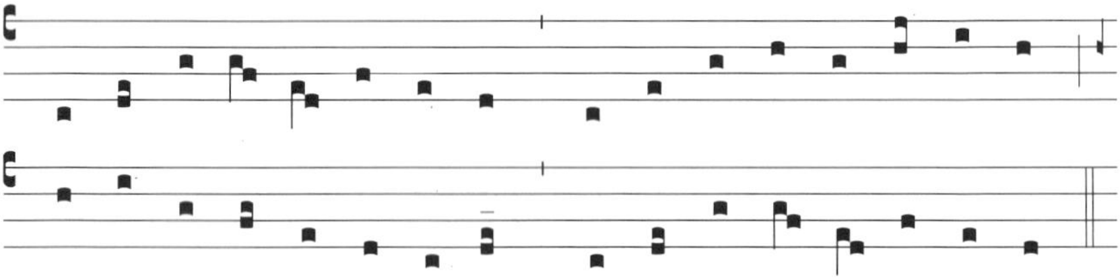

Gedenk, der Jungfrau reiner Schoß
umhüllte dich mit Fleisch und Blut:
mit unsrer armen Knechtsgestalt
den Herrn und Heiland aller Welt.

Es jauchzen Himmel, Erd und Meer
und alles, was in ihnen ist,
dem Vater zu in frohem Dank,
der dich gesandt zu unserm Heil.

Auch wir, mit deinem Blut erkauft,
wir singen dir ein neues Lied
voll Freude ob des heil'gen Tags,
da du uns neu geboren bist.

Herr Jesus, dir sei Ruhm und Preis,
Gott, den die Jungfrau uns gebar,
Lob auch dem Vater und dem Geist
durch alle Zeit und Ewigkeit. Amen.

Erste Nokturn

Ant 1
VIII

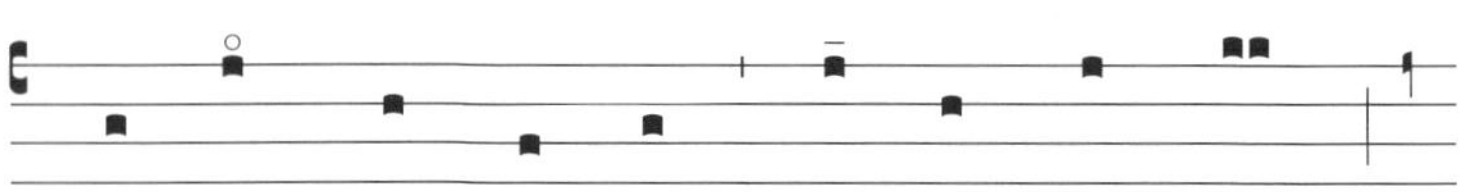

Der Herr sprach zu mir: * Du bist mein Sohn.

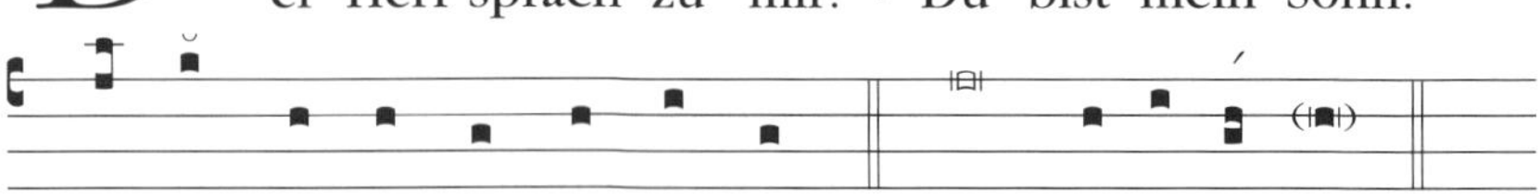

Heu- te ha- be ich dich ge- zeugt.

Psalm 2

WAS toben die Völker? *
Was sinnen die Nationen nichtige Pläne?
Die Könige der Erde stehen auf, /
die Mächtigen tun sich zusammen *
gegen den HERRN und seinen Gesalbten:
„Wir wollen ihre Fesseln zerreißen *
und von uns werfen ihre Stricke!"

Der im Himmel thront - er lacht, *
es spottet ihrer der Herr.
Dann spricht er zu ihnen in seinem Zorn, *
er schreckt sie auf in seinem Grimm:
„Ich selber habe meinen König eingesetzt *
auf Zion, meinem heiligen Berg."

Verkünden will ich den Beschluß des HERRN. /
Er sprach zu mir: „Du bist mein Sohn. *
Ich selber habe dich heute gezeugt.
Fordre von mir,
und ich gebe dir die Völker zum Erbe, *
zum Eigentum die Enden der Erde.
Du wirst sie zerschlagen mit eisernem Zepter, *
wie Töpfergeschirr sie zerschmettern!"

So nehmt nun Einsicht an, ihr Könige, *
laßt euch warnen, ihr Richter der Erde!
Dient dem HERRN in Furcht, /
frohlockt ihm mit Beben, *
- küsset den Sohn -
damit er nicht zürnt, *
und ihr nicht verlorengeht auf eurem Weg.
Denn wenig nur, und sein Zorn ist entbrannt. *
Selig alle, die bei ihm sich bergen!

Psalm 72

DEIN Richteramt, o Gott, verleih dem König, *
dem Königssohn gib dein gerechtes Walten!
  Er regiere dein Volk in Gerechtigkeit *
  und deine Armen durch rechtes Urteil.
Dann tragen die Berge Frieden dem Volk *
und die Höhen Gerechtigkeit.

  Er schaffe Recht den Elenden im Volk, /
  er rette die Kinder des Armen, *
  den Bedrücker zerschlage er.
Er möge lange leben gleich der Sonne, *
wie der Mond, durch alle Geschlechter.
  Er ströme wie Regen herab auf die Felder, *
  wie Regenschauer, welche die Erde benetzen.
In seinen Tagen blühe Gerechtigkeit *
und Fülle des Friedens, bis der Mond nicht mehr da ist.

  Von Meer zu Meer möge er herrschen, *
  vom Strom bis an die Enden der Erde.
Vor ihm beugen sich die Bewohner der Wüste, *
Staub werden lecken seine Feinde.
  Die Könige von Tarschisch und von den Inseln
   bringen Geschenke, *
  die Könige von Saba und Seba nahen mit Gaben.

Alle Könige werden ihm huldigen, *
alle Völker ihm dienen.

Denn er befreit den Armen, der um Hilfe schreit, *
den Elenden und den, der keinen Helfer hat.
Er erbarmt sich des Geringen und Armen, *
das Leben der Armen rettet er.
Aus Bedrückung und Gewalt erlöst er ihr Leben, *
ihr Blut ist in seinen Augen kostbar.

Er lebe! – Gold von Saba soll man ihm gebẹn! /
Man soll für ihn allezeit beten, *
jeden Tag ihm Segen erflehen:
„Im Land gebe es Korn in Füllẹ. /
Es rausche auf den Höhen der Berge wie der Libanon. *
Seine Frucht erblühe aus der Stadt wie das Gras der Erde.
Sein Name soll ewig bestehen, *
solange die Sonne bleibt, sprosse sein Name.
Mit ihm soll man sich segnen, *
ihn sollen selig preisen alle Völker!“

Gepriesen sei der HERR, Israels Gott! *
Er allein tut Wunder.
Gepriesen sei sein herrlicher Name in Ewịgkẹit! /
Die ganze Erde sei erfüllt von seiner Herrlichkeit! *
Amen, ja amen!

Psalm 85

EINST hast du, HERR, dein Land begnadet, *
heimkehren ließest du die Gefangenen Jakobs.
Aufgehoben hast du die Schuld deines Volkes, *
hast zugedeckt all seine Sünden.
Zurückgezogen hast du all deinen Groll, *
hast dich abgekehrt von der Glut deines Zornes.

Kehre dich uns jetzt zu, du Gott unsres Heiles, *
und deinem Unmut gegen uns mach ein Ende.
Willst du uns denn ewig zürnen, *
deinen Zorn hinziehn durch alle Geschlechter?
Willst du uns nicht wieder beleben, *
damit dein Volk an dir sich freue?
HERR, zeig uns dein Erbarmen, *
dein Heil gewähre uns!

Hören will ich, was Gott redet: *
der HERR, er redet „Friede!“
zu seinem Volk und zu seinen Frommen, *
daß sie sich nicht zur Torheit wenden.
Sein Heil ist denen, die ihn fürchten, nahe, *
daß Herrlichkeit in unserm Lande wohne.
Es begegnen einander Liebe und Treue, *
Gerechtigkeit und Friede küssen sich.
Treue sprießt aus der Erde hervor, *
Gerechtigkeit blickt vom Himmel hernieder.
Ja, der HERR gibt das Gute, *
und unser Land bringt seinen Ertrag hervor.
Gerechtigkeit geht vor ihm her *
und bahnt den Weg mit ihren Schritten.

℣. Alle Enden der Erde. Halleluja.
℟. Schauen das Heil unseres Gottes. Halleluja.

Resp
IV/6

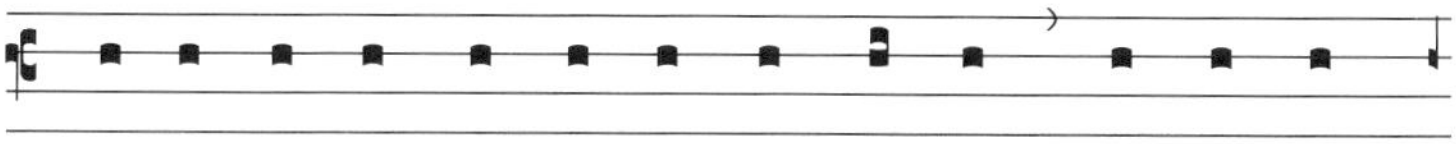

H eu- te ist uns der Kö-nig der Himmel aus der Jung-

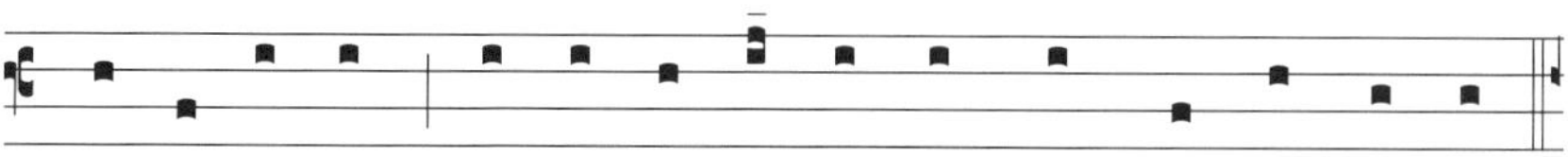

frau ge-bo-ren: * e-wi-ges Heil ist den Menschen erschienen.

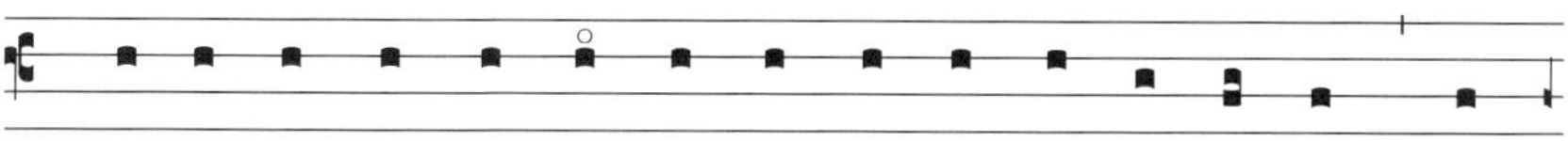

℣. Heu-te leuchtet uns auf der Tag der neu-en Er-lö-sung, vor-

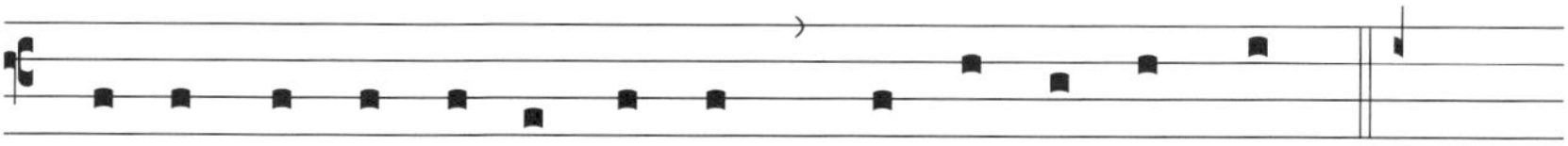

zei-ten ver-kün-de-ter Ret-tung, be-stän-di-gen Glücks. *LT*

Zweite Nokturn

Ant 1
VIII

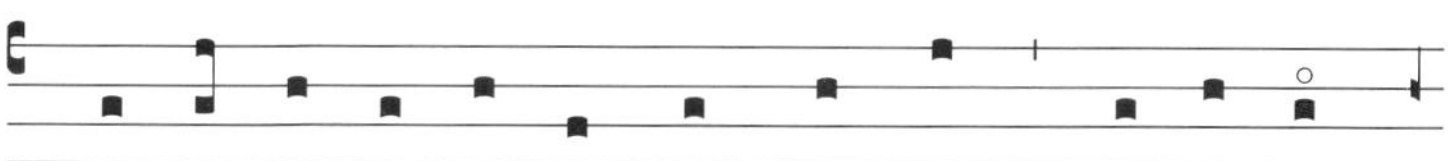

W as Da-vid ver-hei-ßen ward von Gott, * ist er-füllt

in Christus. Er ist uns ge-bo-ren als Hei-land der Welt.

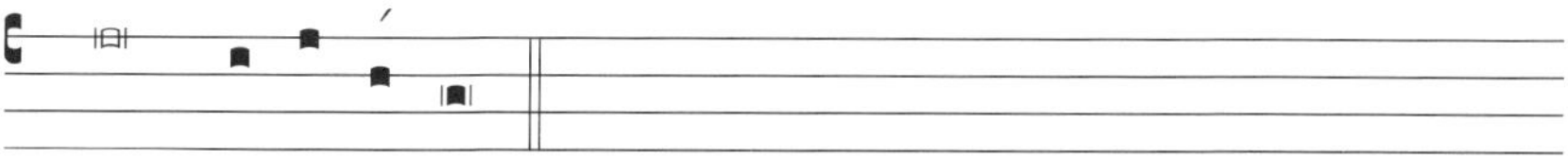

LT

Psalm 89 ()

VON der Huld des HERRN will ich ewig singen, *
von Geschlecht zu Geschlecht
soll mein Mund deine Treue verkünden.

Ja, ich bekennẹ: /
Aufgerichtet ist die Huld für ewig, *
deine Treue hat Bestand im Himmel. ()

Einst hast du gesprochen in einem Gesichte *
und zu deinen Frommen geredet:
„Über einen Helden setzte ich einen Jüngling, *
einen jungen Mann erhob ich aus dem Volke:
ich habe David gefunden als meinen Knecht, *
ihn gesalbt mit dem Öl meiner Heiligung.
Beständig soll meine Hand ihn halten, *
ja, mein Arm soll ihn stärken.
Kein Feind soll ihn täuschen, *
kein Ruchloser kann ihn erniedrigen.
Ich will vor ihm seine Bedränger zerschmettern, *
und die ihn hassen, schlage ich nieder.
Meine Treue und meine Huld begleiten ihn, *
in meinem Namen ist seine Kraft erhoben.
Ich lege seine Hand auf das Meer *
und auf die Ströme seine Rechte.
Er wird mich rufen: 'Du, mein Vater! *
Mein Gott! Fels meines Heiles!'
Ich aber – zum Erstgeborenen setz ich ihn ein, *
zum Höchsten unter den Königen der Erde.
Auf ewig werde ich ihm meine Huld bewahren, *
mein Bund ist beständig mit ihm.
Sein Haus lasse ich dauern für immer, *
und seinen Thron wie die Tage des Himmels.“ ()

Gepriesen sei der HERR in Ewigkeit! *
Amen, ja amen!

Ant 2
IV/tr

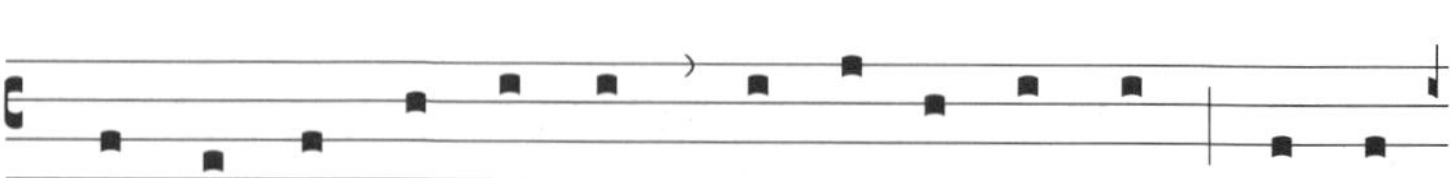

Der Himmel freu- e sich, * die Er- de jauchze vor dem

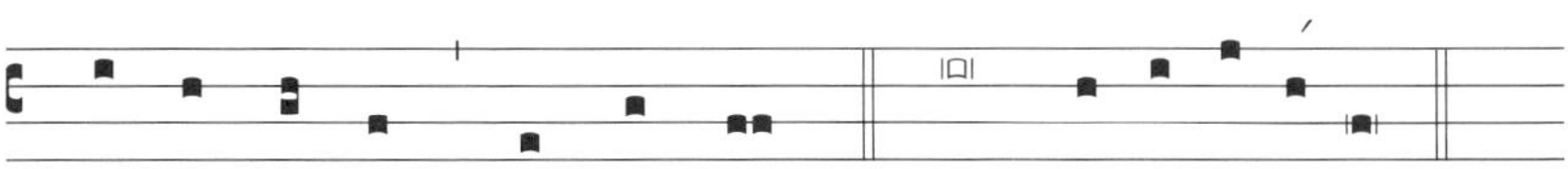

Antlitz Got-tes: denn er kommt.

Psalm 96

SINGET dem HERRN ein neues Lied, /
singt dem HERRN, alle Lande, *
singt dem HERRN und preist seinen Namen!
Verkündet sein Heil von Tag zu Tag, /
erzählt unter den Völkern von seiner Herrlichkeit, *
bei allen Nationen von seinen Wundern.
Denn groß ist der HERR und hoch zu preisen, *
mehr zu fürchten als alle Götter.
Sind doch alle Götter der Völker Nichtse, *
der HERR aber hat den Himmel geschaffen.
Hoheit und Pracht sind vor seinem Antlitz, *
Macht und Glanz erfüllen sein Heiligtum.

Bringt dar dem HERRN, ihr Stämme der Völker, /
bringt dar dem HERRN Ehre und Macht, *
bringt dar dem HERRN die Ehre seines Namens!
Bringt Gaben und tretet in seine Höfe! /
Fallt nieder vor dem HERRN in heiligem Schmuck! *
Die ganze Erde erbebe vor seinem Antlitz.
Verkündet unter den Nationen: Der HERR ist König! /
– Fest ist der Erdkreis gegründet, nie wird er wanken. – *
Er richtet die Völker, wie es recht ist.

Der Himmel freue sich, die Erde jauchze, *
es brause das Meer und seine ganze Fülle,
es jauchze die Flur, und was auf ihr wächst, *
jubeln sollen alle Bäume des Waldes
vor dem HERRN, denn er kommt, *
denn er kommt, die Erde zu richten.
Er richtet den Erdkreis in Gerechtigkeit *
und die Völker nach seiner Treue.

Psalm 24

DES HERRN ist die Erde und was sie erfüllt, *
der Erdkreis und seine Bewohner.
  Denn er hat ihn über Meeren gegründet *
  und ihn über Strömen gefestigt.

Wer darf hinaufziehn zum Berge des HERRN, *
wer darf stehn an seiner heiligen Stätte?
  Der reine Hände hat und ein lauteres Herz, /
  der seine Seele nicht erhebt zum Nichtigen, *
  und der dem Trug keinen Eid schwört.
Er wird Segen empfangen vom HERRN *
und Gerechtigkeit vom Gott seines Heiles.
  Dies ist das Geschlecht, das nach ihm fragt: *
  jene, die dein Antlitz suchen, Jakob.

Ihr Tore, hebt eure Häupter, /
erhebt euch, ihr uralten Pforten, *
daß Einzug halte der König der Herrlichkeit!
  Wer ist dieser König der Herrlichkeit? /
  Der HERR, stark und gewaltig, *
  der HERR, gewaltig im Kampfe.
Ihr Tore, hebt eure Häupter, /
erhebt euch, ihr uralten Pforten, *
daß Einzug halte der König der Herrlichkeit!
  Wer ist er, dieser König der Herrlichkeit? /
  Der HERR der Scharen: *
  Er ist der König der Herrlichkeit.

℣. Laßt uns jubeln dem Herrn und jauchzen voll Freude. Halleluja.
℟. Denn das ewige Heil ist uns heute erschienen. Halleluja.

Resp
IV/6

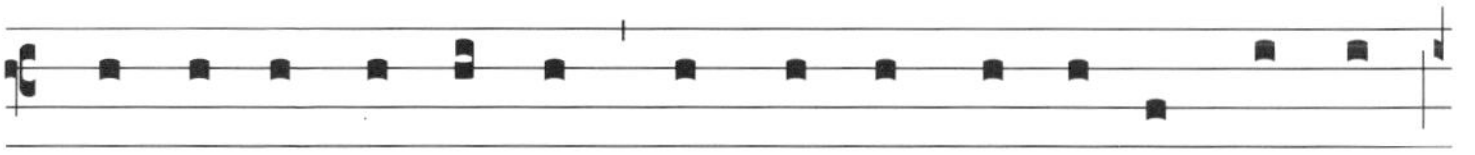

O - großes Geheimnis, o staunenswürdi-ges Wunder:

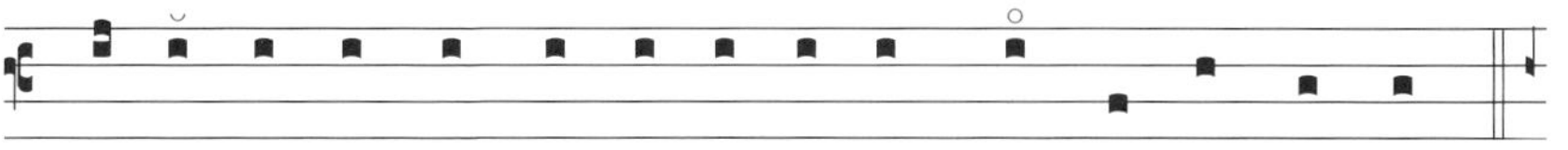

* Tie- re se-hen den neu-ge- bo- re-nen Herrn in der Krip-pe.

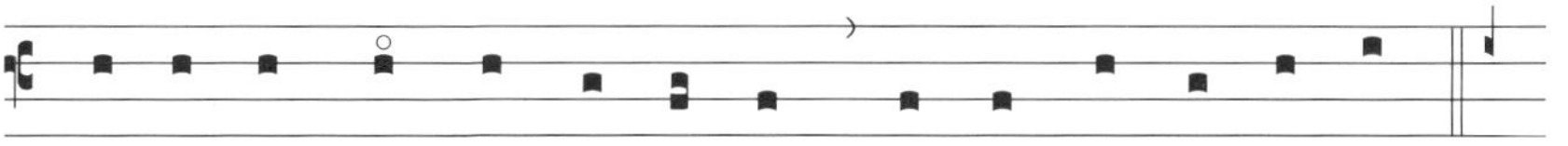

℣. In ei-nem Stall wird ge- bo- ren, der das Welt-all um-faßt. *LT*

Dritte Nokturn

℟.
VII

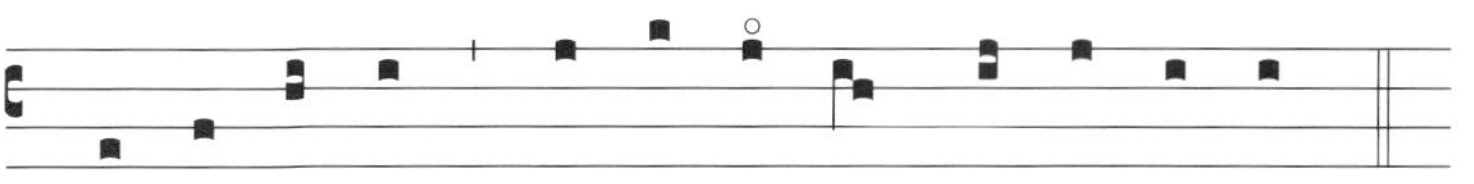

H al- le- lu- ja! * Hal- le- lu- ja, hal- le- lu- ja!

Jesaja 9,1-6

Das Volk, das da wandelt in Finsternis,
schaut ein großes Leuchten.
Die im Land des Schattens wohnen –
ein Licht ist über ihnen aufgestrahlt.

* HALLELUJA, HALLELUJA!

Reich machst du den Jubel, groß die Freude.
Sie freuen sich vor dir, wie man sich freut zur Ernte,
wie man jubelt beim Teilen der Beute.

Du zerbrachst das lastende Joch,
die Stange auf ihrem Nacken,
den Stecken des Zwingherrn hast du zerschmettert
– wie am Tage von Midian.

* HALLELUJA, HALLELUJA!

Jeder Stiefel, der dröhnend daherstampft,
jeder Mantel, von Blut besudelt,
sie werden verbrannt, werden dem Feuer zum Fraße.

HALLELUJA! * HALLELUJA, HALLELUJA!

Denn ein Kind ist uns geboren,
ein Sohn ist uns gegeben.
Auf seinen Schultern ruht die Herrschaft.

* HALLELUJA, HALLELUJA!

Sein Name heißt:
'Wunderbar', 'Bote des großen Rates',
'Starker Held', 'Vater in Ewigkeit', 'Fürst des Friedens'.

HALLELUJA! * HALLELUJA, HALLELUJA!

Groß ist seine Herrschaft,
und des Friedens kein Ende!

* HALLELUJA, HALLELUJA!

Er wird sitzen auf dem Throne Davids,
er festigt sein Reich und stützt es
in Recht und Gerechtigkeit von nun an auf ewig.

HALLELUJA! * HALLELUJA, HALLELUJA!

Der Eifer des HERRN der Scharen,
er wird solches vollbringen.

* HALLELUJA, HALLELUJA!

Ehre sei dem Vater und dem Sohne
und dem Heiligen Geiste.
Wie im Anfang, so auch jetzt und immer
und für ewige Zeiten. Amen.

HALLELUJA! * HALLELUJA, HALLELUJA!

℣. Ein Kind ist uns geboren. Halleluja.
℟. Ein Sohn ist uns gegeben. Halleluja.

Resp
IV/6

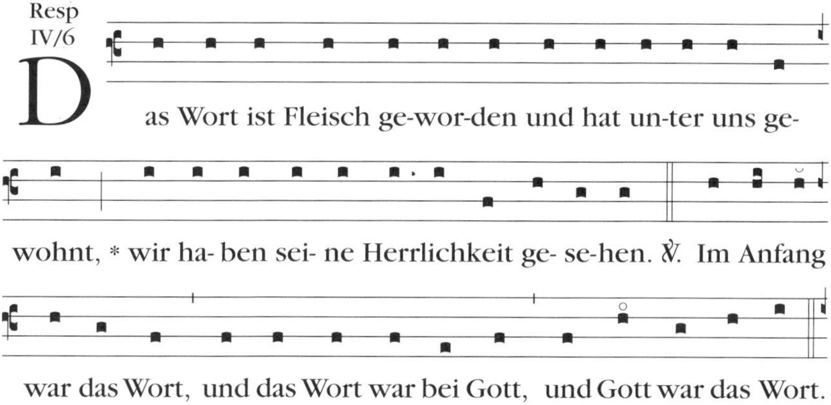

Joh 1,14.1

LAUDES

Ant 1
I

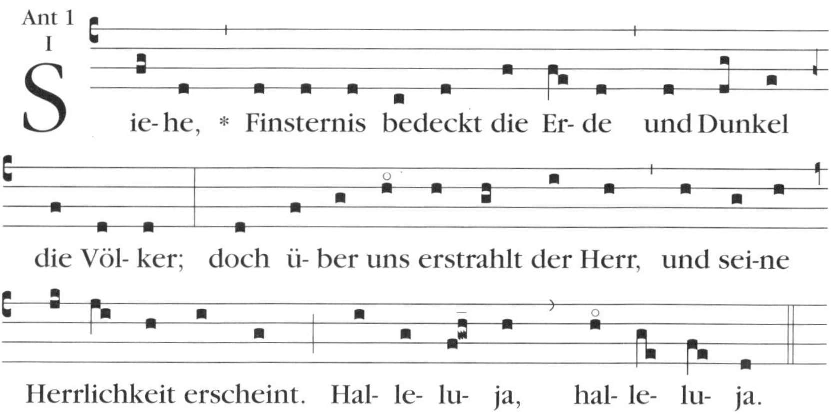

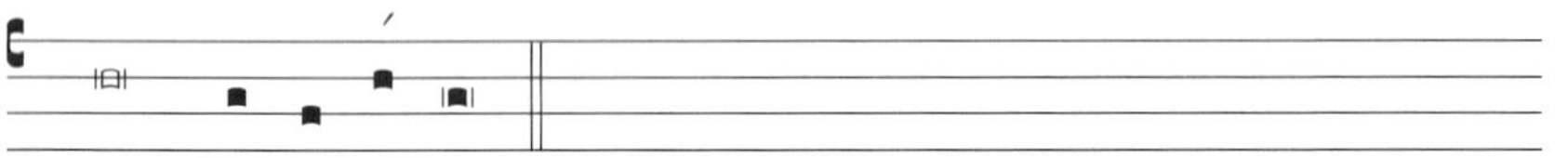

Jes 60,2

Psalm 93

DER HERR ist König, mit Hoheit bekleidet; *
der HERR hat sich bekleidet und mit Macht umgürtet.
Fest ist der Erdkreis gegründet, *
nie wird er wanken.
Fest steht dein Thron von Anbeginn, *
du bist von Ewigkeit.

Fluten erhoben, HERR, /
Fluten erhoben ihr Tosen, *
Fluten erheben ihr Brausen.
Gewaltiger als das Tosen der mächtigen Wasser, /
gewaltiger als die Brandung des Meeres *
ist gewaltig der HERR in der Höhe.

Deine Gesetze sind fest und verläßlich, /
HERR, deinem Haus ziemt Heiligkeit *
für alle Zeiten.

Ant 2
VII

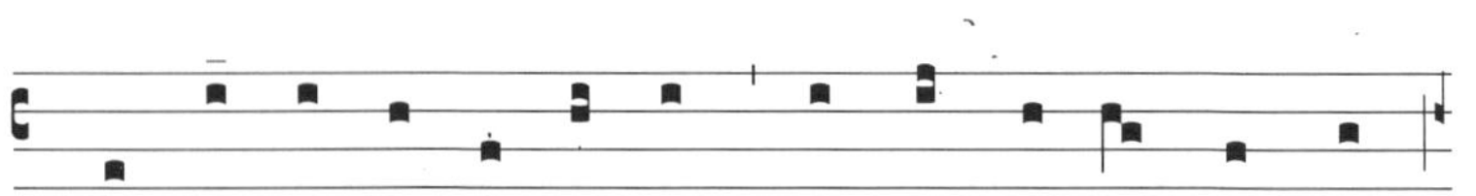

Ein Kind ist uns ge- bo- ren, * ein Sohn ist uns geschenkt.

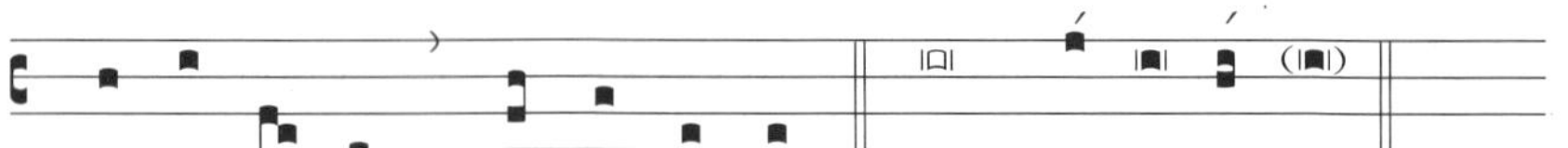

Hal- le- lu- ja, hal- le- lu- ja. *Jes 9,5*

Psalm 100

JAUCHZET dem HERRN, alle Welt! /
Dient dem HERRN mit Freude! *
Kommt vor sein Antlitz mit Jubel!

Erkennt: Der HERR ist Gott! /
Er hat uns geschaffen, wir sind sein Eigen, *
sein Volk und die Herde seiner Weide.

Tretet durch seine Tore mit Dank, /
in seine Höfe mit Lobgesang! *
Dankt ihm, preist seinen Namen!
Denn gut ist der HERR, /
seine Huld währt ewig *
und Geschlecht um Geschlecht seine Treue.

Jes 9,5 (Vulg)

Daniel 3,57-88 ()

PREISET den HERRN, all ihr Werke des HERRN, *
lobt und erhebt ihn in Ewigkeit!
Preiset den HERRN, ihr Engel des HERRN, *
ihr hohen Himmel, lobpreiset IHN!
Preiset den HERRN, alle Wasser droben am Himmel, *
all ihr Mächte, lobpreiset IHN!
Preiset den HERRN, Sonne und Mond, *
ihr Sterne am Himmel, lobpreiset IHN!
Preiset den HERRN, jeder Regen und Tau, *
all ihr Stürme, lobpreiset IHN!
Preiset den HERRN, Feuer und Glut, *
Frost und Hitze, lobpreiset IHN!
Preiset den HERRN, ihr Tropfen des Taus, /
ihr Flocken des Schnees, *
Eis und Kälte, lobpreiset IHN!

Preiset den HERRN,
ihr Kristalle von Schnee und Rauhreif, *
ihr Blitze und Wolken, lobpreiset IHN!
Preiset den HERRN, ihr Nächte und Tage, *
Licht und Dunkel, lobpreiset IHN!

Du, Erde, preise den HERRN, *
lob und erheb ihn in Ewigkeit!
Preiset den HERRN, ihr Berge und Hügel, *
alles, was sproßt auf der Erde, lobpreise IHN!
Preiset den HERRN, ihr Quellen, *
ihr Meere und Ströme, lobpreiset IHN!
Preiset den HERRN, ihr Ungeheuer der See /
und alles, was sich regt in den Wassern, *
all ihr Vögel des Himmels, lobpreiset IHN!
Preiset den HERRN, all ihr Tiere, wilde und zahme, *
all ihr Menschen, lobpreiset IHN!

Du, Israel, preise den HERRN, *
lob und erheb ihn in Ewigkeit!
Preiset den HERRN, ihr Priester des HERRN, *
ihr seine Knechte, lobpreiset IHN!
Preiset den HERRN, ihr Heiligen /
und ihr gebeugten Herzen, *
ihr Geister und Seelen der Gerechten, lobpreiset IHN!

Preiset den HERRN, Hananja, Asarja und Mischael, *
lobt und erhebt ihn in Ewigkeit!
Denn er entriß uns der Unterwelt, *
er hat uns errettet aus der Hand des Todes.
Er befreite uns aus dem lodernden Ofen, *
er hat uns erlöst aus der Mitte des Feuers.

Laßt uns preisen den Vater und den Sohn
mit dem Heiligen Geist, *
ihn loben und erheben in Ewigkeit!

Psalm 150

LOBT Gott in seinem Heiligtum, *
lobt ihn in seiner mächtigen Feste!
Lobt ihn ob seiner gewaltigen Taten, *
lobt ihn in der Fülle seiner Hoheit!
Lobt ihn mit dem Schall der Posaunen, *
lobt ihn mit Harfe und Leier!
Lobt ihn mit Pauke und Reigen, *
lobt ihn mit Flöten und Saitenspiel!
Lobt ihn mit hellen Zimbeln, /
lobt ihn mit schmetternden Zimbeln! *
Alles, was Atem hat, lobe den Herren!

Kurzlesung *Jes 44,23*

Jauchzt, ihr Himmel, denn der Herr hat gehandelt; jubelt, ihr Tiefen der Erde! Brecht in Jubel aus, ihr Berge, ihr Wälder mit all euren Bäumen! Denn der Herr hat Jakob erlöst und an Israel bewiesen, wie herrlich er ist.

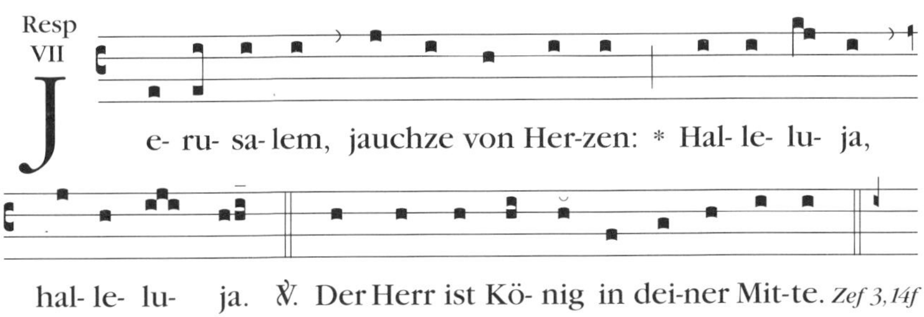

Hymnus

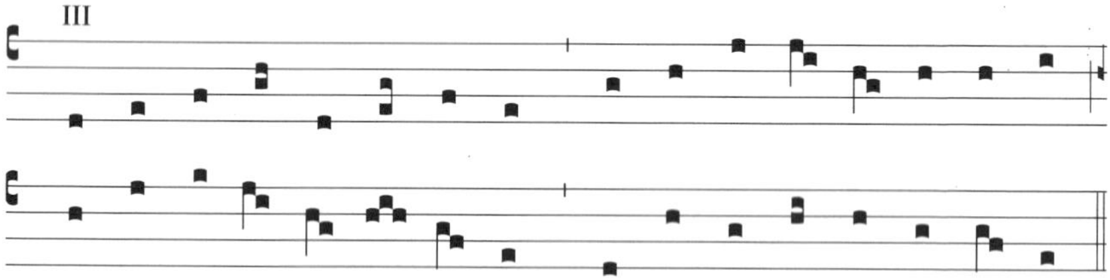

VOM hellen Tor der Sonnenbahn
bis zu der Erde fernstem Rand
erschalle Christus unser Lob,
dem König, den die Magd gebar.

Der Herr und Schöpfer aller Welt
hüllt sich in arme Knechtsgestalt,
im Fleische zu befrein das Fleisch,
vom Tod zu retten, die er schuf.

Er scheut es nicht, auf Stroh zu ruhn,
die harte Krippe schreckt ihn nicht;
ein wenig Milch ernährt den Herrn,
der keinen Vogel hungern läßt.

Der Himmel bricht in Jubel aus,
die Engel singen Gott zu Lob;
den Hirten wird geoffenbart
der Hirt, der alle Dinge schuf.

Herr Jesus, dir sei Ruhm und Preis,
Gott, den die Jungfrau uns gebar,
Lob auch dem Vater und dem Geist
durch alle Zeit und Ewigkeit. Amen.

℣. Der Herr hat kundgemacht sein Heil. Halleluja.
℟. Vor den Augen der Völker. Halleluja.

Ant C
VII

Lk 2,10f

WEIHNACHTSOKTAV

VIGIL

Invitatorium

℟.
V

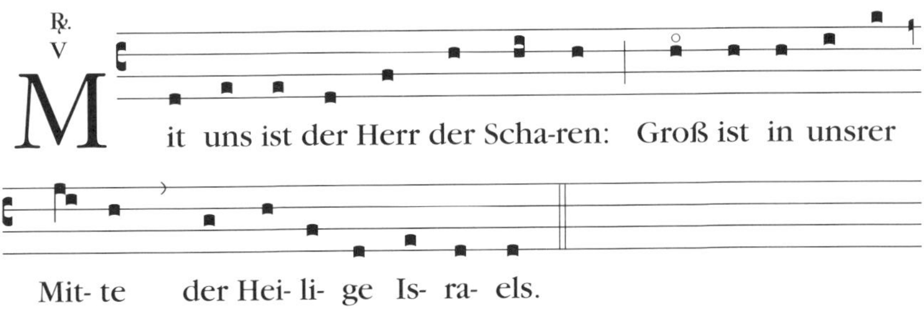

Psalm 46

GOTT ist uns Zuflucht und Stärke,
vielfach bewährt als Helfer in Nöten.
Darum bangen wir nicht, mag auch die Erde wanken,
mögen Berge stürzen in die Tiefe des Meeres.
Wenn seine Wogen auch tosen und schäumen
und Berge erzittern vor seinem Ungestüm:

Des Stromes Arme erfreuen die Gottesstadt,
des Höchsten heilige Wohnung.
Gott ist in ihrer Mitte, sie wird nicht wanken;
am frühen Morgen schon bringt Gott ihr Hilfe.
Völker toben, Reiche wanken,
er donnert drein, da schmilzt die Erde.

MIT UNS IST DER HERR DER SCHAREN:
GROSS IST IN UNSRER MITTE DER HEILIGE ISRAELS.

Kommt und schaut die Taten des HERRN:
Schauder erregt er auf Erden.
Er setzt den Kriegen ein Ende, bis an die Grenzen der Erde,
zerbricht die Bogen, zerschlägt die Lanzen,
verbrennt die Wagen im Feuer.
„Laßt ab und erkennt, daß ich Gott bin:
erhaben über die Völker, erhaben auf Erden!“

MIT UNS IST DER HERR DER SCHAREN:
GROSS IST IN UNSRER MITTE DER HEILIGE ISRAELS.

Ehre dem Vater, Ehre dem Sohne,
Ehre dem Heiligen Geiste.
Wie im Anfang, so auch jetzt und immer
und in Ewigkeit. Amen.

MIT UNS IST DER HERR DER SCHAREN:
GROSS IST IN UNSRER MITTE DER HEILIGE ISRAELS.

Hymnus

VIII

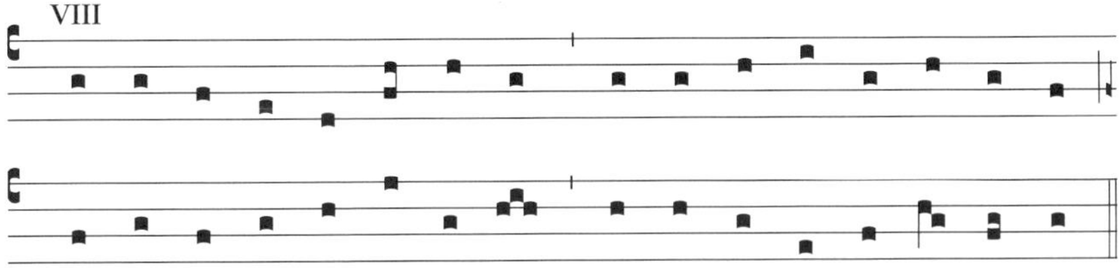

EIN heller Ruf durchtönt die Nacht:
Der Retter, unser Gott, ist da!
Der Herr, den alle Welt ersehnt,
er hat sich unsrer Not erbarmt.

Dem Volk in Nacht und Finsternis
erstrahlt ein Licht, erglänzt ein Stern:
die Herrlichkeit des Herrn erscheint
im Kinde, das Maria hegt.

Des Vaters Glanz, das Licht vom Licht,
erleuchtet unsre Dunkelheit;
nun glaubt und staunt: Gott selbst ist Mensch
und geht in unser Elend ein.

Herr Jesus, dir sei Ruhm und Preis,
Gott, den die Jungfrau uns gebar,
Lob auch dem Vater und dem Geist
durch alle Zeit und Ewigkeit. Amen.

Erste Nokturn

(oder am Montag, Mittwoch und Freitag)

Ant 1
VIII

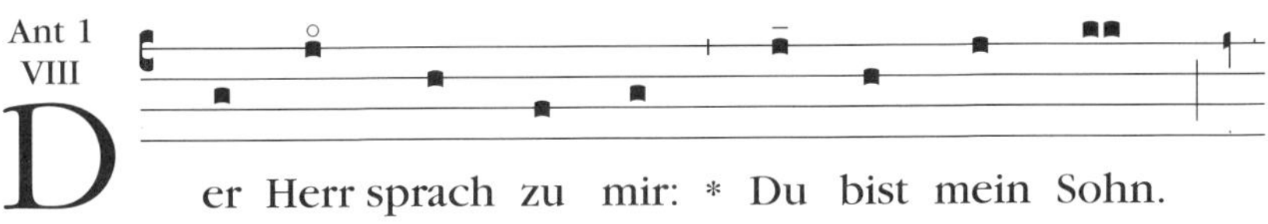

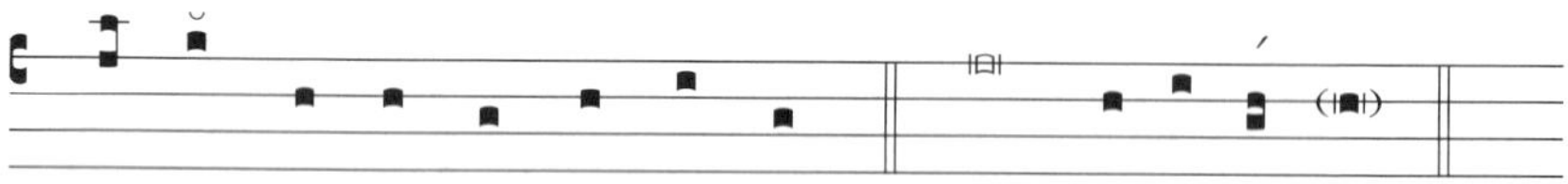

Psalm 2

WAS toben die Völker? *
Was sinnen die Nationen nichtige Pläne?
Die Könige der Erde stehen auf, /
die Mächtigen tun sich zusammen *
gegen den HERRN und seinen Gesalbten:
„Wir wollen ihre Fesseln zerreißen *
und von uns werfen ihre Stricke!“

Der im Himmel thront – er lacht, *
es spottet ihrer der Herr.
Dann spricht er zu ihnen in seinem Zorn, *
er schreckt sie auf in seinem Grimm:
„Ich selber habe meinen König eingesetzt *
auf Zion, meinem heiligen Berg.“

Verkünden will ich den Beschluß des HERRN. /
Er sprach zu mir: „Du bist mein Sohn. *
Ich selber habe dich heute gezeugt.
Fordre von mir, und ich gebe dir die Völker zum Erbe, *
zum Eigentum die Enden der Erde.
Du wirst sie zerschlagen mit eisernem Zepter, *
wie Töpfergeschirr sie zerschmettern!“

So nehmt nun Einsicht an, ihr Könige, *
laßt euch warnen, ihr Richter der Erde!
Dient dem HERRN in Furcht, /
frohlockt ihm mit Beben, *
– küsset den Sohn –
damit er nicht zürnt, *
und ihr nicht verlorengeht auf eurem Weg.
Denn wenig nur, und sein Zorn ist entbrannt. *
Selig alle, die bei ihm sich bergen!

Psalm 19 A

DIE Himmel erzählen die Herrlichkeit Gottes, *
das Firmament verkündet das Werk seiner Hände.
Ein Tag sagt es jubelnd dem andern, *
eine Nacht übergibt der andern die Kunde.
Nicht sind es Worte, nicht sind es Reden, *
deren Stimme man nicht vernähme.
Ihre Botschaft ging in alle Welt hinaus, *
ihre Nachricht bis zu den Enden der Erde.
Dort hat er der Sonne ein Zelt bestimmt: /
wie der Bräutigam aus seinem Gemach tritt sie hervor, *
sie freut sich wie ein Held, die Bahn zu laufen.
Am einen Ende des Himmels geht sie hervor, /
durchläuft den Kreis bis ans andere Ende. *
Nichts kann vor ihrer Glut sich bergen.

Psalm 45

MEIN Herz wallt auf zu einem guten Wort, /
ich widme mein Gedicht dem König. *
Meine Zunge ist der Griffel eines flinken Schreibers.

Du bist der Schönste unter den Menschen, /
Anmut ist ausgegossen über deine Lippen, *
hat doch Gott dich gesegnet auf ewig.
Gürte, du Held, dein Schwert um die Hüfte, *
tritt auf mit deiner Pracht und Hoheit!
Mit Glück zieh aus für die Sache der Wahrheit, /
verhilf dem Gebeugten zum Recht: *
furchtbare Taten soll deine Rechte dich lehren.
Deine Pfeile sind scharf, dir unterliegen die Völker, *
mutlos werden die Feinde des Königs.
Dein Thron, du Göttlicher, steht für immer und ewig; *
ein Zepter der Geradheit ist das Zepter deines Königtums.
Du liebst Gerechtigkeit und hassest Frevel, /
hat Gott, dein Gott, dich doch gesalbt
mit dem Öl des Frohlockens *
wie keinen von deinen Gefährten.
Von Myrrhe, Aloë und Kassia duften all deine Kleider, *
aus dem Palast von Elfenbein erfreut dich Saitenspiel.
Die Königstochter steht da unter deinen Geliebten, /
Gemahlin zu sein zu deiner Rechten *
im Schmuck des Goldes von Ofir.

„Höre, o Tochter, sieh her und neige dein Ohr, *
vergiß dein Volk und das Haus deines Vaters!
Der König verlangt nach deiner Schönheit, *
er ist ja dein Herr: vor ihm sollst du dich neigen.
Die Tochter Tyrus kommt mit Geschenken: *
um deine Gunst werben die Reichen des Volkes."

Die Königstochter – lauter Herrlichkeit ist sie bei ihrem Einzug, *
in golddurchwirkten und bunt bestickten Gewändern.

Sie wird zum König geleitẹt, /
Jungfrauen sind ihr Gefolge, *
ihre Freundinnen werden dir zugeführt.
Sie werden geleitet mit Freudenrufen und Jubel, *
sie ziehen ein in den Palast des Königs.

An die Stelle deiner Väter treten deine Söhne, *
du setzt sie ein als Fürsten über die Lande.
Deinen Namen will ich rühmen durch alle Geschlechter: *
so werden die Völker dich preisen auf immer und ewig.

℣. Alle Enden der Erde. Halleluja.
℟. Schauen das Heil unseres Gottes. Halleluja.

Resp
IV/6

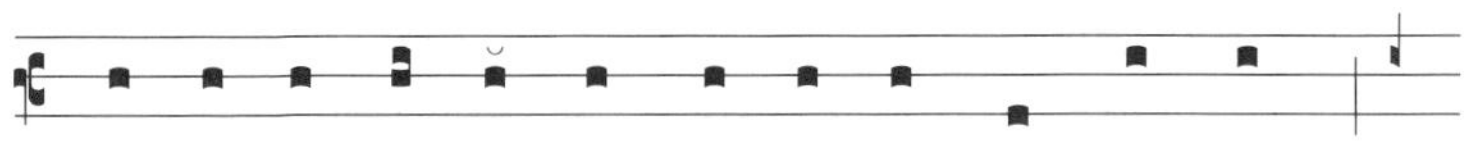

Der wah-re Frie-de stieg her-nie-der vom Himmel:

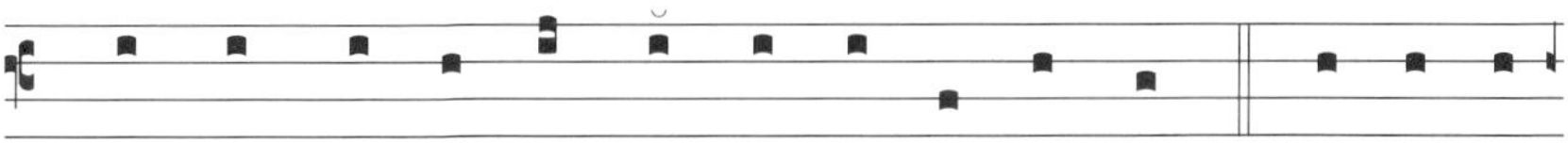

* Gott selbst ist ge- kommen als Ret- ter der Welt. ℣. Er erschien

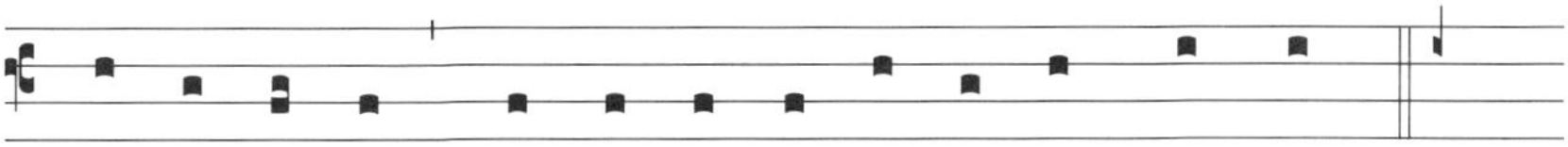

auf der Er- de und ver-kehr-te un-ter den Menschen.

LT; cf. Bar 3,38

Zweite Nokturn

(oder am Dienstag, Donnerstag und Samstag)

Ant 1
IV/ tr

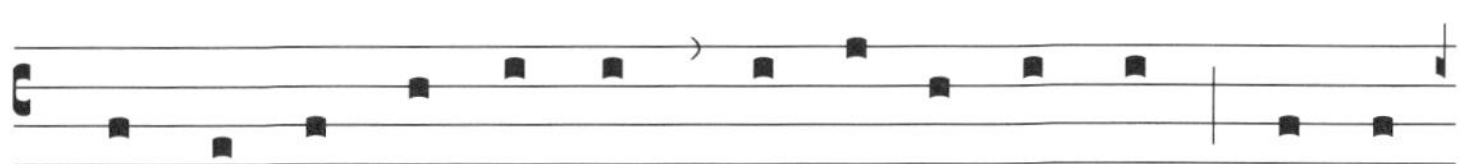

Der Himmel freu- e sich,* die Er-de jauchze vor dem

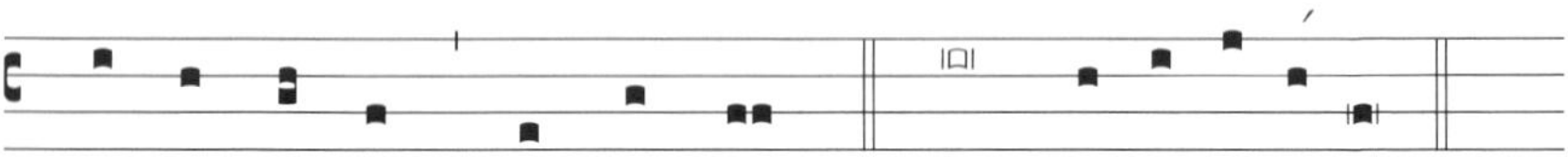

Psalm 96

SINGET dem HERRN ein neues Lied, /
singt dem HERRN, alle Lande, *
singt dem HERRN und preist seinen Namen!
Verkündet sein Heil von Tag zu Tag, /
erzählt unter den Völkern von seiner Herrlichkeit, *
bei allen Nationen von seinen Wundern.
Denn groß ist der HERR und hoch zu preisen, *
mehr zu fürchten als alle Götter.
Sind doch alle Götter der Völker Nichtse, *
der HERR aber hat den Himmel geschaffen.
Hoheit und Pracht sind vor seinem Antlitz, *
Macht und Glanz erfüllen sein Heiligtum.

Bringt dar dem HERRN, ihr Stämme der Völker, /
bringt dar dem HERRN Ehre und Macht, *
bringt dar dem HERRN die Ehre seines Namens!
Bringt Gaben und tretet in seine Höfe! /
Fallt nieder vor dem HERRN in heiligem Schmuck! *
Die ganze Erde erbebe vor seinem Antlitz.
Verkündet unter den Nationen: Der HERR ist König! /
– Fest ist der Erdkreis gegründet, nie wird er wanken. – *
Er richtet die Völker, wie es recht ist.

Der Himmel freue sich, die Erde jauchze, *
es brause das Meer und seine ganze Fülle,
es jauchze die Flur, und was auf ihr wächst, *
jubeln sollen alle Bäume des Waldes
vor dem HERRN, denn er kommt, *
denn er kommt, die Erde zu richten.
Er richtet den Erdkreis in Gerechtigkeit *
und die Völker nach seiner Treue.

Psalm 85

EINST hast du, HERR, dein Land begnadet, *
heimkehren ließest du die Gefangenen Jakobs.
Aufgehoben hast du die Schuld deines Volkes, *
hast zugedeckt all seine Sünden.
Zurückgezogen hast du all deinen Groll, *
hast dich abgekehrt von der Glut deines Zornes.

Kehre dich uns jetzt zu, du Gott unsres Heiles, *
und deinem Unmut gegen uns mach ein Ende.
Willst du uns denn ewig zürnen, *
deinen Zorn hinziehn durch alle Geschlechter?
Willst du uns nicht wieder beleben, *
damit dein Volk an dir sich freue?
HERR, zeig uns dein Erbarmen, *
dein Heil gewähre uns!

Hören will ich, was Gott redet: *
der HERR, er redet „Friede!“
zu seinem Volk und zu seinen Frommen, *
daß sie sich nicht zur Torheit wenden.
Sein Heil ist denen, die ihn fürchten, nahe, *
daß Herrlichkeit in unserm Lande wohne.
Es begegnen einander Liebe und Treue, *
Gerechtigkeit und Friede küssen sich.
Treue sprießt aus der Erde hervor, *
Gerechtigkeit blickt vom Himmel hernieder.

Ja, der HERR gibt das Gute, *
und unser Land bringt seinen Ertrag hervor.
  Gerechtigkeit geht vor ihm her *
  und bahnt den Weg mit ihren Schritten.

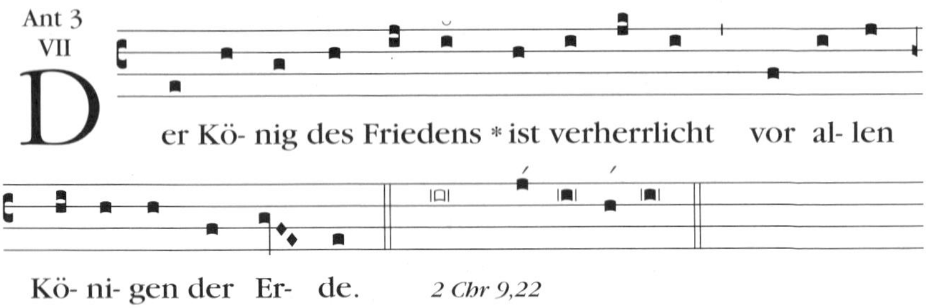

2 Chr 9,22

Psalm 24

DES HERRN ist die Erde und was sie erfüllt, *
der Erdkreis und seine Bewohner.
  Denn er hat ihn über Meeren gegründet *
  und ihn über Strömen gefestigt.

Wer darf hinaufziehn zum Berge des HERRN, *
wer darf stehn an seiner heiligen Stätte?
  Der reine Hände hat und ein lauteres Herz, /
  der seine Seele nicht erhebt zum Nichtigen, *
  und der dem Trug keinen Eid schwört.
Er wird Segen empfangen vom HERRN *
und Gerechtigkeit vom Gott seines Heiles.
  Dies ist das Geschlecht, das nach ihm fragt: *
  jene, die dein Antlitz suchen, Jakob.

Ihr Tore, hebt eure Häupter, /
erhebt euch, ihr uralten Pforten, *
daß Einzug halte der König der Herrlichkeit!
  Wer ist dieser König der Herrlichkeit? /
  Der HERR, stark und gewaltig, *
  der HERR, gewaltig im Kampfe.

Ihr Tore, hebt eure Häupter, /
erhebt euch, ihr uralten Pforten, *
daß Einzug halte der König der Herrlichkeit!
Wer ist er, dieser König der Herrlichkeit? /
Der HERR der Scharen: *
Er ist der König der Herrlichkeit.

℣. In ihm war das Leben. Halleluja.
℟. Das Leben war das Licht der Menschen. Halleluja.

Resp
IV/6

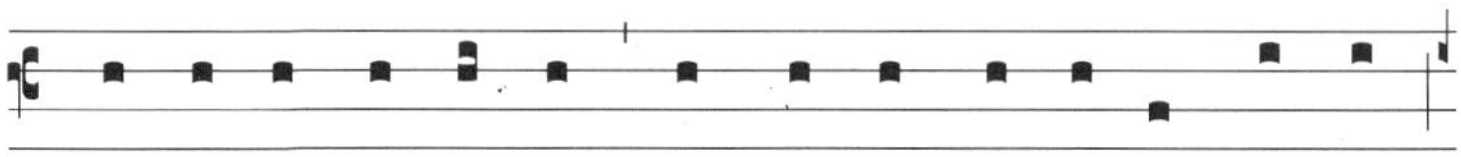

O - großes Geheimnis, o staunenswürdi-ges Wunder:

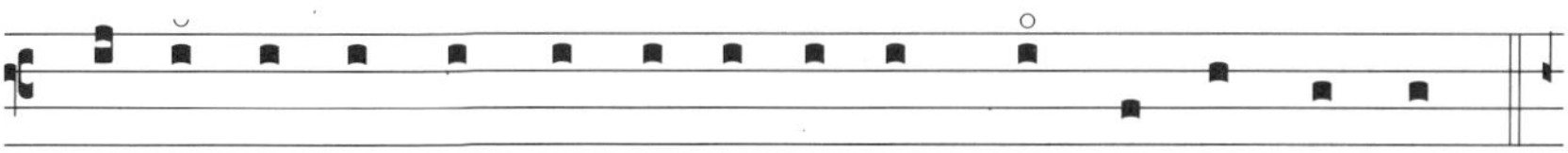

* Tie- re se-hen den neu-ge- bo- re-nen Herrn in der Krip-pe.

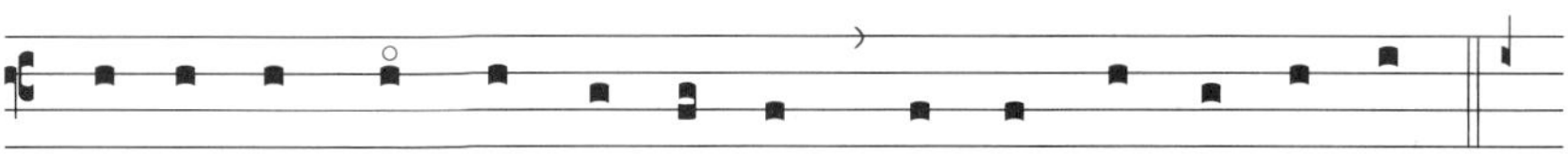

℣. In ei-nem Stall wird ge- bo- ren, der das Welt-all um-faßt. *LT*

Dritte Nokturn

Ant
VIII

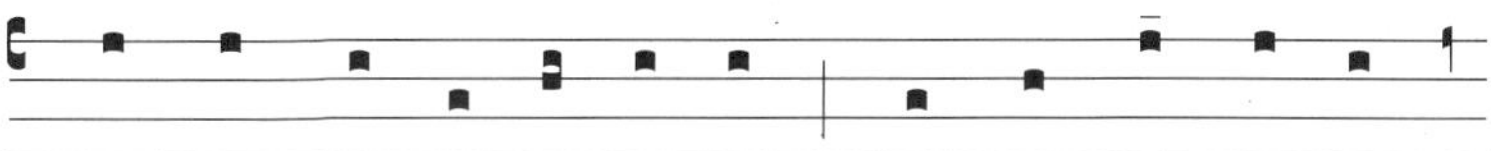

F reut euch mit Je- ru- sa- lem; * denn der Herr lei- tet

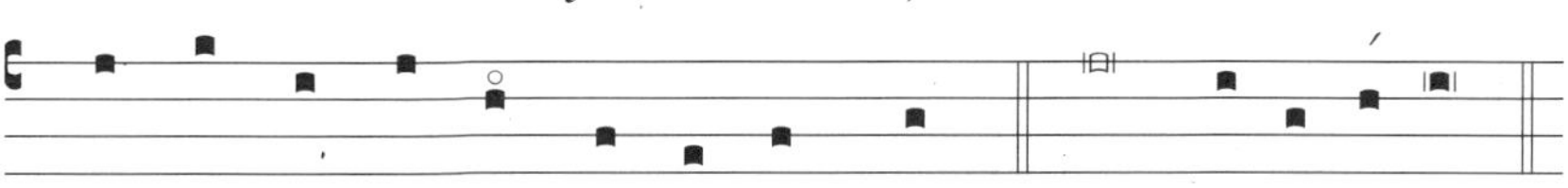

den Frie-den zu ihr wie ei- nen Strom.

Jesaja 66,10-14

FREUT euch mit Jerusalem, der heiligen Stadt! *
Jubelt in ihr, alle, die ihr sie lieb habt!
Seid fröhlich und frohlockt mit ihr, *
alle, die ihr über sie traurig wart!
Saugt euch satt an ihrer tröstenden Brust, *
trinkt und labt euch an den Brüsten ihrer Herrlichkeit!

Denn so spricht der HERR: /
Seht, ich leite den Frieden zu ihr wie einen Strom, *
wie einen rauschenden Bach die Herrlichkeit der Völker.
Ihr werdet gestillt, auf den Armen getragen, *
ihr werdet auf den Knien geschaukelt.
Wie einen, den die Mutter tröstet, /
so will ich selber euch trösten, *
ja, ihr findet Trost in Jerusalem.

Ihr werdet es sehn, /
und euer Herz wird sich freuen: *
Die Hand des HERRN wird sich an seinen Knechten offenbaren.

℣. Wir haben seine Herrlichkeit gesehen. Halleluja.
℟. Voll Gnade und Wahrheit. Halleluja.

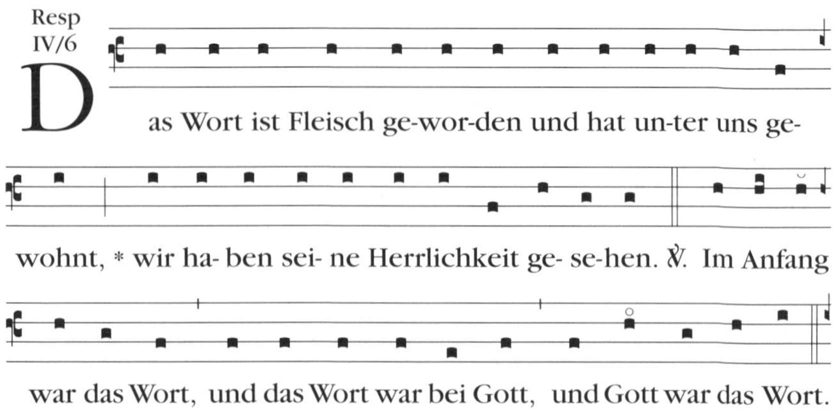

Joh 1,14.1

LAUDES

Ant 1
VII

Tit 3,4f

Psalm 93

DER HERR ist König, mit Hoheit bekleidet; *
der HERR hat sich bekleidet und mit Macht umgürtet.
  Fest ist der Erdkreis gegründet, *
  nie wird er wanken.
Fest steht dein Thron von Anbeginn, *
du bist von Ewigkeit.

  Fluten erhoben, HERR, /
  Fluten erhoben ihr Tosen, *
  Fluten erheben ihr Brausen.
Gewaltiger als das Tosen der mächtigen Wasser, /
gewaltiger als die Brandung des Meeres *
ist gewaltig der HERR in der Höhe.

  Deine Gesetze sind fest und verläßlich, /
  HERR, deinem Haus ziemt Heiligkeit *
  für alle Zeiten.

Psalm 63

GOTT, du mein Gott, dich suche ich, *
nach dir dürstet meine Seele.
Nach dir schmachtet mein Leib *
wie dürres, lechzendes Land ohne Wasser.
So schaue ich dich im Heiligtum *
und sehe deine Macht und deine Herrlichkeit.
Ja, deine Liebe ist besser als das Leben. *
Meine Lippen sollen dich rühmen!
So will ich dich preisen mein Leben lang, *
in deinem Namen meine Hände erheben.
Wie an Fett und Mark wird satt meine Seele. *
Mein Mund singe Lob mit jubelnden Lippen!
Wenn ich an dich denke auf meinem Lager, *
sag ich von dir in nächtlichem Wachen:
„Du wurdest meine Hilfe, *
im Schatten deiner Flügel darf ich jubeln;
an dir hängt meine Seele, *
mich hält deine Rechte.“

Die mir nachstellen, um mich zu verderben, *
sie müssen hinab in die Tiefen der Erde.
Der Gewalt des Schwertes gibt man sie preis, *
den Schakalen werden sie zur Beute.
Der König aber freue sich an Gott! /
Wer bei ihm schwört, darf sich rühmen. *
Doch allen Lügnern wird der Mund geschlossen.

Ant 3
III

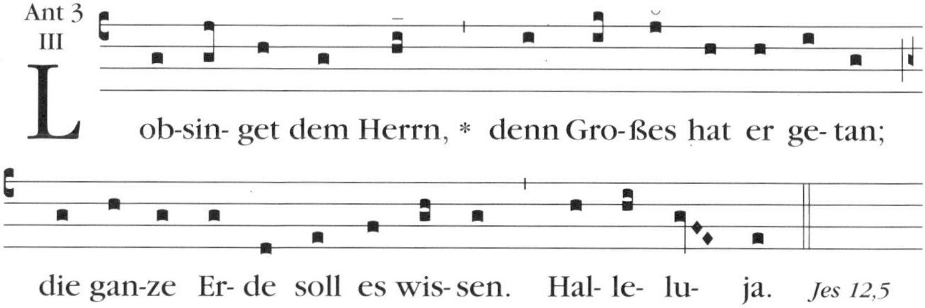

Jes 12,5

Daniel 3,52-56

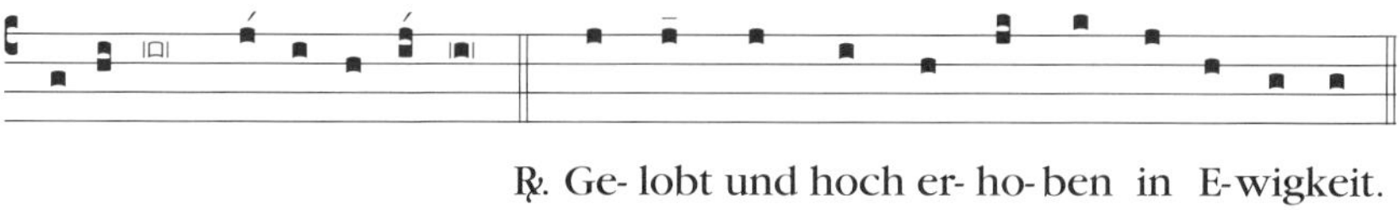

GEPRIESEN bist du, HERR, du Gott unsrer Väter, *
– gelobt und hoch erhoben in Ewigkeit. –
Gepriesen ist deiner Herrlichkeit heiliger Name, *
– gelobt und hoch erhoben in Ewigkeit. –
Gepriesen bist du im Tempel deiner heiligen Herrlichkeit, *
– gelobt und hoch erhoben in Ewigkeit. –
Gepriesen bist du auf dem Thron deiner Herrschaft, *
– gelobt und hoch erhoben in Ewigkeit. –
Gepriesen bist du, der auf den Kerubim thront /
und niederschaut in die Tiefen des Abgrunds, *
– gelobt und hoch erhoben in Ewigkeit. –
Gepriesen bist du in der Feste des Himmels, *
– gelobt und hoch erhoben in Ewigkeit. –

Gepriesen ist der Vater und der Sohn mit dem Heiligen Geiste, *
– gelobt und hoch erhoben in Ewigkeit. –

Ant 4
VII

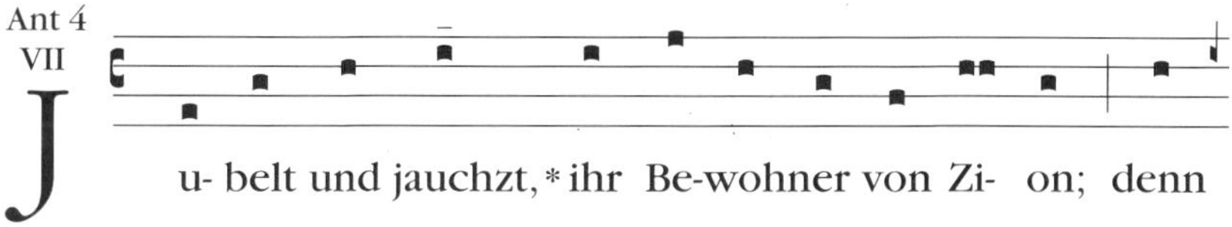

Jes 12,6

Psalm 147 B

PREISE den HERRN, Jerusalem! *
Lobsinge deinem Gott, o Zion!

Denn er hat die Riegel deiner Tore gefestigt, *
die Kinder in deiner Mitte gesegnet.
Er umgibt dein Gebiet mit Frieden, *
er sättigt dich mit bestem Weizen.
Er sendet sein Wort zur Erde, *
rasch eilt dahin sein Wille.
Er spendet Schnee wie Wolle, *
streut den Reif aus wie Asche.
Sein Eis wirft er herab wie Brocken, *
vor seinem Frost – wer kann da bestehen?
Er sendet sein Wort aus und läßt sie schmelzen, *
er läßt seinen Wind wehn – da rieseln die Wasser.

Er verkündet Jakob sein Wort, *
Israel seine Gesetze und Rechte.
So hat er an den andern Völkern nicht gehandelt, *
sie lernten das Recht nicht kennen.

Am Sonntag

Kurzlesung *Jes 55,10f*

Wie der Regen und der Schnee vom Himmel fällt und nicht dorthin zurückkehrt, sondern die Erde tränkt und sie zum Keimen und Sprossen bringt, wie er dem Sämann Samen gibt und Brot dem Essenden, so ist es auch mit dem Wort, das meinen Mund verläßt: Es kehrt nicht leer zu mir zurück, sondern bewirkt, was ich will, und erreicht all das, wozu ich es ausgesandt habe.

An den Wochentagen

Kurzlesung *Zef 3,14-17()*

Juble, Tochter Zion! Jauchze, Israel! Freue dich, Tochter Zion, und frohlocke von ganzem Herzen! Der Herr hat das Urteil gegen dich aufgehoben und deine Feinde zur Umkehr gezwungen. Der König Israels, der Herr, ist in deiner Mitte; du hast kein Unheil mehr zu fürchten. Ja, Zion, fürchte dich nicht, laß die Hände nicht sinken! Der Herr, dein Gott, ist in deiner Mitte, ein Held, der Rettung bringt. Er freut sich und jubelt über dich, er erneuert seine Liebe zu dir; er jubelt über dich und frohlockt, wie man frohlockt an einem Festtag.

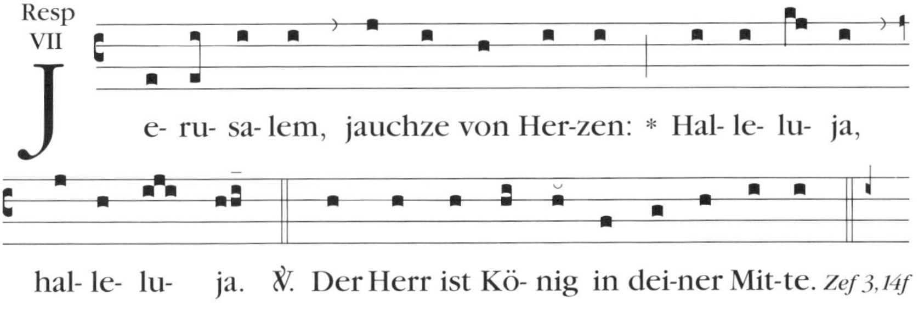

Hymnus

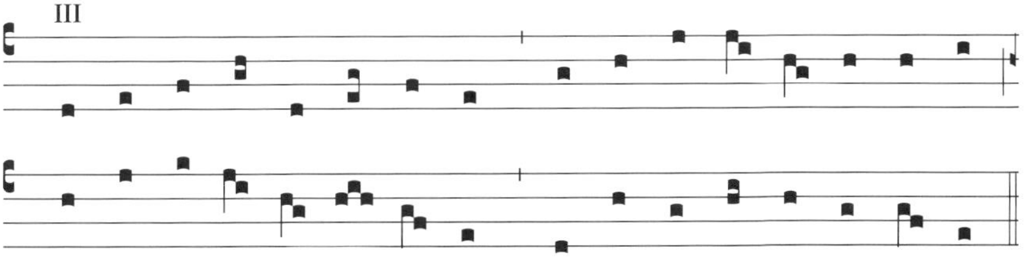

VOM hellen Tor der Sonnenbahn
bis zu der Erde fernstem Rand
erschalle Christus unser Lob,
dem König, den die Magd gebar.

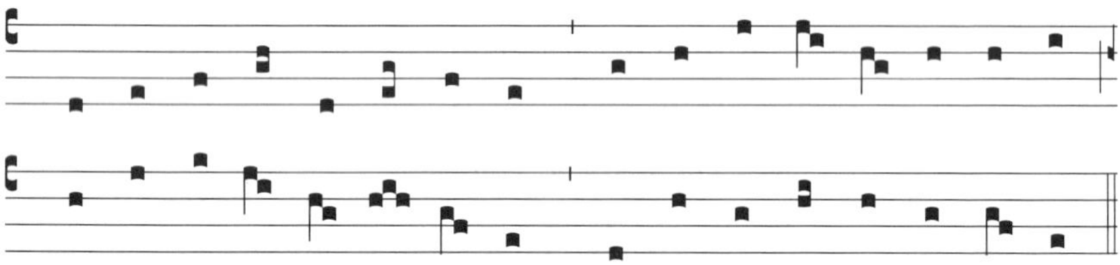

Der Herr und Schöpfer aller Welt
hüllt sich in arme Knechtsgestalt,
im Fleische zu befrein das Fleisch,
vom Tod zu retten, die er schuf.

Er scheut es nicht, auf Stroh zu ruhn,
die harte Krippe schreckt ihn nicht;
ein wenig Milch ernährt den Herrn,
der keinen Vogel hungern läßt.

Der Himmel bricht in Jubel aus,
die Engel singen Gott zu Lob;
den Hirten wird geoffenbart
der Hirt, der alle Dinge schuf.

Herr Jesus, dir sei Ruhm und Preis,
Gott, den die Jungfrau uns gebar,
Lob auch dem Vater und dem Geist
durch alle Zeit und Ewigkeit. Amen.

℣. Der Herr hat kundgemacht sein Heil. Halleluja.
℟. Vor den Augen der Völker. Halleluja.

Am Sonntag

Ant C VIII

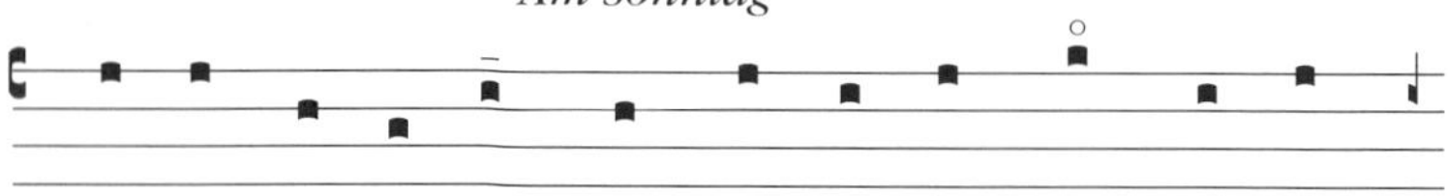

J e- der, der bekennt, daß Christus im Fleisch ge-kom-

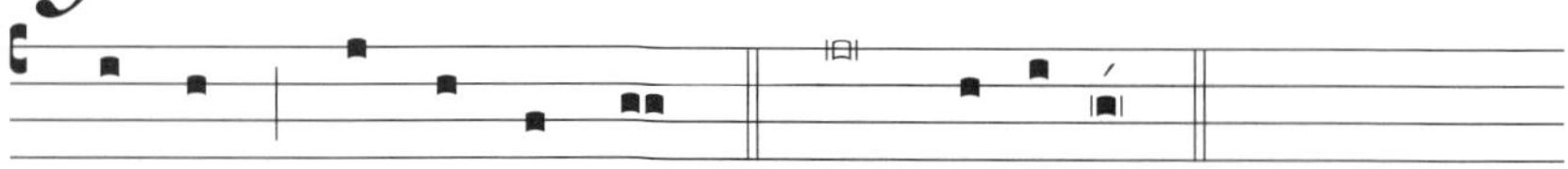

men ist: der ist aus Gott. *1 Joh 4,2*

Canticum Joh 1,1-14 ()

IM ANFANG war das Wort, /
und das Wort war bei Gott, *
und das Wort war Gott.
Im Anfang war es bei Gott. /
Alles ist durch das Wort geworden, *
und ohne das Wort wurde nichts von allem, was wurde.
In ihm war das Leben, *
und das Leben war das Licht der Menschen.
Und das Licht leuchtet in der Finsternis, *
und die Finsternis hat es nicht erfaßt.

Das Wort war das wahre Licht, /
das jeden Menschen erleuchtet: *
es kam in die Welt.
Es war in der Welt: /
die Welt ist durch das Wort geworden, *
und die Welt hat es nicht erkannt.
Es kam in sein Eigentum, *
und die Seinen nahmen es nicht auf.
Denen aber, die es aufnahmen, gab es die Macht, *
Kinder Gottes zu werden.

Und das Wort ward Fleisch *
und hat unter uns gewohnt.
Und wir sahen seine Herrlichkeit, /
die Herrlichkeit des Eingeborenen vom Vater, *
voll Gnade und Wahrheit.

ANTIPHON

Ehre sei dem Vater und dem Sohne *
und dem Heiligen Geiste.
Wie im Anfang, so auch jetzt und allezeit *
und in Ewigkeit. Amen.

Am 29. Dezember

Ant C
I

Ei- nen machtvol-len Ret-ter hat der Herr uns erweckt, *

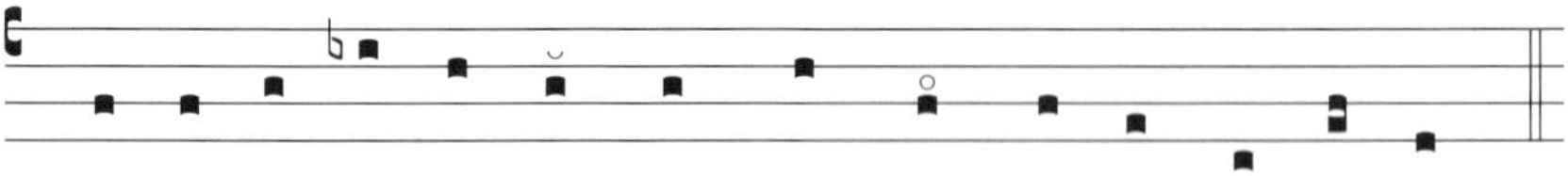

wie er ver-hei-ßen hat durch den Mund sei-ner Pro-phe- ten.

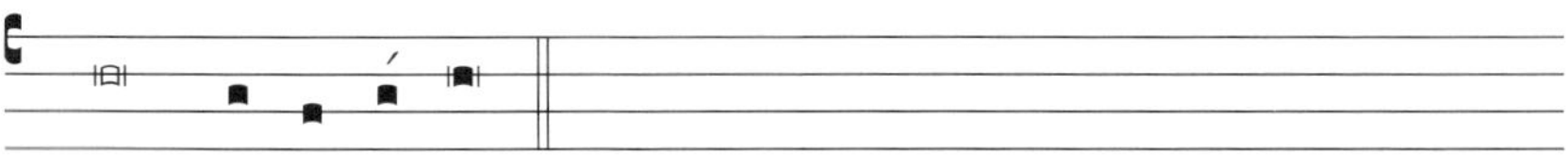

Lk 1,69f

An den Wochentagen ist das Canticum in der Weihnachtsoktav stets das Benedictus.

Am 30. Dezember

Ant C
I

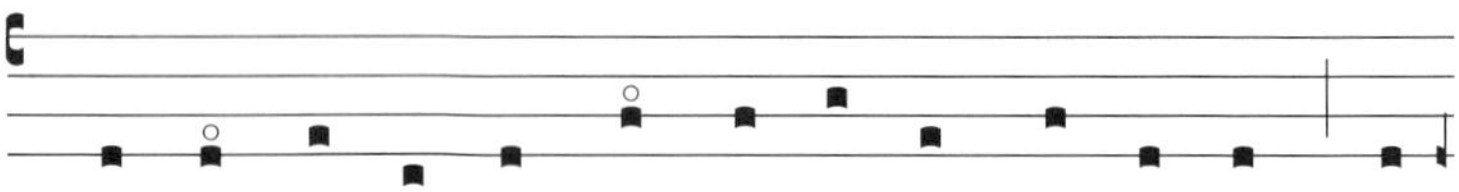

Der Herr hat sei-nem Volk Er- lö- sung geschaf-fen; * er

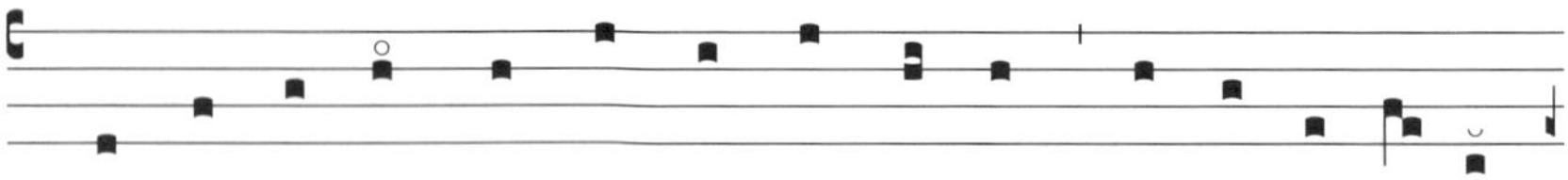

ließ uns erstehn ein Zeichen des Hei- les im Hause Da- vids,

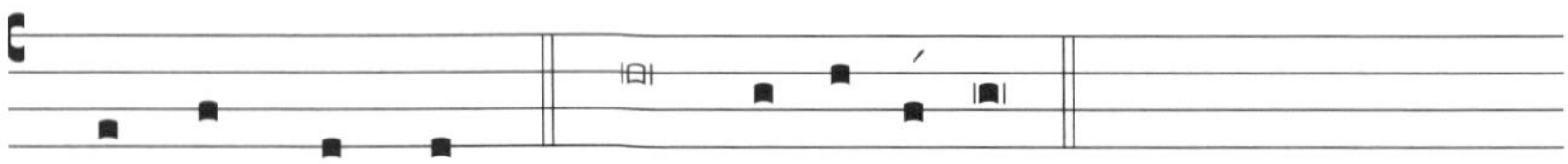

sei- nes Knechtes. *Lk 1,68f*

Am 31. Dezember

Ant C
I

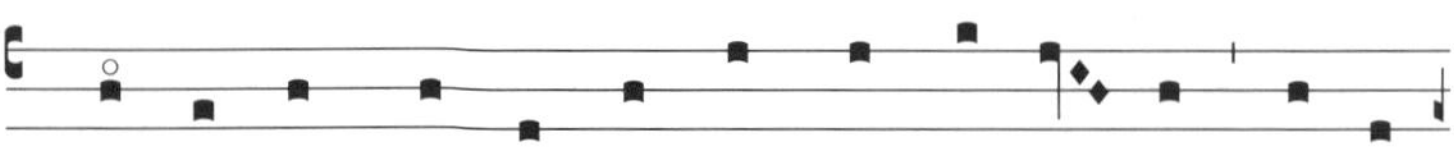

Heim-ge-sucht hat uns das Licht aus der Hö- he, * zu er-

Lk 1,78f

1. Januar/Oktavtag von Weihnachten

HOCHFEST DER GOTTESMUTTER MARIA

VIGIL

Invitatorium *wie in der Weihnachtsoktav*, 77.

Hymnus

II

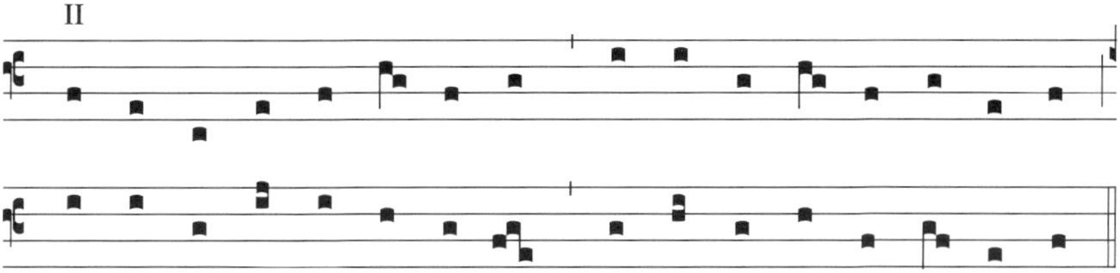

DU GROSSE Herrin, schönste Frau,
hoch über Sternen steht dein Thron!
Du trugst den Schöpfer, der dich schuf,
und nährtest ihn an deiner Brust.

Was Eva einst verloren sah,
gibst du im Sohne reich zurück.
Der Himmel öffnet sich in dir:
zur Heimkehr steht der Weg uns frei.

Du Pforte für den Königssohn,
des neuen Lichtes helles Tor,
in dir grüßt jauchzend alle Welt
das Leben, das du ihr geschenkt.

Herr Jesus, dir sei Ruhm und Preis,
Gott, den die Jungfrau uns gebar,
Lob auch dem Vater und dem Geist
durch alle Zeit und Ewigkeit. Amen.

Erste, Zweite und Dritte Nokturn *wie im Commune der Marienfeste,* 684.

LAUDES

Festpsalmen der Laudes, 439, *mit folgenden Antiphonen:*

Ant 2
II

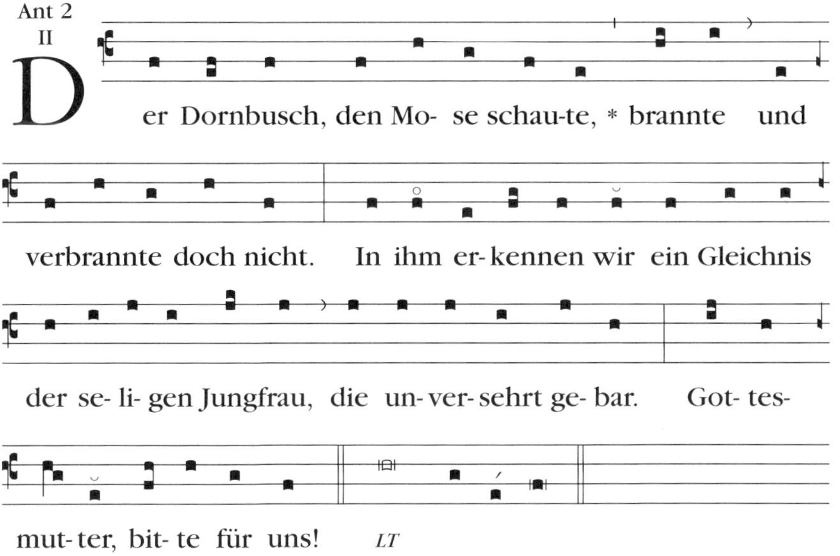

Ant 3
IV

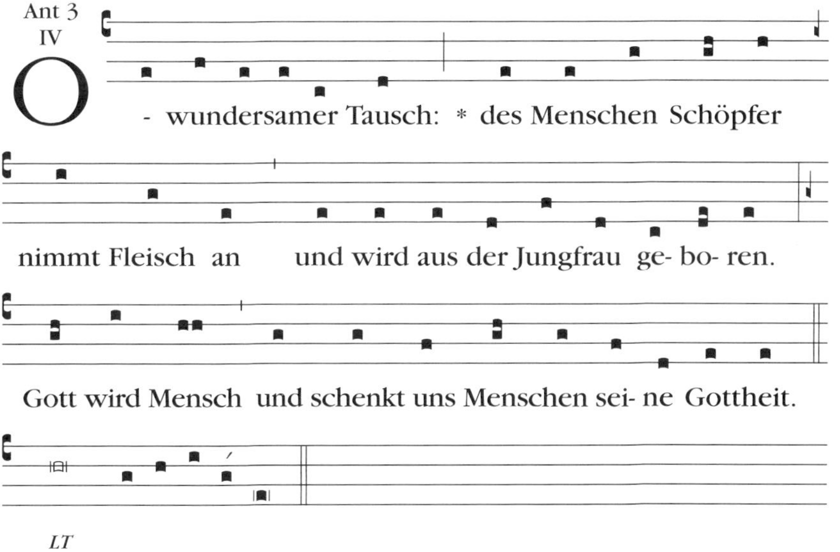

Ant 4
V

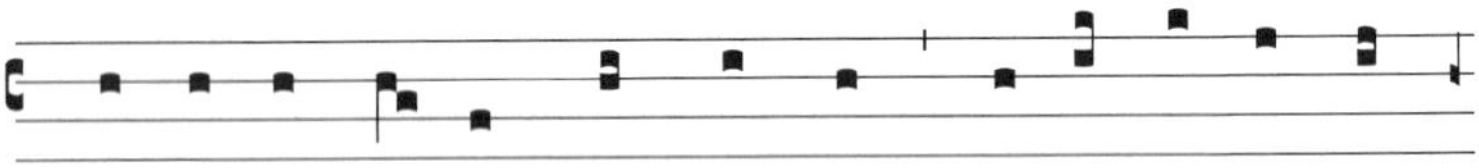

Aus I- sais Wurzel sproßt ein Reis, * aus Ja- kob erstrahlt

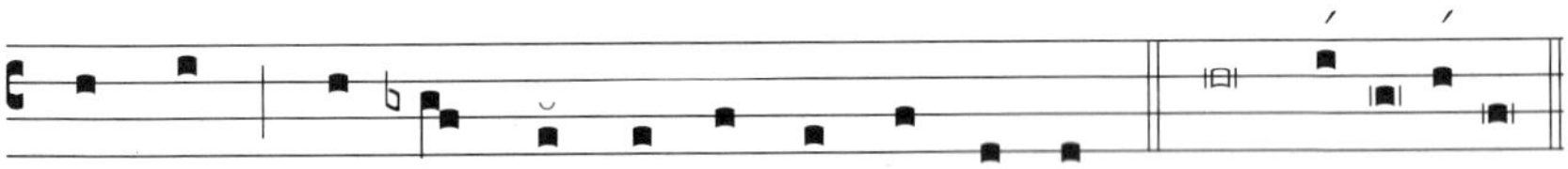

ein Stern: die Jungfrau ge- bar den Er- lö- ser. *LT*

Kurzlesung *Jes 55,10f*

Wie der Regen und der Schnee vom Himmel fällt und nicht dorthin zurückkehrt, sondern die Erde tränkt und sie zum Keimen und Sprossen bringt, wie er dem Sämann Samen gibt und Brot dem Essenden, so ist es auch mit dem Wort, das meinen Mund verläßt: Es kehrt nicht leer zu mir zurück, sondern bewirkt, was ich will, und erreicht all das, wozu ich es ausgesandt habe.

Resp
VII

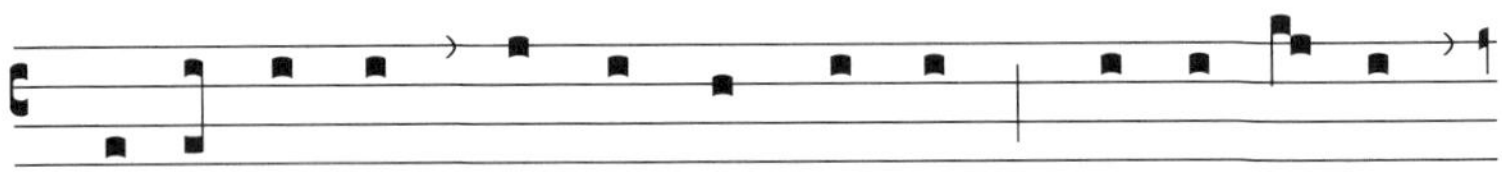

Je- ru- sa- lem, jauchze von Her-zen: * Hal- le- lu- ja,

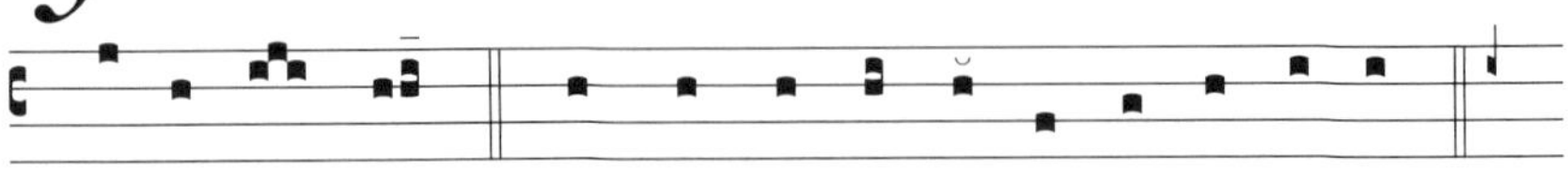

hal- le- lu- ja. ℣. Der Herr ist Kö- nig in dei-ner Mit-te. *Zef 3,14f*

Hymnus

V

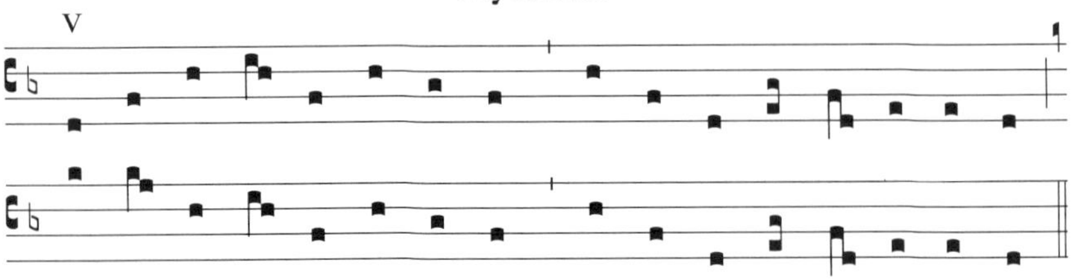

ZUR Pforte Christi ward die Magd,
begnadet durch des Höchsten Kraft:
der König schreitet durch das Tor,
es bleibt verschlossen, wie es war.

Und aus der Jungfrau Festgemach
erscheint des Vaters ew'ger Sohn,
frohlockend wie ein Bräutigam
beginnt der Held den Siegeslauf.

Nun jauchze auf die ganze Welt,
denn Christus, ihr Erlöser, kommt!
Der in Gewalt das All regiert,
erscheint, zu retten, die er schuf.

Herr Jesus, dir sei Ruhm und Preis,
Gott, den die Jungfrau uns gebar,
Lob auch dem Vater und dem Geist
durch alle Zeit und Ewigkeit. Amen.

℣. Der Herr hat kundgemacht sein Heil. Halleluja.
℟. Vor den Augen der Völker. Halleluja.

* * *

WEIHNACHTSZEIT
VOR EPIPHANIE

Am zweiten Sonntag nach Weihnachten: Alles wie in der Weihnachtsoktav, 77. An den Wochentagen:

VIGIL

Invitatorium

℟. IV/1

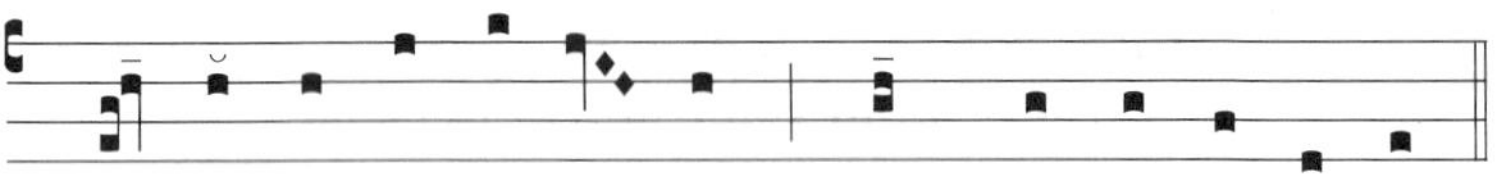

Chri- stus ist uns ge- bo- ren. Kommt, wir be- ten ihn an!

Hymnus

VIII

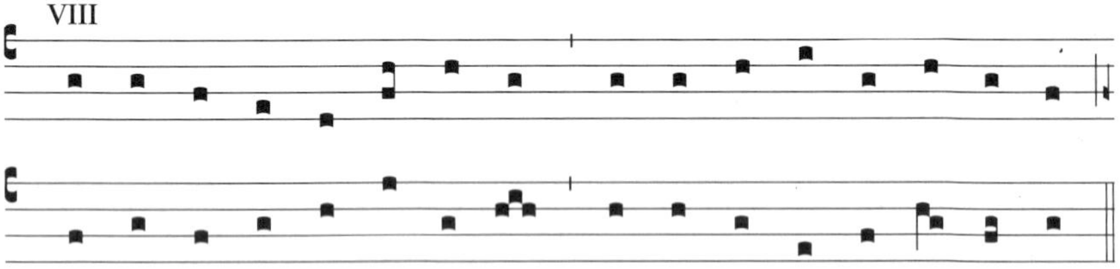

EIN heller Ruf durchtönt die Nacht:
Der Retter, unser Gott, ist da!
Der Herr, den alle Welt ersehnt,
er hat sich unsrer Not erbarmt.

Dem Volk in Nacht und Finsternis
erstrahlt ein Licht, erglänzt ein Stern:
die Herrlichkeit des Herrn erscheint
im Kinde, das Maria hegt.

Des Vaters Glanz, das Licht vom Licht,
erleuchtet unsre Dunkelheit;
nun glaubt und staunt: Gott selbst ist Mensch
und geht in unser Elend ein.

Herr Jesus, dir sei Ruhm und Preis,
Gott, den die Jungfrau uns gebar,
Lob auch dem Vater und dem Geist
durch alle Zeit und Ewigkeit. Amen.

Erste und Zweite Nokturn

Psalmodie und Versikel *wie im Wochenpsalter.*

Resp 1
IV/6

Resp 2
IV/6

LAUDES

Psalmodie *wie im Wochenpsalter.*

Kurzlesung *Jes 42,10-12*

Singt dem Herrn ein neues Lied, verkündet seinen Ruhm bis ans Ende der Erde! Es jauchze das Meer und alles, was es erfüllt, die Inseln und ihre Bewohner. Die Wüste und ihre Städte sollen sich freuen, die Dörfer, die Kedar bewohnt. Die Bewohner von Sela sollen singen vor Freude und jubeln auf den Gipfeln der Berge. Sie sollen die Herrlichkeit des Herrn verkünden, seinen Ruhm verbreiten bis an die fernsten Gestade.

Hymnus

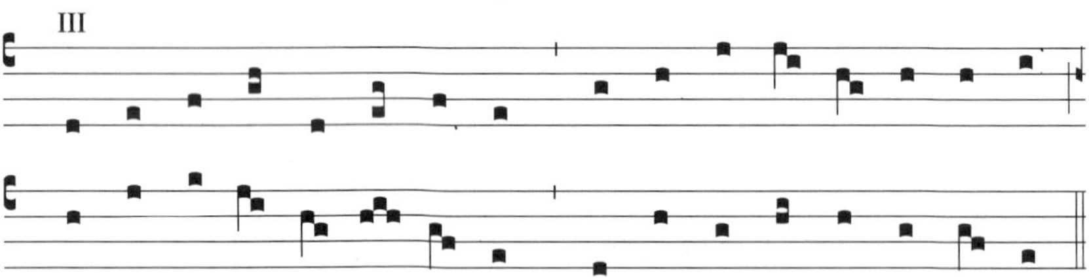

VOM hellen Tor der Sonnenbahn
bis zu der Erde fernstem Rand
erschalle Christus unser Lob,
dem König, den die Magd gebar.

Der Herr und Schöpfer aller Welt
hüllt sich in arme Knechtsgestalt,
im Fleische zu befrein das Fleisch,
vom Tod zu retten, die er schuf.

Er scheut es nicht, auf Stroh zu ruhn,
die harte Krippe schreckt ihn nicht;
ein wenig Milch ernährt den Herrn,
der keinen Vogel hungern läßt.

Der Himmel bricht in Jubel aus,
die Engel singen Gott zu Lob;
den Hirten wird geoffenbart
der Hirt, der alle Dinge schuf.

Herr Jesus, dir sei Ruhm und Preis,
Gott, den die Jungfrau uns gebar,
Lob auch dem Vater und dem Geist
durch alle Zeit und Ewigkeit. Amen.

℣. Der Herr hat kundgemacht sein Heil. Halleluja.
℟. Vor den Augen der Völker. Halleluja.

Am 2. (und 6.) Januar

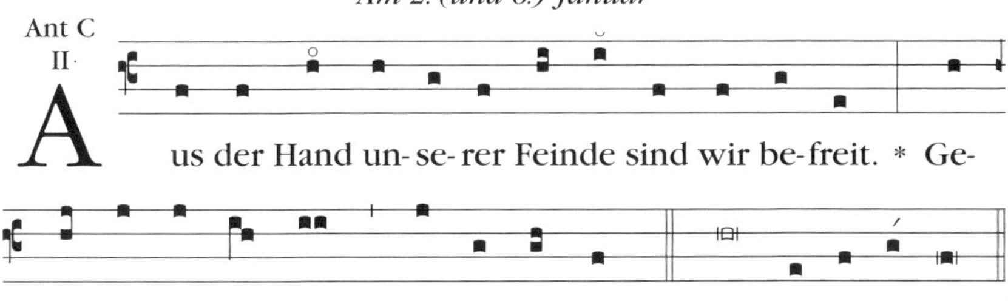

Lk 1,71.68

Am 3. (und 7.) Januar

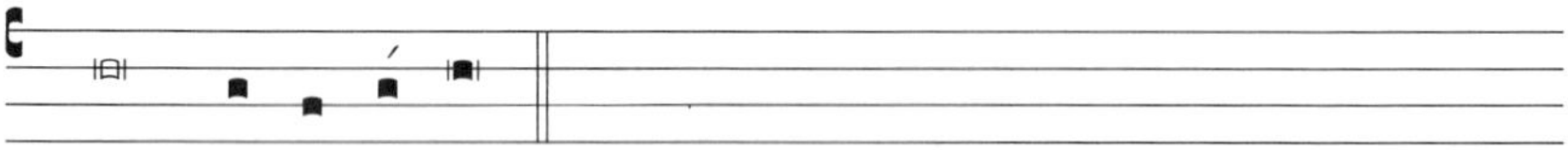

Lk 1,69f

Am 4. Januar

Ant C
I

Lk 1,68f

Am 5. Januar

Ant C
I

Lk 1,78f

* * *

6. Januar

EPIPHANIE

HOCHFEST DER ERSCHEINUNG DES HERRN

VIGIL

Invitatorium

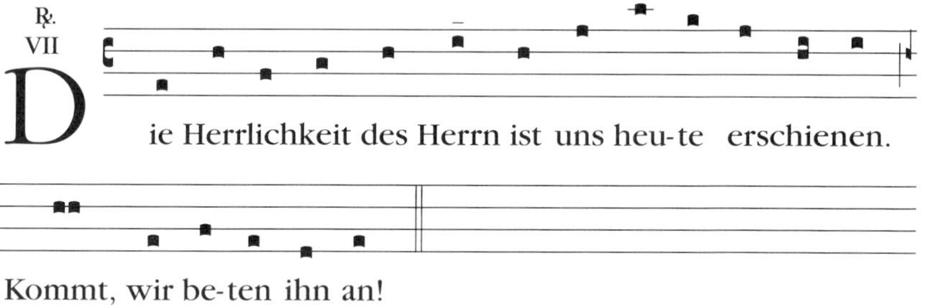

Hymnus

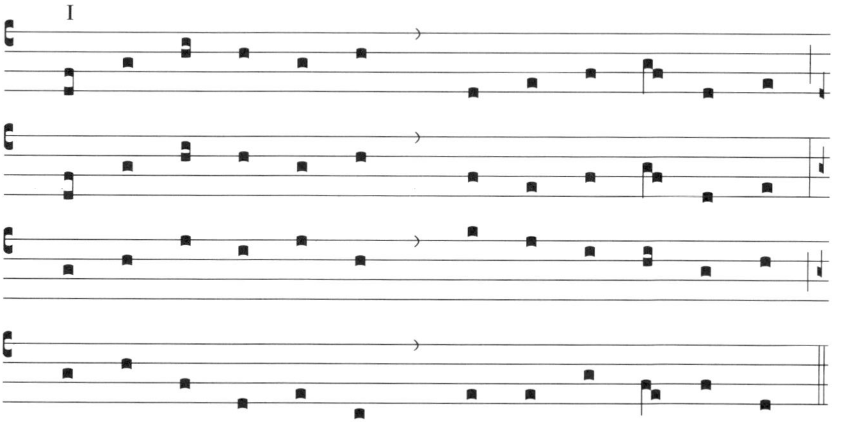

SEHT, am Himmel erglänzt / leuchtend ein neuer Stern,
kündet: Christus, der Herr, / wurde als Mensch geborn,
der Geringes geformt, / der auch das Größte schuf,
dessen Zepter mit Macht / ewig das Reich regiert.

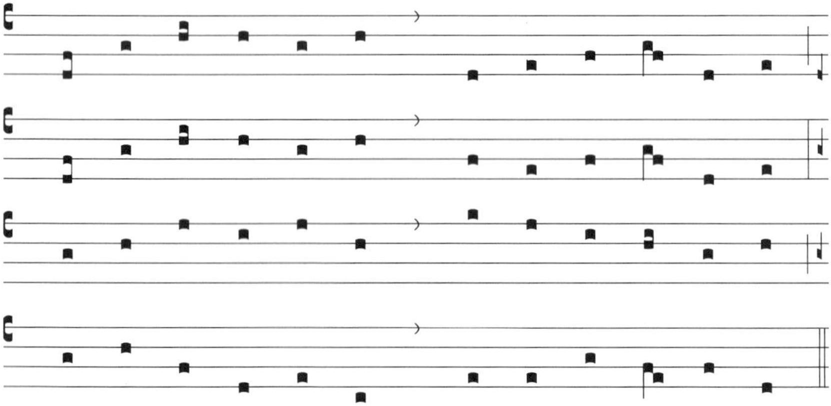

Weise folgen dem Stern, / finden das kleine Kind,
Judas heiligen Sproß, / arm und gering im Stall.
Weihrauch, Myrrhe und Gold / bringen sie kniend dar:
sie verehren in ihm / König und Mensch und Gott.

Laßt uns jubelnd im Lied / heute das Fest begehn,
da der gütige Herr / gnädig im Fleisch erschien!
Jetzt ist Gott unter uns: / Christus, das Licht vom Licht,
ew'ger Vater des Alls, / Richter und Herr der Welt.

Christus Ehre und Preis, / den uns die Magd gebar,
den der Stern offenbart, / strahlend in großem Licht;
Preis dem Vater und Lob, / der ihn als Sohn bezeugt,
Preis und Ehre dem Geist, / jetzt und für alle Zeit. Amen.

Erste Nokturn

Ant 1
II

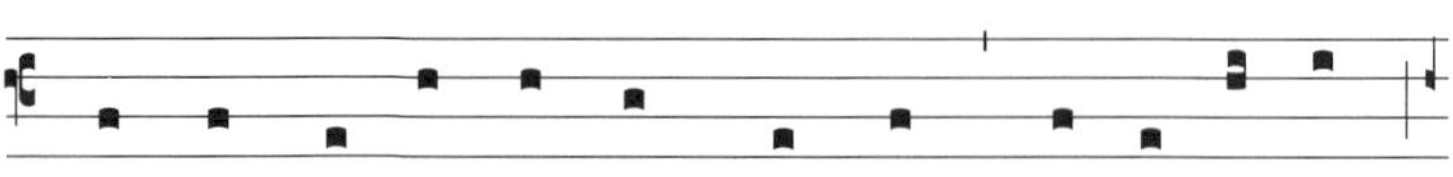

Der Herr hat kundgemacht sein Heil, * hal- le- lu- ja,

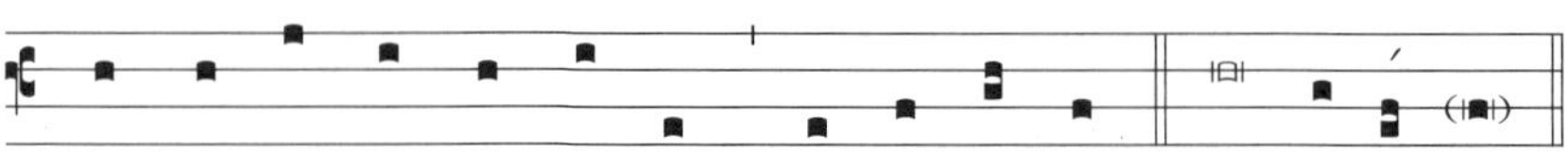

vor den Au- gen der Völ- ker, hal- le- lu- ja.

Psalm 98

SINGET dem HERRN ein neues Lied, *
denn er vollbrachte wunderbare Taten!
Heil geschaffen hat ihm seine Rechte, *
die Kraft seines heiligen Armes.
Der HERR hat kundgemacht sein Heil, *
sein gerechtes Walten enthüllt vor den Augen der Völker.
Er gedachte seiner Huld *
und seiner Treue zum Hause Israel.
Alle Enden der Erde *
schauen das Heil unseres Gottes.

Jauchzet dem HERRN, alle Lande, *
freut euch, jubelt und spielet!
Spielt dem HERRN auf der Harfe, *
auf der Harfe, mit lautem Saitenspiel!
Mit Trompeten und schallenden Hörnern *
jauchzt vor dem HERRN, dem König.

Es brause das Meer und was es erfüllt, *
der Erdkreis und die auf ihm wohnen.
In die Hände klatschen sollen die Ströme, *
die Berge sollen miteinander jubeln
vor dem HERRN, denn er kommt, *
er kommt, die Erde zu richten.
Er richtet den Erdkreis in Gerechtigkeit *
und die Völker so, wie es recht ist.

Ant 2
II

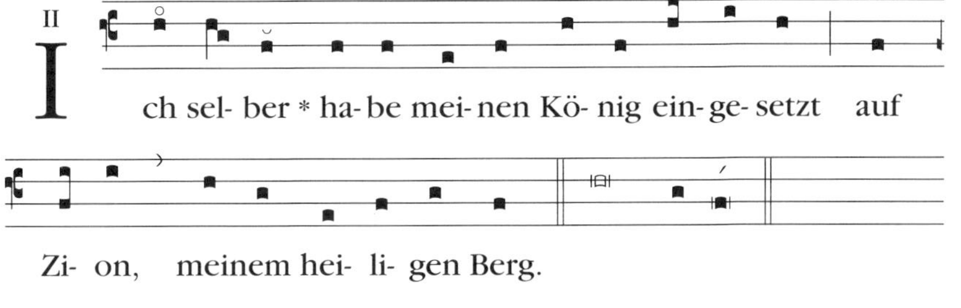

Psalm 2

WAS toben die Völker? *
Was sinnen die Nationen nichtige Pläne?
Die Könige der Erde stehen auf, /
die Mächtigen tun sich zusammen *
gegen den HERRN und seinen Gesalbten:
„Wir wollen ihre Fesseln zerreißen *
und von uns werfen ihre Stricke!“

Der im Himmel thront – er lacht, *
es spottet ihrer der Herr.
Dann spricht er zu ihnen in seinem Zorn, *
er schreckt sie auf in seinem Grimm:
„Ich selber habe meinen König eingesetzt *
auf Zion, meinem heiligen Berg.“

Verkünden will ich den Beschluß des HERRN. /
Er sprach zu mir: „Du bist mein Sohn. *
Ich selber habe dich heute gezeugt.
Fordre von mir, und ich gebe dir die Völker zum Erbe, *
zum Eigentum die Enden der Erde.
Du wirst sie zerschlagen mit eisernem Zepter, *
wie Töpfergeschirr sie zerschmettern!“

So nehmt nun Einsicht an, ihr Könige, *
laßt euch warnen, ihr Richter der Erde!
Dient dem HERRN in Furcht, /
frohlockt ihm mit Beben, *
– küsset den Sohn –
damit er nicht zürnt, *
und ihr nicht verlorengeht auf eurem Weg.
Denn wenig nur, und sein Zorn ist entbrannt. *
Selig alle, die bei ihm sich bergen!

Ant 3
VII

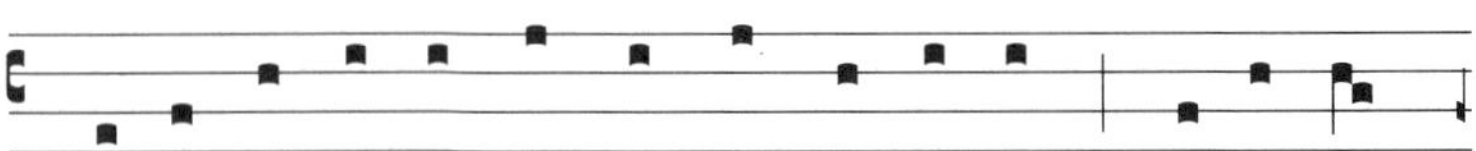

A l- le Kö- ni- ge wer-den ihm hul-di-gen, * al- le Völ-

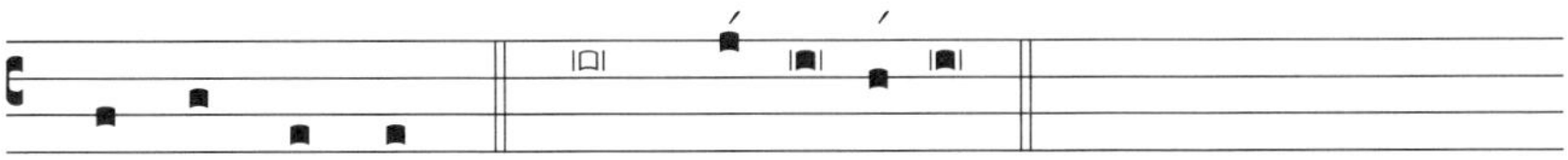

ker ihm die-nen.

Psalm 72

DEIN Richteramt, o Gott, verleih dem König, *
dem Königssohn gib dein gerechtes Walten!
Er regiere dein Volk in Gerechtigkeit *
und deine Armen durch rechtes Urteil.
Dann tragen die Berge Frieden dem Volk *
und die Höhen Gerechtigkeit.

Er schaffe Recht den Elenden im Volk, /
er rette die Kinder des Armen, *
den Bedrücker zerschlage er.
Er möge lange leben gleich der Sonne, *
wie der Mond, durch alle Geschlechter.
Er ströme wie Regen herab auf die Felder, *
wie Regenschauer, welche die Erde benetzen.
In seinen Tagen blühe Gerechtigkeit *
und Fülle des Friedens, bis der Mond nicht mehr da ist.

Von Meer zu Meer möge er herrschen, *
vom Strom bis an die Enden der Erde.
Vor ihm beugen sich die Bewohner der Wüste, *
Staub werden lecken seine Feinde.
Die Könige von Tarschisch und von den Inseln
bringen Geschenke, *
die Könige von Saba und Seba nahen mit Gaben.
Alle Könige werden ihm huldigen, *
alle Völker ihm dienen.

Denn er befreit den Armen, der um Hilfe schreit, *
den Elenden und den, der keinen Helfer hat.
Er erbarmt sich des Geringen und Armen, *
das Leben der Armen rettet er.
Aus Bedrückung und Gewalt erlöst er ihr Leben, *
ihr Blut ist in seinen Augen kostbar.

Er lebe! – Gold von Saba soll man ihm geben! /
Man soll für ihn allezeit beten, *
jeden Tag ihm Segen erflehen:
„Im Land gebe es Korn in Fülle. /
Es rausche auf den Höhen der Berge wie der Libanon. *
Seine Frucht erblühe aus der Stadt wie das Gras der Erde.
Sein Name soll ewig bestehen, *
solange die Sonne bleibt, sprosse sein Name.
Mit ihm soll man sich segnen, *
ihn sollen selig preisen alle Völker!“

Gepriesen sei der HERR, Israels Gott! *
Er allein tut Wunder.
Gepriesen sei sein herrlicher Name in Ewigkeit! /
Die ganze Erde sei erfüllt von seiner Herrlichkeit! *
Amen, ja amen!

℣. Die Himmel künden seine Gerechtigkeit. Halleluja.
℟. Seine Herrlichkeit schauen alle Völker. Halleluja.

Jes 60,1-3

Zweite Nokturn

Psalm 24

DES HERRN ist die Erde und was sie erfüllt, *
der Erdkreis und seine Bewohner.
Denn er hat ihn über Meeren gegründet *
und ihn über Strömen gefestigt.

Wer darf hinaufziehn zum Berge des HERRN, *
wer darf stehn an seiner heiligen Stätte?
Der reine Hände hat und ein lauteres Herz, /
der seine Seele nicht erhebt zum Nichtigen, *
und der dem Trug keinen Eid schwört.
Er wird Segen empfangen vom HERRN *
und Gerechtigkeit vom Gott seines Heiles.
Dies ist das Geschlecht, das nach ihm fragt: *
jene, die dein Antlitz suchen, Jakob.

Ihr Tore, hebt eure Häupter, /
erhebt euch, ihr uralten Pforten, *
daß Einzug halte der König der Herrlichkeit!
Wer ist dieser König der Herrlichkeit? /
Der HERR, stark und gewaltig, *
der HERR, gewaltig im Kampfe.
Ihr Tore, hebt eure Häupter, /
erhebt euch, ihr uralten Pforten, *
daß Einzug halte der König der Herrlichkeit!

Wer ist er, dieser König der Herrlichkeit? /
Der HERR der Scharen: *
Er ist der König der Herrlichkeit.

Psalm 45

MEIN Herz wallt auf zu einem guten Wort, /
ich widme mein Gedicht dem König. *
Meine Zunge ist der Griffel eines flinken Schreibers.

Du bist der Schönste unter den Menschen, /
Anmut ist ausgegossen über deine Lippen, *
hat doch Gott dich gesegnet auf ewig.
Gürte, du Held, dein Schwert um die Hüfte, *
tritt auf mit deiner Pracht und Hoheit!
Mit Glück zieh aus für die Sache der Wahrheit, /
verhilf dem Gebeugten zum Recht: *
furchtbare Taten soll deine Rechte dich lehren.
Deine Pfeile sind scharf, dir unterliegen die Völker, *
mutlos werden die Feinde des Königs.
Dein Thron, du Göttlicher, steht für immer und ewig; *
ein Zepter der Geradheit ist das Zepter deines Königtums.
Du liebst Gerechtigkeit und hassest Frevel, /
hat Gott, dein Gott, dich doch gesalbt
mit dem Öl des Frohlockens *
wie keinen von deinen Gefährten.
Von Myrrhe, Aloë und Kassia duften all deine Kleider, *
aus dem Palast von Elfenbein erfreut dich Saitenspiel.

Die Königstochter steht da unter deinen Geliebtẹn, /
Gemahlin zu sein zu deiner Rechten *
im Schmuck des Goldes von Ofir.

„Höre, o Tochter, sieh her und neige dein Ohr, *
vergiß dein Volk und das Haus deines Vaters!
Der König verlangt nach deiner Schönheit, *
er ist ja dein Herr: vor ihm sollst du dich neigen.
Die Tochter Tyrus kommt mit Geschenken: *
um deine Gunst werben die Reichen des Volkes.“

Die Königstochter – lauter Herrlichkeit ist sie bei ihrem Einzug, *
in golddurchwirkten und bunt bestickten Gewändern.
Sie wird zum König geleitẹt, /
Jungfrauen sind ihr Gefolge, *
ihre Freundinnen werden dir zugeführt.
Sie werden geleitet mit Freudenrufen und Jubel, *
sie ziehen ein in den Palast des Königs.

An die Stelle deiner Väter treten deine Söhne, *
du setzt sie ein als Fürsten über die Lande.
Deinen Namen will ich rühmen durch alle Geschlechter: *
so werden die Völker dich preisen auf immer und ewig.

Ant 3
VIII

Die Himmel künden sei- ne Ge- rechtigkeit, * sei- ne

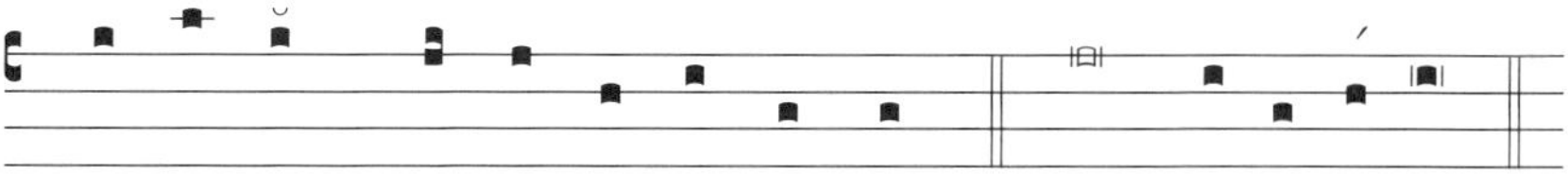

Herrlichkeit schau-en al- le Völ- ker.

Psalm 97

DER HERR ist König! Die Erde frohlocke! *
Freuen sollen sich die vielen Inseln!

Rings um ihn her sind Wolken und Dunkel, *
Gerechtigkeit und Recht sind seines Thrones Stützen.
Feuer läuft vor ihm her, *
ringsum verzehrt es seine Gegner.
Seine Blitze erhellen den Erdkreis, *
die Erde sieht es mit Beben.
Wie Wachs schmelzen vor dem HERRN die Berge, *
vor dem Antlitz des Herrschers der ganzen Erde.
Die Himmel künden seine Gerechtigkeit, *
seine Herrlichkeit schauen alle Völker.

Zuschanden werden, die Bildern dienen, /
die ihrer Götzen sich rühmen. *
Vor ihm werfen alle Götter sich nieder.
Zion hört es und freut sich, *
Judas Töchter jubeln, HERR, über deine Gerichte.
Denn du, o HERR, bist der Höchste über der ganzen Erde, *
hoch erhaben bist du über alle Götter.
Die ihr den HERRN liebt, haßt das Böse! /
Er hütet das Leben seiner Frommen, *
er entreißt sie der Hand der Frevler.
Licht ist dem Gerechten ausgesät, *
Freude denen, die geraden Herzens sind.
Ihr Gerechten, freut euch des HERRN! *
Preist ihn, gedenkt seines heiligen Namens!

℣. Bringt dar dem Herrn die Ehre seines Namens. Halleluja.
℟. Kommt mit Geschenken in seinen Tempel. Halleluja.

Resp
IV/6

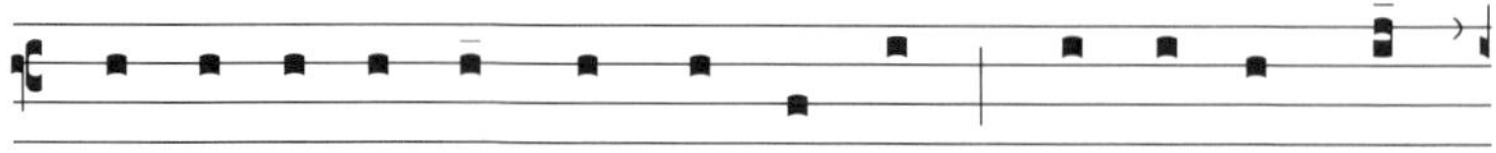

Ein hei- li- ger Tag leuchtet uns auf: * ihr Völ-ker, kommt

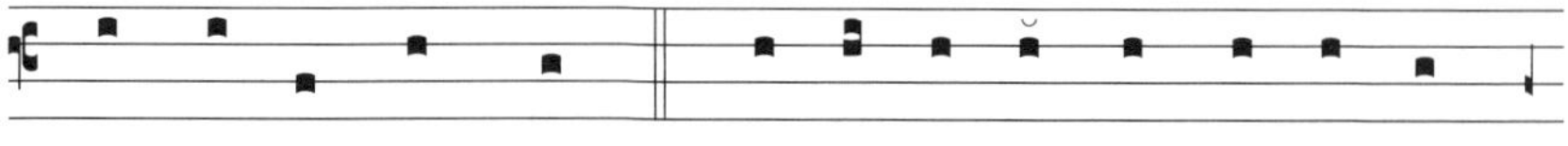

und hul-digt dem Herrn. ℣. Vom Zi- on her, der Kro- ne der

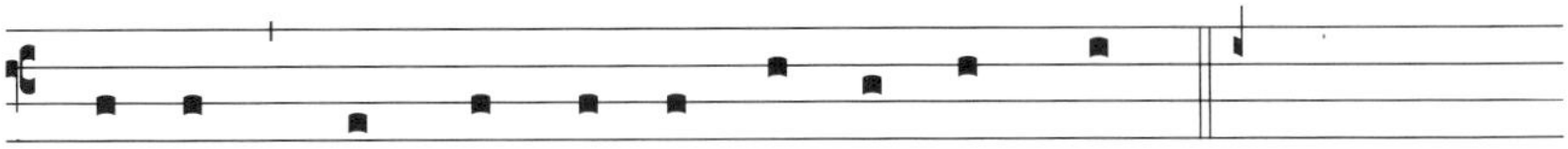

Schönheit, zeigt Gott sich in strahlendem Glanz. *LT; Ps 50,2*

Dritte Nokturn

℟. VIII

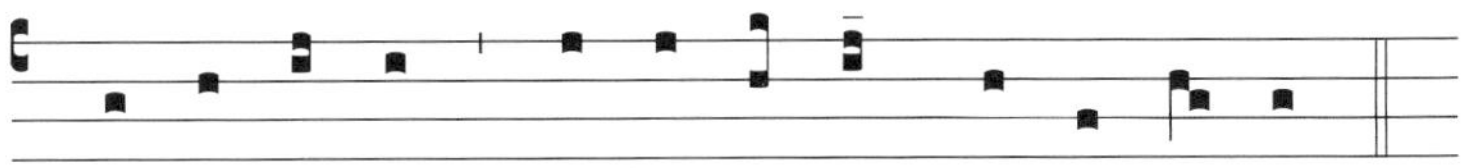

Hal- le- lu- ja! * Hal- le- lu- ja, hal- le- lu- ja!

Jesaja 60,1-20 ( )

Auf, werde licht, Jerusalem,
denn dein Licht ist gekommen,
und die Herrlichkeit des HERRN geht strahlend über dir auf!

* HALLELUJA, HALLELUJA!

Siehe, Finsternis bedeckt die Erde und Dunkel die Völker.
Doch über dir erstrahlt der HERR,
und seine Herrlichkeit erscheint!

HALLELUJA! * HALLELUJA, HALLELUJA!

Zu deinem Lichte ziehen Völker
und Könige zum Glanz, der dich überstrahlt.
Erhebe die Augen und blicke dich um:
Sie alle sammeln sich und kommen zu dir.

* HALLELUJA, HALLELUJA!

Deine Söhne kommen von ferne,
deine Töchter, sorgsam auf Armen getragen.
Du wirst es sehen und wirst strahlen,
dein Herz wird beben und sich weiten.
Denn der Reichtum des Meeres flutet zu dir,
es strömen zu dir die Schätze der Völker.

Hal- le- lu- ja! * Hal- le- lu- ja, hal- le- lu- ja!

Kamele in Scharen bedecken dein Land,
Dromedare von Midian und Efa.
Von Saba kommen sie alle herbei,
sie bringen Gold und Weihrauch
und verkünden die ruhmreichen Taten des HERRN,
des Heiligen Israels, der dich so herrlich gemacht.

* HALLELUJA, HALLELUJA!

Fremde bauen deine Mauern auf,
und Könige sind dir dienstbar.
Deine Tore stehen immerfort offen,
man wird sie nicht schließen bei Tag und bei Nacht,
damit zu dir eingehn die Schätze der Völker.

HALLELUJA! * HALLELUJA, HALLELUJA!

Man wird dich nennen 'Stadt des HERRN',
'Zion des Heiligen Israels'.
Du warst verlassen und verachtet,
doch ich mache dich zum ewigen Stolz,
zur Freude für alle Geschlechter.
Dann wirst du erkennen, daß ich, der HERR, dein Retter bin,
der Starke Jakobs, der dich erlöst.

* HALLELUJA, HALLELUJA!

Nicht länger dient dir die Sonne als Licht,
der Schein des Mondes als Leuchte.
Der HERR ist dein ewiges Licht,
dein Gott deine strahlende Herrlichkeit!

HALLELUJA! * HALLELUJA, HALLELUJA!

Deine Sonne geht nicht mehr unter,
und nie wieder schwindet dein Mond.
Denn der HERR ist dein ewiges Licht –
die Tage deiner Trauer sind vorbei!

* HALLELUJA, HALLELUJA!

Ehre sei dem Vater und dem Sohne
und dem Heiligen Geiste.
Wie im Anfang, so auch jetzt und immer
und in Ewigkeit. Amen.

HALLELUJA! * HALLELUJA, HALLELUJA!

℣. Jerusalem, erhebe deine Augen. Halleluja.
℟. Zu dir strömen die Schätze der Völker. Halleluja.

Resp
IV/6

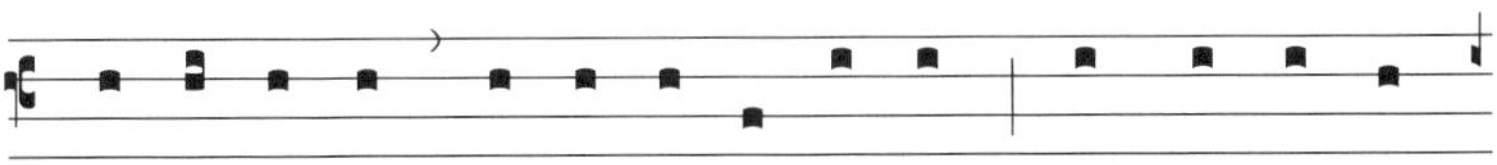

J e- ru- sa- lem, er- he- be die Augen: * die Schätze der

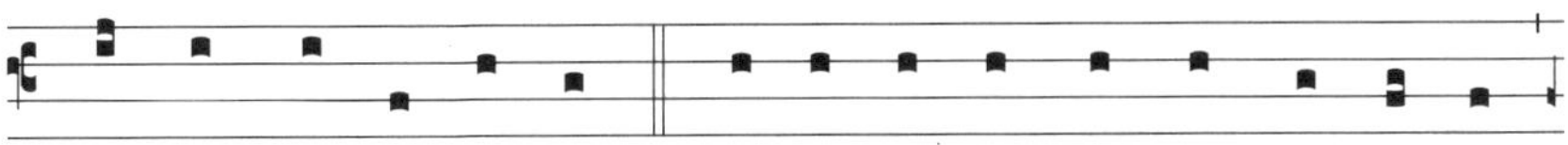

Völ- ker strömen zu dir. ℣. Dei-ne Söh-ne kommen von fer-ne,

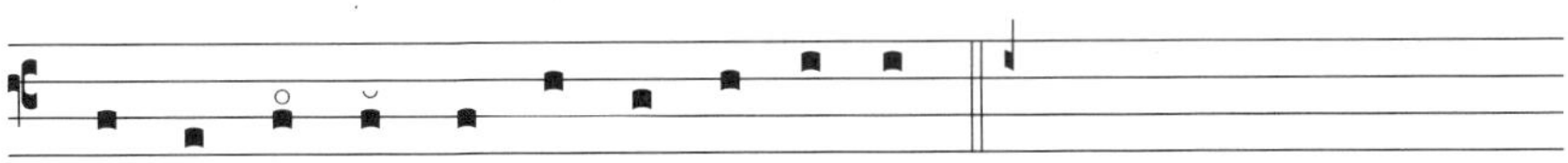

dei- ne Töchter, auf Armen ge- tra- gen. *Jes 60,4f*

LAUDES

Ant 1
I

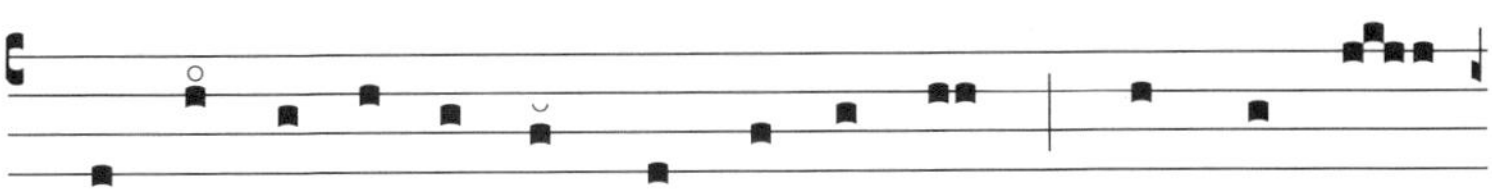

S teh auf, Je- ru- sa- lem, und werde licht! * Denn dein Licht

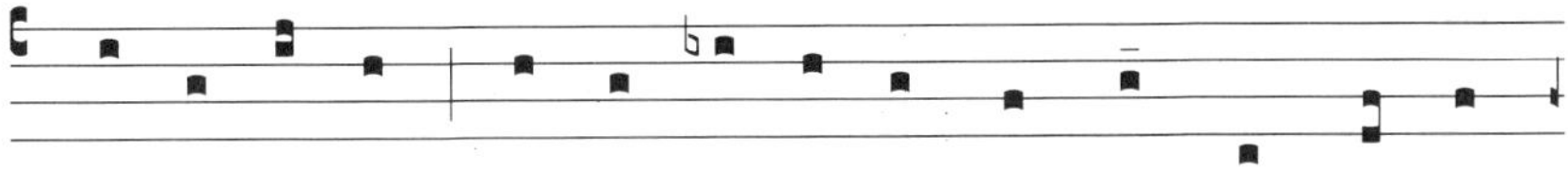

ist ge-kommen, und die Herrlichkeit des Herrn geht strahlend

Jes 60,1

Psalm 93

DER HERR ist König, mit Hoheit bekleidet; *
der HERR hat sich bekleidet und mit Macht umgürtet.
Fest ist der Erdkreis gegründet, *
nie wird er wanken.
Fest steht dein Thron von Anbeginn, *
du bist von Ewigkeit.

Fluten erhoben, HERR, /
Fluten erhoben ihr Tosen, *
Fluten erheben ihr Brausen.
Gewaltiger als das Tosen der mächtigen Wasser, /
gewaltiger als die Brandung des Meeres *
ist gewaltig der HERR in der Höhe.

Deine Gesetze sind fest und verläßlich, /
HERR, deinem Haus ziemt Heiligkeit *
für alle Zeiten.

Ant 2
V

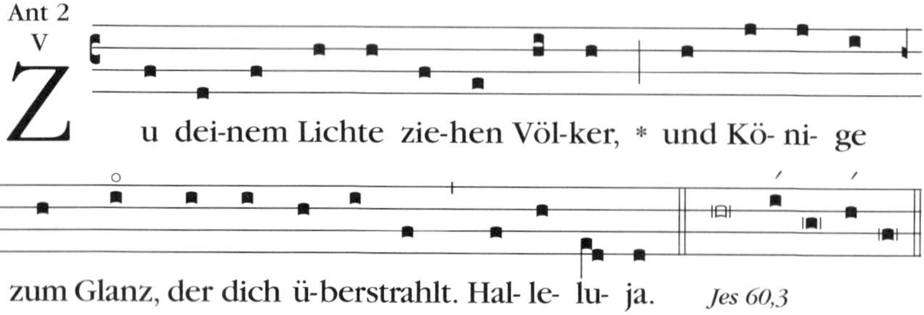

Jes 60,3

Psalm 87

SEINE Gründung auf heiligen Bergen – *
die Tore Zions liebt der HERR vor allen Stätten Jakobs.

Herrliches sagt man von dir, *
du Stadt unsres Gottes:
„Ich zähle Ägypten und Babylon *
zu denen, die mich kennen!“
Mag einer im Land der Philister geboren sein, *
in Kusch oder Tyrus –
so gilt doch von Zion: /
Dort ist ein jeder gebürtig! *
Der Höchste selbst ist es, der dieser Stadt Bestand gibt.
Der HERR schreibt im Verzeichnis der Völker: *
Auch dieser ist dort gebürtig!
Und sie tanzen und singen: *
In dir sind all meine Quellen!

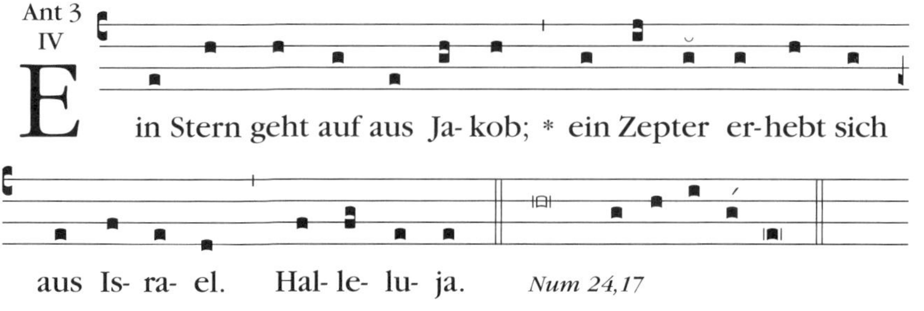

Num 24,17

Daniel 3,57-88 ()

PREISET den HERRN, all ihr Werke des HERRN, *
lobt und erhebt ihn in Ewigkeit!
Preiset den HERRN, ihr Engel des HERRN, *
ihr hohen Himmel, lobpreiset IHN!
Preiset den HERRN,
alle Wasser droben am Himmel, *
all ihr Mächte, lobpreiset IHN!
Preiset den HERRN, Sonne und Mond, *
ihr Sterne am Himmel, lobpreiset IHN!
Preiset den HERRN, jeder Regen und Tau, *
all ihr Stürme, lobpreiset IHN!

Preiset den HERRN, Feuer und Glut, *
Frost und Hitze, lobpreiset IHN!
Preiset den HERRN, ihr Tropfen des Taus, /
ihr Flocken des Schnees, *
Eis und Kälte, lobpreiset IHN!
Preiset den HERRN, ihr Kristalle von Schnee und Rauhreif, *
ihr Blitze und Wolken, lobpreiset IHN!
Preiset den HERRN, ihr Nächte und Tage, *
Licht und Dunkel, lobpreiset IHN!

Du, Erde, preise den HERRN, *
lob und erheb ihn in Ewigkeit!
Preiset den HERRN, ihr Berge und Hügel, *
alles, was sproßt auf der Erde, lobpreise IHN!
Preiset den HERRN, ihr Quellen, *
ihr Meere und Ströme, lobpreiset IHN!
Preiset den HERRN, ihr Ungeheuer der See /
und alles, was sich regt in den Wassern, *
all ihr Vögel des Himmels, lobpreiset IHN!
Preiset den HERRN, all ihr Tiere, wilde und zahme, *
all ihr Menschen, lobpreiset IHN!

Du, Israel, preise den HERRN, *
lob und erheb ihn in Ewigkeit!
Preiset den HERRN, ihr Priester des HERRN, *
ihr seine Knechte, lobpreiset IHN!
Preiset den HERRN, ihr Heiligen /
und ihr gebeugten Herzen, *
ihr Geister und Seelen der Gerechten, lobpreiset IHN!

Preiset den HERRN, Hananja, Asarja und Mischael, *
lobt und erhebt ihn in Ewigkeit!
Denn er entriß uns der Unterwelt, *
er hat uns errettet aus der Hand des Todes.
Er befreite uns aus dem lodernden Ofen, *
er hat uns erlöst aus der Mitte des Feuers.

Laßt uns preisen den Vater und den Sohn mit dem Heiligen Geist, *
ihn loben und erheben in Ewigkeit!

Ant 4
VIII

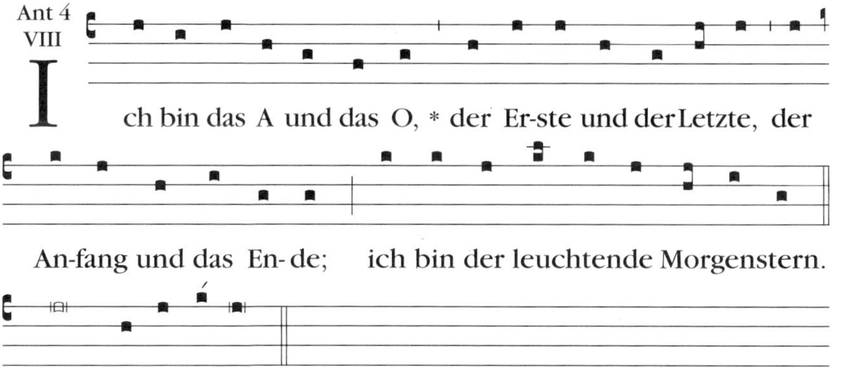

Offb 22,13.16

Psalm 150

LOBT Gott in seinem Heiligtum, *
lobt ihn in seiner mächtigen Feste!
Lobt ihn ob seiner gewaltigen Taten, *
lobt ihn in der Fülle seiner Hoheit!
Lobt ihn mit dem Schall der Posaunen, *
lobt ihn mit Harfe und Leier!
Lobt ihn mit Pauke und Reigen, *
lobt ihn mit Flöten und Saitenspiel!
Lobt ihn mit hellen Zimbeln, /
lobt ihn mit schmetternden Zimbeln! *
Alles, was Atem hat, lobe den HERREN!

Kurzlesung *Eph 5,8-11.13f*

Einst wart ihr Finsternis, jetzt aber seid ihr durch den Herrn Licht geworden. Lebt als Kinder des Lichts! Das Licht bringt lauter Güte, Gerechtigkeit und Wahrheit hervor. Prüft, was dem Herrn gefällt, und habt nichts gemein mit den Werken der Finsternis, die keine Frucht bringen, sondern deckt sie auf! Alles, was aufgedeckt ist, wird vom Licht erleuchtet. Alles Erleuchtete aber ist Licht. Deshalb heißt es: Wach auf, der du schläfst, und steh auf von den Toten, und Christus wird dein Licht sein.

Resp
VII

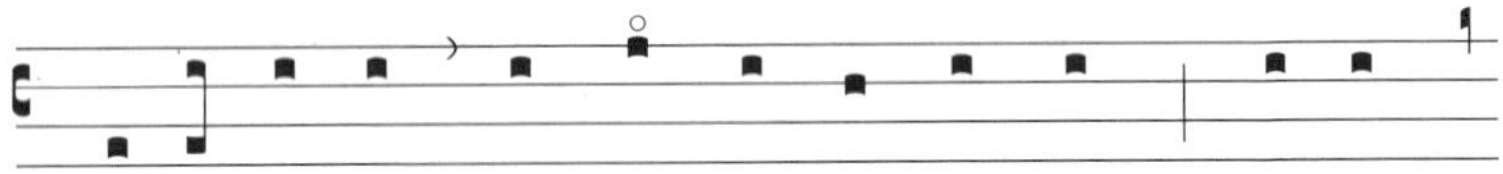

Je- ru- sa- lem, dein Licht ist ge- kommen: * Hal- le-

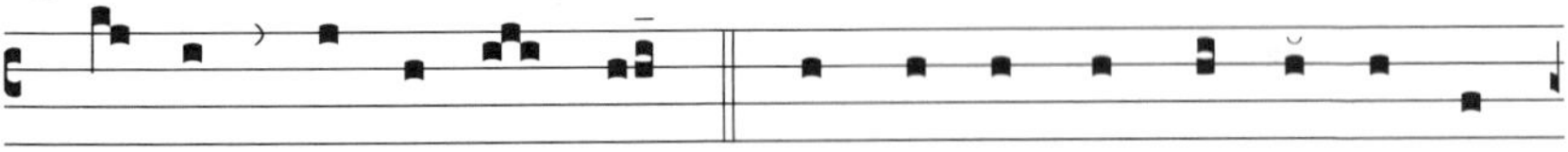

lu- ja, hal- le- lu- ja. ℣. Die Herrlichkeit Got-tes erstrahlt

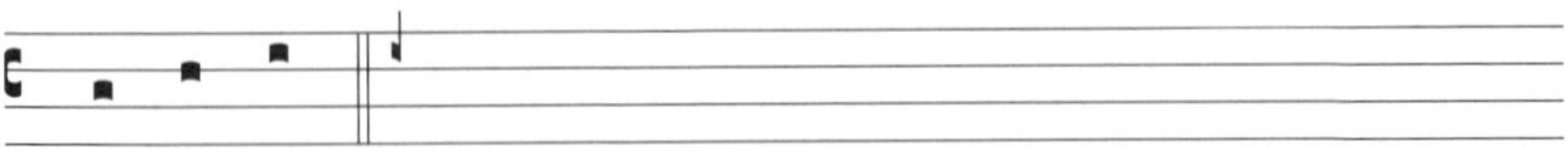

ü- ber dir. *Jes 60,1*

Hymnus

VIII

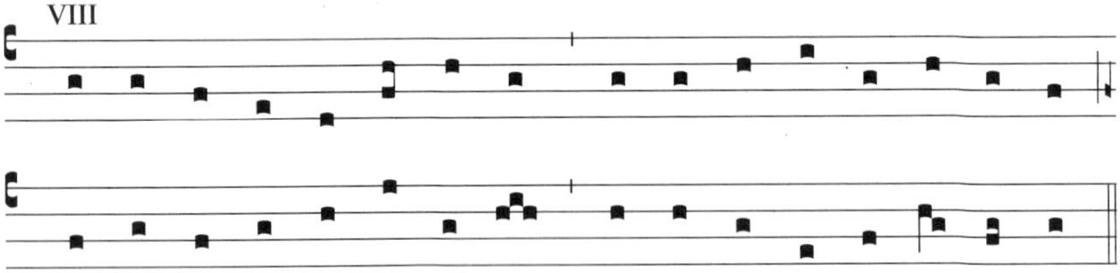

DIE Weisen schauen auf zum Stern
und folgen gläubig seiner Spur,
sie finden durch das Licht zum Licht,
mit Gaben ehren sie das Kind.

Erkenne in den Gaben, Kind,
die Königszeichen deiner Macht,
und was des Vaters ew'ge Huld
dir dreifach hat vorherbestimmt:

Den König kündet an das Gold,
dem Gott steigt auf des Weihrauchs Duft,
doch weist voraus auf Tod und Grab
der Myrrhenkörner Bitterkeit.

Der Vorzeit Väter schauten dich,
dich kündet' der Propheten Mund;
doch heut' bezeugt der Vater selbst:
Du bist der Erbe meines Reichs!

In dir, o Kind, wird alles eins,
du bist das A und O der Zeit,
du bist das Haupt der neuen Welt,
in der die Schöpfung sich erfüllt.

Herr Jesus, dir sei Ruhm und Preis,
der du uns heut' erschienen bist,
dem Vater und dem Geist zugleich
durch alle Zeit und Ewigkeit. Amen.

℣. Die Himmel künden seine Gerechtigkeit. Halleluja.
℟. Seine Herrlichkeit schauen alle Völker. Halleluja.

Canticum Joh 1,1-14 ()

IM ANFANG war das Wort, /
und das Wort war bei Gott, *
und das Wort war Gott.

Im Anfang war es bei Gott. /
Alles ist durch das Wort geworden, *
und ohne das Wort wurde nichts von allem, was wurde.
In ihm war das Leben, *
und das Leben war das Licht der Menschen.
Und das Licht leuchtet in der Finsternis, *
und die Finsternis hat es nicht erfaßt.

Das Wort war das wahre Licht, /
das jeden Menschen erleuchtet: *
es kam in die Welt.
Es war in der Welt: /
die Welt ist durch das Wort geworden, *
und die Welt hat es nicht erkannt.
Es kam in sein Eigentum, *
und die Seinen nahmen es nicht auf.
Denen aber, die es aufnahmen, gab es die Macht, *
Kinder Gottes zu werden.

Und das Wort ward Fleisch *
und hat unter uns gewohnt.
Und wir sahen seine Herrlichkeit, /
die Herrlichkeit des Eingeborenen vom Vater, *
voll Gnade und Wahrheit.

ANTIPHON

Ehre sei dem Vater und dem Sohne *
und dem Heiligen Geiste.
Wie im Anfang, so auch jetzt und allezeit *
und in Ewigkeit. Amen.

* * *

WEIHNACHTSZEIT
NACH EPIPHANIE

VIGIL

Invitatorium

℟. IV/1

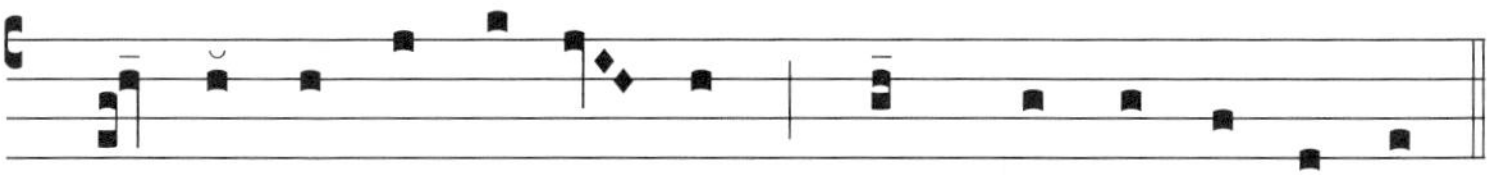

C hri- stus ist uns erschie-nen. Kommt, wir be- ten ihn an!

Hymnus *wie an Epiphanie,* 107.

Erste und Zweite Nokturn

Psalmodie und Versikel *wie im Wochenpsalter.*

Resp 1 IV/6

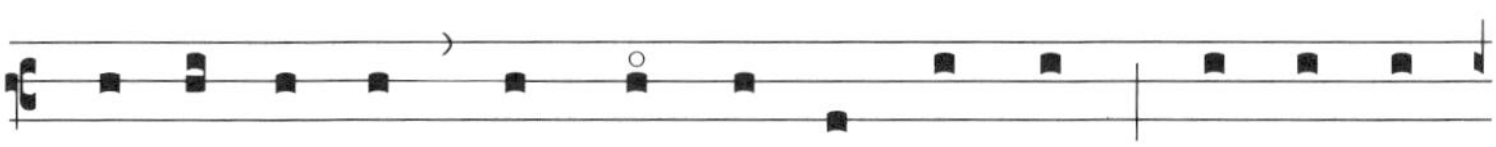

J e- ru- sa- lem, dein Licht ist ge- kommen, * die Herrlich-

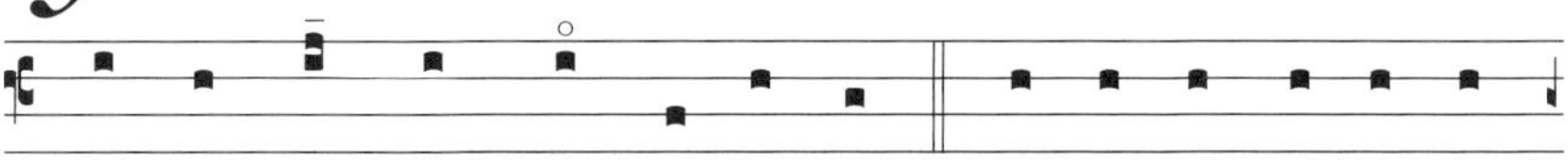

keit des Herrn erscheint ü- ber dir. ℣. Zu dei-nem Lichte zie-

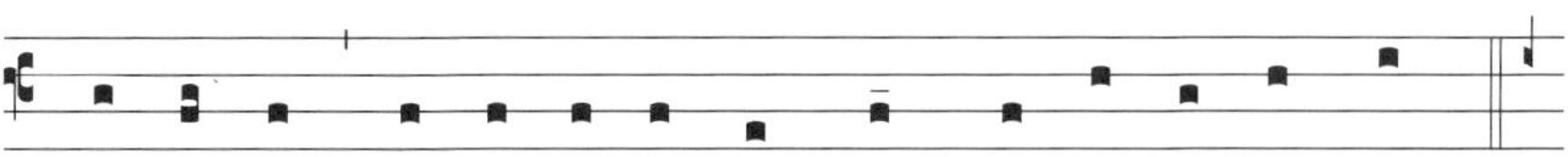

hen Völ-ker, und Kö- ni- ge zum Glanz, der ü- ber dir strahlt.

Jes 60,1-3

Resp 2 IV/6

J e- ru- sa-lem, er-he-be die Augen: * die Schätze der

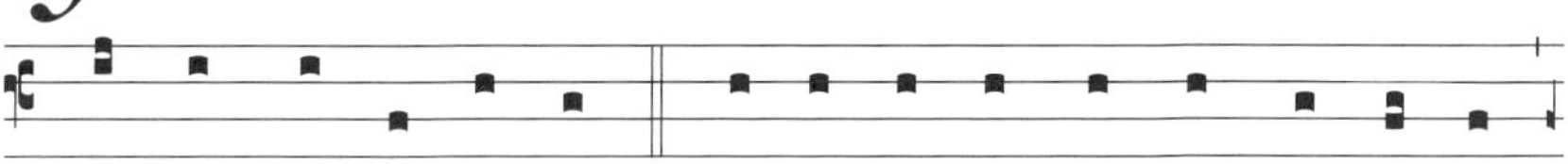

Völ- ker strömen zu dir. ℣. Dei-ne Söh-ne kommen von fer-ne,

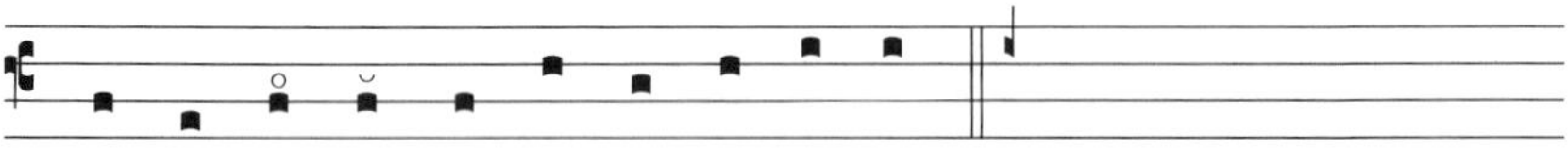

dei- ne Töchter, auf Armen ge-tra-gen. *Jes 60,4f*

LAUDES

Psalmodie *wie im Wochenpsalter.*

Kurzlesung *Jes 66,18-21()*

Seht, ich komme und rufe die Völker aller Sprachen zusammen. Und sie werden kommen und meine Herrlichkeit sehen. Ich stelle bei ihnen ein Zeichen auf; ich sende Boten nach Tarschisch und zu den fernen Inseln, die noch nichts von mir gehört und meine Herrlichkeit noch nicht gesehen haben. Sie sollen meine Herrlichkeit unter den Völkern verkünden. Sie werden aus allen Völkern eure Brüder herbeiholen zu meinem heiligen Berg nach Jerusalem – als Opfergabe für den Herrn. Und auch aus ihnen wähle ich mir Priester und Leviten aus, spricht der Herr.

Resp
VII

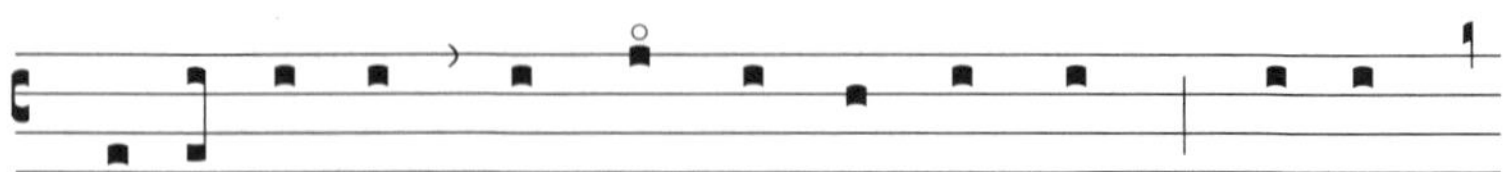

J e- ru- sa- lem, dein Licht ist ge- kommen: * Hal- le-

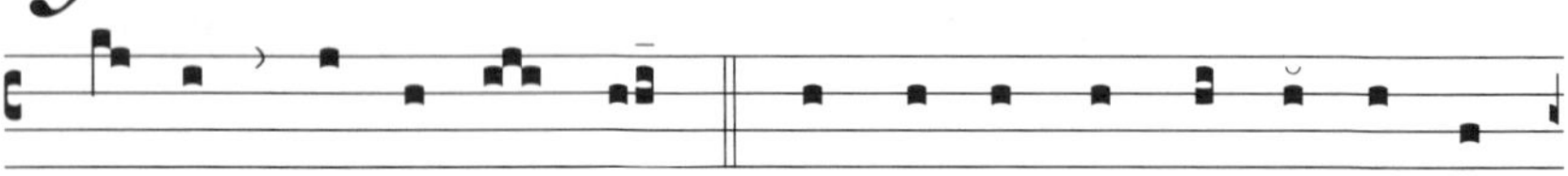

lu- ja, hal- le- lu- ja. ℣. Die Herrlichkeit Got-tes erstrahlt

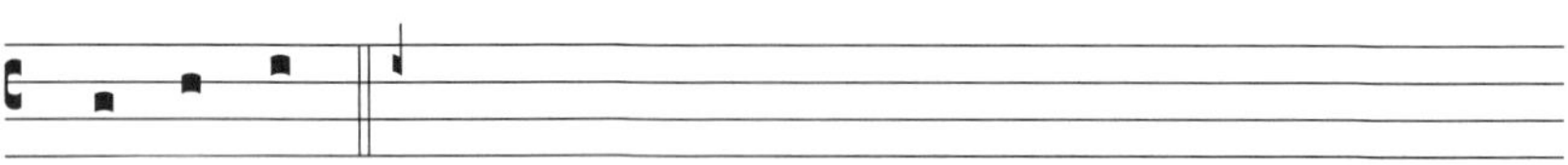

ü- ber dir. *Jes 60,1*

Hymnus

VIII

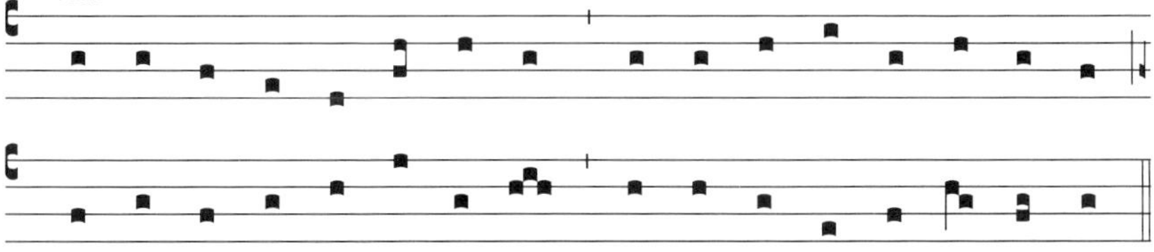

DIE Weisen schauen auf zum Stern
und folgen gläubig seiner Spur,
sie finden durch das Licht zum Licht,
mit Gaben ehren sie das Kind.

Erkenne in den Gaben, Kind,
die Königszeichen deiner Macht,
und was des Vaters ew'ge Huld
dir dreifach hat vorherbestimmt:

Den König kündet an das Gold,
dem Gott steigt auf des Weihrauchs Duft,
doch weist voraus auf Tod und Grab
der Myrrhenkörner Bitterkeit.

Der Vorzeit Väter schauten dich,
dich kündet' der Propheten Mund;
doch heut' bezeugt der Vater selbst:
Du bist der Erbe meines Reichs!

In dir, o Kind, wird alles eins,
du bist das A und O der Zeit,
du bist das Haupt der neuen Welt,
in der die Schöpfung sich erfüllt.

Herr Jesus, dir sei Ruhm und Preis,
der du uns heut' erschienen bist,
dem Vater und dem Geist zugleich
durch alle Zeit und Ewigkeit. Amen.

℣. Die Himmel künden seine Gerechtigkeit. Halleluja.
℟. Seine Herrlichkeit schauen alle Völker. Halleluja.

Am 7. und 10. Januar
(oder am Montag und Donnerstag nach Epiphanie)

Ant C
VII

Ps 96,9.8

Am 8. und 11. Januar
(oder am Dienstag und Freitag nach Epiphanie)

Ant C
III

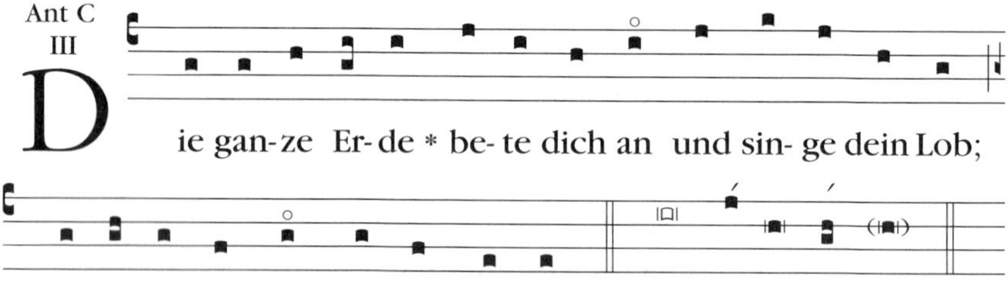

Ps 66,4

Am 9. und 12. Januar
(oder am Mittwoch und Samstag nach Epiphanie)

Ant C
II

cf. Eph 2,13f

Sonntag nach Epiphanie

FEST DER TAUFE DES HERRN

VIGIL

Invitatorium

℟. II

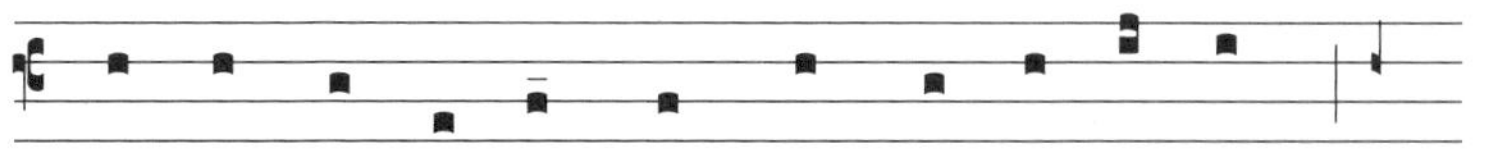

Der Herr wird ge-salbt zum Werk der Er- lö- sung:

* Ihm ge-bührt Lobpreis und Eh- re.

Zum Invitatorium wird Psalm 100 *gesungen, wie im Commune der Herrenfeste,* 653.

Hymnus

VIII

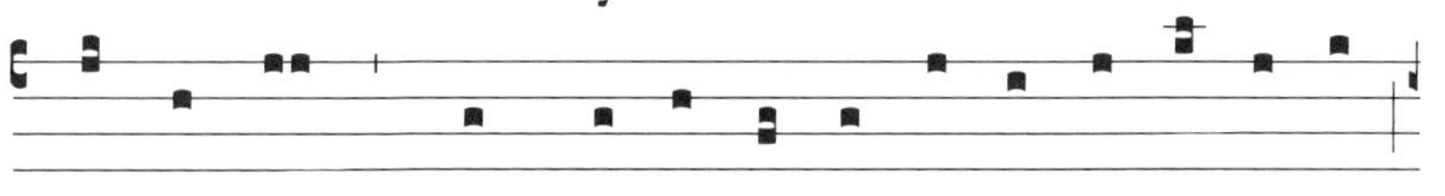

Jor-dan, sing! Schwing dei-ne Was-ser ü- ber die Wüste hin.

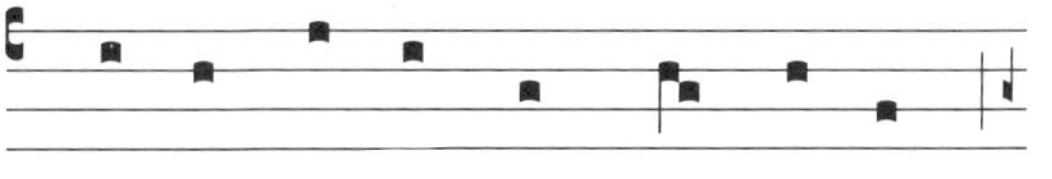

Du bist trunken vom Glanz dar- in:

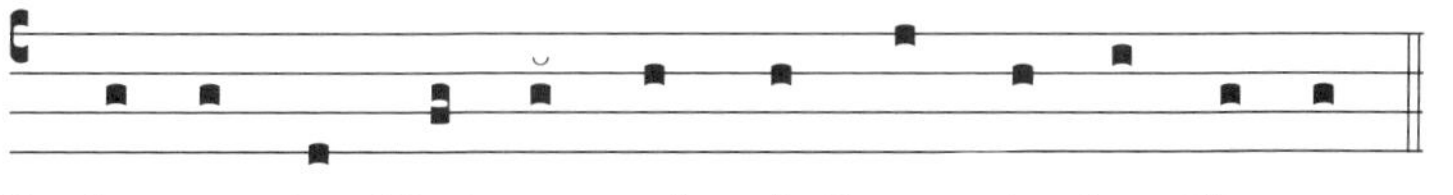

℟. Je- sus, der Christus, steht als Lamm in den Flu-ten.

Menschheit, auf! Lauf ihm ent-ge-gen, dei-ne Ge-burt ist nah!

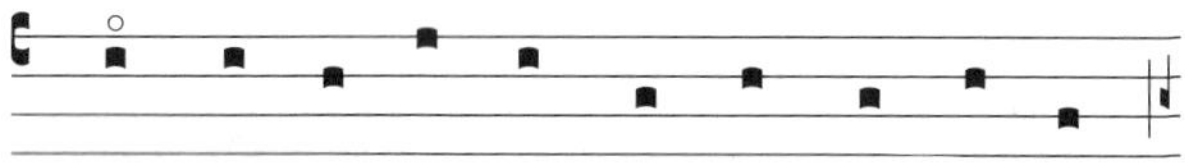

Sieh, der Ge- lieb-te, die Hochzeit ist da:

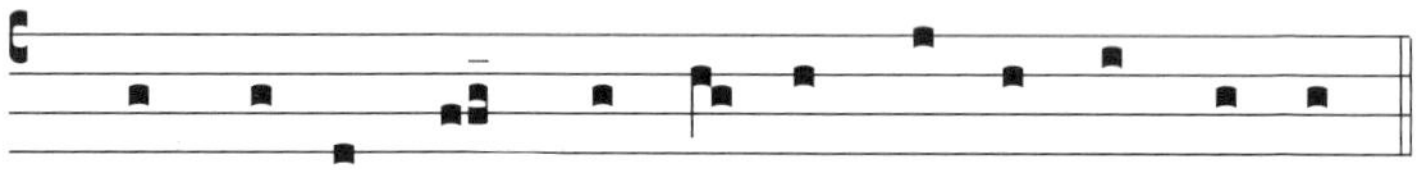

℟. Trink seinen Wein, den neu-en, glü-hen-den, gu- ten!

Herrliches All! Fall vor ihm nieder, bring dich als Ga- be dar!

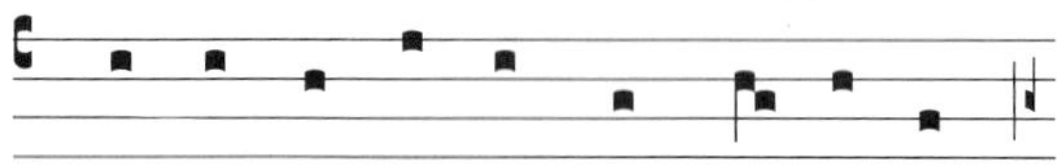

Chri- stus verwandelt dich wunderbar.

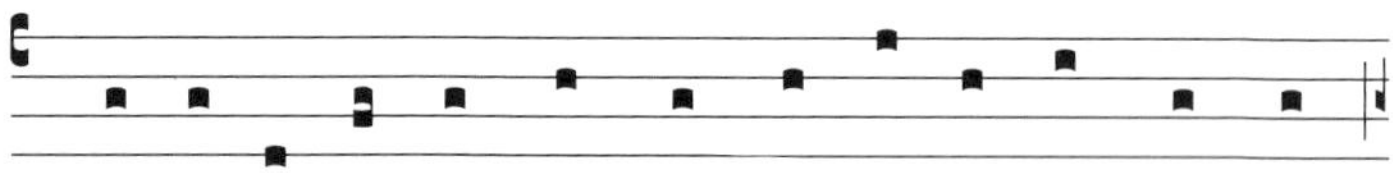

℟. E-wi-ges Le-ben wird dich im To- de durchblu-ten!

A- men.

Erste und Zweite Nokturn

Psalmodie und Versikel *wie im Commune der Herrenfeste,* 654.

Resp 1
IV/6

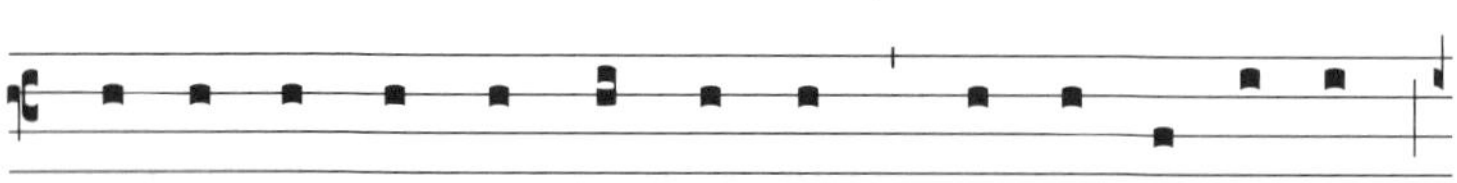

H eu- te tut sich der Himmel auf, die Er- de ju-belt:

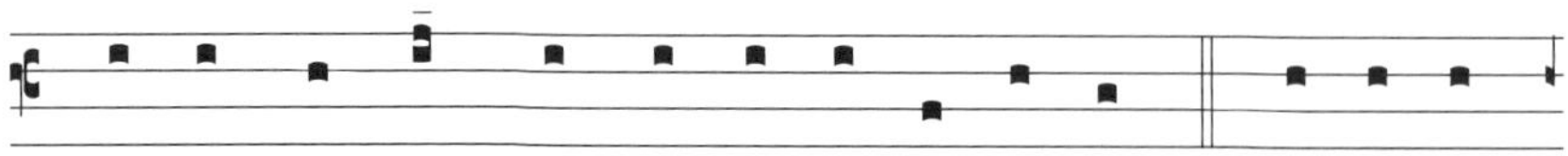

* Christus, der Herr, wird von Jo- hannes ge-tauft. ℣. Was ist dir,

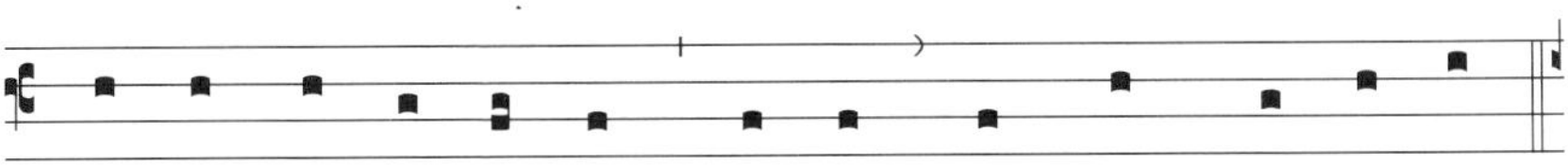

o Meer, daß du flüchtest; Jor-dan, was weichst du zu- rück?

LT; Ps 114,5

Resp 2
IV/6

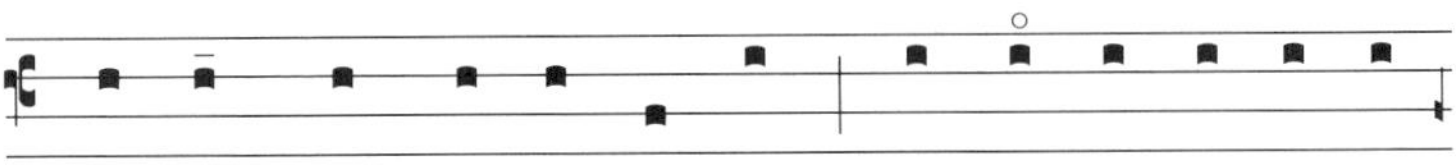

Der Herr thront ü- ber der Flut, * der Herr ü- ber ge-wal-

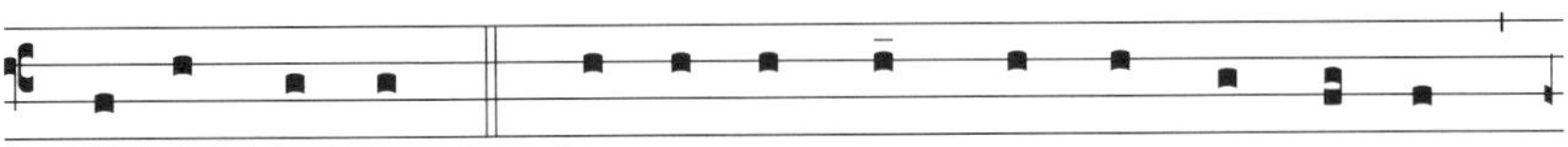

ti- gen Was-sern. ℣. Christus erscheint und läßt sich tau- fen,

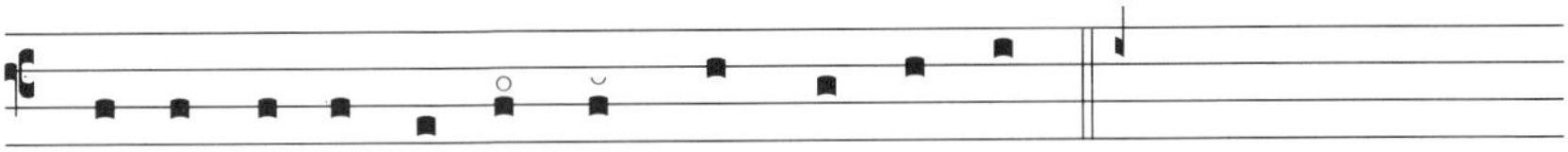

in die Tie- fe des Jordans steigt er hin- ab. *Ps 29,10.3; LT*

Dritte Nokturn

Ant
VIII

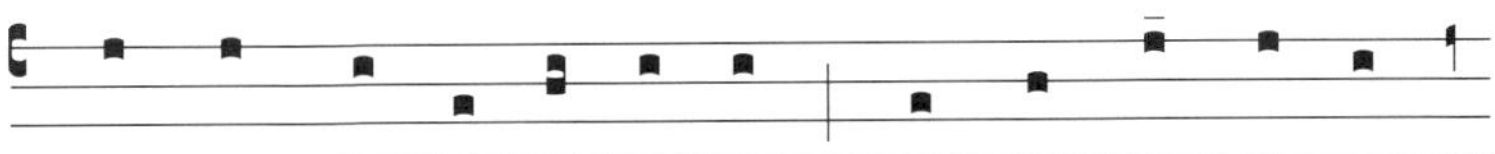

Freut euch mit Je- ru- sa- lem; * denn der Herr lei- tet

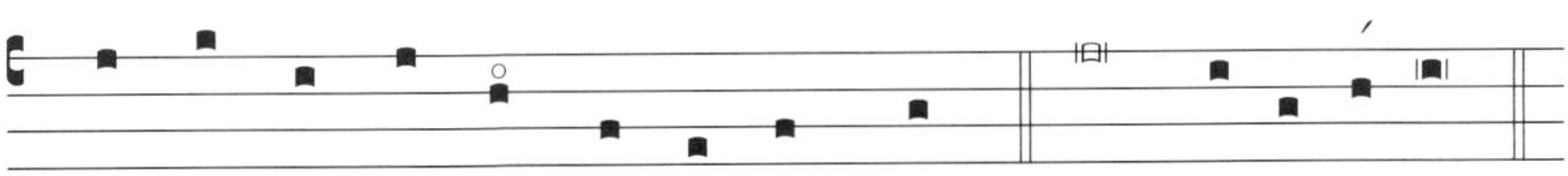

den Frie-den zu ihr wie ei- nen Strom.

Jesaja 66,10-14

FREUT euch mit Jerusalem, der heiligen Stadt! *
Jubelt in ihr, alle, die ihr sie lieb habt!
Seid fröhlich und frohlockt mit ihr, *
alle, die ihr über sie traurig wart!
Saugt euch satt an ihrer tröstenden Brust, *
trinkt und labt euch an den Brüsten ihrer Herrlichkeit!

Denn so spricht der HERR: /
Seht, ich leite den Frieden zu ihr wie einen Strom, *
wie einen rauschenden Bach die Herrlichkeit der Völker.
Ihr werdet gestillt, auf den Armen getragen, *
ihr werdet auf den Knien geschaukelt.
Wie einen, den die Mutter tröstet, /
so will ich selber euch trösten, *
ja, ihr findet Trost in Jerusalem.

Ihr werdet es sehn, /
und euer Herz wird sich freuen: *
Die Hand des HERRN wird sich an seinen Knechten offenbaren.

℣. Jerusalem wird heilig sein. Halleluja.
℟. Und Wasser strömt in allen Bächen Judas. Halleluja.

Resp
IV/6

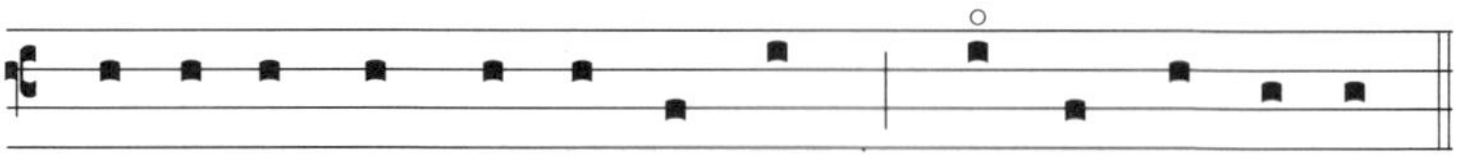

D ie-ser ist mein ge- liebter Sohn, * ihn sollt ihr hö-ren.

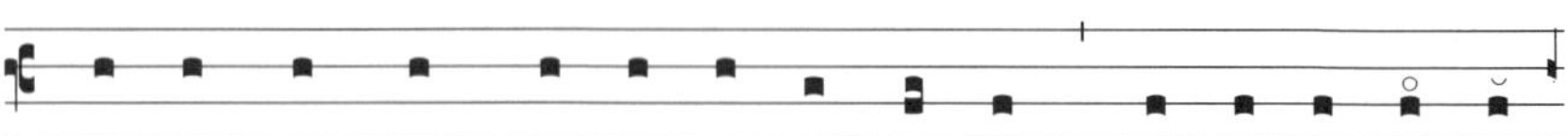

℣. Er trägt das Recht hin-aus zu den Völ-kern; auf sei-ne Weisung

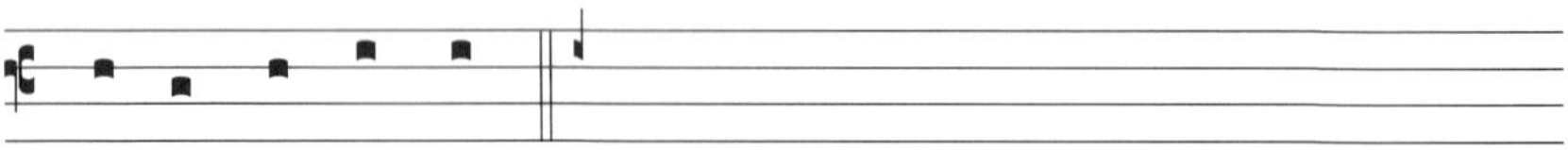

har-ren die In- seln. *Mk 9,7; Jes 42,1.4*

LAUDES

Ant 1
II

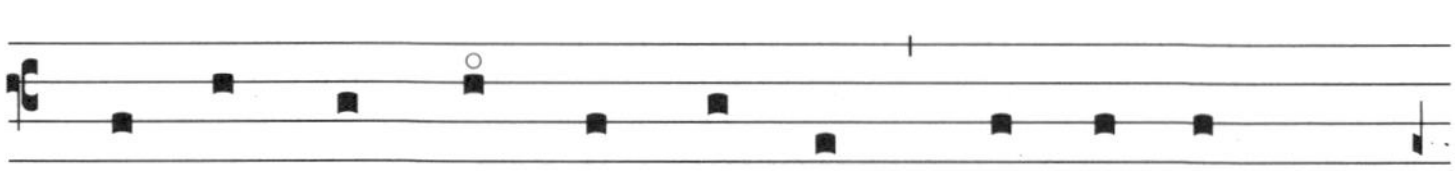

D er Geist des Herrn ruht auf mir, * denn er hat mich

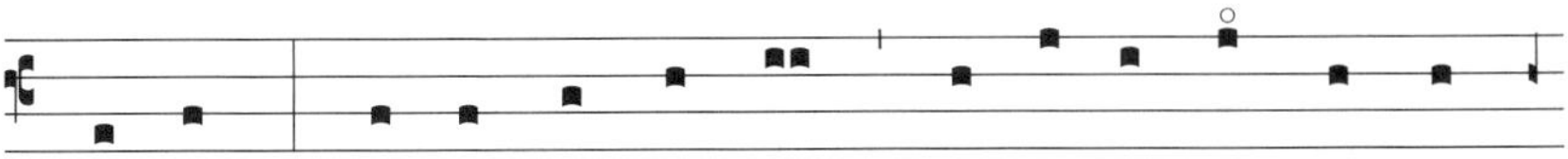

ge- salbt. Er hat mich ge- sandt, die fro- he Botschaft zu

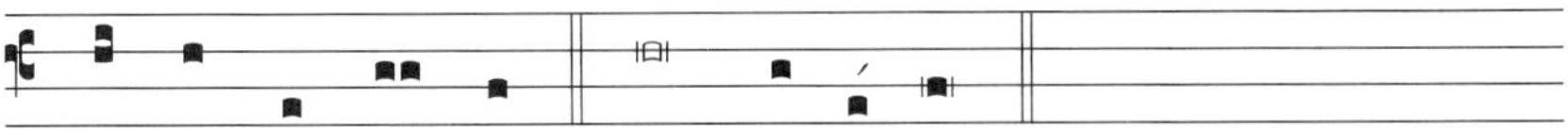

künden den Ar- men. *Lk 4,18 (Jes 61,1)*

Psalm 93

DER HERR ist König, mit Hoheit bekleidet; *
der HERR hat sich bekleidet und mit Macht umgürtet.
Fest ist der Erdkreis gegründet, *
nie wird er wanken.
Fest steht dein Thron von Anbeginn, *
du bist von Ewigkeit.

Fluten erhoben, HERR, /
Fluten erhoben ihr Tosen, *
Fluten erheben ihr Brausen.
Gewaltiger als das Tosen der mächtigen Wasser, /
gewaltiger als die Brandung des Meeres *
ist gewaltig der HERR in der Höhe.

Deine Gesetze sind fest und verläßlich, /
HERR, deinem Haus ziemt Heiligkeit *
für alle Zeiten.

Ant 2
IV

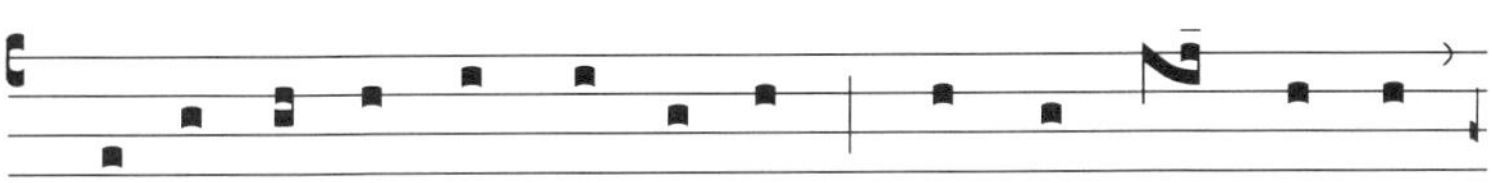

E i- ne Tau- fe steht mir be-vor, * und wie drängt es mich,

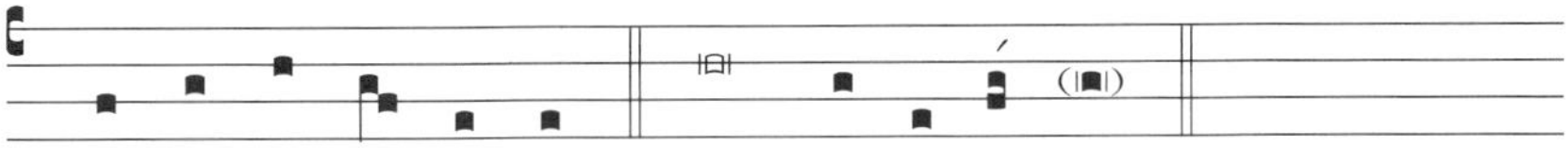

bis sie voll-en-det ist. *Lk 12,50*

Psalm 110

SO SPRICHT der HERR zu meinem Herrn: *
„Setze dich zu meiner Rechten,
bis ich dir hinlege deine Feinde *
als Schemel für die Füße."
Vom Zion streckt der HERR das Zepter deiner Macht aus: *
„Herrsche inmitten deiner Feinde!
Dein ist die Herrschaft am Tag deiner Macht *
in heiligem Glanz.
Wie den Tau aus dem Schoß des Morgenrots *
habe ich dich gezeugt."
Geschworen hat der HERR /
und wird es nicht bereuen: *
„Du bist Priester auf ewig nach der Ordnung Melchisedeks!"

Der Herr steht dir zur Rechten, *
zerschmettert Könige am Tag seines Zorns.
Unter den Völkern hält er Gericht, /
er häuft die Toten, *
zerschmettert die Häupter weithin auf Erden.

Er trinkt aus dem Bach am Wege, *
so kann er neu das Haupt erheben.

Mt 3,17

Jesaja 42,1-9

SIEHE, mein Knecht - ich halte ihn, *
mein Erwählter - ich habe an ihm Gefallen.
Ich lege meinen Geist auf ihn, *
damit er das Recht zu den Völkern hinausträgt.
Er schreit nicht und lärmt nicht, *
noch läßt er auf der Straße seine Stimme hören.
Er bricht nicht das geknickte Rohr, /
er löscht nicht den Docht, der noch glimmt. *
Er trägt in Wahrheit das Recht hinaus.
Er selbst verlischt nicht und bricht nicht zusammen, /
bis er das Recht auf der Erde begründet hat. *
Auf seine Weisung harren die Inseln.

So spricht Gott, der HERR, /
der den Himmel schuf und wölbte, *
der die Erde gemacht hat und all ihr Gewächs,
der dem Volk auf ihr den Atem verleiht *
und denen, die auf ihr wandeln, den Geist:
„Ich, der HERR, berief dich in Gerechtigkeit, *
ich faßte dich bei deiner Hand.
Ich habe dich gebildet, /
ich machte dich zum Bund des Volkes *
und zum Licht der Heiden,
blinde Augen zu öffnen, /
Gefangene herauszuholen aus dem Kerker, *
und die im Dunkel sitzen, aus der Haft.
Ich bin der HERR - das ist mein Name, /
ich gebe keinem andern meine Ehre *
und nicht den Götzen meinen Ruhm.
Das Frühere - seht, es traf ein, /
und Neues tue ich kund, *
ich mach es euch bekannt, noch ehe es sproßt.“

Ant 4
III

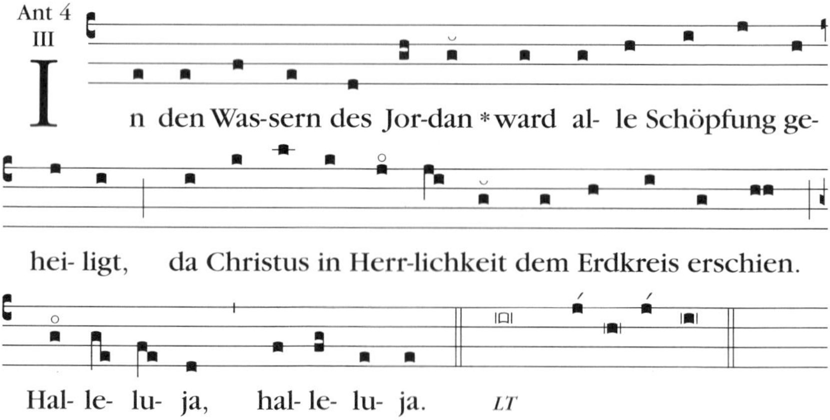

Psalm 150

LOBT Gott in seinem Heiligtum, *
lobt ihn in seiner mächtigen Feste!
Lobt ihn ob seiner gewaltigen Taten, *
lobt ihn in der Fülle seiner Hoheit!
Lobt ihn mit dem Schall der Posaunen, *
lobt ihn mit Harfe und Leier!
Lobt ihn mit Pauke und Reigen, *
lobt ihn mit Flöten und Saitenspiel!
Lobt ihn mit hellen Zimbeln, /
lobt ihn mit schmetternden Zimbeln! *
Alles, was Atem hat, lobe den HERREN!

Kurzlesung *Apg 19,2-6*

Paulus traf in Ephesus einige Jünger und fragte sie: Habt ihr den Heiligen Geist empfangen, als ihr gläubig wurdet? Sie antworteten ihm: Wir haben noch nicht einmal gehört, daß es einen Heiligen Geist gibt. Da fragte er: Mit welcher Taufe seid ihr denn getauft worden? Sie antworteten: Mit der Taufe des Johannes. Paulus sagte: Johannes hat mit der Taufe der Umkehr getauft und das Volk gelehrt, sie sollten an den glauben, der nach ihm komme: an Jesus. Als sie das hörten, ließen sie sich auf den Namen Jesu, des Herrn, taufen. Paulus legte ihnen die Hände auf, und der Heilige Geist kam auf sie herab.

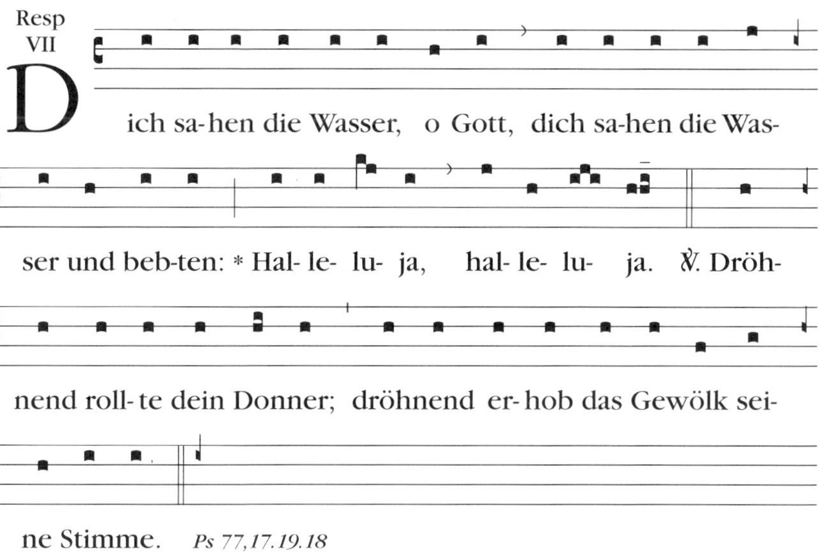

Ps 77,17.19.18

Hymnus

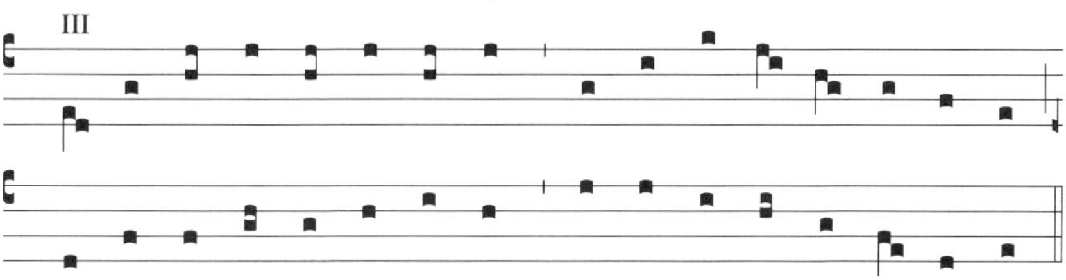

DES Vaters eingeborner Sohn
kommt aus der Jungfrau in die Welt,
im Bad der Taufe heiligt er,
die sich ihm gläubig anvertraun.

Vom Himmel kommt der Höchste selbst,
erscheint in menschlicher Gestalt;
dem Tode liefert der sich aus,
der uns das ew'ge Leben schenkt.

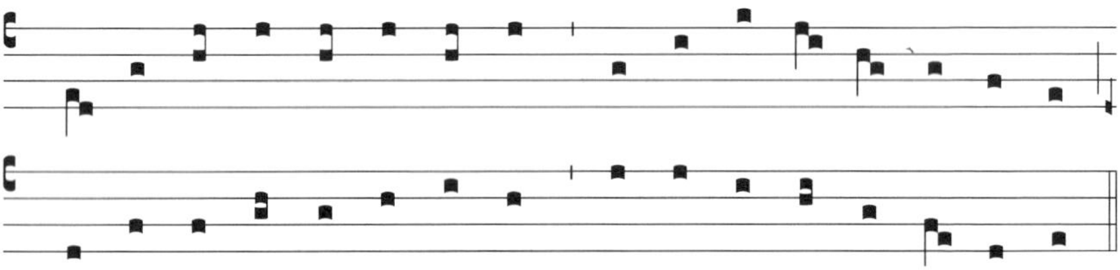

Das Lamm, das alle Sünde tilgt, –
Johannes taucht es in die Flut.
Der ohne allen Makel ist,
der Reinste, teilt der Sünder Los.

Des Vaters Stimme offenbart
im Knecht den vielgeliebten Sohn.
Der Geist verleiht ihm Macht und Amt,
das aufgetragne Werk zu tun.

Erlöser, Herr, wir bitten dich:
Vertreib das Dunkel, tilg die Schuld,
mach gnädig unsre Herzen hell
mit deiner Gottheit klarem Licht.

Dem Herrn sei Preis und Herrlichkeit,
der heute uns erschienen ist,
dem Vater, der den Sohn bezeugt
und ihn mit seinem Geiste salbt. Amen.

℣. Christus erscheint und läßt sich taufen. Halleluja.
℟. Er reinigt die Welt in Wasser und Geist. Halleluja.

Ant C
VIII

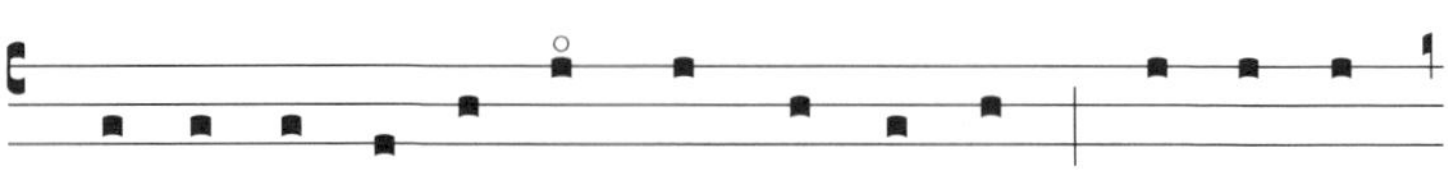

W ir ha-ben es ge-hört und sind ge-wiß: * Die-ser ist

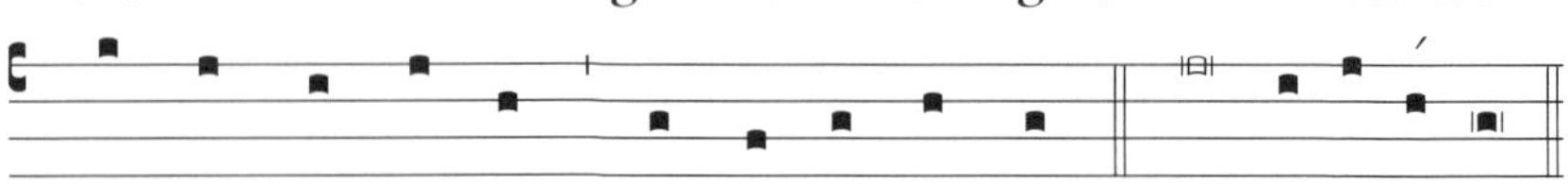

wahrhaft der Hei-land, der Ret-ter der Welt. *Joh 4,42*

Canticum 1 Tim 2,5f; 3,16; 6,15f

EINER ist Gott, /
Einer auch Mittler zwischen Gott und den Menschen: *
der Mensch Christus Jesus.
Er gab sich selbst dahin /
als Lösegeld für alle, *
ein Zeugnis zur rechten Stunde.

Er wurde offenbart im Fleisch, *
als gerecht erwiesen im Geiste,
geschaut von den Engeln, *
verkündet unter den Völkern,
geglaubt in der Welt, *
erhoben in Herrlichkeit.

Zur rechten Zeit wird Gott ihn offenbaren, *
er, der selige und alleinige Herrscher,
der König der Könige, *
der Herr der Herren.
Er allein besitzt die Unsterblichkeit, /
er wohnt in unzugänglichem Licht *
- kein Mensch vermag ihn zu sehen.
Ihm gebührt die Ehre *
und die Macht für ewige Zeiten. Amen.

ANTIPHON

Ehre sei dem Vater und dem Sohne *
und dem Heiligen Geiste.
Wie am Anfang, so auch jetzt und allezeit *
und in Ewigkeit. Amen.

* * *

SONNTAGE DER FASTENZEIT

VIGIL

Invitatorium

Hymnus

Erste Nokturn

Dtn 6,4.6

Deuteronomium 32,1-39 ()

HÖRT, ihr Himmel, denn ich will reden, *
es lausche die Erde den Worten meines Mundes!
Wie Regen riesle meine Lehre, *
wie Tau ergieße sich meine Rede,
wie Regenschauer auf grünende Saaten, *
wie Perlen von Tau auf die Fluren.
Denn ausrufen will ich den Namen des HERRN: *
Gebt unserem Gott die Ehre!
Er ist der Fels! Vollkommen ist sein Tun, *
recht sind all seine Wege.
Ein Gott der Treue – ohne Falsch: *
er ist gerecht und gerade.
Mißratene Kinder fielen von ihm ab, *
ein Geschlecht, das verkehrt und verdreht ist.
So also vergiltst du dem HERRN, *
du Volk voller Torheit und Unverstand?
Ist er nicht dein Vater, der dich geschaffen? *
Er selbst hat dich gemacht und hingestellt.

Gedenke der Tage der Vorzeit, *
achte auf die Jahre der vergangnen Geschlechter.
Frag deinen Vater, er wird dir's erzählen, *
frage die Alten, sie werden es dir sagen.
Als der Höchste einst den Nationen zuwies ihr Erbland *
und voneinander schied die Kinder der Menschen,
da legte er fest die Grenzen der Völker *
nach der Zahl der Götter.

Aber der Anteil des HERRN ist sein Volk, *
Jakob ist sein ihm zugemessenes Erbe.
Er las ihn auf in der Wüste, *
in der Öde, im Geheul der Wildnis.
Er hegte ihn und gab auf ihn acht, *
er hütete ihn wie den Stern seines Auges.
Wie ein Adler, der seine Brut zum Fluge aufstört *
und schwebt über seinen Jungen,
so spreitete er die Flügel und nahm ihn auf *
und trug ihn auf seinen Schwingen.
Der HERR allein hat ihn geleitet, *
kein fremder Gott stand ihm zur Seite.
Er führte ihn auf die Höhen des Landes *
und nährte ihn mit den Früchten des Feldes.
Er ließ ihn Honig saugen aus dem Felsen *
und Öl aus kieselharten Steinen.
Er gab ihm Rahm von Kühen, Milch von Ziegen, /
Fett von Lämmern und Widdern, *
Stiere vom Baschan und Böcke.
Er gab ihm das Mark des Weizens. *
Das feurige Blut der Traube durftest du trinken.

Und Jakob aß und wurde satt, /
Jeschurun wurde fett und schlug aus. *
Du wurdest fett und feist und voll Übermut.
Er stieß den Gott von sich, der ihn geschaffen, *
und verkaufte für dumm den Fels seines Heiles.
Sie weckten seine Eifersucht durch fremde Götter, *
sie reizten ihn durch Greuel.
Dämonen, die nicht Gott sind, brachten sie Opfer dar, *
Göttern, die sie zuvor nicht kannten,
Neulingen, die eben erst gekommen, *
vor denen sich eure Väter nicht fürchteten.
Den Fels, der dich gezeugt, hast du getäuscht, *
vergessen hast du den Gott, der dich geboren.

Dies sah der HERR – ihn faßte Abscheu *
aus Unmut über seine Söhne und Töchter.

Er sprach: „Mein Antlitz will ich vor ihnen verbergen, *
will sehen, wie es mit ihnen ausgeht.
  Denn sie sind ein verkehrtes Geschlecht, *
  Kinder, auf die kein Verlaß ist.
Sie reizten mich zur Eifersucht mit einem Nicht-Gott, *
kränkten mich durch ihre windigen Götzen.
  Ich aber will sie reizen mit einem Nicht-Volk, *
  sie kränken mit einer Nation voller Torheit.
Denn Feuer ist in meiner Nase entbrannt, *
es brennt bis in die Tiefe der Unterwelt,
  es frißt die Erde und all ihr Gewächs, *
  es entzündet die Fundamente der Berge.
Unheil über Unheil will ich auf sie häufen, *
all meine Pfeile gegen sie verschießen.
  Sie sollen ausgemergelt sein vor Hunger, *
  verzehrt von Pest und giftiger Seuche.
Den Zahn des Raubtiers laß ich auf sie los *
samt dem Gift der im Staube kriechenden Schlange.
  Draußen wüte das Schwert, *
  in den Kammern der Schrecken,
hinwegzuraffen den Jüngling und die Jungfrau, *
den Säugling samt dem schon Ergrauten.

  Ich hätte gesagt: 'Ich will sie vernichten, *
  ihr Gedächtnis tilgen unter den Menschen',
hätte ich nicht gescheut die Kränkung durch ihren Feind, *
den Unverstand ihrer Bedränger.
  Sie sollten nicht sagen: /
  'Unsre eigene Hand ist mächtig. *
  Es war nicht der HERR, der all dies vollbrachte.'
Sie sind ja ein Volk, dem es an jedem Rat gebricht, *
dem es an jeder Einsicht mangelt.
  Denn wären sie weise, würden sie begreifen, *
  sie würden bedenken, wie es mit ihnen ausgeht.
Ist es nicht bei mir verwahrt, *
versiegelt in meinen Kammern?
  Ich bin's, der ahndet und vergilt *
  am Tag, da ihre Füße straucheln.

Ja, nahe ist der Tag ihres Verderbens, *
und eilends rückt heran, was ihnen bereitet ist."

Fürwahr, Recht schaffen wird der HERR seinem Volk, *
er hat mit seinen Knechten Mitleid,
sieht er doch, daß ihre Hand ermattet, *
daß alle unterdrückt und hilflos sind.
Und er wird sprechen: /
„Wo sind nun ihre Götter, *
wo ist der Fels, der ihre Zuflucht war?
Wo sind, die das Fett ihrer Schlachtopfer aßen, *
die den Wein ihrer Trankspenden tranken?
Sie sollen sich erheben und euch helfen, *
sollen nun Schutz euch gewähren!
So seht jetzt endlich ein, daß ich es bin, /
nur ich allein, *
und daß es außer mir keinen Gott gibt!
Ich bin's, der tötet und lebendig macht, /
ich schlage und ich heile, *
und niemand kann aus meiner Hand entreißen."

℣. Herr, schaffe Recht deinem Volk.
℟. Hab Mitleid mit deinen Knechten.

Resp
VI/3

1 Sam 7,3

Zweite Nokturn

Ant 1
IV

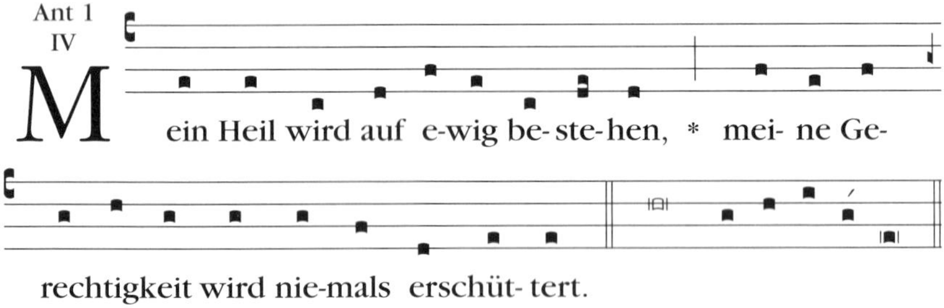

Jesaja 51,4-8

HÖRE auf mich, mein Volk, *
merkt auf mich, ihr meine Leute!
Denn Weisung geht von mir aus *
und mein Recht als Licht für die Völker.
Plötzlich lasse ich meine Gerechtigkeit nahen, /
mein Heil tritt hervor, *
mein Arm wird richten die Völker.
Auf mich hoffen die fernsten Gestade, *
sie harren meines Armes.
Hebt eure Augen zum Himmel, *
schaut hinab auf die Erde:
Wie Rauch wird der Himmel vergehn, /
wie ein Kleid wird die Erde zerfallen, *
ihre Bewohner sterben dahin wie Mücken.
Doch mein Heil wird auf ewig bestehen, *
und meine Gerechtigkeit wird niemals erschüttert.
Hört auf mich, die ihr das Recht kennt, *
du Volk, das meine Weisung im Herzen trägt!
Fürchtet euch nicht vor dem Spott der Menschen, *
laßt euch durch ihren Spott nicht erschüttern!
Denn sie sind wie ein Kleid, das die Motte zerfrißt, *
wie Wolle, die von der Schabe verzehrt wird.
Doch meine Gerechtigkeit besteht auf ewig, *
und mein Heil währt durch alle Geschlechter.

Ant 2
VIII

Jesaja 63,7–64,11

DER Liebe des HERRN will ich gedenkẹn, /
der ruhmreichen Taten des HERRN, *
nach allem, was der HERR uns erwiesen,
seiner großen Güte, die er dem Hause Israel erwiesen *
in seinem Erbarmen und in der Fülle seiner Liebe,
sagte er doch: „Sie sind ja mein Volk, *
Söhne, die mich nicht enttäuschen."
So wurde er ihnen zum Retter *
in all ihrer Drangsal.
Es war kein Bote und kein Engel – *
sein Antlitz hat sie gerettet.
Er selbst hat sie erlöst in seiner Liebe und seinem Mitleid, *
er hob sie empor und trug sie in all den Tagen der Vorzeit.
Sie aber empörten sich *
und seinen heiligen Geist betrübten sie.
Da wandelte er sich und wurde ihnen zum Feind, *
er selbst bekämpfte sie.
Nun gedachten sie der Tage der Vorzeit *
und seines Knechtes Mose:
Wo ist er, der aus dem Meer heraufgeführt
den Hirten seiner Herde, *
wo ist er, der seinen heiligen Geist in ihn legte,
der seinen herrlichen Arm einherziehen ließ
zur Rechten des Mosẹ, /
der das Wasser spaltete vor ihren Augen, *
um sich einen ewigen Namen zu schaffen,

der sie in den Fluten gehen ließ wie Rosse in der Steppe, *
ohne daß sie strauchelten?
Wie Rinder hinabziehn ins Tal, *
so führte der Geist des HERRN sie zur Ruhe.
Ja, so hast du dein Volk geleitet, *
um dir einen herrlichen Namen zu schaffen.

Blicke herab vom Himmel! *
Schau hernieder von deiner heiligen, herrlichen Wohnung!
Wo bleibt dein Eifer und deine Macht? *
Wo bleibt die Regung deines Innern und dein Erbarmen?
Halte dich doch nicht zurück! *
Du bist doch unser Vater!
Denn Abraham kennt uns nicht, *
und Jakob will nichts von uns wissen.
Du, HERR, bist unser Vater! *
'Unser Erlöser von alters her' ist dein Name.
Warum, o HERR, läßt du uns abirren von deinen Wegen, *
verhärtest unser Herz, daß es dich nicht fürchtet?
Um deiner Knechte willen wende dich uns wieder zu *
und um des Volkes willen, das dir zu eigen ist.
Erst jüngst hat man dein heiliges Volk enteignet, *
unsere Feinde haben dein Heiligtum zertrampelt.
Es ist, als wärest du nie unser Gebieter gewesen, *
als hätten wir nie deinen Namen empfangen.

O daß du den Himmel zerrissest und führest herab, *
so daß die Berge erbeben vor deinem Angesicht!
Komm wie ein Feuer, das Reisig entzündet, *
wie ein Feuer, das Wasser zum Sieden bringt:
Mach deinen Feinden deinen Namen bekannt, *
so daß die Völker erzittern vor deinem Angesicht!
Wirke doch furchtbare Taten, /
Taten, auf die keiner zu hoffen wagt, *
wie man sie nie vernommen von alters her.
Kein Ohr hat je gehört, kein Auge gesehen, /
daß es einen Gott gibt außer dir, *
der eintritt für jene, die seiner harren.

Mit Freude bist du denen begegnet, die recht tun, *
die deiner Wege gedenken.
   Doch nun zürnst du, /
   denn wir verfehlten uns, *
   abtrünnig waren wir und treulos.
Wie Unreine sind wir alle, *
wie ein schmutziges Kleid ist unsere ganze Gerechtigkeit.
   Wie Laub sind wir alle verwelkt, *
   und wie der Wind trägt uns davon unsre Sünde.
Da ist keiner, der deinen Namen anruft, *
den es drängte, an dir sich zu halten.
   Ja, du hast dein Antlitz vor uns verborgen, *
   uns der Gewalt unsrer Schuld überlassen.
Und doch bist du, o HERR, unser Vater. /
Wir sind der Ton, und du bist unser Töpfer. *
Wir alle sind das Werk deiner Hände.
   HERR, zürne doch nicht ohne Maß, /
   denk nicht für immer an unsere Schuld! *
   Sieh her: Wir sind doch dein Volk, wir alle!
Deine heiligen Städte wurden zur Wüste; *
eine Wüste ist Zion, Jerusalem ein Ödland.
   Unser heiliges, herrliches Haus,
      in dem unsre Väter dich priesen, /
   es wurde ein Raub der Flammen, *
   und was uns lieb und teuer war, liegt alles in Trümmern.
Wie kannst du da noch an dich halten, HERR? *
Kannst du noch schweigen und uns beugen bis zum Übermaß?

Ant 3
III

Jesaja 55,6-11

SUCHT den HERRN, jetzt, da er sich finden läßt! *
Ruft ihn an, jetzt, da er nahe ist!
Der Frevler lasse von seinen Wegen, *
der Übeltäter von seinen Gedanken.
Er kehre um zum HERRN, daß er sich seiner erbarme, *
zu unserem Gott, denn er ist groß im Verzeihen.

So spricht der Herr: /
„Meine Gedanken sind nicht eure Gedanken, *
und meine Wege sind nicht eure Wege.
Denn so hoch der Himmel über der Erde, /
so hoch sind meine Wege über euren Wegen *
und meine Gedanken über euren Gedanken.
Wie Regen und Schnee vom Himmel fallen *
und nicht zurückkehren, ohne die Erde zu tränken,
um sie fruchtbar zu machen und sprossen zu lassen, *
daß sie dem Sämann Samen gebe und Brot den Essenden,
so wird es auch mit meinem Wort sein, *
das aus meinem Munde hervorgeht:
es kehrt nicht leer zu mir zurück, /
ohne gewirkt zu haben, was mein Wille ist, *
ohne vollbracht zu haben, wozu ich es sandte."

℣. Um deiner Knechte willen wende dich uns wieder zu.
℟. Und um des Volkes willen, Herr, das dir zu eigen ist.

Resp
VI/3

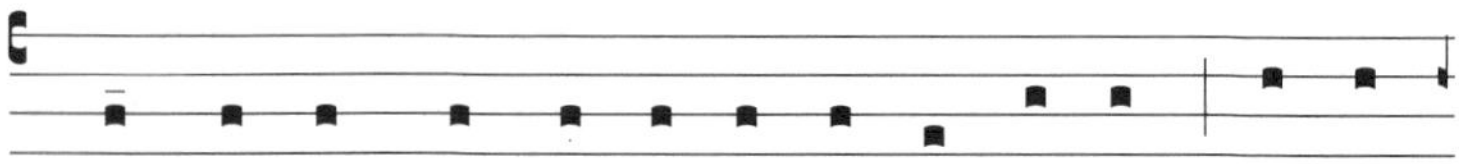

Herr, dei- ner Macht ist al- les un-ter-wor-fen. * Niemand

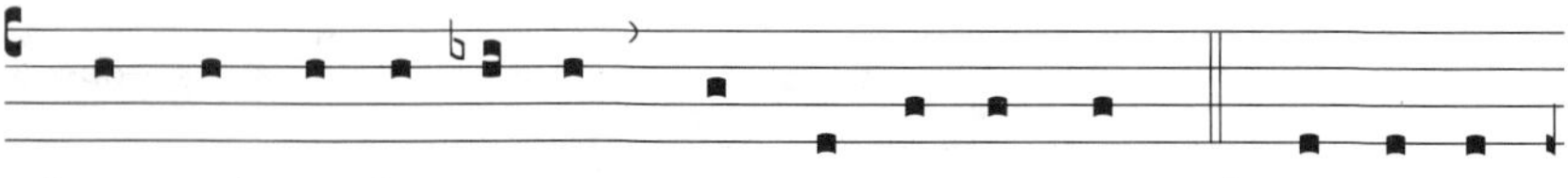

kann sich wi- der-set-zen, wenn du ret-ten willst. ℣. Er- hö- re

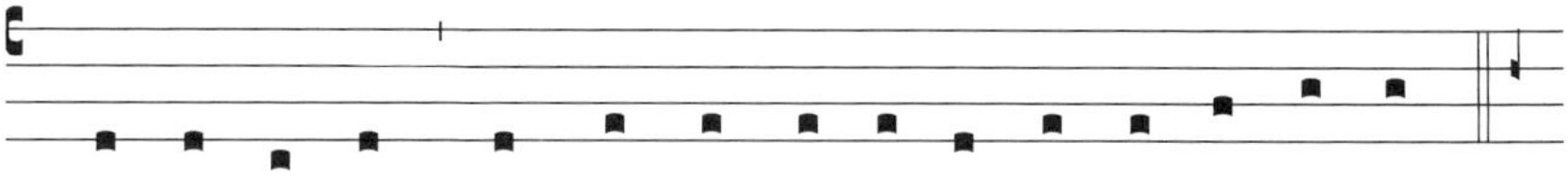

un-ser Ge- bet und wandle un-se- re Trau-er in Freude.

Est 4,17b.h

Dritte Nokturn

Ant III

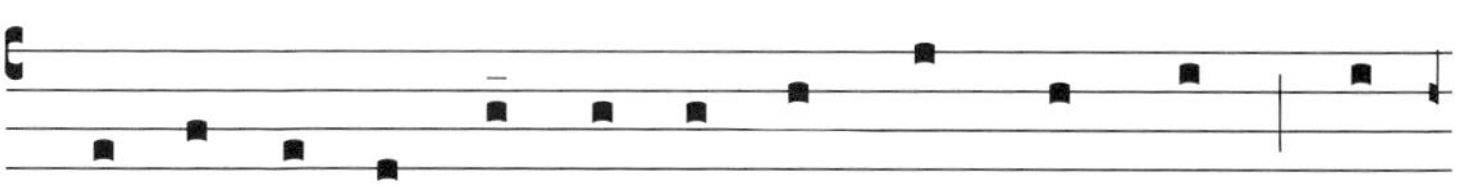

Das Op-fer für Gott ist ein zer-knirschter Geist; * ein

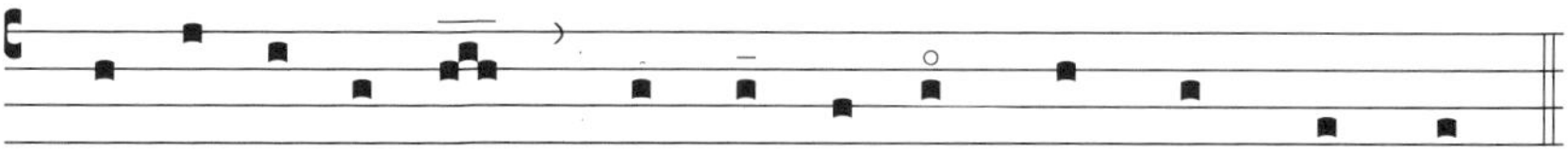

zerbroche-nes Herz wirst du, o Gott, nicht verschmä- hen.

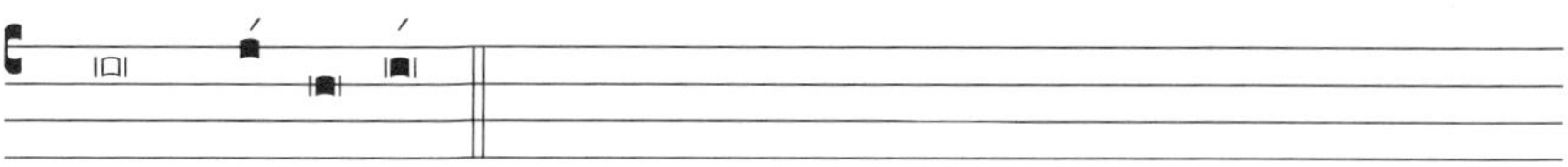

Ps 51,19

Jesaja 1,10-20

HÖRT das Wort des HERRN, ihr Fürsten von Sodom, *
du Volk von Gomorra, lausche der Weisung unseres Gottes!

So spricht dẹr HERR: /
„Was soll mir die Menge eurer Opfer? *
Brandopfer von Widdern und Fett von Kälbern –
das habe ich satt!
Das Blut von Stieren und Lämmern und Böcken – *
danach gelüstet mich nicht.
Da kommt ihr, mein Antlitz zu schauen, – *
wer hat verlangt, daß ihr meine Höfe zertretet?
Bringt mir nicht länger unnütze Gaben, *
Rauchopfer, die mir ein Greuel sind.
Neumond und Sabbat und der Ruf zur Versammlung – *
nicht länger ertrage ich Frevel und Fest.

Eure Neumonde und Feste haßt meine Seele: /
sie sind mir lästig, *
ich bin es leid, – ich mag sie nicht mehr ertragen.
    Breitet ihr eure Hände aus, *
    verberge ich meine Augen vor euch.
Und wenn ihr noch so viel betet, *
ich höre es nicht.
    Eure Hände sind voll Blut. /
    Wascht euch und reinigt euch! *
    Schafft eure bösen Taten weg aus meinen Augen!
Laßt ab vom Bösen, lernt Gutes tun, *
und trachtet nach Recht!
    Den Gewalttätigen weist in die Schranken, /
    verhelft der Waise zum Recht, *
    führt die Sache der Witwe!" –

So spricht der HERR: *
„Wohlan, wir wollen miteinander rechten.
    Wären eure Sünden auch rot wie Scharlach, *
    weiß sollen sie werden wie Schnee.
Wären sie rot wie Purpur, *
weiß sollen sie werden wie Wolle.
    Wenn ihr bereit seid zu hören, *
    dann sollt ihr kosten die Güter des Landes.
Doch wenn ihr euch weigert und trotzt, /
dann sollt ihr kosten das Schwert." *
Wahrlich, der Mund des HERRN hat gesprochen.

℣. Sucht den Herrn, jetzt, da er sich finden läßt.
℟. Ruft ihn an, solange er nahe ist.

Resp
VI/3

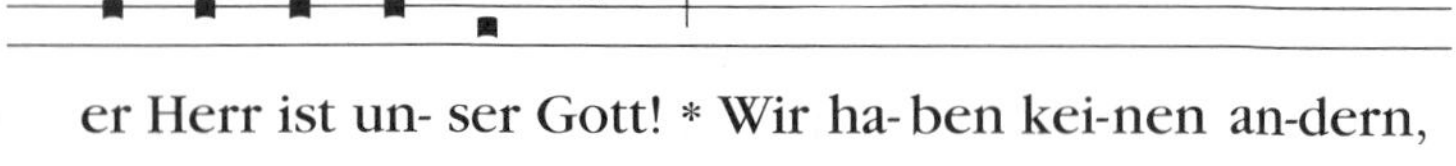

Der Herr ist un- ser Gott! * Wir ha- ben kei- nen an- dern,

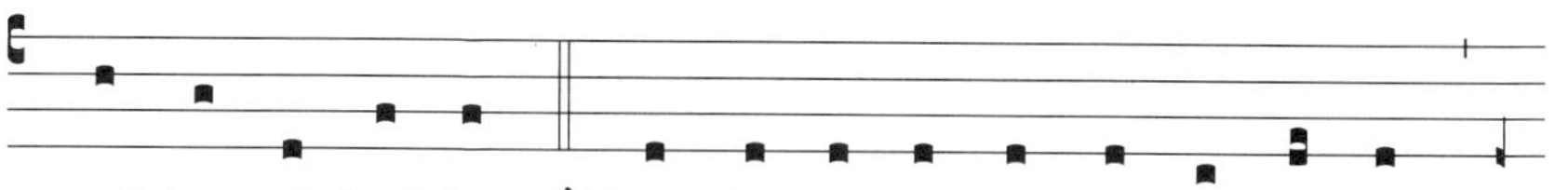

auf den wir hof-fen. ℣. Von ihm er-war-ten wir die Ret-tung,

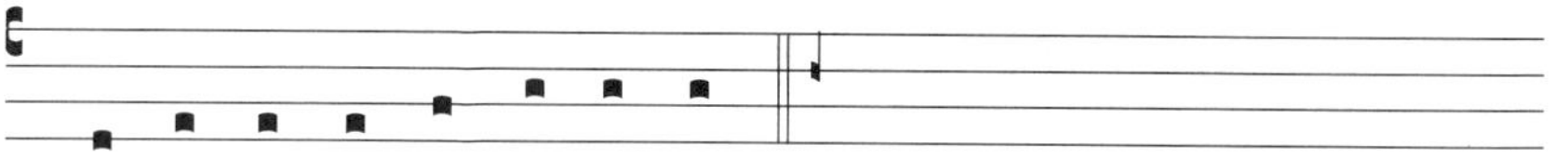

ihn ru- fen wir um Hil- fe an. *cf. Jdt 8,20.17*

LAUDES

Ant 1
II

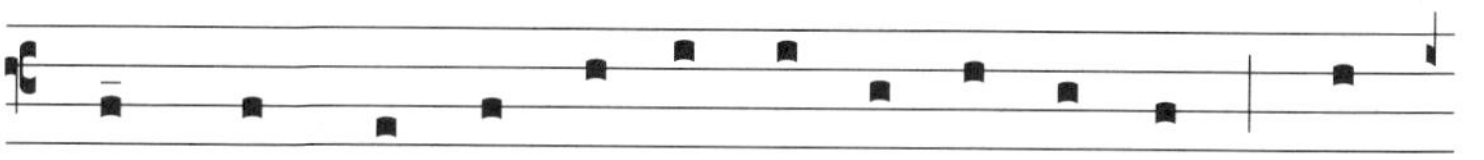

Herr, streck von der Hö- he dei- ne Hän-de aus: * er-

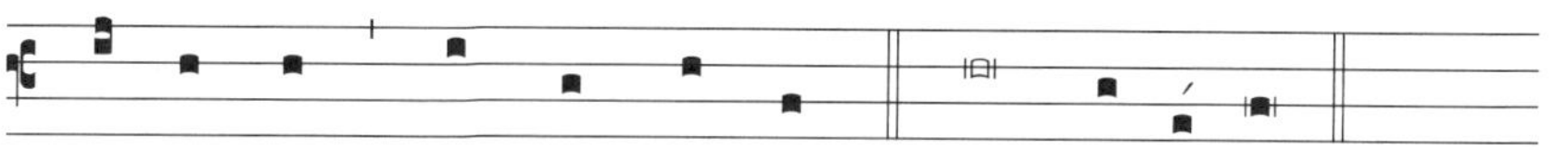

ret- te mich, reiß mich her- aus!

Psalm 144 ( )

GEPRIESEN sei der HERR, mẹin Fels, /
er lehrt meine Hände den Kampf, *
den Krieg meine Finger.
Er, mein Verbündeter und meine Feste, *
meine Burg und mein Retter,
mein Schild, hinter dem ich mich berge, *
er macht mir untertan die Völker.
HERR, was ist doch der Mensch, daß du dich seiner annimmst, *
das Menschenkind, daß du es beachtest?
Der Mensch gleicht einem Hauch, *
seine Tage sind wie ein flüchtiger Schatten.

Neig deinen Himmel, o HERR, und steige herab! *
Rühre die Berge an, daß sie rauchen!

Schleudre den Blitz und zerstreue die Feinde, *
schieß deine Pfeile und verwirre sie.
   Streck von der Höhe deine Hände aus, /
   errette mich und reiß mich heraus *
   aus mächtigen Wassern, aus der Gewalt der Fremden,
denn ihr Mund redet Lüge, *
und Meineid schwört ihre Rechte.

   O Gott, ein neues Lied will ich dir singen, *
   auf der zehnsaitigen Harfe will ich dir spielen,
dir, der Königen den Sieg verleiht, *
der David, seinen Knecht, errettet.
   Vom bösen Schwert errette mich, *
   entreiß mich der Gewalt der Fremden,
denn ihr Mund redet Lüge, *
und Meineid schwört ihre Rechte. ()

Ant 2
IV

Psalm 13

WIE lange noch, o HERR? /
Willst du mich für immer vergessen? *
Wie lange noch verbirgst du mir dein Antlitz?
   Wie lange noch muß ich Sorgen tragen in meiner Seele, /
   Kummer in meinem Herzen alle Tage? *
   Wie lange noch darf mein Feind über mich triumphieren?
Schau doch her, gib mir Antwort, HERR, du mein Gott! *
Mach hell meine Augen,
  damit ich nicht im Tode entschlafe,

damit mein Feind nicht sagen kann: /
„Ich hab ihn überwältigt", *
und meine Gegner nicht jubeln, weil ich gestürzt bin.
Ich aber baue auf deine Liebe, *
mein Herz soll jubeln über deine Hilfe.
Dem HERRN will ich singen, *
weil er mir Gutes getan hat.

Ant 3
VIII

Ps 79,9

Jesus Sirach 36,1-22 ()

HILF uns, du Gott des Alls, *
und lege deinen Schrecken auf alle Völker!
Wider das fremde Volk erhebe deine Hand: *
laß es deine mächtigen Taten sehen.
Wie du vor ihren Augen dich als heilig bezeugt hast an uns, *
so verherrliche dich vor unseren Augen an ihnen,
damit sie erkennen, wie wir es erkannten, *
daß außer dir kein Gott ist.

Erneure die Zeichen, /
wiederhole die Wunder, *
zeige die Macht deiner Hand und die Kraft deiner Rechten.
Entfache den Zorn, ergieße deinen Grimm, *
beuge den Gegner, wirf den Feind zu Boden!
Beschleunige das Ende, setze eine Frist! *
Wer kann zu dir sagen: Was tust du?

Sammle alle Stämme Jakobs, *
verteile das Erbe wie in den Tagen der Vorzeit.

Erbarme dich des Volkes, das deinen Namen trägt, *
Israels, das du deinen Erstgeborenen nanntest.
Erbarme dich deiner heiligen Stadt, *
Jerusalems, der Stätte deiner Wohnung.
Erfülle den Zion mit deinem Glanz *
und deinen Tempel mit deiner Herrlichkeit!

Was du vor alters gewirkt, bezeuge es neu, *
erfülle die Weissagung, die in deinem Namen ergangen ist.
Gib denen ihren Lohn, die auf dich hoffen: *
als zuverlässig erweise deine Propheten.
Erhöre das Gebet deiner Diener; *
du hast an deinem Volk ja Gefallen.
Alle Enden der Erde sollen erkennen, *
daß du der ewige Gott bist!

Ant 4
VII

Psalm 147

PREISET dẹn HERRN, /
denn gut ist es, unserem Gott zu spielen, *
ja, es ist schön, sein Lob zu singen.

Der HERR errichtet Jerusalem neu, *
er sammelt die Versprengten Israels.
Er heilt, die gebrochenen Herzens sind, *
er verbindet ihre Wunden.
Er bestimmt die Zahl der Sterne, *
er ruft sie alle beim Namen.

Groß ist unser Herr und gewaltig an Kraft, *
seine Einsicht ist ohne Grenzen.
  Der HERR richtet auf die Gebeugten, *
  er drückt die Frevler zu Boden.

Stimmt dem HERRN ein Danklied an, *
spielt unserm Gott auf der Harfe!
  Er bedeckt den Himmel mit Wolken, /
  spendet Regen der Erde, *
  Gras läßt er auf den Bergen sprießen.
Er gibt dem Vieh seine Nahrung, *
den jungen Raben, wonach sie schreien.
  Keine Freude hat er an der Kraft des Pferdes, *
  kein Gefallen am schnellen Lauf des Mannes.
Gefallen hat der HERR an denen, die ihn fürchten, *
die auf seine Güte hoffen.

  Preise den HERRN, Jerusalem! *
  Lobsinge deinem Gott, o Zion!
Denn er hat die Riegel deiner Tore gefestigt, *
die Kinder in deiner Mitte gesegnet.
  Er umgibt dein Gebiet mit Frieden, *
  er sättigt dich mit bestem Weizen.
Er sendet sein Wort zur Erde, *
rasch eilt dahin sein Wille.
  Er spendet Schnee wie Wolle, *
  streut den Reif aus wie Asche.
Sein Eis wirft er herab wie Brocken, *
vor seinem Frost - wer kann da bestehen?
  Er sendet sein Wort aus und läßt sie schmelzen, *
  er läßt seinen Wind wehn - da rieseln die Wasser.

Er verkündet Jakob sein Wort, *
Israel seine Gesetze und Rechte.
  So hat er an den andern Völkern nicht gehandelt, *
  sie lernten das Recht nicht kennen.

Kurzlesung *Jes 4,3-6*

Wer in Zion überlebt und wer in Jerusalem übrigbleibt, wird heilig heißen, jeder, der zum Leben eingeschrieben ist in Jerusalem. Wenn der Herr den Schmutz der Töchter Zions abgewaschen und die Blutschuld Jerusalems aus seiner Mitte getilgt hat durch den Sturm des Gerichtes und den Geist der Läuterung, dann wird er kommen und sich niederlassen über dem Berg Zion und über denen, die sich dort versammeln, als Wolke am Tag, als flammender Feuerschein bei der Nacht. Und die Herrlichkeit des Herrn wird ein Obdach sein, ein schattiges Zelt vor der Hitze des Tages, ein Schutz gegen Wetter und Regen.

Am fünften Fastensonntag

Kurzlesung *Weish 2,12f.17-20*

Laßt uns dem Gerechten auflauern! Er ist uns unbequem und steht unserem Tun im Weg. Er hält uns Vergehen gegen das Gesetz vor und macht uns zum Vorwurf, daß wir uns verfehlen. Er rühmt sich, die Erkenntnis Gottes zu besitzen, und nennt sich einen Knecht des Herrn. Wir wollen sehen, ob seine Worte wahr sind, und prüfen, wie es mit ihm ausgeht. Ist der Gerechte wirklich Gottes Sohn, dann nimmt sich Gott seiner an und entreißt ihn der Hand seiner Gegner. Roh und grausam wollen wir mit ihm verfahren, um seine Sanftmut kennenzulernen und seine Geduld zu erproben. Zu einem ehrlosen Tod wollen wir ihn verurteilen; er behauptet ja, es werde ihm Hilfe gewährt.

Hymnus

II

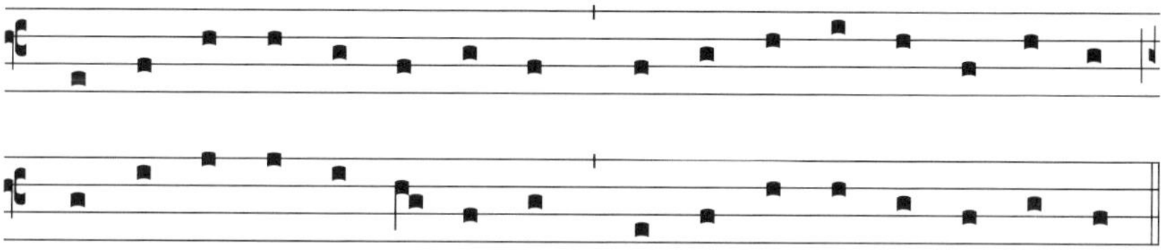

DU SONNE der Gerechtigkeit,
Christus, vertreib in uns die Nacht,
daß mit dem Licht des neuen Tags
auch unser Herz sich neu erhellt.

Du schenkst uns diese Gnadenzeit,
gib auch ein reuevolles Herz
und führe auf den Weg zurück,
die deine Langmut irren sah.

Es kommt der Tag, dein Tag erscheint,
da alles neu in Blüte steht,
der Tag, der unsre Freude ist,
der Tag, der uns mit dir versöhnt.

Dir, höchster Gott, Dreifaltigkeit,
lobsinge alles, was da lebt.
Laß uns, durch deine Gnade neu,
dich preisen durch ein neues Lied. Amen.

℣. Wende dich zu mir und sei mir gnädig.
℟. Laß dein Antlitz leuchten über deinem Knecht.

Am ersten Fastensonntag

Ant C
VIII

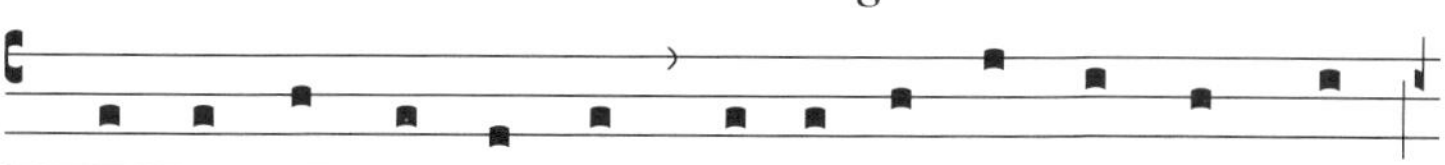

W er mir nachfol-gen will, * sa-ge sich los von sich selbst,

er nehme täg-lich sein Kreuz auf sich und fol- ge mir nach.

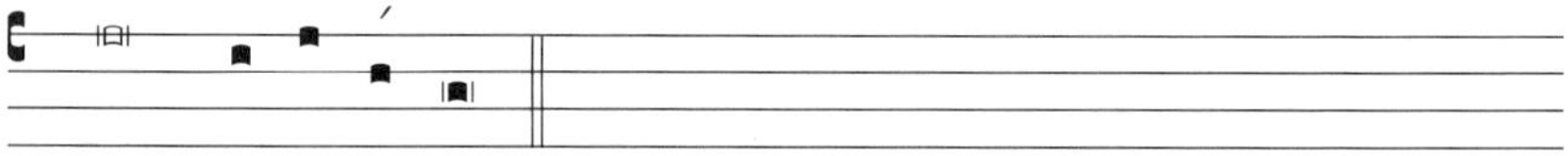

Lk 9,23

Am zweiten Fastensonntag

Ant C
IV

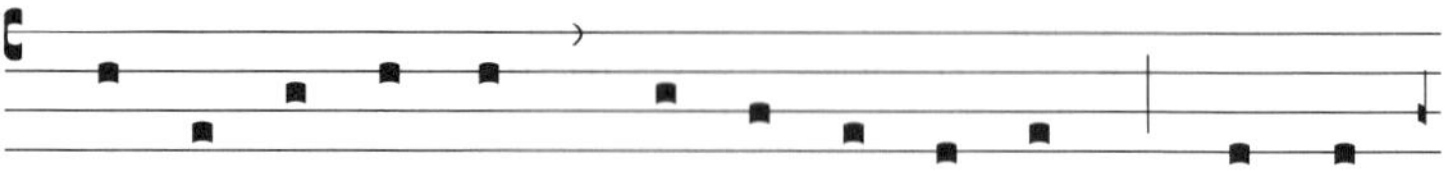

W er mir dienen will, der fol- ge mir nach; * und wo

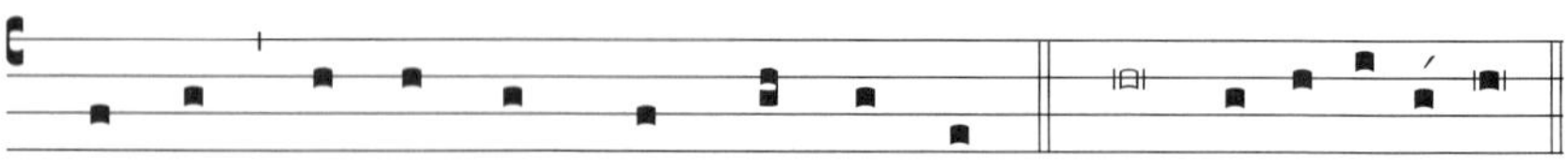

ích bin, da soll auch mein Die-ner sein. *Joh 12,26*

Am dritten Fastensonntag

Ant C
IV

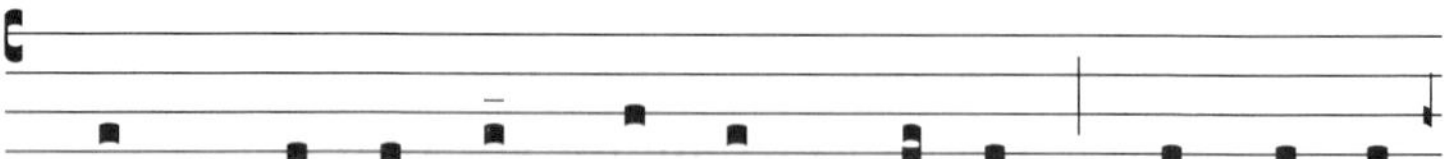

W er sein Le-ben liebt, wird es ver- lie-ren; * doch wer in

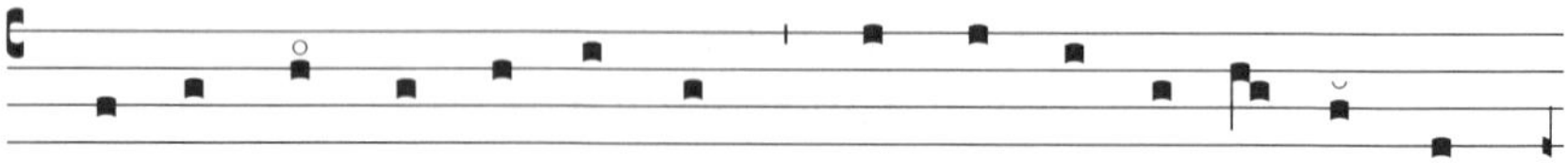

die-ser Welt sein Le- ben haßt, der wird es be-wahren für

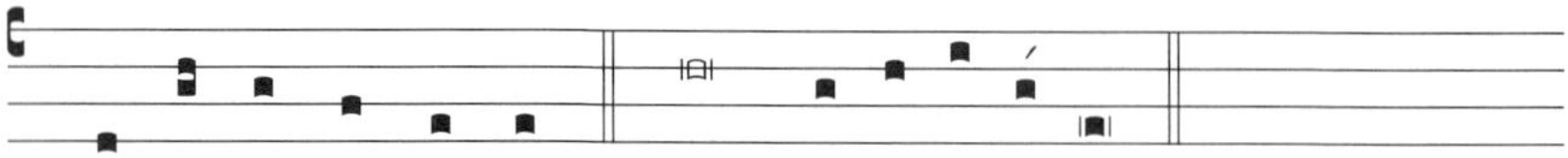

das e-wi- ge Le- ben. *Joh 12,25*

Am vierten Fastensonntag

Ant C
VI

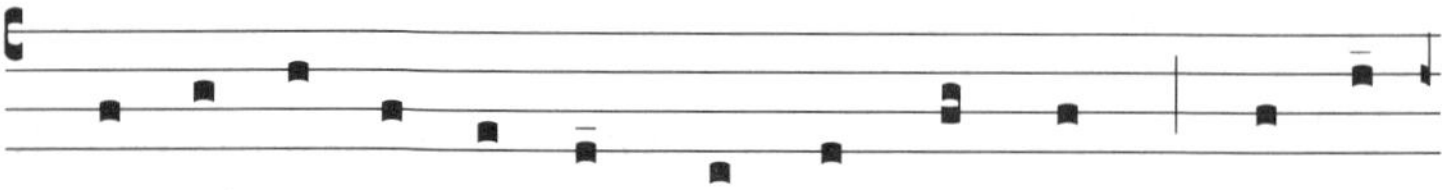

W er sich zu mir be-kennt vor den Menschen, * zu dem

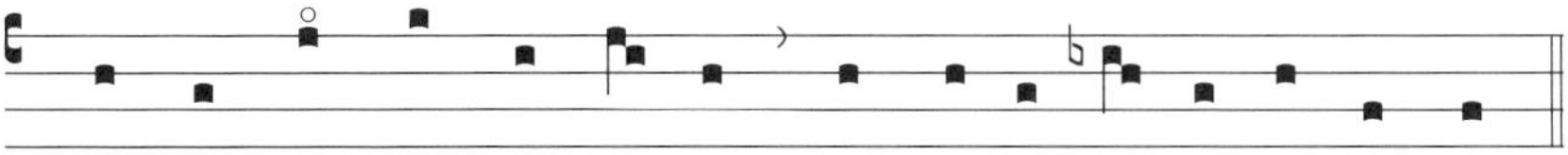

will auch ich mich be- ken-nen vor meinem Va- ter im Himmel.

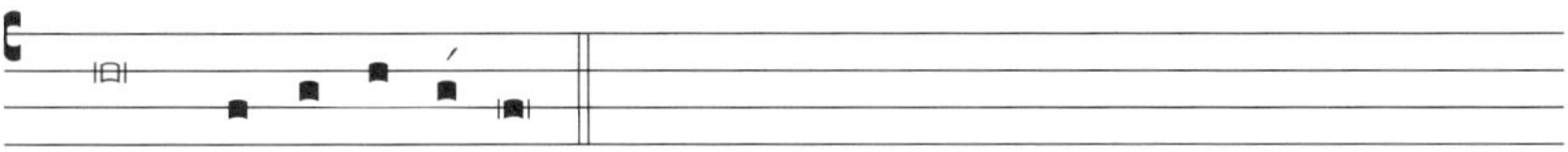

Mt 10,32

Am fünften Fastensonntag

Ant C
IV

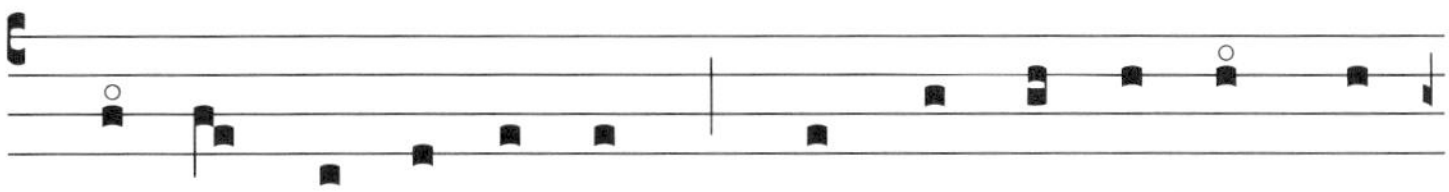

W ahr-lich, ich sa- ge euch: * Wenn das Weizenkorn nicht

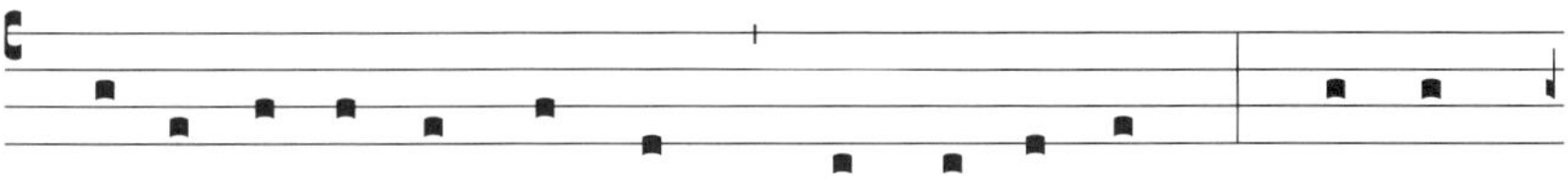

in die Er-de fällt und stirbt, bleibt es al- lein; wenn es

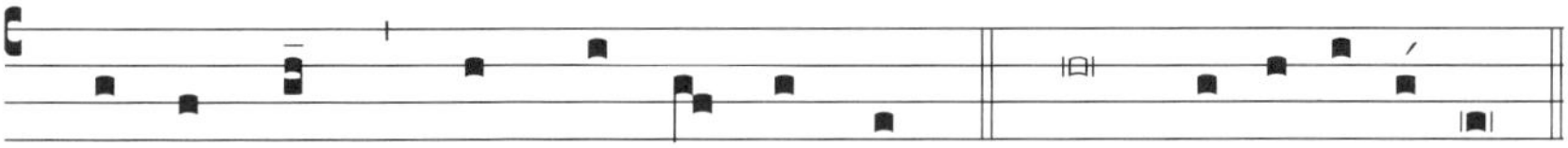

a- ber stirbt, bringt es reiche Frucht. *Joh 12,24*

Canticum 2 Tim 2,11-13

WENN wir mit Christus gestorben sind, *
dann werden wir auch mit ihm leben.
Harren wir standhaft aus, *
dann werden wir auch mit ihm herrschen.

Wenn wir ihn verleugnen, *
dann wird auch er uns verleugnen.
Werden wir untreu – er bleibt treu: *
er kann sich selber nicht verleugnen.

ANTIPHON

Ehre sei dem Vater und dem Sohne *
und dem Heiligen Geiste.
Wie im Anfang, so auch jetzt und allezeit *
und in Ewigkeit. Amen.

WOCHENTAGE DER FASTENZEIT

VIGIL

Invitatorium

Am Montag, Mittwoch und Freitag

℟. VIII

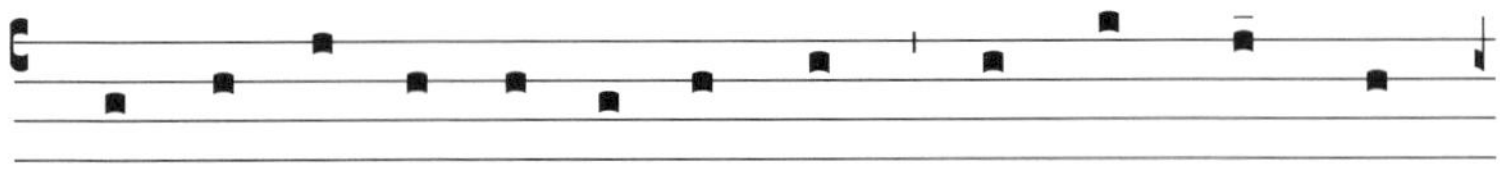

Laßt uns nie-der- fal- len vor Gott, vor dem Herrn, un-

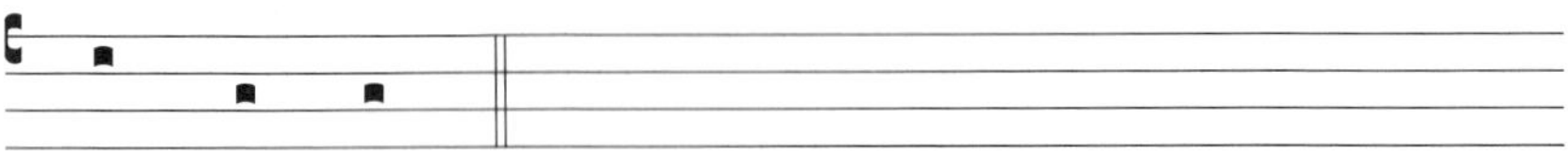

serm Schöp- fer!

Am Dienstag, Donnerstag und Samstag

℟. IV/1

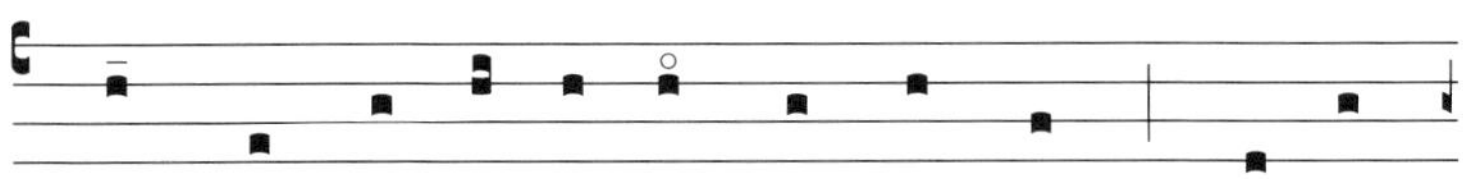

Kommt, laßt uns niederknien vor dem Herrn, denn er

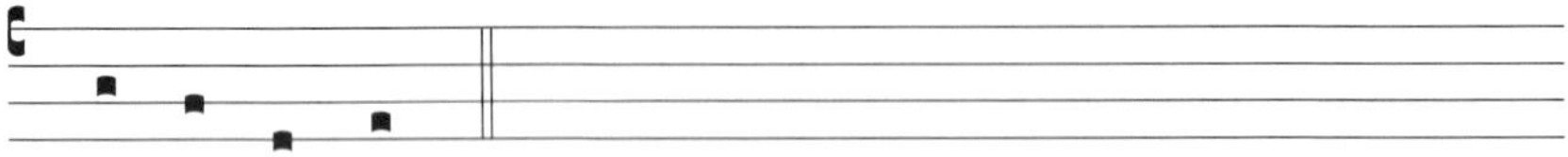

ist un- ser Gott!

Hymnus

II

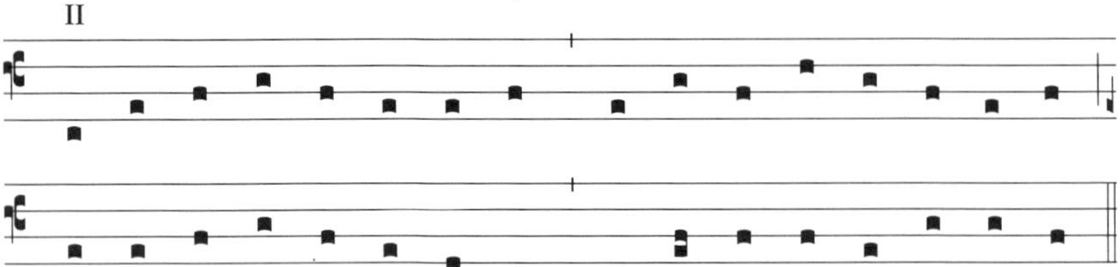

NUN ruft ein heil'ges Fasten aus,
wie es die Väter uns gelehrt.
Gekommen ist im Jahreslauf
der vierzig Tage hohe Zeit.

So hat es das Gesetz verlangt,
so der Propheten ernster Ruf.
Und Christus selbst hat diese Zeit
geheiligt durch sein eignes Tun.

Nach seinem Beispiel laßt auch uns
das Fasten üben in Geduld,
uns Abbruch tun in Speis und Trank
und sinnen über Gottes Wort.

Das Böse schwinde kraftlos hin,
das Gute blühe machtvoll auf,
Versöhnung finde jedes Herz,
das nun das Werk der Buße tut.

Dir, höchster Gott, Dreifaltigkeit,
lobsinge alles, was da lebt.
Laß uns, durch deine Gnade neu,
dich preisen durch ein neues Lied. Amen.

Erste und Zweite Nokturn

Psalmodie und Versikel *wie im Wochenspalter.*

– Am Montag und Donnerstag –

In der ersten und zweiten Woche

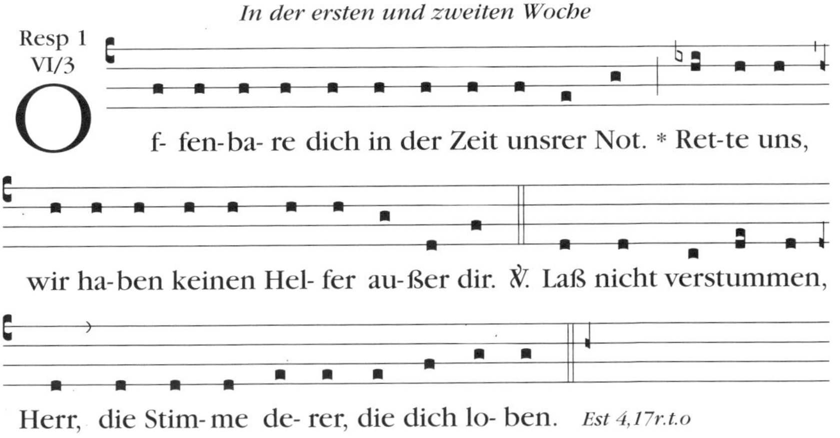

Resp 2
VI/3

Ps 95,8.7; Hebr 3,13.7

In der dritten und vierten Woche

Resp 1
VI/3

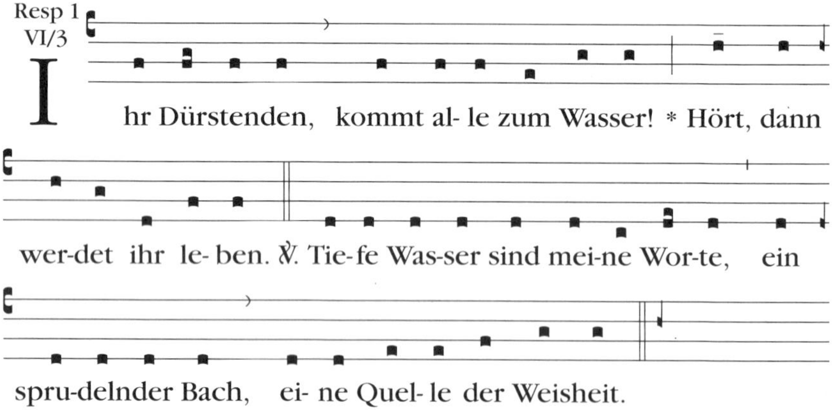

cf. Jes 55,1.3; Spr 18,4

Resp 2
VI/3

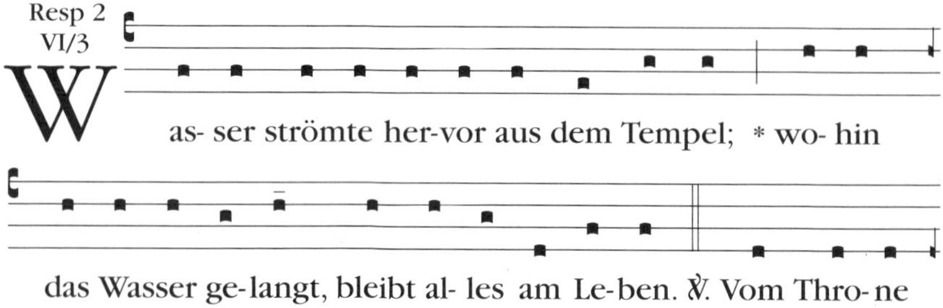

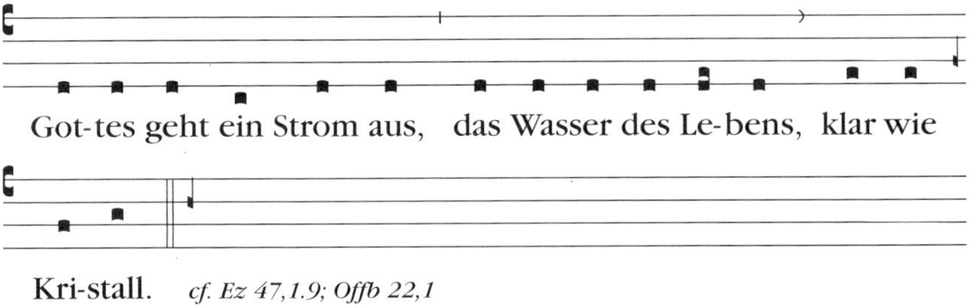

cf. Ez 47,1.9; Offb 22,1

In der fünften Woche

Resp 1
VI/3

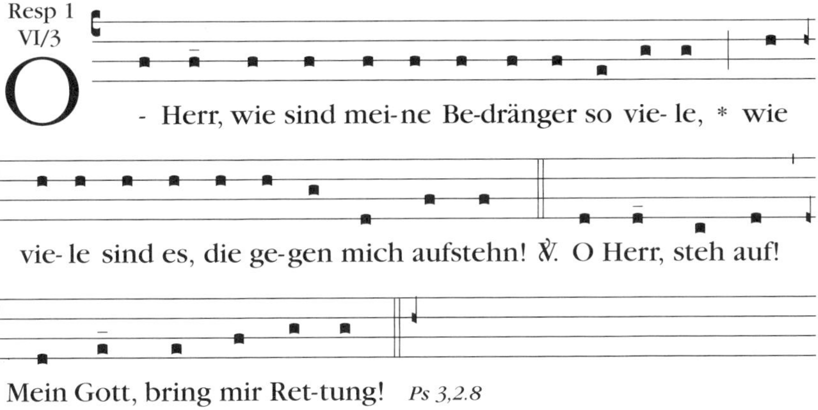

Ps 3,2.8

Resp 2
VI/3

Ps 38,13.23.22

– Am Dienstag und Freitag –

In der ersten und zweiten Woche

Resp 1
VI/3

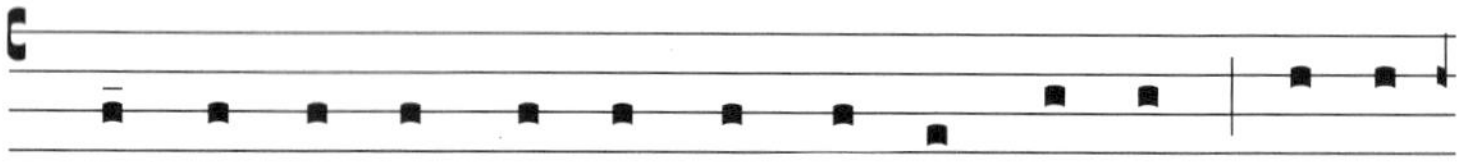

Herr, handle nicht an uns nach unsern Sünden, * vergilt

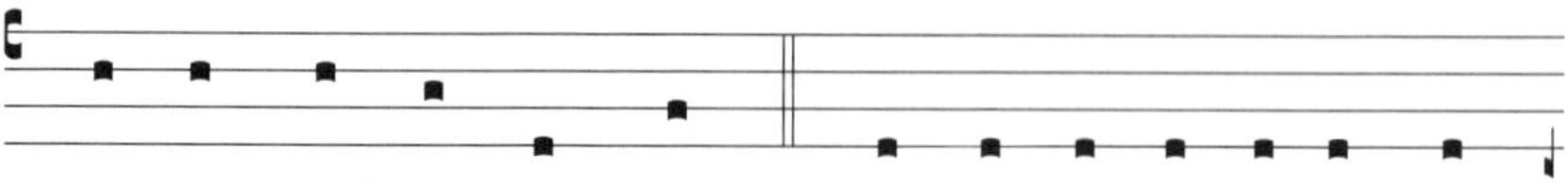

uns nicht nach uns-rer Schuld. ℣. Rechne uns die al- te Schuld

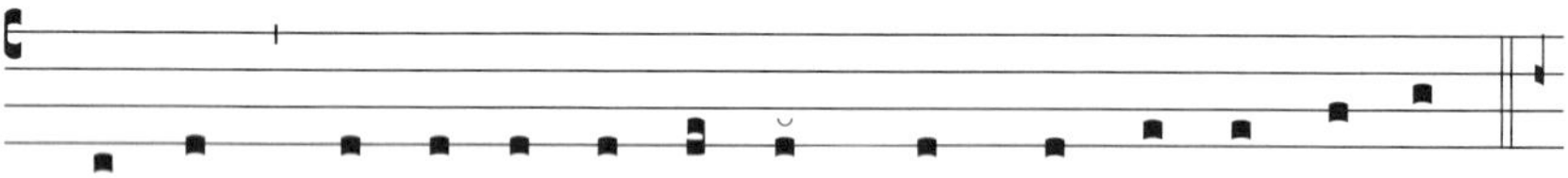

nicht an! Mit deinem Er-barmen komm uns eilends zu-vor.

Ps 103,10; 79,8

Resp 2
VI/3

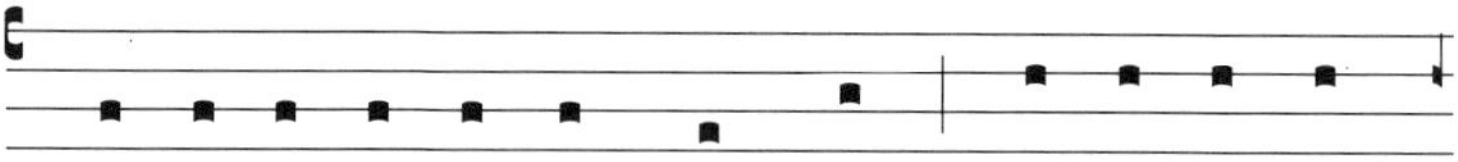

Werft eu-re Zu-ver-sicht nicht weg, * da- mit ihr das

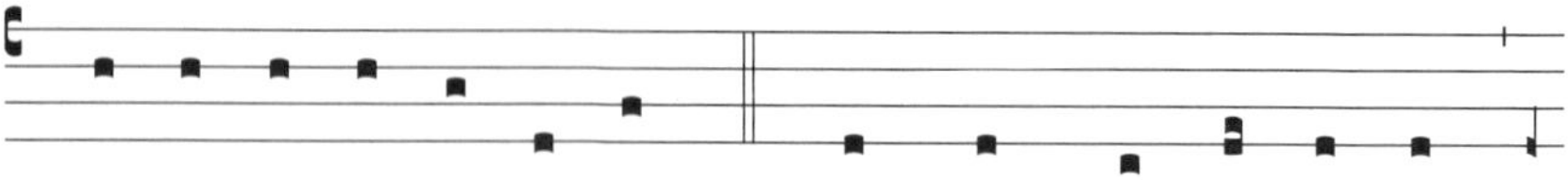

ver-hei- ße- ne Gut er- langt. ℣. Ihr braucht Be- harrlichkeit,

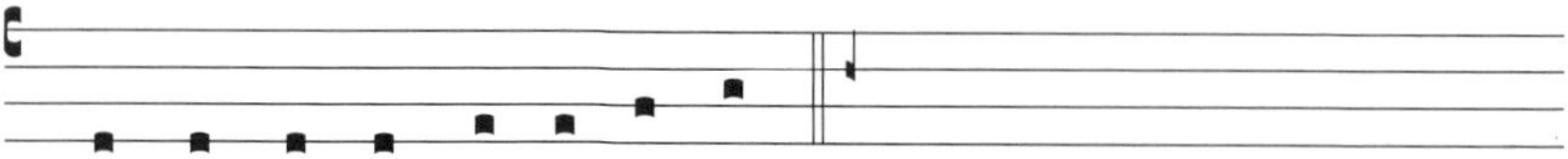

um den Wil-len Got-tes zu tun. *Hebr 10,35f*

In der dritten und vierten Woche

Resp 1
VI/3

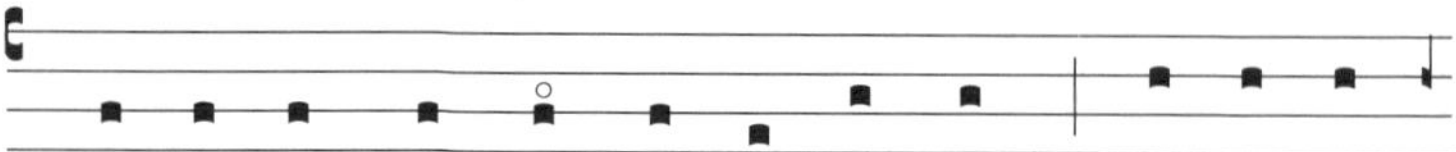

Die Wei-sung des Herrn ist vollkommen, * die Weisung

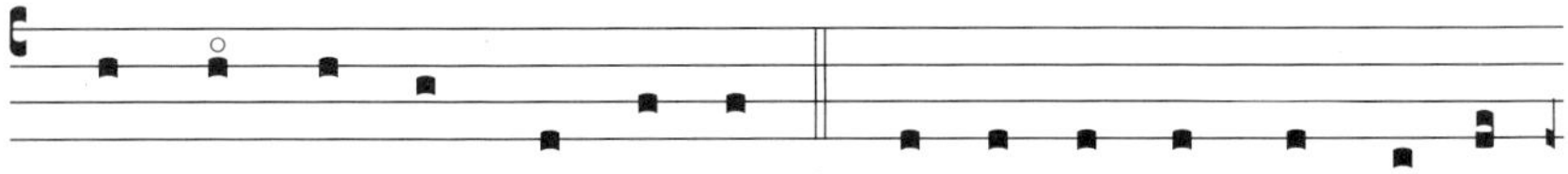

des Herrn erquickt die See- le. ℣. Das Ge-bot des Herrn ist lau-

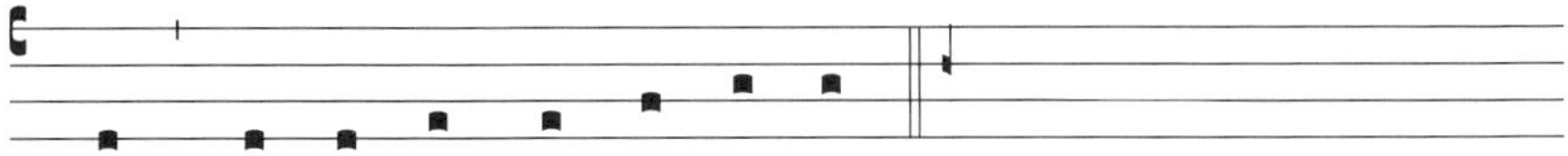

ter, es er- leuchtet die Au- gen. *Ps 19,8f*

Resp 2
VI/3

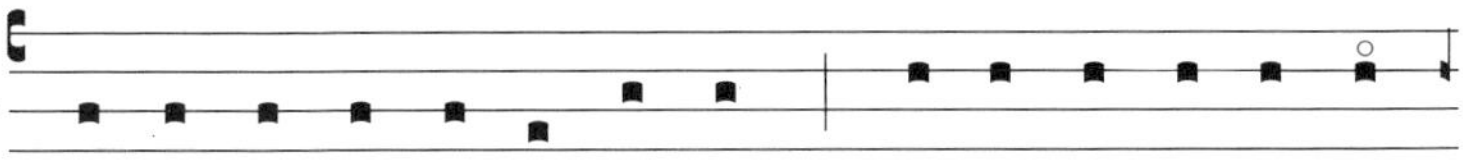

Wie lieb ist mir dei-ne Weisung! * Dei-ne Zeugnisse, Herr,

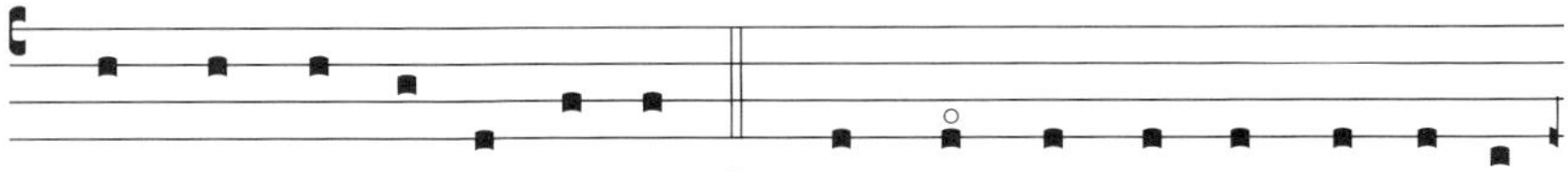

sind mein e- wi- ges Er- be. ℣. Dein Wort ist meinem Fuß ei-ne

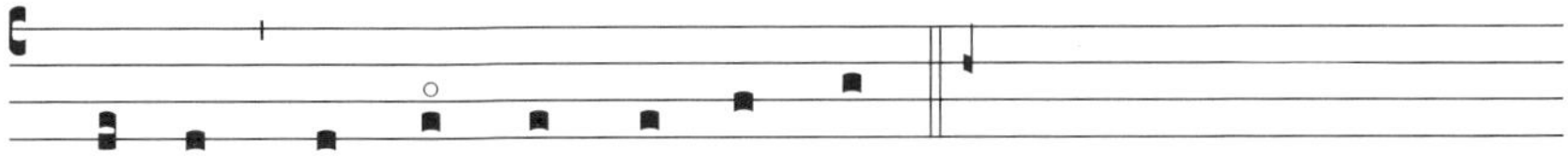

Leuchte, ein Licht für mei-nen Pfad. *Ps 119,97.111.105*

In der fünften Woche

Resp 1
VI/3

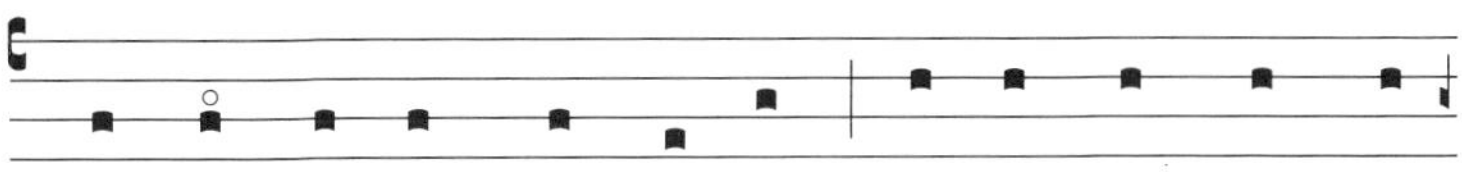

Vernimm, o Gott, mein Ge-bet, * ver-birg dich nicht vor

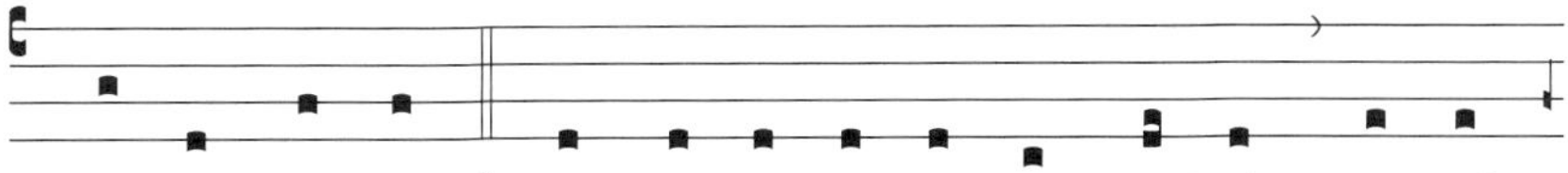

mei-nem Fle-hen. ℣. Laß mei-ne Gegner nicht ju-beln, weil ich

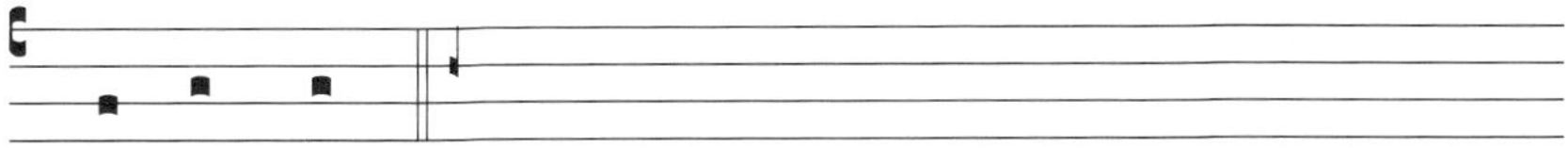

ge-stürzt bin. *Ps 55,2; 13,5*

– Am Mittwoch und Samstag –

In der ersten und zweiten Woche

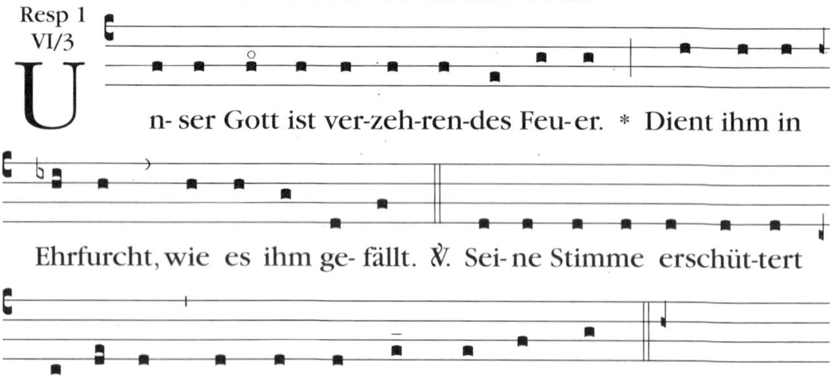

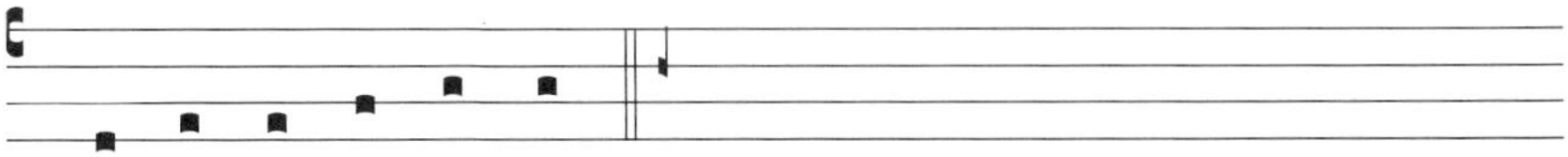

sie fin-den Er- barmen. *Tob 12,8f; Mt 5,7*

In der dritten und vierten Woche

Resp 1
VI/3

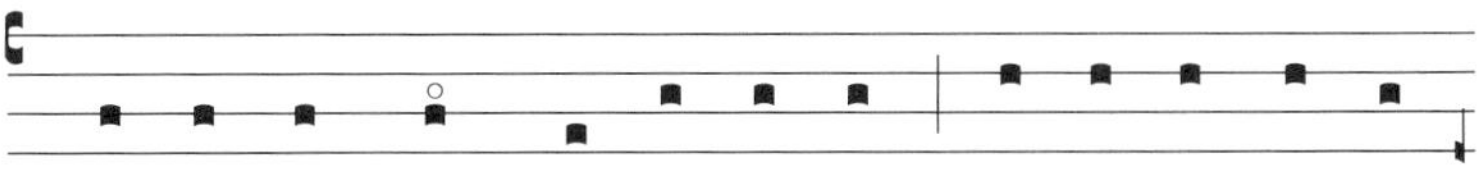

Fürchte den Herrn und lie- be ihn, * die-ne ihm mit gan-

zem Her-zen. ℣. Hö- re, Is- ra- el! Der Herr, un-ser Gott, ist

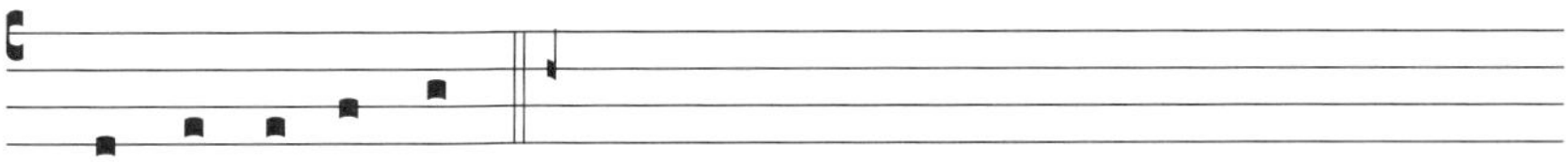

der ein-zi- ge Gott. *cf. Dtn 10,12; 6,4*

Resp 2
VI/3

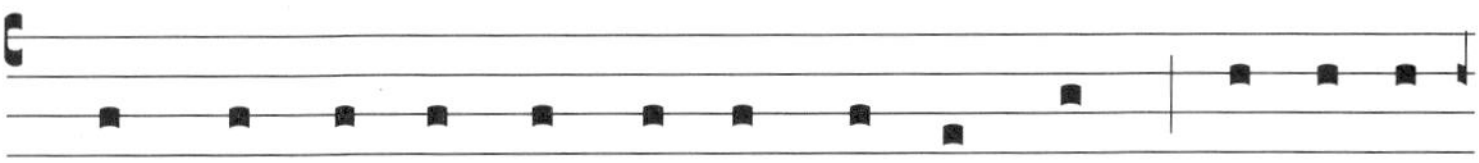

Ich schlie-ße mit euch ei-nen neu- en Bund; * ich le- ge

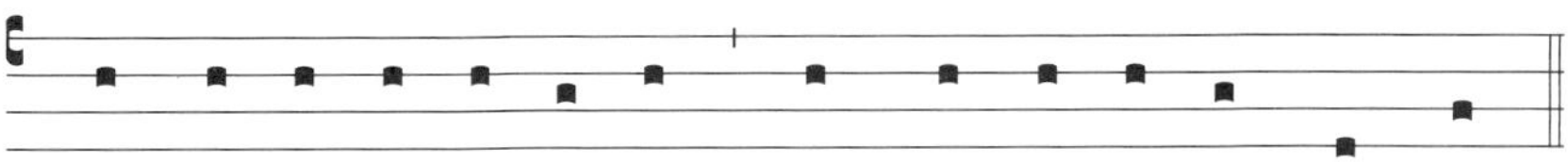

mein Ge-setz in euch hin-ein und schrei-be es euch aufs Herz.

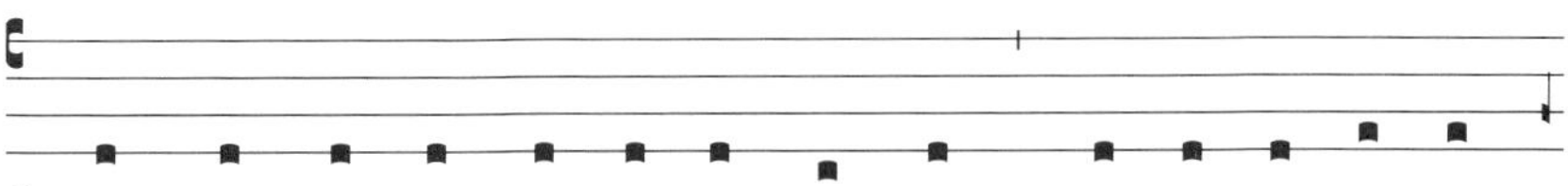

℣. Ich schrei-be nicht auf Ta- feln aus Stein, sondern in Her-zen

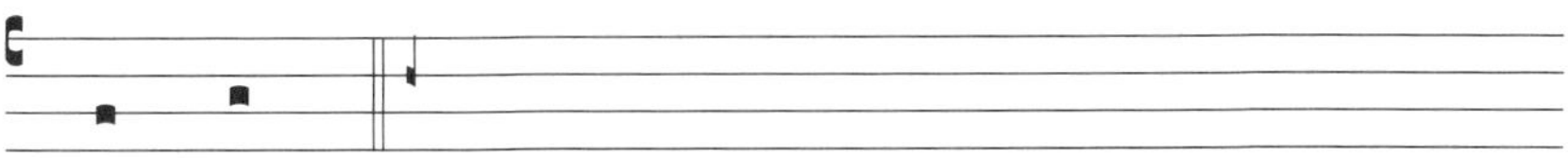

von Fleisch. *Jer 31,31.33; 2 Kor 3,3*

In der fünften Woche

Ps 69,2.15

LAUDES

Psalmodie *wie im Wochenpsalter.*

– Am Montag –

Kurzlesung *Joel 2,12f.15.17*

So spricht der Herr: Kehrt um zu mir von ganzem Herzen mit Fasten, Weinen und Klagen! Zerreißt eure Herzen, nicht eure Kleider, und kehrt um zum Herrn, eurem Gott! Denn er ist gnädig und barmherzig, langmütig und reich an Güte, und es reut ihn, daß er das Unheil verhängt hat. – Auf dem Zion stoßt in das Horn, ordnet ein heiliges Fasten an, ruft zum Gottesdienst! Zwischen Vorhalle und Altar sollen die Priester klagen, die Diener des Herrn sollen sprechen: Herr, erbarme dich deines Volkes, und gib dein Erbe nicht der Schande preis.

In der fünften Woche

Kurzlesung *Jer 14,7-9*

Unsere Sünden klagen uns an. Doch um deines Namens willen handle, o Herr! Ja, wir haben gegen dich gesündigt, zahlreich sind unsre Vergehen. – Herr, du Hoffnung Israels, sein Retter zur Zeit der Not, warum bist du wie ein Fremdling im Land und wie ein Wanderer, der nur über Nacht einkehrt? Warum bist du wie einer, den der Schrecken gelähmt hat, wie ein Mann, der nicht zu helfen vermag? Du bist doch in unsrer Mitte, Herr, und dein Name ist über uns ausgerufen. Gib uns nicht auf!

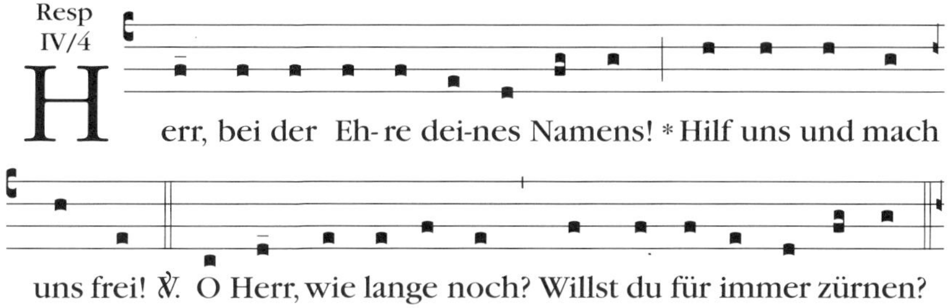

Ps 79,9.5

– Am Dienstag –

Kurzlesung *Jes 46,3f.8-10*

Hört auf mich, ihr vom Haus Jakob, und alle, die vom Haus Israel noch übrig sind! Ihr seid mir aufgeladen vom Mutterleib an, vom Mutterschoß an seid ihr mir aufgebürdet: ich muß euch tragen, bis ihr alt und grau seid. Ich habe getragen und ich werde tragen. Ich werde euch schleppen und retten. Denkt daran und achtet darauf; ihr Treulosen, nehmt es zu Herzen! Ich bin Gott, und sonst niemand. Ich bin Gott, und keiner ist wie ich. Mein Plan steht fest. Und alles, was ich will, führe ich aus.

In der fünften Woche

Kurzlesung *Jer 14,19-21*

Hast du denn Juda ganz verworfen, ist dir Zion zum Abscheu geworden? Warum hast du uns so geschlagen, daß es für uns keine Heilung mehr gibt? Wir hofften auf Heil, doch es kommt nichts Gutes, auf die Zeit der Heilung, doch ach, nur Schrecken! Herr, wir erkennen unser Unrecht, die Schuld unserer Väter: Ja, wir haben gegen dich gesündigt. Um deines Namens willen, Herr, verschmäh uns nicht! Gib den Thron deiner Herrlichkeit nicht der Schande preis! Gedenke deines Bundes mit uns und brich ihn nicht!

– Am Mittwoch –

Kurzlesung *Jer 31,18-20*

So spricht der Herr: Ich höre, wie Efraim klagt: „Du hast mich erzogen, und ich ließ mich erziehen. Herr, mein Gott, laß mich umkehren und heimkommen. Ich bin ja zur Einsicht gekommen und fühle Reue; ich bin beschämt und schlage an meine Brust.“ – Ist mir denn Efraim ein so teurer Sohn, ist er mein Lieblingskind? Sooft ich ihm drohe, muß ich seiner wieder in Liebe gedenken! Mein Herz schlägt für ihn: ich muß mich seiner erbarmen!

In der fünften Woche

Kurzlesung *Klgl 5,15-17.20-22*

Dahin ist die Freude unseres Herzens, in Totenklage hat sich unser Reigentanz verwandelt. Die Krone unsres Hauptes ist gefallen. Weh uns, daß wir gesündigt haben! Krank ist unser Herz und trüb unser Auge. Willst du uns für immer vergessen? Hast du uns völlig verworfen? Herr, wende uns doch hin zu dir, dann können wir uns bekehren. Erneuere unsre Tage, damit sie wieder werden wie einst.

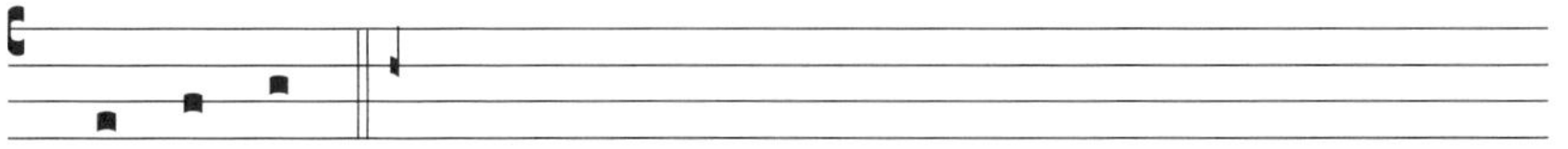

dir zu- rück. *Klgl 5,20f*

– Am Donnerstag –

Kurzlesung *Jer 2,13.31f*

Doppeltes Unrecht hat mein Volk verübt: Mich, den Quell lebendigen Wassers, haben sie verlassen und haben sich selbst Zisternen gegraben, Zisternen voller Risse, aus denen das Wasser entweicht. – Welch ein Geschlecht seid ihr! Seht doch die Taten des Herrn! Bin ich denn eine Wüste für Israel oder ein Land der Finsternis? Warum sagt mein Volk: Wir wollen frei sein, wir kommen nicht mehr zu dir? Vergißt denn eine Jungfrau ihr Geschmeide, eine Braut ihren Schmuck? Mein Volk aber hat mich vergessen seit Tagen ohne Zahl.

In der fünften Woche

Kurzlesung *Mi 6,2-5*

Ihr Berge, hört zu beim Rechtsstreit des Herrn, gebt acht, ihr Fundamente der Erde! Denn der Herr führt Klage gegen sein Volk, er geht mit Israel ins Gericht: Mein Volk, was hab ich dir getan, und womit bin ich dir zur Last gefallen? Antworte mir! Ich habe dich doch aus Ägypten heraufgeführt, dich freigekauft aus dem Sklavenhaus. Ich habe Mose vor dir hergesandt und Aaron und Mirjam. Denk doch daran, mein Volk, und erkenne die rettenden Taten des Herrn!

Resp IV/4

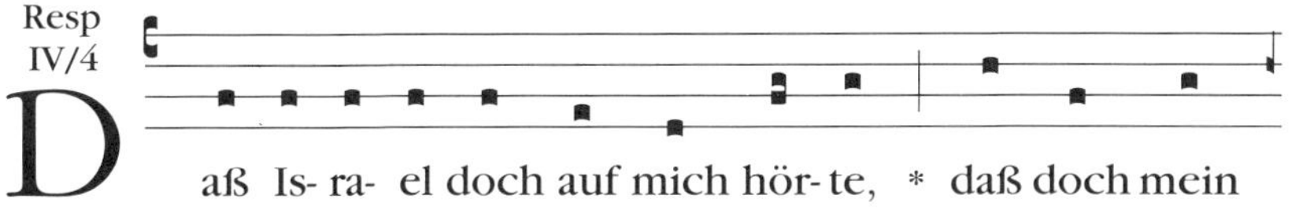

Daß Is- ra- el doch auf mich hör- te, * daß doch mein

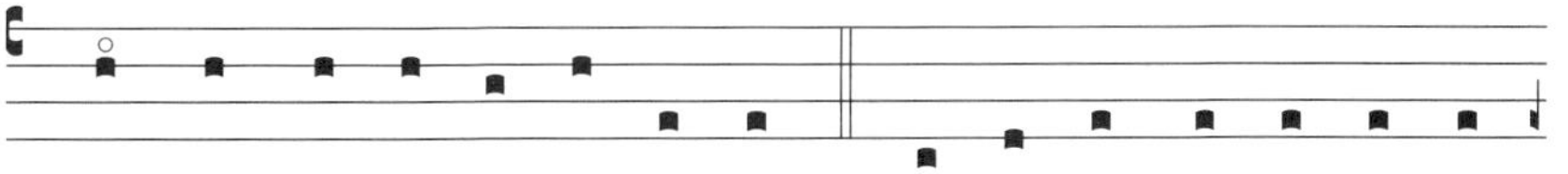

Volk auf mei-nen We-gen gin-ge. ℣. Mit be-stem Weizen würde

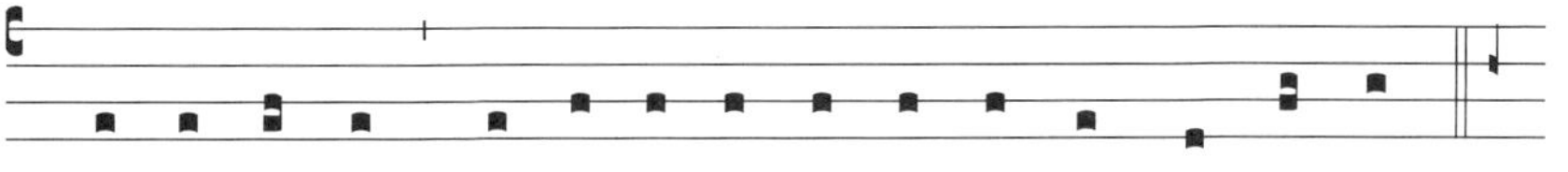

ich es näh-ren, es sät- ti- gen mit Ho-nig aus dem Fel-sen.

Ps 81,14.17

– Am Freitag –

Kurzlesung *Jer 29,11-14*

Ich kenne meine Pläne, die ich für euch habe, spricht der Herr: Pläne des Heils und nicht des Unheils; denn ich will euch eine Zukunft und eine Hoffnung geben. Ich will erscheinen, wenn ihr mich ruft; ich erhöre euch, wenn ihr zu mir betet. Sucht ihr mich, so werdet ihr mich finden. Ja, ich lasse mich von euch finden, wenn ihr mich von ganzem Herzen sucht.

In der fünften Woche

Kurzlesung *Jes 38,10-14()*

In der Mitte meiner Tage muß ich hinab zu den Pforten der Unterwelt; man raubt mir den Rest meiner Jahre. Ich darf den Herrn nicht mehr schauen im Land der Lebenden, darf keinen Menschen mehr sehn bei den Bewohnern der Erde. Meine Hütte bricht man über mir ab, man schafft sie weg wie das Zelt eines Hirten. Ich schreie um Hilfe: Wie ein Löwe zermalmt er mir alle Knochen! Meine Augen blicken ermattet nach oben: Ich leide Gewalt, Herr. Tritt für mich ein!

Resp IV/4

Jes 38,16.14

– Am Samstag –

Kurzlesung *Jes 26,16.12f*

Herr, in der Not suchen wir dich; wir schreien auf in unserer Qual, weil du uns züchtigst. – Herr, du wirst uns Frieden schenken; denn du hast an uns gehandelt, wie unser Tun es verdiente. Andere Herren als du haben über uns geherrscht. Doch wir rühmen nur deinen Namen allein, Herr, unser Gott!

In der fünften Woche

Kurzlesung *Klgl 3,59-63.52-56*

Herr, du siehst meine Bedrückung. Schaff mir doch Recht! Du siehst die Rachgier meiner Feinde und all ihre Anschläge wider mich. Du hörst ihr Schmähen, Herr, ihr Flüstern und ihr Getuschel. Zum Spottlied bin ich für sie geworden. Die mir ohne Grund feind sind, jagen mich wie einen Vogel. Sie haben mein Leben in die Grube gestürzt und schleudern Steine auf mich. Die Wasser gehen mir über den Kopf: ich bin verloren. Herr, aus der Tiefe der Grube rufe ich deinen Namen an. Verschließe nicht dein Ohr vor meinem Schreien!

Jes 26,4.1

Hymnus

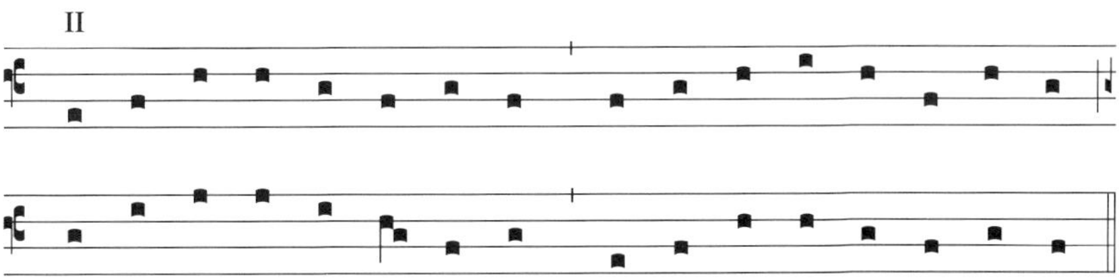

DU SONNE der Gerechtigkeit,
Christus, vertreib in uns die Nacht,
daß mit dem Licht des neuen Tags
auch unser Herz sich neu erhellt.

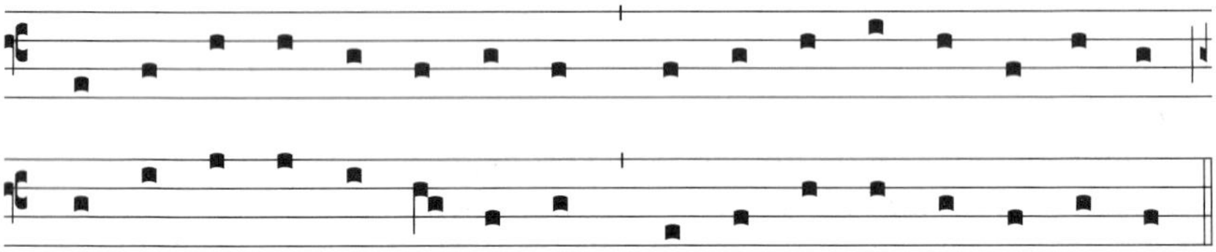

Du schenkst uns diese Gnadenzeit,
gib auch ein reuevolles Herz
und führe auf den Weg zurück,
die deine Langmut irren sah.

Es kommt der Tag, dein Tag erscheint,
da alles neu in Blüte steht,
der Tag, der unsre Freude ist,
der Tag, der uns mit dir versöhnt.

Dir, höchster Gott, Dreifaltigkeit,
lobsinge alles, was da lebt.
Laß uns, durch deine Gnade neu,
dich preisen durch ein neues Lied. Amen.

℣. Wende dich zu mir und sei mir gnädig.
℟. Laß dein Antlitz leuchten über deinem Knecht.

Antiphon und Canticum *wie im Wochenpsalter.*

KARWOCHE

VIGIL

Invitatorium

℟.
II

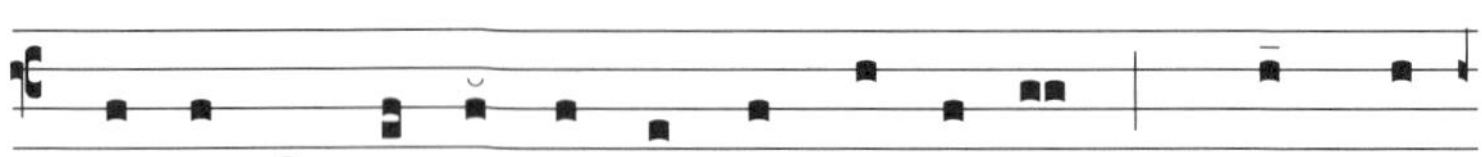

In sei-nem Blu-te hat uns der Herr er- löst. Kommt, wir

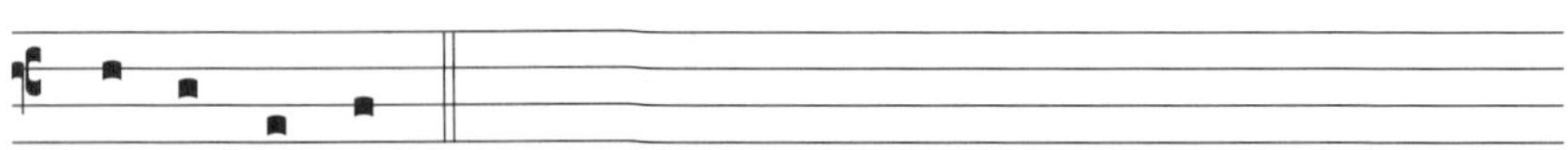

be- ten ihn an!

Hymnus

II

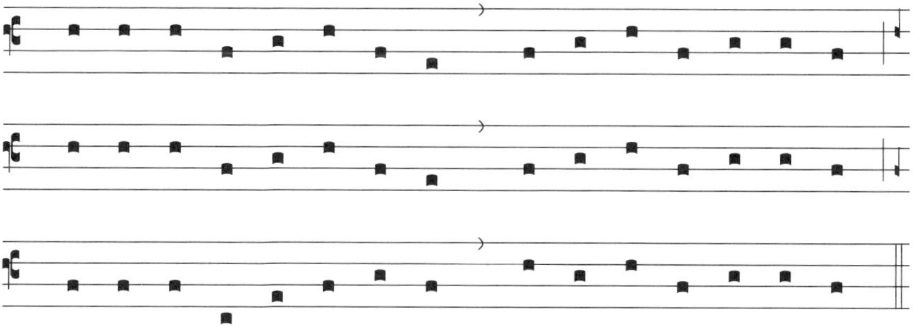

PREISE, Zunge, und verkünde / den erhabnen Waffengang;
auf das Kreuz, das Siegeszeichen, / singe den Triumphgesang.
Singe, wie der Welt Erlöser / starb und dennoch Sieg errang.

Denn verblendet aß sich Adam / einst vom Baume das Gericht;
doch der Schöpfer voll Erbarmen / wollte sein Verderben nicht
und hat selbst den Baum erkoren, / der den Fluch des Baumes bricht.

Gottes Plan, uns zu erlösen, / hat verlangt die Opfertat,
und des Vaters ew'ge Weisheit / macht' zuschanden den Verrat
und verlieh barmherzig Heilung, / wo der Feind verwundet hat.

So ward in der Zeiten Fülle / uns gesandt des Vaters Sohn,
er, der Schöpfer aller Welten, / stieg herab vom Himmelsthron
und ward Fleisch und ward geboren / und ward einer Jungfrau Sohn.

Als nach dreißig Erdenjahren / für den Herrn die Stunde kam,
daß er unsres Heiles wegen / Tod und Leiden auf sich nahm,
wurde er erhöht am Kreuze, / dargebracht als Gotteslamm.

Seht den Essig, seht die Galle! / Dornen, Nägel, Speer voll Wut
seinen zarten Leib durchbohren, / Wasser strömt hervor und Blut;
Erde, Meere, Sterne, Welten / werden rein durch solche Flut.

Lob und Ruhm sei ohne Ende / Gott, dem höchsten Herrn, geweiht.
Preis dem Vater, Preis dem Sohne, / Preis dem Geist der Heiligkeit.
Einen Gott in drei Personen / lobe alle Welt und Zeit. Amen.

Erste, Zweite und Dritte Nokturn

Psalmodie und Versikel *am Palmsonntag wie an den Sonntagen der Fastenzeit,* 143; *am Montag, Dienstag und Mittwoch wie im Wochenpsalter.*

Am Palmsonntag

In der Karwoche entfällt beim Responsorium die Doxologie. Abschließend wird noch einmal das ganze Responsum gesungen.

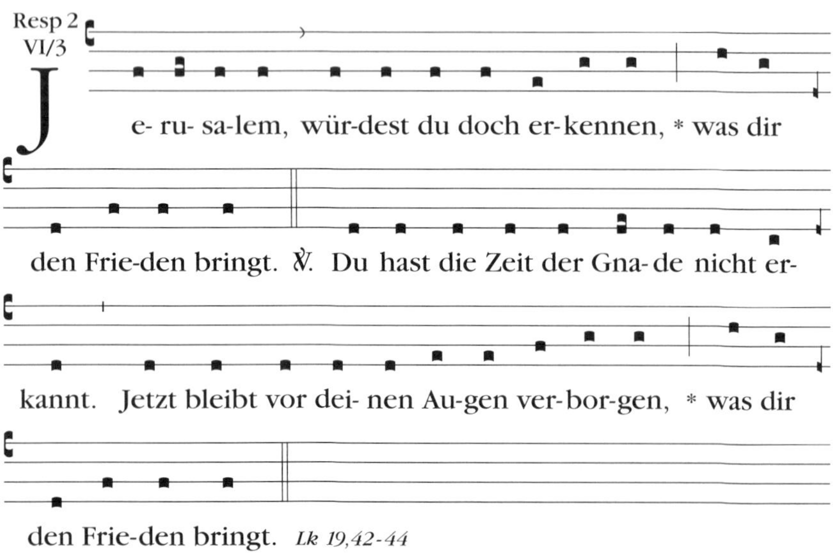

Resp 3
VI/3

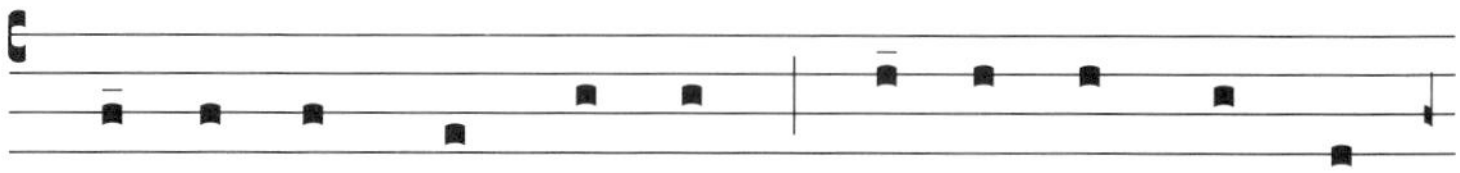

H err, o bring doch Ret-tung! * Herr, o bring doch Ge-

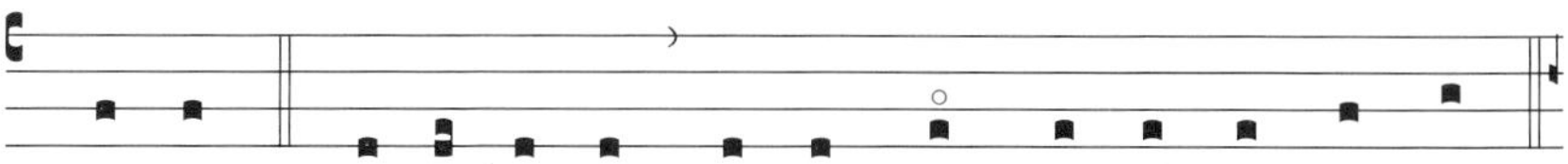

lin- gen! ℣. Ge-segnet sei, der da kommt im Na-men des Herrn.

Ps 118,25f

Am Montag

Resp 1
VI/3

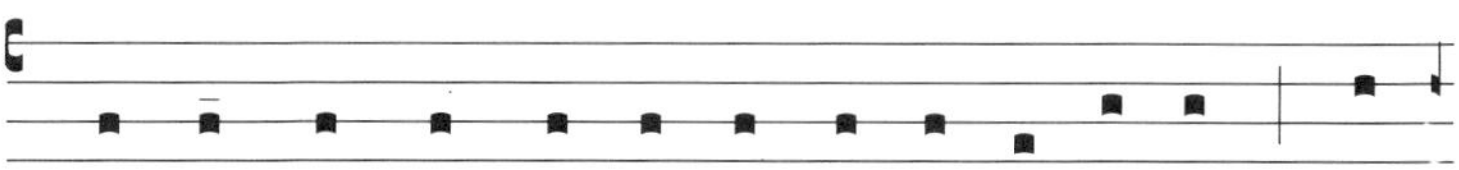

O - Herr, wie sind mei-ne Be-dränger so vie- le, * wie

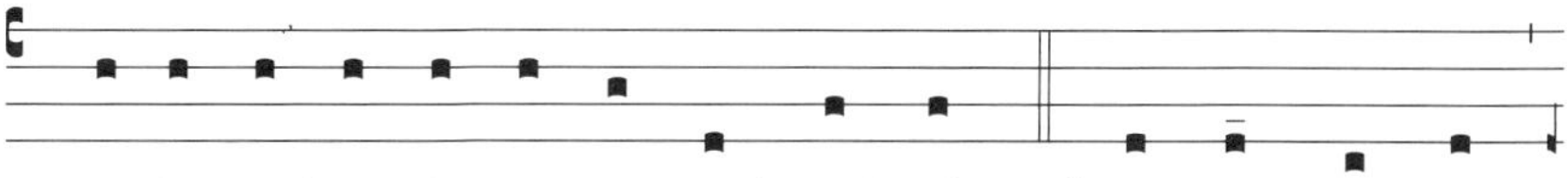

vie- le sind es, die ge-gen mich aufstehn! ℣. O Herr, steh auf!

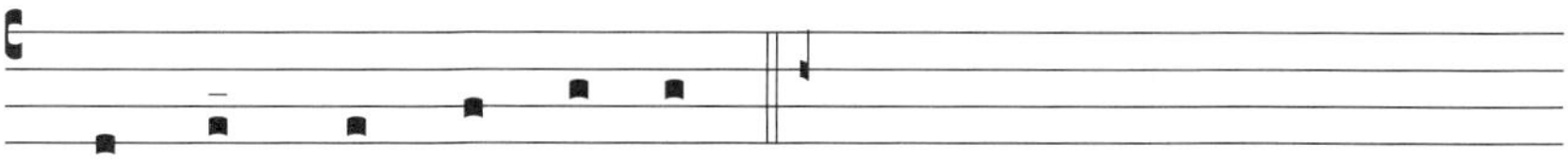

Mein Gott, bring mir Ret-tung! *Ps 3,2.8*

Resp 2
VI/3

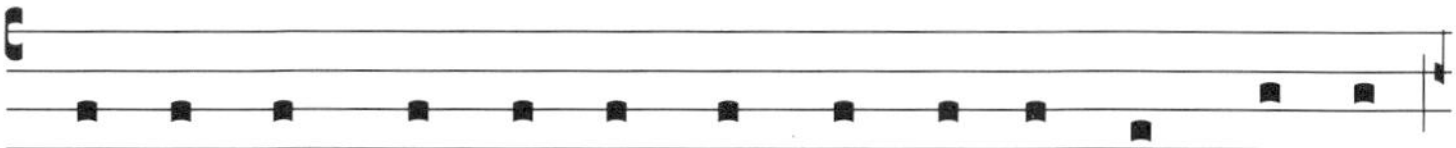

D ie mir nach dem Le- ben trachten, le- gen mir Schlingen.

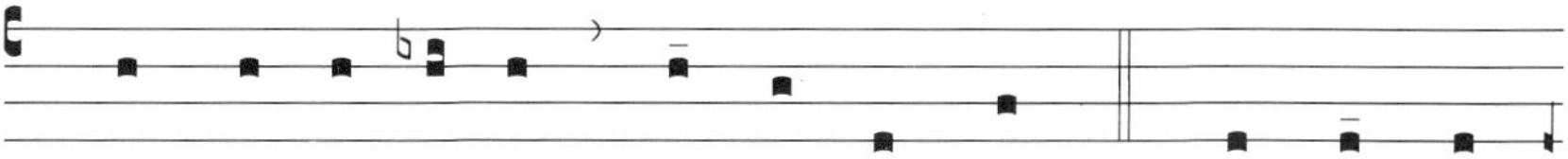

* Komm mir zu Hil- fe, Herr, du mein Heil! ℣. O Herr, ver-

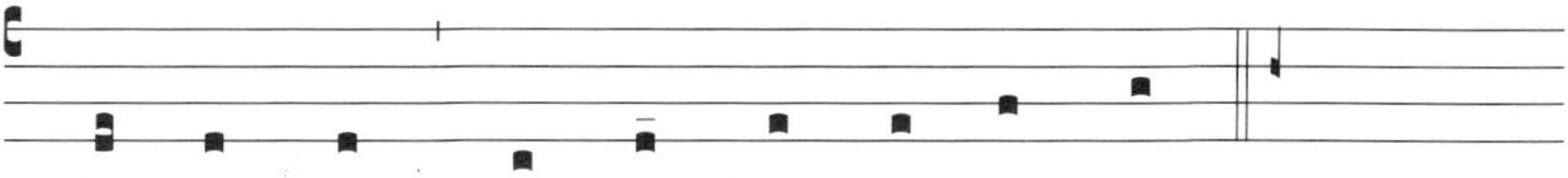

laß mich nicht! Mein Gott, bleib mir nicht fern! *Ps 38,13.23.22*

Am Dienstag

Resp 1
VI/3

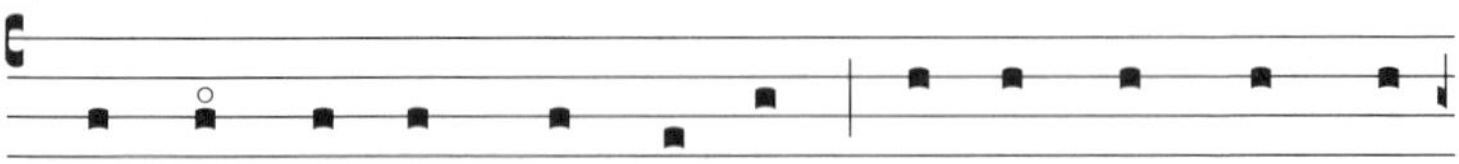

V ernimm, o Gott, mein Ge-bet, * ver-birg dich nicht vor

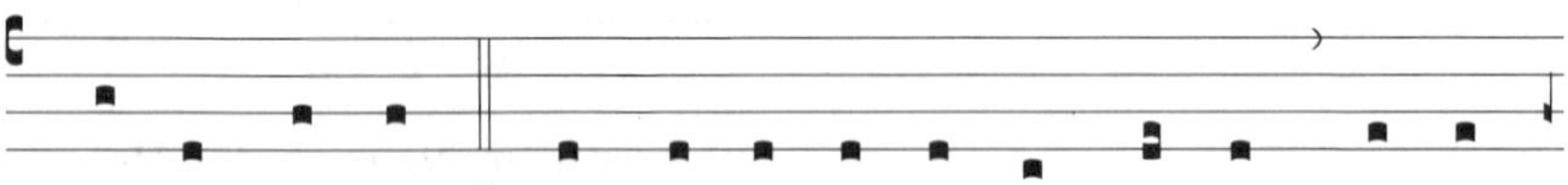

mei-nem Fle-hen. ℣. Laß mei-ne Gegner nicht ju-beln, weil ich

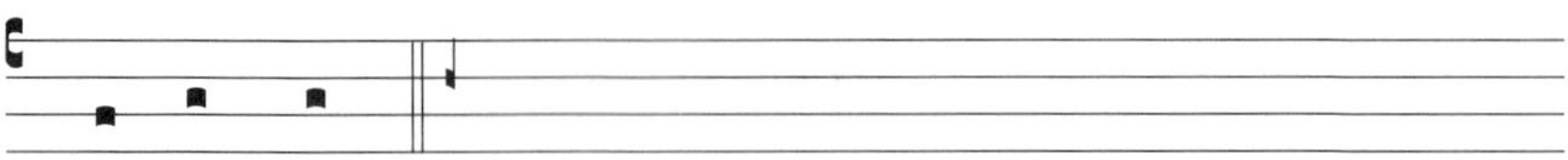

ge-stürzt bin. *Ps 55,2; 13,5*

Resp 2
VI/3

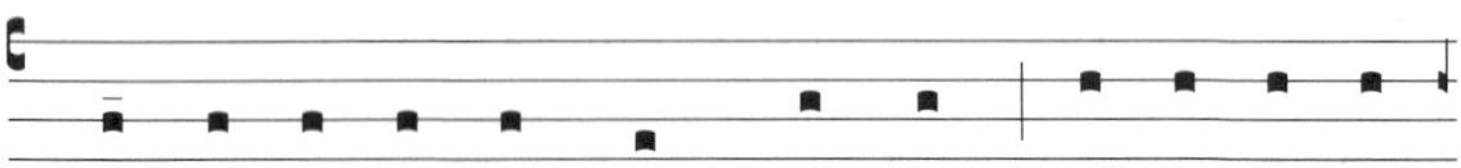

H err, werde mir nicht zum Schrecken, * du mei-ne Zu-

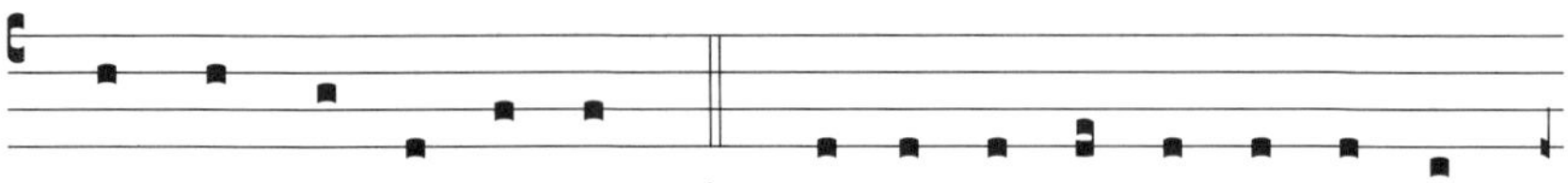

flucht am Tag des Unheils. ℣. Mei- ne Ver- fol-ger sol- len er-

schrecken, nicht a- ber ich. *Jer 17,17f*

Am Mittwoch

Resp 1
VI/3

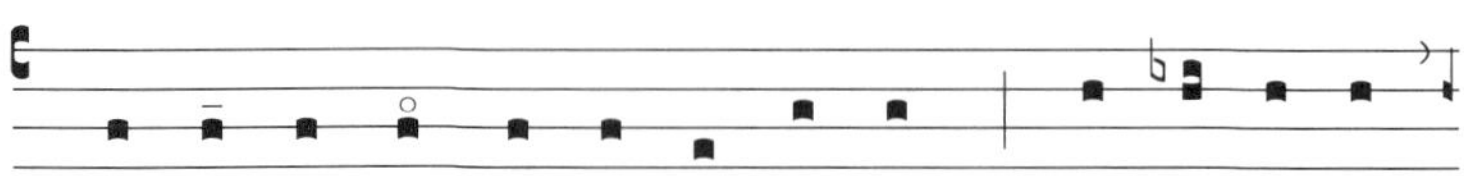

B ei dir, o Herr, su-che ich Zu-flucht; * be-frei- e mich,

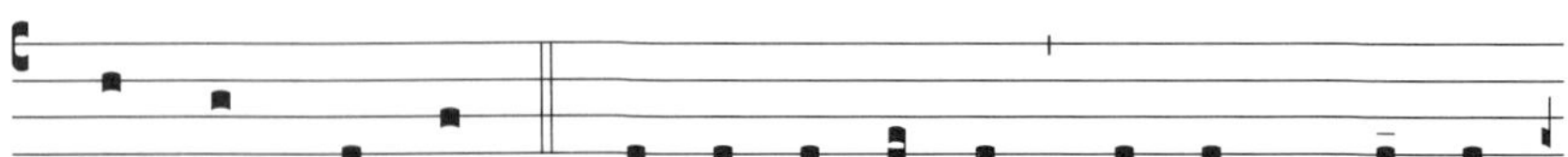

reiß mich her- aus! ℣. Die Not ist na- he, und au- ßer dir kann

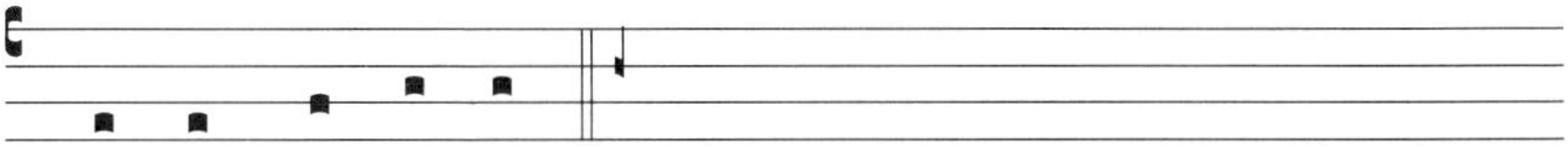

niemand mir hel- fen. *cf. Ps 71,1f; 22,12*

Resp 2
VI/3

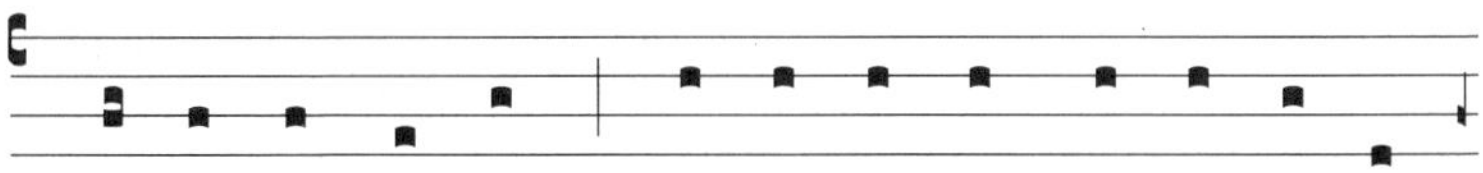

R et- te mich, o Gott, * das Wasser geht mir bis an die

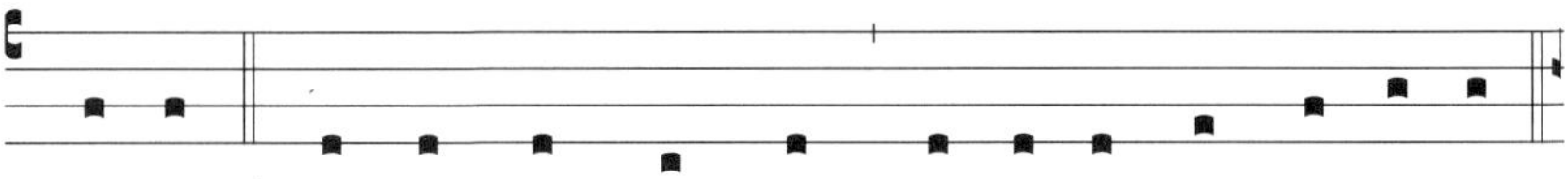

Keh-le. ℣. Ent-reiß mich dem Sumpf, da-mit ich nicht versin-ke.

Ps 69,2.15

LAUDES

Psalmodie *am Palmsonntag wie an den Sonntagen der Fastenzeit,* 155; *am Montag, Dienstag und Mittwoch wie im Wochenpsalter.*

Am Palmsonntag

Kurzlesung *Weish 2,12f.17-20*

Laßt uns dem Gerechten auflauern! Er ist uns unbequem und steht unserem Tun im Weg. Er hält uns Vergehen gegen das Gesetz vor und macht uns zum Vorwurf, daß wir uns verfehlen. Er rühmt sich, die Erkenntnis Gottes zu besitzen, und nennt sich einen Knecht des Herrn. Wir wollen sehen, ob seine Worte wahr sind, und prüfen, wie es mit ihm ausgeht. Ist der Gerechte wirklich Gottes Sohn, dann nimmt sich Gott seiner an und entreißt ihn der Hand seiner Gegner. Roh und grausam wollen wir mit ihm verfahren, um seine Sanftmut kennenzulernen und seine Geduld zu erproben. Zu einem ehrlosen Tod wollen wir ihn verurteilen; er behauptet ja, es werde ihm Hilfe gewährt.

Am Montag

Kurzlesung *Jer 14,7-9*

Unsere Sünden klagen uns an. Doch um deines Namens willen handle, o Herr! Ja, wir haben gegen dich gesündigt, zahlreich sind unsre Vergehen. – Herr, du Hoffnung Israels, sein Retter zur Zeit der Not, warum bist du wie ein Fremdling im Land und wie ein Wanderer, der nur über Nacht einkehrt? Warum bist du wie einer, den der Schrecken gelähmt hat, wie ein

Mann, der nicht zu helfen vermag? Du bist doch in unsrer Mitte, Herr, und dein Name ist über uns ausgerufen. Gib uns nicht auf!

Am Dienstag

Kurzlesung *Jer 14,19-21*

Hast du denn Juda ganz verworfen, ist dir Zion zum Abscheu geworden? Warum hast du uns so geschlagen, daß es für uns keine Heilung mehr gibt? Wir hofften auf Heil, doch es kommt nichts Gutes, auf die Zeit der Heilung, doch ach, nur Schrecken! Herr, wir erkennen unser Unrecht, die Schuld unserer Väter: Ja, wir haben gegen dich gesündigt. Um deines Namens willen, Herr, verschmäh uns nicht! Gib den Thron deiner Herrlichkeit nicht der Schande preis! Gedenke deines Bundes mit uns und brich ihn nicht!

Am Mittwoch

Kurzlesung *Klgl 5,15-17.20-22*

Dahin ist die Freude unseres Herzens, in Totenklage hat sich unser Reigentanz verwandelt. Die Krone unsres Hauptes ist gefallen. Weh uns, daß wir gesündigt haben! Krank ist unser Herz und trüb unser Auge. Willst du uns für immer vergessen? Hast du uns völlig verworfen? Herr, wende uns doch hin zu dir, dann können wir uns bekehren. Erneuere unsre Tage, damit sie wieder werden wie einst.

cf. Ps 18,5f; 22,20

In der Karwoche entfällt beim Responsorium die Doxologie. Abschließend wird noch einmal das ganze Responsum gesungen.

Hymnus

I

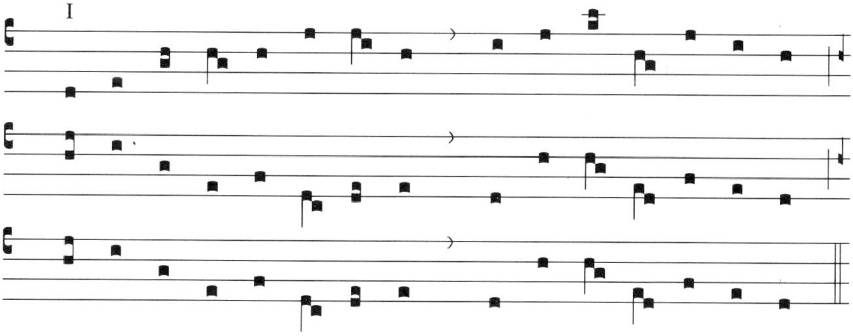

oder

II

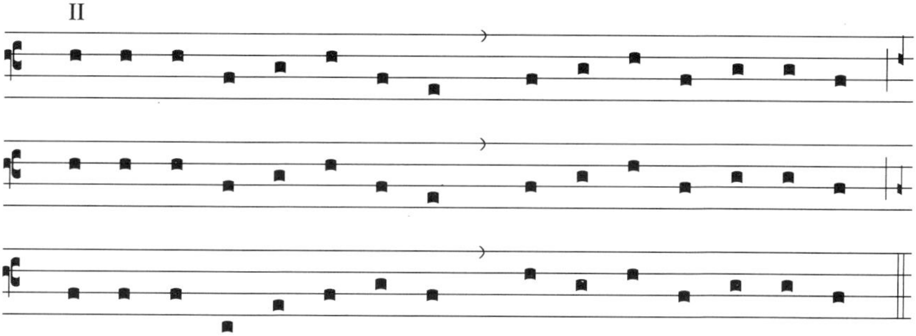

HEILIG' Kreuz, du Baum der Treue, / edler Baum,
dem keiner gleich,
keiner so an Laub und Blüte, / keiner so an Früchten reich:
Süßes Holz, o süße Nägel, / welche süße Last an euch!

Beuge, hoher Baum, die Zweige, / werde weich an Stamm und Ast,
denn dein hartes Holz soll tragen / eine königliche Last;
gib den Gliedern deines Schöpfers / an dem Stamme linde Rast.

Du allein warst wert, zu tragen / aller Sünden Lösegeld,
du, die Planke, die uns rettet / aus dem Schiffbruch dieser Welt,
du, gesalbt vom Blut des Lammes, / Pfosten, der den Tod abhält.

Lob und Ruhm sei ohne Ende / Gott, dem höchsten Herrn, geweiht.
Preis dem Vater, Preis dem Sohne, / Preis dem Geist der Heiligkeit.
Einen Gott in drei Personen / lobe alle Welt und Zeit. Amen.

Am Palmsonntag

℣. Groß ist dein Erbarmen.
℟. Du wirst mich entreißen der Tiefe des Abgrunds.

Am Montag, Dienstag und Mittwoch

℣. Sei mir gnädig in meiner Bedrängnis.
℟. Führ mich heraus aus den Pforten des Todes.

Am Palmsonntag

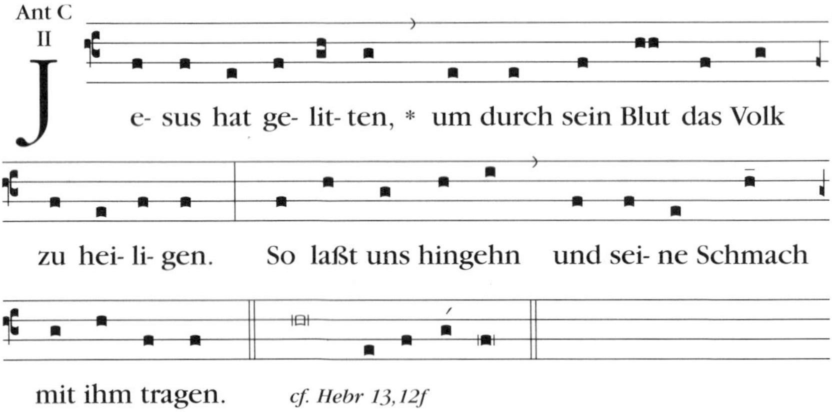

cf. Hebr 13,12f

Canticum 2 Tim 2,11-13

WENN wir mit Christus gestorben sind, *
dann werden wir auch mit ihm leben.
Harren wir standhaft aus, *
dann werden wir auch mit ihm herrschen.

Wenn wir ihn verleugnen, *
dann wird auch er uns verleugnen.
Werden wir untreu – er bleibt treu: *
er kann sich selber nicht verleugnen.

ANTIPHON

Ehre sei dem Vater und dem Sohne *
und dem Heiligen Geiste.

Wie im Anfang, so auch jetzt und allezeit *
und in Ewigkeit. Amen.

Am Montag

Ant C
I

Joh 12,35

An den Wochentagen ist das Canticum in der Karwoche stets das Benedictus.

Am Dienstag

Ant C
II

Joh 17,15

Am Mittwoch

Ant C
IV

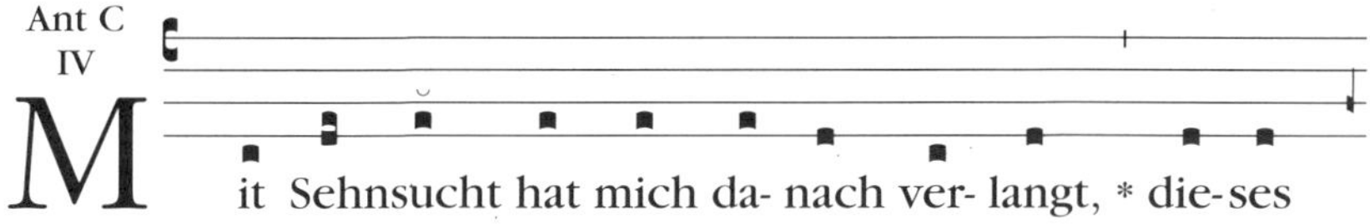

Lk 22,15f

* * *

Monastischer Tradition gemäß bleibt am Gründonnerstag, am Karfreitag und am Karsamstag eine einfachere und ursprünglichere Form des Offiziums erhalten. Die Gebetszeiten beginnen unmittelbar mit der Antiphon zum ersten Psalm und schließen mit der Oration. Es entfallen alle Doxologien, die Benediktionen, das gesungene Vaterunser und die Einleitungs- und Schlußformeln der Orationen. In der Vigil wird kein Invitatorium und kein Hymnus, in den Laudes kein Responsorium, kein Hymnus und kein Versikel gesungen.

Wer jüngerem römischem Brauch folgen und auch an diesen Tagen, insbesondere am Gründonnerstag, die alltägliche Form des Stundengebets beibehalten möchte, entnimmt die im Folgenden fehlenden Teile dem Offizium der Karwoche.

GRÜNDONNERSTAG

VIGIL

Erste Nokturn

Psalm 55

VERNIMM, o Gott, mein Gẹbet, /
verbirg dich nicht vor meinem Flehen! *
Achte auf mich und gib mir Antwort!
Klagend und seufzend irre ich umher *
vor dem Geschrei des Feindes, unter dem Druck des Frevlers.
Denn sie bringen mich durch Unrecht ins Wanken, *
und sie beschuldigen mich wütend.
Das Herz bebt mir in der Brust, *
mich überfallen die Schrecken des Todes.
Furcht und Zittern überkommt mich, *
und es bedeckt mich Entsetzen.
Da sage ich: „Hätt' ich doch Flügel wie die Taube, *
ich flöge davon und fände Geborgenheit.
Weit fort würde ich fliehen *
und mich niederlassen in der Wüste.
Ich fände für mich eine Zuflucht *
vor Sturm und Gewitter."

ANTIPHON

Verwirre, Herr, mach uneins ihre Sprache! *
Denn in der Stadt sehe ich Streit und Gewalttat,

Tag und Nacht machen sie auf ihren Mauern die Runde. *
Mitten in ihr ist Quälerei und Unrecht,
mitten in ihr herrscht Verderben, *
nicht weichen von ihrem Markt Betrug und Erpressung.
Denn nicht ein Feind beschimpft mich *
– das könnte ich ertragen,
nicht einer, der mich haßt, tritt groß gegen mich auf *
– vor ihm könnte ich mich verbergen.
Nun aber bist du es, ein Mensch meines Standes, *
mein Freund und mein Vertrauter.
Wir haben doch unsre Gemeinschaft genossen, *
wir gingen im Hause Gottes umher in wogender Menge.

ANTIPHON

⌈Verderben komme über sie, /
lebendig sollen sie hinab zur Unterwelt! *
⌊Denn Bosheit wohnt in ihren Häusern und Herzen.
Ich aber, zu Gott will ich rufen, *
und der HERR wird mir helfen.
Am Abend, am Morgen, am Mittag will ich klagen und seufzen, *
und er wird meine Stimme hören.
Er erlöst mich, /
vor Angriffen bin ich in Sicherheit, *
denn viele stehen mir zur Seite.
Gott wird mich hören und die Feinde beugen, *
er, der da thront seit Anbeginn.
Denn sie wollen sich nicht ändern *
und wollen Gott nicht fürchten.
Jener Mensch legt Hand an seine Freunde, *
seinen Bund entweiht er.
Glatt wie Butter ist die Rede seines Mundes, *
aber sein Herz denkt an Angriff,
linder als Öl sind seine Worte, *
und sind doch gezückte Dolche.

ANTIPHON

Wirf deine Last auf den HERRN, /
er selber wird für dich sorgen. *
Niemals läßt er den Gerechten wanken.

Denn du, o Gott, du wirfst sie hinab in den gähnenden Abgrund./
Gewalttätige und Betrüger erreichen nicht die Hälfte ihrer Tage.*
Ich aber, ich setze auf dich mein Vertrauen.

℣. Vernimm, o Gott, mein Beten.
℟. Verbirg dich nicht vor meinem Flehen.

Resp
VI/3

Mt 26,45.38

Anstelle des Responsoriums kann auch gesungen werden:

℟.
IV

Mt 26,38

Wachet und betet, damit ihr nicht in Versuchung fallt!
Der Geist ist willig, aber das Fleisch ist schwach.

MEINE SEELE IST BETRÜBT BIS ZUM TOD.
BLEIBT HIER UND WACHT MIT MIR!

Die Stunde ist gekommen,
in welcher der Menschensohn überliefert wird
in die Hände der Sünder.

MEINE SEELE IST BETRÜBT BIS ZUM TOD.
BLEIBT HIER UND WACHT MIT MIR!

Wie könnt ihr nur schlafen und euch ausruhn? –
Seht doch, der mich verrät, ist nahe.

MEINE SEELE IST BETRÜBT BIS ZUM TOD.
BLEIBT HIER UND WACHT MIT MIR!

Zweite Nokturn

Psalm 31

ZU DIR, O HERR, flüchte ich, /
laß mich doch niemals scheitern, *
befreie mich in deiner Gerechtigkeit!
Neige dein Ohr mir zu, *
eile doch, mich zu entreißen!
Sei mir ein Fels der Zuflucht, *
eine feste Burg, die mich rettet!
Denn du bist mein Fels und meine Feste. *
Um deines Namens willen wirst du mich führen und leiten.
Du führst mich heraus /
aus dem Netz, das sie mir heimlich legten, *
denn du bist meine Zuflucht.

In deine Hände befehle ich meinen Geist. *
Du hast mich erlöst, o HERR, du Gott der Treue.
Ich hasse, die nichtige Götzen verehren, *
ich setze auf den HERRN mein Vertrauen.
Ich will jubeln und deiner Liebe mich freuen, /
denn angesehen hast du meine Not, *
du wußtest um mich in meiner Bedrängnis.
Du gabst mich nicht in die Hand des Feindes, *
du führtest meine Schritte ins Weite.

ANTIPHON

Sei mir gnädig, o HERR, mir ist bange, *
mein Auge, meine Seele, mein Leib, sie vergehen vor Jammer.
Ja, in Kummer verzehrt sich mein Leben, *
und meine Jahre verrinnen in Seufzen.
Ob meiner Sünde schwindet mir die Kraft, *
und meine Gebeine zerfallen.
Wegen all meiner Bedränger wurde ich zum Spott, *
zum Spott sogar für meine Nachbarn.
Meinen Freunden wurde ich zum Schrecken. *
Wer mir begegnet, geht mir aus dem Wege.
Vergessen bin ich, bin aus dem Sinn wie ein Toter, *
wie ein zerbrochenes Gefäß bin ich geworden.
Ich höre das Zischeln der Menge, *
ringsum ist Grauen:
Zusammen halten sie gegen mich Rat, *
sie sinnen darauf, mir das Leben zu rauben.
Ich aber, HERR, ich vertraue auf dich, *
ich sage: „Mein Gott bist du!"
In deiner Hand ist mein Geschick. *
Entreiß mich der Hand meiner Feinde und Verfolger.
Laß leuchten über deinem Knecht dein Antlitz, *
rette mich in deiner Liebe.
HERR, laß mich nicht scheitern, *
da ich zu dir rufe!
Scheitern sollen die Frevler, *
sie sollen zum Schweigen kommen in der Unterwelt.

Verstummen sollen die lügnerischen Lippen, /
die wider den Gerechten Freches reden *
voll Hochmut und Verachtung.

ANTIPHON

Wie groß ist deine Güte, o HERR, *
die du denen bewahrst, die dich fürchten.
Du erweist sie denen, die sich bei dir bergen *
offen vor allen Menschen.
Du birgst sie im Schutz deines Angesichts *
vor dem Toben der Leute.
In einem Zelt bewahrst du sie *
vor dem Streite der Zungen.
Gepriesen sei der HERR: /
Er wirkte an mir Wunder seiner Liebe, *
er wurde mir zur Stadt, die befestigt ist.
Ich aber sprach in meiner Bestürzung: *
„Ich bin verstoßen aus deinen Augen!"
Doch du hast mein lautes Flehen gehört, *
als ich zu dir um Hilfe rief.

Liebt den HERRN, all seine Frommen! /
Der HERR behütet, die ihm treu sind, *
doch reichlich vergilt er dem, der hochmütig handelt.
Seid stark, und euer Herz sei unverzagt, *
ihr alle, die ihr hofft auf den HERREN.

℣. Laß leuchten über deinem Knecht dein Antlitz.
℟. Entreiß mich der Hand meiner Feinde.

Resp
VI/3

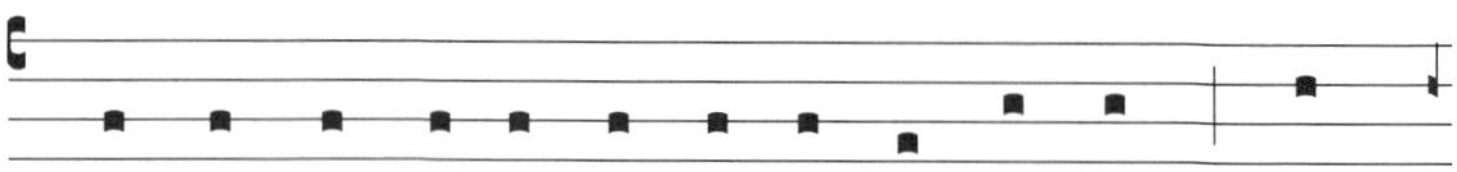

Könnt ihr nicht ei-ne Stun-de mit mir wachen? * Steht

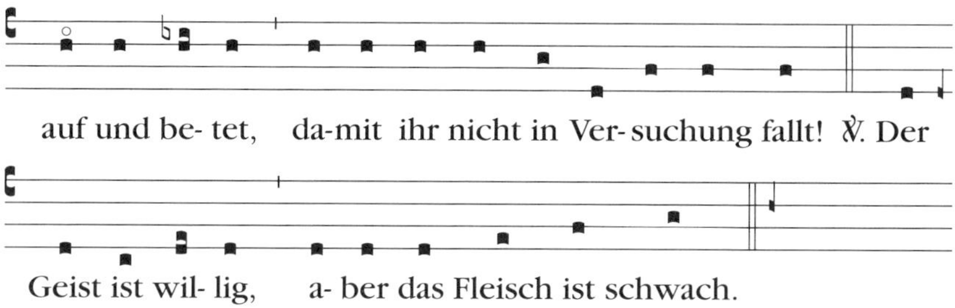

cf. Mk 14,37; Lk 22,46; Mt 26,41

Anstelle des Responsoriums kann auch gesungen werden:

Mt 26,34

Herr, und wenn auch alle irre werden an dir –
ich werde es nie und nimmer!

IN DIESER NACHT, NOCH EHE DER HAHN KRÄHT,
WIRST DU MICH DREIMAL VERLEUGNEN.

Herr, und wenn ich sterben müßte mit dir –
niemals werde ich dich verleugnen!

IN DIESER NACHT, NOCH EHE DER HAHN KRÄHT,
WIRST DU MICH DREIMAL VERLEUGNEN.

Herr, ich bin bereit,
mit dir sogar ins Gefängnis, ja in den Tod zu gehen!

IN DIESER NACHT, NOCH EHE DER HAHN KRÄHT,
WIRST DU MICH DREIMAL VERLEUGNEN.

Dritte Nokturn

Psalm 71

BEI dir, o HERR, suche ich Zuflucht, *
laß mich nicht zuschanden werden in Ewigkeit!
In deiner Gerechtigkeit reiß mich heraus und befreie mich, *
neige dein Ohr mir zu und rette mich.
Sei mir ein bergender Felsen, *
zu dem ich allzeit kommen darf.
Du hast entschieden, mich zu retten, *
du bist ja mein Fels und meine Feste.
Mein Gott, befreie mich aus der Hand des Frevlers, *
aus der Faust des Schurken und Bedrückers!

Du bist ja meine Hoffnung, o Herr, *
HERR, meine Zuversicht von Jugend auf.
Vom Mutterschoß an stütz ich mich auf dich, /
vom Mutterleibe an bist du mein Helfer. *
Allezeit gilt dir mein Lobpreis.
Für viele ward ich zum Zeichen, *
denn du bist meine starke Zuflucht.
Mein Mund ist erfüllt von deinem Lobpreis, *
den ganzen Tag ist er voll deines Ruhmes.

Verwirf mich nicht im Alter, *
verlaß mich nicht, wenn meine Kräfte schwinden!
Denn meine Feinde reden gegen mich, *
die mich belauern, beraten sich gemeinsam,

sie sagen: „Gott hat ihn verlassen! /
Verfolgt und ergreift ihn! *
Es gibt für ihn keinen Retter."

ANTIPHON

Es sollen in Schande vergehen *
alle, die mich befehden!
In Schmach und Schimpf sollen sich kleiden, *
die mein Unglück suchen!
Doch ich, ich will allezeit hoffen, *
all deinen Lobpreis noch mehren.
Mein Mund soll erzählen von deiner Gerechtigkeit, /
den ganzen Tag von deiner rettenden Hilfe. *
Ich kann sie nicht ermessen.
Ich komme, die machtvollen Taten des Herrn zu preisen, *
an deine Gerechtigkeit allein, o HERR,
will ich erinnern.
O Gott, du hast mich gelehrt von Jugend auf, *
und bis heute darf ich von deinen Wundern künden.

Auch wenn ich alt und grau bin, *
o Gott, verlaß mich nicht,
damit ich diesem Geschlecht künde von deinem Arm, /
allen kommenden von deiner Großtat, *
von deiner Gerechtigkeit, o Gott,
die bis zum Himmel reicht.
Der du Großes vollbracht hast, *
wer ist wie du, o Gott?
Viel Not und Unheil ließest du mich schauen. /
Du wirst mich neu beleben, *
du führst mich wieder herauf aus den Tiefen der Erde!
Bring mich wieder zu Ehre und Ansehn! *
Wende dich her und tröste mich.

Dann will auch ich dir danken mit Saitenspiel *
und deine Treue preisen,
mein Gott, du Heiliger Israels, *
auf der Harfe will ich dir spielen.

Ja, ich will dir singen und spielen, /
jubeln sollen meine Lippen *
und meine Seele, die du erlöst hast.
Den ganzen Tag
soll meine Zunge von deiner Gerechtigkeit murmeln: *
sind doch zuschanden und beschämt, die mein Unglück suchten.

℣. Mein Gott, befreie mich aus der Hand des Frevlers.
℟. Reiß mich heraus und rette mich.

Mk 14,34; Lk 22,44

Anstelle des Responsoriums kann auch gesungen werden:

Lk 22,41

Jesus fiel auf sein Angesicht und betete:
Laß doch die Stunde an mir vorübergehen –
Abba, mein Vater, dir ist alles möglich!

VATER, NIMM DIESEN KELCH VON MIR!
DOCH NICHT MEIN WILLE GESCHEHE, SONDERN DER DEINE.

Sein Schweiß war wie Blut, das auf die Erde rann.
Und er betete in seiner Angst noch drängender:

VATER, NIMM DIESEN KELCH VON MIR!
DOCH NICHT MEIN WILLE GESCHEHE, SONDERN DER DEINE.

Jesus fand seine Jünger schlafend. –
Er ging von ihnen weg und betete zum drittenmal:

VATER, NIMM DIESEN KELCH VON MIR!
DOCH NICHT MEIN WILLE GESCHEHE, SONDERN DER DEINE.

LAUDES

Ant 1
VIII

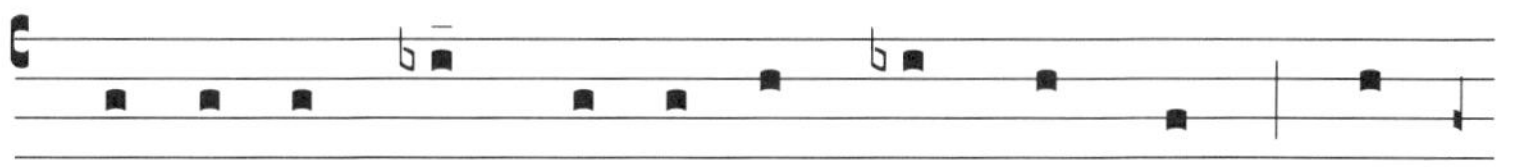

Ich bin verstummt, tu meinen Mund nicht auf; * denn

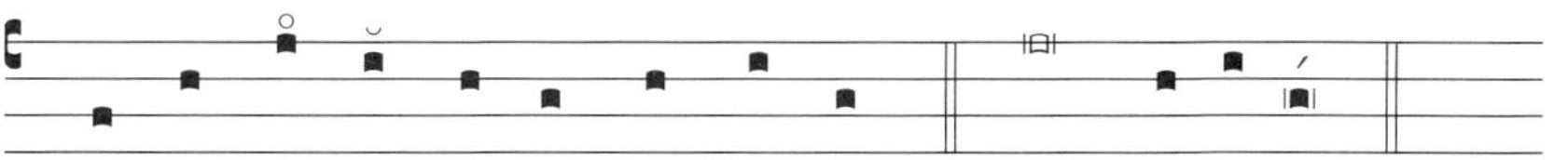

du hast al- les ü- ber mich ge- fügt.

Psalm 39

ICH sagte: „Meine Wege will ich bewahren, *
daß ich nicht sündige mit meiner Zunge.
Meinen Mund will ich mit einem Zaum verwahren, *
solange der Frevler vor mir steht."
So verstummte ich denn und blieb still, /
ich schwieg – doch ohne Glück, *
denn immer heftiger wühlte der Schmerz.

Heiß wurde mir das Herz in der Brust, /
bei meinem Grübeln entbrannte ein Feuer, *
da ließ ich meine Zunge reden:
„HERR, laß mich doch wissen mein Ende, /
und welches das Maß meiner Tage ist, *
damit ich weiß, wie vergänglich ich bin!"
Siehe: Wenige Spannen lang machtest du meine Tage, /
meine Lebenszeit ist vor dir wie ein Nichts. *
Nur ein Hauch ist der Mensch, so fest er auch dasteht.
Nur wie ein Schemen geht der Mensch einher, /
nur ein Hauch ist, worum man Lärm macht. *
Man rafft zusammen und weiß nicht, wer einheimst.

Und nun, worauf soll ich harren, o Herr? *
Mein Hoffen, es gilt dir.
Von all meinen Sünden befreie mich; *
gib mich nicht preis dem Spott des Toren.
Ich bin verstummt, tu meinen Mund nicht auf, *
denn du hast es gefügt.
Nimm weg von mir deine Plage! *
Ich vergehe unter dem Angriff deiner Hand.
Du rügst und züchtigst den Menschen ob seiner Schuld, /
du zerstörst wie die Motte, was ihm lieb ist. *
Der Mensch – er ist nur ein Hauch.

Höre mein Beten, o HERR, /
vernimm mein Schreien, *
schweige nicht zu meinen Tränen.
Denn ich bin ja Gast bei dir, *
ein Beisasse wie all meine Väter.
Schau weg von mir, /
noch einmal laß mich froh sein, *
ehe ich davon muß und nicht mehr bin.

Ant 2
VII

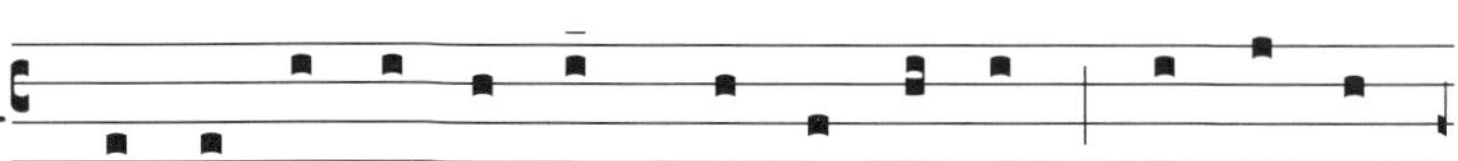

Was bist du so be-trübt, mei-ne See-le, * und was tobst

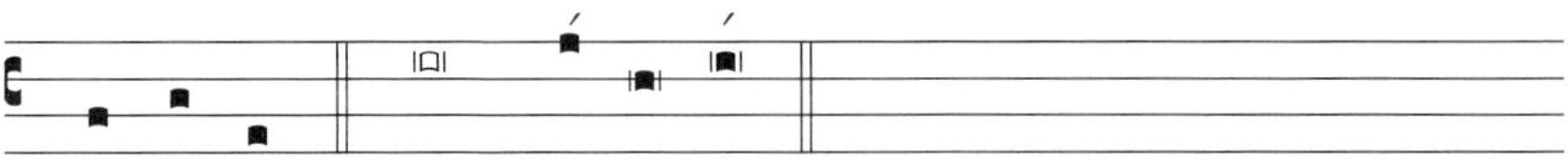

Psalm 43

SCHAFFE mir Recht, o Gott, /
und führe meine Sache gegen ein treuloses Volk! *
Dem Mann des Trugs und des Unrechts laß mich entrinnen!
Denn du bist der Gott meiner Zuflucht. /
Warum hast du mich verstoßen? *
Warum geh ich trauernd einher, bedrängt vom Feind?
Sende dein Licht und deine Treue: /
die sollen mich leiten, *
sie sollen mich führen zu deinem heiligen Berg
und zu deiner Wohnung.
Dann will ich hintreten zum Altare Gottes, *
zum Gott meiner jauchzenden Freude.
Auf der Harfe will ich dich preisen, *
Gott, du mein Gott!

Was bist du so betrübt, meine Seele, *
und was tobst du in mir?
Harre auf Gott! /
Ich darf ihn wieder preisen, *
meinen Heiland und meinen Gott!

Ant 3
VIII

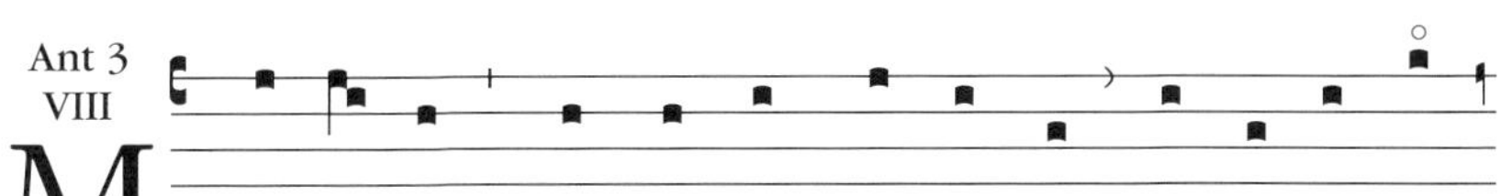

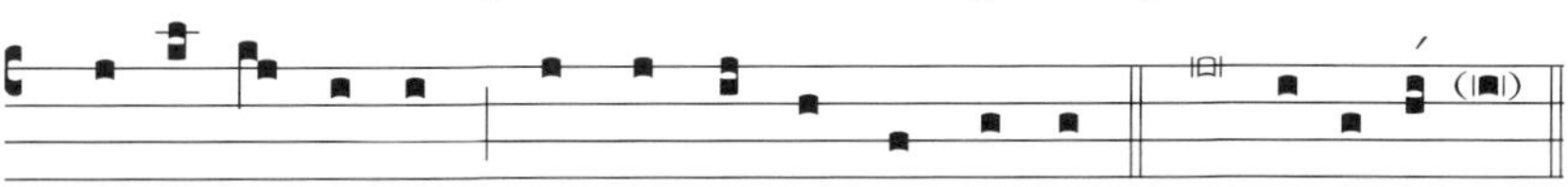

Mt 26,42

Psalm 116 B

ICH glaubẹ, /
auch wenn ich sagen muß: *
„Ich war zutiefst erniedrigt,
ich sagte, als ich in Bedrängnis war: *
Die Menschen lügen alle!“
Wie kann ich dem HERRN vergelten *
all das Gute, das er mir erwiesen?
Den Kelch des Heils will ich erheben, *
ausrufen will ich den Namen des HERRN.
Meine Gelübde will ich dem HERRN erfüllen *
vor seinem ganzen Volke.

Teuer ist in den Augen des HERRN *
der Tod seiner Frommen.
Ach HERR, ich bin doch dẹin Knecht! /
Dein Knecht bin ich, der Sohn deiner Magd! *
Gelöst hast du meine Fesseln.
Das Opfer des Lobes will ich dir bringen, *
ausrufen will ich den Namen des HERRN.
Meine Gelübde will ich dem HERRN erfüllen *
vor seinem ganzen Volke,
in den Höfen am Hause des HERRN, *
in deiner Mitte, Jerusalem.

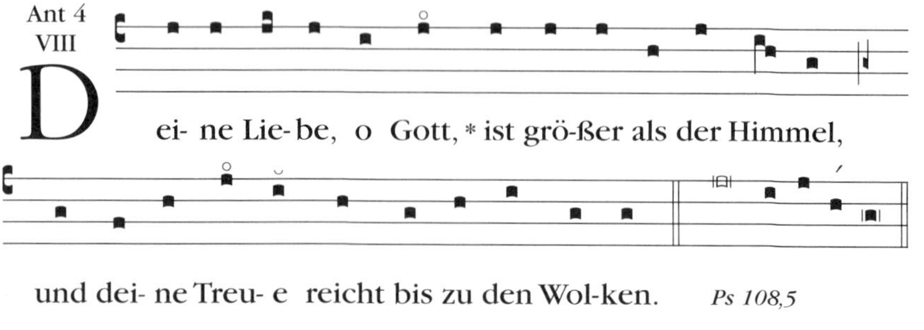

Ps 108,5

Psalm 57

SEI mir gnädig, o Gott, sei mir gnädig, *
denn bei dir suche ich Zuflucht.
Ich flüchte in den Schatten deiner Flügel, *
bis das Unheil vorüber ist.
Ich rufe zu Gott, dem Höchsten, *
zu Gott, der mir beisteht.
Er sende mir Hilfe vom Himmel, /
- es höhnt mein Bedränger! - *
Gott sende seine Liebe und Treue!

Ich muß mitten unter Löwen lagern, *
die gierig auf Menschen sind.
Ihre Zähne sind Spieße und Pfeile, *
ein geschliffenes Schwert ihre Zunge.
Sie legten ein Netz meinen Schritten und beugten mich, /
sie schaufelten mir eine Grube *
- und sind selber hineingestürzt.
Erhebe dich über die Himmel, o Gott! *
Deine Herrlichkeit überstrahle die ganze Erde!

Mein Herz ist bereit, o Gott, /
mein Herz ist bereit. *
Ich will singen und spielen.
Wach auf, meine Seele! /
Harfe und Leier, wacht auf! *
Ich will das Morgenrot wecken.
Ich will dich preisen, Herr, unter den Völkern, *
dir vor den Nationen lobsingen.
Denn deine Liebe reicht bis zum Himmel *
und deine Treue bis zu den Wolken.
Erhebe dich über die Himmel, o Gott! *
Deine Herrlichkeit überstrahle die ganze Erde!

Kurzlesung *Jer 11,21.18-20*

Die Männer von Anatot trachten mir nach dem Leben und sagen: „Du sollst nicht als Prophet im Namen des Herrn auftreten, sonst mußt du sterben durch unsere Hand." – Der Herr ließ es mich wissen, und so erkannte und durchschaute ich ihr Treiben. Ich war wie ein argloses Lamm, das zur Schlachtbank geführt wird, und ahnte nicht, was sie gegen mich planen: „Wir wollen den Baum im Saft verderben, wir wollen ihn ausrotten aus dem Land der Lebenden, seines Namens werde nicht mehr gedacht!" – Du aber, Herr der Heerscharen, richtest gerecht, du prüfst Herz und Nieren. Dir habe ich meine Sache anheimgestellt.

Nach einer angemessenen Zeit der Stille folgt sogleich die Antiphon zum Canticum.

Jes 53,7.11 (Vulg)

Canticum Benedictus *(ohne Doxologie).*

Nach der Wiederholung der Antiphon singt man kniend:

Phil 2,8

oder

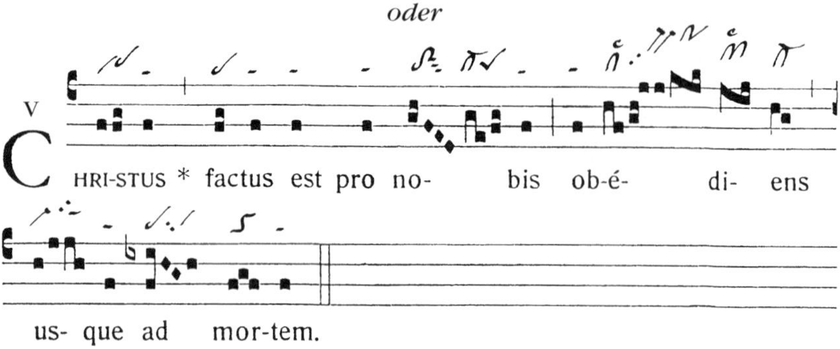

Oration
Wir bitten dich, Herr, unser Gott, schau hernieder auf diese deine Familie, für die unser Herr Jesus Christus sich willig den Händen der Frevler ausliefern ließ und die Marter des Kreuzes auf sich nahm.

KARFREITAG

VIGIL

Erste Nokturn

Psalm 35

STREITE, o HERR, gegen die, die gegen mich streiten, *
bekämpfe, die mich bekämpfen!
Ergreife Schild und Wehr, *
steh auf, mir zu helfen!
Zücke die Lanze, /
versperre meinen Verfolgern den Weg! *
Sage zu mir: „Ich bin deine Rettung!“
Zuschanden sollen werden und erröten vor Scham, *
die mir nach dem Leben trachten.
Zurückweichen sollen und sich schämen, *
die Böses gegen mich planen.
⌈Sie sollen werden wie Spreu vor dem Wind, *
der Bote des HERRN treibt sie fort.
Ihr Weg sei finster und schlüpfrig, *
der Bote des HERRN jagt ihnen nach.

Denn grundlos hoben sie mir eine Grube aus, *
ohne Grund legten sie mir heimlich ein Netz.
Unversehens überkomme ihn das Verderben, /
das Netz, das er heimlich gelegt, es fange ihn selbst, *
ins Verderben stürze er hinein.
Ich aber werde jubeln über den HERRN, *
werde mich freuen über sein Retten.
Mein ganzes Wesen wird sagen: *
„HERR, wer ist wie du?
Du entreißt den Armen dem, der stärker ist, *
den Elenden und Armen dem, der ihn ausraubt."

ANTIPHON

Gewalttätige treten als Zeugen auf, *
man fragt mich nach Dingen, von denen ich nichts weiß.
Sie lohnen mir Gutes mit Bösem, *
Verlassenheit wurde mein Teil.
Ich aber trug ein Trauerkleid, als sie erkrankten, /
ich beugte mich fastend, *
ich neigte betend das Haupt auf die Brust.
Ich trauerte wie um den Freund, um den Bruder, /
wie einer, der Leid trägt um die Mutter, *
gebeugt vor Kummer ging ich einher.
Sie aber freuten sich, als ich stürzte, /
und taten sich zusammen, *
sie taten sich zusammen gegen mich.
Sie hüpften, und ich war ahnungslos, *
sie spotteten und hörten nicht auf.
Als ich hinkte, verhöhnten sie mich als Krüppel, *
fletschten gegen mich die Zähne.

ANTIPHON

HERR, wie lange noch wirst du da zusehn? /
Entreiße mein Leben diesem Verderben, *
diesen Löwen mein einziges Gut.
Dann danke ich dir in großer Gemeinde, *
dann preise ich dich unter zahlreichem Volk.

Es sollen sich meiner nicht freun, die mich zu Unrecht befeinden, *
nicht mit den Augen zwinkern, die mich grundlos hassen.
Denn sie reden nicht, was zum Frieden dient, *
sie denken Verleumdung aus gegen die Stillen im Land.
Sie reißen gegen mich ihr Maul auf: *
„Ha! – Jetzt sehn wir's mit eigenen Augen!"

ANTIPHON

Du hast es gesehen, HERR, so schweige nicht! *
HERR, bleib mir nicht fern!
Wach auf! – Steh ein für mein Recht, *
für meine Sache, mein Gott und mein Herr.
Schaff mir Recht nach deiner Gerechtigkeit, HERR, du mein Gott! *
Sie sollen sich meiner nicht freun!
Niemals sollen sie in ihrem Herzen sagen: /
„Ha! – So haben wir's gewollt!" *
Sie sollen nicht sagen: „Wir haben ihn verschlungen!"

ANTIPHON

Zuschanden sollen werden und beschämt, *
die sich über mein Unglück freun;
in Schimpf und Schande sollen sich hüllen, *
die gegen mich großtun.
Jubeln sollen und sich freun, *
die wünschen, daß ich im Recht bin.
Sie sollen allezeit sagen: „Groß ist der HERR! *
Er will das Heil seines Knechtes!"
Meine Zunge soll deine Heilstat verkünden, *
alle Tage dein Lob.

℣. Steh auf, o Herr, tritt ein für mein Recht.
℟. Mein Gott, führe du meine Sache.

Resp
VI/3

Anstelle des Responsoriums kann auch gesungen werden:

Mt 26,66; Joh 19,6

Welche Anklage bringt ihr gegen diesen Menschen vor?
Was hat er denn Böses getan?

ER IST DES TODES SCHULDIG. ANS KREUZ, ANS KREUZ MIT IHM!

Ich bringe ihn zu euch heraus,
denn ihr sollt wissen, daß ich keine Schuld an ihm finde. –
Seht, welch ein Mensch!

ER IST DES TODES SCHULDIG. ANS KREUZ, ANS KREUZ MIT IHM!

Seht, euer König! –
Soll ich euren König kreuzigen?

ER IST DES TODES SCHULDIG. ANS KREUZ, ANS KREUZ MIT IHM!

Zweite Nokturn

Psalm 69

RETTE mich, o Gott! *
Das Wasser geht mir bis an die Kehle.
Ich versinke im Schlamm des Abgrunds, *
es gibt keinen Halt mehr.
Ich bin in Wassertiefen geraten, *
die Flut schlägt über mir zusammen.
Erschöpft bin ich vom Rufen, *
es brennt mir die Kehle.
Meine Augen ermatten, *
so lange schon harre ich meines Gottes.
Zahlreicher als auf meinem Haupt die Haare *
sind jene, die mich grundlos hassen.
Zahllos sind meine Verderber, meine verlogenen Feinde. *
Was ich nicht raubte, wie soll ich's erstatten?

ANTIPHON

Du, o Gott, kennst meine Torheit, *
meine Vergehen sind dir nicht verborgen.
Nicht sollen zuschanden werden durch mich, *
die auf dich hoffen, Herr, du HERR der Scharen!
Nicht beschämt werden sollen durch mich, *
die dich suchen, Gott Israels!
Deinetwegen trage ich Schmach, *
bedeckt Schande mein Antlitz.

Fremd geworden bin ich meinen Brüdern, *
ein Unbekannter den Söhnen meiner Mutter.
Denn der Eifer für dein Haus hat mich verzehrt, *
mich hat das Schmähen derer, die dich schmähen, getroffen.
Ich habe geweint und gefastet *
– es brachte mir nur Schmähung ein.
Ich legte einen Sack als Bußkleid an *
– und wurde ihnen zum Sprichwort.
Die im Tore sitzen, hecheln mich durch, *
den Trunkenbolden wurde ich zum Spottlied.

ANTIPHON

Ich aber, ich bete zu dir, *
HERR, zur Zeit der Gnade:
O Gott, erhöre mich in deiner großen Huld, *
kraft deiner rettenden Treue.
Entreiß mich dem Sumpf, damit ich nicht versinke, *
damit ich meinen Hassern entkomme, den Tiefen des Wassers,
damit die Wasserflut nicht über mir zusammenschlägt, /
der Abgrund mich nicht verschlingt, *
damit nicht der Schacht über mir seinen Schlund schließt!
Erhöre mich, HERR, denn gütig ist deine Huld, *
wende dich mir zu in deinem großen Erbarmen!
Verbirg dein Antlitz nicht vor deinem Knecht, *
denn mir ist angst; eile, erhöre mich.
Nahe dich mir und löse mich aus, *
meiner Feinde wegen erlöse mich!
Du weißt ja, wie man mich schmäht, *
all meine Widersacher sind dir vor Augen.

ANTIPHON

Die Schmähung brach mir das Herz, *
ich bin krank vor Schmach und Schande.
Ich hoffte auf Mitleid – doch vergebens, *
auf Tröster – doch fand ich keinen.
Als Speise gaben sie mir Gift, *
tränkten mich in meinem Durst mit Essig.

⌈Es werde ihr Tisch vor ihnen zur Falle, *
ihren Freunden zum Fangstrick!
Ihr Auge soll sich verfinstern, so daß sie nicht sehn, *
mach ihre Hüften wanken für immer!
Schütte über sie deinen Grimm aus, *
die Glut deines Zorns soll sie erreichen!
Es werde ihre Lagerstatt zur Öde, *
in ihren Zelten soll niemand mehr wohnen!
Denn sie verfolgen, den du selber geschlagen, *
sie mehren den Schmerz deiner Durchbohrten.
Füge Schuld zu ihrer Schuld hinzu, *
sie sollen nicht zu deinem Heil gelangen.
Sie seien gelöscht aus dem Buch des Lebens *
⌊und nicht verzeichnet bei den Gerechten!
Mich aber, elend und voller Schmerzen, *
mich wird, o Gott, deine Hilfe erhöhen.

ANTIPHON

Ich will im Lied den Namen Gottes preisen, *
danksagend seine Größe mehren.
Das gefällt dem HERRN mehr als ein Stier, *
mehr als ein Ochse mit Hörnern und Klauen.
Die Gebeugten sahen es und freuen sich. *
Ihr, die ihr Gott sucht, euer Herz soll leben!
Denn der HERR hört auf die Armen: *
seine Gefesselten hat er nicht verachtet.
Himmel und Erde sollen ihn preisen, *
das Meer und was darin wimmelt.
Denn Gott wird Zion retten, *
wird Judas Städte wieder aufbaun.
Man wird dort wohnen und das Land besitzen, /
die Nachkommen seiner Knechte werden es erben, *
es werden Heimat darin haben, die seinen Namen lieben.

℣. Herr, deinetwegen trage ich Schmach.
℟. Und Schande bedeckt mein Antlitz.

Jes 53,4f.12

Anstelle des Responsoriums kann auch gesungen werden:

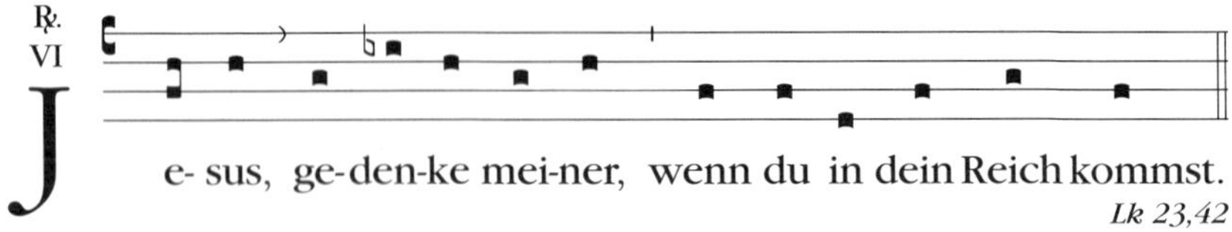

Lk 23,42

Zusammen mit Jesus wurden zwei Räuber gekreuzigt,
einer zur Rechten und einer zur Linken,
Jesus aber in der Mitte. –
Der eine von den Räubern rief:

JESUS, GEDENKE MEINER, WENN DU IN DEIN REICH KOMMST.

Die Leute, die vorübergingen,
schüttelten den Kopf und höhnten:
Rette dich doch selbst, wenn du Gottes Sohn bist,
und steig herab vom Kreuz! –
Der Räuber aber rief:

JESUS, GEDENKE MEINER, WENN DU IN DEIN REICH KOMMST.

Die Führer des Volkes lachten über ihn und sagten:
Andern hat er geholfen, sich selber helfen kann er nicht.
Er hat auf Gott vertraut, der soll ihn retten;
er reiße ihn heraus, wenn er an ihm Gefallen hat. -
Der Räuber aber rief:

JESUS, GEDENKE MEINER, WENN DU IN DEIN REICH KOMMST.

Dritte Nokturn

Psalm 22

MEIN Gott, mein Gott, *
warum hast du mich verlassen?
  Meine Rettung bleibt fern, *
  so laut ich auch schreie.
Mein Gott! Ich rufe bei Tag, doch du schweigst, *
bei Nacht, doch ich finde keine Ruhe.
  Du aber thronst als der Heilige, *
  du, Israels Lobpreis.
Auf dich vertrauten unsere Väter, *
sie haben vertraut, und du hast sie gerettet.
  Sie schrien zu dir und wurden befreit, *
  auf dich vertrauten sie und wurden nicht zuschanden.

Ich aber bin ein Wurm - kein Mensch, *
der Leute Spott, vom Volk verachtet.
  Alle, die mich sehen, verlachen mich, *
  verziehen die Lippen und schütteln den Kopf:

„Wälze es doch auf den HERRN!“ – /
„Ja, er soll ihn retten!“ – *
„Er reiße ihn heraus, denn er hat ja an ihm sein Gefallen!“
Du selber zogst mich aus dem Schoß der Mutter, *
du lehrtest mich an ihrer Brust Vertrauen.
Auf dich bin ich geworfen seit dem Mutterleib, *
vom Schoß der Mutter an bist du mein Gott.
Bleib mir nicht fern, /
denn die Not ist nahe, *
und niemand sonst kann mir helfen.

ANTIPHON

Viele Stiere umringen mich, *
Büffel von Baschan kreisen mich ein.
Sie sperren gegen mich ihren Rachen auf, *
reißende, brüllende Löwen.
Hingeschüttet bin ich wie Wasser, *
alle Knochen fallen mir auseinander.
Mein Herz ist geworden wie Wachs, *
es zerschmilzt mir im Innern.
Meine Kraft ist vertrocknet, wie eine Scherbe, /
die Zunge klebt mir am Gaumen, *
du legst mich in den Staub des Todes.
Hunde umringen mich, /
eine Rotte von Frevlern hält mich umzingelt, *
sie haben mir Hände und Füße gefesselt.
All meine Knochen kann ich zählen. *
Sie aber gaffen und starren mich an.
Sie teilen unter sich meine Kleider *
und werfen das Los um mein Gewand.
Du aber, HERR, halt dich nicht fern, *
du meine Stärke, eile und hilf mir!
Entreiße mein Leben dem Schwert, *
der Gewalt der Hunde mein einziges Gut.
Rette mich aus dem Rachen des Löwen *
und vor den Hörnern der Stiere. –

ANTIPHON

Du hast mich erhört! /
Ich will deinen Namen meinen Brüdern verkünden, *
dich preisen inmitten der Gemeinde:
  Die ihr den HERRN fürchtet, preiset ihn! /
  alle Nachkommen Jakobs, ehret ihn! *
  Erschauert vor ihm, alle Nachkommen Israels!
Denn er hat nicht verachtet, *
er hat nicht verabscheut das Elend des Armen,
  er hat sein Antlitz nicht vor ihm verborgen *
  und hat gehört, als er zu ihm schrie.
Von dir kommt, daß ich dich preise in großer Gemeinde, *
meine Gelübde will ich erfüllen
 vor denen, die Gott fürchten.
  Die Armen sollen essen und sich sättigen, /
  den HERRN sollen preisen, die ihn suchen: *
  „Aufleben soll euer Herz für immer."

Alle Enden der Erde werden daran denken /
und kehren zurück zum HERRN. *
Alle Stämme der Völker werden vor ihm huldigen.
  Denn dem HERRN gebührt das Königtum, *
  er herrscht über die Völker.
Alle Mächtigen der Erde - sie essen und huldigen, /
alle, die in den Staub gesunken sind, - sie beugen sich vor ihm; *
und der nicht am Leben blieb,
 - seine Nachkommen werden ihm dienen.
  Vom HERRN wird man dem kommenden Geschlecht erzählen, /
  dem Volk, das erst geboren wird, seine Heilstat verkünden: *
  Er hat's getan.

℣. Mein Gott, bleib mir nicht fern.
℟. Die Not ist nahe, und niemand kann helfen.

Resp
VI/3

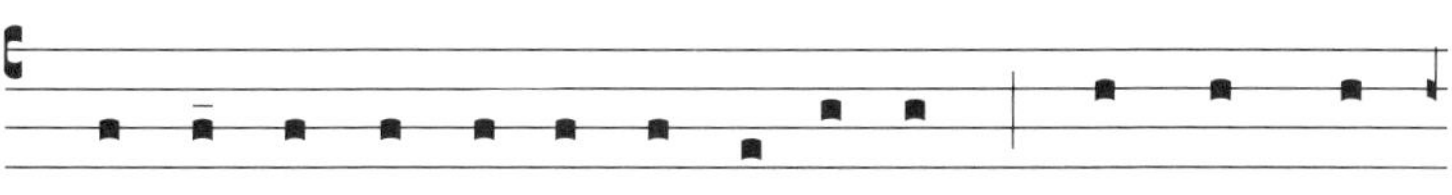

M it Leid ist mei-ne See- le ge- sät- tigt, * dem Reich der

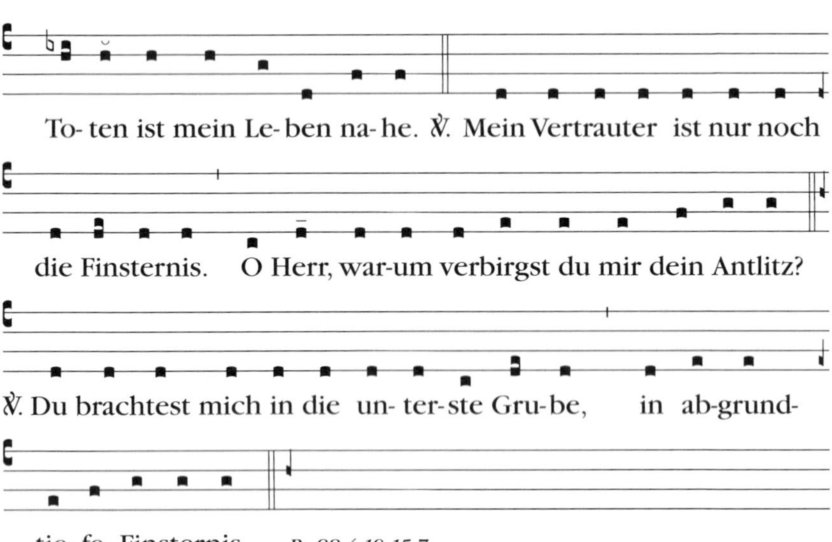

Ps 88,4.19.15.7

Anstelle des Responsoriums kann auch gesungen werden:

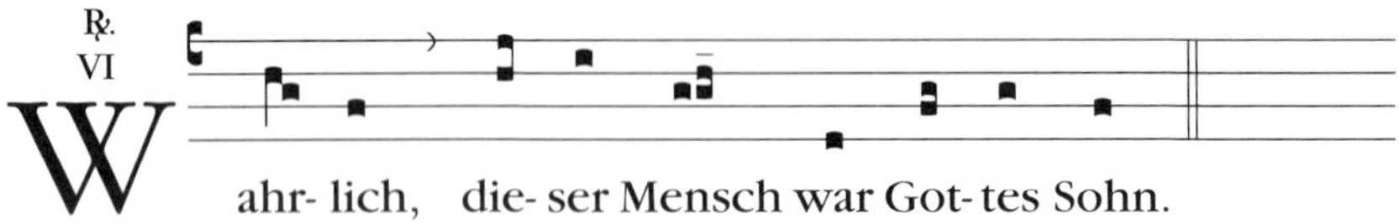

Mt 27,54; Mk 15,39

Finsternis brach herein über die ganze Erde.
Die Sonne verlor ihren Schein.
Und Jesus stieß einen lauten Schrei aus
und gab den Geist auf. –
Als der Hauptmann ihn auf diese Weise sterben sah,
bekannte er und sprach:

WAHRLICH, DIESER MENSCH WAR GOTTES SOHN.

Der Vorhang des Tempels riß mitten entzwei,
von oben bis unten.
Und es bebte die Erde. –
Als der Hauptmann das Erdbeben wahrnahm,
erschrak er und sprach:

WAHRLICH, DIESER MENSCH WAR GOTTES SOHN.

Felsen zerbarsten, und Gräber taten sich auf. –
Als der Hauptmann sah, was geschah,
pries er Gott und sagte:

WAHRLICH, DIESER MENSCH WAR GOTTES SOHN.

LAUDES

Ant 1
VII tr

Röm 8,32

Psalm 51

SEI mir gnädig, o Gott, nach deiner Güte, *
in der Fülle deines Erbarmens tilge meine Frevel.
Wasche die Schuld ganz von mir ab *
und reinige mich von meiner Sünde.
Denn meine Frevel erkenne ich, *
und meine Sünde steht mir immer vor Augen.
Gegen dich allein hab ich gesündigt, *
ich habe getan, was vor dir böse ist.
So hast du recht mit deinem Urteil, *
bleibst lauter in deinem Richtspruch.
Zwar bin ich in Schuld geboren, *
in Sünde bin ich, seit mich die Mutter empfing,

doch an Wahrheit im Innersten hast du Gefallen, *
im Geheimen lehrst du mich Weisheit.

Entsündige mich mit Ysop, so werde ich rein, *
wasche mich, so werde ich weißer als Schnee.
Laß mich Jubel und Freude erfahren! *
Frohlocken sollen die Glieder, die du zerschlagen.
Verbirg dein Angesicht vor meinen Sünden, *
tilge all meine Schuld!
Ein reines Herz erschaff mir, o Gott; *
den festen Geist erneuere in meinem Innern!
Verwirf mich nicht von deinem Angesicht, *
und nimm mir nicht deinen heiligen Geist!
Aufs neue schenke mir die Freude deines Heiles, *
der Geist der Großmut stütze mich!
Dann will ich Frevler deine Wege lehren, *
damit die Sünder sich zu dir bekehren.
Entreiß mich der Blutschuld, /
o Gott, du Gott meines Heiles, *
dann wird meine Zunge über deine Gerechtigkeit jubeln.
Herr, öffne meine Lippen, *
damit mein Mund dein Lob verkünde!
Denn Schlachtopfer willst du nicht, ich würde sie geben; *
an Brandopfern hast du kein Gefallen.
Das Opfer für Gott ist ein zerbrochener Geist, *
ein zerbrochenes und zerschlagenes Herz
wirst du, o Gott, nicht verschmähen.

In deiner Huld tu Gutes an Zion, *
erbaue Jerusalems Mauern!
Dann hast du Freude an rechten Opfern, /
dann nimmst du Brandopfer und Ganzopfer an, *
dann bringt man Stiere dar auf deinem Altar.

Ant 2
II

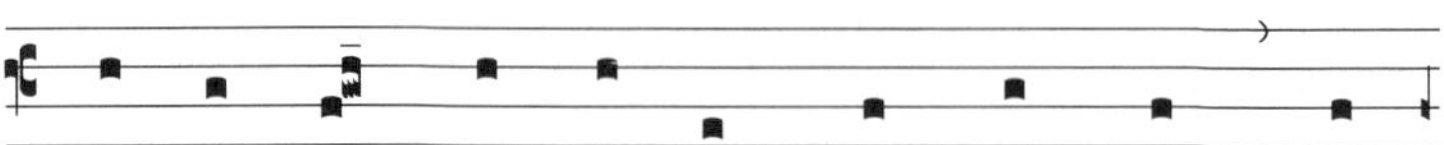

Wie ein Lamm, das man zur Schlachtbank führt, * ist

cf. Jes 53,7

Psalm 38

HERR, züchtige mich nicht in deinem Zorn! *
Weis mich doch nicht so grimmig zurecht!
    Denn in mich gefahren sind deine Pfeile, *
    und deine Hand fuhr auf mich nieder.
Nichts blieb gesund an meinem Fleisch, weil du mir grollst; *
weil ich gesündigt, blieb nichts heil an meinen Gliedern.
    Ja, meine Sünden wachsen mir über den Kopf, *
    sie erdrücken mich wie eine allzu schwere Last.
Stinkend und eitrig wurden meine Wunden *
wegen meiner Torheit.
    Gekrümmt bin ich, ganz tief gebeugt, *
    den ganzen Tag geh ich trauernd einher.
Denn voller Brand sind meine Lenden, *
nichts blieb gesund an meinem Fleisch.
    Ich bin erschöpft und ganz zerschlagen, *
    in der Qual meines Herzens brülle ich auf.

Vor dir, o Herr, liegt offen all mein Sehnen, *
mein Seufzen ist dir nicht verborgen.
    Es bebt mein Herz, /
    verlassen hat mich meine Kraft, *
    und das Licht meiner Augen – auch sie sind erloschen.
Freunde und Gefährten bleiben mir fern in meinem Unglück, *
und alle, die mir nahestehen, meiden mich.
    Die mir nach dem Leben trachten, legen mir Schlingen, /
    die mir Böses wollen, drohen mit Verderben, *
    auf Arglist sinnen sie den ganzen Tag.

Ich aber bin wie ein Tauber, der nicht hört, *
wie ein Stummer, der seinen Mund nicht auftut.
Ja, ich bin wie einer, der nicht hören kann, *
dessen Mund keine Entgegnung kennt.
Denn auf dich, o HERR, setze ich meine Hoffnung. *
Du bist es doch, der Antwort gibt, Herr, du mein Gott!

So sage ich: „Sie sollen sich meiner nicht freuen, *
nicht wider mich großtun, wenn ich strauchle."
Wahrlich, dem Sturz bin ich nahe; *
mein Schmerz ist mir immer vor Augen.
Darum will ich meine Schuld bekennen; *
ich bin in Sorge wegen meiner Sünde.
Doch meine Feinde sind voller Leben und Kraft; *
die mich täuschen und hassen, sind zahlreich;
sie vergelten mir Gutes mit Bösem, *
sie sind mir feind, denn ich trachte nach dem Guten.

O HERR, verlaß mich nicht! *
Mein Gott, bleib mir nicht fern!
Eile mir zu Hilfe, *
Herr, du mein Heil!

Psalm 140

RETTE mich, HERR, vom bösen Menschen, *
vor gewalttätigen Leuten behüte mich!
Vor denen, die Böses im Herzen sinnen, *
die Kriege schüren jeden Tag.

Sie haben spitze Zungen wie die Schlangen, *
Viperngift ist hinter ihren Lippen.

Bewahre mich, HERR, vor den Händen der Frevler, /
vor Leuten der Gewalt behüte mich! *
Mich zum Straucheln zu bringen, das ist ihr Plan.
Hochmütige legen heimlich mir Schlingen, /
sie spannen mir Stricke zum Fangnetz, *
stellen mir Fallen am Weg.

Ich sage zum HERRN: Mein Gott bist du! *
Vernimm, o HERR, mein lautes Flehn.
HERR, du mein Herr, du meine starke Hilfe, *
du schirmst mein Haupt am Tage der Schlacht.
HERR, laß die Gier der Frevler nicht zu, /
laß ihren Plan nicht gelingen. *
Sie sind ja so überheblich.
[Das Gift derer, die mich umzingeln, *
das Unheil ihrer Lippen treffe sie selbst.
Glühende Kohlen sollen auf sie fallen; /
stürze sie tief hinab in den Abgrund, *
so daß sie sich nie mehr erheben!
Der Verleumder bleibe nicht bestehen im Lande! *
Schlag auf Schlag treffe Böses den Mann der Gewalt!]

Ich bin gewiß: Der HERR führt die Sache des Armen, *
den Elenden schafft er Recht.
Ja, die Gerechten werden deinen Namen preisen, *
die Redlichen werden vor deinem Angesicht wohnen.

Ant 4
VIII

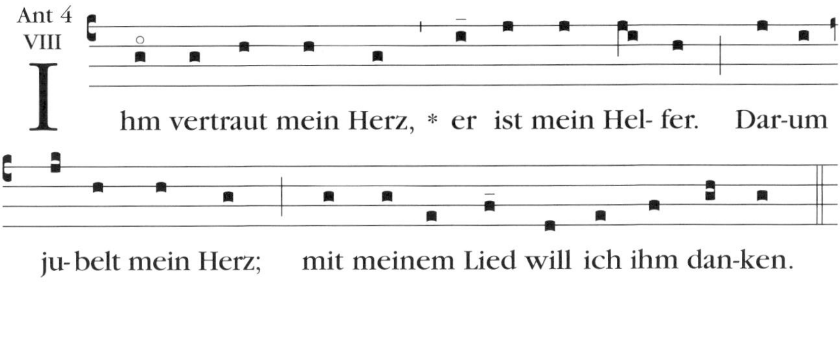

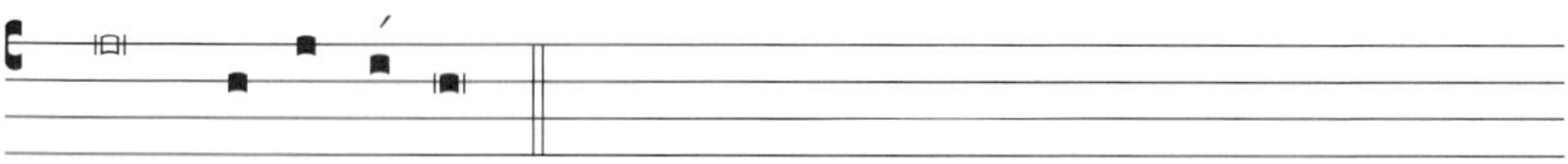

Psalm 28

ZU DIR, O HERR, rufe ich. *
Mein Fels, du darfst mir nicht schweigen!
Bleibst du mir stumm, *
gleiche ich denen, die hinuntersteigen zur Grube.

Höre mein lautes Flehen, /
jetzt, da ich zu dir rufe, *
da ich meine Hände erhebe zu deinem Allerheiligsten.
Raffe mich nicht hinweg mit den Frevlern, *
nicht mit denen, die Unrecht tun,
die „Friede" sagen zu ihrem Nächsten, *
doch Böses sinnen im Herzen.
Vergilt ihnen nach ihrem Tun *
und nach der Bosheit ihres Treibens.
Vergilt ihnen nach dem Werk ihrer Hände, *
wende ihr Tun zurück auf sie selber.
Denn sie achten nicht auf die Taten des HERRN, *
noch auf das Werk seiner Hände.
Darum reißt er sie nieder *
und wird sie nicht wieder aufbaun.

Der HERR sei gepriesen! *
Er hat gehört mein lautes Flehen.
Der HERR ist meine Kraft und mein Schild, *
mein Herz vertraut ihm.
Mir wurde geholfen. Da jubelte mein Herz. *
Mit meinem Lied will ich ihm danken:
Der HERR ist seines Volkes Stärke, *
Schutz und Heil für seinen Gesalbten.
Rette dein Volk und segne dein Erbe! *
Weide und trage sie in Ewigkeit!

Kurzlesung *Hos 6,1-3*

Kommt, wir kehren zum Herrn zurück! Er hat uns zerrissen, er wird uns auch heilen; er hat uns verwundet, er wird uns auch verbinden. Nach zwei Tagen gibt er uns das Leben zurück, am dritten Tag richtet er uns wieder auf, und wir werden leben vor seinem Angesicht. Laßt uns streben, voll Eifer streben, den Herrn zu erkennen. Er kommt so sicher wie das Morgenrot. Er kommt zu uns wie der Regen, wie der Frühlingsregen, welcher die Erde fruchtbar macht.

Nach einer angemessenen Zeit der Stille folgt sogleich die Antiphon zum Canticum.

Joh 3,16

Canticum Benedictus *(ohne Doxologie).*

Nach der Wiederholung der Antiphon singt man kniend:

Phil 2,8

oder

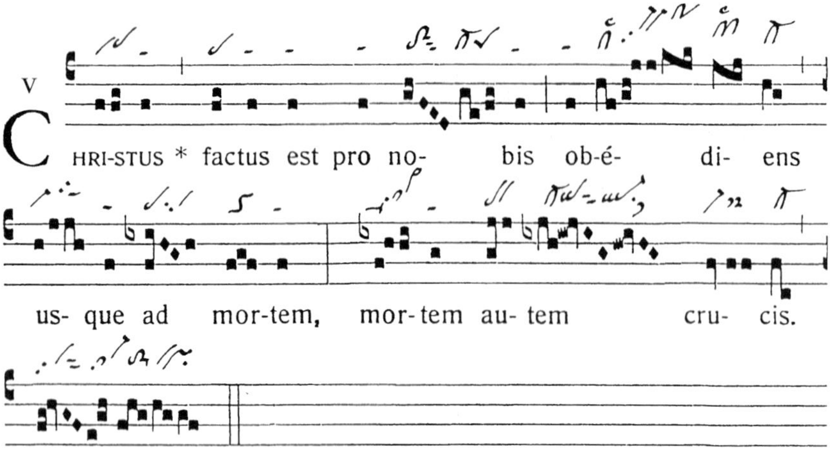

Oration
Wir bitten dich, Herr, unser Gott, schau hernieder auf diese deine Familie, für die unser Herr Jesus Christus sich willig den Händen der Frevler ausliefern ließ und die Marter des Kreuzes auf sich nahm.

KARSAMSTAG

VIGIL

Erste Nokturn

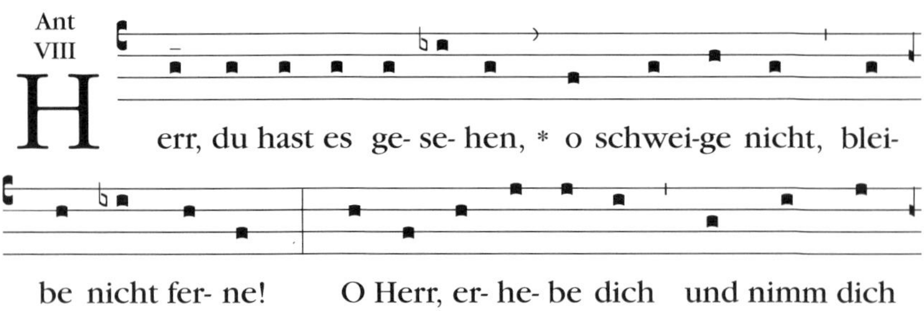

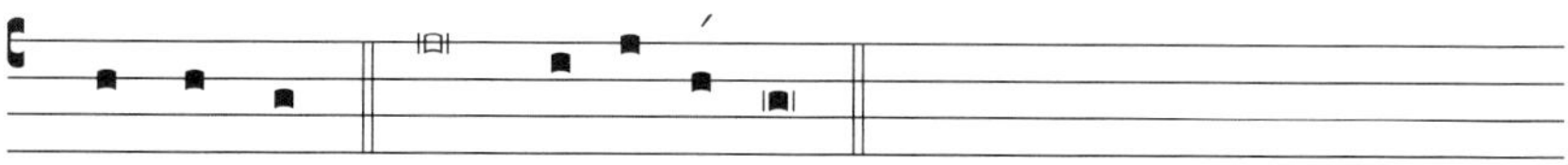

un-ser an! *Ps 35,22f*

Psalm 74

WARUM, o Gott, hast du verstoßen für immer? *
Was raucht dein Zorn wider die Schafe deiner Weide?
Gedenke deiner Gemeinde, die du vorzeiten erworben! /
Du löstest einen Stamm aus, dir zum Eigentum, *
den Berg Zion, auf dem du Wohnung genommen.
Lenke deine Schritte zu den endlosen Trümmern! *
Alles hat der Feind verwüstet im Heiligtum.

Deine Widersacher lärmten
im Innern der Stätte deiner Gegenwart, *
ihre Feldzeichen stellten sie als Zeichen auf.
Es hörte sich an,
wie wenn man die Axt schwingt im Dickicht des Waldes: *
so zertrümmerten sie all das Schnitzwerk mit Beil und Hacke.
Sie legten Feuer an dein Heiligtum, *
bis auf den Grund entweihten sie die Wohnung deines Namens.
Sie sagten in ihrem Herzen: „Wir zerstören alles." *
Sie verbrannten alle Stätten Gottes im Lande.
Unsere Zeichen sehen wir nimmer, /
es ist kein Prophet mehr da, *
und niemand ist bei uns, der weiß, wie lange noch.
Wie lange, o Gott, soll der Gegner noch höhnen, *
darf der Feind deinen Namen lästern für immer?
Warum ziehst du deine Hand zurück? *
Heraus aus dem Gewand mit deiner Rechten! –
Mach doch ein Ende!

ANTIPHON

Gott ist mein König von alters her, *
Taten des Heils vollbringt er auf Erden.
Du bist es, der in seiner Macht das Meer gespalten hat, *
du hast die Häupter der Drachen über den Wassern zerschmettert.

Du bist es, der die Köpfe des Leviatan zermalmt hat, *
du hast ihn den Ungeheuern der See zum Fraße gegeben.
   Du bist es, der hervorbrechen ließ Quellen und Bäche, *
   du bist es, der austrocknen ließ nie versiegende Ströme.
Dein ist der Tag, dein auch die Nacht, *
du bist es, der Mond und Sonne befestigt hat.
   Du bist es, der alle Grenzen der Erde bestimmt hat, *
   Sommer und Winter – du bist es, der sie gebildet hat.

Bedenke, HERR, den Hohn des Feindes! *
Ein törichtes Volk lästert deinen Namen.
   Gib nicht dem Raubtier preis das Leben deiner Taube! *
   Deiner Elenden Leben vergiß nicht für immer!
Schau auf den Bund! /
Denn voll sind die finstern Verliese des Landes, *
die Stätten der Gewalttat.
   Der Unterdrückte werde nicht länger geschmäht! *
   Der Elende und Arme soll deinen Namen preisen.

Erhebe dich, Gott, und führe deine Sache! *
Bedenke, wie die Toren dich täglich verhöhnen!
   Vergiß nicht das Geschrei deiner Gegner, *
   das Toben deiner Widersacher, das ständig emporsteigt!

℣. Wie lange, o Gott, soll der Gegner noch höhnen?
℟. Darf der Feind deinen Namen lästern für immer?

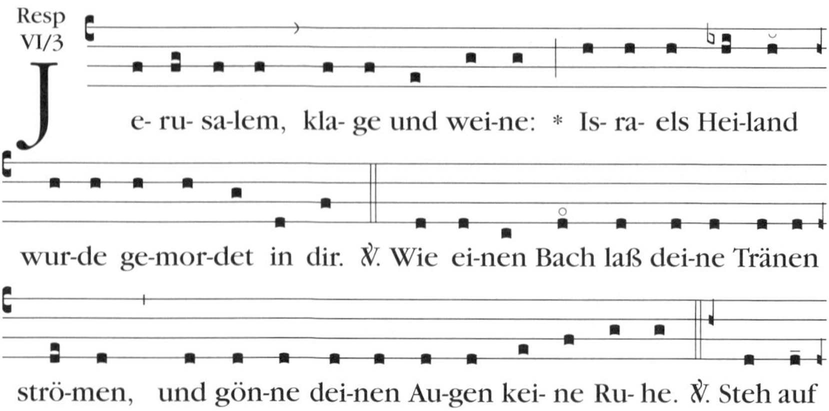

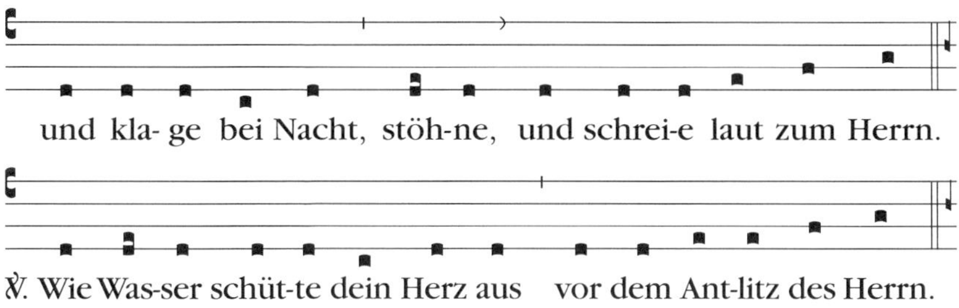

LT; Klgl 2,18f

Anstelle des Responsoriums kann auch gesungen werden:

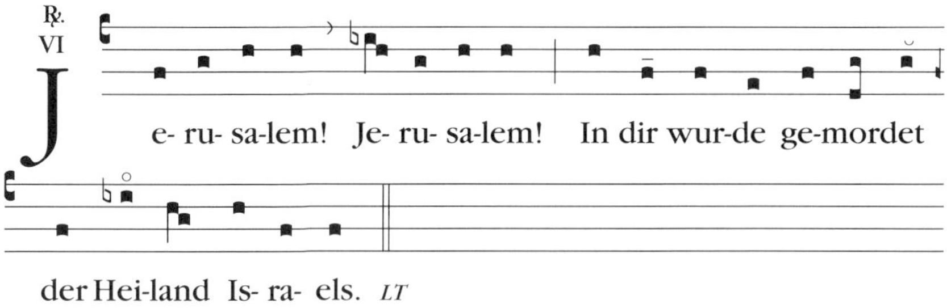

Wie einen Bach laß deine Tränen strömen
bei Tag und bei Nacht,
und gönne deinen Augen keine Ruhe.

JERUSALEM! JERUSALEM!
IN DIR WURDE GEMORDET DER HEILAND ISRAELS.

Stehe auf und klage bei Nacht, stöhne und schreie!
Wie Wasser schütte dein Herz aus
vor dem Antlitz des Herrn.

JERUSALEM! JERUSALEM!
IN DIR WURDE GEMORDET DER HEILAND ISRAELS.

Lege das Kleid der Trauer an, wälze dich im Staub,
halte bittere Klage – wie um den einzigen Sohn.

JERUSALEM! JERUSALEM!
IN DIR WURDE GEMORDET DER HEILAND ISRAELS.

Zweite Nokturn

Psalm 102

O HERR, höre mein Beten, *
mein Schreien möge zu dir kommen!
Verbirg nicht dein Antlitz vor mir am Tag meiner Not! /
Neige dein Ohr mir zu am Tag, da ich rufe, *
eile und hilf mir!
Denn meine Tage sind geschwunden wie Rauch, *
und meine Glieder glühen wie Feuer.
Versengt wie Gras und verdorrt ist mein Herz, *
ich vergesse sogar, mein Brot zu essen.
Vor lauter Stöhnen und Seufzen *
klebt mir die Haut an den Knochen.
Ich gleiche einer Dohle in der Wüste, *
ich wurde wie eine Eule in öden Ruinen.
Ich wache und bin verlassen *
wie auf dem Dach ein einsamer Vogel.
Den ganzen Tag bin ich der Spott meiner Feinde, *
die gegen mich wüten, fluchen mit meinem Namen.
Ich esse Asche statt Brot *
und mische meinen Trank mit Tränen
wegen deiner Wut und deines Zornes; *
denn du hobst mich auf und warfst mich zu Boden.

Meine Tage sind wie ein Schatten, wenn er sich neigt: *
ich muß wie Gras verdorren.
Du aber, HERR, thronst in Ewigkeit, *
und von Geschlecht zu Geschlecht währt dein Gedenken.

ANTIPHON

Seine Steine sind deinen Knechten teuer, *
sein Staub erbarmt sie.
Dann werden die Völker, o HERR, deinen Namen fürchten *
und alle Könige der Erde deine Herrlichkeit.
„Der HERR hat Zion erbaut, *
er ließ sich sehn in seiner Herrlichkeit.
Er wandte sich hin zum Gebet der Entblößten, *
er wies ihr Gebet nicht von sich."
Geschrieben werde das für ein Geschlecht, das kommen wird, *
damit ein neugeschaffnes Volk den HERRN lobpreise:
„Der HERR hat von seiner heiligen Höhe herabgeschaut, *
vom Himmel blickte er hin zur Erde,
der Gefangenen Stöhnen zu hören, *
zu befreien die Kinder des Todes,
damit man auf Zion verkünde den Namen des HERRN *
und in Jerusalem seinen Lobpreis,
wenn dort sich die Völker versammeln, *
die Königreiche, um dem HERRN zu dienen."

Er brach mir die Kraft auf dem Wege, *
verkürzte meine Tage.
So spreche ich: /
Mein Gott, nimm mich nicht fort aus meiner Tage Mitte! *
Deine Jahre währen durch alle Geschlechter.
Vor Zeiten hast du die Erde gegründet, *
und die Himmel sind das Werk deiner Hände.
Sie werden vergehen – du aber bleibst, *
wie ein Kleid werden sie alle zerfallen.
Du wechselst sie wie ein Gewand, sie wandeln sich. *
Du aber bist, und deine Jahre enden niemals.
Die Kinder deiner Knechte werden sicher wohnen, *
ihr Geschlecht wird vor deinem Antlitz bestehen.

℣. In deiner Huld, o Herr, erweise dich an Zion gnädig.
℟. Laß neu erstehen Jerusalems Mauern.

Klgl 1,12.21

Anstelle des Responsoriums kann auch gesungen werden:

cf. Klgl 1,12

Gehäuft ist auf die Tochter Juda Jammer über Jammer.
Auf Zion sind Festtag und Sabbat vergessen.

SCHAUET DOCH, UND SEHT MEINEN SCHMERZ,
DEN SCHMERZ, MIT DEM DER HERR MICH GESCHLAGEN!

Hört, wie ich stöhne; ich habe keinen, der mich tröstet.
Ich seufze ohne Ende, und mein Herz ist krank.

SCHAUET DOCH, UND SEHT MEINEN SCHMERZ,
DEN SCHMERZ, MIT DEM DER HERR MICH GESCHLAGEN!

Des Herzens Freude ist dahin,
in Totenklage ist der Reigentanz verwandelt.
Die Krone unsres Hauptes ist gefallen.

SCHAUET DOCH, UND SEHT MEINEN SCHMERZ,
DEN SCHMERZ, MIT DEM DER HERR MICH GESCHLAGEN!

Dritte Nokturn

Ant
IV

Psalm 18 ()

ICH liebe dich, HERR, meine Stärke, *
HERR, du mein Fels, meine Burg und mein Retter,
mein Gott, mein Felsen, bei dem ich mich berge, *
mein Schild, mein machtvolles Heil, meine Zuflucht.
Ich rufe: „Der HERR sei gepriesen!“, *
und ich werde vor meinen Feinden errettet.

Mich umfingen die Bande des Todes, *
die Fluten Belials erschreckten mich.
Die Bande der Unterwelt umstrickten mich, *
über mich fielen die Schlingen des Todes.

In meiner Bedrängnis rief ich zum HERRN, *
zu meinem Gott ging mein Schreien.
Von seinem Tempel aus hörte er mein Rufen, *
mein Schreien drang ihm zu Ohren.

Da wankte und schwankte die Erde, /
die Fundamente der Berge erbebten, *
sie wankten, denn er entbrannte:
Rauch stieg auf aus seiner Nase, /
aus seinem Mund kam verzehrendes Feuer, *
aus ihm sprühten glühende Kohlen.
Er neigte den Himmel und fuhr hernieder, *
Wolkendunkel zu seinen Füßen.
Er fuhr auf dem Kerub und flog daher, *
schoß herab auf den Flügeln des Windes.
Er hüllte sich ein in Finsternis, *
wie in ein Zelt in dunkle Wasser und dichte Wolken.
Glanz ging vor ihm her, /
seine Wolken zogen dahin: *
Hagel und glühende Kohlen.
Der HERR ließ den Donner vom Himmel erdröhnen, /
der Höchste ließ seine Stimme erschallen: *
Hagel und glühende Kohlen.
Er schoß seine Pfeile und streute sie aus, *
er schleuderte Blitze und jagte sie.
Da zeigte sich der Grund der Wasser, *
da wurden entblößt die Fundamente der Erde
vor deinem Drohen, o HERR, *
vor dem Schnauben deines zornigen Atems.

Er griff herab aus der Höhe und faßte mich, *
zog mich heraus aus gewaltigen Wassern.
Er entriß mich meinem mächtigen Feind, *
der Übermacht derer, welche mich hassen.
Sie fielen mich an am Tag meines Unheils, *
da wurde der HERR mir zur Stütze.
Er führte mich hinaus ins Weite, *
er befreite mich, denn er hatte an mir Gefallen. ()

ANTIPHON

Ja, mit dir überrenne ich feindliche Horden, *
mit meinem Gott überspringe ich Mauern.

Gott – sein Weg ist lauter, /
das Wort des HERRN ist im Feuer geläutert. *
Ein Schild ist er allen, die bei ihm sich bergen.
Denn wer ist Gott, wenn nicht er, der HERR, *
wer ein Fels, wenn nicht er, der unser Gott ist?
Gott – er hat mich umgürtet mit Kraft, *
meinen Weg machte er lauter,
wie eine Hinde läßt er mich springen *
und stellt mich auf meine Höhen.
Er unterweist meine Hände im Kampf: *
meine Arme spannen den ehernen Bogen.

Du gabst mir den Schild deines Heils, /
deine Rechte stützt mich, *
du neigtest dich herab und hast mich groß gemacht.
Du schaffst meinen Schritten weiten Raum, *
meine Knöchel wanken nicht. ()

Es lebt der HERR! /
Mein Fels sei gepriesen! *
Der Gott meines Heils sei hoch erhoben!
Gott – er gewährte mir Vergeltung, *
er hat mir Völker unterworfen.
Du befreist mich von meinen Feinden, /
ja, du erhebst mich über meine Gegner, *
du entreißt mich dem Mann der Gewalttat.
Darum will ich dir danken, HERR, inmitten der Nationen, *
deinem Namen will ich spielen:
Seinem König gewährte er große Siege. /
Huld erwies er seinem Gesalbten, *
David und seinem Stamm auf ewig.

℣. Führe mich heraus aus dem Kerker.
℟. Damit ich deinen Namen preise.

LT

Anstelle des Responsoriums kann auch gesungen werden:

LT

Unser Hirte ging dahin,
das Schaf, das verloren war, zu suchen.

Er stieg hinab in das Grab des Todes,
um den Starken zu fesseln, der Adam gefangenhielt.

HEUTE HAT UNSER ERLÖSER
DIE PFORTEN UND RIEGEL DES TODES ZERTRÜMMERT.

Sein Erscheinen jagt den Tod in die Flucht,
sein Ruf erweckt die Toten:
Die Pforten des Todes barsten,
als sie ihn schauten.

HEUTE HAT UNSER ERLÖSER
DIE PFORTEN UND RIEGEL DES TODES ZERTRÜMMERT.

Entmachtet hat er den Satan,
zerstört die Verließe des Todes.
Er hat den Kerker aufgesprengt
und die Gefangenen befreit zum Leben.

HEUTE HAT UNSER ERLÖSER
DIE PFORTEN UND RIEGEL DES TODES ZERTRÜMMERT.

LAUDES

Ant 1
II

Psalm 80

HÖRE, du Hirte Israels, *
der du Josef leitest gleich einer Herde.
Der du über den Kerubim thronst, erscheine *
vor Efraim, Benjamin und Manasse!

Erwecke deine Heldenkraft, *
und komm, uns zur Rettung.

ANTIPHON

HERR, Gott der Scharen, /
wie lange noch raucht dein Zorn, *
während dein Volk zu dir betet?
    Tränenbrot läßt du sie essen *
    und tränkst sie scheffelweise mit Tränen.
Du machst uns zum Zankapfel für unsere Nachbarn, *
ihren Spott treiben unsere Feinde.

ANTIPHON

Einen Weinstock hobst du aus in Ägypten, *
hast Völker vertrieben und ihn eingepflanzt.
    Du schufst ihm Raum, *
    er konnte Wurzeln schlagen und das Land überziehen.
Berge wurden bedeckt von seinem Schatten, *
von seinen Zweigen die Zedern Gottes.
    Er streckte seine Ranken bis zum Meer *
    und seine Schößlinge bis hin zum Strome.
Warum rissest du seine Mauern nieder, *
daß alle, die des Weges kommen, ihn plündern?
    Der Eber aus dem Wald wühlt ihn um, *
    es weiden ihn ab die Tiere des Feldes.
Gott der Scharen, kehre doch zurück, /
blicke vom Himmel herab und schaue, *
suche heim diesen Weinstock,
    beschütze, was deine Rechte gepflanzt hat, *
    den Sprößling, den du dir großzogst.
Er liegt gefällt, vom Feuer verbrannt: *
man vergeht vor deinem drohenden Antlitz.
    Deine Hand sei über dem Mann deiner Rechten, *
    über dem Menschensohn, den du dir großzogst.
Dann werden wir nicht von dir weichen. *
Du wirst uns beleben, und wir rufen deinen Namen aus.

Ant 2
IV

Psalm 142

MIT lauter Stimme schrei ich zum HERRN, *
laut flehe ich zum HERRN um Gnade.
  Ich schütte vor ihm meine Klage aus, *
  tue ihm kund meine Drangsal.
Auch wenn mir mein Lebensmut schwindet, *
du weißt um mein Ergehen.
  Auf dem Weg, den ich gehen muß, *
  stellten sie mir eine Falle.
Blicke zur Rechten und schaue: *
Da ist niemand, der sich um mich kümmert.
  Mir ist jede Zuflucht genommen, *
  niemand fragt nach meinem Leben.

Zu dir, o HERR, schreiẹ ich, /
ich sage: „Meine Zuflucht bist du, *
mein Anteil im Lande der Lebenden."
  Vernimm doch mein lautes Flehen, *
  denn ich bin schwach und elend.
Entreiße mich meinen Verfolgern, *
denn sie sind mir zu mächtig.
  Führe mich heraus aus dem Kerker, *
  damit ich deinen Namen preise.
Um mich werden sich Gerechte scharen, *
weil du dich meiner annimmst.

Ant 3
I

Psalm 17

HÖRE, o HERR, du Gerechtẹr, /
hab acht auf mein Rufen. *
Vernimm mein Beten, es kommt von Lippen ohne Falsch!
Von deinem Angesicht ergehe mein Urteil, *
deine Augen sehen, was recht ist.
Du hast mein Herz geprüft, bei Nacht es heimgesucht, *
du hast mich im Feuer erprobt und fandest nichts:
Mein Denken war nicht anders als mein Reden. *
In allem, was Menschen tun, hielt ich mich an dein Wort.
Ich habe mich gehütet vor den Pfaden der Gẹwalt. /
Fest blieb mein Schritt in deinen Spuren, *
meine Füße kamen nicht ins Wanken.

Ich rufe zụ dir, /
denn du, o Gott, gibst mir Antwort. *
Neige dein Ohr zu mir, vernimm meine Worte!
Wirke das Wunder deiner Liebe! *
Du rettest, die sich an deiner Rechten bergen vor dem Feind.
Hüte mich wie den Stern deines Auges. *
Verstecke mich im Schatten deiner Flügel
vor den Frevlern, die mich hart bedrängen, *
vor den Feinden, die mich gierig umzingeln.
Sie verschließen sich fühllos, *
sie führen stolze Worte im Mund,
sie rücken gegen mịch vor, /
da, sie kreisen mich ein, *
sie trachten danach, mich zu Boden zu strecken,

dem Löwen gleich, voll Gier zu zerreißen, *
dem Junglöwen gleich, der im Hinterhalt kauert.
Steh auf, o HERR, komm dem Frevler zuvor, /
zwing ihn zu Boden. *
Rette mich vor ihm mit deinem Schwert,
HERR, rette mich mit deiner Hand vor diesen Leuten, *
vor Menschen, deren Teil am Leben ohne Dauer ist:
Du füllst ihren Leib mit deinen Schätzen, *
auch ihre Söhne werden satt
und lassen das, was übrigbleibt, den Enkeln.
Ich aber, in Gerechtigkeit darf ich dein Antlitz schauen, *
und wenn ich erwache, mich satt sehn an deiner Gestalt.

Ant 4. VII

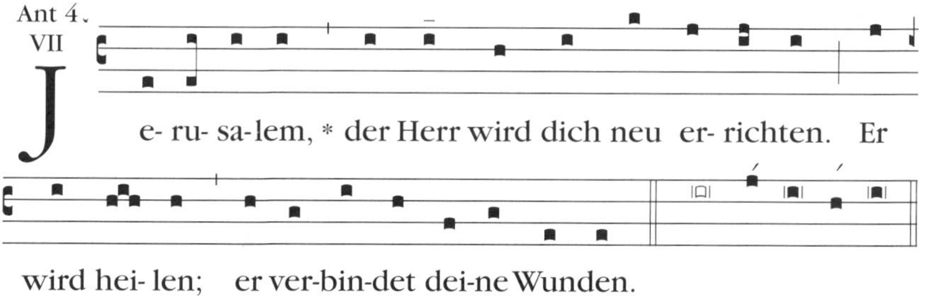

Psalm 147 A

PREISET den HERRN, /
denn gut ist es, unserem Gott zu spielen, *
ja, es ist schön, sein Lob zu singen.

Der HERR errichtet Jerusalem neu, *
er sammelt die Versprengten Israels.
Er heilt, die gebrochenen Herzens sind, *
er verbindet ihre Wunden.
Er bestimmt die Zahl der Sterne, *
er ruft sie alle beim Namen.
Groß ist unser Herr und gewaltig an Kraft, *
seine Einsicht ist ohne Grenzen.
Der HERR richtet auf die Gebeugten, *
er drückt die Frevler zu Boden.

Stimmt dem HERRN ein Danklied an, *
spielt unserm Gott auf der Harfe!
    Er bedeckt den Himmel mit Wolkẹn, /
    spendet Regen der Erde, *
    Gras läßt er auf den Bergen sprießen.
Er gibt dem Vieh seine Nahrung, *
den jungen Raben, wonach sie schreien.
    Keine Freude hat er an der Kraft des Pferdes, *
    kein Gefallen am schnellen Lauf des Mannes.
Gefallen hat der HERR an denen, die ihn fürchten, *
die auf seine Güte hoffen.

Kurzlesung *Dan 9,16-19*

Herr, der du allezeit barmherzig warst, wende jetzt doch deinen grimmigen Zorn ab von deiner Stadt Jerusalem und von deinem heiligen Berg. Denn wegen unserer Sünden und wegen der bösen Taten unserer Väter ist Jerusalem und dein Volk zum Gespött geworden für alle rings um uns her. Um deiner selbst willen, o Herr, – laß dein Antlitz wieder leuchten über deinem Heiligtum, das verwüstet daliegt! Mein Gott, neige dein Ohr und höre! Öffne deine Augen und sieh unsere Verwüstung an und die Trümmer unserer Stadt, die deinen Namen trägt! Höre doch, Herr, und vergib; merke auf, Herr, und handle! Um deines Namens willen zögere nicht länger! Deine Stadt und dein Volk, sie tragen ja deinen Namen.

Nach einer angemessenen Zeit der Stille folgt sogleich die Antiphon zum Canticum.

Ant C
II

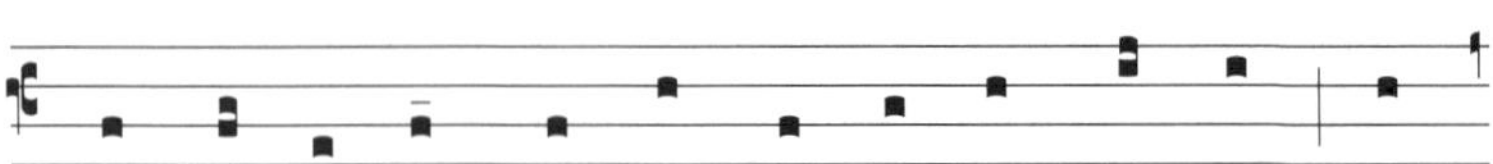

Sie schau-en auf * zu dem, den sie durchbohrten; sie

hal-ten Kla-ge wie um den ein-zi-gen Sohn. *Sach 12,10*

Canticum Benedictus *(ohne Doxologie).*

Nach der Wiederholung der Antiphon singt man kniend:

Ant VI
Christus * wur-de für uns ge-hor-sam bis zum Tod,
bis zum Tod am Kreuze. Dar-um hat ihn Gott ü-ber al-le
er-höht und ihm den Na-men ver-lie-hen, der grö-ßer ist
als al-le Na-men. Phil 2,8f

oder

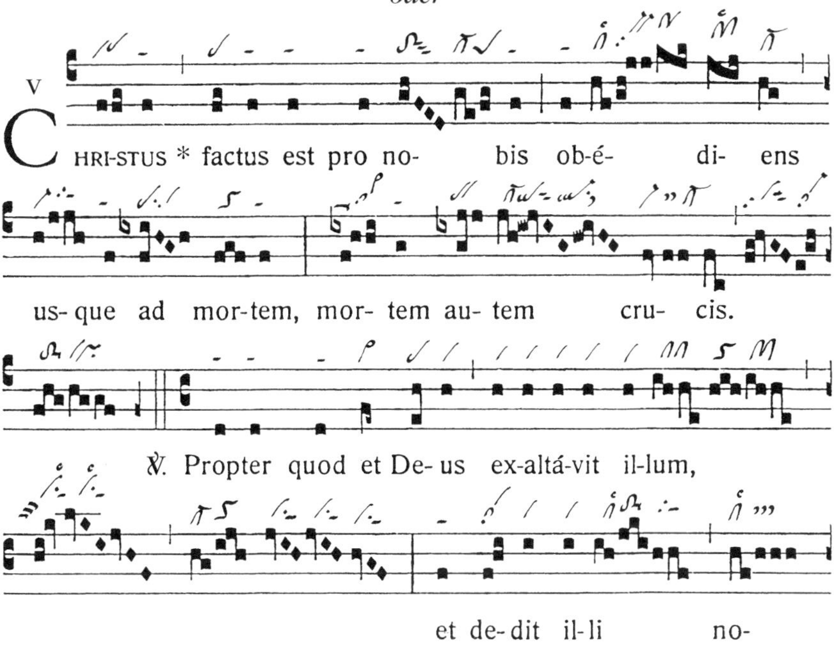
V
CHRI-STUS * factus est pro no- bis ob-é- di- ens
us-que ad mor-tem, mor-tem au-tem cru- cis.
℣. Propter quod et De-us ex-altá-vit il-lum,
et de-dit il-li no-

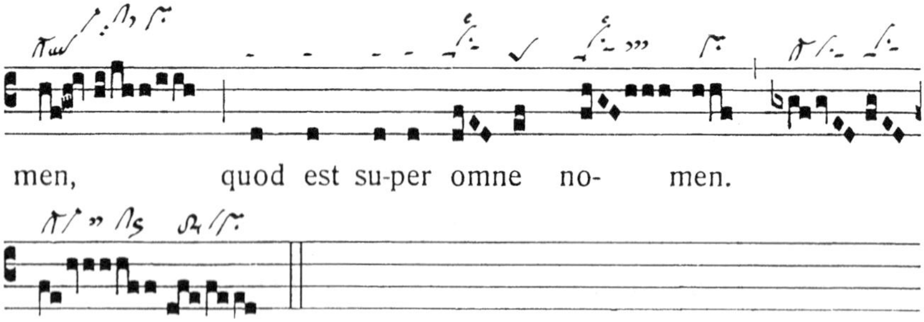

Oration
Allmächtiger Gott, in frommer Sehnsucht erwarten wir die Auferstehung deines Sohnes und bitten dich: Laß uns mit ihm zur Herrlichkeit der Auferstehung gelangen.

* * *

HOCHFEST DER AUFERSTEHUNG DES HERRN

DER OSTERTAG UND SEINE OKTAV

VIGIL

Invitatorium

Psalm 47

IHR Völker alle, klatscht in die Hände,
jauchzt Gott zu mit lautem Jubel!
Denn furchtgebietend ist der HERR, der Höchste,
ein großer König über die ganze Erde.

SEIN IST DIE EHRE UND EWIGE MACHT. HALLELUJA, HALLELUJA.

Er unterwirft uns Völker,
Nationen unter unsre Füße.
Er wählt für uns unsern Erbbesitz aus,
den Stolz Jakobs, den er lieb hat.

JESUS CHRISTUS, VON DEN TOTEN ERWECKT
UND ERHÖHT ZUR RECHTEN DES VATERS:
SEIN IST DIE EHRE UND EWIGE MACHT. HALLELUJA, HALLELUJA.

Gott stieg empor unter Jubel,
der HERR beim Schall der Posaunen.

SEIN IST DIE EHRE UND EWIGE MACHT. HALLELUJA, HALLELUJA.

Spielt unserm Gott, ja spielt ihm!
Spielt unserm König, spielt ihm!
Denn König der ganzen Erde ist Gott.
Spielt ihm ein Psalmenlied!

Gott wurde König über die Völker,
Gott hat sich auf seinen heiligen Thron gesetzt.

SEIN IST DIE EHRE UND EWIGE MACHT. HALLELUJA, HALLELUJA.

Versammelt sind die Fürsten der Völker
als Volk des Gottes Abrahams.
Denn Gott gehören die Schilde der Erde:
er ist hoch erhaben.

JESUS CHRISTUS, VON DEN TOTEN ERWECKT
UND ERHÖHT ZUR RECHTEN DES VATERS:
SEIN IST DIE EHRE UND EWIGE MACHT. HALLELUJA, HALLELUJA.

Ehre dem Vater, Ehre dem Sohne,
Ehre dem Heiligen Geiste.
Wie im Anfang, so auch jetzt und immer
und in Ewigkeit. Amen.

SEIN IST DIE EHRE UND EWIGE MACHT. HALLELUJA, HALLELUJA.

JESUS CHRISTUS, VON DEN TOTEN ERWECKT
UND ERHÖHT ZUR RECHTEN DES VATERS:
SEIN IST DIE EHRE UND EWIGE MACHT. HALLELUJA, HALLELUJA.

An den Wochentagen der Osteroktav kann auch das Invitatorium der Wochentage der Osterzeit, 279, gesungen werden.

Hymnus

II

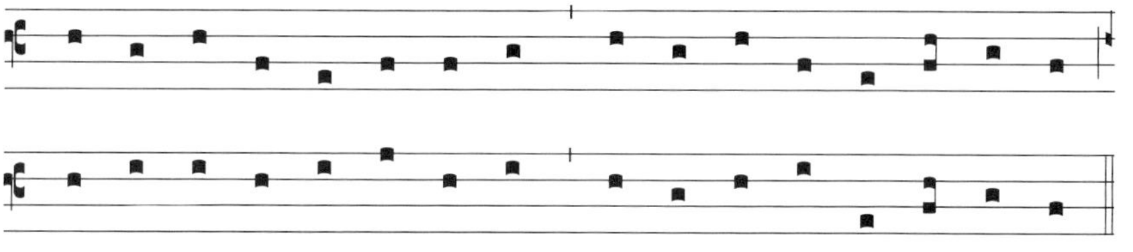

WAHRHAFT, dies ist der Tag des Herrn,
verklärt von Gottes heil'gem Licht,
der Tag, an dem die Schuld der Welt
durch Jesu Blut wird ausgelöscht.

Verlorene läßt dieser Tag
das Licht der Hoffnung wieder sehn.
Wer ist nicht von der Angst erlöst,
wenn selbst der Schächer Gnade fand?

Er, dessen Schuld den Tod verdient',
gab sich in Christi Hand und lebt.
Welch ein Gericht vollzieht sich hier,
welch ein Geheimnis tut sich kund!

Was könnte wunderbarer sein,
als daß aus Schuld nun Gnade wird,
daß Liebe von der Furcht befreit,
und Tod das neue Leben schenkt?

Dem Herrn sei Preis und Herrlichkeit,
der aus dem Grabe auferstand,
dem Vater und dem Geist zugleich
durch alle Zeit und Ewigkeit. Amen.

Am ersten und zweiten Ostersonntag kann auch der Hymnus Heil dem Tage, 267, *gesungen werden.*

Erste Nokturn

(oder am Montag, Mittwoch und Freitag)

Psalmodie und Versikel *am ersten und zweiten Ostersonntag wie am Sonntag im Wochenpsalter, 448; an den Wochentagen:*

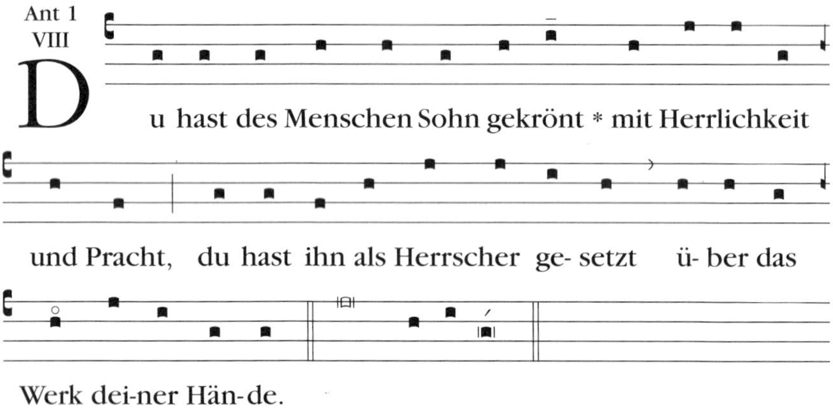

Psalm 8

HERR, unser Herrscher, *
wie herrlich ist dein Name auf der ganzen Erde!

Deine Hoheit, weit über die Himmel hin, will ich besingen *
mit der Kinder und Säuglinge Mund.
Eine Feste hast du gegründet, deinen Gegnern zum Trotz, *
zum Schweigen zu bringen den Feind und den Rächer.

Schaue ich deinen Himmel, das Werk deiner Finger, *
Mond und Sterne, die du befestigt hast:
Was ist der Mensch, daß du seiner gedenkst, *
des Menschen Kind, daß du seiner dich annimmst?
Du hast ihn nur wenig geringer gemacht als Gott, *
hast ihn gekrönt mit Herrlichkeit und Pracht.

Du hast ihn als Herrscher gesetzt über das Werk deiner Hände, *
alles legtest du ihm unter die Füße:
die Schafe und Ziegen und Rinder, *
und auch die Tiere des Feldes,
die Vögel des Himmels und die Fische im Meer, *
und ihn, der dahinzieht die Pfade der Meere.

HERR, unser Herrscher, *
wie herrlich ist dein Name auf der ganzen Erde!

Ant 2
I

Psalm 72

DEIN Richteramt, o Gott, verleih dem König, *
dem Königssohn gib dein gerechtes Walten!
Er regiere dein Volk in Gerechtigkeit *
und deine Armen durch rechtes Urteil.
Dann tragen die Berge Frieden dem Volk *
und die Höhen Gerechtigkeit.

Er schaffe Recht den Elenden im Volk, /
er rette die Kinder des Armen, *
den Bedrücker zerschlage er.
Er möge lange leben gleich der Sonne, *
wie der Mond, durch alle Geschlechter.
Er ströme wie Regen herab auf die Felder, *
wie Regenschauer, welche die Erde benetzen.
In seinen Tagen blühe Gerechtigkeit *
und Fülle des Friedens, bis der Mond nicht mehr da ist.

Von Meer zu Meer möge er herrschen, *
vom Strom bis an die Enden der Erde.
Vor ihm beugen sich die Bewohner der Wüste, *
Staub werden lecken seine Feinde.
Die Könige von Tarschisch und von den Inseln
bringen Geschenke, *
die Könige von Saba und Seba nahen mit Gaben.
Alle Könige werden ihm huldigen, *
alle Völker ihm dienen.

Denn er befreit den Armen, der um Hilfe schreit, *
den Elenden und den, der keinen Helfer hat.
Er erbarmt sich des Geringen und Armen, *
das Leben der Armen rettet er.
Aus Bedrückung und Gewalt erlöst er ihr Leben, *
ihr Blut ist in seinen Augen kostbar.

Er lebe! – Gold von Saba soll man ihm geben! /
Man soll für ihn allezeit beten, *
jeden Tag ihm Segen erflehen:
„Im Land gebe es Korn in Fülle. /
Es rausche auf den Höhen der Berge wie der Libanon. *
Seine Frucht erblühe aus der Stadt wie das Gras der Erde.
Sein Name soll ewig bestehen, *
solange die Sonne bleibt, sprosse sein Name.
Mit ihm soll man sich segnen, *
ihn sollen selig preisen alle Völker!"

Gepriesen sei der HERR, Israels Gott! *
Er allein tut Wunder.
Gepriesen sei sein herrlicher Name in Ewigkeit! /
Die ganze Erde sei erfüllt von seiner Herrlichkeit! *
Amen, ja amen!

Ant 3
VI

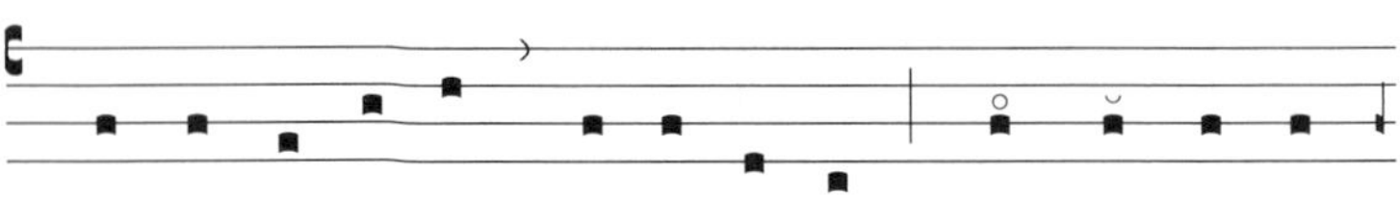

Der Herr ist Kö-nig, hal- le- lu- ja! * Preist ihn, gedenkt

Psalm 97

DER HERR ist König! Die Erde frohlocke! *
Freuen sollen sich die vielen Inseln!
Rings um ihn her sind Wolken und Dunkel, *
Gerechtigkeit und Recht sind seines Thrones Stützen.
Feuer läuft vor ihm her, *
ringsum verzehrt es seine Gegner.
Seine Blitze erhellen den Erdkreis, *
die Erde sieht es mit Beben.
Wie Wachs schmelzen vor dem HERRN die Berge, *
vor dem Antlitz des Herrschers der ganzen Erde.
Die Himmel künden seine Gerechtigkeit, *
seine Herrlichkeit schauen alle Völker.

Zuschanden werden, die Bildern dienen, /
die ihrer Götzen sich rühmen. *
Vor ihm werfen alle Götter sich nieder.
Zion hört es und freut sich, *
Judas Töchter jubeln, HERR, über deine Gerichte.
Denn du, o HERR, bist der Höchste über der ganzen Erde, *
hoch erhaben bist du über alle Götter.
Die ihr den HERRN liebt, haßt das Böse! /
Er hütet das Leben seiner Frommen, *
er entreißt sie der Hand der Frevler.
Licht ist dem Gerechten ausgesät, *
Freude denen, die geraden Herzens sind.
Ihr Gerechten, freut euch des HERRN! *
Preist ihn, gedenkt seines heiligen Namens!

℣. Christus, von den Toten auferweckt, stirbt nicht mehr. Halleluja.
℟. Über ihn hat der Tod keine Macht mehr. Halleluja.

cf. 1 Kor 5,7f

Zweite Nokturn

(oder am Dienstag, Donnerstag und Samstag)

Psalmodie und Versikel *am ersten und zweiten Ostersonntag wie am Sonntag im Wochenpsalter,* 454*; an den Wochentagen:*

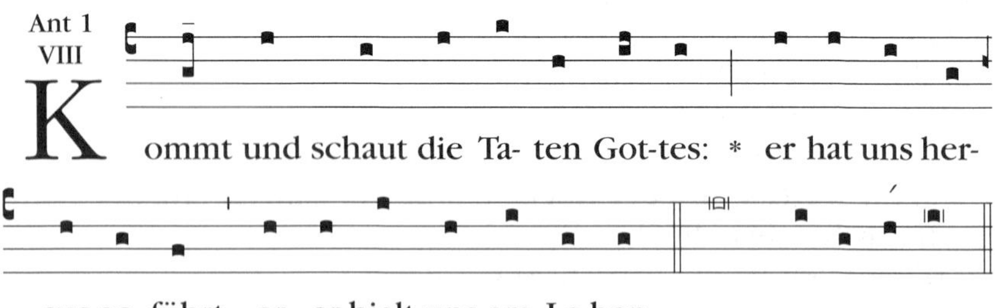

Psalm 66

JAUCHZET Gott zu, alle Landẹ, /
spielt zum Ruhm seines Namens, *
verherrlicht ihn mit Lobpreis!
Saget zụ Gott: /
„Wie furchtgebietend bist du in deinen Werken! *
Ob deiner gewaltigen Macht schmeicheln dir deine Feinde.

Die ganze Erde betet dich an und singt dir, *
sie singt deinem Namen!“

Kommt und schaut die Taten Gottes! *
Furchtgebietend ist er in seinem Tun an den Menschen.
Er machte das Meer zu trockenem Land, /
sie zogen zu Fuß durch den Strom. *
Dort waren wir über ihn voll Freude.
In seiner Kraft ist er Herrscher auf ewig, /
seine Augen wachen über die Völker, *
damit kein Empörer sich gegen ihn auflehnt.

Ihr Völker, preist unsern Gott, *
laßt laut seinen Lobpreis erschallen.
Er erhielt uns am Leben, *
ließ unsern Fuß nicht wanken:
O Gott, du hast uns geprüft, *
hast uns geläutert, wie man Silber läutert,
du brachtest uns in ein Fangnetz, *
legtest uns drückende Last auf den Rücken,
du ließest Menschen treten auf unser Haupt, /
wir gingen durch Feuer und Wasser. *
Aber du hast uns herausgeführt, hin zur Fülle.

Nun komme ich mit Opfern in dein Haus, *
erfülle dir meine Gelübde,
was meine Lippen dir versprachen, *
was in der Not mein Mund gelobte:
Fette Schafe bringe ich dir als Brandopfer dar /
zusammen mit dem Rauch von Widdern, *
ich bereite dir Rinder und Böcke.

Die ihr Gott fürchtet, kommt alle und hört, *
ich will erzählen, was er mir getan hat:
Mit meinem Mund habe ich zu ihm gerufen, *
da lag mir schon der Lobpreis auf der Zunge.
Hätt' ich es abgesehn auf Böses, *
würde der Herr nicht hören.
Aber Gott hat gehört, *
er hat geachtet auf mein lautes Beten.

Gepriesen sei Gott! /
Denn er wies mein Gebet nicht zurück, *
er hat mir seine Liebe nicht entzogen.

Ant 2
IV

Psalm 3

O HERR, wie sind meine Bedränger so viele, *
wie viele sind es, die gegen mich aufstehn!
Viele sind es, die von mir sagen: *
„Bei Gott ist für ihn keine Rettung."
Du aber, HERR, bist ein Schild für mich; *
du erhebst mir das Haupt, du bist meine Ehre.

Laut habe ich zum HERRN gerufen, *
da gab er mir Antwort von seinem heiligen Berge.
Ich legte mich nieder und schlief, – *
ich wachte auf, denn der HERR ist mir Stütze.
Viele Tausende von Kriegern fürchte ich nicht, *
wenn sie mich ringsum belagern.

O HERR, steh auf! *
Mein Gott, bring mir Rettung!
Denn all meinen Feinden hast du den Kiefer zerschlagen, *
die Zähne der Frevler hast du zerbrochen.
Beim HERRN ist die Rettung. *
Auf dein Volk kommt dein Segen!

Ant 3
II

Psalm 98

SINGET dem HERRN ein neues Lied, *
denn er vollbrachte wunderbare Taten!
Heil geschaffen hat ihm seine Rechte, *
die Kraft seines heiligen Armes.
Der HERR hat kundgemacht sein Heil, *
sein gerechtes Walten enthüllt vor den Augen der Völker.
Er gedachte seiner Huld *
und seiner Treue zum Hause Israel.
Alle Enden der Erde *
schauen das Heil unseres Gottes.

Jauchzet dem HERRN, alle Lande, *
freut euch, jubelt und spielet!
Spielt dem HERRN auf der Harfe, *
auf der Harfe, mit lautem Saitenspiel!
Mit Trompeten und schallenden Hörnern *
jauchzt vor dem HERRN, dem König.

Es brause das Meer und was es erfüllt, *
der Erdkreis und die auf ihm wohnen.
In die Hände klatschen sollen die Ströme, *
die Berge sollen miteinander jubeln
vor dem HERRN, denn er kommt, *
er kommt, die Erde zu richten.
Er richtet den Erdkreis in Gerechtigkeit *
und die Völker so, wie es recht ist.

℣. Auferstanden ist Christus. Halleluja.
℟. Er erleuchtet sein Volk, das er erlöst hat. Halleluja.

Apg 13,30.32f

Dritte Nokturn

Psalmodie und Versikel *am ersten und zweiten Ostersonntag wie am Sonntag im Wochenpsalter,* 463.

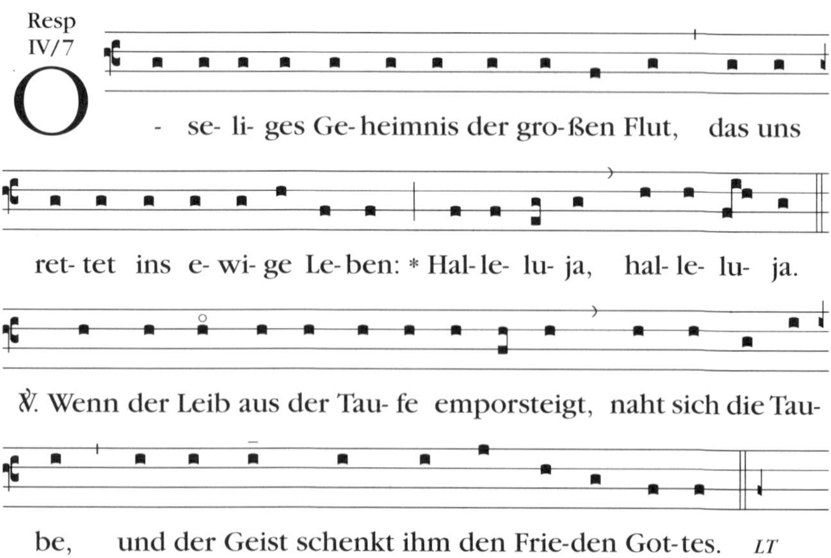

LT

LAUDES

Ant 1
VII

Mk 16,6; Mt 28,6

Psalm 93

Der Herr ist König, mit Hoheit bekleidet; *
der Herr hat sich bekleidet und mit Macht umgürtet.
Fest ist der Erdkreis gegründet, *
nie wird er wanken.
Fest steht dein Thron von Anbeginn, *
du bist von Ewigkeit.

Fluten erhoben, Herr, /
Fluten erhoben ihr Tosen, *
Fluten erheben ihr Brausen.
Gewaltiger als das Tosen der mächtigen Wasser, /
gewaltiger als die Brandung des Meeres *
ist gewaltig der Herr in der Höhe.

Deine Gesetze sind fest und verläßlich, /
Herr, deinem Haus ziemt Heiligkeit *
für alle Zeiten.

Psalm 100

JAUCHZET dem Herrn, alle Welt! /
Dient dem Herrn mit Freude! *
Kommt vor sein Antlitz mit Jubel!
Erkennt: Der Herr ist Gott! /
Er hat uns geschaffen, wir sind sein Eigen, *
sein Volk und die Herde seiner Weide.

Tretet durch seine Tore mit Dank, /
in seine Höfe mit Lobgesang! *
Dankt ihm, preist seinen Namen!
Denn gut ist der Herr, /
seine Huld währt ewig *
und Geschlecht um Geschlecht seine Treue.

Ant 3
VIII

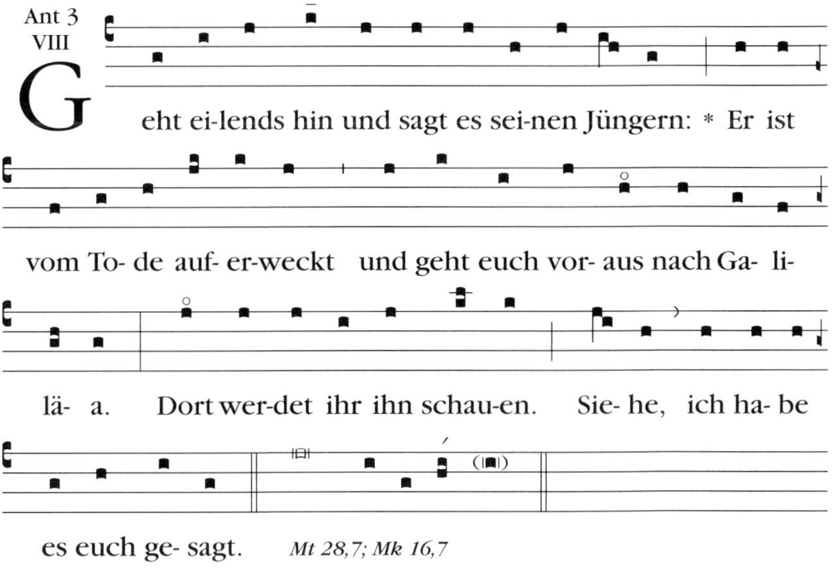

Mt 28,7; Mk 16,7

Daniel 3,57-88 ()

PREISET den HERRN, all ihr Werke des HERRN, *
lobt und erhebt ihn in Ewigkeit!
Preiset den HERRN, ihr Engel des HERRN, *
ihr hohen Himmel, lobpreiset IHN!
Preiset den HERRN, alle Wasser droben am Himmel, *
all ihr Mächte, lobpreiset IHN!
Preiset den HERRN, Sonne und Mond, *
ihr Sterne am Himmel, lobpreiset IHN!
Preiset den HERRN, jeder Regen und Tau, *
all ihr Stürme, lobpreiset IHN!
Preiset den HERRN, Feuer und Glut, *
Frost und Hitze, lobpreiset IHN!
Preiset den HERRN, ihr Tropfen des Taus, /
ihr Flocken des Schnees, *
Eis und Kälte, lobpreiset IHN!
Preiset den HERRN, ihr Kristalle von Schnee und Rauhreif, *
ihr Blitze und Wolken, lobpreiset IHN!

Preiset den HERRN, ihr Nächte und Tage, *
Licht und Dunkel, lobpreiset IHN!

Du, Erde, preise den HERRN, *
lob und erheb ihn in Ewigkeit!
Preiset den HERRN, ihr Berge und Hügel, *
alles, was sproßt auf der Erde, lobpreise IHN!
Preiset den HERRN, ihr Quellen, *
ihr Meere und Ströme, lobpreiset IHN!
Preiset den HERRN, ihr Ungeheuer der See /
und alles, was sich regt in den Wassern, *
all ihr Vögel des Himmels, lobpreiset IHN!
Preiset den HERRN, all ihr Tiere, wilde und zahme, *
all ihr Menschen, lobpreiset IHN!

Du, Israel, preise den HERRN, *
lob und erheb ihn in Ewigkeit!
Preiset den HERRN, ihr Priester des HERRN, *
ihr seine Knechte, lobpreiset IHN!
Preiset den HERRN, ihr Heiligen /
und ihr gebeugten Herzen, *
ihr Geister und Seelen der Gerechten, lobpreiset IHN!

Preiset den HERRN, Hananja, Asarja und Mischael, *
lobt und erhebt ihn in Ewigkeit!
Denn er entriß uns der Unterwelt, *
er hat uns errettet aus der Hand des Todes.
Er befreite uns aus dem lodernden Ofen, *
er hat uns erlöst aus der Mitte des Feuers.

Laßt uns preisen den Vater und den Sohn
mit dem Heiligen Geist, *
ihn loben und erheben in Ewigkeit!

Ant 4
I

2 Kor 13,4

Psalm 150

LOBT Gott in seinem Heiligtum, *
lobt ihn in seiner mächtigen Feste!
Lobt ihn ob seiner gewaltigen Taten, *
lobt ihn in der Fülle seiner Hoheit!
Lobt ihn mit dem Schall der Posaunen, *
lobt ihn mit Harfe und Leier!
Lobt ihn mit Pauke und Reigen, *
lobt ihn mit Flöten und Saitenspiel!
Lobt ihn mit hellen Zimbeln, /
lobt ihn mit schmetternden Zimbeln! *
Alles, was Atem hat, lobe den HERREN!

Kurzlesung *Apg 13,26-31*

Brüder, ihr Söhne aus Abrahams Geschlecht und ihr Gottesfürchtigen! Uns wurde das Wort dieses Heils gesandt. Denn die Einwohner von Jerusalem und ihre Führer haben Jesus nicht erkannt, aber sie haben die Worte der Propheten, die an jedem Sabbat vorgelesen werden, erfüllt und haben ihn verurteilt. Obwohl sie nichts fanden, wofür er den Tod verdient hätte, forderten sie von Pilatus seine Hinrichtung. Als sie alles vollbracht hatten, was in der Schrift über ihn gesagt ist, nahmen sie ihn vom Kreuzesholz und legten ihn ins Grab. Gott aber hat ihn von den Toten auferweckt, und er ist viele Tage hindurch denen erschienen, die mit ihm zusammen von Galiläa nach Jerusalem hinaufgezogen waren und die jetzt vor dem Volk seine Zeugen sind.

An den Wochentagen der Osteroktav können auch die Kurzlesungen der Wochentage der Osterzeit, 288, genommen werden. Das Responsorium lautet jedoch stets:

Resp
VI/2

Hymnus I

VIII

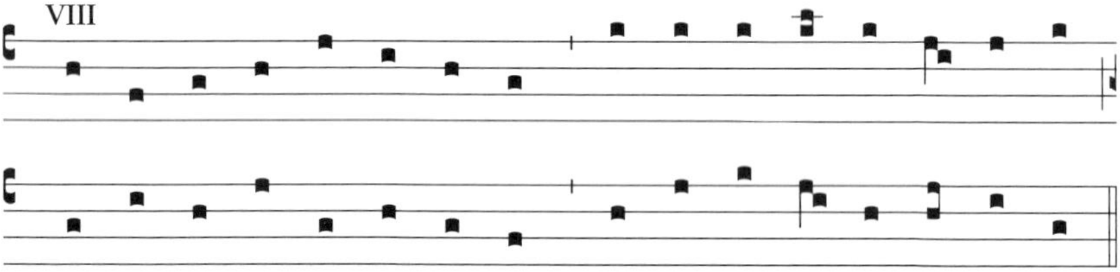

DU HIMMEL droben, freue dich,
und Meer und Erde, jubelt mit!
Der Herr erstand aus seinem Grab –
mit ihm die todgeweihte Welt.

Jetzt bricht der Tag des Heiles an
und die verheißne Zeit ist da:
vom Blut des Lammes strahlt die Welt
und hebt sich aus der Finsternis.

Sein Tod und seines Todes Qual
schafft die Vergebung aller Schuld;
in Schwachheit siegt die Gotteskraft
und der Besiegte schlägt den Feind.

Der Hoffnung köstlichen Geschmack
schenkt uns der Herr, daß wir vertraun:
Wir werden mit ihm auferstehn,
mit ihm im ew'gen Leben sein.

Dem Herrn sei Preis und Herrlichkeit,
der aus dem Grabe auferstand,
dem Vater und dem Geist zugleich
durch alle Zeit und Ewigkeit. Amen.

Hymnus II

II

IM LICHT erstrahlt das Morgenrot,
der ganze Himmel tönt von Lob,
im Jubel jauchzt die Erde auf,
und klagend stöhnt die Unterwelt.

Der starke, königliche Held
zerbrach des Todes schweren Bann.
Sein Fuß zertrat der Hölle Macht:
Aus harter Fron sind wir befreit.

Er, den der Stein verschlossen hielt,
den man im Grabe noch bewacht,
steigt siegreich aus dem Grab empor,
fährt auf in strahlendem Triumph.

Schon werden alle Klagen stumm
und alle Schmerzen sind gestillt,
denn auferstanden ist der Herr;
ein lichter Engel tut es kund.

Dem Herrn sei Preis und Herrlichkeit,
der aus dem Grabe auferstand,
dem Vater und dem Geist zugleich
durch alle Zeit und Ewigkeit. Amen.

℣. Das ist der Tag, den der Herr gemacht hat. Halleluja.
℟. Laßt uns frohlocken und fröhlich sein. Halleluja.

Am ersten und zweiten Ostersonntag

1 Kor 15,54f. 57

Am Montag und Donnerstag

Kol 3,1

Am Dienstag und Freitag

LT

Am Mittwoch und Samstag

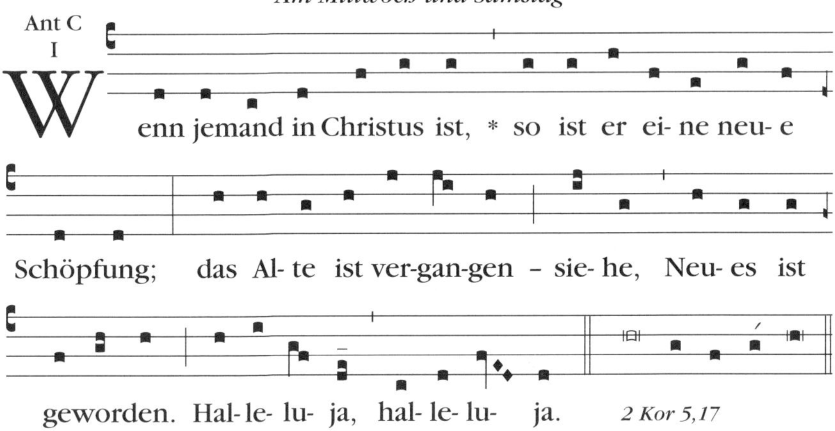

2 Kor 5,17

* * *

SONNTAGE DER OSTERZEIT

VIGIL

Invitatorium

Psalm 47

IHR Völker alle, klatscht in die Hände,
jauchzt Gott zu mit lautem Jubel!
Denn furchtgebietend ist der HERR, der Höchste,
ein großer König über die ganze Erde.

SEIN IST DIE EHRE UND EWIGE MACHT. HALLELUJA, HALLELUJA.

Er unterwirft uns Völker,
Nationen unter unsre Füße.
Er wählt für uns unsern Erbbesitz aus,
den Stolz Jakobs, den er lieb hat.

JESUS CHRISTUS, VON DEN TOTEN ERWECKT
UND ERHÖHT ZUR RECHTEN DES VATERS:
SEIN IST DIE EHRE UND EWIGE MACHT. HALLELUJA, HALLELUJA.

Gott stieg empor unter Jubel,
der HERR beim Schall der Posaunen.

SEIN IST DIE EHRE UND EWIGE MACHT. HALLELUJA, HALLELUJA.

Spielt unserm Gott, ja spielt ihm!
Spielt unserm König, spielt ihm!
Denn König der ganzen Erde ist Gott.
Spielt ihm ein Psalmenlied!

JESUS CHRISTUS, VON DEN TOTEN ERWECKT
UND ERHÖHT ZUR RECHTEN DES VATERS:
SEIN IST DIE EHRE UND EWIGE MACHT. HALLELUJA, HALLELUJA.

Gott wurde König über die Völker,
Gott hat sich auf seinen heiligen Thron gesetzt.

SEIN IST DIE EHRE UND EWIGE MACHT. HALLELUJA, HALLELUJA.

Versammelt sind die Fürsten der Völker
als Volk des Gottes Abrahams.
Denn Gott gehören die Schilde der Erde:
er ist hoch erhaben.

JESUS CHRISTUS, VON DEN TOTEN ERWECKT
UND ERHÖHT ZUR RECHTEN DES VATERS:
SEIN IST DIE EHRE UND EWIGE MACHT. HALLELUJA, HALLELUJA.

Ehre dem Vater, Ehre dem Sohne,
Ehre dem Heiligen Geiste.
Wie im Anfang, so auch jetzt und immer
und in Ewigkeit. Amen.

SEIN IST DIE EHRE UND EWIGE MACHT. HALLELUJA, HALLELUJA.

JESUS CHRISTUS, VON DEN TOTEN ERWECKT
UND ERHÖHT ZUR RECHTEN DES VATERS:
SEIN IST DIE EHRE UND EWIGE MACHT. HALLELUJA, HALLELUJA.

*

Am dritten und fünften Ostersonntag

Hymnus

II

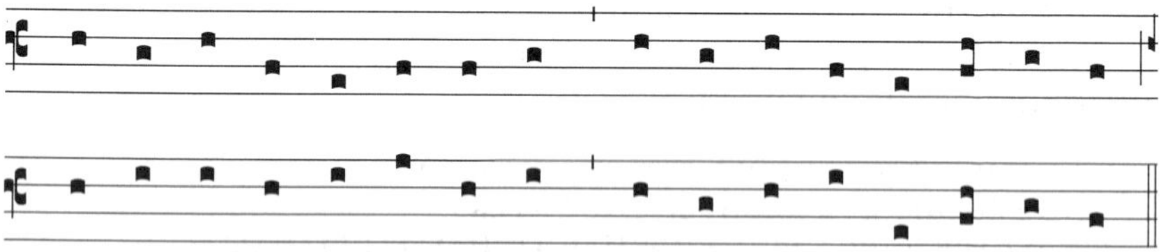

WAHRHAFT, dies ist der Tag des Herrn,
verklärt von Gottes heil'gem Licht,
der Tag, an dem die Schuld der Welt
durch Jesu Blut wird ausgelöscht.

Verlorene läßt dieser Tag
das Licht der Hoffnung wieder sehn.
Wer ist nicht von der Angst erlöst,
wenn selbst der Schächer Gnade fand?

Er, dessen Schuld den Tod verdient',
gab sich in Christi Hand und lebt.
Welch ein Gericht vollzieht sich hier,
welch ein Geheimnis tut sich kund!

Was könnte wunderbarer sein,
als daß aus Schuld nun Gnade wird,
daß Liebe von der Furcht befreit,
und Tod das neue Leben schenkt?

Dem Herrn sei Preis und Herrlichkeit,
der aus dem Grabe auferstand,
dem Vater und dem Geist zugleich
durch alle Zeit und Ewigkeit. Amen.

Am vierten und sechsten Ostersonntag

Hymnus

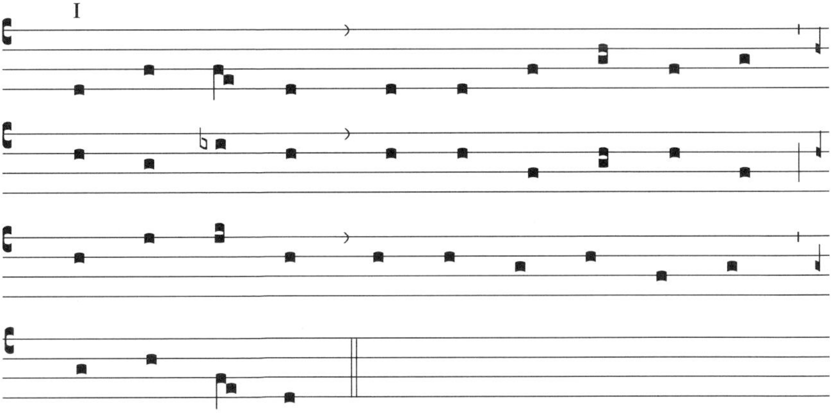

HEIL dem Tage, / der unsre Tage krönt,
Tag des Sieges, / da Christus auferstand,
Tag der Sonne, / die alle Welt verklärt:
Tag des Christus.

Licht vom Himmel / hellt unser Dunkel auf:
Christus öffnet / Gräber und Totenreich,
stiftet Frieden, / einigt im Neuen Bund
Erd und Himmel.

Triumphierend / steht er vom Grabe auf,
hebt uns Menschen / in die erlöste Welt,
führt dem Vater / seinen verlornen Sohn
in die Arme.

Brüder werden / Engel und Selige,
Christi Liebe / eint sie verklärt im Licht
und sie singen / ihm, der als Sieger thront,
Freudenhymnen.

In die Chöre / seliger Himmelslust
mischt die Kirche / rings auf dem Erdenrund
tausendstimmig / jauchzend den Jubelruf
„Halleluja“.

Siegbezwungen / ist nun des Todes Macht,
Siegesfreude / füllt unsre Seele ganz:
Gott im Himmel / Ehre und Herrlichkeit,
Fried auf Erden. Amen.

Erste, Zweite und Dritte Nokturn

Psalmodie und Versikel *wie am Sonntag im Wochenspalter,* 448.

cf. 1 Kor 5,7f

Apg 13,30.32f

LAUDES

Psalm 93

DER HERR ist König, mit Hoheit bekleidet; *
der HERR hat sich bekleidet und mit Macht umgürtet.

Fest ist der Erdkreis gegründet, *
nie wird er wanken.
Fest steht dein Thron von Anbeginn, *
du bist von Ewigkeit.

Fluten erhoben, HERR, /
Fluten erhoben ihr Tosen, *
Fluten erheben ihr Brausen.
Gewaltiger als das Tosen der mächtigen Wasser, /
gewaltiger als die Brandung des Meeres *
ist gewaltig der HERR in der Höhe.

Deine Gesetze sind fest und verläßlich, /
HERR, deinem Haus ziemt Heiligkeit *
für alle Zeiten.

Ant 2
III

Psalm 30

ICH erhebe dich, HERR, /
denn du zogst mich empor aus der Tiefe, *
du ließest nicht zu, daß über mich meine Feinde frohlocken.
HERR, mein Gott, ich habe zu dir gerufen, *
und du heiltest mich.
HERR, du hast mich heraufgeholt aus dem Reich des Todes, *
aus denen, die zur Grube gefahren, mich zum Leben gerufen.
Spielt dem HERRN, ihr seine Frommen, *
preist ihn, gedenkt seines heiligen Namens!
Nur einen Augenblick ist er im Zorn, *
doch seine Güte will das Leben.

Kehrt am Abend Weinen ein, *
– bis zum Morgen ist's Jubel.

Ich aber, ich wähnte in meiner Sicherheit: *
Ich werde niemals wanken.
In deiner Güte, o HERR, *
hattest du mich auf den schützenden Berg gestellt.
Doch dann verbargst du dein Antlitz, *
da faßte mich Schrecken.
Zu dir, o HERR, schrie ich, *
flehte zu meinem Herrn um Gnade:
„Was nützt dir mein Blut, mein Abstieg zum Grab? *
Kann Staub dich preisen, deine Treue verkünden?
Höre mich, HERR, sei mir gnädig! *
HERR, sei du mein Helfer!"

Da hast du mein Klagen in Tanzen verwandelt, *
mein Trauerkleid hast du gelöst, mich gegürtet mit Freude.
Darum singe ich dir und will nicht verstummen. *
HERR, mein Gott, dir will ich ewig danken.

Ant 3
II

Exodus 15,1-18

ICH singe dem HERRN ein Lied, /
denn er ist hoch erhaben. *
Rosse und Wagen warf er ins Meer.
Meine Stärke und mein Lied ist der HERR, *
er ist mir zum Retter geworden.

Er ist mein Gott, ihn will ich preisen, *
meines Vaters Gott, ihn will ich erheben.

Der HERR ist ein Held im Kriege, *
'HERR' ist sein Name.
Ins Meer warf er die Wagen des Pharao /
und all seine Streitmacht. *
Seine besten Kämpfer versanken im Schilfmeer.
Die Fluten bedeckten sie, *
sie sanken in die Tiefe wie ein Stein.
Deine Rechte, o HERR, ist gewaltig an Stärke, *
deine Rechte, o HERR, zerschmettert den Feind.
In deiner Hoheit Fülle wirfst du deine Gegner nieder. *
Du sendest die Glut deines Zorns, die frißt sie wie Stoppeln.
Du schnaubtest vor Wut, da türmten sich die Wasser, /
wie ein Damm standen aufrecht die Wogen, *
die Fluten erstarrten mitten im Meer.

Es sagte der Feind: /
„Ich will sie verfolgen, ich hole sie ein. *
Ich teile die Beute, ich stille meine Gier.
Ich zücke mein Schwert, *
meine Hand wird sie vertreiben."
Da schnaubtest du Sturm – /
und schon begrub sie das Meer, *
sie versanken wie Blei in gewaltigen Wassern.

Wer ist wie du, HERR, unter den Göttern? /
Wer ist wie du, gewaltig in Heiligkeit, *
schrecklich in ruhmvollen Taten, Wunder vollbringend?
Du strecktest deine Rechte aus, *
da verschlang sie die Erde.
Du lenktest das Volk, das du erlöst hast, in Güte *
und führtest sie mit Macht zu deiner heiligen Wohnung.
Als die Völker das hörten, erbebten sie, *
die Philister packte der Schrecken.
Es erschraken die Fürsten von Edom, /
Zittern ergriff die Mächtigen Moabs, *
die Bewohner Kanaans verzagten alle.

Über sie brach Furcht und Entsetzen herein. *
Sie erstarrten zu Stein vor der Macht deines Armes,
während dein Volk hindurchzog, o HERR, *
während das Volk hindurchzog, das du erworben.
Du brachtest sie hin und pflanztest sie ein *
auf dem Berg deines Erbes:
Einen Ort, wo du thronst, HERR, hast du bereitet, *
ein Heiligtum, Herr, haben deine Hände gegründet.

Der HERR ist König *
für immer und ewig!

Psalm 150

LOBT Gott in seinem Heiligtum, *
lobt ihn in seiner mächtigen Feste!
Lobt ihn ob seiner gewaltigen Taten, *
lobt ihn in der Fülle seiner Hoheit!
Lobt ihn mit dem Schall der Posaunen, *
lobt ihn mit Harfe und Leier!
Lobt ihn mit Pauke und Reigen, *
lobt ihn mit Flöten und Saitenspiel!
Lobt ihn mit hellen Zimbeln, /
lobt ihn mit schmetternden Zimbeln! *
Alles, was Atem hat, lobe den HERREN!

Kurzlesung *1 Chr 29,11-13*

Dein, o Herr, sind Größe und Kraft, Ruhm und Glanz und Hoheit; dein ist alles im Himmel und auf Erden. Dein, o Herr, ist das Königtum. Du erhebst dich als Haupt über alles. Reichtum und Ehre kommen von dir; du bist der Herrscher über das All. In deiner Hand liegen Kraft und Stärke; von deiner Hand kommt alle Größe und Macht. Darum danken wir dir, Herr, unser Gott, und rühmen deinen herrlichen Namen.

Am dritten und fünften Ostersonntag

Hymnus

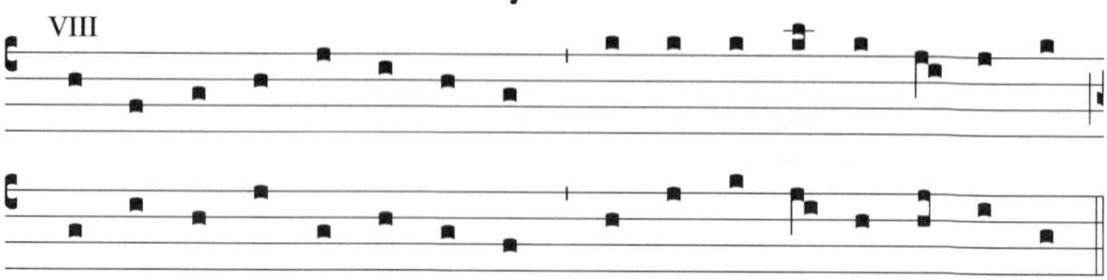

DU HIMMEL droben, freue dich,
und Meer und Erde, jubelt mit!
Der Herr erstand aus seinem Grab –
mit ihm die todgeweihte Welt.

Jetzt bricht der Tag des Heiles an
und die verheißne Zeit ist da:
vom Blut des Lammes strahlt die Welt
und hebt sich aus der Finsternis.

Sein Tod und seines Todes Qual
schafft die Vergebung aller Schuld;

in Schwachheit siegt die Gotteskraft
und der Besiegte schlägt den Feind.

Der Hoffnung köstlichen Geschmack
schenkt uns der Herr, daß wir vertraun:
Wir werden mit ihm auferstehn,
mit ihm im ew'gen Leben sein.

Dem Herrn sei Preis und Herrlichkeit,
der aus dem Grabe auferstand,
dem Vater und dem Geist zugleich
durch alle Zeit und Ewigkeit. Amen.

Am vierten und sechsten Ostersonntag

Hymnus

II

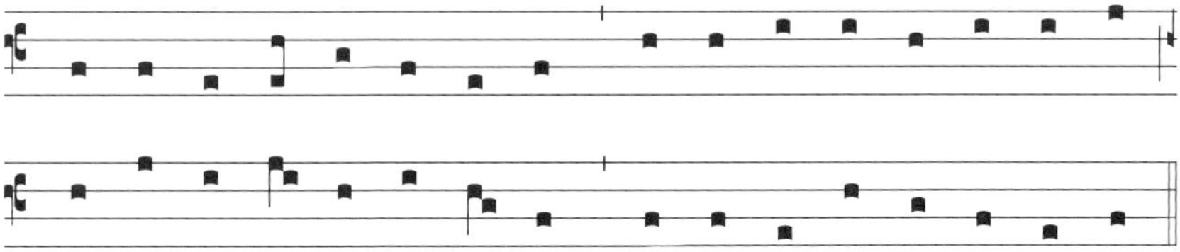

IM LICHT erstrahlt das Morgenrot,
der ganze Himmel tönt von Lob,
im Jubel jauchzt die Erde auf,
und klagend stöhnt die Unterwelt.

Der starke, königliche Held
zerbrach des Todes schweren Bann.
Sein Fuß zertrat der Hölle Macht:
Aus harter Fron sind wir befreit.

Er, den der Stein verschlossen hielt,
den man im Grabe noch bewacht,
steigt siegreich aus dem Grab empor,
fährt auf in strahlendem Triumph.

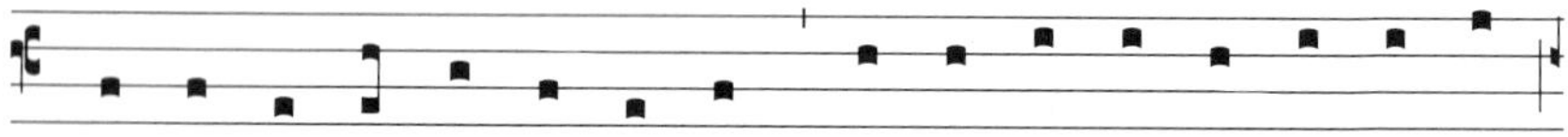

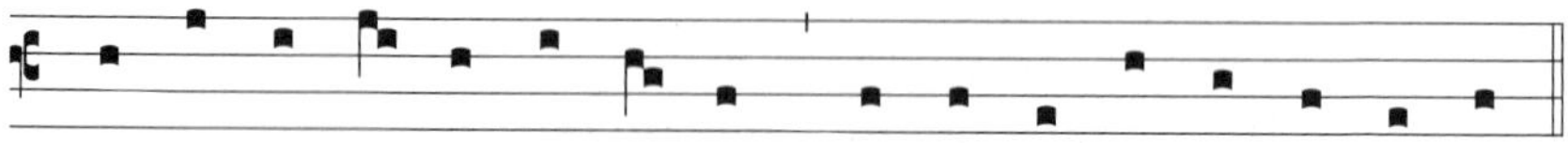

Schon werden alle Klagen stumm
und alle Schmerzen sind gestillt,
denn auferstanden ist der Herr;
ein lichter Engel tut es kund.

Dem Herrn sei Preis und Herrlichkeit,
der aus dem Grabe auferstand,
dem Vater und dem Geist zugleich
durch alle Zeit und Ewigkeit. Amen.

℣. Kündet es allen Völkern. Halleluja.
℟. Vom Holze herab regiert der Herr. Halleluja.

Am dritten Ostersonntag

Ant C
VI

M uß- te nicht der Mes- si- as dies al- les er- lei-den, *

um ein-zu-gehn in sei- ne Herrlichkeit? *Lk 24,26*

Am vierten Ostersonntag (A)

Ant C
VIII

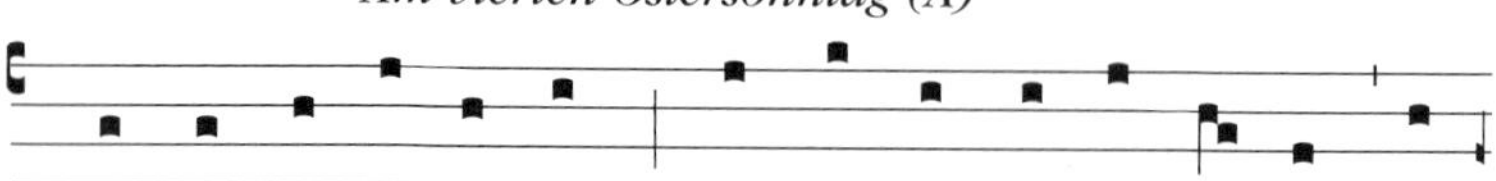

I ch bin der gu- te Hirt. * Ich wei-de mei-ne Scha-fe und

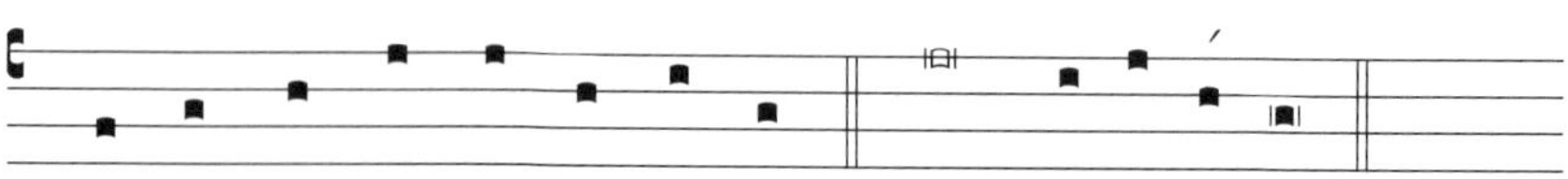

ge- be mein Le- ben für sie hin. *cf. Joh 10,14f*

Am vierten Ostersonntag (B)

Am vierten Ostersonntag (C)

Am fünften Ostersonntag (A)

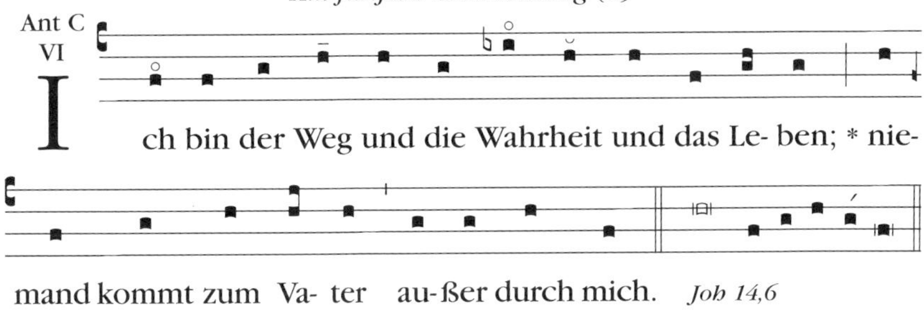

Am fünften Ostersonntag (B)

Ant C
VIII

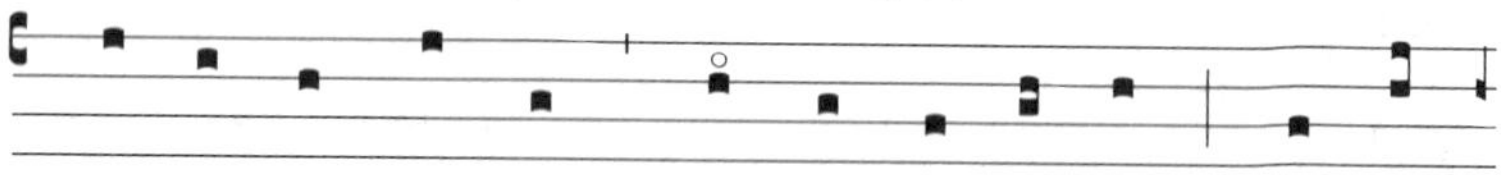

Ich bin der Weinstock, ihr seid die Re- ben: * von mir

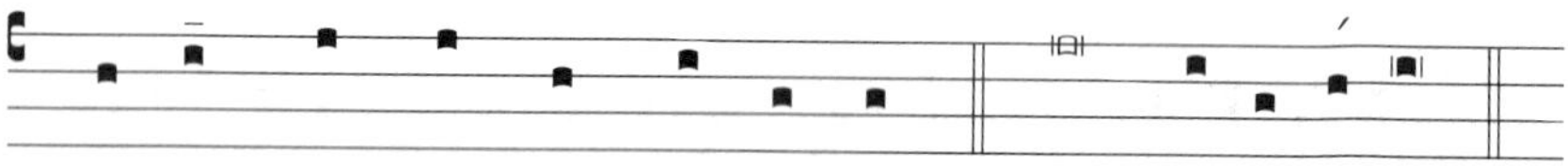

getrennt könnt ihr nichts vollbringen. *Joh 15,5*

Am fünften Ostersonntag (C)

Ant C
VIII

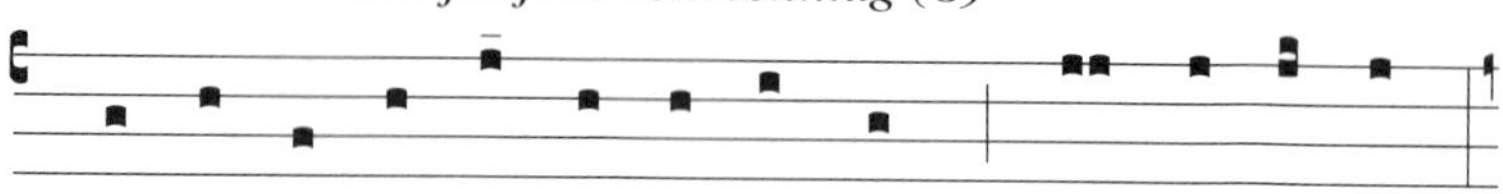

Ein neu- es Ge- bot ge- be ich euch: * Liebt ein-an-der! –

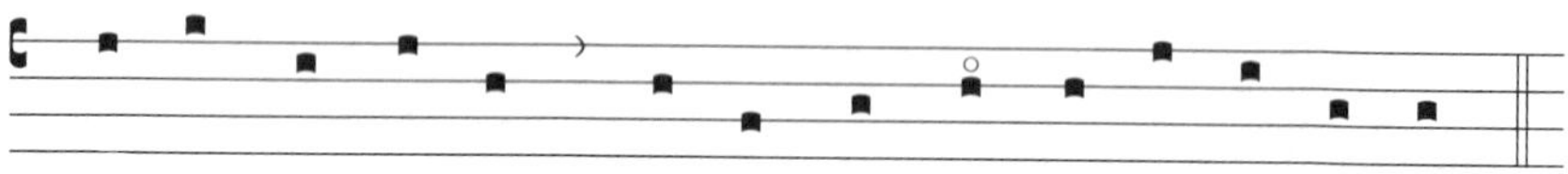

Wie ich euch ge-liebt, so sollt auch ihr ein- an-der lie-ben.

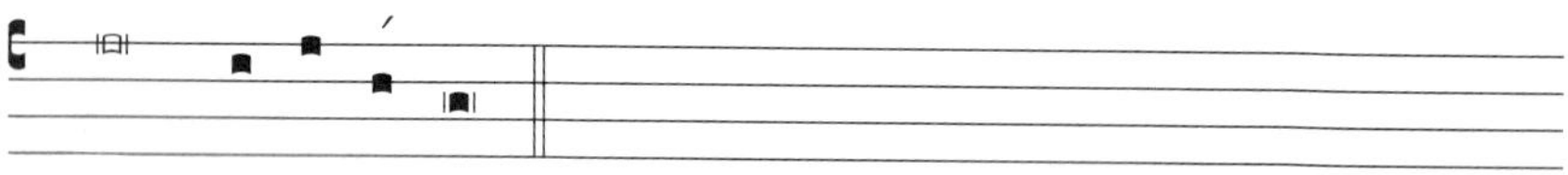

Joh 13,34

Am sechsten Ostersonntag

Ant C
III

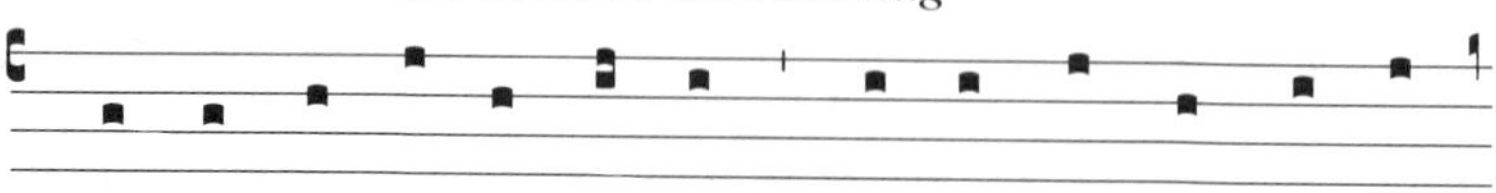

Ich will den Va- ter bit- ten, * und er wird euch ei- nen

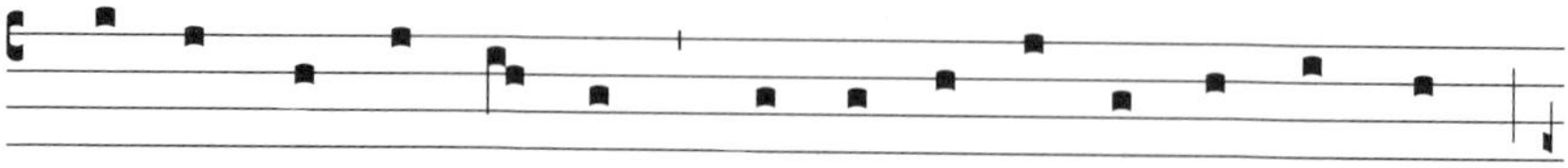

an-dern Beistand ge- ben, daß er auf e- wig bei euch sei:

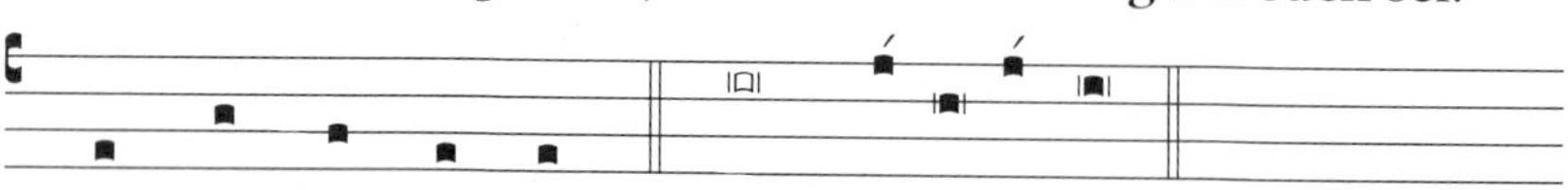

den Geist der Wahrheit. *Joh 14,16f*

WOCHENTAGE DER OSTERZEIT

VIGIL

Am Montag, Mittwoch und Freitag

Invitatorium

℟. VIII

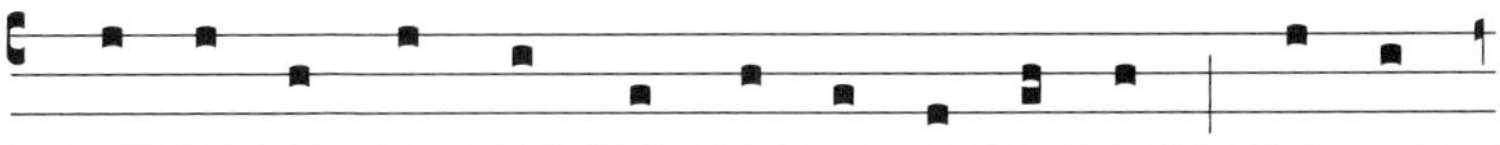

Chri-stus ist wahrhaft vom To- de er-standen. * Hal- le-

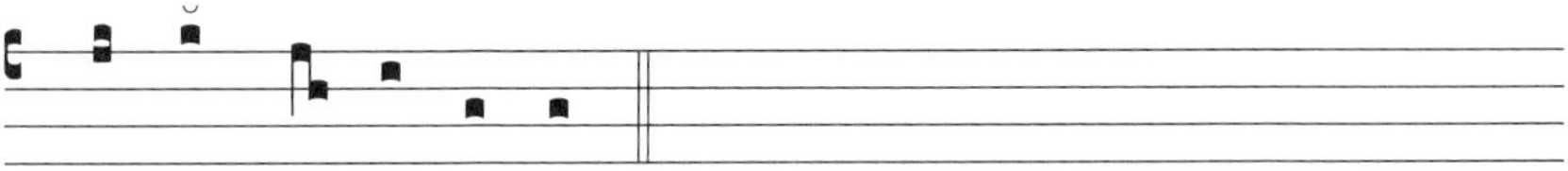

lu- ja, hal- le- lu- ja.

Psalm 47

IHR Völker alle, klatscht in die Hände,
jauchzt Gott zu mit lautem Jubel!
Denn furchtgebietend ist der HERR, der Höchste,
ein großer König über die ganze Erde.

HALLELUJA, HALLELUJA.

Er unterwirft uns Völker,
Nationen unter unsre Füße.
Er wählt für uns unsern Erbbesitz aus,
den Stolz Jakobs, den er lieb hat.

CHRISTUS IST WAHRHAFT VOM TODE ERSTANDEN.
HALLELUJA, HALLELUJA.

Gott stieg empor unter Jubel,
der HERR beim Schall der Posaunen.

HALLELUJA, HALLELUJA.

Spielt unserm Gott, ja spielt ihm!
Spielt unserm König, spielt ihm!
Denn König der ganzen Erde ist Gott.
Spielt ihm ein Psalmenlied!

Gott wurde König über die Völker,
Gott hat sich auf seinen heiligen Thron gesetzt.

HALLELUJA, HALLELUJA.

Versammelt sind die Fürsten der Völker
als Volk des Gottes Abrahams.
Denn Gott gehören die Schilde der Erde:
er ist hoch erhaben.

CHRISTUS IST WAHRHAFT VOM TODE ERSTANDEN.
HALLELUJA, HALLELUJA.

Ehre dem Vater, Ehre dem Sohne,
Ehre dem Heiligen Geiste.
Wie im Anfang, so auch jetzt und immer
und in Ewigkeit. Amen.

HALLELUJA, HALLELUJA.

CHRISTUS IST WAHRHAFT VOM TODE ERSTANDEN.
HALLELUJA, HALLELUJA.

Am Dienstag, Donnerstag und Samstag

Invitatorium

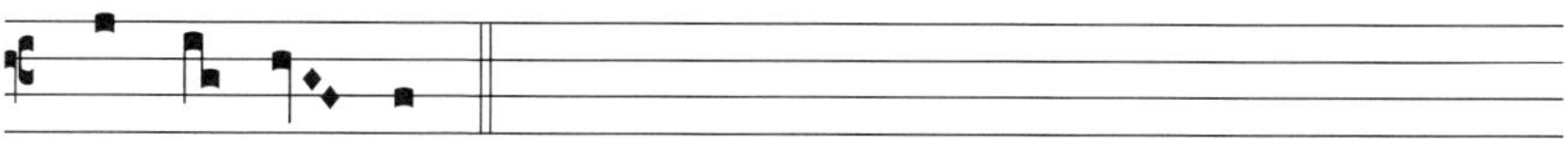

Psalm 100

JAUCHZET dem Herrn, alle Welt!
Dient dem Herrn mit Freude!
Kommt vor sein Antlitz mit Jubel!

HALLELUJA, HALLELUJA.

Erkennt: Der Herr ist Gott!
Er hat uns geschaffen, wir sind sein Eigen,
sein Volk und die Herde seiner Weide.

CHRISTUS IST VOM TODE ERSTANDEN.
HALLELUJA, HALLELUJA.

Tretet durch seine Tore mit Dank,
in seine Höfe mit Lobgesang!
Dankt ihm, preist seinen Namen!

HALLELUJA, HALLELUJA.

Denn gut ist der Herr,
seine Huld währt ewig
und Geschlecht um Geschlecht seine Treue.

CHRISTUS IST VOM TODE ERSTANDEN.
HALLELUJA, HALLELUJA.

Ehre sei dem Vater und dem Sohn
und dem Heiligen Geiste.
Wie im Anfang, so auch jetzt und immer
und für ewige Zeiten. Amen.

HALLELUJA. HALLELUJA.

CHRISTUS IST VOM TODE ERSTANDEN.
HALLELUJA, HALLELUJA.

Hymnus

II

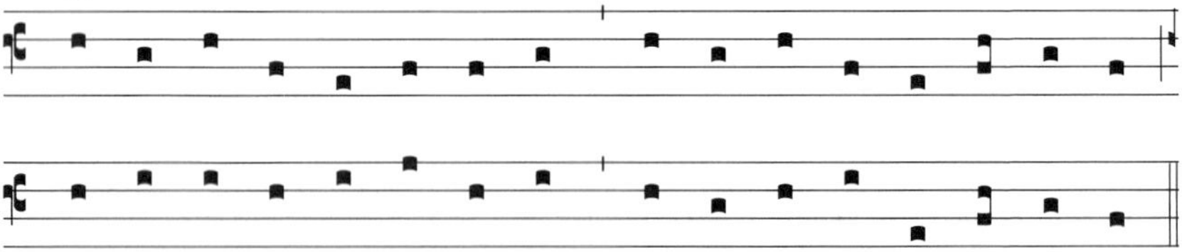

WAHRHAFT, dies ist der Tag des Herrn,
verklärt von Gottes heil'gem Licht,
der Tag, an dem die Schuld der Welt
durch Jesu Blut wird ausgelöscht.

Verlorene läßt dieser Tag
das Licht der Hoffnung wieder sehn.
Wer ist nicht von der Angst erlöst,
wenn selbst der Schächer Gnade fand?

Er, dessen Schuld den Tod verdient',
gab sich in Christi Hand und lebt.
Welch ein Gericht vollzieht sich hier,
welch ein Geheimnis tut sich kund!

Was könnte wunderbarer sein,
als daß aus Schuld nun Gnade wird,
daß Liebe von der Furcht befreit,
und Tod das neue Leben schenkt?

Dem Herrn sei Preis und Herrlichkeit,
der aus dem Grabe auferstand,
dem Vater und dem Geist zugleich
durch alle Zeit und Ewigkeit. Amen.

Erste und Zweite Nokturn

Psalmodie und Versikel *wie im Wochenpsalter.*

Am Montag

Resp 1
IV/7

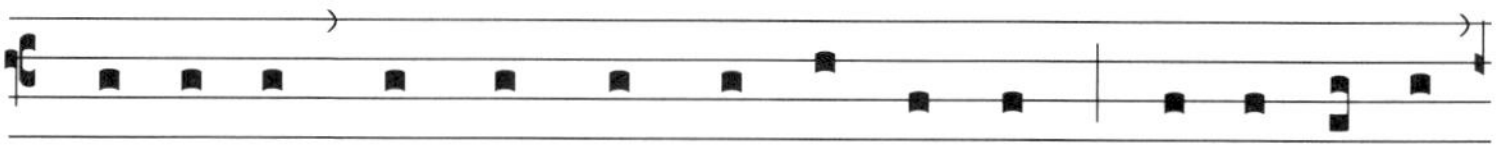

I ch le- be, und auch ihr wer-det le- ben: * Hal- le- lu- ja,

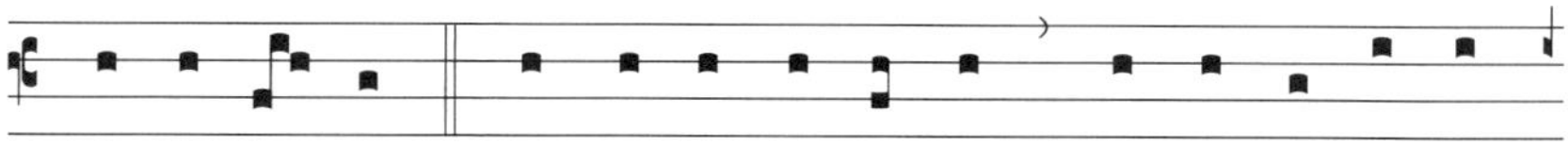

hal- le- lu- ja. ℣. Ihr werdet er-kennen, daß ich im Va- ter

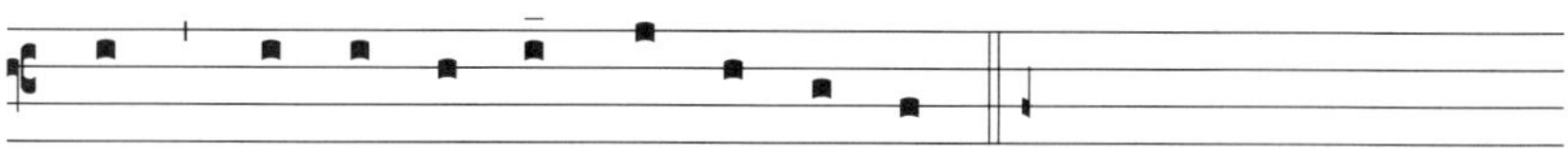

bin, und ihr in mir, und ich in euch. *Joh 14,19f*

Resp 2
IV/7

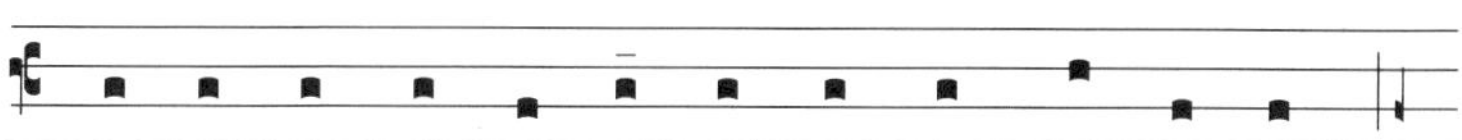

G ott hat sein Volk be-freit aus der Hand des Star-ken:

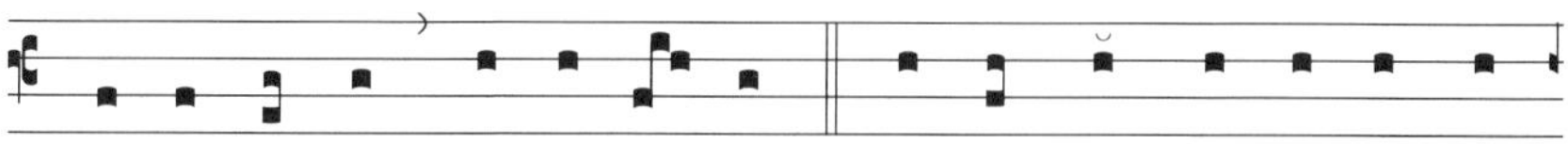

* Hal- le- lu- ja, hal- le- lu- ja. ℣. Sie kommen und ju-beln auf

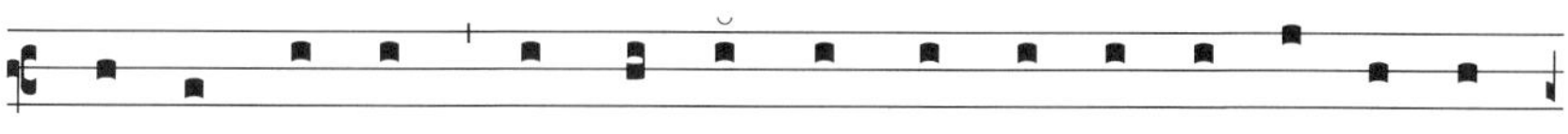

Zi- ons Hö-hen, sie strah-len vor Freu-de ü- ber die Ga- ben

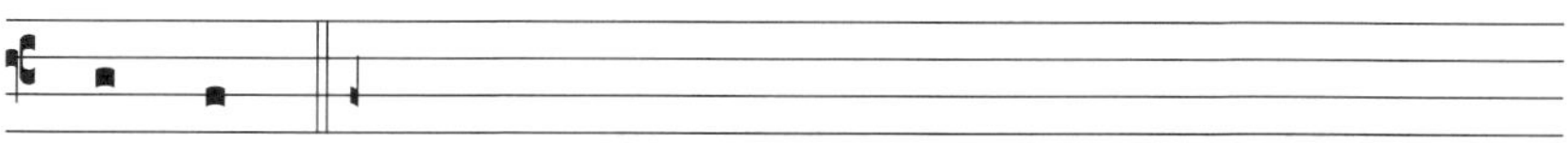

des Herrn. *Jer 31,11f*

Am Dienstag

Resp 1
IV/7

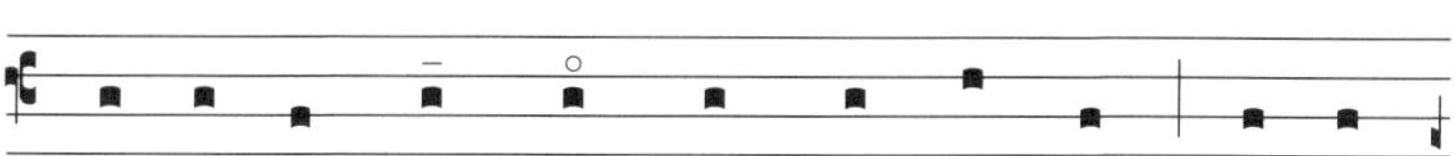

D ie ihr den Herrn liebt, freut euch mit mir: * Hal- le-

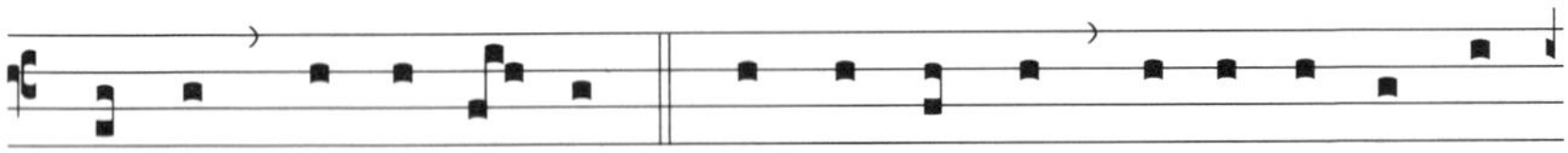

lu- ja, hal- le- lu- ja. ℣. Den ich suchte, er ist mir erschie-

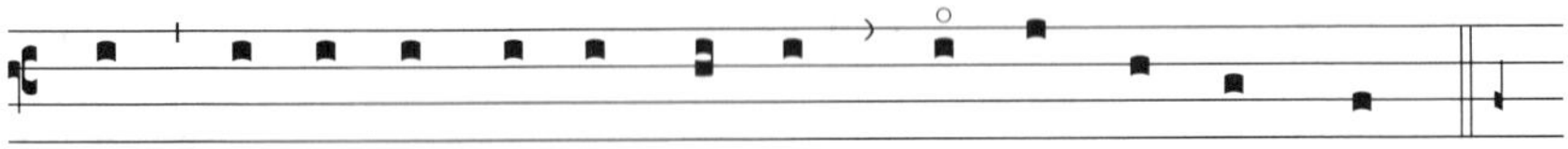

nen; da ich am Gra- be wein-te, sah ich mei-nen Herrn. *LT*

Resp 2
IV/7

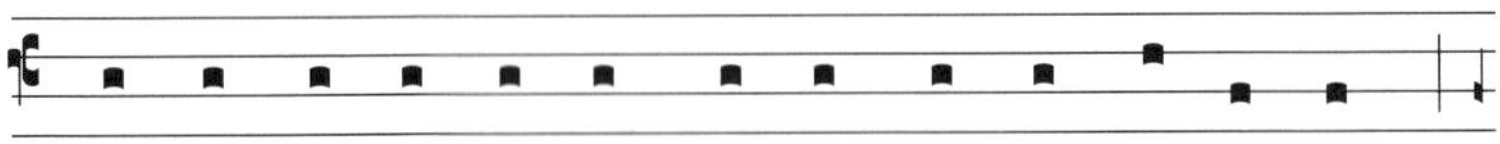

Ich will dei-nen Namen mei-nen Brü-dern verkünden:

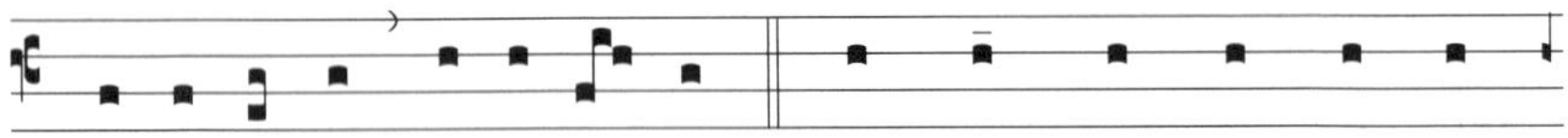

* Hal-le- lu- ja, hal-le- lu- ja. ℣. Vom Herrn wird man dem kom-

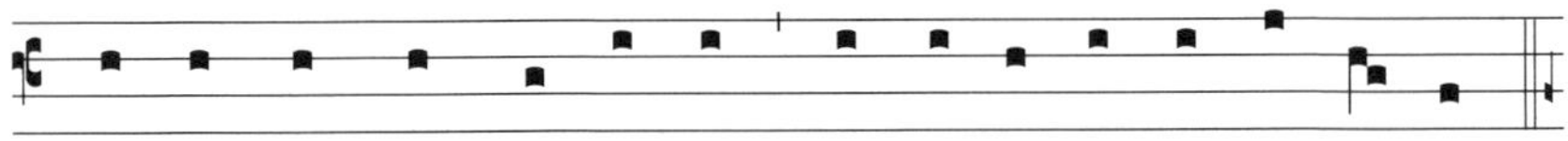

menden Geschlecht er- zäh-len und sei-ne Heilstat ver-künden.

Ps 22,23.31f

Am Mittwoch

Resp 1
IV/7

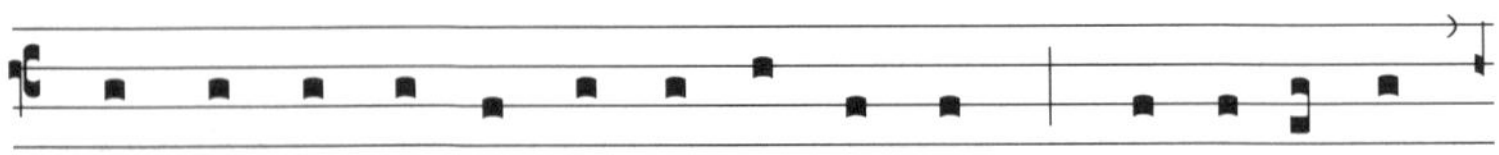

Ich wandle eu- re Trau-er in Ju- bel: * Hal- le- lu- ja,

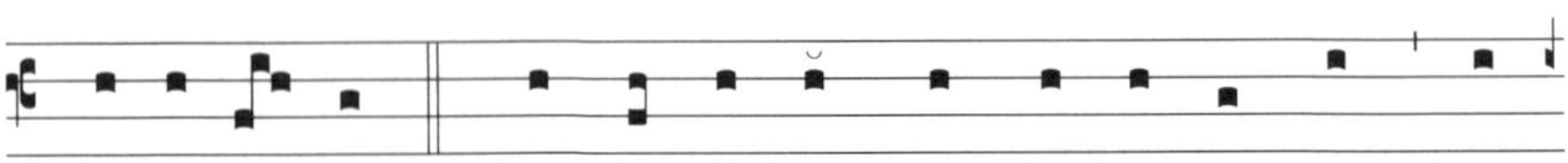

hal-le- lu- ja. ℣. Ich trö-ste euch und mache euch froh: mein

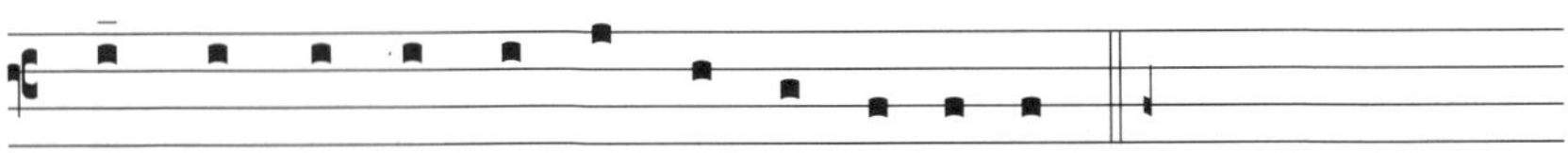

Volk soll sich an mei-nen Ga-ben sät-ti- gen. *Jer 31,13f*

Resp 2
IV/7

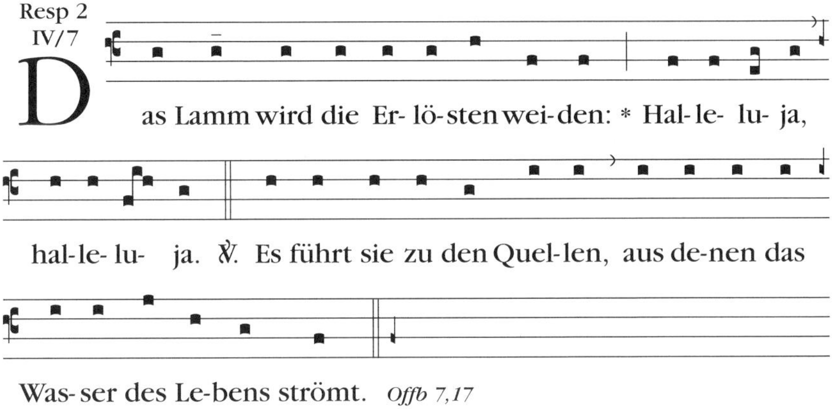

Am Donnerstag

Resp 1
IV/7

Resp 2
IV/7

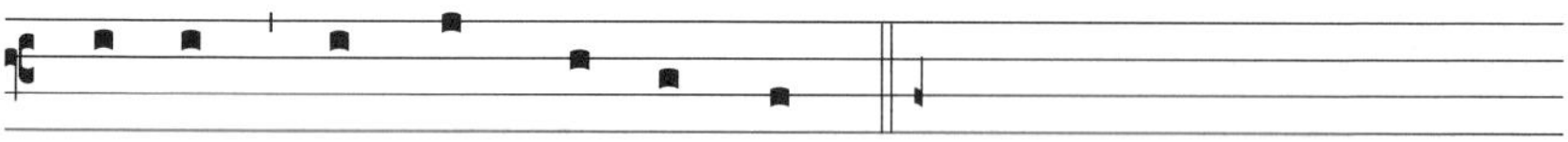

blei-be, der bringt reiche Frucht. *Joh 15,5*

Am Freitag

Resp 2
IV/7

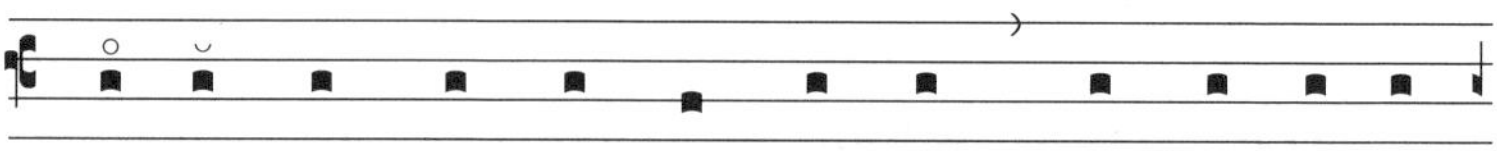

Sie- he, durch das Holz des Kreu-zes kam Freu-de in

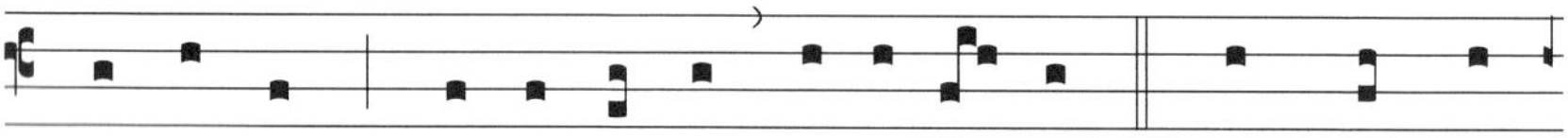

al- le Welt: * Hal- le- lu- ja, hal-le- lu- ja. ℣. Dein Kreuz, o

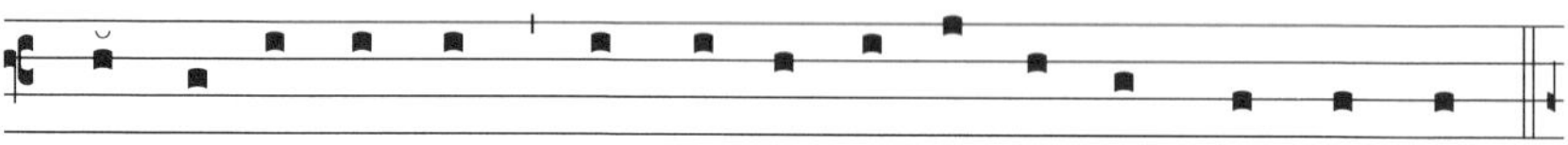

Herr, ver- eh-ren wir, und dei-ne Auf-er-ste-hung rühmen wir. *LT*

Resp 2
IV/7

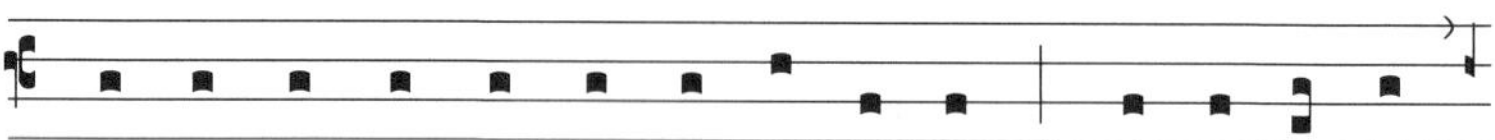

Auf- er-stan-den ist der gu- te Hir- te: * Hal- le- lu- ja,

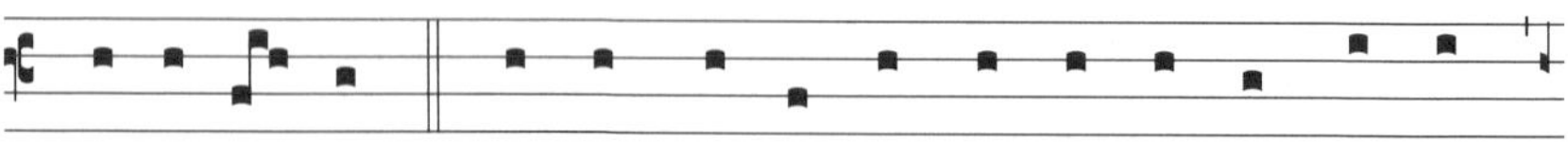

hal-le- lu- ja. ℣. Er gab sein Le-ben hin für sei- ne Scha- fe,

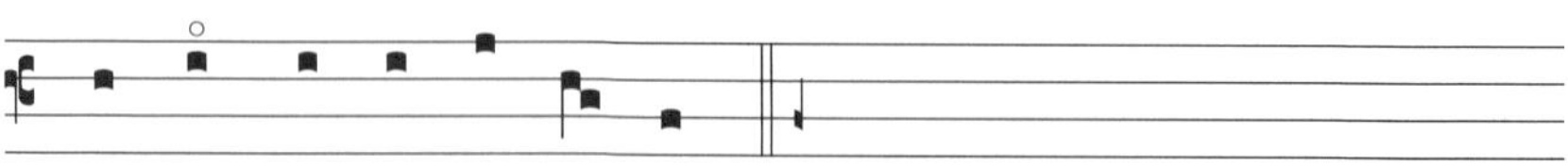

er starb für sei- ne Her- de. *LT*

Am Samstag

Resp 1
IV/7

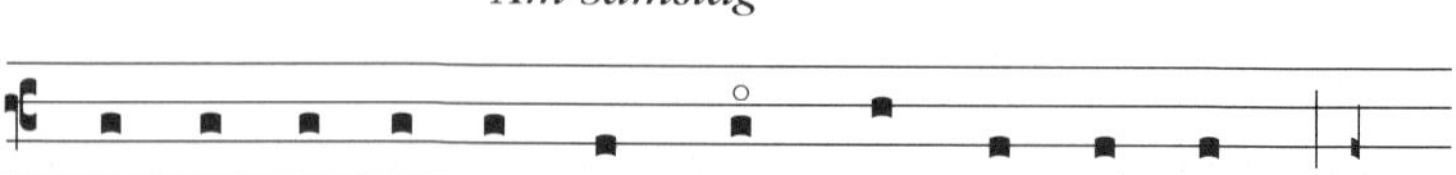

Die Jün-ger sa-hen den Herrn und freu-ten sich:

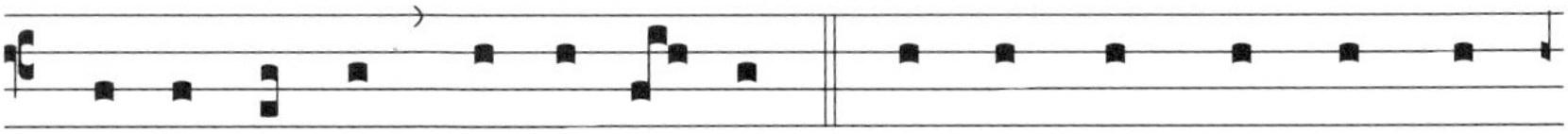

* Hal- le- lu- ja, hal- le- lu- ja. ℣. Er trat durch die verschlos-

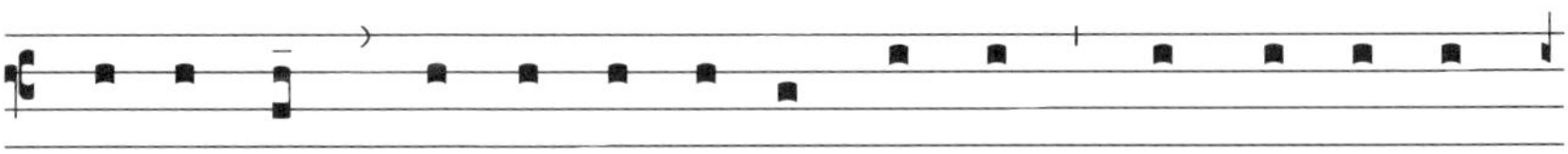

se- ne Tür und entbot ih-nen Frie-den. Dann zeig-te er

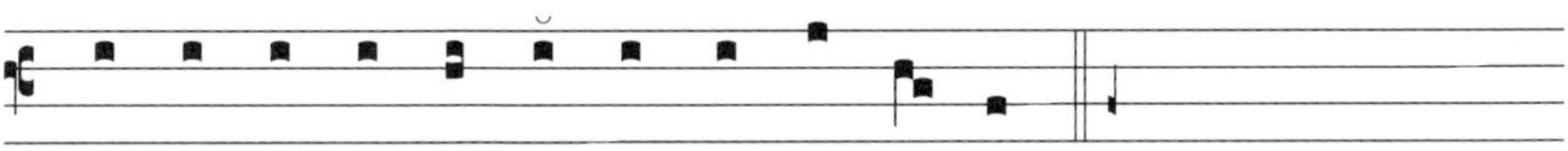

ih-nen sei- ne Hän-de und sei- ne Sei- te. *Joh 20,19f*

Resp 2
IV/7

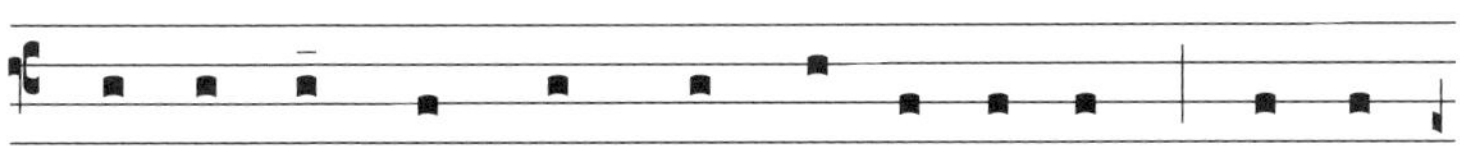

Un- ser Gott wird herrschen in E- wigkeit: * Hal- le-

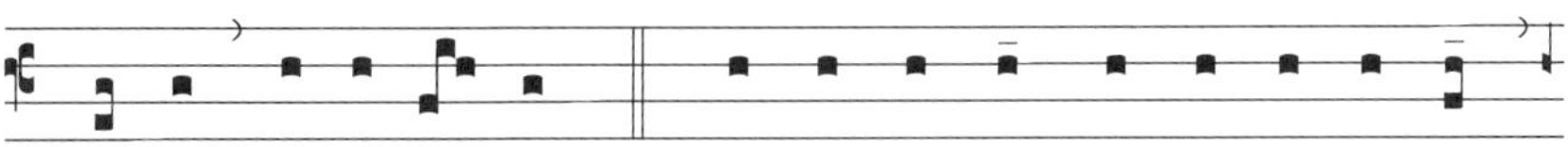

lu- ja, hal-le- lu- ja. ℣. Jetzt ist er da, der ret-ten-de Sieg

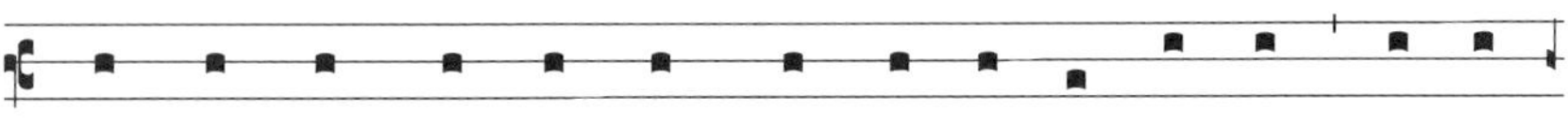

und die Macht und die Herrschaft un- se- res Got- tes, und die

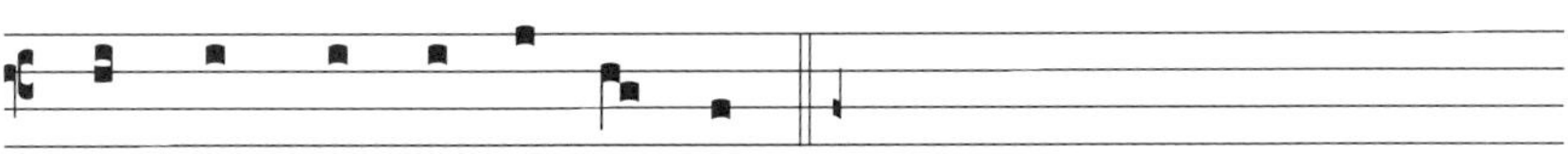

Vollmacht sei- nes Ge- salb-ten. *cf. Offb 11,15; 12,10*

* * *

LAUDES

Psalmodie *wie im Wochenpsalter.*

Am Montag

Kurzlesung *Ez 36,23-25*

Ich werde meinen großen Namen wieder zu Ehren bringen, der bei den Völkern entweiht ist, den ihr unter ihnen entweiht habt. Und die Völker werden erkennen, daß ich der Herr bin, wenn ich mich an euch vor ihren Augen als heilig erweise. Ich hole euch heraus aus den Völkern, ich sammle euch aus allen Ländern und bringe euch in euer Land. Ich gieße reines Wasser über euch aus, dann werdet ihr rein. Ich reinige euch von aller Unreinheit und von allen euren Götzen – Spruch Gottes, des Herrn.

Am Dienstag

Kurzlesung *Sir 51,1-5()*

Ich will dich preisen, Herr und König, ich will dich loben, du Gott meines Heils. Ich will deinen Namen verkünden, du Hort meines Lebens, denn du hast mich vom Tod errettet. Du hast meinen Leib vor der Grube bewahrt, meinen Fuß dem Griff der Unterwelt entrissen. In deiner großen Huld hast du mir geholfen aus der Schlinge derer, die auf meinen Fall lauerten, aus der Hand jener, die mir nach dem Leben trachteten. Aus vielen Nöten hast du mich erlöst, aus der Bedrängnis der Flammen und aus dem Schoß der Fluten.

Am Mittwoch

Kurzlesung *Ez 36,26-28*

Ich schenke euch ein neues Herz und lege einen neuen Geist in euch. Ich nehme das Herz von Stein aus eurer Brust und gebe euch ein Herz von Fleisch. Ich lege meinen Geist in euch und bewirke, daß ihr meinen Gesetzen folgt und auf meine Gebote achtet und sie erfüllt. Dann werdet ihr in dem Land wohnen, das ich euren Vätern gab. Ihr werdet mein Volk sein, und ich werde euer Gott sein.

Am Donnerstag

Kurzlesung *Jes 38,17-19*

Siehe, die Bitternis ist mir zum Heil geworden: du hast mich bewahrt vor der Grube der Vernichtung, all meine Sünden warfst du hinter deinen

Rücken. Man dankt dir ja nicht in der Unterwelt, die Toten loben dich nicht. Die in die Grube gefahren sind, hoffen nicht mehr auf deine Treue. Der Lebende, nur der Lebende lobt dich, wie ich es heute tue.

Am Freitag

Kurzlesung *Ez 37,12-14*

So spricht Gott, der Herr: Siehe, mein Volk, ich öffne eure Gräber und hole euch aus euren Gräbern herauf. Ich bringe euch zurück in das Land Israel. Wenn ich eure Gräber öffne und euch aus euren Gräbern heraufhole, dann werdet ihr erkennen, daß ich der Herr bin. Ich hauche euch meinen Geist ein, dann werdet ihr lebendig; ich bringe euch wieder in euer Land. Dann werdet ihr erkennen, daß ich der Herr bin. Ich habe es gesagt und ich werde es tun.

Am Samstag

Kurzlesung *Jona 2,4f.7.10*

Du hast mich in die Tiefe geworfen, ins Herz der Meere; mich umschlossen die Fluten, all deine Wellen und Wogen schlugen über mir zusammen. Schon dachte ich: Ich bin aus deinen Augen verstoßen, nie wieder werde ich deinen heiligen Tempel schauen. Doch du holtest mich lebendig aus der Grube herauf, Herr, mein Gott! Laut will ich dein Lob verkünden und erfüllen, was ich gelobt habe. Ja, die Rettung kommt vom Herrn.

Am Montag, Mittwoch und Freitag

Hymnus

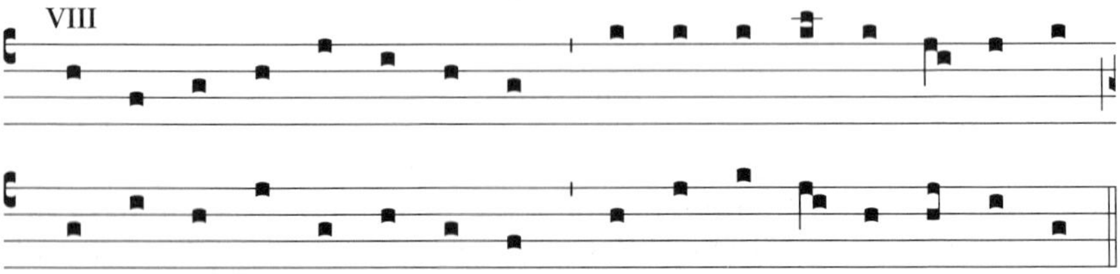

DU HIMMEL droben, freue dich,
und Meer und Erde, jubelt mit!
Der Herr erstand aus seinem Grab –
mit ihm die todgeweihte Welt.

Jetzt bricht der Tag des Heiles an
und die verheißne Zeit ist da:
vom Blut des Lammes strahlt die Welt
und hebt sich aus der Finsternis.

Sein Tod und seines Todes Qual
schafft die Vergebung aller Schuld;
in Schwachheit siegt die Gotteskraft
und der Besiegte schlägt den Feind.

Der Hoffnung köstlichen Geschmack
schenkt uns der Herr, daß wir vertraun:
Wir werden mit ihm auferstehn,
mit ihm im ew'gen Leben sein.

Dem Herrn sei Preis und Herrlichkeit,
der aus dem Grabe auferstand,
dem Vater und dem Geist zugleich
durch alle Zeit und Ewigkeit. Amen.

℣. Kündet es allen Völkern. Halleluja.
℟. Vom Holze herab regiert der Herr. Halleluja.

Antiphon und Canticum *wie im Wochenpsalter.*

Am Dienstag, Donnerstag und Samstag

Hymnus

II

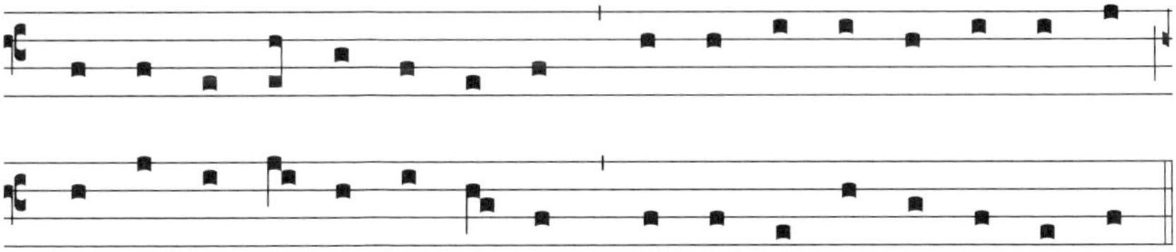

IM LICHT erstrahlt das Morgenrot,
der ganze Himmel tönt von Lob,
im Jubel jauchzt die Erde auf,
und klagend stöhnt die Unterwelt.

Der starke, königliche Held
zerbrach des Todes schweren Bann.
Sein Fuß zertrat der Hölle Macht:
Aus harter Fron sind wir befreit.

Er, den der Stein verschlossen hielt,
den man im Grabe noch bewacht,
steigt siegreich aus dem Grab empor,
fährt auf in strahlendem Triumph.

Schon werden alle Klagen stumm
und alle Schmerzen sind gestillt,
denn auferstanden ist der Herr;
ein lichter Engel tut es kund.

Dem Herrn sei Preis und Herrlichkeit,
der aus dem Grabe auferstand,
dem Vater und dem Geist zugleich
durch alle Zeit und Ewigkeit. Amen.

℣. Kündet es allen Völkern. Halleluja.
℟. Vom Holze herab regiert der Herr. Halleluja.

Antiphon und Canticum *wie im Wochenpsalter.*

Donnerstag der 6. Osterwoche

CHRISTI HIMMELFAHRT

HOCHFEST

VIGIL

Invitatorium

Psalm 47

IHR Völker alle, klatscht in die Hände,
jauchzt Gott zu mit lautem Jubel!
Denn furchtgebietend ist der HERR, der Höchste,
ein großer König über die ganze Erde.

SEIN IST DIE EHRE UND EWIGE MACHT. HALLELUJA, HALLELUJA.

Er unterwirft uns Völker,
Nationen unter unsre Füße.
Er wählt für uns unsern Erbbesitz aus,
den Stolz Jakobs, den er lieb hat.

JESUS CHRISTUS, VON DEN TOTEN ERWECKT
UND ERHÖHT ZUR RECHTEN DES VATERS:
SEIN IST DIE EHRE UND EWIGE MACHT. HALLELUJA, HALLELUJA.

Gott stieg empor unter Jubel,
der HERR beim Schall der Posaunen.

SEIN IST DIE EHRE UND EWIGE MACHT. HALLELUJA, HALLELUJA.

Spielt unserm Gott, ja spielt ihm!
Spielt unserm König, spielt ihm!
Denn König der ganzen Erde ist Gott.
Spielt ihm ein Psalmenlied!

JESUS CHRISTUS, VON DEN TOTEN ERWECKT
UND ERHÖHT ZUR RECHTEN DES VATERS:
SEIN IST DIE EHRE UND EWIGE MACHT. HALLELUJA, HALLELUJA.

Gott wurde König über die Völker,
Gott hat sich auf seinen heiligen Thron gesetzt.

SEIN IST DIE EHRE UND EWIGE MACHT. HALLELUJA, HALLELUJA.

Versammelt sind die Fürsten der Völker
als Volk des Gottes Abrahams.
Denn Gott gehören die Schilde der Erde:
er ist hoch erhaben.

JESUS CHRISTUS, VON DEN TOTEN ERWECKT
UND ERHÖHT ZUR RECHTEN DES VATERS:
SEIN IST DIE EHRE UND EWIGE MACHT. HALLELUJA, HALLELUJA.

Ehre dem Vater, Ehre dem Sohne,
Ehre dem Heiligen Geiste.
Wie im Anfang, so auch jetzt und immer
und in Ewigkeit. Amen.

SEIN IST DIE EHRE UND EWIGE MACHT. HALLELUJA, HALLELUJA.

JESUS CHRISTUS, VON DEN TOTEN ERWECKT
UND ERHÖHT ZUR RECHTEN DES VATERS:
SEIN IST DIE EHRE UND EWIGE MACHT. HALLELUJA, HALLELUJA.

*

Hymnus

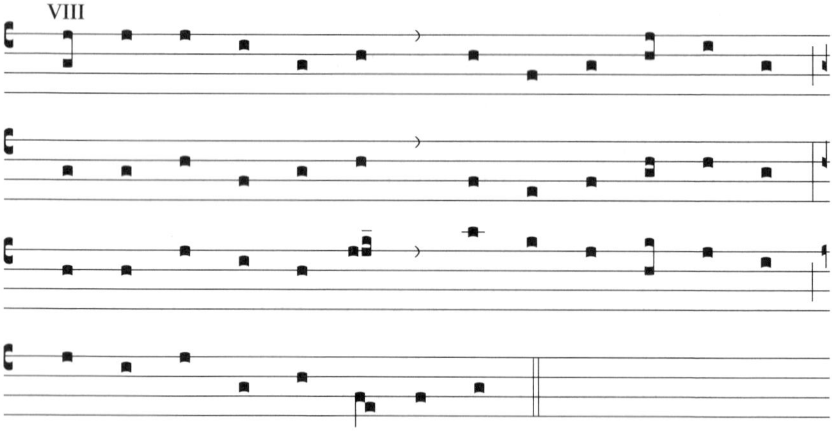

GROSSER, heiliger Tag, / der du uns Freude bringst
und mit heiterem Lied / unsere Herzen füllst,
du sahst Christus, den Herrn, / wie er zum Throne schritt
hoch im Reich seiner neuen Macht.

Jubelnd in seiner Kraft / steigt er zum Himmelszelt,
und das heilige Volk / stolz den Erstandnen rühmt,
mit den Engeln im Chor / stimmt es ein Preislied an
auf des herrlichen Siegers Huld.

Der auf steigender Bahn / Fessel in Fesseln schlug
und der irdischen Schar / reiche Geschenke ließ,
kehrt als Richter zurück, / streng in Gerechtigkeit,
er, der strahlend jetzt aufwärts fuhr.

Herr, wir flehen zu dir, / der du als König herrschst,
nimm in gnädigen Schutz / deine Getreuen auf.
Wenn als Richter du kommst, / Heimliches offenbarst,
laß des Lohnes uns würdig sein.

Vater, Schöpfer des Alls, / dir gebührt Lobgesang
und dem Sohne, der jetzt / zu deiner Rechten thront,
auch dem Geiste, dem Band, / das euch in Liebe eint,
Preis und Ehre in Ewigkeit. Amen.

Erste Nokturn

Ant 1
VIII

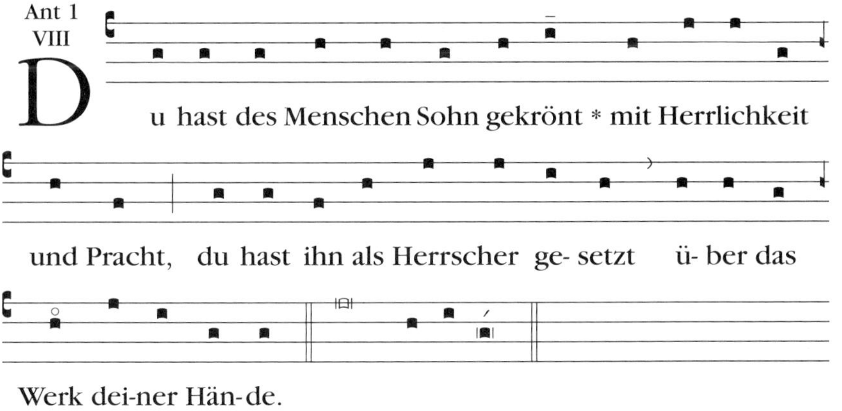

Psalm 8

HERR, unser Herrscher, *
wie herrlich ist dein Name auf der ganzen Erde!

Deine Hoheit, weit über die Himmel hin, will ich besingen *
mit der Kinder und Säuglinge Mund.
Eine Feste hast du gegründet, deinen Gegnern zum Trotz, *
zum Schweigen zu bringen den Feind und den Rächer.

Schaue ich deinen Himmel, das Werk deiner Finger, *
Mond und Sterne, die du befestigt hast:
Was ist der Mensch, daß du seiner gedenkst, *
des Menschen Kind, daß du seiner dich annimmst?
Du hast ihn nur wenig geringer gemacht als Gott, *
hast ihn gekrönt mit Herrlichkeit und Pracht.
Du hast ihn als Herrscher gesetzt über das Werk deiner Hände, *
alles legtest du ihm unter die Füße:
die Schafe und Ziegen und Rinder, *
und auch die Tiere des Feldes,
die Vögel des Himmels und die Fische im Meer, *
und ihn, der dahinzieht die Pfade der Meere.

HERR, unser Herrscher, *
wie herrlich ist dein Name auf der ganzen Erde!

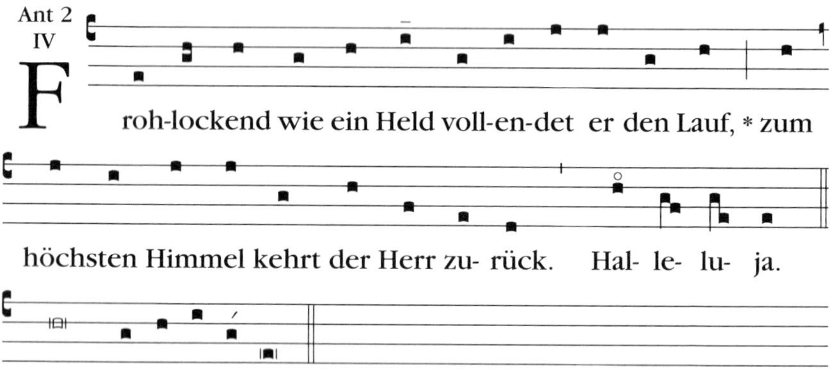

Psalm 19

DIE Himmel erzählen die Herrlichkeit Gottes, *
das Firmament verkündet das Werk seiner Hände.
Ein Tag sagt es jubelnd dem andern, *
eine Nacht übergibt der andern die Kunde.
Nicht sind es Worte, nicht sind es Reden, *
deren Stimme man nicht vernähme.
Ihre Botschaft ging in alle Welt hinaus, *
ihre Nachricht bis zu den Enden der Erde.
Dort hat er der Sonne ein Zelt bestimmt: /
wie der Bräutigam aus seinem Gemach tritt sie hervor, *
sie freut sich wie ein Held, die Bahn zu laufen.
Am einen Ende des Himmels geht sie hervor, /
durchläuft den Kreis bis ans andere Ende. *
Nichts kann vor ihrer Glut sich bergen.

Die Weisung des HERRN ist vollkommen, *
sie erquickt die Seele.
Das Zeugnis des HERRN ist verläßlich, *
den Unwissenden macht es weise.
Die Befehle des HERRN sind gerade, *
das Herz erfüllen sie mit Freude.

Das Gebot des HERRN ist lauter, *
es erleuchtet die Augen.
Die Furcht des HERRN ist rein, *
sie besteht für ewig.
Die Entscheide des HERRN sind wahr, *
gerecht sind sie alle.
Kostbarer sind sie als Gold, als Feingold in Menge, *
süßer sind sie als Honig und Seim aus den Waben.
Auch dein Knecht läßt sich durch sie erleuchten. *
Reich ist belohnt, wer sie beachtet.
Wer wird all seiner Fehler gewahr? *
Sprich mich frei von verborgenen Sünden!
Auch vor Vermessenen behüte deinen Knecht, *
sie sollen nicht über mich herrschen.
Dann werde ich vollkommen sein: *
frei von schwerer Verfehlung.

Die Worte meines Mundes mögen dir gefallen, /
das Sinnen meines Herzens stehe dir vor Augen, *
HERR, mein Fels und mein Erlöser.

Ant 3
VI

Psalm 97

DER HERR ist König! Die Erde frohlocke! *
Freuen sollen sich die vielen Inseln!
Rings um ihn her sind Wolken und Dunkel, *
Gerechtigkeit und Recht sind seines Thrones Stützen.
Feuer läuft vor ihm her, *
ringsum verzehrt es seine Gegner.

Seine Blitze erhellen den Erdkreis, *
die Erde sieht es mit Beben.
Wie Wachs schmelzen vor dem HERRN die Berge, *
vor dem Antlitz des Herrschers der ganzen Erde.
Die Himmel künden seine Gerechtigkeit, *
seine Herrlichkeit schauen alle Völker.

Zuschanden werden, die Bildern dienen, /
die ihrer Götzen sich rühmen. *
Vor ihm werfen alle Götter sich nieder.
Zion hört es und freut sich, *
Judas Töchter jubeln, HERR, über deine Gerichte.
Denn du, o HERR, bist der Höchste über der ganzen Erde, *
hoch erhaben bist du über alle Götter.
Die ihr den HERRN liebt, haßt das Böse! /
Er hütet das Leben seiner Frommen, *
er entreißt sie der Hand der Frevler.
Licht ist dem Gerechten ausgesät, *
Freude denen, die geraden Herzens sind.
Ihr Gerechten, freut euch des HERRN! *
Preist ihn, gedenkt seines heiligen Namens!

℣. Singet Gott, spielt seinem Namen. Halleluja.
℟. Jubelt ihm zu, der auf den Wolken einherfährt. Halleluja.

Resp
IV/7

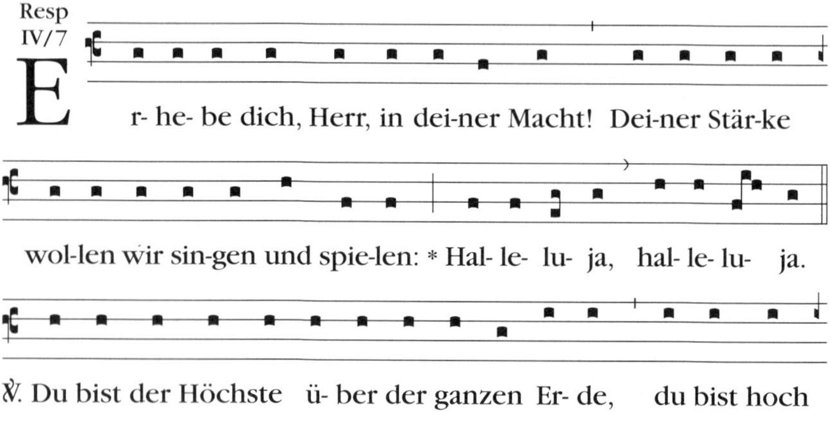

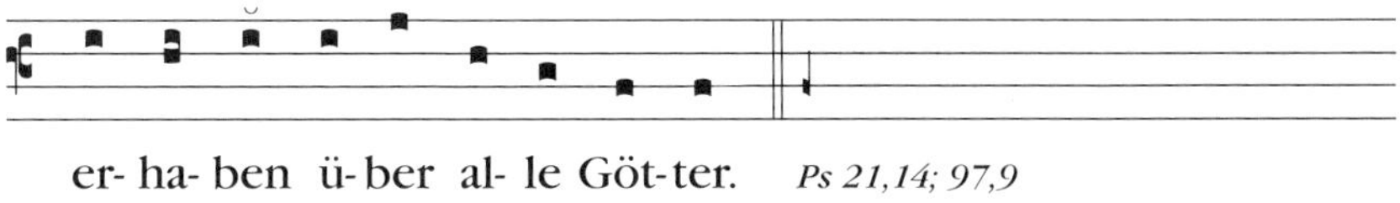

Ps 21,14; 97,9

Zweite Nokturn

Ant 1
VIII

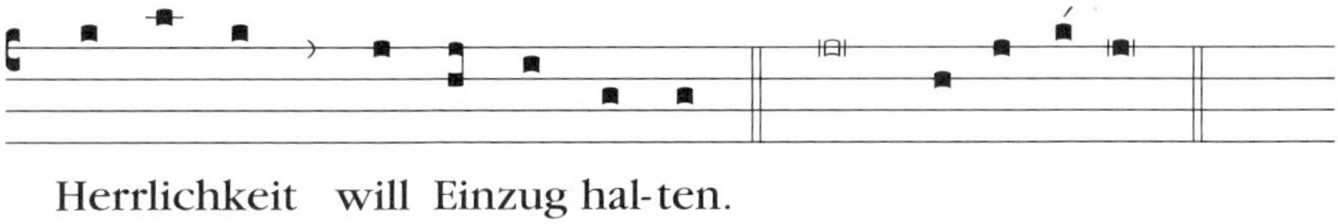

Psalm 24

DES HERRN ist die Erde und was sie erfüllt, *
der Erdkreis und seine Bewohner.
Denn er hat ihn über Meeren gegründet *
und ihn über Strömen gefestigt.

Wer darf hinaufziehn zum Berge des HERRN, *
wer darf stehn an seiner heiligen Stätte?
Der reine Hände hat und ein lauteres Herz, /
der seine Seele nicht erhebt zum Nichtigen, *
und der dem Trug keinen Eid schwört.
Er wird Segen empfangen vom HERRN *
und Gerechtigkeit vom Gott seines Heiles.
Dies ist das Geschlecht, das nach ihm fragt: *
jene, die dein Antlitz suchen, Jakob.

Ihr Tore, hebt eure Häupter, /
erhebt euch, ihr uralten Pforten, *
daß Einzug halte der König der Herrlichkeit!
Wer ist dieser König der Herrlichkeit? /
Der HERR, stark und gewaltig, *
der HERR, gewaltig im Kampfe.

Ihr Tore, hebt eure Häupter, /
erhebt euch, ihr uralten Pforten, *
daß Einzug halte der König der Herrlichkeit!
    Wer ist er, dieser König der Herrlichkeit? /
    Der HERR der Scharen: *
    Er ist der König der Herrlichkeit.

Psalm 46

GOTT ist uns Zuflucht und Stärke, *
vielfach bewährt als Helfer in Nöten.
    Darum bangen wir nicht, mag auch die Erde wanken, *
    mögen Berge stürzen in die Tiefe des Meeres.
Wenn seine Wogen auch tosen und schäumen *
und Berge erzittern vor seinem Ungestüm:
    (Mit uns ist der HERR der Scharen, *
    der Gott Jakobs ist unsre Burg.)

Des Stromes Arme erfreuen die Gottesstadt, *
des Höchsten heilige Wohnung.
    Gott ist in ihrer Mitte, sie wird nicht wanken; *
    am frühen Morgen schon bringt Gott ihr Hilfe.
Völker toben, Reiche wanken, *
er donnert drein, da schmilzt die Erde.
    Mit uns ist der HERR der Scharen, *
    der Gott Jakobs ist unsre Burg.

Kommt und schaut die Taten des HERRN: *
Schauder erregt er auf Erden.

Er setzt den Kriegen ein Ende, bis an die Grenzen der Erdẹ, /
zerbricht die Bogen, zerschlägt die Lanzen, *
verbrennt die Wagen im Feuer.
„Laßt ab und erkennt, daß ich Gott bin: *
erhaben über die Völker, erhaben auf Erden."
Mit uns ist der HERR der Scharen, *
der Gott Jakobs ist unsre Burg.

Ant 3
V

Psalm 96

SINGET dem HERRN ein neuẹs Lied, /
singt dem HERRN, alle Lande, *
singt dem HERRN und preist seinen Namen!
Verkündet sein Heil von Tag zụ Tag, /
erzählt unter den Völkern von seiner Herrlichkeit, *
bei allen Nationen von seinen Wundern.
Denn groß ist der HERR und hoch zu preisen, *
mehr zu fürchten als alle Götter.
Sind doch alle Götter der Völker Nichtse, *
der HERR aber hat den Himmel geschaffen.
Hoheit und Pracht sind vor seinem Antlitz, *
Macht und Glanz erfüllen sein Heiligtum.

Bringt dar dem HERRN, ihr Stämme der Völkẹr, /
bringt dar dem HERRN Ehre und Macht, *
bringt dar dem HERRN die Ehre seines Namens!
Bringt Gaben und tretet in seine Höfẹ! /
Fallt nieder vor dem HERRN in heiligem Schmuck! *
Die ganze Erde erbebe vor seinem Antlitz.

Verkündet unter den Nationen: Der HERR ist König! /
– Fest ist der Erdkreis gegründet, nie wird er wanken. – *
Er richtet die Völker, wie es recht ist.

Der Himmel freue sich, die Erde jauchze, *
es brause das Meer und seine ganze Fülle,
es jauchze die Flur, und was auf ihr wächst, *
jubeln sollen alle Bäume des Waldes
vor dem HERRN, denn er kommt, *
denn er kommt, die Erde zu richten.
Er richtet den Erdkreis in Gerechtigkeit *
und die Völker nach seiner Treue.

℣. O Gott, man schaute deinen Einzug. Halleluja.
℟. Den Einzug meines Gottes und Königs ins Heiligtum. Halleluja.

Joh 14,27f

Dritte Nokturn

Das folgende Canticum wird responsorial gesungen. Die Halleluja-*Responsa nach jedem ersten und zweiten Halbvers lauten:*

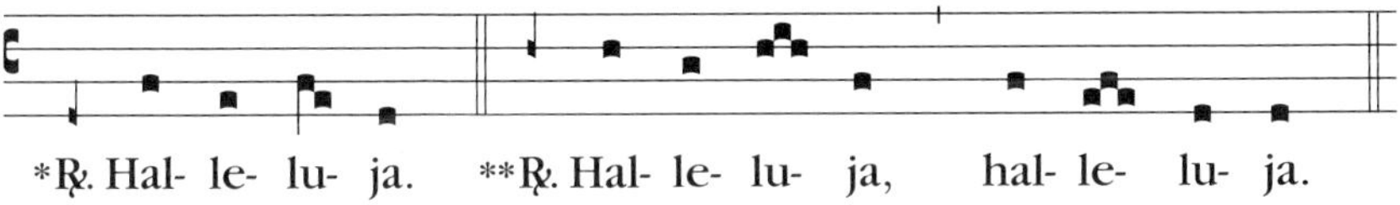

1 Chronik 29,10-13

HALLELUJA! Gepriesen bist du, HERR,
Gott unsres Vaters Israel, – *℟.
von Ewigkeit zu Ewigkeit! – **℟.

Halleluja! Dein, o HERR, sind Größe und Kraft,
Ruhm und Glanz und Hoheit; – *℟.
dein ist alles im Himmel und auf Erden. – **℟.

Halleluja! Dein, o HERR, ist das Königtum. – *℟.
Du erhebst dich als Haupt über alles. – **℟.

Halleluja! Von dir kommen Reichtum und Ehre; – *℟.
du bist Herrscher über alles. – **℟.

Halleluja! In deiner Hand liegen Kraft und Stärke; – *℟.
von deiner Hand kommt alle Macht und Größe. – **℟.

Halleluja! HERR, unser Gott, wir danken dir, – *℟.
wir rühmen deinen herrlichen Namen. – **℟.

Halleluja! Ehre sei dem Vater und dem Sohn
und dem Heiligen Geiste. – *℟.
Wie im Anfang, so auch jetzt und allezeit
und in Ewigkeit. Amen. – **℟.

*Nach der letzten Wiederholung von **℟. schließt sich noch einmal die Antiphon an (Vorsänger *Alle).*

℣. Du zogst hinauf zur Höhe. Halleluja.
℟. Und führtest mit die Gefangenen. Halleluja.

Resp
IV/7

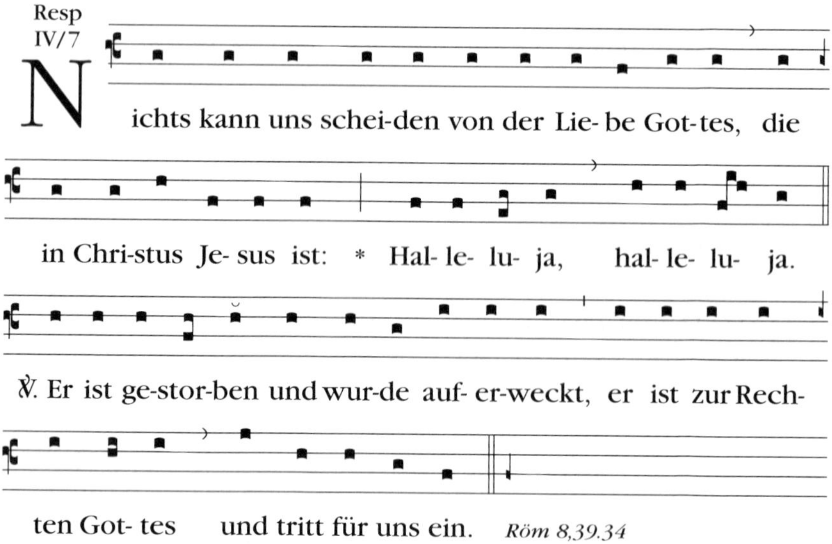

Röm 8,39.34

LAUDES

Ant 1
VIII

Joh 16,28

Psalm 93

DER HERR ist König, mit Hoheit bekleidet; *
der HERR hat sich bekleidet und mit Macht umgürtet.

Fest ist der Erdkreis gegründet, *
nie wird er wanken.
Fest steht dein Thron von Anbeginn, *
du bist von Ewigkeit.

Fluten erhoben, HERR, /
Fluten erhoben ihr Tosen, *
Fluten erheben ihr Brausen.
Gewaltiger als das Tosen der mächtigen Wasser, /
gewaltiger als die Brandung des Meeres *
ist gewaltig der HERR in der Höhe.

Deine Gesetze sind fest und verläßlich, /
HERR, deinem Haus ziemt Heiligkeit *
für alle Zeiten.

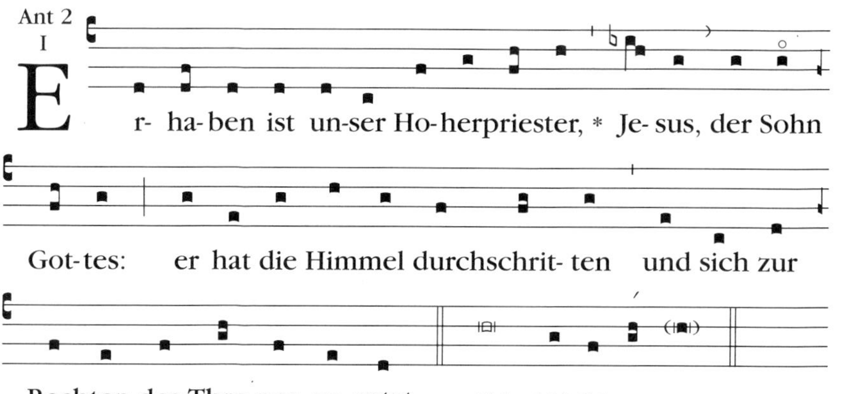

Hebr 4,14; 8,1

Psalm 110

SO SPRICHT der HERR zu meinem Herrn: *
„Setze dich zu meiner Rechten,
bis ich dir hinlege deine Feinde *
als Schemel für die Füße."
Vom Zion streckt der HERR das Zepter deiner Macht aus: *
„Herrsche inmitten deiner Feinde!

Dein ist die Herrschaft am Tag deiner Macht *
in heiligem Glanz.
Wie den Tau aus dem Schoß des Morgenrots *
habe ich dich gezeugt."
Geschworen hat der HERR /
und wird es nicht bereuen: *
„Du bist Priester auf ewig nach der Ordnung Melchisedeks!"

Der Herr steht dir zur Rechten, *
zerschmettert Könige am Tag seines Zorns.
[Unter den Völkern hält er Gericht, /
er häuft die Toten, *
zerschmettert die Häupter weithin auf Erden.]

Er trinkt aus dem Bach am Wege, *
so kann er neu das Haupt erheben.

Ant 3
I

Joh 13,31

Exodus 15,1-18

ICH singe dem HERRN ein Lied, /
denn er ist hoch erhaben. *
Rosse und Wagen warf er ins Meer.
Meine Stärke und mein Lied ist der HERR, *
er ist mir zum Retter geworden.
Er ist mein Gott, ihn will ich preisen, *
meines Vaters Gott, ihn will ich erheben.

Der HERR ist ein Held im Kriege, *
'HERR' ist sein Name.

Ins Meer warf er die Wagen des Pharao /
und all seine Streitmacht. *
Seine besten Kämpfer versanken im Schilfmeer.
 Die Fluten bedeckten sie, *
 sie sanken in die Tiefe wie ein Stein.
Deine Rechte, o HERR, ist gewaltig an Stärke, *
deine Rechte, o HERR, zerschmettert den Feind.
 In deiner Hoheit Fülle wirfst du deine Gegner nieder. *
 Du sendest die Glut deines Zorns, die frißt sie wie Stoppeln.
Du schnaubtest vor Wut, da türmten sich die Wasser, /
wie ein Damm standen aufrecht die Wogen, *
die Fluten erstarrten mitten im Meer.

 Es sagte der Feind: /
 „Ich will sie verfolgen, ich hole sie ein. *
 Ich teile die Beute, ich stille meine Gier.
Ich zücke mein Schwert, *
meine Hand wird sie vertreiben."
 Da schnaubtest du Sturm - /
 und schon begrub sie das Meer, *
 sie versanken wie Blei in gewaltigen Wassern.

Wer ist wie du, HERR, unter den Göttern? /
Wer ist wie du, gewaltig in Heiligkeit, *
schrecklich in ruhmvollen Taten, Wunder vollbringend?
 Du strecktest deine Rechte aus, *
 da verschlang sie die Erde.
Du lenktest das Volk, das du erlöst hast, in Güte *
und führtest sie mit Macht zu deiner heiligen Wohnung.
 Als die Völker das hörten, erbebten sie, *
 die Philister packte der Schrecken.
Es erschraken die Fürsten von Edom, /
Zittern ergriff die Mächtigen Moabs, *
die Bewohner Kanaans verzagten alle.
 Über sie brach Furcht und Entsetzen herein. *
 Sie erstarrten zu Stein vor der Macht deines Armes,
während dein Volk hindurchzog, o HERR, *
während das Volk hindurchzog, das du erworben.

Du brachtest sie hin und pflanztest sie ein *
auf dem Berg deines Erbes:
Einen Ort, wo du thronst, HERR, hast du bereitet, *
ein Heiligtum, Herr, haben deine Hände gegründet.

Der HERR ist König *
für immer und ewig!

Ant 4 VIII

Mt 28,20

Psalm 150

LOBT Gott in seinem Heiligtum, *
lobt ihn in seiner mächtigen Feste!
Lobt ihn ob seiner gewaltigen Taten, *
lobt ihn in der Fülle seiner Hoheit!
Lobt ihn mit dem Schall der Posaunen, *
lobt ihn mit Harfe und Leier!
Lobt ihn mit Pauke und Reigen, *
lobt ihn mit Flöten und Saitenspiel!
Lobt ihn mit hellen Zimbeln, /
lobt ihn mit schmetternden Zimbeln! *
Alles, was Atem hat, lobe den HERREN!

Kurzlesung *Eph 2,4-7*

Gott, der voll Erbarmen ist, hat uns, die wir infolge unserer Sünden tot waren, in seiner großen Liebe, mit der er uns geliebt hat, zusammen mit Christus wieder lebendig gemacht. Aus Gnade seid ihr gerettet. Er hat uns mit Christus auferweckt und uns zusammen mit ihm einen Platz im Himmel gegeben. Er hat den kommenden Zeiten den überfließenden Reichtum seiner Gnade gezeigt, als er in Christus Jesus gütig an uns handelte.

Hymnus

II

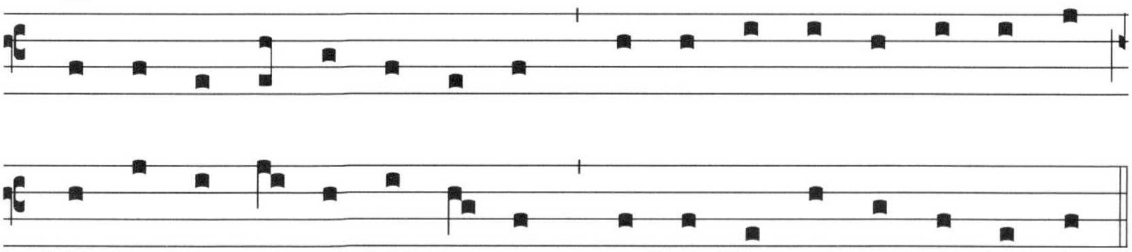

DU HÖCHSTER Herr der Ewigkeit,
du Retter der verlornen Welt,
durch den der Tod vernichtet ist,
das Leben sieghaft triumphiert.

Zum Thron des Vaters steigst du auf
und nimmst zu seiner Rechten Platz;
der dich erhöht in Herrlichkeit,
er setzt dich ein in seine Macht.

In Ehrfurcht beugen sich vor dir
der Himmel und das Erdenrund,
und selbst das Reich des Todes weiß:
Du bist der Herr der ganzen Welt.

Die Engel nehmen staunend wahr,
wie sich des Menschen Los gewandt:
der unsre Schuld im Fleisch gesühnt,
er herrscht im Fleische nun als Gott.

Dir, Herr, sei Ruhm und Herrlichkeit,
dem Sieger, der zur Höhe fährt,
dem Vater und dem Geist zugleich
durch alle Zeit und Ewigkeit. Amen.

℣. Ich komme wieder und euer Herz wird sich freuen. Halleluja.
℟. Und eure Freude wird euch niemand nehmen. Halleluja.

Mt 18,18f

OSTERZEIT
NACH CHRISTI HIMMELFAHRT

VIGIL

Invitatorium

Am siebten Ostersonntag wie an Christi Himmelfahrt, 292.

Am Montag, Mittwoch und Freitag

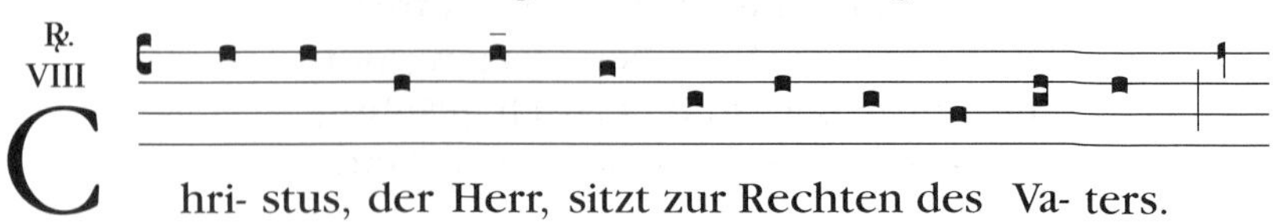

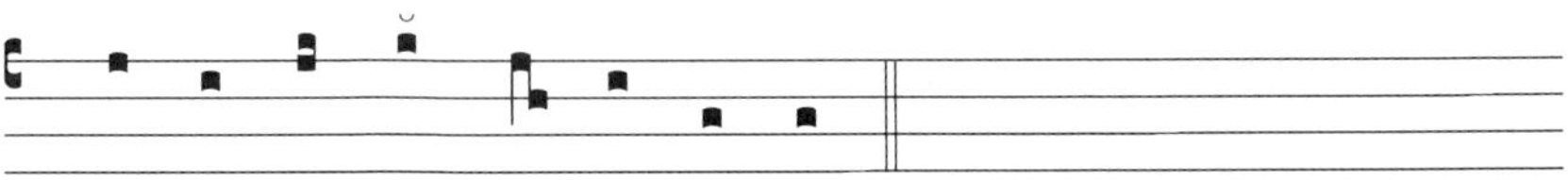

* Hal- le- lu- ja, hal- le- lu- ja,

Psalm 47

IHR Völker alle, klatscht in die Hände,
jauchzt Gott zu mit lautem Jubel!
Denn furchtgebietend ist der HERR, der Höchste,
ein großer König über die ganze Erde.

HALLELUJA, HALLELUJA.

Er unterwirft uns Völker,
Nationen unter unsre Füße.
Er wählt für uns unsern Erbbesitz aus,
den Stolz Jakobs, den er lieb hat.

CHRISTUS, DER HERR, SITZT ZUR RECHTEN DES VATERS.
HALLELUJA, HALLELUJA.

Gott stieg empor unter Jubel,
der HERR beim Schall der Posaunen.

HALLELUJA, HALLELUJA.

Spielt unserm Gott, ja spielt ihm!
Spielt unserm König, spielt ihm!
Denn König der ganzen Erde ist Gott.
Spielt ihm ein Psalmenlied!

CHRISTUS, DER HERR, SITZT ZUR RECHTEN DES VATERS.
HALLELUJA, HALLELUJA.

Gott wurde König über die Völker,
Gott hat sich auf seinen heiligen Thron gesetzt.

HALLELUJA, HALLELUJA.

Versammelt sind die Fürsten der Völker
als Volk des Gottes Abrahams.
Denn Gott gehören die Schilde der Erde:
er ist hoch erhaben.

CHRISTUS, DER HERR, SITZT ZUR RECHTEN DES VATERS.
HALLELUJA, HALLELUJA.

Ehre dem Vater, Ehre dem Sohne,
Ehre dem Heiligen Geiste.
Wie im Anfang, so auch jetzt und immer
und in Ewigkeit. Amen.

HALLELUJA, HALLELUJA.

CHRISTUS, DER HERR, SITZT ZUR RECHTEN DES VATERS.
HALLELUJA, HALLELUJA.

Am Dienstag, Donnerstag und Samstag

Psalm 100

JAUCHZET dem HERRN, alle Welt!
Dient dem HERRN mit Freude!
Kommt vor sein Antlitz mit Jubel!

HALLELUJA, HALLELUJA.

Erkennt: Der HERR ist Gott!
Er hat uns geschaffen, wir sind sein Eigen,
sein Volk und die Herde seiner Weide.

CHRISTUS, DER HERR, IST BEIM VATER ERHÖHT.
HALLELUJA, HALLELUJA.

Tretet durch seine Tore mit Dank,
in seine Höfe mit Lobgesang!
Dankt ihm, preist seinen Namen!

HALLELUJA, HALLELUJA.

Denn gut ist der HERR,
seine Huld währt ewig
und Geschlecht um Geschlecht seine Treue.

CHRISTUS, DER HERR, IST BEIM VATER ERHÖHT.
HALLELUJA, HALLELUJA.

Ehre sei dem Vater und dem Sohne
und dem Heiligen Geiste.
Wie im Anfang, so auch jetzt und immer
und für ewige Zeiten. Amen.

HALLELUJA. HALLELUJA.

CHRISTUS, DER HERR, IST BEIM VATER ERHÖHT.
HALLELUJA, HALLELUJA.

Hymnus *wie an Christi Himmelfahrt,* 294.

Erste, Zweite und Dritte Nokturn

Psalmodie und Versikel *am siebten Ostersonntag und an den Wochentagen wie im Wochenpsalter.*

Am siebten Ostersonntag

Resp 1
IV/7

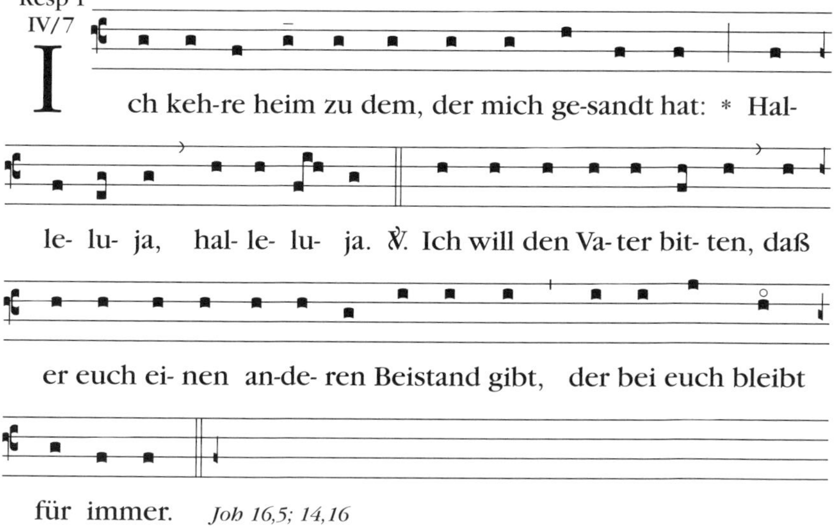

Joh 16,5; 14,16

Resp 2
IV/7

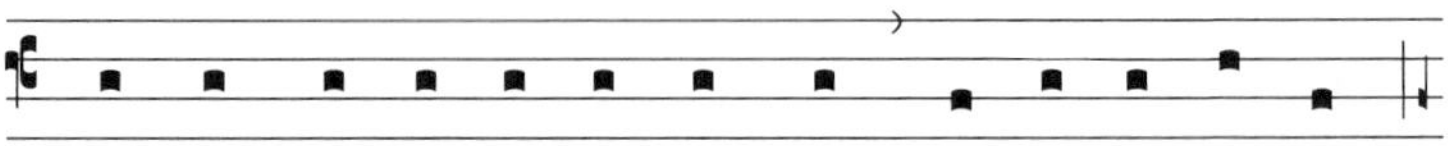

W ie mich der Va- ter ge-sandt hat, so sen-de ich euch:

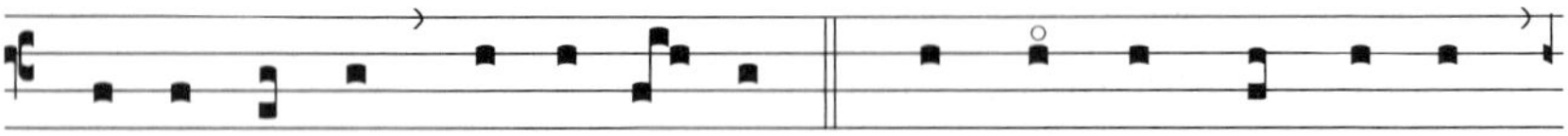

* Hal- le- lu- ja, hal- le- lu- ja. ℣. Nicht ihr habt mich erwählt,

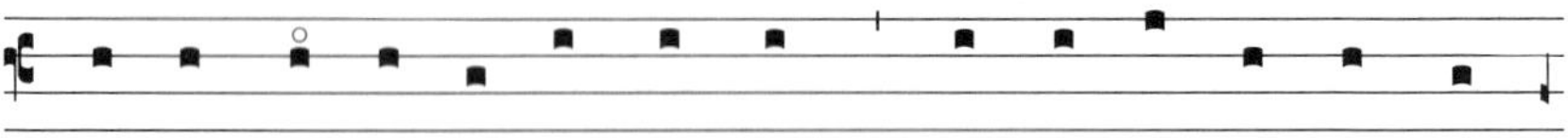

sondern ich ha- be euch er-wählt, da- mit ihr hin- geht und

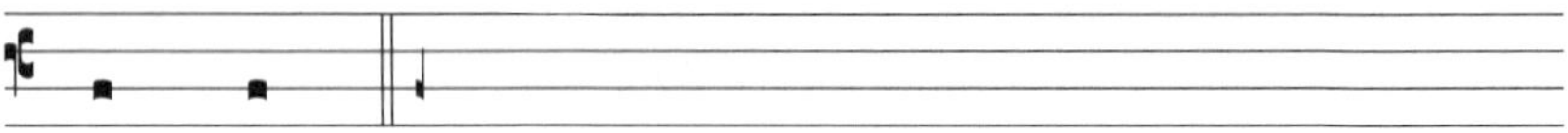

Frucht bringt. *Joh 20,21; 15,16*

Resp 3
IV/7

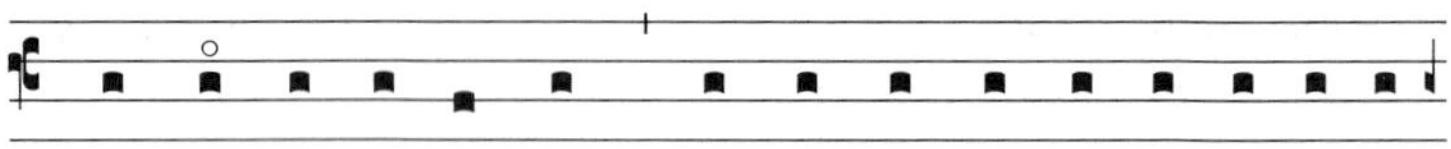

G eht hin in al- le Welt, ver-kündet das E-van-ge- li-um

al- len Geschöp-fen: * Hal- le- lu- ja, hal- le- lu- ja. ℣. Wer

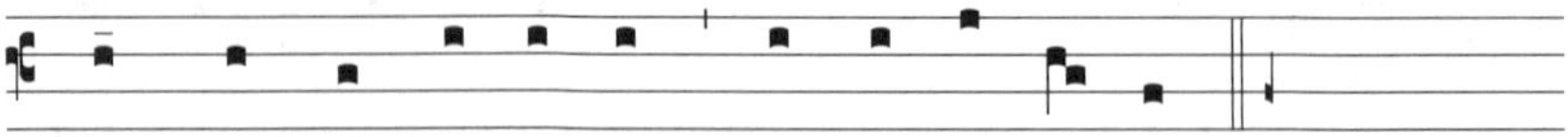

glaubt und sich tau-fen läßt, der wird ge- ret- tet. *Mk 16,15*

Am Montag und Donnerstag

Resp 1
IV/7

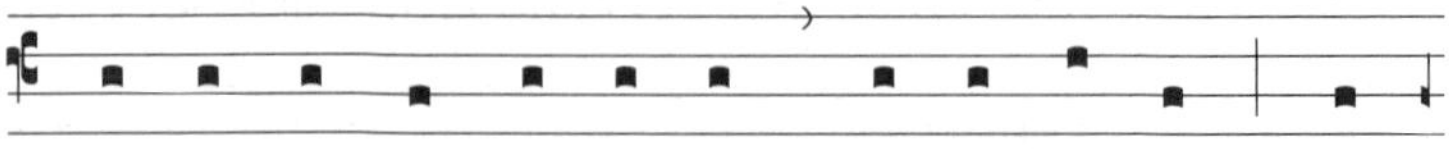

D er zur Rechten Got-tes ist, tritt für uns ein: * Hal-

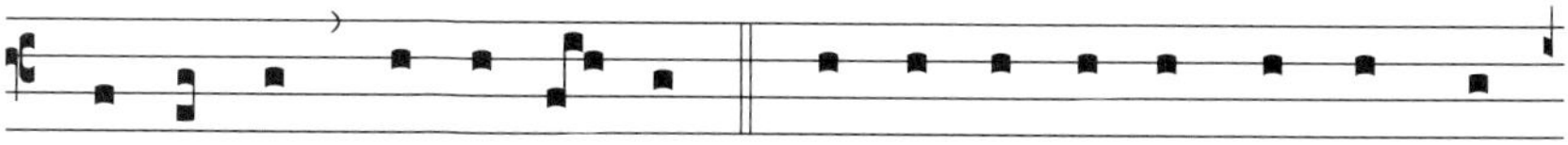

le- lu- ja, hal- le- lu- ja. ℣. Wir ha- ben ei-nen Beistand beim

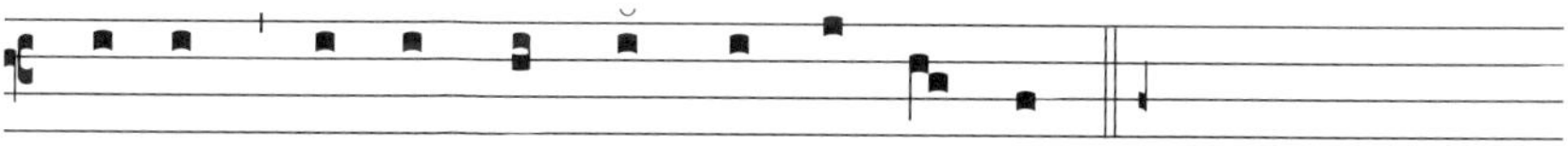

Va- ter: Je- sus Chri-stus, den Ge-rechten. *Röm 8,34; 1 Joh 2,1*

Resp 2
IV/7

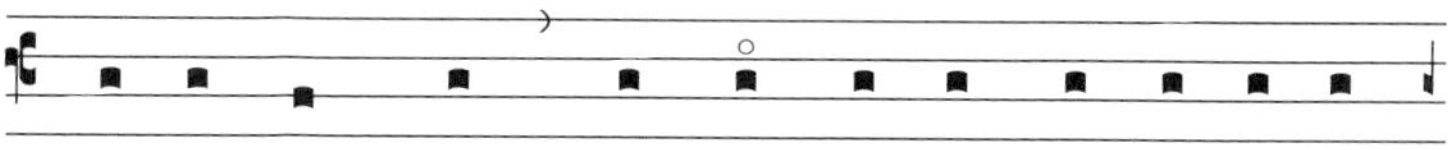

W er an mich glaubt, aus dem flie-ßen Ströme le-ben-

di- gen Was-sers: * Hal- le- lu- ja, hal- le- lu- ja. ℣. Da- mit

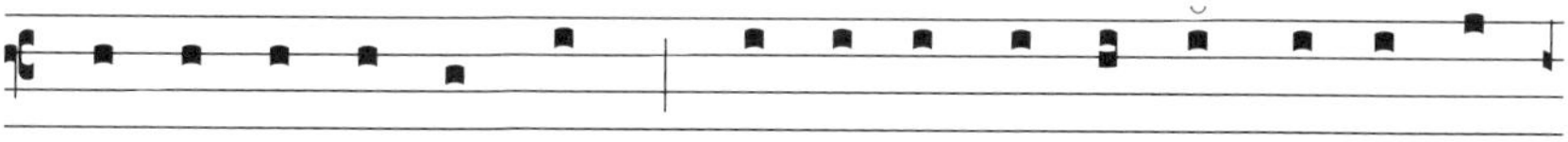

mein-te Je- sus den Geist, den al- le empfangen, die an ihn

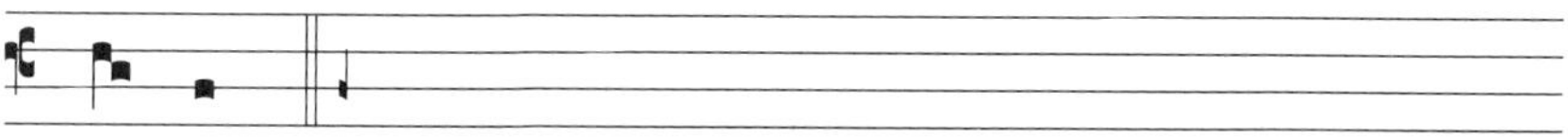

glau-ben. *Joh 7,38f*

Am Dienstag und Freitag

Resp 1
IV/7

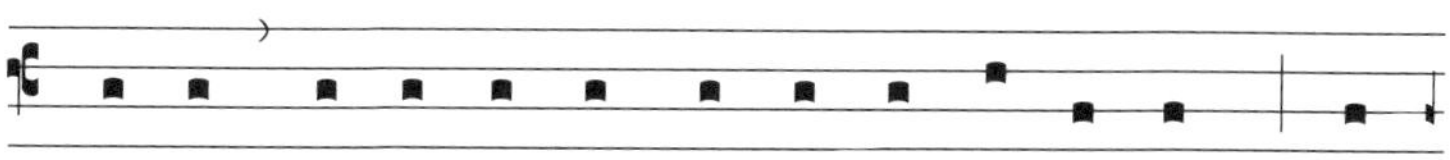

V a- ter, ich ha- be dich auf Er-den verherrlicht: * Hal-

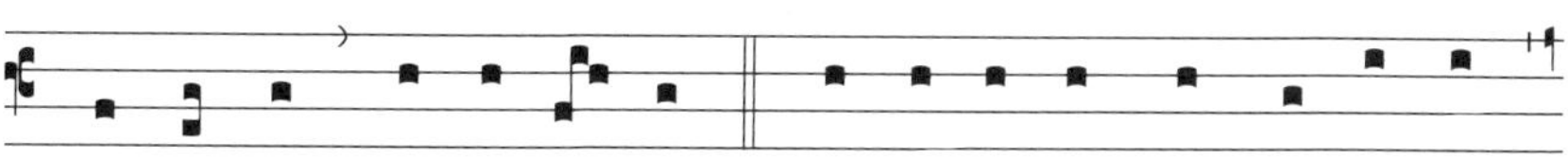

le- lu- ja, hal- le- lu- ja. ℣. Ich ha- be das Werk voll-en-det,

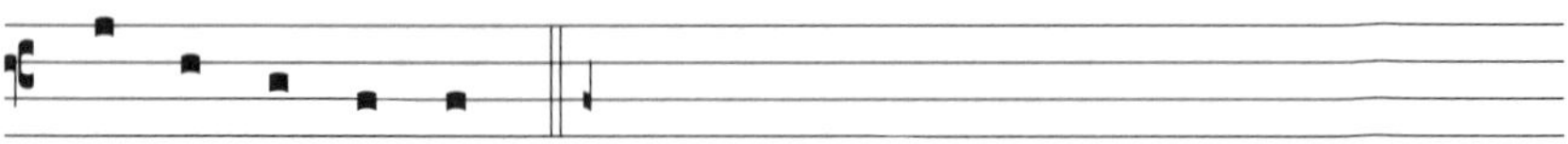

das du mir auftrugst. *Joh 17,4*

Resp 2
IV/7

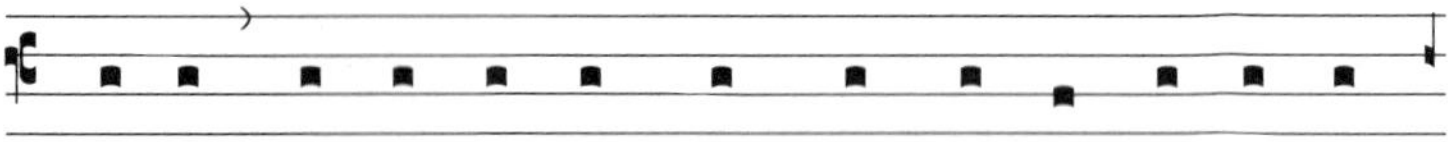

V a- ter, ich ha- be den Menschen dei-nen Namen of-

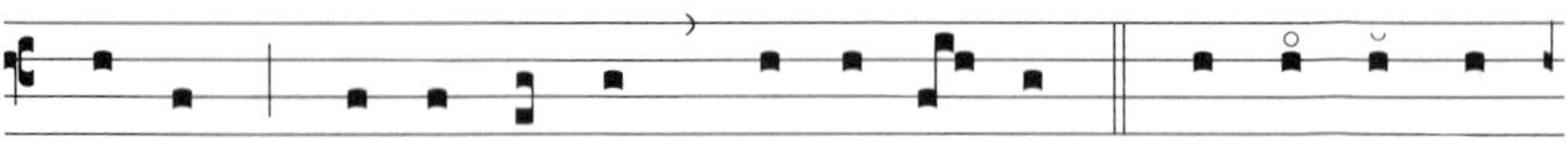

fenbart: * Hal- le- lu- ja, hal- le- lu- ja. ℣. Be-wah-re, die

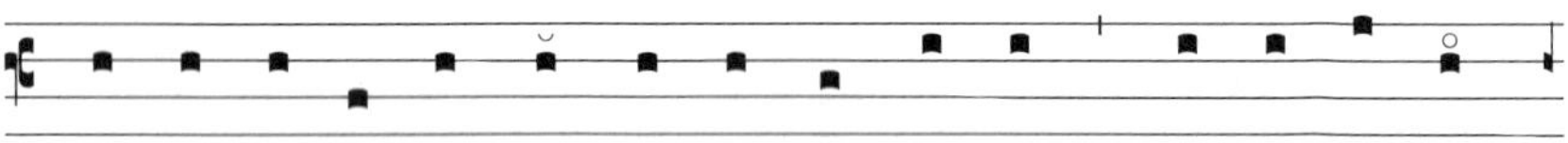

du mir ge- ge- ben hast, in dei-nem Namen, da- mit sie eins

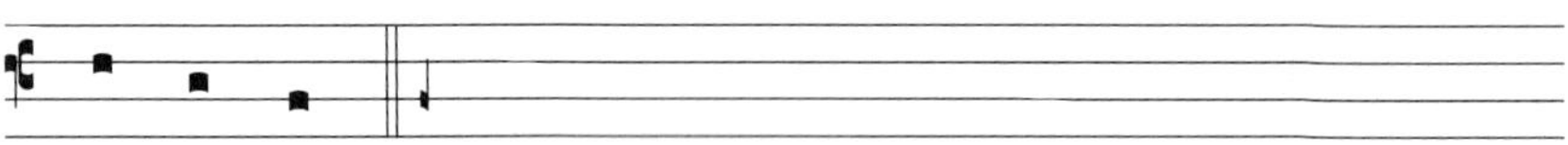

sind wie wir. *Joh 17,6.11*

Am Mittwoch und Samstag

Resp 1
IV/7

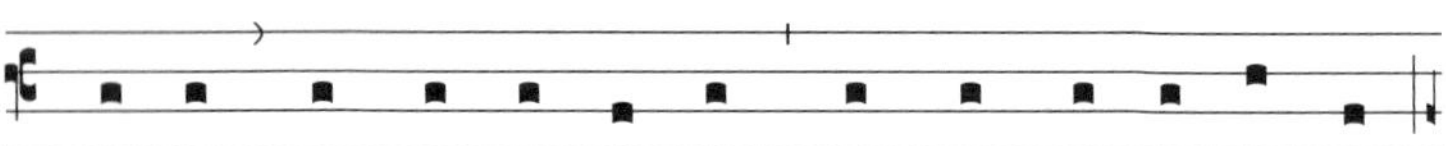

V a- ter, was mein ist, ist dein, und was dein ist, ist mein:

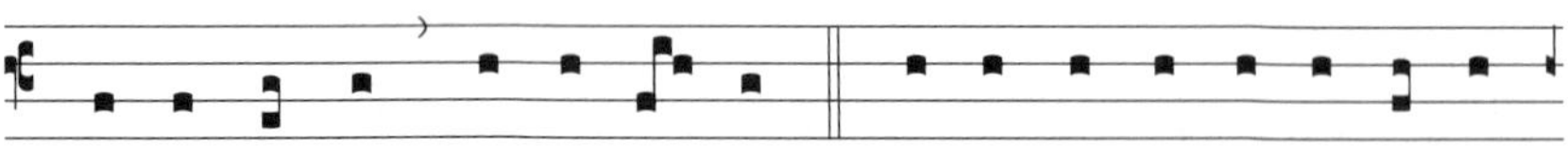

* Hal- le- lu- ja, hal- le- lu- ja. ℣. Al- le, die du mir ge- ge- ben

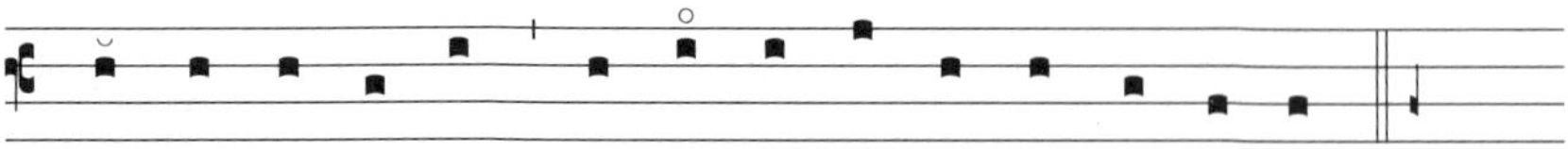

hast, ge-hö- ren dir; und ich bin in ih- nen verherrlicht. *Joh 17,9f*

LAUDES

Psalmodie *am siebten Ostersonntag wie an den Sonntagen der Osterzeit, 269; an den Wochentagen wie im Wochenpsalter.*

Am siebten Ostersonntag

Kurzlesung *Hebr 10,12-17*

Christus hat nur ein einziges Opfer für die Sünden dargebracht und sich dann für immer zur Rechten Gottes gesetzt; seitdem wartet er, bis seine Feinde ihm als Schemel unter die Füße gelegt werden. Denn durch ein einziges Opfer hat er die, die geheiligt werden, für immer zur Vollendung geführt. Dies bezeugt uns auch der Heilige Geist; denn er sagt: Das wird der Bund sein, spricht der Herr, den ich nach diesen Tagen mit ihnen schließe: Ich lege meine Gesetze in ihr Herz und schreibe sie in ihr Inneres; an ihre Sünden und Übertretungen denke ich nicht mehr.

Am Montag, Mittwoch und Freitag

Kurzlesung *Apg 5,30-32*

Der Gott unserer Väter hat Jesus auferweckt, den ihr ans Holz gehängt und ermordet habt. Ihn hat Gott als Herrscher und Retter an seine rechte Seite erhoben, um Israel die Umkehr und die Vergebung der Sünden zu schenken. Zeugen dieser Ereignisse sind wir und der Heilige Geist, den Gott allen verliehen hat, die ihm gehorchen.

Am Dienstag, Donnerstag und Samstag

Kurzlesung *Apg 10,40-43*

Gott hat Jesus am dritten Tag auferweckt und hat ihn erscheinen lassen, zwar nicht dem ganzen Volk, wohl aber den von Gott vorherbestimmten Zeugen: uns, die wir mit ihm nach seiner Auferstehung von den Toten gegessen und getrunken haben. Und er hat uns geboten, dem Volk zu verkündigen und zu bezeugen: Das ist der von Gott eingesetzte Richter der Lebenden und der Toten. Von ihm bezeugen alle Propheten, daß jeder, der an ihn glaubt, durch seinen Namen die Vergebung der Sünden empfängt.

Hymnus

DU HÖCHSTER Herr der Ewigkeit,
du Retter der verlornen Welt,
durch den der Tod vernichtet ist,
das Leben sieghaft triumphiert.

Zum Thron des Vaters steigst du auf
und nimmst zu seiner Rechten Platz;
der dich erhöht in Herrlichkeit,
er setzt dich ein in seine Macht.

In Ehrfurcht beugen sich vor dir
der Himmel und das Erdenrund,
und selbst das Reich des Todes weiß:
Du bist der Herr der ganzen Welt.

Die Engel nehmen staunend wahr,
wie sich des Menschen Los gewandt:
der unsre Schuld im Fleisch gesühnt,
er herrscht im Fleische nun als Gott.

Dir, Herr, sei Ruhm und Herrlichkeit,
dem Sieger, der zur Höhe fährt,
dem Vater und dem Geist zugleich
durch alle Zeit und Ewigkeit. Amen.

Am siebten Ostersonntag

℣. Seht, ich bin bei euch alle Tage. Halleluja.
℟. Bis diese Zeit vollendet ist. Halleluja.

Eph 1,20

An den Wochentagen

℣. Seht, ich bin bei euch alle Tage. Halleluja.
℟. Bis diese Zeit vollendet ist. Halleluja.

Antiphon und Canticum *wie im Wochenpsalter.*

50. Tag der Osterzeit

PFINGSTEN

HOCHFEST

VIGIL

Invitatorium

Psalm 29

BRINGT dar dem HERRN, ihr Himmlischen,
bringt dar dem HERRN Ehre und Macht!
Bringt dar dem HERRN die Ehre seines Namens,
werft euch nieder vor dem HERRN in heiligem Schmuck!

HALLELUJA, HALLELUJA!

Die Stimme des Herrn über den Wassern:
der Gott der Herrlichkeit donnert,
der HERR über gewaltigen Wassern.
Die Stimme des HERRN voll Kraft,
die Stimme des HERRN voll Majestät.
Die Stimme des HERRN bricht Zedern,
der HERR zerbricht die Zedern des Libanon.

HALLELUJA! DER GEIST DES HERRN ERFÜLLT DEN ERDKREIS.
HALLELUJA, HALLELUJA!

Er läßt den Libanon hüpfen wie ein Kalb,
wie einen jungen Wildstier den Sirjon.

Die Stimme des HERRN sprüht flammendes Feuer,
die Stimme des HERRN macht beben die Wüste,
der HERR macht beben die Wüste von Kadesch.
Die Stimme des HERRN läßt Hindinnen kreißen,
reißt Wälder kahl.
In seinem Palast ruft alles: Herrlichkeit!

HALLELUJA, HALLELUJA!

Der HERR thront über der Flut,
der HERR thront als König in Ewigkeit.
Der HERR gebe Macht seinem Volke!
Der HERR segne sein Volk mit Frieden!

HALLELUJA! DER GEIST DES HERRN ERFÜLLT DEN ERDKREIS.
HALLELUJA, HALLELUJA!

Ehre sei dem Vater und dem Sohne
und dem Heiligen Geiste.
Wie im Anfang, so auch jetzt und immer
und in Ewigkeit. Amen.

HALLELUJA, HALLELUJA!

HALLELUJA! DER GEIST DES HERRN ERFÜLLT DEN ERDKREIS.
HALLELUJA, HALLELUJA!

Hymnus

IV

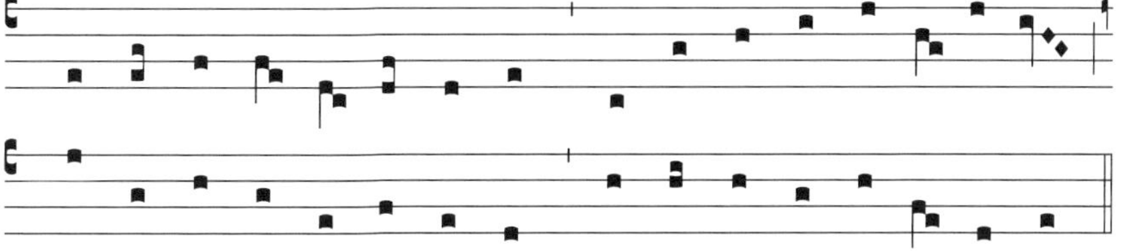

DER Herr, zur Höhe heimgekehrt,
zum Vater, der sein Ursprung ist,
gibt uns als sein Geschenk den Geist,
den uns des Vaters Huld verhieß.

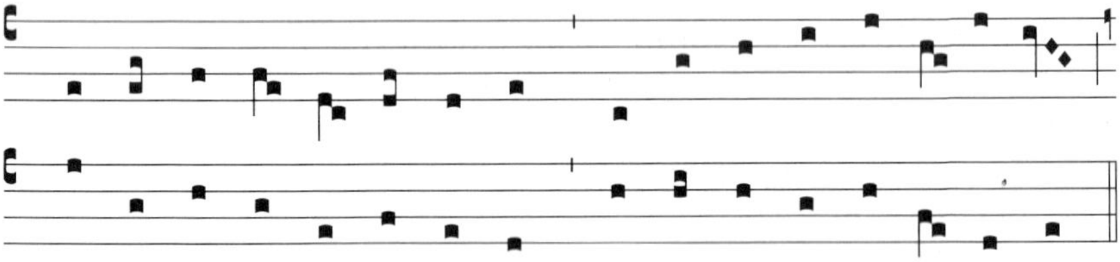

Vom Himmel kommt ein Brausen her,
und jäher Donner schreckt die Welt.
Die Jünger, die versammelt sind,
erkennen schaudernd: Gott ist da!

Gewaltig strahlt das Feuer auf,
das aus dem Licht des Vaters stammt,
und jedes Herz, das Christus glaubt,
wird mit des Wortes Glut erfüllt.

Da jauchzen die Erfüllten auf,
durchdrungen von des Geistes Hauch,
in allen Sprachen reden sie
und machen Gottes Taten kund.

Dem Herrn und Vater Lob und Ruhm,
dem Sohn, der aus dem Tod erstand,
dem Geiste, der uns Beistand ist,
durch alle Zeit und Ewigkeit. Amen.

Erste Nokturn

Ant 1
VIII

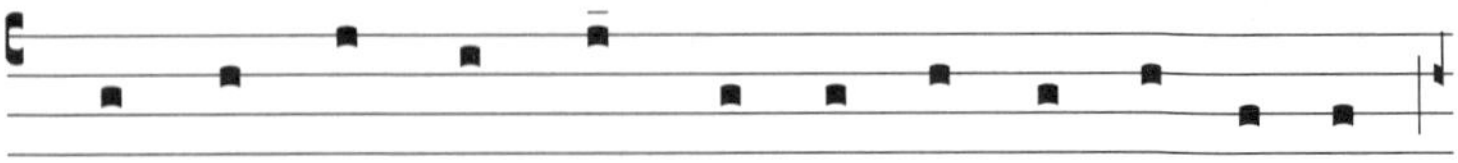

Durch das Wort des Herrn sind die Himmel geschaf-fen, *

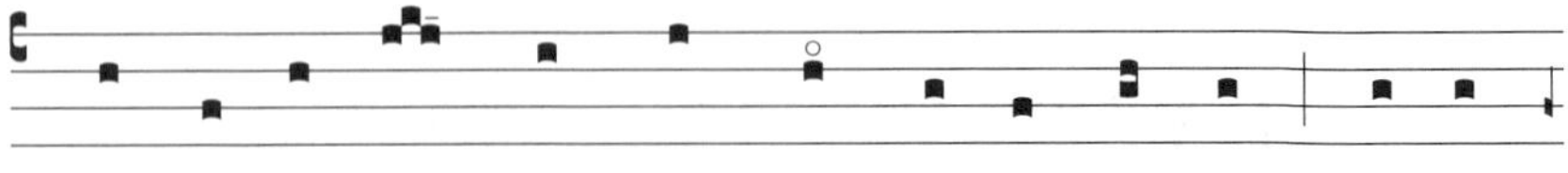

ihr gan-zes Heer durch den Hauch sei-nes Mundes. Hal- le-

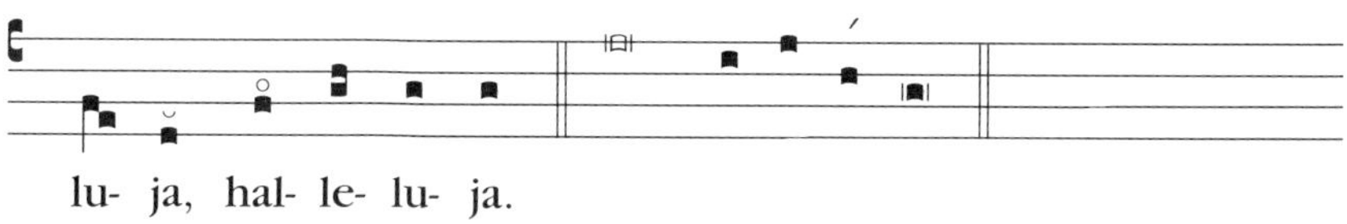

Psalm 33 ()

JUBELT dem HERRN, ihr Gerechten! *
Den Redlichen ziemt der Lobgesang.
Preist den HERRN mit der Leier, *
auf der zehnsaitigen Harfe spielt ihm!
Singt ihm ein neues Lied, *
greift in die Saiten mit schallendem Jubel!

Denn gerade ist das Wort des HERRN, *
all sein Tun ist verläßlich.
Er liebt Gerechtigkeit und Recht, *
voll der Huld des HERRN ist die Erde.
Durch das Wort des HERRN
wurden die Himmel geschaffen, *
ihr ganzes Heer durch den Hauch seines Mundes.
Er sammelt die Wasser des Meeres und dämmt sie ein, *
in Speicher legt er die Fluten.

Die ganze Welt fürchte den HERRN, *
vor ihm sollen beben alle Bewohner der Erde.
Denn er sprach, und es ward; *
er gebot, und da stand es.
Der HERR vereitelt den Plan der Nationen, *
die Gedanken der Völker macht er zunichte.
Der Plan des HERRN bleibt ewig bestehen, *
seines Herzens Gedanken durch alle Geschlechter.

Selig die Nation, deren Gott der HERR ist, *
das Volk, das er zum Erbe sich erwählt hat. ()

Ant 2
II

Psalm 104

LOBE den HERRN, meine Seele! /
HERR, mein Gott, du bist gewaltig groß! *
Du hast dich bekleidet mit Hoheit und Pracht.
Du hüllst dich in Licht wie in einen Mantel, *
du spannst den Himmel aus gleich einem Zelt.
Du gründest die Balken deiner Wohnung im Wasser, /
du nimmst dir die Wolken zum Wagen, *
du fährst einher auf den Flügeln des Windes.
Du machst die Winde zu deinen Boten, *
lodernde Feuer zu deinen Dienern.

Du hast die Erde auf ihre Pfeiler gegründet, *
sie wird nicht wanken in Ewigkeit.
Die Urflut bedeckte sie wie ein Kleid, *
bis über die Berge standen die Wasser.
Vor deinem Schelten sind sie geflohen, *
geflüchtet vor dem Ruf deines Donners.
Sie stiegen bergan, sie sanken zu Tal *
an den Ort, den du für sie gegründet.
Eine Grenze hast du gesetzt, /
die dürfen sie nicht überschreiten, *
sie dürfen nie wieder die Erde bedecken.

Du schickst Quellen aus in die Bäche, *
zwischen den Bergen eilen sie hin.
Sie tränken alles Getier des Feldes, *
die Wildesel löschen ihren Durst.

An ihnen nisten die Vögel des Himmels, *
sie lassen ihren Ruf ertönen aus dem Gezweig.
Du tränkst die Berge aus deinen Kammern, *
von der Frucht deiner Werke wird die Erde satt.
Du läßt Gras sprießen für das Vieh, *
und Pflanzen für den Ackerbau des Menschen,
damit er Brot gewinnt von der Erde *
und Wein, der das Herz des Menschen erfreut;
damit er sein Antlitz glänzen macht mit Öl *
und Brot das Herz des Menschen stärkt.
Es sättigen sich die Bäume des HERRN, *
die Zedern des Libanon, die er gepflanzt hat.
Die Vögel bauen in ihnen ihr Nest, *
auf ihren Wipfeln nistet der Storch.
Die hohen Berge gehören dem Steinbock, *
dem Klippdachs bieten die Felsen Zuflucht.

Du hast den Mond gemacht als Maß für die Zeiten, *
die Sonne, die ihren Untergang kennt.
Du bringst Dunkelheit und es wird Nacht, *
in ihr regt sich alles Getier des Waldes.
Die jungen Löwen brüllen nach Beute, *
verlangen von Gott ihre Nahrung.
Geht die Sonne auf, kehren sie heim *
und lagern sich in ihren Verstecken.
Der Mensch geht hinaus an sein Tagwerk, *
an seine Arbeit bis zum Abend.

Wie zahlreich sind deine Werke, o HERR! /
In Weisheit hast du sie alle geschaffen. *
Die Erde ist voll von deinen Geschöpfen –
und erst das Meer, so groß und weit und breit: /
darin ein Gewimmel, nicht zu zählen, *
kleine Tiere und große.
Dort ziehen die Schiffe dahin, *
der Leviatan, den du geformt, um mit ihm zu spielen.

Auf dich warten sie alle, *
daß du ihnen Speise gibst zur rechten Zeit.

Du gibst ihnen – sie sammeln ein, *
du öffnest deine Hand – sie werden gesättigt mit Gutem.
Du verbirgst dein Antlitz – sie sind verstört, /
du holst ihren Atem zurück – sie sterben hin *
und kehren zurück in den Staub.
Du sendest deinen Atem aus – sie werden erschaffen: *
du erneuerst das Antlitz der Erde.

Ewig währe die Herrlichkeit des HERRN, *
es freue sich der HERR seiner Werke!
Er blickt die Erde an und sie erbebt, *
er rührt die Berge an und sie rauchen.
Singen will ich dem HERRN, solange ich lebe, *
meinem Gott will ich spielen, solange ich bin.
Möge ihm mein Dichten gefallen! *
Ich aber, ich will mich freuen des HERRN.
Die Sünder sollen von der Erde verschwinden, *
und Frevler sollen nicht mehr da sein!
Lobe den HERRN, meine Seele! *
Ja, meine Seele, lobe den HERRN!

Ant 3
VII

Judit 16,1f.13-15

STIMMT meinem Gott ein Lied an mit schallenden Pauken, *
singt für den Herrn mit klingenden Zimbeln.
Preist ihn und singt sein Lob, /
erhebt seinen Namen, rufet ihn an! *
Denn der Herr ist ein Gott, der den Kriegen ein Ende setzt.

Ich singe meinem Gott ein neuẹs Lied: /
Herr, du bist groß und herrlich, *
wunderbar in deiner Kraft, unübertrefflich!
  Dienen muß dir deine ganze Schöpfung; *
  denn du befahlst, – da trat sie ins Dasein.
Du sandtest deinen Geist, den Bau zu errichten. *
Niemand kann deiner Stimme widerstehen.
  Berge und Meere wanken in ihrẹm Grund, /
  Felsen zerschmelzen vor deinem Antlitz wie Wachs, *
  doch denen, die dich fürchten, erzeigst du dich gnädig.

℣. Im Anfang schuf Gott Himmel und Erde. Halleluja.
℟. Und Gottes Geist schwebte über dem Wasser. Halleluja.

Resp
IV/7

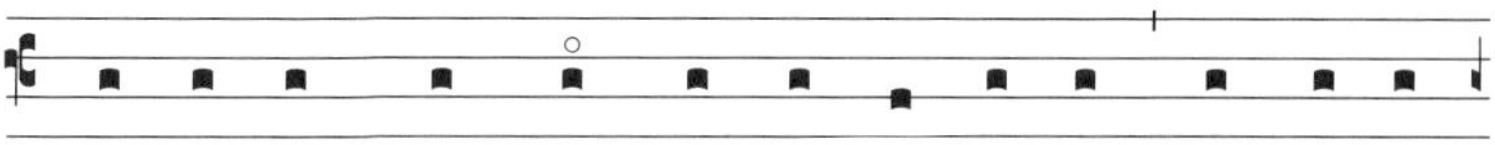

Im An-fang schuf Gott Himmel und Er-de, und Gottes

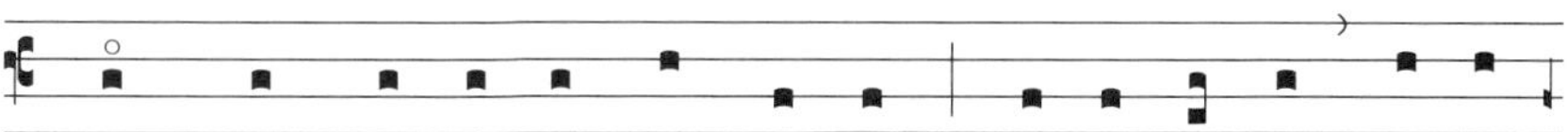

Geist schweb-te ü-ber dem Was-ser: * Hal-le-lu-ja, hal-le-

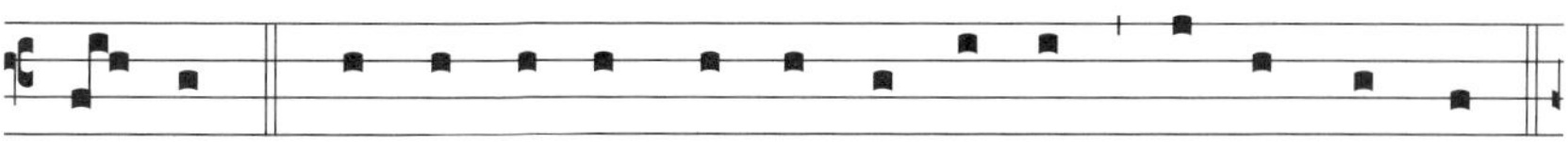

lu-ja. ℣. Gott sah al-les, was er geschaffen: Es war sehr gut.

Gen 1,1f.31

Zweite Nokturn

Ant 1
VIII

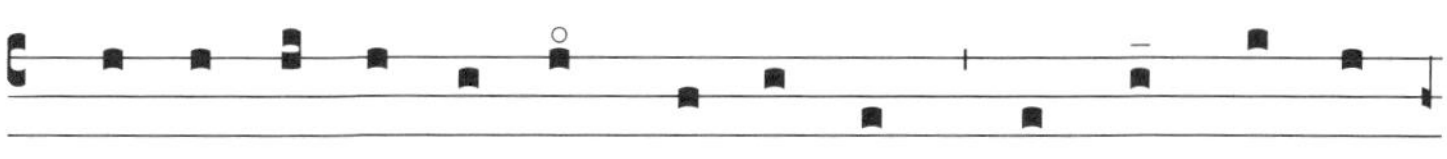

Wir be-denken, o Gott, dei-ne Huld, * die Huld, die wir

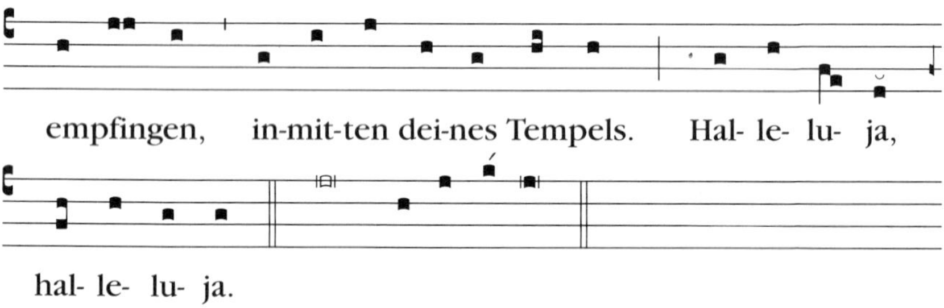

Psalm 48

GROSS ist der HERR und hoch zu preisen *
in der Stadt unseres Gottes.
  Sein heiliger Berg, die herrliche Höhe, *
  ist die Wonne der ganzen Erde.
Der Berg Zion, weit im Norden, *
ist die Stadt des großen Königs.
  In ihren Palästen *
  hat Gott als sicherer Schutz sich erwiesen.

Denn siehe: Die Könige traten zusammen, *
gemeinsam rückten sie näher.
  Sie sahen auf, – da erstarrten sie, *
  gerieten in Angst, flohen vor Schrecken.
Beben erfaßte sie dort *
wie die Wehen eine Gebärende.
  Mit dem Sturm aus dem Osten *
  zerschmetterst du die Schiffe von Tarschisch.

Wie wir's gehört, so haben wir's gesehen *
in der Stadt des HERRN der Scharen,
  in der Stadt unseres Gottes: *
  Gott hat sie befestigt auf ewig.

Wir bedenken, o Gott, deine Huld *
inmitten deines Tempels.
  Wie dein Name, ọ Gott, /
  so reicht dein Ruhm bis an der Erde Grenzen. *
  Voll der Gerechtigkeit ist deine Rechte.

Es freue sich der Zionsberg, /
jubeln sollen die Töchter Judas *
über deine Gerichte.

Umkreist den Zion und umschreitet ihn, *
zählt seine Türme.
Betrachtet seine Wälle, /
schreitet durch seine Paläste, *
damit ihr künden könnt dem kommenden Geschlechte:
Das ist Gott, unser Gott auf immer und ewig! *
Er selber wird uns führen.

Psalm 68 ( )

GOTT steht auf – seine Feinde zerstieben, *
die ihn hassen, fliehn vor seinem Angesicht.
Wie Rauch verweht vor dem Wind, /
wie Wachs vor dem Feuer zerfließt, *
so vergehen vor Gottes Antlitz die Frevler.
Die Gerechten aber freuen sich, *
sie jubeln vor Gott und frohlocken in Freude.
Singet Gott! Spielt seinem Namen! *
Erhebt ihn, der auf Wolken einherfährt!
„'HERR' ist sein Name." *
Jubelt vor seinem Angesicht!

Ein Vater der Waisen, ein Anwalt der Witwen: *
Gott in seiner heiligen Wohnung!
Gott bringt Verlassene heim, /
Gefesselte führt er hinaus ins Gedeihn; *
Empörer jedoch müssen wohnen in der Dürre.

Gott, als du auszogst, deinem Volk voran, /
als du die Wüste durchschrittest, *
da bebte die Erde.
Es troffen die Himmel vor Gott, dem Gott des Sinai, *
vor Gott, dem Gotte Israels.
Einen Regen von Gaben, o Gott, gießt du aus, *
du selbst erquickst dein verschmachtendes Erbe.
Dein Getier läßt sich bei ihm nieder, *
so versorgst du, o Gott, in deiner Güte den Armen. ()

Ein Berg Gottes ist der Baschanberg, *
ein Berg vieler Gipfel ist der Baschanberg.
Was blickt ihr voll Neid, ihr Berge, ihr Gipfel, /
auf den Berg, den Gott als seinen Wohnsitz begehrte? *
Der HERR wird dort wohnen für immer!

Die Wagen Gottes sind zahllos, /
Zehntausende von Tausendschaften voller Erhabenheit, *
mit ihnen zieht der Herr vom Sinai zum Heiligtum.
Hinaufgezogen bist du zur Höhe, *
hast Gefangene mitgeführt:
als Gabe nahmst du dir Menschen, sogar Empörer, *
HERR, Gott, um dort zu wohnen.

Gepriesen sei der Herr, Tag für Tag! *
Gott trägt uns, er ist unsere Hilfe.
Gott ist für uns ein Gott, der Rettung bringt, *
ER, der Herr, führt heraus aus dem Tode. ()

O Gott, man schaute deinen Einzug, *
den Einzug meines Gottes und Königs ins Heiligtum:
Voraus die Sänger, die Saitenspieler danach, *
dazwischen Mädchen mit kleinen Pauken.

„Preist Gott in der Gemeinde, *
preiset den HERRN, die ihr von Israels Quell seid!“
Da ist Benjamin, der Jüngste, der sie befehligt, /
die Fürsten von Juda in ihrer tosenden Menge, *
Sebulons Fürsten, die Fürsten von Naftali.

Dein Gott will, daß du mächtig bist. *
Bekräftige, o Gott, was du für uns getan hast,
von deinem Tempel aus, hoch über Jerusalem, *
wo dir die Könige Tribut entrichten. ()

Singet Gott, spielet dem Herrn, *
ihr Königreiche der Erde,
ihm, der daherfährt über den Himmel,
den uralten Himmel, *
der seine Stimme erhebt, seine machtvolle Stimme!
Gebt Gott die Macht! /
Über Israel waltet seine Hoheit, *
seine Macht bis zu den Wolken.
Furchtbar bist du in deinem Heiligtum, *
Gott, du Gott Israels!
Gepriesen sei Gott! *
Dem Volk verleiht er Macht und Stärke.

Psalm 147 ( )

PREISET den HERRN, /
denn gut ist es, unserem Gott zu spielen, *
ja, es ist schön, sein Lob zu singen.

Der HERR errichtet Jerusalem neu, *
er sammelt die Versprengten Israels.
Er heilt, die gebrochenen Herzens sind, *
er verbindet ihre Wunden.
Er bestimmt die Zahl der Sterne, *
er ruft sie alle beim Namen.
Groß ist unser Herr und gewaltig an Kraft, *
seine Einsicht ist ohne Grenzen.
Der HERR richtet auf die Gebeugten, *
er drückt die Frevler zu Boden. ( )

Preise den HERRN, Jerusalem! *
Lobsinge deinem Gott, o Zion!

Denn er hat die Riegel deiner Tore gefestigt, *
die Kinder in deiner Mitte gesegnet.
Er umgibt dein Gebiet mit Frieden, *
er sättigt dich mit bestem Weizen.
Er sendet sein Wort zur Erde, *
rasch eilt dahin sein Wille.
Er spendet Schnee wie Wolle, *
streut den Reif aus wie Asche.
Sein Eis wirft er herab wie Brocken, *
vor seinem Frost – wer kann da bestehen?
Er sendet sein Wort aus und läßt sie schmelzen, *
er läßt seinen Wind wehn – da rieseln die Wasser.

Er verkündet Jakob sein Wort, *
Israel seine Gesetze und Rechte.
So hat er an den andern Völkern nicht gehandelt, *
sie lernten das Recht nicht kennen.

℣. Der Geist des Herrn erfüllt den Erdkreis. Halleluja.
℟. Er, der das All umfängt, kennt jede Sprache. Halleluja.

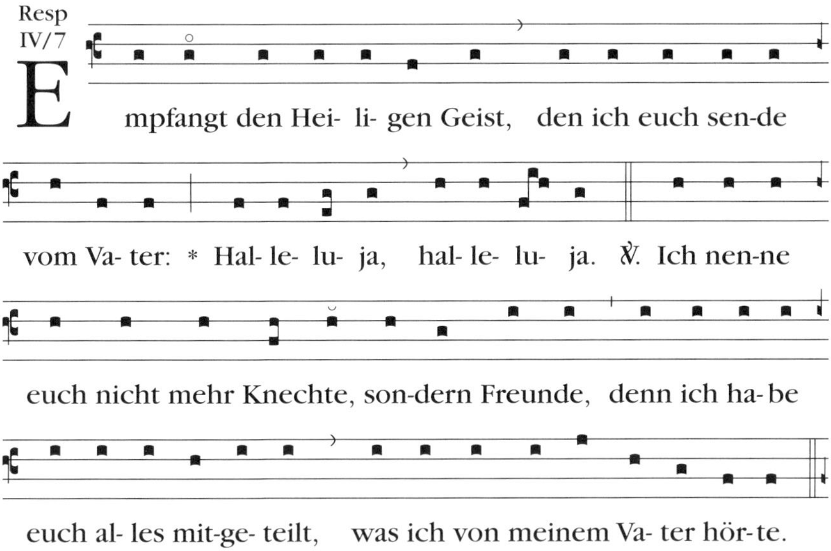

Joh 20,22; 15,26.15

Dritte Nokturn

Jesaja 12,1-6

O HERR, ich will dich preisen:
Du hast mir gezürnt, doch dein Zorn hat sich gewendet,
und du hast mich getröstet.

* HALLELUJA, HALLELUJA!

Siehe, der Gott meines Heiles!
Ich bin voll Vertrauen und fürchte mich nicht.

Denn Gott, der HERR, ist meine Stärke,
mein Lied ist er,
er ist mein Retter geworden.

* HALLELUJA, HALLELUJA!

Ihr werdet Wasser schöpfen mit Freude
aus den Quellen des Heiles.

HALLELUJA! * HALLELUJA, HALLELUJA!

An jenem Tage werdet ihr sagen:
Preiset den HERRN, ruft seinen Namen aus!

* HALLELUJA, HALLELUJA!

Von seinen Taten erzählt den Völkern!
Verkündet: Sein Name ist erhaben!

HALLELUJA! * HALLELUJA, HALLELUJA!

Lobsingt dem HERRN, denn machtvoll hat er sich erwiesen;
die ganze Erde soll es wissen.

* HALLELUJA, HALLELUJA!

Jauchzt und jubelt, ihr Bewohner von Zion!
Denn groß ist in eurer Mitte der Heilige Israels!

HALLELUJA! * HALLELUJA, HALLELUJA!

Ehre dem Vater, Ehre dem Sohne,
Ehre dem Heiligen Geiste.

* HALLELUJA, HALLELUJA!

Wie am Anfang, so auch jetzt und immer
und für ewige Zeiten. Amen.

HALLELUJA! * HALLELUJA, HALLELUJA!

℣. Ausgegossen über uns ist Gottes Liebe. Halleluja.
℟. Durch seinen Geist, der uns gegeben ist. Halleluja.

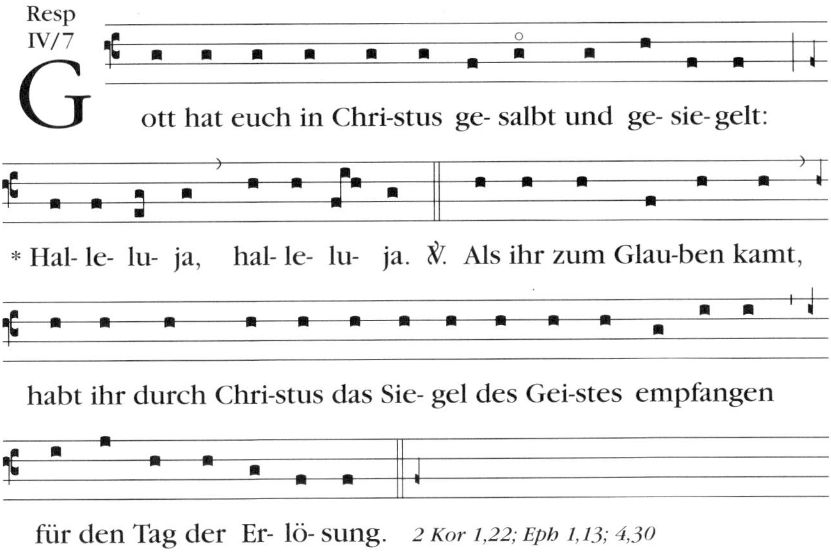

2 Kor 1,22; Eph 1,13; 4,30

LAUDES

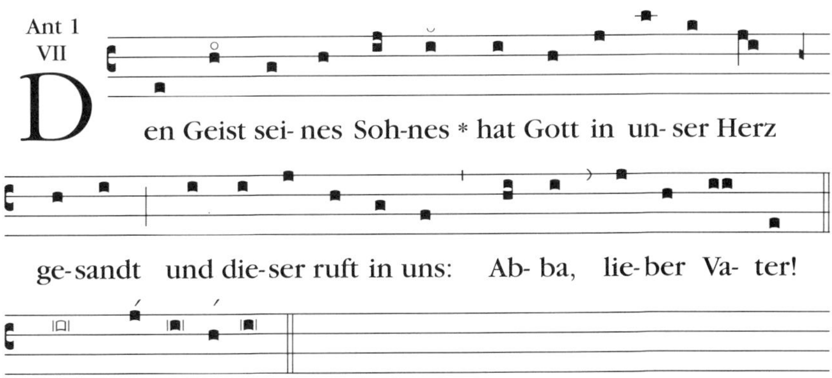

Gal 4,6

Psalm 93

DER HERR ist König, mit Hoheit bekleidet; *
der HERR hat sich bekleidet und mit Macht umgürtet.
Fest ist der Erdkreis gegründet, *
nie wird er wanken.
Fest steht dein Thron von Anbeginn, *
du bist von Ewigkeit.

Fluten erhoben, HERR, /
Fluten erhoben ihr Tosen, *
Fluten erheben ihr Brausen.
Gewaltiger als das Tosen der mächtigen Wasser, /
gewaltiger als die Brandung des Meeres *
ist gewaltig der HERR in der Höhe.

Deine Gesetze sind fest und verläßlich, /
HERR, deinem Haus ziemt Heiligkeit *
für alle Zeiten.

Ant 2
VIII

Röm 8,16f

Psalm 100

JAUCHZET dem HERRN, alle Welt! /
Dient dem HERRN mit Freude! *
Kommt vor sein Antlitz mit Jubel!
Erkennt: Der HERR ist Gott! /
Er hat uns geschaffen, wir sind sein Eigen, *
sein Volk und die Herde seiner Weide.

Tretet durch seine Tore mit Dank, /
in seine Höfe mit Lobgesang! *
Dankt ihm, preist seinen Namen!
Denn gut ist der HERR, /
seine Huld währt ewig *
und Geschlecht um Geschlecht seine Treue.

1 Kor 6,11

Daniel 3,57-88 ()

PREISET den HERRN, all ihr Werke des HERRN, *
lobt und erhebt ihn in Ewigkeit!
Preiset den HERRN, ihr Engel des HERRN, *
ihr hohen Himmel, lobpreiset IHN!

Preiset den HERRN, alle Wasser droben am Himmel, *
all ihr Mächte, lobpreiset IHN!
  Preiset den HERRN, Sonne und Mond, *
  ihr Sterne am Himmel, lobpreiset IHN!
Preiset den HERRN, jeder Regen und Tau, *
all ihr Stürme, lobpreiset IHN!
  Preiset den HERRN, Feuer und Glut, *
  Frost und Hitze, lobpreiset IHN!
Preiset den HERRN, ihr Tropfen des Taus, /
ihr Flocken des Schnees, *
Eis und Kälte, lobpreiset IHN!
  Preiset den HERRN, ihr Kristalle von Schnee und Rauhreif, *
  ihr Blitze und Wolken, lobpreiset IHN!
Preiset den HERRN, ihr Nächte und Tage, *
Licht und Dunkel, lobpreiset IHN!

  Du, Erde, preise den HERRN, *
  lob und erheb ihn in Ewigkeit!
Preiset den HERRN, ihr Berge und Hügel, *
alles, was sproßt auf der Erde, lobpreise IHN!
  Preiset den HERRN, ihr Quellen, *
  ihr Meere und Ströme, lobpreiset IHN!
Preiset den HERRN, ihr Ungeheuer der See /
und alles, was sich regt in den Wassern, *
all ihr Vögel des Himmels, lobpreiset IHN!
  Preiset den HERRN, all ihr Tiere, wilde und zahme, *
  all ihr Menschen, lobpreiset IHN!

Du, Israel, preise den HERRN, *
lob und erheb ihn in Ewigkeit!
  Preiset den HERRN, ihr Priester des HERRN, *
  ihr seine Knechte, lobpreiset IHN!
Preiset den HERRN, ihr Heiligen /
und ihr gebeugten Herzen, *
ihr Geister und Seelen der Gerechten, lobpreiset IHN!

  Preiset den HERRN, Hananja, Asarja und Mischael, *
  lobt und erhebt ihn in Ewigkeit!

Denn er entriß uns der Unterwelt, *
er hat uns errettet aus der Hand des Todes.
  Er befreite uns aus dem lodernden Ofen, *
  er hat uns erlöst aus der Mitte des Feuers.

Laßt uns preisen den Vater und den Sohn
 mit dem Heiligen Geist, *
ihn loben und erheben in Ewigkeit!

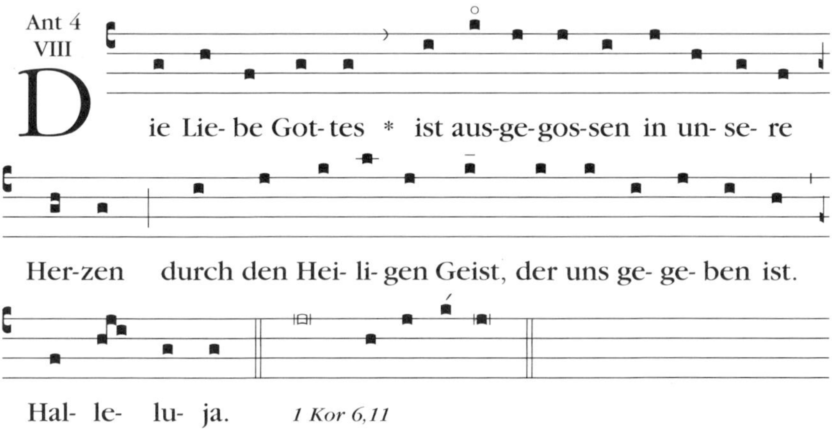

1 Kor 6,11

Psalm 150

LOBT Gott in seinem Heiligtum, *
lobt ihn in seiner mächtigen Feste!
  Lobt ihn ob seiner gewaltigen Taten, *
  lobt ihn in der Fülle seiner Hoheit!
Lobt ihn mit dem Schall der Posaunen, *
lobt ihn mit Harfe und Leier!
  Lobt ihn mit Pauke und Reigen, *
  lobt ihn mit Flöten und Saitenspiel!
Lobt ihn mit hellen Zimbeln, /
lobt ihn mit schmetternden Zimbeln! *
Alles, was Atem hat, lobe den HERREN!

Kurzlesung *Jes 44,2-5*

So spricht der Herr, der dich geschaffen, der dich im Mutterleib gebildet hat, er, der dir hilft: Fürchte dich nicht, Jakob, mein Knecht, du, Jeschurun, den ich erwählte. Denn ich gieße Wasser aus über das lechzende Land, rieselnde Bäche über das ausgetrocknete Erdreich. Ich gieße meinen Geist aus über deine Nachkommen und meinen Segen über deine Kinder. Dann sprossen sie auf wie das Schilfgras, wie Weidenbäume an Wasserläufen. Dann sagt der eine: Ich gehöre dem Herrn. Ein anderer nennt sich mit dem Namen Jakobs. Dieser schreibt auf seine Hand: Für den Herrn. Und jener erhält den Ehrennamen 'Israel'.

Resp VI/2

Apg 2,4.3

Hymnus

I

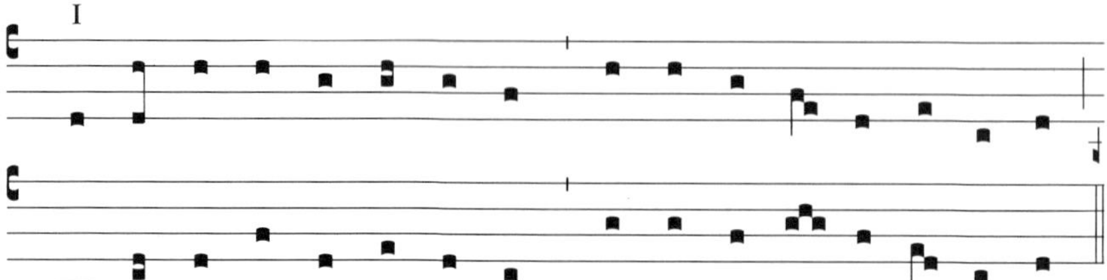

UND wieder führt das Jahr herauf
der sel'gen Freude hohen Tag:
der Beistand, den der Herr verhieß,
wird seinen Jüngern heut geschenkt.

In Flammen stürzt das Licht herab
und strahlt in Feuerzungen auf,
daß Glut der Liebe sie durchströmt
und ihrem Worte Macht verleiht.

In allen Sprachen reden sie,
die Menge steht vor Staunen starr,
vom Weine trunken glaubt man sie,
die doch des Geistes Fülle drängt.

Nun bitten wir dich, guter Gott,
mit tiefgeneigtem Angesicht:
Des Geistes Gaben gieße du
auch über uns in Gnaden aus!

Dem Herrn und Vater Lob und Ruhm,
dem Sohn, der aus dem Tod erstand,
dem Geiste, der uns Beistand ist,
durch alle Zeit und Ewigkeit. Amen.

℣. Komm, Heiliger Geist, erfülle die Herzen deiner Gläubigen!
℟. Und entzünde in ihnen das Feuer deiner Liebe!

Ant C
II

cf. 1 Kor 1,21f

Sonntag nach Pfingsten

HOCHFEST DER HEILIGEN DREIFALTIGKEIT

VIGIL

Invitatorium

Psalm 67

GOTT sei uns gnädig und segne uns!
Er lasse sein Angesicht über uns leuchten,
daß man auf Erden seinen Weg erkenne,
sein Heil unter allen Völkern.

DIE VÖLKER SOLLEN DIR DANKEN, O GOTT,
DANKEN SOLLEN DIR DIE VÖLKER ALLE!

Die Nationen sollen sich freuen und jubeln!
Denn du richtest die Völker nach Recht
und lenkst die Nationen auf Erden.

DIE VÖLKER SOLLEN DIR DANKEN, O GOTT,
DANKEN SOLLEN DIR DIE VÖLKER ALLE!

Das Land gab seinen Ertrag.
Es segne uns Gott, unser Gott!
Es segne uns Gott!
Alle Enden der Erde sollen ihn fürchten!

DIE VÖLKER SOLLEN DIR DANKEN, O GOTT,
DANKEN SOLLEN DIR DIE VÖLKER ALLE!

Ehre sei dem Vater und dem Sohne
und dem Heiligen Geiste.
Wie im Anfang, so auch jetzt und immer
und für ewige Zeiten. Amen.

DIE VÖLKER SOLLEN DIR DANKEN, O GOTT,
DANKEN SOLLEN DIR DIE VÖLKER ALLE!

Hymnus

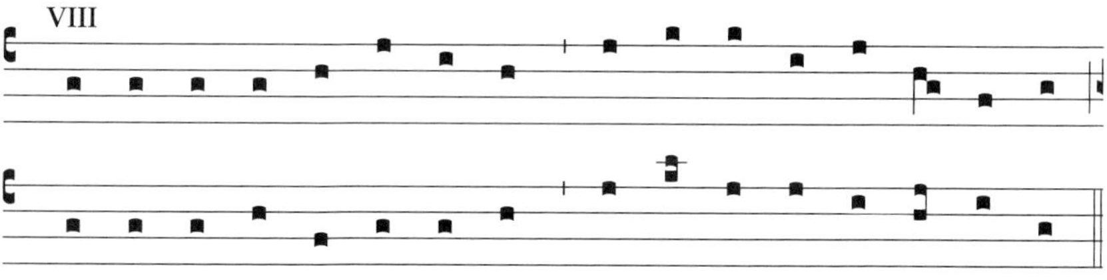

DREIFALTIGER verborgner Gott,
ein Licht aus dreier Sonnen Glanz,
drei Flammen einer Liebesglut,
Gott Vater, Sohn und Heil'ger Geist.

Allherrscher du von Ewigkeit,
Gott Vater, der die Welt erschuf,
du lenkst die Werke deiner Hand
und führst uns durch der Zeiten Lauf.

Gott Sohn, des Vaters Ebenbild,
du König der erlösten Welt,
in dir wird Gott uns Menschen gleich,
in dir der Mensch zu Gott erhöht.

Du, Atem Gottes, Heil'ger Geist,
durchdringst die Welt mit Lebenskraft,
du senkst in uns die Liebe ein,
die alle eint und göttlich macht.

Du großer Gott, der in uns wohnt,
hochheilige Dreifaltigkeit,
dich loben und bekennen wir
durch alle Zeit und Ewigkeit. Amen.

Erste Nokturn

Psalm 8

HERR, unser Herrscher, *
wie herrlich ist dein Name auf der ganzen Erde!

Deine Hoheit, weit über die Himmel hin, will ich besingen *
mit der Kinder und Säuglinge Mund.
Eine Feste hast du gegründet, deinen Gegnern zum Trotz, *
zum Schweigen zu bringen den Feind und den Rächer.

Schaue ich deinen Himmel, das Werk deiner Finger, *
Mond und Sterne, die du befestigt hast:
Was ist der Mensch, daß du seiner gedenkst, *
des Menschen Kind, daß du seiner dich annimmst?
Du hast ihn nur wenig geringer gemacht als Gott, *
hast ihn gekrönt mit Herrlichkeit und Pracht.
Du hast ihn als Herrscher gesetzt über das Werk deiner Hände, *
alles legtest du ihm unter die Füße:
die Schafe und Ziegen und Rinder, *
und auch die Tiere des Feldes,
die Vögel des Himmels und die Fische im Meer, *
und ihn, der dahinzieht die Pfade der Meere.

HERR, unser Herrscher, *
wie herrlich ist dein Name auf der ganzen Erde!

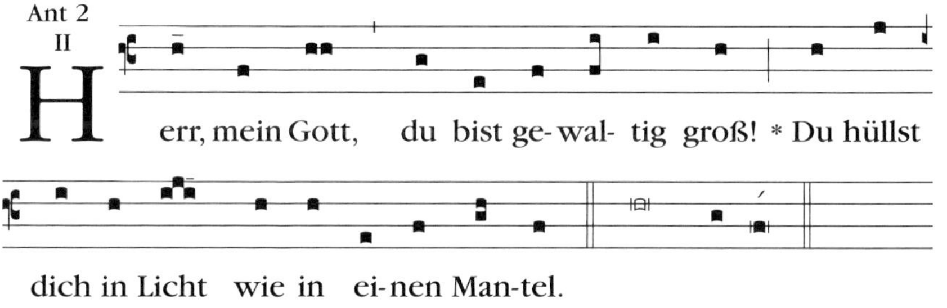

Psalm 104

LOBE den HERRN, meine Seele! /
HERR, mein Gott, du bist gewaltig groß! *
Du hast dich bekleidet mit Hoheit und Pracht.
 Du hüllst dich in Licht wie in einen Mantel, *
 du spannst den Himmel aus gleich einem Zelt.
Du gründest die Balken deiner Wohnung im Wasser, /
du nimmst dir die Wolken zum Wagen, *
du fährst einher auf den Flügeln des Windes.
 Du machst die Winde zu deinen Boten, *
 lodernde Feuer zu deinen Dienern.

Du hast die Erde auf ihre Pfeiler gegründet, *
sie wird nicht wanken in Ewigkeit.
 Die Urflut bedeckte sie wie ein Kleid, *
 bis über die Berge standen die Wasser.
Vor deinem Schelten sind sie geflohen, *
geflüchtet vor dem Ruf deines Donners.
 Sie stiegen bergan, sie sanken zu Tal *
 an den Ort, den du für sie gegründet.
Eine Grenze hast du gesetzt, /
die dürfen sie nicht überschreiten, *
sie dürfen nie wieder die Erde bedecken.

 Du schickst Quellen aus in die Bäche, *
 zwischen den Bergen eilen sie hin.
Sie tränken alles Getier des Feldes, *
die Wildesel löschen ihren Durst.

An ihnen nisten die Vögel des Himmels, *
sie lassen ihren Ruf ertönen aus dem Gezweig.
Du tränkst die Berge aus deinen Kammern, *
von der Frucht deiner Werke wird die Erde satt.
Du läßt Gras sprießen für das Vieh, *
und Pflanzen für den Ackerbau des Menschen,
damit er Brot gewinnt von der Erde *
und Wein, der das Herz des Menschen erfreut;
damit er sein Antlitz glänzen macht mit Öl *
und Brot das Herz des Menschen stärkt.
Es sättigen sich die Bäume des HERRN, *
die Zedern des Libanon, die er gepflanzt hat.
Die Vögel bauen in ihnen ihr Nest, *
auf ihren Wipfeln nistet der Storch.
Die hohen Berge gehören dem Steinbock, *
dem Klippdachs bieten die Felsen Zuflucht.

Du hast den Mond gemacht als Maß für die Zeiten, *
die Sonne, die ihren Untergang kennt.
Du bringst Dunkelheit und es wird Nacht, *
in ihr regt sich alles Getier des Waldes.
Die jungen Löwen brüllen nach Beute, *
verlangen von Gott ihre Nahrung.
Geht die Sonne auf, kehren sie heim *
und lagern sich in ihren Verstecken.
Der Mensch geht hinaus an sein Tagwerk, *
an seine Arbeit bis zum Abend.

Wie zahlreich sind deine Werke, ọ HERR! /
In Weisheit hast du sie alle geschaffen. *
Die Erde ist voll von deinen Geschöpfen –
und erst das Meer, so groß und weit ụnd breit: /
darin ein Gewimmel, nicht zu zählen, *
kleine Tiere und große.
Dort ziehen die Schiffe dahin, *
der Leviatan, den du geformt, um mit ihm zu spielen.

Auf dich warten sie alle, *
daß du ihnen Speise gibst zur rechten Zeit.

Du gibst ihnen - sie sammeln ein, *
du öffnest deine Hand - sie werden gesättigt mit Gutem.
  Du verbirgst dein Antlitz - sie sind verstört, /
  du holst ihren Atem zurück - sie sterben hin *
  und kehren zurück in den Staub.
Du sendest deinen Atem aus - sie werden erschaffen: *
du erneuerst das Antlitz der Erde.

  Ewig währe die Herrlichkeit des HERRN, *
  es freue sich der HERR seiner Werke!
Er blickt die Erde an und sie erbebt, *
er rührt die Berge an und sie rauchen.
  Singen will ich dem HERRN, solange ich lebe, *
  meinem Gott will ich spielen, solange ich bin.
Möge ihm mein Dichten gefallen! *
Ich aber, ich will mich freuen des HERRN.
  Die Sünder sollen von der Erde verschwinden, *
  und Frevler sollen nicht mehr da sein!
Lobe den HERRN, meine Seele! *
Ja, meine Seele, lobe den HERRN!

Psalm 47

IHR Völker alle, klatscht in die Hände, *
jauchzt Gott zu mit lautem Jubel!
  Denn furchtgebietend ist der HERR, der Höchste, *
  ein großer König über die ganze Erde.
Er unterwirft uns Völker, *
Nationen unter unsre Füße.

Er wählt für uns unsern Erbbesitz aus, *
den Stolz Jakobs, den er lieb hat.
Gott stieg empor unter Jubel, *
der HERR beim Schall der Posaunen.

Spielt unserm Gott, ja spielt ihm! *
Spielt unserm König, spielt ihm!
Denn König der ganzen Erde ist Gott. *
Spielt ihm ein Psalmenlied!
Gott wurde König über die Völker, *
Gott hat sich auf seinen heiligen Thron gesetzt.
Versammelt sind die Fürsten der Völker *
als Volk des Gottes Abrahams.
Denn Gott gehören die Schilde der Erde: *
er ist hoch erhaben.

℣. Laßt uns preisen den Vater und den Sohn mit dem Heiligen Geist.
℟. Laßt uns ihn loben und erheben in Ewigkeit.

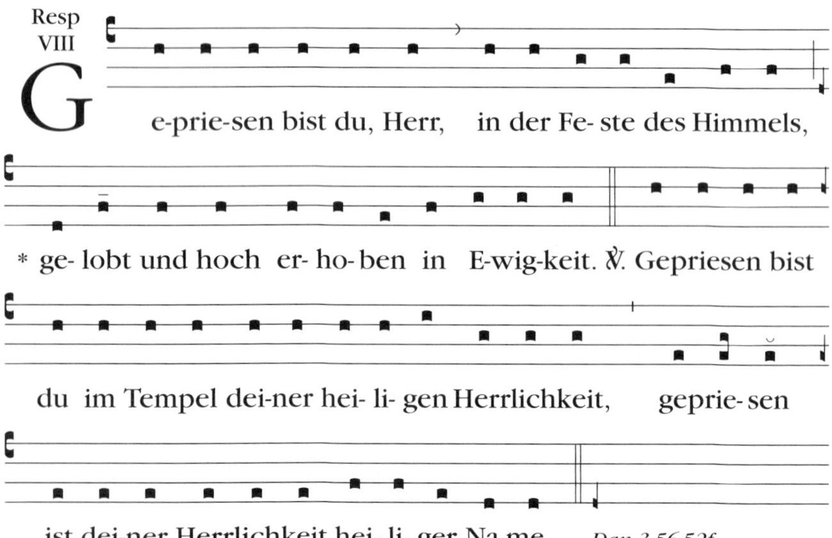

Dan 3,56.52f

Zweite Nokturn

Ant 1
IV

Psalm 19

DIE Himmel erzählen die Herrlichkeit Gottes, *
das Firmament verkündet das Werk seiner Hände.
Ein Tag sagt es jubelnd dem andern, *
eine Nacht übergibt der andern die Kunde.
Nicht sind es Worte, nicht sind es Reden, *
deren Stimme man nicht vernähme.
Ihre Botschaft ging in alle Welt hinaus, *
ihre Nachricht bis zu den Enden der Erde.
Dort hat er der Sonne ein Zelt bestimmt: /
wie der Bräutigam aus seinem Gemach tritt sie hervor, *
sie freut sich wie ein Held, die Bahn zu laufen.
Am einen Ende des Himmels geht sie hervor, /
durchläuft den Kreis bis ans andere Ende. *
Nichts kann vor ihrer Glut sich bergen.

Die Weisung des HERRN ist vollkommen, *
sie erquickt die Seele.
Das Zeugnis des HERRN ist verläßlich, *
den Unwissenden macht es weise.
Die Befehle des HERRN sind gerade, *
das Herz erfüllen sie mit Freude.
Das Gebot des HERRN ist lauter, *
es erleuchtet die Augen.
Die Furcht des HERRN ist rein, *
sie besteht für ewig.

Die Entscheide des HERRN sind wahr, *
gerecht sind sie alle.
Kostbarer sind sie als Gold, als Feingold in Menge, *
süßer sind sie als Honig und Seim aus den Waben.
Auch dein Knecht läßt sich durch sie erleuchten. *
Reich ist belohnt, wer sie beachtet.
Wer wird all seiner Fehler gewahr? *
Sprich mich frei von verborgenen Sünden!
Auch vor Vermessenen behüte deinen Knecht, *
sie sollen nicht über mich herrschen.
Dann werde ich vollkommen sein: *
frei von schwerer Verfehlung.

Die Worte meines Mundes mögen dir gefallen, /
das Sinnen meines Herzens stehe dir vor Augen, *
HERR, mein Fels und mein Erlöser.

Ant 2
II

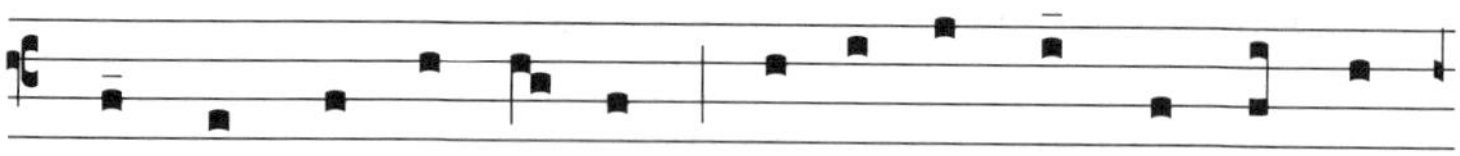

G ott, dein Weg ist hei- lig. * Wo ist ein Gott, so groß wie

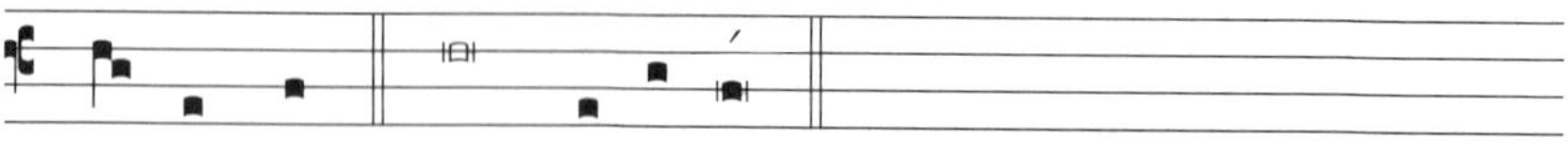

un- ser Gott?

Psalm 77

ICH rufe zu Gott, ich schreie, *
ich rufe zu Gott, daß er mich höre.
Am Tag meiner Not suche ich den Herrn, /
des Nachts ist meine Hand unermüdlich ausgestreckt, *
meine Seele läßt sich nicht trösten.
Denk ich an Gott, muß ich seufzen, *
sinne ich nach, so verzagt mein Geist.

Du hältst wach meine Augen. *
Ich bin verstört und kann nicht reden.

Ich denke nach über die Tage von einst, *
über urlängst vergangene Jahre.
  Ich denke des Nachts an mein Saitenspiel, /
  ich sinne nach in meinem Herzen, *
  es grübelt mein Geist.
Wird der Herr denn auf ewig verstoßen *
und niemals mehr erweisen seine Gunst?
  Hat seine Liebe für immer ein Ende? *
  Ist es aus mit seinem Wort für alle Geschlechter?
Hat Gott vergessen, daß er gnädig ist? *
Hat er im Zorn sein Erbarmen verschlossen?

  Ich sage: „Das ist mein Schmerz, *
  daß so anders wurde das Handeln des Höchsten."
Ich denke an die Taten des HERRN, *
gedenken will ich deiner einstigen Wunder!
  Ich erwäge all deine Werke, *
  und über deine Taten sinne ich nach.

O Gott, im Heiligen verläuft dein Weg. *
Welche Gottheit ist so groß wie Gott?
  Du bist die Gottheit, die Wunder tut, *
  unter den Völkern tatest du kund deine Macht.
Du hast mit deinem Arm dein Volk erlöst, *
die Kinder Jakobs und Josefs.

  Dich sahen die Wasser, o Gott, /
  dich sahen die Wasser und bebten; *
  selbst die Urtiefen tobten.
Es gossen Wasser die Wolken, /
dröhnend erhob das Gewölk seine Stimme; *
auch deine Pfeile schwirrten umher.
  Dröhnend rollte dein Donner, /
  Blitze erhellten den Erdkreis, *
  die Erde wankte und schwankte.
Durch das Meer ging dein Weg, /
dein Pfad durch gewaltige Wasser; *
doch deine Spuren wurden nicht erkannt.

Du führtest dein Volk wie eine Herde *
durch die Hand von Mose und Aaron.

Psalm 139

HERR, du erforschst und du kennst mich, /
ob ich sitze oder stehe, du weißt es. *
Meine Gedanken durchschaust du von ferne.
Ob ich gehe oder ruhe – du ermißt es, *
du bist vertraut mit all meinen Wegen.
Mir kommt kein Wort auf die Zunge, *
das du, o HERR, nicht schon wüßtest.
Von hinten und von vorne hältst du mich umfangen, *
du legtest deine Hand auf mich.
Zu wunderbar für mich ist solches Wissen, *
zu hoch – ich kann es nicht erfassen.

Wohin soll ich gehen vor deinem Geist, *
wohin vor deinem Antlitz fliehen?
Stieg ich empor zum Himmel – du bist dort, *
und legte ich mich nieder in der Unterwelt – du bist zugegen.
Nähm ich der Morgenröte Flügel *
und ließe mich nieder am Ende des Meeres
– auch dort führt mich deine Hand, *
und deine Rechte hält mich.
Und sagte ich: „Die Finsternis soll mich verschlingen, *
wie sonst das Licht soll mich die Nacht umgeben!“

– vor dir ist auch die Finsternis nicht finster: /
die Nacht strahlt wie der Tag, *
wie das Licht ist die Finsternis.

Du hast mein Innerstes gebildet, *
hast mich gewoben im Schoß meiner Mutter.
Ich danke dir,
daß ich so staunenswert und wundersam gemacht bin. *
Ja, das weiß ich: Wunderbar sind deine Werke!
Dir waren meine Glieder nicht verborgen, /
als ich gestaltet wurde im Geheimen, *
kunstvoll gewirkt in den Tiefen der Erde.
Deine Augen sahen, wie ich entstand, *
in deinem Buch war schon alles verzeichnet.
Meine Tage waren schon gebildet, *
als noch keiner von ihnen da war.
Wie hoch, o Gott, sind mir deine Gedanken, *
wie gewaltig ist ihre Fülle!
Wollt ich sie zählen, /
es wären mehr als die Körner im Sand! – *
Ich erwache: und immer noch bin ich bei dir.

⌈O Gott, vernichte doch den Frevler! *
Ihr blutgierigen Menschen, laßt ab von mir!
Sie reden gegen dich voll Arglist. *
Im Wahn erheben sich deine Gegner.
Sollten mir nicht verhaßt sein, o HERR, die dich hassen? *
Ein Greuel sind mir, die sich gegen dich empören!
Ganz und gar lehne ich sie ab! *
⌊Mir selber wurden sie zu Feinden!
Erforsche mich, Gott, und erkenne mein Herz, *
prüfe mich, wisse um meine Gedanken!
Schau her, ob ich auf einem Weg bin, der dich kränkt, *
und führe mich auf dem Weg der Ewigkeit!

℣. Gepriesen sei die heilige Dreifaltigkeit.
℟. Vater und Sohn und Heiliger Geist.

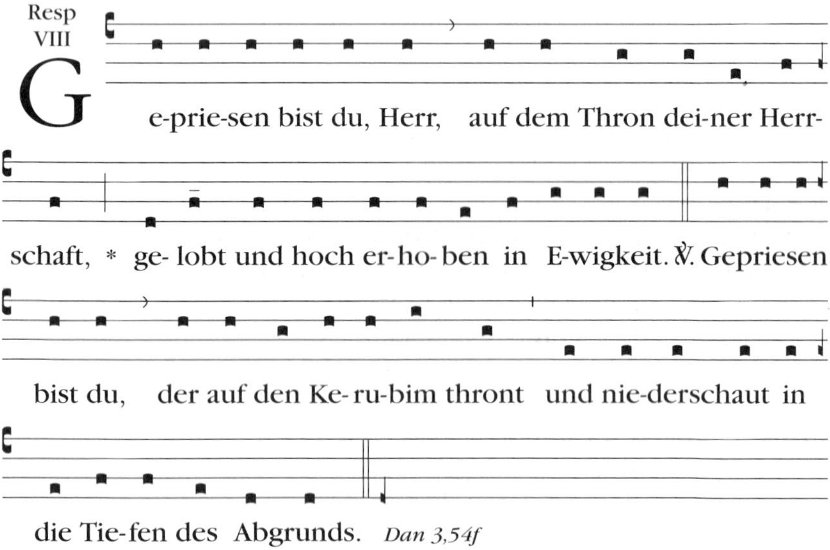

Dritte Nokturn

Jesaja 40,12-18.26-31

WER mißt das Meer mit der hohlen Hand? /
Wer kann mit der ausgespannten Hand
den Himmel vermessen? *
Wer mißt mit einem Scheffel den Staub der Erde?
Wer wiegt die Berge mit einer Waage *
und mit Gewichten die Hügel?

Wer bestimmt den Geist des HERRN? *
Wer kann sein Berater sein und ihn unterrichten?
Wen fragt er um Rat, *
und wer vermittelt ihm Einsicht?
Wer kann ihn über die Pfade des Rechts belehren? *
Wer lehrt ihn das Wissen und zeigt ihm den Weg der Einsicht?

Seht, die Völker sind wie ein Tropfen am Eimer, /
sie gelten so viel wie ein Stäubchen auf der Waage. *
Seht, die Inseln wiegen nicht mehr als ein Sandkorn.
Der Libanon reicht nicht aus für das Brennholz, *
sein Wild genügt nicht für die Opfer.
Alle Völker sind vor Gott wie ein Nichts, *
sie gelten ihm als null und nichtig.
Mit wem wollt ihr Gott vergleichen *
und was ihm gegenüberstellen als Ebenbild?

Erhebt eure Augen zur Höhe und seht: *
Wer hat die Sterne dort oben erschaffen?
Er ist es, der ihr Heer täglich zählt und herausführt, *
der sie alle beim Namen ruft.
Weil er groß ist an Kraft und stark an Macht, *
wagt keiner zu fehlen.

Warum sprichst du, Israel: /
„Mein Weg ist dem HERRN verborgen, *
mein Recht entgeht meinem Gott“?
Weißt du es nicht, hast du es nicht gehört: *
Der HERR ist der ewige Gott, der die Enden der Erde geschaffen!
Er wird nicht müde und ermattet nicht, *
unergründlich ist seine Einsicht.
Er gibt dem Müden Kraft, *
dem Erschöpften gibt er Stärke in Fülle.
Junge werden müde und ermatten, *
junge Männer straucheln und fallen;
die aber auf den HERRN vertraun, erhalten neue Kraft, *
es wachsen ihnen Schwingen wie den Adlern;
sie laufen und ermatten nicht, *
sie gehen und werden nicht müde.

℣. Durch das Wort des Herrn wurden die Himmel geschaffen.
℟. Ihr ganzes Heer durch den Hauch seines Mundes.

Resp VIII

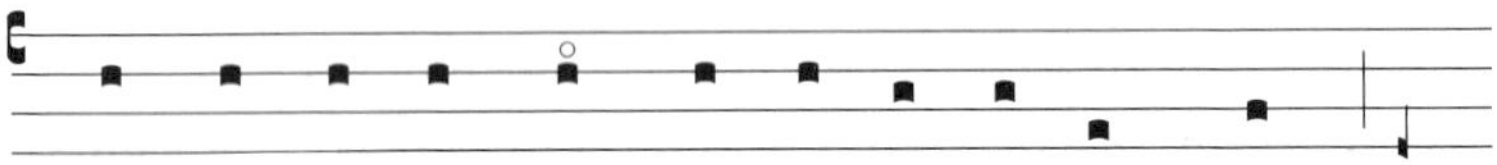

Ich schau-te den Herrn auf er- ha- be-nem Thron:

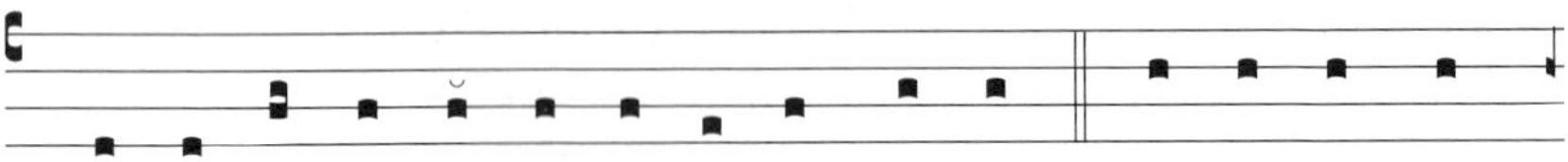

* sei-ne Herrlichkeit er- füll-te den Tempel. ℣. Ü- ber ihm stan-

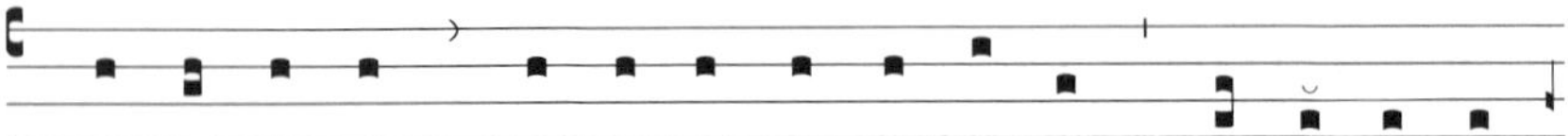

den Se- ra- fim und rie- fen ein- an- der zu: Hei- lig ist der

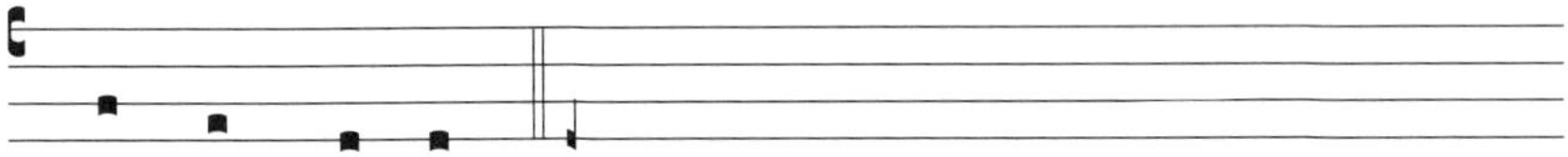

Herr der Scha- ren! *Jes 6,1-3*

LAUDES

Ant 1 VIII

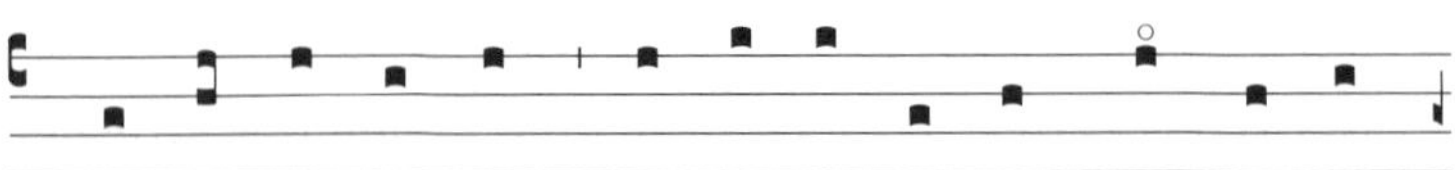

Geprie-sen sei Gott, * der Va- ter unsres Herrn Je- sus

Chri-stus, der Va- ter des Er-barmens, der Gott al- len Tro-stes.

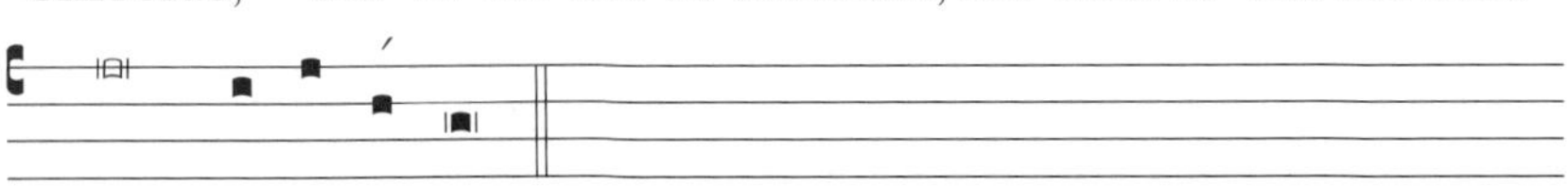

2 Kor 1,3

Psalm 93

Der Herr ist König, mit Hoheit bekleidet; *
der Herr hat sich bekleidet und mit Macht umgürtet.
Fest ist der Erdkreis gegründet, *
nie wird er wanken.
Fest steht dein Thron von Anbeginn, *
du bist von Ewigkeit.

Fluten erhoben, Herr, /
Fluten erhoben ihr Tosen, *
Fluten erheben ihr Brausen.
Gewaltiger als das Tosen der mächtigen Wasser, /
gewaltiger als die Brandung des Meeres *
ist gewaltig der Herr in der Höhe.

Deine Gesetze sind fest und verläßlich, /
Herr, deinem Haus ziemt Heiligkeit *
für alle Zeiten.

Ant 2
VI

Joh 17,22

Psalm 100

Jauchzet dem Herrn, alle Welt! /
Dient dem Herrn mit Freude! *
Kommt vor sein Antlitz mit Jubel!

Erkennt: Der HERR ist Gott! /
Er hat uns geschaffen, wir sind sein Eigen, *
sein Volk und die Herde seiner Weide.

Tretet durch seine Tore mit Dank, /
in seine Höfe mit Lobgesang! *
Dankt ihm, preist seinen Namen!
Denn gut ist der HERR, /
seine Huld währt ewig *
und Geschlecht um Geschlecht seine Treue.

Jes 6,3

Daniel 3,57-88 ( )

PREISET den HERRN, all ihr Werke des HERRN, *
lobt und erhebt ihn in Ewigkeit!
Preiset den HERRN, ihr Engel des HERRN, *
ihr hohen Himmel, lobpreiset IHN!
Preiset den HERRN, alle Wasser droben am Himmel, *
all ihr Mächte, lobpreiset IHN!
Preiset den HERRN, Sonne und Mond, *
ihr Sterne am Himmel, lobpreiset IHN!
Preiset den HERRN, jeder Regen und Tau, *
all ihr Stürme, lobpreiset IHN!

Preiset den HERRN, Feuer und Glut, *
Frost und Hitze, lobpreiset IHN!
Preiset den HERRN, ihr Tropfen des Taus, /
ihr Flocken des Schnees, *
Eis und Kälte, lobpreiset IHN!
Preiset den HERRN, ihr Kristalle von Schnee und Rauhreif, *
ihr Blitze und Wolken, lobpreiset IHN!
Preiset den HERRN, ihr Nächte und Tage, *
Licht und Dunkel, lobpreiset IHN!

Du, Erde, preise den HERRN, *
lob und erheb ihn in Ewigkeit!
Preiset den HERRN, ihr Berge und Hügel, *
alles, was sproßt auf der Erde, lobpreise IHN!
Preiset den HERRN, ihr Quellen, *
ihr Meere und Ströme, lobpreiset IHN!
Preiset den HERRN, ihr Ungeheuer der See /
und alles, was sich regt in den Wassern, *
all ihr Vögel des Himmels, lobpreiset IHN!
Preiset den HERRN, all ihr Tiere, wilde und zahme, *
all ihr Menschen, lobpreiset IHN!

Du, Israel, preise den HERRN, *
lob und erheb ihn in Ewigkeit!
Preiset den HERRN, ihr Priester des HERRN, *
ihr seine Knechte, lobpreiset IHN!
Preiset den HERRN, ihr Heiligen /
und ihr gebeugten Herzen, *
ihr Geister und Seelen der Gerechten, lobpreiset IHN!

Preiset den HERRN, Hananja, Asarja und Mischael, *
lobt und erhebt ihn in Ewigkeit!
Denn er entriß uns der Unterwelt, *
er hat uns errettet aus der Hand des Todes.
Er befreite uns aus dem lodernden Ofen, *
er hat uns erlöst aus der Mitte des Feuers.

Laßt uns preisen den Vater und den Sohn mit dem Heiligen Geist, *
ihn loben und erheben in Ewigkeit!

Ant 4
VII

Röm 11,36 (Vulg)

Psalm 150

LOBT Gott in seinem Heiligtum, *
lobt ihn in seiner mächtigen Feste!
Lobt ihn ob seiner gewaltigen Taten, *
lobt ihn in der Fülle seiner Hoheit!
Lobt ihn mit dem Schall der Posaunen, *
lobt ihn mit Harfe und Leier!
Lobt ihn mit Pauke und Reigen, *
lobt ihn mit Flöten und Saitenspiel!
Lobt ihn mit hellen Zimbẹln, /
lobt ihn mit schmetternden Zimbeln! *
Alles, was Atem hat, lobe den HERREN!

Kurzlesung *Ex 33,18-23*

Mose bat den Herrn: Laß mich doch deine Herrlichkeit sehen! Der Herr gab zur Antwort: Ich will meine ganze Schönheit an dir vorüberziehen lassen und den Namen des Herrn vor dir ausrufen. Ich gewähre Gnade, wem ich will, und ich schenke Erbarmen, wem ich will. Weiter sprach er: Du kannst mein Angesicht nicht sehen; denn kein Mensch kann mich sehen und am Leben bleiben. Dann sprach der Herr: Hier, diese Stelle da! Stell dich an diesen Felsen! Wenn meine Herrlichkeit vorüberzieht, stelle ich dich in die Höhlung des Felsens und decke meine Hand über dich, bis ich vorüber bin. Wenn ich meine Hand zurückziehe, wirst du meinen Rücken sehen. Mein Angesicht aber darf niemand sehen.

Resp IV/1

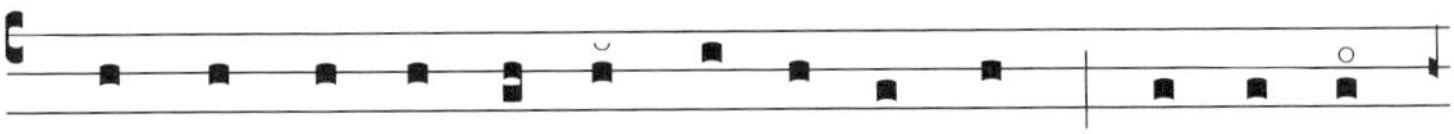

Der Herr sei ge-prie-sen, Is- ra- els Gott, * er al- lein

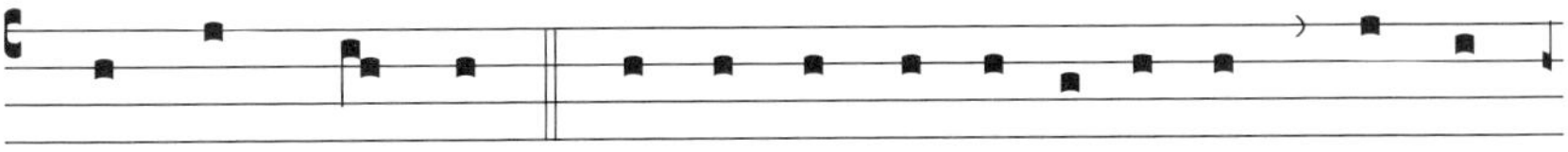

vollbringt Wun-der. ℣. Ge-prie-sen sei in E-wigkeit sein herr-

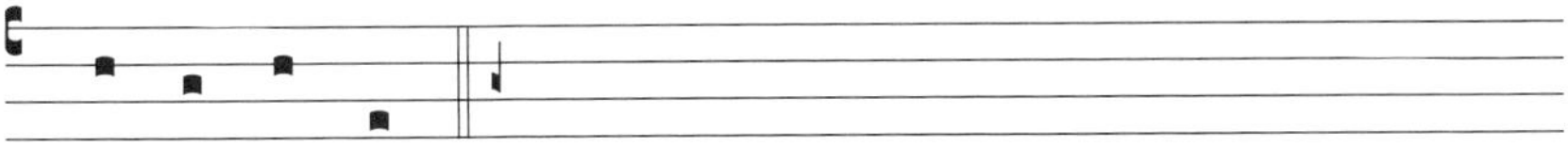

li-cher Na- me. *Ps 72,18f*

Hymnus

I

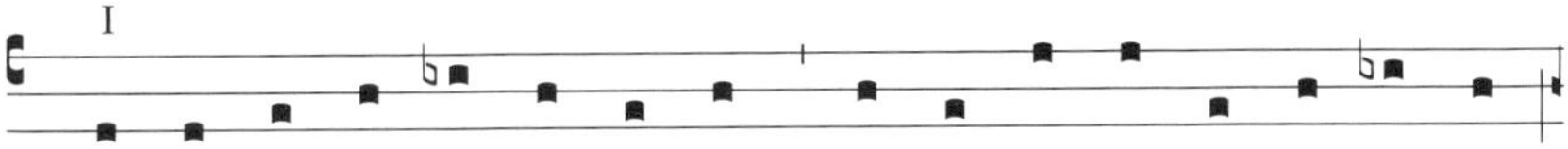

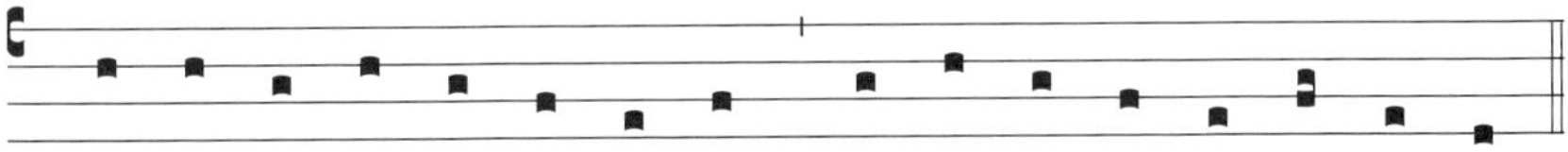

ERHABENE Dreifaltigkeit,
im Licht der einen Gottheit eins,
unendliches Geheimnis du
und tiefster Ursprung allen Seins.

Dich rühmt des Himmels hehre Schar,
ruft strahlend deinen Lobpreis aus,
dir jubelt deine Schöpfung zu,
der du dein Bildnis aufgeprägt.

Wir neigen staunend uns vor dir
und beten deine Größe an.
Vereine mit der Engel Lied
den Lobgesang, den wir dir weihn!

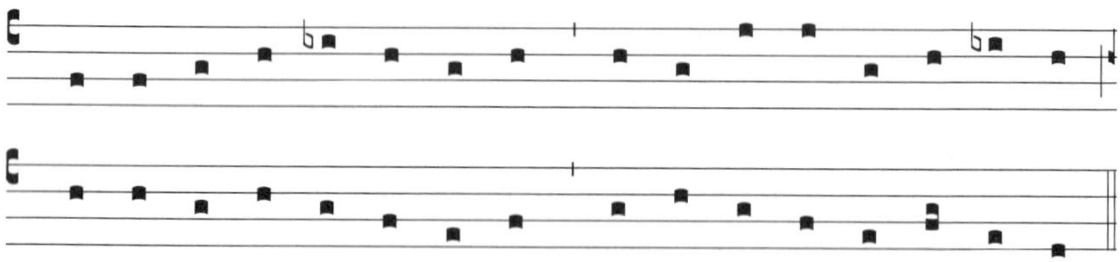

Was alle Einsicht übersteigt,
bekennt der Glaube ehrfurchtsvoll:
Drei sind in tiefer Liebe eins –
in Einem lebt die Fülle reich.

Gott Vater, dir sei Ruhm und Preis
und deinem eingebornen Sohn,
dem Geiste, der uns Beistand ist,
jetzt, immer und in Ewigkeit. Amen.

℣. Gepriesen bist du, Herr, in der Feste des Himmels.
℟. Gepriesen ist der heilige Name deiner Herrlichkeit.

Ant C
IV

1 Chron 29,11

* * *

Donnerstag der 2. Woche nach Pfingsten

FRONLEICHNAM

HOCHFEST

VIGIL

Invitatorium

℟. IV

Psalm 81

JUBELT Gott zu, der unsre Stärke ist,
jauchzt dem Gott Jakobs!
Hebt an zu singen, schlagt die Pauke,
die liebliche Leier samt der Harfe!

JUBELT GOTT ZU, DENN ER IST UNSRE STÄRKE.

Am Neumond stoßt in die Posaune,
am Vollmond, zum Tag unsres Festes!
Denn das ist Satzung für Israel,
von Jakobs Gott ein Gebot.
Er hat es gesetzt als Bestimmung für Josef,
als er auszog gegen Ägypten.

MIT BESTEM WEIZEN WILL ER UNS NÄHREN:
JUBELT GOTT ZU, DENN ER IST UNSRE STÄRKE.

Ich höre eine Stimme, die ich nicht kenne:
„Seine Schulter hab ich befreit von der Bürde,
vom Lastkorb kamen frei seine Hände.

Du riefst mich in der Not, – ich habe dich gerettet,
gab Antwort dir aus dem Gewölk des Donners
und prüfte dich am Wasser von Meriba."

JUBELT GOTT ZU, DENN ER IST UNSRE STÄRKE.

„So höre doch, mein Volk, ich will dich mahnen!
Du Israel, merk doch auf meine Stimme!
Laß dich nicht ein mit einem andern Gott,
vor keinem fremden Gott sollst du beten!
Ich bin der HERR, dein Gott,
der dich heraufgeführt hat aus Ägypten.
Weit öffne deinen Mund, ich will ihn füllen!"

MIT BESTEM WEIZEN WILL ER UNS NÄHREN:
JUBELT GOTT ZU, DENN ER IST UNSRE STÄRKE.

„Mein Volk hat nicht gehört auf meine Stimme,
Israel hat mich nicht gewollt.
Da überließ ich sie dem Starrsinn ihres Herzens:
Sollen sie gehn nach ihren eigenen Plänen!"

JUBELT GOTT ZU, DENN ER IST UNSRE STÄRKE.

„O daß mein Volk doch auf mich hörte,
daß Israel auf meinen Wegen ginge!
Schnell würde ich bezwingen seine Feinde
und wider seine Gegner meine Hand erheben.
– Die den HERRN hassen, müßten ihm gefügig sein,
und das wäre auf ewig ihr Los. –
Mit bestem Weizen würde ich es nähren.
Ja, ich würde dich sättigen mit Honig aus dem Felsen."

MIT BESTEM WEIZEN WILL ER UNS NÄHREN:
JUBELT GOTT ZU, DENN ER IST UNSRE STÄRKE.

Ehre dem Vater, Ehre dem Sohne,
Ehre dem Heiligen Geiste.
Wie im Anfang, so auch jetzt und immer
und für ewige Zeiten. Amen.

JUBELT GOTT ZU, DENN ER IST UNSRE STÄRKE.

MIT BESTEM WEIZEN WILL ER UNS NÄHREN:
JUBELT GOTT ZU, DENN ER IST UNSRE STÄRKE.

Hymnus

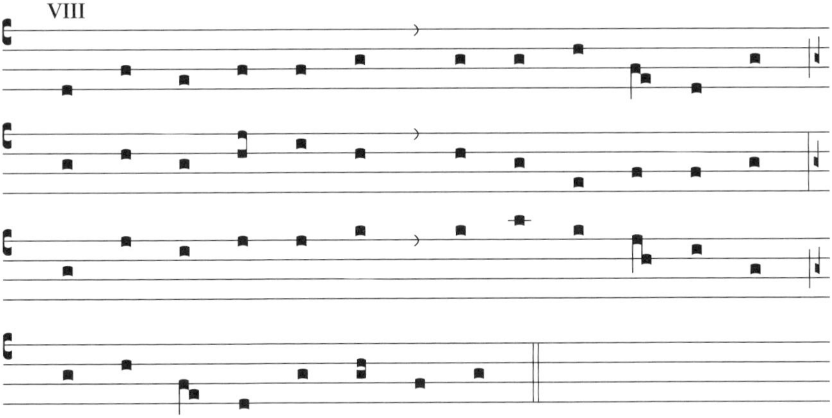

JUBELNDER Freude Lied / töne am heil'gen Tag.
Festlicher Lobgesang / steige aus jedem Herz.
Altes sei abgetan, / alles sei heute neu:
Herzen, Worte und jede Tat!

Denn wir begehn das Mahl, / wie es der Herr gebot,
da er als Lamm sich gab, / Opfer zu unserm Heil.
Was nur im Bild geahnt, / macht er nun sterbend wahr,
schenkt sich selber den Seinen ganz.

Siehe, er reicht im Brot / Schwachen das eigne Fleisch,
gibt den Verzagten Kraft, / labt sie mit seinem Blut.
So gibt er selbst sich hin, / da er zu ihnen sagt:
„Trinket alle aus diesem Kelch."

Heiland und Herr der Welt, / höre auf unser Flehn:
Bleibe nicht fern von uns, / sei uns im Brote nah,
führ uns auf deinem Weg / hin zu der Hoffnung Ziel,
wo uns selig dein Licht umfängt. Amen.

Erste Nokturn

Ant 1
II

Psalm 78 ()

MEIN Volk, lausche meiner Weisung! *
Neigt euer Ohr den Worten meines Mundes!
Meinen Mund will ich öffnen zum Spruch, *
Rätsel der Vorzeit will ich künden.

Was wir gehört und erfahren, *
was uns die Väter erzählten,
das wollen wir vor ihren Kindern nicht verbergen, *
dem kommenden Geschlecht wollen wir's erzählen:
die Ruhmestaten des HERRN und seine Stärke, *
die Wunder, die er getan hat.
Er richtete ein Zeugnis auf in Jakob, *
Weisung gab er in Israel,
da er unseren Vätern gebot, *
all das bekannt zu machen ihren Kindern,
damit das kommende Geschlecht davon erfahre, *
die später geborenen Kinder.
Die wieder sollen aufstehn und es ihren Kindern erzählen, *
damit sie auf Gott ihr Vertrauen setzen:
sie sollen Gottes Taten nicht vergessen *
und seine Befehle halten.

Sie sollen nicht werden wie ihre Väter: *
ein Geschlecht voll Trotz und Empörung,
ein Geschlecht, dessen Herz nicht fest war, *
dessen Geist Gott nicht treu blieb.

Die Söhne Efraims, als Bogenschützen gerüstet, *
machten kehrt am Tage des Kampfes.
Sie achteten nicht auf Gottes Bund *
und weigerten sich, seiner Weisung zu folgen.
Sie vergaßen seine Taten, *
die Wunder, die er sie schauen ließ.
Vor ihren Vätern hatte er Wunder vollbracht *
im Land Ägypten, im Gefilde von Zoan.
Er spaltete das Meer und führte sie hindurch, *
wie einen Damm ließ er feststehn die Wasser.
Er leitete sie bei Tag in der Wolke, *
die ganze Nacht im Leuchten des Feuers.
Er spaltete Felsen in der Wüste *
und spendete Trank - reichlich wie Fluten.
Er ließ Bäche entspringen aus dem Gestein, *
ließ Wasser fließen gleich Strömen.

Sie aber fuhren fort, gegen ihn zu sündigen, *
im Ödland dem Höchsten zu trotzen.
In ihren Herzen versuchten sie Gott, *
als sie Speise verlangten für ihren Hunger.
Sie redeten gegen Gott, *
sie sagten: „Kann Gott uns denn den Tisch bereiten in der Wüste?
Den Felsen hat er zwar geschlagen, *
und es flossen Wasser, es strömten Bäche!
Kann er uns auch versorgen mit Brot *
und Fleisch beschaffen seinem Volke?"
Das hörte der HERR und ergrimmte, /
Feuer entbrannte wider Jakob, *
Zorn stieg auf wider Israel,
weil sie Gott nicht glaubten *
und seinem Heil nicht trauten.
Und er befahl den Wolken in der Höhe, *
er öffnete die Tore des Himmels.
Manna ließ er auf sie regnen zur Speise *
und gab ihnen Brot vom Himmel.
Jeder aß vom Brot der Starken; *
er sandte Nahrung, sie zu sättigen.

Aufbrechen ließ er den Ostwind am Himmel, *
und führte den Südwind herbei in seiner Stärke.
  Er ließ Fleisch auf sie regnen wie Staub, *
  wie Sand am Meer gefiederte Vögel.
Er ließ sie fallen mitten ins Lager *
und rings um seine Zelte.
  Da aßen sie und wurden reichlich gesättigt. *
  Er hatte ihnen gebracht, was sie begehrten. ( )

Ant 2
IV

Psalm 107 ( )

DANKET dem HERRN, denn er ist gütig! *
Denn seine Huld währt ewig!
  So sollen sprechen die vom HERRN Erlösten, *
  die er erlöst hat aus der Hand des Bedrängers,
die er aus den Ländern gesammelt hat, /
vom Aufgang und vom Niedergang, *
vom Norden und vom Meere.

  Sie irrten umher in der Wüste, im Ödland, *
  sie konnten den Weg zur wohnlichen Stadt nicht finden,
sie litten Hunger und Durst, *
ihre Kehle war am Verschmachten.
  In ihrer Angst schrien sie zum HERRN, *
  und er entriß sie ihrer Bedrängnis.
Er führte sie auf geradem Wege, *
so daß sie zur wohnlichen Stadt gelangten.
  Danken sollen sie dem HERRN für seine Huld, *
  für seine Wundertaten an den Menschen.

Denn er hat die lechzende Kehle gesättigt, *
die hungernde Kehle gefüllt mit Gutem. ()

Die Redlichen sehn es und freuen sich, *
und alle Bosheit muß den Mund verschließen.
Wer ist so weise, daß er all dies beachtet, *
daß er die Liebestaten des HERRN verstehen lernt?

Ant 3
VII

Psalm 36 ()

HERR, deine Liebe reicht bis zum Himmel, *
deine Treue bis zu den Wolken.
Deine Gerechtigkeit steht wie die Berge Gottes, /
wie die große Flut sind deine Entscheide. *
HERR, du wirkst Heil für Menschen und Tiere.
Wie köstlich, o Gott, ist deine Liebe! *
Die Menschen bergen sich im Schatten deiner Flügel.
Sie laben sich am Überfluß deines Hauses, *
du tränkst sie mit dem Strom deiner Wonnen.
Denn bei dir ist die Quelle des Lebens, *
Licht schauen wir in deinem Lichte.

Erhalte deine Liebe denen, die dich kennen, *
und deine Gerechtigkeit
den Menschen mit redlichem Herzen. ()

℣. Brot vom Himmel hast du ihnen gegeben. Halleluja.
℟. Das Brot der Starken aßen die Menschen. Halleluja.

Resp VIII

Zweite Nokturn

Ant 1 I

Psalm 50

ES SPRICHT der HERR, der Gott der Götter, /
er ruft die Erde *
vom Aufgang der Sonne bis zum Untergang.
Vom Zion her, der Krone der Schönheit, *
zeigt Gott sich in strahlendem Glanze.
Unser Gott kommt, er kann nicht schweigen: *
Feuer frißt vor ihm her, rings um ihn stürmt es gewaltig.
Den Himmel droben ruft er auf und die Erde *
zum Gericht an seinem Volke.
„Versammelt mir meine Frommen, *
die den Bund mit mir schlossen beim Opfer!“

Die Himmel sollen seine Gerechtigkeit künden: *
Gott selbst ist der Richter.
„Höre, mein Volk, ich will reden, /
Israel, ich will gegen dich zeugen, *
ich, Gott, der ich dein Gott bin.

Nicht deiner Opfer wegen klag ich dich an, *
deine Brandopfer sind mir ja immer vor Augen.
Doch ich nehme keinen Farren aus deinem Hause, *
noch Böcke aus deinen Hürden.
Mein ist ja alles Getier des Waldes, *
zu Tausenden mein das Wild auf den Bergen.
Die Vögel der Berge, ich kenne sie alle, *
was sich regt auf dem Feld, ist mein Eigen.
Hätte ich Hunger, ich bräuchte es dir nicht zu sagen, *
denn mein ist der Erdkreis und seine Fülle.
Esse ich denn das Fleisch von Stieren, *
trinke ich das Blut von Böcken?
Bringe Gott Lobpreis als Opfer dar, *
erfülle dem Höchsten deine Gelübde!
Rufe mich an am Tag der Drangsal, *
ich werde dich retten, und du wirst mich ehren!"

Zum Frevler aber sagt Gott: /
„Was soll's, daß du meine Satzungen aufzählst *
und meinen Bund im Mund führst?
Dabei ist Zucht dir verhaßt, *
und meine Worte wirfst du hinter dich.
Siehst du einen Dieb, gehst du mit ihm, *
mit Ehebrechern hast du Gemeinschaft.
Du läßt deinen Mund sich in Bosheit ergehen, *
und deine Zunge stiftet Betrug an.
Du setzt dich hin und redest gegen deinen Bruder, *
auf den Sohn deiner Mutter häufst du Verleumdung.
Das hast du getan, und ich soll schweigen? /
Meinst du, ich sei wirklich wie du? *
Ich klage dich an, ich stelle es dir vor Augen.
Ihr Gottvergessenen, seht es doch ein! *
Sonst zerreiße ich, und niemand rettet! –

Es ehrt mich, wer als Opfer Lobpreis darbringt, *
er bereitet den Weg, auf dem ich Gottes Heil ihm zeige."

Ant 2
II

Psalm 116 B

ICH glaubẹ, /
auch wenn ich sagen muß: *
„Ich war zutiefst erniedrigt,
ich sagte, als ich in Bedrängnis war: *
Die Menschen lügen alle!"
Wie kann ich dem HERRN vergelten *
all das Gute, das er mir erwiesen?
Den Kelch des Heils will ich erheben, *
ausrufen will ich den Namen des HERRN.
Meine Gelübde will ich dem HERRN erfüllen *
vor seinem ganzen Volke.

Teuer ist in den Augen des HERRN *
der Tod seiner Frommen.
Ach HERR, ich bin doch dẹin Knecht! /
Dein Knecht bin ich, der Sohn deiner Magd! *
Gelöst hast du meine Fesseln.
Das Opfer des Lobes will ich dir bringen, *
ausrufen will ich den Namen des HERRN.
Meine Gelübde will ich dem HERRN erfüllen *
vor seinem ganzen Volke,
in den Höfen am Hause des HERRN, *
in deiner Mitte, Jerusalem.

Ant 3
V

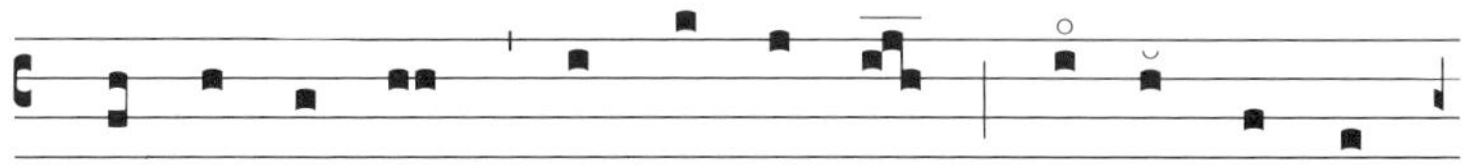

K o-stet und seht: * Der Herr ist gut! – Se- lig, wer zu

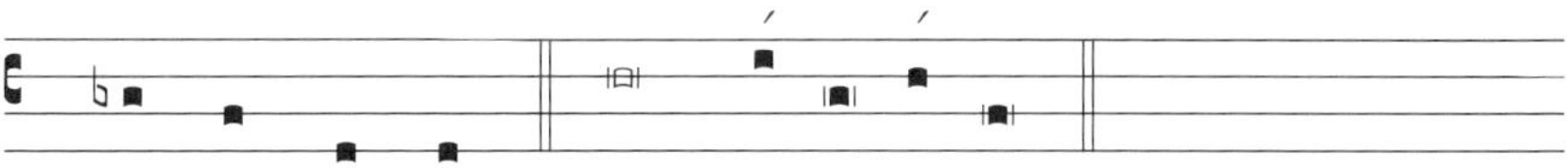

ihm sich flüchtet.

Psalm 34 ()

ALLEZEIT will ich den HERRN lobpreisen, *
sein Lob sei stets in meinem Munde!
Meine Seele rühme sich des HERRN, *
die Armen sollen es hören und fröhlich sein!
Preiset den HERRN mit mir, *
laßt uns gemeinsam seinen Namen erheben!

Ich suchte den HERRN, und er erhörte mich, *
er hat mich all meinen Ängsten entrissen.
Die auf ihn blicken, werden strahlen, *
nie wird vor Scham ihr Antlitz erröten.
Da rief ein Armer, und es hörte ihn der HERR, *
er half ihm aus all seinen Nöten.
Der Engel des HERRN umschirmt, die ihn fürchten, *
und er befreit sie.
Kostet und seht: Der HERR ist gut! *
Selig der Mensch, der zu ihm sich flüchtet!
Fürchtet den HERRN, ihr seine Heiligen, *
denn die ihn fürchten, leiden keinen Mangel.
Selbst Löwen darben und leiden Hunger, *
doch wer den HERRN sucht, braucht kein Gut zu entbehren. ()

℣. Wir sättigen uns am Gut deines Hauses. Halleluja.
℟. Am Gut deines heiligen Tempels. Halleluja.

Ps 104,28.14f

Dritte Nokturn

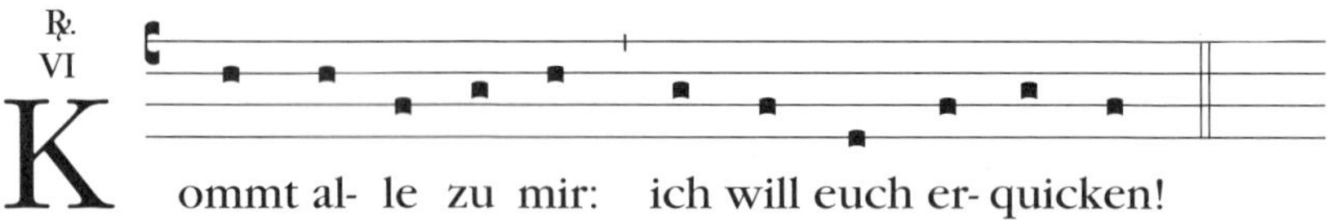

Jeremia 31,1-14 ()

SO SPRICHT der HERR:
In jener Zeit werde ich allen Geschlechtern Israels Gott sein,
und sie mein Volk.
Gnade fand das Volk in der Wüste:
Israel zieht hin zu seiner Ruhestatt.

KOMMT ALLE ZU MIR: ICH WILL EUCH ERQUICKEN!

Mit ewiger Liebe habe ich dich geliebt,
darum habe ich dir meine Huld bewahrt.
Jungfrau Israel! Ich baue dich wieder auf.
Du sollst dich wieder schmücken mit Pauken
und ausziehn im Reigen der Fröhlichen!

KOMMT ALLE ZU MIR: ICH WILL EUCH ERQUICKEN!

Es kommt der Tag,
da rufen die Wächter auf Efraims Bergen:
„Auf! Zum Zion laßt uns hinaufziehn, zum HERRN, unserem Gott!“

KOMMT ALLE ZU MIR: ICH WILL EUCH ERQUICKEN!

Seht, ich bringe sie heim aus dem Nordland,
ich sammle sie von den Enden der Erde.
Sie werden kommen mit Tränen,
ich tröste sie und geleite sie heim.

KOMMT ALLE ZU MIR: ICH WILL EUCH ERQUICKEN!

Zu Wasserbächen will ich sie führen
auf ebenem Weg, auf dem sie nicht straucheln.
Denn ich bin Israels Vater,
und Efraim ist mein erstgeborener Sohn.

KOMMT ALLE ZU MIR: ICH WILL EUCH ERQUICKEN!

Sie kommen und jubeln auf Zions Höhen,
sie strahlen vor Freude über die Gaben des HERRN,
über Korn und Wein und Öl.
Sie werden sein wie ein wohlbewässerter Garten,
sie werden nie mehr verschmachten.

KOMMT ALLE ZU MIR: ICH WILL EUCH ERQUICKEN!

Dann freut sich das Mädchen beim Reigen,
jung und alt sind fröhlich.
Ich wandle ihre Trauer in Jubel,
ich tröste sie und mache sie froh.
An meinen Gaben wird mein Volk sich sättigen.

KOMMT ALLE ZU MIR: ICH WILL EUCH ERQUICKEN!

Ehre sei dem Vater und dem Sohn
und dem Heiligen Geiste.
Wie im Anfang, so auch jetzt und immer
und für ewige Zeiten. Amen.

KOMMT ALLE ZU MIR: ICH WILL EUCH ERQUICKEN!

℣. Die Armen essen und werden gesättigt. Halleluja.
℟. Es preisen den Herrn, die ihn suchen. Halleluja.

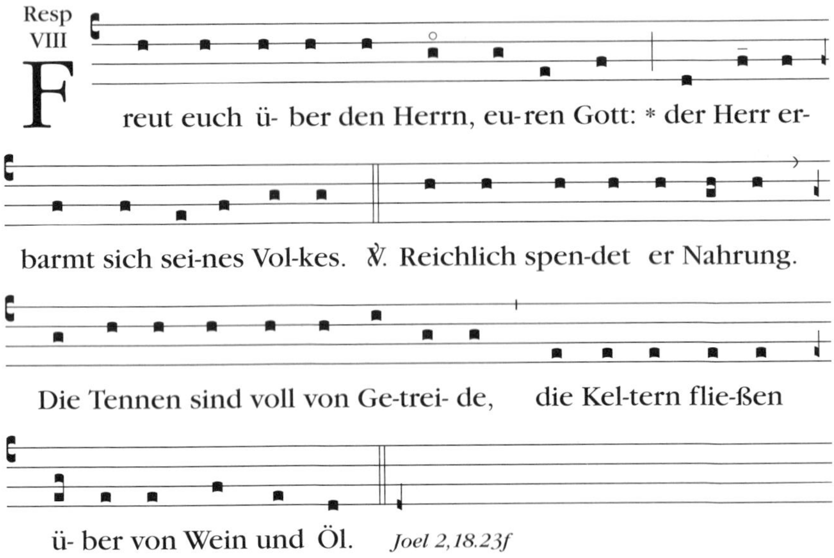

Joel 2,18.23f

LAUDES

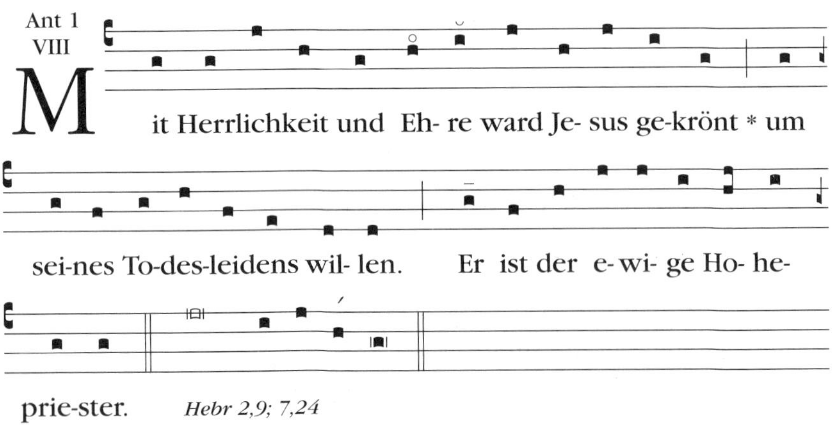

Hebr 2,9; 7,24

Psalm 93

DER HERR ist König, mit Hoheit bekleidet; *
der HERR hat sich bekleidet und mit Macht umgürtet.
Fest ist der Erdkreis gegründet, *
nie wird er wanken.
Fest steht dein Thron von Anbeginn, *
du bist von Ewigkeit.

Fluten erhoben, HERR, /
Fluten erhoben ihr Tosen, *
Fluten erheben ihr Brausen.
Gewaltiger als das Tosen der mächtigen Wasser, /
gewaltiger als die Brandung des Meeres *
ist gewaltig der HERR in der Höhe.

Deine Gesetze sind fest und verläßlich, /
HERR, deinem Haus ziemt Heiligkeit *
für alle Zeiten.

Ant 2
IV

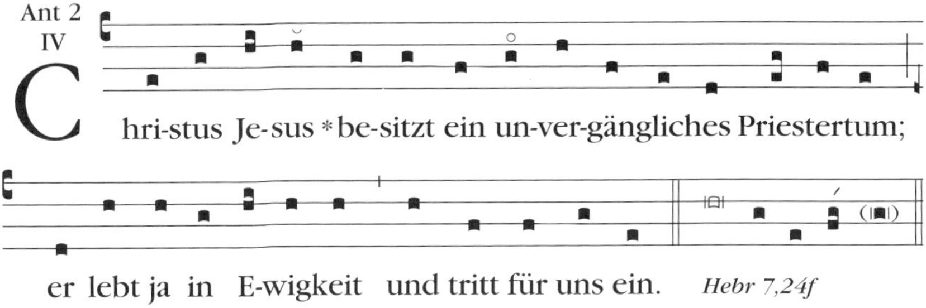

Hebr 7,24f

Psalm 110

SO SPRICHT der HERR zu meinem Herrn: *
„Setze dich zu meiner Rechten,
bis ich dir hinlege deine Feinde *
als Schemel für die Füße.“
Vom Zion streckt der HERR das Zepter deiner Macht aus: *
„Herrsche inmitten deiner Feinde!

Dein ist die Herrschaft am Tag deiner Macht *
in heiligem Glanz.
Wie den Tau aus dem Schoß des Morgenrots *
habe ich dich gezeugt."
Geschworen hat der HERR /
und wird es nicht bereuen: *
„Du bist Priester auf ewig nach der Ordnung Melchisedeks!"

Der Herr steht dir zur Rechten, *
zerschmettert Könige am Tag seines Zorns.
⌈Unter den Völkern hält er Gericht, /
er häuft die Toten, *
⌊zerschmettert die Häupter weithin auf Erden.

Er trinkt aus dem Bach am Wege, *
so kann er neu das Haupt erheben.

Hebr 10,10.14

Daniel 3,57-88 ()

PREISET den HERRN, all ihr Werke des HERRN, *
lobt und erhebt ihn in Ewigkeit!
Preiset den HERRN, ihr Engel des HERRN, *
ihr hohen Himmel, lobpreiset IHN!
Preiset den HERRN, alle Wasser droben am Himmel, *
all ihr Mächte, lobpreiset IHN!

Preiset den HERRN, Sonne und Mond, *
ihr Sterne am Himmel, lobpreiset IHN!
Preiset den HERRN, jeder Regen und Tau, *
all ihr Stürme, lobpreiset IHN!
Preiset den HERRN, Feuer und Glut, *
Frost und Hitze, lobpreiset IHN!
Preiset den HERRN, ihr Tropfen des Taus, /
ihr Flocken des Schnees, *
Eis und Kälte, lobpreiset IHN!
Preiset den HERRN,
ihr Kristalle von Schnee und Rauhreif, *
ihr Blitze und Wolken, lobpreiset IHN!
Preiset den HERRN, ihr Nächte und Tage, *
Licht und Dunkel, lobpreiset IHN!

Du, Erde, preise den HERRN, *
lob und erheb ihn in Ewigkeit!
Preiset den HERRN, ihr Berge und Hügel, *
alles, was sproßt auf der Erde, lobpreise IHN!
Preiset den HERRN, ihr Quellen, *
ihr Meere und Ströme, lobpreiset IHN!
Preiset den HERRN, ihr Ungeheuer der See /
und alles, was sich regt in den Wassern, *
all ihr Vögel des Himmels, lobpreiset IHN!
Preiset den HERRN, all ihr Tiere, wilde und zahme, *
all ihr Menschen, lobpreiset IHN!

Du, Israel, preise den HERRN, *
lob und erheb ihn in Ewigkeit!
Preiset den HERRN, ihr Priester des HERRN, *
ihr seine Knechte, lobpreiset IHN!
Preiset den HERRN, ihr Heiligen /
und ihr gebeugten Herzen, *
ihr Geister und Seelen der Gerechten, lobpreiset IHN!

Preiset den HERRN, Hananja, Asarja und Mischael, *
lobt und erhebt ihn in Ewigkeit!
Denn er entriß uns der Unterwelt, *
er hat uns errettet aus der Hand des Todes.

Er befreite uns aus dem lodernden Ofen, *
er hat uns erlöst aus der Mitte des Feuers.

Laßt uns preisen den Vater und den Sohn mit dem Heiligen Geist, *
ihn loben und erheben in Ewigkeit!

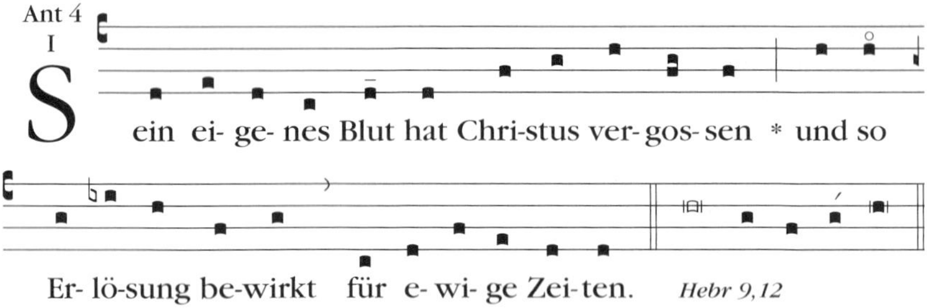

Hebr 9,12

Psalm 150

LOBT Gott in seinem Heiligtum, *
lobt ihn in seiner mächtigen Feste!
Lobt ihn ob seiner gewaltigen Taten, *
lobt ihn in der Fülle seiner Hoheit!
Lobt ihn mit dem Schall der Posaunen, *
lobt ihn mit Harfe und Leier!
Lobt ihn mit Pauke und Reigen, *
lobt ihn mit Flöten und Saitenspiel!
Lobt ihn mit hellen Zimbẹln, /
lobt ihn mit schmetternden Zimbeln! *
Alles, was Atem hat, lobe den HERREN!

Kurzlesung *Hebr 2,9f.17f*

Den, der nur für kurze Zeit unter die Engel erniedrigt war, Jesus, ihn sehen wir um seines Todesleidens willen mit Herrlichkeit und Ehre gekrönt; es war nämlich Gottes gnädiger Wille, daß er für alle den Tod gekostet hat. Denn es war angemessen, daß Gott, für den und durch den das All ist und der viele Söhne zur Herrlichkeit führen wollte, den Urheber ihres Heils durch Leiden vollendete. – Er mußte in allem seinen Brüdern gleich sein, um ein barmherziger und treuer Hoherpriester vor Gott zu sein und die Sünden des Volkes zu sühnen. Da er selbst in Versuchung geführt wurde und gelitten hat, kann er denen helfen, die versucht werden.

cf. Joh 6,57

Hymnus

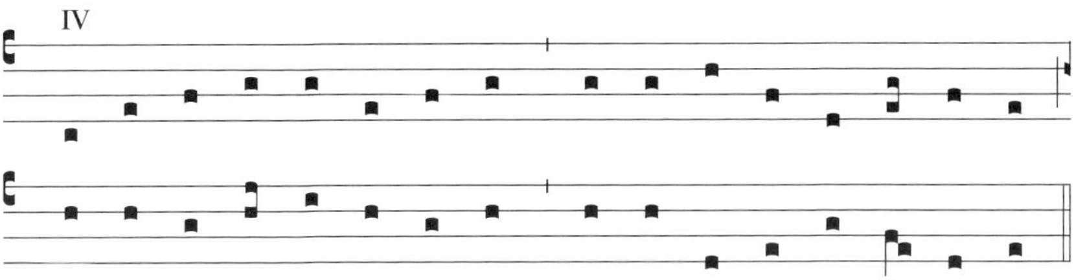

ERHABNES Wort, du kamst zur Welt
und bliebst doch auf des Vaters Thron,
uns zu befreien, zogst du aus
und scheidend stehst du nun am Ziel.

Bevor der Jünger dich verrät,
der Freund dem Feind dich übergibt,
gibst du dich selbst den Deinen preis
als Speise, die das Leben nährt.

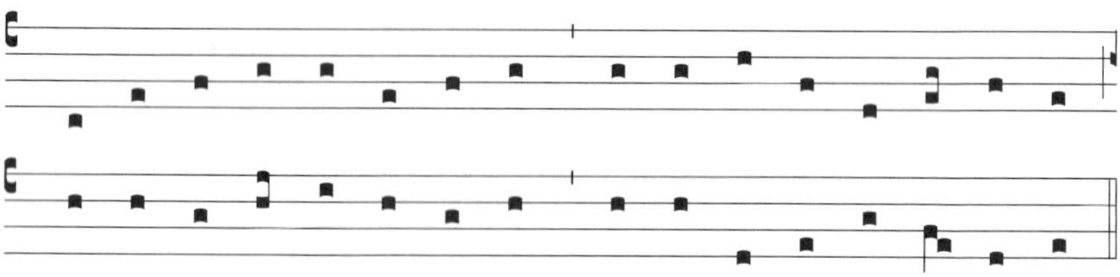

Als Mensch willst du uns Bruder sein,
schenkst dich im Brote ganz uns hin;
du zahlst im Tod das Lösegeld
und bist als Sieger unser Lohn.

O Opfergabe, uns zum Heil,
du schließest uns den Himmel auf.
Noch sind vom Feinde wir bedrängt –
gib Kraft und steh uns hilfreich bei!

Dem einen und dreiein'gen Herrn
sei Ruhm und Ehre immerdar,
der seines Lebens Fülle uns
im ew'gen Vaterlande schenkt. Amen.

℣. Ich will erheben den Kelch des Heiles. Halleluja.
℟. Den Namen des Herrn will ich preisen. Halleluja.

Ant C
II

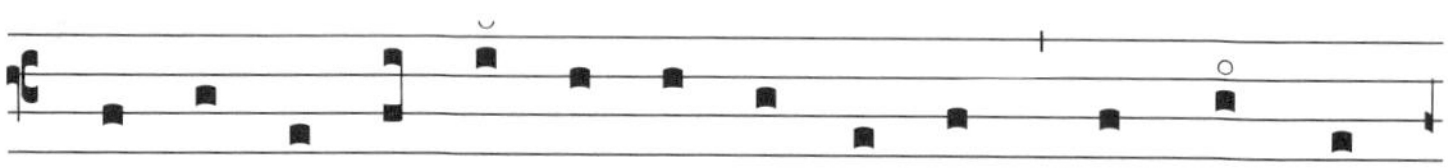

Z um Ber- ge Zi- on tra- tet ihr hin- zu, * zur Stadt des

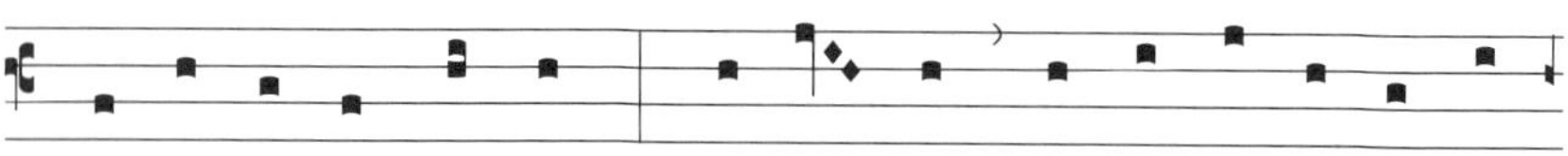

le-ben-di- gen Got-tes; zu Je- sus, dem Mitt-ler ei-nes neu-

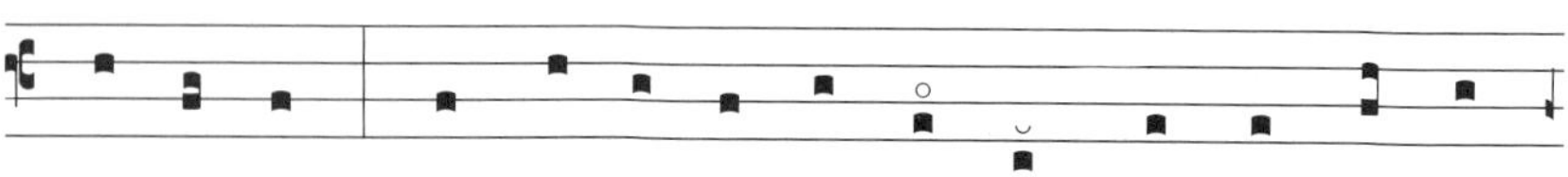

en Bun-des; zum Blu- te der Besprengung, das zum Himmel

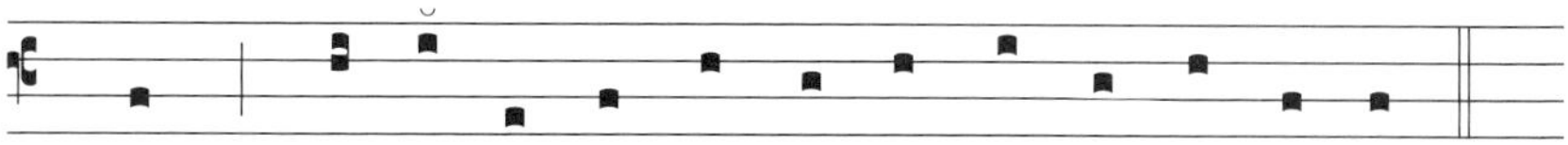

schreit - lau- ter als das Blut des erschla- ge- nen A- bel.

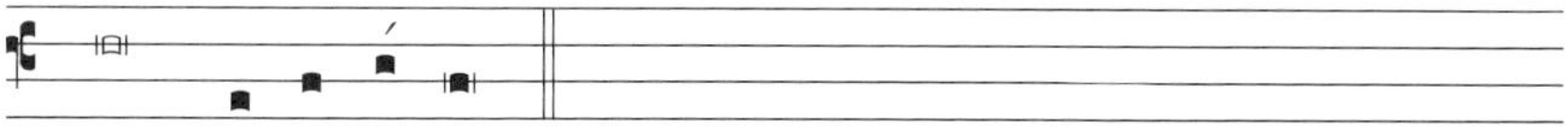

Hebr 12,22.24

* * *

Freitag der 3. Woche nach Pfingsten

HOCHFEST DES HEILIGEN HERZENS JESU

VIGIL

Invitatorium

℟.
III*

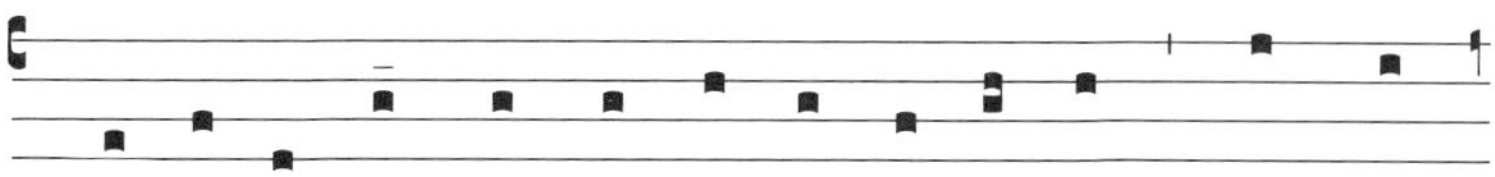

A us Je- su Herz, von der Lan- ze ge- öff- net, strömt uns

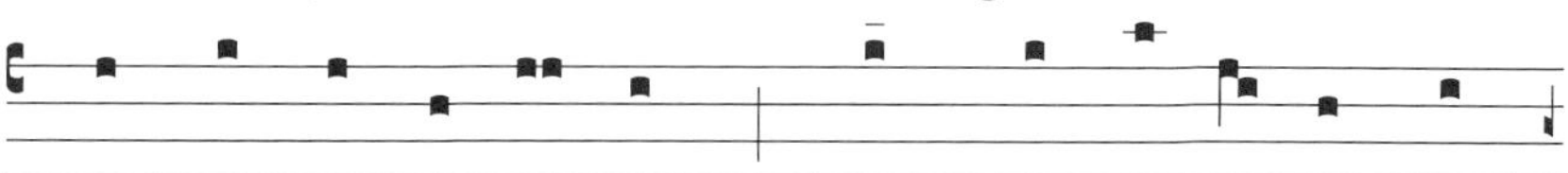

der Quell der Er- lö- sung. * Kommt, laßt uns ju- beln dem

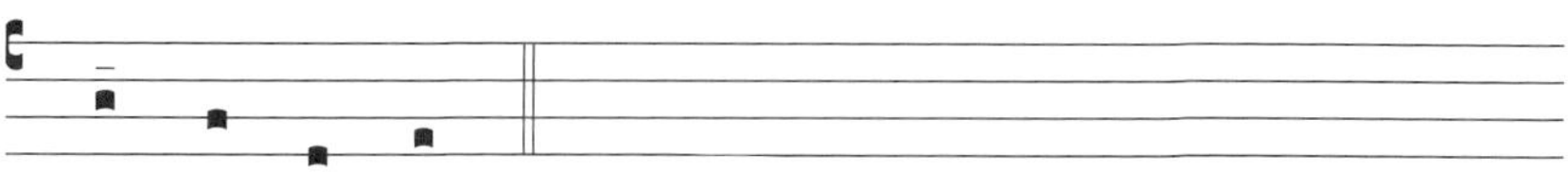

Fels uns- res Heils!

Hymnus

II

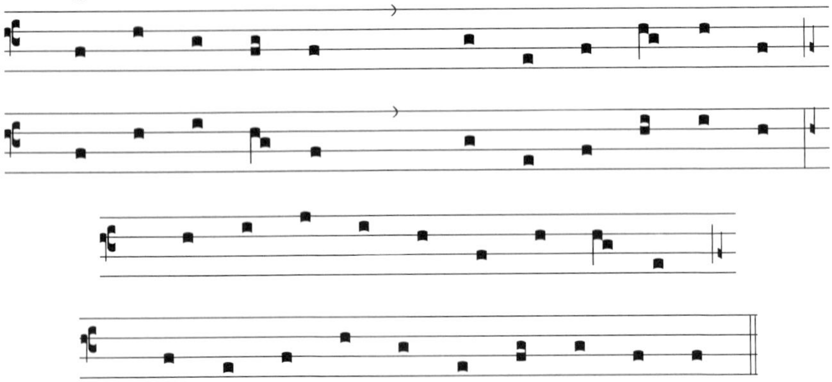

DEIN Mund sprach Segen, / machte die Freude kund,
die Hände heilten, / speisten und führten uns.
Verirrten suchtest du die Wege,
trugst das Verletzte auf schwachen Schultern.

Der Liebe Reichtum / zeigt dein geöffnet' Herz.
Aus Blut und Wasser / keimt dir ein Erbe auf.
Du hängst am Kreuz und lehrst uns sterbend,
wie dieser Welt die Vollendung werde.

In deinem Blute / sind wir gerecht gemacht,
sind wir gerettet / vor dem Gericht des Zorns.
So singen wir dem Vater Ehre,
dir, seinem Sohn, und dem Geist der Liebe. Amen.

Erste Nokturn

Ant 1
VIII

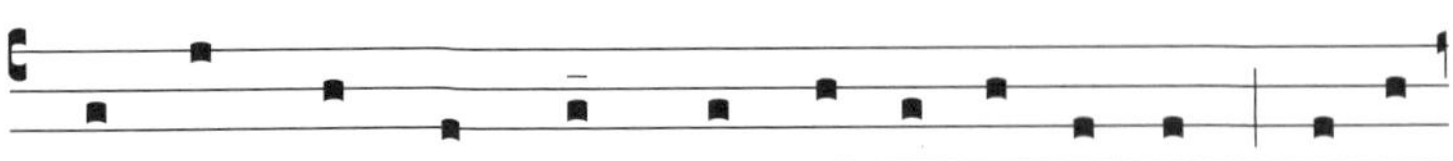

Der Ratschluß des Herrn bleibt e-wig be-ste-hen, * seines

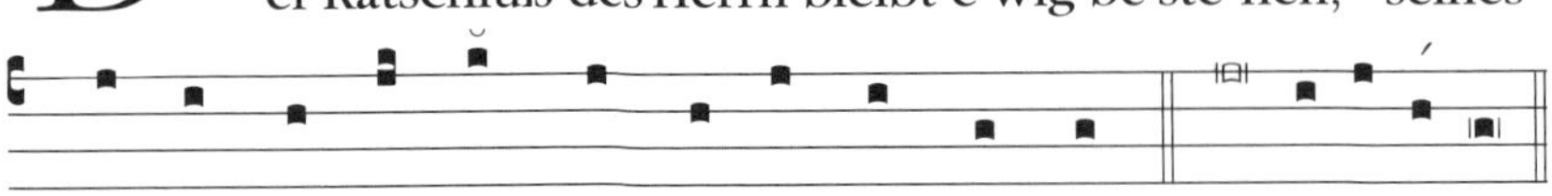

Her-zens Ge-dan-ken durch al- le Geschlechter.

Psalm 33 ()

Jubelt dem Herrn, ihr Gerechten! *
Den Redlichen ziemt der Lobgesang.
Preist den Herrn mit der Leier, *
auf der zehnsaitigen Harfe spielt ihm!
Singt ihm ein neues Lied, *
greift in die Saiten mit schallendem Jubel!

Denn gerade ist das Wort des Herrn, *
all sein Tun ist verläßlich.
Er liebt Gerechtigkeit und Recht, *
voll der Huld des Herrn ist die Erde.
Durch das Wort des Herrn wurden die Himmel geschaffen, *
ihr ganzes Heer durch den Hauch seines Mundes.
Er sammelt die Wasser des Meeres und dämmt sie ein, *
in Speicher legt er die Fluten.

Die ganze Welt fürchte den Herrn, *
vor ihm sollen beben alle Bewohner der Erde.
Denn er sprach, und es ward; *
er gebot, und da stand es.
Der Herr vereitelt den Plan der Nationen, *
die Gedanken der Völker macht er zunichte.
Der Plan des Herrn bleibt ewig bestehen, *
seines Herzens Gedanken durch alle Geschlechter.

Selig die Nation, deren Gott der Herr ist, *
das Volk, das er zum Erbe sich erwählt hat. ()

Ant 2
II

Psalm 86

NEIGE dein Ohr, o HERR, gib mir Antwort! *
Denn ich bin elend und arm.
Beschütze mich, denn ich bin dir ergeben! /
Hilf deinem Knecht, du bist ja mein Gott! *
Ich vertraue auf dich.
Mein Herr, erbarme dich meiner, *
denn zu dir rufe ich den ganzen Tag.
Erfreue deinen Knecht: *
zu dir, mein Herr, erhebe ich meine Seele.
Denn du, mein Herr, bist gut und bereit zu verzeihen, *
voll Huld gegen alle, die zu dir rufen.
Vernimm, o HERR, mein Beten, *
und achte auf mein lautes Flehn!
Am Tag meiner Bedrängnis ruf ich zu dir, *
denn du gibst mir Antwort.

Unter den Göttern ist keiner wie du, *
mein Herr, nichts gleicht deinen Werken.
Die Völker alle, die du geschaffen, /
sie kommen und werfen sich vor dir nieder, *
mein Herr, sie ehren deinen Namen.
Denn du bist groß und tust Wunder, *
nur du allein bist Gott.

Lehre mich, HERR, deinen Weg, *
ich will ihn gehen in Treue zu dir.
Auf eines nur richte mein Herz aus: *
deinen Namen zu fürchten.
Mein Herr und mein Gott, /
aus ganzem Herzen will ich dir danken, *
in Ewigkeit will ich deinen Namen ehren.
Denn groß ist über mir deine Huld; *
der Tiefe des Totenreichs hast du mich entrissen.

O Gott, Vermessene standen gegen mich auf, /
eine Rotte von Gewalttätigen trachtet mir nach dem Leben. *
Dich haben sie nicht vor Augen.

Doch du, mein Herr, bist der barmherzige und gnädige Gott, *
voll Langmut, reich an Huld und Treue.
Wende dich mir zu und sei mir gnädig, *
gib Kraft deinem Knecht, hilf dem Sohn deiner Magd.
Wirke mit mir ein Zeichen zum Guten! /
Die mich hassen, sollen es sehn und sich schämen, *
denn du, HERR, hast mir geholfen und hast mich getröstet.

Ant 3
VII

Psalm 36 ()

HERR, deine Liebe reicht bis zum Himmel, *
deine Treue bis zu den Wolken.
Deine Gerechtigkeit steht wie die Berge Gottes, /
wie die große Flut sind deine Entscheide. *
HERR, du wirkst Heil für Menschen und Tiere.
Wie köstlich, o Gott, ist deine Liebe! *
Die Menschen bergen sich im Schatten deiner Flügel.
Sie laben sich am Überfluß deines Hauses, *
du tränkst sie mit dem Strom deiner Wonnen.
Denn bei dir ist die Quelle des Lebens, *
Licht schauen wir in deinem Lichte.

Erhalte deine Liebe denen, die dich kennen, *
und deine Gerechtigkeit den Menschen mit redlichem Herzen. ()

℣. Bei dir ist die Quelle des Lebens. Halleluja.
℟. Licht schauen wir in deinem Lichte. Halleluja.

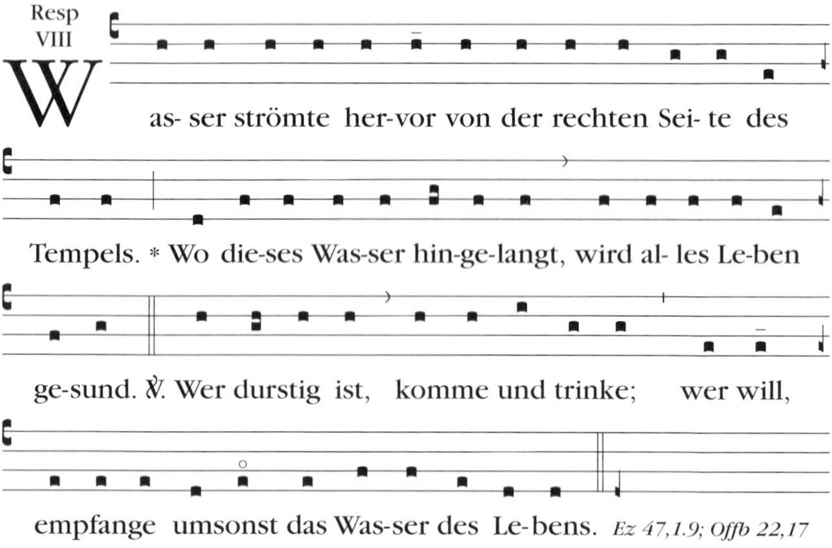

Zweite Nokturn

Psalm 40 ( )

INSTÄNDIG rief ich zum HERRN, /
er neigte sich zu mir *
und hörte mein Schreien.
Er zog mich herauf aus der Grube des Grauens, *
aus dem Morast des Schlammes.
Er stellte meine Füße auf Felsengrund, *
er hat meine Schritte gefestigt.

Er gab mir ein neues Lied in den Mund, *
einen Gesang zum Lob unsres Gottes.
Viele sollen es schaun und erschauern *
und auf den Herrn vertrauen.
Selig der Mann, der auf den Herrn sein Vertrauen setzt, *
der nicht zu Stolzen sich hält, noch zu Dienern der Lüge.
So viel hast du für uns getan, du, Herr, mein Gott, /
deine Wunder und Pläne – *
niemand ist dir zu vergleichen!
Wollte ich davon künden und reden, *
es sind zum Erzählen zu viele!

Schlacht- und Speiseopfer gefielen dir nicht, /
du hast mir Ohren gegraben, *
Brand- und Sündopfer hast du nicht gefordert.
Darum sprach ich: „Siehe, ich komme! *
Es ist mir vorgeschrieben in der Rolle des Buches.
Es ist meine Freude, mein Gott, deinen Willen zu tun; *
in meinem Innersten ist deine Weisung.
Ich werde Gerechtigkeit künden in großer Gemeinde, *
ja, ich werde meine Lippen nicht verschließen."
O Herr, du weißt es: *
Deine Gerechtigkeit habe ich nicht im Herzen verborgen.
Ich habe geredet
von deiner Wahrheit und deiner rettenden Stärke, *
deine Huld und Treue verhehlte ich nicht der großen Gemeinde.
Du, Herr, wirst dein Erbarmen nicht vor mir verschließen, *
deine Huld und Treue werden mich immer behüten. ( )

Psalm 25

Zu DIR, o HERR, erheb ich meine Seele, *
mein Gott, auf dich vertraue ich.
Daß ich doch nicht zuschanden werde! *
Daß über mich die Feinde nicht frohlocken!
Die auf dich hoffen, werden ja nicht zuschanden, *
zuschanden wird, wer dir grundlos die Treue bricht.

Zeige mir, HERR, deine Wege, *
lehre mich deine Pfade!
Führe mich in deiner Treue und lehre mich, /
denn du bist der Gott meines Heiles. *
Auf dich hoffe ich alle Tage.
Gedenke deines Erbarmens, HERR, und deiner Gnaden, *
denn sie bestehn seit Ewigkeit.
Denk nicht an meine Jugendsünden und meine Vergehen, /
gedenke meiner, HERR, in deiner Gnade, *
denn du bist gütig.

Gut und gerecht ist der HERR: *
auf den Weg weist er die Sünder.
Demütige leitet er nach seinem Entscheid, *
er lehrt seinen Weg die Gebeugten.
Alle Pfade des HERRN sind Huld und Treue *
denen, die seinen Bund und seine Gebote bewahren.
Um deines Namens willen, HERR, vergib meine Schuld, *
obgleich sie groß ist.

Wer ist der Mensch, der den HERREN fürchtet? *
Ihm weist er den Weg, den er wählen soll.
Er wird wohnen im Glück, *
seine Kinder werden das Land besitzen.
Der Rat des HERRN steht denen offen, die ihn fürchten, *
sein Bund, um ihnen Erkenntnis zu schenken.
Meine Augen sind beständig auf den HERRN gerichtet: *
er zieht aus dem Netz meine Füße.

Wende dich mir zu und sei mir gnädig, *
denn ich bin einsam und elend.

Die Enge meines Herzens mach weit, *
führ mich heraus aus meiner Bedrängnis.
Sieh mein Elend und meine Plage, *
vergib mir all meine Sünden.

Sieh meine Feinde, wie sie zahlreich sind, *
mit welch tödlichem Haß sie mich hassen.
Erhalte mein Leben und rettẹ mịch, /
damit ich nicht zuschanden werde. *
Denn bei dir suche ich Zuflucht.
Unschuld und Redlichkeit mögen mich schützen, *
denn auf dich hoffe und harre ich.

O Gott, erlöse Israel *
aus seiner ganzen Bedrängnis.

Ant 3
V

Psalm 145 ()

ICH will dich erheben, mein Gott und König, *
und deinen Namen preisen immer und ewig.
Tag um Tag will ich dich preisen, *
deinen Namen loben immer und ewig:
Groß ist der HERR und hoch zu loben, *
unerforschlich ist seine Größe.
Ein Geschlecht rühme dem andern deine Werke, *
sie sollen künden deine gewaltigen Taten.
Vom herrlichen Glanz deiner Hoheit will ich reden *
und von den Werken deiner Wunder singen.

Von der Macht deiner erschreckenden Taten
sollen sie sprechen. *
Von deiner Größe will ich erzählen.
Sie sollen das Gedächtnis deiner großen Güte jubeln, *
frohlocken über dein gerechtes Walten.
Der HERR ist gnädig und barmherzig, *
voll Langmut und reich an Liebe.
Der HERR ist gut gegen alle, *
sein Erbarmen waltet über all seinen Werken.
Danken sollen dir, HERR, all deine Werke, *
deine Frommen sollen dich preisen.
Von der Herrlichkeit deines Königreichs sollen sie sprechen, *
sollen reden von deiner Stärke,
den Menschen zu verkünden deine machtvollen Taten *
und den Glanz deines herrlichen Reiches.
Dein Reich ist ein Reich für ewige Zeiten, *
deine Herrschaft währt durch alle Geschlechter. ()

℣. Der Herr ist gnädig und barmherzig. Halleluja.
℟. Sein Erbarmen waltet über all seinen Werken. Halleluja.

Dtn 7,7f; Jos 24,22f

Dritte Nokturn

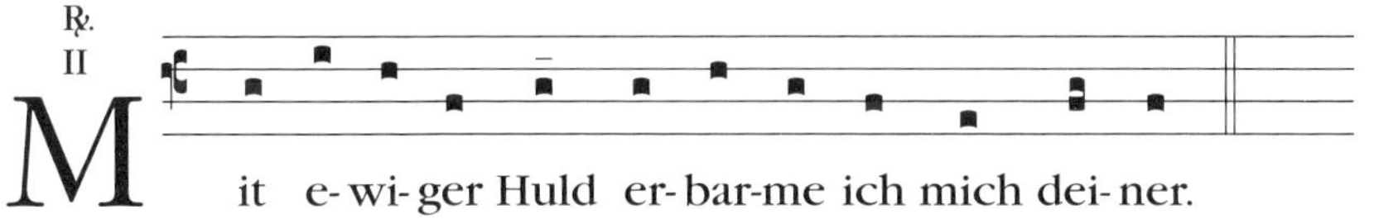

Jesaja 54,1.4-10 ()

JUBLE, du Unfruchtbare, die nicht geboren hat,
du, die nicht in Wehen lag, brich in Jubel aus und jauchze!
Die einsam war, ist reich an Söhnen,
reicher an Kindern als die Vermählte.

MIT EWIGER HULD ERBARME ICH MICH DEINER.

Sei ohne Furcht, du wirst nicht zuschanden!
Schäme dich nicht, du brauchst nicht zu erröten!
Denn dein Gemahl ist dein Schöpfer,
'HERR der Scharen' ist sein Name;
dein Erlöser ist der Heilige Israels,
'Gott der ganzen Erde' wird er genannt.

MIT EWIGER HULD ERBARME ICH MICH DEINER.

Der HERR rief dich zurück
wie eine verlassene und tief betrübte Frau.
„Kann man die Geliebte der Jugend verstoßen?“,
so spricht dein Gott.

MIT EWIGER HULD ERBARME ICH MICH DEINER.

„Für eine kleine Weile nur verließ ich dich,
in großem Erbarmen hole ich dich heim.
Für einen Augenblick verbarg ich dir mein Antlitz,
da ich zürnte,
doch ich erbarme mich deiner mit ewiger Huld“,
spricht der HERR, dein Erlöser.

MIT EWIGER HULD ERBARME ICH MICH DEINER.

„Wie ich in Noachs Tagen geschworen:
'Nie wieder sollen die Wasser die Erde überfluten' –
so schwöre ich, dir nie mehr zu zürnen,
dich nicht mehr zu schelten."

MIT EWIGER HULD ERBARME ICH MICH DEINER.

Wahrlich, so spricht der HERR, der sich deiner erbarmt:
„Berge mögen weichen und Hügel wanken –
meine Huld wird nie mehr von dir weichen,
mein Friedensbund nicht wanken!"

MIT EWIGER HULD ERBARME ICH MICH DEINER.

Ehre sei dem Vater und dem Sohne
und dem Heiligen Geiste.
Wie im Anfang, so auch jetzt und immer
und für ewige Zeiten. Amen.

MIT EWIGER HULD ERBARME ICH MICH DEINER.

℣. Ihr werdet Wasser schöpfen mit Freude. Halleluja.
℟. Aus den Quellen des Heiles. Halleluja.

Spr 23,26; 4,20f

LAUDES

Festpsalmen der Laudes, 439, mit folgenden Antiphonen:

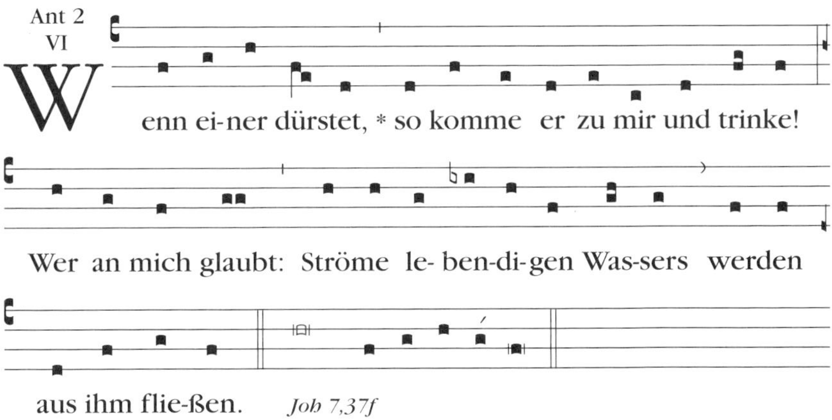

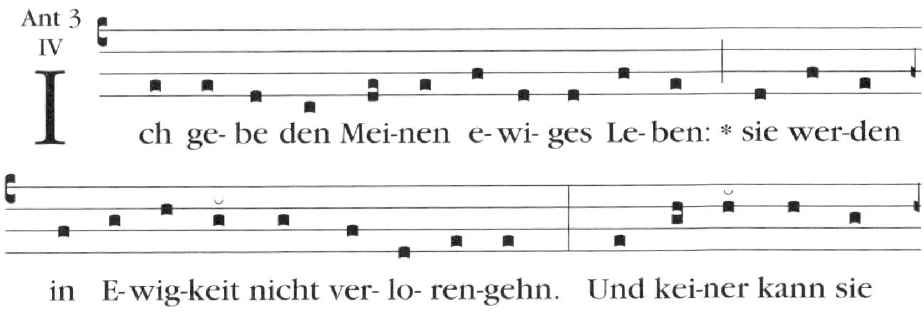

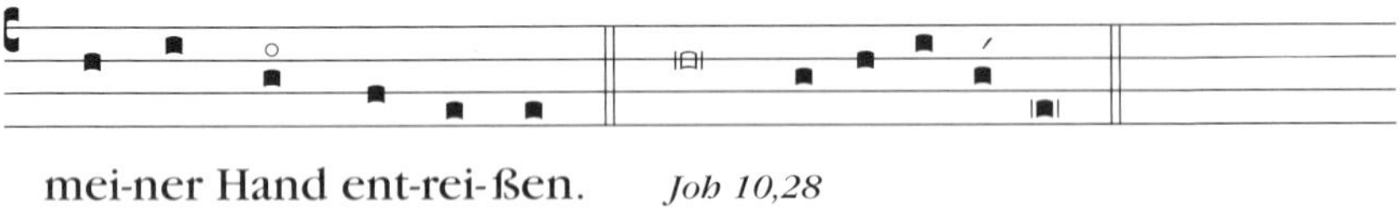

*

Kurzlesung *Jes 49,14-16*

Zion sagt: Der Herr hat mich verlassen, Gott hat mich vergessen. – Kann denn eine Frau ihr Kindlein vergessen, eine Mutter den Sohn ihres Schoßes? Und wenn sie ihn vergäße: ich vergesse dich nicht. Sieh her: Ich habe dich in meine Hände geschrieben. Deine Mauern habe ich immer vor Augen.

Hymnus

I

O SEL'GER Urgrund allen Seins,
Heiland der Welt, Herr Jesus Christ,
du Abglanz von des Vaters Licht,
du wahrer Gott vom wahren Gott.

Wie hat die Liebe dich gedrängt,
daß du für uns den Tod erwählt!
Du gibst das Leben uns zurück,
das Adams Sünde uns geraubt.

Der Stoß der Lanze trifft dein Herz,
und Blut und Wasser bricht hervor,
ein Quell des Heils, der nie versiegt,
der in der Wüste Leben weckt.

Herr, dir sei Preis und Herrlichkeit,
aus dessen Herz das Leben strömt,
Preis auch dem Vater und dem Geist
durch alle Zeit und Ewigkeit. Amen.

℣. Der Ratschluß des Herrn bleibt ewig bestehen. Halleluja.
℟. Seines Herzens Gedanken durch alle Geschlechter. Halleluja.

Ant C
VIII

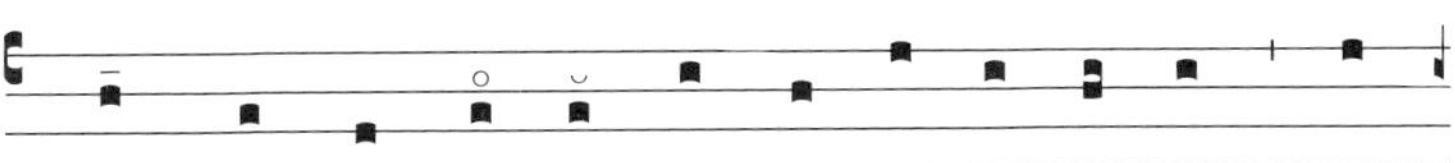

Nichts kann uns trennen von der Lie- be Got-tes * in

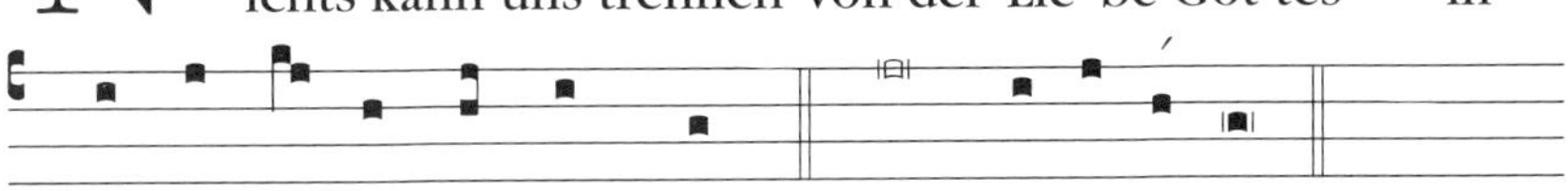

Chri-stus Je- sus, un-serm Herrn. *Röm 8,38*

34. Sonntag im Jahreskreis

HOCHFEST DES KÖNIGTUMS CHRISTI

VIGIL

Invitatorium

℟. II

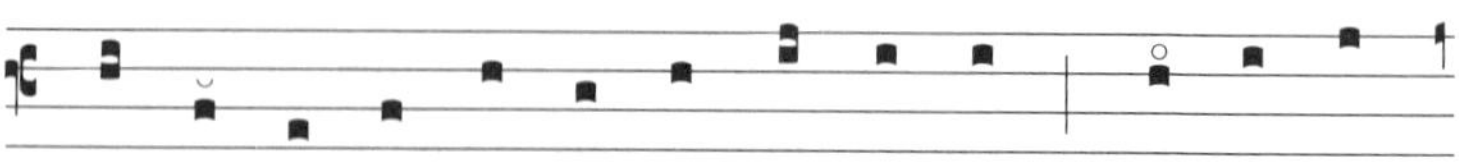

Chri-stus ist der Kö- nig der Herrlichkeit: * Ihm ge-bührt

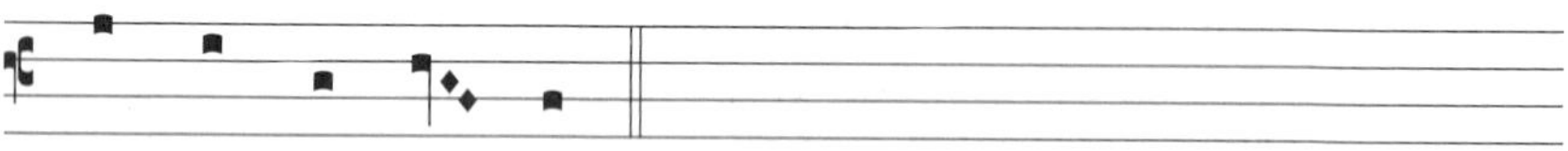

Lobpreis und Eh- re.

Psalm 100

JAUCHZET dem HERRN, alle Welt!
Dient dem HERRN mit Freude!
Kommt vor sein Antlitz mit Jubel!

IHM GEBÜHRT LOBPREIS UND EHRE.

Erkennt: Der HERR ist Gott!
Er hat uns geschaffen, wir sind sein Eigen,
sein Volk und die Herde seiner Weide.

CHRISTUS IST DER KÖNIG DER HERRLICHKEIT:
IHM GEBÜHRT LOBPREIS UND EHRE.

Tretet durch seine Tore mit Dank,
in seine Höfe mit Lobgesang!
Dankt ihm, preist seinen Namen!

IHM GEBÜHRT LOBPREIS UND EHRE.

Denn gut ist der HERR,
seine Huld währt ewig
und Geschlecht um Geschlecht seine Treue.

CHRISTUS IST DER KÖNIG DER HERRLICHKEIT:
IHM GEBÜHRT LOBPREIS UND EHRE.

Ehre sei dem Vater und dem Sohn
und dem Heiligen Geiste.
Wie im Anfang, so auch jetzt und immer
und für ewige Zeiten. Amen.

IHM GEBÜHRT LOBPREIS UND EHRE.

CHRISTUS IST DER KÖNIG DER HERRLICHKEIT:
IHM GEBÜHRT LOBPREIS UND EHRE.

Hymnus

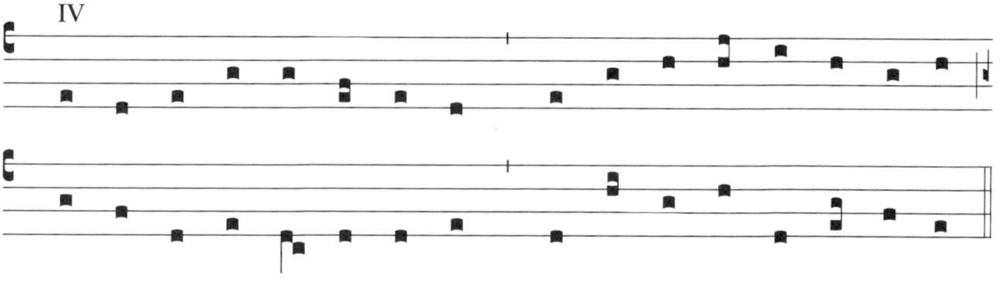

DAS Kreuz des Herrn strahlt vor uns auf
als Zeichen königlicher Macht.
Ihr Völker alle, kommt herbei
und betet an den Herrn der Welt!

Ihn, der gering auf Erden war,
hat Gott in Herrlichkeit erhöht
und einen Namen ihm verliehn,
der über alle Namen ist.

Nicht auf Gewalt baut seine Macht
und nicht auf Furcht sein Königtum:
in Liebe zieht er uns an sich –
am hohen Pfahle ausgestreckt.

Komm, Herr, erweise deine Macht,
erscheine bald und strahle auf!
Komm und vollende jetzt dein Reich
und führe uns zum Königsmahl!

Dir, Jesus, der durch Leid und Tod
der Herrschaft Krone sich errang,
sei mit dem Vater und dem Geist
Lob, Preis und Ruhm in Ewigkeit. Amen.

Erste Nokturn

Ant 1
V

Dan 7,14

Psalm 96

Singet dem Herrn ein neues Lied, /
singt dem Herrn, alle Lande, *
singt dem Herrn und preist seinen Namen!
  Verkündet sein Heil von Tag zu Tag, /
  erzählt unter den Völkern von seiner Herrlichkeit, *
  bei allen Nationen von seinen Wundern.
Denn groß ist der Herr und hoch zu preisen, *
mehr zu fürchten als alle Götter.
  Sind doch alle Götter der Völker Nichtse, *
  der Herr aber hat den Himmel geschaffen.
Hoheit und Pracht sind vor seinem Antlitz, *
Macht und Glanz erfüllen sein Heiligtum.

  Bringt dar dem Herrn, ihr Stämme der Völker, /
  bringt dar dem Herrn Ehre und Macht, *
  bringt dar dem Herrn die Ehre seines Namens!

Bringt Gaben und tretet in seine Höfe! /
Fallt nieder vor dem HERRN in heiligem Schmuck! *
Die ganze Erde erbebe vor seinem Antlitz.
Verkündet unter den Nationen: Der HERR ist König! /
– Fest ist der Erdkreis gegründet, nie wird er wanken. – *
Er richtet die Völker, wie es recht ist.

Der Himmel freue sich, die Erde jauchze, *
es brause das Meer und seine ganze Fülle,
es jauchze die Flur, und was auf ihr wächst, *
jubeln sollen alle Bäume des Waldes
vor dem HERRN, denn er kommt, *
denn er kommt, die Erde zu richten.
Er richtet den Erdkreis in Gerechtigkeit *
und die Völker nach seiner Treue.

Dan 7,27

Psalm 2

WAS toben die Völker? *
Was sinnen die Nationen nichtige Pläne?
Die Könige der Erde stehen auf, /
die Mächtigen tun sich zusammen *
gegen den HERRN und seinen Gesalbten:
„Wir wollen ihre Fesseln zerreißen *
und von uns werfen ihre Stricke!"

Der im Himmel thront – er lacht, *
es spottet ihrer der Herr.

Dann spricht er zu ihnen in seinem Zorn, *
er schreckt sie auf in seinem Grimm:
„Ich selber habe meinen König eingesetzt *
auf Zion, meinem heiligen Berg."

Verkünden will ich den Beschluß des HERRN. /
Er sprach zu mir: „Du bist mein Sohn. *
Ich selber habe dich heute gezeugt.
Fordre von mir,
und ich gebe dir die Völker zum Erbe, *
zum Eigentum die Enden der Erde.
Du wirst sie zerschlagen mit eisernem Zepter, *
wie Töpfergeschirr sie zerschmettern!"

So nehmt nun Einsicht an, ihr Könige, *
laßt euch warnen, ihr Richter der Erde!
Dient dem HERRN in Furcht, /
frohlockt ihm mit Beben, *
– küsset den Sohn –
damit er nicht zürnt, *
und ihr nicht verlorengeht auf eurem Weg.
Denn wenig nur, und sein Zorn ist entbrannt. *
Selig alle, die bei ihm sich bergen!

Ps 145,13

Psalm 97

DER HERR ist König! Die Erde frohlocke! *
Freuen sollen sich die vielen Inseln!

Rings um ihn her sind Wolken und Dunkel, *
Gerechtigkeit und Recht sind seines Thrones Stützen.
Feuer läuft vor ihm her, *
ringsum verzehrt es seine Gegner.
Seine Blitze erhellen den Erdkreis, *
die Erde sieht es mit Beben.
Wie Wachs schmelzen vor dem HERRN die Berge, *
vor dem Antlitz des Herrschers der ganzen Erde.
Die Himmel künden seine Gerechtigkeit, *
seine Herrlichkeit schauen alle Völker.

Zuschanden werden, die Bildern dienen, /
die ihrer Götzen sich rühmen. *
Vor ihm werfen alle Götter sich nieder.
Zion hört es und freut sich, *
Judas Töchter jubeln, HERR, über deine Gerichte.
Denn du, o HERR, bist der Höchste über der ganzen Erde, *
hoch erhaben bist du über alle Götter.
Die ihr den HERRN liebt, haßt das Böse! /
Er hütet das Leben seiner Frommen, *
er entreißt sie der Hand der Frevler.
Licht ist dem Gerechten ausgesät, *
Freude denen, die geraden Herzens sind.
Ihr Gerechten, freut euch des HERRN! *
Preist ihn, gedenkt seines heiligen Namens!

℣. Alle Könige müssen ihm huldigen.
℟. Alle Völker ihm dienen.

Resp VIII

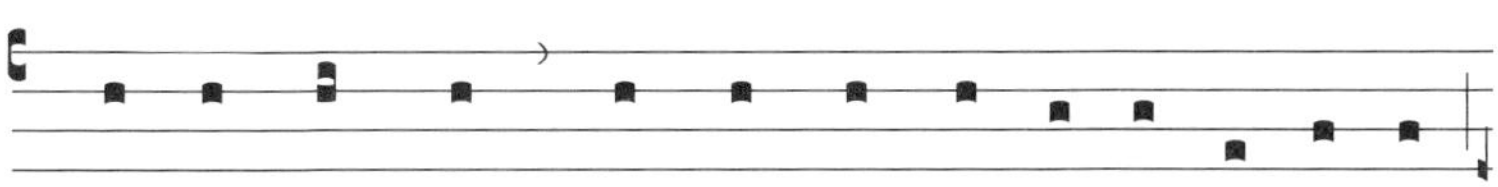

E r muß herrschen, denn Gott legt ihm al- les zu Fü-ßen,

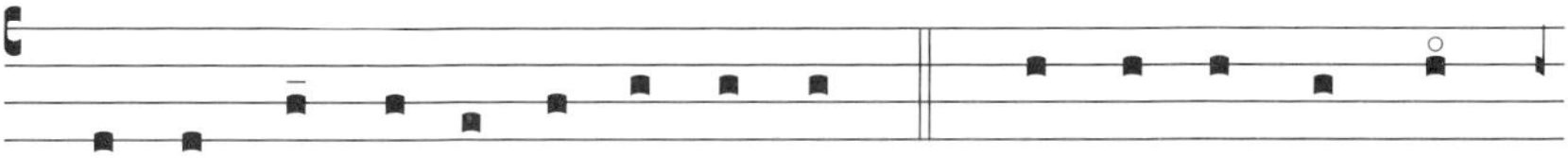

* da- mit Gott al- les in al- lem sei. ℣. Wenn al- les dem Sohn

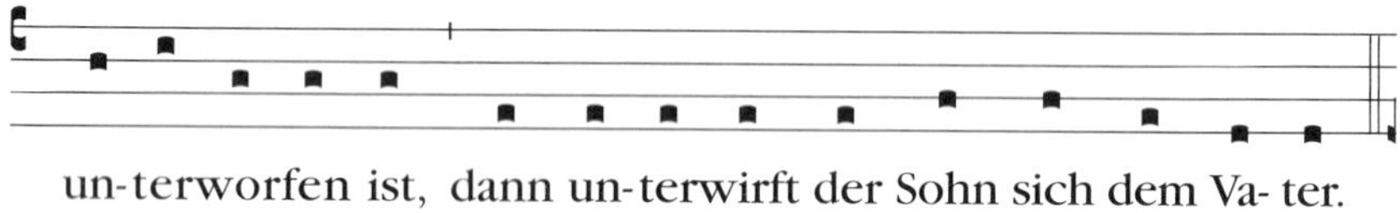

1 Kor 15,25.27f

Zweite Nokturn

Ant 1
I

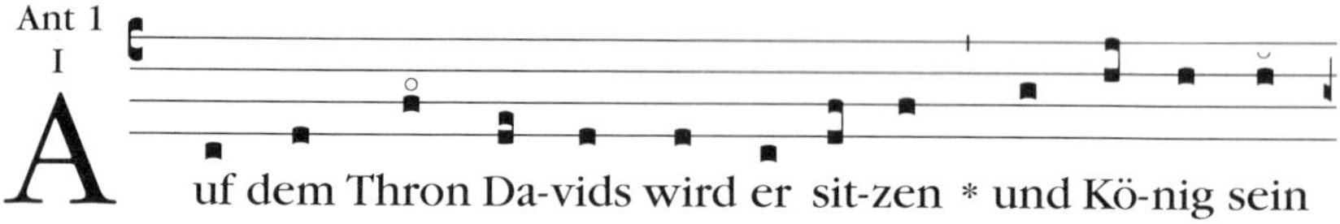

Jes 9,6

Psalm 24

DES HERRN ist die Erde und was sie erfüllt, *
der Erdkreis und seine Bewohner.
Denn er hat ihn über Meeren gegründet *
und ihn über Strömen gefestigt.

Wer darf hinaufziehn zum Berge des HERRN, *
wer darf stehn an seiner heiligen Stätte?
Der reine Hände hat und ein lauteres Herz, /
der seine Seele nicht erhebt zum Nichtigen, *
und der dem Trug keinen Eid schwört.
Er wird Segen empfangen vom HERRN *
und Gerechtigkeit vom Gott seines Heiles.
Dies ist das Geschlecht, das nach ihm fragt: *
jene, die dein Antlitz suchen, Jakob.

Ihr Tore, hebt eure Häupter, /
erhebt euch, ihr uralten Pforten, *
daß Einzug halte der König der Herrlichkeit!

Wer ist dieser König der Herrlichkeit? /
Der HERR, stark und gewaltig, *
der HERR, gewaltig im Kampfe.
Ihr Tore, hebt eure Häupter, /
erhebt euch, ihr uralten Pforten, *
daß Einzug halte der König der Herrlichkeit!
Wer ist er, dieser König der Herrlichkeit? /
Der HERR der Scharen: *
Er ist der König der Herrlichkeit.

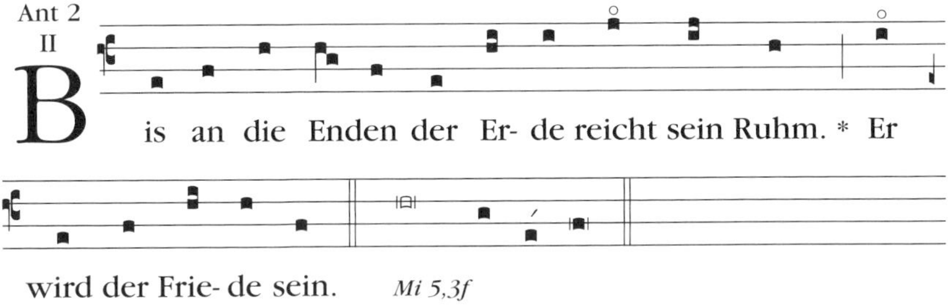

Mi 5,3f

Psalm 72

DEIN Richteramt, o Gott, verleih dem König, *
dem Königssohn gib dein gerechtes Walten!
Er regiere dein Volk in Gerechtigkeit *
und deine Armen durch rechtes Urteil.
Dann tragen die Berge Frieden dem Volk *
und die Höhen Gerechtigkeit.

Er schaffe Recht den Elenden im Volk, /
er rette die Kinder des Armen, *
den Bedrücker zerschlage er.
Er möge lange leben gleich der Sonne, *
wie der Mond, durch alle Geschlechter.
Er ströme wie Regen herab auf die Felder, *
wie Regenschauer, welche die Erde benetzen.
In seinen Tagen blühe Gerechtigkeit *
und Fülle des Friedens, bis der Mond nicht mehr da ist.

Von Meer zu Meer möge er herrschen, *
vom Strom bis an die Enden der Erde.
Vor ihm beugen sich die Bewohner der Wüste, *
Staub werden lecken seine Feinde.
Die Könige von Tarschisch und von den Inseln
bringen Geschenke, *
die Könige von Saba und Seba nahen mit Gaben.
Alle Könige werden ihm huldigen, *
alle Völker ihm dienen.

Denn er befreit den Armen, der um Hilfe schreit, *
den Elenden und den, der keinen Helfer hat.
Er erbarmt sich des Geringen und Armen, *
das Leben der Armen rettet er.
Aus Bedrückung und Gewalt erlöst er ihr Leben, *
ihr Blut ist in seinen Augen kostbar.

Er lebe! – Gold von Saba soll man ihm geben! /
Man soll für ihn allezeit beten, *
jeden Tag ihm Segen erflehen:
„Im Land gebe es Korn in Fülle. /
Es rausche auf den Höhen der Berge wie der Libanon. *
Seine Frucht erblühe aus der Stadt wie das Gras der Erde.
Sein Name soll ewig bestehen, *
solange die Sonne bleibt, sprosse sein Name.
Mit ihm soll man sich segnen, *
ihn sollen selig preisen alle Völker!"

Gepriesen sei der HERR, Israels Gott! *
Er allein tut Wunder.
Gepriesen sei sein herrlicher Name in Ewigkeit! /
Die ganze Erde sei erfüllt von seiner Herrlichkeit! *
Amen, ja amen!

Ant 3
I

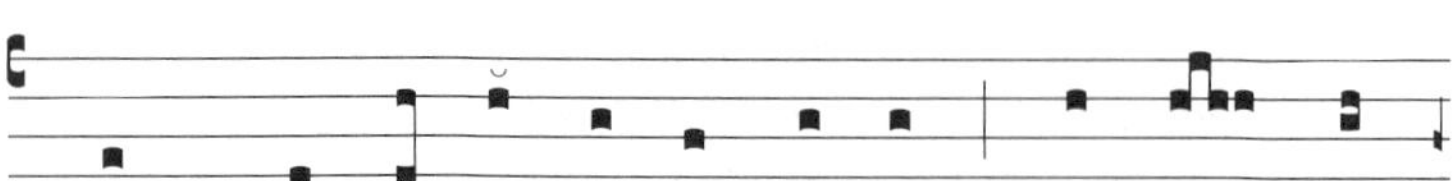

König des Friedens ist sein Na-me, * sein Thron steht

1 Chr 22,9; 17,14

Psalm 45

MEIN Herz wallt auf zu einem guten Wort, /
ich widme mein Gedicht dem König. *
Meine Zunge ist der Griffel eines flinken Schreibers.

Du bist der Schönste unter den Menschen, /
Anmut ist ausgegossen über deine Lippen, *
hat doch Gott dich gesegnet auf ewig.
Gürte, du Held, dein Schwert um die Hüfte, *
tritt auf mit deiner Pracht und Hoheit!
Mit Glück zieh aus für die Sache der Wahrheit, /
verhilf dem Gebeugten zum Recht: *
furchtbare Taten soll deine Rechte dich lehren.
Deine Pfeile sind scharf, dir unterliegen die Völker, *
mutlos werden die Feinde des Königs.
Dein Thron, du Göttlicher, steht für immer und ewig; *
ein Zepter der Geradheit ist das Zepter deines Königtums.
Du liebst Gerechtigkeit und hassest Frevel, /
hat Gott, dein Gott, dich doch gesalbt
mit dem Öl des Frohlockens *
wie keinen von deinen Gefährten.
Von Myrrhe, Aloë und Kassia duften all deine Kleider, *
aus dem Palast von Elfenbein erfreut dich Saitenspiel.
Die Königstochter steht da unter deinen Geliebten, /
Gemahlin zu sein zu deiner Rechten *
im Schmuck des Goldes von Ofir.

„Höre, o Tochter, sieh her und neige dein Ohr, *
vergiß dein Volk und das Haus deines Vaters!
Der König verlangt nach deiner Schönheit, *
er ist ja dein Herr: vor ihm sollst du dich neigen.
Die Tochter Tyrus kommt mit Geschenken: *
um deine Gunst werben die Reichen des Volkes."

Die Königstochter – lauter Herrlichkeit ist sie bei ihrem Einzug, *
in golddurchwirkten und bunt bestickten Gewändern.
Sie wird zum König geleitet, /
Jungfrauen sind ihr Gefolge, *
ihre Freundinnen werden dir zugeführt.
Sie werden geleitet mit Freudenrufen und Jubel, *
sie ziehen ein in den Palast des Königs.

An die Stelle deiner Väter treten deine Söhne, *
du setzt sie ein als Fürsten über die Lande.
Deinen Namen will ich rühmen durch alle Geschlechter: *
so werden die Völker dich preisen auf immer und ewig.

℣. Von Meer zu Meer soll er herrschen.
℟. Vom Strom bis an die Enden der Erde.

Resp VIII

E in Strom le-ben-di-gen Was-sers wird von Je- ru- sa-lem

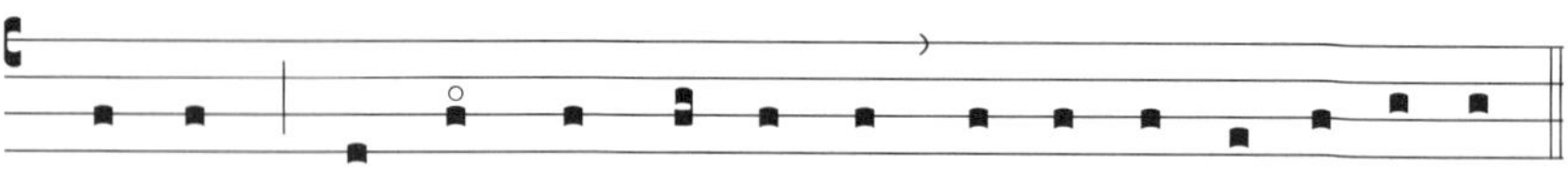

ausgehn, * der Herr wird Kö-nig sein ü- ber die gan-ze Er-de.

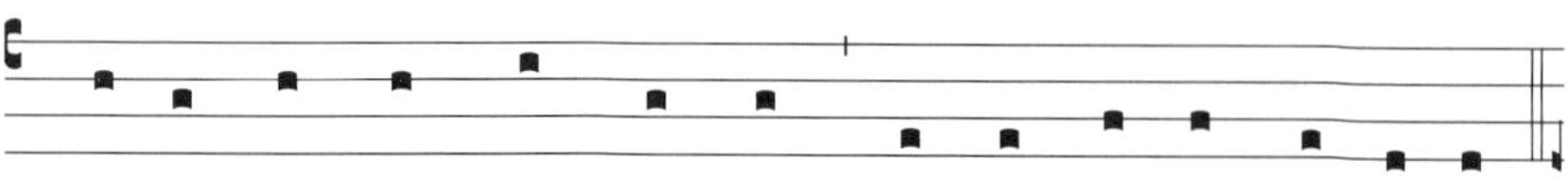

℣. Sei-ne Herrschaft wird groß sein – und des Friedens kein En-de!

Sach 14,8f; Jes 9,6

Dritte Nokturn

Ant II

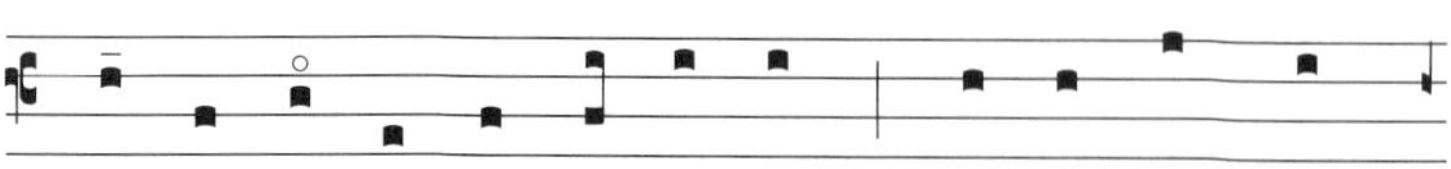

D ein, o Herr, ist das Kö- nig-tum. * Du er-hebst dich

als Haupt ü- ber al- les.

1 Chronik 29,10-13

GEPRIESEN bist du, HERR, /
Gott unsres Vaters Israel, *
von Ewigkeit zu Ewigkeit!
Dein, o HERR, sind Größe und Kraft, /
Ruhm und Glanz und Hoheit; *
dein ist alles im Himmel und auf Erden.
Dein, o HERR, ist das Königtum. *
Du erhebst dich als Haupt über alles.
Von dir kommen Reichtum und Ehre; *
du bist Herrscher über alles.
In deiner Hand liegen Kraft und Stärke; *
von deiner Hand kommt alle Macht und Größe:
HERR, unser Gott, wir danken dir, *
wir rühmen deinen herrlichen Namen.

Das Canticum 1 Chr 29 kann auch responsorial gesungen werden, wie an Christi Himmelfahrt, 302.

℣. Der Herr thront als König in Ewigkeit.
℟. Er segne sein Volk mit Frieden.

Resp VIII

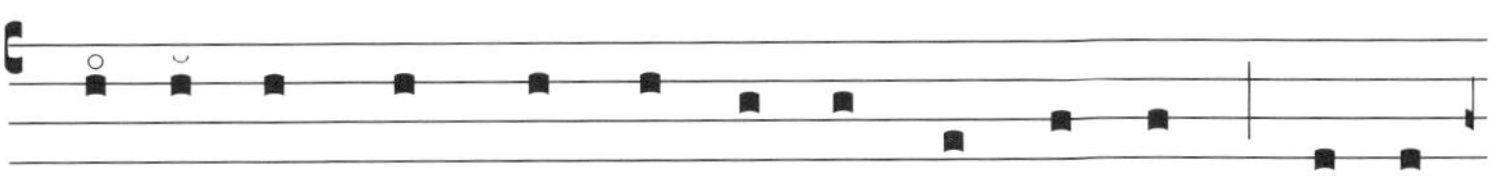

S ie- he, er kommt mit den Wol-ken des Himmels. * Je-des

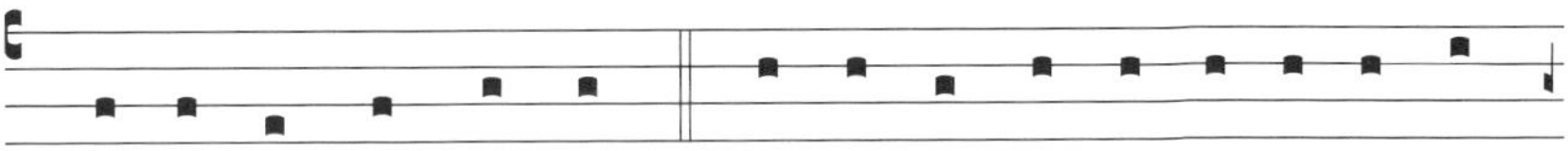

Au- ge wird ihn schauen. ℣. Er ist der Erst-ge- bo- re- ne der

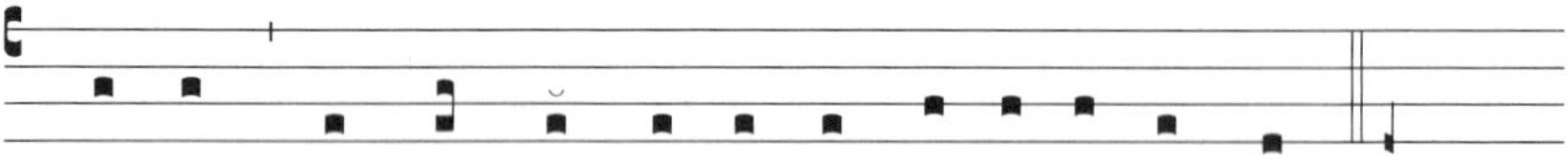

To- ten, der Herrscher ü- ber die Kö- ni- ge der Welt. *Offb 1,7.5*

LAUDES

Ant 1
V

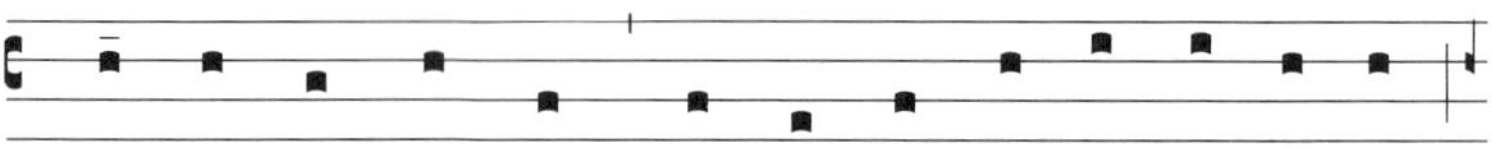

Seht, es naht der Herr,* der höchste Kö- nig der Er- de.

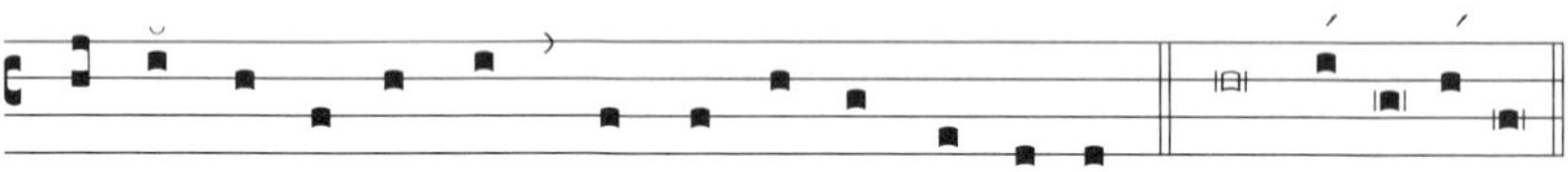

Se- lig, die bereit sind, ihm entge-gen-zu-ge-hen. *LT*

Psalm 93

DER HERR ist König, mit Hoheit bekleidet; *
der HERR hat sich bekleidet und mit Macht umgürtet.
  Fest ist der Erdkreis gegründet, *
  nie wird er wanken.
Fest steht dein Thron von Anbeginn, *
du bist von Ewigkeit.

  Fluten erhobẹn, HERR, /
  Fluten erhoben ihr Tosen, *
  Fluten erheben ihr Brausen.
Gewaltiger als das Tosen der mächtigen Wassẹr, /
gewaltiger als die Brandung des Meeres *
ist gewaltig der HERR in der Höhe.

  Deine Gesetze sind fest und verläßlịch, /
  HERR, deinem Haus ziemt Heiligkeit *
  für alle Zeiten.

Ant 2
I

Psalm 110

SO SPRICHT der HERR zu meinem Herrn: *
„Setze dich zu meiner Rechten,
bis ich dir hinlege deine Feinde *
als Schemel für die Füße."
Vom Zion streckt der HERR das Zepter deiner Macht aus: *
„Herrsche inmitten deiner Feinde!
Dein ist die Herrschaft am Tag deiner Macht *
in heiligem Glanz.
Wie den Tau aus dem Schoß des Morgenrots *
habe ich dich gezeugt."
Geschworen hat der HERR /
und wird es nicht bereuen: *
„Du bist Priester auf ewig
nach der Ordnung Melchisedeks!"

Der Herr steht dir zur Rechten, *
zerschmettert Könige am Tag seines Zorns.
⌈Unter den Völkern hält er Gericht, /
er häuft die Toten, *
⌊zerschmettert die Häupter weithin auf Erden.

Er trinkt aus dem Bach am Wege, *
so kann er neu das Haupt erheben.

Ant 3
II

cf. Mt 25,31

Jesaja 51,9-16 ( )

WACH auf, du Arm des HERRN, *
wach auf, und wappne dich mit Stärke!
  Wach auf wie in den Tagen von einst, *
  wie bei den Geschlechtern der Vorzeit!
Warst nicht du es, der Rahab zerhieb, *
der den Drachen durchbohrte?
  Warst nicht du es, der das Meer vertrocknen ließ, *
  die Wasser der großen Urflut,
der auf dem Grund des Meeres bahnte einen Weg *
zum Durchzug für die Erlösten?

  Die Befreiten des HERRN kehrẹn heim, /
  nach Zion kommen sie mit Jauchzen, *
  ewige Freude über ihren Häuptern.
Es kehren Freude ein und Wonne, *
Kummer und Seufzen entfliehen.

  „Ich bin's, ich selber, der euch tröstet! *
  Wie kannst du dich fürchten vor sterblichen Menschen?
Wie kannst du vergessen den HERRN, der dich schuf, *
der den Himmel ausgespannt und die Erde gegründet?

Wie kannst du immerfort beben
vor dem Grimm des Bedrängers, /
als wäre er imstande zu vernichten? *
Wo ist er nun, der Grimm des Bedrängers?
Bald wird der Geknebelte frei! /
Er fährt nicht tot hinab in die Grube, *
und an Brot wird es ihm nicht mangeln.
Ich bin ja der HERR, dein Gott, /
der das Meer erregt, daß seine Wogen brausen; *
'HERR der Scharen' ist mein Name.
Ich habe meine Worte in deinen Mund gelegt, *
im Schatten meiner Hand dich geborgen.
Ich spanne den Himmel aus und gründe die Erde, *
ich sage zu Zion: 'Mein Volk bist du.'"

Ant 4
VIII

Mt 25,34

Psalm 150

LOBT Gott in seinem Heiligtum, *
lobt ihn in seiner mächtigen Feste!
Lobt ihn ob seiner gewaltigen Taten, *
lobt ihn in der Fülle seiner Hoheit!

Lobt ihn mit dem Schall der Posaunen, *
lobt ihn mit Harfe und Leier!
  Lobt ihn mit Pauke und Reigen, *
  lobt ihn mit Flöten und Saitenspiel!
Lobt ihn mit hellen Zimbeln, /
lobt ihn mit schmetternden Zimbeln! *
Alles, was Atem hat, lobe den HERREN!

*

Kurzlesung *Eph 1,20-23*

Gott hat Christus von den Toten erweckt und im Himmel auf den Platz zu seiner Rechten erhoben, hoch über alle Fürsten und Gewalten, Mächte und Herrschaften, und über jeden Namen, der nicht nur in dieser Welt, sondern auch in der zukünftigen genannt wird. Alles hat er ihm zu Füßen gelegt und ihn, der als Haupt alles überragt, über die Kirche gesetzt. Sie ist sein Leib und wird von ihm erfüllt, der das All ganz und gar beherrscht.

Resp IV/1

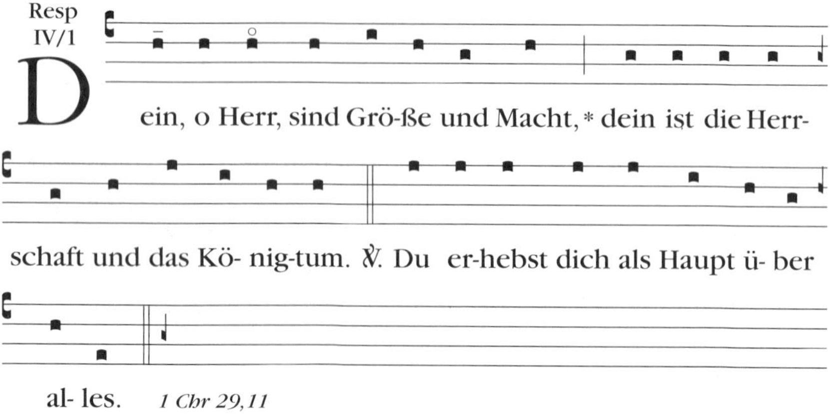

1 Chr 29,11

Hymnus

II

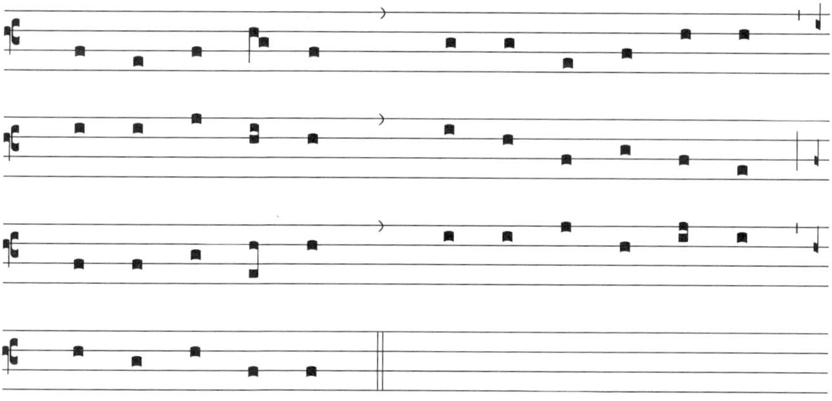

CHRISTUS, du Herrscher / Himmels und der Erde,
Herr über Mächte, / Throne und Gewalten:
Du bist der Erste / und du bist der Letzte,
Anfang und Ende.

In deinen Händen / ruht der Menschen Schicksal.
Nichts kann auf Erden / deiner Macht entgleiten.
Du sprichst das Urteil / über alle Völker,
voll des Erbarmens.

Reiche erstehen, / blühen und zerfallen,
aber das deine / überdauert alle,
denn deine Herrschaft / ist von Gott verliehen,
ewigen Ursprungs.

Keiner der Großen / kann mit dir sich messen:
Herrscher der Herren, / König aller Zeiten,
Abglanz des Vaters, / Spiegel seiner Hoheit,
thronend im Himmel.

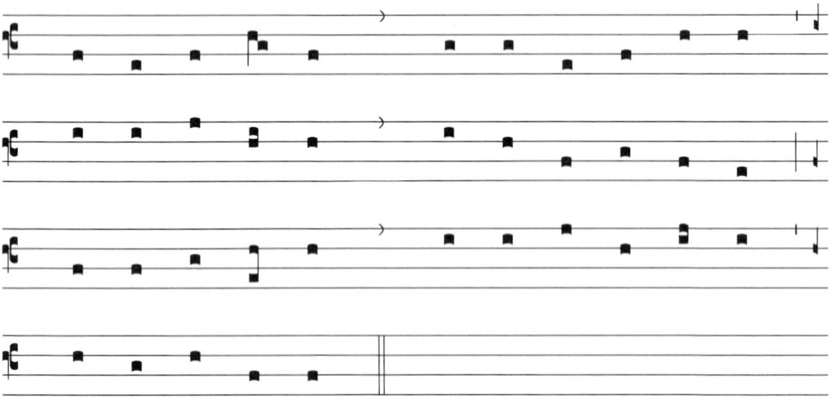

Dir sei die Ehre, / dir und deinem Vater,
und auch dem Geiste / sei das Lob gesungen:
Gott, dem Dreieinen, / Lob und Preis und Ehre
immer und ewig. Amen.

℣. Ihm ist die Macht gegeben über alles Fleisch. Halleluja.
℟. Damit er allen ewiges Leben schenke. Halleluja.

Ant C
II

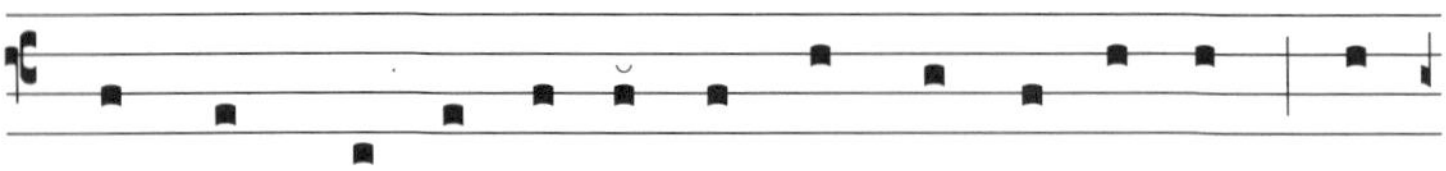

Der Macht der Finsternis hat Gott uns ent-ris-sen * und

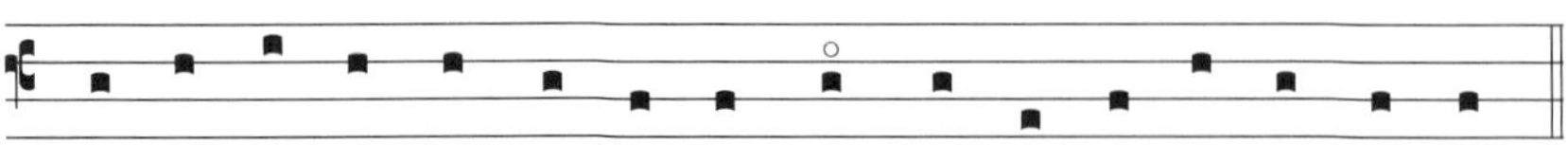

hat uns auf-ge-nommen in das Reich sei-nes ge-liebten Sohnes.

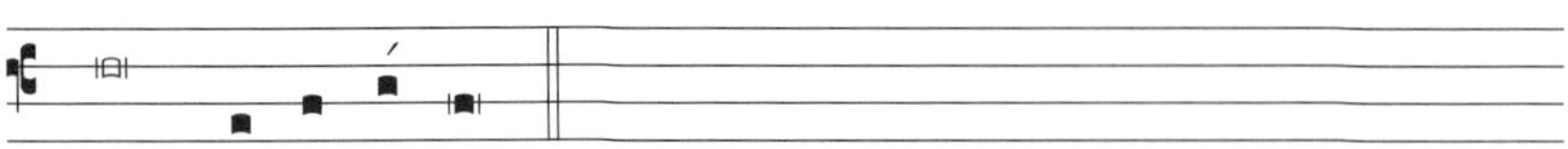

Kol 1,13

Canticum Kol 1,15-20 ()

ER ist das Bild des unsichtbaren Gottes, *
der Erstgeborene der ganzen Schöpfung.
Denn in ihm wurde alles erschaffen /
im Himmel und auf Erden - *
alles ist durch ihn und auf ihn hin geschaffen.
Er selber ist vor allem, /
in ihm hat alles Bestand. *
Er ist das Haupt des Leibes, der Kirche.
Er ist der Ursprung, /
der Erstgeborene von den Toten, *
auf daß er den Vorrang habe in allem.
Denn es hat Gott gefallen, *
mit seiner ganzen Fülle in ihm zu wohnen
und durch ihn alles mit sich zu versöhnen, *
was auf der Erde und was im Himmel ist:
denn er stiftete Frieden *
durch das Blut seines Kreuzes.

ANTIPHON

Ehre sei dem Vater und dem Sohne *
und dem Heiligen Geiste.
Wie im Anfang, so auch jetzt und allezeit *
und in Ewigkeit. Amen.

* * *

ORDINARIUM

HÄUFIG WIEDERKEHRENDE TEXTE

ORDINARIUM DER VIGIL

Eröffnung

Dieser Eröffnungsvers wird dreimal gesungen.

Wenn die Vigil am Vorabend gefeiert wird, kann sie mit dem Eröffnungsruf der Laudes beginnen.

Invitatorium

Der Psalm zum Invitatorium wird immer responsorial gesungen. Die Vorsängermelodien finden sich im Vorsängerbuch.

Wenn nicht anders angegeben, wird zum Invitatorium immer Psalm 95 gesungen. An den Wochentagen der Festzeiten des Kirchenjahres kann statt des angegebenen Invitatoriums immer auch das im Wochenpsalter vorgesehene gesungen werden.

Wenn die Vigil am Vorabend gefeiert wird, kann das Invitatorium am Morgen vor den Laudes gesungen werden.

Hymnus

Der Hymnus schließt, wenn nicht anders angegeben, immer mit

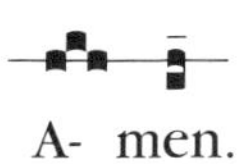

Der Hymnus kann durch ein geeignetes Kirchenlied ersetzt werden.

Der Hymnus kann entfallen, wenn die Laudes unmittelbar an die Vigil anschließen.

ERSTE NOKTURN

Psalmodie

Für den Vortrag der Antiphonen und Psalmen gilt, was bei den Laudes gesagt ist.

In den Festzeiten des Kirchenjahres und an Festen werden bisweilen Psalmen durch Cantica aus dem Alten Testament ersetzt.

Die Melodiemodelle für die Psalmodie (Psalmtöne) finden sich im Anhang.

Versikel

Die Melodiemodelle für den Versikel finden sich im Anhang.

Segensspruch

Der Segensspruch lautet, wenn nicht anders angegeben:

Der Gott aller Gnade, der uns in Christus zu seiner ewigen Herrlichkeit berufen hat, vollende, erhalte und stärke uns. Sein ist die Herrschaft in alle Ewigkeit. ℟. Amen.

Lesung und Responsorium

Auf die Lesung folgt ein Abschnitt aus Psalm 119, der responsorial vorgetragen wird. Psalm 119 mit seinen Kehrversen steht am Ende des Wochenpsalters.

Für die Festzeiten des Kirchenjahres und die Festtage sind jeweils eigene Responsorien angegeben, die immer die Form des Responsorium breve haben. Für die Ausführung gilt, was bei den Laudes gesagt ist.

ZWEITE NOKTURN

Die Zweite Nokturn entspricht in ihrem Ablauf der Ersten Nokturn.

Der Segensspruch lautet, wenn nicht anders angegeben:

Der Gott des Friedens mache uns tüchtig zu allem Guten. Er bewirke in uns, was ihm gefällt, durch Jesus Christus, dem die Ehre sei in alle Ewigkeit. ℟. Amen.

DRITTE NOKTURN

An Sonn- und Festtagen folgt eine Dritte Nokturn, die in ihrem Ablauf der Ersten Nokturn entspricht.

Die Psalmodie der Dritten Nokturn bildet immer ein Canticum aus dem Alten Testament, das häufig responsorial vorzutragen ist. Die Vorsängermelodien finden sich im Vorsängerbuch.

Der Segensspruch lautet:

Gott lasse uns wachsen in der Gnade und Erkenntnis unseres Herrn und Retters Jesus Christus! Ihm gebührt die Herrlichkeit, jetzt und bis zum Tag der Ewigkeit. ℟. Amen.

*

Te Deum – Evangelium – Te decet laus

In Vigilien mit einer Dritten Nokturn folgt der Hymnus Te Deum. *Ihm schließen sich üblicherweise das Evangelium, auf welches alle mit* Amen *antworten, und der Hymnus* Te decet laus *an.*

Das Evangelium kann auch an die Stelle der Lesung der Dritten Nokturn treten. In diesem Fall folgt ihm entweder der Hymnus Te Deum *oder der Hymnus* Te decet laus.

Oration

Die Oration wird mit Lasset uns beten *eingeleitet und, wenn nicht anders angegeben, mit der großen Schlußformel abgeschlossen.*

Abschluß

Die Vigil schließt nach der Oration mit folgendem Segensspruch:

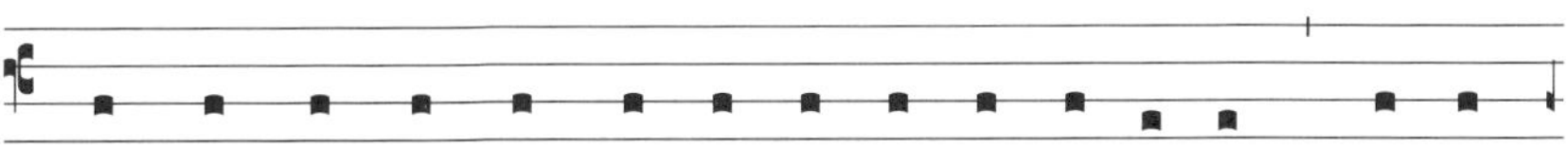

Der Gott des Frie-dens voll- en- de uns- re Hei- li-gung. Un-ver-

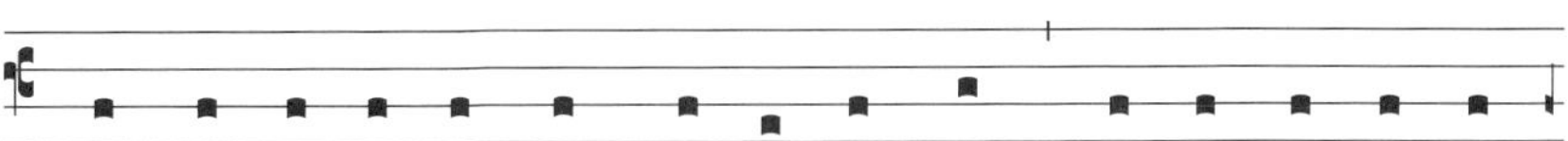

sehrt be-wah-re er Geist, See- le und Leib bis zur Wiederkunft

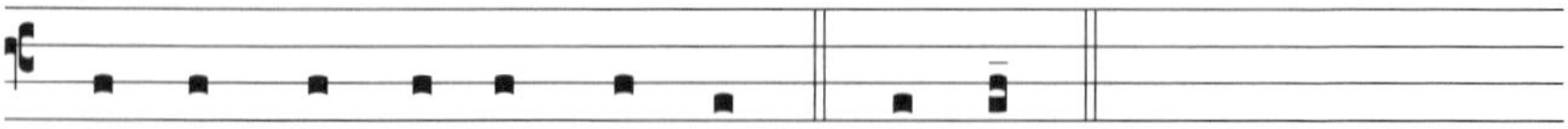

uns-res Herrn Je- sus Chri-stus. ℟. A- men.

An Sonn- und Festtagen

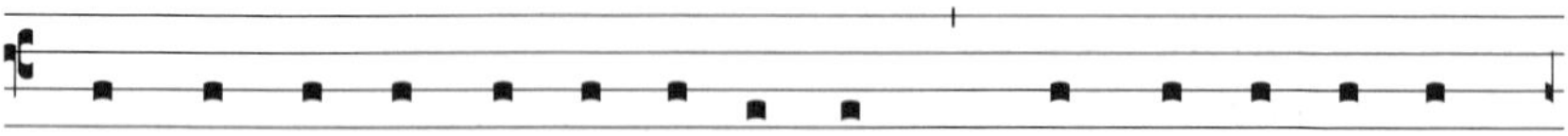

Der Herr seg- ne und be-hü- te uns! Der Herr las- se sein

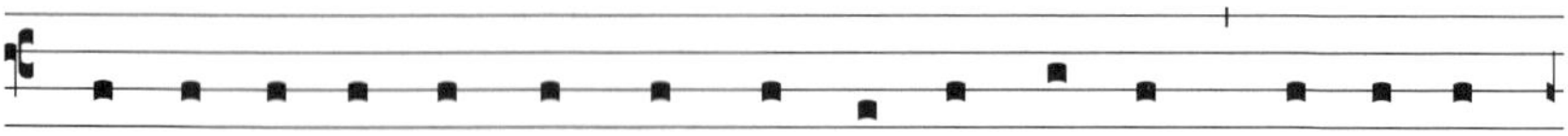

Antlitz ü-ber uns leuchten und sei uns gnä-dig! Er zei- ge

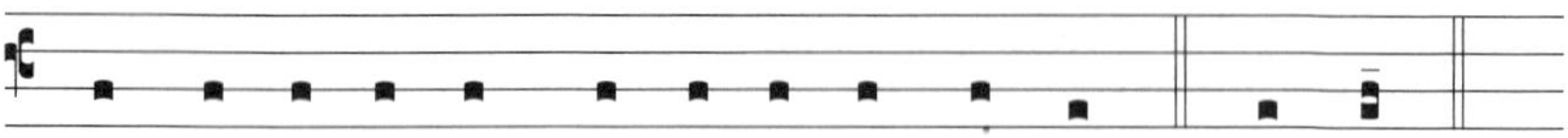

uns sein An- ge-sicht und ge- be uns Frie-den. ℟. A- men.

Anstelle des Segensspruchs kann gesungen werden:

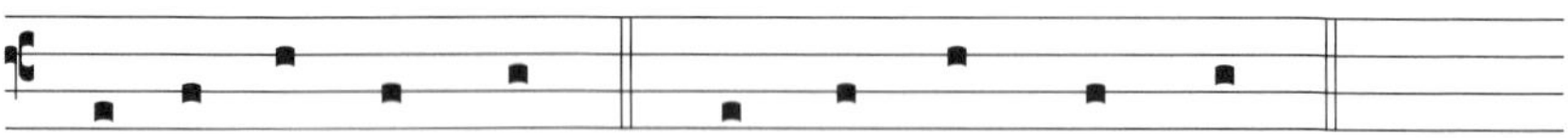

Sin- get Lob und Preis. ℟. Dank sei Gott, dem Herrn.

Oration und Segensspruch entfallen, wenn auf die Vigil unmittelbar die Laudes folgen.

ORDINARIUM DER LAUDES

Eröffnung

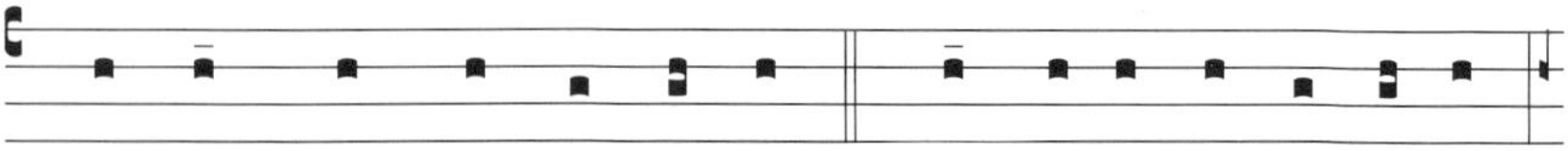

O Gott, komm mir zu Hil- fe. ℟. Herr, ei- le mir zu hel-fen.

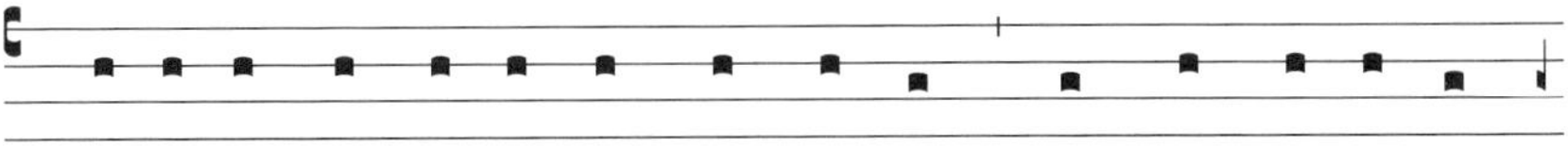

Ehre sei dem Va- ter und dem Sohne und dem Hei- li- gen

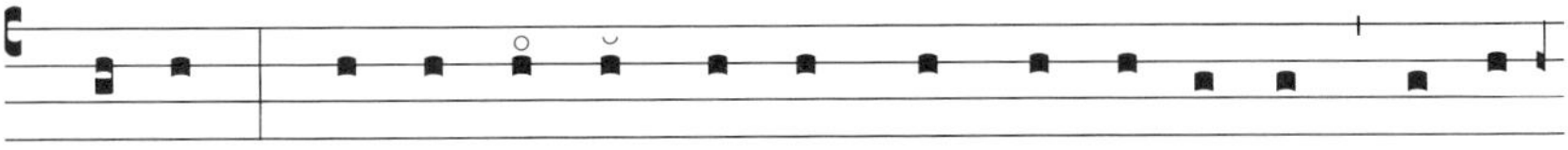

Geiste. Wie im Anfang, so auch jetzt und al- le- zeit und in

Ewigkeit. Amen. Hal- le- lu- ja.

Das Halleluja *entfällt in der Fastenzeit und in der Karwoche.*

Die Eröffnung entfällt, wenn den Laudes unmittelbar die Vigil vorausging.

Wurde die Vigil am Vorabend gefeiert, können die Laudes folgendermaßen eröffnet werden:

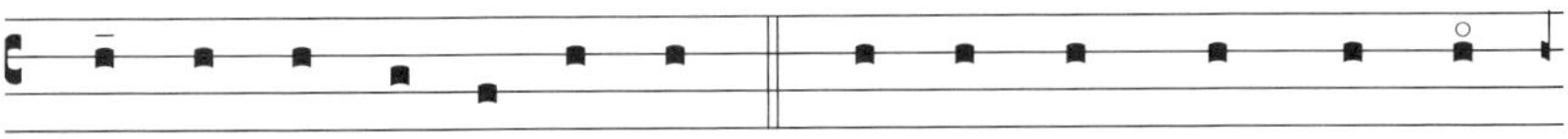

Herr, öff-ne mei- ne Lip-pen. ℟. Da- mit mein Mund dein Lob

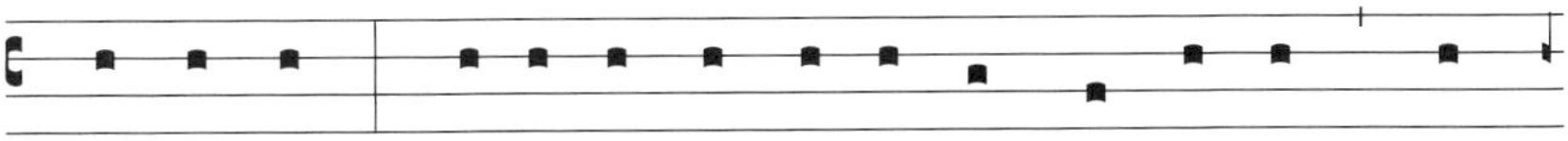

ver-kün-de. Eh-re sei dem Va- ter und dem Sohne und

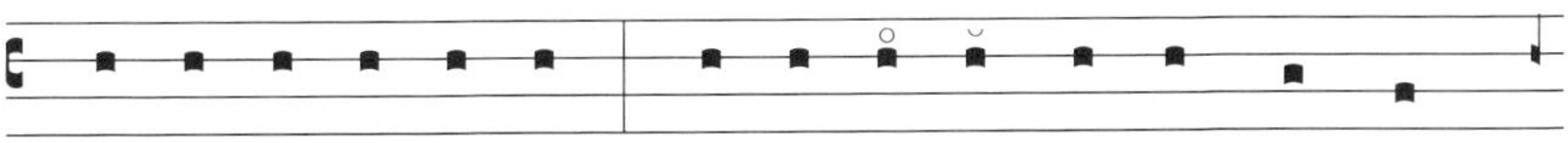

dem Hei- li- gen Geiste. Wie im Anfang, so auch jetzt und

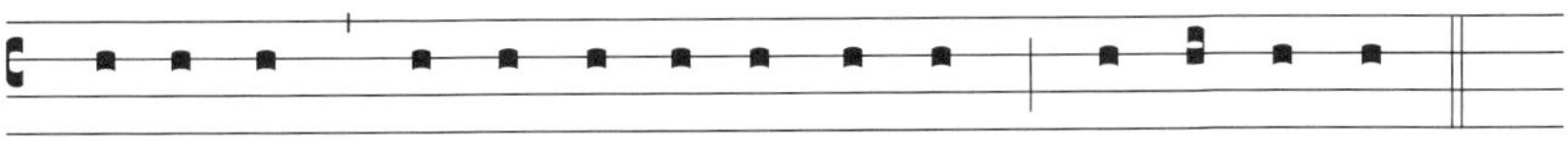

al- le- zeit und in E-wigkeit. A-men. Hal- le- lu- ja.

Das Halleluja *entfällt in der Fastenzeit und in der Karwoche.*

Psalmodie

*Die Antiphonen werden entweder zunächst vom Vorsänger (oder einer Vorsängergruppe) vorgetragen und dann von allen wiederholt, oder sie werden vom Vorsänger nur angestimmt und alle singen vom Zeichen * an weiter. Bei Antiphonen, in denen das Zeichen * fehlt, verbietet der Text durch seine Kürze oder seine Gestalt die Praxis des Anstimmens; sie werden immer ganz vorgesungen und dann von allen wiederholt.*

Die Psalmen schließen, wenn nicht anders angegeben, mit folgender Doxologie:

Ehre sei dem Vater und dem Sohne *
und dem Heiligen Geiste.
Wie im Anfang, so auch jetzt und allezeit *
und in Ewigkeit. Amen.

Nach der abschließenden Doxologie wird die zum Psalm gehörende Antiphon wiederholt.

In den Festzeiten des Kirchenjahres und an Festen tritt an die Stelle des dritten Psalms ein Canticum aus dem Alten Testament.

Die Melodiemodelle für die Psalmodie (Psalmtöne) finden sich im Anhang.

Kurzlesung und Responsorium

*Der auf die Kurzlesung folgende Gesang hat in den Laudes immer die Form des Responsorium breve: Das Responsum wird vorgesungen und von allen wiederholt; dann singen die Vorsänger den Vers, worauf alle das Responsum vom Zeichen * an wiederholen; nach der von den Vorsängern vorgetragenen Doxologie wiederholen alle das ganze Responsum.*

In der Karwoche und im Totenoffizium entfällt die Doxologie.

Die Melodien für die jeweiligen Doxologien finden sich im Anhang.

Hymnus

Der Hymnus schließt, wenn nicht anders angegeben, immer mit

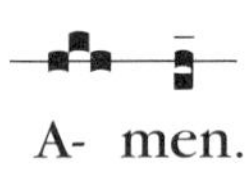

Der Hymnus kann durch ein geeignetes Kirchenlied ersetzt werden.

Der Hymnus kann, gemäß römischen Brauch, auch am Anfang der Laudes stehen. Er wird dann sogleich nach der Eröffnung gesungen.

Der Hymnus der Laudes kann entfallen, wenn den Laudes unmittelbar die Vigil vorausging und am Anfang der Vigil ein Hymnus gesungen wurde.

Versikel

Die Melodiemodelle für den Versikel finden sich im Anhang.

Canticum aus dem Neuen Testament

Wenn kein eigenes Canticum angegeben ist, singt man immer das Benedictus. *Auch die angegebenen Cantica können durch das* Benedictus *ersetzt werden, wenn es täglich gesungen werden soll.*

Die Cantica schließen mit der Doxologie, die an Ort und Stelle angegeben ist.

Gebet des Herrn

Dem Vaterunser geht folgender Kyrie-Ruf voraus:

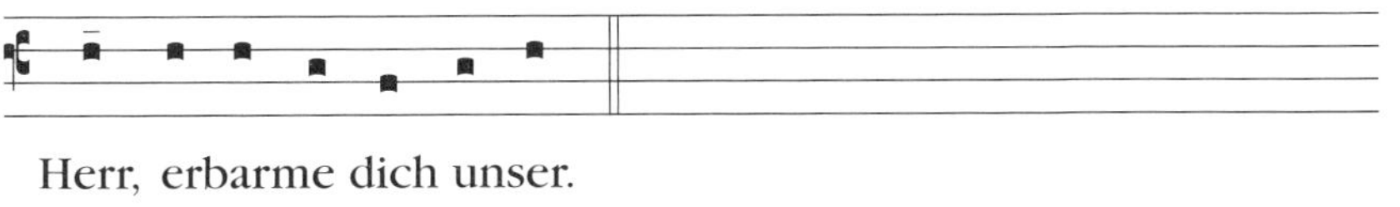

oder

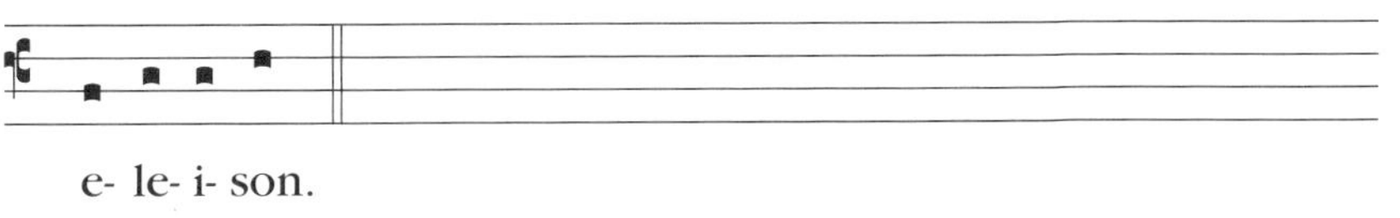

An die Stelle des Kyrie-Rufs können Bitten zur Tagesweihe treten. Beispiele für Antwort-Rufe zu den Bitten finden sich im Anhang.

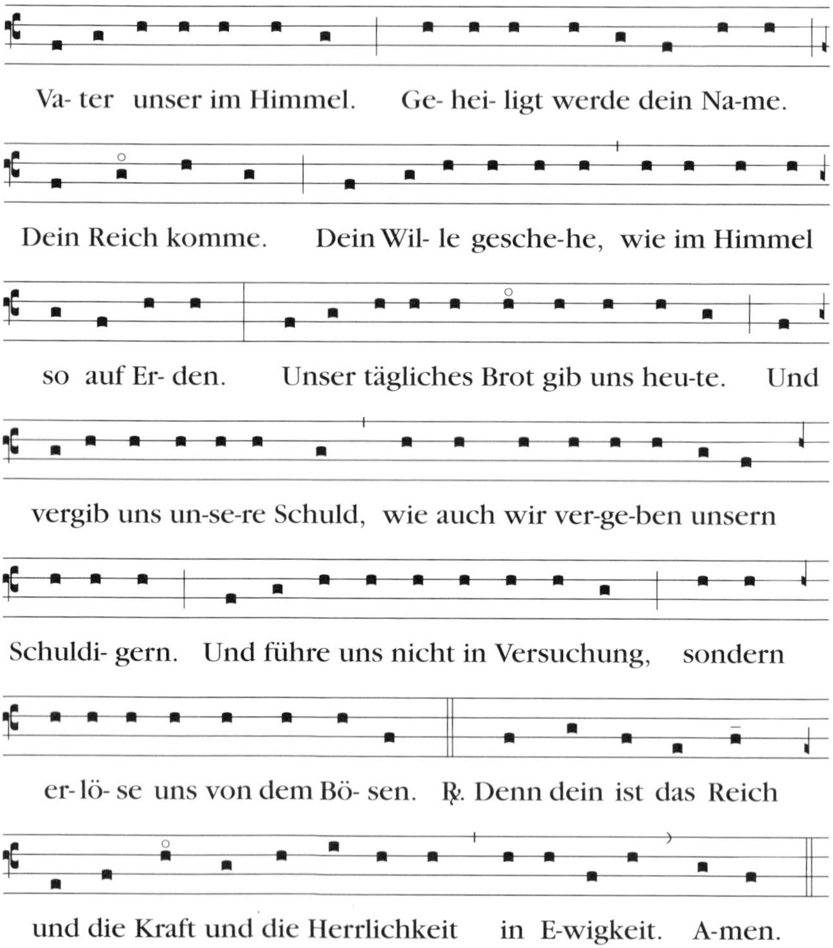

Die Doxologie entfällt, wenn dem Vaterunser noch eine Oration folgt.

*

Abschluß I

Die Laudes schließen nach der Doxologie zum Vaterunser (oder nach der Oration) mit einer kurzen Zeit der Stille oder mit folgendem Segensspruch:

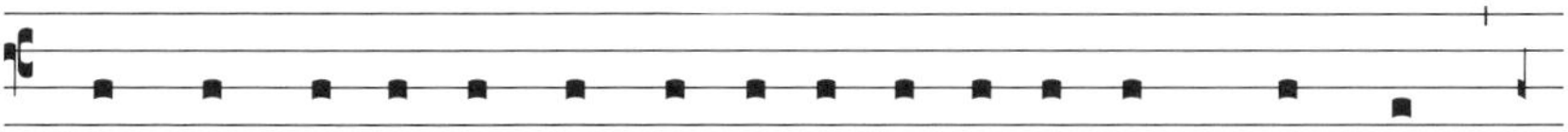

Der Herr segne uns und un-se- re abwesenden Brü- der; / Schwestern;

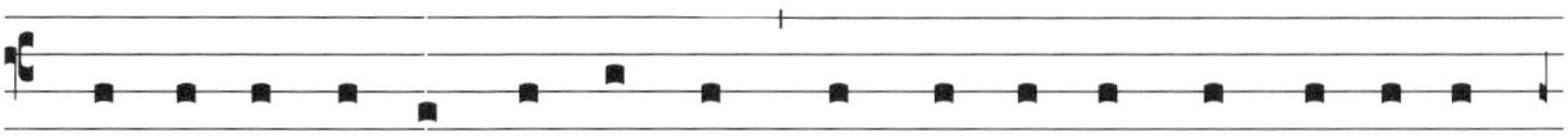

er bewahre uns vor Unheil und führe uns zum e-wi-gen

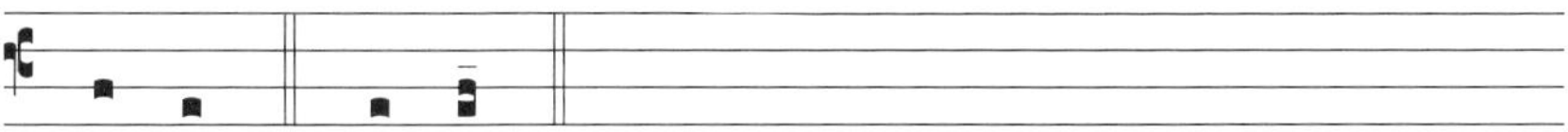

Le- ben. ℟. A-men.

Abschluß II

Die Laudes schließen nach der Doxologie zum Vaterunser (oder nach der Oration) mit Segen und Entlassung:

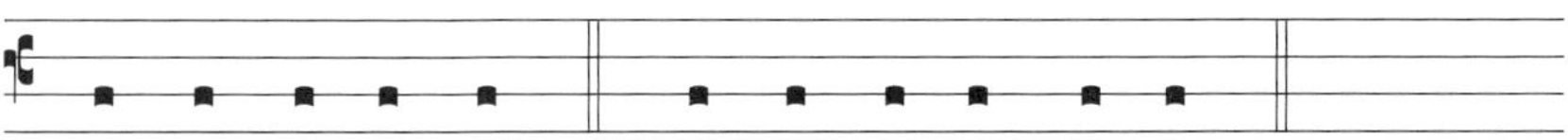

Der Herr sei mit euch. ℟. Und mit deinem Gei-ste.

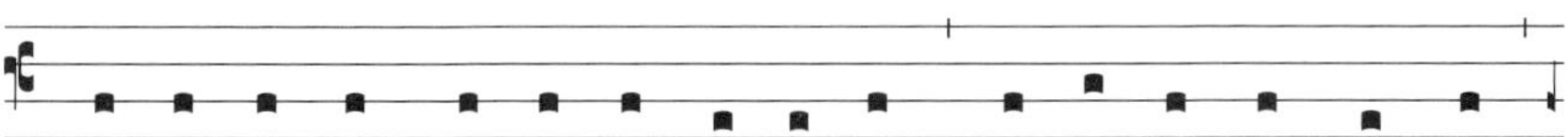

Es segne euch der allmächti- ge Gott, der Va- ter und der Sohn

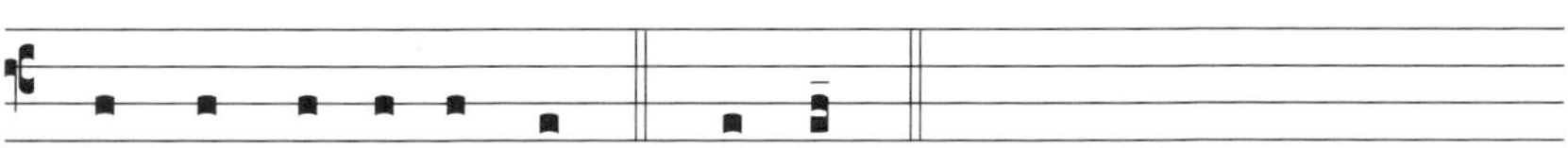

und der Hei- li- ge Geist. ℟. A-men.

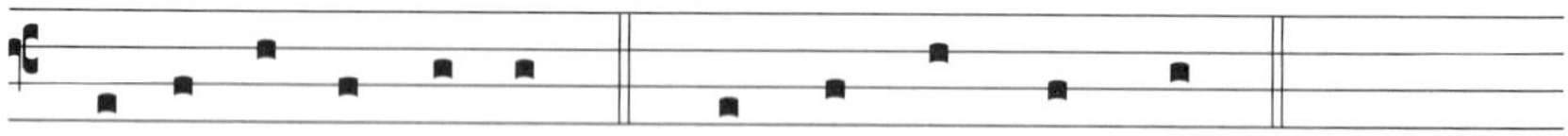

Ge-het hin in Frieden. ℟. Dank sei Gott, dem Herrn.

In der Osterzeit

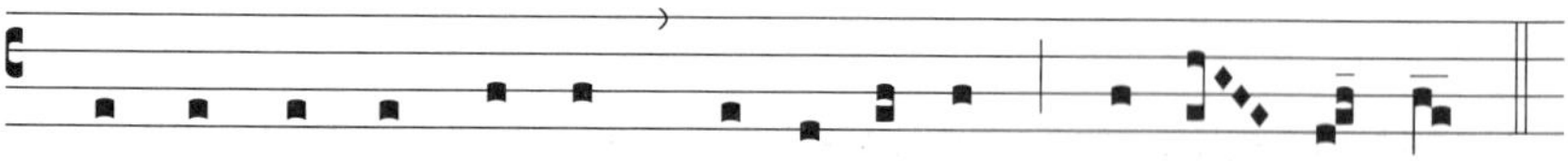

Ge- het hin in Frieden. Hal- le- lu- ja, hal- le- lu- ja.

℟. Dank sei Gott, dem Herrn. Hal- le- lu- ja, hal- le- lu- ja.

* * *

HÄUFIG WIEDERKEHRENDE TEXTE

DER PSALM ZUM INVITATORIUM

*Der Psalm zum Invitatorium wird solistisch vorgetragen. Der Vorsänger beginnt mit dem Kehrvers. Dieser wird sogleich von allen wiederholt, ebenso an den mit ℟. oder *℟. bezeichneten Stellen innerhalb des Psalms.*

*Wenn der Kehrvers mit dem Zeichen * versehen ist, wird an den mit *℟. bezeichneten Stellen nur dessen zweiter Teil (vom Zeichen * an) wiederholt. In diesem Fall schließt sich der auf die Doxologie folgenden Wiederholung des zweiten Teils noch einmal der ganze Kehrvers an: der Vorsänger singt ihn bis zum Zeichen *, und alle führen ihn zu Ende.*

Psalm 95

AUF! Laßt uns jauchzen dem HERRN,
jubeln dem Fels unsres Heils!
Laßt uns mit Lobpreis seinem Angesicht nahen,
ihm jubeln mit Liedern! – ℟.

Denn der HERR ist ein großer Gott,
ein großer König über allen Göttern.
In seiner Hand sind die Tiefen der Erde,
sein sind die Gipfel der Berge.
Sein ist das Meer, von ihm geschaffen,
das trockene Land, das seine Hände gebildet. – *℟.

Kommt! Laßt uns niederfallen, uns vor ihm verneigen,
laßt uns niederknien vor dem HERRN, der uns geschaffen.
Denn er ist unser Gott,
wir sind das Volk seiner Weide,
die Herde, von seiner Hand geführt. – ℟.

Wenn ihr doch heute auf seine Stimme hörtet:
„Verhärtet euer Herz nicht wie in Meriba,
wie in der Wüste am Tag von Massa!
Dort haben eure Väter mich versucht,
sie haben mich auf die Probe gestellt
– und hatten doch mein Tun gesehen." – *℟.

„Vierzig Jahre war mir dies Geschlecht zuwider.
So sprach ich: Sie sind ein Volk mit irrendem Herzen.
Sie kennen meine Wege nicht.
Da habe ich in meinem Zorn geschworen:
Sie sollen nicht in meine Ruhe kommen.“ – ℟.

Ehre sei dem Vater und dem Sohne
und dem Heiligen Geiste.
Wie im Anfang, so auch jetzt und allezeit
und in Ewigkeit. Amen. – *℟.

(Die Doxologie erscheint nach Psalm 95 mitunter auch in abgewandeltem Wortlaut.)

DER HYMNUS DER VIGIL AN WOCHENTAGEN

In der Nacht oder am frühen Morgen

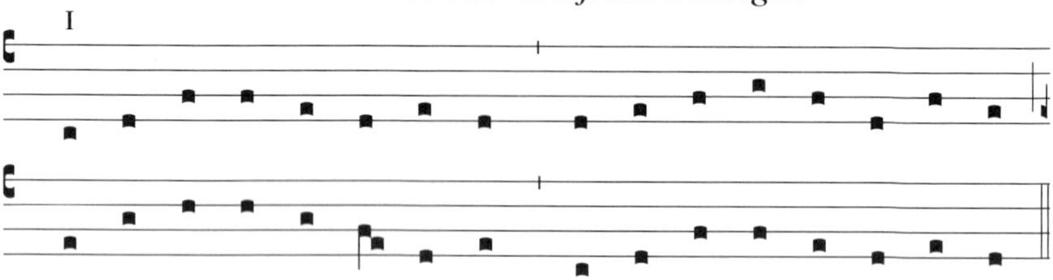

DU GOTT des Lichts, dem Vater gleich,
du Licht, dem unser Licht entspringt,
du ew’ger Tag: hör unser Flehn,
das aus der Nacht zum Himmel dringt.

Entreiße uns der Finsternis
und aller Angst der Erdennacht,
streif ab von uns die Müdigkeit,
die uns zum Guten träge macht.

Du, Christus, bist das Licht der Welt,
der Gott, dem gläubig wir vertraun,
auf den im Dunkel dieser Zeit
wir alle unsre Hoffnung baun.

Aus ganzem Herzen preisen wir
dich, Christus, Herr der Herrlichkeit,
der mit dem Vater und dem Geist
uns liebt in alle Ewigkeit. Amen.

Am Tag

II

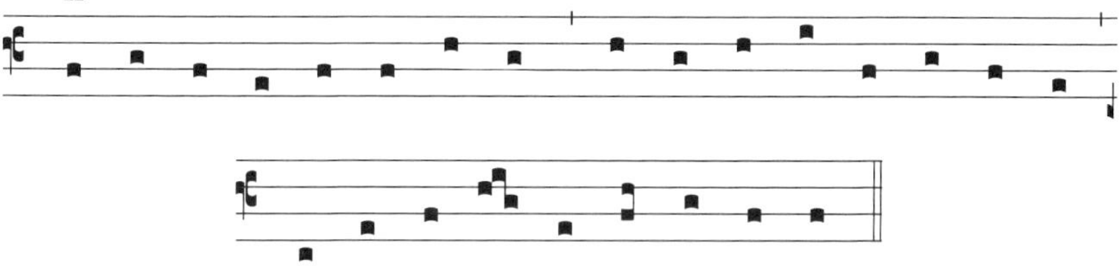

WORT Gottes, dessen Macht und Ruf
im Urbeginn die Welt erschuf.
Du bist der Anfang und das Ende.

Der Himmel und die ganze Welt
sind deiner Hoheit unterstellt.
Du bist der Zeiten Lot und Wende.

Die Weisheit baute sich ein Haus,
darin spricht Gott sich selber aus,
und dieses Wort hat uns getroffen.

Die Welt ist nun nicht mehr so leer,
nicht mehr die Last so drückend schwer:
Der Weg zum Vater steht uns offen. Amen.

DIE SEGENSSPRÜCHE DER VIGIL AN FESTTAGEN

In der Ersten Nokturn

Der Gott aller Gnade, der uns in Christus zu seiner ewigen Herrlichkeit berufen hat, vollende, erhalte und stärke uns. Sein ist die Herrschaft in alle Ewigkeit. ℟. Amen.

In der Zweiten Nokturn

Der Gott des Friedens mache uns tüchtig zu allem Guten. Er bewirke in uns, was ihm gefällt, durch Jesus Christus, dem die Ehre sei in alle Ewigkeit. ℟. Amen.

In der Dritten Nokturn

Gott lasse uns wachsen in der Gnade und Erkenntnis unseres Herrn und Retters Jesus Christus! Ihm gebührt die Herrlichkeit, jetzt und bis zum Tag der Ewigkeit. ℟. Amen.

DER HYMNUS 'TE DEUM'

Hei- lig! Hei- lig, Herr, Gott der Scha-ren! Voll sind Himmel
und Er- de dei-ner er-ha- be-nen Herrlichkeit. Dich lobpreist
der glor-rei-che Chor dei-ner A- po-stel. Dich lobpreist die
wür-di- ge Schar dei-ner Pro-phe- ten. Dich lobpreist das leuch-
ten-de Heer dei-ner Mär-ty- rer. Dich be-kennt auf dem Er-
den-rund die hei- li- ge Kir-che. Dich, den Va- ter un- end-
licher Ho-heit. Dei-nen wah-ren und ein-zi-gen Sohn, al-ler
An-be-tung würdig. Den Geist auch, den Beistand.
Du, der Herrlichkeit Kö- nig, Chri-stus. Du, der e-wi- ge

Sohn des Va-ters. Du scheu-test nicht den Schoß der Jungfrau,
um zu be-frei- en den Menschen. Du be-siegtest den Sta-
chel des To- des, hast al- len, die glau-ben, erschlos- sen die
Reiche der Himmel. Du sit- zest zur Rechten Gottes in der
Herrlichkeit des Va- ters. Als Richter, so glau-ben wir, kehrst
du einst wieder. Dich nun fle- hen wir an: Komm dei-nen
Dienern zu Hil- fe; du hast sie er-kauft mit kostbarem Blu-te.
In der e-wi-gen Herrlichkeit zäh- le uns un- ter die Hei-
li- gen. Ret- te dein Volk, o Herr, und seg-ne dein Er- be.

Und lei- te sie und er-he-be sie bis in die E-wig-keit.
Al- le Ta- ge sin-gen wir Lob dir. Und preisen dei-nen
Na-men in E-wig-keit und für e-wi- ge Zei-ten. Herr, be-
wah-re uns heu-te huldvoll vor jeg-licher Sünde. Sei uns
barmher-zig, o Herr, sei uns barmher-zig. Laß dein Er-bar-
men ü- ber uns wal-ten, o Herr, wie wir von dir es er-hof-fen.
Auf dich, o Herr, hof- fe ich: ich wer-de e-wig nicht
zu- schan- den!

*

DER HYMNUS 'TE DECET LAUS'

DER SEGENSSPRUCH ZUM ABSCHLUSS DER VIGIL

Der Gott des Friedens vollende unsre Heiligung. Unversehrt bewahre er Geist, Seele und Leib bis zur Wiederkunft unsres Herrn Jesus Christus. ℟. Amen.

An Sonn- und Festtagen

Der Herr segne und behüte uns! Der Herr lasse sein Antlitz über uns leuchten und sei uns gnädig! Er zeige uns sein Angesicht und gebe uns Frieden. ℟. Amen.

* * *

DIE FESTPSALMEN DER LAUDES

[I] **Psalm 93**

DER HERR ist König, mit Hoheit bekleidet; *
der HERR hat sich bekleidet und mit Macht umgürtet.
Fest ist der Erdkreis gegründet, *
nie wird er wanken.
Fest steht dein Thron von Anbeginn, *
du bist von Ewigkeit.

Fluten erhoben, HERR, /
Fluten erhoben ihr Tosen, *
Fluten erheben ihr Brausen.
Gewaltiger als das Tosen der mächtigen Wasser, /
gewaltiger als die Brandung des Meeres *
ist gewaltig der HERR in der Höhe.

Deine Gesetze sind fest und verläßlich, /
HERR, deinem Haus ziemt Heiligkeit *
für alle Zeiten.

[II] **Psalm 63**

GOTT, du mein Gott, dich suche ich, *
nach dir dürstet meine Seele.
Nach dir schmachtet mein Leib *
wie dürres, lechzendes Land ohne Wasser.
So schaue ich dich im Heiligtum *
und sehe deine Macht und deine Herrlichkeit.
Ja, deine Liebe ist besser als das Leben. *
Meine Lippen sollen dich rühmen!
So will ich dich preisen mein Leben lang, *
in deinem Namen meine Hände erheben.
Wie an Fett und Mark wird satt meine Seele. *
Mein Mund singe Lob mit jubelnden Lippen!
Wenn ich an dich denke auf meinem Lager, *
sag ich von dir in nächtlichem Wachen:

„Du wurdest meine Hilfe, *
im Schatten deiner Flügel darf ich jubeln;
an dir hängt meine Seele, *
mich hält deine Rechte."

Die mir nachstellen, um mich zu verderben, *
sie müssen hinab in die Tiefen der Erde.
Der Gewalt des Schwertes gibt man sie preis, *
den Schakalen werden sie zur Beute.
Der König aber freue sich an Gott! /
Wer bei ihm schwört, darf sich rühmen. *
Doch allen Lügnern wird der Mund geschlossen.

[III] **Daniel 3,57-88 ()**

PREISET den HERRN, all ihr Werke des HERRN, *
lobt und erhebt ihn in Ewigkeit!
Preiset den HERRN, ihr Engel des HERRN, *
ihr hohen Himmel, lobpreiset IHN!
Preiset den HERRN, alle Wasser droben am Himmel, *
all ihr Mächte, lobpreiset IHN!
Preiset den HERRN, Sonne und Mond, *
ihr Sterne am Himmel, lobpreiset IHN!
Preiset den HERRN, jeder Regen und Tau, *
all ihr Stürme, lobpreiset IHN!
Preiset den HERRN, Feuer und Glut, *
Frost und Hitze, lobpreiset IHN!
Preiset den HERRN, ihr Tropfen des Taus, /
ihr Flocken des Schnees, *
Eis und Kälte, lobpreiset IHN!
Preiset den HERRN, ihr Kristalle von Schnee und Rauhreif, *
ihr Blitze und Wolken, lobpreiset IHN!
Preiset den HERRN, ihr Nächte und Tage, *
Licht und Dunkel, lobpreiset IHN!

Du, Erde, preise den HERRN, *
lob und erheb ihn in Ewigkeit!
Preiset den HERRN, ihr Berge und Hügel, *
alles, was sproßt auf der Erde, lobpreise IHN!

Preiset den HERRN, ihr Quellen, *
ihr Meere und Ströme, lobpreiset IHN!
Preiset den HERRN, ihr Ungeheuer der See /
und alles, was sich regt in den Wassern, *
all ihr Vögel des Himmels, lobpreiset IHN!
Preiset den HERRN, all ihr Tiere, wilde und zahme, *
all ihr Menschen, lobpreiset IHN!

Du, Israel, preise den HERRN, *
lob und erheb ihn in Ewigkeit!
Preiset den HERRN, ihr Priester des HERRN, *
ihr seine Knechte, lobpreiset IHN!
Preiset den HERRN, ihr Heiligen /
und ihr gebeugten Herzen, *
ihr Geister und Seelen der Gerechten, lobpreiset IHN!

Preiset den HERRN, Hananja, Asarja und Mischael, *
lobt und erhebt ihn in Ewigkeit!
Denn er entriß uns der Unterwelt, *
er hat uns errettet aus der Hand des Todes.
Er befreite uns aus dem lodernden Ofen, *
er hat uns erlöst aus der Mitte des Feuers.

Laßt uns preisen den Vater und den Sohn mit dem Heiligen Geist, *
ihn loben und erheben in Ewigkeit!

[IV] **Psalm 150**

LOBT Gott in seinem Heiligtum, *
lobt ihn in seiner mächtigen Feste!
Lobt ihn ob seiner gewaltigen Taten, *
lobt ihn in der Fülle seiner Hoheit!
Lobt ihn mit dem Schall der Posaunen, *
lobt ihn mit Harfe und Leier!
Lobt ihn mit Pauke und Reigen, *
lobt ihn mit Flöten und Saitenspiel!
Lobt ihn mit hellen Zimbeln, /
lobt ihn mit schmetternden Zimbeln! *
Alles, was Atem hat, lobe den HERREN!

DAS CANTICUM DER LAUDES

Benedictus Lk 1,68-79

GEPRIESEN sei der Herr, der Gott Israels, *
denn heimgesucht hat er sein Volk
und ihm Erlösung geschaffen.
Er ließ uns erstehn einen machtvollen Retter *
im Hause seines Knechtes David,
wie er verheißen hat durch den Mund seiner Heiligen, *
durch die Propheten der Vorzeit:
Er werde uns vor unseren Feinden erretten *
und aus der Hand all derer, die uns hassen,
er werde sich unserer Väter erbarmen /
und seines heiligen Bundes gedenken, *
des Eides, den er geschworen unserm Vater Abraham:
uns zu geben, daß wir ihm furchtlos dienen, *
befreit aus der Hand der Feinde,
in Heiligkeit und Gerechtigkeit vor seinem Angesicht *
all unsre Tage.

Und du, mein Kind, wirst 'Prophet des Höchsten' genannt, /
denn du wirst dem Herrn vorangehn *
und ihm die Wege bereiten:
seinem Volk zu schenken die Erkenntnis des Heiles *
in der Vergebung der Sünden
durch unseres Gottes erbarmende Liebe, *
in der uns heimsucht das aufstrahlende Licht aus der Höhe,
um denen zu scheinen,
die in Finsternis sitzen und im Schatten des Todes, *
unsere Füße zu lenken auf den Weg des Friedens.

ANTIPHON

Ehre sei dem Vater und dem Sohne *
und dem Heiligen Geiste.
Wie im Anfang, so auch jetzt und allezeit *
und in Ewigkeit. Amen.

WOCHENPSALTER

SONNTAG

VIGIL

Invitatorium

Psalm 81

JUBELT Gott zu, der unsre Stärke ist,
jauchzt dem Gott Jakobs!
Hebt an zu singen, schlagt die Pauke,
die liebliche Leier samt der Harfe!
Am Neumond stoßt in die Posaune,
am Vollmond, zum Tag unsres Festes!
Denn das ist Satzung für Israel,
von Jakobs Gott ein Gebot.
Er hat es gesetzt als Bestimmung für Josef,
als er auszog gegen Ägypten.

JUBELT GOTT ZU, DER UNSRE STÄRKE IST,
JAUCHZT DEM GOTT JAKOBS!

Ich höre eine Stimme, die ich nicht kenne:
„Seine Schulter hab ich befreit von der Bürde,
vom Lastkorb kamen frei seine Hände.
Du riefst mich in der Not, – ich habe dich gerettet,
gab Antwort dir aus dem Gewölk des Donners
und prüfte dich am Wasser von Meriba.“

JAUCHZT DEM GOTT JAKOBS!

„So höre doch, mein Volk, ich will dich mahnen!
Du Israel, merk doch auf meine Stimme!
Laß dich nicht ein mit einem andern Gott,
vor keinem fremden Gott sollst du beten!
Ich bin der HERR, dein Gott,
der dich heraufgeführt hat aus Ägypten.
Weit öffne deinen Mund, ich will ihn füllen!"

„Mein Volk hat nicht gehört auf meine Stimme,
Israel hat mich nicht gewollt.
Da überließ ich sie dem Starrsinn ihres Herzens:
Sollen sie gehn nach ihren eigenen Plänen!"

JAUCHZT DEM GOTT JAKOBS!

„O daß mein Volk doch auf mich hörte,
daß Israel auf meinen Wegen ginge!
Schnell würde ich bezwingen seine Feinde
und wider seine Gegner meine Hand erheben.
– Die den HERRN hassen, müßten ihm gefügig sein,
und das wäre auf ewig ihr Los. –
Mit bestem Weizen würde ich es nähren.
Ja, ich würde dich sättigen mit Honig aus dem Felsen."

JUBELT GOTT ZU, DER UNSRE STÄRKE IST,
JAUCHZT DEM GOTT JAKOBS!

Ehre dem Vater, Ehre dem Sohne,
Ehre dem Heiligen Geiste.
Wie im Anfang, so auch jetzt und immer
und für ewige Zeiten. Amen.

JAUCHZT DEM GOTT JAKOBS!

JUBELT GOTT ZU, DER UNSRE STÄRKE IST,
JAUCHZT DEM GOTT JAKOBS!

Hymnus

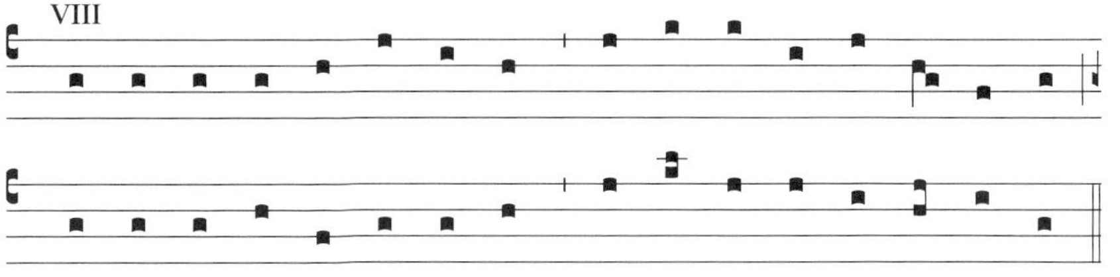

DAS ist dein Tag, Herr Jesus Christ,
der Tag, von deinem Glanz erhellt,
da du vom Tod erstanden bist
als König der erlösten Welt.

Nun hilf uns aus der Dunkelheit
mit dir ins Reich des Lichtes gehn,
und laß dereinst auch unsern Leib
verklärt zum Leben auferstehn.

Ruf uns zu dir, wenn du erscheinst
am großen Tag des Endgerichts,
du Sieger über Welt und Tod,
mit dir zu herrschen, Gott des Lichts.

Dann schauen wir dein Angesicht
und werden deinem Bilde gleich
und wir erkennen, wie du bist:
an Herrlichkeit und Güte reich.

Die siebenfach dein Geist gesalbt,
erfüllt dein Blick mit Seligkeit;
du führst uns deinem Vater zu
ins Leben der Dreifaltigkeit. Amen.

Erste Nokturn

Ant 1
II

Psalm 110

SO SPRICHT der HERR zu meinem Herrn: *
„Setze dich zu meiner Rechten,
bis ich dir hinlege deine Feinde *
als Schemel für die Füße.“
Vom Zion streckt der HERR das Zepter deiner Macht aus: *
„Herrsche inmitten deiner Feinde!
Dein ist die Herrschaft am Tag deiner Macht *
in heiligem Glanz.
Wie den Tau aus dem Schoß des Morgenrots *
habe ich dich gezeugt.“
Geschworen hat der HERR /
und wird es nicht bereuen: *
„Du bist Priester auf ewig
nach der Ordnung Melchisedeks!“

Der Herr steht dir zur Rechten, *
zerschmettert Könige am Tag seines Zorns.
Unter den Völkern hält er Gericht, /
er häuft die Toten, *
zerschmettert die Häupter weithin auf Erden.

Er trinkt aus dem Bach am Wege, *
so kann er neu das Haupt erheben.

Psalm 18

ICH liebe dich, HERR, meine Stärke, *
HERR, du mein Fels, meine Burg und mein Retter,
mein Gott, mein Felsen, bei dem ich mich berge, *
mein Schild, mein machtvolles Heil, meine Zuflucht.
Ich rufe: „Der HERR sei gepriesen!“, *
und ich werde vor meinen Feinden errettet.

Mich umfingen die Bande des Todes, *
die Fluten Belials erschreckten mich.
Die Bande der Unterwelt umstrickten mich, *
über mich fielen die Schlingen des Todes.
In meiner Bedrängnis rief ich zum HERRN, *
zu meinem Gott ging mein Schreien.
Von seinem Tempel aus hörte er mein Rufen, *
mein Schreien drang ihm zu Ohren.

Da wankte und schwankte die Erdẹ, /
die Fundamente der Berge erbebten, *
sie wankten, denn er entbrannte:
Rauch stieg auf aus seiner Nasẹ, /
aus seinem Mund kam verzehrendes Feuer, *
aus ihm sprühten glühende Kohlen.
Er neigte den Himmel und fuhr hernieder, *
Wolkendunkel zu seinen Füßen.
Er fuhr auf dem Kerub und flog daher, *
schoß herab auf den Flügeln des Windes.

Er hüllte sich ein in Finsternis, *
wie in ein Zelt in dunkle Wasser und dichte Wolken.
Glanz ging vor ihm her, /
seine Wolken zogen dahin: *
Hagel und glühende Kohlen.
Der HERR ließ den Donner vom Himmel erdröhnen, /
der Höchste ließ seine Stimme erschallen: *
Hagel und glühende Kohlen.
Er schoß seine Pfeile und streute sie aus, *
er schleuderte Blitze und jagte sie.
Da zeigte sich der Grund der Wasser, *
da wurden entblößt die Fundamente der Erde
vor deinem Drohen, o HERR, *
vor dem Schnauben deines zornigen Atems.

Er griff herab aus der Höhe und faßte mich, *
zog mich heraus aus gewaltigen Wassern.
Er entriß mich meinem mächtigen Feind, *
der Übermacht derer, welche mich hassen.
Sie fielen mich an am Tag meines Unheils, *
da wurde der HERR mir zur Stütze.
Er führte mich hinaus ins Weite, *
er befreite mich, denn er hatte an mir Gefallen.

Der HERR tat mir nach meiner Redlichkeit, *
vergalt mir nach der Reinheit meiner Hände.
Denn ich hielt mich stets an die Wege des HERRN, *
ich bin nicht frevelhaft von meinem Gott gewichen.
Ja, seine Entscheide waren mir alle vor Augen, *
nie wies ich von mir seine Gebote.
Ich lebte vor ihm mit lauterem Herzen *
und nahm mich in acht vor der Sünde.
Darum hat mir der HERR nach meiner Redlichkeit vergolten, *
weil meine Hände rein sind vor seinen Augen.
Dem Treuen erweist du dich treu, *
am Lauteren handelst du lauter,
mit dem Reinen verfährst du rein, *
doch du überlistest den Falschen.

Ja, du schaffst Heil dem niedrigen Volk, *
doch hohe Blicke zwingst du nieder.
  Ja, HERR, meine Leuchte läßt du strahlen, *
  mein Gott erhellt meine Finsternis.
Ja, mit dir überrenne ich feindliche Horden, *
mit meinem Gott überspringe ich Mauern.

  Gott - sein Weg ist lauter, /
  das Wort des HERRN ist im Feuer geläutert. *
  Ein Schild ist er allen, die bei ihm sich bergen.
Denn wer ist Gott, wenn nicht er, der HERR, *
wer ein Fels, wenn nicht er, der unser Gott ist?
  Gott - er hat mich umgürtet mit Kraft, *
  meinen Weg machte er lauter,
wie eine Hinde läßt er mich springen *
und stellt mich auf meine Höhen.
  Er unterweist meine Hände im Kampf: *
  meine Arme spannen den ehernen Bogen.

Du gabst mir den Schild deines Heils, /
deine Rechte stützt mich, *
du neigtest dich herab und hast mich groß gemacht.
  Du schaffst meinen Schritten weiten Raum, *
  meine Knöchel wanken nicht.
Ich verfolge meine Feinde und hole sie ein, *
ich kehre nicht um, bis ich mit ihnen fertig bin.
  Ich schlage sie nieder, /
  sie können sich nicht mehr erheben, *
  sie fallen und liegen mir unter den Füßen.
Du hast mich zum Kampf mit Kraft umgürtet, *
hast unter mich gebeugt, die wider mich aufstehn.
  Den Nacken meiner Feinde gibst du mir preis, *
  die mich hassen, bringe ich zum Schweigen.
Sie schreien, doch hilft ihnen niemand, *
sie schreien zum HERRN -
 doch er gibt keine Antwort.
  Ich zermalme sie zu Staub vor dem Winde, *
  ich fege sie weg wie den Unrat der Straße.

Du entreißt mich dem Aufruhr des Volkes, *
du setzt mich ein zum Haupt von Nationen.
Volk, das ich nicht kannte, ist mir dienstbar, /
aufs erste Hören gehorchen sie. *
Mir huldigen die Söhne der Fremde.
Den Söhnen der Fremde schwindet die Kraft, *
zitternd kommen sie aus ihren Burgen.

Es lebt der HERR! /
Mein Fels sei gepriesen! *
Der Gott meines Heils sei hoch erhoben!
Gott – er gewährte mir Vergeltung, *
er hat mir Völker unterworfen.
Du befreist mich von meinen Feinden, /
ja, du erhebst mich über meine Gegner, *
du entreißt mich dem Mann der Gewalttat.
Darum will ich dir danken, HERR, inmitten der Nationen, *
deinem Namen will ich spielen:
Seinem König gewährte er große Siege. /
Huld erwies er seinem Gesalbten, *
David und seinem Stamm auf ewig.

Ant 3
IV

Psalm 2

WAS toben die Völker? *
Was sinnen die Nationen nichtige Pläne?
Die Könige der Erde stehen auf, /
die Mächtigen tun sich zusammen *
gegen den HERRN und seinen Gesalbten:

„Wir wollen ihre Fesseln zerreißen *
und von uns werfen ihre Stricke!“

Der im Himmel thront - er lacht, *
es spottet ihrer der Herr.
Dann spricht er zu ihnen in seinem Zorn, *
er schreckt sie auf in seinem Grimm:
„Ich selber habe meinen König eingesetzt *
auf Zion, meinem heiligen Berg.“

Verkünden will ich den Beschluß des HERRN. /
Er sprach zu mir: „Du bist mein Sohn. *
Ich selber habe dich heute gezeugt.
Fordre von mir, und ich gebe dir die Völker zum Erbe, *
zum Eigentum die Enden der Erde.
Du wirst sie zerschlagen mit eisernem Zepter, *
wie Töpfergeschirr sie zerschmettern!“

So nehmt nun Einsicht an, ihr Könige, *
laßt euch warnen, ihr Richter der Erde!
Dient dem HERRN in Furcht, /
frohlockt ihm mit Beben, *
- küsset den Sohn -
damit er nicht zürnt, *
und ihr nicht verlorengeht auf eurem Weg.
Denn wenig nur, und sein Zorn ist entbrannt. *
Selig alle, die bei ihm sich bergen!

℣. Das Wort Christi wohne bei euch mit seinem ganzen Reichtum.
℟. Belehrt und ermahnt einander in aller Weisheit.

In der Osterzeit

℣. Christus, von den Toten auferweckt, stirbt nicht mehr. Halleluja.
℟. Über ihn hat der Tod keine Macht mehr. Halleluja.

Segensspruch *cf. 1 Petr 5,10f*

Der Gott aller Gnade, der uns in Christus zu seiner ewigen Herrlichkeit berufen hat, vollende, erhalte und stärke uns. Sein ist die Herrschaft in alle Ewigkeit. ℟. Amen.

Zweite Nokturn

Psalm 45

MEIN Herz wallt auf zu einem guten Wort, /
ich widme mein Gedicht dem König. *
Meine Zunge ist der Griffel eines flinken Schreibers.

Du bist der Schönste unter den Menschen, /
Anmut ist ausgegossen über deine Lippen, *
hat doch Gott dich gesegnet auf ewig.
Gürte, du Held, dein Schwert um die Hüfte, *
tritt auf mit deiner Pracht und Hoheit!
Mit Glück zieh aus für die Sache der Wahrheit, /
verhilf dem Gebeugten zum Recht: *
furchtbare Taten soll deine Rechte dich lehren.
Deine Pfeile sind scharf, dir unterliegen die Völker, *
mutlos werden die Feinde des Königs.
Dein Thron, du Göttlicher, steht für immer und ewig; *
ein Zepter der Geradheit ist das Zepter deines Königtums.
Du liebst Gerechtigkeit und hassest Frevel, /
hat Gott, dein Gott, dich doch gesalbt
mit dem Öl des Frohlockens *
wie keinen von deinen Gefährten.
Von Myrrhe, Aloë und Kassia duften all deine Kleider, *
aus dem Palast von Elfenbein erfreut dich Saitenspiel.
Die Königstochter steht da unter deinen Geliebten, /
Gemahlin zu sein zu deiner Rechten *
im Schmuck des Goldes von Ofir.

„Höre, o Tochter, sieh her und neige dein Ohr, *
vergiß dein Volk und das Haus deines Vaters!
Der König verlangt nach deiner Schönheit, *
er ist ja dein Herr: vor ihm sollst du dich neigen.
Die Tochter Tyrus kommt mit Geschenken: *
um deine Gunst werben die Reichen des Volkes."

Die Königstochter - lauter Herrlichkeit ist sie bei ihrem Einzug, *
in golddurchwirkten und bunt bestickten Gewändern.
Sie wird zum König geleitet, /
Jungfrauen sind ihr Gefolge, *
ihre Freundinnen werden dir zugeführt.
Sie werden geleitet mit Freudenrufen und Jubel, *
sie ziehen ein in den Palast des Königs.

An die Stelle deiner Väter treten deine Söhne, *
du setzt sie ein als Fürsten über die Lande.
Deinen Namen will ich rühmen durch alle Geschlechter: *
so werden die Völker dich preisen auf immer und ewig.

Psalm 9/10

ICH will danken, HERR, aus ganzem Herzen, *
erzählen will ich all deine Wunder.
Ich will mich deiner freuen und jauchzen, *
deinem Namen, o Höchster, will ich spielen.
Denn zurückgewichen sind meine Feinde, *
sie straucheln und werden vor deinem Antlitz zunichte.

  Ja, du hast mir Recht verschafft und für mich entschieden, *
  du hast dich auf den Thron gesetzt, gerechter Richter.

Du hast den Völkern gedroht, /
den Frevler vernichtet, *
hast ihren Namen ausgelöscht für immer und ewig.
  Der Feind ist dahin, zertrümmert für immer. *
  Du hast Städte entvölkert, ihr Andenken wurde zunichte.

Doch siehe, der HERR thront auf ewig, *
zum Gericht stellt er seinen Thron auf.
  Er selber richtet den Erdkreis gerecht, *
  er spricht den Völkern nach Gebühr das Urteil.
So wird der HERR für den Bedrückten zur Burg, *
zur Burg in Zeiten der Drangsal.
  Darum vertraut auf dich, wer deinen Namen kennt: *
  Du, HERR, hast keinen, der dich sucht, je verlassen.

Spielt dem HERRN, der thront auf dem Zion, *
verkündet unter den Völkern seine Taten!
  Denn er, der Blutschuld ahndet, hat an die Armen gedacht, *
  den Notschrei der Armen hat er nicht vergessen.

Sei mir gnädig, o HERR! /
Sieh doch mein Elend, wie sie mich hassen, *
du, der mich emporhebt aus den Pforten des Todes.
  Damit ich erzähle von all deinem Ruhm *
  und in den Toren der Tochter Zion über dein Heil frohlocke:
Die Völker versanken in der Grube, die sie gegraben, *
im Netz, das sie heimlich gelegt, hat ihr Fuß sich verfangen.
  Kundgetan hat sich der HERR: er hielt sein Gericht. *
  Der Frevler hat sich verstrickt im Werk seiner Hände.
Zurück müssen die Frevler ins Totenreich, *
alle Völker, die Gott vergessen.
  Denn der Elende bleibt nicht auf ewig vergessen, *
  der Armen Hoffnung wird nicht für immer zunichte.

Steh auf, o HERR, daß nicht der Mensch triumphiert, *
daß die Völker gerichtet werden vor deinem Angesicht.

HERR, lege Furcht auf sie! *
Die Völker sollen erkennen: Sie sind nur Menschen.

Warum, o HERR, bleibst du so fern, *
verbirgst dich in Zeiten der Drangsal?
Voller Hochmut verfolgt der Frevler den Armen. *
Er fange sich in den Ränken, die er ersonnen hat.
Denn der Frevler rühmt sich seines Begehrens, *
der aus ist auf Gewinn, preist seine Habgier.
Den HERRN verachtet der Frevler: *
„Weit weg ist sein Zorn, er kann nicht ahnden!"
„Es gibt keinen Gott!" ist all sein Sinnen, *
und allezeit gelingen seine Wege.
Hoch droben, fern von ihm sind deine Gerichte, *
er pfeift auf sie in seinem Innern.
Er sagt in seinem Herzen: /
„Von Geschlecht zu Geschlecht werd' ich nicht wanken. *
Es gibt keinen Fluch gegen den Bösen!"
Sein Mund ist voll von Trug und Bedrückung, *
auf seiner Zunge sind Verderben und Unheil.
Er liegt auf der Lauer in den Gehöften, *
in Verstecken will er den Schuldlosen morden.
Seine Augen spähen aus nach dem Schwachen. *
Er lauert im Versteck wie ein Löwe im Dickicht.
Er lauert darauf, den Armen zu fangen, *
er fängt den Armen, er zieht sein Netz zu.
Erniedrigt wird der Arme und muß sich vor ihm ducken, *
durch seine Übermacht fallen die Schwachen.
Er sagt in seinem Herzen: „Gott vergißt es, *
er hält sein Antlitz verborgen, er sieht es niemals."

Steh auf, HERR! O Gott, erheb deine Hand! *
Vergiß nicht die Armen!
Warum darf der Frevler Gott verachten? *
Er sagt ja in seinem Herzen: „Du ahndest nicht!"
Du aber siehst es, /
du schaust auf Mühsal und Kummer: *
In deine Hand darf man es legen.

Dir überläßt es der Schwache, *
dem Verwaisten bist du selber der Helfer.
Zerbrich den Arm des Frevlers und des Bösen, *
ahnde seinen Frevel, daß man davon nichts mehr findet.

Der HERR ist König für immer und ewig! *
Die Heidenvölker sind aus seinem Land verschwunden.
HERR, du hast das Begehren der Armen vernommen, *
du richtest ihr Herz auf, du hörst auf sie:
Recht verschaffst du dem Verwaisten und dem Bedrückten. *
Kein Mensch verbreite je wieder Schrecken im Lande.

Ant 3
I

Psalm 72

DEIN Richteramt, o Gott, verleih dem König, *
dem Königssohn gib dein gerechtes Walten!
Er regiere dein Volk in Gerechtigkeit *
und deine Armen durch rechtes Urteil.
Dann tragen die Berge Frieden dem Volk *
und die Höhen Gerechtigkeit.

Er schaffe Recht den Elenden im Volk, /
er rette die Kinder des Armen, *
den Bedrücker zerschlage er.
Er möge lange leben gleich der Sonne, *
wie der Mond, durch alle Geschlechter.
Er ströme wie Regen herab auf die Felder, *
wie Regenschauer, welche die Erde benetzen.

In seinen Tagen blühe Gerechtigkeit *
und Fülle des Friedens, bis der Mond nicht mehr da ist.

Von Meer zu Meer möge er herrschen, *
vom Strom bis an die Enden der Erde.
Vor ihm beugen sich die Bewohner der Wüste, *
Staub werden lecken seine Feinde.
Die Könige von Tarschisch und von den Inseln
bringen Geschenke, *
die Könige von Saba und Seba nahen mit Gaben.
Alle Könige werden ihm huldigen, *
alle Völker ihm dienen.

Denn er befreit den Armen, der um Hilfe schreit, *
den Elenden und den, der keinen Helfer hat.
Er erbarmt sich des Geringen und Armen, *
das Leben der Armen rettet er.
Aus Bedrückung und Gewalt erlöst er ihr Leben, *
ihr Blut ist in seinen Augen kostbar.

Er lebe! - Gold von Saba soll man ihm geben! /
Man soll für ihn allezeit beten, *
jeden Tag ihm Segen erflehen:
„Im Land gebe es Korn in Fülle. /
Es rausche auf den Höhen der Berge wie der Libanon. *
Seine Frucht erblühe aus der Stadt wie das Gras der Erde.
Sein Name soll ewig bestehen, *
solange die Sonne bleibt, sprosse sein Name.
Mit ihm soll man sich segnen, *
ihn sollen selig preisen alle Völker!“

Gepriesen sei der HERR, Israels Gott! *
Er allein tut Wunder.
Gepriesen sei sein herrlicher Name in Ewigkeit! /
Die ganze Erde sei erfüllt von seiner Herrlichkeit! *
Amen, ja amen!

℣. Nehmt euch das Wort zu Herzen.
℟. Es hat die Macht, euch zu retten.

In der Osterzeit

℣. Auferstanden ist Christus. Halleluja.
℟. Er erleuchtet sein Volk, das er erlöst hat. Halleluja.

Segensspruch *Hebr 13,20f*

Der Gott des Friedens mache uns tüchtig zu allem Guten. Er bewirke in uns, was ihm gefällt, durch Jesus Christus, dem die Ehre sei in alle Ewigkeit.
℟. Amen.

Dritte Nokturn

Für die Sonntage im Jahreskreis stehen zwei Cantica zur Wahl; man singt entweder Sir 42 oder Jes 45. An den Sonntagen der Osterzeit wird immer das Canticum Jona 2 gesungen.

Jesus Sirach 42,15-25; 43,28-30

DER Werke Gottes will ich nun gedenken, *
was ich gesehen habe, will ich erzählen:
Durch Gottes Wort sind seine Werke entstanden; *
ein Werk seines Wohlwollens ist seine Lehre.
Über allem strahlt die leuchtende Sonne: *
das Werk des HERRN ist voll von seiner Herrlichkeit.
Nicht einmal die Engel Gottes *
können all seine Wunder erzählen.

Gott gibt seinen Heerscharen Kraft, *
damit sie bestehen können vor seiner Herrlichkeit.
  Die Meerestiefe und das Menschenherz erforscht er, *
  ihre Geheimnisse kennt er alle.
Denn der Höchste hat Kenntnis von allem, *
er sieht voraus, was bis in Ewigkeit geschehen wird.
  Vergangenes und Künftiges - er macht es kund, *
  die Rätsel des Verborgenen enthüllt er.
Ihm mangelt es an keiner Einsicht, *
kein Ding bleibt ihm verborgen.
  Seine machtvolle Weisheit hat festen Bestand: *
  er ist ja derselbe seit ewigen Zeiten.
Nichts ist hinzuzufügen, nichts zu entfernen. *
Er braucht keinen, der ihn berate.
  Voll Anmut sind alle seine Werke, *
  bis hin zum kleinsten Funken
    und zur flüchtigen Erscheinung.
Sie alle leben und bestehen für immer, *
für jedes Bedürfnis ist alles bereitgestellt.
  Jedes Ding ist vom andern verschieden, *
  und keins von denen, die er schuf, ist entbehrlich.
Eines ergänzt das andere in seinem Wert. *
Wer kann sich satt sehn an ihrer Herrlichkeit?

  Wir wollen ihn lobpreisen, /
  ergründen können wir ihn nicht - *
  er ist ja noch größer als all seine Werke.
Überaus ehrfurchtgebietend ist der HERR, *
und wunderbar ist sein machtvolles Wirken.
  Die ihr den HERRN lobpreist, erhebt die Stimme, /
  singt, so gut ihr nur könnt: *
  es wird niemals genügen.
Die ihr ihn erhebt, bietet alle Kraft auf, /
werdet nicht müde: *
ihr kommt nie an ein Ende!

Jesaja 45,15-25 ()

WAHRLICH, du bist ein verborgener Gott, *
Gott Israels, du Retter!
Die sich Götzen schmieden,
werden beschämt und zuschanden, *
mit Schmach bedeckt gehen sie alle dahin.
Doch Israel wird gerettet vom HERRN, *
wird auf ewig gerettet;
ihr werdet nicht beschämt und nicht zuschanden *
auf immer und ewig.

Denn so spricht der HERR, der die Himmel geschaffen, *
der Gott, der die Erde gemacht und gebildet und der sie erhält
– er hat sie nicht geschaffen als Öde, *
er machte sie, damit man auf ihr wohne –:
„Ich bin der HERR, *
ich und sonst keiner.
Ich habe nicht geredet im Verborgenen, *
nicht in einem finsteren Winkel der Erde,
zu den Nachkommen Jakobs sagte ich nicht: *
'Sucht mich in der Öde.'
Ich, der HERR, rede, was wahr ist, *
ich künde, was recht ist.

Versammelt euch, kommt alle und tretet herzu, *
ihr Entronnenen unter den Völkern!
Legt eure Sache dar und bringt sie vor, *
haltet miteinander Rat!
Wer hat dies hören lassen von alters her, *
wer hat es vor Zeiten schon kundgetan?

War nicht ich es, der HERR? /
Es gibt ja keinen Gott außer mir, *
es gibt neben mir keinen Gott, der gerecht ist und rettet!
Wendet euch zu mir und laßt euch retten, /
all ihr Enden der Erde, *
denn ich bin Gott – und sonst keiner.
Ich habe bei mir selbst geschworen, /
Wahrheit ging aus von meinem Munde, *
ein Wort, das niemals widerrufen wird:
'Vor mir wird jedes Knie sich beugen, /
und jede Zunge wird mit einem Schwur bekennen: *
Im HERRN allein ist Heil und Stärke!'"

Es werden zu ihm kommen und sich schämen *
alle, die gegen ihn entbrannten.
Alle Nachkommen Israels *
erlangen Heil und Ruhm im HERRN.

In der Osterzeit

Jona 2,3-10

AUS meiner Bedrängnis rief ich zum HERRN, *
und er gab mir Antwort.
Aus dem Schoß der Unterwelt schrie ich um Hilfe, *
du hörtest meine Stimme.
Du warfst mich hinab in die Tiefe, *
ins Herz der Meere:
die Flut umschloß mich, *
über mich hin gingen all deine Wogen und Wellen.

Schon dachte ich: Ich bin aus deinen Augen verstoßen. *
Werde ich jemals wieder deinen heiligen Tempel schauen?
Die Wasser gingen mir bis an die Kehle, /
die Tiefe umschloß mich, *
der Tang hielt meinen Kopf umschlungen.
Ich fuhr bis zu den Wurzeln der Berge, /
tief hinab in die Erde, *
ihre Riegel schlossen mich ein auf ewig.
Du aber, mein HERR und mein Gott, *
du holtest mein Leben herauf aus der Grube.
Als mir der Atem schwand, gedachte ich des HERRN: /
mein Gebet drang zu dir, *
zu deinem heiligen Tempel.
Die an nichtige Götzen sich halten, *
verlassen ihre Zuflucht.
Ich aber will dir opfern *
mit einem Lied des Dankes.
Was ich gelobt, ich will es erfüllen! *
Beim HERRN ist die Rettung.

℣. Ihr seid neu geboren aus unvergänglichem Samen.
℟. Aus Gottes Wort, das lebt und das bleibt.

In der Osterzeit

℣. Der Herr ist aus dem Grab erstanden. Halleluja.
℟. Der für uns am Kreuz gehangen. Halleluja.

Segensspruch *cf. 2 Petr 3,18*

Gott lasse uns wachsen in der Gnade und Erkenntnis unseres Herrn und Retters Jesus Christus! Ihm gebührt die Herrlichkeit, jetzt und bis zum Tag der Ewigkeit. ℟. Amen.

*

Oration I

Heiliger Gott, mache unser Herz hell durch den Glanz der Auferstehung deines Sohnes, damit das Dunkel des Todes uns nicht befällt und wir zum ewigen Licht gelangen. Darum bitten wir durch Jesus Christus, deinen Sohn, unsern Herrn und Gott, der in der Einheit des Heiligen Geistes mit dir lebt und herrscht in alle Ewigkeit. ℟. Amen.

Oration II

Du Gott der Treue, gedenke deines heiligen Bundes, den das Blut des Lammes neu besiegelt hat. Schenke deinem Volk die Vergebung der Sünden und mehre sein Heil Tag für Tag, bis zur Vollendung der Erlösung. Darum bitten wir durch Jesus Christus, deinen Sohn, unsern Herrn und Gott, der in der Einheit des Heiligen Geistes mit dir lebt und herrscht in alle Ewigkeit. ℟. Amen.

LAUDES

Ant 1
VIII

Psalm 93

DER HERR ist König, mit Hoheit bekleidet; *
der HERR hat sich bekleidet und mit Macht umgürtet.
 Fest ist der Erdkreis gegründet, *
 nie wird er wanken.
Fest steht dein Thron von Anbeginn, *
du bist von Ewigkeit.

 Fluten erhoben, HERR, /
 Fluten erhoben ihr Tosen, *
 Fluten erheben ihr Brausen.
Gewaltiger als das Tosen der mächtigen Wasser, /
gewaltiger als die Brandung des Meeres *
ist gewaltig der HERR in der Höhe.

Deine Gesetze sind fest und verläßlich, /
HERR, deinem Haus ziemt Heiligkeit *
für alle Zeiten.

Ant 2
IV

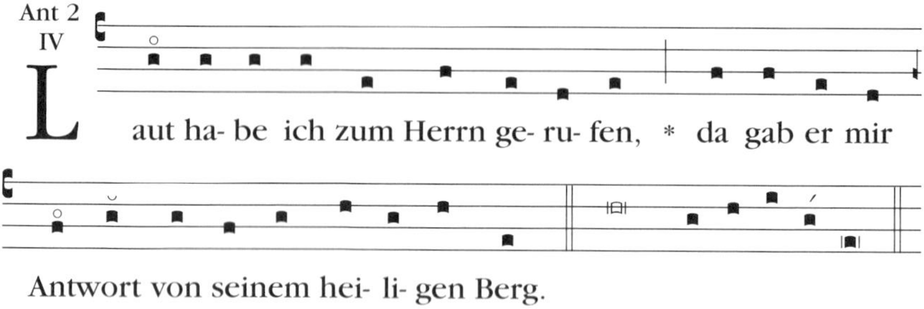

Psalm 3

O HERR, wie sind meine Bedränger so viele, *
wie viele sind es, die gegen mich aufstehn!
Viele sind es, die von mir sagen: *
„Bei Gott ist für ihn keine Rettung."
Du aber, HERR, bist ein Schild für mich; *
du erhebst mir das Haupt, du bist meine Ehre.

Laut habe ich zum HERRN gerufen, *
da gab er mir Antwort
von seinem heiligen Berge.
Ich legte mich nieder und schlief, – *
ich wachte auf, denn der HERR ist mir Stütze.
Viele Tausende von Kriegern fürchte ich nicht, *
wenn sie mich ringsum belagern.

O HERR, steh auf! *
Mein Gott, bring mir Rettung!
Denn all meinen Feinden hast du den Kiefer zerschlagen, *
die Zähne der Frevler hast du zerbrochen.
Beim HERRN ist die Rettung. *
Auf dein Volk kommt dein Segen!

Ant 3
III

Psalm 30

ICH erhebe dich, HERR, /
denn du zogst mich empor aus der Tiefe, *
du ließest nicht zu, daß über mich meine Feinde frohlocken.
HERR, mein Gott, ich habe zu dir gerufen, *
und du heiltest mich.
HERR, du hast mich heraufgeholt aus dem Reich des Todes, *
aus denen, die zur Grube gefahren, mich zum Leben gerufen.
Spielt dem HERRN, ihr seine Frommen, *
preist ihn, gedenkt seines heiligen Namens!
Nur einen Augenblick ist er im Zorn, *
doch seine Güte will das Leben.
Kehrt am Abend Weinen ein, *
– bis zum Morgen ist's Jubel.

Ich aber, ich wähnte in meiner Sicherheit: *
Ich werde niemals wanken.
In deiner Güte, o HERR, *
hattest du mich auf den schützenden Berg gestellt.
Doch dann verbargst du dein Antlitz, *
da faßte mich Schrecken.
Zu dir, o HERR, schrie ich, *
flehte zu meinem Herrn um Gnade:
„Was nützt dir mein Blut, mein Abstieg zum Grab? *
Kann Staub dich preisen, deine Treue verkünden?
Höre mich, HERR, sei mir gnädig! *
HERR, sei du mein Helfer!"

Da hast du mein Klagen in Tanzen verwandelt, *
mein Trauerkleid hast du gelöst, mich gegürtet mit Freude.
Darum singe ich dir und will nicht verstummen. *
HERR, mein Gott, dir will ich ewig danken.

Psalm 147

PREISET dẹn HERRN, /
denn gut ist es, unserem Gott zu spielen, *
ja, es ist schön, sein Lob zu singen.

Der HERR errichtet Jerusalem neu, *
er sammelt die Versprengten Israels.
Er heilt, die gebrochenen Herzens sind, *
er verbindet ihre Wunden.
Er bestimmt die Zahl der Sterne, *
er ruft sie alle beim Namen.
Groß ist unser Herr und gewaltig an Kraft, *
seine Einsicht ist ohne Grenzen.
Der HERR richtet auf die Gebeugten, *
er drückt die Frevler zu Boden.

Stimmt dem HERRN ein Danklied an, *
spielt unserm Gott auf der Harfe!
Er bedeckt den Himmel mit Wolkẹn, /
spendet Regen der Erde, *
Gras läßt er auf den Bergen sprießen.
Er gibt dem Vieh seine Nahrung, *
den jungen Raben, wonach sie schreien.

Keine Freude hat er an der Kraft des Pferdes, *
kein Gefallen am schnellen Lauf des Mannes.
Gefallen hat der HERR an denen, die ihn fürchten, *
die auf seine Güte hoffen.

Preise den HERRN, Jerusalem! *
Lobsinge deinem Gott, o Zion!
Denn er hat die Riegel deiner Tore gefestigt, *
die Kinder in deiner Mitte gesegnet.
Er umgibt dein Gebiet mit Frieden, *
er sättigt dich mit bestem Weizen.
Er sendet sein Wort zur Erde, *
rasch eilt dahin sein Wille.
Er spendet Schnee wie Wolle, *
streut den Reif aus wie Asche.
Sein Eis wirft er herab wie Brocken, *
vor seinem Frost – wer kann da bestehen?
Er sendet sein Wort aus und läßt sie schmelzen, *
er läßt seinen Wind wehn – da rieseln die Wasser.

Er verkündet Jakob sein Wort, *
Israel seine Gesetze und Rechte.
So hat er an den andern Völkern nicht gehandelt, *
sie lernten das Recht nicht kennen.

*

Kurzlesung *Jes 12,3-6*

Ihr werdet Wasser schöpfen voll Freude aus den Quellen des Heils. An jenem Tag werdet ihr sagen: Dankt dem Herrn! Ruft seinen Namen aus! Macht seine Taten unter den Völkern bekannt; verkündet: Sein Name ist groß und erhaben! Preist den Herrn; denn herrliche Taten hat er vollbracht; auf der ganzen Erde soll man es wissen. Jauchzt und jubelt, ihr Bewohner von Zion; denn groß ist in eurer Mitte der Heilige Israels.

Resp
IV/1

Sie- he, Gott ist mein Ret- ter; * der Herr ist mei-ne Kraft

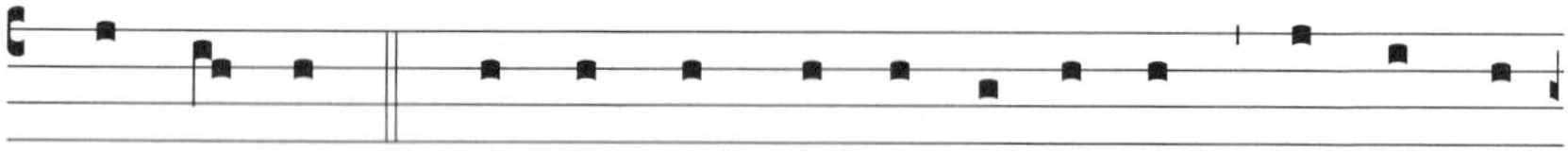

und Stär- ke. ℣. Auf ihm ruht mei-ne Zu-versicht, er ward mir

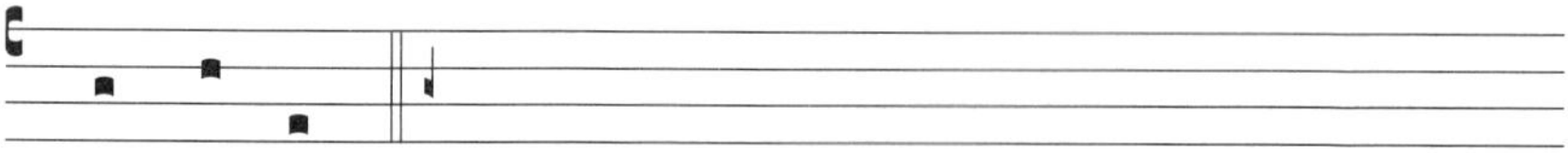

zum Hei- le. *cf. Jes 12,2*

Im Sommer

Hymnus

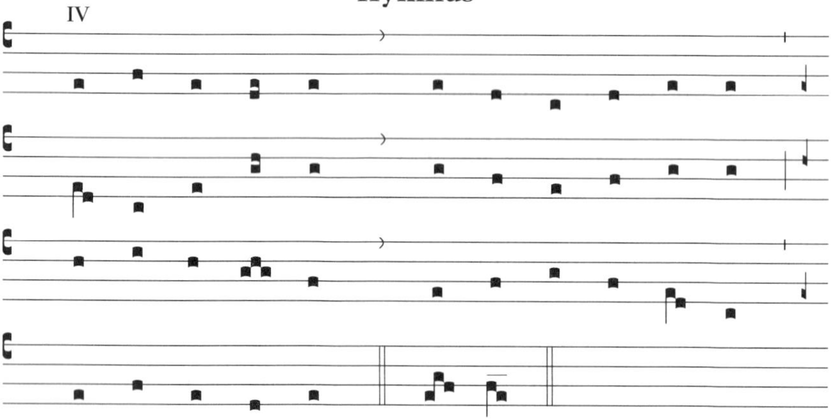

SEHT, wie die Schatten/dunkler Nacht verblassen:
Rötliches Leuchten/strahlt am frühen Himmel.
Innig wir bitten/mit vereinter Stimme
Gott, den Allmächt'gen,

daß er sich unser/liebevoll erbarme,
Gnade gewähre,/unsre Trägheit banne
und uns als Vater/einst in Güte schenke
himmlisches Erbe.

Lob sei dem Vater/auf dem höchsten Throne,
Lob sei dem Sohne,/Gott, aus Gott geboren,
Lob sei dem Geiste,/der mit beiden eins ist,
immer und ewig. Amen.

Im Winter

Hymnus

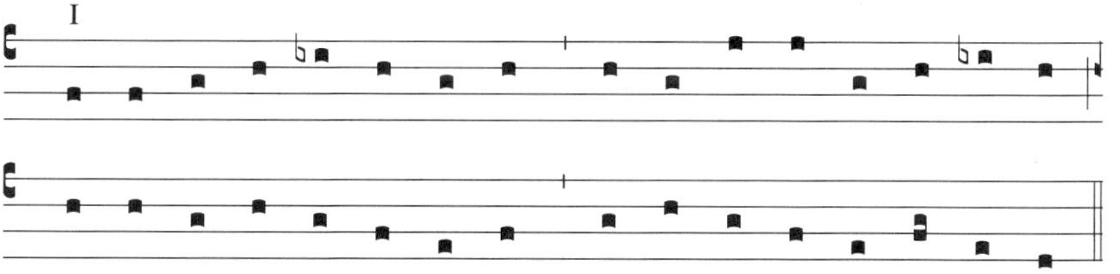

O EW'GER Schöpfer aller Welt,
des' Walten Tag und Nacht regiert,
du setzt den Zeiten ihre Zeit
und wehrst dem öden Einerlei.

Der Hahn, des Tages Herold, ruft,
der Wächter in der Finsternis.
Sein Schrei trennt von der Nacht die Nacht,
dem Wanderer zur Nacht ein Licht.

Da steigt der Morgenstern empor,
erhellt das schwarze Firmament,
da weicht der dunklen Mächte Schar
vom Weg des Unheils scheu zurück.

Da fühlt der Schiffer neue Kraft,
des Meeres Brandung sänftigt sich,
der Fels der Kirche, Petrus, weint,
bereut die Schuld beim Hahnenschrei.

Wohlan, wir stehn vom Schlafe auf:
der Hahn weckt jeden, der noch träumt.
Der Hahn bedrängt, die säumig sind,
der Hahn klagt die Verleugner an.

Hoffnung erwacht beim Hahnenschrei,
und Lindrung strömt den Kranken zu.
Der Räuber läßt von seinem Tun,
Gefallene vertrauen neu.

Herr, wenn wir fallen, sieh uns an
und heile uns durch deinen Blick.
Dein Blick löscht Fehl und Sünde aus,
in Tränen löst sich unsre Schuld.

Du Licht, durchdringe Sinn und Geist,
und scheuch den Schlaf des Herzens fort.
Dich preise unser erster Laut,
gelobter Dienst sei dir erfüllt. Amen.

℣. Singet dem Herrn ein neues Lied.
℟. Singet dem Herrn, alle Lande.

An den Sonntagen im Jahreskreis wählt man zum Canticum eine der folgenden Antiphonen.

1

2

3

Ant C
VIII

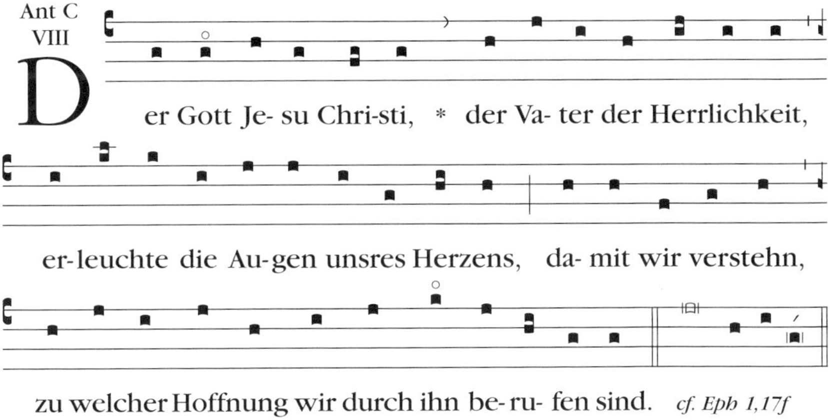

cf. Eph 1,17f

4

Ant C
IV

1 Kor 8,6

5

Ant C
IV

1 Joh 3,1

6

Offb 3,14.22

7

Am Ende des Kirchenjahres

2 Petr 1,19

Canticum Joh 1,1-14 ()

IM ANFANG war das Wort, /
und das Wort war bei Gott, *
und das Wort war Gott.

Im Anfang war es bei Gott. /
Alles ist durch das Wort geworden, *
und ohne das Wort wurde nichts von allem, was wurde.
In ihm war das Leben, *
und das Leben war das Licht der Menschen.
Und das Licht leuchtet in der Finsternis, *
und die Finsternis hat es nicht erfaßt.

Das Wort war das wahre Licht, /
das jeden Menschen erleuchtet: *
es kam in die Welt.
Es war in der Welt: /
die Welt ist durch das Wort geworden, *
und die Welt hat es nicht erkannt.
Es kam in sein Eigentum, *
und die Seinen nahmen es nicht auf.
Denen aber, die es aufnahmen, gab es die Macht, *
Kinder Gottes zu werden.

Und das Wort ward Fleisch *
und hat unter uns gewohnt.
Und wir sahen seine Herrlichkeit, /
die Herrlichkeit des Eingeborenen vom Vater, *
voll Gnade und Wahrheit.

ANTIPHON

Ehre sei dem Vater und dem Sohne *
und dem Heiligen Geiste.
Wie im Anfang, so auch jetzt und allezeit *
und in Ewigkeit. Amen.

* * *

MONTAG

VIGIL

Invitatorium

Psalm 29

BRINGT dar dem HERRN, ihr Himmlischen,
bringt dar dem HERRN Ehre und Macht!
Bringt dar dem HERRN die Ehre seines Namens,
werft euch nieder vor dem HERRN in heiligem Schmuck!

MACHT UND EHRE BRINGT IHM DAR!

Die Stimme des HERRN über den Wassern:
der Gott der Herrlichkeit donnert,
der HERR über gewaltigen Wassern.
Die Stimme des HERRN voll Kraft,
die Stimme des HERRN voll Majestät.
Die Stimme des HERRN bricht Zedern,
der HERR zerbricht die Zedern des Libanon.

FALLT NIEDER VOR DEM HERRN,
MACHT UND EHRE BRINGT IHM DAR!

Er läßt den Libanon hüpfen wie ein Kalb,
wie einen jungen Wildstier den Sirjon.
Die Stimme des HERRN sprüht flammendes Feuer,
die Stimme des HERRN macht beben die Wüste,
der HERR macht beben die Wüste von Kadesch.

Die Stimme des HERRN läßt Hindinnen kreißen,
reißt Wälder kahl.
In seinem Palast ruft alles: Herrlichkeit!

MACHT UND EHRE BRINGT IHM DAR!

Der HERR thront über der Flut,
der HERR thront als König in Ewigkeit.
Der HERR gebe Macht seinem Volke!
Der HERR segne sein Volk mit Frieden!

FALLT NIEDER VOR DEM HERRN,
MACHT UND EHRE BRINGT IHM DAR!

Ehre sei dem Vater und dem Sohne
und dem Heiligen Geiste.
Wie im Anfang, so auch jetzt und immer
und in Ewigkeit. Amen.

MACHT UND EHRE BRINGT IHM DAR!

FALLT NIEDER VOR DEM HERRN,
MACHT UND EHRE BRINGT IHM DAR!

Erste Nokturn

Ant 1
VI

In der Osterzeit

Ant 1
VI

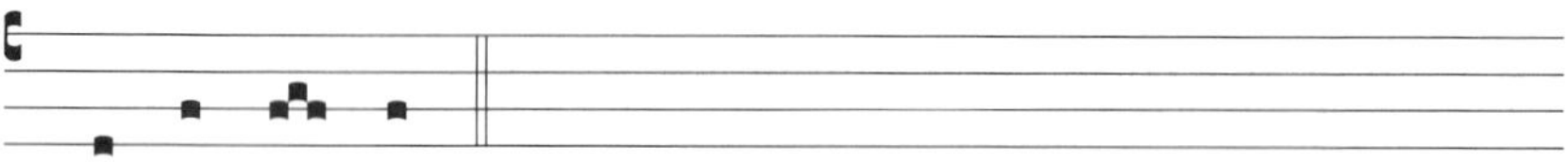

Hal- le- lu- ja.

Psalm 1

SELIG der Mensch, der nicht dem Rat der Frevler folgt, /
der nicht betritt den Weg der Sünder, *
nicht sitzt im Kreise der Spötter,
der vielmehr seine Lust hat an der Weisung des HERRN, *
der bei Tag und bei Nacht über seine Weisung nachsinnt.
Er gleicht dem Baum, der an Wasserbächen gepflanzt ist, /
der zur rechten Zeit seine Frucht bringt *
und dessen Blätter nicht welken.
Was immer er tut, *
es wird ihm gelingen.

Nicht so die Frevler! *
Sie sind wie Spreu, die der Wind vor sich hertreibt.
Darum werden Frevler im Gericht nicht bestehen, *
noch Sünder in der Gemeinde der Gerechten.
Denn der HERR weiß um den Weg der Gerechten, *
aber der Weg der Frevler verliert sich.

Ant 2
II

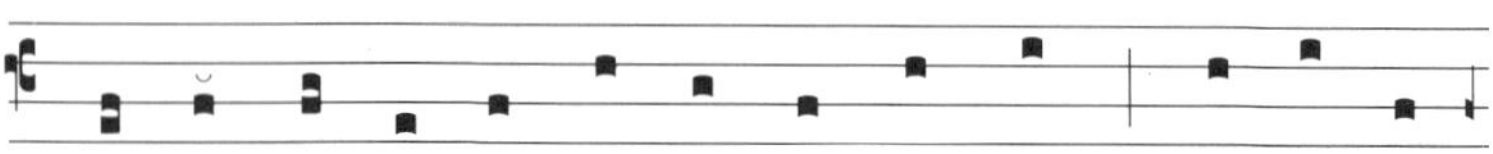

E – wig wäh-re die Herrlichkeit des Herrn, * es freu- e

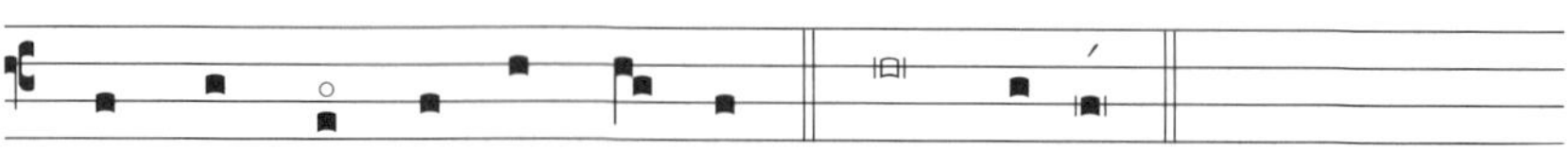

sich der Herr sei-ner Wer- ke!

In der Osterzeit

Ant 2
II

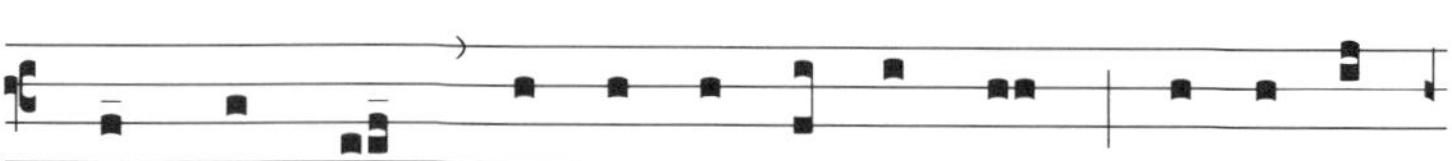

Herr, mein Gott, * du bist ge-wal- tig groß! Hal- le- lu-

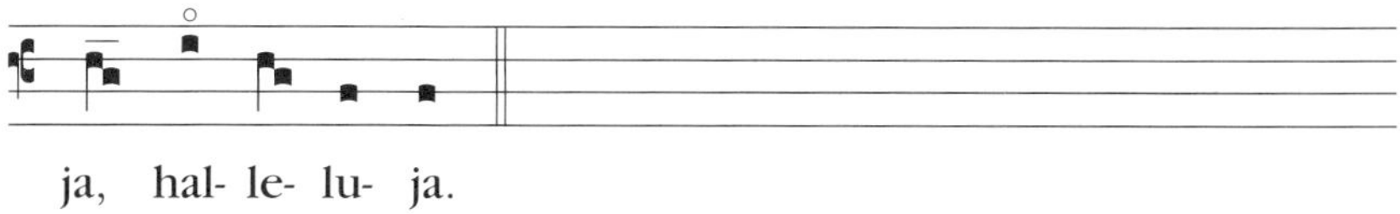

Psalm 104

LOBE den HERRN, meine Seele! /
HERR, mein Gott, du bist gewaltig groß! *
Du hast dich bekleidet mit Hoheit und Pracht.
Du hüllst dich in Licht wie in einen Mantel, *
du spannst den Himmel aus gleich einem Zelt.
Du gründest die Balken deiner Wohnung im Wasser, /
du nimmst dir die Wolken zum Wagen, *
du fährst einher auf den Flügeln des Windes.
Du machst die Winde zu deinen Boten, *
lodernde Feuer zu deinen Dienern.

Du hast die Erde auf ihre Pfeiler gegründet, *
sie wird nicht wanken in Ewigkeit.
Die Urflut bedeckte sie wie ein Kleid, *
bis über die Berge standen die Wasser.
Vor deinem Schelten sind sie geflohen, *
geflüchtet vor dem Ruf deines Donners.
Sie stiegen bergan, sie sanken zu Tal *
an den Ort, den du für sie gegründet.
Eine Grenze hast du gesetzt, /
die dürfen sie nicht überschreiten, *
sie dürfen nie wieder die Erde bedecken.

Du schickst Quellen aus in die Bäche, *
zwischen den Bergen eilen sie hin.
Sie tränken alles Getier des Feldes, *
die Wildesel löschen ihren Durst.
An ihnen nisten die Vögel des Himmels, *
sie lassen ihren Ruf ertönen aus dem Gezweig.
Du tränkst die Berge aus deinen Kammern, *
von der Frucht deiner Werke wird die Erde satt.

Du läßt Gras sprießen für das Vieh, *
und Pflanzen für den Ackerbau des Menschen,
damit er Brot gewinnt von der Erde *
und Wein, der das Herz des Menschen erfreut;
damit er sein Antlitz glänzen macht mit Öl *
und Brot das Herz des Menschen stärkt.
Es sättigen sich die Bäume des HERRN, *
die Zedern des Libanon, die er gepflanzt hat.
Die Vögel bauen in ihnen ihr Nest, *
auf ihren Wipfeln nistet der Storch.
Die hohen Berge gehören dem Steinbock, *
dem Klippdachs bieten die Felsen Zuflucht.

Du hast den Mond gemacht als Maß für die Zeiten, *
die Sonne, die ihren Untergang kennt.
Du bringst Dunkelheit und es wird Nacht, *
in ihr regt sich alles Getier des Waldes.
Die jungen Löwen brüllen nach Beute, *
verlangen von Gott ihre Nahrung.
Geht die Sonne auf, kehren sie heim *
und lagern sich in ihren Verstecken.
Der Mensch geht hinaus an sein Tagwerk, *
an seine Arbeit bis zum Abend.

Wie zahlreich sind deine Werke, o HERR! /
In Weisheit hast du sie alle geschaffen. *
Die Erde ist voll von deinen Geschöpfen –
und erst das Meer, so groß und weit und breit: /
darin ein Gewimmel, nicht zu zählen, *
kleine Tiere und große.
Dort ziehen die Schiffe dahin, *
der Leviatan, den du geformt, um mit ihm zu spielen.

Auf dich warten sie alle, *
daß du ihnen Speise gibst zur rechten Zeit.
Du gibst ihnen – sie sammeln ein, *
du öffnest deine Hand – sie werden gesättigt mit Gutem.

Du verbirgst dein Antlitz - sie sind verstört, /
du holst ihren Atem zurück - sie sterben hin *
und kehren zurück in den Staub.
Du sendest deinen Atem aus - sie werden erschaffen: *
du erneuerst das Antlitz der Erde.

Ewig währe die Herrlichkeit des Herrn, *
es freue sich der Herr seiner Werke!
Er blickt die Erde an und sie erbebt, *
er rührt die Berge an und sie rauchen.
Singen will ich dem Herrn, solange ich lebe, *
meinem Gott will ich spielen, solange ich bin.
Möge ihm mein Dichten gefallen! *
Ich aber, ich will mich freuen des Herrn.
Die Sünder sollen von der Erde verschwinden, *
und Frevler sollen nicht mehr da sein!
Lobe den Herrn, meine Seele! *
Ja, meine Seele, lobe den Herrn!

Ant 3
IV

In der Osterzeit

Ant 3
IV

Psalm 71

BEI dir, o HERR, suche ich Zuflucht, *
laß mich nicht zuschanden werden in Ewigkeit!
In deiner Gerechtigkeit reiß mich heraus und befreie mich, *
neige dein Ohr mir zu und rette mich.
Sei mir ein bergender Felsen, *
zu dem ich allzeit kommen darf.
Du hast entschieden, mich zu retten, *
du bist ja mein Fels und meine Feste.
Mein Gott, befreie mich aus der Hand des Frevlers, *
aus der Faust des Schurken und Bedrückers!

Du bist ja meine Hoffnung, o Herr, *
HERR, meine Zuversicht von Jugend auf.
Vom Mutterschoß an stütz ich mich auf dich, /
vom Mutterleibe an bist du mein Helfer. *
Allezeit gilt dir mein Lobpreis.
Für viele ward ich zum Zeichen, *
denn du bist meine starke Zuflucht.
Mein Mund ist erfüllt von deinem Lobpreis, *
den ganzen Tag ist er voll deines Ruhmes.

Verwirf mich nicht im Alter, *
verlaß mich nicht, wenn meine Kräfte schwinden!
Denn meine Feinde reden gegen mich, *
die mich belauern, beraten sich gemeinsam,
sie sagen: „Gott hat ihn verlassen! /
Verfolgt und ergreift ihn! *
Es gibt für ihn keinen Retter."
O Gott, bleib doch nicht fern von mir! *
Mein Gott, eile mir zu Hilfe!
Es sollen in Schande vergehen *
alle, die mich befehden!
In Schmach und Schimpf sollen sich kleiden, *
die mein Unglück suchen!
Doch ich, ich will allezeit hoffen, *
all deinen Lobpreis noch mehren.

Mein Mund soll erzählen von deiner Gerechtigkeit, /
den ganzen Tag von deiner rettenden Hilfe. *
Ich kann sie nicht ermessen.
  Ich komme, die machtvollen Taten des Herrn zu preisen, *
  an deine Gerechtigkeit allein, o HERR, will ich erinnern.
O Gott, du hast mich gelehrt von Jugend auf, *
und bis heute darf ich von deinen Wundern künden.

  Auch wenn ich alt und grau bin, *
  o Gott, verlaß mich nicht,
damit ich diesem Geschlecht künde von deinem Arm, /
allen kommenden von deiner Großtat, *
von deiner Gerechtigkeit, o Gott, die bis zum Himmel reicht.
  Der du Großes vollbracht hast, *
  wer ist wie du, o Gott?
Viel Not und Unheil ließest du mich schauen. /
Du wirst mich neu beleben, *
du führst mich wieder herauf aus den Tiefen der Erde!
  Bring mich wieder zu Ehre und Ansehn! *
  Wende dich her und tröste mich.

Dann will auch ich dir danken mit Saitenspiel *
und deine Treue preisen,
  mein Gott, du Heiliger Israels, *
  auf der Harfe will ich dir spielen.
Ja, ich will dir singen und spielen, /
jubeln sollen meine Lippen *
und meine Seele, die du erlöst hast.
  Den ganzen Tag
    soll meine Zunge von deiner Gerechtigkeit murmeln: *
  sind doch zuschanden und beschämt, die mein Unglück suchten.

℣. Gib mir Einsicht, daß ich deine Weisung bewahre.
℟. Und auf sie achte mit ganzem Herzen.

In der Osterzeit

℣. Gott hat uns neu gezeugt zu lebendiger Hoffnung. Halleluja.
℟. Durch die Auferstehung Jesu Christi von den Toten. Halleluja.

Segensspruch *Röm 15,5f*

Der Gott der Geduld und des Trostes schenke uns die Einmütigkeit, die Christus Jesus entspricht, damit wir Gott, den Vater unseres Herrn Jesus Christus, einträchtig und mit einem Munde preisen. ℟. Amen.

Zweite Nokturn

Ant 1
IV

In der Osterzeit

Ant 1
IV

Psalm 94

GOTT der Vergeltung, o HERR, *
du Gott der Vergeltung, erscheine!
Erhebe dich, Richter der Erde! *
Zahle den Stolzen heim ihre Taten!

Wie lange noch dürfen die Frevler, o HERR, *
wie lange noch dürfen die Frevler triumphieren?
Geifernd führen sie freche Reden, *
die Übeltäter brüsten sich alle.

HERR, sie zertreten dein Volk, *
sie unterdrücken dein Erbteil.
Die Witwe und den Fremdling bringen sie um, *
sie ermorden die Waisen.
Sie sagen: „Der HERR sieht es nicht, *
der Gott Jakobs merkt es nicht."

Merkt es doch, ihr Toren im Volk! *
Ihr Narren, wann werdet ihr weise?
Der das Ohr gepflanzt hat, sollte der nicht hören? *
Der das Auge gebildet, sollte der nicht sehen?
Sollte der nicht zurechtweisen, der die Völker erzieht, *
er, der die Menschen Erkenntnis lehrt?
Der HERR kennt die Gedanken des Menschen: *
Nur ein Hauch sind sie.
Selig der Mensch, den du, o HERR, erziehst, *
den du belehrst mit deiner Weisung,
ihm Ruhe zu schaffen vor bösen Tagen, *
bis dem Frevler die Grube gegraben ist.
Denn der HERR wird sein Volk nicht verstoßen *
und sein Erbe nicht verlassen.
Ja, zur Gerechtigkeit kehrt zurück das Recht, *
ihm folgen alle, die redlichen Herzens sind.

Wer steht für mich auf gegen die Bösen, *
wer tritt für mich ein gegen jene, die Übles tun?
Wäre nicht der HERR meine Hilfe, *
bald wohnte meine Seele im Schweigen.
Wenn ich sage: „Mein Fuß gleitet aus", *
dann stützt mich, HERR, deine Liebe.
Bedrückt die Menge der Sorgen mein Herz, *
dann erquickt dein Trost meine Seele.

Ist mit dir der Thron des Verderbens verbündet, *
der Mühsal schafft, dem Gesetz zuwider?
Sie rotten sich zusammen gegen das Leben des Gerechten, *
unschuldiges Blut sprechen sie schuldig.

Doch der HERR wurde mir zur Burg, *
mein Gott zum Fels meiner Zuflucht.

Er wendet ihr Unrecht auf sie zurück, /
bringt sie zum Schweigen durch ihre Bosheit. *
Der HERR, unser Gott, bringt sie zum Schweigen!

Ant 2
II

In der Osterzeit

Ant 2
II

Psalm 105

DANKET dem HERRN! Ruft seinen Namen aus! *
Macht unter den Völkern seine Taten bekannt!
　Singt ihm und spielt ihm! *
　Sinnt nach über all seine Wunder!
Rühmt euch seines heiligen Namens! *
Die den HERRN suchen, sollen von Herzen sich freuen.
　Fragt nach dem HERRN und seiner Macht, *
　sucht sein Antlitz allezeit.
Denkt an die Wunder, die er getan hat, *
an seine Machterweise und an die Beschlüsse aus seinem Mund.
　Ihr Nachkommen seines Knechtes Abraham, *
　ihr Kinder Jakobs, ihr seine Erwählten.

Er, der HERR, ist unser Gott! *
Auf der ganzen Erde gelten seine Beschlüsse.
  Auf ewig denkt er an seinen Bund, *
  an das Wort, das er für tausend Geschlechter entboten,
an den Bund, den er mit Abraham geschlossen, *
an seinen Eid, den er Isaak geschworen.
  Er bestimmte ihn als Satzung für Jakob, *
  als ewigen Bund für Israel,
indem er sprach: „Dir will ich Kanaan geben *
als den euch zugemessenen Erbteil."
  Als sie noch gering waren an Zahl, *
  nur wenige und nur zu Gast im Lande,
und noch hin und her zogen von Volk zu Volk, *
von einem Reich zum andern,
  da gestattete er niemand, sie zu bedrücken, *
  wies ihretwegen Könige zurecht:
„Tastet meine Gesalbten nicht an, *
tut meinen Propheten nichts zuleide!"

  Dann aber rief er über das Land den Hunger aus, *
  entzog ihnen allen Vorrat an Brot.
Doch hatte er ihnen einen Mann vorausgesandt: *
Josef wurde als Sklave verkauft.
  Man zwängte seine Füße in Fesseln, *
  sein Hals kam ins Eisen,
bis zu der Zeit, da sein Wort sich erfüllte *
und der Spruch des HERRN ihm recht gab.
  Er sandte einen König, der ließ ihn frei, *
  einen Herrscher der Völker, der ließ ihn heraus.
Er bestellte ihn zum Herrn über sein Haus, *
zum Herrscher über seine ganze Habe,
  damit er an sich binde seine Fürsten *
  und Weisheit lehre seine Ältesten.

Und Israel kam nach Ägypten, *
Jakob wurde Gast im Lande Hams.
  Da mehrte Gott sein Volk gewaltig, *
  er machte es stärker als seine Bedränger.

Er wandelte deren Sinn zum Haß gegen sein Volk, *
Arglist zu üben an seinen Knechten.
Dann sandte er Mose, seinen Knecht, *
und Aaron, den er sich erwählte;
sie wirkten unter ihnen seine angesagten Zeichen, *
seine Machterweise im Lande Hams.

Er sandte Finsternis, da wurde es dunkel. *
– Widerstrebten sie nicht trotzdem seinem Wort? –
Er verwandelte ihre Gewässer in Blut *
und ließ ihre Fische sterben.
Ihr Land wimmelte von Fröschen *
bis hinein in die Gemächer der Könige.
Er sprach, da kamen Schwärme von Bremsen *
und Stechmücken über ihr ganzes Gebiet.
Er schickte ihnen Hagel statt Regen, *
flammendes Feuer auf ihr Land.
Er zerschlug ihnen Weinstock und Feigenbaum *
und zerbrach die Bäume in ihrem Gebiet.
Er sprach, da kamen Schwärme von Grillen *
und Heuschrecken ohne Zahl.
Sie fraßen alles Grün in ihrem Land, *
sie fraßen die Frucht ihrer Felder.
Er schlug alle Erstgeburt in ihrem Land, *
die Erstlinge ihrer Manneskraft.
Er führte sein Volk heraus mit Silber und Gold; *
kein Strauchelnder fand sich in seinen Stämmen.
Ägypten freute sich bei ihrem Auszug, *
denn Schrecken vor ihnen hatte sie befallen.
Eine Wolke breitete er aus als Deckung *
und Feuer, zu erleuchten die Nacht.
Er forderte Wachteln an und ließ sie kommen *
und sättigte sie mit Brot vom Himmel.
Er öffnete den Felsen, da quollen Wasser, *
wie ein Strom flossen sie hin in der Wüste.

Denn er gedachte seines heiligen Wortes *
und seines Knechtes Abraham.

Er führte sein Volk heraus in Frohlocken, *
unter Jauchzen seine Erwählten.
Er gab ihnen die Länder der Völker, *
sie nahmen in Besitz, was die Völker mühsam erworben,
damit sie seine Satzungen hielten *
und seine Weisungen wahrten.

Ant 3
VI

In der Osterzeit

Ant 3
VI

Psalm 112

SELIG, wer den HERRN fürchtet und ehrt, *
wer sich herzlich freut an seinen Geboten.
Seine Nachkommen werden mächtig im Lande, *
Segen ruht auf dem Geschlecht der Redlichen.
In seinem Haus ist Wohlstand und Reichtum, *
seine Gerechtigkeit hat Bestand für immer.

Den Redlichen erstrahlt im Finstern ein Licht: *
der Gnädige, Barmherzige und Gerechte.

Wohl dem, der gnädig ist und gerne ausleiht, *
der das Seine ordnet, wie es recht ist.
  Ja, er wird nicht wanken in Ewigkeit, *
  ewig wird man des Gerechten gedenken.

Vor böser Kunde muß er sich nicht fürchten; *
fest ist sein Herz, dem HERRN vertraut es.
  Sein Herz ist getrost, er fürchtet sich nicht, *
  bis er auf seine Bedränger herabsieht.
Verschwenderisch gibt er den Armen, /
seine Gerechtigkeit hat Bestand für immer, *
seine Macht ist hoch in Ehren.
  Der Frevler sieht es voll Unmut, /
  er knirscht mit den Zähnen und vergeht. *
  Zunichte wird das Begehren der Bösen.

℣. Wie süß ist meinem Gaumen deine Verheißung.
℟. Meinem Mund ist sie süßer als Honig.

In der Osterzeit

℣. Der Herr ist auferstanden. Halleluja.
℟. Des freuen sich Himmel und Erde. Halleluja.

Segensspruch *1 Thess 3,12f*

Der Herr lasse uns wachsen und reich werden in der Liebe zueinander und zu allen, damit unser Herz gefestigt wird und wir ohne Tadel sind und geheiligt, wenn er mit allen seinen Heiligen kommt. ℟. Amen.

*

Oration I

Gott, durch das Licht deines Wortes vertreibst du das Dunkel der Unwissenheit. Mehre in unserem Herzen die Kraft des Glaubens, damit das Feuer, das deine Gnade in uns entfacht hat, durch keine Anfechtung ausgelöscht wird. Darum bitten wir durch Christus, unsern Herrn. ℟. Amen.

Oration II

Allmächtiger Gott, deine Weisheit hat uns erschaffen, und deine Vorsehung leitet uns. Laß dein heiliges Licht in unserem Herzen leuchten, damit wir in allem, was wir sinnen und tun, dir in Treue dienen. Darum bitten wir durch Christus, unsern Herrn. ℟. Amen.

LAUDES

In der Osterzeit

Psalm 100

JAUCHZET dem HERRN, alle Welt! /
Dient dem HERRN mit Freude! *
Kommt vor sein Antlitz mit Jubel!
Erkennt: Der HERR ist Gott! /
Er hat uns geschaffen, wir sind sein Eigen, *
sein Volk und die Herde seiner Weide.

Tretet durch seine Tore mit Dank, /
in seine Höfe mit Lobgesang! *
Dankt ihm, preist seinen Namen!
Denn gut ist der HERR, /
seine Huld währt ewig *
und Geschlecht um Geschlecht seine Treue.

Ant 2
VI

In der Osterzeit

Ant 2
VI

Psalm 63

GOTT, du mein Gott, dich suche ich, *
nach dir dürstet meine Seele.
  Nach dir schmachtet mein Leib *
  wie dürres, lechzendes Land ohne Wasser.
So schaue ich dich im Heiligtum *
und sehe deine Macht und deine Herrlichkeit.
  Ja, deine Liebe ist besser als das Leben. *
  Meine Lippen sollen dich rühmen!
So will ich dich preisen mein Leben lang, *
in deinem Namen meine Hände erheben.
  Wie an Fett und Mark wird satt meine Seele. *
  Mein Mund singe Lob mit jubelnden Lippen!
Wenn ich an dich denke auf meinem Lager, *
sag ich von dir in nächtlichem Wachen:
  „Du wurdest meine Hilfe, *
  im Schatten deiner Flügel darf ich jubeln;

an dir hängt meine Seele, *
mich hält deine Rechte.“

Die mir nachstellen, um mich zu verderben, *
sie müssen hinab in die Tiefen der Erde.
Der Gewalt des Schwertes gibt man sie preis, *
den Schakalen werden sie zur Beute.
Der König aber freue sich an Gott! /
Wer bei ihm schwört, darf sich rühmen. *
Doch allen Lügnern wird der Mund geschlossen.

In der Osterzeit

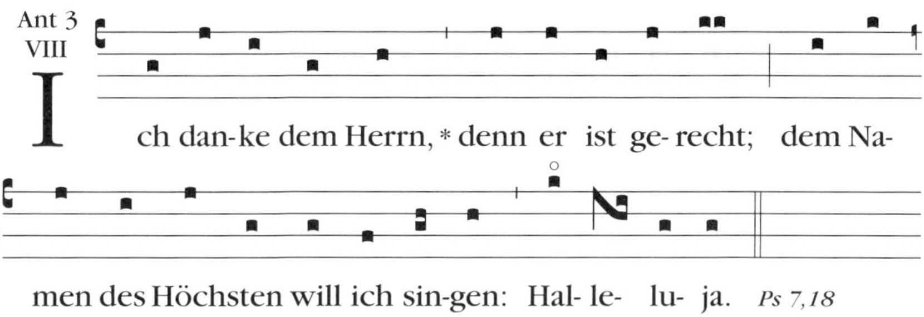

Ps 7,18

Psalm 101

VON Gnade und Recht will ich singen, *
dir, o HERR, will ich spielen.

Auf den rechten Weg will ich bedacht sein. *
Wann wirst du zu mir kommen?

Lauteren Herzens lebe ich in meinem Hause, *
richte mein Auge nicht auf Verderbliches.
Ich hasse unrechtes Tun, *
es soll nicht an mir haften.
Ein falsches Herz sei mir fern, *
vom Bösen will ich nichts wissen.
Wer seinen Nächsten heimlich verleumdet, *
den bring ich zum Schweigen.
Wer stolzen Auges ist und hochmütigen Herzens, *
den will ich nicht dulden.
Meine Augen ruhen auf den Treuen im Lande, *
sie sollen bei mir wohnen.
Wer auf dem rechten Weg geht, *
der darf mir dienen.
In meinem Haus wohne kein Betrüger, *
kein Lügner kann vor meinen Augen bestehen.

Morgen für Morgen
bring ich die Frevler des Landes zum Schweigen: *
in der Stadt des HERRN
rotte ich alle aus, die Unrecht tun.

In der Fastenzeit

In der Osterzeit

Ant 4
IV

Psalm 135

LOBET den Namen des HERRN, *
lobt ihn, ihr Knechte des HERREN,
die ihr steht im Hause des HERRN, *
in den Höfen des Hauses unseres Gottes.
Lobt den HERRN, denn der HERR ist gütig, *
spielt seinem Namen, denn er ist freundlich!
Denn der HERR hat sich Jakob erwählt, *
Israel zu seinem Eigentum.
Ja, das weiß ich: Groß ist der HERR, *
unser HERR ist größer als alle Götter.
Was immer er will - der HERR vollbringt es *
im Himmel und auf Erden,
im Meer und in allen Tiefen.
Die Wolken führt er herauf vom Ende der Erde, /
macht Blitze und Regen, *
den Sturmwind holt er aus seinen Speichern.

Er schlug die Erstgeburt Ägyptens *
vom Menschen bis zu den Tieren.
Er sandte Zeichen und Wunder in deine Mitte, Ägypten, *
gegen den Pharao und all seine Knechte.
Viele Völker schlug er nieder *
und tötete mächtige Könige:
Sihon, den König der Amoriter, /
und Og, den König von Baschan, *
und alle Königreiche Kanaans,

und gab ihr Land zum Erbe, *
zum Erbe seinem Volke Israel.

HERR, dein Name währt in Ewigkeit, *
HERR, das Gedenken an dich währt durch alle Geschlechter.
Denn der HERR schafft Recht seinem Volke *
und hat Mitleid mit seinen Knechten.

Die Götzen der Völker sind Silber und Gold, *
Machwerk sind sie von Menschenhand.
Sie haben einen Mund und reden nicht, *
sie haben Augen und sehen nicht,
sie haben Ohren und hören nicht, *
kein Atem ist in ihrem Munde.
Es werden ihnen gleichen, die sie machen, *
alle, die auf sie vertrauen.

Haus Israel, preise den HERRN! *
Preise den HERRN, Haus Aaron!
Haus Levi, preise den HERRN!
Die ihr den HERREN fürchtet, preiset IHN!
Gepriesen sei der HERR vom Zion her, *
er, der wohnt in Jerusalem!

Kurzlesung *Jes 40,12-18()*

Wer mißt das Meer mit der hohlen Hand? Wer kann mit der ausgespannten Hand den Himmel vermessen? Wer mißt den Staub der Erde mit einem Scheffel? Wer wiegt die Berge mit einer Waage und mit Gewichten die Hügel? Wer bestimmt den Geist des Herrn? Wer kann sein Berater sein und ihn unterrichten? – Seht, die Völker sind wie ein Tropfen am Eimer, sie gelten so viel wie ein Stäubchen auf der Waage. Seht, die Inseln wiegen nicht mehr als ein Sandkorn. Alle Völker sind vor Gott wie ein Nichts. Sie gelten ihm als null und nichtig. Mit wem wollt ihr Gott vergleichen und was ihm gegenüberstellen als Ebenbild?

Resp
VI/1

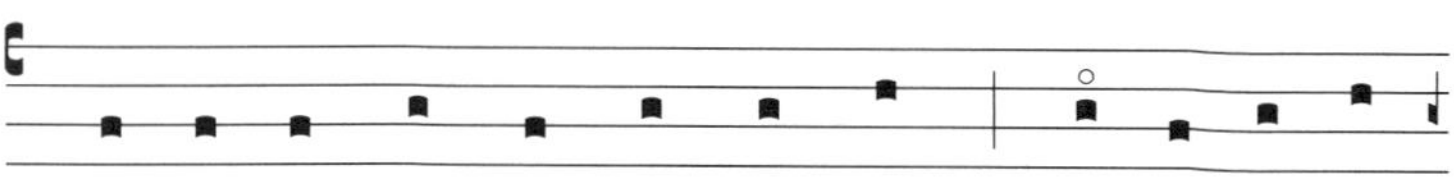

Wer hat den Sinn des Herrn er-kannt, * wer ist sein Be-

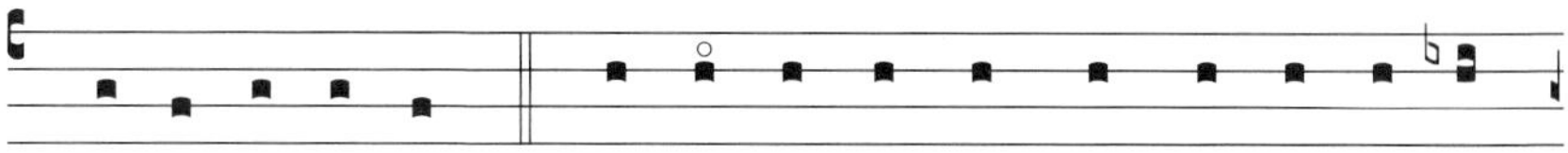

ra- ter ge-we-sen? ℣. Wie un- ergründlich sind sei- ne Ge-rich-

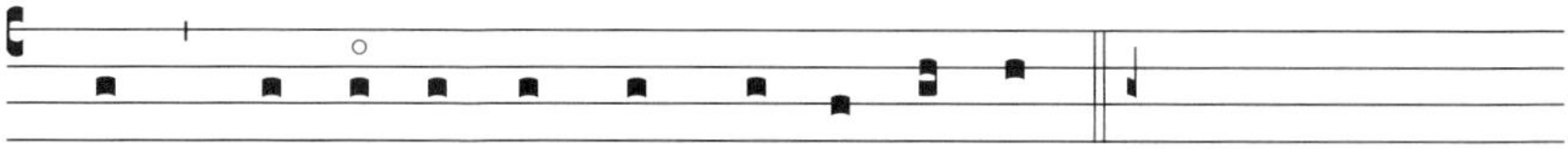

te, wie un- er-forschlich sei- ne We- ge. *Röm 11,34.33*

Hymnus

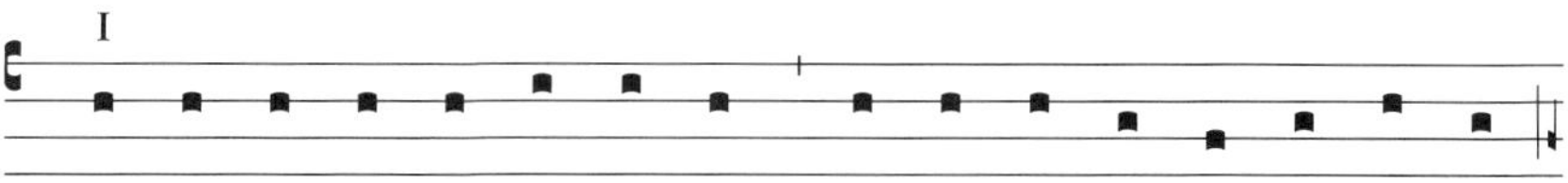

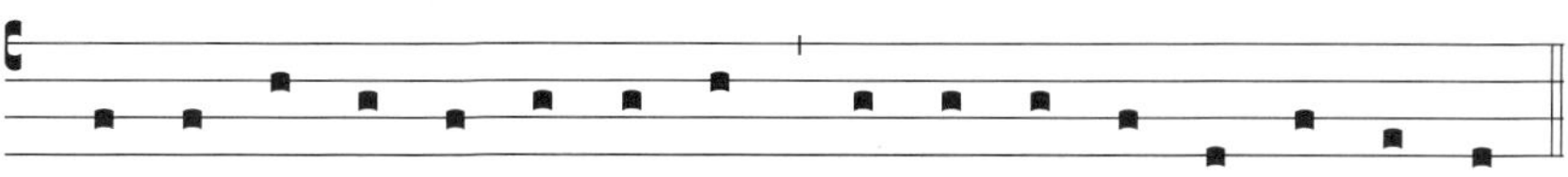

DU ABGLANZ von des Vaters Pracht,
du bringst aus Licht das Licht hervor,
du Licht vom Licht, des Lichtes Quell,
du Tag, der unsern Tag erhellt.

Du wahre Sonne, brich herein,
du Sonne, die nicht untergeht,
und mit des Geistes lichtem Strahl
dring tief in unsrer Sinne Grund.

Wir rufen auch den Vater an,
den Vater ew'ger Herrlichkeit,
den Vater, reich an mächt'ger Huld:
Er halte fern, was uns versucht.

Er stärke uns zum guten Werk,
er leite machtvoll unser Tun,
er sei uns Kraft in harter Fron
und lenke unsern schwachen Geist.

Und Christus werde unser Brot,
und unser Glaube sei uns Trank,
in Freude werde uns zuteil
des Geistes klare Trunkenheit.

Das Morgenrot steigt höher schon,
wie Morgenrot geh Er uns auf:
in seinem Vater ganz der Sohn
und ganz der Vater in dem Wort. Amen.

℣. Bei dir ist die Quell<u>e</u> des Lebens.
℟. In deinem Lichte schauen w<u>i</u>r das Licht.

Im Advent

cf. 1 Kor 1,7f

In der Fastenzeit

Ant C
II

1 Petr 3,18

In der Osterzeit

Ant C
VIII

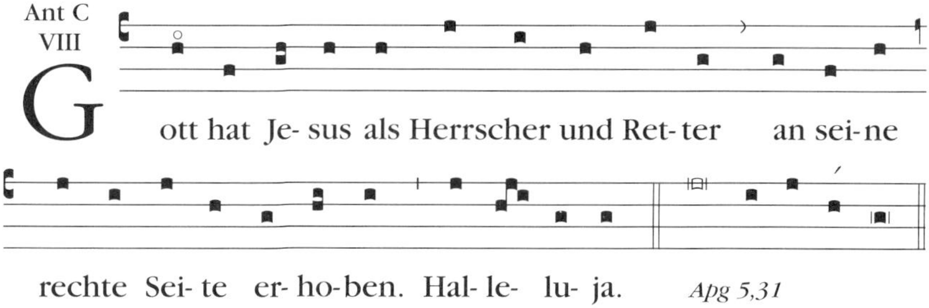

Apg 5,31

Canticum 1 Tim 2,5f; 3,16; 6,15f

EINER ist Gott, /
Einer auch Mittler zwischen Gott und den Menschen: *
der Mensch Christus Jesus.
  Er gab sich selbst dahin /
  als Lösegeld für alle, *
  ein Zeugnis zur rechten Stunde.

Er wurde offenbart im Fleisch, *
als gerecht erwiesen im Geiste,
  geschaut von den Engeln, *
  verkündet unter den Völkern,

geglaubt in der Welt, *
erhoben in Herrlichkeit.

Zur rechten Zeit wird Gott ihn offenbaren, *
er, der selige und alleinige Herrscher,
der König der Könige, *
der Herr der Herren.
Er allein besitzt die Unsterblichkeit, /
er wohnt in unzugänglichem Licht *
– kein Mensch vermag ihn zu sehen.
Ihm gebührt die Ehre *
und die Macht für ewige Zeiten. Amen.

ANTIPHON

Ehre sei dem Vater und dem Sohne *
und dem Heiligen Geiste.
Wie im Anfang, so auch jetzt und allezeit *
und in Ewigkeit. Amen.

DIENSTAG

VIGIL

Invitatorium

℟.
VI

Psalm 67

GOTT sei uns gnädig und segne uns!
Er lasse sein Angesicht über uns leuchten,
daß man auf Erden seinen Weg erkenne,
sein Heil unter allen Völkern.

DIE VÖLKER SOLLEN DIR DANKEN, O GOTT,
DANKEN SOLLEN DIR DIE VÖLKER ALLE!

Die Nationen sollen sich freuen und jubeln!
Denn du richtest die Völker nach Recht
und lenkst die Nationen auf Erden.

DIE VÖLKER SOLLEN DIR DANKEN, O GOTT,
DANKEN SOLLEN DIR DIE VÖLKER ALLE!

Das Land gab seinen Ertrag.
Es segne uns Gott, unser Gott!
Es segne uns Gott!
Alle Enden der Erde sollen ihn fürchten!

DIE VÖLKER SOLLEN DIR DANKEN, O GOTT,
DANKEN SOLLEN DIR DIE VÖLKER ALLE!

Ehre sei dem Vater und dem Sohne
und dem Heiligen Geiste.
Wie im Anfang, so auch jetzt und immer
und für ewige Zeiten. Amen.

DIE VÖLKER SOLLEN DIR DANKEN, O GOTT,
DANKEN SOLLEN DIR DIE VÖLKER ALLE!

Erste Nokturn

Ant 1
II

In der Osterzeit

Psalm 6

HERR, züchtige mich nicht in deinem Zorn! *
Weis mich doch nicht so grimmig zurecht!
Sei mir gnädig, HERR, denn ich welke dahin; *
heile mich, HERR,
– in meine Glieder fuhr der Schrecken.
Meine Seele ist zutiefst erschrocken. *
Du aber, HERR, – wie lange noch!
HERR, wende dich doch her und befreie mich, *
um deiner Liebe willen rette mich.
Denn niemand denkt an dich im Tod. *
Wer wird dich preisen in der Unterwelt?
Ich bin erschöpft vom Seufzen, /
jede Nacht benetze ich weinend mein Bett, *
ich überschwemme mein Lager mit Tränen.
Mein Auge ist getrübt vor Gram, *
matt geworden wegen all meiner Bedränger.
Ihr Übeltäter alle, weicht zurück von mir! *
Denn der HERR hat mein lautes Weinen gehört.
Gehört hat der HERR mein Flehen, *
der HERR nimmt mein Beten an.
In Scham und Schrecken geraten all meine Feinde, *
sie müssen sich wenden,
sie werden plötzlich beschämt.

Ant 2
IV

In der Osterzeit

Ant 2
IV

Psalm 107

DANKET dem HERRN, denn er ist gütig! *
Denn seine Huld währt ewig!
So sollen sprechen die vom HERRN Erlösten, *
die er erlöst hat aus der Hand des Bedrängers,
die er aus den Ländern gesammelt hat, /
vom Aufgang und vom Niedergang, *
vom Norden und vom Meere.

Die einen irrten umher in der Wüste, im Ödland, *
sie konnten den Weg zur wohnlichen Stadt nicht finden,
sie litten Hunger und Durst, *
ihre Kehle war am Verschmachten.
In ihrer Angst schrien sie zum HERRN, *
und er entriß sie ihrer Bedrängnis.
Er führte sie auf geradem Wege, *
so daß sie zur wohnlichen Stadt gelangten.

Danken sollen sie dem HERRN für seine Huld, *
für seine Wundertaten an den Menschen.
Denn er hat die lechzende Kehle gesättigt, *
die hungernde Kehle gefüllt mit Gutem.

Andere saßen in Dunkel und Finsternis, *
gefangen in Elend und Eisen.
Denn sie hatten den Worten Gottes getrotzt *
und den Ratschluß des Höchsten verachtet.
Da beugte er ihr Herz durch Mühsal, *
sie stürzten, und es gab keinen Helfer.
In ihrer Angst schrien sie zum HERRN, *
und er befreite sie aus ihrer Bedrängnis.
Er führte sie heraus aus Dunkel und Finsternis, *
er hat ihre Fesseln zerrissen.
Danken sollen sie dem HERRN für seine Huld, *
für seine Wundertaten an den Menschen.
Denn er hat die ehernen Tore zerbrochen, *
die eisernen Riegel zerschlagen.

Andere waren abgestumpft durch ihren sündhaften Wandel, *
niedergebeugt wegen ihrer Vergehen.
Ihre Kehle ekelte sich vor jeder Speise, *
schon nahten sie sich den Pforten des Todes.
In ihrer Angst schrien sie zum HERRN, *
und er befreite sie aus ihrer Bedrängnis.
Er sandte sein Wort, um sie zu heilen *
und sie zu retten aus ihrem Verderben.
Danken sollen sie dem HERRN für seine Huld, *
für seine Wundertaten an den Menschen.
Dankopfer sollen sie ihm weihen, *
mit Jubel seine Taten erzählen.

Andere wieder befuhren mit Schiffen das Meer *
und trieben Handel auf den großen Wassern.
Sie schauten dort die Werke des HERRN, *
seine Wunder in der Tiefe.
Er gebot und ließ den Sturmwind aufstehn, *
der türmte hoch die Wogen.

Sie stiegen zum Himmel ẹmpor, /
sanken hinab in den Abgrund, *
so daß ihre Seele vor Not verzagte.
Sie tanzten und taumelten wie Betrunkene, *
verschlungen war all ihre Weisheit.
In ihrer Angst schrien sie zum HERRN, *
und er führte sie heraus aus ihrer Bedrängnis.
Er machte den Sturm zum Säuseln, *
so daß die Wogen des Meeres sich legten.
Da freuten sie sich, daß sich die Wogen glätteten *
und er sie zum ersehnten Hafen führte.
Danken sollen sie dem HERRN für seine Huld, *
für seine Wundertaten an den Menschen.
Sie sollen ihn erheben in der Gemeinde des Volkes, *
ihn loben im Kreise der Alten:

„Er macht Ströme zur Wüste, *
Wasserläufe zur dürstenden Öde,
fruchtbares Erdreich zur salzigen Steppe *
wegen der Bosheit seiner Bewohner.
Er macht die Wüste zum Wasserteich, *
zu Wasserläufen das verdorrte Erdreich.
Dort ließ er Hungernde wohnen, *
die eine wohnliche Stadt errichteten,
die Felder bestellten und Weinberge pflanzten *
und reichen Ertrag an Frucht erzielten.
Er segnete sie, und sie vermehrten sich gewaltig, *
ihren Viehbestand ließ er nicht gering sein.
Dann aber wurden sie gering an Zahl und gebeugt *
unter dem Druck von Unheil und Kummer;
denn er goß über die Edlen Verachtung aus, *
ließ sie umherirren in wegloser Wirrnis.
Doch den Armen hob er empor aus dem Elend *
und machte seine Sippen zahlreich wie eine Herde."

Die Redlichen sehn es und freuen sich, *
und alle Bosheit muß den Mund verschließen.
Wer ist so weise, daß er all dies beachtet, *
daß er die Liebestaten des HERRN verstehen lernt?

Ant 3
VIII

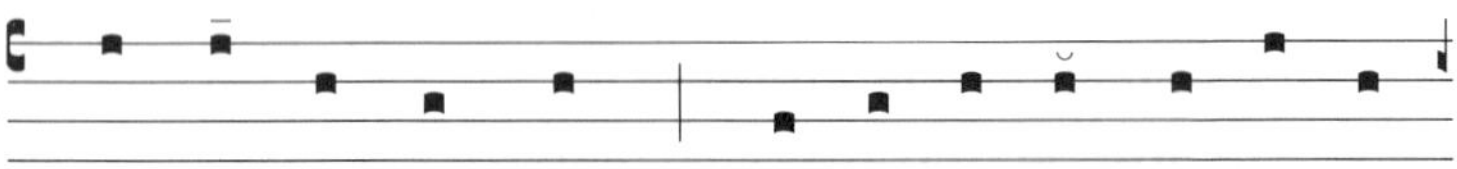

Wach auf, du mein Gott! * Er- he- be dich und richte

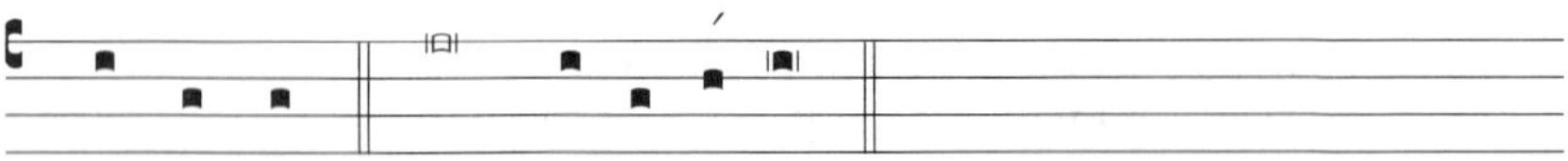

die Völ-ker.

In der Osterzeit

Ant 3
VIII

Mein Schild ist Gott, der Höchste; * er ret- tet, die red-

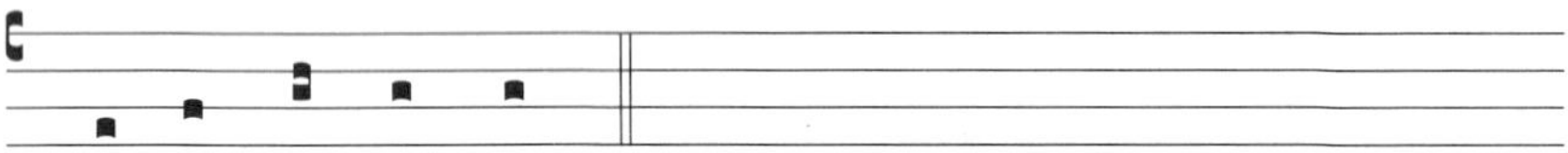

li-chen Her-zens sind.

Psalm 7

HERR, mein Gott, bei dir finde ich Zuflucht, *
rette mich vor all meinen Verfolgern und befreie mich,
daß man mich nicht zerreißt wie ein Löwe, *
mich zerfleischt – und da ist kein Befreier.
Wenn ich das getan habe, HERR, mein Gott, *
wenn an meinen Händen Unrecht klebt,
wenn ich dem, der mir friedlich gesonnen war, Böses tat, *
– ich befreite sogar den, der mich grundlos bedrängt hat –
dann soll mich der Feind verfolgen und ergreifẹn: /
er zertrete mein Leben am Boden *
und strecke in den Staub meine Ehre.

HERR, steh auf in deinem Zorn, *
erhebe dich gegen die Wut meiner Bedränger.
Wach auf, du mein Gott! *
Das Gericht hast du anberaumt.

Die Versammlung der Völker umgibt dich. /
Über ihr nimm Platz in der Höhe! *
Der HERR richtet die Völker.
Verschaffe mir Recht, o HERR, nach meiner Gerechtigkeit, *
da an mir kein Tadel ist.
Ein Ende nehme die Bosheit der Frevler! /
Bestand aber gib dem Gerechten, *
gerechter Gott, der du prüfst auf Herz und Nieren.

Mein Schild ist Gott, der Höchste, *
der Retter derer, die redlichen Herzens sind.
Gott ist ein gerechter Richter, *
ein drohender Gott alle Tage.

Fürwahr, wieder schärft der Frevler sein Schwert, *
spannt seinen Bogen und richtet ihn:
Todeswaffen richtet er gegen sich selbst, *
bereitet sich glühende Pfeile.
Siehe, Frevel empfängt er, /
geht schwanger mit Unheil, *
und Tücke gebiert er.
Er gräbt einen Schacht und hebt ihn aus *
– und stürzt in die Grube, die er gemacht hat.
Das Unheil kehrt auf sein eigenes Haupt zurück, *
seine Gewalttat fällt auf seinen eigenen Scheitel.

Danken will ich dem HERRN nach seiner Gerechtigkeit, *
dem Namen des HERRN, des Höchsten, will ich spielen!

℣. Hören will ich, was Gott redet.
℟. Der Herr, er redet „Friede!“

In der Osterzeit

℣. Der Herr ist aus dem Grab erstanden. Halleluja.
℟. Der für uns am Kreuz gehangen. Halleluja.

Segensspruch *Phil 4,7*

Der Friede Gottes, der alles Verstehen übersteigt, bewahre unsre Herzen und unsre Gedanken in der Gemeinschaft mit Christus Jesus, unserm Herrn. ℟. Amen.

Zweite Nokturn

In der Osterzeit

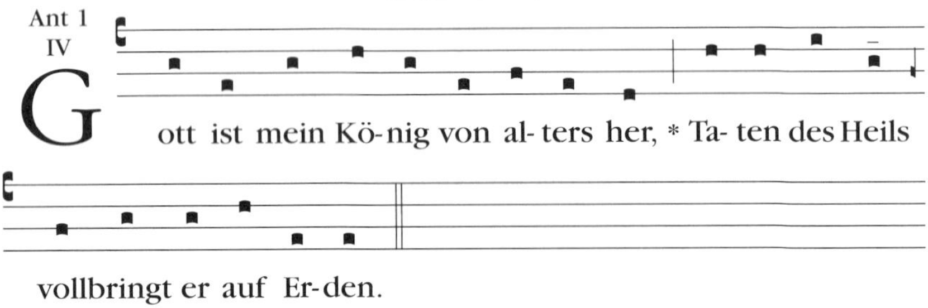

Psalm 74

WARUM, o Gott, hast du verstoßen für immer? *
Was raucht dein Zorn wider die Schafe deiner Weide?
Gedenke deiner Gemeinde, die du vorzeiten erworben! /
Du löstest einen Stamm aus, dir zum Eigentum, *
den Berg Zion, auf dem du Wohnung genommen.
Lenke deine Schritte zu den endlosen Trümmern! *
Alles hat der Feind verwüstet im Heiligtum.

Deine Widersacher lärmten
im Innern der Stätte deiner Gegenwart, *
ihre Feldzeichen stellten sie als Zeichen auf.
Es hörte sich an,
wie wenn man die Axt schwingt im Dickicht des Waldes: *
so zertrümmerten sie all das Schnitzwerk mit Beil und Hacke.
Sie legten Feuer an dein Heiligtum, *
bis auf den Grund entweihten sie die Wohnung deines Namens.

Sie sagten in ihrem Herzen: „Wir zerstören alles.“ *
Sie verbrannten alle Stätten Gottes im Lande.
Unsere Zeichen sehen wir nimmer, /
es ist kein Prophet mehr da, *
und niemand ist bei uns, der weiß, wie lange noch.
Wie lange, o Gott, soll der Gegner noch höhnen, *
darf der Feind deinen Namen lästern für immer?
Warum ziehst du deine Hand zurück? *
Heraus aus dem Gewand mit deiner Rechten! –
Mach doch ein Ende!

Gott ist mein König von alters her, *
Taten des Heils vollbringt er auf Erden.
Du bist es, der in seiner Macht das Meer gespalten hat, *
du hast die Häupter der Drachen über den Wassern zerschmettert.
Du bist es, der die Köpfe des Leviatan zermalmt hat, *
du hast ihn den Ungeheuern der See zum Fraße gegeben.
Du bist es, der hervorbrechen ließ Quellen und Bäche, *
du bist es, der austrocknen ließ nie versiegende Ströme.
Dein ist der Tag, dein auch die Nacht, *
du bist es, der Mond und Sonne befestigt hat.
Du bist es, der alle Grenzen der Erde bestimmt hat, *
Sommer und Winter – du bist es, der sie gebildet hat.

Bedenke, HERR, den Hohn des Feindes! *
Ein törichtes Volk lästert deinen Namen.
Gib nicht dem Raubtier preis das Leben deiner Taube! *
Deiner Elenden Leben vergiß nicht für immer!
Schau auf den Bund! /
Denn voll sind die finstern Verliese des Landes, *
die Stätten der Gewalttat.
Der Unterdrückte werde nicht länger geschmäht! *
Der Elende und Arme soll deinen Namen preisen.

Erhebe dich, Gott, und führe deine Sache! *
Bedenke, wie die Toren dich täglich verhöhnen!
Vergiß nicht das Geschrei deiner Gegner, *
das Toben deiner Widersacher, das ständig emporsteigt!

Ant 2
I

In der Osterzeit

Ant 2
I

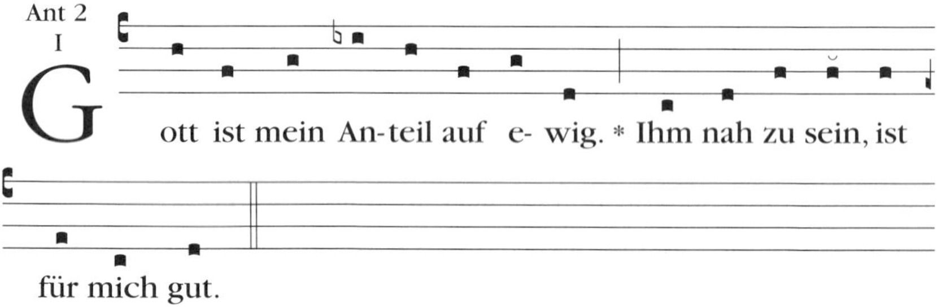

Psalm 73

WAHRLICH, Gott ist gut für Israel, *
für jene, die lauteren Herzens sind.

Ich aber – fast wären meine Füße gestrauchelt, *
ums Haar wären ausgeglitten meine Schritte.
Denn ich habe mich über die Prahler ereifert, *
da ich das Glück der Frevler sah:
Sie haben keine Qualen, *
ihr Leib ist gesund und wohlgenährt.
Sie kennen nicht die Mühsal der Sterblichen, *
sind nicht geplagt wie andere Menschen.
Darum ist Hoffart ihr Halsschmuck, *
wie ein Gewand umhüllt sie Gewalttat.
Aus üppigem Fett blickt ihr Auge, *
ihr Herz läuft über von eitlen Gebilden.
Sie höhnen und reden voll Bosheit, *
von oben herab reden sie Unterdrückung.

Sie reißen das Maul auf bis zum Himmel *
ihre Zunge ergeht sich auf der Erde.
    Darum kehrt sich sein Volk ihnen zu *
    und schlürft von ihnen Wasser in Fülle.
Sie sprechen ja: „Wie sollte Gott davon wissen? *
Gibt es denn ein Wissen beim Höchsten?"
    Siehe, so sind die Frevler: *
    Immer sorglos im Glück, häufen sie Reichtum auf Reichtum.

Wahrlich, umsonst bewahrte ich lauter mein Herz *
und wusch meine Hände in Unschuld.
    Ich wurde ja alle Tage geplagt *
    und jeden Morgen von neuem gezüchtigt.
Hätte ich nun gesagt: „Ich will reden wie sie", *
siehe, ich hätte das Geschlecht deiner Kinder verraten.
    Da dachte ich nach, um das zu begreifen, *
    - eine Qual war es in meinen Augen,
bis ich eintrat ins Heiligtum Gottes *
und inne wurde, wie es mit ihnen ausgeht:

    Wahrlich, du stellst sie auf schlüpfrigen Grund, *
    in Trug und Täuschung läßt du sie fallen.
Wie werden sie im Nu zum Entsetzen, *
sind dahingerafft, nehmen ein Ende mit Schrecken!
    Wie einen Traum beim Erwachen *
    verachtest du ihr Schattengebilde, Herr, wenn du aufstehst.

Als sich mein Herz verbitterte, *
und Schmerz in meinen Nieren bohrte,
    da war ich töricht und ohne Verstand, *
    war wie ein dummes Tier - und war doch bei dir.
Ja, bei dir bin ich schon immer: *
du hast meine rechte Hand ergriffen.
    Du leitest mich nach deinem Ratschluß, *
    hernach nimmst du mich auf in Herrlichkeit.
Wen sonst hab ich im Himmel? *
Bin ich bei dir, habe ich keine Lust an der Erde.
    Mag Fleisch und Herz mir vergehen, *
    Gott bleibt der Fels meines Herzens, mein Anteil auf ewig.

Doch siehe, wer dir fern bleibt, geht zugrunde, *
jeden, der dich treulos verläßt, bringst du zum Schweigen.

Ich aber – Gott nahe zu sein, ist für mich gut. /
Gott, den HERRN, machte ich zu meiner Zuflucht. *
Von allen deinen Werken will ich reden.

Ant 3
II

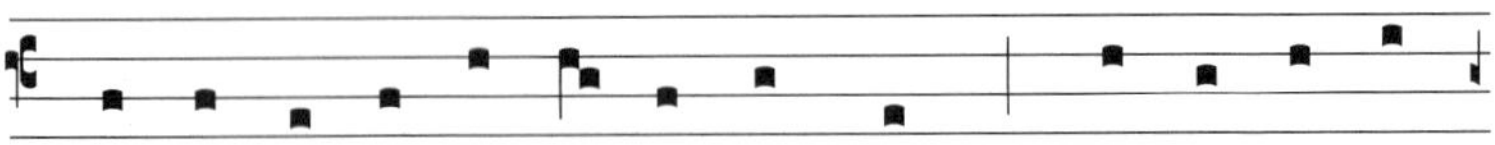

Ich den-ke an die Ta- ten des Herrn, * an sei- ne ein-

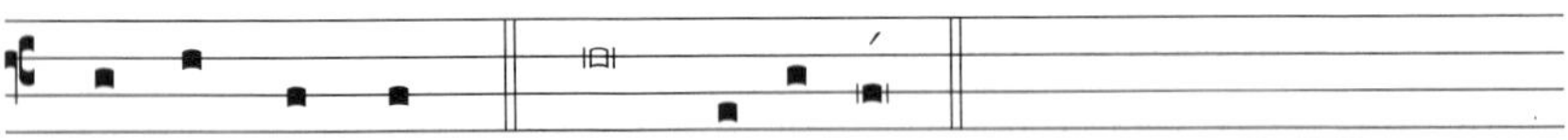

sti- gen Wunder.

In der Osterzeit

Ant 3
II

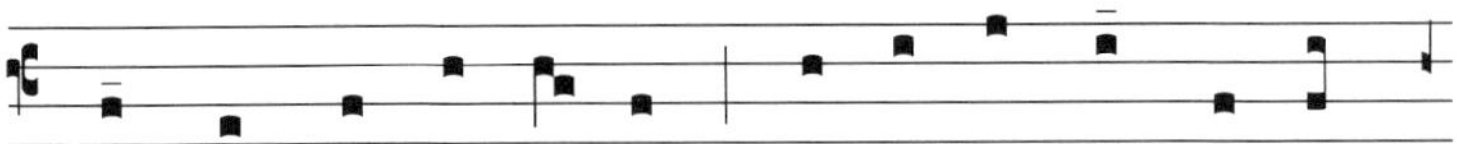

Gott, dein Weg ist hei- lig. * Wo ist ein Gott, so groß

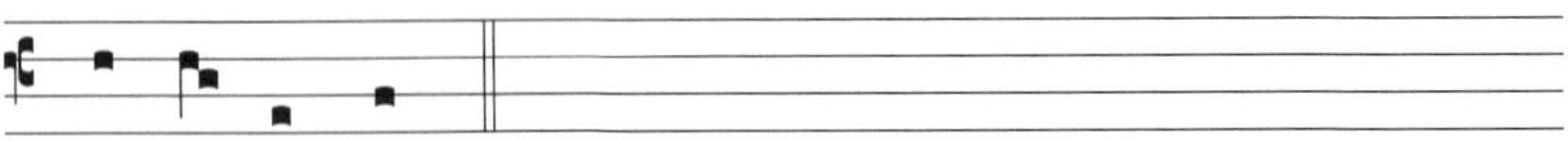

wie un-ser Gott?

Psalm 77

ICH rufe zu Gott, ich schreie, *
ich rufe zu Gott, daß er mich höre.
Am Tag meiner Not suche ich den Herrn, /
des Nachts ist meine Hand unermüdlich ausgestreckt, *
meine Seele läßt sich nicht trösten.
Denk ich an Gott, muß ich seufzen, *
sinne ich nach, so verzagt mein Geist.

Du hältst wach meine Augen. *
Ich bin verstört und kann nicht reden.

Ich denke nach über die Tage von einst, *
über urlängst vergangene Jahre.
  Ich denke des Nachts an mein Saitenspiel, /
  ich sinne nach in meinem Herzen, *
  es grübelt mein Geist.
Wird der Herr denn auf ewig verstoßen *
und niemals mehr erweisen seine Gunst?
  Hat seine Liebe für immer ein Ende? *
  Ist es aus mit seinem Wort für alle Geschlechter?
Hat Gott vergessen, daß er gnädig ist? *
Hat er im Zorn sein Erbarmen verschlossen?

  Ich sage: „Das ist mein Schmerz, *
  daß so anders wurde das Handeln des Höchsten."
Ich denke an die Taten des HERRN, *
gedenken will ich deiner einstigen Wunder!
  Ich erwäge all deine Werke, *
  und über deine Taten sinne ich nach.

O Gott, im Heiligen verläuft dein Weg. *
Welche Gottheit ist so groß wie Gott?
  Du bist die Gottheit, die Wunder tut, *
  unter den Völkern tatest du kund deine Macht.
Du hast mit deinem Arm dein Volk erlöst, *
die Kinder Jakobs und Josefs.

  Dich sahen die Wasser, o Gott, /
  dich sahen die Wasser und bebten; *
  selbst die Urtiefen tobten.
Es gossen Wasser die Wolken, /
dröhnend erhob das Gewölk seine Stimme; *
auch deine Pfeile schwirrten umher.
  Dröhnend rollte dein Donner, /
  Blitze erhellten den Erdkreis, *
  die Erde wankte und schwankte.
Durch das Meer ging dein Weg, /
dein Pfad durch gewaltige Wasser; *
doch deine Spuren wurden nicht erkannt.

Du führtest dein Volk wie eine Herde *
durch die Hand von Mose und Aaron.

℣. Mein Volk, lausche meiner Weisung.
℟. Neigt euer Ohr den Worten meines Mundes.

In der Osterzeit

℣. Gott hat Christus von den Toten erweckt. Halleluja.
℟. Damit wir an Gott glauben und auf ihn hoffen. Halleluja.

Segensspruch *cf. Phil 1,9f*

Gott lasse unsere Liebe immer reicher werden an Einsicht und Verständnis, damit wir lernen, worauf es ankommt, und lauter und makellos sind für den Tag Christi. ℟. Amen.

*

Oration I

Du Gott des Erbarmens, neige dein Ohr und vernimm das Gebet deiner Gläubigen. Erhelle und heile, was in der Tiefe unseres Herzens krank ist, damit kein Begehren uns in seinem Bann gefangen hält, die wir erleuchtet wurden durch das Licht deines Wortes. Darum bitten wir durch Christus, unsern Herrn. ℟. Amen.

Oration II

Herr, unser Gott, komm unserem Beten und Arbeiten mit deiner Gnade zuvor und begleite es, damit alles, was wir beginnen, bei dir seinen Anfang nehme und durch dich vollendet werde. Darum bitten wir durch Christus, unsern Herrn. ℟. Amen.

LAUDES

Ant 1
VI

In der Osterzeit

Psalm 98

SINGET dem HERRN ein neues Lied, *
denn er vollbrachte wunderbare Taten!
Heil geschaffen hat ihm seine Rechte, *
die Kraft seines heiligen Armes.
Der HERR hat kundgemacht sein Heil, *
sein gerechtes Walten enthüllt vor den Augen der Völker.
Er gedachte seiner Huld *
und seiner Treue zum Hause Israel.
Alle Enden der Erde *
schauen das Heil unseres Gottes.

Jauchzet dem HERRN, alle Lande, *
freut euch, jubelt und spielet!
Spielt dem HERRN auf der Harfe, *
auf der Harfe, mit lautem Saitenspiel!
Mit Trompeten und schallenden Hörnern *
jauchzt vor dem HERRN, dem König.

Es brause das Meer und was es erfüllt, *
der Erdkreis und die auf ihm wohnen.
In die Hände klatschen sollen die Ströme, *
die Berge sollen miteinander jubeln

vor dem HERRN, denn er kommt, *
er kommt, die Erde zu richten.
Er richtet den Erdkreis in Gerechtigkeit *
und die Völker so, wie es recht ist.

In der Osterzeit

Psalm 90

O HERR, du warst uns Zuflucht *
von Geschlecht zu Geschlecht.
Ehe geboren wurden die Berge, /
ehe du kreißen ließest Erde und Festland: *
von Ewigkeit zu Ewigkeit bist du Gott.
Zum Staub zurückkehren läßt du den Menschen, *
du sprichst: Ihr Menschenkinder, kehrt zurück!
Denn tausend Jahre sind vor dir
wie der Tag, der gestern vergangen ist, *
wie eine Wache in der Nacht.

Du schwemmst sie weg, ein Schlaf sind sie, *
sie gleichen dem Gras, das nachwächst am Morgen:
  am Morgen grünt und wächst es, *
  am Abend wird es welk und verdorrt.

So schwinden wir hin unter deinem Zorn, *
werden verstört durch deinen Grimm.
  Unsere Sünden hast du vor dich hingestellt, *
  in das Licht deines Angesichts unsre heimliche Schuld.
Ja, unter deinem Zorn gehen all unsre Tage dahin. *
Wir verleben unsre Jahre wie ein Seufzen.
  Siebzig Jahre währt die Zeit unsres Lebens, *
  sind wir bei Kräften, werden es achtzig.
Ihr Bestes aber ist nur Mühsal und Beschwer; *
rasch geht es vorbei, – wir fliegen dahin.
  Wer kennt die Gewalt deines Zornes *
  und in Furcht vor dir deinen Grimm?
Unsre Tage lehre uns zählen! *
Dann erlangen wir ein weises Herz.

  HERR, kehre dich uns zu! – Wie lange noch? *
  Laß es dir leid sein um deine Knechte!
Sättige uns am Morgen mit deiner Huld! *
Dann wollen wir jubeln und uns freun all unsre Tage.
  Erfreue uns so viele Tage, wie du uns gebeugt hast, *
  so viele Jahre, wie wir Unglück sahn.
Laß deine Knechte schauen dein Walten *
und ihre Kinder dein herrliches Tun.
  Die Güte des Herrn, unsres Gottes, komme über uns! /
  Laß uns das Werk unsrer Hände gedeihen! *
  Ja, laß gedeihen unsrer Hände Werk!

Ant 3
VI

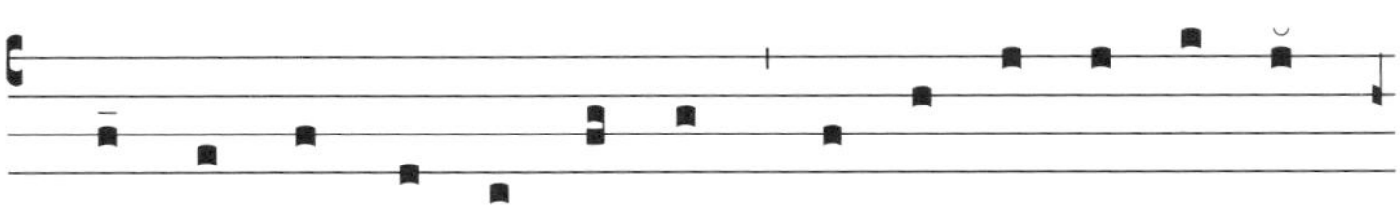

Herr, du Gott unsres Hei- les, * du bist die Zu-ver-sicht

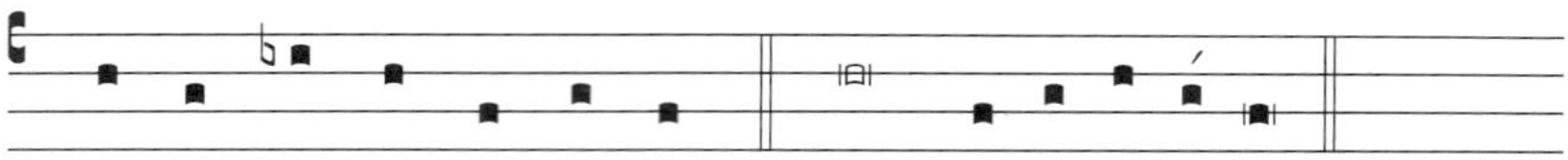

al- ler En-den der Er- de.

In der Osterzeit

Ant 3
VI

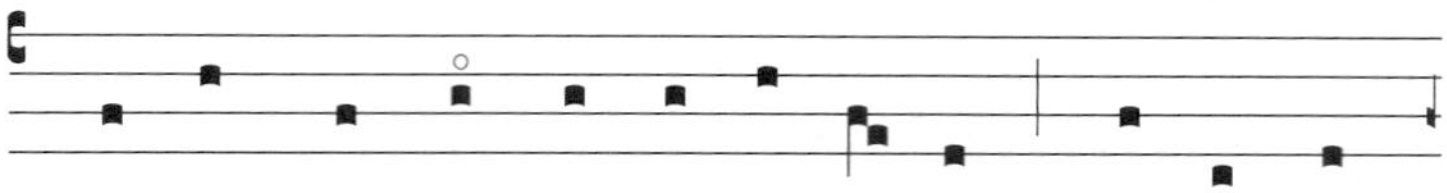

Du krönst das Jahr mit dei-ner Gü- te. * Du hast das

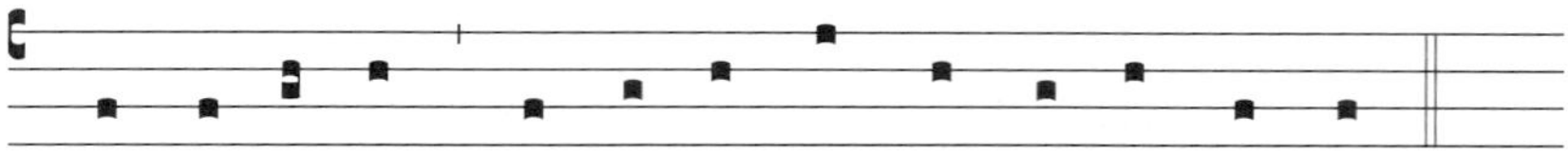

Land ge-seg-net und es mit Reichtum ü-ber-schüt-tet.

Psalm 65

DIR gebührt Lobgesang, *
du Gott auf dem Zion.
Dir erfüllt man Gelübde, – *
du erhörst die Gebete.
Zu dir kommt alles Fleisch, *
die Schuld zu bekennen.
Zu schwer für mich sind unsre Frevel, *
nur du kannst sie vergeben.
Selig, den du erwählst und dir nahen läßt: *
in deinen Höfen darf er wohnen.
Wir wollen uns sättigen am Gut deines Hauses, *
am Gut deines heiligen Tempels.

Mit staunenswerten Taten gibst du uns Antwort in Treue, *
du Gott unsres Heiles,
du Zuversicht aller Enden der Erde *
und der fernsten Gestade,
der die Berge festigt in seiner Kraft, *
der sich gürtet mit Stärke,
der das Brausen der Meere stillt, *
das Brausen ihrer Wogen, das Tosen der Völker.

Es erschauern vor deinen Zeichen, /
die da wohnen an den Enden der Erde. *
Des Morgens und des Abends Tore machst du jauchzen.

Du sorgst für das Land und tränkst es, *
du überschüttest es mit Reichtum.
Der Gottesbach hat Wasser in Fülle. *
Gedeihen läßt du das Getreide.
Ja, so läßt du gedeihen: *
du wässerst die Furchen, du ebnest die Schollen,
du machst sie weich durch Regen, *
du segnest ihre sprossenden Saaten.
Du krönst das Jahr mit deiner Güte, *
von Fett triefen deine Spuren,
es triefen die Weiden der Steppe, *
mit Jubel gürten sich die Höhen.
Die Anger bekleiden sich mit Schafen, /
die Täler hüllen sich in Korn. *
Sie jauchzen, ja, sie singen.

Ant 4
IV

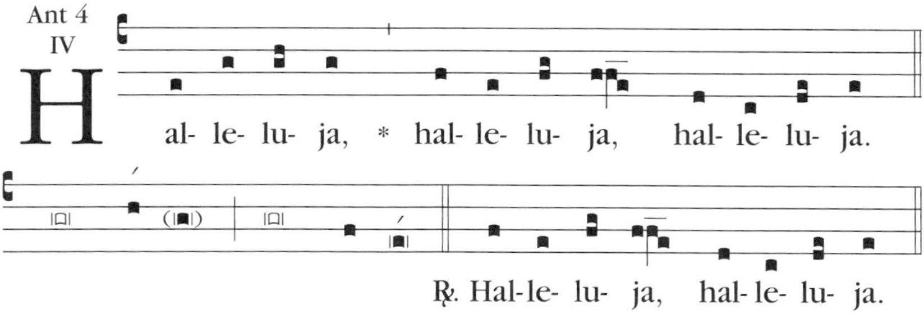

Psalm 117

LOBET den HERRN, alle Völker,
preist ihn, alle Nationen! – ℟.

Denn mächtig waltet über uns seine Huld,
die Treue des HERRN währt in Ewigkeit. – ℟.

Ehre sei dem Vater und dem Sohne
und dem Heiligen Geiste. – ℟.

Wie im Anfang, so auch jetzt und allezeit
und in Ewigkeit. Amen. – ℟.

*Nach der letzten Wiederholung von ℟. schließt sich noch einmal die Antiphon an (Vorsänger * Alle).*

In der Fastenzeit

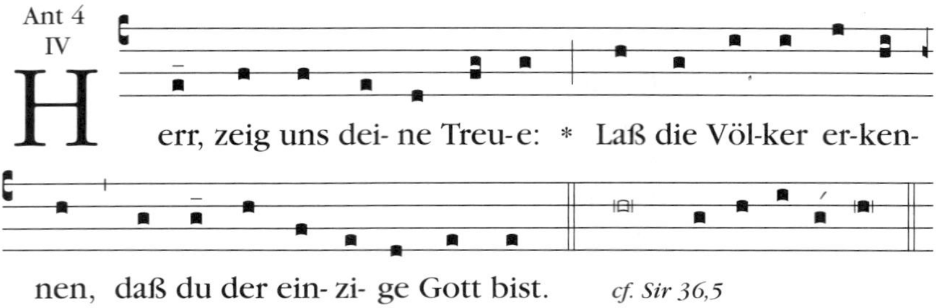

In der Osterzeit

Psalm 117

LOBET den HERRN, alle Völker, *
preist ihn, alle Nationen!
Denn mächtig waltet über uns seine Huld, *
die Treue des HERRN währt in Ewigkeit.

Kurzlesung *Jes 33,3.5f*

Herr, vor deinem Donnergetöse fliehen die Nationen; wenn du dich erhebst, flüchten die Völker nach allen Seiten. – Ja, der Herr ist erhaben, er wohnt in der Höhe. Er wird Zion mit Recht und Gerechtigkeit erfüllen. Es wird sichere Zeiten erleben. Weisheit und Erkenntnis sind der Reichtum, der es rettet; die Furcht des Herrn ist sein Schatz.

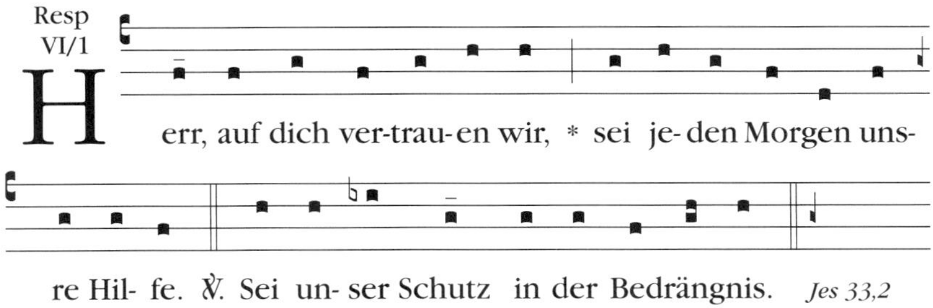

Jes 33,2

Hymnus

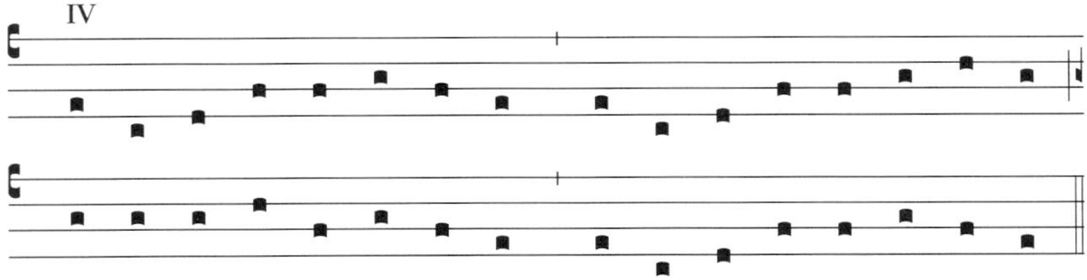

SCHON zieht herauf des Tages Licht,
wir flehn zu Gott voll Zuversicht:
Bewahre uns an diesem Tag
vor allem, was uns schaden mag.

Bezähme unsrer Zunge Macht,
daß sie nicht Haß und Streit entfacht;
laß unsrer Augen hellen Schein
durch Böses nicht verdunkelt sein.

Rein sei das Herz und unversehrt
und allem Guten zugekehrt.
Und gib uns jeden Tag das Brot
für unsre und der Brüder Not.

Senkt sich hernieder dann die Nacht
und ist das Tagewerk vollbracht,
sei dir all unser Tun geweiht
zum Lobe deiner Herrlichkeit.

Dich, Vater, Sohn und Heil'ger Geist,
voll Freude alle Schöpfung preist,
der jeden neuen Tag uns schenkt
und unser ganzes Leben lenkt. Amen.

℣. Bei dir ist die Quelle des Lebens.
℟. In deinem Lichte schauen wir das Licht.

Ant C VII

Offb 11,15

Im Advent

Ant C I

Joel 3,4f

In der Fastenzeit

Ant C III

In der Osterzeit

Ant C VII

Canticum Offb 11,17f; 12,10-12; 7,10.12

WIR danken dir, Herr, allherrschender Gott, *
der ist und der war.
Denn du hast deine große Macht ergriffen *
und angetreten deine Herrschaft.
Die Völker gerieten in Zorn, /
da ist dein Zorn gekommen, *
es kam die Zeit, die Toten zu richten,
die Zeit, den Lohn zu geben *
deinen Knechten, den Propheten und Heiligen,
allen, die deinen Namen fürchten, *
den Kleinen wie den Großen,
die Zeit, ins Verderben zu bringen, *
die die Erde verderben.

Jetzt ist er da, der rettende Sieg /
und die Macht und die Herrschaft unseres Gottes *
und die Vollmacht seines Gesalbten.
  Denn gestürzt ist, der unsere Brüder verklagte, *
  der Tag und Nacht sie verklagte vor unserem Gott.
Sie haben ihn besiegt durch das Blut des Lammes *
und durch ihr Wort und Zeugnis,
  sie hielten ihr Leben nicht fest, *
  gaben es hin im Tode.
Darum jauchzet, ihr Himmel *
und alle, die darin wohnen!
  Wehe dem Land und dem Meer: /
  denn Satan fuhr hinab zu euch in großem Zorne, *
  weil er weiß: er hat nur eine kurze Frist.

ANTIPHON

Heil unserem Gott, der auf dem Thron sitzt, *
und Heil dem Lamme!
  Lobpreis und Herrlichkeit, Weisheit und Dank, /
  Ehre und Macht und Stärke *
  gebührt unserm Gott in alle Ewigkeit. Amen.

MITTWOCH

VIGIL

Invitatorium

Psalm 46

GOTT ist uns Zuflucht und Stärke,
vielfach bewährt als Helfer in Nöten.
Darum bangen wir nicht, mag auch die Erde wanken,
mögen Berge stürzen in die Tiefe des Meeres.
Wenn seine Wogen auch tosen und schäumen
und Berge erzittern vor seinem Ungestüm:

MIT UNS IST DER HERR DER SCHAREN,
DER GOTT JAKOBS IST UNSRE BURG.

Des Stromes Arme erfreuen die Gottesstadt,
des Höchsten heilige Wohnung.
Gott ist in ihrer Mitte, sie wird nicht wanken;
am frühen Morgen schon bringt Gott ihr Hilfe.
Völker toben, Reiche wanken,
er donnert drein, da schmilzt die Erde.

MIT UNS IST DER HERR DER SCHAREN,
DER GOTT JAKOBS IST UNSRE BURG.

Kommt und schaut die Taten des HERRN:
Schauder erregt er auf Erden.
Er setzt den Kriegen ein Ende, bis an die Grenzen der Erde,
zerbricht die Bogen, zerschlägt die Lanzen,
verbrennt die Wagen im Feuer.
„Laßt ab und erkennt, daß ich Gott bin:
erhaben über die Völker, erhaben auf Erden."

MIT UNS IST DER HERR DER SCHAREN,
DER GOTT JAKOBS IST UNSRE BURG.

Ehre dem Vater, Ehre dem Sohne,
Ehre dem Heiligen Geiste.
Wie im Anfang, so auch jetzt und immer
und für ewige Zeiten. Amen.

MIT UNS IST DER HERR DER SCHAREN,
DER GOTT JAKOBS IST UNSRE BURG.

Erste Nokturn

Ant 1
IV

In der Osterzeit

Ant 1
IV

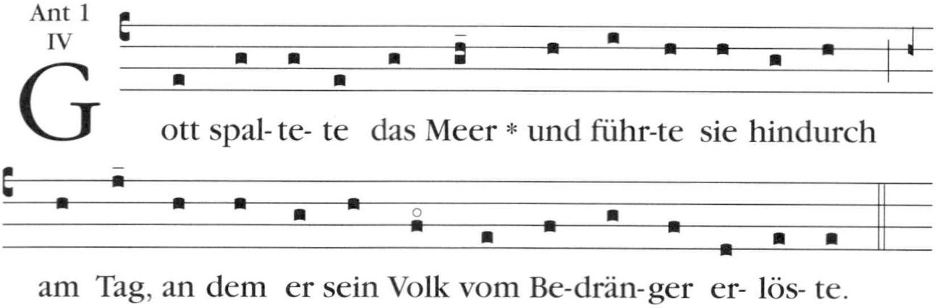

Psalm 78

MEIN Volk, lausche meiner Weisung! *
Neigt euer Ohr den Worten meines Mundes!
Meinen Mund will ich öffnen zum Spruch, *
Rätsel der Vorzeit will ich künden.

Was wir gehört und erfahren, *
was uns die Väter erzählten,
das wollen wir vor ihren Kindern nicht verbergen, *
dem kommenden Geschlecht wollen wir's erzählen:
die Ruhmestaten des HERRN und seine Stärke, *
die Wunder, die er getan hat.
Er richtete ein Zeugnis auf in Jakob, *
Weisung gab er in Israel,
da er unseren Vätern gebot, *
all das bekannt zu machen ihren Kindern,

damit das kommende Geschlecht davon erfahre, *
die später geborenen Kinder.
Die wieder sollen aufstehn und es ihren Kindern erzählen, *
damit sie auf Gott ihr Vertrauen setzen:
sie sollen Gottes Taten nicht vergessen *
und seine Befehle halten.

Sie sollen nicht werden wie ihre Väter: *
ein Geschlecht voll Trotz und Empörung,
ein Geschlecht, dessen Herz nicht fest war, *
dessen Geist Gott nicht treu blieb.
Die Söhne Efraims, als Bogenschützen gerüstet, *
machten kehrt am Tage des Kampfes.
Sie achteten nicht auf Gottes Bund *
und weigerten sich, seiner Weisung zu folgen.
Sie vergaßen seine Taten, *
die Wunder, die er sie schauen ließ.
Vor ihren Vätern hatte er Wunder vollbracht *
im Land Ägypten, im Gefilde von Zoan.
Er spaltete das Meer und führte sie hindurch, *
wie einen Damm ließ er feststehn die Wasser.
Er leitete sie bei Tag in der Wolke, *
die ganze Nacht im Leuchten des Feuers.
Er spaltete Felsen in der Wüste *
und spendete Trank - reichlich wie Fluten.
Er ließ Bäche entspringen aus dem Gestein, *
ließ Wasser fließen gleich Strömen.

Sie aber fuhren fort, gegen ihn zu sündigen, *
im Ödland dem Höchsten zu trotzen.
In ihren Herzen versuchten sie Gott, *
als sie Speise verlangten für ihren Hunger.
Sie redeten gegen Gott, *
sie sagten: „Kann Gott uns denn den Tisch bereiten in der Wüste?
Den Felsen hat er zwar geschlagen, *
und es flossen Wasser, es strömten Bäche!
Kann er uns auch versorgen mit Brot *
und Fleisch beschaffen seinem Volke?“

Das hörte der HERR und ergrimmte, /
Feuer entbrannte wider Jakob, *
Zorn stieg auf wider Israel,
weil sie Gott nicht glaubten *
und seinem Heil nicht trauten.
Und er befahl den Wolken in der Höhe, *
er öffnete die Tore des Himmels.
Manna ließ er auf sie regnen zur Speise *
und gab ihnen Brot vom Himmel.
Jeder aß vom Brot der Starken; *
er sandte Nahrung, sie zu sättigen.
Aufbrechen ließ er den Ostwind am Himmel, *
und führte den Südwind herbei in seiner Stärke.
Er ließ Fleisch auf sie regnen wie Staub, *
wie Sand am Meer gefiederte Vögel.
Er ließ sie fallen mitten ins Lager *
und rings um seine Zelte.
Da aßen sie und wurden reichlich gesättigt. *
Er hatte ihnen gebracht, was sie begehrten.
Doch ließen sie nicht ab von ihrem Begehren, *
nicht einmal jetzt, als die Speise in ihrem Mund war.
Da stieg Gottes Zorn gegen sie auf, /
unter ihren Großen schlug er zu, *
Israels junge Männer zwang er zu Boden.

Trotz alledem sündigten sie weiter *
und glaubten nicht seinen Wundern.
Darum ließ er ihre Tage vergehen wie einen Hauch, *
ihre Jahre in jähem Schrecken.
Wenn er zuschlug, fragten sie nach Gott *
und suchten ihn von neuem.
Sie dachten daran, daß Gott ihr Fels ist, *
daß Gott, der Höchste, ihr Erlöser ist.
Doch sie betörten ihn mit ihrem Mund, *
belogen ihn mit ihrer Zunge.
Ihr Herz hielt nicht an ihm fest, *
sie waren nicht treu seinem Bunde.

Doch er ist barmherzig, *
er vergibt die Schuld und vernichtet nicht.
  Immer wieder hält er seinen Zorn zurück *
  und weckt nicht seinen ganzen Grimm auf.
Er dachte daran, daß sie Fleisch sind, *
nur ein Hauch, der vergeht und nicht wiederkehrt.

  Wie oft haben sie ihm in der Wüste getrotzt, *
  ihn gekränkt in der Steppe.
Immer von neuem versuchten sie Gott *
und betrübten den Heiligen Israels.
  Sie dachten nicht mehr an seine Hand, *
  an den Tag, an dem er sie vom Bedränger erlöste,
als er gegen Ägypten seine Zeichen tat, *
seine Wunder im Gefilde von Zoan:
  Er verwandelte ihre Flüsse und Bäche in Blut, *
  sie hatten nichts mehr zu trinken.
Er schickte Geziefer gegen sie aus, sie zu fressen, *
und Frösche, sie zu vernichten.
  Er überließ den Grillen ihre Ernte, *
  und Heuschrecken den Ertrag ihrer Mühen.
Er zerschlug mit Hagel ihre Reben, *
ihre Maulbeerbäume mit Schloßen.
  Er gab ihr Vieh dem Hagel preis, *
  ihre Herden den Blitzen.
Er schickte gegen sie die Glut seines Zorns, /
Groll und Wut und Bedrängnis, *
eine Schar von Boten des Unheils.
  Er bahnte seinem Zorn einen Pfad, /
  er bewahrte sie nicht vor dem Tod *
  und gab ihr Leben der Pest preis.
Er schlug in Ägypten alle Erstgeburt, *
in den Zelten Hams die Erstlinge ihrer Manneskraft.
  Er ließ sein Volk aufbrechen wie Schafe *
  und führte sie durch die Wüste wie eine Herde.
Er hat sie sicher geleitet, sie mußten nichts fürchten, *
während das Meer ihre Feinde bedeckte.

Er brachte sie in sein heiliges Gebiet, *
zum Berg, den seine Rechte erworben.
Er vertrieb vor ihnen die Völker, /
maß ihnen dort ihr Erbteil zu *
und ließ in ihren Zelten die Stämme Israels wohnen.

Doch sie versuchten Gott und trotzten dem Höchsten, *
sie achteten nicht auf seine Gebote.
Sie wurden abtrünnig und treulos wie ihre Väter *
und versagten wie ein erschlaffter Bogen.
Sie erbitterten ihn mit ihrem Kult auf den Höhen *
und reizten seine Eifersucht mit ihren Idolen.
Gott hörte es und ergrimmte, *
ganz und gar verwarf er Israel.
Seine Wohnung in Schilo gab er auf, *
das Zelt, wo er unter den Menschen wohnte.
Er gab seine Macht in Gefangenschaft, *
seine Pracht in die Hand des Bedrängers.
Er gab sein Volk dem Schwert preis, *
er ergrimmte über sein Erbe.
Die jungen Männer fraß das Feuer, *
den jungen Mädchen sang man kein Brautlied.
Die Priester fielen durch das Schwert, *
die Witwen durften nicht weinen.

Da erwachte der Herr wie aus dem Schlaf, *
wie ein Held, der vom Wein überwältigt war.
Er schlug seine Feinde am Rücken *
und hängte ihnen ewige Schmach an.
Das Zelt Josefs verwarf er, *
dem Stamm Efraim entzog er die Erwählung.
Doch den Stamm Juda erwählte er, *
den Berg Zion, den er lieb hat.
Hoch wie den Himmel baute er sein Heiligtum, *
fest wie die Erde, die er für ewig gegründet.
Und er erwählte David, seinen Knecht, *
er nahm sich ihn von den Hürden der Schafe,

von den Muttertieren holte er ihn weg, /
damit er Jakob weide, sein Volk, *
und Israel, sein Erbe.
Und er weidete sie mit arglosem Herzen *
und leitete sie mit klugen Händen.

Ant 2
VII

In der Osterzeit

Ant 2
VII

Psalm 132

O HERR, denke an David, *
an all die Mühe, die er auf sich nahm,
wie er dem HERRN geschworen, *
dem Starken Jakobs gelobt hat:
„Nicht will ich mein Zelt betreten, *
nicht zum Ruhen mein Lager besteigen,
nicht Schlaf den Augen gönnen *
noch Schlummer den Lidern,

bis ich für den HERRN eine Stätte gefunden, *
eine Wohnung für den Starken Jakobs."

Siehe, in Efrata hörten wir von seiner Lade, *
wir fanden sie im Gefilde von Jaar.
Laßt uns zu seiner Wohnung ziehen, *
uns niederwerfen am Schemel seiner Füße!
HERR, mache dich auf zum Ort deiner Ruhe, *
du und deine machtvolle Lade!
Deine Priester sollen sich in Gerechtigkeit kleiden, *
deine Frommen sollen jauchzen!
Um Davids willen, deines Knechtes, *
weise nicht ab das Antlitz deines Gesalbten!

Der HERR hat David geschworen, *
wahrhaftig, nie wird er davon abgehn:
„Einen Sproß deines Leibes *
setze ich auf den Thron, der dir verliehen ist.
Wenn deine Söhne meinen Bund bewahren, *
meine Gebote, die ich sie lehre,
dann sollen auch ihre Söhne *
für immer auf deinem Throne sitzen."

Ja, der HERR hat sich den Zion erkoren, *
er begehrte ihn für sich zum Wohnsitz:
„Dies ist für immer der Ort meiner Ruhe; *
ihn hab ich begehrt, hier will ich wohnen.
Seine Nahrung will ich reichlich segnen, *
mit Brot seine Armen sättigen.
Seine Priester will ich kleiden in Heil, *
seine Frommen sollen jubeln und jauchzen!
Dort bringe ich Davids Macht zum Sprießen. *
Meinem Gesalbten habe ich eine Leuchte bereitet.
Ich kleide seine Feinde in Schande, *
doch auf ihm wird seine Krone erglänzen."

℣. Die Eröffnung deiner Worte bringt Erleuchtung.
℟. Den Einfältigen gibt sie Einsicht.

In der Osterzeit

℣. Der Herr ist auferstanden. Halleluja.
℟. Des freuen sich Himmel und Erde. Halleluja.

Segensspruch *Röm 15,5f*
Der Gott der Geduld und des Trostes schenke uns die Einmütigkeit, die Christus Jesus entspricht, damit wir Gott, den Vater unseres Herrn Jesus Christus, einträchtig und mit einem Munde preisen. ℟. Amen.

Zweite Nokturn

In der Osterzeit

Psalm 19

DIE Himmel erzählen die Herrlichkeit Gottes, *
das Firmament verkündet das Werk seiner Hände.
Ein Tag sagt es jubelnd dem andern, *
eine Nacht übergibt der andern die Kunde.

Nicht sind es Worte, nicht sind es Reden, *
deren Stimme man nicht vernähme.
Ihre Botschaft ging in alle Welt hinaus, *
ihre Nachricht bis zu den Enden der Erde.
Dort hat er der Sonne ein Zelt bestimmt: /
wie der Bräutigam aus seinem Gemach tritt sie hervor, *
sie freut sich wie ein Held, die Bahn zu laufen.
Am einen Ende des Himmels geht sie hervor, /
durchläuft den Kreis bis ans andere Ende. *
Nichts kann vor ihrer Glut sich bergen.

Die Weisung des HERRN ist vollkommen, *
sie erquickt die Seele.
Das Zeugnis des HERRN ist verläßlich, *
den Unwissenden macht es weise.
Die Befehle des HERRN sind gerade, *
das Herz erfüllen sie mit Freude.
Das Gebot des HERRN ist lauter, *
es erleuchtet die Augen.
Die Furcht des HERRN ist rein, *
sie besteht für ewig.
Die Entscheide des HERRN sind wahr, *
gerecht sind sie alle.
Kostbarer sind sie als Gold, als Feingold in Menge, *
süßer sind sie als Honig und Seim aus den Waben.
Auch dein Knecht läßt sich durch sie erleuchten. *
Reich ist belohnt, wer sie beachtet.
Wer wird all seiner Fehler gewahr? *
Sprich mich frei von verborgenen Sünden!
Auch vor Vermessenen behüte deinen Knecht, *
sie sollen nicht über mich herrschen.
Dann werde ich vollkommen sein: *
frei von schwerer Verfehlung.

Die Worte meines Mundes mögen dir gefallen, /
das Sinnen meines Herzens stehe dir vor Augen, *
HERR, mein Fels und mein Erlöser.

Anstelle von Psalm 58 und seiner Antiphon kann auch der nachfolgende Psalm 53 (mit seiner Antiphon) gesungen werden.

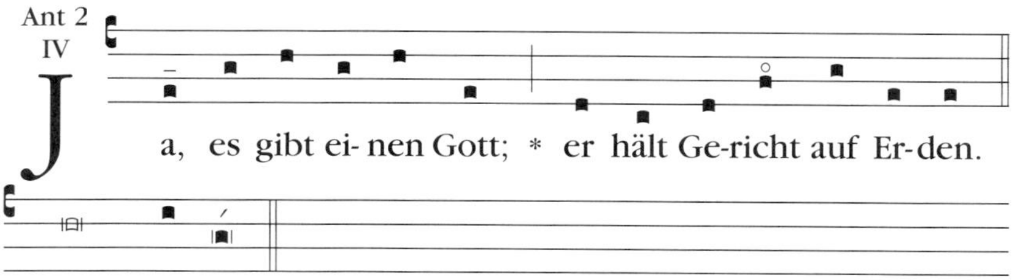

In der Osterzeit

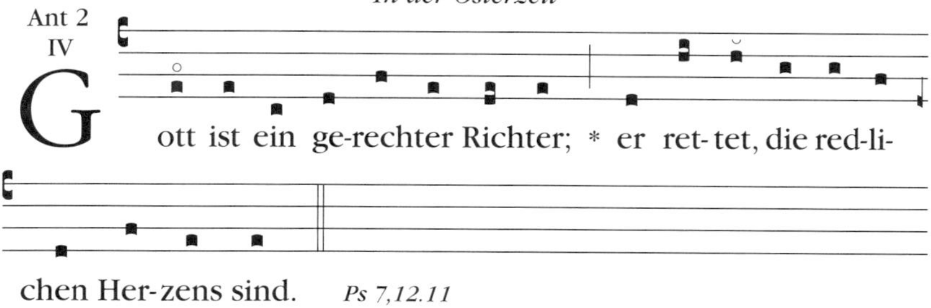

Ps 7,12.11

Psalm 58

SPRECHT ihr wirklich Recht, ihr Mächtigen? *
Ihr Menschen, richtet ihr gerecht?
  Sogar im Herzen übt ihr Frevel, *
  der Gewalttat eurer Hände bahnt ihr im Lande den Weg.

Vom Mutterschoß an sind abgewichen die Frevler, *
vom Mutterleib an irren die Lügner ab.
  Ihr Gift ist wie das Gift der Schlange, *
  sie gleichen der tauben Viper, die ihr Ohr verschließt;
sie hört nicht auf die Stimme der Beschwörer *
und des Zauberers, der die Zaubersprüche beherrscht.

  O Gott, zerbrich ihnen die Zähne im Mund! *
  O HERR, zerschlage das Gebiß der Löwen!
Sie sollen verworfen sein /
wie Wasser, das sich verläuft, *
wie Pfeile, die knicken, sobald man sie auflegt,

wie die Schnecke, die im Schleim dahingeht, *
wie eine Fehlgeburt, welche die Sonne nicht schaut.
Ehe eure Kessel das Dorngestrüpp spüren, *
fegt es, obgleich es noch grün ist,
die Zornglut hinweg.

Der Gerechte freut sich, denn er sieht die Vergeltung, *
er badet seine Füße im Blut des Frevlers.
Dann wird man sagen: /
„Ja, der Gerechte erhält seinen Lohn; *
ja, es gibt einen Gott, der auf Erden Gericht hält."

Der folgende Psalm 53 (mit seiner Antiphon) entfällt, wenn der vorausgehende Psalm 58 gesungen wurde.

Ant 2
IV

In der Osterzeit

Ant 2
IV

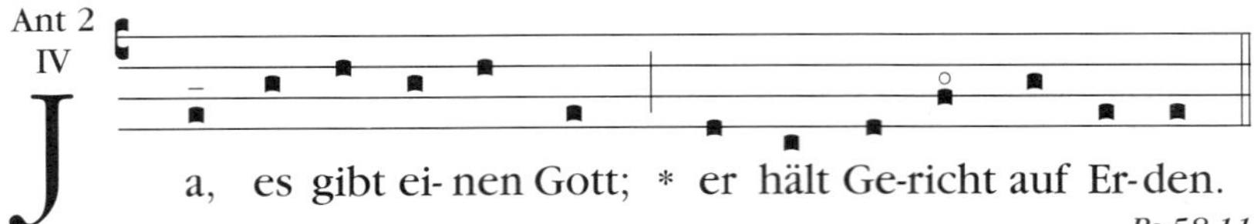

Ps 58,11

Psalm 53

DER Tor spricht in seinem Herzen: *
„Es gibt keinen Gott."
Sie handeln verderbt und abscheulich, *
es gibt keinen, der Gutes tut.

Gott blickt vom Himmel herab auf die Menschen, /
zu sehn, ob noch einer da ist, der verständig ist, *
einer, der Gott sucht.
Abtrünnig sind alle, alle zusammen verdorben, /
es gibt keinen, der Gutes tut, *
nicht einen einzigen.

Haben die Übeltäter keine Einsicht? /
Sie fressen mein Volk, als äßen sie Brot. *
Gott rufen sie nicht an.
Da, es überfällt sie gewaltiger Schrecken, /
ohne daß etwas Erschreckendes da ist, *
denn Gott zerstreut die Gebeine deines Bedrängers:
du machst sie zuschanden, *
denn Gott hat sie verworfen.

Wer schenkt vom Zion her Israel Heil? *
Wenn Gott das Schicksal seines Volkes wendet,
wird Jakob jubeln und Israel sich freun.

Ant 3
II

Was soll ich mich fürchten in Ta-gen des Un-heils? *

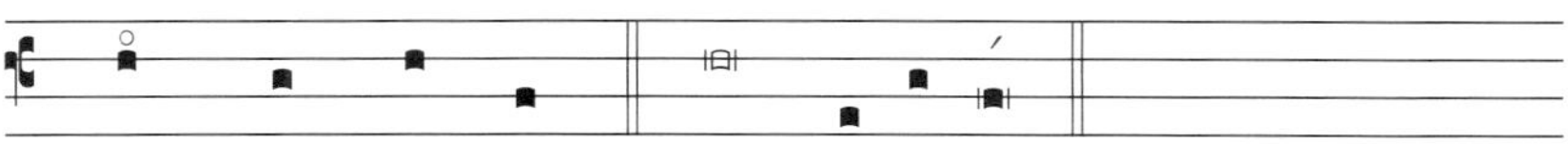

Gott nimmt mich auf.

In der Osterzeit

Ant 3
II

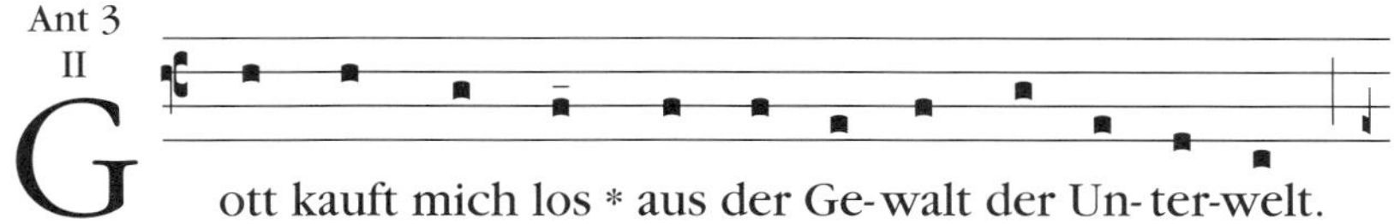

Gott kauft mich los * aus der Ge-walt der Un-ter-welt.

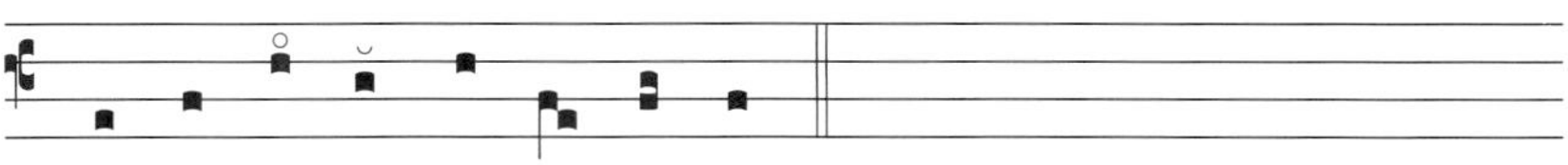

Hal- le- lu- ja, hal- le- lu- ja.

Psalm 49

HÖRT dies an, ihr Völker alle, *
lauscht, ihr Bewohner der Welt,
ihr Leute vom Volk, ihr Leute vom Adel, *
Reiche und Arme zusammen!

Mein Mund spricht Weisheit, *
das Sinnen meines Herzens ist Einsicht.
  Zu einem Spruch neig ich mein Ohr, *
  ich löse mein Rätsel auf beim Harfenspiel.

Was soll ich mich fürchten in Tagen des Unheils, *
wenn mich der Frevel von Betrügern umgibt,
  die auf ihr Vermögen vertrauen *
  und sich ihres großen Reichtums rühmen.
Doch loskaufen kann sich keiner, /
keiner kann Gott sein Lösegeld geben – *
für sein Leben ist jeder Kaufpreis zu hoch.
  Für immer muß er davon abstehn, daß er auf ewig weiterlebt, *
  daß er niemals das Grab schaut.
O nein, er schaut es! /
Weise sterben – mit Tor und Narr zusammen gehn sie zugrunde, *
sie lassen ihr Vermögen andern.
  Sie meinen, ihre Häuser stehen auf ewig, /
  ihre Wohnungen von Geschlecht zu Geschlecht: *
  hatten sie doch Länder nach ihren Namen benannt.
Der Mensch in seiner Pracht – er bleibt nicht, *
er gleicht dem Vieh, das man stumm macht.

  So geht es ihnen! Sie sind voller Torheit. *
  Und die an ihren Lippen hängen, müssen ihnen nach.
Wie eine Herde trotten sie zur Unterwelt, /
auf die Weide führt sie der Tod. *
Die Gerechten herrschen über sie am Morgen.
  Ihre Gestalt zerfällt in der Unterwelt, *
  fern von ihren Palästen.
Gott aber kauft mich los aus der Gewalt der Unterwelt, *
ja, er nimmt mich auf.

  Fürchte dich nicht, wenn einer reich wird, *
  wenn die Herrlichkeit seines Hauses sich mehrt.
Denn im Tod nimmt er das alles nicht mit, *
seine Herrlichkeit folgt ihm nicht hinab.
  Mag er sich glücklich preisen, solange er lebt: *
  „Man lobt dich, weil du dir's wohl sein läßt“,

er kommt dennoch zum Geschlecht seiner Väter hinab, *
zu jenen, die niemals mehr das Licht sehn.
Der Mensch in seiner Pracht – er hat keine Einsicht, *
er gleicht dem Vieh, das man stumm macht.

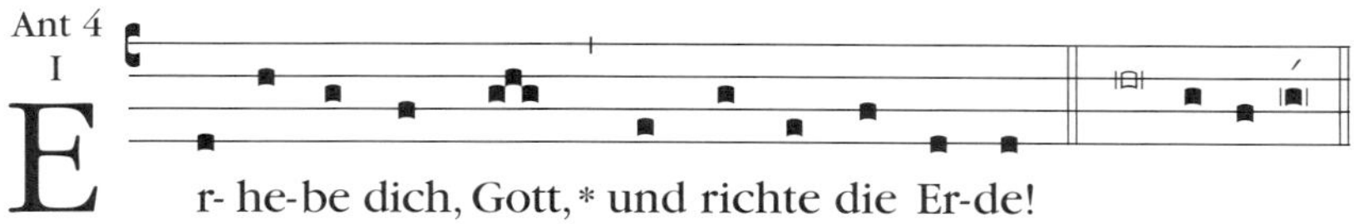

In der Osterzeit

Psalm 82

GOTT steht auf in der Versammlung der Götter, *
inmitten der Götter hält er Gericht:

Wie lange noch wollt ihr ungerecht richten *
und die Frevler begünstigen?
Verschafft Recht dem Geringen und dem Verwaisten, *
verhelft dem Elenden und dem Bedürftigen zum Recht!
Befreit den Geringen und den Armen, *
entreißt sie der Hand der Frevler!

Sie erkennen nichts und verstehen nichts, /
sie tappen herum im Finstern. *
Alle Fundamente der Erde wanken.

Ich habe gesagt: Ihr seid Götter, *
Söhne des Höchsten seid ihr alle.

Doch fürwahr, ihr sollt sterben wie Menschen, *
wie einer der Fürsten sollt ihr stürzen.

Erhebe dich, Gott, und richte die Erde! *
Denn du sollst alle Völker zu eigen erhalten.

℣. Ich hoffe auf den Herrn, es hofft meine Seele.
℟. Ich warte voll Vertrauen auf sein Wort.

In der Osterzeit

℣. Gott hat den Herrn von den Toten erweckt. Halleluja.
℟. Er wird durch seine Macht auch uns erwecken. Halleluja.

Segensspruch *1 Thess 3,12f*

Der Herr lasse uns wachsen und reich werden in der Liebe zueinander und zu allen, damit unser Herz gefestigt wird und wir ohne Tadel sind und geheiligt, wenn er mit allen seinen Heiligen kommt. ℟. Amen.

*

Oration I

Gott, unser Vater, senke deinen Geist in unser Herz und erleuchte es, damit wir deine Weisungen erkennen und bereitwillig den Weg gehen, den du uns führen willst. Darum bitten wir durch Christus, unsern Herrn. ℟. Amen.

Oration II

Herr Jesus Christus, König des Himmels und der Erde, lenke und heilige unser Herz und unsern Leib, unsre Gedanken, Worte und Werke. Gib, daß wir tun, was du gebietest, damit wir mit deiner Hilfe das Heil erlangen und frei werden hier und auf ewig. Darum bitten wir dich, der du in der Einheit des Heiligen Geistes mit Gott, dem Vater, lebst und herrschest in alle Ewigkeit. ℟. Amen.

LAUDES

Ant 1
V

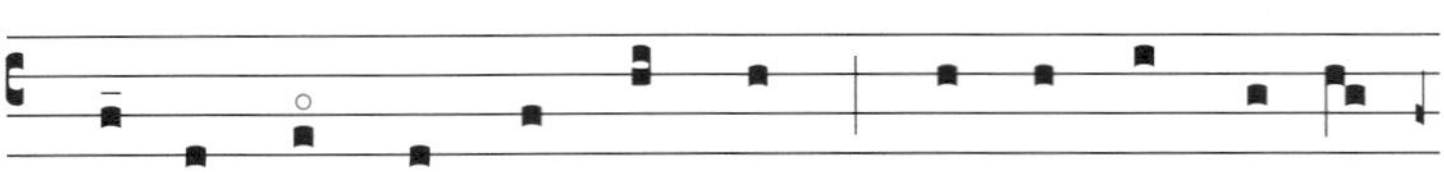

Du, o Herr, bist der Höchste, * du bist hoch er-ha-

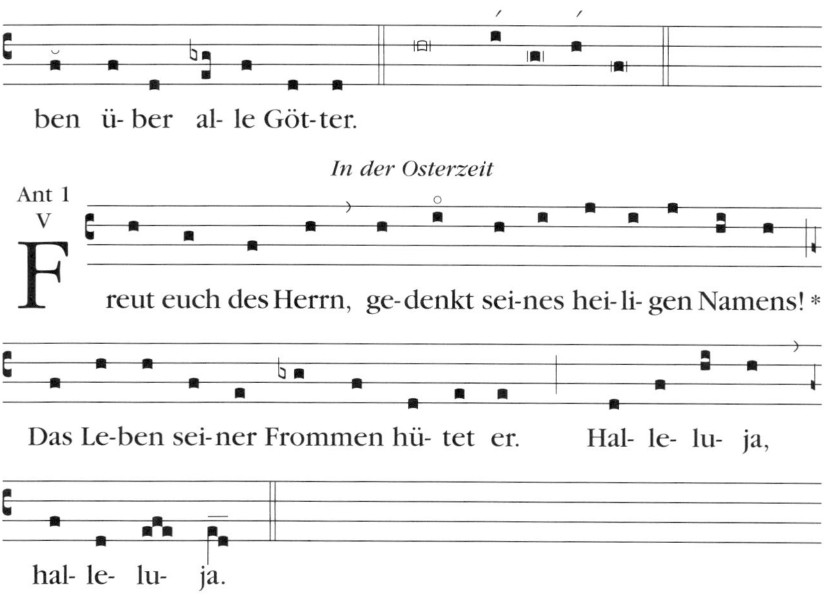

Psalm 97

DER HERR ist König! Die Erde frohlocke! *
Freuen sollen sich die vielen Inseln!
Rings um ihn her sind Wolken und Dunkel, *
Gerechtigkeit und Recht sind seines Thrones Stützen.
Feuer läuft vor ihm her, *
ringsum verzehrt es seine Gegner.
Seine Blitze erhellen den Erdkreis, *
die Erde sieht es mit Beben.
Wie Wachs schmelzen vor dem HERRN die Berge, *
vor dem Antlitz des Herrschers der ganzen Erde.
Die Himmel künden seine Gerechtigkeit, *
seine Herrlichkeit schauen alle Völker.

Zuschanden werden, die Bildern dienen, /
die ihrer Götzen sich rühmen. *
Vor ihm werfen alle Götter sich nieder.
Zion hört es und freut sich, *
Judas Töchter jubeln, HERR, über deine Gerichte.

Denn du, o HERR, bist der Höchste über der ganzen Erde, *
hoch erhaben bist du über alle Götter.
    Die ihr den HERRN liebt, haßt das Böse! /
    Er hütet das Leben seiner Frommen, *
    er entreißt sie der Hand der Frevler.
Licht ist dem Gerechten ausgesät, *
Freude denen, die geraden Herzens sind.
    Ihr Gerechten, freut euch des HERRN! *
    Preist ihn, gedenkt seines heiligen Namens!

In der Osterzeit

Psalm 36

AUFLEHNUNG raunt tief im Herzen des Frevlers. *
Kein Erschrecken vor Gott gibt es in seinen Augen.

Er sieht sich selbst zu schmeichelhaft, *
um seine Schuld zu finden und zu hassen.
Die Worte seines Mundes sind Unheil und Trug; *
er gab es auf, weise und gut zu handeln.
Unheil sinnt er auf seinem Lager, *
den unguten Weg betritt er, verwirft nicht das Böse.

HERR, deine Liebe reicht bis zum Himmel, *
deine Treue bis zu den Wolken.
Deine Gerechtigkeit steht wie die Berge Gottes, /
wie die große Flut sind deine Entscheide. *
HERR, du wirkst Heil für Menschen und Tiere.
Wie köstlich, o Gott, ist deine Liebe! *
Die Menschen bergen sich im Schatten deiner Flügel.
Sie laben sich am Überfluß deines Hauses, *
du tränkst sie mit dem Strom deiner Wonnen.
Denn bei dir ist die Quelle des Lebens, *
Licht schauen wir in deinem Lichte.

Erhalte deine Liebe denen, die dich kennen, *
und deine Gerechtigkeit den Menschen mit redlichem Herzen.
Nicht trete auf mich der Fuß des Stolzen, *
die Hand der Frevler soll mich nicht vertreiben.
Da! – Die Übeltäter brachen zusammen, *
sie wurden zu Fall gebracht und können nie wieder aufstehn.

Ant 3
VII

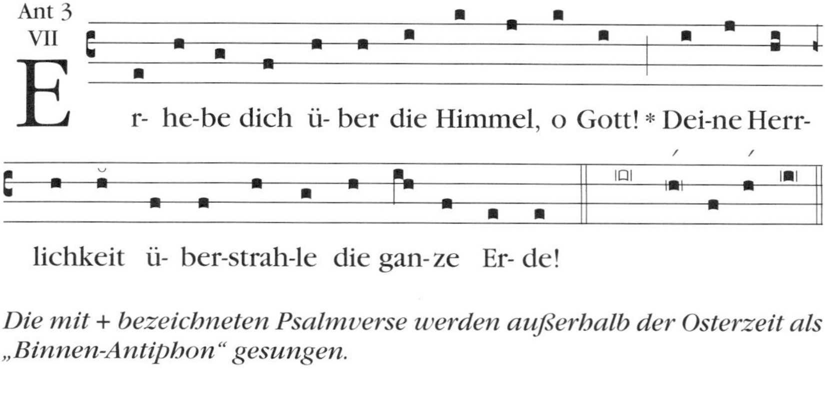

Die mit + bezeichneten Psalmverse werden außerhalb der Osterzeit als „Binnen-Antiphon“ gesungen.

In der Osterzeit

Ant 3
VII

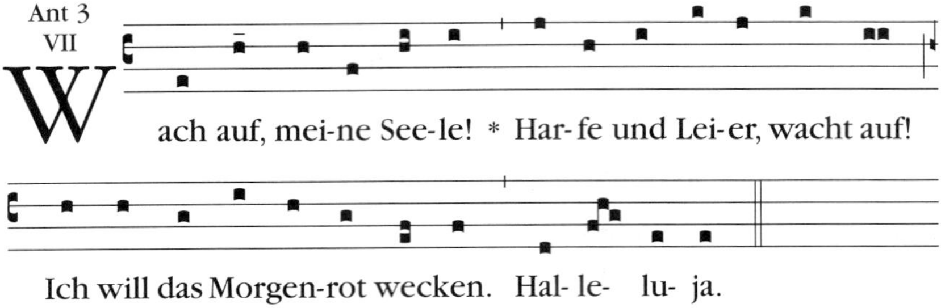

Psalm 57

SEI mir gnädig, o Gott, sei mir gnädig, *
denn bei dir suche ich Zuflucht.
Ich flüchte in den Schatten deiner Flügel, *
bis das Unheil vorüber ist.
Ich rufe zu Gott, dem Höchsten, *
zu Gott, der mir beisteht.
Er sende mir Hilfe vom Himmel, /
– es höhnt mein Bedränger! – *
Gott sende seine Liebe und Treue!

Ich muß mitten unter Löwen lagern, *
die gierig auf Menschen sind.
Ihre Zähne sind Spieße und Pfeile, *
ein geschliffenes Schwert ihre Zunge.
Sie legten ein Netz meinen Schritten und beugten mich, /
sie schaufelten mir eine Grube *
– und sind selber hineingestürzt.
+ Erhebe dich über die Himmel, o Gott! *
Deine Herrlichkeit überstrahle die ganze Erde!

Mein Herz ist bereit, o Gott, /
mein Herz ist bereit. *
Ich will singen und spielen.
Wach auf, meine Seele! /
Harfe und Leier, wacht auf! *
Ich will das Morgenrot wecken.

Ich will dich preisen, Herr, unter den Völkern, *
dir vor den Nationen lobsingen.
Denn deine Liebe reicht bis zum Himmel *
und deine Treue bis zu den Wolken.
+ Erhebe dich über die Himmel, o Gott! *
Deine Herrlichkeit überstrahle die ganze Erde!

Ant 4
VIII

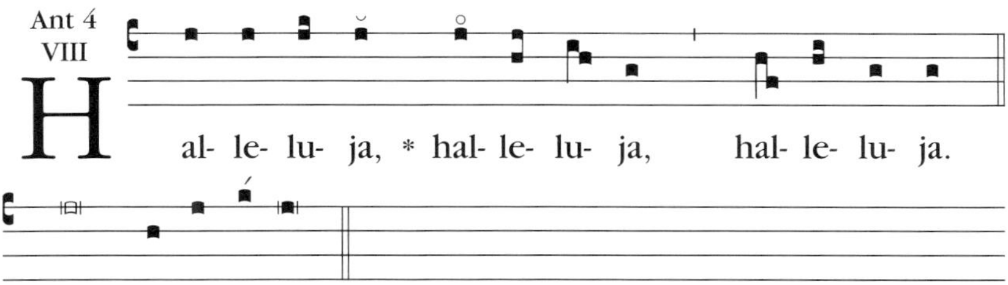

In der Fastenzeit

Ant 4
VIII

In der Osterzeit

Ant 4
VIII

Psalm 149

SINGET dem HERRN ein neues Lied, *
seinen Lobpreis in der Gemeinde der Frommen!
Israel freue sich seines Schöpfers, *
die Kinder Zions sollen jauchzen über ihren König.
Seinen Namen sollen sie loben im Reigen, *
ihm spielen auf Pauke und Harfe.
Denn der HERR hat Gefallen an seinem Volk, *
er krönt mit Sieg die Unterdrückten.

In Herrlichkeit sollen die Frommen frohlocken, *
sollen jauchzen auf ihren Lagern.
Die Rühmung Gottes sei in ihrem Munde: *
ein zweischneidiges Schwert in ihren Händen,
Vergeltung zu üben an den Nationen, *
Zurechtweisung an den Völkern,
in Fesseln zu schlagen ihre Könige, *
ihre Fürsten in eiserne Ketten,
Gericht zu halten über sie, wie es geschrieben steht. *
Eine Ehre ist das für all seine Frommen.

*

Kurzlesung *Jer 31,10-13*

Der Israel zerstreut hat, wird es auch sammeln und es hüten wie ein Hirt seine Herde. Denn der Herr wird Jakob erlösen und ihn befreien aus der Hand des Stärkeren. Sie kommen und jubeln auf Zions Höhen, sie strahlen vor Freude über die Gaben des Herrn, über Korn und Wein und Öl, über Lämmer und Rinder. Sie werden wie ein bewässerter Garten sein und nie mehr verschmachten. Dann freut sich das Mädchen beim Reigentanz, jung und alt sind fröhlich. Ich verwandle ihre Trauer in Jubel, ich tröste und erfreue sie nach ihrem Kummer.

Resp
VI/1

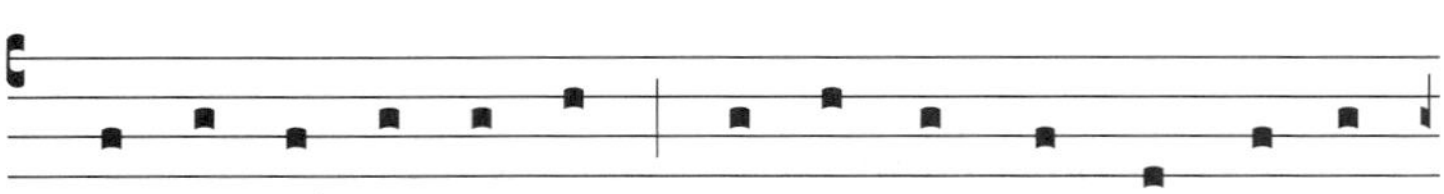

Mein Hir- te ist der Herr, * er wei-det mich auf grü-nen

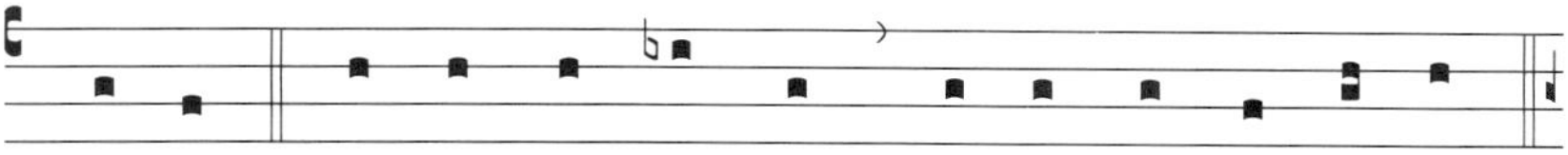

Au- en. ℣. Er deckt mir den Tisch, er füllt mir den Becher.

Ps 23,1f.5

Hymnus

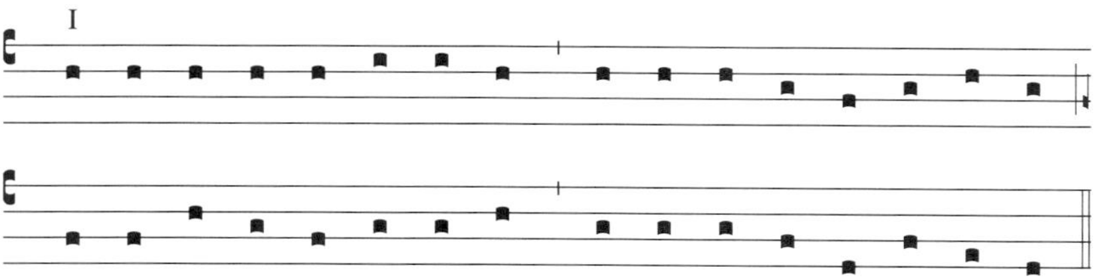

NACHT und Gewölk und Finsternis,
verworrnes Chaos dieser Welt,
entweicht und flieht! Das Licht erscheint,
der Tag erhebt sich: Christus naht.

Jäh reißt der Erde Dunkel auf,
durchstoßen von der Sonne Strahl,
der Farben Fülle kehrt zurück
im hellen Glanz des Taggestirns.

So soll, was in uns dunkel ist,
was schwer uns auf dem Herzen liegt,
aufbrechen unter deinem Licht
und dir sich öffnen, Herr und Gott.

Dich, Christus, suchen wir allein
mit reinem, ungeteiltem Sinn,
dir beugen willig wir das Knie
mit Bitten und mit Lobgesang.

Blick tief in unser Herz hinein,
sieh unser ganzes Leben an:
Noch manches Arge liegt in uns,
was nur dein Licht erhellen kann.

Dir, Christus, guter Herr und Gott,
dem ew'gen Vater, der uns liebt,
dem Heil'gen Geist, der bei uns ist,
sei Lob und Dank in Ewigkeit. Amen.

℣. Bei dir ist die Quelle des Lebens.
℟. In deinem Lichte schauen wir das Licht.

Ant C
II

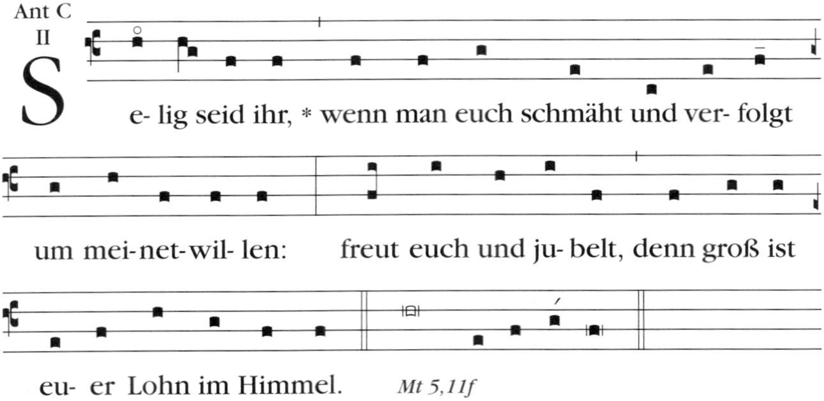

Mt 5,11f

Im Advent

Ant C
II

1 Petr 4,13f

In der Fastenzeit

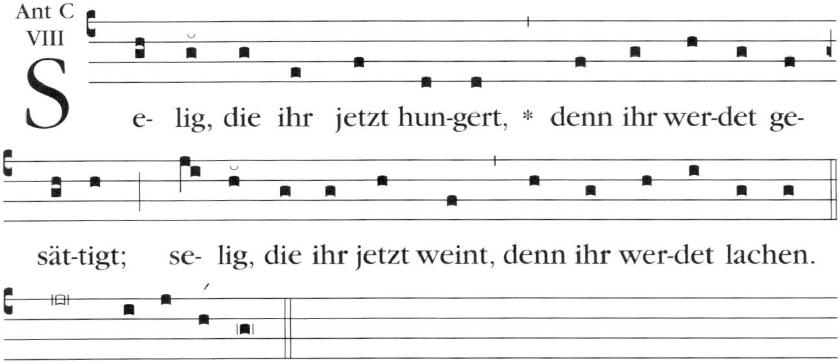

Lk 6,21

In der Osterzeit

Mt 25,34

Canticum Mt 5,3-10

SELIG, die arm sind im Geiste: *
ihrer ist das Himmelreich.
  Selig, die trauern: *
  sie werden getröstet.
Selig, die voll Sanftmut sind: *
sie werden das Land besitzen.
  Selig, die hungern und dürsten nach der Gerechtigkeit: *
  sie werden gesättigt.

Selig, die barmherzig sind: *
sie werden Barmherzigkeit erlangen.
Selig, die reinen Herzens sind: *
sie werden Gott schauen.
Selig, die dem Frieden dienen: *
Söhne Gottes werden sie heißen.
Selig, die um der Gerechtigkeit willen verfolgt sind: *
ihrer ist das Himmelreich.

ANTIPHON

Ehre sei dem Vater und dem Sohne *
und dem Heiligen Geiste.
Wie im Anfang, so auch jetzt und allezeit *
und in Ewigkeit. Amen.

DONNERSTAG

VIGIL

Invitatorium

℟.
II

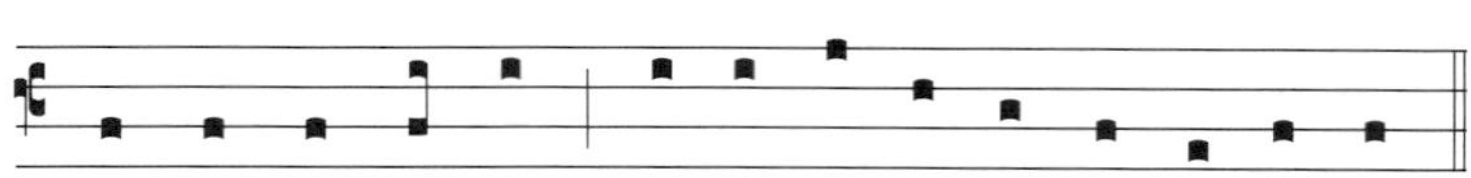

Der Herr der Scharen: * Er ist der Kö-nig der Herrlichkeit.

Psalm 24

DES HERRN ist die Erde und was sie erfüllt,
der Erdkreis und seine Bewohner.
Denn er hat ihn über Meeren gegründet
und ihn über Strömen gefestigt.

DER HERR DER SCHAREN:
ER IST DER KÖNIG DER HERRLICHKEIT.

Wer darf hinaufziehn zum Berge des HERRN,
wer darf stehn an seiner heiligen Stätte?
Der reine Hände hat und ein lauteres Herz,
der seine Seele nicht erhebt zum Nichtigen,
und der dem Trug keinen Eid schwört.
Er wird Segen empfangen vom HERRN
und Gerechtigkeit vom Gott seines Heiles.
Dies ist das Geschlecht, das nach ihm fragt:
jene, die dein Antlitz suchen, Jakob.

ER IST DER KÖNIG DER HERRLICHKEIT.

Ihr Tore, hebt eure Häupter,
erhebt euch, ihr uralten Pforten,
daß Einzug halte der König der Herrlichkeit!

DER HERR DER SCHAREN:
ER IST DER KÖNIG DER HERRLICHKEIT.

Wer ist dieser König der Herrlichkeit?
Der HERR, stark und gewaltig,
der HERR, gewaltig im Kampfe.

ER IST DER KÖNIG DER HERRLICHKEIT.

Ihr Tore, hebt eure Häupter,
erhebt euch, ihr uralten Pforten,
daß Einzug halte der König der Herrlichkeit!
Wer ist er, dieser König der Herrlichkeit?

DER HERR DER SCHAREN:
ER IST DER KÖNIG DER HERRLICHKEIT.

Ehre dem Vater, Ehre dem Sohne,
Ehre dem Heiligen Geiste.
Wie im Anfang, so auch jetzt und immer
und in Ewigkeit. Amen.

ER IST DER KÖNIG DER HERRLICHKEIT.

DER HERR DER SCHAREN:
ER IST DER KÖNIG DER HERRLICHKEIT.

Erste Nokturn

In der Osterzeit

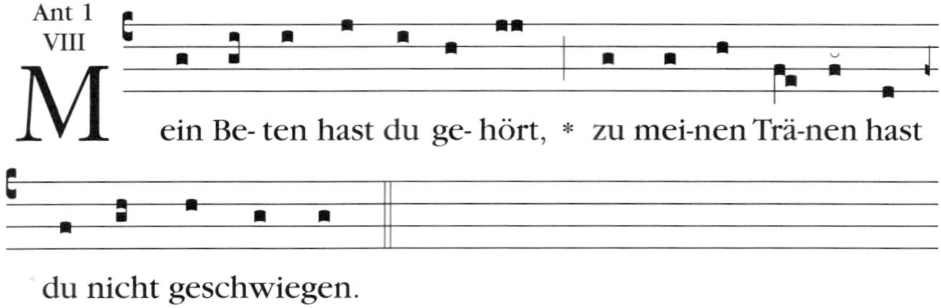

Psalm 39

ICH sagte: „Meine Wege will ich bewahren, *
daß ich nicht sündige mit meiner Zunge.
Meinen Mund will ich mit einem Zaum verwahren, *
solange der Frevler vor mir steht."
So verstummte ich denn und blieb still, /
ich schwieg – doch ohne Glück, *
denn immer heftiger wühlte der Schmerz.
Heiß wurde mir das Herz in der Brust, /
bei meinem Grübeln entbrannte ein Feuer, *
da ließ ich meine Zunge reden:
„HERR, laß mich doch wissen mein Ende, /
und welches das Maß meiner Tage ist, *
damit ich weiß, wie vergänglich ich bin!"
Siehe: Wenige Spannen lang machtest du meine Tage, /
meine Lebenszeit ist vor dir wie ein Nichts. *
Nur ein Hauch ist der Mensch, so fest er auch dasteht.

Nur wie ein Schemen geht der Mensch einher, /
nur ein Hauch ist, worum man Lärm macht. *
Man rafft zusammen und weiß nicht, wer einheimst.

Und nun, worauf soll ich harren, o Herr? *
Mein Hoffen, es gilt dir.
Von all meinen Sünden befreie mich; *
gib mich nicht preis dem Spott des Toren.
Ich bin verstummt, tu meinen Mund nicht auf, *
denn du hast es gefügt.
Nimm weg von mir deine Plage! *
Ich vergehe unter dem Angriff deiner Hand.
Du rügst und züchtigst den Menschen ob seiner Schuld, /
du zerstörst wie die Motte, was ihm lieb ist. *
Der Mensch – er ist nur ein Hauch.

Höre mein Beten, o HERR, /
vernimm mein Schreien, *
schweige nicht zu meinen Tränen.
Denn ich bin ja Gast bei dir, *
ein Beisasse wie all meine Väter.
Schau weg von mir, /
noch einmal laß mich froh sein, *
ehe ich davon muß und nicht mehr bin.

Ant 2
II

In der Osterzeit

Ant 2
II

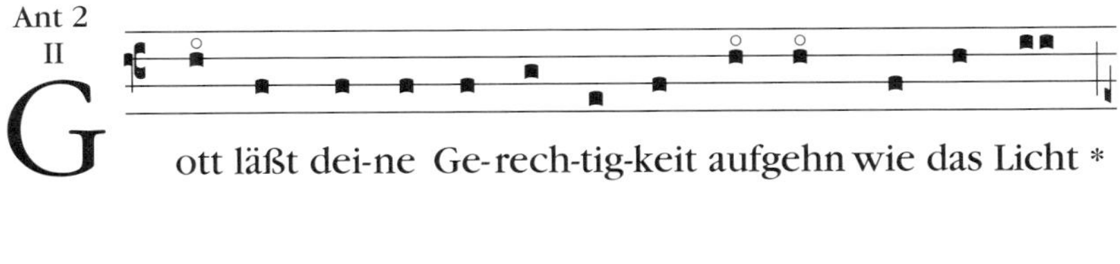

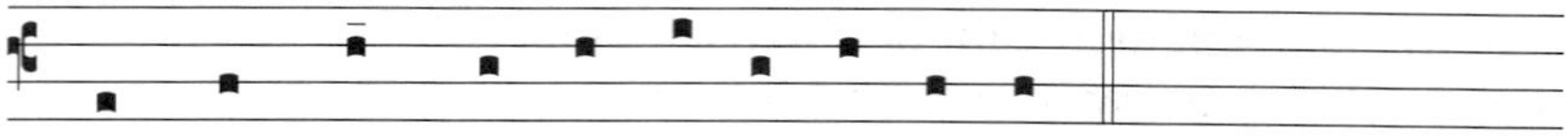

und dein Recht wie die Hel- le des Mit-tags.

Psalm 37

ERHITZE dich nicht über die Bösen, *
wegen der Übeltäter ereifre dich nicht!
Denn sie verwelken schnell wie das Gras, *
wie frisches Grün verdorren sie.
Vertrau auf den HERRN und tu das Gute, *
wohne im Land und hüte die Treue!
Habe deine Lust am HERRN! *
Was dein Herz begehrt, wird er dir geben.
Befiehl dem HERRN deinen Weg, *
vertrau ihm – er wird es machen.
Er läßt deine Gerechtigkeit aufgehn wie das Licht, *
und dein Recht wie die Helle des Mittags.

Werde still vor dem HERRN und hoffe auf ihn! /
Erhitze dich nicht über den, der auf seinem Weg Erfolg hat, *
über den, der Ränke übt.
Steh ab vom Zorn und laß den Grimm, *
erhitze dich nicht – es führt nur zu Bösem!
Denn die Bösen werden ausgetilgt; *
die aber auf den HERRN harren, sie werden das Land besitzen.
Noch eine kleine Weile, und der Frevler ist nicht mehr, *
schaust du nach seiner Stätte – er ist nicht mehr da.
Doch die Armen werden das Land besitzen *
und ihre Lust haben an der Fülle des Friedens.

Der Frevler sinnt auf Ränke wider den Gerechten *
und fletscht gegen ihn die Zähne.
Der Herr verlacht ihn, *
denn er sieht: Sein Tag wird kommen.
Die Frevler zücken das Schwert *
und spannen ihren Bogen;

sie wollen den Armen und Elenden fällen *
und hinschlachten, die den geraden Weg gehn.
 Ihr Schwert dringt in ihr eigenes Herz, *
 und ihre Bogen werden zerbrechen.

Besser das Wenige des Gerechten, *
als der Überfluß mächtiger Frevler.
 Denn die Arme der Frevler werden zerbrochen, *
 doch die Gerechten stützt der HERR.
Der HERR weiß um die Tage der Bewährten, *
ihr Erbe hat ewig Bestand.
 In bösen Zeiten werden sie nicht zuschanden, *
 in den Tagen des Hungers werden sie satt.
Doch die Frevler gehen zugrunde *
samt den Feinden des HERRN.
 Sie schwinden hin wie die Pracht der Auen, *
 wie Rauch schwinden sie hin.

Der Frevler leiht und kann's nicht erstatten, *
doch mildtätig schenkt der Gerechte.
 Denn die von Ihm Gesegneten werden das Land besitzen, *
 doch die von Ihm Verfluchten werden ausgetilgt.
Vom HERRN werden die Schritte des Menschen gefestigt, *
er hat Gefallen an seinem Weg.
 Wenn er strauchelt, fällt er nicht, *
 denn der HERR stützt seine Hand.

Jung war ich, nun bin ich alt, /
nie sah ich einen Gerechten verlassen, *
noch seine Nachkommen betteln um Brot.
 Allzeit ist er mildtätig, gern leiht er aus, *
 seine Nachkommen werden zum Segen.
Laß ab vom Bösen und tu das Gute, *
so bleibst du wohnen für immer.
 Denn der HERR liebt das Recht, *
 er wird seine Frommen nicht verlassen;
für immer werden sie bewahrt. *
Doch die Nachkommen der Frevler werden ausgetilgt.

Die Gerechten werden das Land besitzen *
und darin wohnen für alle Zeiten.

Der Mund des Gerechten murmelt Weisheit, *
und seine Zunge redet Recht.
Die Weisung seines Gottes ist in seinem Herzen, *
seine Schritte werden nicht wanken.
Der Frevler lauert dem Gerechten auf *
und sucht ihn zu töten.
Der HERR überläßt ihn nicht seiner Hand, *
läßt nicht zu, daß man ihn verurteilt vor Gericht.
Harre auf den HERRN *
und halte dich an seinen Weg!
Er wird dich erhöhen, das Land zu besitzen. *
Du wirst es sehen: Die Frevler werden ausgetilgt.

Ich sah einen Frevler voller Gewalttat, *
üppig sich breitend wie ein tiefverwurzelter Baum.
Er schwand dahin; siehe, er war nicht mehr da. *
Ich suchte ihn, er war nicht mehr zu finden.
Achte auf den Bewährten und schau auf den Redlichen, *
denn eine Zukunft hat der Mensch des Friedens.
Doch die Abtrünnigen werden allesamt vernichtet, *
abgeschnitten ist die Zukunft des Frevlers.
Das Heil der Gerechten kommt vom HERRN, *
ihrem Hort in Zeiten der Drangsal.

Der HERR hilft ihnen und rettet sie, /
er rettet sie vor den Frevlern und schenkt ihnen Heil; *
denn bei ihm fanden sie Zuflucht.

Ant 3
IV

In der Osterzeit

Ant 3
IV

Psalm 41

SELIG, wer auf den Schwachen achtet; *
am Tag des Unheils wird der HERR ihn retten.
  Der HERR behütet ihn, er hält ihn am Leben, /
  daß man ihn seligpreist im Lande: *
  Gib ihn nicht preis der Gier seiner Feinde.
Auf seinem Krankenbett stützt ihn der HERR, *
sein Krankenlager wandelst du völlig.

  Ich sagte: „HERR, sei mir gnädig! *
  Heile mich, denn ich habe gegen dich gesündigt!"
Meine Feinde reden über mich Böses: *
„Wann stirbt er endlich, wann vergeht sein Name?"
  Kommt einer, nach mir zu sehen, *
  so redet er Falschheit:
sein Herz reimt sich Übles zusammen; *
er geht auf die Straße und sagt es weiter.
  Vereint gegen mich tuscheln all meine Hasser, *
  sie sinnen wider mich Unheil:
„Unheimliches hat sich über ihn ergossen. *
Wer so daliegt, wird nie mehr aufstehn."
  Auch mein Freund, dem ich vertraute und der mein Brot aß, *
  er hat die Ferse wider mich erhoben.

Du aber, HERR, sei mir gnädig! *
Richte mich auf, damit ich ihnen vergelten kann.
  Daran erkenne ich, daß du an mir Gefallen hast: *
  wenn mein Feind nicht über mich triumphieren darf.

Mich, der ich aufrichtig bin, hältst du aufrecht *
und stellst mich vor dein Angesicht für immer.

Gepriesen sei der HERR, der Gott Israels, /
von Ewigkeit zu Ewigkeit! *
Amen, ja amen.

℣. Herr, öffne mir die Augen.
℟. Daß ich die Wunder deiner Weisung schaue.

In der Osterzeit

℣. Auferstanden ist Christus. Halleluja.
℟. Er erleuchtet sein Volk, das er erlöst hat. Halleluja.

Segensspruch *Phil 4,7*

Der Friede Gottes, der alles Verstehen übersteigt, bewahre unsre Herzen und unsre Gedanken in der Gemeinschaft mit Christus Jesus, unserm Herrn. ℟. Amen.

Zweite Nokturn

Ant 1
I

In der Osterzeit

Ant 1
I

Psalm 50

ES SPRICHT der HERR, der Gott der Götter, /
er ruft die Erde *
vom Aufgang der Sonne bis zum Untergang.
Vom Zion her, der Krone der Schönheit, *
zeigt Gott sich in strahlendem Glanze.
Unser Gott kommt, er kann nicht schweigen: *
Feuer frißt vor ihm her, rings um ihn stürmt es gewaltig.
Den Himmel droben ruft er auf und die Erde *
zum Gericht an seinem Volke.
„Versammelt mir meine Frommen, *
die den Bund mit mir schlossen beim Opfer!"
Die Himmel sollen seine Gerechtigkeit künden: *
Gott selbst ist der Richter.
„Höre, mein Volk, ich will reden, /
Israel, ich will gegen dich zeugen, *
ich, Gott, der ich dein Gott bin.

Nicht deiner Opfer wegen klag ich dich an, *
deine Brandopfer sind mir ja immer vor Augen.
Doch ich nehme keinen Farren aus deinem Hause, *
noch Böcke aus deinen Hürden.
Mein ist ja alles Getier des Waldes, *
zu Tausenden mein das Wild auf den Bergen.
Die Vögel der Berge, ich kenne sie alle, *
was sich regt auf dem Feld, ist mein Eigen.
Hätte ich Hunger, ich bräuchte es dir nicht zu sagen, *
denn mein ist der Erdkreis und seine Fülle.
Esse ich denn das Fleisch von Stieren, *
trinke ich das Blut von Böcken?
Bringe Gott Lobpreis als Opfer dar, *
erfülle dem Höchsten deine Gelübde!
Rufe mich an am Tag der Drangsal, *
ich werde dich retten, und du wirst mich ehren!"

Zum Frevler aber sagt Gott: /
„Was soll's, daß du meine Satzungen aufzählst *
und meinen Bund im Mund führst?

Dabei ist Zucht dir verhaßt, *
und meine Worte wirfst du hinter dich.
Siehst du einen Dieb, gehst du mit ihm, *
mit Ehebrechern hast du Gemeinschaft.
Du läßt deinen Mund sich in Bosheit ergehen, *
und deine Zunge stiftet Betrug an.
Du setzt dich hin und redest gegen deinen Bruder, *
auf den Sohn deiner Mutter häufst du Verleumdung.
Das hast du getan, und ich soll schweigen? /
Meinst du, ich sei wirklich wie du? *
Ich klage dich an, ich stelle es dir vor Augen.
Ihr Gottvergessenen, seht es doch ein! *
Sonst zerreiße ich, und niemand rettet! –
Es ehrt mich, wer als Opfer Lobpreis darbringt, *
er bereitet den Weg,
auf dem ich Gottes Heil ihm zeige."

Ant 2
IV

In der Osterzeit

Ant 2
IV

Psalm 68

GOTT steht auf - seine Feinde zerstieben, *
die ihn hassen, fliehn vor seinem Angesicht.
Wie Rauch verweht vor dem Wind, /
wie Wachs vor dem Feuer zerfließt, *
so vergehen vor Gottes Antlitz die Frevler.
Die Gerechten aber freuen sich, *
sie jubeln vor Gott und frohlocken in Freude.
Singet Gott! Spielt seinem Namen! *
Erhebt ihn, der auf Wolken einherfährt!
„'HERR' ist sein Name." *
Jubelt vor seinem Angesicht!
Ein Vater der Waisen, ein Anwalt der Witwen: *
Gott in seiner heiligen Wohnung!
Gott bringt Verlassene heim, /
Gefesselte führt er hinaus ins Gedeihn; *
Empörer jedoch müssen wohnen in der Dürre.

Gott, als du auszogst, deinem Volk voran, /
als du die Wüste durchschrittest, *
da bebte die Erde.
Es troffen die Himmel vor Gott, dem Gott des Sinai, *
vor Gott, dem Gotte Israels.
Einen Regen von Gaben, o Gott, gießt du aus, *
du selbst erquickst dein verschmachtendes Erbe.
Dein Getier läßt sich bei ihm nieder, *
so versorgst du, o Gott, in deiner Güte den Armen.

Der Herr läßt einen Spruch ergehn - /
groß ist der Freudenbotinnen Schar: *
„Die Heereskönige fliehen, sie fliehen.
Die Schöne des Hauses darf die Beute verteilen *
- und ihr bleibt liegen zwischen den Hürden?!
Flügel der Taube, überzogen mit Silber, *
ihre Schwingen, schimmernd von Feingold ...
Wenn der Allmächtige dort Könige zersprengt, *
fällt Schnee auf dem Zalmon!"

Ein Berg Gottes ist der Baschanberg, *
ein Berg vieler Gipfel ist der Baschanberg.
Was blickt ihr voll Neid, ihr Berge, ihr Gipfel, /
auf den Berg, den Gott als seinen Wohnsitz begehrte? *
Der HERR wird dort wohnen für immer!

Die Wagen Gottes sind zahllos, /
Zehntausende von Tausendschaften voller Erhabenheit, *
mit ihnen zieht der Herr vom Sinai zum Heiligtum.
Hinaufgezogen bist du zur Höhe, *
hast Gefangene mitgeführt:
als Gabe nahmst du dir Menschen, sogar Empörer, *
HERR, Gott, um dort zu wohnen.

Gepriesen sei der Herr, Tag für Tag! *
Gott trägt uns, er ist unsere Hilfe.
Gott ist für uns ein Gott, der Rettung bringt, *
ER, der Herr, führt heraus aus dem Tode.
Gott zerschmettert das Haupt seiner Feinde, *
den Scheitel dessen, der in Schuld dahinlebt.
Der Herr hat gesprochen: /
„Vom Baschan bring ich zurück, *
ich bringe zurück aus den Tiefen des Meeres,
so daß du die Füße badest im Blut, *
und die Zunge deiner Hunde ihren Teil hat an den Feinden."

O Gott, man schaute deinen Einzug, *
den Einzug meines Gottes und Königs ins Heiligtum:
Voraus die Sänger, die Saitenspieler danach, *
dazwischen Mädchen mit kleinen Pauken.
„Preist Gott in der Gemeinde, *
preiset den HERRN, die ihr von Israels Quell seid!"
Da ist Benjamin, der Jüngste, der sie befehligt, /
die Fürsten von Juda in ihrer tosenden Menge, *
Sebulons Fürsten, die Fürsten von Naftali.

Dein Gott will, daß du mächtig bist. *
Bekräftige, o Gott, was du für uns getan hast,

von deinem Tempel aus, hoch über Jerusalem, *
wo dir die Könige Tribut entrichten.
Dräue dem Untier im Schilf, /
der Rotte von Büffeln, den jungen Stieren der Völker! *
Die nach Silber gieren, tritt sie nieder!
Die Völker, die auf Krieg aus sind, hat er zerstreut: /
man kommt mit Geräten von Erz aus Ägypten, *
Kusch hebt eilends Gott seine Hände entgegen.

Singet Gott, spielet dem Herrn, *
ihr Königreiche der Erde,
ihm, der daherfährt über den Himmel, den uralten Himmel, *
der seine Stimme erhebt, seine machtvolle Stimme!
Gebt Gott die Macht! /
Über Israel waltet seine Hoheit, *
seine Macht bis zu den Wolken.
Furchtbar bist du in deinem Heiligtum, *
Gott, du Gott Israels!
Gepriesen sei Gott! *
Dem Volk verleiht er Macht und Stärke.

Anstelle von Psalm 83 und seiner Antiphon kann auch der nachfolgende Psalm 108 (mit seiner Antiphon) gesungen werden.

Ant 3
II

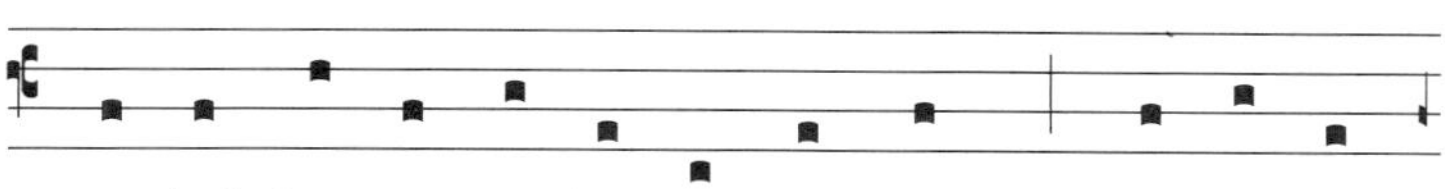

Die dich has-sen, er- ho- ben das Haupt. * Sie sol- len

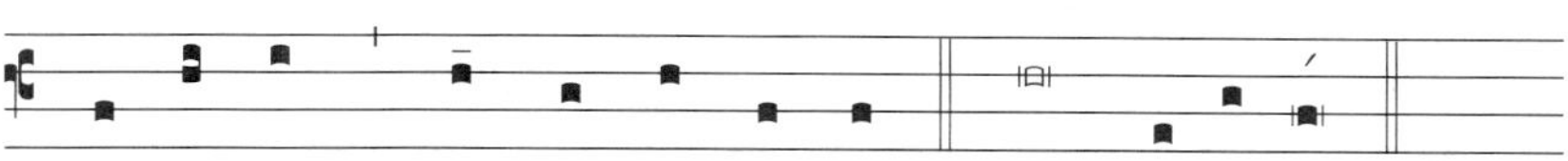

er- ken-nen: 'Herr' ist dein Na- me.

In der Osterzeit

Ant 3
II

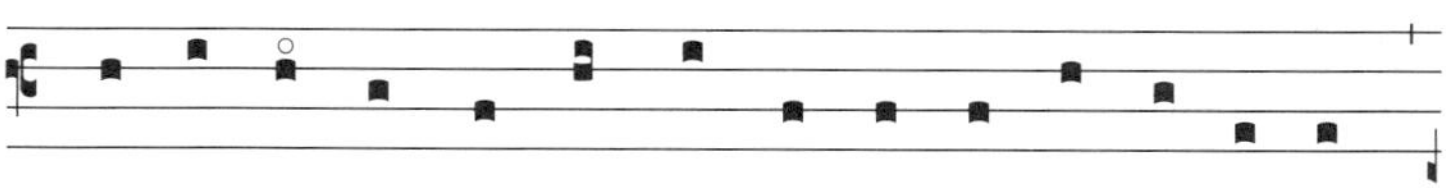

Du al-lein bist der Höchste * ü- ber der ganzen Er- de.

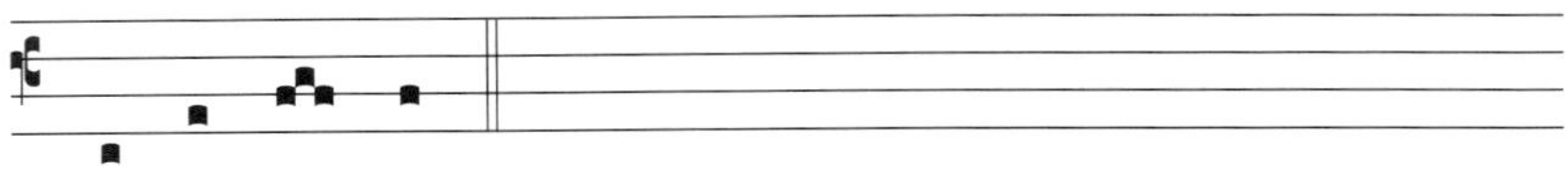

Psalm 83

GOTT, schweig doch nicht, bleibe nicht still, *
o Gott, bleibe nicht stumm.
Denn siehe, deine Feinde toben, *
die dich hassen, erhoben das Haupt.
Gegen dein Volk zetteln sie eine Verschwörung an, *
gegen deine Schützlinge halten sie Rat.
Sie sagen: „Auf, wir wollen sie als Volk vernichten! *
Israels Name werde nie mehr genannt!"
Ja, sie faßten eines Sinnes den Beschluß, *
ein Bündnis gegen dich zu schließen:
die Zelte Edoms und die Ismaeliter, *
Moab und die Hagariter,
Gebal, Ammon und Amalek, *
das Philisterland samt den Bewohnern von Tyrus;
auch Assur schloß sich ihnen an *
und wurde zum Arm der Söhne Lots.

Behandle sie wie Midian, *
wie Sisera und Jabin am Bache Kischon.
Sie wurden vernichtet bei En-Dor, *
wurden zum Dung für den Acker.
Verfahre mit ihren Fürsten wie mit Oreb und Seeb, /
wie mit Sebach und Zalmunna verfahre mit all ihren Führern, *
die sagten: „Wir nehmen die Gefilde Gottes für uns in Besitz!"

Mein Gott, mach sie zu wirbelndem Heu, *
zu Spreu vor dem Wind!
Wie Feuer, das den Wald in Brand setzt, *
wie die Lohe, die Berge verbrennt:
so jage sie davon mit deinem Sturm, *
so schrecke sie mit deinem Orkan!

Bedecke mit Schmach ihr Gesicht, *
damit sie deinen Namen suchen, o HERR!
Beschämt und verschreckt seien sie für immer, *
zuschanden sollen sie werden und zunichte,
sie sollen erkennen: 'HERR' ist dein Name; *
du allein bist der Höchste über der ganzen Erde.

Der folgende Psalm 108 (mit seiner Antiphon) entfällt, wenn der vorausgehende Psalm 83 gesungen wurde.

Ant 3
VIII

In der Osterzeit

Ant 3
VIII

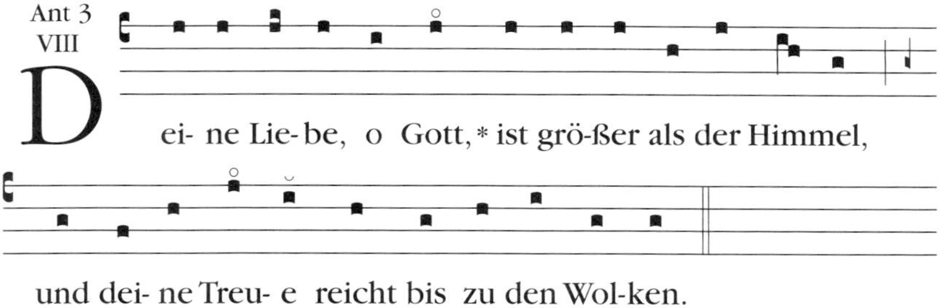

Psalm 108

MEIN Herz ist bereit, ọ Gọtt, /
ich will singen und spielen, *
ja, meine Herrlichkeit!
Wacht auf, Harfe und Leier! *
Ich will das Morgenrot wecken.
Ich will dich preisen, HERR, unter den Völkern, *
dir vor den Nationen lobsingen.

Denn deine Liebe ist größer als der Himmel, *
und deine Treue reicht bis zu den Wolken.

Erhebe dich über die Himmel, o Gott! *
Deine Herrlichkeit überstrahle die ganze Erde!
Damit gerettet werden, die dir lieb sind, *
schaff Heil mit deiner Rechten und gib mir Antwort.

Gott hat in seinem Heiligtum gesprochen: /
„Ich will triumphieren, will Sichem verteilen *
und das Tal von Sukkot vermessen.
Mein ist Gilead, mein ist Manasse, /
Efraim ist der Helm meines Hauptes, *
Juda ist mein Zepter.
Mein Waschbecken aber ist Moab! /
Auf Edom werf ich meinen Schuh! *
Über das Philisterland will ich triumphieren!"

Wer bringt mich zu der befestigten Stadt? *
Wer führte mich nach Edom?
Wer, wenn nicht Gott, der uns verworfen hat, *
Gott, der nicht mehr auszieht mit unsren Heeren?
Bring uns doch Hilfe gegen den Feind! *
Denn ein Wahn ist Heil, das durch Menschen kommt.

Mit Gott werden wir Heldentaten vollbringen: *
Er selbst wird unsre Feinde zertreten.

℣. Herr, lehre mich deine Gesetze.
℟. Laß mich dein Wort nicht vergessen.

In der Osterzeit

℣. Gott hat uns neu gezeugt zu lebendiger Hoffnung. Halleluja.
℟. Durch die Auferstehung Jesu Christi von den Toten. Halleluja.

Segensspruch *cf. Phil 1,9f*

Gott lasse unsere Liebe immer reicher werden an Einsicht und Verständnis, damit wir lernen, worauf es ankommt, und lauter und makellos sind für den Tag Christi. ℟. Amen.

Oration I

Gott, durch das Licht deines Wortes vertreibst du das Dunkel der Unwissenheit. Mehre in unserem Herzen die Kraft des Glaubens, damit das Feuer, das deine Gnade in uns entfacht hat, durch keine Anfechtung ausgelöscht wird. Darum bitten wir durch Christus, unsern Herrn. ℟. Amen.

Oration II

Allmächtiger Gott, deine Weisheit hat uns erschaffen, und deine Vorsehung leitet uns. Laß dein heiliges Licht in unserem Herzen leuchten, damit wir in allem, was wir sinnen und tun, dir in Treue dienen. Darum bitten wir durch Christus, unsern Herrn. ℟. Amen.

LAUDES

In der Osterzeit

Psalm 47

IHR Völker alle, klatscht in die Hände, *
jauchzt Gott zu mit lautem Jubel!

Denn furchtgebietend ist der HERR, der Höchste, *
ein großer König über die ganze Erde.
Er unterwirft uns Völker, *
Nationen unter unsre Füße.
Er wählt für uns unsern Erbbesitz aus, *
den Stolz Jakobs, den er lieb hat.
Gott stieg empor unter Jubel, *
der HERR beim Schall der Posaunen.

Spielt unserm Gott, ja spielt ihm! *
Spielt unserm König, spielt ihm!
Denn König der ganzen Erde ist Gott. *
Spielt ihm ein Psalmenlied!
Gott wurde König über die Völker, *
Gott hat sich auf seinen heiligen Thron gesetzt.
Versammelt sind die Fürsten der Völker *
als Volk des Gottes Abrahams.
Denn Gott gehören die Schilde der Erde: *
er ist hoch erhaben.

Ant 2
V

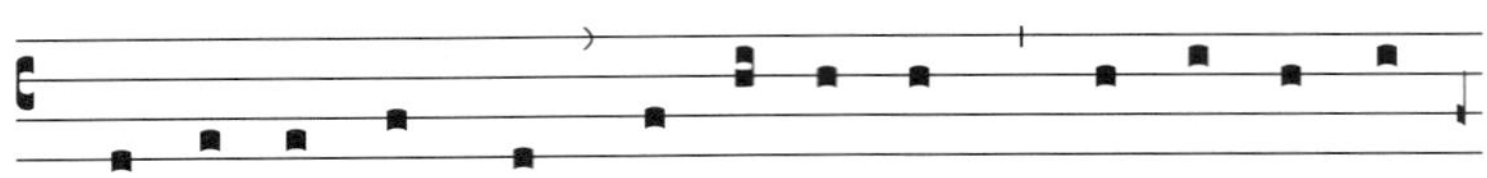

E r- he-be dich, Gott, er-he-be dich, * den Armen auf

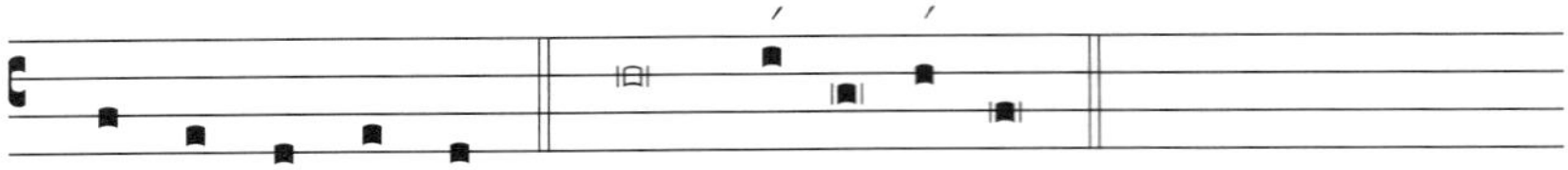

Er- den zu hel- fen!

In der Osterzeit

Ant 2
V

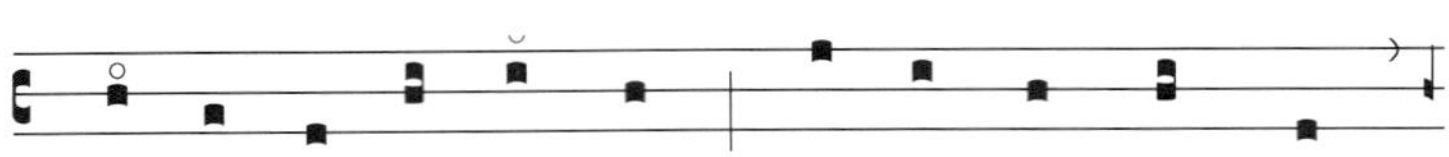

G roß ist dein Na-me, Herr! * Herrlich erscheinst du,

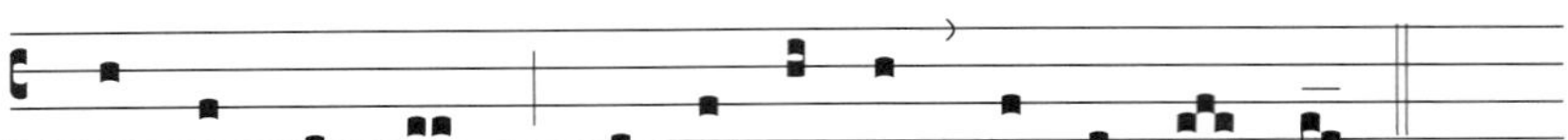

strahlend von Licht. Hal- le- lu- ja, hal- le- lu- ja.

Psalm 76

KUNDGETAN hat sich Gott in Juda, *
in Israel ist groß sein Name.
Sein Zelt erstand in Salem, *
seine Wohnstatt auf dem Zion.
Dort zerbrach er die Blitze des Bogens, *
Schild und Schwert, die Waffen des Krieges.

Strahlend von Licht erscheinst du, *
herrlich über Bergen von Beute.
Ausgeplündert sind die tapferen Streiter, /
sie sanken hin im Schlafe. *
Allen Helden versagten die Hände.
Vor deinem Drohen, Gott Jakobs, *
erstarrten Rosse und Wagen.
Furchtbar bist du! /
Wer kann vor dir bestehen, *
vor der Gewalt deines Zornes?
Vom Himmel her ließest du dein Urteil vernehmen, *
die Erde erschrak und verstummte,
da Gott sich erhob zum Gericht, *
allen Armen auf der Erde zu helfen.
Ja, noch des Menschen Trotz muß dich preisen. *
Du gürtest dich
mit denen, die dem Grimm entronnen sind.

Macht Gelübde /
und erfüllt sie dem HERRN, eurem Gott! *
Ihr alle ringsum, bringt dem Furchtbaren Gaben!
Er dämpft den Hochmut der Fürsten, *
furchtbar ist er für die Herrscher der Erde.

Ant 3
IV

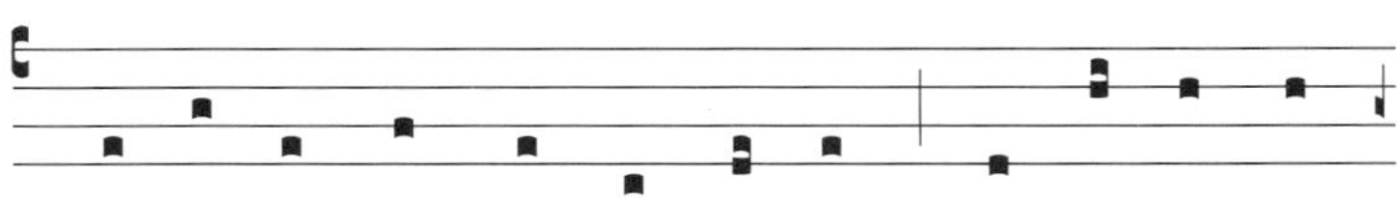

Am Morgen hörst du mein Ru- fen, * am Morgen hal-

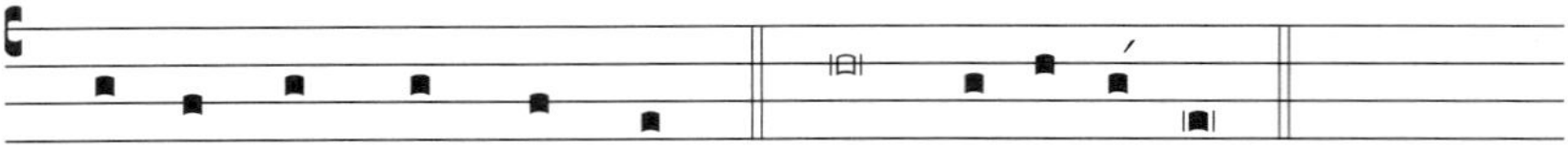

te ich Ausschau nach dir.

In der Osterzeit

Ant 3
IV

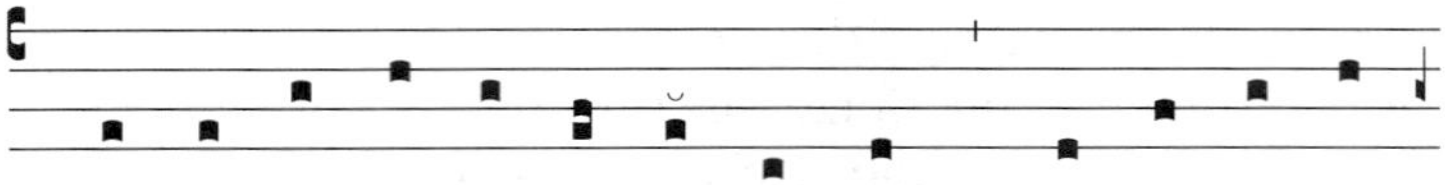

Die dei-nen Namen lie-ben, o Gott, * sie dür-fen dei-

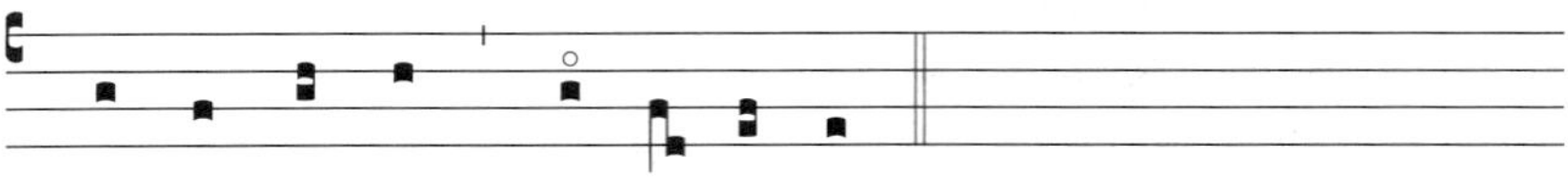

ner sich rühmen: Hal- le- lu- ja.

Psalm 5

MEINEN Worten, o HERR, neige dein Ohr, *
achte auf mein Seufzen!
Vernimm mein lautes Schreien, mein Gott und mein König, *
wenn ich zu dir flehe.

HERR, am Morgen wirst du mein Rufen hören, *
am Morgen rüste ich dir das Opfer und halte Ausschau.
Denn du bist kein Gott, der an Frevel Gefallen hat, *
ein Böser hat bei dir kein Gastrecht.
Stolze kommen dir nicht vor die Augen, *
du hassest alle, die Unrecht tun.
Zugrunde gehen läßt du die Lügner, *
Mörder und Betrüger sind dem HERRN ein Greuel.
Ich aber darf dein Haus betreten *
dank deiner reichen Güte,
darf mich niederwerfen in Ehrfurcht *
hin zu deiner heiligen Halle.

Leite mich, HERR, /
der du mir Recht schaffst gegen meine Feinde, *
mach deinen Weg vor mir eben.
Denn in ihrem Mund ist nichts Wahres, *
ihr Inneres ist voller Verderben.

Ein geöffnetes Grab ist ihre Kehle, *
sie reden mit glatter Zunge.

Laß sie es büßen, o Gott! *
Sie sollen fallen durch ihre eigenen Pläne.
Ob der Menge ihrer Frevel verstoße sie, *
weil sie sich gegen dich empörten!

Doch freuen sollen sich alle, die bei dir sich bergen, *
in Ewigkeit sollen sie jubeln.
Beschütze sie und lasse deiner sich rühmen, *
die deinen Namen lieben.
Denn du, HERR, segnest den Gerechten. *
Wie mit einem Schild umgibst du ihn mit deiner Gnade.

Ant 4
VIII

Hal- le- lu- ja, * hal- le- lu- ja, hal- le- lu- ja.

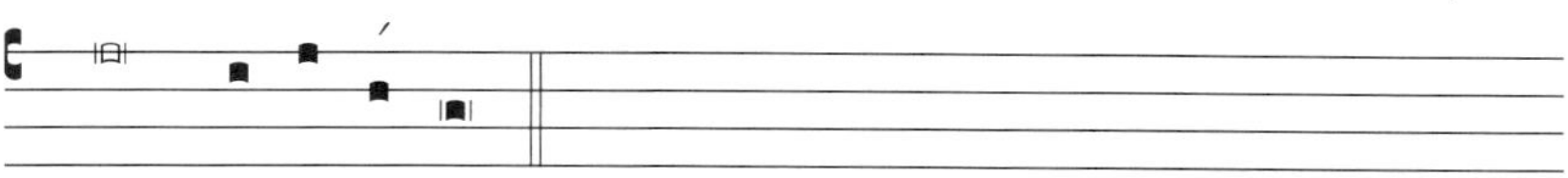

In der Fastenzeit

Ant 4
VIII

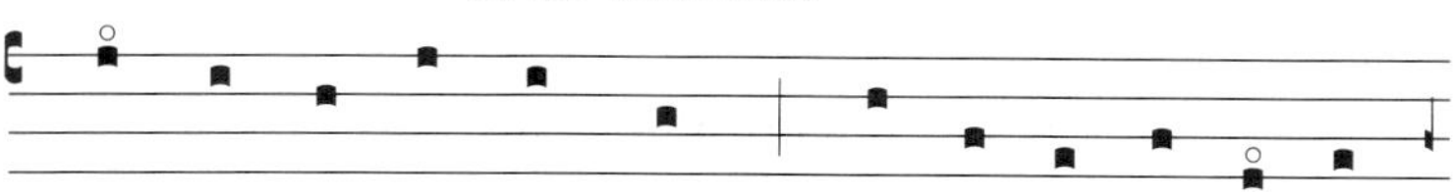

Lobt den Na-men des Herrn! * Sein Na- me al- lein ist

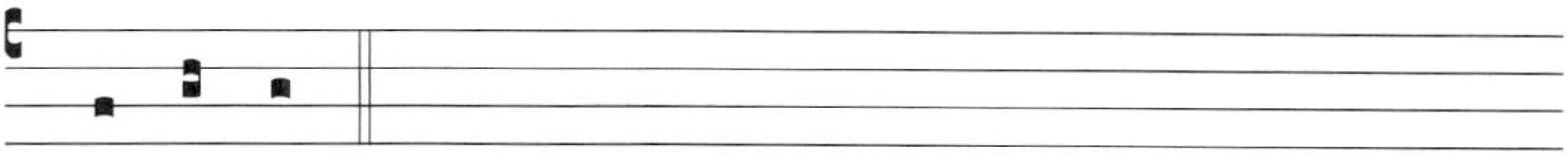

er- ha- ben.

In der Osterzeit

Ant 4
VIII

Der Na- me des Herrn ist er- ha- ben. * Sei- ne Ho- heit

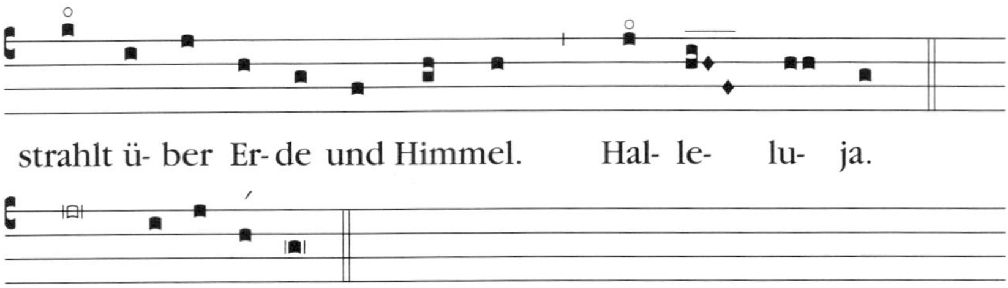

Psalm 148

LOBET den HERRN vom Himmel her, *
lobt ihn in den Höhen:
lobt ihn, all seine Engel, *
lobt ihn, all seine Scharen,
lobt ihn, Sonne und Mond, *
lobt ihn, all ihr leuchtenden Sterne,
lobt ihn, ihr Himmel der Himmel *
und ihr Wasser über dem Himmel!
Sie sollen loben den Namen des HERRN! *
Denn er gebot, und sie waren erschaffen.
Er stellte sie hin für immer und ewig, *
gab ein Gesetz, und nie vergeht es.

Lobet den HERRN von der Erde her: *
ihr Ungeheuer und all ihr Tiefen,
Feuer und Hagel, Schnee und Nebel, *
du Sturmwind, der seinen Willen ausführt,
ihr Berge und all ihr Hügel, *
ihr Fruchtbäume und alle Zedern,
ihr wilden Tiere und alles Vieh, *
kriechende Wesen und gefiederte Vögel,
ihr Könige der Erde und alle Völker, *
ihr Fürsten und alle Richter der Erde,
ihr jungen Männer und auch ihr Mädchen, *
ihr Alten mit den Jungen!
Sie sollen loben den Namen des HERRN! /
Denn sein Name allein ist erhaben. *
Seine Hoheit strahlt über Erde und Himmel.

Die Kraft seines Volkes hat er erhobẹn /
zum Lob für all seine Fro̲mmen, *
für Israels Kinder, das Volk, da̲s ihm nahe ist.

Kurzlesung *Jdt 16,13-16()*

Herr, du bist groß und voll Herrlichkeit, wunderbar bist du in deiner Stärke. Dienen muß dir deine ganze Schöpfung. Denn du hast gesprochen, und alles entstand. Du sandtest deinen Geist, um den Bau zu vollenden. Kein Mensch kann deinem Wort widerstehen. Meere und Berge erbeben in ihrem Grund, vor dir zerschmelzen die Felsen wie Wachs. Doch wer dich fürchtet, der erfährt deine Gnade. Ja, wer den Herrn fürchtet, der ist groß für immer.

Resp
VI/1

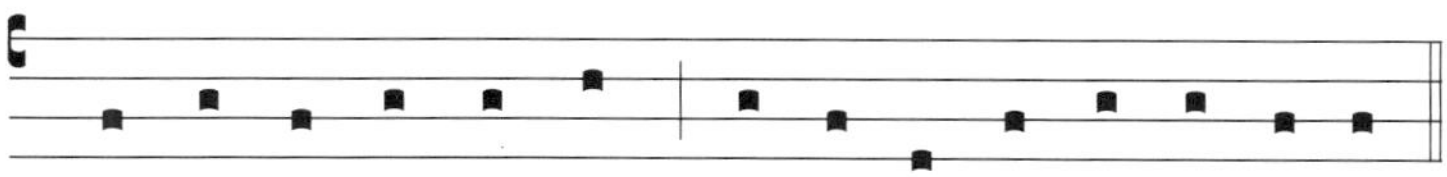

G e-prie-sen sei der Herr * von E- wig-keit zu E-wigkeit.

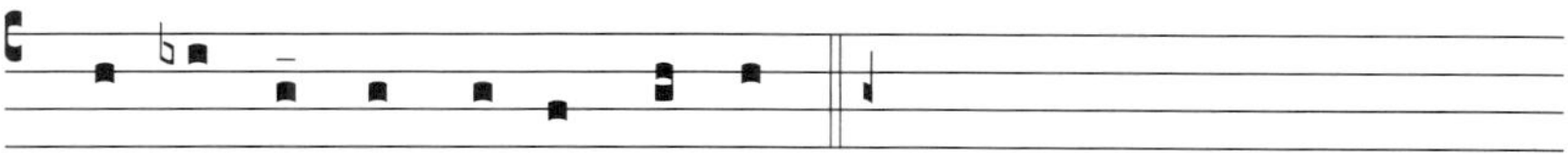

℣. Er al- lein tut gro-ße Wunder. *Ps 41,14; 72,18*

Hymnus

IV

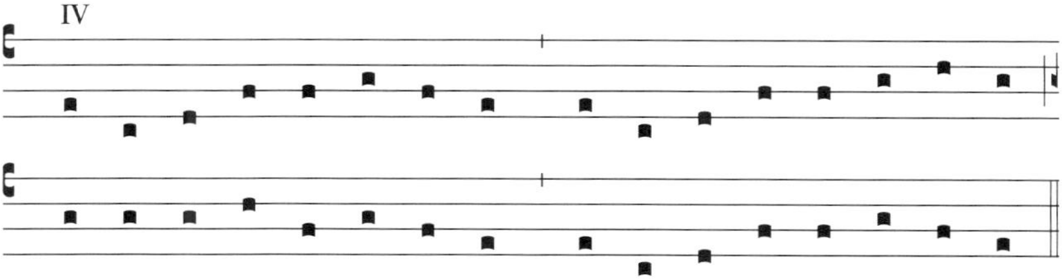

SEHT, golden steigt das Licht empor –
da schwindet hin die dunkle Nacht,
die unsern richtungslosen Schritt
hart an des Abgrunds Rand gebracht.

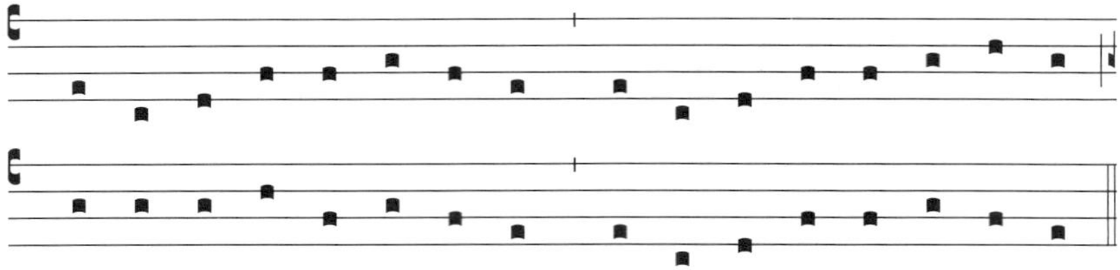

Des neuen Tages heitres Licht
dringt tief in unsre Seele ein
und macht, von Arglist ungetrübt,
des Herzens Streben klar und rein.

Von Aug und Zunge, Mund und Hand
bleib jede böse Regung fern;
so führe uns der neue Tag
aus Finsternis zum Licht des Herrn.

Ein Auge schaut auf uns herab,
das über unsrem Leben wacht:
es sieht voll Güte unser Tun
vom frühen Morgen bis zur Nacht.

Und jener letzte Morgen einst,
den wir erflehn voll Zuversicht,
er finde wachend uns beim Lob
und überschütte uns mit Licht.

Gott Vater, dir und deinem Sohn
sei Lob und Dank und Herrlichkeit,
und auch dem Geist, der bei uns ist,
jetzt und in alle Ewigkeit. Amen.

℣. Bei dir ist die Quelle des Lebens.
℟. In deinem Lichte schauen wir das Licht.

Ant C
VI

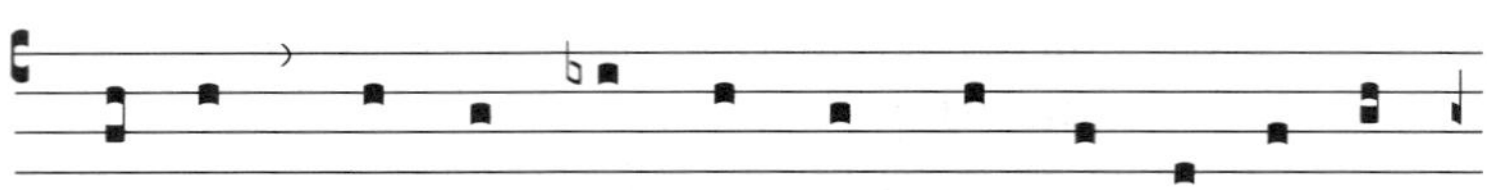

S e- lig, * die zum Hochzeitsmahl des Lammes ge- la-

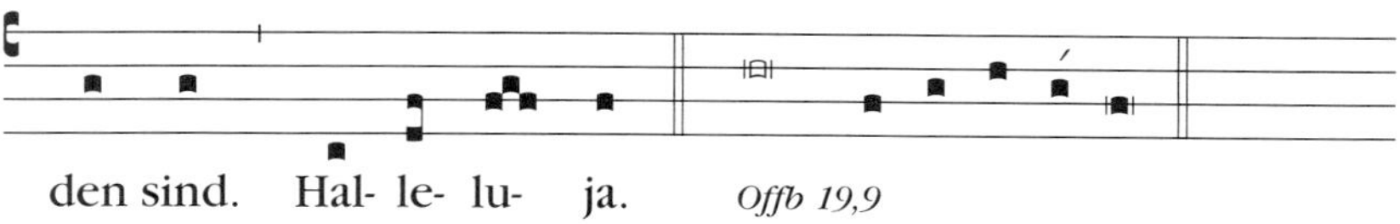

Offb 19,9

Im Advent

Ant C
II

Offb 22,17.20

In der Fastenzeit

Ant C
VI

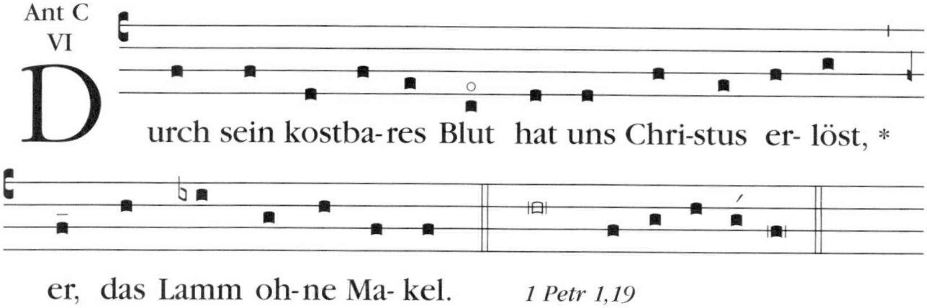

1 Petr 1,19

In der Osterzeit

Ant C
VIII

Mt 22,4

Canticum Offb 19,1f.5-8; 7,10.12 ()

DAS Heil und die Herrlichkeit und die Macht
gebührt unserm Gott, *
denn wahr und gerecht sind seine Gerichte:
Er hat die große Hure gerichtet, /
die mit ihrer Unzucht die Erde verdarb; *
er rächte das Blut seiner Knechte an ihren Händen.
Preist unsern Gott, all seine Knechte *
und alle, die ihn fürchten, Kleine wie Große!
Denn der Herr, unser Gott, der Allherrschende, *
hat angetreten seine Herrschaft.
Laßt uns frohlocken und jauchzen *
und ihm die Ehre erweisen.
Denn gekommen ist die Hochzeit des Lammes, /
die Braut ist bereit, *
sie durfte sich kleiden in strahlendes Linnen.

ANTIPHON

Heil unserem Gott, der auf dem Thron sitzt, *
und Heil dem Lamme!
Lobpreis und Herrlichkeit, Weisheit und Dank, /
Ehre und Macht und Stärke *
gebührt unserm Gott in alle Ewigkeit. Amen.

* * *

FREITAG

VIGIL

Invitatorium

Psalm 8

HERR, unser Herrscher,
wie herrlich ist dein Name auf der ganzen Erde!
Deine Hoheit, weit über die Himmel hin, will ich besingen
mit der Kinder und Säuglinge Mund.
Eine Feste hast du gegründet, deinen Gegnern zum Trotz,
zum Schweigen zu bringen den Feind und den Rächer.

HERR, UNSER HERRSCHER,
WIE HERRLICH IST DEIN NAME AUF DER GANZEN ERDE!

Schaue ich deinen Himmel, das Werk deiner Finger,
Mond und Sterne, die du befestigt hast:
Was ist der Mensch, daß du seiner gedenkst,
des Menschen Kind, daß du seiner dich annimmst?

HERR, UNSER HERRSCHER,
WIE HERRLICH IST DEIN NAME AUF DER GANZEN ERDE!

Du hast ihn nur wenig geringer gemacht als Gott,
hast ihn gekrönt mit Herrlichkeit und Pracht.
Du hast ihn als Herrscher gesetzt über das Werk deiner Hände,
alles legtest du ihm unter die Füße:
die Schafe und Ziegen und Rinder,
und auch die Tiere des Feldes,

die Vögel des Himmels und die Fische im Meer,
und ihn, der dahinzieht die Pfade der Meere.

HERR, UNSER HERRSCHER,
WIE HERRLICH IST DEIN NAME AUF DER GANZEN ERDE!

Ehre dem Vater, Ehre dem Sohn,
Ehre dem Heiligen Geiste.
Wie im Anfang, so auch jetzt und immer
und für ewige Zeiten. Amen.

HERR, UNSER HERRSCHER,
WIE HERRLICH IST DEIN NAME AUF DER GANZEN ERDE!

Erste Nokturn

Ant 1
I

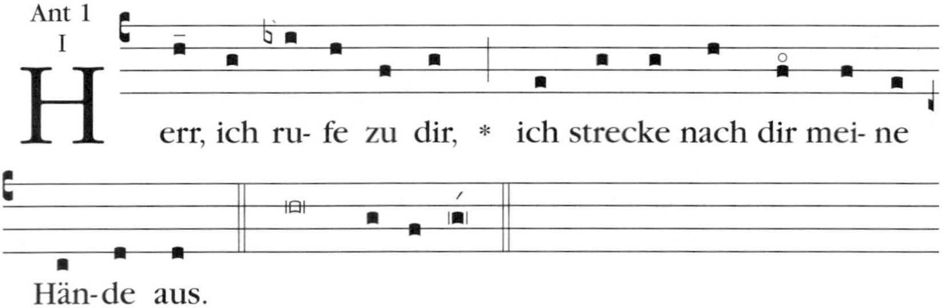

In der Osterzeit

Ant 1
I

Psalm 88

O HERR, du Gott meines Heiles, *
vor dir schreie ich am Tag und bei Nacht.

Laß mein Gebet vor dein Antlitz dringen, *
meinem Flehen neige dein Ohr.

Denn mit Leid ist meine Seele gesättigt, *
mein Leben ist dem Totenreich nahe.
Schon zähle ich zu denen, die in die Grube sinken, *
bin wie ein Mann, dem alle Kraft genommen ist.
Ich bin unter die Toten entlassen *
wie die Erschlagenen, welche ruhen im Grab;
ihrer gedenkst du nimmer, *
und deiner Hand sind sie entzogen.
Du brachtest mich in die unterste Grube, *
in abgrundtiefe Finsternis.
Auf mir lastet dein Groll, *
mit all deinen Wogen drückst du mich nieder.
Du hast mir meine Vertrauten entfremdet, *
du machtest mich ihnen zum Abscheu.
Im Kerker bin ich und kann nicht heraus. *
Mein Auge verschmachtet vor Elend.

Jeden Tag, o HERR, ruf ich zu dir, *
ich strecke nach dir meine Hände aus.
Wirst du an den Toten Wunder tun, *
werden Schatten aufstehn, dich zu preisen?
Wird man im Grab von deiner Huld erzählen, *
von deiner Treue in der Unterwelt?
Werden in der Finsternis deine Wunder erkannt, *
deine Gerechtigkeit im Land des Vergessens?
Ich aber, HERR, ich schreie zu dir um Hilfe: *
am Morgen trete mein Gebet vor dich hin.

Warum, o HERR, verwirfst du mich, *
warum verbirgst du vor mir dein Antlitz?
Elend bin ich, ein Sterbender von früher Jugend an, *
ich trage deine Schrecken und bin zerquält.
Über mich fuhr dahin die Glut deines Zornes, *
deine Schrecken machen mich stumm.
Sie umfluten mich alle Tage wie Wasser, *
ringsum kreisen sie mich ein.

Du hast mir entfremdet Gefährten und Freunde, *
mein Vertrauter ist nur noch die Finsternis.

Ant 2
IV

In der Osterzeit

Ant 2
IV

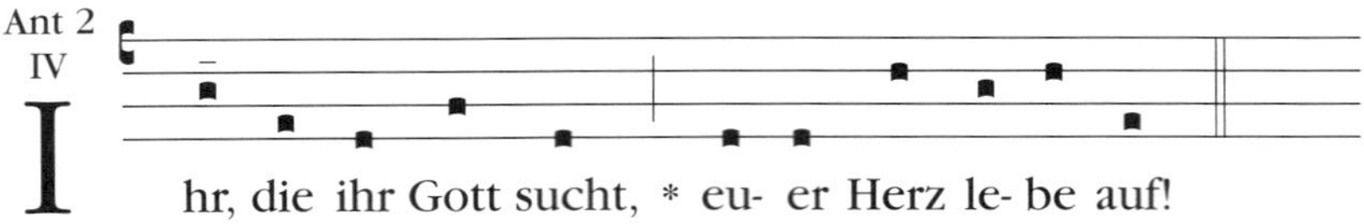

Psalm 69

RETTE mich, o Gott! *
Das Wasser geht mir bis an die Kehle.
Ich versinke im Schlamm des Abgrunds, *
es gibt keinen Halt mehr.
Ich bin in Wassertiefen geraten, *
die Flut schlägt über mir zusammen.
Erschöpft bin ich vom Rufen, *
es brennt mir die Kehle.
Meine Augen ermatten, *
so lange schon harre ich meines Gottes.
Zahlreicher als auf meinem Haupt die Haare *
sind jene, die mich grundlos hassen.
Zahllos sind meine Verderber, meine verlogenen Feinde. *
Was ich nicht raubte, wie soll ich's erstatten?

Du, o Gott, kennst meine Torheit, *
meine Vergehen sind dir nicht verborgen.

Nicht sollen zuschanden werden durch mich, *
die auf dich hoffen, Herr, du HERR der Scharen!
    Nicht beschämt werden sollen durch mich, *
    die dich suchen, Gott Israels!
Deinetwegen trage ich Schmach, *
bedeckt Schande mein Antlitz.
    Fremd geworden bin ich meinen Brüdern, *
    ein Unbekannter den Söhnen meiner Mutter.
Denn der Eifer für dein Haus hat mich verzehrt, *
mich hat das Schmähen derer, die dich schmähen, getroffen.
    Ich habe geweint und gefastet *
    – es brachte mir nur Schmähung ein.
Ich legte einen Sack als Bußkleid an *
– und wurde ihnen zum Sprichwort.
    Die im Tore sitzen, hecheln mich durch, *
    den Trunkenbolden wurde ich zum Spottlied.

Ich aber, ich bete zu dir, *
HERR, zur Zeit der Gnade:
    O Gott, erhöre mich in deiner großen Huld, *
    kraft deiner rettenden Treue.
Entreiß mich dem Sumpf, damit ich nicht versinke, *
damit ich meinen Hassern entkomme,
  den Tiefen des Wassers,
    damit die Wasserflut nicht über mir zusammenschlägt, /
    der Abgrund mich nicht verschlingt, *
    damit nicht der Schacht über mir seinen Schlund schließt!
Erhöre mich, HERR, denn gütig ist deine Huld, *
wende dich mir zu in deinem großen Erbarmen!
    Verbirg dein Antlitz nicht vor deinem Knecht, *
    denn mir ist angst; eile, erhöre mich.
Nahe dich mir und löse mich aus, *
meiner Feinde wegen erlöse mich!
    Du weißt ja, wie man mich schmäht, *
    all meine Widersacher sind dir vor Augen.

Die Schmähung brach mir das Herz, *
ich bin krank vor Schmach und Schande.

Ich hoffte auf Mitleid – doch vergebens, *
auf Tröster – doch fand ich keinen.
Als Speise gaben sie mir Gift, *
tränkten mich in meinem Durst mit Essig.
⌈Es werde ihr Tisch vor ihnen zur Falle, *
ihren Freunden zum Fangstrick!
Ihr Auge soll sich verfinstern, so daß sie nicht sehn, *
mach ihre Hüften wanken für immer!
Schütte über sie deinen Grimm aus, *
die Glut deines Zorns soll sie erreichen!
Es werde ihre Lagerstatt zur Öde, *
in ihren Zelten soll niemand mehr wohnen!
Denn sie verfolgen, den du selber geschlagen, *
sie mehren den Schmerz deiner Durchbohrten.
Füge Schuld zu ihrer Schuld hinzu, *
sie sollen nicht zu deinem Heil gelangen.
Sie seien gelöscht aus dem Buch des Lebens *
⌊und nicht verzeichnet bei den Gerechten!
Mich aber, elend und voller Schmerzen, *
mich wird, o Gott, deine Hilfe erhöhen.

Ich will im Lied den Namen Gottes preisen, *
danksagend seine Größe mehren.
Das gefällt dem HERRN mehr als ein Stier, *
mehr als ein Ochse mit Hörnern und Klauen.
Die Gebeugten sahen es und freuen sich. *
Ihr, die ihr Gott sucht, euer Herz soll leben!
Denn der HERR hört auf die Armen: *
seine Gefesselten hat er nicht verachtet.
Himmel und Erde sollen ihn preisen, *
das Meer und was darin wimmelt.
Denn Gott wird Zion retten, *
wird Judas Städte wieder aufbaun.
Man wird dort wohnen und das Land besitzen, /
die Nachkommen seiner Knechte werden es erben, *
es werden Heimat darin haben,
die seinen Namen lieben.

Ant 3
II

In der Osterzeit

Ant 3
II

Psalm 38

HERR, züchtige mich nicht in deinem Zorn! *
Weis mich doch nicht so grimmig zurecht!
Denn in mich gefahren sind deine Pfeile, *
und deine Hand fuhr auf mich nieder.
Nichts blieb gesund an meinem Fleisch, weil du mir grollst; *
weil ich gesündigt,
blieb nichts heil an meinen Gliedern.
Ja, meine Sünden wachsen mir über den Kopf, *
sie erdrücken mich wie eine allzu schwere Last.
Stinkend und eitrig wurden meine Wunden *
wegen meiner Torheit.
Gekrümmt bin ich, ganz tief gebeugt, *
den ganzen Tag geh ich trauernd einher.
Denn voller Brand sind meine Lenden, *
nichts blieb gesund an meinem Fleisch.
Ich bin erschöpft und ganz zerschlagen, *
in der Qual meines Herzens brülle ich auf.

Vor dir, o Herr, liegt offen all mein Sehnen, *
mein Seufzen ist dir nicht verborgen.

Es bebt mein Herz, /
verlassen hat mich meine Kraft, *
und das Licht meiner Augen – auch sie sind erloschen.
Freunde und Gefährten bleiben mir fern in meinem Unglück, *
und alle, die mir nahestehen, meiden mich.
Die mir nach dem Leben trachten, legen mir Schlingen, /
die mir Böses wollen, drohen mit Verderben, *
auf Arglist sinnen sie den ganzen Tag.
Ich aber bin wie ein Tauber, der nicht hört, *
wie ein Stummer, der seinen Mund nicht auftut.
Ja, ich bin wie einer, der nicht hören kann, *
dessen Mund keine Entgegnung kennt.
Denn auf dich, o HERR, setze ich meine Hoffnung. *
Du bist es doch, der Antwort gibt, Herr, du mein Gott!

So sage ich: „Sie sollen sich meiner nicht freuen, *
nicht wider mich großtun, wenn ich strauchle."
Wahrlich, dem Sturz bin ich nahe; *
mein Schmerz ist mir immer vor Augen.
Darum will ich meine Schuld bekennen; *
ich bin in Sorge wegen meiner Sünde.
Doch meine Feinde sind voller Leben und Kraft; *
die mich täuschen und hassen, sind zahlreich;
sie vergelten mir Gutes mit Bösem, *
sie sind mir feind, denn ich trachte nach dem Guten.

O HERR, verlaß mich nicht! *
Mein Gott, bleib mir nicht fern!
Eile mir zu Hilfe, *
Herr, du mein Heil!

℣. Herr, zeige uns deine Wege.
℟. Auf deinen Pfaden wollen wir gehen.

In der Osterzeit

℣. Er wurde hingegeben wegen unserer Sünden. Halleluja.
℟. Er wurde auferweckt, um uns gerecht zu machen. Halleluja.

Segensspruch *Röm 15,5f*

Der Gott der Geduld und des Trostes schenke uns die Einmütigkeit, die Christus Jesus entspricht, damit wir Gott, den Vater unseres Herrn Jesus Christus, einträchtig und mit einem Munde preisen. ℟. Amen.

Zweite Nokturn

Ant 1
II

In der Osterzeit

Ant 1
II

Ijob 5,18

Psalm 60

GOTT, du hast uns verworfen, zerschlagẹn. /
Du hast uns gezürnt. *
Stelle uns wieder her!
Du hast das Land erschüttert und es gespalten. *
Heile seine Risse, denn es wankt!

Hartes ließest du dein Volk erfahren, *
hast uns getränkt mit betäubendem Wein.
Denen, die dich fürchten, stelltest du ein Zeichen auf, *
zu dem sie fliehen können vor dem Bogen.

Damit gerettet werden, die dir lieb sind, *
schaff Heil mit deiner Rechten und gib uns Antwort!

Gott hat in seinem Heiligtum gesprochen: /
„Ich will triumphieren, will Sichem verteilen *
und das Tal von Sukkot vermessen.
Mein ist Gilead, mein auch Manasse, /
Efraim ist der Helm meines Hauptes, *
Juda ist mein Zepter.
Mein Waschbecken aber ist Moab! /
Auf Edom werf ich meinen Schuh! *
Philisterland, jauchze mir entgegen!“

Wer bringt mich zu der befestigten Stadt? *
Wer führte mich nach Edom?
Wer, wenn nicht du,
der Gott, der uns verworfen hat, *
der Gott, der nicht mehr auszieht mit unseren Heeren?
Bring uns doch Hilfe gegen den Feind! *
Denn ein Wahn ist Heil, das durch Menschen kommt.

Mit Gott werden wir Heldentaten vollbringen: *
Er selbst wird unsre Feinde zertreten.

Ant 2
IV

In der Osterzeit

Ant 2
IV

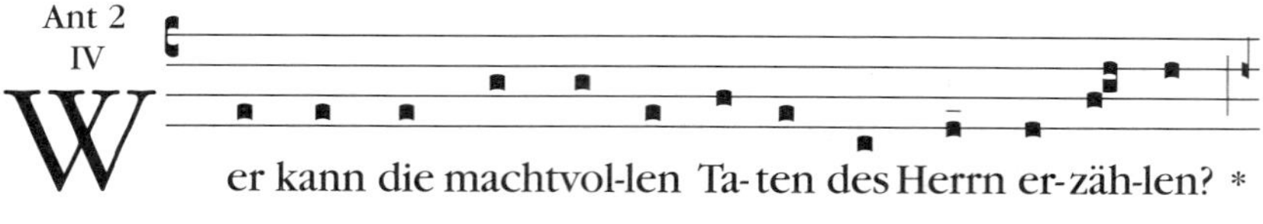

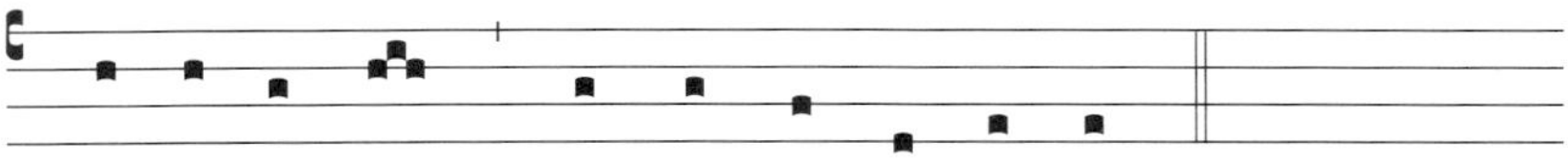

All sei-nen Ruhm – wer kann ihn ver-kün-den?

Psalm 106

DANKET dem HERRN, denn er ist gütig! *
Denn seine Huld währt ewig!
Wer kann die machtvollen Taten des HERRN erzählen, *
wer kann all seinen Ruhm verkünden?
Selig, die das Recht bewahren, *
die zu jeder Zeit Gerechtigkeit üben.
Gedenke meiner, HERR, aus Zuneigung zu deinem Volk, *
suche mich heim mit deiner Hilfe,
daß ich das Glück deiner Erwählten schauẹ, /
mich freue an der Freude deines Volkes, *
daß ich zusammen mit deinem Erbe mich rühme.

Wir haben gesündigt mit unsern Vätern, *
wir haben Unrecht getan und gefrevelt.

Unsre Väter in Ägypten begriffen nichts von deinen Wundẹrn, /
gedachten nicht der vielen Erweise deiner Liebe: *
widerspenstig waren sie am Meer – am Schilfmeer.
Er aber hat sie um seines Namens willen gerettet, *
um seine Macht zu bekunden.
Er drohte dem Schilfmeer, und es wurde trocken, *
er führte sie durch die Fluten wie durch die Wüste.
Er rettete sie aus der Hand des Hassers, *
er löste sie aus der Hand des Feindes.
Das Wasser bedeckte ihre Bedränger, *
nicht einer von ihnen blieb übrig.
Da glaubten sie seinen Worten, *
da sangen sie seinen Lobpreis.

Doch schnell vergaßen sie seine Taten, *
sie warteten nicht auf seinen Ratschluß.
Sie gierten voll Begierde in der Wüste, *
sie versuchten Gott in der Öde.

Er gab ihnen, was sie verlangten. *
Dann aber sandte er ihnen die Schwindsucht.

Sie wurden im Lager eifersüchtig auf Mose *
und auf den Heiligen des HERRN, auf Aaron.
Die Erde tat sich auf und verschluckte Datan, *
sie bedeckte die Rotte Abirams.
Ein Feuer entbrannte wider die Rotte, *
eine Flamme verzehrte die Frevler.

Sie machten am Horeb ein Kalb *
und warfen sich nieder vor dem Gußbild.
Ihre Herrlichkeit tauschten sie ein *
gegen das Bild eines Stieres, der Gras frißt.
Sie vergaßen Gott, ihren Retter, *
der große Dinge tat in Ägypten,
Wunder im Lande Hams, *
staunenerregende Taten am Schilfmeer.
Da sann er darauf, sie zu vertilgen, *
wäre nicht Mose gewesen, sein Erwählter.
Der trat vor ihm in die Bresche, *
seinen Grimm abzuwenden vom Vernichten.

Sie verschmähten das köstliche Land *
und glaubten seinem Wort nicht.
Sie murrten in ihren Zelten, *
auf die Stimme des HERRN wollten sie nicht hören.
Da erhob er gegen sie seine Hand, *
sie niederzustrecken in der Wüste,
ihre Nachkommen niederzustrecken durch die Völker, *
sie in alle Länder zu zerstreuen.

Sie unterjochten sich dem Baal-Pegor *
und aßen die Opfer der Toten.
Sie kränkten Gott mit ihren Taten, *
da brach unter ihnen eine Plage aus.
Pinhas trat auf und legte sich ins Mittel, *
da wurde der Plage Einhalt geboten;
das wurde ihm angerechnet als Gerechtigkeit *
von Geschlecht zu Geschlecht für alle Zeiten.

Sie reizten an den Wassern von Meriba Gottes Zorn, *
ihretwegen erging es Mose übel.
Denn sie waren widerspenstig gegen dessen Geist, *
so daß er mit seinen Lippen unbedacht redete.

Sie vertilgten die Völker nicht, *
wie der HERR es ihnen befohlen.
Sie vermischten sich mit den Heiden *
und lernten deren Werke.
Sie dienten deren Götzen. *
Das wurde ihnen zur Falle.
Sie brachten ihre Söhne und Töchter dar *
als Opfer für die Dämonen.
Sie vergossen unschuldiges Blut, *
das Blut ihrer Söhne und Töchter;
die opferten sie den Götzen Kanaans. *
So wurde das Land durch Blutschuld geschändet.
Sie wurden durch ihre Werke unrein *
und brachen durch ihre Taten die Treue.

Der Zorn des HERRN entbrannte gegen sein Volk, *
Abscheu empfand er gegen sein Erbe.
Er gab sie in die Hand der Völker, *
und ihre Hasser beherrschten sie.
Ihre Feinde bedrängten sie, *
sie wurden unter ihre Hand gebeugt.

Immer und immer wieder befreit er sie, /
sie aber bleiben widerspenstig bei ihren eigenen Beschlüssen. *
In ihrer Schuld versanken sie.
Er aber sah auf ihre Drangsal, *
als er ihr Schreien hörte;
um ihretwillen dachte er an seinen Bund *
und ließ es sich gereuen in der Fülle seiner Liebe.
Erbarmen ließ er sie finden *
bei denen, die sie gefangen weggeführt.

Rette uns, HERR, unser Gott, *
und sammle uns aus den Völkern,

daß wir deinen heiligen Namen preisen *
und uns deines Lobes rühmen.

Gepriesen sei der HERR, der Gott Israels, /
von Ewigkeit zu Ewigkeit! *
Alles Volk soll sprechen: Amen.

Ant 3
III

In der Osterzeit

Ant 3
II

Tob 13,11.13 (Vulg)

Psalm 79

O GOTT, die Heiden sind eingedrungen in dein Erbe; /
sie haben deinen heiligen Tempel entweiht. *
Sie legten Jerusalem in Trümmer.
  Die Leichen deiner Knechte
   gaben sie zum Fraß den Vögeln des Himmels, *
  das Fleisch deiner Frommen den Tieren der Erde.
Wie Wasser vergossen sie ihr Blut rings um Jerusalem; *
und keiner hat sie begraben.
  Wir wurden für unsre Nachbarn zum Schimpf, *
  zu Spott und Hohn für unsre Umgebung.

Wie lange noch, o HERR? /
Willst du für immer zürnen? *
Soll dein Eifer wie Feuer brennen?
⌈Gieß deinen Zorn aus über die Heiden, die dich nicht kennen, *
über jedes Reich, das deinen Namen nicht anruft!
Denn sie haben Jakob gefressen *
⌊und seine Wohnstatt verwüstet.

Rechne uns die Schuld von früher nicht an! /
Komm uns eilends zuvor mit deinem Erbarmen! *
Denn wir sind schwach und elend.
Um der Ehre deines Namens willen
hilf uns, du Gott unsres Heils! *
Reiß uns heraus! Getreu deinem Namen vergib uns die Sünden.
Warum sollen die Heiden sagen: *
„Ihr Gott - wo ist er?"
Unter den Heiden werde es kund vor unseren Augen: *
Vergolten wird das vergossene Blut deiner Knechte.
Das Stöhnen des Gefangenen dringe zu dir! *
Dein Arm ist groß: erhalte die Kinder des Todes am Leben!
⌈Gib unsern Nachbarn siebenfach in ihren Schoß zurück *
⌊den Hohn, mit dem sie dich, o Herr, verhöhnten.
Wir aber, dein Volk, die Herde deiner Weide, /
wir wollen dich preisen auf ewig, *
Geschlecht um Geschlecht dein Lob verkünden.

℣. Schenkt der Weisheit Gehör.
℟. Neigt euer Herz zur Einsicht.

In der Osterzeit

℣. Der Herr ist aus dem Grab erstanden. Halleluja.
℟. Der für uns am Kreuz gehangen. Halleluja.

Segensspruch *1 Thess 3,12f*
Der Herr lasse uns wachsen und reich werden in der Liebe zueinander und zu allen, damit unser Herz gefestigt wird und wir ohne Tadel sind und geheiligt, wenn er mit allen seinen Heiligen kommt. ℟. Amen.

Oration I

Du Gott des Erbarmens, neige dein Ohr und vernimm das Gebet deiner Gläubigen. Erhelle und heile, was in der Tiefe unseres Herzens krank ist, damit kein Begehren uns in seinem Bann gefangen hält, die wir erleuchtet wurden durch das Licht deines Wortes. Darum bitten wir durch Christus, unsern Herrn. ℟. Amen.

Oration II

Herr, unser Gott, komm unserem Beten und Arbeiten mit deiner Gnade zuvor und begleite es, damit alles, was wir beginnen, bei dir seinen Anfang nehme und durch dich vollendet werde. Darum bitten wir durch Christus, unsern Herrn. ℟. Amen.

LAUDES

In der Osterzeit

Psalm 96

SINGET dem HERRN ein neues Lied, /
singt dem HERRN, alle Lande, *
singt dem HERRN und preist seinen Namen!

Verkündet sein Heil von Tag zu Tag, /
erzählt unter den Völkern von seiner Herrlichkeit, *
bei allen Nationen von seinen Wundern.
Denn groß ist der HERR und hoch zu preisen, *
mehr zu fürchten als alle Götter.
Sind doch alle Götter der Völker Nichtse, *
der HERR aber hat den Himmel geschaffen.
Hoheit und Pracht sind vor seinem Antlitz, *
Macht und Glanz erfüllen sein Heiligtum.

Bringt dar dem HERRN, ihr Stämme der Völker, /
bringt dar dem HERRN Ehre und Macht, *
bringt dar dem HERRN die Ehre seines Namens!
Bringt Gaben und tretet in seine Höfe! /
Fallt nieder vor dem HERRN in heiligem Schmuck! *
Die ganze Erde erbebe vor seinem Antlitz.
Verkündet unter den Nationen: Der HERR ist König! /
– Fest ist der Erdkreis gegründet, nie wird er wanken. – *
Er richtet die Völker, wie es recht ist.

Der Himmel freue sich, die Erde jauchze, *
es brause das Meer und seine ganze Fülle,
es jauchze die Flur, und was auf ihr wächst, *
jubeln sollen alle Bäume des Waldes
vor dem HERRN, denn er kommt, *
denn er kommt, die Erde zu richten.
Er richtet den Erdkreis in Gerechtigkeit *
und die Völker nach seiner Treue.

Ant 2
VI

In der Osterzeit

Ant 2
VI

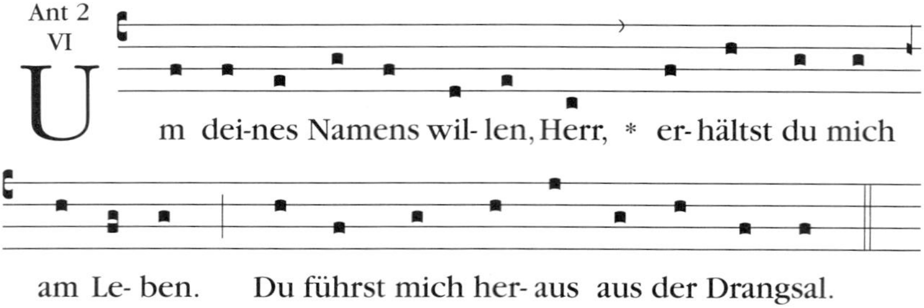

Psalm 143

HERR, höre mein Gebet, vernimm mein Flehen, *
in deiner Treue antworte mir, in deiner Gerechtigkeit.
Geh mit deinem Knecht nicht ins Gericht, *
ist doch keiner, der lebt, gerecht vor dir.
Denn der Feind verfolgt mich, tritt mein Leben zu Boden, /
in Finsternis läßt er mich wohnen *
gleich solchen, die längst gestorben sind.
Mein Geist verzagt in mir, *
das Herz erstarrt in meinem Innern.

Ich denke an die Tage der Vorzeit, /
sinne nach über all deine Taten, *
ich erwäge das Werk deiner Hände.
Ich breite nach dir meine Hände aus, *
wie trockenes Land dürstet nach dir meine Seele.
Antworte mir bald, o HERR, *
denn mein Geist ist am Ende.
Verbirg mir nicht dein Antlitz, *
sonst gleiche ich jenen, die niederfahren zur Grube.
Am Morgen laß mich deine Huld erfahren, *
denn auf dich vertraue ich.
Zeig mir den Weg, den ich gehen soll, *
denn zu dir erhebe ich meine Seele.
Entreiße mich meinen Feinden, o HERR, *
zu dir nehme ich meine Zuflucht.

Lehre mich deinen Willẹn tụn, /
du bist ja mein Gott, *
dein guter Geist leitet mich auf ebenem Lande.
Um deines Namens willen, HERR, erhältst du mich am Leben, *
führst mich in deiner Gerechtigkeit heraus aus der Drangsal.
In deiner Huld bringst du meine Feinde zum Schweigẹn, /
all meine Bedränger läßt du zugrunde gehn, *
weil ich dein Knecht bin.

In der Osterzeit

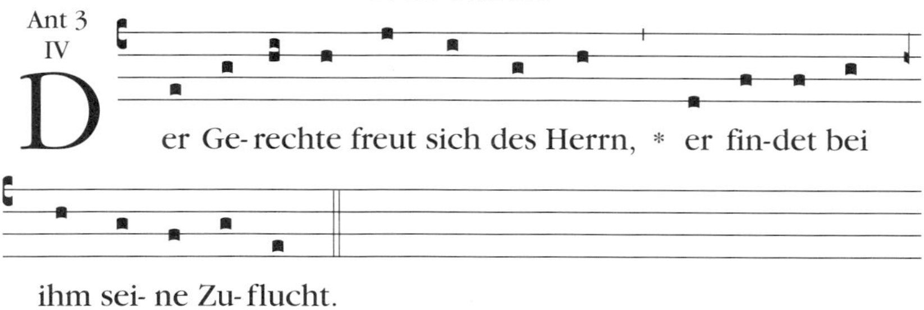

Psalm 64

HÖRE, o Gott, mein lautes Klagen, *
vor dem Schrecken des Feindes schütze mein Leben!
Birg mich vor der Rotte der Bösen, *
vor dem Toben derer, die Unrecht tun,
die ihre Zunge schärfen wie ein Schwert, *
die giftige Worte schießen wie Pfeile,

um den Schuldlosen vom Versteck aus zu treffen, *
ohne Scheu jählings auf ihn zu schießen.
Fest entschlossen sind sie zum Bösen, /
sie planen heimliche Fallen. *
Sie sagen: „Wer kann sie entdecken!“
Bosheit denken sie aus: /
„Wir haben's geschafft! – Ein klug ersonnener Plan!“ *
Des Menschen Sinn und Herz – welch ein Abgrund!

Gott aber trifft sie mit seinen Pfeilen, *
plötzlich sind sie mit Wunden geschlagen.
Ihre eigene Zunge bringt sie zu Fall. *
Den Kopf schütteln alle, die es sehen.
Da fürchten sich alle Menschen, *
künden Gottes Werk und bedenken sein Walten.
Der Gerechte freut sich des HERRN, /
und sucht bei ihm Zuflucht. *
Alle, die redlichen Herzens sind, dürfen sich rühmen.

Ant 4
VI

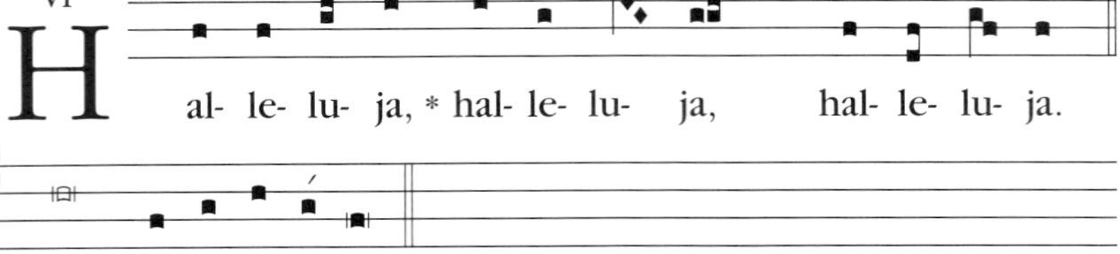

In der Fastenzeit

Ant 4
VI

In der Osterzeit

Ant 4
VI

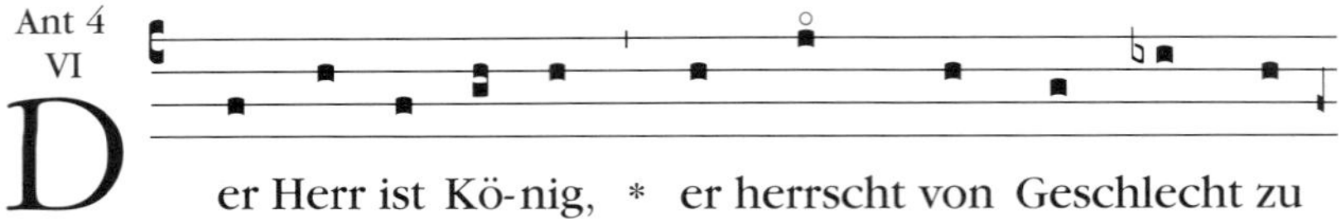

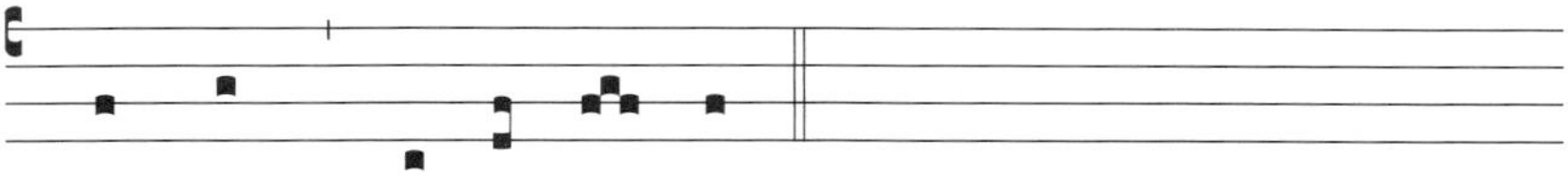

Psalm 146

LOBE den HERRN, meine Seele! /
Loben will ich den HERRN, solange ich lebe, *
will singen meinem Gott, solange ich da bin.

Verlaßt euch nicht auf Fürsten, *
auf einen Menschen, der nicht retten kann.
Entflieht sein Atem, kehrt er zurück zur Erde, *
an jenem Tage ist es aus mit seinen Plänen.

Selig, wer Jakobs Gott zum Helfer hat, *
wer seine Hoffnung auf den HERRN, seinen Gott, setzt.
Er hat Himmel und Erde geschaffen, /
das Meer und alles, was darin lebt; *
er hält die Treue auf ewig:
Recht schafft er den Unterdrückten, /
den Hungernden gibt er Brot; *
der HERR befreit die Gefangenen.
Der HERR öffnet die Augen der Blinden, /
der HERR richtet auf die Gebeugten, *
der HERR liebt die Gerechten.
Der HERR beschützt die Fremden, /
die Waisen und Witwen stützt er, *
doch den Weg der Frevler lenkt er in die Irre.

König ist der HERR auf ewig, *
dein Gott, o Zion, durch alle Geschlechter.

Kurzlesung *Tob 13,2-5*

Gott führt hinab in die Unterwelt und führt auch wieder zum Leben. Niemand kann seiner Macht entfliehen. Bekennt euch zu ihm vor allen Völkern, ihr Kinder Israels; denn er selbst hat uns unter die Völker zerstreut. Verkündet dort seine erhabene Größe, preist ihn laut vor allem, was lebt.

Denn er ist unser Herr und Gott, er ist unser Vater in alle Ewigkeit. Er züchtigt uns wegen unserer Sünden, doch hat er auch wieder Erbarmen. Er führt uns aus allen Völkern zusammen, von überallher, wohin ihr verschleppt worden seid.

Tob 13,2.5

Hymnus

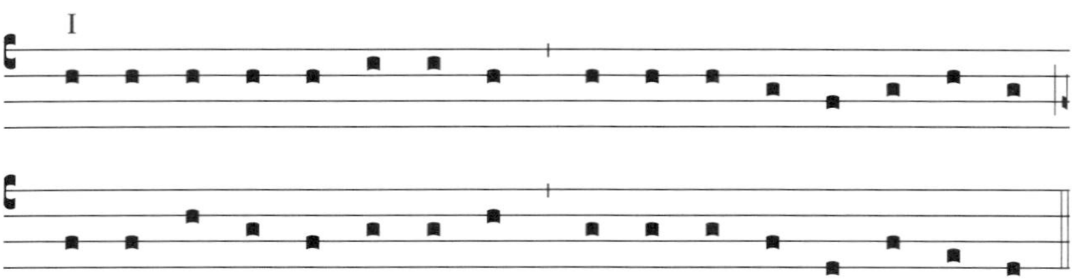

DU LICHT des Himmels, großer Gott,
der ausgespannt das Sternenzelt
und der es hält mit starker Hand,
du sendest Licht in unsre Welt.

Die Morgenröte zieht herauf
und überstrahlt das Sternenheer,
der graue Nebel löst sich auf,
Tau netzt die Erde segensschwer.

Das Reich der Schatten weicht zurück,
das Tageslicht nimmt seinen Lauf,
und strahlend, gleich dem Morgenstern,
weckt Christus uns vom Schlafe auf.

Du, Christus, bist der helle Tag,
das Licht, dem unser Licht entspringt,
Gott, der mit seiner Allmacht Kraft
die tote Welt zum Leben bringt.

Erlöser, der ins Licht uns führt
und aller Finsternis entreißt,
dich preisen wir im Morgenlied
mit Gott dem Vater und dem Geist. Amen.

℣. Bei dir ist die Quelle des Lebens.
℟. In deinem Lichte schauen wir das Licht.

Ant C
II

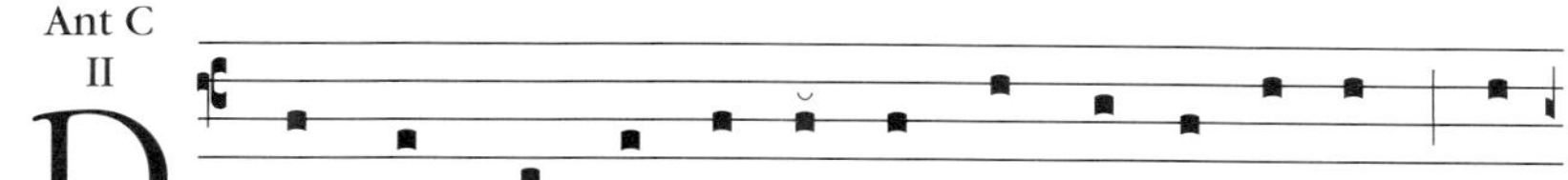

Der Macht der Fin-ster-nis hat Gott uns entris-sen * und

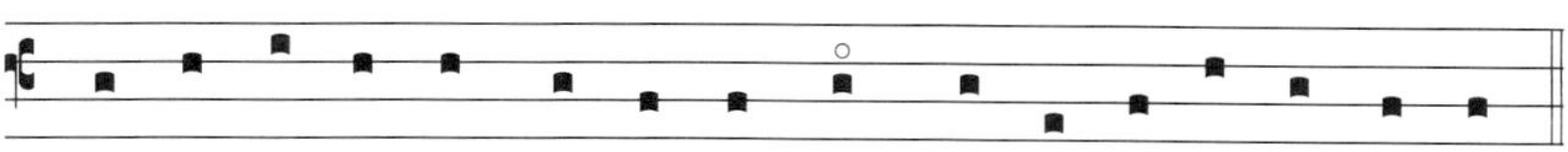

hat uns auf-ge-nommen in das Reich sei-nes ge-liebten Sohnes.

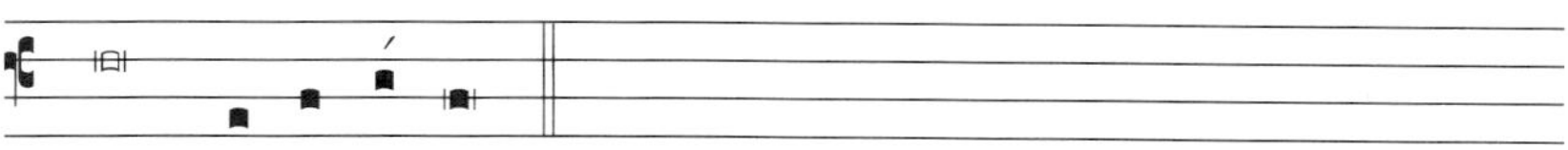

Kol 1,13

Im Advent

Ant C
IV

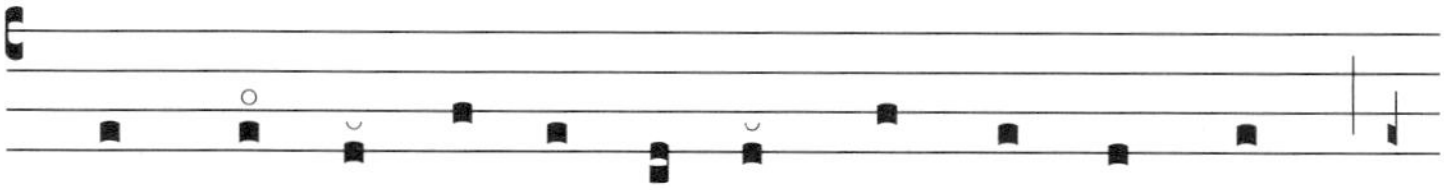

Wenn Chri-stus, un- ser Le- ben, sicht-bar erscheint, *

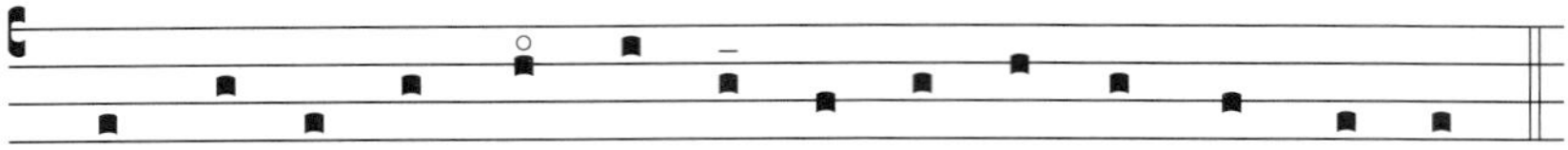

dann werdet auch ihr mit ihm in Herr-lich-keit erschei- nen.

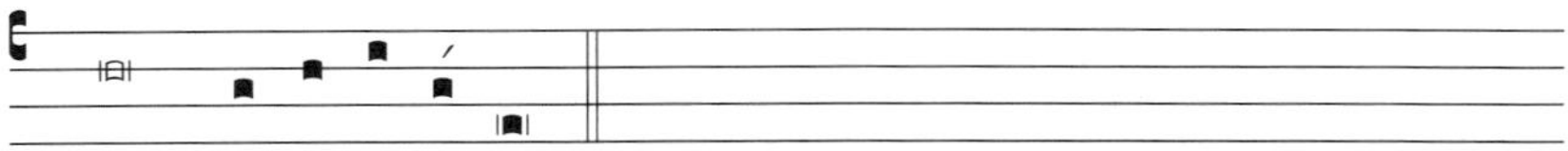

Kol 3,4

In der Fastenzeit

Ant C IV

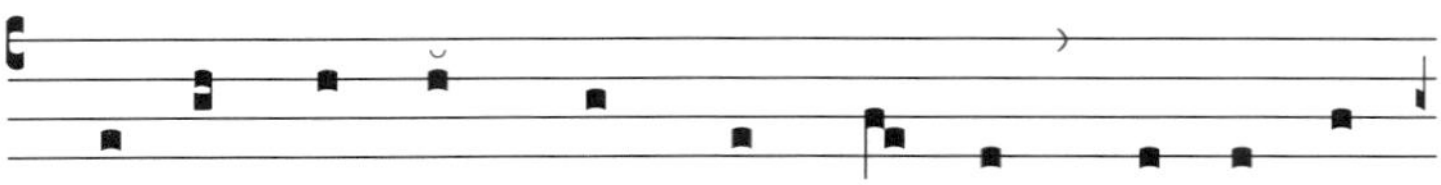

G e- recht ge-macht durch den Glau- ben, * ha- ben wir

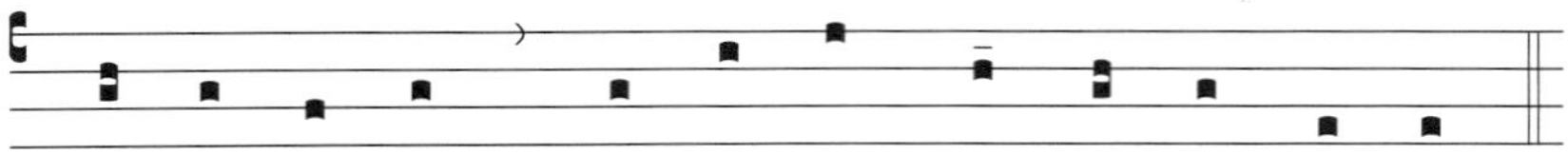

Frie- den mit Gott durch un- sern Herrn Je- sus Chri-stus.

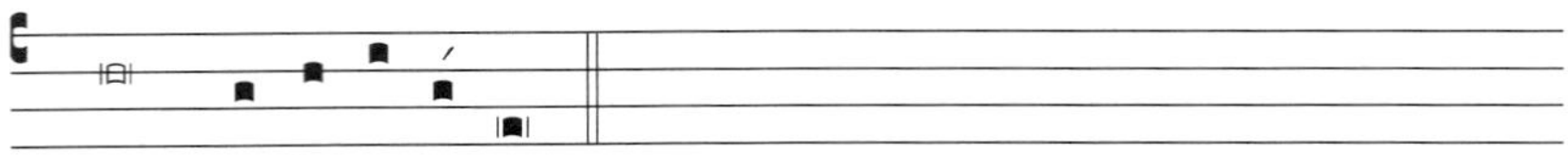

Röm 5,1

In der Osterzeit

Ant C IV

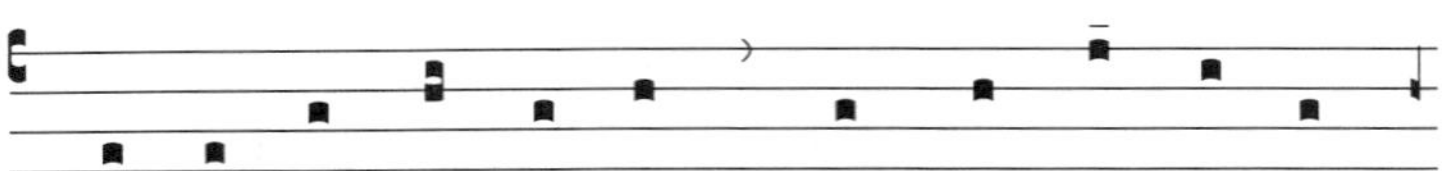

W ir sind mit Gott versöhnt * durch den Tod sei- nes

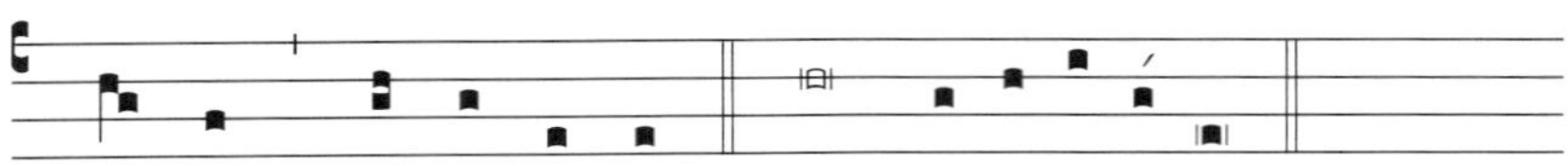

Soh-nes. Hal- le- lu- ja. *Röm 5,10*

Canticum Kol 1,15-20 ()

ER ist das Bild des unsichtbaren Gottes, *
der Erstgeborene der ganzen Schöpfung.

Denn in ihm wurde alles erschaffen /
im Himmel und auf Erden – *
alles ist durch ihn und auf ihn hin geschaffen.
Er selber ist vor allem, /
in ihm hat alles Bestand. *
Er ist das Haupt des Leibes, der Kirche.
Er ist der Ursprung, /
der Erstgeborene von den Toten, *
auf daß er den Vorrang habe in allem.
Denn es hat Gott gefallen, *
mit seiner ganzen Fülle in ihm zu wohnen
und durch ihn alles mit sich zu versöhnen, *
was auf der Erde und was im Himmel ist:
denn er stiftete Frieden *
durch das Blut seines Kreuzes.

ANTIPHON

Ehre sei dem Vater und dem Sohne *
und dem Heiligen Geiste.
Wie im Anfang, so auch jetzt und allezeit *
und in Ewigkeit. Amen.

* * *

SAMSTAG

VIGIL

Invitatorium

Psalm 95

AUF! Laßt uns jauchzen dem HERRN,
jubeln dem Fels unsres Heils!
Laßt uns mit Lobpreis seinem Angesicht nahen,
ihm jubeln mit Liedern!

AUF! LASST UNS JAUCHZEN DEM HERRN,
LASST UNS MIT LOBPREIS SEINEM ANGESICHT NAHEN!

Denn der HERR ist ein großer Gott,
ein großer König über allen Göttern.
In seiner Hand sind die Tiefen der Erde,
sein sind die Gipfel der Berge.
Sein ist das Meer, von ihm geschaffen,
das trockene Land, das seine Hände gebildet.

LASST UNS MIT LOBPREIS SEINEM ANGESICHT NAHEN!

Kommt! Laßt uns niederfallen, uns vor ihm verneigen,
laßt uns niederknien vor dem HERRN, der uns geschaffen.
Denn er ist unser Gott,
wir sind das Volk seiner Weide,
die Herde, von seiner Hand geführt.

AUF! LASST UNS JAUCHZEN DEM HERRN,
LASST UNS MIT LOBPREIS SEINEM ANGESICHT NAHEN!

Wenn ihr doch heute auf seine Stimme hörtet:
„Verhärtet euer Herz nicht wie in Meriba,
wie in der Wüste am Tag von Massa!
Dort haben eure Väter mich versucht,
sie haben mich auf die Probe gestellt
– und hatten doch mein Tun gesehen."

LASST UNS MIT LOBPREIS SEINEM ANGESICHT NAHEN!

„Vierzig Jahre war mir dies Geschlecht zuwider.
So sprach ich: Sie sind ein Volk mit irrendem Herzen.
Sie kennen meine Wege nicht.
Da habe ich in meinem Zorn geschworen:
Sie sollen nicht in meine Ruhe kommen."

AUF! LASST UNS JAUCHZEN DEM HERRN,
LASST UNS MIT LOBPREIS SEINEM ANGESICHT NAHEN!

Ehre sei dem Vater und dem Sohn
und dem Heiligen Geiste.
Wie im Anfang, so auch jetzt und immer
und in Ewigkeit. Amen.

LASST UNS MIT LOBPREIS SEINEM ANGESICHT NAHEN!

AUF! LASST UNS JAUCHZEN DEM HERRN,
LASST UNS MIT LOBPREIS SEINEM ANGESICHT NAHEN!

Erste Nokturn

Ant 1
II

In der Osterzeit

Ant 1
II

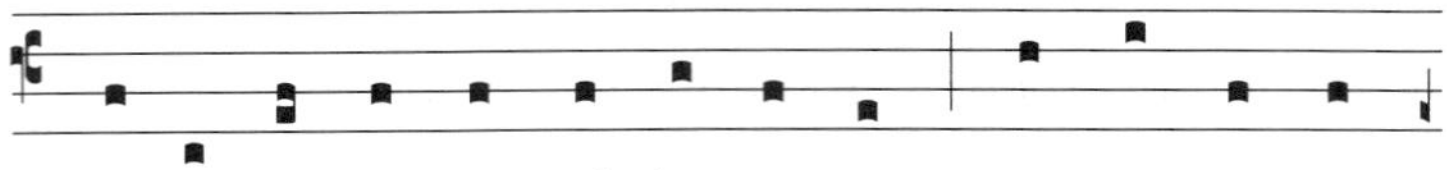

D ei- ne Stär- ke will ich be- sin- gen, * am Mor- gen will

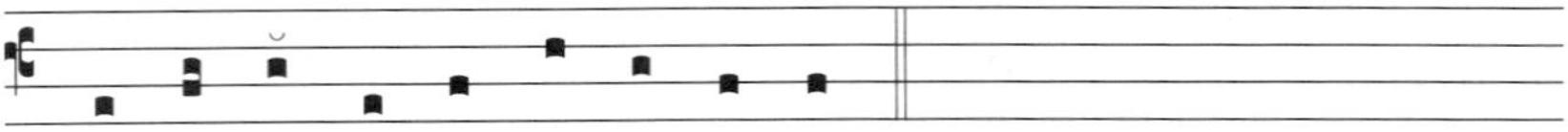

ich ju- beln ü- ber dei- ne Lie- be.

Psalm 59

ENTREISS mich den Feinden, mein Gott, *
vor meinen Widersachern schütze mich!
Entreiß mich denen, die Unrecht tun, *
vor blutgierigen Menschen rette mich.
Denn siehe: Sie lauern mir auf, *
Mächtige greifen mich an.
An mir, o HERR, ist nicht Frevel noch Sünde; /
ich bin ohne Schuld. *
Sie aber stürmen vor und stellen sich auf.
Wach auf, komm mir entgegen und schaue, *
du, HERR, Gott der Heerscharen, Israels Gott!
Erwache, suche heim alle Völker! *
Sei keinem frevelnden Verräter gnädig!

Abend für Abend kehren sie wieder, *
sie heulen wie Hunde und umkreisen die Stadt.
Ja, sie geifern mit ihrem Maul, /
wie Schwerter ist's auf ihren Lippen: *
„Wer wird es schon hören?“
Du aber, HERR, verlachst sie, *
du spottest über alle Völker.
Meine Stärke, auf dich will ich achten, /
denn Gott ist meine Burg, *
er, der Gott meiner Liebe!
Gott kommt mir zuvor, *
er läßt mich herabsehn auf meine Bedränger.

Töte sie nicht, damit mein Volk nicht vergesse. /
In deiner Macht treibe sie um, *
stürze sie, Herr, unser Schild!
Sünde ist, was sie sagen, das Wort ihrer Lippen. *
Sie verfangen sich in ihrem Hochmut.
Wegen des Fluchs und der Lüge, die sie verbreiten, /
mach ein Ende im Zorn, mach ein Ende, *
daß es mit ihnen aus ist!
Sie sollen wissen, daß es Gott ist, der herrscht *
von Jakob aus bis an die Enden der Erde.

Abend für Abend kehren sie wieder, *
sie heulen wie Hunde und umkreisen die Stadt.
Sie treiben sich herum auf der Suche nach Fraß; *
werden sie nicht satt, dann knurren sie.
Ich aber will deine Stärke besingen, *
am Morgen will ich jubeln über deine Liebe.
Denn du wurdest mir eine Burg, *
eine Zuflucht am Tag meiner Drangsal.
Meine Stärke, dir will ich singen und spielen, /
denn Gott ist meine Burg, *
er, der Gott meiner Liebe.

Ant 2
IV

In der Osterzeit

Ant 2
IV

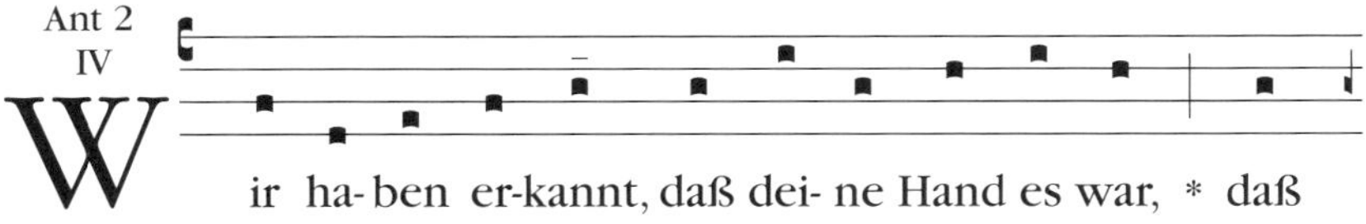

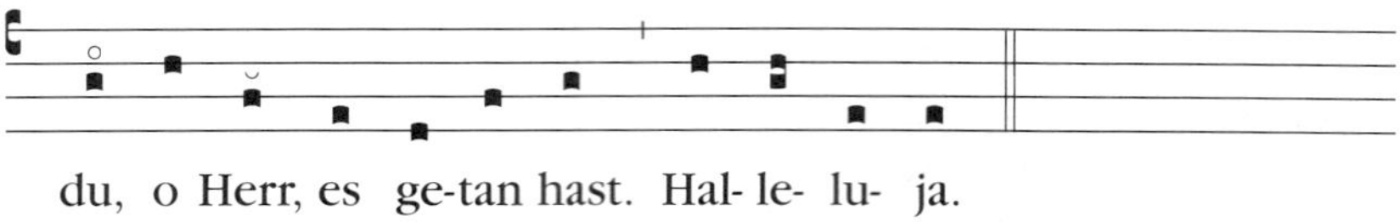

Psalm 109

GOTT meines Lobes, schweig doch nicht! *
Denn der Mund des Frevlers, ein Lügenmaul,
hat sich gegen mich aufgetan.
Sie reden zu mir mit verlogener Zungẹ, /
sie umgeben mich mit Worten des Hasses *
und bekämpfen mich grundlos.
Zum Dank für meine Liebe klagen sie mich an, *
ich aber bete.
Sie vergelten mir Gutes mit Bösem, *
mit Haß meine Liebe:

„Bestelle wider ihn einen Frevler, *
ein Ankläger trete zu seiner Rechten.
Aus dem Gericht gehe er hervor als Schuldiger, *
selbst sein Gebet werde zur Sünde.
Nur gering sei die Zahl seiner Tage, *
sein Amt soll ein andrer erhalten.
Zu Waisen werden sollen seine Kinder *
und seine Frau zur Witwe.
Die Kinder sollen unstet umherziehn und betteln, *
vertrieben aus ihren Trümmern.
Ein Wucherer umgarne all seinen Besitz; *
Fremde sollen plündern, was er mühsam erworben.
Niemand sei da, der ihm die Liebe erhält, *
und keiner, der seinen Waisen gnädig ist.
Seine Nachkommenschaft soll man tilgen, *
schon im folgenden Geschlecht erlösche ihr Name.
Der Schuld seiner Väter werde gedacht beim HERRN, *
ungelöscht bleibe die Sünde seiner Mutter.
Ihre Vergehen seien dem HERRN immer vor Augen, *
ihr Andenken soll auf Erden getilgt sein.

Dachte er doch nie daran, Liebe zu üben: /
er verfolgte den Elenden und den Armen *
und den Verzagten, um ihn zu töten.
Er liebte den Fluch - der komme über ihn, *
er verschmähte den Segen - der bleibe ihm ferne.
Den Fluch zog er an wie sein Gewand - *
der dringe wie Wasser in seinen Leib, wie Öl in seine Gebeine!
Er werde für ihn zum Kleid, in das er sich hüllt, *
zum Gürtel, mit dem er sich allzeit umgürtet."

So treiben es, die mich im Auftrag des HERRN verklagen *
und die so Böses gegen mich reden.

Du aber, HERR, mein Herr, /
handle an mir, wie es deinem Namen entspricht! *
Ja, gut ist deine Liebe. - Befreie mich!
Denn ich bin elend und arm, *
mein Herz ist im Innersten getroffen.
Ich schwinde dahin wie ein Schatten, wenn er sich neigt, *
wie eine Heuschrecke werde ich abgestreift.
Meine Knie wanken vom Fasten, *
mein Leib nimmt ab und wird mager.
Und ich wurde für sie zum Spott, *
sie schütteln den Kopf, wenn sie mich sehen.

Hilf mir, HERR, mein Gott! *
Rette mich kraft deiner Liebe!
Sie sollen erkennen, daß deine Hand es war, *
daß du, o HERR, es getan hast.
Mögen sie fluchen - du wirst segnen. /
Zu ihrer eigenen Schande haben sie sich erhoben. *
- Dein Knecht aber darf sich freuen.
Meine Ankläger müssen sich bekleiden mit Schmach *
und sich in Schande hüllen wie in einen Mantel.
Ich will dem HERRN danken mit lauter Stimme, *
inmitten der Menge will ich ihn loben.
Denn er steht zur Rechten des Armen, *
um ihn vor seinen Richtern zu retten.

In der Osterzeit

Psalm 56

SEI mir gnädig, o Gott, denn Menschen stellen mir nach; *
sie bedrängen mich feindlich Tag für Tag.
Tag für Tag stellen die Gegner mir nach; *
ja, viele sind es, o Höchster, die mich bekämpfen.
Am Tag, da ich mich fürchten muß, *
setze ich auf dich mein Vertrauen.
Auf Gott, dessen Wort ich preise, /
auf Gott vertraue ich, – ich fürchte mich nicht. *
Was können Menschen mir antun?

Jeden Tag verdrehn sie meine Worte, *
ihr ganzes Sinnen geht auf mein Verderben.
Sie lauern und spähen, /
sie achten genau auf meine Schritte, *
denn sie trachten mir nach dem Leben.
Sollen sie trotz ihres Frevels entrinnen? *
Stürze die Völker, o Gott, in deinem Zorn!

Die Wege meines Elends, du hast sie gẹzählt. /
In deinem Schlauch sind meine Tränen verwahrt. *
Stehen sie nicht in deinem Buch?
Da weichen die Feinde zurück am Tag, da ich rufe. *
Ich habe erkannt: Mir steht Gott zur Seite.
Auf Gott, dessen Wort ich preisẹ, /
auf Gott vertraue ich, - ich fürchte mich nicht. *
Was können Menschen mir antun?

Ich schulde dir, o Gott, was ich gelobte, *
Dankopfer will ich dir entrichten.
Denn du hast mein Leben dem Tod entrissẹn. /
Hast du nicht meinen Fuß vor dem Straucheln bewahrt? *
Ich wandle vor Gott im Lichte der Lebenden.

℣. Horcht auf und hört meine Stimme.
℟. Gebt acht, hört auf mein Wort.

In der Osterzeit

℣. Gott hat Christus von den Toten erweckt. Halleluja.
℟. Damit wir an Gott glauben und auf ihn hoffen. Halleluja.

Segensspruch *Phil 4,7*

Der Friede Gottes, der alles Verstehen übersteigt, bewahre unsre Herzen und unsre Gedanken in der Gemeinschaft mit Christus Jesus, unserm Herrn. ℟. Amen.

Zweite Nokturn

Ant 1
IV

In der Osterzeit

Ant 1
IV

Jer 51,50

Psalm 137

AN BABELS Strömen saßen wir und weinten, *
da wir an Zion dachten.
An die Weiden in jenem Land *
hängten wir unsere Harfen.
Denn dort verlangten von uns die Zwingherren Lieder, /
unsere Peiniger forderten Jubel: *
„Singt uns eins von den Liedern Zions!"
Wie könnten wir singen die Lieder des HERRN *
fern, auf fremder Erde?
Wenn ich dich je vergesse, Jerusalem, *
dann soll meine Rechte die Griffe vergessen!
Die Zunge klebe mir am Gaumen, /
wenn ich deiner nicht mehr gedenke, *
wenn ich Jerusalem nicht zum Gipfel meiner Freude erhebe.

Gedenke, HERR, des Tages von Jerusalem, /
denk an die Söhne Edoms, die sagten: „Reißt nieder, *
bis auf den Grund reißt es nieder!"
Tochter Babel, der Verwüstung Geweihte, /
wohl dem, der dir heimzahlt, *
der dir antut, was du uns angetan.
Wohl dem, der deine Brut ergreift *
und sie am Felsen zerschmettert.

Ant 2
II

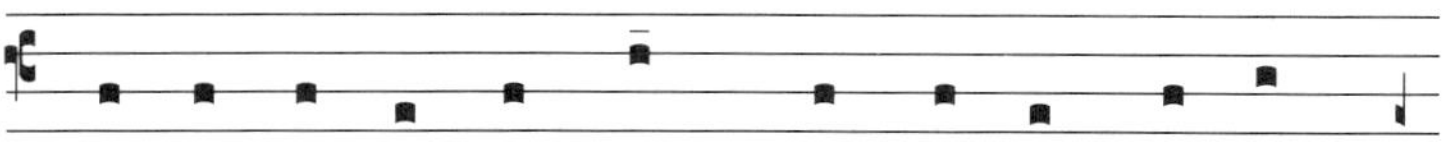

G e- rech-tig-keit und Recht * sind dei-nes Thro-nes

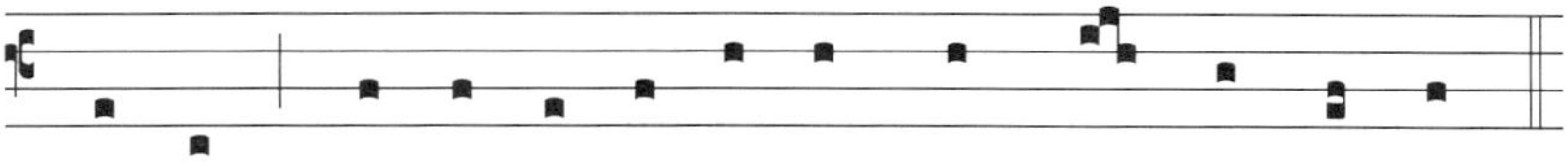

Stüt- zen, vor dei-nem An- ge-sicht stehn Huld und Treu- e.

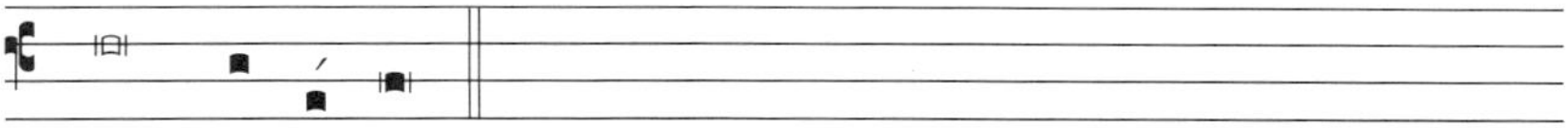

In der Osterzeit

Ant 2
II

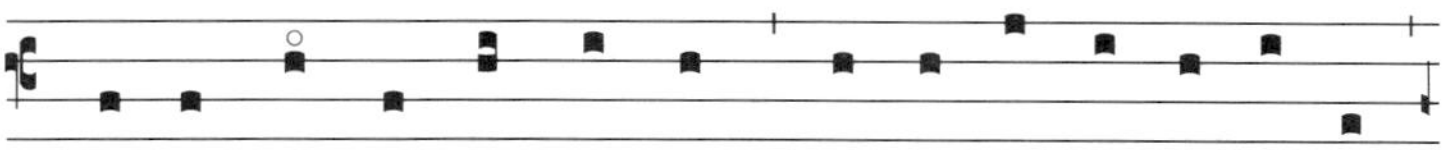

D ei- ne Hand ist stark, o Herr, * dei-ne Rechte er-ho-ben.

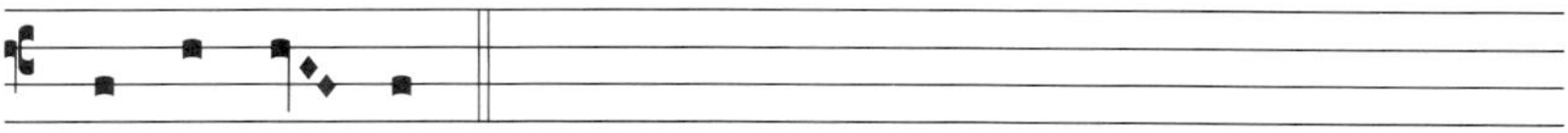

Hal- le- lu- ja.

Psalm 89

VON der Huld des HERRN will ich ewig singen, *
von Geschlecht zu Geschlecht
soll mein Mund deine Treue verkünden.
Ja, ich bekennẹ: /
Aufgerichtet ist die Huld für ewig, *
deine Treue hat Bestand im Himmel.
„Ich habe einen Bund geschlossen mit meinem Erwählten, *
ich habe David, meinem Knecht, geschworen:
Deinem Haus geb ich auf ewig Bestand, *
und von Geschlecht zu Geschlecht richte ich deinen Thron auf."

Die Himmel preisen deine Wunder, o HERR, *
die Gemeinde der Heiligen deine Treue.

Denn wer in den Wolken kann sich dem HERRN vergleichen, *
wer gleicht dem HERRN unter den Söhnen der Götter?
Gewaltig groß ist Gott im Rat der Heiligen, *
furchtbar ist er über allen, die ihn umstehen.
HERR, Gott der Scharen, wer ist wie du? *
Mächtig bist du, HERR, und dich umgibt deine Treue.
Dem Ungestüm des Meeres gebietest du, *
wenn seine Wogen toben, du bringst sie zur Ruhe.
Rahab hast du durchbohrt und zertreten, *
deine Feinde zerstreut mit der Kraft deines Armes.
Dein ist der Himmel, dein auch die Erde, *
du hast den Erdkreis gegründet mit all seiner Fülle.
Nord und Süd hast du geschaffen, *
Tabor und Hermon jauchzen bei deinem Namen.
In deinem Arm wohnt Heldenkraft, *
deine Hand ist stark, deine Rechte erhoben.
Gerechtigkeit und Recht sind deines Thrones Stützen, *
Huld und Treue stehn vor deinem Angesicht.
Selig das Volk, das den Jubelruf kennt! *
Sie wandeln, HERR, im Lichte deines Angesichts.
Ob deines Namens frohlocken sie allezeit, *
durch deine Gerechtigkeit sind sie erhoben.
Denn du bist ihre Schönheit und Stärke, *
du erhöhst unsre Kraft nach deinem Gefallen.
Fürwahr, unser Schild ist der HERR, *
ja, Israels Heiliger ist unser König.

Einst hast du gesprochen in einem Gesichte *
und zu deinen Frommen geredet:
„Über einen Helden setzte ich einen Jüngling, *
einen jungen Mann erhob ich aus dem Volke:
ich habe David gefunden als meinen Knecht, *
ihn gesalbt mit dem Öl meiner Heiligung.
Beständig soll meine Hand ihn halten, *
ja, mein Arm soll ihn stärken.
Kein Feind soll ihn täuschen, *
kein Ruchloser kann ihn erniedrigen.

Ich will vor ihm seine Bedränger zerschmettern, *
und die ihn hassen, schlage ich nieder.
Meine Treue und meine Huld begleiten ihn, *
in meinem Namen ist seine Kraft erhoben.
Ich lege seine Hand auf das Meer *
und auf die Ströme seine Rechte.
Er wird mich rufen: 'Du, mein Vater! *
Mein Gott! Fels meines Heiles!'
Ich aber – zum Erstgeborenen setz ich ihn ein, *
zum Höchsten unter den Königen der Erde.
Auf ewig werde ich ihm meine Huld bewahren, *
mein Bund ist beständig mit ihm.
Sein Haus lasse ich dauern für immer, *
und seinen Thron wie die Tage des Himmels.
Wenn seine Söhne meine Weisung verlassen *
und nicht wandeln nach meinen Geboten,
wenn sie meine Gesetze entweihen *
und meine Befehle nicht befolgen,
dann ahnde ich mit der Rute ihr Vergehen *
und ihre Schuld mit Schlägen.
Doch ich entziehe ihm nicht meine Huld, *
ich breche meine Treue nicht.
Ich werde meinen Bund nicht entweihen, *
den Spruch meiner Lippen nicht ändern.
Dies eine hab ich geschworen, so wahr ich heilig bin, *
und niemals werde ich David belügen:
'Sein Haus wird bleiben auf ewig, *
und sein Thron ist vor mir wie die Sonne,
er wird ewig bestehn wie der Mond, *
der treue Zeuge über den Wolken.'“

Nun aber hast du verstoßen und verworfen, *
schwer liegt dein Zorn auf deinem Gesalbten.
Du hast den Bund mit deinem Knecht zerbrochen, *
seine Krone entweiht, zu Boden geworfen.
Eingerissen hast du all seine Mauern, *
in Trümmer gelegt seine Burgen.

Die des Weges kommen, plündern ihn aus, *
er wurde zum Gespött der Nachbarn.
Du hast die Rechte seiner Bedränger erhoben, *
hast Freude bereitet all seinen Feinden.
Du hast die Spitze seines Schwertes umgekehrt *
und ließest ihn im Krieg nicht bestehen.
Du machtest seinem Glanz ein Ende *
und stießest seinen Thron zu Boden.
Du hast ihm verkürzt die Tage der Jugend *
und ihn bedeckt mit Schande.
Wie lange noch, o HERR? /
Willst du dich für immer verbergen? *
Soll dein Zorn wie Feuer brennen?
Bedenke: Was ist mein Leben? *
Wie nichtig hast du die Menschen geschaffen!
Wer ist der Mann, der lebt, ohne den Tod zu schaun, *
der sich zu retten vermag aus den Fängen der Unterwelt?
Herr, wo sind die Taten deiner Huld von einst? *
Du hast doch David bei deiner Treue geschworen!
O Herr, gedenke doch! *
Gedenke der Schmach deiner Knechte!
Im Herzen trag ich all die vielen Völker: /
HERR, als deine Feinde höhnen sie, *
sie verhöhnen die Schritte deines Gesalbten.

Gepriesen sei der HERR in Ewigkeit! *
Amen, ja amen!

Ant 3
VIII

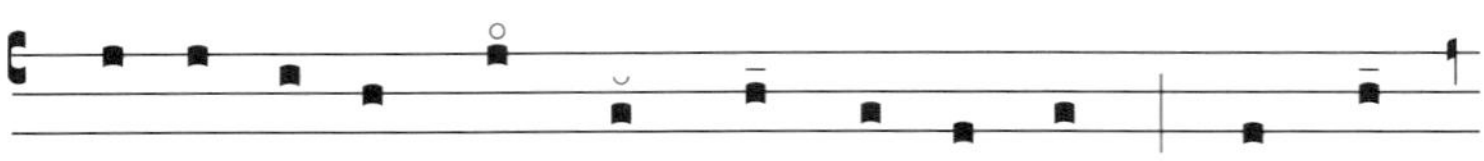

B ie- te dei- ne Macht auf, Herr, un- ser Gott, * und komm,

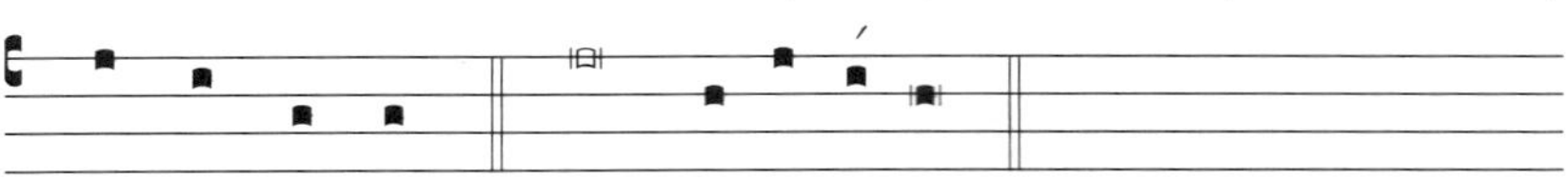

uns zur Ret-tung.

In der Osterzeit

Ant 3
VIII

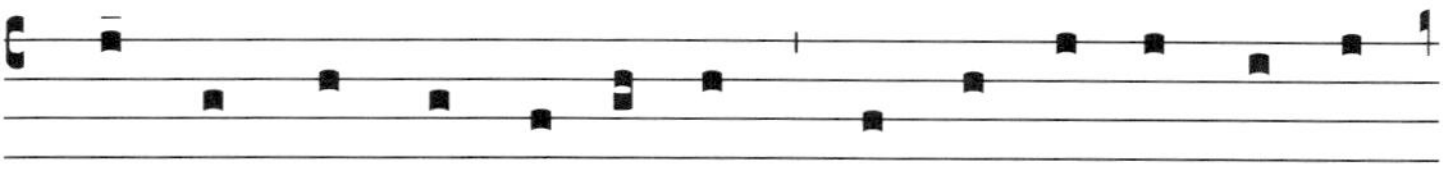

Herr, du wirst uns be-le-ben, * und wir ru-fen dei-nen

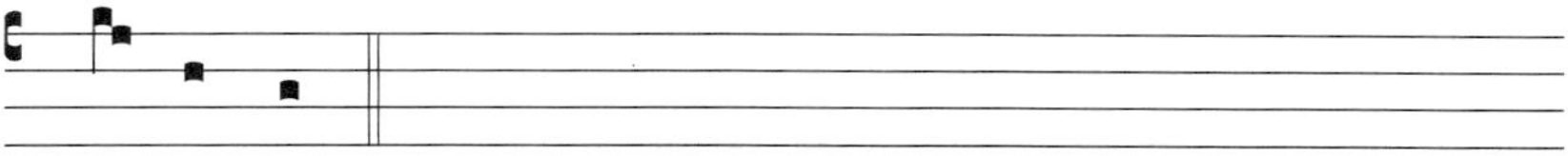

Na-men aus.

Psalm 80

HÖRE, du Hirte Israels, *
der du Josef leitest gleich einer Herde.
  Der du über den Kerubim thronst, erscheine *
  vor Efraim, Benjamin und Manasse!
Erwecke deine Heldenkraft, *
und komm, uns zur Rettung.
  Gott, richte uns wieder auf! *
  Laß dein Angesicht leuchten, dann sind wir gerettet!

HERR, Gott der Scharen, /
wie lange noch raucht dein Zorn, *
während dein Volk zu dir betet?
  Tränenbrot läßt du sie essen *
  und tränkst sie scheffelweise mit Tränen.
Du machst uns zum Zankapfel für unsere Nachbarn, *
ihren Spott treiben unsere Feinde.
  Gott der Scharen, richte uns wieder auf! *
  Laß dein Angesicht leuchten, dann sind wir gerettet!

Einen Weinstock hobst du aus in Ägypten, *
hast Völker vertrieben und ihn eingepflanzt.
  Du schufst ihm Raum, *
  er konnte Wurzeln schlagen und das Land überziehen.
Berge wurden bedeckt von seinem Schatten, *
von seinen Zweigen die Zedern Gottes.

Er streckte seine Ranken bis zum Meer *
und seine Schößlinge bis hin zum Strome.
Warum rissest du seine Mauern nieder, *
daß alle, die des Weges kommen, ihn plündern?
Der Eber aus dem Wald wühlt ihn um, *
es weiden ihn ab die Tiere des Feldes.
Gott der Scharen, kehre doch zurück, /
blicke vom Himmel herab und schaue, *
suche heim diesen Weinstock,
beschütze, was deine Rechte gepflanzt hat, *
den Sprößling, den du dir großzogst.
Er liegt gefällt, vom Feuer verbrannt: *
man vergeht vor deinem drohenden Antlitz.
Deine Hand sei über dem Mann deiner Rechten, *
über dem Menschensohn, den du dir großzogst.
Dann werden wir nicht von dir weichen. *
Du wirst uns beleben, und wir rufen deinen Namen aus.
HERR, Gott der Scharen, richte uns wieder auf! *
Laß dein Angesicht leuchten, dann sind wir gerettet!

℣. Zeige mir, Herr, deine Wege.
℟. Lehre mich deine Pfade.

In der Osterzeit

℣. Christus, von den Toten auferweckt, stirbt nicht mehr. Halleluja.
℟. Über ihn hat der Tod keine Macht mehr. Halleluja.

Segensspruch *cf. Phil 1,9f*

Gott lasse unsere Liebe immer reicher werden an Einsicht und Verständnis, damit wir lernen, worauf es ankommt, und lauter und makellos sind für den Tag Christi. ℟. Amen.

*

Oration I

Gott, unser Vater, senke deinen Geist in unser Herz und erleuchte es, damit wir deine Weisungen erkennen und bereitwillig den Weg gehen, den du uns führen willst. Darum bitten wir durch Christus, unsern Herrn. ℟. Amen.

Oration II
Herr Jesus Christus, König des Himmels und der Erde, lenke und heilige unser Herz und unsern Leib, unsre Gedanken, Worte und Werke. Gib, daß wir tun, was du gebietest, damit wir mit deiner Hilfe das Heil erlangen und frei werden hier und auf ewig. Darum bitten wir dich, der du in der Einheit des Heiligen Geistes mit Gott, dem Vater, lebst und herrschest in alle Ewigkeit. ℟. Amen.

LAUDES

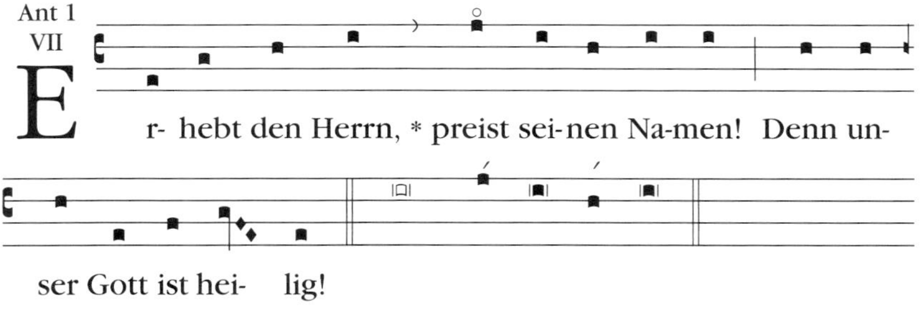

In der Osterzeit

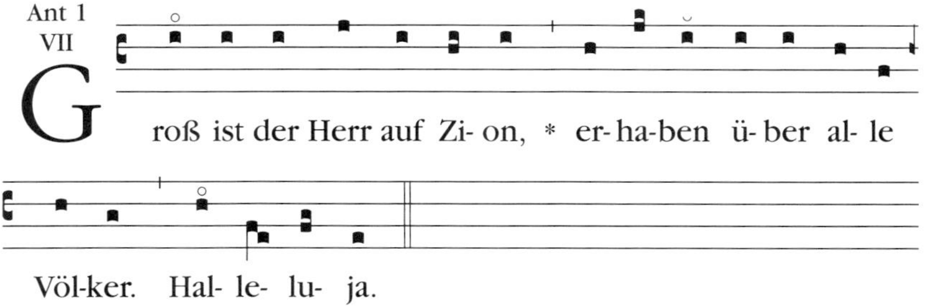

Psalm 99

DER HERR ist König: es zittern die Völker! *
Er thront auf den Kerubim: es wankt die Erde!
  Groß ist der HERR auf Zion, *
  erhaben ist er über alle Völker.
Preisen sollen sie deinen großen und furchtbaren Namen: *
Er ist heilig!

Starker König, der das Recht liebt: /
Du bist es, der die Ordnung begründet, *
du hast Recht und Gerechtigkeit in Jakob geschaffen.
Erhebt den HERRN, unsern GOTT! /
Werft euch nieder am Schemel seiner Füße: *
Er ist heilig!

Mose und Aaron sind unter seinen Priestern, /
Samuel ist unter denen, die seinen Namen rufen. *
Sie riefen zum HERRN, – er selbst gab ihnen Antwort.
Aus der Wolkensäule sprach er zu ihnen. /
Sie hielten seine Gebote, *
die Satzung, die er ihnen gegeben.
O HERR, unser Gott, du selbst gabst ihnen Antwort. /
Du warst für sie ein Gott, der erträgt: *
die Frevel an ihnen hast du geahndet.
Erhebt den HERRN, unsern GOTT! /
Werft euch nieder an seinem heiligen Berge! *
Denn der HERR, unser Gott, ist heilig!

Ant 2
I

In der Osterzeit

Ant 2
I

Psalm 51

SEI mir gnädig, o Gott, nach deiner Güte, *
in der Fülle deines Erbarmens tilge meine Frevel.
Wasche die Schuld ganz von mir ab *
und reinige mich von meiner Sünde.
Denn meine Frevel erkenne ich, *
und meine Sünde steht mir immer vor Augen.
Gegen dich allein hab ich gesündigt, *
ich habe getan, was vor dir böse ist.
So hast du recht mit deinem Urteil, *
bleibst lauter in deinem Richtspruch.
Zwar bin ich in Schuld geboren, *
in Sünde bin ich, seit mich die Mutter empfing,
doch an Wahrheit im Innersten hast du Gefallen, *
im Geheimen lehrst du mich Weisheit.

Entsündige mich mit Ysop, so werde ich rein, *
wasche mich, so werde ich weißer als Schnee.
Laß mich Jubel und Freude erfahren! *
Frohlocken sollen die Glieder, die du zerschlagen.
Verbirg dein Angesicht vor meinen Sünden, *
tilge all meine Schuld!
Ein reines Herz erschaff mir, o Gott; *
den festen Geist erneuere in meinem Innern!
Verwirf mich nicht von deinem Angesicht, *
und nimm mir nicht deinen heiligen Geist!
Aufs neue schenke mir die Freude deines Heiles, *
der Geist der Großmut stütze mich!
Dann will ich Frevler deine Wege lehren, *
damit die Sünder sich zu dir bekehren.
Entreiß mich der Blutschuld, /
o Gott, du Gott meines Heiles, *
dann wird meine Zunge über deine Gerechtigkeit jubeln.
Herr, öffne meine Lippen, *
damit mein Mund dein Lob verkünde!
Denn Schlachtopfer willst du nicht, ich würde sie geben; *
an Brandopfern hast du kein Gefallen.

Das Opfer für Gott ist ein zerbrochener Geist, *
ein zerbrochenes und zerschlagenes Herz
wirst du, o Gott, nicht verschmähen.

In deiner Huld tu Gutes an Zion, *
erbaue Jerusalems Mauern!
Dann hast du Freude an rechten Opfẹrn, /
dann nimmst du Brandopfer und Ganzopfer an, *
dann bringt man Stiere dar auf deinem Altar.

Ant 3
VI

In der Osterzeit

Ant 3
VI

Psalm 92

SCHÖN ist es, dem HERRN zu danken, *
deinem Namen zu spielen, du Höchster,
am Morgen zu verkünden deine Liebe, *
und deine Treue in den Nächten

zur Laute mit zehn Saiten und zur Harfe, *
zum Klingen der Leier.
    Denn du hast mich froh gemacht, HERR, durch dein Tun; *
    ich will jubeln über die Werke deiner Hände.

Wie groß sind deine Werke, o HERR, *
unendlich tief sind deine Gedanken!
    Ein Mensch ohne Einsicht kann es nicht fassen, *
    ein Tor kann es nicht verstehen:
Wenn auch die Frevler sprießen wie Gras, /
und alle, die Unrecht tun, in Blüte stehn: *
sie sind bestimmt zum Verderben auf immer.
    Du aber bist erhaben, *
    HERR, du bleibst in Ewigkeit.
Doch siehe, deine Feinde, o HERR, /
doch siehe, deine Feinde vergehen; *
zerstreut werden alle, die Unrecht tun.

    Du hast mich stark gemacht wie einen Wildstier, *
    mit frischem Salböl bin ich überschüttet.
Mein Auge blickt herab auf meine Verfolger, *
mein Ohr hört,
  wie es den Bösen ergeht, die gegen mich aufstehn.
    Der Gerechte sprießt wie die Palme, *
    er wächst empor wie die Zedern des Libanon.
Die gepflanzt sind im Hause des HERRN, *
sprießen auf in den Höfen unseres Gottes:
    noch im Alter gedeihen sie, *
    sie bleiben voll Saft und Frische,
zu verkünden: Gerecht ist der HERR! *
Mein Fels – an ihm ist kein Unrecht.

*

Psalm 150

HALLELUJA! Lobt Gott in seinem Heiligtum, – *℟.
Lobt ihn in seiner mächtigen Feste! – **℟.

Halleluja! Lobt ihn ob seiner gewaltigen Taten, – *℟.
lobt ihn in der Fülle seiner Hoheit! – **℟.

Halleluja! Lobt ihn mit dem Schall der Posaunen, – *℟.
lobt ihn mit Harfe und Leier! – **℟.

Halleluja! Lobt ihn mit Pauke und Reigen, – *℟.
lobt ihn mit Flöten und Saitenspiel! – **℟.

Halleluja! Lobt ihn mit hellen Zimbeln, /
lobt ihn mit schmetternden Zimbeln! – *℟.
Alles, was Atem hat, lobe den HERREN! – **℟.

*Nach der letzten Wiederholung von **℟. schließt sich noch einmal die Antiphon an (Vorsänger *Alle).*

In der Fastenzeit

Der Kehrvers wird nach jedem Vers des Psalms und der Doxologie wiederholt.

In der Osterzeit

Ant 4
VII

Psalm 150

LOBT Gott in seinem Heiligtum, *
lobt ihn in seiner mächtigen Feste!
Lobt ihn ob seiner gewaltigen Taten, *
lobt ihn in der Fülle seiner Hoheit!
Lobt ihn mit dem Schall der Posaunen, *
lobt ihn mit Harfe und Leier!
Lobt ihn mit Pauke und Reigen, *
lobt ihn mit Flöten und Saitenspiel!
Lobt ihn mit hellen Zimbeln, /
lobt ihn mit schmetternden Zimbeln! *
Alles, was Atem hat, lobe den HERREN!

*

Kurzlesung *Jes 45,22-25()*

Wendet euch mir zu und laßt euch retten; denn ich bin Gott, und sonst niemand. Ich habe bei mir selbst geschworen, und mein Mund hat die Wahrheit gesprochen, es ist ein unwiderrufliches Wort: Vor mir wird jedes Knie sich beugen, und jede Zunge wird bei mir schwören und sagen: Nur beim Herrn gibt es Rettung und Schutz. Beschämt kommen alle zu ihm, die sich ihm widersetzen. Alle Nachkommen Israels bekommen ihr Recht und erlangen Ruhm durch den Herrn.

Resp
VI/1

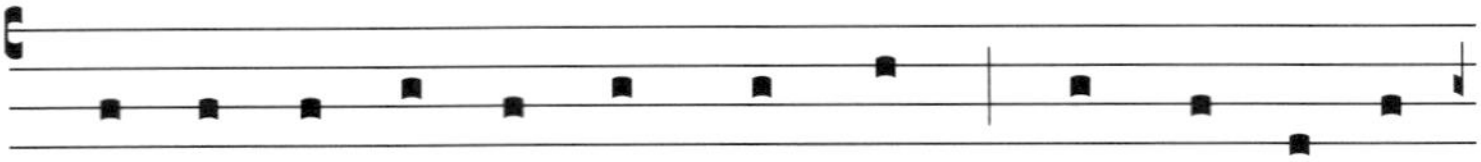

Fest wie der Himmel steht dein Wort, * dein Wort, o Herr,

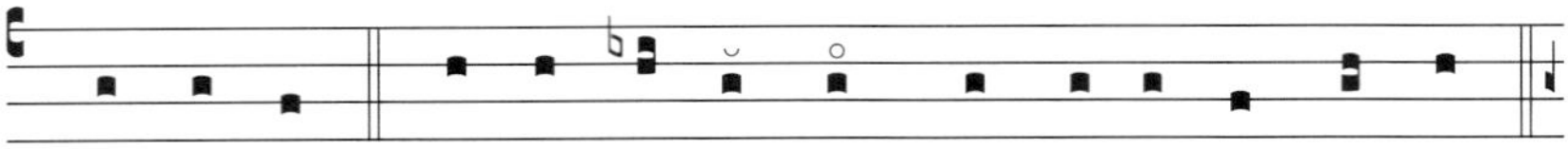

bleibt e-wig. ℣. Dei- ne Treu- e währt durch al- le Geschlechter.

Ps 119,89f

Hymnus

II

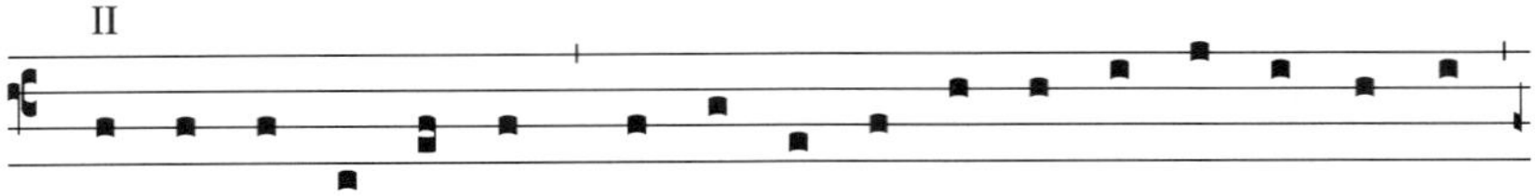

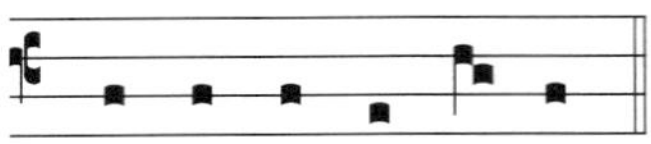

DIE Nacht ist vergangen,
wir schauen erwartend den steigenden Tag
und grüßen dich, Christus.

Schon lockt uns die Taube,
wir horchen, verlangend zu folgen dem Ruf
des Kyrios Christus.

Die Nebel entweichen
im Glanze der strahlenden Klarheit und Kraft
des kommenden Christus.

Wir loben den Vater
und preisen im Geiste die Sonne des Heils:
den herrlichen Christus. Amen.

℣. Bei dir ist die Quelle des Lebens.
℟. In deinem Lichte schauen wir das Licht.

Joh 8,12

Im Advent

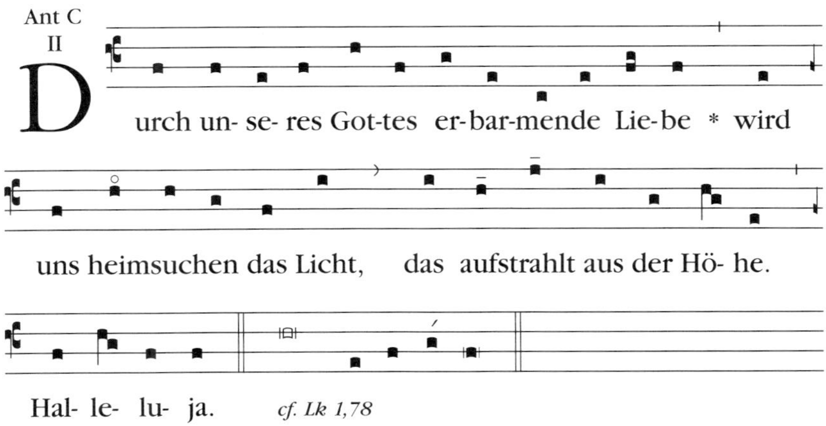

cf. Lk 1,78

In der Fastenzeit

cf. Lk 1,77

In der Osterzeit

Benedictus Lk 1,68-79

GEPRIESEN sei der Herr, der Gott Israels, *
denn heimgesucht hat er sein Volk
und ihm Erlösung geschaffen.
Er ließ uns erstehn einen machtvollen Retter *
im Hause seines Knechtes David,
wie er verheißen hat durch den Mund seiner Heiligen, *
durch die Propheten der Vorzeit:
Er werde uns vor unseren Feinden erretten *
und aus der Hand all derer, die uns hassen,
er werde sich unserer Väter erbarmen /
und seines heiligen Bundes gedenken, *
des Eides, den er geschworen unserm Vater Abraham:
uns zu geben, daß wir ihm furchtlos dienen, *
befreit aus der Hand der Feinde,
in Heiligkeit und Gerechtigkeit vor seinem Angesicht *
all unsre Tage.

Und du, mein Kind, wirst 'Prophet des Höchsten' genannt, /
denn du wirst dem Herrn vorangehn *
und ihm die Wege bereiten:
seinem Volk zu schenken die Erkenntnis des Heiles *
in der Vergebung der Sünden
durch unseres Gottes erbarmende Liebe, *
in der uns heimsucht das aufstrahlende Licht aus der Höhe,

um denen zu scheinen,
 die in Finsternis sitzen und im Schatten des Todes, *
unsere Füße zu lenken auf den Weg des Friedens.

ANTIPHON

Ehre sei dem Vater und dem Sohne *
und dem Heiligen Geiste.
 Wie im Anfang, so auch jetzt und allezeit *
 und in Ewigkeit. Amen.

* * *

PSALM 119

I Alef

SELIG, deren Weg ohne Tadel ist,
die wandeln nach der Weisung des HERRN.
Selig, die seine Zeugnisse wahren,
die ihn von ganzem Herzen suchen. – ℟.

Selig, die kein Unrecht verübten
und auf seinen Wegen gehn.
Du hast deine Befehle entboten,
daß man sie ernsthaft beachte. – ℟.

Wären doch meine Wege darin beständig,
auf deine Gesetze zu achten.
Ich werde nicht zuschanden,
wenn ich auf all deine Gebote schaue. – ℟.

Ich will dir danken mit lauterem Herzen,
wenn ich deine gerechten Entscheide lerne.
Ich will auf deine Gesetze achten.
Laß mich doch niemals im Stich! – ℟.

II Bet

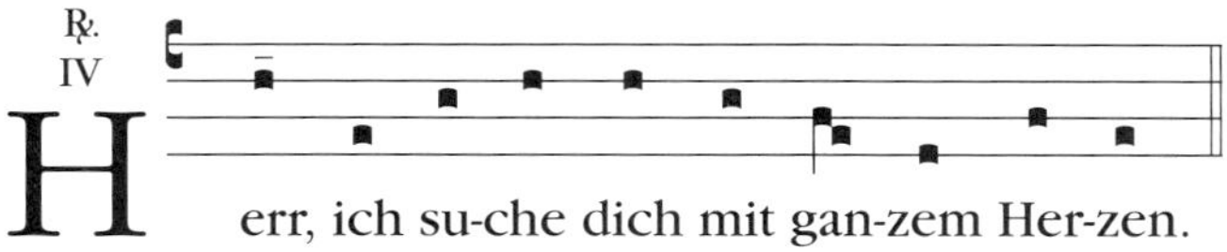

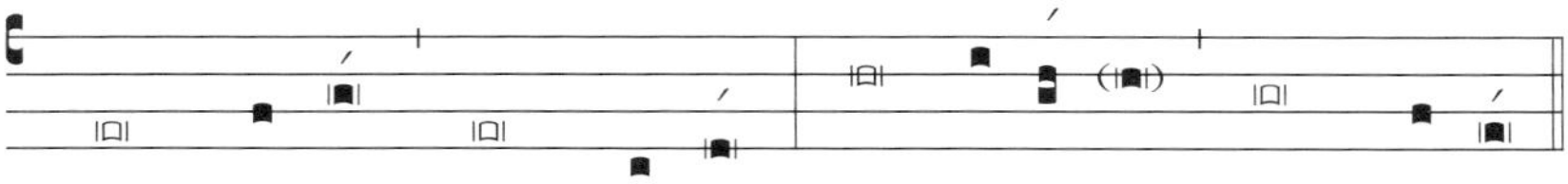

WIE geht ein junger Mensch seinen Pfad ohne Makel?
Wenn er dein Wort beachtet!
Ich suche dich mit ganzem Herzen.
Laß mich nicht abirren von deinen Geboten! – ℟.

Ich berge deine Verheißung im Herzen,
damit ich gegen dich nicht sündige.
Sei gepriesen, o HERR!
Lehre mich deine Gesetze! – ℟.

Mit meinen Lippen hab ich verkündet
alle Entscheide deines Mundes.
Deinen Zeugnissen zu folgen, freut mich
wie jeglicher Reichtum. – ℟.

Nachsinnen will ich über deine Befehle
und schauen auf deine Pfade.
Ich ergötze mich an deinen Gesetzen,
dein Wort vergesse ich nicht. – ℟.

III Gimel

℟.
II

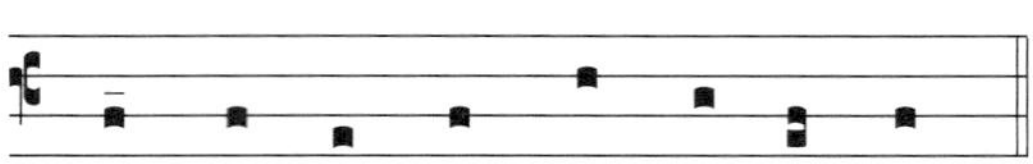

Herr, ich will dein Wort be- ach-ten.

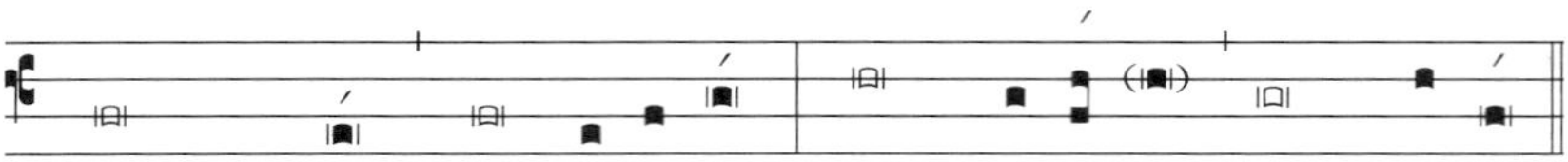

HANDLE an deinem Knecht, so werde ich leben!
Ich will dein Wort beachten.
Meine Augen öffne mir,
daß ich die Wunder deiner Weisung schaue. – ℟.

Ich bin nur Gast auf Erden.
Verbirg mir deine Gebote nicht!
Meine Seele verzehrt sich allezeit
in Sehnsucht nach deinen Entscheiden. – ℟.

Den Stolzen drohtest du:
verflucht ist, wer von deinen Geboten abirrt.
Wälze von mir Schmach und Verachtung!
Denn deine Zeugnisse hab ich bewahrt. – ℟.

Säßen auch gegen mich Fürsten zu Rate –
dein Knecht sinnt über deine Gesetze nach.
Deine Bezeugungen sind mein Ergötzen,
sie sind mir Berater. – ℟.

IV Dalet

℟. IV

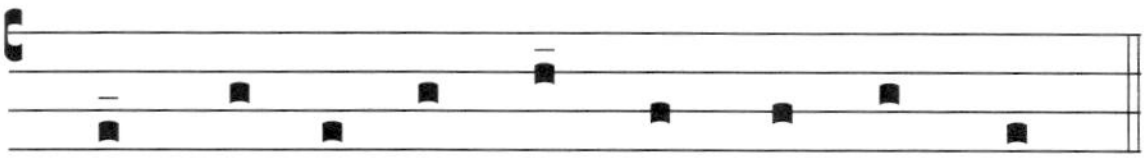

Herr, rich-te mich auf nach dei-nem Wort.

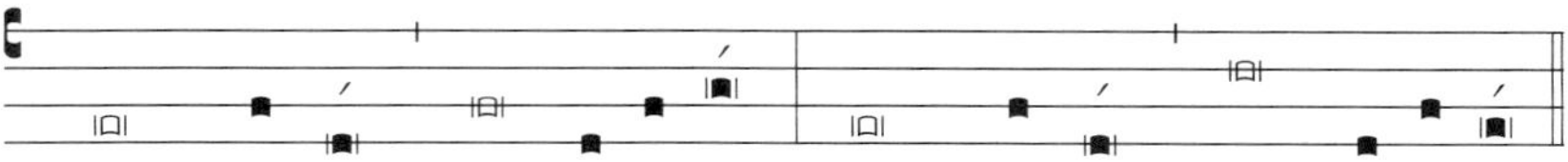

AM STAUB klebt meine Seele.
Belebe mich nach deinem Wort!
Ich habe dir mein Geschick erzählt,
und du gabst mir Antwort.
Lehre mich deine Gesetze! – ℟.

Den Weg deiner Befehle laß mich begreifen,
und ich will nachsinnen über deine Wunder.
Die Seele zerfließt mir vor Kummer.
Richte mich auf nach deinem Wort! – ℟.

Vom Weg des Trugs halte mich fern!
Begnade mich mit deiner Weisung!
Den Weg der Treue hab ich erwählt;
ich stellte mir deine Entscheide vor Augen. – ℟.

An deinen Zeugnissen halt ich mich fest.
Laß mich nicht zuschanden werden, o HERR!
Ich eile voran auf dem Weg deiner Gebote,
denn mein Herz machst du weit. – ℟.

V He

HERR, weise mir den Weg deiner Gesetze!
Ich will ihn wahren bis ans Ende.
Gib mir Einsicht, daß ich deine Weisung bewahre
und auf sie achte mit ganzem Herzen! – ℟.

Führe mich auf den Pfad deiner Gebote!
Denn an ihm habe ich Gefallen.
Zu deinen Bezeugungen neige mein Herz,
und nicht zur Habgier! – ℟.

Wende meine Augen ab,
daß sie nicht schauen nach Nichtigem!
Auf deinem Weg belebe mich!
Erfülle deinem Knecht deine Verheißung,
wie es denen zukommt, die dich fürchten! – ℟.

Wende die Schmach von mir ab, vor der mir graut!
Fürwahr, gut sind deine Entscheide.
Siehe, mich verlangt nach deinen Befehlen.
Belebe mich durch deine Gerechtigkeit. – ℟.

VI Waw

HERR, es komme zu mir deine Liebe
und dein Heil, nach deiner Verheißung.
Dann habe ich für den, der mich schmäht, eine Antwort,
denn auf dein Wort vertraue ich. – ℟.

Entziehe niemals meinem Mund das Wort der Wahrheit!
Denn ich harre deiner Entscheide.
Beständig will ich deine Weisung beachten,
für immer und ewig. – ℟.

Ich schreite aus ins Weite,
denn ich frage nach deinen Befehlen.
Von deinen Zeugnissen will ich vor Königen reden,
und ich werde nicht in Schande geraten. – ℟.

Ich ergötze mich an deinen Geboten:
ich liebe sie!
Ich erhebe meine Hände zu deinen Geboten, die ich liebe;
nachsinnen will ich über deine Gesetze. – ℟.

VII Sajin

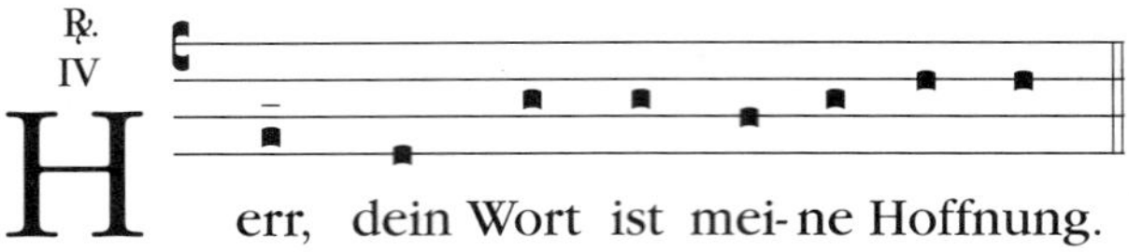

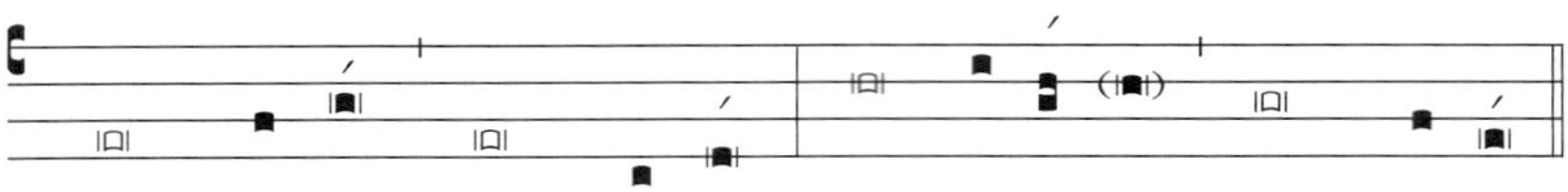

GEDENKE des Wortes an deinen Knecht,
durch das du mir Hoffnung gabst!
Dies ist mein Trost im Elend:
Deine Verheißung hält mich am Leben. – Ꝛ.

Die Stolzen haben mich maßlos verspottet,
doch bin ich nicht abgewichen von deiner Weisung.
Ich gedachte deiner Entscheide von ehedem,
o HERR, ich fand meinen Trost darin. – Ꝛ.

Wut packte mich wegen der Frevler,
da sie deine Weisung verließen.
Zu Liedern wurden mir deine Gesetze
im Haus meiner Pilgerschaft. – Ꝛ.

Des Nachts, o HERR, gedachte ich deines Namens,
und ich achtete auf deine Weisung.
Dies wurde mir zuteil,
denn ich bewahrte deine Befehle. – Ꝛ.

VIII Chet

℟.
II

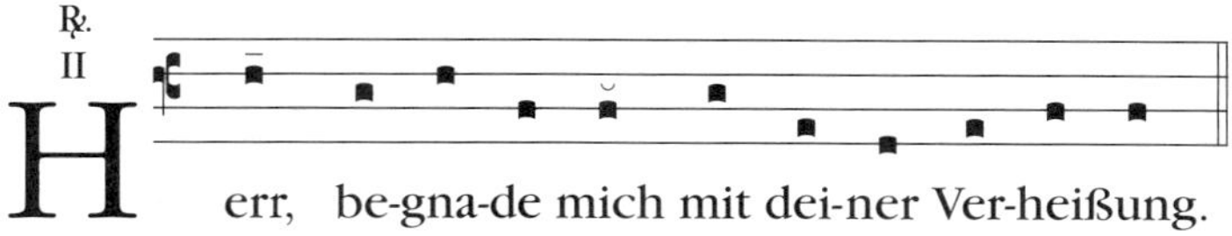

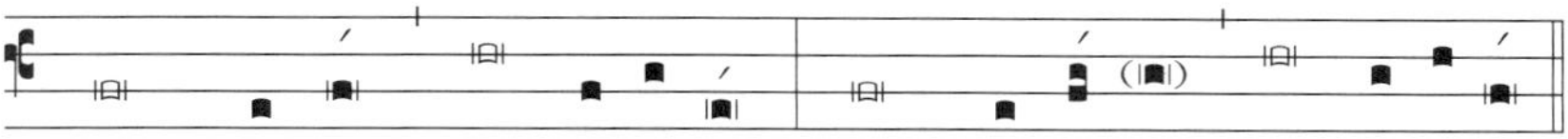

ICH habe gesprochen: „O Herr!
Mein Anteil ist's, auf deine Worte zu achten."
Ich warb um deine Gunst von ganzem Herzen:
„Begnade mich mit deiner Verheißung!" – ℟.

Ich überdachte meine Wege,
zu deinen Zeugnissen wandte ich meine Schritte.
Ich eilte und säumte nicht:
deine Gebote will ich beachten. – ℟.

Die Stricke der Frevler umfingen mich,
doch deine Weisung hab ich nicht vergessen.
Um Mitternacht stehe ich auf, dich zu preisen
wegen deiner gerechten Entscheide. – ℟.

Genosse bin ich allen, die dich fürchten,
allen, die deine Befehle beachten.
Von deiner Liebe, o Herr, ist die Erde erfüllt.
Lehre mich deine Gesetze! – ℟.

IX Tet

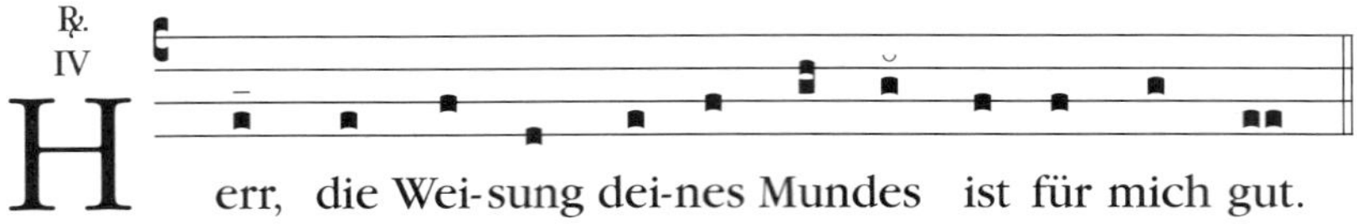

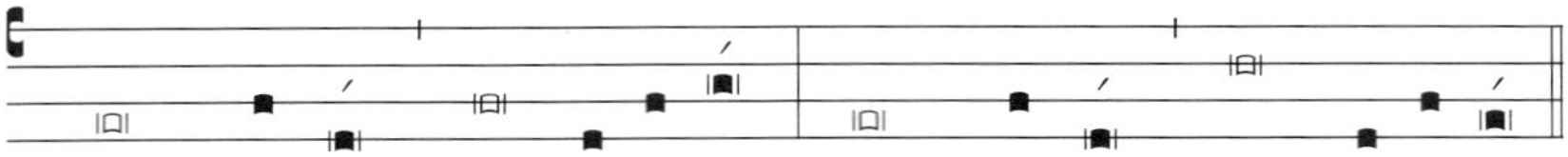

GUTES hast du deinem Knecht erwiesen
nach deinem Wort, o HERR.
Lehre mich das Gut des Verkostens und des Erkennens!
Denn ich habe deinen Geboten geglaubt. – ℟.

Ehe ich gedemütigt wurde, ging ich in die Irre;
nun aber achte ich auf deine Verheißung.
Du bist gut und tust Gutes.
Lehre mich deine Gesetze! – ℟.

Stolze haben mich beschmutzt mit ihren Lügen,
ich aber bewahre von ganzem Herzen deine Befehle.
Ihr Herz ist fühllos wie Fett,
ich aber ergötze mich an deiner Weisung. – ℟.

Daß ich gedemütigt wurde, ist für mich gut,
denn so lerne ich deine Gesetze.
Gut ist für mich die Weisung deines Mundes,
mehr als Haufen von Gold und Silber. – ℟.

X Jod

℟.
IV

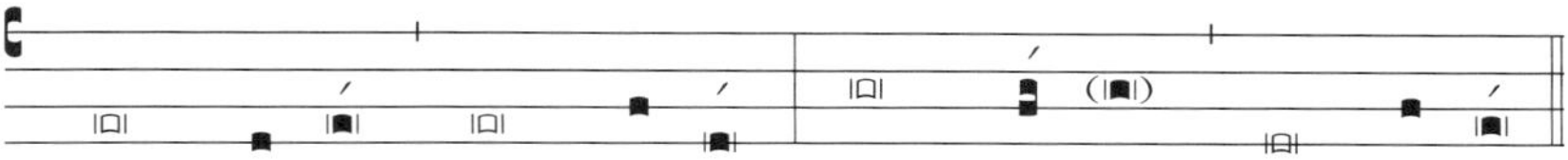

DEINE Hände haben mich gemacht und hingestellt.
Gib mir Einsicht, daß ich deine Gebote lerne.
Wer dich fürchtet, wird mich sehn und sich freuen,
denn ich harre auf dein Wort. – ℟.

Ich habe erkannt, o HERR,
daß deine Entscheide gerecht sind
und daß es Treue war, wenn du mich beugtest.
Deine Liebe werde mir zum Trost,
gemäß deiner Verheißung an deinen Knecht. – ℟.

Dein Erbarmen komme zu mir, damit ich lebe;
denn deine Weisung ist mein Ergötzen.
Schande über die Stolzen,
die mich ohne Grund unterdrücken!
Ich sinne nach über deine Befehle. – ℟.

Mir sollen sich zuwenden, die dich fürchten
und die deine Zeugnisse kennen.
Untadelig werde mein Herz durch deine Gesetze,
damit ich nicht in Schande gerate. – ℟.

XI Kaf

MEINE Seele verzehrt sich nach deinem Heil;
ich harre deines Wortes.
Meine Augen verzehren sich nach deiner Verheißung,
sie fragen: „Wann wirst du mich trösten?" – ℟.

Ich bin wie ein Schlauch, der im Rauch hängt,
doch deine Gesetze hab ich nicht vergessen.
Wie viele Tage bleiben deinem Knecht?
Wann fällst du die Entscheidung über meine Verfolger? – ℟.

Stolze hoben mir eine Grube aus,
sie, die nicht nach deiner Weisung leben.
Treue sind alle deine Gebote.
Ohne Grund verfolgt man mich. Komm mir zu Hilfe! – ℟.

Fast hätte man mich von der Erde getilgt;
dennoch habe ich deine Befehle nicht verlassen.
Belebe mich, wie es deiner Liebe entspricht,
damit ich das Zeugnis deines Mundes beachte. – ℟.

XII Lamed

HERR, dein Wort bleibt auf ewig,
fest steht es im Himmel.
Geschlecht um Geschlecht währt deine Treue.
Du hast die Erde hingestellt, sie bleibt bestehen. – ℟.

Deine Entscheide, sie bestehen noch heute:
alles steht dir zu Diensten.
Wäre nicht deine Weisung mein Ergötzen,
ich wäre zugrunde gegangen in meinem Elend. – ℟.

Niemals werde ich deine Befehle vergessen,
denn durch sie gabst du mir Leben.
Ich bin dein, errette mich!
Denn ich frage nach deinen Befehlen. – ℟.

Frevler lauerten mir auf, mich zu vernichten.
Auf deine Bezeugungen will ich bedacht sein.
Ich sah die Grenze aller Vollendung,
dein Gebot aber ist von unendlicher Weite. – ℟.

XIII Mem

WIE lieb ist mir deine Weisung,
den ganzen Tag ist sie mein Sinnen.
Dein Gebot macht mich weiser als meine Feinde,
ja, es ist mein auf ewig. – ℟.

Ich wurde klüger als all meine Lehrer,
denn deine Zeugnisse sind mein Sinnen.
Mehr Einsicht hab ich als die Alten,
denn ich bewahrte deine Befehle. – ℟.

Ich hielt meine Füße zurück von jedem bösen Pfade,
um dein Wort zu beachten.
Ich wich nicht ab von deinen Entscheiden,
du hattest mich ja selbst unterwiesen. – ℟.

Wie süß ist meinem Gaumen deine Verheißung,
meinem Mund ist sie süßer als Honig.
Aus deinen Befehlen gewinne ich Einsicht,
darum hasse ich jeden Pfad der Lüge. – ℟.

XIV Nun

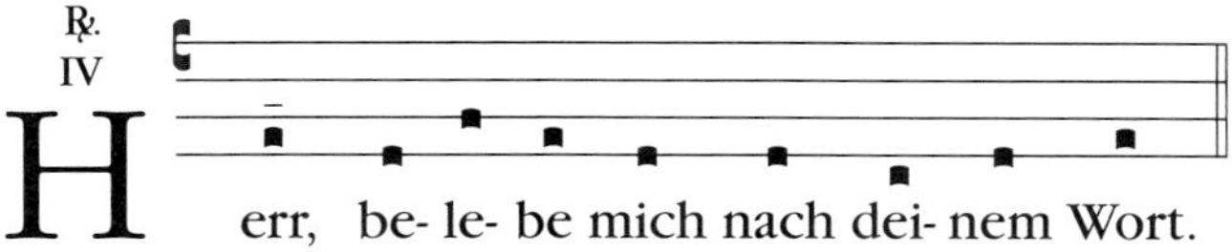

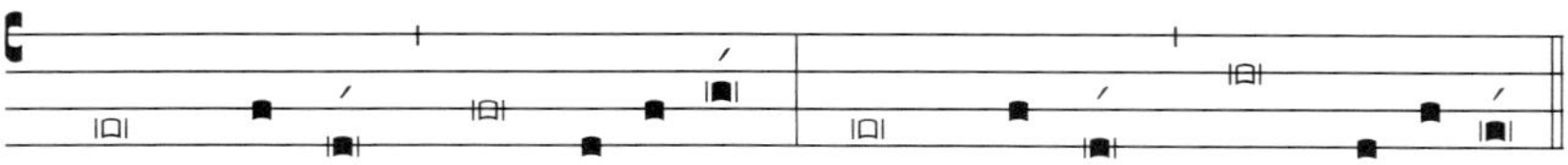

DEIN Wort ist meinem Fuß eine Leuchte,
ein Licht für meinen Pfad.
Ich tat einen Schwur und halte ihn aufrecht:
Ich will achten auf deine gerechten Entscheide. – ℟.

Ganz tief bin ich gebeugt.
HERR, belebe mich nach deinem Wort!
Nimm das Lobopfer meines Mundes gnädig an!
HERR, lehre mich deine Entscheide! – ℟.

Mein Leben ist ständig in Gefahr,
doch deine Weisung hab ich nicht vergessen.
Frevler legten mir eine Schlinge;
ich aber irrte nicht ab von deinen Befehlen. – ℟.

Deine Zeugnisse hab ich zum Erbe empfangen auf ewig,
ja, sie sind meines Herzens Frohlocken.
Ich machte mein Herz bereit, deine Gesetze zu erfüllen
auf ewig, bis ans Ende. – ℟.

XV Samech

℟. II

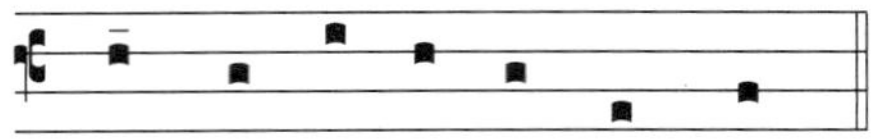

Herr, ich har-re auf dein Wort.

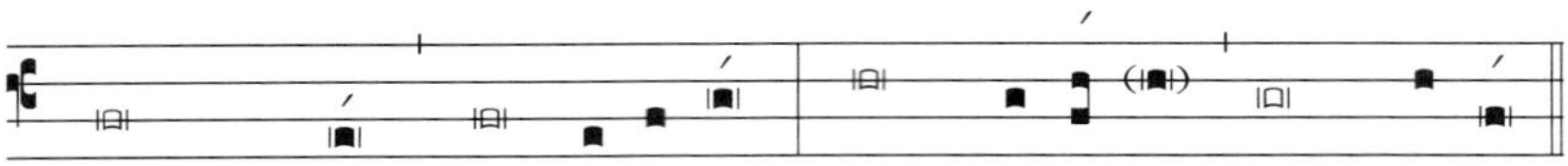

ZWIESPÄLTIGE sind mir verhaßt,
doch deine Weisung liebe ich.
Du bist mein Schutz und mein Schild,
ich harre auf dein Wort. – ℟.

Weicht von mir, ihr Bösen!
Ich will die Gebote meines Gottes bewahren.
Stütze mich nach deiner Verheißung, dann werde ich leben!
Laß mich nicht zuschanden werden mit meiner Hoffnung! – ℟.

Halte mich, dann werde ich gerettet!
Ich will beständig auf deine Gesetze schauen.
Du verachtest alle, die abirren von deinen Gesetzen;
ihr Trugwerk ist Lüge. – ℟.

Wie Schlacke räumtest du weg die Frevler des Landes.
Darum habe ich deine Zeugnisse lieb.
Der Schrecken vor dir läßt mein Fleisch erschauern,
wegen deiner Entscheide empfinde ich Ehrfurcht. – ℟.

XVI Ajin

℟.
IV

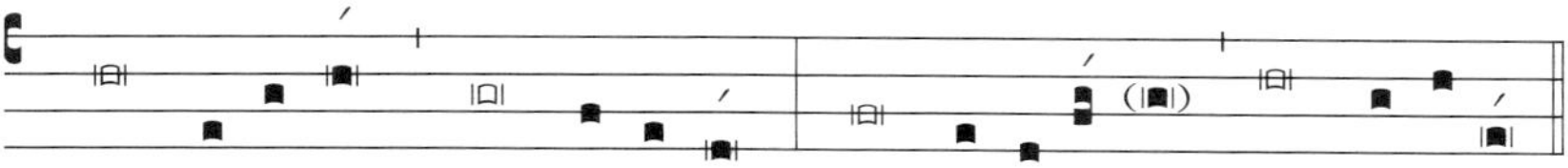

ICH übte Recht und Gerechtigkeit:
überlaß mich nicht meinen Bedrückern!
Verbürge dich für das Wohl deines Knechtes,
damit die Stolzen mich nicht unterdrücken! – ℟.

Meine Augen verzehren sich nach deinem Heil,
nach der Verheißung deiner Gerechtigkeit.
Handle an deinem Knecht nach deiner Liebe
und lehre mich deine Gesetze. – ℟.

Ich bin dein Knecht. Gib mir Einsicht,
damit ich deine Zeugnisse erkenne.
O HERR, es ist Zeit zu handeln!
Sie haben deine Weisung aufgelöst. – ℟.

Darum liebe ich deine Gebote
mehr als Gold und Feingold.
Darum halte ich alle deine Befehle für gerade.
Ich hasse jeden Pfad der Lüge. – ℟.

XVII Pe

DEINE Zeugnisse sind wunderbar;
darum bewahrt sie meine Seele.
Die Eröffnung deiner Worte erleuchtet,
den Einfältigen gibt sie Einsicht. – ℟.

Ich riß den Mund auf und lechzte,
denn ich sehnte mich nach deinen Geboten.
Wende dich zu mir und sei mir gnädig,
gemäß deiner Entscheidung
für die, die deinen Namen lieben. – ℟.

Festige meine Schritte durch deine Verheißung!
Laß nichts Böses über mich herrschen.
Erlöse mich von der Bedrückung durch Menschen,
dann will ich deine Befehle beachten. – ℟.

Laß dein Angesicht leuchten für deinen Knecht
und lehre mich deine Gesetze!
Wasserbäche entströmten meinen Augen,
weil man deine Weisung nicht beachtete. – ℟.

XVIII Zade

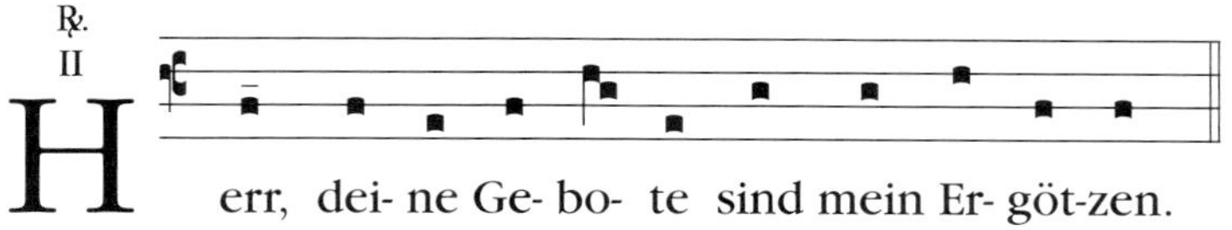

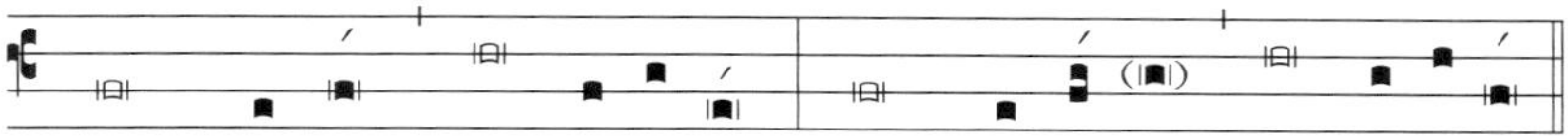

HERR, du bist gerecht,
und gerade sind deine Entscheide.
Du hast deine Zeugnisse entboten in Gerechtigkeit
und in großer Treue. – ℟.

Mein Eifer hat mich verzehrt,
weil meine Gegner deine Worte vergaßen.
Durch und durch lauter ist deine Verheißung,
dein Knecht hat sie lieb. – ℟.

Ich bin gering und verachtet,
doch deine Befehle hab ich nicht vergessen.
Deine Gerechtigkeit ist auf ewig Gerechtigkeit,
deine Weisung ist Wahrheit. – ℟.

Mich trafen Not und Bedrängnis,
doch deine Gebote sind mein Ergötzen.
Deine Bezeugungen sind auf ewig gerecht.
Gib mir Einsicht, damit ich lebe! – ℟.

XIX Kof

℟.
IV

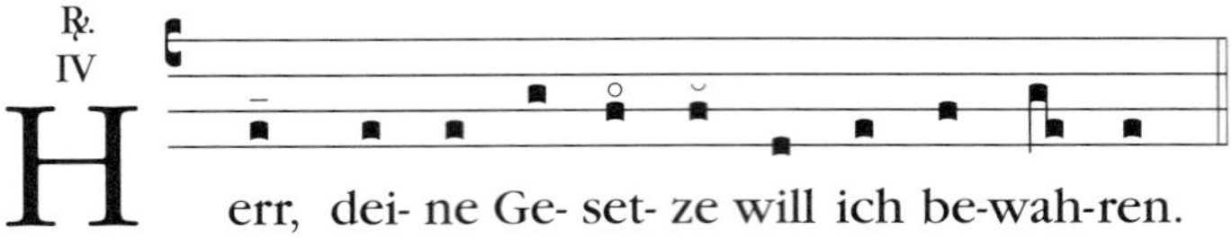

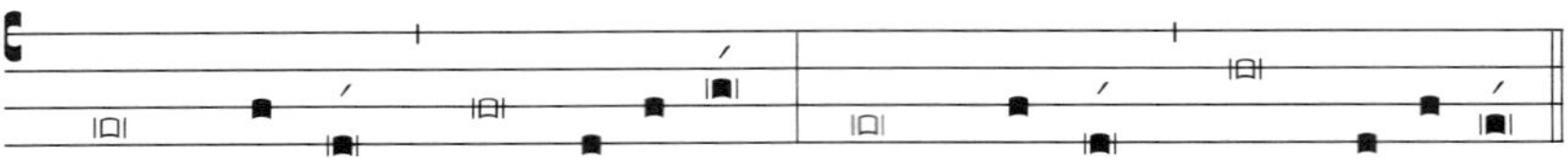

ICH rief von ganzem Herzen: „HERR, gib mir Antwort!
Deine Gesetze will ich bewahren."
Ich rief zu dir: „Errette mich!
Und ich werde auf deine Bezeugungen achten." – ℟.

Schon beim Morgengrauen kam ich und flehte,
auf deine Worte harrte ich;
den Nachtwachen kamen meine Augen zuvor,
um nachzusinnen über deine Verheißung. – ℟.

Höre auf mein Rufen, wie es deiner Liebe entspricht.
HERR, belebe mich nach deinen Entscheiden!
Es nahten sich, die auf Schändliches aus sind,
fern sind sie deiner Weisung. – ℟.

Doch du bist nahe, HERR,
und alle deine Gebote sind Wahrheit.
Aus deinen Zeugnissen hab ich seit langem erkannt,
daß du sie für ewig bestimmt hast. – ℟.

XX Resch

℟.
IV

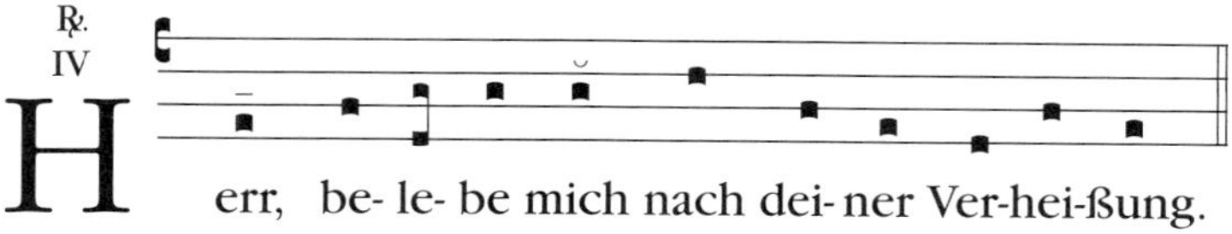

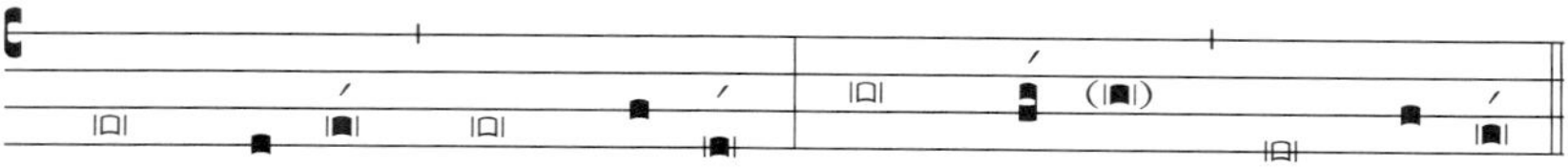

SIEH mein Elend an und befreie mich,
denn ich habe deine Weisung nicht vergessen!
Führe meine Sache und löse mich aus,
belebe mich nach deiner Verheißung! – ℟.

Fern ist das Heil den Frevlern;
denn sie fragen nicht nach deinen Gesetzen.
HERR, groß ist dein Erbarmen,
belebe mich nach deinen Entscheiden! – ℟.

Groß war die Zahl meiner Verfolger und Gegner,
doch von deinen Zeugnissen wich ich nicht ab.
Treulose sah ich, und mich faßte Abscheu,
weil sie deine Verheißung nicht achten. – ℟.

Schau doch, wie ich deine Befehle liebe!
HERR, belebe mich, wie es deiner Liebe entspricht!
Die Summe deines Wortes ist Wahrheit,
jeder deiner gerechten Entscheide hat auf ewig Bestand. – ℟.

XXI Schin

FÜRSTEN verfolgten mich grundlos,
doch mein Herz erbebt nur vor deinem Wort.
Ich frohlocke über deine Verheißung
wie einer, der reiche Beute fand. – ℟.

Ich hasse die Lüge, sie ist mir ein Greuel,
doch deine Weisung hab ich lieb.
Siebenmal am Tag singe ich dein Lob
wegen deiner gerechten Entscheide. – ℟.

Die deine Weisung lieben, empfangen Frieden in Fülle;
es gibt für sie kein Straucheln.
HERR, ich hoffe auf dein Heil
und ich erfülle deine Gebote. – ℟.

Auf deine Zeugnisse hat meine Seele geachtet,
und ich liebe sie sehr.
Auf deine Befehle und Zeugnisse hab ich geachtet,
ja, all meine Wege liegen offen vor dir. – ℟.

XXII Taw

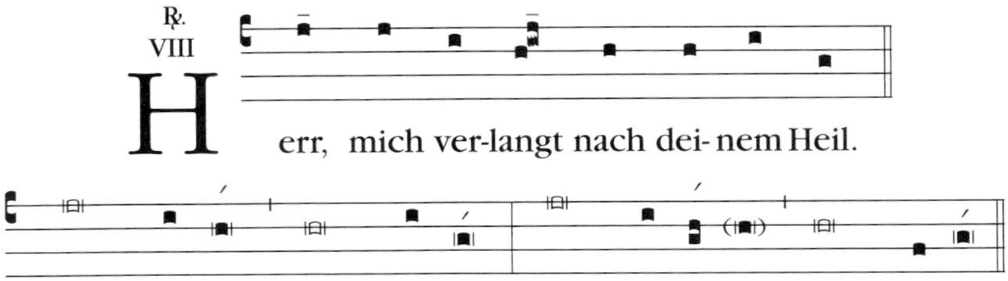

HERR, zu dir dringe mein Schreien:
Gib mir Einsicht getreu deinem Wort!
Vor dich komme mein Flehen:
Reiß mich heraus getreu deiner Verheißung! – ℟.

Meine Lippen sollen überströmen von Lobpreis,
denn du lehrst mich deine Gesetze.
Meine Zunge soll deine Verheißungen singen,
denn deine Gebote sind alle gerecht. – ℟.

Deine Hand werde mir zur Hilfe,
denn ich habe deine Befehle erwählt.
HERR, mich verlangt nach deinem Heil;
deine Weisung ist mein Ergötzen. – ℟.

Meine Seele möge leben und dich loben!
Deine Entscheide mögen mir helfen.
Ich bin verirrt wie ein verlorenes Schaf.
Suche deinen Knecht!
Denn deine Gebote hab ich nicht vergessen. – ℟.

COMMUNE-OFFIZIEN

HERRENFESTE

VIGIL

Invitatorium

Zum Invitatorium wird Psalm 100 *gesungen, mit dem am betreffenden Fest angegebenen Kehrvers. Der Kehrvers oder dessen zweiter Teil (vom Zeichen * an) wird an den mit ℟. oder *℟. bezeichneten Stellen innerhalb des Psalms wiederholt.*

Psalm 100

JAUCHZET dem HERRN, alle Welt!
Dient dem HERRN mit Freude!
Kommt vor sein Antlitz mit Jubel! – *℟.

Erkennt: Der HERR ist Gott!
Er hat uns geschaffen, wir sind sein Eigen,
sein Volk und die Herde seiner Weide. – ℟.

Tretet durch seine Tore mit Dank,
in seine Höfe mit Lobgesang!
Dankt ihm, preist seinen Namen! – *℟.

Denn gut ist der HERR,
seine Huld währt ewig
und Geschlecht um Geschlecht seine Treue. – ℟.

Ehre sei dem Vater und dem Sohn
und dem Heiligen Geiste.
Wie im Anfang, so auch jetzt und immer
und für ewige Zeiten. Amen. – *℟.

*Es schließt sich noch einmal der ganze Kehrvers an: der Vorsänger singt ihn bis zum Zeichen *, und alle führen ihn zu Ende.*

Hymnus *vom betreffenden Fest.*

Erste Nokturn

Ant 1
III

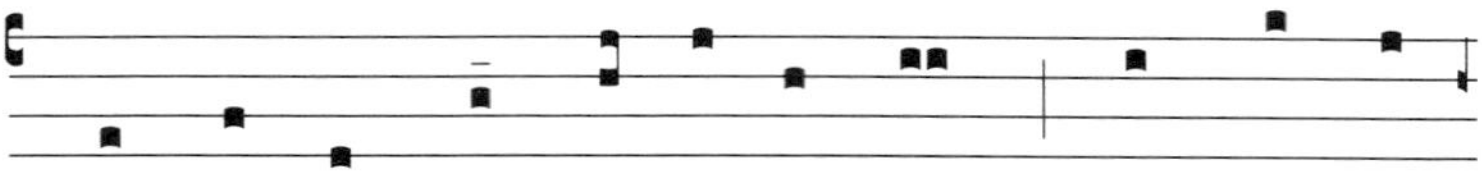

Bringt dar dem Herrn Eh- re und Macht, * bringt dar dem

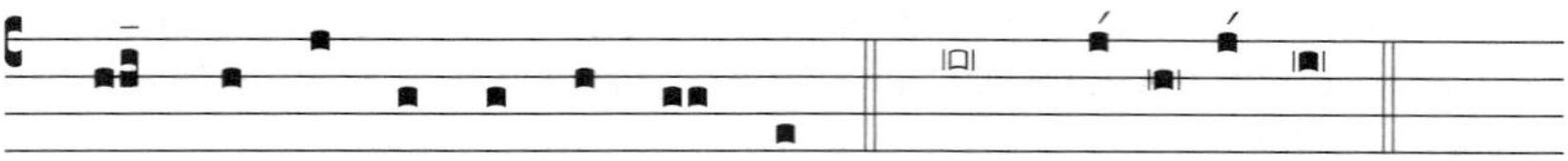

Herrn die Eh- re sei-nes Na- mens.

Psalm 96

SINGET dem HERRN ein neues Lied, /
singt dem HERRN, alle Lande, *
singt dem HERRN und preist seinen Namen!
Verkündet sein Heil von Tag zu Tag, /
erzählt unter den Völkern von seiner Herrlichkeit, *
bei allen Nationen von seinen Wundern.
Denn groß ist der HERR und hoch zu preisen, *
mehr zu fürchten als alle Götter.
Sind doch alle Götter der Völker Nichtse, *
der HERR aber hat den Himmel geschaffen.
Hoheit und Pracht sind vor seinem Antlitz, *
Macht und Glanz erfüllen sein Heiligtum.

Bringt dar dem HERRN, ihr Stämme der Völker, /
bringt dar dem HERRN Ehre und Macht, *
bringt dar dem HERRN die Ehre seines Namens!
Bringt Gaben und tretet in seine Höfe! /
Fallt nieder vor dem HERRN in heiligem Schmuck! *
Die ganze Erde erbebe vor seinem Antlitz.
Verkündet unter den Nationen: Der HERR ist König! /
– Fest ist der Erdkreis gegründet, nie wird er wanken. – *
Er richtet die Völker, wie es recht ist.

Der Himmel freue sich, die Erde jauchze, *
es brause das Meer und seine ganze Fülle,

es jauchze die Flur, und was auf ihr wächst, *
jubeln sollen alle Bäume des Waldes
vor dem HERRN, denn er kommt, *
denn er kommt, die Erde zu richten.
Er richtet den Erdkreis in Gerechtigkeit *
und die Völker nach seiner Treue.

Ant 2
II

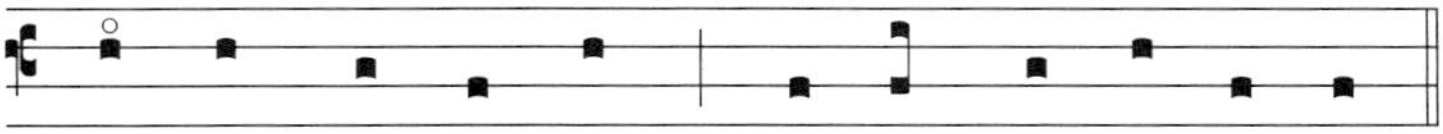

Dient dem Herrn in Furcht, * frohlockt ihm mit Be- ben.

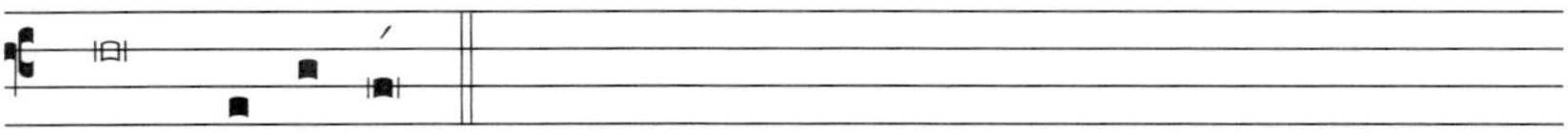

Psalm 2

WAS toben die Völker? *
Was sinnen die Nationen nichtige Pläne?
Die Könige der Erde stehẹn auf, /
die Mächtigen tun sich zusammen *
gegen den HERRN und seinen Gesalbten:
„Wir wollen ihre Fesseln zerreißen *
und von uns werfen ihre Stricke!"

Der im Himmel thront - er lacht, *
es spottet ihrer der Herr.
Dann spricht er zu ihnen in seinem Zorn, *
er schreckt sie auf in seinem Grimm:
„Ich selber habe meinen König eingesetzt *
auf Zion, meinem heiligen Berg."

Verkünden will ich den Beschluß dẹs HERRN. /
Er sprach zu mir: „Du bist mein Sohn. *
Ich selber habe dich heute gezeugt.
Fordre von mir, und ich gebe dir die Völker zum Erbe, *
zum Eigentum die Enden der Erde.

Du wirst sie zerschlagen mit eisernem Zepter, *
wie Töpfergeschirr sie zerschmettern!“

So nehmt nun Einsicht an, ihr Könige, *
laßt euch warnen, ihr Richter der Erde!
Dient dem Herrn in Furcht, /
frohlockt ihm mit Beben, *
– küsset den Sohn –
damit er nicht zürnt, *
und ihr nicht verlorengeht auf eurem Weg.
Denn wenig nur, und sein Zorn ist entbrannt. *
Selig alle, die bei ihm sich bergen!

Ant 3
V

Psalm 97

Der Herr ist König! Die Erde frohlocke! *
Freuen sollen sich die vielen Inseln!
Rings um ihn her sind Wolken und Dunkel, *
Gerechtigkeit und Recht sind seines Thrones Stützen.
Feuer läuft vor ihm her, *
ringsum verzehrt es seine Gegner.
Seine Blitze erhellen den Erdkreis, *
die Erde sieht es mit Beben.
Wie Wachs schmelzen vor dem Herrn die Berge, *
vor dem Antlitz des Herrschers der ganzen Erde.
Die Himmel künden seine Gerechtigkeit, *
seine Herrlichkeit schauen alle Völker.

Zuschanden werden, die Bildern dienen, /
die ihrer Götzen sich rühmen. *
Vor ihm werfen alle Götter sich nieder.
Zion hört es und freut sich, *
Judas Töchter jubeln, HERR, über deine Gerichte.
Denn du, o HERR, bist der Höchste über der ganzen Erde, *
hoch erhaben bist du über alle Götter.
Die ihr den HERRN liebt, haßt das Böse! /
Er hütet das Leben seiner Frommen, *
er entreißt sie der Hand der Frevler.
Licht ist dem Gerechten ausgesät, *
Freude denen, die geraden Herzens sind.
Ihr Gerechten, freut euch des HERRN! *
Preist ihn, gedenkt seines heiligen Namens!

℣. Die Himmel künden seine Gerechtigkeit.
℟. Seine Herrlichkeit schauen alle Völker.

Responsorium *vom betreffenden Fest.*

Zweite Nokturn

Ant 1
I

Psalm 24

DES HERRN ist die Erde und was sie erfüllt, *
der Erdkreis und seine Bewohner.

Denn er hat ihn über Meeren gegründet *
und ihn über Strömen gefestigt.

Wer darf hinaufziehn zum Berge des HERRN, *
wer darf stehn an seiner heiligen Stätte?
Der reine Hände hat und ein lauteres Herz, /
der seine Seele nicht erhebt zum Nichtigen, *
und der dem Trug keinen Eid schwört.
Er wird Segen empfangen vom HERRN *
und Gerechtigkeit vom Gott seines Heiles.
Dies ist das Geschlecht, das nach ihm fragt: *
jene, die dein Antlitz suchen, Jakob.

Ihr Tore, hebt eure Häupter, /
erhebt euch, ihr uralten Pforten, *
daß Einzug halte der König der Herrlichkeit!
Wer ist dieser König der Herrlichkeit? /
Der HERR, stark und gewaltig, *
der HERR, gewaltig im Kampfe.
Ihr Tore, hebt eure Häupter, /
erhebt euch, ihr uralten Pforten, *
daß Einzug halte der König der Herrlichkeit!
Wer ist er, dieser König der Herrlichkeit? /
Der HERR der Scharen: *
Er ist der König der Herrlichkeit.

Ant 2
IV

Psalm 72

DEIN Richteramt, o Gott, verleih dem König, *
dem Königssohn gib dein gerechtes Walten!
Er regiere dein Volk in Gerechtigkeit *
und deine Armen durch rechtes Urteil.
Dann tragen die Berge Frieden dem Volk *
und die Höhen Gerechtigkeit.

Er schaffe Recht den Elenden im Volk, /
er rette die Kinder des Armen, *
den Bedrücker zerschlage er.
Er möge lange leben gleich der Sonne, *
wie der Mond, durch alle Geschlechter.
Er ströme wie Regen herab auf die Felder, *
wie Regenschauer, welche die Erde benetzen.
In seinen Tagen blühe Gerechtigkeit *
und Fülle des Friedens, bis der Mond nicht mehr da ist.

Von Meer zu Meer möge er herrschen, *
vom Strom bis an die Enden der Erde.
Vor ihm beugen sich die Bewohner der Wüste, *
Staub werden lecken seine Feinde.
Die Könige von Tarschisch und von den Inseln
bringen Geschenke, *
die Könige von Saba und Seba nahen mit Gaben.
Alle Könige werden ihm huldigen, *
alle Völker ihm dienen.

Denn er befreit den Armen, der um Hilfe schreit, *
den Elenden und den, der keinen Helfer hat.
Er erbarmt sich des Geringen und Armen, *
das Leben der Armen rettet er.
Aus Bedrückung und Gewalt erlöst er ihr Leben, *
ihr Blut ist in seinen Augen kostbar.

Er lebe! - Gold von Saba soll man ihm geben! /
Man soll für ihn allezeit beten, *
jeden Tag ihm Segen erflehen:

„Im Land gebe es Korn in Füllẹ. /
Es rausche auf den Höhen der Berge wie der Libanon. *
Seine Frucht erblühe aus der Stadt wie das Gras der Erde.
Sein Name soll ewig bestehen, *
solange die Sonne bleibt, sprosse sein Name.
Mit ihm soll man sich segnen, *
ihn sollen selig preisen alle Völker!“

Gepriesen sei der HERR, Israels Gott! *
Er allein tut Wunder.
Gepriesen sei sein herrlicher Name in Ewịgkẹit! /
Die ganze Erde sei erfüllt von seiner Herrlichkeit! *
Amen, ja amen!

Ant 3
V

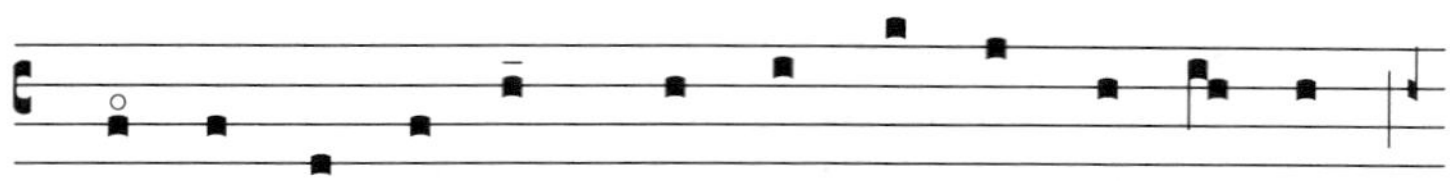

Gott hat dich ge- salbt * mit dem Öl des Froh-lockens.

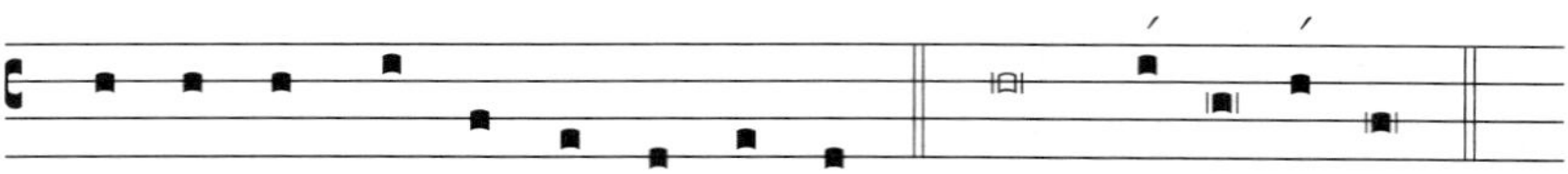

Er hat dich ge- seg-net auf e- wig.

Psalm 45

MEIN Herz wallt auf zu einem gutẹn Wort, /
ich widme mein Gedicht dem König. *
Meine Zunge ist der Griffel eines flinken Schreibers.

Du bist der Schönste unter den Menschẹn, /
Anmut ist ausgegossen über deine Lippen, *
hat doch Gott dich gesegnet auf ewig.
Gürte, du Held, dein Schwert um die Hüfte, *
tritt auf mit deiner Pracht und Hoheit!
Mit Glück zieh aus für die Sache der Wahrhẹit, /
verhilf dem Gebeugten zum Recht: *
furchtbare Taten soll deine Rechte dich lehren.

Deine Pfeile sind scharf, dir unterliegen die Völker, *
mutlos werden die Feinde des Königs.
Dein Thron, du Göttlicher, steht für immer und ewig; *
ein Zepter der Geradheit ist das Zepter deines Königtums.
Du liebst Gerechtigkeit und hassest Frevel, /
hat Gott, dein Gott, dich doch gesalbt
mit dem Öl des Frohlockens *
wie keinen von deinen Gefährten.
Von Myrrhe, Aloë und Kassia duften all deine Kleider, *
aus dem Palast von Elfenbein erfreut dich Saitenspiel.
Die Königstochter steht da unter deinen Geliebten, /
Gemahlin zu sein zu deiner Rechten *
im Schmuck des Goldes von Ofir.

„Höre, o Tochter, sieh her und neige dein Ohr, *
vergiß dein Volk und das Haus deines Vaters!
Der König verlangt nach deiner Schönheit, *
er ist ja dein Herr: vor ihm sollst du dich neigen.
Die Tochter Tyrus kommt mit Geschenken: *
um deine Gunst werben die Reichen des Volkes."

Die Königstochter – lauter Herrlichkeit ist sie bei ihrem Einzug, *
in golddurchwirkten und bunt bestickten Gewändern.
Sie wird zum König geleitet, /
Jungfrauen sind ihr Gefolge, *
ihre Freundinnen werden dir zugeführt.
Sie werden geleitet mit Freudenrufen und Jubel, *
sie ziehen ein in den Palast des Königs.

An die Stelle deiner Väter treten deine Söhne, *
du setzt sie ein als Fürsten über die Lande.
Deinen Namen will ich rühmen durch alle Geschlechter: *
so werden die Völker dich preisen auf immer und ewig.

℣. Das ist Gott, unser Gott auf immer und ewig.
℟. Er selber wird uns führen.

Responsorium *vom betreffenden Fest.*

Dritte Nokturn

Psalmodie, Versikel und Responsorium *vom betreffenden Fest.*

KIRCHWEIHE

VIGIL

Invitatorium

Hymnus

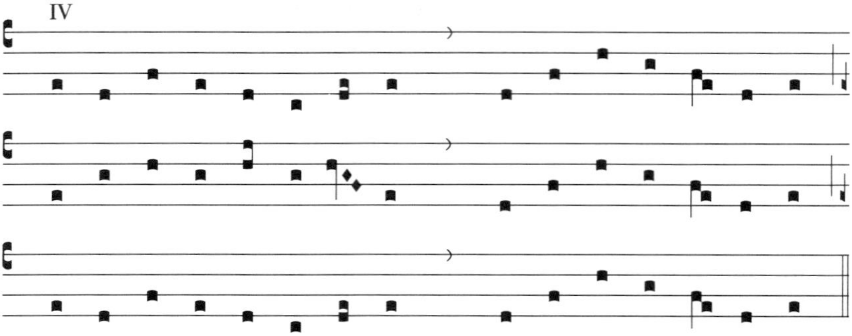

SEL'GE Stätte voll des Friedens, / neue Stadt Jerusalem,
die erbaut ist in den Himmeln / aus lebendigem Gestein
und im Lichtgeleit der Engel / strahlt wie eine junge Braut!

Im Geschmeide ihrer Schönheit / steigt vom Himmel sie herab,
hold bereitet, voll Verlangen, / ihrem Herrn vermählt zu sein.
Ihre Straßen, ihre Mauern / sind aus reinem Gold erbaut.

Perlen schimmern auf den Toren, / deren Flügel offenstehn,
um zum großen Fest zu laden / in des Lammes Heiligtum
jeden, der für Christi Namen / in der Welt Bedrängnis litt.

Fremd ist dieser Stadt das Dunkel: / ihre Sonne ist das Lamm.
Unaufhörlich tönt ihr Jubel, / niemals endet ihr Gesang,
ewig preisen ihre Lieder / den, der strahlend in ihr wohnt.

Dank und Preis sei ohne Ende / allezeit dem höchsten Gott,
wie dem Vater, so dem Sohne / und dem Geist, der beide eint.
Seiner Macht gebührt die Ehre, / Lob und Ruhm in Ewigkeit.
Amen.

Erste Nokturn

Ant 1
VIII

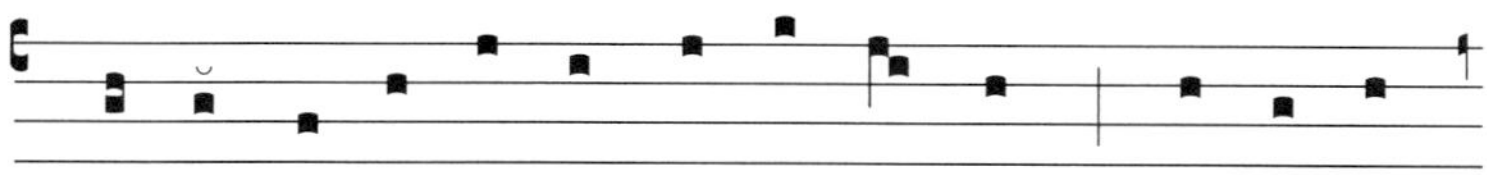

S e- lig, die in deinem Hau-se woh-nen, * sie dür-fen

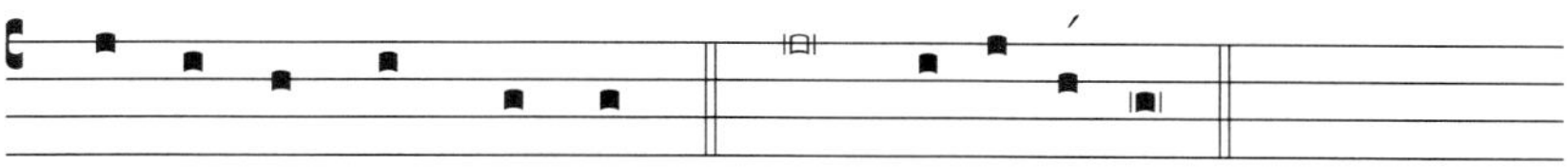

al- le- zeit dich prei-sen.

Psalm 84

WIE liebenswert ist deine Wohnung, *
du HERR der Scharen!
Meine Seele verzehrt sich in Sehnsucht *
nach den Höfen des HERREN.
Mein Herz und mein Fleisch, *
sie jauchzen hin zu Gott, dem Lebendigen.
Auch der Sperling findet ẹin Haus, /
ein Nest die Schwalbe, *
um ihre Jungen zu hegen bei deinen Altären.
HERR der Scharen, mein König und mẹin Gott: /
Selig, die in deinem Hause wohnen, *
sie dürfen allezeit dich preisen.

Selig die Menschen, denen Kraft kommt von dir, *
die sich zur Wallfahrt entschließen.
Wandern sie durchs Wüstental, /
so machen sie es zur Oase, *
und Frühregen hüllt es in Segen.
Sie schreiten fort von Kraft zu Kraft. *
Der Gott der Götter
läßt sich schauen auf dem Zion.

HERR, Gott der Scharen, höre mein Beten, *
vernimm es, du Gott Jakobs.
O Gott, sieh her auf unseren Schild, *
und schau auf das Antlitz deines Gesalbten.
Ja, ein einziger Tag in deinen Höfen *
ist besser als tausend andere.
Das ziehe ich vor: /
an der Schwelle zu stehen im Haus meines Gottes, *
statt zu wohnen in den Zelten der Frevler.
Denn Sonne und Schild ist der HERR, *
Gott ist Gnade und Herrlichkeit.
Der HERR wird geben, /
er versagt kein Gut *
denen, die in Lauterkeit leben.
HERR der Scharen: *
Selig die Menschen, die auf dich vertrauen!

Psalm 50

ES SPRICHT der HERR, der Gott der Götter, /
er ruft die Erde *
vom Aufgang der Sonne bis zum Untergang.
Vom Zion her, der Krone der Schönheit, *
zeigt Gott sich in strahlendem Glanze.
Unser Gott kommt, er kann nicht schweigen: *
Feuer frißt vor ihm her,
rings um ihn stürmt es gewaltig.
Den Himmel droben ruft er auf und die Erde *
zum Gericht an seinem Volke.
„Versammelt mir meine Frommen, *
die den Bund mit mir schlossen beim Opfer!"
Die Himmel sollen seine Gerechtigkeit künden: *
Gott selbst ist der Richter.
„Höre, mein Volk, ich will reden, /
Israel, ich will gegen dich zeugen, *
ich, Gott, der ich dein Gott bin.

Nicht deiner Opfer wegen klag ich dich an, *
deine Brandopfer sind mir ja immer vor Augen.
Doch ich nehme keinen Farren aus deinem Hause, *
noch Böcke aus deinen Hürden.
Mein ist ja alles Getier des Waldes, *
zu Tausenden mein das Wild auf den Bergen.
Die Vögel der Berge, ich kenne sie alle, *
was sich regt auf dem Feld, ist mein Eigen.
Hätte ich Hunger, ich bräuchte es dir nicht zu sagen, *
denn mein ist der Erdkreis und seine Fülle.
Esse ich denn das Fleisch von Stieren, *
trinke ich das Blut von Böcken?
Bringe Gott Lobpreis als Opfer dar, *
erfülle dem Höchsten deine Gelübde!
Rufe mich an am Tag der Drangsal, *
ich werde dich retten, und du wirst mich ehren!"

Zum Frevler aber sagt Gott: /
„Was soll's, daß du meine Satzungen aufzählst *
und meinen Bund im Mund führst?
Dabei ist Zucht dir verhaßt, *
und meine Worte wirfst du hinter dich.
Siehst du einen Dieb, gehst du mit ihm, *
mit Ehebrechern hast du Gemeinschaft.
Du läßt deinen Mund sich in Bosheit ergehen, *
und deine Zunge stiftet Betrug an.
Du setzt dich hin und redest gegen deinen Bruder, *
auf den Sohn deiner Mutter häufst du Verleumdung.
Das hast du getan, und ich soll schweigen? /
Meinst du, ich sei wirklich wie du? *
Ich klage dich an, ich stelle es dir vor Augen.
Ihr Gottvergessenen, seht es doch ein! *
Sonst zerreiße ich, und niemand rettet! –
Es ehrt mich, wer als Opfer Lobpreis darbringt, *
er bereitet den Weg, auf dem ich Gottes Heil ihm zeige."

Psalm 65

DIR gebührt Lobgesang, *
du Gott auf dem Zion.
Dir erfüllt man Gelübde, – *
du erhörst die Gebete.
Zu dir kommt alles Fleisch, *
die Schuld zu bekennen.

Zu schwer für mich sind unsre Frevel, *
nur du kannst sie vergeben.
Selig, den du erwählst und dir nahen läßt: *
in deinen Höfen darf er wohnen.
Wir wollen uns sättigen am Gut deines Hauses, *
am Gut deines heiligen Tempels.

Mit staunenswerten Taten gibst du uns Antwort in Treue, *
du Gott unsres Heiles,
du Zuversicht aller Enden der Erde *
und der fernsten Gestade,
der die Berge festigt in seiner Kraft, *
der sich gürtet mit Stärke,
der das Brausen der Meere stillt, *
das Brausen ihrer Wogen, das Tosen der Völker.
Es erschauern vor deinen Zeichen, /
die da wohnen an den Enden der Erde. *
Des Morgens und des Abends Tore machst du jauchzen.

Du sorgst für das Land und tränkst es, *
du überschüttest es mit Reichtum.
Der Gottesbach hat Wasser in Fülle. *
Gedeihen läßt du das Getreide.
Ja, so läßt du gedeihen: *
du wässerst die Furchen, du ebnest die Schollen,
du machst sie weich durch Regen, *
du segnest ihre sprossenden Saaten.
Du krönst das Jahr mit deiner Güte, *
von Fett triefen deine Spuren,
es triefen die Weiden der Steppe, *
mit Jubel gürten sich die Höhen.
Die Anger bekleiden sich mit Schafen, /
die Täler hüllen sich in Korn. *
Sie jauchzen, ja, sie singen.

℣. Deinen Altar, o Herr, will ich umschreiten. Halleluja.
℟. Ich will dich preisen in der Gemeinde. Halleluja.

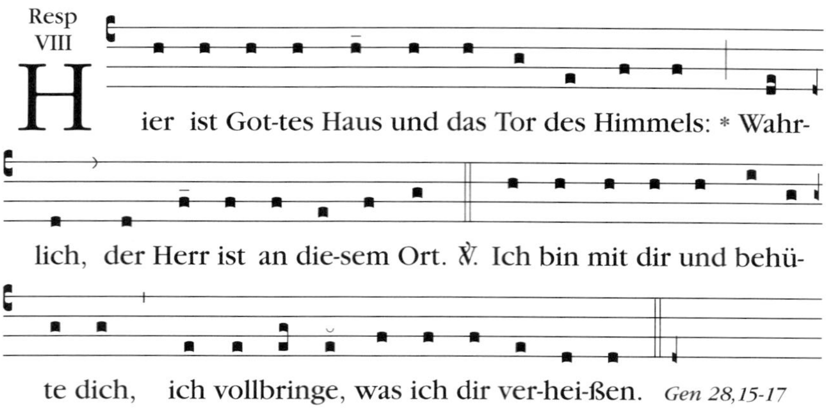

Zweite Nokturn

Psalm 87

SEINE Gründung auf heiligen Bergen – *
die Tore Zions liebt der HERR vor allen Stätten Jakobs.
Herrliches sagt man von dir, *
du Stadt unsres Gottes:
„Ich zähle Ägypten und Babylon *
zu denen, die mich kennen!"
Mag einer im Land der Philister geboren sein, *
in Kusch oder Tyrus –
so gilt doch von Zion: /
Dort ist ein jeder gebürtig! *
Der Höchste selbst ist es, der dieser Stadt Bestand gibt.

Der HERR schreibt im Verzeichnis der Völker: *
Auch dieser ist dort gebürtig!
Und sie tanzen und singen: *
In dir sind all meine Quellen!

Ant 2
VII

Psalm 46

GOTT ist uns Zuflucht und Stärke, *
vielfach bewährt als Helfer in Nöten.
Darum bangen wir nicht,
mag auch die Erde wanken, *
mögen Berge stürzen in die Tiefe des Meeres.
Wenn seine Wogen auch tosen und schäumen *
und Berge erzittern vor seinem Ungestüm:
(Mit uns ist der HERR der Scharen, *
der Gott Jakobs ist unsre Burg.)

Des Stromes Arme erfreuen die Gottesstadt, *
des Höchsten heilige Wohnung.
Gott ist in ihrer Mitte, sie wird nicht wanken; *
am frühen Morgen schon bringt Gott ihr Hilfe.
Völker toben, Reiche wanken, *
er donnert drein, da schmilzt die Erde.
Mit uns ist der HERR der Scharen, *
der Gott Jakobs ist unsre Burg.

Kommt und schaut die Taten des HERRN: *
Schauder erregt er auf Erden.

Er setzt den Kriegen ein Ende, bis an die Grenzen der Erde, /
zerbricht die Bogen, zerschlägt die Lanzen, *
verbrennt die Wagen im Feuer.
„Laßt ab und erkennt, daß ich Gott bin: *
erhaben über die Völker, erhaben auf Erden."
Mit uns ist der HERR der Scharen, *
der Gott Jakobs ist unsre Burg.

Ant 3
VIII

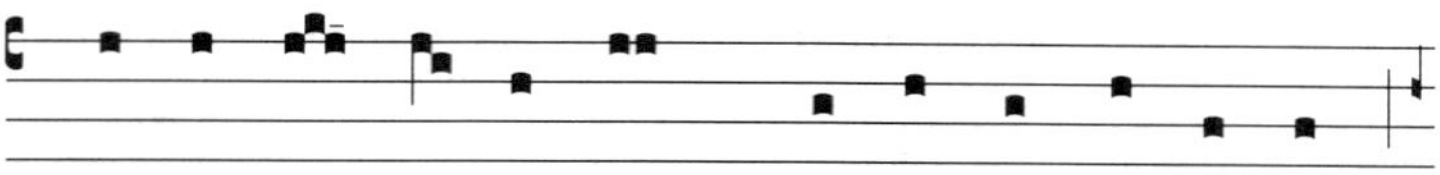

Das ist Gott, un- ser Gott * – auf im-mer und e- wig!

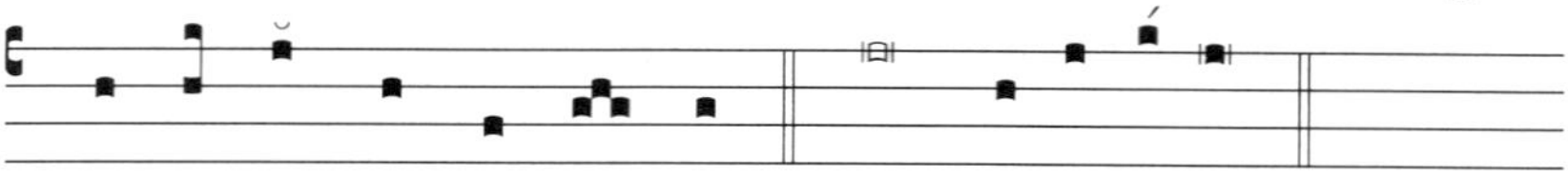

Er sel-ber wird uns füh- ren.

Psalm 48

GROSS ist der HERR und hoch zu preisen *
in der Stadt unseres Gottes.
Sein heiliger Berg, die herrliche Höhe, *
ist die Wonne der ganzen Erde.
Der Berg Zion, weit im Norden, *
ist die Stadt des großen Königs.
In ihren Palästen *
hat Gott als sicherer Schutz sich erwiesen.

Denn siehe: Die Könige traten zusammen, *
gemeinsam rückten sie näher.
Sie sahen auf, – da erstarrten sie, *
gerieten in Angst, flohen vor Schrecken.
Beben erfaßte sie dort *
wie die Wehen einer Gebärende.
Mit dem Sturm aus dem Osten *
zerschmetterst du die Schiffe von Tarschisch.

Wie wir's gehört, so haben wir's gesehen *
in der Stadt des HERRN der Scharen,
in der Stadt unseres Gottes: *
Gott hat sie befestigt auf ewig.

Wir bedenken, o Gott, deine Huld *
inmitten deines Tempels.
Wie dein Name, o Gott, /
so reicht dein Ruhm bis an der Erde Grenzen. *
Voll der Gerechtigkeit ist deine Rechte.
Es freue sich der Zionsberg, /
jubeln sollen die Töchter Judas *
über deine Gerichte.

Umkreist den Zion und umschreitet ihn, *
zählt seine Türme.
Betrachtet seine Wälle, /
schreitet durch seine Paläste, *
damit ihr künden könnt dem kommenden Geschlechte:
Das ist Gott, unser Gott auf immer und ewig! *
Er selber wird uns führen.

℣. Gepriesen sei der Herr vom Zion her. Halleluja.
℟. Er, der wohnt in Jerusalem. Halleluja.

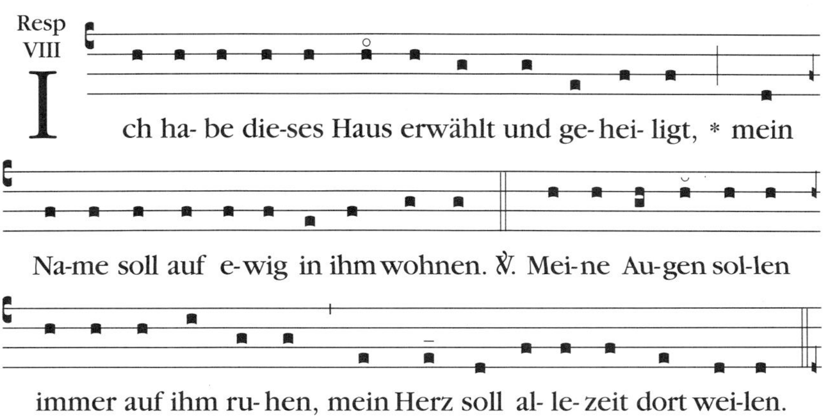

2 Chr 7,16

Dritte Nokturn

Für die Dritte Nokturn stehen zwei Cantica zur Wahl; man singt entweder Sir 51 (responsorial) oder Jes 66.

Jesus Sirach 51, A-P

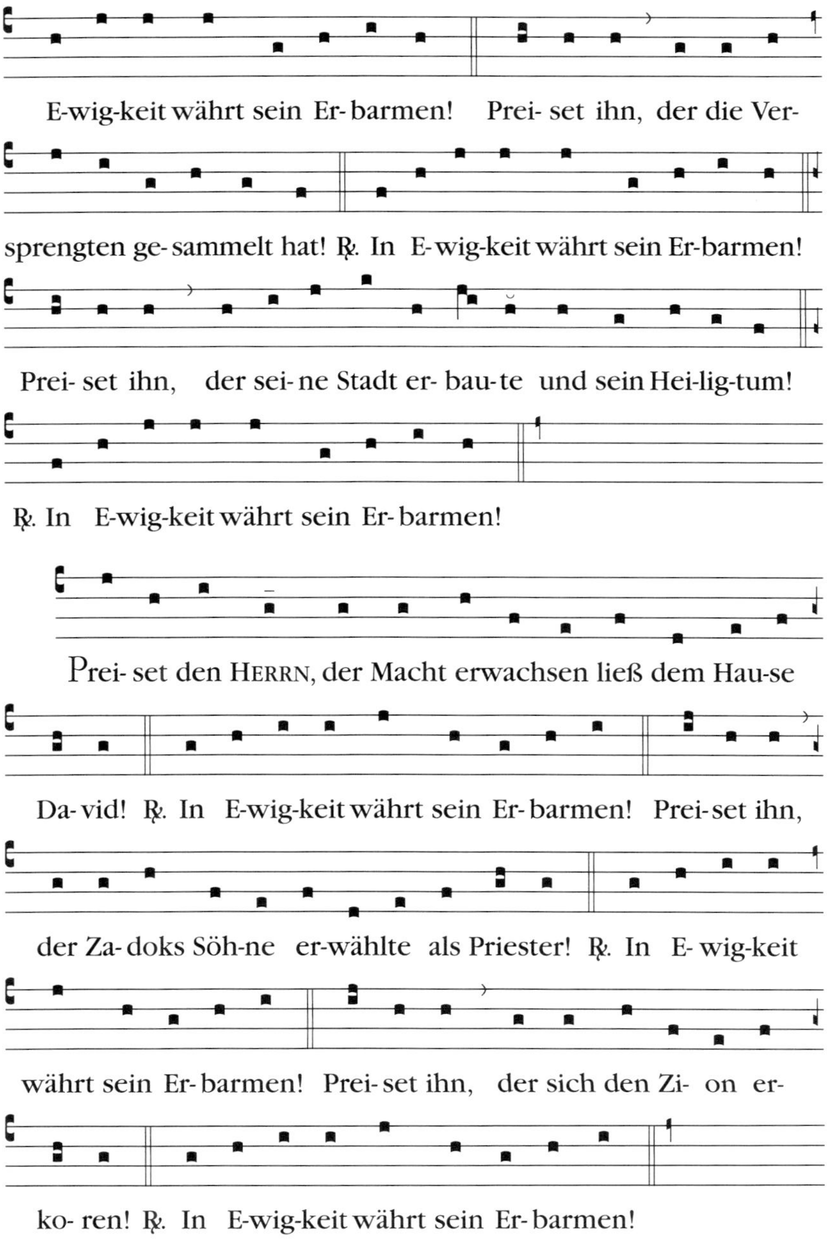
E-wig-keit währt sein Er- barmen! Prei- set ihn, der die Ver-
sprengten ge- sammelt hat! ℟. In E-wig-keit währt sein Er-barmen!
Prei- set ihn, der sei- ne Stadt er- bau- te und sein Hei-lig-tum!
℟. In E-wig-keit währt sein Er- barmen!
Prei- set den HERRN, der Macht erwachsen ließ dem Hau-se
Da- vid! ℟. In E-wig-keit währt sein Er- barmen! Prei-set ihn,
der Za- doks Söh-ne er-wählte als Priester! ℟. In E- wig-keit
währt sein Er- barmen! Prei- set ihn, der sich den Zi- on er-
ko- ren! ℟. In E-wig-keit währt sein Er- barmen!

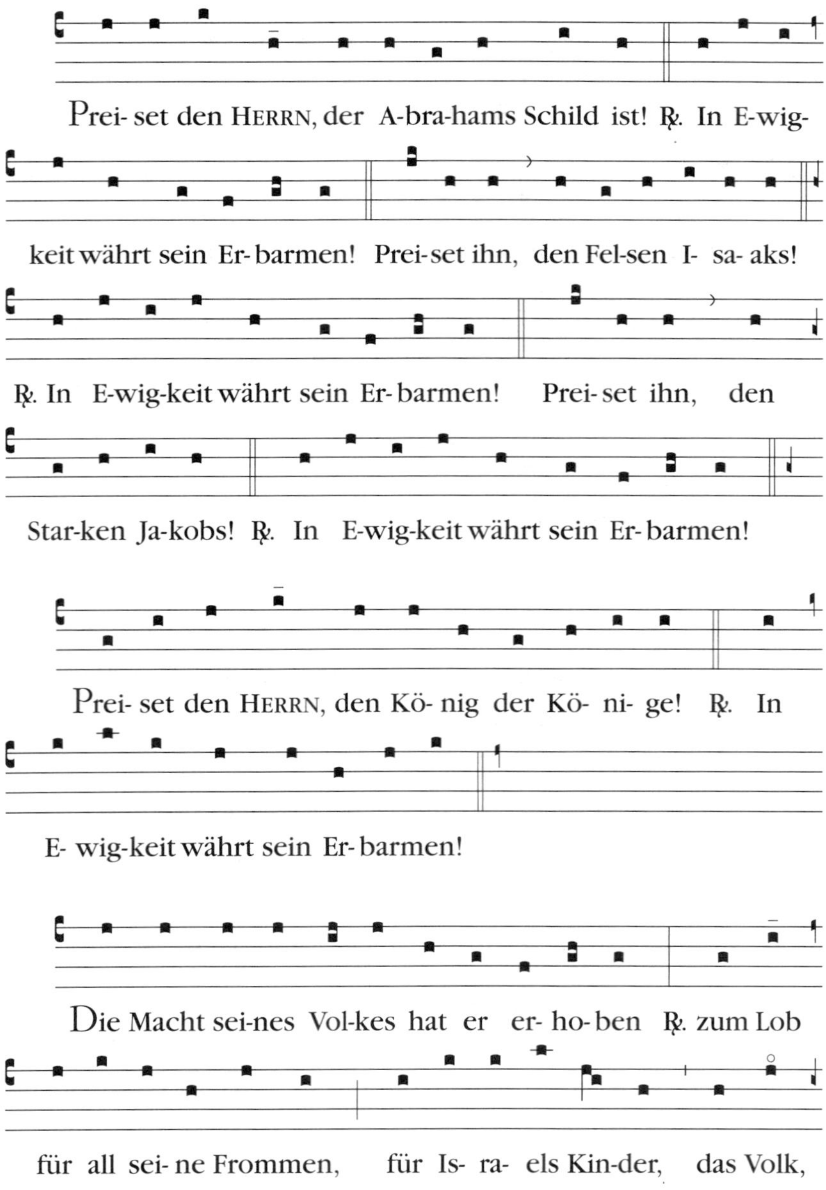
Prei- set den HERRN, der A-bra-hams Schild ist! ℟. In E-wig-
keit währt sein Er- barmen! Prei-set ihn, den Fel-sen I- sa- aks!
℟. In E-wig-keit währt sein Er- barmen! Prei- set ihn, den
Star-ken Ja-kobs! ℟. In E-wig-keit währt sein Er- barmen!
Prei- set den HERRN, den Kö- nig der Kö- ni- ge! ℟. In
E- wig-keit währt sein Er- barmen!
Die Macht sei-nes Vol-kes hat er er- ho-ben ℟. zum Lob
für all sei- ne Frommen, für Is- ra- els Kin-der, das Volk,

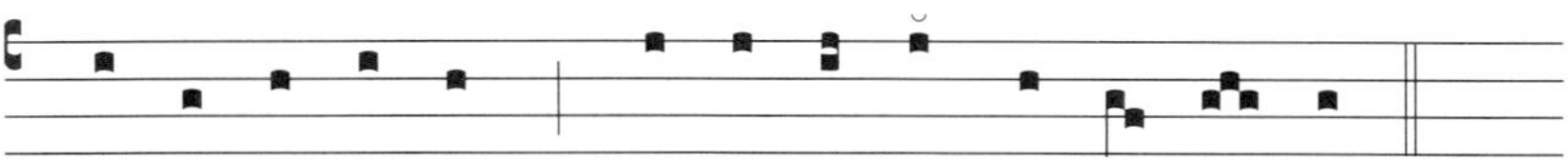

das ihm na- he ist. Hal- le- lu- ja, ha- le- lu- ja!

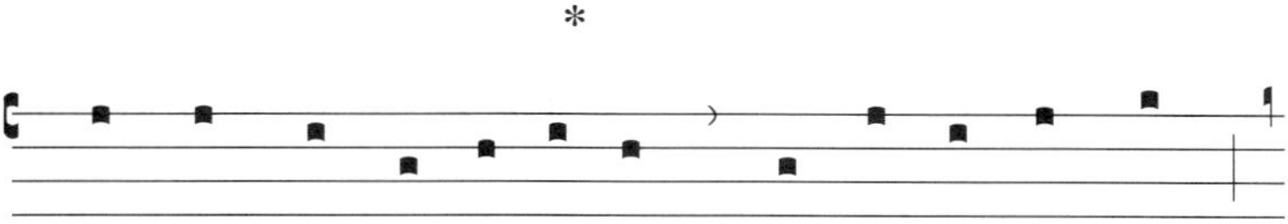

Ant VIII

Freut euch mit Je- ru- sa- lem, * der hei- li- gen Stadt,

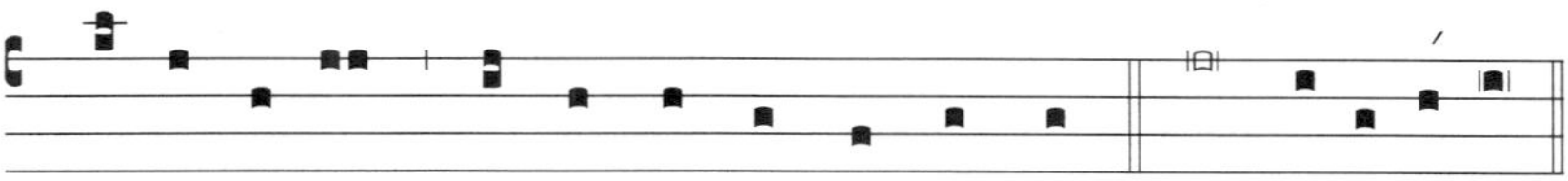

ju- belt in ihr, al- le, die ihr sie lieb habt. []

Jesaja 66,10-14

FREUT euch mit Jerusalem, der heiligen Stadt! *
Jubelt in ihr, alle, die ihr sie lieb habt!
Seid fröhlich und frohlockt mit ihr, *
alle, die ihr über sie traurig wart!
Saugt euch satt an ihrer tröstenden Brust, *
trinkt und labt euch an den Brüsten ihrer Herrlichkeit!

Denn so spricht der HERR: /
Seht, ich leite den Frieden zu ihr wie einen Strom, *
wie einen rauschenden Bach die Herrlichkeit der Völker.
Ihr werdet gestillt, auf den Armen getragen, *
ihr werdet auf den Knien geschaukelt.
Wie einen, den die Mutter tröstet, /
so will ich selber euch trösten, *
ja, ihr findet Trost in Jerusalem.

Ihr werdet es sehn, /
und euer Herz wird sich freuen: *
Die Hand des HERRN wird sich an seinen Knechten offenbaren.

℣. Der Herr ist in seinem heiligen Tempel. Halleluja.
℟. Der Herr hat seinen Thron im Himmel. Halleluja.

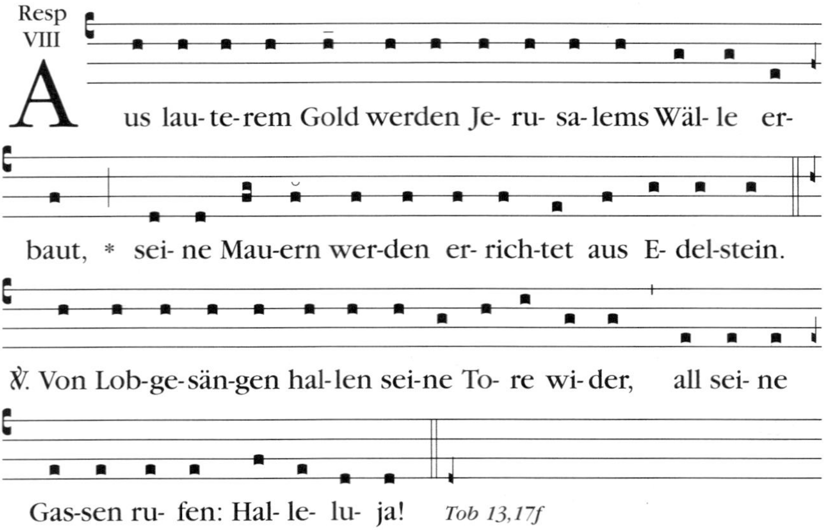

Tob 13,17f

In der Fastenzeit

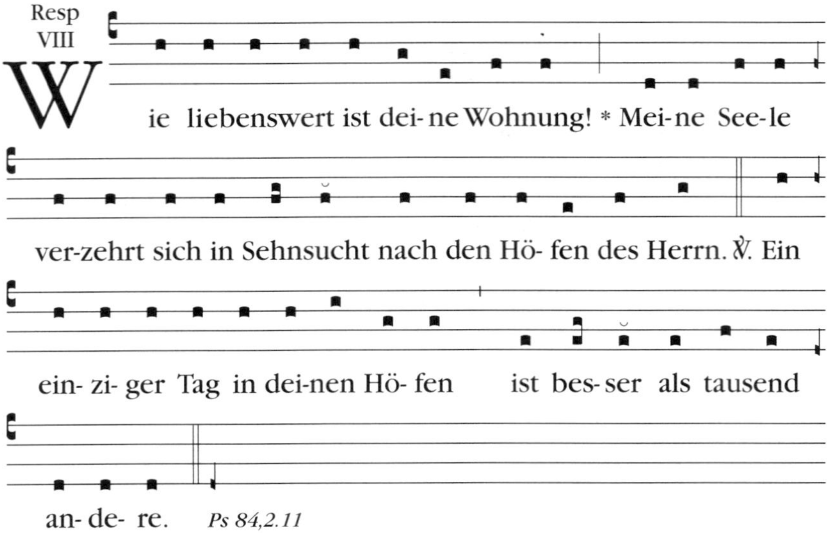

Ps 84,2.11

LAUDES

Ant 1
II

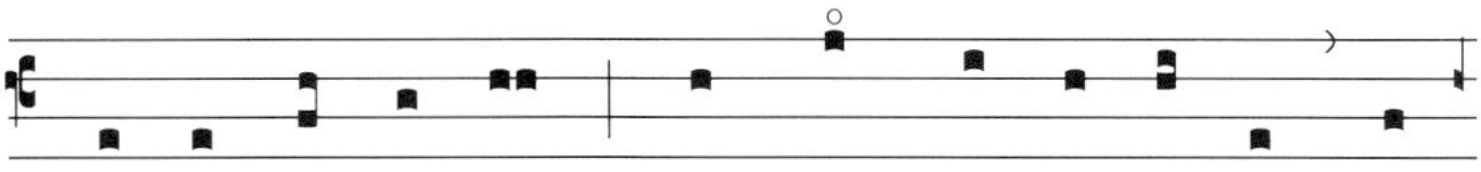

Ihr seid Got-tes Bau; * der Grund, der ge- legt ist, ist

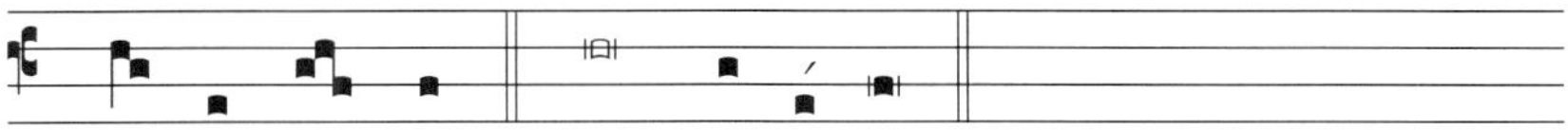

Chri-stus Je- sus. *1 Kor 3,9.11*

Psalm 93

DER HERR ist König, mit Hoheit bekleidet; *
der HERR hat sich bekleidet und mit Macht umgürtet.
Fest ist der Erdkreis gegründet, *
nie wird er wanken.
Fest steht dein Thron von Anbeginn, *
du bist von Ewigkeit.

Fluten erhoben, HERR, /
Fluten erhoben ihr Tosen, *
Fluten erheben ihr Brausen.
Gewaltiger als das Tosen der mächtigen Wasser, /
gewaltiger als die Brandung des Meeres *
ist gewaltig der HERR in der Höhe.

Deine Gesetze sind fest und verläßlich, /
HERR, deinem Haus ziemt Heiligkeit *
für alle Zeiten.

Ant 2
III

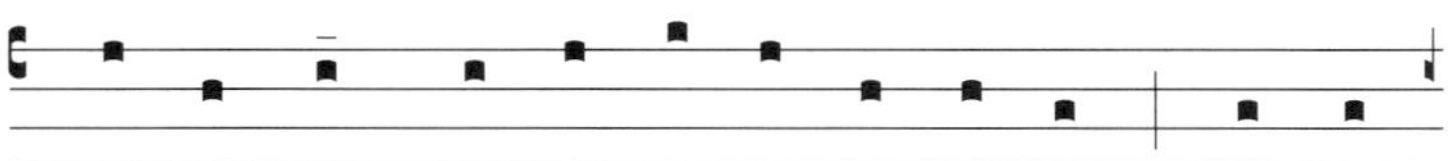

Wißt ihr nicht, daß ihr Got-tes Tempel seid, * und daß

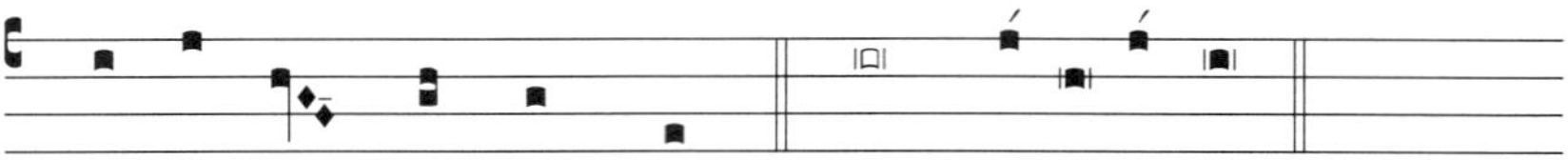

Got- tes Geist in euch wohnt? *1 Kor 3,16*

Psalm 100

JAUCHZET dem HERRN, allẹ Welt! /
Dient dem HERRN mit Freude! *
Kommt vor sein Antlitz mit Jubel!
Erkennt: Der HERR ịst Gott! /
Er hat uns geschaffen, wir sind sein Eigen, *
sein Volk und die Herde seiner Weide.

Tretet durch seine Tore mịt Dank, /
in seine Höfe mit Lobgesang! *
Dankt ihm, preist seinen Namen!
Denn gut ist dẹr HERR, /
seine Huld währt ewig *
und Geschlecht um Geschlecht seine Treue.

Ant 3
I

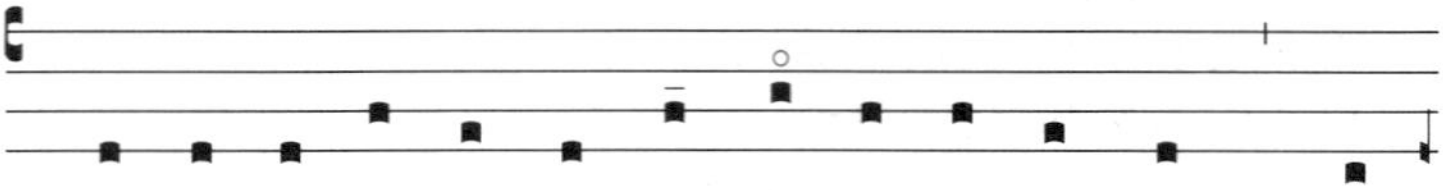

W enn un-ser ir- disches Zelt ab- gebrochen wird, * dann

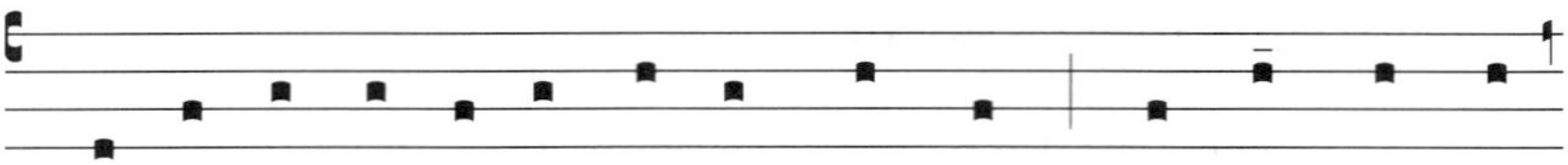

er- hal- ten wir ei- ne Wohnung von Gott, ein Haus, das nicht

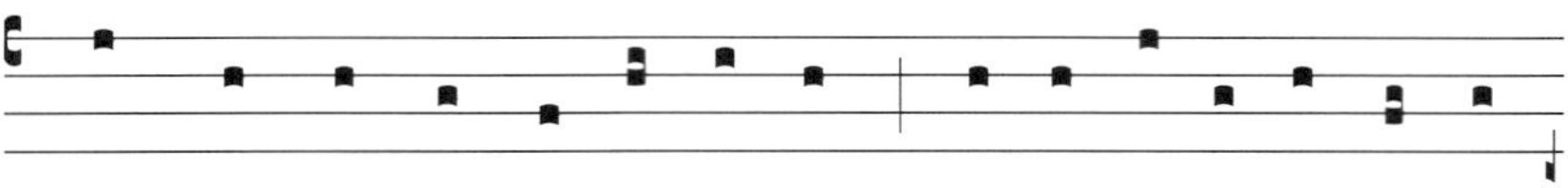

von Menschenhand er- richtet ist: ei- ne e- wi- ge Wohnung

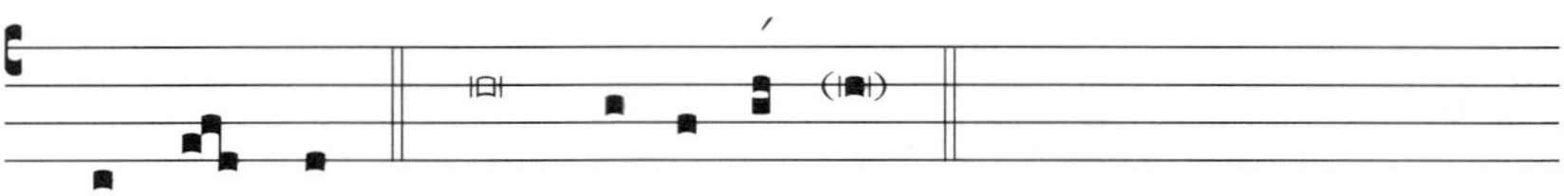

im Himmel. *2 Kor 5,1*

Tobit 13,9-18

ICH will meinen Gott erheben, /
meine Seele lobe den König des Himmels, *
frohlocken soll sie über seine Größe.

Alle, die in Jerusalem wohnen, *
sie sollen ihn preisen:
Jerusalem, du heilige Stadt! /
Die Taten deiner Kinder ahndet er, *
doch er erbarmt sich wieder der Söhne der Frommen.
Preise den Herrn, wie es sich ziemt, /
danke dem König der Ewigkeit, *
daß neu sein Zelt in dir errichtet wird zu deiner Freude.
Er erquicke in dir die Verbannten, /
er erweise in dir den Elenden Liebe *
durch alle Geschlechter in Ewigkeit.
Du wirst ein lebendiges Licht sein, *
das leuchtet bis an die Enden der Erde.
In Scharen kommen die Völker von ferne, *
um beim heiligen Namen des Herrn, unsres Gottes, zu wohnen.
Sie halten Geschenke in Händen, /
Gaben für den König des Himmels. *
Alle Geschlechter weihen dir Lieder des Jubels.
Fluch liegt auf allen, die dich hassen. *
Auf ewig sind gesegnet, die dich lieben.
Freu dich und juble über die Söhne der Frommen! /
Sie werden alle vereint sein *
und den Herrn der Ewigkeit preisen.
Wohl denen, die dich lieben! *
Sie werden sich an deinem Frieden freuen.
Wohl denen, welchen dein Geschick zu Herzen ging! *
Sie werden sich am Anblick deiner Herrlichkeit freuen.
Sie werden frohlocken in Ewigkeit. *
Ich preise Gott, den großen König!

Denn Jerusalem wird neu erbaut, /
es wird aus Saphir und Smaragd errichtet, *
seine Mauern aus Edelstein,

aus Gold seine Türme, *
aus lauterem Gold seine Wälle;
    seine Plätze sind mit Beryll und Rubinen gepflastert *
    und mit Steinen aus Ofir.
Von Lobgesängen hallen die Tore Jerusalems wider, *
all seine Gassen rufen: „Halleluja!"
    Und alle stimmen ein und singẹn: /
    „Gepriesen sei Gott in alle Ewigkeit, *
    er, der dich erhoben hat!"

Offb 3,12

Psalm 150

LOBT Gott in seinem Heiligtum, *
lobt ihn in seiner mächtigen Feste!
    Lobt ihn ob seiner gewaltigen Taten, *
    lobt ihn in der Fülle seiner Hoheit!
Lobt ihn mit dem Schall der Posaunen, *
lobt ihn mit Harfe und Leier!
    Lobt ihn mit Pauke und Reigen, *
    lobt ihn mit Flöten und Saitenspiel!
Lobt ihn mit hellen Zimbẹln, /
lobt ihn mit schmetternden Zimbeln! *
Alles, was Atem hat, lobe den HERREN!

Kurzlesung *1 Petr 2,4-6*

Kommt zu ihm, dem lebendigen Stein, der von den Menschen verworfen, aber von Gott auserwählt und geehrt worden ist. Laßt euch als lebendige Steine zu einem geistigen Haus aufbauen, zu einer heiligen Priesterschaft, um durch Jesus Christus geistige Opfer darzubringen, die Gott gefallen. Denn es heißt in der Schrift: Seht her, ich lege in Zion einen auserwählten Stein, einen Eckstein, den ich in Ehren halte; wer an ihn glaubt, der geht nicht zugrunde.

Hymnus

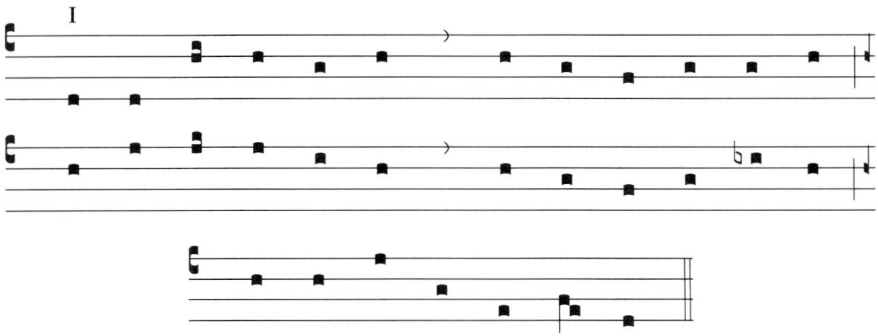

HALLELUJA hebt an, / hallendes Gotteslob,
Bürger himmlischer Stadt, / singt ohne Unterlaß
– ewiges Halleluja!

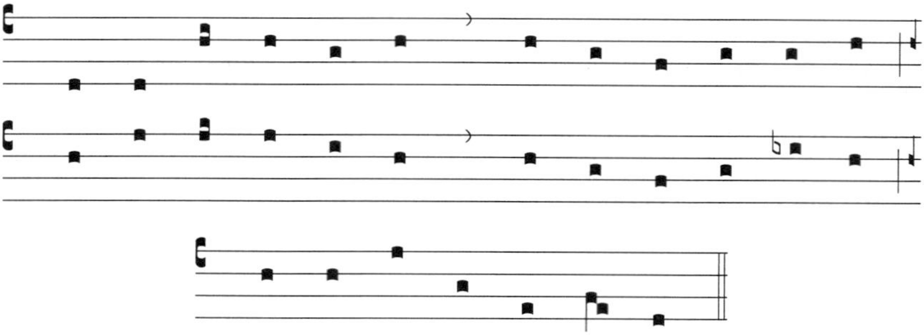

Euer seliges Lob / nehmen die Engel auf,
die Bewohner des Lichts / jubeln im Chore laut
- ewiges Halleluja!

Gottes herrliche Stadt / tönt im Gesange auf,
wirft im Echo zurück / euer frohlockend' Lied,
- ewiges Halleluja!

Großer Schöpfer der Welt, / siehe, auch unser Mund
singt dir jauchzend das Lob, / das deiner Größe ziemt:
- ewiges Halleluja!

Dich, o Christus, erhebt / unserer Stimmen Preis,
dir, allmächtiger Gott, / rufen wir jubelnd zu
- ewiges Halleluja! Amen.

In der Fastenzeit: Hymnus Sel'ge Stätte voll des Friedens, 662.

℣. Singet dem Herrn ein neues Lied. Halleluja.
℟. Singt seinen Lobpreis in der Gemeinde der Frommen. Halleluja.

In der Fastenzeit

℣. Singet dem Herrn ein neues Lied.
℟. Singt seinen Lobpreis in der Gemeinde der Frommen.

Ant C
VIII

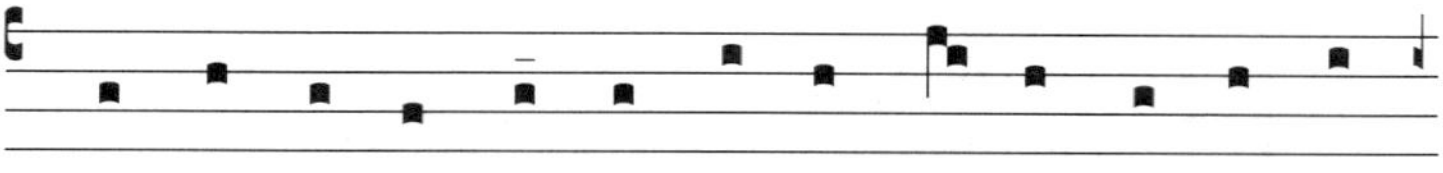

W o zwei o- der drei in mei-nem Namen bei-sammen

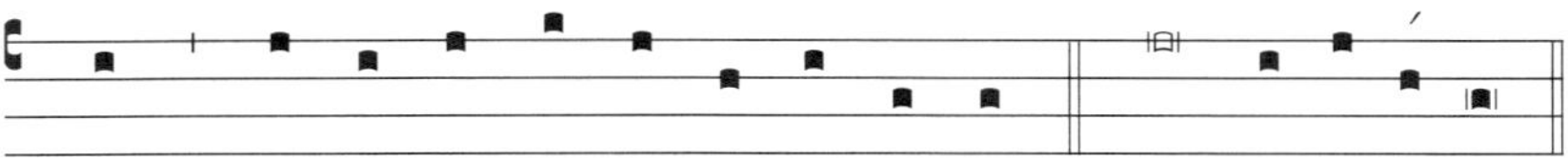

sind, * da bin ich mit-ten un-ter ih-nen. *Mt 18,20*

MARIENFESTE

VIGIL

Invitatorium

℟. II

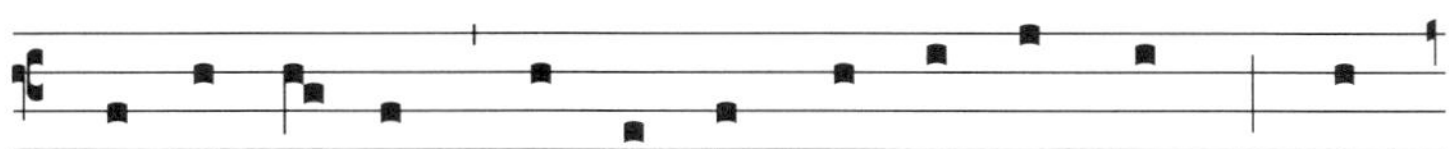

M ei-ne See-le, prei-se die Grö-ße des Herrn und

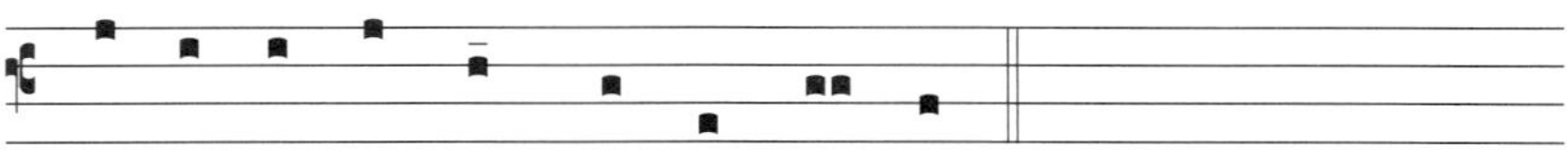

jub-le ü- ber Gott, mei-nen Hei-land!

Hymnus

II

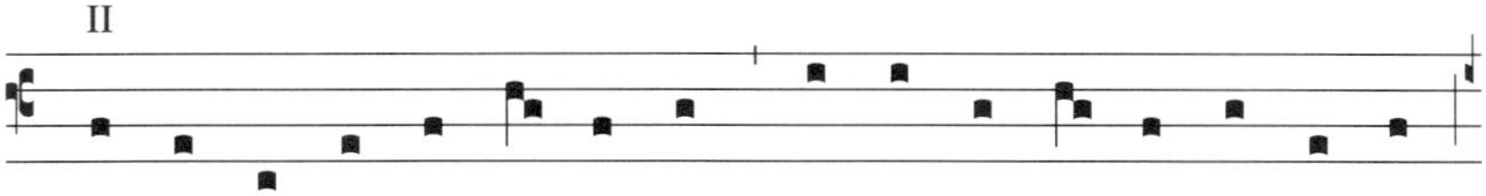

DEN Erde, Meer und Firmament
verehren, loben, beten an,
der die drei Reiche trägt und lenkt,
ihn birgt Mariens reiner Schoß.

Dem Sonne, Mond und jeder Stern
durch alle Zeiten dienstbar sind,
ihn trägt der Leib der reinen Magd,
vom Hauch der Gnade ganz durchströmt.

Beglückte Mutter, reich beschenkt:
In deinem Schoße schließt sich ein
er, dessen Hand die Welt umfängt,
der Höchste, der das All erschuf.

Dir ward des Engels Botschaft kund
und du empfingst vom Heil'gen Geist;
aus deinem Schoße trat hervor,
der aller Völker Sehnsucht ist.

Herr Jesus, dir sei Ruhm und Preis,
Gott, den die Jungfrau uns gebar,
Lob auch dem Vater und dem Geist
durch alle Zeit und Ewigkeit. Amen.

Erste Nokturn

Ant 1
IV

Psalm 45

MEIN Herz wallt auf zu einem guten Wort, /
ich widme mein Gedicht dem König. *
Meine Zunge ist der Griffel eines flinken Schreibers.

Du bist der Schönste unter den Menschen, /
Anmut ist ausgegossen über deine Lippen, *
hat doch Gott dich gesegnet auf ewig.
Gürte, du Held, dein Schwert um die Hüfte, *
tritt auf mit deiner Pracht und Hoheit!
Mit Glück zieh aus für die Sache der Wahrheit, /
verhilf dem Gebeugten zum Recht: *
furchtbare Taten soll deine Rechte dich lehren.
Deine Pfeile sind scharf, dir unterliegen die Völker, *
mutlos werden die Feinde des Königs.
Dein Thron, du Göttlicher, steht für immer und ewig; *
ein Zepter der Geradheit ist das Zepter deines Königtums.
Du liebst Gerechtigkeit und hassest Frevel, /
hat Gott, dein Gott, dich doch gesalbt
mit dem Öl des Frohlockens *
wie keinen von deinen Gefährten.
Von Myrrhe, Aloë und Kassia duften all deine Kleider, *
aus dem Palast von Elfenbein erfreut dich Saitenspiel.
Die Königstochter steht da unter deinen Geliebten, /
Gemahlin zu sein zu deiner Rechten *
im Schmuck des Goldes von Ofir.

„Höre, o Tochter, sieh her und neige dein Ohr, *
vergiß dein Volk und das Haus deines Vaters!
Der König verlangt nach deiner Schönheit, *
er ist ja dein Herr: vor ihm sollst du dich neigen.
Die Tochter Tyrus kommt mit Geschenken: *
um deine Gunst werben die Reichen des Volkes."

Die Königstochter –
lauter Herrlichkeit ist sie bei ihrem Einzug, *
in golddurchwirkten und bunt bestickten Gewändern.

Sie wird zum König geleitet, /
Jungfrauen sind ihr Gefolge, *
ihre Freundinnen werden dir zugeführt.
Sie werden geleitet mit Freudenrufen und Jubel, *
sie ziehen ein in den Palast des Königs.

An die Stelle deiner Väter treten deine Söhne, *
du setzt sie ein als Fürsten über die Lande.
Deinen Namen will ich rühmen durch alle Geschlechter: *
so werden die Völker dich preisen auf immer und ewig.

Ant 2
VIII

Psalm 19

DIE Himmel erzählen die Herrlichkeit Gottes, *
das Firmament verkündet das Werk seiner Hände.
Ein Tag sagt es jubelnd dem andern, *
eine Nacht übergibt der andern die Kunde.
Nicht sind es Worte, nicht sind es Reden, *
deren Stimme man nicht vernähme.
Ihre Botschaft ging in alle Welt hinaus, *
ihre Nachricht bis zu den Enden der Erde.
Dort hat er der Sonne ein Zelt bestimmt: /
wie der Bräutigam aus seinem Gemach tritt sie hervor, *
sie freut sich wie ein Held, die Bahn zu laufen.

Am einen Ende des Himmels geht sie hervor, /
durchläuft den Kreis bis ans andere Ende. *
Nichts kann vor ihrer Glut sich bergen.

Die Weisung des HERRN ist vollkommen, *
sie erquickt die Seele.
Das Zeugnis des HERRN ist verläßlich, *
den Unwissenden macht es weise.
Die Befehle des HERRN sind gerade, *
das Herz erfüllen sie mit Freude.
Das Gebot des HERRN ist lauter, *
es erleuchtet die Augen.
Die Furcht des HERRN ist rein, *
sie besteht für ewig.
Die Entscheide des HERRN sind wahr, *
gerecht sind sie alle.
Kostbarer sind sie als Gold, als Feingold in Menge, *
süßer sind sie als Honig und Seim aus den Waben.
Auch dein Knecht läßt sich durch sie erleuchten. *
Reich ist belohnt, wer sie beachtet.
Wer wird all seiner Fehler gewahr? *
Sprich mich frei von verborgenen Sünden!
Auch vor Vermessenen behüte deinen Knecht, *
sie sollen nicht über mich herrschen.
Dann werde ich vollkommen sein: *
frei von schwerer Verfehlung.

Die Worte meines Mundes mögen dir gefallen, /
das Sinnen meines Herzens stehe dir vor Augen, *
HERR, mein Fels und mein Erlöser.

Ant 3
VIII

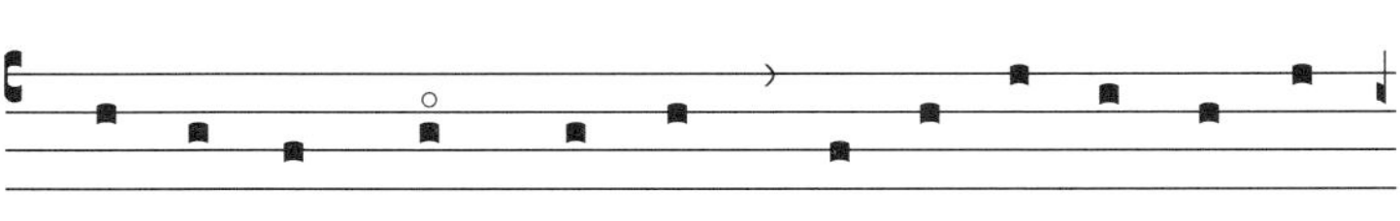

Was ist der Mensch, o Gott, daß du sei- ner dich an-

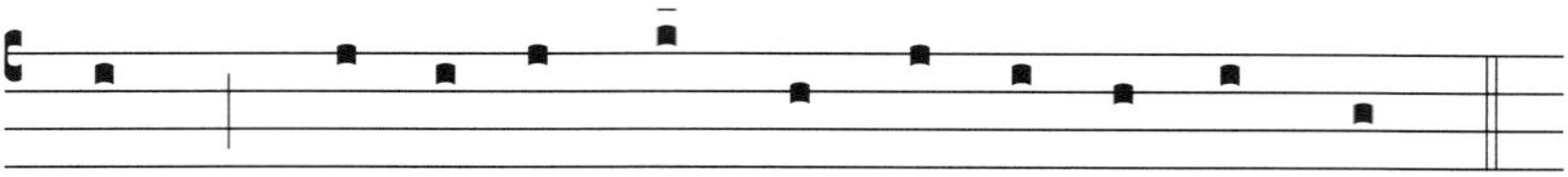

nimmst, * daß du ihn krönst mit Herr-lich-keit und Pracht?

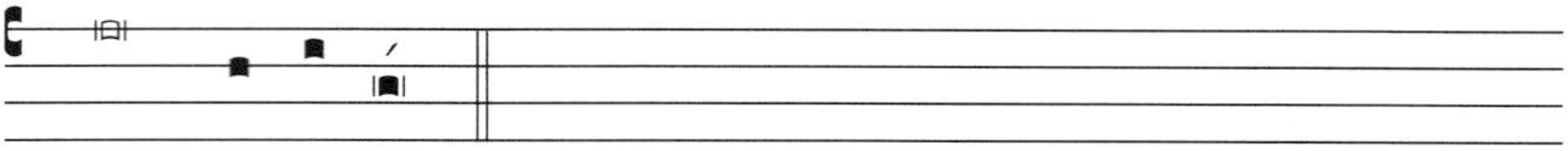

Psalm 8

HERR, unser Herrscher, *
wie herrlich ist dein Name auf der ganzen Erde!

Deine Hoheit, weit über die Himmel hin, will ich besingen *
mit der Kinder und Säuglinge Mund.
Eine Feste hast du gegründet, deinen Gegnern zum Trotz, *
zum Schweigen zu bringen den Feind und den Rächer.

Schaue ich deinen Himmel, das Werk deiner Finger, *
Mond und Sterne, die du befestigt hast:
Was ist der Mensch, daß du seiner gedenkst, *
des Menschen Kind, daß du seiner dich annimmst?
Du hast ihn nur wenig geringer gemacht als Gott, *
hast ihn gekrönt mit Herrlichkeit und Pracht.
Du hast ihn als Herrscher gesetzt
über das Werk deiner Hände, *
alles legtest du ihm unter die Füße:
die Schafe und Ziegen und Rinder, *
und auch die Tiere des Feldes,
die Vögel des Himmels und die Fische im Meer, *
und ihn, der dahinzieht die Pfade der Meere.

HERR, unser Herrscher, *
wie herrlich ist dein Name auf der ganzen Erde!

℣. Großes hat an mir getan der Mächtige.
℟. Er erbarmt sich aller, die ihn fürchten.

Resp
IV/6

Lk 1,42; LT

Zweite Nokturn

Ant 1
VIII

Psalm 66

JAUCHZET Gott zu, alle Lande, /
spielt zum Ruhm seines Namens, *
verherrlicht ihn mit Lobpreis!
Saget zu Gott: /
„Wie furchtgebietend bist du in deinen Werken! *
Ob deiner gewaltigen Macht schmeicheln dir deine Feinde.
Die ganze Erde betet dich an und singt dir, *
sie singt deinem Namen!“

Kommt und schaut die Taten Gottes! *
Furchtgebietend ist er in seinem Tun an den Menschen.

Er machte das Meer zu trockenem Land, /
sie zogen zu Fuß durch den Strom. *
Dort waren wir über ihn voll Freude.
 In seiner Kraft ist er Herrscher auf ewig, /
 seine Augen wachen über die Völker, *
 damit kein Empörer sich gegen ihn auflehnt.

Ihr Völker, preist unsern Gott, *
laßt laut seinen Lobpreis erschallen.
 Er erhielt uns am Leben, *
 ließ unsern Fuß nicht wanken:
O Gott, du hast uns geprüft, *
hast uns geläutert, wie man Silber läutert,
 du brachtest uns in ein Fangnetz, *
 legtest uns drückende Last auf den Rücken,
du ließest Menschen treten auf unser Haupt, /
wir gingen durch Feuer und Wasser. *
Aber du hast uns herausgeführt, hin zur Fülle.

 Nun komme ich mit Opfern in dein Haus, *
 erfülle dir meine Gelübde,
was meine Lippen dir versprachen, *
was in der Not mein Mund gelobte:
 Fette Schafe bringe ich dir als Brandopfer dar /
 zusammen mit dem Rauch von Widdern, *
 ich bereite dir Rinder und Böcke.

Die ihr Gott fürchtet, kommt alle und hört, *
ich will erzählen, was er mir getan hat:
 Mit meinem Mund habe ich zu ihm gerufen, *
 da lag mir schon der Lobpreis auf der Zunge.
Hätt' ich es abgesehn auf Böses, *
würde der Herr nicht hören.
 Aber Gott hat gehört, *
 er hat geachtet auf mein lautes Beten.

Gepriesen sei Gott! /
Denn er wies mein Gebet nicht zurück, *
er hat mir seine Liebe nicht entzogen.

Ant 2
III

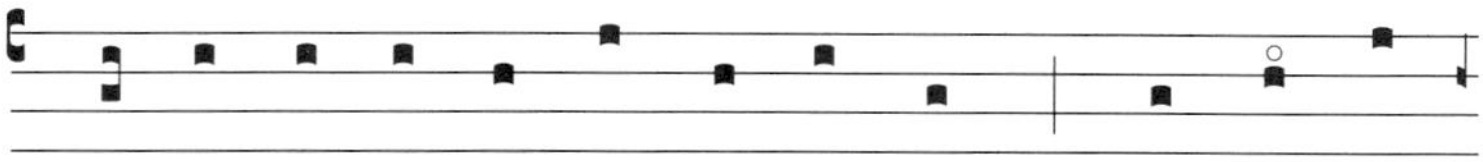

F rie-den kün-det der Herr sei-nem Volk; * sein Heil ist

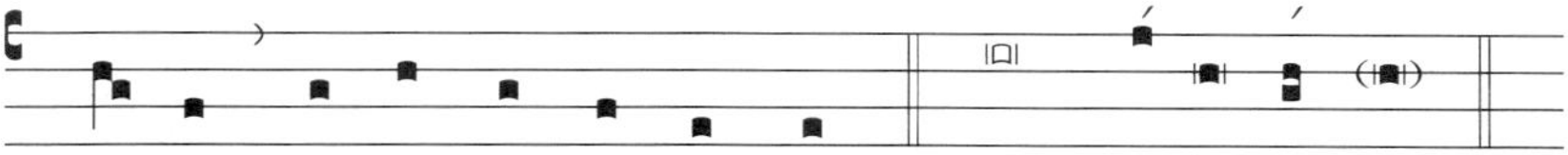

na- he de-nen, die ihn fürchten.

Psalm 85

EINST hast du, HERR, dein Land begnadet, *
heimkehren ließest du die Gefangenen Jakobs.
Aufgehoben hast du die Schuld deines Volkes, *
hast zugedeckt all seine Sünden.
Zurückgezogen hast du all deinen Groll, *
hast dich abgekehrt von der Glut deines Zornes.

Kehre dich uns jetzt zu, du Gott unsres Heiles, *
und deinem Unmut gegen uns mach ein Ende.
Willst du uns denn ewig zürnen, *
deinen Zorn hinziehn durch alle Geschlechter?
Willst du uns nicht wieder beleben, *
damit dein Volk an dir sich freue?
HERR, zeig uns dein Erbarmen, *
dein Heil gewähre uns!

Hören will ich, was Gott redet: *
der HERR, er redet „Friede!“
zu seinem Volk und zu seinen Frommen, *
daß sie sich nicht zur Torheit wenden.
Sein Heil ist denen, die ihn fürchten, nahe, *
daß Herrlichkeit in unserm Lande wohne.
Es begegnen einander Liebe und Treue, *
Gerechtigkeit und Friede küssen sich.
Treue sprießt aus der Erde hervor, *
Gerechtigkeit blickt vom Himmel hernieder.

Ja, der HERR gibt das Gute, *
und unser Land bringt seinen Ertrag hervor.
Gerechtigkeit geht vor ihm her *
und bahnt den Weg mit ihren Schritten.

Ant 3
IV

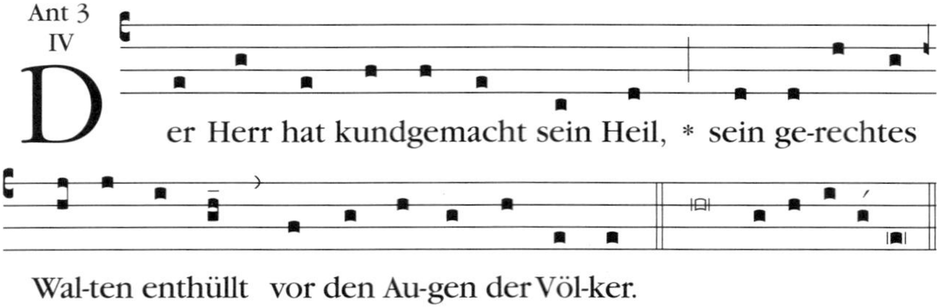

Psalm 98

SINGET dem HERRN ein neues Lied, *
denn er vollbrachte wunderbare Taten!
Heil geschaffen hat ihm seine Rechte, *
die Kraft seines heiligen Armes.
Der HERR hat kundgemacht sein Heil, *
sein gerechtes Walten enthüllt vor den Augen der Völker.
Er gedachte seiner Huld *
und seiner Treue zum Hause Israel.
Alle Enden der Erde *
schauen das Heil unseres Gottes.

Jauchzet dem HERRN, alle Lande, *
freut euch, jubelt und spielet!
Spielt dem HERRN auf der Harfe, *
auf der Harfe, mit lautem Saitenspiel!
Mit Trompeten und schallenden Hörnern *
jauchzt vor dem HERRN, dem König.

Es brause das Meer und was es erfüllt, *
der Erdkreis und die auf ihm wohnen.
In die Hände klatschen sollen die Ströme, *
die Berge sollen miteinander jubeln

vor dem HERRN, denn er kommt, *
er kommt, die Erde zu richten.
Er richtet den Erdkreis in Gerechtigkeit *
und die Völker so, wie es recht ist.

℣. Mit seiner Kraft hat der Herr dich gesegnet.
℟. Dein Lob verstummt nicht mehr im Munde der Menschen.

Resp
IV/6

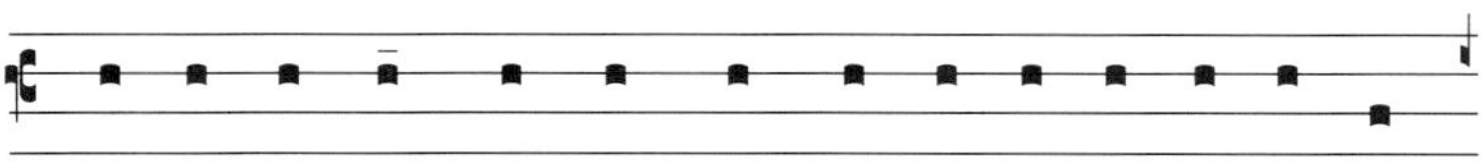

Se- lig der Leib, der den Sohn des e- wi- gen Va- ters ge-

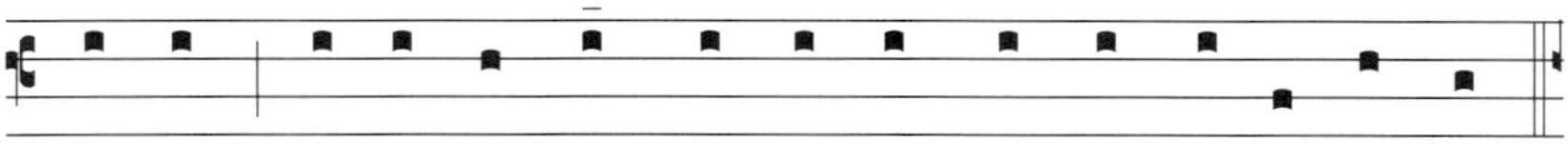

tra- gen; * se- lig die Brust, die ge-nährt hat den Ret-ter der Welt!

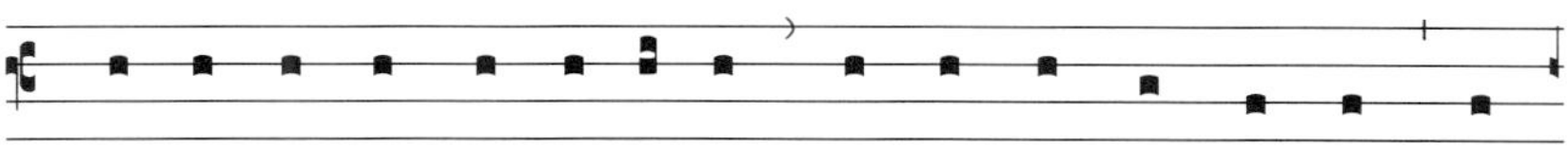

℣. Ge-grü-ßet seist du Ma- ri- a, du bist voll der Gna- de: der

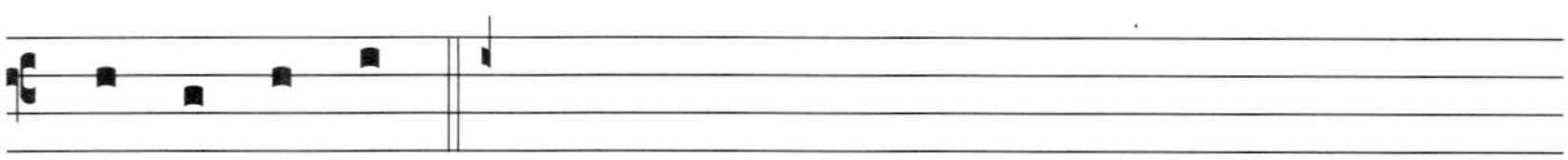

Herr ist mit dir! *cf. Lk 11,27f*

Dritte Nokturn

Ant
III

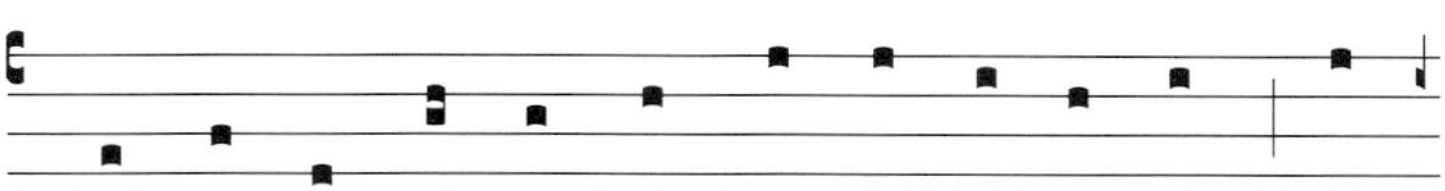

Der Herr tut Gro- ßes und Wun-der oh- ne Zahl. * Er

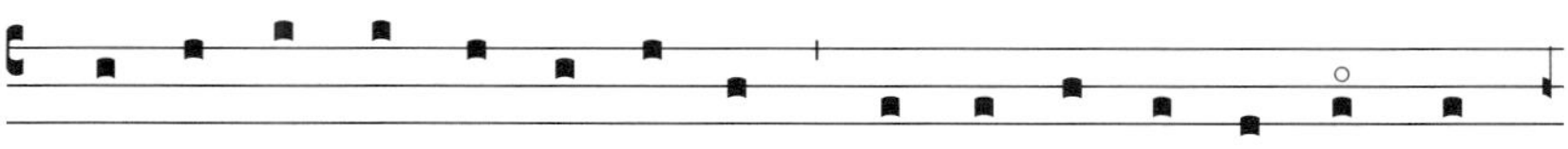

sen-det Was-ser auf die Flu-ren, um das Nie-dri- ge hoch zu

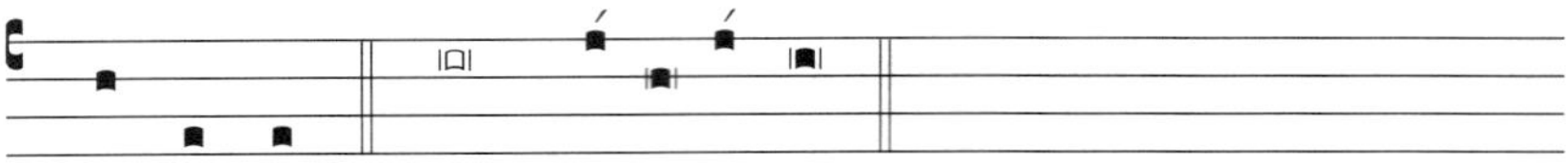

Ijob 5,9-11

Jesus Sirach 39,14-22.33-35 ( )

ERHEBT die Stimme, singet im Chor, *
preist den HERRN für all seine Werke!
Gebt seinem Namen die Ehre, feiert sein Lob *
mit Liedern zu Harfe und Saitenspiel!
Sagt unter lautem Jubẹl: /
Alle Werke Gottes sind gut, *
zur rechten Zeit gibt er reichlich, was not tut.
Auf sein Geheiß stand das Meer wie ein Wall, *
auf das Wort seines Mundes standen die Speicher der Wasser.
Was ihm gefällt, geschieht auf der Stelle, *
und nichts kann seine Hilfe hindern.
Das Tun allen Fleisches liegt offen vor ihm, *
und nichts ist vor seinen Augen verborgen.
Von Ewigkeit zu Ewigkeit schaut er hernieder. *
Es gibt für seine Hilfe keine Grenze.
Nichts ist für ihn zu klein und zu niedrig *
und nichts zu schwer und zu wunderbar.
Wie der Nil strömt sein Segen über, *
wie der Eufrat tränkt er den Erdkreis.
Ja, alle Werke Gottes sind gut, *
zur rechten Zeit gibt er reichlich, was not tut.
Wohlan, so jubelt von ganzem Herzen, *
und preist den Namen des Heiligen!

℣. Du bist der Ruhm Jerusalems.
℟. Du bist die Freude Israels, der Stolz unseres Volkes.

Resp
IV/6

Lk 1,48f. 46f

LAUDES

Ant 1
I

GL

Psalm 100

JAUCHZET dem HERRN, allẹ Welt! /
Dient dem HERRN mit Freude! *
Kommt vor sein Antlitz mit Jubel!
Erkennt: Der HERR ịst Gott! /
Er hat uns geschaffen, wir sind sein Eigen, *
sein Volk und die Herde seiner Weide.

Tretet durch seine Tore mit Dank, /
in seine Höfe mit Lobgesang! *
Dankt ihm, preist seinen Namen!
 Denn gut ist der HERR, /
 seine Huld währt ewig *
 und Geschlecht um Geschlecht seine Treue.

Ant 2
II

GL

Psalm 65

DIR gebührt Lobgesang, *
du Gott auf dem Zion.
 Dir erfüllt man Gelübde, – *
 du erhörst die Gebete.
Zu dir kommt alles Fleisch, *
die Schuld zu bekennen.
 Zu schwer für mich sind unsre Frevel, *
 nur du kannst sie vergeben.
Selig, den du erwählst und dir nahen läßt: *
in deinen Höfen darf er wohnen.
 Wir wollen uns sättigen am Gut deines Hauses, *
 am Gut deines heiligen Tempels.

Mit staunenswerten Taten gibst du uns Antwort in Treue, *
du Gott unsres Heiles,
 du Zuversicht aller Enden der Erde *
 und der fernsten Gestade,
der die Berge festigt in seiner Kraft, *
der sich gürtet mit Stärke,

der das Brausen der Meere stillt, *
das Brausen ihrer Wogen, das Tosen der Völker.
Es erschauern vor deinen Zeichen, /
die da wohnen an den Enden der Erde. *
Des Morgens und des Abends Tore machst du jauchzen.

Du sorgst für das Land und tränkst es, *
du überschüttest es mit Reichtum.
Der Gottesbach hat Wasser in Fülle. *
Gedeihen läßt du das Getreide.
Ja, so läßt du gedeihen: *
du wässerst die Furchen, du ebnest die Schollen,
du machst sie weich durch Regen, *
du segnest ihre sprossenden Saaten.
Du krönst das Jahr mit deiner Güte, *
von Fett triefen deine Spuren,
es triefen die Weiden der Steppe, *
mit Jubel gürten sich die Höhen.
Die Anger bekleiden sich mit Schafen, /
die Täler hüllen sich in Korn. *
Sie jauchzen, ja, sie singen.

1 Samuel 2,1-10

MEIN Herz ist fröhlich im HERRN, *
erhöht ist meine Macht durch meinen Gott.
Weit öffnet sich mein Mund gegen meine Feinde; *
denn ich freue mich deiner Hilfe.

Keiner ist heilig wie der Herr, /
denn außer dir ist keiner, *
keiner ist ein Fels wie unser Gott.
Redet nicht immer so vermessen, *
kein freches Wort entfahre eurem Mund.
Denn ein wissender Gott ist der Herr, *
von ihm werden die Taten gewogen.

Zerbrochen wird der Bogen der Helden, *
die Wankenden aber gürten sich mit Kraft.
Um Brot verdingen sich die Satten, *
doch die Hungrigen können feiern für immer.
Die Unfruchtbare – siebenmal gebiert sie, *
doch die an Kindern reich war, welkt dahin.
Der Herr macht tot und macht lebendig, *
er führt ins Totenreich hinab und führt auch herauf.
Der Herr macht arm und macht reich, *
er erniedrigt und er erhöht.
Den Geringen richtet er auf aus dem Staub, *
aus dem Schmutz erhebt er den Armen.
Er gibt ihm einen Sitz bei den Edlen, *
den Thron der Ehre läßt er ihn erben.

Denn dem Herrn gehören die Säulen der Erde; *
er hat den Erdkreis auf sie gegründet.
Die Schritte seiner Frommen hütet er, *
die Frevler aber verstummen im Dunkel.
Denn niemand ist stark durch eigene Kraft. *
Wer gegen den Herrn streitet, wird zerbrechen.
Der Höchste läßt im Himmel den Donner erdröhnen, *
der Herr richtet die Enden der Erde.
Seinem König gebe er Kraft *
und erhöhe die Macht seines Gesalbten.

Ant 4
VIII

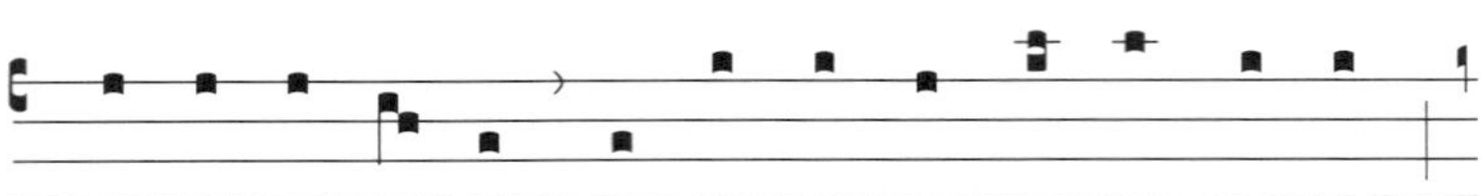

Sei uns ge- grü-ßet, du Vorspiel der Wunder Christi, *

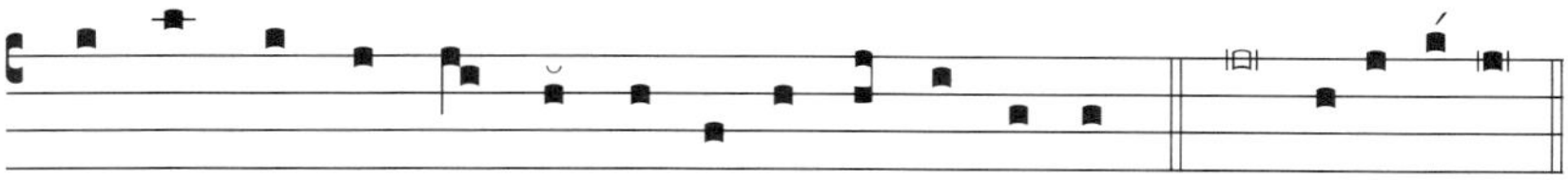

du leuchtendes Vor- bild unse-rer Auf-erstehung! *GL*

Psalm 150

LOBT Gott in seinem Heiligtum, *
lobt ihn in seiner mächtigen Feste!
Lobt ihn ob seiner gewaltigen Taten, *
lobt ihn in der Fülle seiner Hoheit!
Lobt ihn mit dem Schall der Posaunen, *
lobt ihn mit Harfe und Leier!
Lobt ihn mit Pauke und Reigen, *
lobt ihn mit Flöten und Saitenspiel!
Lobt ihn mit hellen Zimbeln, /
lobt ihn mit schmetternden Zimbeln! *
Alles, was Atem hat, lobe den HERREN!

Kurzlesung *Ez 17,22-24*

So spricht Gott, der Herr: Vom hohen Wipfel der Zeder, von ihren obersten Ästen breche ich ein zartes Reis und pflanze es ein auf einem hochragenden Berg. Auf die Höhe von Israels Bergland will ich es pflanzen. Dort treibt es Zweige, trägt Früchte und wird zu einer prächtigen Zeder. Vögel aller Art nisten im Schatten ihrer Zweige. Dann werden alle Bäume des Feldes erkennen, daß ich der Herr bin. Ich mache den hohen Baum niedrig, und den niedrigen erhöhe ich. Ich lasse den grünenden Baum verdorren und den verdorrten erblühen. Ich, der Herr, habe gesprochen, und ich führe es aus.

Resp
IV/5

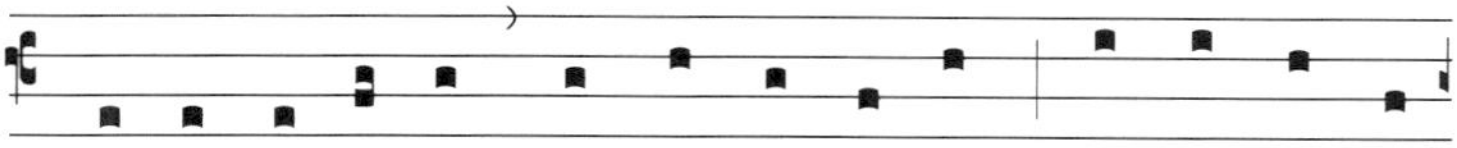

A - ve, Ma- ri- a, der Herr ist mit dir: * du bist voll der

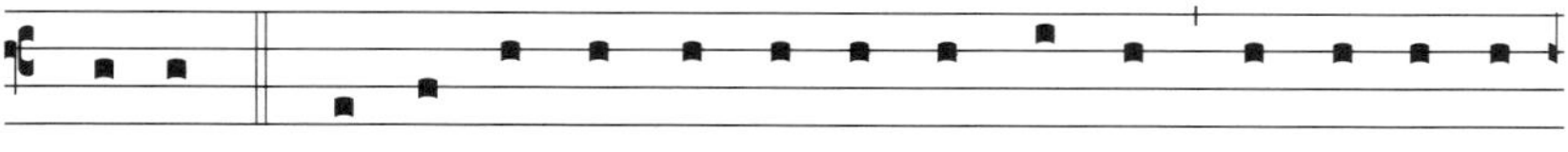

Gna-de! ℣. Ge- segnet bist du un-ter den Frau-en, und ge-segnet

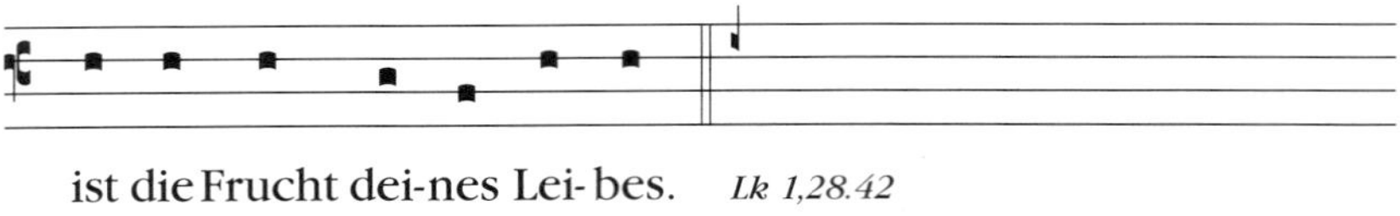

Lk 1,28.42

Hymnus

II

DU GROSSE Herrin, schönste Frau,
hoch über Sternen steht dein Thron!
Du trugst den Schöpfer, der dich schuf,
und nährtest ihn an deiner Brust.

Was Eva einst verloren sah,
gibst du im Sohne reich zurück.
Der Himmel öffnet sich in dir:
zur Heimkehr steht der Weg uns frei.

Du Pforte für den Königssohn,
des neuen Lichtes helles Tor,
in dir grüßt jauchzend alle Welt
das Leben, das du ihr geschenkt.

Herr Jesus, dir sei Ruhm und Preis,
Gott, den die Jungfrau uns gebar,
Lob auch dem Vater und dem Geist
durch alle Zeit und Ewigkeit. Amen.

℣. Selig bist du, Jungfrau Maria.
℟. Du hast getragen den Schöpfer der Welt.

APOSTELFESTE

VIGIL

Invitatorium

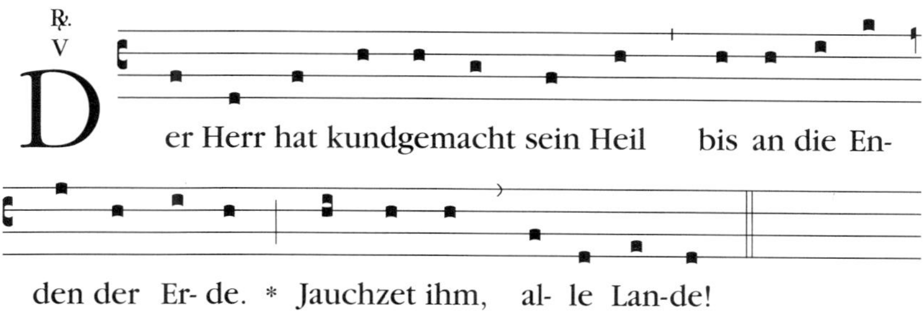

Psalm 98

SINGET dem HERRN ein neues Lied,
denn er vollbrachte wunderbare Taten!
Heil geschaffen hat ihm seine Rechte,
die Kraft seines heiligen Armes.

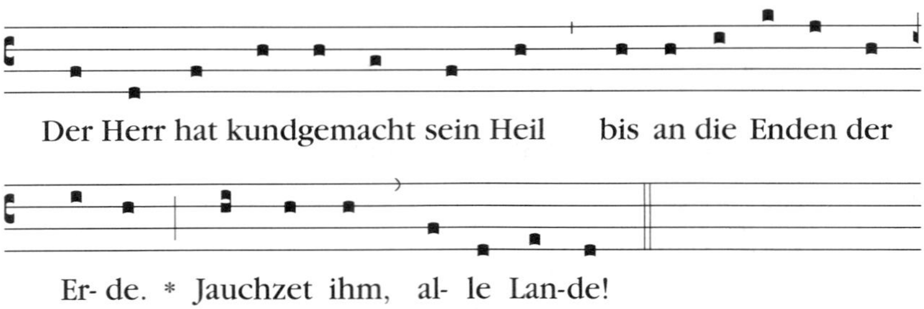

Der HERR hat kundgemacht sein Heil,
sein gerechtes Walten enthüllt vor den Augen der Völker.
Er gedachte seiner Huld
und seiner Treue zum Hause Israel.
Alle Enden der Erde
schauen das Heil unseres Gottes.

JAUCHZET IHM, ALLE LANDE!

Jauchzet dem HERRN, alle Lande,
freut euch, jubelt und spielet!
Spielt dem HERRN auf der Harfe,
auf der Harfe, mit lautem Saitenspiel!

DER HERR HAT KUNDGEMACHT SEIN HEIL BIS AN DIE ENDEN DER ERDE.
JAUCHZET IHM, ALLE LANDE!

Mit Trompeten und schallenden Hörnern
jauchzt vor dem HERRN, dem König.
Es brause das Meer und was es erfüllt,
der Erdkreis und die auf ihm wohnen.

JAUCHZET IHM, ALLE LANDE!

In die Hände klatschen sollen die Ströme,
die Berge sollen miteinander jubeln
vor dem HERRN, denn er kommt,
er kommt, die Erde zu richten.
Er richtet den Erdkreis in Gerechtigkeit
und die Völker so, wie es recht ist.

DER HERR HAT KUNDGEMACHT SEIN HEIL BIS AN DIE ENDEN DER ERDE.
JAUCHZET IHM, ALLE LANDE!

Ehre sei dem Vater und dem Sohne
und dem Heiligen Geiste.
Wie im Anfang, so auch jetzt und immer
und für ewige Zeiten. Amen.

JAUCHZET IHM, ALLE LANDE!

Hymnus

IV

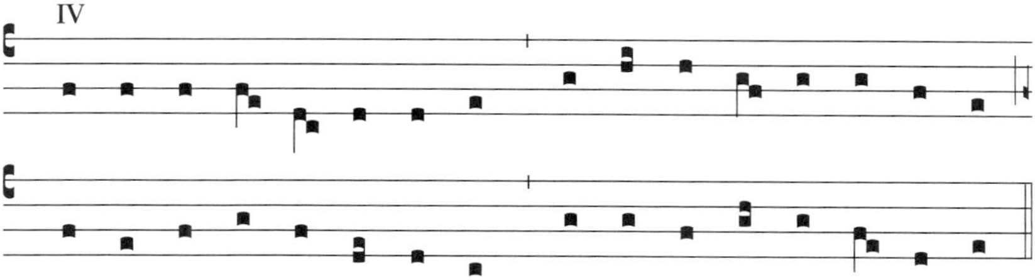

DER Himmel bricht in Jubel aus,
in Freude jauchzt die ganze Welt:
der heiligen Apostel Ruhm
erschallt in Liedern und Gesang.

Gerechte Richter dieser Zeit
und wahre Leuchten für die Welt,
ihr ersten Zeugen unsres Heils,
vernehmt, was unser Lied erfleht.

Der Herr gab euch Gewalt und Amt,
ihr bindet und ihr löst die Schuld;
so löst auch uns, wir bitten euch,
die Schuld, in die wir uns verstrickt,

daß, wenn am Ende dieser Zeit
der Herr als Richter wiederkommt,
er uns in Gnaden Anteil gibt
an seiner Freude Ewigkeit.

Gott Vater, dir sei Preis und Ruhm
und deinem eingebornen Sohn,
dem Beistand auch, dem Heil'gen Geist,
durch alle Zeit und Ewigkeit. Amen.

In der Osterzeit

Hymnus

IV

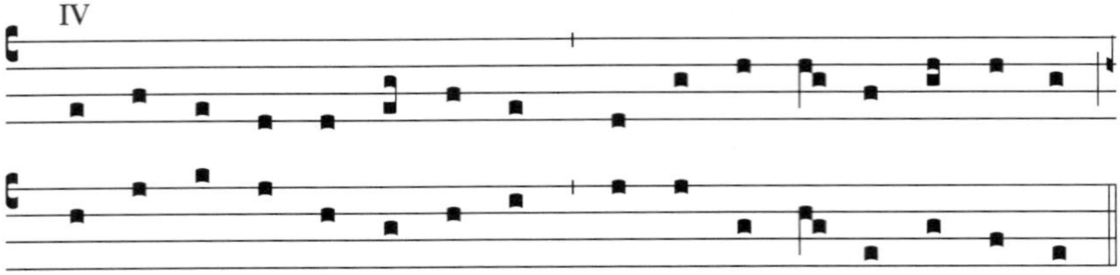

VOLL Trauer war der Jünger Schar,
vom Mord an ihrem Herrn verstört,
versprengt wie Schafe, deren Hirt
der Räuber Hand zum Opfer fiel.

Indes verheißt den Frauen schon
der Engel tröstend, was geschehn:
Der tot am Kreuze hing – er lebt!
Vom Grab erstanden ist der Herr.

Den Jüngern wird die Botschaft kund,
nach Galiläa eilen sie.
In neuer, herrlicher Gestalt
schaun sie das Antlitz ihres Herrn.

Dem Herrn sei Preis und Herrlichkeit,
der aus dem Grabe auferstand,
dem Vater und dem Geist zugleich
durch alle Zeit und Ewigkeit. Amen.

Erste Nokturn

Ant 1
VI

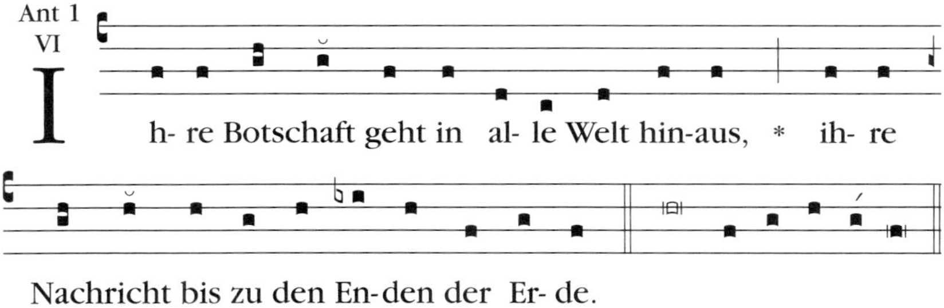

Psalm 19

DIE Himmel erzählen die Herrlichkeit Gottes, *
das Firmament verkündet das Werk seiner Hände.
Ein Tag sagt es jubelnd dem andern, *
eine Nacht übergibt der andern die Kunde.
Nicht sind es Worte, nicht sind es Reden, *
deren Stimme man nicht vernähme.
Ihre Botschaft ging in alle Welt hinaus, *
ihre Nachricht bis zu den Enden der Erde.
Dort hat er der Sonne ein Zelt bestimmt: /
wie der Bräutigam aus seinem Gemach tritt sie hervor, *
sie freut sich wie ein Held, die Bahn zu laufen.
Am einen Ende des Himmels geht sie hervor, /
durchläuft den Kreis bis ans andere Ende. *
Nichts kann vor ihrer Glut sich bergen.

Die Weisung des HERRN ist vollkommen, *
sie erquickt die Seele.
Das Zeugnis des HERRN ist verläßlich, *
den Unwissenden macht es weise.
Die Befehle des HERRN sind gerade, *
das Herz erfüllen sie mit Freude.
Das Gebot des HERRN ist lauter, *
es erleuchtet die Augen.
Die Furcht des HERRN ist rein, *
sie besteht für ewig.
Die Entscheide des HERRN sind wahr, *
gerecht sind sie alle.
Kostbarer sind sie als Gold, als Feingold in Menge, *
süßer sind sie als Honig und Seim aus den Waben.
Auch dein Knecht läßt sich durch sie erleuchten. *
Reich ist belohnt, wer sie beachtet.
Wer wird all seiner Fehler gewahr? *
Sprich mich frei von verborgenen Sünden!
Auch vor Vermessenen behüte deinen Knecht, *
sie sollen nicht über mich herrschen.
Dann werde ich vollkommen sein: *
frei von schwerer Verfehlung.

Die Worte meines Mundes mögen dir gefallen, /
das Sinnen meines Herzens stehe dir vor Augen, *
HERR, mein Fels und mein Erlöser.

Ant 2
IV tr

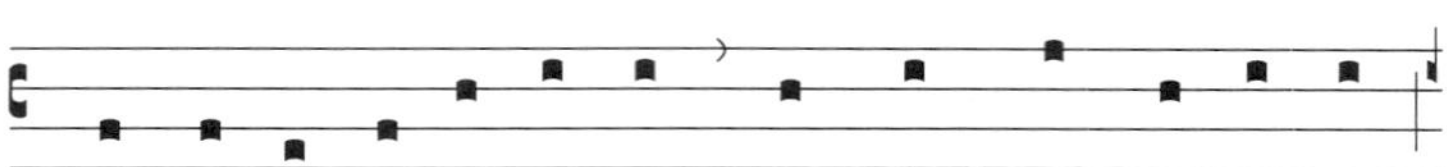

Von deiner Ge-rechtigkeit soll mein Mund er-zäh-len, *

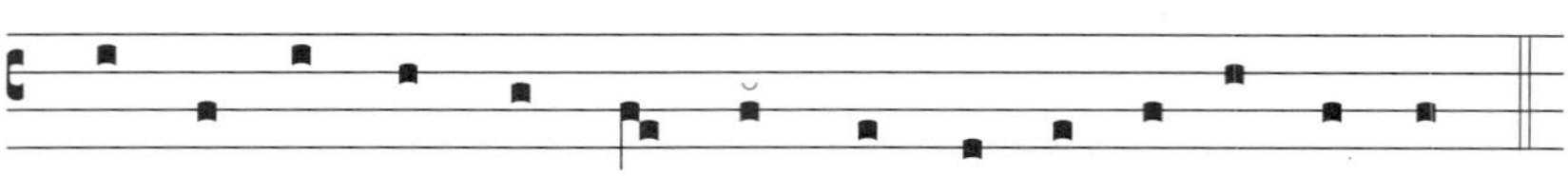

den kommenden Geschlechtern von dei-nen Ta- ten künden.

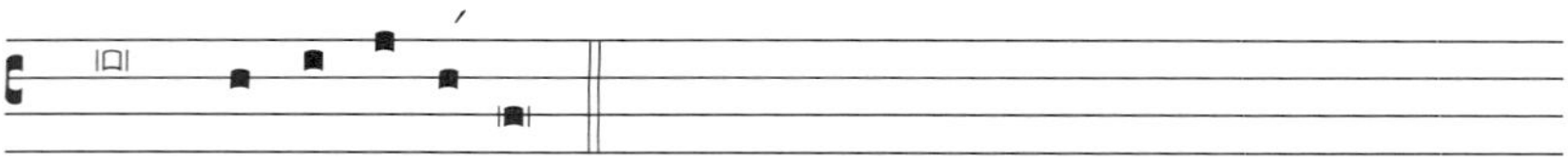

Psalm 71

BEI dir, o HERR, suche ich Zuflucht, *
laß mich nicht zuschanden werden in Ewigkeit!
In deiner Gerechtigkeit reiß mich heraus und befreie mich, *
neige dein Ohr mir zu und rette mich.
Sei mir ein bergender Felsen, *
zu dem ich allzeit kommen darf.
Du hast entschieden, mich zu retten, *
du bist ja mein Fels und meine Feste.
Mein Gott, befreie mich aus der Hand des Frevlers, *
aus der Faust des Schurken und Bedrückers!

Du bist ja meine Hoffnung, o Herr, *
HERR, meine Zuversicht von Jugend auf.
Vom Mutterschoß an stütz ich mich auf dich, /
vom Mutterleibe an bist du mein Helfer. *
Allezeit gilt dir mein Lobpreis.
Für viele ward ich zum Zeichen, *
denn du bist meine starke Zuflucht.
Mein Mund ist erfüllt von deinem Lobpreis, *
den ganzen Tag ist er voll deines Ruhmes.

Verwirf mich nicht im Alter, *
verlaß mich nicht, wenn meine Kräfte schwinden!
Denn meine Feinde reden gegen mich, *
die mich belauern, beraten sich gemeinsam,
sie sagen: „Gott hat ihn verlassen! /
Verfolgt und ergreift ihn! *
Es gibt für ihn keinen Retter."
O Gott, bleib doch nicht fern von mir! *
Mein Gott, eile mir zu Hilfe!
Es sollen in Schande vergehen *
alle, die mich befehden!
In Schmach und Schimpf sollen sich kleiden, *
die mein Unglück suchen!
Doch ich, ich will allezeit hoffen, *
all deinen Lobpreis noch mehren.

Mein Mund soll erzählen von deiner Gerechtigkeit, /
den ganzen Tag von deiner rettenden Hilfe. *
Ich kann sie nicht ermessen.
Ich komme, die machtvollen Taten des Herrn zu preisen, *
an deine Gerechtigkeit allein, o HERR, will ich erinnern.
O Gott, du hast mich gelehrt von Jugend auf, *
und bis heute darf ich von deinen Wundern künden.

Auch wenn ich alt und grau bin, *
o Gott, verlaß mich nicht,
damit ich diesem Geschlecht künde von deinem Arm, /
allen kommenden von deiner Großtat, *
von deiner Gerechtigkeit, o Gott, die bis zum Himmel reicht.
Der du Großes vollbracht hast, *
wer ist wie du, o Gott?
Viel Not und Unheil ließest du mich schauen. /
Du wirst mich neu beleben, *
du führst mich wieder herauf aus den Tiefen der Erde!
Bring mich wieder zu Ehre und Ansehn! *
Wende dich her und tröste mich.

Dann will auch ich dir danken mit Saitenspiel *
und deine Treue preisen,
mein Gott, du Heiliger Israels, *
auf der Harfe will ich dir spielen.
Ja, ich will dir singen und spielen, /
jubeln sollen meine Lippen *
und meine Seele, die du erlöst hast.
Den ganzen Tag
soll meine Zunge von deiner Gerechtigkeit murmeln: *
sind doch zuschanden und beschämt, die mein Unglück suchten.

Ant 3
V

E r- zäh-len will ich dei- ne Wunder * und frohlocken

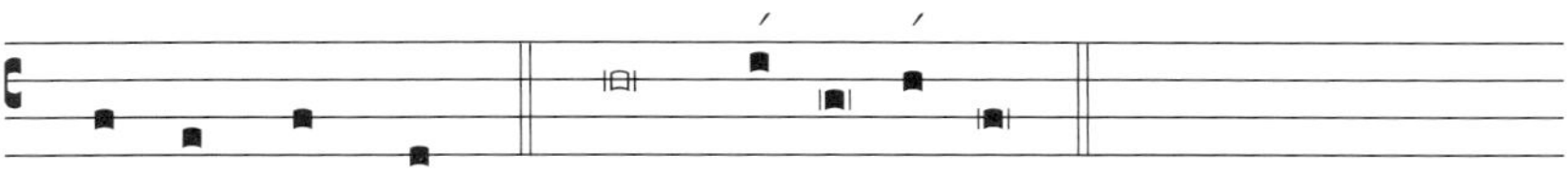

Psalm 9 ( )

ICH will danken, HERR, aus ganzem Herzen, *
erzählen will ich all deine Wunder.
Ich will mich deiner freuen und jauchzen, *
deinem Namen, o Höchster, will ich spielen.
Denn zurückgewichen sind meine Feinde, *
sie straucheln und werden vor deinem Antlitz zunichte.
Ja, du hast mir Recht verschafft und für mich entschieden, *
du hast dich auf den Thron gesetzt, gerechter Richter.

Du hast den Völkern gẹdroht, /
den Frevler vernichtet, *
hast ihren Namen ausgelöscht für immer und ewig.
Der Feind ist dahin, zertrümmert für immer. *
Du hast Städte entvölkert, ihr Andenken wurde zunichte.

Doch siehe, der HERR thront auf ewig, *
zum Gericht stellt er seinen Thron auf.
Er selber richtet den Erdkreis gerecht, *
er spricht den Völkern nach Gebühr das Urteil.
So wird der HERR für den Bedrückten zur Burg, *
zur Burg in Zeiten der Drangsal.
Darum vertraut auf dich, wer deinen Namen kennt: *
Du, HERR, hast keinen, der dich sucht, je verlassen.

Spielt dem HERRN, der thront auf dem Zion, *
verkündet unter den Völkern seine Taten!
Denn er, der Blutschuld ahndet, hat an die Armen gedacht, *
den Notschrei der Armen hat er nicht vergessen.

Sei mir gnädig, ọ HERR! /
Sieh doch mein Elend, wie sie mich hassen, *
du, der mich emporhebt aus den Pforten des Todes.

Damit ich erzähle von all deinem Ruhm *
und in den Toren der Tochter Zion über dein Heil frohlocke. ()

℣. Sie verkündeten die Gerechtigkeit des Herrn.
℟. Und alle Völker schauten seine Herrlichkeit.

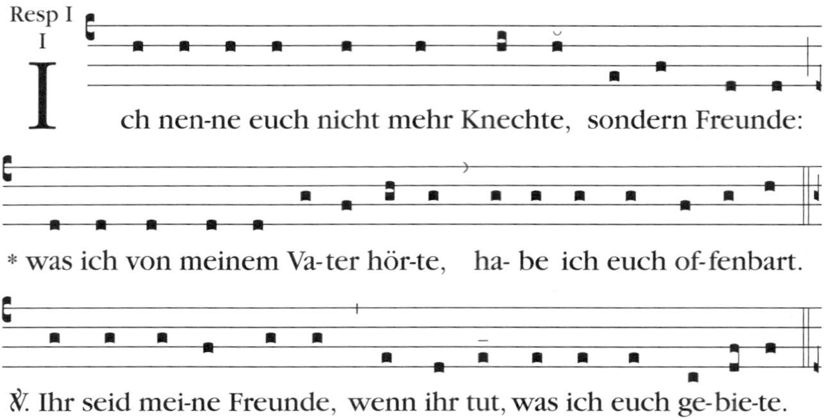

Joh 15,14f

Joh 15,16; 20,21

Zweite Nokturn

Ant 1
VIII

Psalm 66

JAUCHZET Gott zu, alle Landẹ, /
spielt zum Ruhm seines Namens, *
verherrlicht ihn mit Lobpreis!
Saget zụ Gott: /
„Wie furchtgebietend bist du in deinen Werken! *
Ob deiner gewaltigen Macht schmeicheln dir deine Feinde.
Die ganze Erde betet dich án und singt dir, *
sie singt deinem Namen!“

Kommt und schaut die Taten Gottes! *
Furchtgebietend ist er in seinem Tun an den Menschen.
Er machte das Meer zu trockenẹm Land, /
sie zogen zu Fuß durch den Strom. *
Dort waren wir über ihn voll Freude.
In seiner Kraft ist er Herrscher auf ewịg, /
seine Augen wachen über die Völker, *
damit kein Empörer sich gegen ihn auflehnt.

Ihr Völker, preist unsern Gott, *
laßt laut seinen Lobpreis erschallen.
Er erhielt uns am Leben, *
ließ unsern Fuß nicht wanken:
O Gott, du hast uns geprüft, *
hast uns geläutert, wie man Silber läutert,
du brachtest uns in ein Fangnetz, *
legtest uns drückende Last auf den Rücken,

du ließest Menschen treten auf unser Haupt, /
wir gingen durch Feuer und Wasser. *
Aber du hast uns herausgeführt, hin zur Fülle.

Nun komme ich mit Opfern in dein Haus, *
erfülle dir meine Gelübde,
was meine Lippen dir versprachen, *
was in der Not mein Mund gelobte:
Fette Schafe bringe ich dir als Brandopfer dar /
zusammen mit dem Rauch von Widdern, *
ich bereite dir Rinder und Böcke.

Die ihr Gott fürchtet, kommt alle und hört, *
ich will erzählen, was er mir getan hat:
Mit meinem Mund habe ich zu ihm gerufen, *
da lag mir schon der Lobpreis auf der Zunge.
Hätt' ich es abgesehn auf Böses, *
würde der Herr nicht hören.
Aber Gott hat gehört, *
er hat geachtet auf mein lautes Beten.

Gepriesen sei Gott! /
Denn er wies mein Gebet nicht zurück, *
er hat mir seine Liebe nicht entzogen.

Psalm 105 ( )

DANKET dem HERRN! Ruft seinen Namen aus! *
Macht unter den Völkern seine Taten bekannt!

Singt ihm und spielt ihm! *
Sinnt nach über all seine Wunder!
Rühmt euch seines heiligen Namens! *
Die den HERRN suchen, sollen von Herzen sich freuen.
Fragt nach dem HERRN und seiner Macht, *
sucht sein Antlitz allezeit.
Denkt an die Wunder, die er getan hat, *
an seine Machterweise und an die Beschlüsse aus seinem Mund.
Ihr Nachkommen seines Knechtes Abraham, *
ihr Kinder Jakobs, ihr seine Erwählten.

Er, der HERR, ist unser Gott! *
Auf der ganzen Erde gelten seine Beschlüsse.
Auf ewig denkt er an seinen Bund, *
an das Wort, das er für tausend Geschlechter entboten,
an den Bund, den er mit Abraham geschlossen, *
an seinen Eid, den er Isaak geschworen.
Er bestimmte ihn als Satzung für Jakob, *
als ewigen Bund für Israel,
indem er sprach: „Dir will ich Kanaan geben *
als den euch zugemessenen Erbteil."
Als sie noch gering waren an Zahl, *
nur wenige und nur zu Gast im Lande,
und noch hin und her zogen von Volk zu Volk, *
von einem Reich zum andern,
da gestattete er niemand, sie zu bedrücken, *
wies ihretwegen Könige zurecht:
„Tastet meine Gesalbten nicht an, *
tut meinen Propheten nichts zuleide!"

Dann aber rief er über das Land den Hunger aus, *
entzog ihnen allen Vorrat an Brot.
Doch hatte er ihnen einen Mann vorausgesandt: *
Josef wurde als Sklave verkauft.
Man zwängte seine Füße in Fesseln, *
sein Hals kam ins Eisen,
bis zu der Zeit, da sein Wort sich erfüllte *
und der Spruch des HERRN ihm recht gab.

Er sandte einen König, der ließ ihn frei, *
einen Herrscher der Völker, der ließ ihn heraus.
Er bestellte ihn zum Herrn über sein Haus, *
zum Herrscher über seine ganze Habe,
damit er an sich binde seine Fürsten *
und Weisheit lehre seine Ältesten.

Und Israel kam nach Ägypten, *
Jakob wurde Gast im Lande Hams.
Da mehrte Gott sein Volk gewaltig, *
er machte es stärker als seine Bedränger.
Er wandelte deren Sinn zum Haß gegen sein Volk, *
Arglist zu üben an seinen Knechten.
Dann sandte er Mose, seinen Knecht, *
und Aaron, den er sich erwählte;
sie wirkten unter ihnen seine angesagten Zeichen, *
seine Machterweise im Lande Hams. ()

Er führte sein Volk heraus mit Silber und Gold; *
kein Strauchelnder fand sich in seinen Stämmen.
Ägypten freute sich bei ihrem Auszug, *
denn Schrecken vor ihnen hatte sie befallen.
Eine Wolke breitete er aus als Deckung *
und Feuer, zu erleuchten die Nacht.
Er forderte Wachteln an und ließ sie kommen *
und sättigte sie mit Brot vom Himmel.
Er öffnete den Felsen, da quollen Wasser, *
wie ein Strom flossen sie hin in der Wüste.

Denn er gedachte seines heiligen Wortes *
und seines Knechtes Abraham.
Er führte sein Volk heraus in Frohlocken, *
unter Jauchzen seine Erwählten.
Er gab ihnen die Länder der Völker, *
sie nahmen in Besitz, was die Völker mühsam erworben,
damit sie seine Satzungen hielten *
und seine Weisungen wahrten.

Ant 3
II

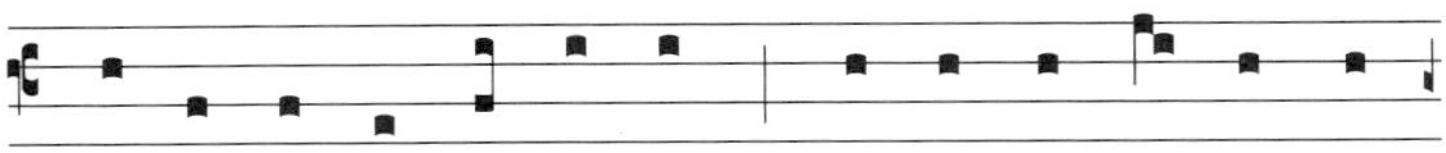

Du bist es, der Wunder tut. * Un- ter den Völ-kern ta-

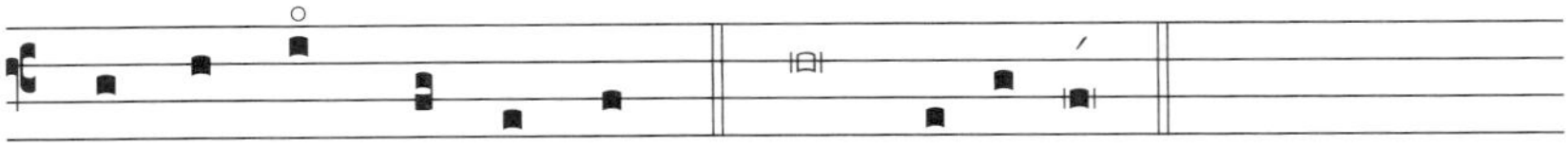

test du kund dei- ne Macht.

Psalm 77

ICH rufe zu Gott, ich schreie, *
ich rufe zu Gott, daß er mich höre.
Am Tag meiner Not suche ich den Herrn, /
des Nachts ist meine Hand unermüdlich ausgestreckt, *
meine Seele läßt sich nicht trösten.
Denk ich an Gott, muß ich seufzen, *
sinne ich nach, so verzagt mein Geist.

Du hältst wach meine Augen. *
Ich bin verstört und kann nicht reden.
Ich denke nach über die Tage von einst, *
über urlängst vergangene Jahre.
Ich denke des Nachts an mein Saitenspiel, /
ich sinne nach in meinem Herzen, *
es grübelt mein Geist.
Wird der Herr denn auf ewig verstoßen *
und niemals mehr erweisen seine Gunst?
Hat seine Liebe für immer ein Ende? *
Ist es aus mit seinem Wort für alle Geschlechter?
Hat Gott vergessen, daß er gnädig ist? *
Hat er im Zorn sein Erbarmen verschlossen?

Ich sage: „Das ist mein Schmerz, *
daß so anders wurde das Handeln des Höchsten."
Ich denke an die Taten des HERRN, *
gedenken will ich deiner einstigen Wunder!

Ich erwäge all deine Werke, *
und über deine Taten sinne ich nach.

O Gott, im Heiligen verläuft dein Weg. *
Welche Gottheit ist so groß wie Gott?
Du bist die Gottheit, die Wunder tut, *
unter den Völkern tatest du kund deine Macht.
Du hast mit deinem Arm dein Volk erlöst, *
die Kinder Jakobs und Josefs.

Dich sahen die Wasser, o Gott, /
dich sahen die Wasser und bebten; *
selbst die Urtiefen tobten.
Es gossen Wasser die Wolken, /
dröhnend erhob das Gewölk seine Stimme; *
auch deine Pfeile schwirrten umher.
Dröhnend rollte dein Donner, /
Blitze erhellten den Erdkreis, *
die Erde wankte und schwankte.
Durch das Meer ging dein Weg, /
dein Pfad durch gewaltige Wasser; *
doch deine Spuren wurden nicht erkannt.
Du führtest dein Volk wie eine Herde *
durch die Hand von Mose und Aaron.

℣. Der Herr ist unser Gott.
℟. Was er beschließt, gilt der ganzen Erde.

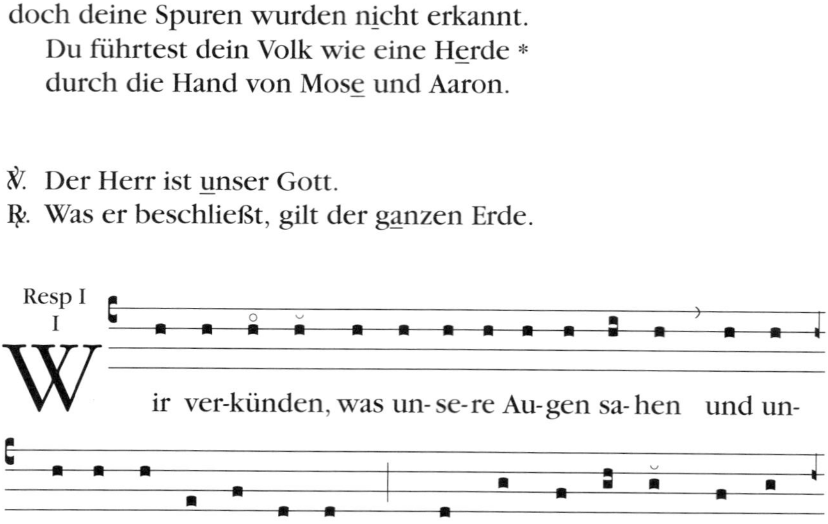

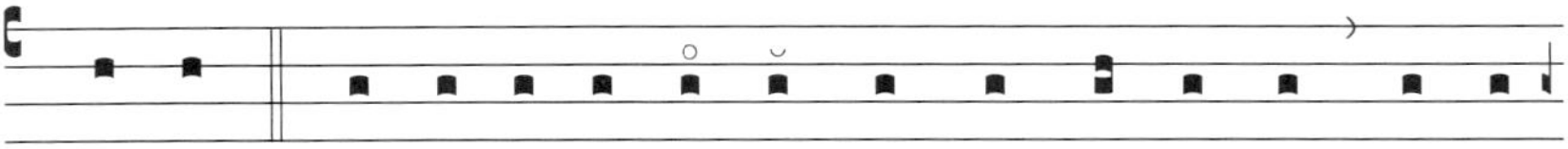

hör-ten. ℣. Das e- wi- ge Le- ben, das beim Va- ter war, hat sich

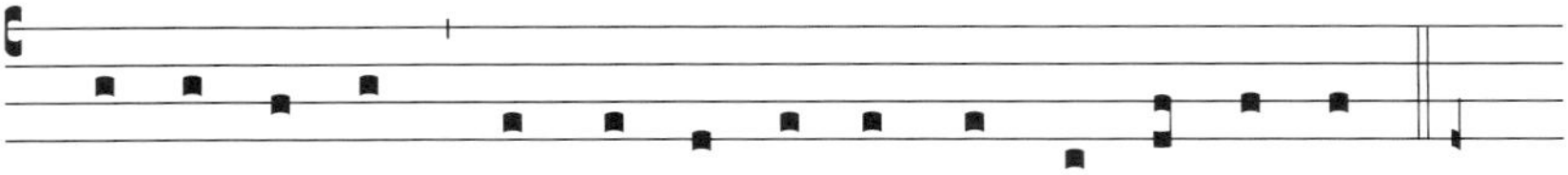

uns of- fen-bart, und wir be-zeugen und ver-künden es. *1 Joh 1,1f*

Resp II
I

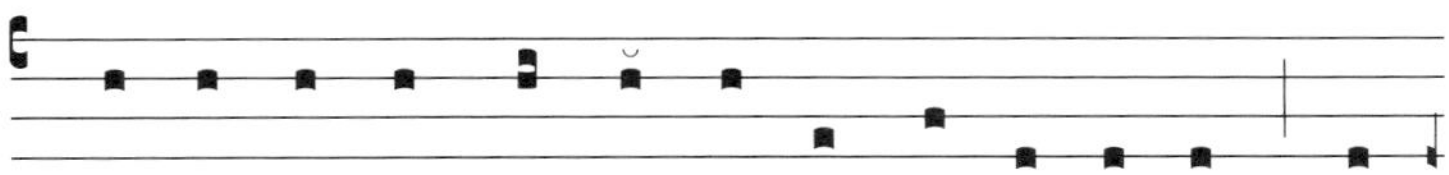

W ir ver-kün-den Christus als den Gekreu-zig-ten; * das

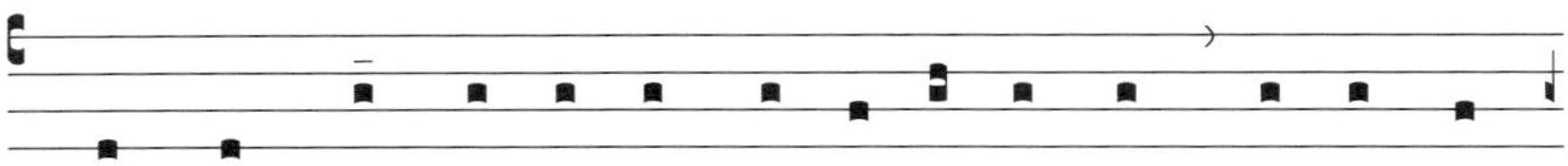

Wort vom Kreuz ist de-nen, die be- ru- fen sind, Got-tes Kraft

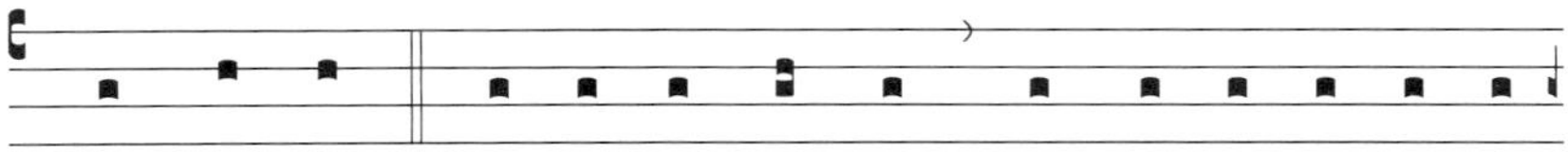

und Weisheit. ℣. Ich bin entschlossen, nichts zu kennen au-ßer

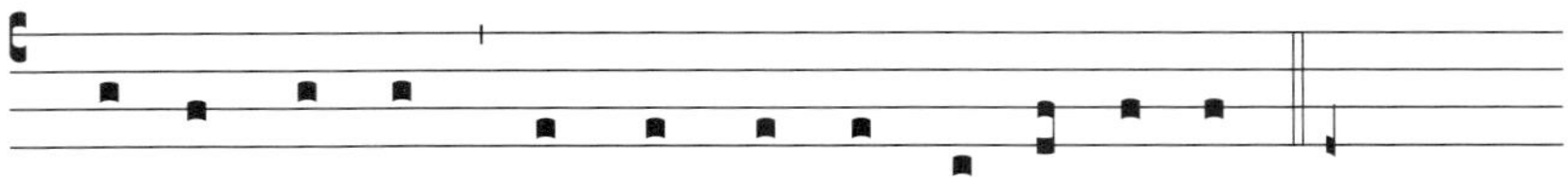

Je- sus Christus, und zwar als den Gekreu-zig-ten.

1 Kor 1,18.23; 2,2

Dritte Nokturn

Für die Dritte Nokturn stehen zwei Cantica zur Wahl; man singt entweder Jes 42 oder Jes 56.

Ant
IV

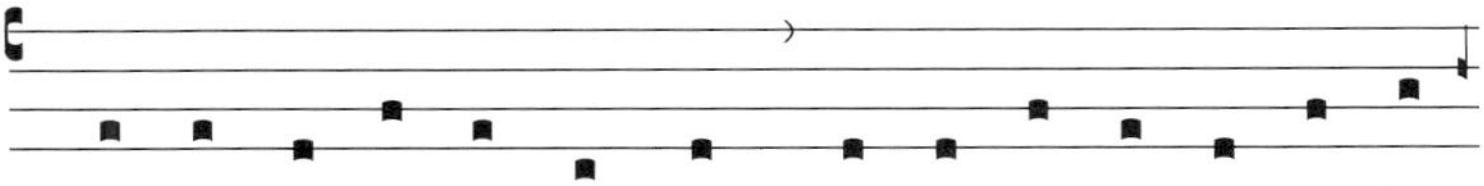

I hr auf den In-seln im Meer, * an den äu-ßersten En-den

Jes 24,15f

Jesaja 42,10-16

SINGET dem HERRN ein neues Lied, *
singt seinen Ruhm bis ans Ende der Erde!
Es jauchze das Meer und alles, was es erfüllt, *
die Inseln und ihre Bewohner.
Die Wüste und ihre Städte sollen die Stimme erheben, *
die Dörfer, wo Kedar sich aufhält.
Die Bewohner von Sela sollen frohlocken *
und jubeln auf den Gipfeln der Berge.
Sie sollen die Herrlichkeit des HERRN verkünden, *
seinen Ruhm auf den Inseln verbreiten.

Der HERR zieht aus wie ein Held, *
einem Krieger gleich entfacht er seinen Eifer.
Er erhebt den Schlachtruf und schreit, *
er zeigt sich als Held gegen seine Feinde.
„Ich habe lange geschwiegen. *
Soll ich weiterhin an mich halten und still sein?
Wie eine Gebärende will ich nun schreien, *
ich schnaube und schnaufe.
Berge und Hügel dörre ich aus *
und lasse ihr Gras völlig vertrocknen.
Ströme mache ich zu festem Boden, *
Teiche lege ich trocken.
Ich führe Blinde auf Wegen, die sie nicht kennen, *
auf Pfaden, die sie nicht kennen, laß ich sie wandern.
Die Finsternis vor ihren Augen mache ich zu Licht, *
was krumm ist, mache ich gerade.

Das sind die Taten, die ich vollbringe. *
Nie mehr will ich von ihnen lassen.“

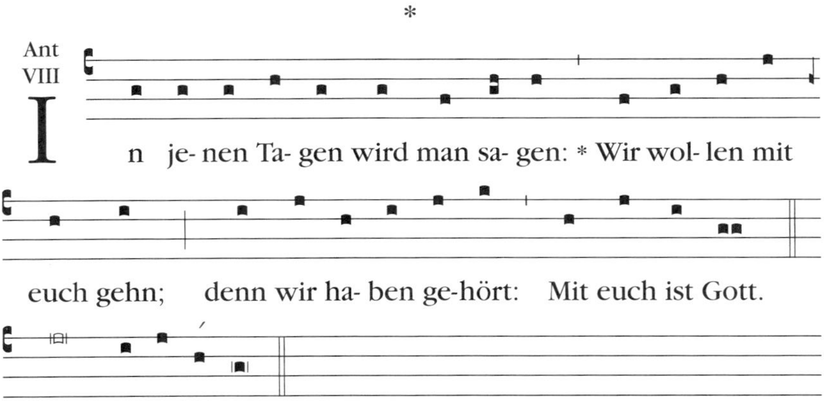

Sach 8,23

Jesaja 55,1-5

AUF, ihr Dürstenden! Kommt alle zum Wasser! *
Auch wer kein Geld hat, soll kommen.
Kauft Getreide und eßt, /
kommt und kauft ohne Geld, *
kauft Wein und Milch ohne Bezahlung!
Warum bezahlt ihr mit Geld, was nicht nährt, *
mit dem Lohn eurer Mühe, was euch nicht satt macht?
Hört doch auf mich, /
dann bekommt ihr das Beste zu essen, *
dann könnt ihr euch laben an fetten Speisen.
Neigt euer Ohr und kommt zu mir! *
Hört, dann werdet ihr leben!
Ich schließe mit euch einen ewigen Bund *
getreu der beständigen Huld, die ich David erwiesen.
Seht doch: Ich machte ihn zum Zeugen für die Völker, *
zum Fürsten und Gebieter der Nationen.
Auch du wirst Völker rufen, die du nicht kennst, *
Völker, die dich nicht kennen, eilen her zu dir

um des HERRN, deines Gottes, willen, des Heiligen Israels, *
denn er machte dich herrlich.

℣. Wir erzählen die Ruhmestaten des Herrn.
℟. Die Wunder, die er getan hat.

Resp I
I

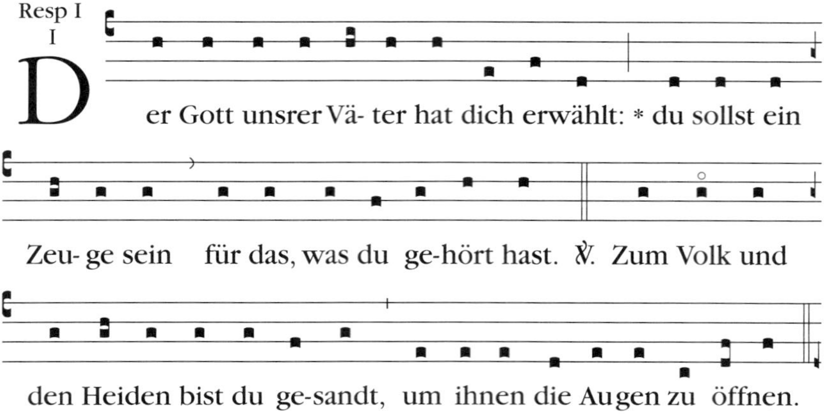

Apg 22,14f.17f

Resp II
I

cf. Röm 10,17; Gal 3,2

LAUDES

Ant 1
VIII

2 Kor 5,18f

Psalm 99

DER HERR ist König: es zittern die Völker! *
Er thront auf den Kerubim: es wankt die Erde!
Groß ist der HERR auf Zion, *
erhaben ist er über alle Völker.
Preisen sollen sie deinen großen und furchtbaren Namen: *
Er ist heilig!

Starker König, der das Recht liebt: /
Du bist es, der die Ordnung begründet, *
du hast Recht und Gerechtigkeit in Jakob geschaffen.
Erhebt den HERRN, unsern Gott! /
Werft euch nieder am Schemel seiner Füße: *
Er ist heilig!

Mose und Aaron sind unter seinen Priestern, /
Samuel ist unter denen, die seinen Namen rufen. *
Sie riefen zum HERRN, – er selbst gab ihnen Antwort.
Aus der Wolkensäule sprach er zu ihnen. /
Sie hielten seine Gebote, *
die Satzung, die er ihnen gegeben.

O HERR, unser Gott, du selbst gabst ihnen Antwort. /
Du warst für sie ein Gott, der erträgt: *
die Frevel an ihnen hast du geahndet.
Erhebt den HERRN, unsern Gott! /
Werft euch nieder an seinem heiligen Berge! *
Denn der HERR, unser Gott, ist heilig!

Ant 2
II

Wir mü-hen uns ab und kämpfen, * denn unsre Hoffnung ist der le-ben-di- ge Gott. *1 Tim 4,10*

Psalm 56

SEI mir gnädig, o Gott, denn Menschen stellen mir nach; *
sie bedrängen mich feindlich Tag für Tag.
Tag für Tag stellen die Gegner mir nach; *
ja, viele sind es, o Höchster, die mich bekämpfen.
Am Tag, da ich mich fürchten muß, *
setze ich auf dich mein Vertrauen.
Auf Gott, dessen Wort ich preise, /
auf Gott vertraue ich, – ich fürchte mich nicht. *
Was können Menschen mir antun?

Jeden Tag verdrehn sie meine Worte, *
ihr ganzes Sinnen geht auf mein Verderben.
Sie lauern und spähen, /
sie achten genau auf meine Schritte, *
denn sie trachten mir nach dem Leben.
Sollen sie trotz ihres Frevels entrinnen? *
Stürze die Völker, o Gott, in deinem Zorn!
Die Wege meines Elends, du hast sie gezählt. /
In deinem Schlauch sind meine Tränen verwahrt. *
Stehen sie nicht in deinem Buch?

Da weichen die Feinde zurück am Tag, da ich rufe. *
Ich habe erkannt: Mir steht Gott zur Seite.
Auf Gott, dessen Wort ich preisẹ, /
auf Gott vertraue ich, - ich fürchte mich nicht. *
Was können Menschen mir antun?

Ich schulde dir, o Gott, was ich gelobte, *
Dankopfer will ich dir entrichten.
Denn du hast mein Leben dem Tod entrissẹn. /
Hast du nicht meinen Fuß vor dem Straucheln bewahrt? *
Ich wandle vor Gott im Lichte der Lebenden.

Ant 3
IV

2 Kor 1,5

Jesaja 43,1-13 ( )

ISRAEL, so spricht der HERR, der dich geschaffen hat, *
Jakob, so spricht, der dich gebildet:
„Fürchte dich nicht, denn ich habe dich erlöst, *
ich rief dich beim Namen, - mir gehörst du!
Wenn du durch Wasser schreitest - ich bin bei dir, *
durch Ströme - sie werden dich nicht überfluten.
Gehst du durch Feuer, wirst du nicht verbrennen, *
die Flamme wird dich nicht versengen.
Denn ich, der HERR, bin dein Gott, *
ich, der Heilige Israels, dein Retter.
Ägypten gebe ich für dich als Lösegeld, *
an deiner Stelle Kusch und Saba.
Ich gebe Länder für dich hin *
und Völker für dein Leben,

denn teuer bist du meinen Augen, /
mir wert, weil ich dich liebe. *
Fürchte dich nicht, denn ich bin bei dir.
Ich führe dein Geschlecht herbei vom Aufgang, *
vom Untergang will ich dich sammeln.
Zum Norden sage ich: 'Gib her!', *
und 'Halte nicht zurück!' zum Süden.
'Bring meine Söhne heim aus der Ferne *
und meine Töchter von den Enden der Erde,
sie alle, die nach meinem Namen genannt sind, *
die ich zu meiner Ehre geschaffen, geformt und gebildet.'

Man führe es vor, /
das Volk, das Augen hat und doch blind ist, *
das taub ist, obwohl es Ohren hat.
Alle Völker sind versammelt, *
zusammengetreten sind alle Stämme.
Wer unter ihnen kann solches vermelden, *
wer läßt uns vernehmen, was früher geschehen ist?
Sie mögen Zeugen stellen, daß man ihnen recht gibt, *
daß man sie höre und dann sage: 'Es ist richtig!'
Meine Zeugen seid ihr, *
ihr seid mein Knecht, den ich erwählte,
damit man zur Einsicht komme und mir glaube, *
damit man erkenne: Ich bin es!
Vor mir ward nie ein Gott gebildet, *
noch wird es nach mir einen geben.
Ich, ich allein bin der HERR, *
außer mir ist kein Retter.
Ich habe Heil verkündet und ich habe es geschaffen, /
ich ließ es euch hören: *
Ihr seid meine Zeugen.
Ich allein bin Gott, *
und auch künftig bin ich derselbe.
Niemand kann aus meiner Hand entreißen. *
Ich handle – wer könnte es wenden?"

Ant 4
VIII

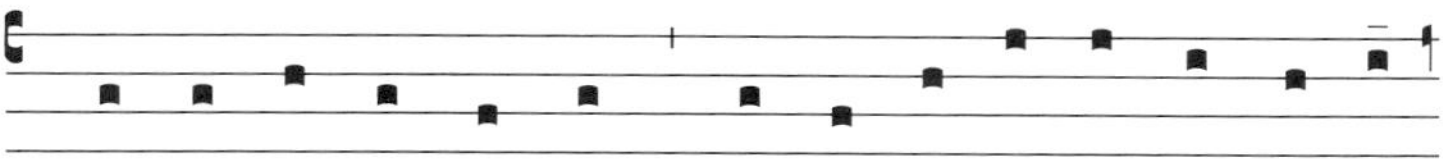

Was von An-fang an war, * was wir ge-se-hen und ge-hört

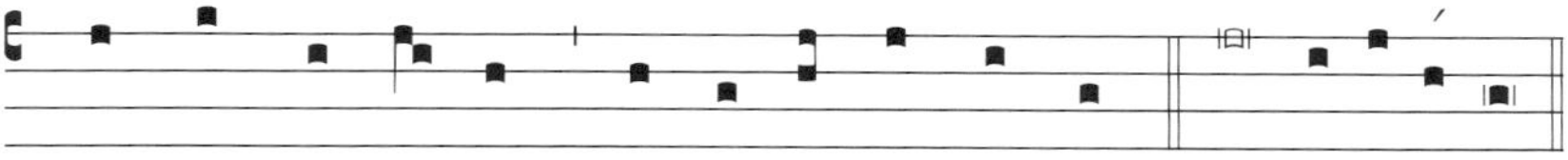

vom Wort des Le-bens, das verkünden wir euch. *1 Joh 1,1*

Psalm 150

LOBT Gott in seinem Heiligtum, *
lobt ihn in seiner mächtigen Feste!
Lobt ihn ob seiner gewaltigen Taten, *
lobt ihn in der Fülle seiner Hoheit!
Lobt ihn mit dem Schall der Posaunen, *
lobt ihn mit Harfe und Leier!
Lobt ihn mit Pauke und Reigen, *
lobt ihn mit Flöten und Saitenspiel!
Lobt ihn mit hellen Zimbeln, /
lobt ihn mit schmetternden Zimbeln! *
Alles, was Atem hat, lobe den HERREN!

Kurzlesung I *2 Kor 6,4-7*

Wir erweisen uns in jeder Hinsicht als Diener Gottes: durch große Geduld, in Bedrängnis, in Not, in Angst, unter Schlägen, in Kerkerhaft, in Zeiten der Unruhe, unter der Last der Arbeit, in durchwachten Nächten, durch Fasten, durch lautere Gesinnung, durch Verständnis, durch Langmut, durch Güte, im Heiligen Geist, durch ungeheuchelte Liebe, durch das Wort der Wahrheit, in der Kraft Gottes, mit den Waffen der Gerechtigkeit in der Rechten und in der Linken.

Resp
IV/1

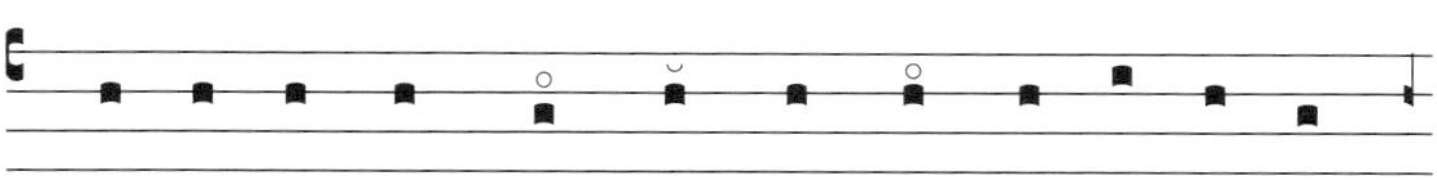

Wir wurden zum Schauspiel für Welt und Engel und

Menschen: * um Christi wil- len sind wir To- ren. ℣. Verwie-sen

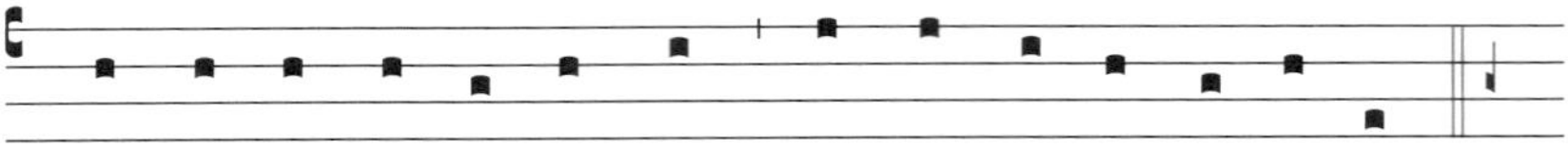

sind wir auf den letzten Platz, wie zum To- de ver- ur-teilt.

1 Kor 4,9f

Kurzlesung II *2 Kor 5,18-21*

Alles kommt von Gott, der uns durch Christus mit sich versöhnt und uns den Dienst der Versöhnung aufgetragen hat. Ja, Gott war es, der in Christus die Welt mit sich versöhnt hat, indem er den Menschen ihre Verfehlungen nicht anrechnete und uns das Wort von der Versöhnung anvertraute. Wir sind also Gesandte an Christi Statt, und Gott ist es, der durch uns mahnt. Wir bitten an Christi Statt: Laßt euch mit Gott versöhnen! Er hat den, der keine Sünde kannte, für uns zur Sünde gemacht, damit wir in ihm Gerechtigkeit Gottes würden.

Resp
IV/1

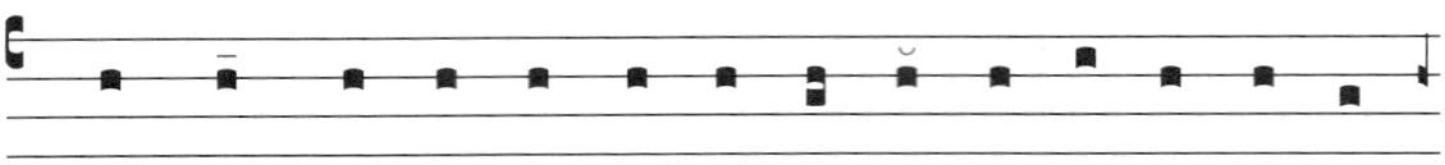

Mit Macht be-zeugten die A- po- stel die Auf-er- stehung

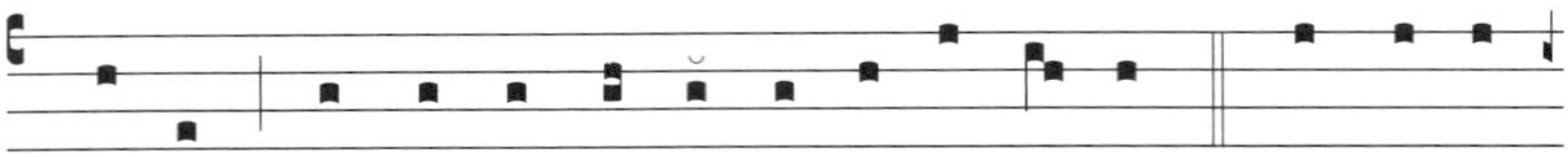

Je- su, * und reiche Gna-de ruh-te auf ih-nen. ℣. Vom Geiste

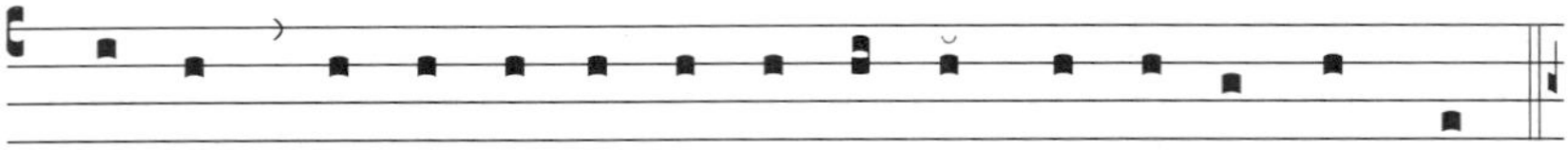

er- füllt, ver-kün-de-ten sie mit Freimut die Ta- ten des Herrn.

Apg 4,33.31

Für einen Evangelisten

Kurzlesung *1 Kor 15,1-4()*

Ich erinnere euch an das Evangelium, das ich euch verkündet habe. Ihr habt es angenommen; es ist der Grund, auf dem ihr steht. Durch dieses Evangelium werdet ihr gerettet. Vor allem habe ich euch überliefert, was auch ich empfangen habe: Christus ist für unsere Sünden gestorben, gemäß der Schrift, und ist begraben worden. Er ist am dritten Tag auferweckt worden, gemäß der Schrift.

Resp IV/1

In Got-tes Dienst hat sein Bo-te Er-folg, * durch sei-ne

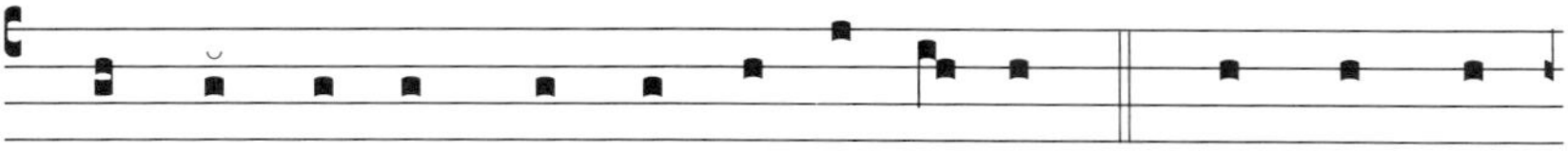

Botschaft vollzieht der Herr sei-nen Wil-len. ℣. Ein schlechter

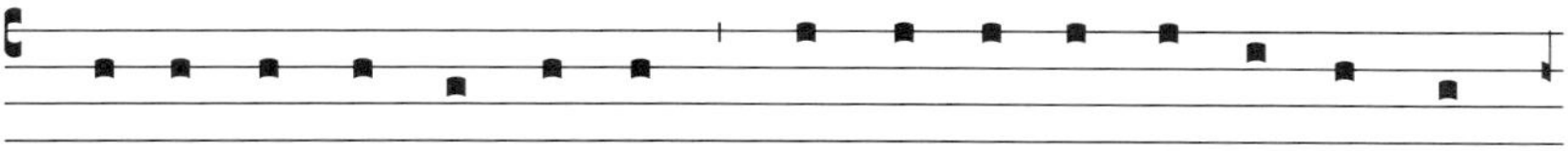

Bo-te richtet Un-heil an, ein ver-läß-li-cher Bo-te bringt

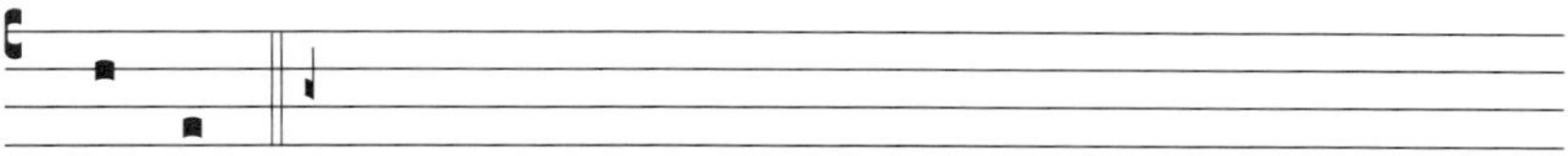

Hei-lung. *Sir 43,26; 13,17*

Hymnus

I

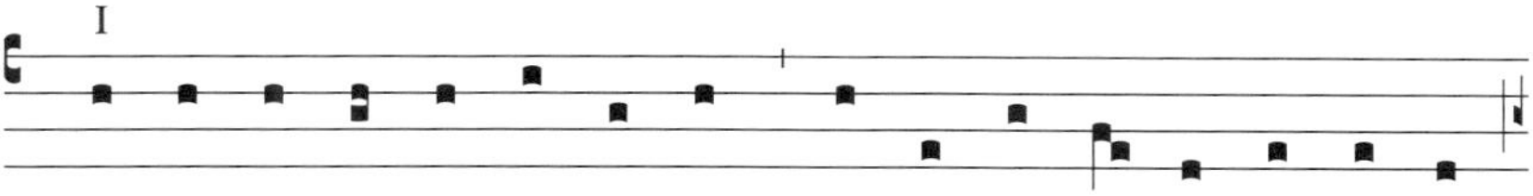

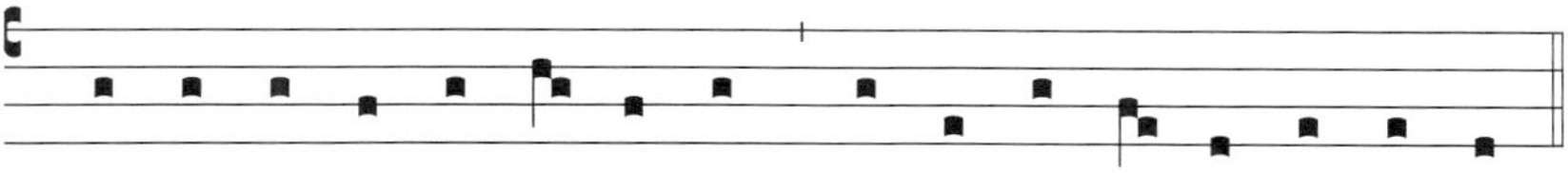

CHRISTUS, du Licht vom wahren Licht,
des Höchsten Vaters einz'ger Sohn,
du hast durch der Apostel Wort
der ganzen Welt das Heil geschenkt.

Als deine Zeugen riefst du sie,
gabst ihnen Auftrag und Gewalt,
die Saat des Evangeliums
in allen Ländern auszustreun.

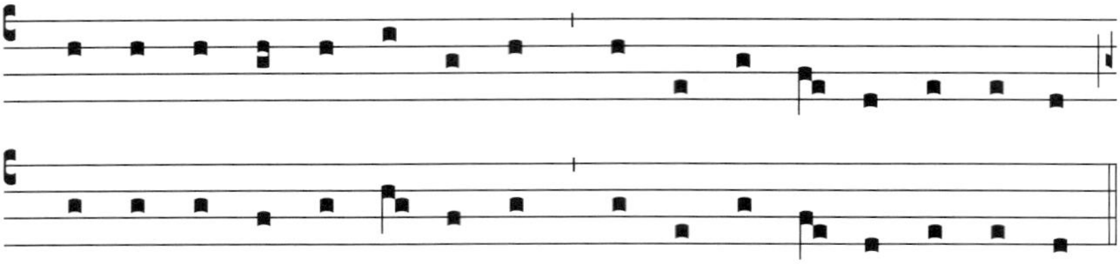

Durch ihre Predigt glauben wir,
daß du der Weg zum Leben bist.
Hilf uns, der Botschaft treu zu sein,
die sie im Tode uns bezeugt.

Herr Jesus, dir sei Ruhm und Preis,
der seine Zeugen uns gesandt,
dem Vater und dem Geiste Lob
durch alle Zeit und Ewigkeit. Amen.

In der Osterzeit

Hymnus

IV

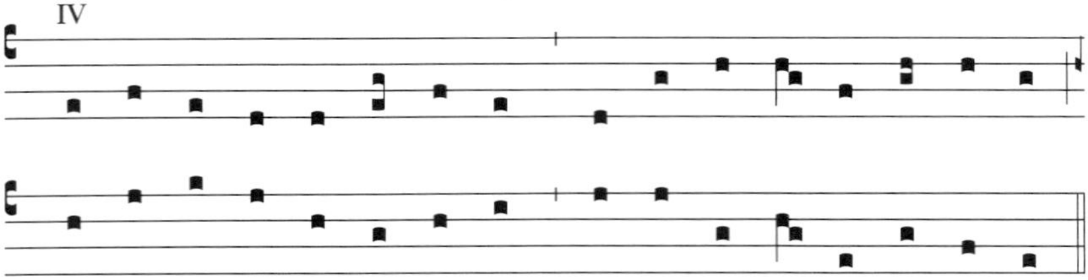

DER österlichen Sonne Glanz
strahlt auf zur Freude aller Welt,
da die Apostel ihren Herrn
schaun in verklärter Herrlichkeit.

An seinem Leibe sehn sie glühn
die Wunden, die das Leid ihm schlug,
und froh vernehmen sie sein Wort:
„Ich bin es! Friede sei mit euch!"

Nun eilt hinaus in alle Welt
und ruft die frohe Botschaft aus;
sagt allen Völkern, daß er lebt,
er, dessen Tod den Tod bezwang.

Dem Herrn sei Preis und Herrlichkeit,
der aus dem Grabe auferstand,
dem Vater und dem Geiste Lob
durch alle Zeit und Ewigkeit. Amen.

℣. Erzählt unter den Völkern von Gottes Herrlichkeit.
℟. Bei allen Nationen von seinen Wundern.

In der Osterzeit

℣. Erzählt unter den Völkern von Gottes Herrlichkeit. Halleluja.
℟. Bei allen Nationen von seinen Wundern. Halleluja.

Joh 17,8

MÄRTYRERFESTE

VIGIL

Invitatorium

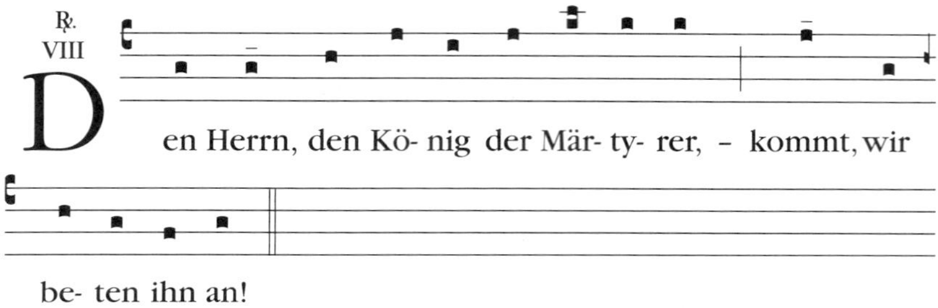

Hymnus

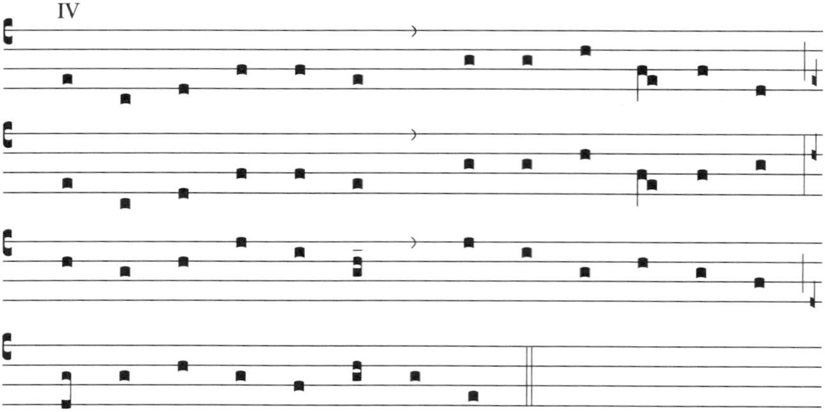

GEIST, der das Leben weckt, / du bist der Schwachen Kraft,
gibst ihnen Zuversicht / mitten in Todesnot;
hell wird uns offenbar, / was uns der Glaube sagt:
Christus hat unsern Tod besiegt.

Alles verwelkt im Tod, / Staub wird des Menschen Leib.
Doch wer in Christus stirbt, / wird mit ihm auferstehn:
Wer sich zu ihm bekennt, / fürchtet die Marter nicht,
wird im Tode mit Christus eins.

Ihm, der als Weizenkorn / für uns zerrieben ward,
folgen die Jünger nach, / bringen sich dar mit ihm,
werden wie er zum Brot, / welches das Leben nährt,
Pilger stärkt auf dem Weg zu Gott.

Dich, Herr, verehren wir, / König der Märtyrer.
Dein ist die Herrlichkeit, / von der ihr Glaube zeugt.
Führ uns durch deinen Geist / heim in des Vaters Reich,
wo in Ewigkeit Friede herrscht! Amen.

Erste Nokturn

Ant 1
I

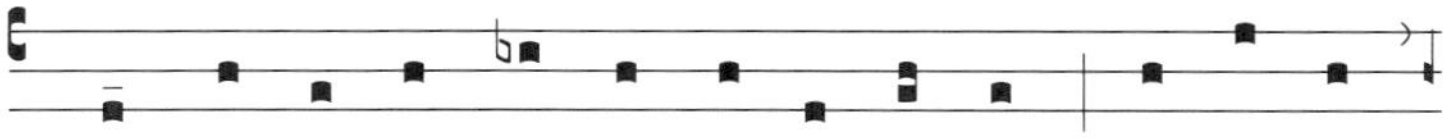

Herr, wir-ke das Wunder dei-ner Lie-be! * Du ret-test,

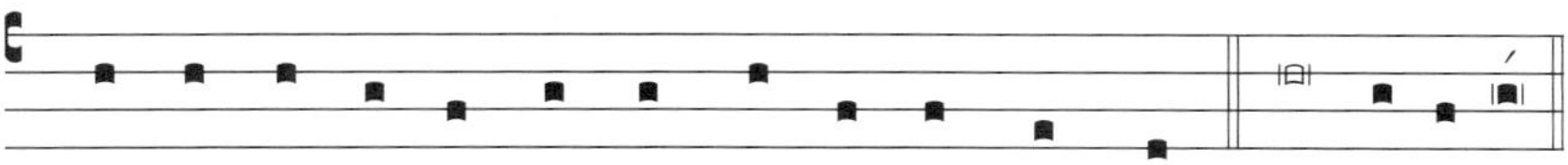

die sich an dei-ner Rechten ber-gen vor dem Feind.

Psalm 17

HÖRE, o HERR, du Gerechter, /
hab acht auf mein Rufen. *
Vernimm mein Beten, es kommt von Lippen ohne Falsch!
Von deinem Angesicht ergehe mein Urteil, *
deine Augen sehen, was recht ist.
Du hast mein Herz geprüft, bei Nacht es heimgesucht, *
du hast mich im Feuer erprobt und fandest nichts:
Mein Denken war nicht anders als mein Reden. *
In allem, was Menschen tun, hielt ich mich an dein Wort.
Ich habe mich gehütet vor den Pfaden der Gewalt. /
Fest blieb mein Schritt in deinen Spuren, *
meine Füße kamen nicht ins Wanken.

Ich rufe zu dir, /
denn du, o Gott, gibst mir Antwort. *
Neige dein Ohr zu mir, vernimm meine Worte!
Wirke das Wunder deiner Liebe! *
Du rettest,
die sich an deiner Rechten bergen vor dem Feind.
Hüte mich wie den Stern deines Auges. *
Verstecke mich im Schatten deiner Flügel
vor den Frevlern, die mich hart bedrängen, *
vor den Feinden, die mich gierig umzingeln.
Sie verschließen sich fühllos, *
sie führen stolze Worte im Mund,
sie rücken gegen mich vor, /
da, sie kreisen mich ein, *
sie trachten danach, mich zu Boden zu strecken,
dem Löwen gleich, voll Gier zu zerreißen, *
dem Junglöwen gleich, der im Hinterhalt kauert.
Steh auf, o HERR, komm dem Frevler zuvor, /
zwing ihn zu Boden. *
Rette mich vor ihm mit deinem Schwert,
HERR, rette mich mit deiner Hand vor diesen Leuten, *
vor Menschen, deren Teil am Leben ohne Dauer ist:
Du füllst ihren Leib mit deinen Schätzen, *
auch ihre Söhne werden satt
und lassen das, was übrigbleibt, den Enkeln.
Ich aber, in Gerechtigkeit darf ich dein Antlitz schauen, *
und wenn ich erwache, mich satt sehn an deiner Gestalt.

Ant 2
IV

Psalm 31

ZU DIR, o HERR, flüchte ich, /
laß mich doch niemals scheitern, *
befreie mich in deiner Gerechtigkeit!
Neige dein Ohr mir zu, *
eile doch, mich zu entreißen!
Sei mir ein Fels der Zuflucht, *
eine feste Burg, die mich rettet!
Denn du bist mein Fels und meine Feste. *
Um deines Namens willen wirst du mich führen und leiten.
Du führst mich heraus /
aus dem Netz, das sie mir heimlich legten, *
denn du bist meine Zuflucht.
In deine Hände befehle ich meinen Geist. *
Du hast mich erlöst, o HERR, du Gott der Treue.
Ich hasse, die nichtige Götzen verehren, *
ich setze auf den HERRN mein Vertrauen.
Ich will jubeln und deiner Liebe mich freuen, /
denn angesehen hast du meine Not, *
du wußtest um mich in meiner Bedrängnis.
Du gabst mich nicht in die Hand des Feindes, *
du führtest meine Schritte ins Weite.

Sei mir gnädig, o HERR, mir ist bange, *
mein Auge, meine Seele, mein Leib, sie vergehen vor Jammer.
Ja, in Kummer verzehrt sich mein Leben, *
und meine Jahre verrinnen in Seufzen.
Ob meiner Sünde schwindet mir die Kraft, *
und meine Gebeine zerfallen.
Wegen all meiner Bedränger wurde ich zum Spott, *
zum Spott sogar für meine Nachbarn.
Meinen Freunden wurde ich zum Schrecken. *
Wer mir begegnet, geht mir aus dem Wege.
Vergessen bin ich, bin aus dem Sinn wie ein Toter, *
wie ein zerbrochenes Gefäß bin ich geworden.
Ich höre das Zischeln der Menge, *
ringsum ist Grauen:

Zusammen halten sie gegen mich Rat, *
sie sinnen darauf, mir das Leben zu rauben.
    Ich aber, HERR, ich vertraue auf dich, *
    ich sage: „Mein Gott bist du!“
In deiner Hand ist mein Geschick. *
Entreiß mich der Hand meiner Feinde und Verfolger.
    Laß leuchten über deinem Knecht dein Antlitz, *
    rette mich in deiner Liebe.
HERR, laß mich nicht scheitern, *
da ich zu dir rufe!
    Scheitern sollen die Frevler, *
    sie sollen zum Schweigen kommen in der Unterwelt.
Verstummen sollen die lügnerischen Lippen, /
die wider den Gerechten Freches reden *
voll Hochmut und Verachtung.

    Wie groß ist deine Güte, o HERR, *
    die du denen bewahrst, die dich fürchten.
Du erweist sie denen, die sich bei dir bergen *
offen vor allen Menschen.
    Du birgst sie im Schutz deines Angesichts *
    vor dem Toben der Leute.
In einem Zelt bewahrst du sie *
vor dem Streite der Zungen.
    Gepriesen sei der HERR: /
    Er wirkte an mir Wunder seiner Liebe, *
    er wurde mir zur Stadt, die befestigt ist.
Ich aber sprach in meiner Bestürzung: *
„Ich bin verstoßen aus deinen Augen!“
    Doch du hast mein lautes Flehen gehört, *
    als ich zu dir um Hilfe rief.

Liebt den HERRN, all seine Frommen! /
Der HERR behütet, die ihm treu sind, *
doch reichlich vergilt er dem, der hochmütig handelt.
    Seid stark, und euer Herz sei unverzagt, *
    ihr alle, die ihr hofft auf den HERREN.

Ant 3
VI

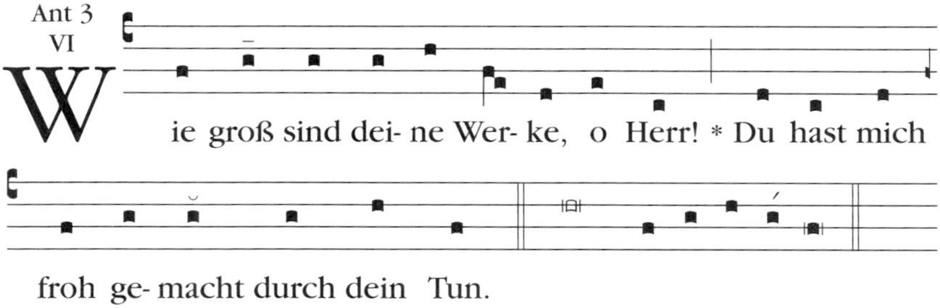

Psalm 92

SCHÖN ist es, dem HERRN zu danken, *
deinem Namen zu spielen, du Höchster,
am Morgen zu verkünden deine Liebe, *
und deine Treue in den Nächten
zur Laute mit zehn Saiten und zur Harfe, *
zum Klingen der Leier.
Denn du hast mich froh gemacht, HERR, durch dein Tun; *
ich will jubeln über die Werke deiner Hände.

Wie groß sind deine Werke, o HERR, *
unendlich tief sind deine Gedanken!
Ein Mensch ohne Einsicht kann es nicht fassen, *
ein Tor kann es nicht verstehen:
Wenn auch die Frevler sprießen wie Gras, /
und alle, die Unrecht tun, in Blüte stehn: *
sie sind bestimmt zum Verderben auf immer.
Du aber bist erhaben, *
HERR, du bleibst in Ewigkeit.
Doch siehe, deine Feinde, o HERR, /
doch siehe, deine Feinde vergehen; *
zerstreut werden alle, die Unrecht tun.

Du hast mich stark gemacht wie einen Wildstier, *
mit frischem Salböl bin ich überschüttet.
Mein Auge blickt herab auf meine Verfolger, *
mein Ohr hört,
wie es den Bösen ergeht, die gegen mich aufstehn.

Der Gerechte sprießt wie die Palme, *
er wächst empor wie die Zedern des Libanon.
Die gepflanzt sind im Hause des HERRN, *
sprießen auf in den Höfen unseres Gottes:
noch im Alter gedeihen sie, *
sie bleiben voll Saft und Frische,
zu verkünden: Gerecht ist der HERR! *
Mein Fels – an ihm ist kein Unrecht.

℣. Nie verläßt der Herr seine Frommen.
℟. Sie werden für immer gerettet.

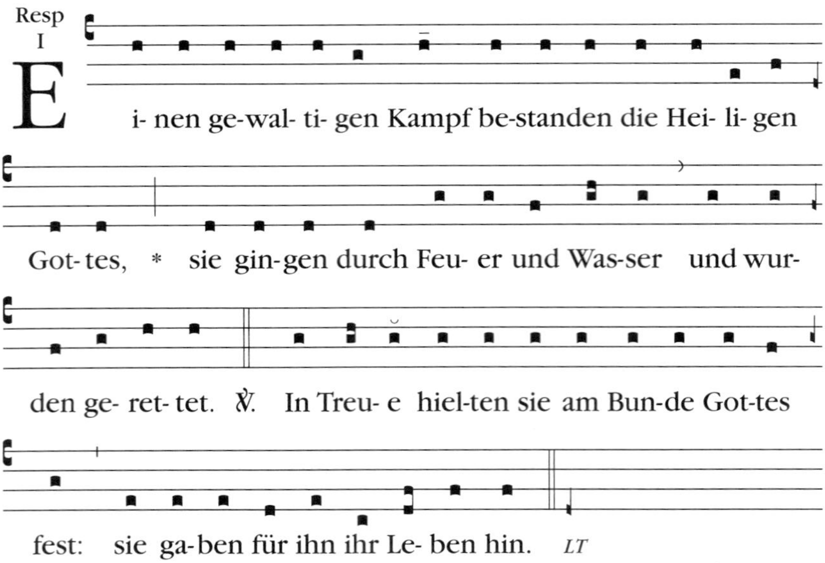

Zweite Nokturn

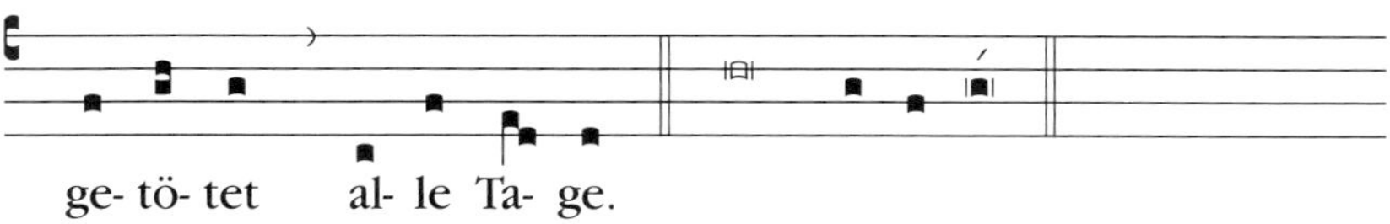

Psalm 44

O GOTT, wir hörten es mit eigenen Ohren, *
unsere Väter haben uns erzählt
vom Werk, das du in ihren Tagen gewirkt hast, *
in den Tagen der Vorzeit:
Mit eigener Hand hast du Völker vertrieben, *
sie aber pflanztest du ein;
Nationen hast du übel mitgespielt, *
doch ihnen gabst du freie Entfaltung.
Nicht mit ihrem Schwert nahmen sie das Land in Besitz, *
nicht ihr Arm hat ihnen Sieg verschafft,
nein, es war deine Rechte, /
dein Arm und dein leuchtendes Angesicht. *
Denn du hattest an ihnen Gefallen.
Du selbst bist mein König, o Gott. *
Entbiete Rettung für Jakob!
Mit dir stoßen wir unsre Bedränger nieder, *
in deinem Namen zertreten wir, die wider uns aufstehn.
Denn ich vertraue nicht auf meinen Bogen, *
und nicht mein Schwert läßt mich siegen.
Nein, du läßt uns siegen über unsre Bedränger, *
du läßt zuschanden werden, die uns hassen.
Gottes rühmten wir uns alle Tage, *
und deinen Namen preisen wir auf ewig.

Nun aber hast du uns verstoßen und mit Schmach beladen; *
du ziehst nicht mehr aus mit unsern Heeren.
Vor dem Bedränger läßt du uns weichen, *
und die uns hassen, plündern uns aus.
Du gibst uns preis wie Schafe zur Schlachtung, *
du zerstreust uns unter die Völker.
Du verkaufst dein Volk um ein Spottgeld *
und ziehst aus dem Erlös keinen Gewinn.

Du machst uns für unsre Nachbarn zum Schimpf, *
zu Spott und Hohn für unsre Umgebung.
Du machst uns unter den Völkern zum Sprichwort, *
die Nationen schütteln über uns den Kopf.
Meine Schmach steht mir immer vor Augen, *
und Scham bedeckt mein Gesicht
wegen der Stimme des lästernden Spötters, *
wegen der Blicke des rachgierigen Feindes.

All das ist über uns gekommen, /
obwohl wir deiner nicht vergaßen *
und deinen Bund nicht verrieten.
Unser Herz wich nicht zurück, *
und unsre Schritte sind nicht abgeirrt von deinem Pfad.
Doch du hast uns zerschlagen am Ort der Schakale *
und uns mit Finsternis bedeckt.
Hätten wir den Namen unseres Gottes vergessen, *
zu einem fremden Gott die Hände erhoben –
würde Gott das nicht erforschen? *
Er kennt ja die Heimlichkeiten des Herzens.
Doch deinetwegen werden wir getötet alle Tage, *
wir gelten als Schafe, die zum Schlachten bestimmt sind.

Wach auf! Warum schläfst du, o Herr? *
Erwache, verstoß nicht für immer!
Warum verbirgst du dein Angesicht, *
vergißt unsre Not und Bedrängnis?
In den Staub gegossen ist die Kraft unsres Lebens, *
unser Bauch klebt am Boden.
Steh auf und hilf uns! *
Erlöse uns, getreu deiner Huld!

Ant 2
II

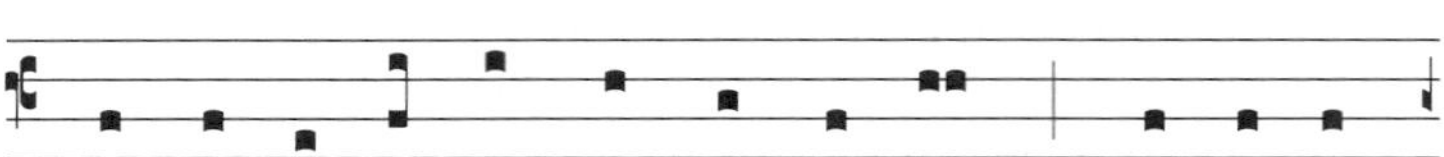

Kraft dei-nes Namens reiß uns her- aus! * Er-hal- te

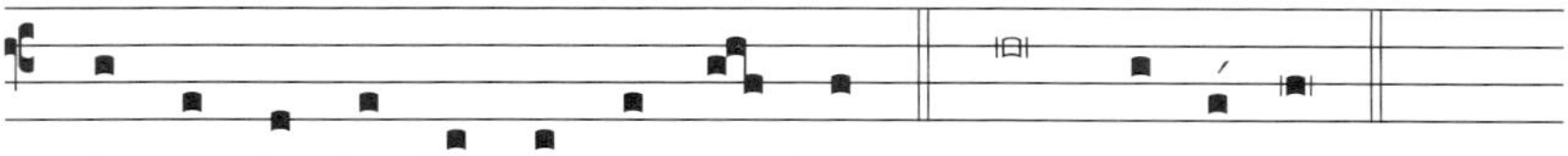

Psalm 79

O GOTT, die Heiden sind eingedrungen in dein Erbe; /
sie haben deinen heiligen Tempel entweiht. *
Sie legten Jerusalem in Trümmer.
Die Leichen deiner Knechte
gaben sie zum Fraß den Vögeln des Himmels, *
das Fleisch deiner Frommen den Tieren der Erde.
Wie Wasser vergossen sie ihr Blut rings um Jerusalem; *
und keiner hat sie begraben.
Wir wurden für unsre Nachbarn zum Schimpf, *
zu Spott und Hohn für unsre Umgebung.

Wie lange noch, o HERR? /
Willst du für immer zürnen? *
Soll dein Eifer wie Feuer brennen?
⌈Gieß deinen Zorn aus über die Heiden, die dich nicht kennen, *
über jedes Reich, das deinen Namen nicht anruft!
Denn sie haben Jakob gefressen *
⌊und seine Wohnstatt verwüstet.

Rechne uns die Schuld von früher nicht an! /
Komm uns eilends zuvor mit deinem Erbarmen! *
Denn wir sind schwach und elend.
Um der Ehre deines Namens willen
hilf uns, du Gott unsres Heils! *
Reiß uns heraus! Getreu deinem Namen vergib uns die Sünden.
Warum sollen die Heiden sagen: *
„Ihr Gott - wo ist er?"
Unter den Heiden werde es kund vor unseren Augen: *
Vergolten wird das vergossene Blut deiner Knechte.
Das Stöhnen des Gefangenen dringe zu dir! *
Dein Arm ist groß: erhalte die Kinder des Todes am Leben!

Gib unsern Nachbarn siebenfach in ihren Schoß zurück *
den Hohn, mit dem sie dich, o Herr, verhöhnten.
Wir aber, dein Volk, die Herde deiner Weide, /
wir wollen dich preisen auf ewig, *
Geschlecht um Geschlecht dein Lob verkünden.

Psalm 60

GOTT, du hast uns verworfen, zerschlagen. /
Du hast uns gezürnt. *
Stelle uns wieder her!
Du hast das Land erschüttert und es gespalten. *
Heile seine Risse, denn es wankt!

Hartes ließest du dein Volk erfahren, *
hast uns getränkt mit betäubendem Wein.
Denen, die dich fürchten, stelltest du ein Zeichen auf, *
zu dem sie fliehen können vor dem Bogen.
Damit gerettet werden, die dir lieb sind, *
schaff Heil mit deiner Rechten und gib uns Antwort!

Gott hat in seinem Heiligtum gesprochen: /
„Ich will triumphieren, will Sichem verteilen *
und das Tal von Sukkot vermessen.
Mein ist Gilead, mein auch Manasse, /
Efraim ist der Helm meines Hauptes, *
Juda ist mein Zepter.

Mein Waschbecken aber ist Moab! /
Auf Edom werf ich meinen Schuh! *
Philisterland, jauchze mir entgegen!“

Wer bringt mich zu der befestigten Stadt? *
Wer führte mich nach Edom?
Wer, wenn nicht du, der Gott, der uns verworfen hat, *
der Gott, der nicht mehr auszieht mit unseren Heeren?
Bring uns doch Hilfe gegen den Feind! *
Denn ein Wahn ist Heil, das durch Menschen kommt.

Mit Gott werden wir Heldentaten vollbringen: *
Er selbst wird unsre Feinde zertreten.

℣. Der Herr ist mein Helfer.
℟. Was können Menschen mir antun?

Resp I

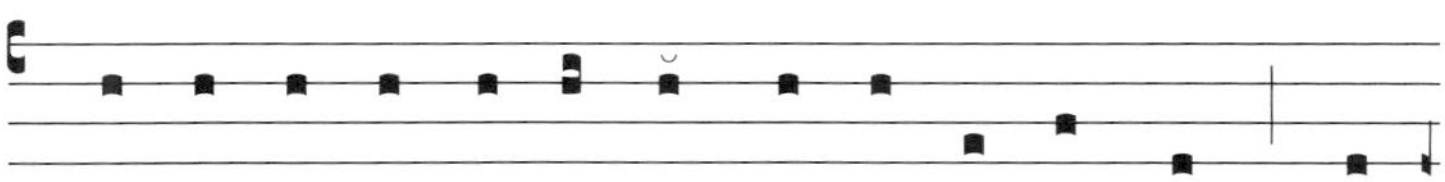

Die See-len der Ge-rechten sind in Got-tes Hand, * und

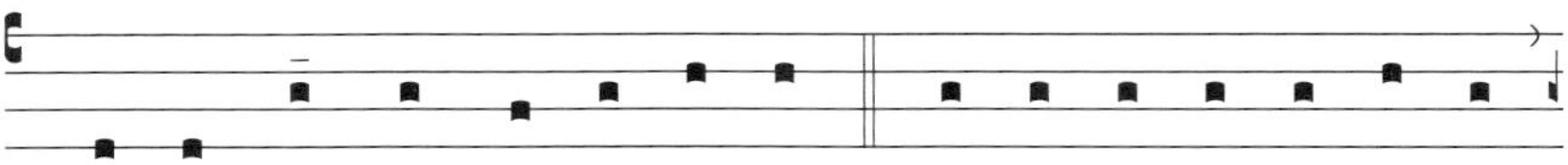

kei-ne Qual kann sie be-rüh-ren. ℣. Ihr En-de gilt als Unglück,

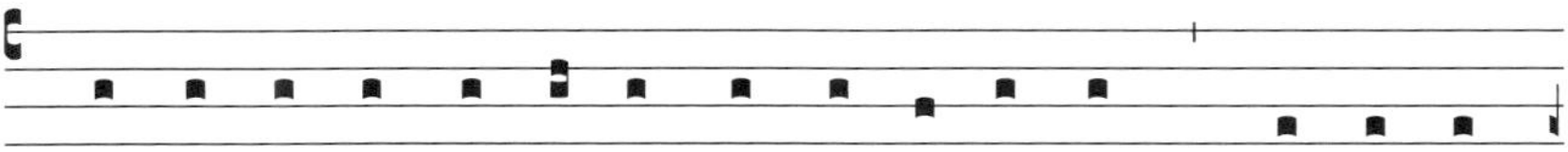

in den Au-gen der To-ren sind sie ver-nichtet: – a-ber sie

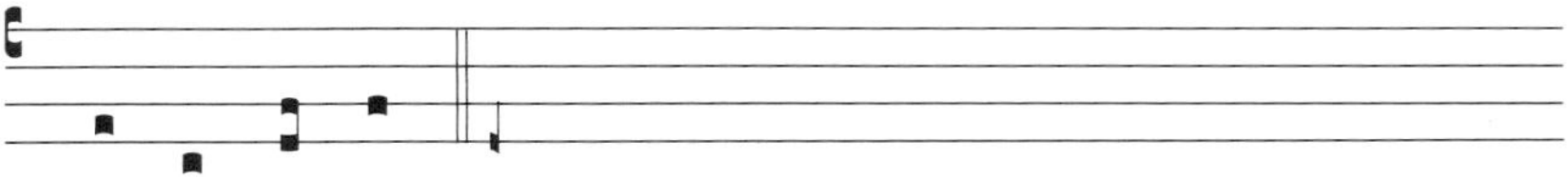

sind im Frieden. *Weish 3,1-3*

Dritte Nokturn

Ps 56,10.5

Jesus Sirach 51,1-12

ICH will dich preisen, HERR und König, *
du Gott meines Heils, ich will dich loben.
Ich will deinen Namen verkünden, *
du Hort meines Lebens.
Denn du hast mich errettet vom Tod, /
du hast meinen Leib bewahrt vor der Grube, *
hast meinen Fuß dem Griff der Unterwelt entrissen.
Du hast mich befreit
von der Geißel der verleumderischen Zunge, *
von den Lippen treuloser Lügner.
Gegen meine Widersacher tratest du mir zur Seite, *
in deiner großen Huld hast du mir geholfen
aus der Schlinge derer, die auf mein Fallen lauern, *
aus den Händen jener, die nach meinem Leben trachten.
Aus vielen Nöten hast du mich erlöst: *
aus der Bedrängnis der Flammen, die mich umringten,
aus dem Feuer, das brennt, ohne daß man es schürt, *
aus dem Schoß der Fluten, die nicht bedrohen mit Wasser,
von ruchlosen Lippen und Erfindern von Lüge, *
von den Pfeilen der falschen Zunge.

Schon war ich dem Tode nahe *
und mein Leben den Tiefen der Unterwelt.
Ich blickte ringsum und fand keinen Helfer, *
nach einem Beistand spähte ich, doch gab es keinen.

Da dachte ich an das Erbarmen des HERRN, *
an die Taten seiner Huld, die seit ewig bestehen.
Allen, die auf ihn vertrauen, hilft er, *
aus jeder Gefahr erlöst er sie.
So erhob ich von der Erde meine Stimme, *
von den Toren der Unterwelt schrie ich.
Ich rief: „O HERR, du bist doch mein Vater, *
mein Gott und der Held, der mich rettet.
Verlaß mich nicht am Tag der Not, *
am Tag der Vernichtung und der Verwüstung.
Deinen Namen will ich allezeit loben, *
im Gebet will ich an dich denken."
Da hat der HERR meine Stimme gehört *
und auf mein Flehen geachtet.
Von allem Unheil hat er mich erlöst, *
am Tag der Not mich gerettet.
Darum danke ich dem HERRN und lobe ihn, *
ich preise seinen Namen.

℣. Unser Verlangen richtet sich auf den Herrn.
℟. Er ist uns Schild und Hilfe.

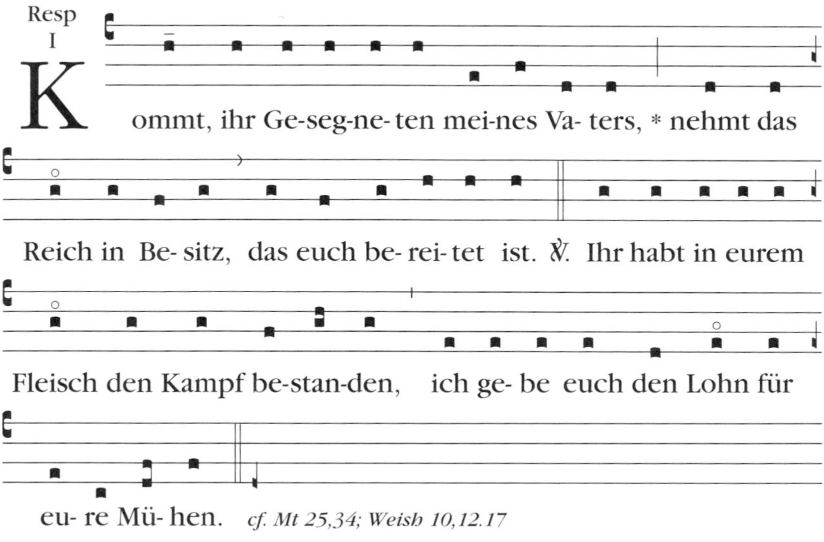

cf. Mt 25,34; Weish 10,12.17

LAUDES

Ant 1
VIII

Psalm 97

DER HERR ist König! Die Erde frohlocke! *
Freuen sollen sich die vielen Inseln!
Rings um ihn her sind Wolken und Dunkel, *
Gerechtigkeit und Recht sind seines Thrones Stützen.
Feuer läuft vor ihm her, *
ringsum verzehrt es seine Gegner.
Seine Blitze erhellen den Erdkreis, *
die Erde sieht es mit Beben.
Wie Wachs schmelzen vor dem HERRN die Berge, *
vor dem Antlitz des Herrschers der ganzen Erde.
Die Himmel künden seine Gerechtigkeit, *
seine Herrlichkeit schauen alle Völker.

Zuschanden werden, die Bildern dienen, /
die ihrer Götzen sich rühmen. *
Vor ihm werfen alle Götter sich nieder.
Zion hört es und freut sich, *
Judas Töchter jubeln, HERR, über deine Gerichte.
Denn du, o HERR, bist der Höchste über der ganzen Erde, *
hoch erhaben bist du über alle Götter.
Die ihr den HERRN liebt, haßt das Böse! /
Er hütet das Leben seiner Frommen, *
er entreißt sie der Hand der Frevler.
Licht ist dem Gerechten ausgesät, *
Freude denen, die geraden Herzens sind.

Ihr Gerechten, freut euch des HERRN! *
Preist ihn, gedenkt seines heiligen Namens!

Ant 2
IV

Psalm 5

MEINEN Worten, o HERR, neige dein Ohr, *
achte auf mein Seufzen!
Vernimm mein lautes Schreien, mein Gott und mein König, *
wenn ich zu dir flehe.

HERR, am Morgen wirst du mein Rufen hören, *
am Morgen rüste ich dir das Opfer und halte Ausschau.
Denn du bist kein Gott, der an Frevel Gefallen hat, *
ein Böser hat bei dir kein Gastrecht.
Stolze kommen dir nicht vor die Augen, *
du hassest alle, die Unrecht tun.
Zugrunde gehen läßt du die Lügner, *
Mörder und Betrüger sind dem HERRN ein Greuel.
Ich aber darf dein Haus betreten *
dank deiner reichen Güte,
darf mich niederwerfen in Ehrfurcht *
hin zu deiner heiligen Halle.

Leite mich, HERR, /
der du mir Recht schaffst gegen meine Feinde, *
mach deinen Weg vor mir eben.
Denn in ihrem Mund ist nichts Wahres, *
ihr Inneres ist voller Verderben.

Ein geöffnetes Grab ist ihre Kehle, *
sie reden mit glatter Zunge.

Laß sie es büßen, o Gott! *
Sie sollen fallen durch ihre eigenen Pläne.
Ob der Menge ihrer Frevel verstoße sie, *
weil sie sich gegen dich empörten!

Doch freuen sollen sich alle, die bei dir sich bergen, *
in Ewigkeit sollen sie jubeln.
Beschütze sie und lasse deiner sich rühmen, *
die deinen Namen lieben.
Denn du, HERR, segnest den Gerechten. *
Wie mit einem Schild umgibst du ihn mit deiner Gnade.

Ant 3
II

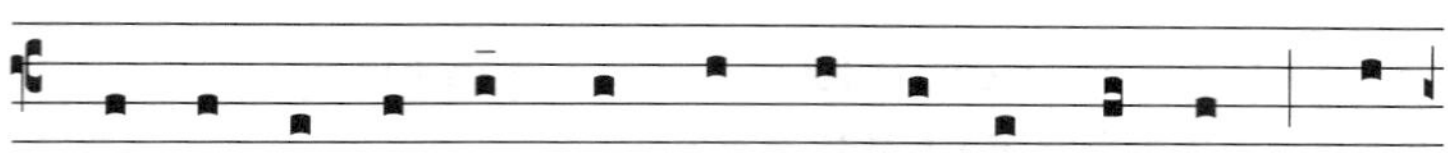

Gott hat sie ge-prüft und fand sie sei-ner wür-dig; * er

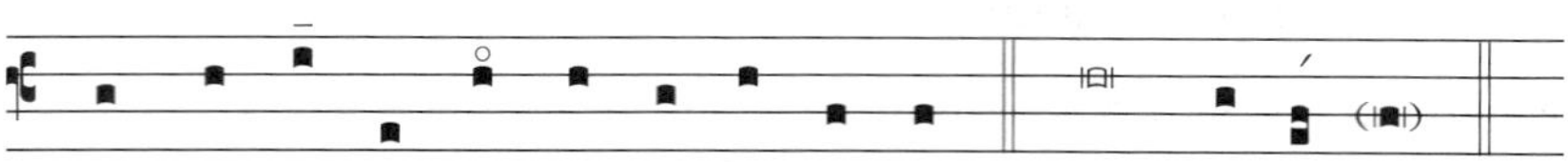

nahm sie an als voll-gül- ti- ges Op-fer.

Weisheit 3,1-9

DIE Seelen der Gerechten sind in Gottes Hand, *
und keine Qual kann sie berühren.
In den Augen der Toren sind sie gestorben, /
ihr Ende gilt als Unglück,
ihr Scheiden von uns als Vernichtung, *
aber sie sind im Frieden.
Nach der Ansicht der Leute erlitten sie Strafe, *
doch ihre Hoffnung war von Unsterblichkeit erfüllt.
Ein wenig nur wurden sie gezüchtigt, *
doch sie empfangen viel Gutes.
Denn Gott hat sie geprüft *
und fand sie seiner würdig.

Wie Gold im Ofen hat er sie erprobt, *
als vollgültiges Opfer nahm er sie an.
Wenn die Zeit der Heimsuchung anbricht, leuchten sie auf *
wie Funken, die durch ein Stoppelfeld sprühn.
Sie werden die Völker richten /
und über die Nationen herrschen, *
der HERR wird ihr König sein auf ewig.
Die auf ihn vertrauen, werden die Wahrheit erkennen, /
in seiner Liebe dürfen weilen, die ihm treu sind. *
Denn seine Erwählten finden Erbarmen und Gnade.

Psalm 148

LOBET den HERRN vom Himmel her, *
lobt ihn in den Höhen:
lobt ihn, all seine Engel, *
lobt ihn, all seine Scharen,
lobt ihn, Sonne und Mond, *
lobt ihn, all ihr leuchtenden Sterne,
lobt ihn, ihr Himmel der Himmel *
und ihr Wasser über dem Himmel!
Sie sollen loben den Namen des HERRN! *
Denn er gebot, und sie waren erschaffen.
Er stellte sie hin für immer und ewig, *
gab ein Gesetz, und nie vergeht es.

Lobet den HERRN von der Erde her: *
ihr Ungeheuer und all ihr Tiefen,
    Feuer und Hagel, Schnee und Nebel, *
    du Sturmwind, der seinen Willen ausführt,
ihr Berge und all ihr Hügel, *
ihr Fruchtbäume und alle Zedern,
    ihr wilden Tiere und alles Vieh, *
    kriechende Wesen und gefiederte Vögel,
ihr Könige der Erde und alle Völker, *
ihr Fürsten und alle Richter der Erde,
    ihr jungen Männer und auch ihr Mädchen, *
    ihr Alten mit den Jungen!
Sie sollen loben den Namen des HERRN! /
Denn sein Name allein ist erhaben. *
Seine Hoheit strahlt über Erde und Himmel.

    Die Kraft seines Volkes hat er erhoben /
    zum Lob für all seine Frommen, *
    für Israels Kinder, das Volk, das ihm nahe ist.

Kurzlesung *2 Kor 4,8-12*

Von allen Seiten werden wir in die Enge getrieben und finden doch noch Raum; wir wissen weder aus noch ein und verzweifeln dennoch nicht; wir werden gehetzt und sind doch nicht verlassen; wir werden niedergestreckt und doch nicht vernichtet. Wohin wir auch kommen, immer tragen wir das Todesleiden Jesu an unserem Leib, damit auch das Leben Jesu an unserem Leib sichtbar wird. Denn immer werden wir, obgleich wir leben, um Jesu willen dem Tod ausgeliefert, damit auch das Leben Jesu an unserem sterblichen Fleisch offenbar wird. So erweist an uns der Tod, an euch aber das Leben seine Macht.

Resp IV/1

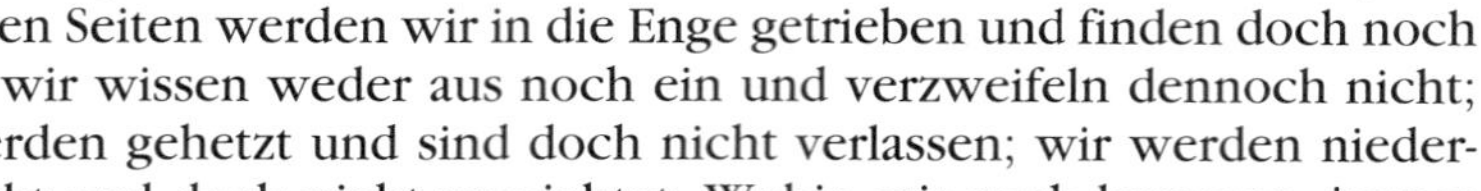

Sie- he, Gott ist mein Ret- ter; * der Herr ist mei- ne

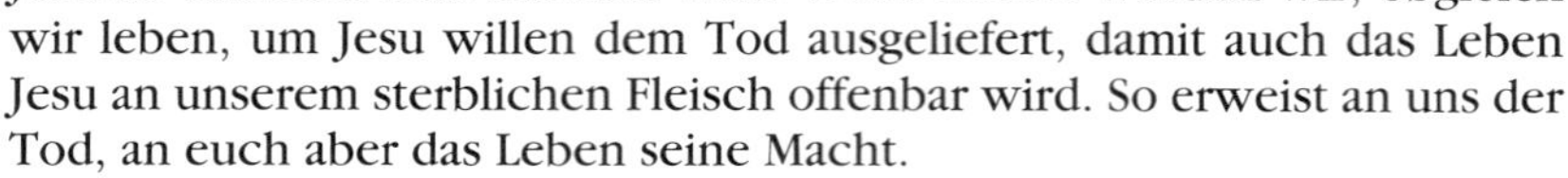

Kraft und Stär- ke. ℣. Er ist mein Hel- fer. Was können Men-

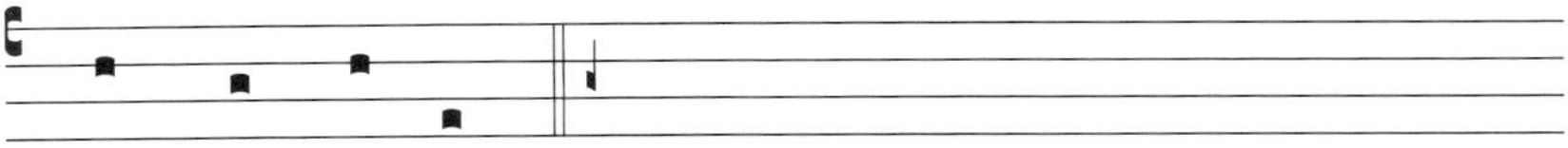

schen mir an- tun? *cf. Jes 12,2; Ps 118,7.6*

In der Osterzeit

Resp
VI/2

Die Ge- rechten werden leuchten vor dem Antlitz Got-tes:

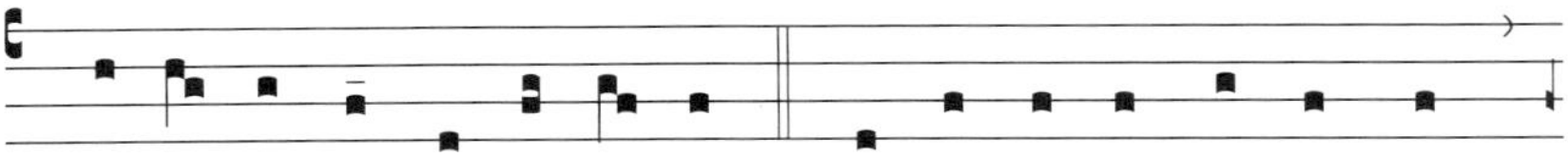

* Hal-le- lu- ja, hal- le- lu- ja. ℣. Die red- lichen Herzens sind,

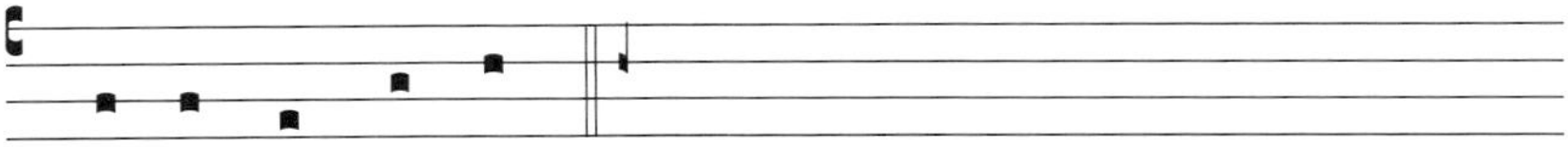

werden sich freu- en. *cf. Mt 13,43 (Dan 12,3); Ps 64,11*

Hymnus

III

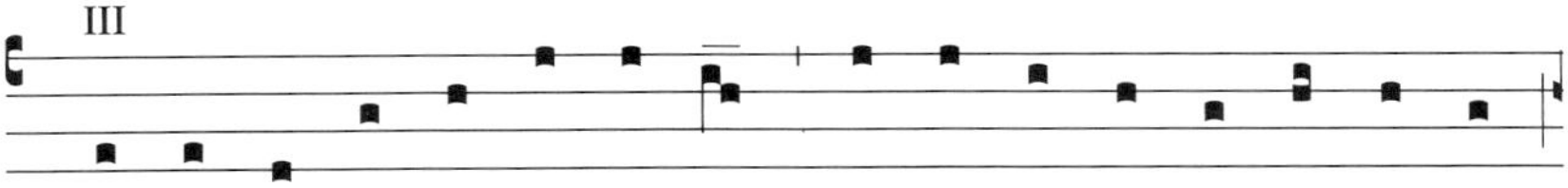

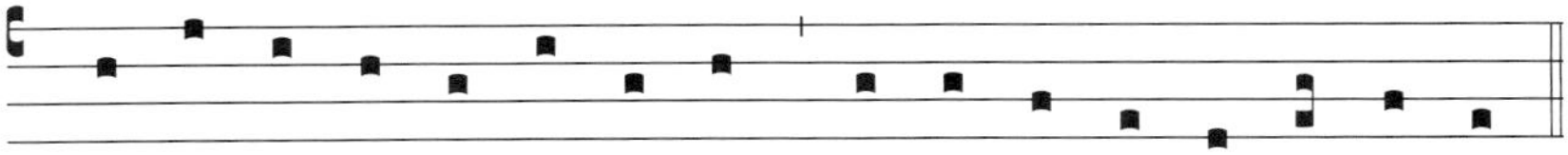

DEM Herrn, der seiner Zeugen Dienst
mit ewigen Geschenken lohnt,
ihm schalle heute unser Lob
im Lied, das ihren Ruhm besingt.

Als Helden stritten sie im Kampf
und trugen mannhaft Qual und Pein –
der Kirche Adel, unser Stolz,
die wahren Leuchten dieser Welt.

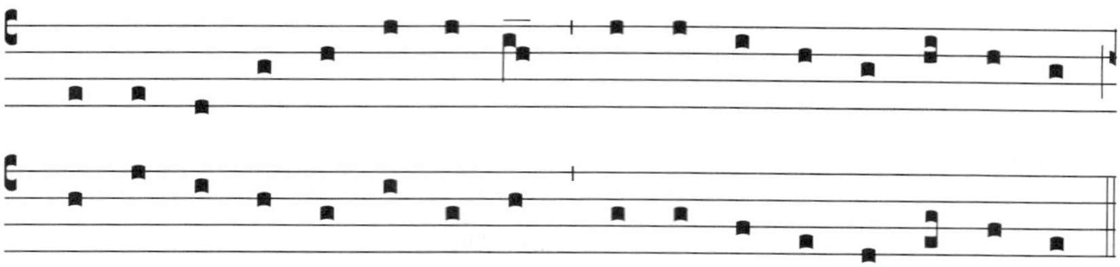

Sie überwanden alle Furcht
und hielten selbst der Folter stand.
Ihr Mund bekannte ohne Scheu,
was ihres Herzens Glaube war.

In ihnen strahlt des Vaters Glanz,
in ihnen wirkt des Geistes Kraft,
in ihnen triumphiert der Sohn,
und Jubel füllt das Himmelszelt.

Erlöser, Herr, wir bitten dich,
erhöre gnädig unser Flehn:
Gib Anteil uns an ihrem Los,
laß uns mit ihnen bei dir sein! Amen.

℣. Ich sterbe nicht, ich lebe.
℟. Die Taten des Herrn will ich erzählen.

Ant C
VIII

2 Kor 4,10

In der Osterzeit

4 Esra 2,35

HEILIGE MÖNCHE UND NONNEN

VIGIL

Invitatorium

Zum Psalm des Invitatoriums kann auch der folgende Kehrvers gesungen werden:

℟. I
Kommt, ihr Söhne, hö- ret mich! Die Furcht des Herrn
will ich euch leh- ren.

Hymnus I

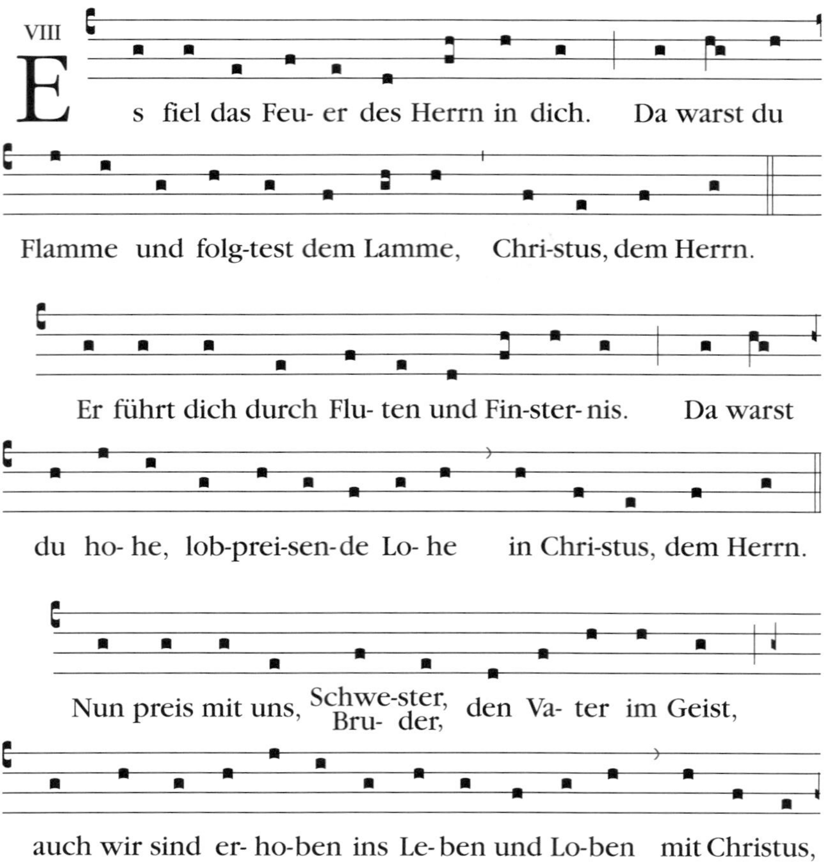
VIII
Es fiel das Feu- er des Herrn in dich. Da warst du
Flamme und folg-test dem Lamme, Chri-stus, dem Herrn.
Er führt dich durch Flu- ten und Fin-ster- nis. Da warst
du ho- he, lob-prei-sen-de Lo- he in Chri-stus, dem Herrn.
Nun preis mit uns, Schwe-ster, Bru- der, den Va- ter im Geist,
auch wir sind er- ho-ben ins Le- ben und Lo-ben mit Christus,

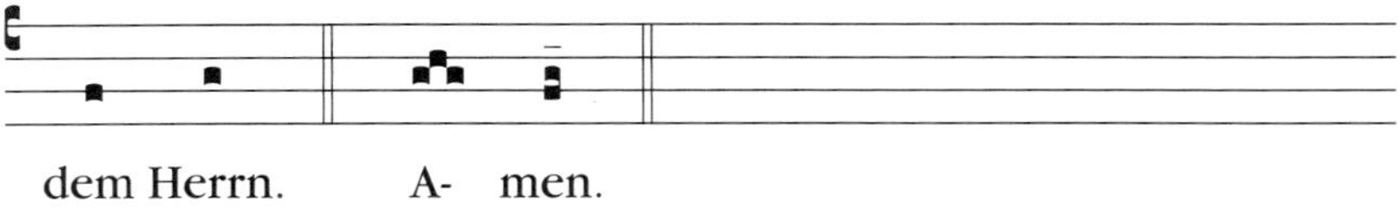
dem Herrn. A- men.

Hymnus II

VIII
Er-war-tet den Herrn, steht als Knechte be-reit an der Tür.
Schon jauchzt je- der Stern, seht, er kommt, seht, er kommt, wir
sind hier. ℟. Komm, Herr Je- sus, Ma- ran- a- tha.
Entzündet die Lampen, ihr Mäg-de, erglü- het im Geist
im Kommen des E-wig-Ge- liebten, der Ky- ri- os heißt.
℟. Komm, Herr Je- sus, Ma- ran- a- tha.
Du wirfst dein Feu- er zur Er- de und willst, daß es brennt.

Erste Nokturn

Psalm 1

SELIG der Mensch, der nicht dem Rat der Frevler folgt, /
der nicht betritt den Weg der Sünder, *
nicht sitzt im Kreise der Spötter,
der vielmehr seine Lust hat an der Weisung des HERRN, *
der bei Tag und bei Nacht über seine Weisung nachsinnt.
Er gleicht dem Baum, der an Wasserbächen gepflanzt ist, /
der zur rechten Zeit seine Frucht bringt *
und dessen Blätter nicht welken.
Was immer er tut, *
es wird ihm gelingen.

Nicht so die Frevler! *
Sie sind wie Spreu, die der Wind vor sich hertreibt.

Darum werden Frevler im Gericht nicht bestehen, *
noch Sünder in der Gemeinde der Gerechten.
Denn der HERR weiß um den Weg der Gerechten, *
aber der Weg der Frevler verliert sich.

Psalm 25

ZU DIR, O HERR, erheb ich meine Seele, *
mein Gott, auf dich vertraue ich.
Daß ich doch nicht zuschanden werde! *
Daß über mich die Feinde nicht frohlocken!
Die auf dich hoffen, werden ja nicht zuschanden, *
zuschanden wird, wer dir grundlos die Treue bricht.

Zeige mir, HERR, deine Wege, *
lehre mich deine Pfade!
Führe mich in deiner Treue und lehre mich, /
denn du bist der Gott meines Heiles. *
Auf dich hoffe ich alle Tage.
Gedenke deines Erbarmens, HERR, und deiner Gnaden, *
denn sie bestehn seit Ewigkeit.
Denk nicht an meine Jugendsünden und meine Vergehen, /
gedenke meiner, HERR, in deiner Gnade, *
denn du bist gütig.

Gut und gerecht ist der HERR: *
auf den Weg weist er die Sünder.
Demütige leitet er nach seinem Entscheid, *
er lehrt seinen Weg die Gebeugten.

Alle Pfade des Herrn sind Huld und Treue *
denen, die seinen Bund und seine Gebote bewahren.
Um deines Namens willen, Herr, vergib meine Schuld, *
obgleich sie groß ist.

Wer ist der Mensch, der den Herren fürchtet? *
Ihm weist er den Weg, den er wählen soll.
Er wird wohnen im Glück, *
seine Kinder werden das Land besitzen.
Der Rat des Herrn steht denen offen, die ihn fürchten, *
sein Bund, um ihnen Erkenntnis zu schenken.
Meine Augen sind beständig auf den Herrn gerichtet: *
er zieht aus dem Netz meine Füße.

Wende dich mir zu und sei mir gnädig, *
denn ich bin einsam und elend.
Die Enge meines Herzens mach weit, *
führ mich heraus aus meiner Bedrängnis.
Sieh mein Elend und meine Plage, *
vergib mir all meine Sünden.

Sieh meine Feinde, wie sie zahlreich sind, *
mit welch tödlichem Haß sie mich hassen.
Erhalte mein Leben und rette mich, /
damit ich nicht zuschanden werde. *
Denn bei dir suche ich Zuflucht.
Unschuld und Redlichkeit mögen mich schützen, *
denn auf dich hoffe und harre ich.

O Gott, erlöse Israel *
aus seiner ganzen Bedrängnis.

Ant 3
VIII

Psalm 16

BEHÜTE mich, Gott, denn ich flüchte zu dir. /
Ich sage zum HERRN: „Mein Herr bist du, *
mein ganzes Glück bist du allein."
Über die 'Heiligen', die im Lande sind, sage ich /
und über die 'Herrlichen', die mir so gefielen: *
„Wer einem andern Gott nachläuft,
dessen Schmerzen mehren sich.
Nie mehr will ich ihnen Opferblut spenden, *
und nie mehr nehm ich ihre Namen auf die Lippen."
HERR, du bist mein Anteil und Becher, *
du selber hältst mein Los in der Hand.
Die Meßschnur fiel mir auf liebliches Land: *
ja, mein Erbe gefällt mir.

Ich preise den HERRN, der mir Rat erteilt: *
selbst zur Nacht ermahnt mich mein Gewissen.
Ich stelle mir den HERRN beständig vor Augen; *
er steht mir zur Rechten: – ich werde nicht wanken!
Darum freut sich mein Herz, meine Seele ist fröhlich, *
sorglos ruht auch mein Leib.
Denn du gibst mich nicht preis der Unterwelt, *
deinen Frommen läßt du nicht schauen die Grube.
Du zeigst mir den Weg zum Leben. /
Vor deinem Angesicht ist Freude in Fülle, *
zu deiner Rechten ist Wonne auf ewig.

℣. Unser Verlangen richtet sich auf den Herrn.
℟. Wir vertrauen auf seinen heiligen Namen.

Resp
I

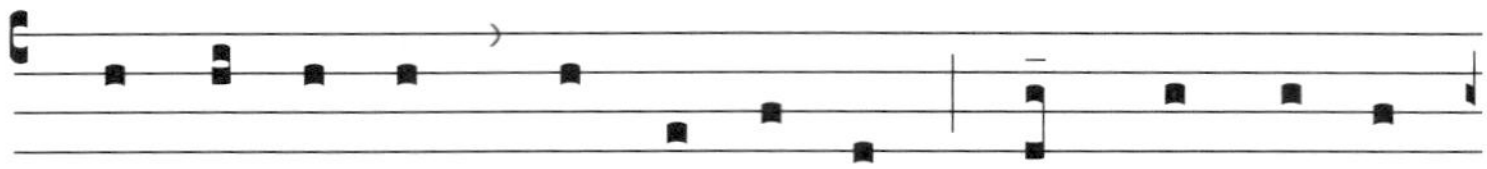

I hr Dürstenden, kommet zu mir! * Hört, dann werdet

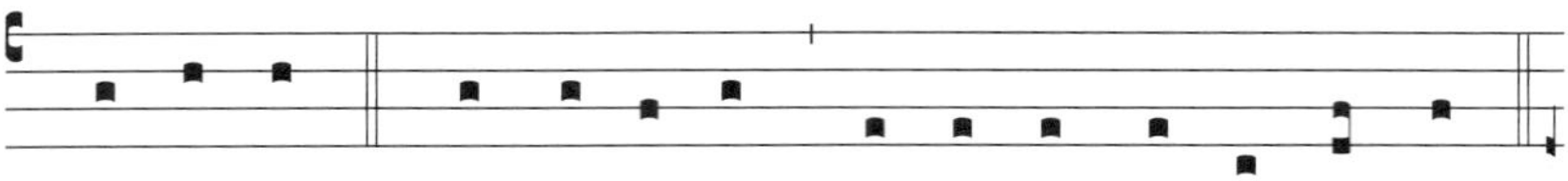

ihr le-ben! ℣. Neigt eu-er Ohr, so er-langt ihr Erkenntnis.

Jes 55,1.3; Sir 6,33

Vor einer Profeß

Resp
I

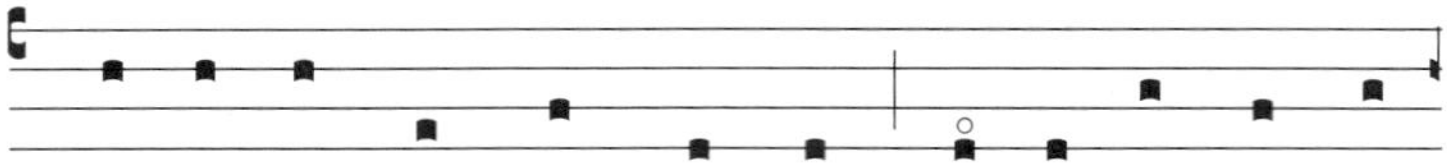

W en-de dein Herz dem Herrn zu: * ihm al-lein sollst du

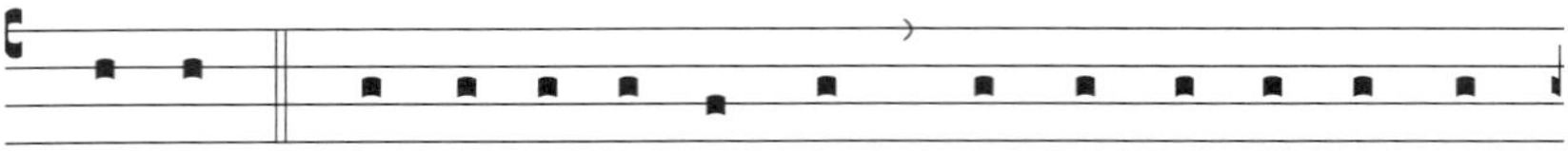

dienen. ℣. Gott ge-be dir ein Herz, das dich be-fä-higt, ihn

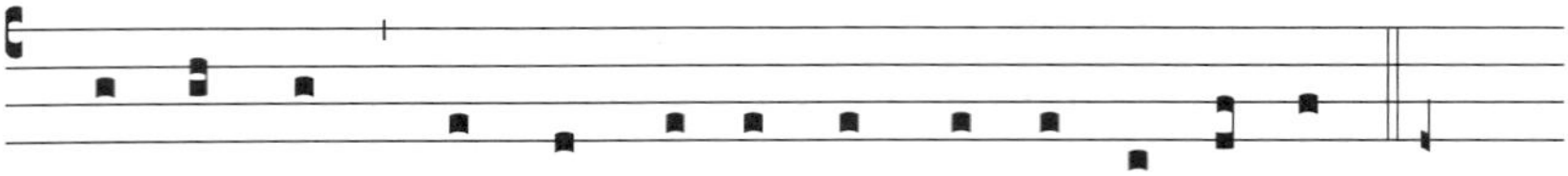

zu fürchten und ihm mu-tig und wil-lig zu fol-gen.

1 Sam 7,3; 2 Makk 1,3

Zweite Nokturn

Ant 1
II

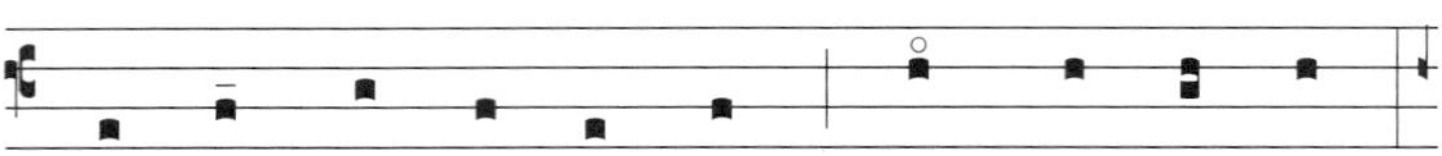

M ein Herz denkt an dein Wort: * Sucht mein Ant-litz! –

Dein Antlitz, o Herr, will ich su-chen.

Psalm 27

DER HERR ist mein Licht und mein Heil: *
Wen sollte ich fürchten?
Der HERR schützt mein Leben: *
Vor wem sollte ich bangen?
Dringen Frevler auf mich ein, mich zu verschlingen: *
meine Bedränger und Feinde, sie straucheln und fallen.
Mag ein Heer mich belagern, *
mein Herz wird sich nicht fürchten.
Mag gegen mich der Kampf entbrennen, *
ich bleibe dennoch voll Zuversicht.

Eines erbat ich vom HERRN, /
danach verlangt mich: *
im Haus des HERRN zu wohnen alle Tage meines Lebens,
die Freundlichkeit des HERRN zu schauen *
und nachzusinnen in seinem Tempel.
Er birgt mich unter seinem Dach am Tag des Unheils, /
er beschirmt mich im Schutz seines Zeltes, *
er hebt mich empor auf den Felsen.
Nun kann mein Haupt sich erheben *
über die Feinde, die mich umringen.
So will ich Opfer bringen in seinem Zelt, /
Opfer mit Jubel, *
dem HERRN will ich singen und spielen.

Höre, o HERR, den Ruf meiner Stimme, *
sei mir gnädig und gib mir Antwort!
Mein Herz denkt an dein Wort: /
„Suchet mein Antlitz!" *
Dein Antlitz, o HERR, will ich suchen.
Verbirg mir nicht dein Antlitz, /
weise deinen Knecht nicht im Zorne zurück, *
du hast mir doch immer geholfen.
Verstoß mich nicht, verlaß mich nicht, *
du Gott meines Heiles.
Selbst wenn mich Vater und Mutter verlassen, *
der HERR gibt mir Heimstatt.

Weise mir, HERR, deinen Weg, *
führe mich, meinen Gegnern zum Trotz, auf ebenem Pfade.
Gib mich nicht preis der Gier der Bedränger, *
denn falsche Zeugen standen gegen mich auf
und schnauben Gewalttat.
Ich aber glaube fest: /
Die Güte des HERRN werde ich schauen *
im Lande der Lebenden.

Harre auf den HERRN und sei stark, *
fasse Mut und harre des HERREN.

Ant 2
VI

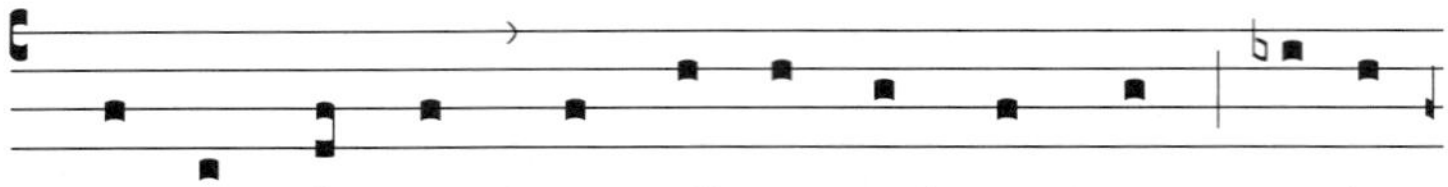

H err der Scha- ren, mein Kö- nig und mein Gott: * Se- lig

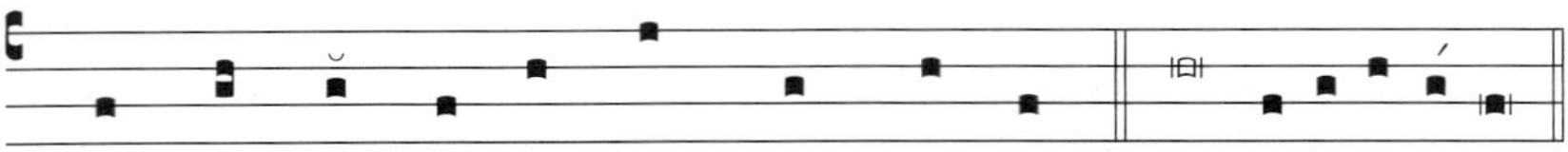

die Menschen, de- nen Kraft kommt von dir.

Psalm 84

WIE liebenswert ist deine Wohnung, *
du HERR der Scharen!
Meine Seele verzehrt sich in Sehnsucht *
nach den Höfen des HERREN.
Mein Herz und mein Fleisch, *
sie jauchzen hin zu Gott, dem Lebendigen.
Auch der Sperling findet ein Haus, /
ein Nest die Schwalbe, *
um ihre Jungen zu hegen bei deinen Altären.
HERR der Scharen, mein König und mein Gott: /
Selig, die in deinem Hause wohnen, *
sie dürfen allezeit dich preisen.

Selig die Menschen, denen Kraft kommt von dir, *
die sich zur Wallfahrt entschließen.

Wandern sie durchs Wüstental, /
so machen sie es zur Oase, *
und Frühregen hüllt es in Segen.
    Sie schreiten fort von Kraft zu Kraft. *
    Der Gott der Götter läßt sich schauen auf dem Zion.

HERR, Gott der Scharen, höre mein Beten, *
vernimm es, du Gott Jakobs.
    O Gott, sieh her auf unseren Schild, *
    und schau auf das Antlitz deines Gesalbten.
Ja, ein einziger Tag in deinen Höfen *
ist besser als tausend andere.
    Das ziehe ich vor: /
    an der Schwelle zu stehen im Haus meines Gottes, *
    statt zu wohnen in den Zelten der Frevler.
Denn Sonne und Schild ist der HERR, *
Gott ist Gnade und Herrlichkeit.
    Der HERR wird geben, /
    er versagt kein Gut *
    denen, die in Lauterkeit leben.
HERR der Scharen: *
Selig die Menschen, die auf dich vertrauen!

Ant 3
IV

Psalm 24

DES HERRN ist die Erde und was sie erfüllt, *
der Erdkreis und seine Bewohner.
Denn er hat ihn über Meeren gegründet *
und ihn über Strömen gefestigt.

Wer darf hinaufziehn zum Berge des HERRN, *
wer darf stehn an seiner heiligen Stätte?
Der reine Hände hat und ein lauteres Herz, /
der seine Seele nicht erhebt zum Nichtigen, *
und der dem Trug keinen Eid schwört.
Er wird Segen empfangen vom HERRN *
und Gerechtigkeit vom Gott seines Heiles.
Dies ist das Geschlecht, das nach ihm fragt: *
jene, die dein Antlitz suchen, Jakob.

Ihr Tore, hebt eure Häupter, /
erhebt euch, ihr uralten Pforten, *
daß Einzug halte der König der Herrlichkeit!
Wer ist dieser König der Herrlichkeit? /
Der HERR, stark und gewaltig, *
der HERR, gewaltig im Kampfe.
Ihr Tore, hebt eure Häupter, /
erhebt euch, ihr uralten Pforten, *
daß Einzug halte der König der Herrlichkeit!
Wer ist er, dieser König der Herrlichkeit? /
Der HERR der Scharen: *
Er ist der König der Herrlichkeit.

℣. Zeige mir, Herr, deine Wege.
℟. Lehre mich deine Pfade.

Resp
I

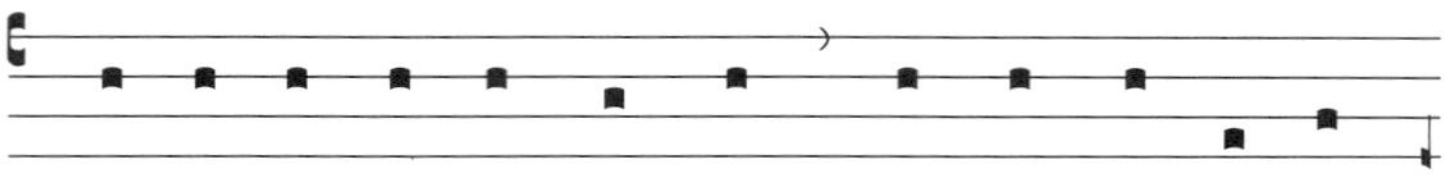

A ch- tet die Weisung des Herrn, und geht auf sei- nen

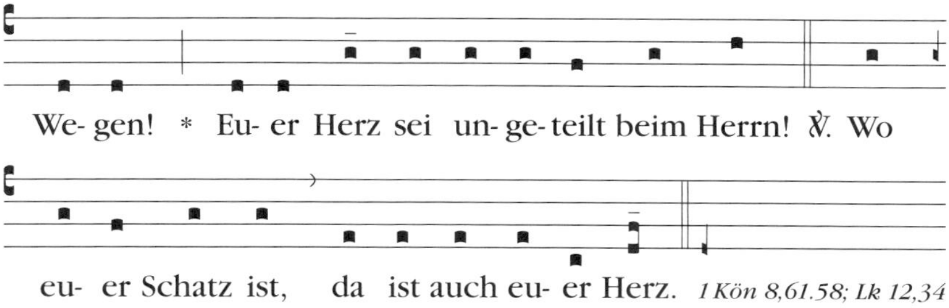

Vor einer Profeß

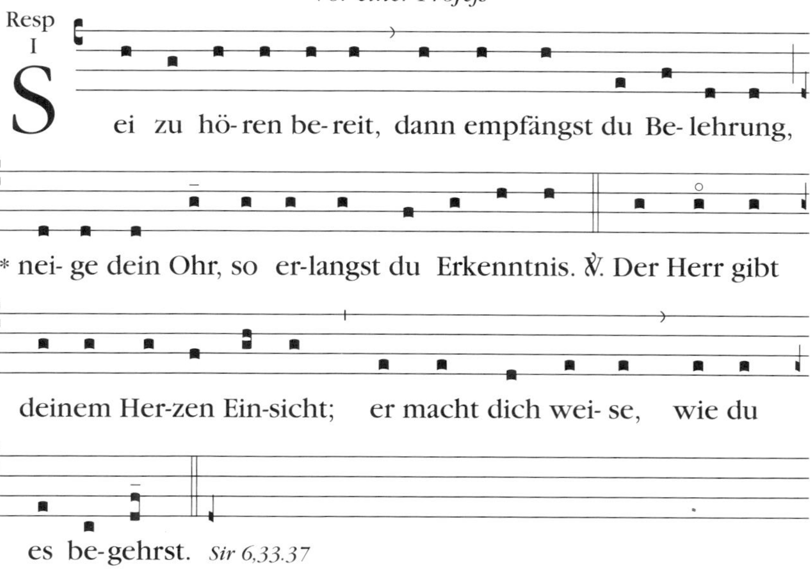

Dritte Nokturn

Für einen Mönch

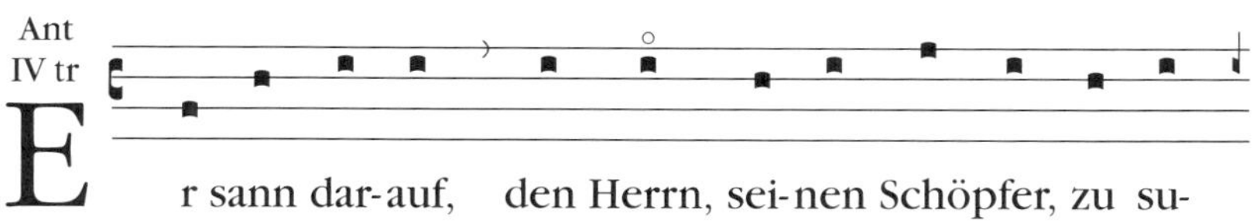

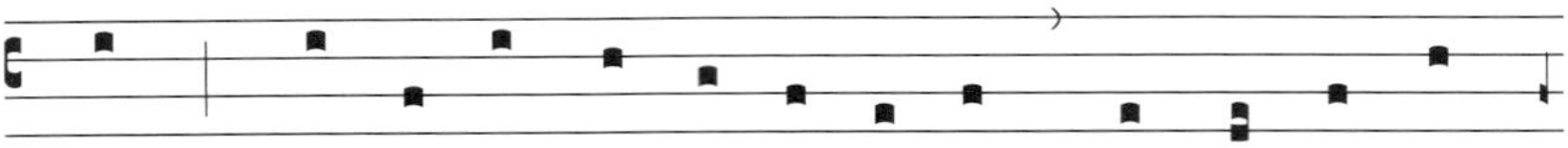

chen. * Und Got-tes Geist er- fül- lte ihn mit Weisheit und

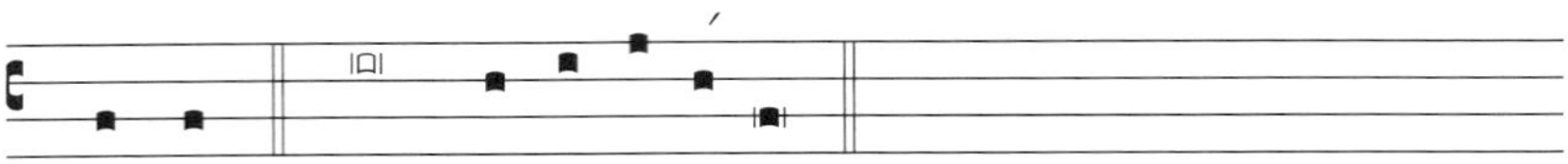

Ein-sicht. *cf. 1 Chr 22,19.12*

Jesus Sirach 44,1-5.10-15

DIE ehrwürdigen Männer will ich nun preisen, *
unsre Väter, wie sie aufeinander folgten.
Viel Ehre hat der Höchste ihnen zugeteilt, *
groß stehen sie da seit den Tagen der Vorzeit:

Beherrscher der Erde in königlicher Würde, *
Männer, die für ihre Macht berühmt sind;
die Rat erteilten durch ihre Einsicht, *
die als Propheten alle Dinge erschauten;
Führer des Volkes wegen ihrer Klugheit, *
angesehen wegen ihres Scharfblicks;
redekundig durch ihre Kenntnis der Schriften, *
weise Lehrer und Meister der Überlieferung;
Dichter von Liedern nach den Regeln der Kunst, *
Verfasser geschriebener Sprüche.

Ehrwürdig sind diese Männer, *
ihre Hoffnung wurde nicht zuschanden.
Bei ihren Nachkommen bleibt ihr Gut, *
ihr Erbe bei den Kindern ihrer Kinder.
Denn ihre Söhne stehen fest in dem, was sie empfingen, *
und so auch deren Kinder im Erbe ihrer Väter.
Ihr Andenken hat für immer Bestand, *
ihr Ruhm wird niemals ausgelöscht.
Ihr Leib ist bestattet in Frieden, *
doch von Geschlecht zu Geschlecht lebt ihr Name weiter.
Von ihrer Weisheit erzählt die Gemeinde, *
ihr Lob wird verkündet in der Versammlung.

℣. Ein unerschöpflicher Schatz ist die Weisheit.
℟. Wer ihn erwirbt, erlangt die Freundschaft Gottes.

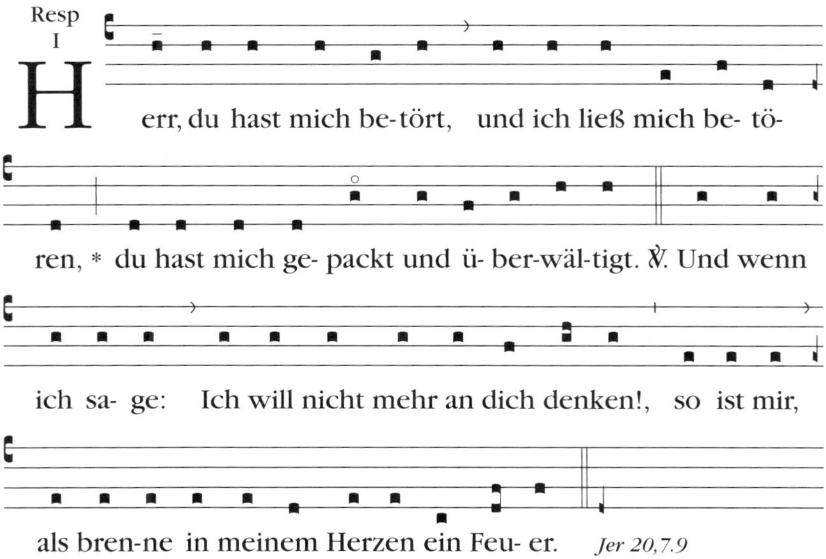

Jer 20,7.9

Für eine Nonne

Sir 51,13-15

Jesus Sirach 14,20–15,6

SELIG der Mensch, der nachsinnt über die Weisheit, *
der sich bemüht um Einsicht:
Er richtet seinen Sinn auf ihre Wege *
und achtet auf ihre Pfade.
Er geht ihr nach wie ein Späher, *
er lauert am Eingang ihrer Wohnung.
Er schaut durch ihre Fenster *
und horcht an ihren Türen.
Bei ihrem Haus schlägt er sein Lager auf *
und macht die Stricke seines Zeltes fest an ihrer Mauer.
An ihrer Seite stellt er sein Zelt auf *
und wohnt in guter Nachbarschaft.
Er baut sein Nest in ihrem Laub *
und nächtigt in ihren Zweigen.
In ihrem Schatten sucht er Zuflucht vor der Hitze *
und wohnt im Schutz ihres Hauses.

Wahrlich, so handelt, wer den HERRN fürchtet und ehrt. *
Wer an der Weisung festhält,
wird die Weisheit erlangen.
Sie geht ihm entgegen wie eine Mutter, *
sie nimmt ihn auf wie eine junge Gattin.
Sie nährt ihn mit dem Brot der Klugheit, *
sie tränkt ihn mit dem Wasser der Einsicht.
Er stützt sich auf sie und kommt nicht zu Fall, *
er vertraut ihr und wird nicht zuschanden.
Sie erhöht ihn über seine Gefährten, *
sie öffnet ihm den Mund in der Gemeinde.
Jubel und Freude läßt sie ihn finden, *
sie verleiht ihm einen unvergänglichen Namen.

℣. Wer die Weisheit findet, findet Leben.
℟. Und erlangt das Gefallen des Herrn.

Resp
I

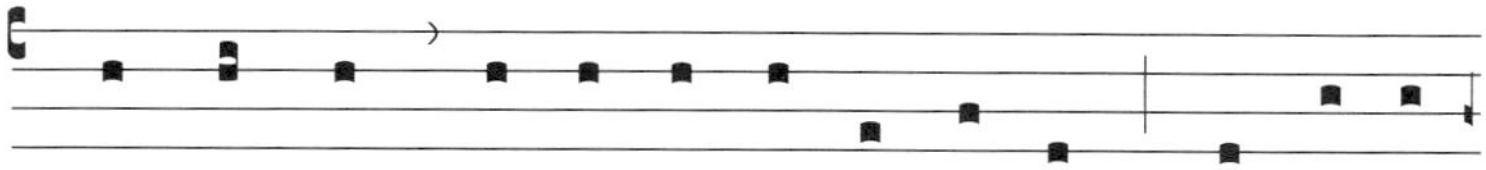

S eid wachsam, hal-tet die Lampen be- reit! * Der Bräuti-

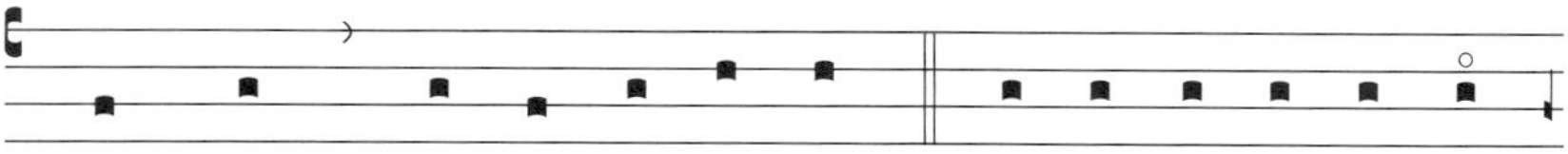

gam kommt! Eilt ihm ent- ge- gen! ℣. Dar-auf sei eu- er Herz

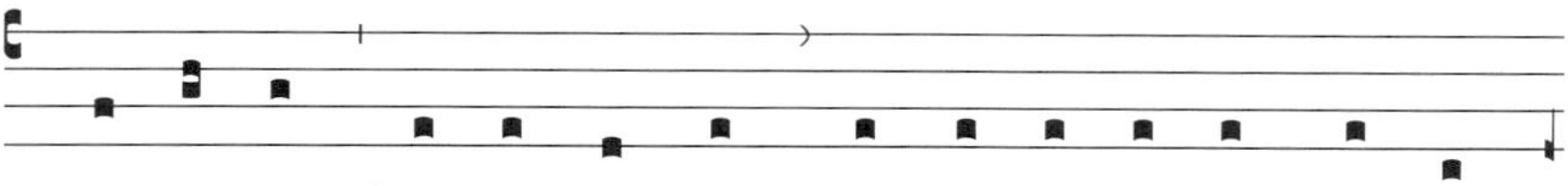

ge- rich-tet: daß ihr Gott liebt und un-be- irrt auf Chri-stus

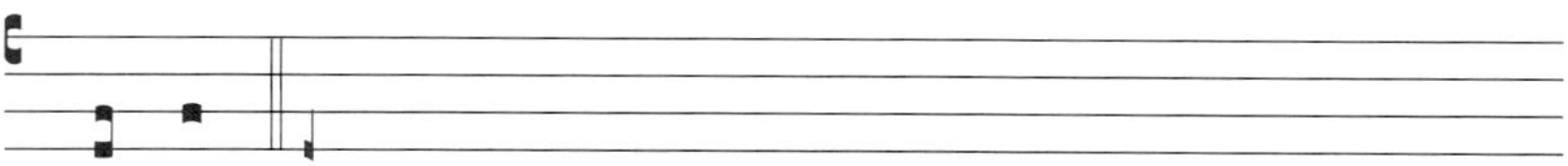

war-tet. *cf. Mt 25,13.6; 2 Thess 3,5*

Vor einer Profeß

℟.
IV

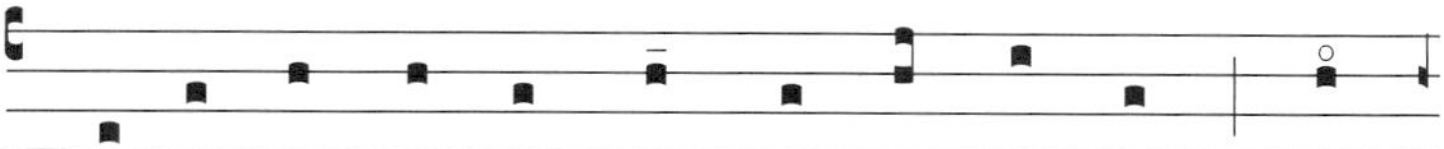

D ie ihr fürchtet den Herrn, ver-traut auf ihn! Harrt

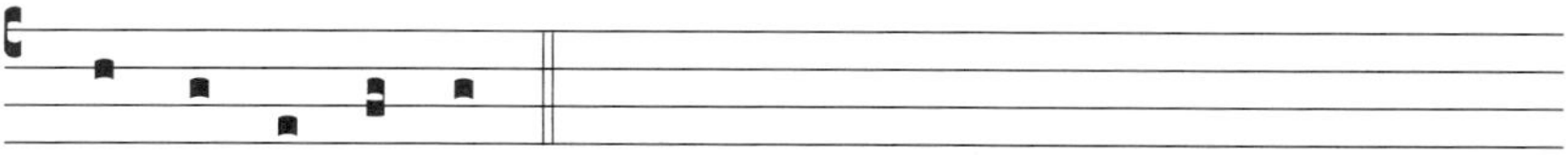

auf sein Er-barmen!

Jesus Sirach 2,1-18

MEIN Kind,
wenn du dich aufmachst, um dem HERRN zu dienen,
dann sei auf Versuchung gefaßt.
Stärke dein Herz, sei standhaft und mutig,
harre aus, wenn die Heimsuchung naht.

Hange ihm an und falle nicht ab,
damit du erhöht wirst am Ende.

DIE IHR FÜRCHTET DEN HERRN, VERTRAUT AUF IHN!
HARRT AUF SEIN ERBARMEN!

Was auch über dich kommt, nimm es an,
sei geduldig in jeder Bedrängnis.
Denn das Gold wird im Feuer erprobt,
wer Gott gefällt, im Ofen der Trübsal.
Vertraue auf Gott, daß er deiner sich annimmt,
hoffe auf ihn, daß er den Weg dir ebnet.

DIE IHR FÜRCHTET DEN HERRN, VERTRAUT AUF IHN!
HARRT AUF SEIN ERBARMEN!

Die ihr fürchtet den HERRN, harrt auf sein Erbarmen,
weicht nicht ab, damit ihr nicht fallt.
Die ihr fürchtet den HERRN, schenkt ihm Vertrauen,
und euer Lohn bleibt nicht aus.
Die ihr fürchtet den HERRN, hoffet auf Gutes,
auf Erbarmen und ewige Freude.

DIE IHR FÜRCHTET DEN HERRN, VERTRAUT AUF IHN!
HARRT AUF SEIN ERBARMEN!

Schaut auf die früheren Geschlechter und erkennt:
Wer vertraute auf den HERRN und wurde zuschanden?
Wer blieb in seiner Furcht und wurde verlassen?
Wer rief ihn an und wurde verschmäht?
Denn der HERR ist barmherzig und gnädig,
er läßt die Sünden nach und rettet in Zeiten der Drangsal.

DIE IHR FÜRCHTET DEN HERRN, VERTRAUT AUF IHN!
HARRT AUF SEIN ERBARMEN!

Wehe den mutlosen Herzen und den schlaffen Händen,
dem Sünder, der wandelt auf zweierlei Wegen!
Wehe dem furchtsamen Herzen, das kein Vertrauen hat,
es findet keinen Schutz!
Wehe euch, die ihr die Hoffnung verscherzt habt!
Was tut ihr, wenn der HERR euch heimsucht?

DIE IHR FÜRCHTET DEN HERRN, VERTRAUT AUF IHN!
HARRT AUF SEIN ERBARMEN!

Die den HERRN fürchten, sind seinen Worten gehorsam,
und die ihn lieben, halten seine Wege ein.
Die den HERRN fürchten, suchen sein Gefallen,
und die ihn lieben, sind von seiner Weisung erfüllt.
Die den HERRN fürchten, bereiten ihr Herz
und beugen sich vor ihm in Demut.

DIE IHR FÜRCHTET DEN HERRN, VERTRAUT AUF IHN!
HARRT AUF SEIN ERBARMEN!

„Wir wollen lieber fallen in die Hand des HERRN
als in die Hände von Menschen:
wie seine Größe, so ist sein Erbarmen,
und wie sein Name, so sind seine Werke!“

DIE IHR FÜRCHTET DEN HERRN, VERTRAUT AUF IHN!
HARRT AUF SEIN ERBARMEN!

Ehre sei dem Vater und dem Sohn
und dem Heiligen Geiste.
Wie im Anfang, so auch jetzt und immer
und für ewige Zeiten. Amen.

DIE IHR FÜRCHTET DEN HERRN, VERTRAUT AUF IHN!
HARRT AUF SEIN ERBARMEN!

℣. Gnädig bist du denen, die dich fürchten.
℟. Wer dich fürchtet, Herr, ist groß für immer.

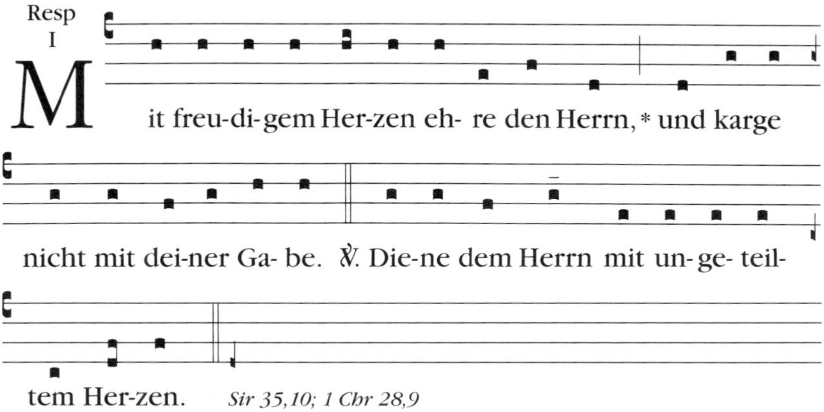

Sir 35,10; 1 Chr 28,9

LAUDES

Ant 1
I

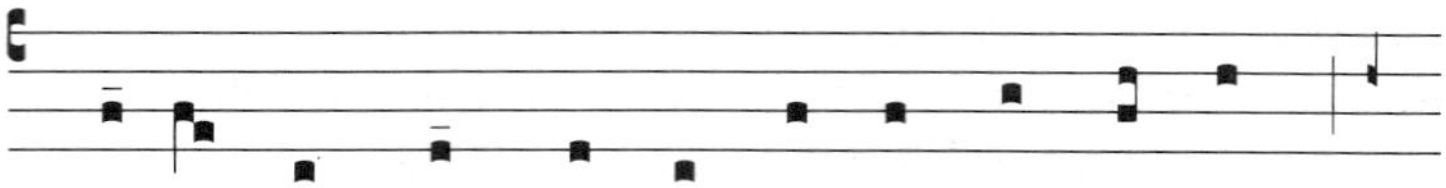

Hö- re, mein Sohn, auf die Wei-sung des Meisters, *

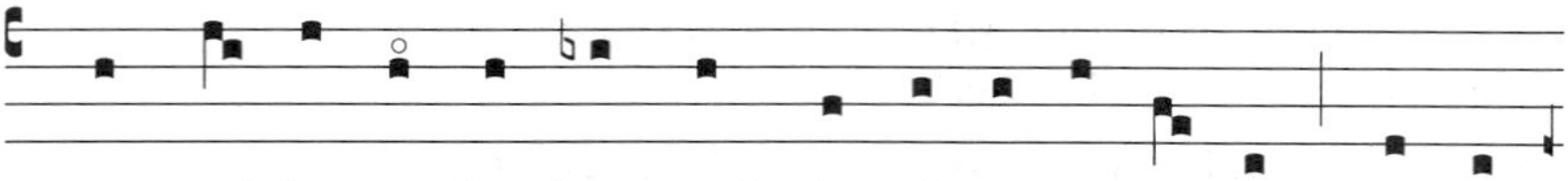

nimm wil- lig an den Zuspruch des gü- ti- gen Va- ters und er-

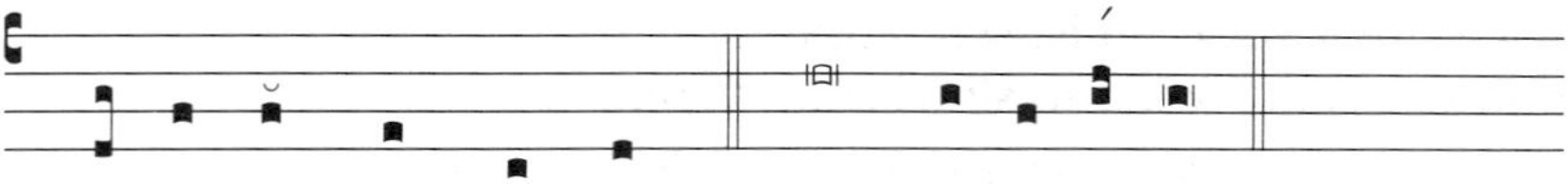

fül- le ihn durch die Tat. *RB (Prolog)*

Psalm 100

JAUCHZET dem HERRN, alle Welt! /
Dient dem HERRN mit Freude! *
Kommt vor sein Antlitz mit Jubel!
Erkennt: Der HERR ist Gott! /
Er hat uns geschaffen, wir sind sein Eigen, *
sein Volk und die Herde seiner Weide.

Tretet durch seine Tore mit Dank, /
in seine Höfe mit Lobgesang! *
Dankt ihm, preist seinen Namen!
Denn gut ist der HERR, /
seine Huld währt ewig *
und Geschlecht um Geschlecht seine Treue.

Ant 2
II

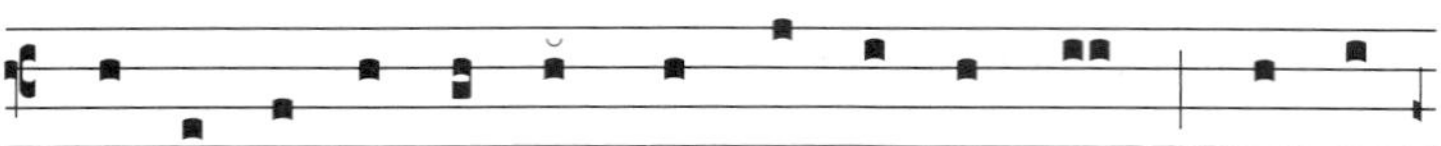

Öff- ne dei- ne Au-gen dem gött-li-chen Licht * und hö-

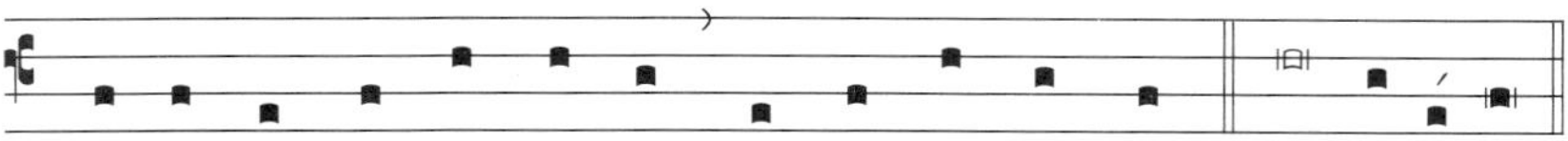

RB (Prolog)

Psalm 63

GOTT, du mein Gott, dich suche ich, *
nach dir dürstet meine Seele.
Nach dir schmachtet mein Leib *
wie dürres, lechzendes Land ohne Wasser.
So schaue ich dich im Heiligtum *
und sehe deine Macht und deine Herrlichkeit.
Ja, deine Liebe ist besser als das Leben. *
Meine Lippen sollen dich rühmen!
So will ich dich preisen mein Leben lang, *
in deinem Namen meine Hände erheben.
Wie an Fett und Mark
wird satt meine Seele. *
Mein Mund singe Lob
mit jubelnden Lippen!
Wenn ich an dich denke auf meinem Lager, *
sag ich von dir in nächtlichem Wachen:
„Du wurdest meine Hilfe, *
im Schatten deiner Flügel darf ich jubeln;
an dir hängt meine Seele, *
mich hält deine Rechte.“

Die mir nachstellen, um mich zu verderben, *
sie müssen hinab in die Tiefen der Erde.
Der Gewalt des Schwertes gibt man sie preis, *
den Schakalen werden sie zur Beute.
Der König aber freue sich an Gott! /
Wer bei ihm schwört, darf sich rühmen. *
Doch allen Lügnern wird der Mund geschlossen.

Ant 3
III

Er-grei-fe den glänzenden Schild des Ge-horsams * und

die-ne dem wahren Kö-nig, Christus, dem Herrn. *RB (Prolog)*

Tobit 13,2.6-8

GEPRIESEN sei Gott, der in Ewigkeit lebt, *
gepriesen sein Königtum!
Er ist es, der züchtigt und der sich ẹrbarmt, /
er führt zu den Toten hinab und er führt auch herauf; *
seiner Hand kann niemand entrinnen.
Wenn ihr euch zu ihm bẹkehrt, /
aus ganzem Herzen und mit ganzer Seele, *
um vor ihm das Wahre zu tun,
dann wendet auch er sich euch zu *
und wird sein Angesicht nicht mehr vor euch verbergen.
Wenn ihr dann seht, was er für euch getan hat, *
dann preiset ihn mit lauter Stimme!
Dankt dem Herrn der Gerechtigkeit, *
rühmt den ewigen König!
Ich preise den Herrn im Land der Verbannung, *
ich künde seine Macht und Größe einem Volk von Sündern.
Kehrt um, ihr Sünder! Tut, was vor ihm recht ist! *
Wer weiß,
ob er nicht gnädig ist und sich euer erbarmt?

Ant 4
V

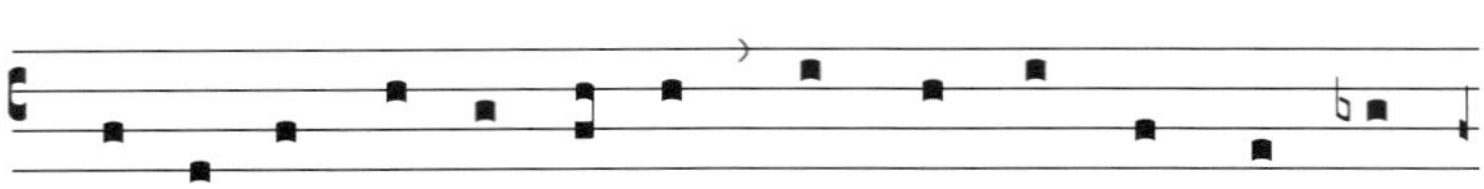

In sei-ner gro-ßen Gü- te * zeigt uns der Herr den Weg

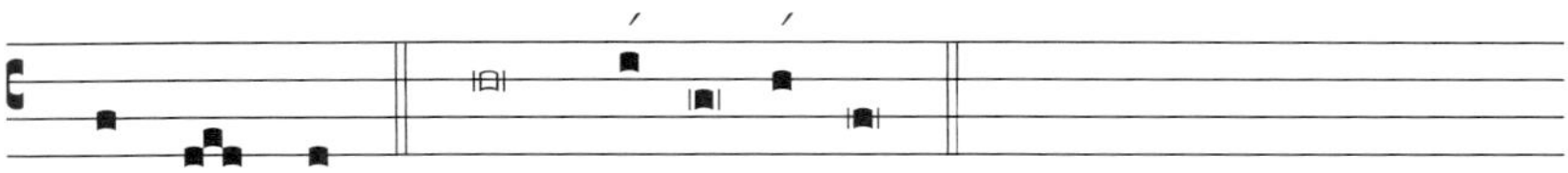

RB (Prolog; cf. Ps 16,11)

Psalm 150

LOBT Gott in seinem Heiligtum, *
lobt ihn in seiner mächtigen Feste!
  Lobt ihn ob seiner gewaltigen Taten, *
  lobt ihn in der Fülle seiner Hoheit!
Lobt ihn mit dem Schall der Posaunen, *
lobt ihn mit Harfe und Leier!
  Lobt ihn mit Pauke und Reigen, *
  lobt ihn mit Flöten und Saitenspiel!
Lobt ihn mit hellen Zimbeln, /
lobt ihn mit schmetternden Zimbeln! *
Alles, was Atem hat, lobe den HERREN!

*

Kurzlesung *Röm 12,1f*

Angesichts des Erbarmens Gottes ermahne ich euch, euch selbst als lebendiges und heiliges Opfer darzubringen, das Gott gefällt; das ist für euch der wahre und angemessene Gottesdienst. Gleicht euch nicht dieser Welt an, sondern wandelt euch und erneuert euer Denken, damit ihr prüfen und erkennen könnt, was der Wille Gottes ist: was ihm gefällt, was gut und vollkommen ist.

Resp
IV/1

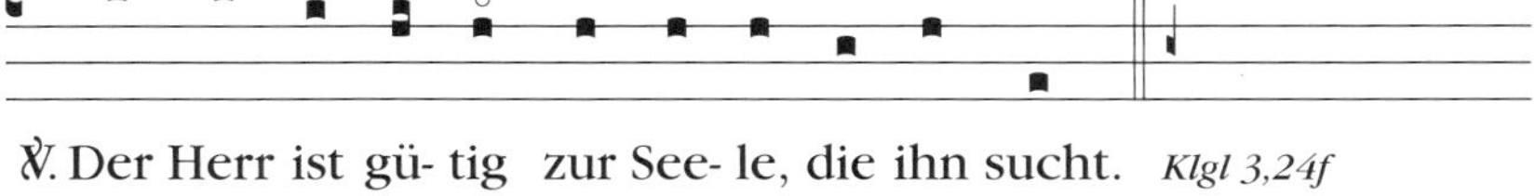

Klgl 3,24f

Für einen Mönch

Hymnus

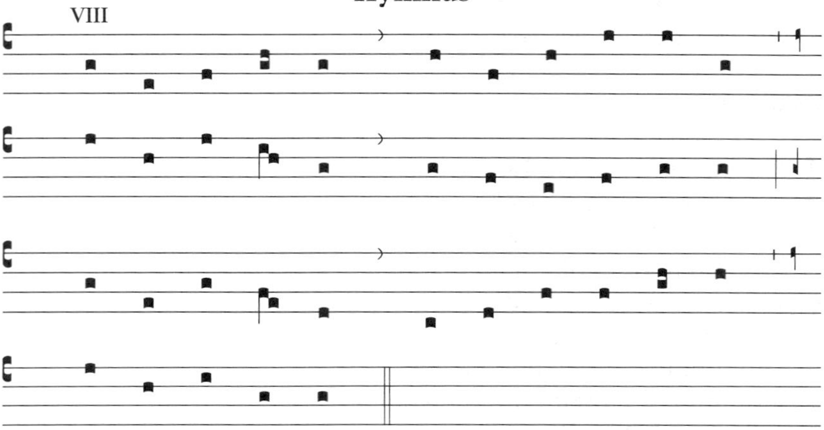

SELIG, wem Christus / auf dem Weg begegnet,
um ihn zu rufen, / alles zu verlassen,
sein Kreuz zu tragen / und in seiner Kirche
für ihn zu wirken.

Bei ihm ist Christus, / stärkt ihn in der Wüste,
schenkt ihm durch Leiden / Anteil an der Freude.
Und seine Brüder / spüren Christi Liebe
in seiner Nähe.

Durch seine Jünger / spricht zu uns der Meister,
ruft uns zur Umkehr, / spendet Licht und Hoffnung.
In ihren Taten / wird die Botschaft Christi
für uns lebendig.

Vater im Himmel, / heilig ist dein Name,
dein Reich wird kommen, / das dein Sohn verheißen.
Hilf uns, im Geiste / ihm den Weg bereiten
als deine Boten. Amen.

℣. Gott nahe zu sein, ist für mich gut.
℟. Er bleibt der Fels meines Herzens.

Für eine Nonne

Hymnus

VIII

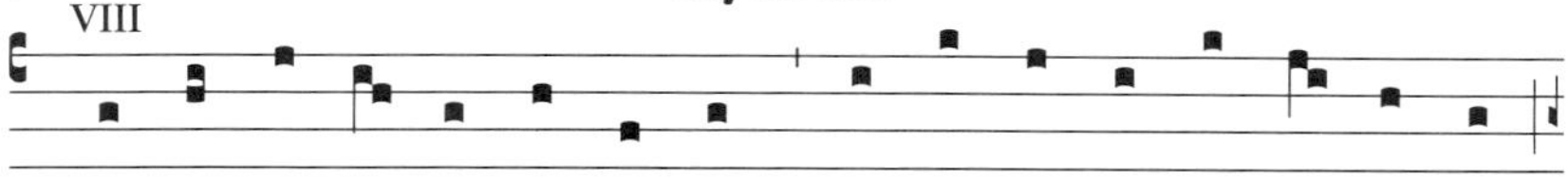

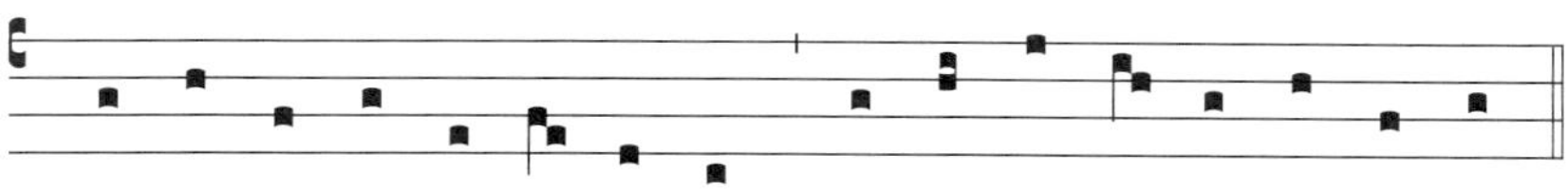

DU, HERR, hast sie für dich erwählt,
in Treue folgte sie dem Ruf.
Es brannte hell in ihrer Hand
die Lampe ihrer Wachsamkeit.

Voll Freude zog sie mit dir ein
zum königlichen Hochzeitsmahl.
Nach ihrem Vorbild laß auch uns
in Treue warten und Geduld.

Herr Jesus, der du kommen wirst,
dir sei der Lobpreis dargebracht.
Zum Mahl der Hochzeit öffne uns
die Pforten deiner Ewigkeit. Amen.

℣. Gott nahe zu sein, ist für mich gut.
℟. Er bleibt der Fels meines Herzens.

Ant C
VIII

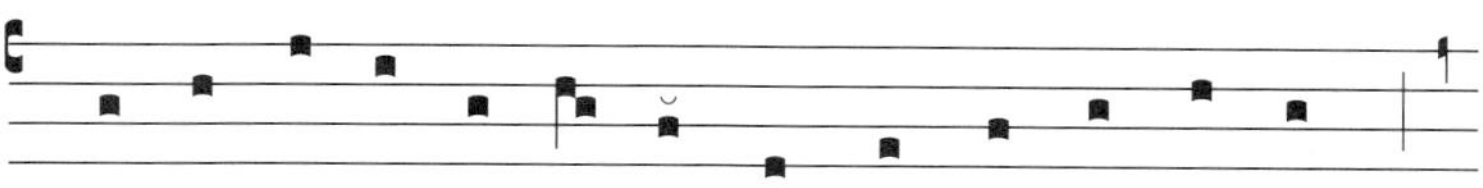

Ihr habt al- les ver- las- sen und seid mir nachge-folgt: *

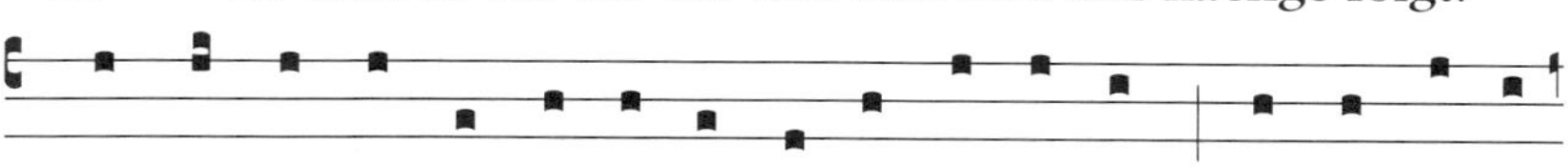

das Hundert-fache werdet ihr da- für er-hal-ten und das e-wi-

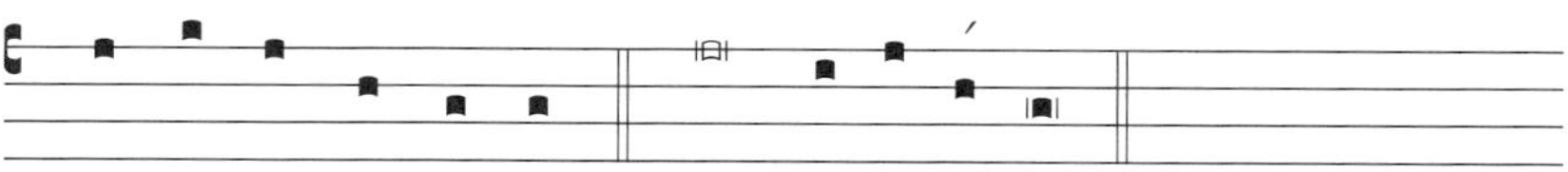

ge Le- ben ge-winnen. *Mt 19,27.29*

HEILIGE MÄNNER

VIGIL

Invitatorium

Hymnus

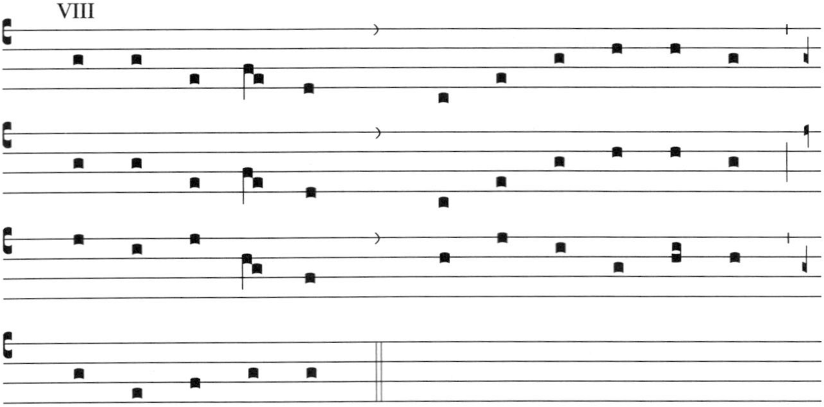

PREIS dem Bekenner, / dessen Fest wir feiern!
Er ward berufen, / Christus nachzufolgen
und für die Wahrheit / durch sein Wort und Beispiel
Zeugnis zu geben.

Wie einst sein Meister, / um die Welt zu retten,
ganz sich dahingab / bis zum Tod am Kreuze,
trug auch sein Jünger / hier auf dieser Erde
Mühsal und Leiden.

Nach seiner Weisung/nahm sein Kreuz er auf sich,
folgte ihm täglich,/hat sich selbst verleugnet.
Mit ihm gestorben,/erbt er jetzt zum Lohne
ewiges Leben.

Ihn zu verehren,/schallt nun unsres Liedes
freudiger Lobpreis/aus bereitem Herzen,
daß er im Himmel/Hilfe uns erbitte
all unsre Tage.

Lob sei dem Vater/auf dem höchsten Throne,
Lob sei dem Sohne,/Gott, aus Gott geboren,
Lob sei dem Geiste,/der mit beiden eins ist,
immer und ewig. Amen.

Erste Nokturn

Ant 1
VIII

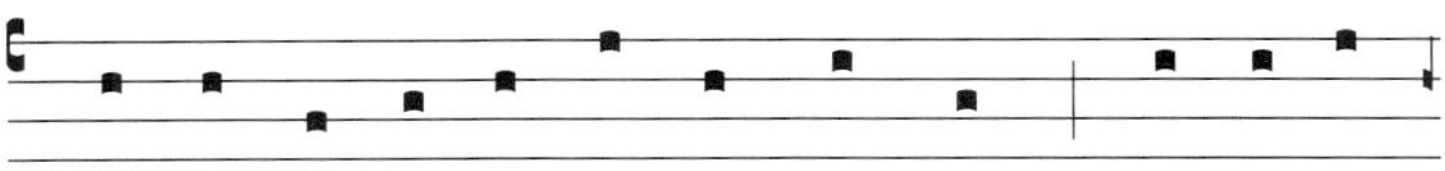

V oll-kommen ist die Wei-sung des Herrn. * Wer sie be-

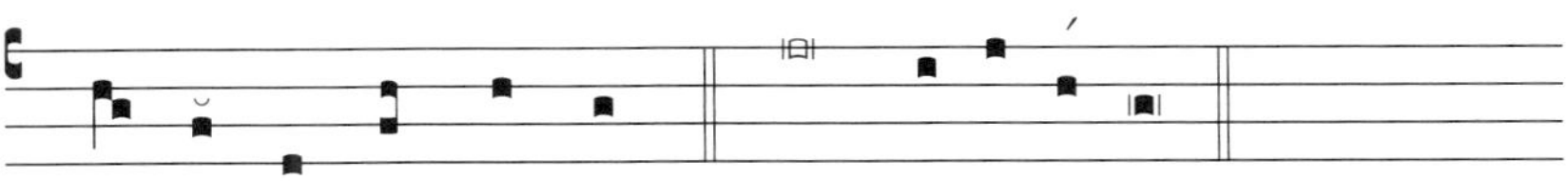

ach- tet, ist reich be- lohnt.

Psalm 19

DIE Himmel erzählen die Herrlichkeit Gottes, *
das Firmament verkündet das Werk seiner Hände.
Ein Tag sagt es jubelnd dem andern, *
eine Nacht übergibt der andern die Kunde.
Nicht sind es Worte, nicht sind es Reden, *
deren Stimme man nicht vernähme.
Ihre Botschaft ging in alle Welt hinaus, *
ihre Nachricht bis zu den Enden der Erde.

Dort hat er der Sonne ein Zelt bestimmt: /
wie der Bräutigam aus seinem Gemach tritt sie hervor, *
sie freut sich wie ein Held, die Bahn zu laufen.
Am einen Ende des Himmels geht sie hervor, /
durchläuft den Kreis bis ans andere Ende. *
Nichts kann vor ihrer Glut sich bergen.

Die Weisung des HERRN ist vollkommen, *
sie erquickt die Seele.
Das Zeugnis des HERRN ist verläßlich, *
den Unwissenden macht es weise.
Die Befehle des HERRN sind gerade, *
das Herz erfüllen sie mit Freude.
Das Gebot des HERRN ist lauter, *
es erleuchtet die Augen.
Die Furcht des HERRN ist rein, *
sie besteht für ewig.
Die Entscheide des HERRN sind wahr, *
gerecht sind sie alle.
Kostbarer sind sie als Gold, als Feingold in Menge, *
süßer sind sie als Honig und Seim aus den Waben.
Auch dein Knecht läßt sich durch sie erleuchten. *
Reich ist belohnt, wer sie beachtet.
Wer wird all seiner Fehler gewahr? *
Sprich mich frei von verborgenen Sünden!
Auch vor Vermessenen behüte deinen Knecht, *
sie sollen nicht über mich herrschen.
Dann werde ich vollkommen sein: *
frei von schwerer Verfehlung.

Die Worte meines Mundes mögen dir gefallen, /
das Sinnen meines Herzens stehe dir vor Augen, *
HERR, mein Fels und mein Erlöser.

Ant 2
IV

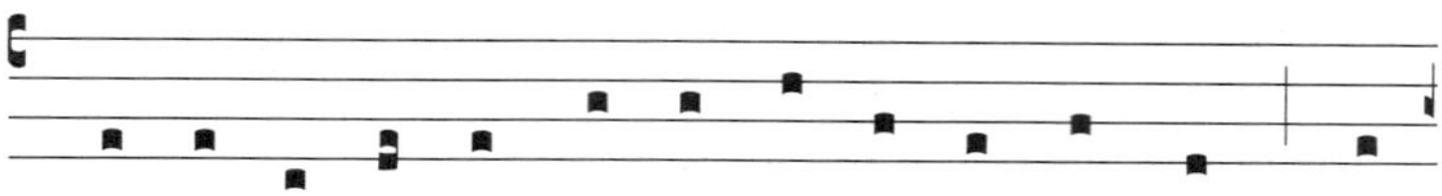

Auf die Ge-rechten blicken die Au-gen des Herrn. * Er

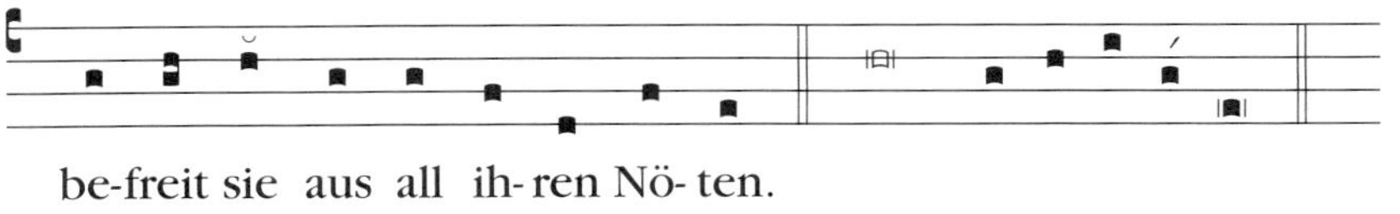

Psalm 34

ALLEZEIT will ich den HERRN lobpreisen, *
sein Lob sei stets in meinem Munde!
Meine Seele rühme sich des HERRN, *
die Armen sollen es hören und fröhlich sein!
Preiset den HERRN mit mir, *
laßt uns gemeinsam seinen Namen erheben!

Ich suchte den HERRN, und er erhörte mich, *
er hat mich all meinen Ängsten entrissen.
Die auf ihn blicken, werden strahlen, *
nie wird vor Scham ihr Antlitz erröten.
Da rief ein Armer, und es hörte ihn der HERR, *
er half ihm aus all seinen Nöten.
Der Engel des HERRN umschirmt, die ihn fürchten, *
und er befreit sie.
Kostet und seht: Der HERR ist gut! *
Selig der Mensch, der zu ihm sich flüchtet!
Fürchtet den HERRN, ihr seine Heiligen, *
denn die ihn fürchten, leiden keinen Mangel.
Selbst Löwen darben und leiden Hunger, *
doch wer den HERRN sucht, braucht kein Gut zu entbehren.

Kommt, ihr Söhne, höret mich! *
Die Furcht des HERRN will ich euch lehren.
Wer ist der Mensch, der Lust hat am Leben, *
der Tage sich wünscht, um Gutes zu sehen.
Hüte deine Zunge vor dem Bösen *
und deine Lippen vor falscher Rede!
Laß ab vom Bösen und tu das Gute, *
trachte nach Frieden und such ihn zu ergreifen!

Die Augen des HERRN blicken auf die Gerechten, *
und seine Ohren hören auf ihr Schreien.

Das Antlitz des HERRN richtet sich gegen die Bösen, *
ihr Gedächtnis von der Erde zu tilgen.
Schrein die Gerechten, so hört sie der HERR, *
er entreißt sie all ihren Nöten.
Der HERR ist nahe den gebrochenen Herzen, *
dem zerschlagenen Geist schafft er Heilung.
Viel Böses muß der Gerechte leiden, *
doch allem wird der HERR ihn entreißen.
Er behütet all seine Glieder, *
nicht eins von ihnen wird zerbrochen.
Den Frevler tötet die Bosheit, *
wer den Gerechten haßt, muß es büßen.
Der HERR erlöst seine Knechte, *
von Strafe bleibt verschont, wer zu ihm sich flüchtet.

Ant 3
III

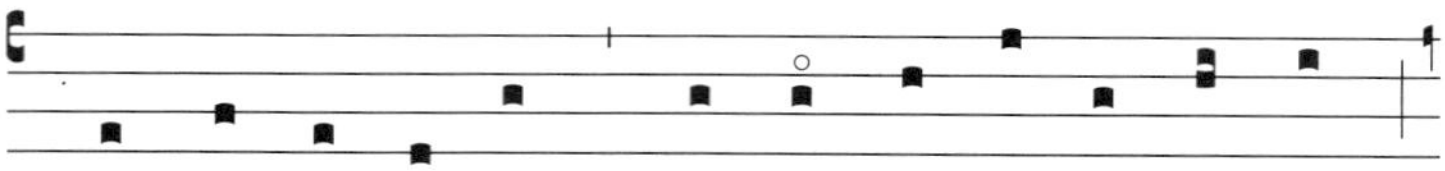

Der Herr ist ge- recht, * er liebt ge- rechte Ta- ten.

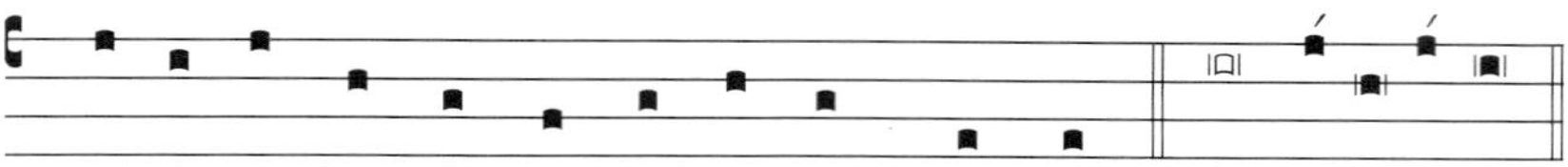

Red-li-che wer-den sein An- ge-sicht schau-en.

Psalm 11

ICH habe Zuflucht gefunden beim HERRN. /
Wie könnt ihr mir sagen: *
„Vöglein, flieht in eure Berge!
Denn schon spannen die Frevler den Bogen, /
legen ihren Pfeil auf die Sehne, *
im Dunkel zu schießen auf redliche Herzen.
Werden die Fundamente zertrümmert, *
– was kann da noch ein Gerechter bewirken?“

Der HERR ist in seinem heiligen Tempel; *
der HERR hat seinen Thron im Himmel.
Seine Augen halten Ausschau, *
seine Blicke prüfen die Menschen.
Der HERR prüft den Gerechtẹn, /
doch den Frevler haßt er *
und jene, die Gewalttat lieben.
Verderben läßt er auf die Frevler regnen, *
Feuer und Schwefel und sengender Wind ist ihr Anteil.

Ja, der HERR ist gẹrecht, /
er liebt gerechte Taten. *
Redliche werden sein Angesicht schauen.

℣. Ihr seid Kinder des Herrn, eures Gottes.
℟. Ein Volk, das ihm heilig ist.

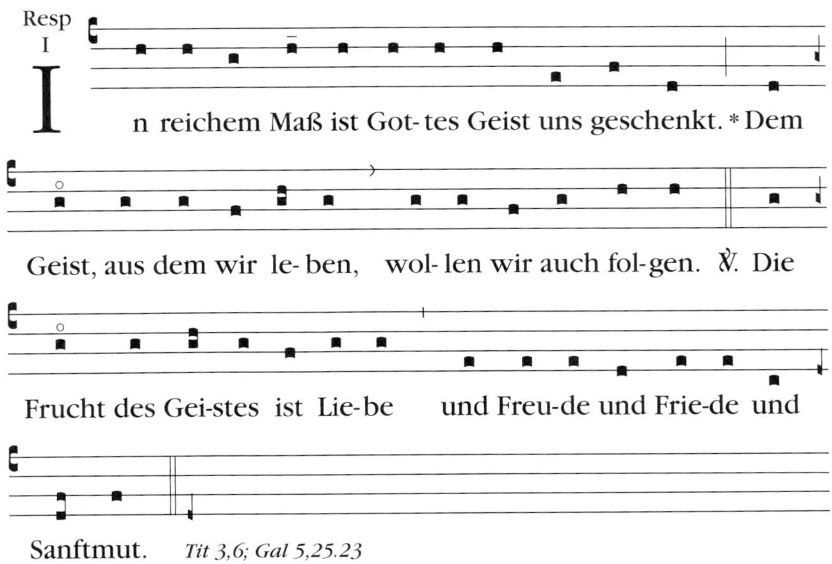

Tit 3,6; Gal 5,25.23

Zweite Nokturn

Ant 1
VI

Psalm 92

SCHÖN ist es, dem HERRN zu danken, *
deinem Namen zu spielen, du Höchster,
  am Morgen zu verkünden deine Liebe, *
  und deine Treue in den Nächten
zur Laute mit zehn Saiten und zur Harfe, *
zum Klingen der Leier.
  Denn du hast mich froh gemacht, HERR,
    durch dein Tun; *
  ich will jubeln über die Werke deiner Hände.

Wie groß sind deine Werke, o HERR, *
unendlich tief sind deine Gedanken!
  Ein Mensch ohne Einsicht kann es nicht fassen, *
  ein Tor kann es nicht verstehen:
Wenn auch die Frevler sprießen wie Gras, /
und alle, die Unrecht tun, in Blüte stehn: *
sie sind bestimmt zum Verderben auf immer.
  Du aber bist erhaben, *
  HERR, du bleibst in Ewigkeit.
Doch siehe, deine Feinde, o HERR, /
doch siehe, deine Feinde vergehen; *
zerstreut werden alle, die Unrecht tun.

  Du hast mich stark gemacht wie einen Wildstier, *
  mit frischem Salböl bin ich überschüttet.

Mein Auge blickt herab auf meine Verfolger, *
mein Ohr hört, wie es den Bösen ergeht, die gegen mich aufstehn.
  Der Gerechte sprießt wie die Palme, *
  er wächst empor wie die Zedern des Libanon.
Die gepflanzt sind im Hause des HERRN, *
sprießen auf in den Höfen unseres Gottes:
  noch im Alter gedeihen sie, *
  sie bleiben voll Saft und Frische,
zu verkünden: Gerecht ist der HERR! *
Mein Fels – an ihm ist kein Unrecht.

Ant 2
IV

Psalm 31

ZU DIR, o HERR, flüchte ich, /
laß mich doch niemals scheitern, *
befreie mich in deiner Gerechtigkeit!
  Neige dein Ohr mir zu, *
  eile doch, mich zu entreißen!
Sei mir ein Fels der Zuflucht, *
eine feste Burg, die mich rettet!
  Denn du bist mein Fels und meine Feste. *
  Um deines Namens willen wirst du mich führen und leiten.
Du führst mich heraus /
aus dem Netz, das sie mir heimlich legten, *
denn du bist meine Zuflucht.
  In deine Hände befehle ich meinen Geist. *
  Du hast mich erlöst, o HERR, du Gott der Treue.

Ich hasse, die nichtige Götzen verehren, *
ich setze auf den HERRN mein Vertrauen.
Ich will jubeln und deiner Liebe mich freuen, /
denn angesehen hast du meine Not, *
du wußtest um mich in meiner Bedrängnis.
Du gabst mich nicht in die Hand des Feindes, *
du führtest meine Schritte ins Weite.

Sei mir gnädig, o HERR, mir ist bange, *
mein Auge, meine Seele, mein Leib, sie vergehen vor Jammer.
Ja, in Kummer verzehrt sich mein Leben, *
und meine Jahre verrinnen in Seufzen.
Ob meiner Sünde schwindet mir die Kraft, *
und meine Gebeine zerfallen.
Wegen all meiner Bedränger wurde ich zum Spott, *
zum Spott sogar für meine Nachbarn.
Meinen Freunden wurde ich zum Schrecken. *
Wer mir begegnet, geht mir aus dem Wege.
Vergessen bin ich, bin aus dem Sinn wie ein Toter, *
wie ein zerbrochenes Gefäß bin ich geworden.
Ich höre das Zischeln der Menge, *
ringsum ist Grauen:
Zusammen halten sie gegen mich Rat, *
sie sinnen darauf, mir das Leben zu rauben.
Ich aber, HERR, ich vertraue auf dich, *
ich sage: „Mein Gott bist du!"
In deiner Hand ist mein Geschick. *
Entreiß mich der Hand meiner Feinde und Verfolger.
Laß leuchten über deinem Knecht dein Antlitz, *
rette mich in deiner Liebe.
HERR, laß mich nicht scheitern, *
da ich zu dir rufe!
Scheitern sollen die Frevler, *
sie sollen zum Schweigen kommen in der Unterwelt.
Verstummen sollen die lügnerischen Lippen, /
die wider den Gerechten Freches reden *
voll Hochmut und Verachtung.

Wie groß ist deine Güte, o HERR, *
die du denen bewahrst, die dich fürchten.
Du erweist sie denen, die sich bei dir bergen *
offen vor allen Menschen.
Du birgst sie im Schutz deines Angesichts *
vor dem Toben der Leute.
In einem Zelt bewahrst du sie *
vor dem Streite der Zungen.
Gepriesen sei der HERR: /
Er wirkte an mir Wunder seiner Liebe, *
er wurde mir zur Stadt, die befestigt ist.
Ich aber sprach in meiner Bestürzung: *
„Ich bin verstoßen aus deinen Augen!"
Doch du hast mein lautes Flehen gehört, *
als ich zu dir um Hilfe rief.

Liebt den HERRN, all seine Frommen! /
Der HERR behütet, die ihm treu sind, *
doch reichlich vergilt er dem, der hochmütig handelt.
Seid stark, und euer Herz sei unverzagt, *
ihr alle, die ihr hofft auf den HERREN.

Ant 3
VIII

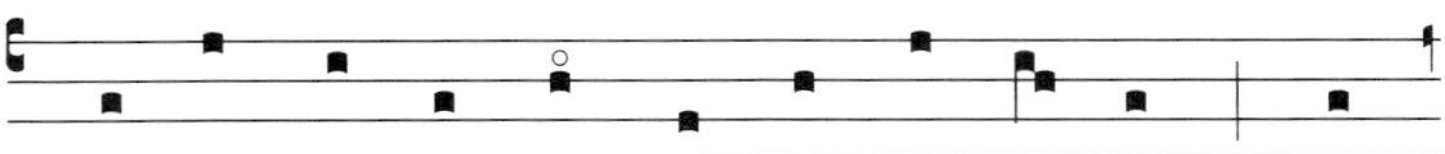

Du zeigst mir, o Herr, den Weg zum Le- ben: * vor

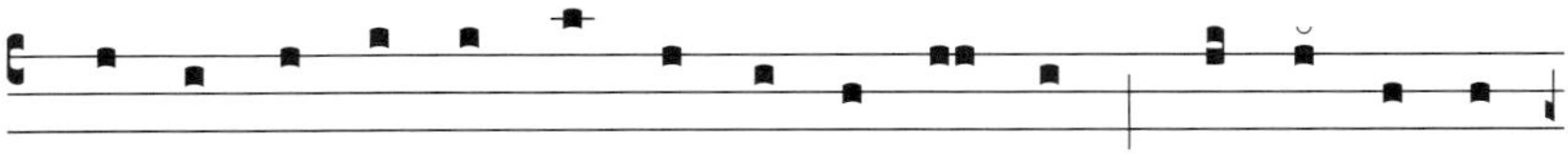

dei-nem An- ge-sicht ist Freu-de in Fül- le, Wonne zu dei-

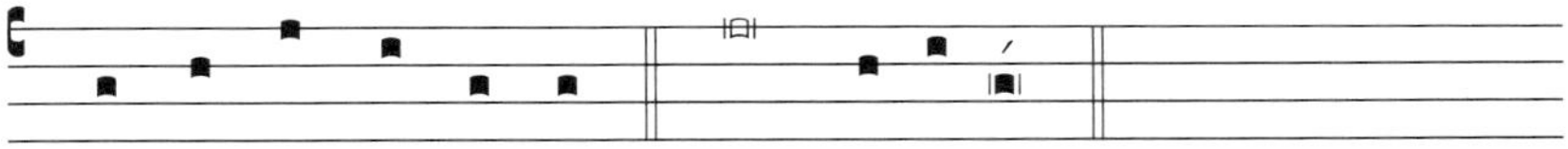

ner Rechten auf e-wig.

Psalm 16

BEHÜTE mich, Gott, denn ich flüchte zu dir. /
Ich sage zum HERRN: „Mein Herr bist du, *
mein ganzes Glück bist du allein."
Über die 'Heiligen', die im Lande sind, sage ich /
und über die 'Herrlichen', die mir so gefielen: *
„Wer einem andern Gott nachläuft,
dessen Schmerzen mehren sich.
Nie mehr will ich ihnen Opferblut spenden, *
und nie mehr nehm ich ihre Namen auf die Lippen."
HERR, du bist mein Anteil und Becher, *
du selber hältst mein Los in der Hand.
Die Meßschnur fiel mir auf liebliches Land: *
ja, mein Erbe gefällt mir.

Ich preise den HERRN, der mir Rat erteilt: *
selbst zur Nacht ermahnt mich mein Gewissen.
Ich stelle mir den HERRN beständig vor Augen; *
er steht mir zur Rechten: – ich werde nicht wanken!
Darum freut sich mein Herz, meine Seele ist fröhlich, *
sorglos ruht auch mein Leib.
Denn du gibst mich nicht preis der Unterwelt, *
deinen Frommen läßt du nicht schauen die Grube.
Du zeigst mir den Weg zum Leben. /
Vor deinem Angesicht ist Freude in Fülle, *
zu deiner Rechten ist Wonne auf ewig.

℣. Die Heiligen jauchzen über ihre Herrlichkeit.
℟. Sie jubeln an der Stätte ihrer Ruhe.

Resp I

Der Herr ist der Geist; * wo der Geist des Herrn wirkt,

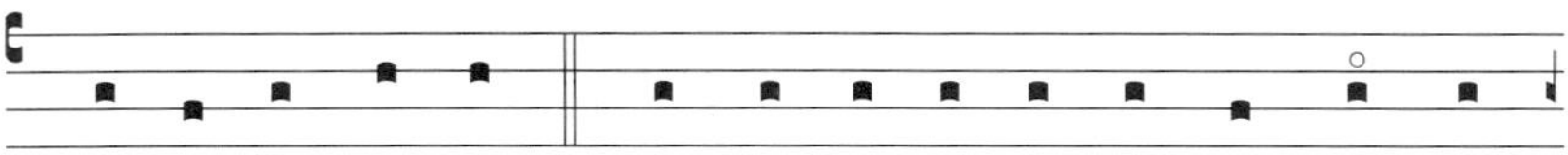

da ist die Frei-heit. ℣. Wir wer-den in das Bild des Herrn ver-

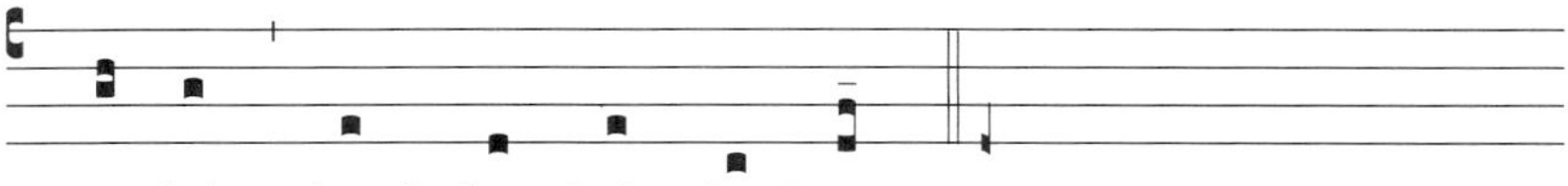

wandelt durch den Geist des Herrn. *2 Kor 3,17f*

Dritte Nokturn

Anstelle des folgenden Canticums Sir 16 kann auch (responsorial) das Canticum Sir 51, 672, gesungen werden.

Ant VIII

Se- lig das Volk des Herrn; * se- lig die Menschen, die

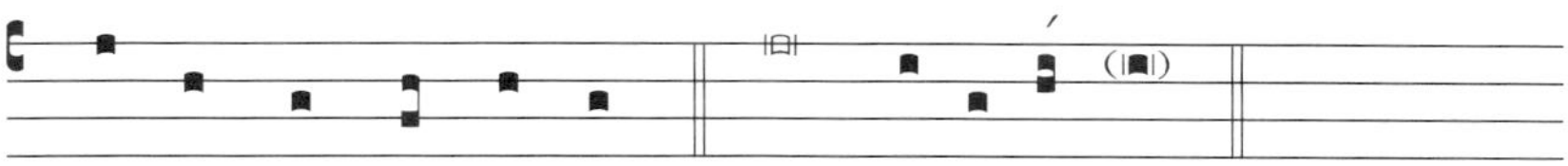

wis-sen, was Gott ge- fällt. *Bar 4,4*

Jesus Sirach 16,26-30; 17,1-19 ()

IM ANFANG, als Gott seine Werke erschuf *
und ihrem Dasein eine Ordnung gab,
da legte er für immer ihre Aufgabe fest *
und ihre Bestimmung für alle Zeiten;
sie ermatten nicht und werden nicht müde, *
sie lassen nicht ab von ihrem Wirken;
keines verdrängt das andere, *
und bis in Ewigkeit widerstreben sie seinen Befehlen nicht.

Dann blickte der HERR auf die Erde *
und füllte sie an mit seinen Gütern.

Mit Lebewesen aller Art bedeckte er ihre Fläche, *
sie kehren wieder zurück zur Erde.
Aus Erde erschuf der HERR die Menschen, *
zur Erde zurück läßt er sie kehren.
Eine Zahl von Tagen wies er ihnen zu, /
eine begrenzte Frist, *
er gab ihnen Macht über alles auf Erden.
So wie sich selbst umgab er sie mit Kraft, *
nach seinem Bilde hat er sie geschaffen.
Die Furcht vor ihnen legte er auf alles Fleisch, *
über Tiere und Vögel sollten sie herrschen.
Er bildete ihnen Zunge, Auge und Ohr, *
er gab ihnen ein Herz zum Denken.
Er erfüllte sie mit verständiger Einsicht, *
er ließ sie Gut und Bös erkennen.
Sein Auge setzte er ihnen ins Herz, *
um ihnen die Größe seiner Werke zu zeigen,
daß sie für immer seine Wundertaten rühmen *
und seinen heiligen Namen loben.

Er schenkte ihnen Weisheit *
und gab ihnen die lebenspendende Weisung.
Er schloß mit ihnen einen ewigen Bund *
und tat ihnen kund seine Rechte.
Ihre Augen schauten seine machtvolle Herrlichkeit, *
ihr Ohr vernahm seine gewaltige Stimme.
Er sprach zu ihnen: Hütet euch vor allem Unrecht! *
Er nannte jedem seine Pflicht gegenüber dem Nächsten.
Ihre Wege liegen allezeit vor ihm offen, *
seinen Augen sind sie nicht verborgen.
All ihre Taten stehen vor ihm wie die Sonne, *
seine Augen ruhen stets auf ihren Wegen.

℣. Ein unerschöpflicher Schatz ist die Weisheit.
℟. Wer ihn erwirbt, erlangt die Freundschaft Gottes.

Resp
I

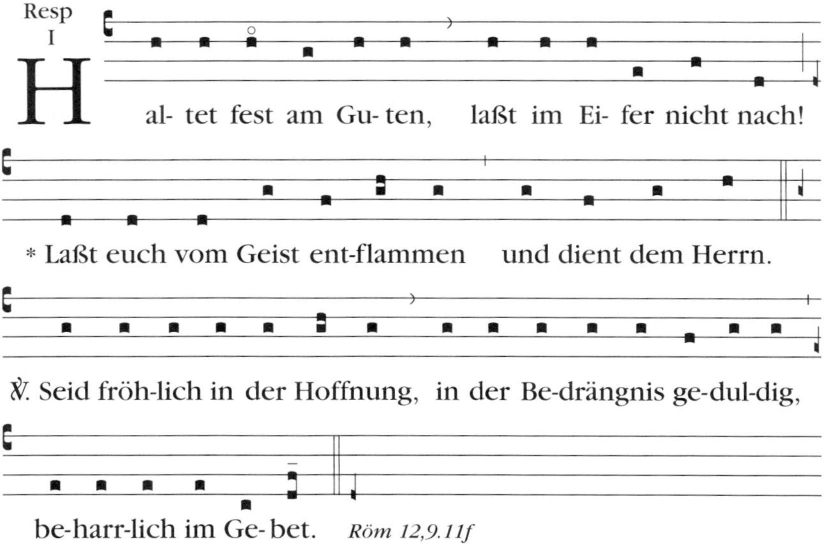

Röm 12,9.11f

LAUDES

Ant 1
VIII

Psalm 97

DER HERR ist König! Die Erde frohlocke! *
Freuen sollen sich die vielen Inseln!
Rings um ihn her sind Wolken und Dunkel, *
Gerechtigkeit und Recht sind seines Thrones Stützen.

Feuer läuft vor ihm her, *
ringsum verzehrt es seine Gegner.
    Seine Blitze erhellen den Erdkreis, *
    die Erde sieht es mit Beben.
Wie Wachs schmelzen vor dem HERRN die Berge, *
vor dem Antlitz des Herrschers der ganzen Erde.
    Die Himmel künden seine Gerechtigkeit, *
    seine Herrlichkeit schauen alle Völker.

Zuschanden werden, die Bildern dienẹn, /
die ihrer Götzen sich rühmen. *
Vor ihm werfen alle Götter sich nieder.
    Zion hört es und freut sich, *
    Judas Töchter jubeln, HERR, über deine Gerichte.
Denn du, o HERR, bist der Höchste über der ganzen Erde, *
hoch erhaben bist du über alle Götter.
    Die ihr den HERRN liebt, haßt das Bösẹ! /
    Er hütet das Leben seiner Frommen, *
    er entreißt sie der Hand der Frevler.
Licht ist dem Gerechten ausgesät, *
Freude denen, die geraden Herzens sind.
    Ihr Gerechten, freut euch des HERRN! *
    Preist ihn, gedenkt seines heiligen Namens!

Ant 2
IV

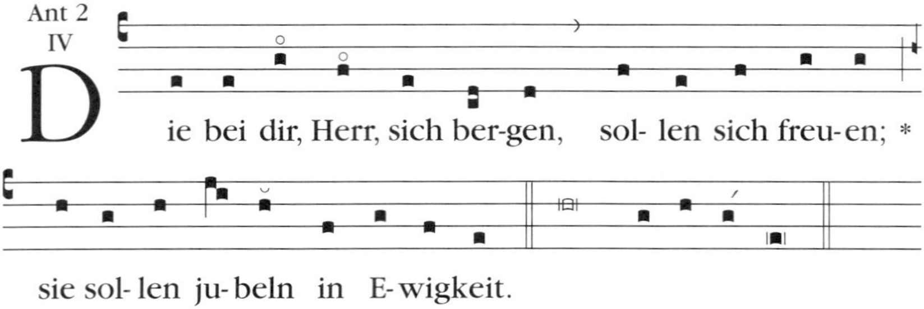

Psalm 5

MEINEN Worten, o HERR, neige dein Ohr, *
achte auf mein Seufzen!

Vernimm mein lautes Schreien,
  mein Gott und mein König, *
wenn ich zu dir flehe.

HERR, am Morgen wirst du mein Rufen hören, *
am Morgen
  rüste ich dir das Opfer und halte Ausschau.
    Denn du bist kein Gott, der an Frevel Gefallen hat, *
    ein Böser hat bei dir kein Gastrecht.
Stolze kommen dir nicht vor die Augen, *
du hassest alle, die Unrecht tun.
    Zugrunde gehen läßt du die Lügner, *
    Mörder und Betrüger sind dem HERRN ein Greuel.
Ich aber darf dein Haus betreten *
dank deiner reichen Güte,
    darf mich niederwerfen in Ehrfurcht *
    hin zu deiner heiligen Halle.

Leite mich, HERR, /
der du mir Recht schaffst gegen meine Feinde, *
mach deinen Weg vor mir eben.
    Denn in ihrem Mund ist nichts Wahres, *
    ihr Inneres ist voller Verderben.
Ein geöffnetes Grab ist ihre Kehle, *
sie reden mit glatter Zunge.

    Laß sie es büßen, o Gott! *
    Sie sollen fallen durch ihre eigenen Pläne.
Ob der Menge ihrer Frevel verstoße sie, *
weil sie sich gegen dich empörten!

    Doch freuen sollen sich alle, die bei dir sich bergen, *
    in Ewigkeit sollen sie jubeln.
Beschütze sie und lasse deiner sich rühmen, *
die deinen Namen lieben.
    Denn du, HERR, segnest den Gerechten. *
    Wie mit einem Schild
      umgibst du ihn mit deiner Gnade.

Ant 3
VIII

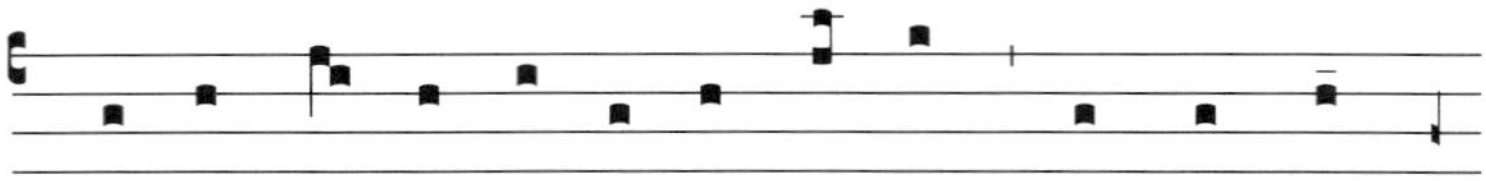

Ihr seid Die-ner un- se- res Got- tes, * ein Geschlecht,

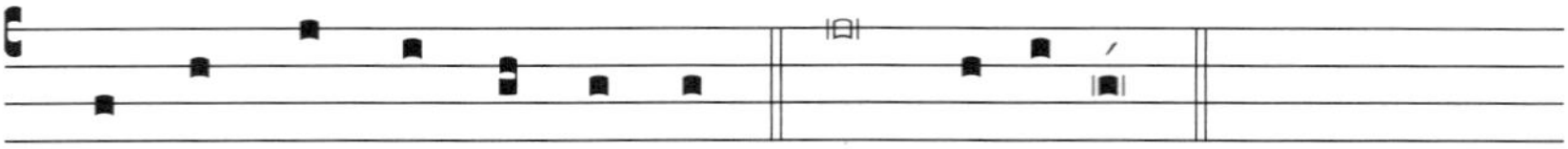

das der Herr ge- seg-net hat.

Jesaja 61,1-9 ()

DER Geist des HERRN ruht auf mir, *
denn der HERR hat mich gesalbt.
Er hat mich gesandt, /
frohe Botschaft zu bringen den Armen, *
zu heilen, die gebrochenen Herzens sind,
Entlassung zu verkünden den Gefangenen *
und den Gefesselten Befreiung,
auszurufen ein Gnadenjahr des HERRN, *
einen Tag der Vergeltung für unseren Gott,
alle Trauernden zu trösten, *
zu erfreuen die Trauernden Zions.

Ihr werdet heißen 'Priester des HERRN', *
'Diener unseres Gottes' wird man euch nennen.

Ich, der HERR, gebe ihnen in Treue den Lohn, *
ich schließe mit ihnen einen ewigen Bund.
Ihr Geschlecht wird unter den Nationen bekannt sein, *
und ihre Sprößlinge inmitten der Völker.
Alle, die sie sehen, werden erkennen: *
Sie sind ein Geschlecht, das der HERR gesegnet hat.

Ant 4
V

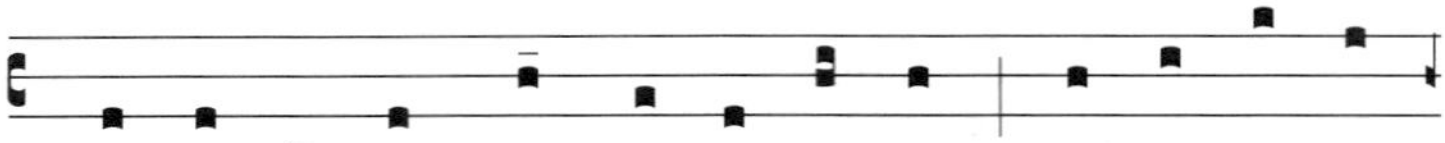

Der Na- me des Herrn ist er- ha-ben, * ü- ber Er- de

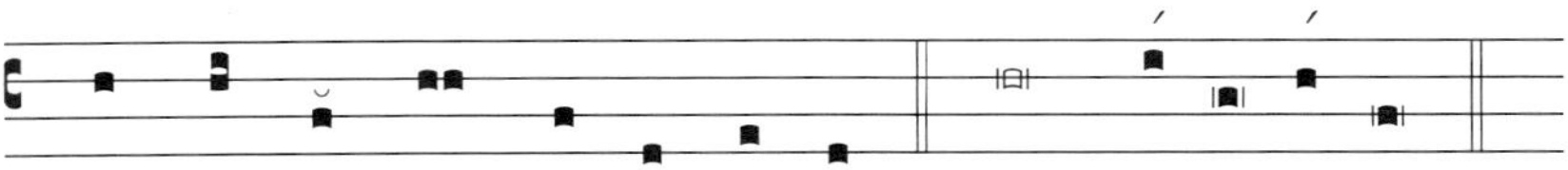

und Himmel strahlt sei- ne Ho- heit.

Psalm 148

LOBET den HERRN vom Himmel her, *
lobt ihn in den Höhen:
lobt ihn, all seine Engel, *
lobt ihn, all seine Scharen,
lobt ihn, Sonne und Mond, *
lobt ihn, all ihr leuchtenden Sterne,
lobt ihn, ihr Himmel der Himmel *
und ihr Wasser über dem Himmel!
Sie sollen loben den Namen des HERRN! *
Denn er gebot, und sie waren erschaffen.
Er stellte sie hin für immer und ewig, *
gab ein Gesetz, und nie vergeht es.

Lobet den HERRN von der Erde her: *
ihr Ungeheuer und all ihr Tiefen,
Feuer und Hagel, Schnee und Nebel, *
du Sturmwind, der seinen Willen ausführt,
ihr Berge und all ihr Hügel, *
ihr Fruchtbäume und alle Zedern,
ihr wilden Tiere und alles Vieh, *
kriechende Wesen und gefiederte Vögel,
ihr Könige der Erde und alle Völker, *
ihr Fürsten und alle Richter der Erde,
ihr jungen Männer und auch ihr Mädchen, *
ihr Alten mit den Jungen!
Sie sollen loben den Namen des HERRN! /
Denn sein Name allein ist erhaben. *
Seine Hoheit strahlt über Erde und Himmel.

Die Kraft seines Volkes hat er erhoben /
zum Lob für all seine Frommen, *
für Israels Kinder, das Volk, das ihm nahe ist.

Kurzlesung *Sir 39,5-10*

Wohl dem, der seinen Sinn darauf richtet, den Herrn, seinen Schöpfer zu suchen. Wenn Gott, der Höchste, es will, wird er mit dem Geist der Einsicht erfüllt: er bringt Worte der Weisheit hervor, und im Gebet preist er den Herrn. Er versteht sich auf Rat und Erkenntnis und erforscht die Geheimnisse; er trägt verständige Lehre vor, und das Gesetz des Herrn ist sein Ruhm. Viele loben seine Einsicht; sie wird niemals vergehen. Sein Andenken wird nicht schwinden, sein Name lebt fort bis in ferne Geschlechter. Von seiner Weisheit erzählt die Gemeinde, sein Lob verkündet das versammelte Volk.

Resp
IV/1

Ps 91,16.14

Hymnus

VII

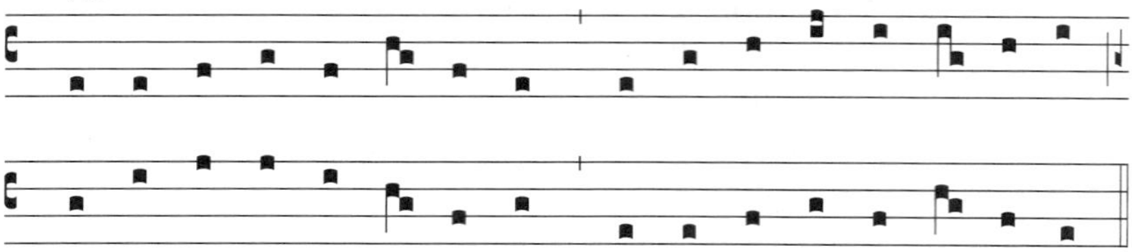

DU KRONE deiner Heiligen,
der ew'gen Wahrheit tiefstes Wort,
aus deiner Hand empfängt den Lohn,
wer hier auf Erden dich bekennt.

Wir feiern heute froh den Tag,
da dein getreuer, guter Knecht,
dem Dunkel dieser Welt entrückt,
zum wahren Leben auferstand.

Gefestigt in der Liebe Kraft
blieb alle Zeit sein Herz bei dir;
jetzt freut er sich in deinem Licht,
der nur für dich sein Werk getan.

Herr, unser Gott, wir bitten dich,
verzeihe gnädig unsre Schuld;
erhöre ihn, wenn er am Thron
für uns um dein Erbarmen fleht.

Gott Vater, dir sei Herrlichkeit
und deinem eingebornen Sohn,
dem Beistand auch, dem Heil'gen Geist,
durch alle Zeit und Ewigkeit. Amen.

℣. Wer mir nachfolgt, wandelt nicht in Finsternis.
℟. Er hat das Licht des Lebens.

Ant C
IV

Joh 12,26

* * *

HEILIGE FRAUEN

VIGIL

Invitatorium

Für eine Jungfrau

Hymnus

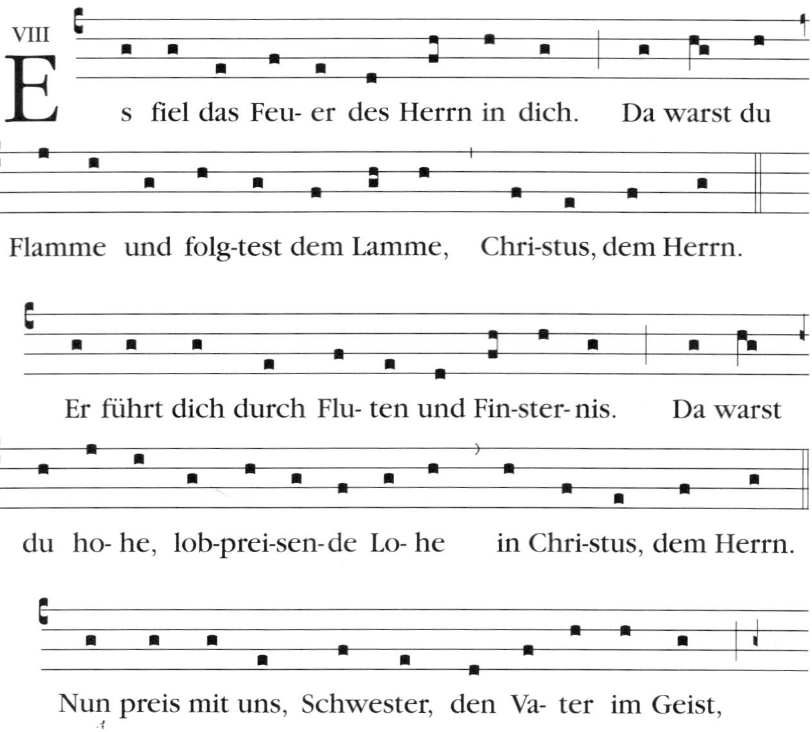

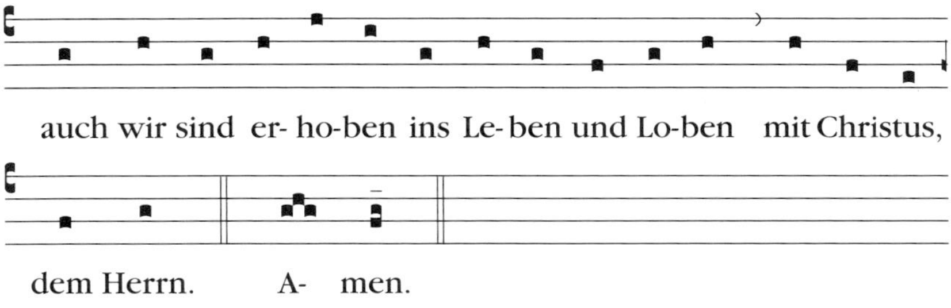

Für eine Frau

Hymnus

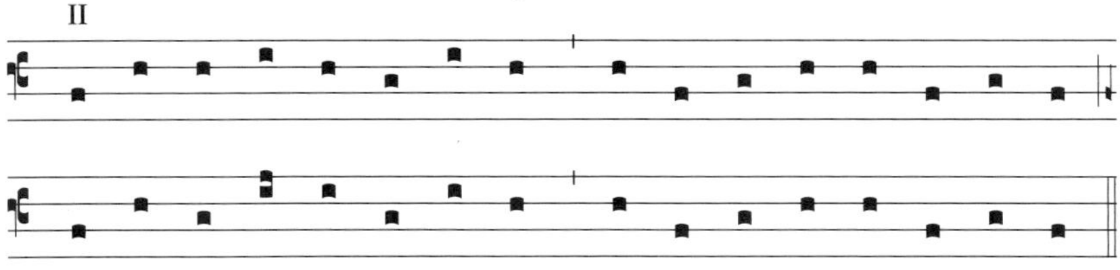

HEUT' preise unser frohes Lied
den Starkmut einer großen Frau;
vor unsern Augen strahlt ihr Bild
im Glanze wahrer Heiligkeit.

Sie gab den Armen Brot und Kleid,
sie sprach den Kranken Tröstung zu,
im Nächsten diente sie dem Herrn,
der die Barmherz'gen seligpreist.

So lebte sie nach seinem Wort
gerecht und fromm in dieser Welt.
Der Magd, die liebend ihm gedient,
schenkt er sich selbst als ew'gen Lohn.

Gott Vater, dir sei Herrlichkeit
und deinem eingebornen Sohn,
und auch dem Geiste Lob und Preis
durch alle Zeit und Ewigkeit. Amen.

Erste und Zweite Nokturn *wie im Commune für heilige Männer,* *777.*

Dritte Nokturn

Anstelle des folgenden Canticums Weish 9 kann auch (responsorial) das Canticum Sir 51, 672, gesungen werden.

Weish 8,2

Weisheit 9,1.9-19 ()

GOTT der Väter und HERR des Erbarmens, *
durch dein Wort hast du das All geschaffen.
Bei dir ist die Weisheit, die deine Werke kennt, *
als du die Welt erschufst, war sie zugegen.
Sie weiß, woran du Gefallen hast *
und was recht ist nach deinen Geboten.
So sende sie herab vom heiligen Himmel *
und schicke sie vom Thron deiner Herrlichkeit,
damit sie mir beisteht und alle Mühe mit mir teilt, *
und damit ich erkenne, woran du Gefallen hast.
Denn alles weiß und versteht sie, /
besonnen wird sie mich leiten in meinem Tun, *
in ihrem Lichtglanz wird sie mich schützen.
Welcher Mensch kann Gottes Plan erkennen, *
wer begreift, was der Wille des HERRN ist?
Wer hat je deine Pläne erkannt, /
wenn du ihm nicht Weisheit gegeben, *
wenn du ihm nicht deinen heiligen Geist
aus der Höhe gesandt hast.

Nur so wurden die Pfade der Erdenbewohner geebnẹt, /
die Menschen lernten, woran du Gefallen hast: *
sie wurden gerettet durch die Weisheit.

℣. Wer die Weisheit findet, findet Leben.
℟. Und erlangt das Gefallen des Herrn.

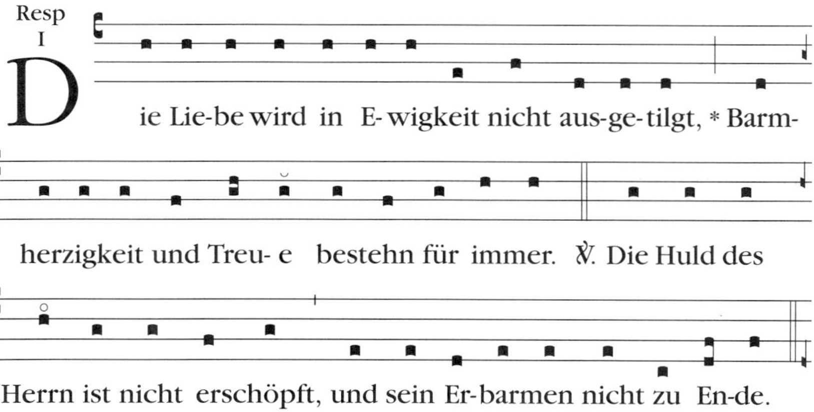

Sir 40,17.12; Klgl 3,22

LAUDES

Joh 12,46

Psalm 97

DER HERR ist König! Die Erde frohlocke! *
Freuen sollen sich die vielen Inseln!

Rings um ihn her sind Wolken und Dunkel, *
Gerechtigkeit und Recht sind seines Thrones Stützen.
Feuer läuft vor ihm her, *
ringsum verzehrt es seine Gegner.
Seine Blitze erhellen den Erdkreis, *
die Erde sieht es mit Beben.
Wie Wachs schmelzen vor dem HERRN die Berge, *
vor dem Antlitz des Herrschers der ganzen Erde.
Die Himmel künden seine Gerechtigkeit, *
seine Herrlichkeit schauen alle Völker.

Zuschanden werden, die Bildern dienen, /
die ihrer Götzen sich rühmen. *
Vor ihm werfen alle Götter sich nieder.
Zion hört es und freut sich, *
Judas Töchter jubeln, HERR, über deine Gerichte.
Denn du, o HERR, bist der Höchste über der ganzen Erde, *
hoch erhaben bist du über alle Götter.
Die ihr den HERRN liebt, haßt das Böse! /
Er hütet das Leben seiner Frommen, *
er entreißt sie der Hand der Frevler.
Licht ist dem Gerechten ausgesät, *
Freude denen, die geraden Herzens sind.
Ihr Gerechten, freut euch des HERRN! *
Preist ihn, gedenkt seines heiligen Namens!

Ant 2
VIII

Joh 3,21

Psalm 63

GOTT, du mein Gott, dich suche ich, *
nach dir dürstet meine Seele.
Nach dir schmachtet mein Leib *
wie dürres, lechzendes Land ohne Wasser.
So schaue ich dich im Heiligtum *
und sehe deine Macht und deine Herrlichkeit.
Ja, deine Liebe ist besser als das Leben. *
Meine Lippen sollen dich rühmen!
So will ich dich preisen mein Leben lang, *
in deinem Namen meine Hände erheben.
Wie an Fett und Mark wird satt meine Seele. *
Mein Mund singe Lob mit jubelnden Lippen!
Wenn ich an dich denke auf meinem Lager, *
sag ich von dir in nächtlichem Wachen:
„Du wurdest meine Hilfe, *
im Schatten deiner Flügel darf ich jubeln;
an dir hängt meine Seele, *
mich hält deine Rechte.“

Die mir nachstellen, um mich zu verderben, *
sie müssen hinab in die Tiefen der Erde.
Der Gewalt des Schwertes gibt man sie preis, *
den Schakalen werden sie zur Beute.
Der König aber freue sich an Gott! /
Wer bei ihm schwört, darf sich rühmen. *
Doch allen Lügnern wird der Mund geschlossen.

Ant 3
IV

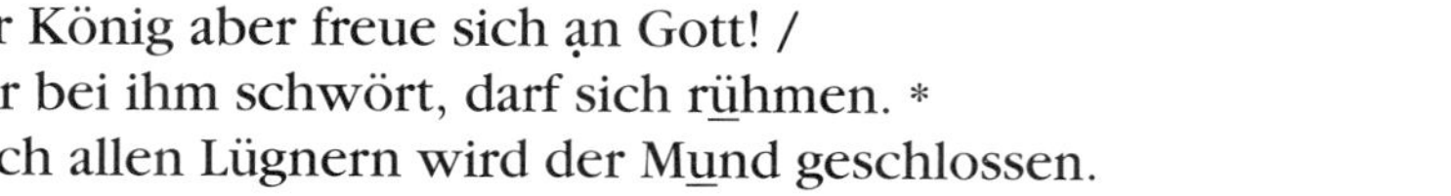

Ihr seid das Licht der Welt. * Ei- ne Stadt, die auf dem

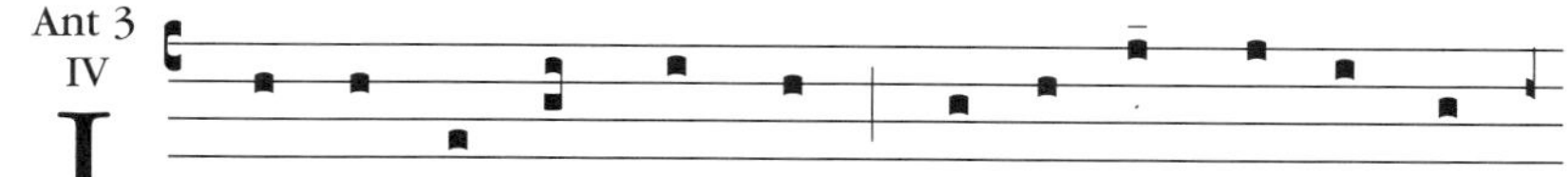

Ber-ge liegt, kann nicht ver-bor-gen blei-ben. *Mt 5,14*

Jesaja 61,10 f

VON Herzen will ich mich freuen über den HERRN, *
über meinen Gott soll meine Seele jubeln.
Denn er hat mich bekleidet mit den Gewändern des Heiles *
und mich umhüllt mit dem Mantel der Gerechtigkeit
gleich einem Bräutigam, der sich festlich schmückt, *
gleich einer Braut, die ihr Geschmeide anlegt.

Ja, wie die Erde ihr Gewächs hervorbringt, *
und wie ein Garten seine Saaten sprossen läßt,
so läßt der Herrscher, der HERR, Gerechtigkeit sprießen *
und Ruhm vor allen Völkern.

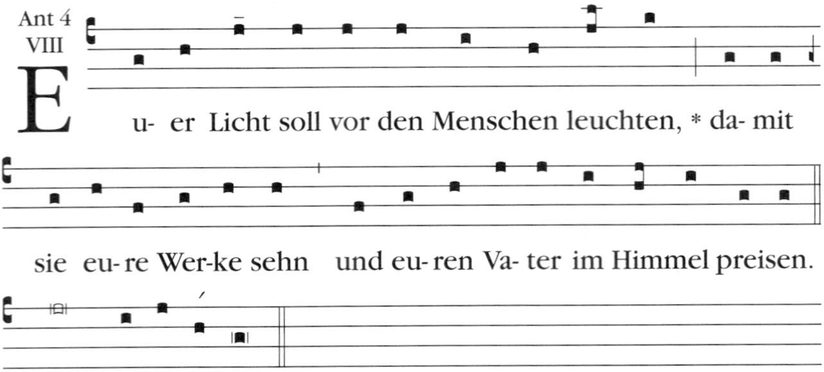

Mt 5,16

Psalm 148

LOBET den HERRN vom Himmel her, *
lobt ihn in den Höhen:
lobt ihn, all seine Engel, *
lobt ihn, all seine Scharen,
lobt ihn, Sonne und Mond, *
lobt ihn, all ihr leuchtenden Sterne,
lobt ihn, ihr Himmel der Himmel *
und ihr Wasser über dem Himmel!

Sie sollen loben den Namen des HERRN! *
Denn er gebot, und sie waren erschaffen.
  Er stellte sie hin für immer und ewig, *
  gab ein Gesetz, und nie vergeht es.

Lobet den HERRN von der Erde her: *
ihr Ungeheuer und all ihr Tiefen,
  Feuer und Hagel, Schnee und Nebel, *
  du Sturmwind, der seinen Willen ausführt,
ihr Berge und all ihr Hügel, *
ihr Fruchtbäume und alle Zedern,
  ihr wilden Tiere und alles Vieh, *
  kriechende Wesen und gefiederte Vögel,
ihr Könige der Erde und alle Völker, *
ihr Fürsten und alle Richter der Erde,
  ihr jungen Männer und auch ihr Mädchen, *
  ihr Alten mit den Jungen!
Sie sollen loben den Namen des HERRN! /
Denn sein Name allein ist erhaben. *
Seine Hoheit strahlt über Erde und Himmel.

  Die Kraft seines Volkes hat er erhoben /
  zum Lob für all seine Frommen, *
  für Israels Kinder, das Volk, das ihm nahe ist.

Kurzlesung *Jes 40,28-31*

Weißt du es nicht? Hast du es nicht gehört? Der Herr ist ein ewiger Gott, der die weite Erde erschuf. Er wird nicht müde und matt, unergründlich ist seine Einsicht. Er gibt dem Müden Kraft, dem Kraftlosen verleiht er große Stärke. Junge werden müde und matt, junge Männer straucheln und fallen. Die aber auf den Herrn vertrauen, schöpfen neue Kraft, sie bekommen Flügel wie Adler. Sie laufen und werden nicht müde, sie gehen und werden nicht matt.

Resp
IV/1

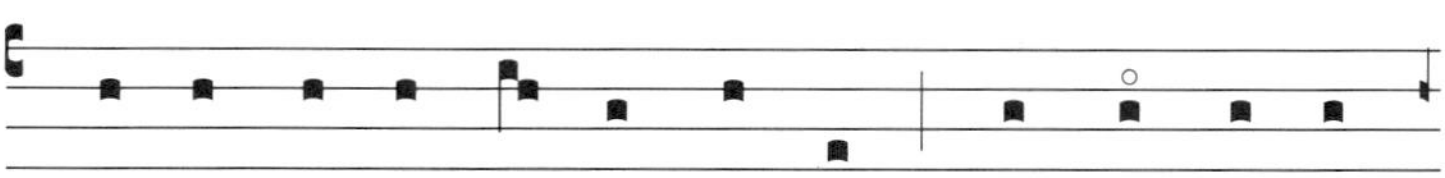

Du läßt mei-ne Leuchte strah-len: * mein Gott er-hellt

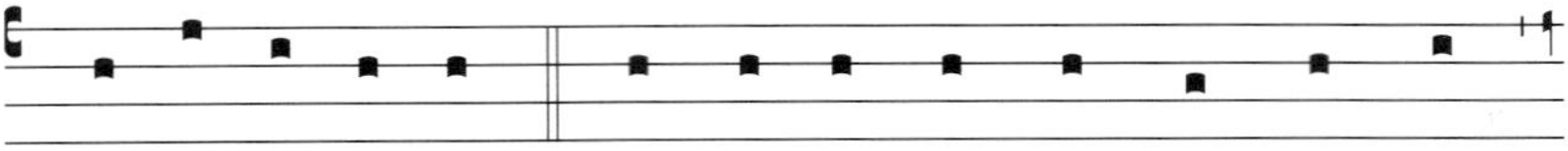

mei- ne Fin-ster-nis. ℣. Der Herr ist mein Licht und mein Heil,

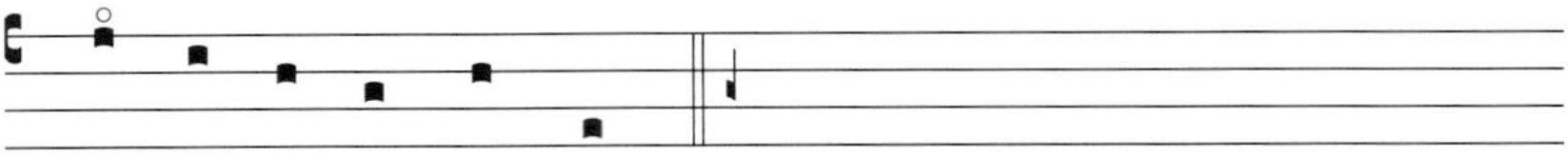

wen soll- te ich fürchten. *Ps 18,29; 27,1*

Hymnus

IV

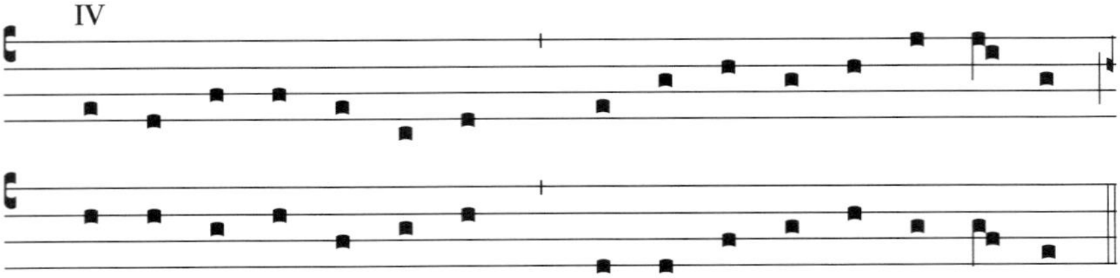

GOTT erkor den Schoß der Frau,
um für uns ein Mensch zu werden:
er hat eine Frau erwählt,
daß sie ihm den Sohn gebäre.

Jesus auf der Wanderschaft
war zu Gast bei guten Frauen,
eine lauschte seinem Wort,
eine hat das Mahl bereitet.

Und die Füße Jesu wusch
eine Frau mit ihren Tränen;
teurer als das Nardenöl
war ihm ihres Herzens Reue.

Bei dem Kreuze, bei dem Grab
hielten Frauen aus in Treue.
„Jesus ist nicht tot, er lebt!“,
durfte eine Frau verkünden.

Heil'ger Frauen eingedenk
freudig wir im Lied bekennen:
Gott, der sie in Liebe rief,
ihm sei Lob und Dank und Ehre. Amen.

℣. Bei dir ist die Quelle des Lebens.
℟. In deinem Lichte schauen wir das Licht.

Ant C
VII

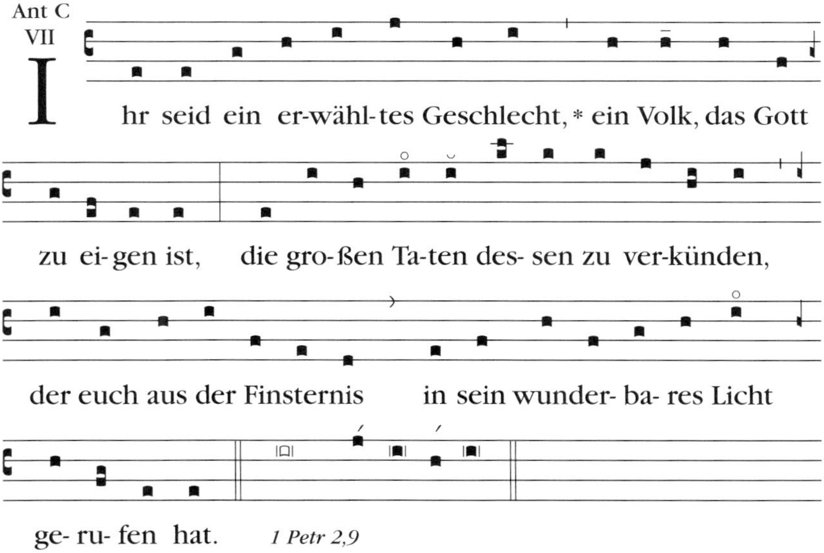

1 Petr 2,9

* * *

TOTENOFFIZIUM

VIGIL

Invitatorium

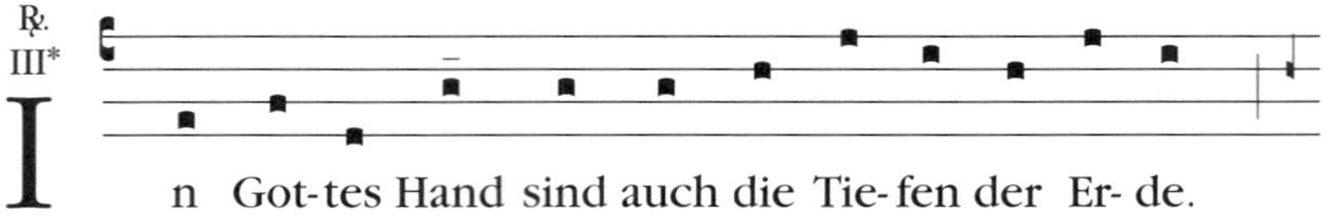

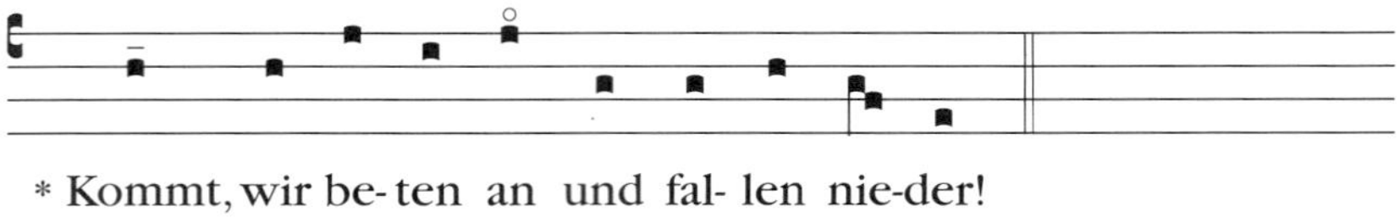

Hymnus

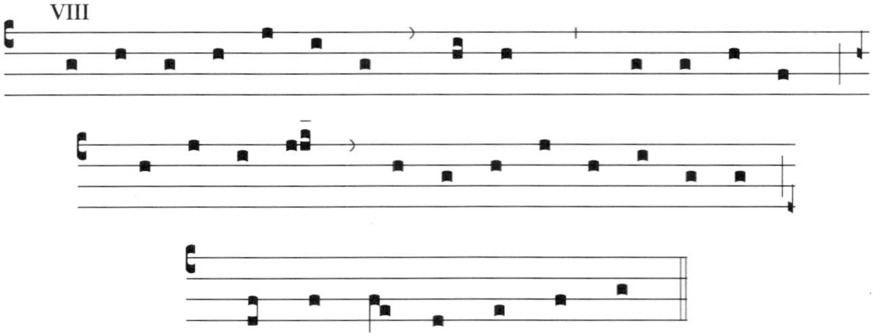

DU TÜRE zur Herrlichkeit: Christus. / Lasse sie ein.
Offenes Tor / hinter dem brennenden Engel.
Kyrie eleison.

Sie müssen durchs Feuer gehn, Christus, / jeder allein.
Tritt dann hervor / hinter dem brennenden Engel.
Kyrie eleison.

Verkürze die Wartezeit, Christus. / Mache sie rein.
Führ sie zu dir / durch deinen brennenden Engel.
Kyrie eleison.

O laß sie den Vater sehn, Christus. / Sind sie doch sein.
Mach alle Welt / frei von dem brennenden Engel.
Kyrie eleison. Amen.

Erste Nokturn

Ant 1
I

Psalm 142

MIT lauter Stimme schrei ich zum HERRN, *
laut flehe ich zum HERRN um Gnade.
Ich schütte vor ihm meine Klage aus, *
tue ihm kund meine Drangsal.
Auch wenn mir mein Lebensmut schwindet, *
du weißt um mein Ergehen.
Auf dem Weg, den ich gehen muß, *
stellten sie mir eine Falle.
Blicke zur Rechten und schaue: *
Da ist niemand, der sich um mich kümmert.
Mir ist jede Zuflucht genommen, *
niemand fragt nach meinem Leben.

Zu dir, o HERR, schreie ich, /
ich sage: „Meine Zuflucht bist du, *
mein Anteil im Lande der Lebenden."
Vernimm doch mein lautes Flehen, *
denn ich bin schwach und elend.
Entreiße mich meinen Verfolgern, *
denn sie sind mir zu mächtig.

Führe mich heraus aus dem Kerker, *
damit ich deinen Namen preise.
Um mich werden sich Gerechte scharen, *
weil du dich meiner annimmst.

Ant 2
IV

Psalm 139

HERR, du erforschst und du kennst mich, /
ob ich sitze oder stehe, du weißt es. *
Meine Gedanken durchschaust du von ferne.
Ob ich gehe oder ruhe – du ermißt es, *
du bist vertraut mit all meinen Wegen.
Mir kommt kein Wort auf die Zunge, *
das du, o HERR, nicht schon wüßtest.
Von hinten und von vorne hältst du mich umfangen, *
du legtest deine Hand auf mich.
Zu wunderbar für mich ist solches Wissen, *
zu hoch – ich kann es nicht erfassen.

Wohin soll ich gehen vor deinem Geist, *
wohin vor deinem Antlitz fliehen?
Stieg ich empor zum Himmel – du bist dort, *
und legte ich mich nieder in der Unterwelt – du bist zugegen.
Nähm ich der Morgenröte Flügel *
und ließe mich nieder am Ende des Meeres
– auch dort führt mich deine Hand, *
und deine Rechte hält mich.

Und sagte ich: „Die Finsternis soll mich verschlingen, *
wie sonst das Licht soll mich die Nacht umgeben!"
- vor dir ist auch die Finsternis nicht finster: /
die Nacht strahlt wie der Tag, *
wie das Licht ist die Finsternis.

Du hast mein Innerstes gebildet, *
hast mich gewoben im Schoß meiner Mutter.
Ich danke dir,
daß ich so staunenswert und wundersam gemacht bin. *
Ja, das weiß ich: Wunderbar sind deine Werke!
Dir waren meine Glieder nicht verborgen, /
als ich gestaltet wurde im Geheimen, *
kunstvoll gewirkt in den Tiefen der Erde.
Deine Augen sahen, wie ich entstand, *
in deinem Buch war schon alles verzeichnet.
Meine Tage waren schon gebildet, *
als noch keiner von ihnen da war.
Wie hoch, o Gott, sind mir deine Gedanken, *
wie gewaltig ist ihre Fülle!
Wollt ich sie zählen, /
es wären mehr als die Körner im Sand! - *
Ich erwache:
und immer noch bin ich bei dir.

⌈O Gott, vernichte doch den Frevler! *
Ihr blutgierigen Menschen, laßt ab von mir!
Sie reden gegen dich voll Arglist. *
Im Wahn erheben sich deine Gegner.
Sollten mir nicht verhaßt sein, o HERR, die dich hassen? *
Ein Greuel sind mir, die sich gegen dich empören!
Ganz und gar lehne ich sie ab! *
⌊Mir selber wurden sie zu Feinden!
Erforsche mich, Gott, und erkenne mein Herz, *
prüfe mich, wisse um meine Gedanken!
Schau her, ob ich auf einem Weg bin, der dich kränkt, *
und führe mich auf dem Weg der Ewigkeit!

Ant 3
II

Psalm 28

Zu dir, o Herr, rufe ich. *
Mein Fels, du darfst mir nicht schweigen!
Bleibst du mir stumm, *
gleiche ich denen, die hinuntersteigen zur Grube.

Höre mein lautes Flehẹn, /
jetzt, da ich zu dir rufe, *
da ich meine Hände erhebe zu deinem Allerheiligsten.
Raffe mich nicht hinweg mit den Frevlern, *
nicht mit denen, die Unrecht tun,
die „Friede" sagen zu ihrem Nächsten, *
doch Böses sinnen im Herzen.
Vergilt ihnen nach ihrem Tun *
und nach der Bosheit ihres Treibens.
Vergilt ihnen nach dem Werk ihrer Hände, *
wende ihr Tun zurück auf sie selber.
Denn sie achten nicht auf die Taten des Herrn, *
noch auf das Werk seiner Hände.
Darum reißt er sie nieder *
und wird sie nicht wieder aufbaun.

Der Herr sei gepriesen! *
Er hat gehört mein lautes Flehen.
Der Herr ist meine Kraft und mein Schild, *
mein Herz vertraut ihm.
Mir wurde geholfen. Da jubelte mein Herz. *
Mit meinem Lied will ich ihm danken:

Der HERR ist seines Volkes Stärke, *
Schutz und Heil für seinen Gesalbten.
Rette dein Volk und segne dein Erbe! *
Weide und trage sie in Ewigkeit!

℣. Meine Seele dürstet nach Gott.
℟. Nach Gott, dem Lebendigen.

Ps 119,116 (LXX); LT

Im Totenoffizium entfällt beim Responsorium die Doxologie. Nach der Antwort auf den letzten Vers wird abschließend noch einmal das ganze Responsum gesungen.

An Allerseelen

Resp VI/3

4 Esra 2,34f; Ps 138,8; Röm 8,32; 1 Kor 7,23

Zweite Nokturn

Ant 1
II

Psalm 39

ICH sagte: „Meine Wege will ich bewahren, *
daß ich nicht sündige mit meiner Zunge.

Meinen Mund will ich mit einem Zaum verwahren, *
solange der Frevler vor mir steht.“
So verstummte ich denn und blieb still, /
ich schwieg - doch ohne Glück, *
denn immer heftiger wühlte der Schmerz.
Heiß wurde mir das Herz in der Brust, /
bei meinem Grübeln entbrannte ein Feuer, *
da ließ ich meine Zunge reden:
„HERR, laß mich doch wissen mein Ende, /
und welches das Maß meiner Tage ist, *
damit ich weiß, wie vergänglich ich bin!“
Siehe: Wenige Spannen lang machtest du meine Tage, /
meine Lebenszeit ist vor dir wie ein Nichts. *
Nur ein Hauch ist der Mensch, so fest er auch dasteht.
Nur wie ein Schemen geht der Mensch einher, /
nur ein Hauch ist, worum man Lärm macht. *
Man rafft zusammen und weiß nicht, wer einheimst.

Und nun, worauf soll ich harren, o Herr? *
Mein Hoffen, es gilt dir.
Von all meinen Sünden befreie mich; *
gib mich nicht preis dem Spott des Toren.
Ich bin verstummt, tu meinen Mund nicht auf, *
denn du hast es gefügt.
Nimm weg von mir deine Plage! *
Ich vergehe unter dem Angriff deiner Hand.
Du rügst und züchtigst den Menschen ob seiner Schuld, /
du zerstörst wie die Motte, was ihm lieb ist. *
Der Mensch - er ist nur ein Hauch.

Höre mein Beten, o HERR, /
vernimm mein Schreien, *
schweige nicht zu meinen Tränen.
Denn ich bin ja Gast bei dir, *
ein Beisasse wie all meine Väter.
Schau weg von mir, /
noch einmal laß mich froh sein, *
ehe ich davon muß und nicht mehr bin.

Ant 2
IV

Psalm 90

O HERR, du warst uns Zuflucht *
von Geschlecht zu Geschlecht.
Ehe geboren wurden die Berge, /
ehe du kreißen ließest Erde und Festland: *
von Ewigkeit zu Ewigkeit bist du Gott.
Zum Staub zurückkehren läßt du den Menschen, *
du sprichst: Ihr Menschenkinder, kehrt zurück!
Denn tausend Jahre sind vor dir
wie der Tag, der gestern vergangen ist, *
wie eine Wache in der Nacht.
Du schwemmst sie weg, ein Schlaf sind sie, *
sie gleichen dem Gras, das nachwächst am Morgen:
am Morgen grünt und wächst es, *
am Abend wird es welk und verdorrt.

So schwinden wir hin unter deinem Zorn, *
werden verstört durch deinen Grimm.
Unsere Sünden hast du vor dich hingestellt, *
in das Licht deines Angesichts unsre heimliche Schuld.
Ja, unter deinem Zorn gehen all unsre Tage dahin. *
Wir verleben unsre Jahre wie ein Seufzen.
Siebzig Jahre währt die Zeit unsres Lebens, *
sind wir bei Kräften, werden es achtzig.
Ihr Bestes aber ist nur Mühsal und Beschwer; *
rasch geht es vorbei, – wir fliegen dahin.
Wer kennt die Gewalt deines Zornes *
und in Furcht vor dir deinen Grimm?

Unsre Tage lehre uns zählen! *
Dann erlangen wir ein weises Herz.

HERR, kehre dich uns zu! – Wie lange noch? *
Laß es dir leid sein um deine Knechte!
Sättige uns am Morgen mit deiner Huld! *
Dann wollen wir jubeln und uns freun all unsre Tage.
Erfreue uns so viele Tage, wie du uns gebeugt hast, *
so viele Jahre, wie wir Unglück sahn.
Laß deine Knechte schauen dein Walten *
und ihre Kinder dein herrliches Tun.
Die Güte des Herrn, unsres Gottes, komme über uns! /
Laß uns das Werk unsrer Hände gedeihen! *
Ja, laß gedeihen unsrer Hände Werk!

Ant 3
I

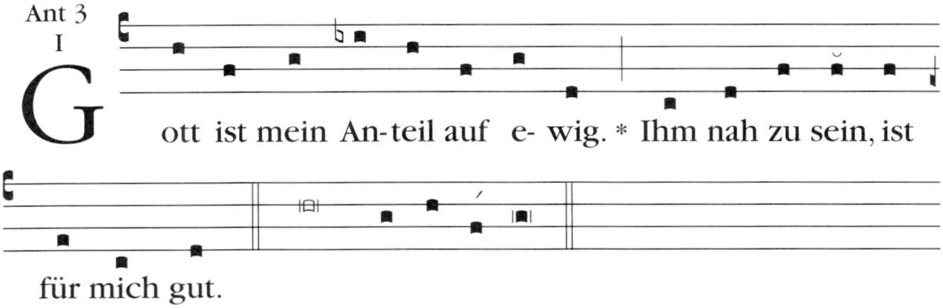

Psalm 73

WAHRLICH, Gott ist gut für Israel, *
für jene, die lauteren Herzens sind.

Ich aber – fast wären meine Füße gestrauchelt, *
ums Haar wären ausgeglitten meine Schritte.
Denn ich habe mich über die Prahler ereifert, *
da ich das Glück der Frevler sah:
Sie haben keine Qualen, *
ihr Leib ist gesund und wohlgenährt.
Sie kennen nicht die Mühsal der Sterblichen, *
sind nicht geplagt wie andere Menschen.

Darum ist Hoffart ihr Halsschmuck, *
wie ein Gewand umhüllt sie Gewalttat.
Aus üppigem Fett blickt ihr Auge, *
ihr Herz läuft über von eitlen Gebilden.
Sie höhnen und reden voll Bosheit, *
von oben herab reden sie Unterdrückung.
Sie reißen das Maul auf bis zum Himmel *
ihre Zunge ergeht sich auf der Erde.
Darum kehrt sich sein Volk ihnen zu *
und schlürft von ihnen Wasser in Fülle.
Sie sprechen ja: „Wie sollte Gott davon wissen? *
Gibt es denn ein Wissen beim Höchsten?"
Siehe, so sind die Frevler: *
Immer sorglos im Glück, häufen sie Reichtum auf Reichtum.

Wahrlich, umsonst bewahrte ich lauter mein Herz *
und wusch meine Hände in Unschuld.
Ich wurde ja alle Tage geplagt *
und jeden Morgen von neuem gezüchtigt.
Hätte ich nun gesagt: „Ich will reden wie sie", *
siehe, ich hätte das Geschlecht deiner Kinder verraten.
Da dachte ich nach, um das zu begreifen, *
– eine Qual war es in meinen Augen,
bis ich eintrat ins Heiligtum Gottes *
und inne wurde, wie es mit ihnen ausgeht:

Wahrlich, du stellst sie auf schlüpfrigen Grund, *
in Trug und Täuschung läßt du sie fallen.
Wie werden sie im Nu zum Entsetzen, *
sind dahingerafft, nehmen ein Ende mit Schrecken!
Wie einen Traum beim Erwachen *
verachtest du ihr Schattengebilde, Herr, wenn du aufstehst.

Als sich mein Herz verbitterte, *
und Schmerz in meinen Nieren bohrte,
da war ich töricht und ohne Verstand, *
war wie ein dummes Tier – und war doch bei dir.
Ja, bei dir bin ich schon immer: *
du hast meine rechte Hand ergriffen.

Du leitest mich nach deinem Ratschluß, *
hernach nimmst du mich auf in Herrlichkeit.
Wen sonst hab ich im Himmel? *
Bin ich bei dir, habe ich keine Lust an der Erde.
Mag Fleisch und Herz mir vergehen, *
Gott bleibt der Fels meines Herzens, mein Anteil auf ewig.
Doch siehe, wer dir fern bleibt, geht zugrunde, *
jeden, der dich treulos verläßt, bringst du zum Schweigen.

Ich aber – Gott nahe zu sein, ist für mich gut. /
Gott, den HERRN, machte ich zu meiner Zuflucht. *
Von allen deinen Werken will ich reden.

℣. Nimm mich auf, o Herr, wie du verheißen hast.
℟. Und ich werde leben.

Ps 41,14.13; 73,23f

Im Totenoffizium entfällt beim Responsorium die Doxologie. Nach der Antwort auf den letzten Vers wird abschließend noch einmal das ganze Responsum gesungen.

An Allerseelen

Resp VI/3

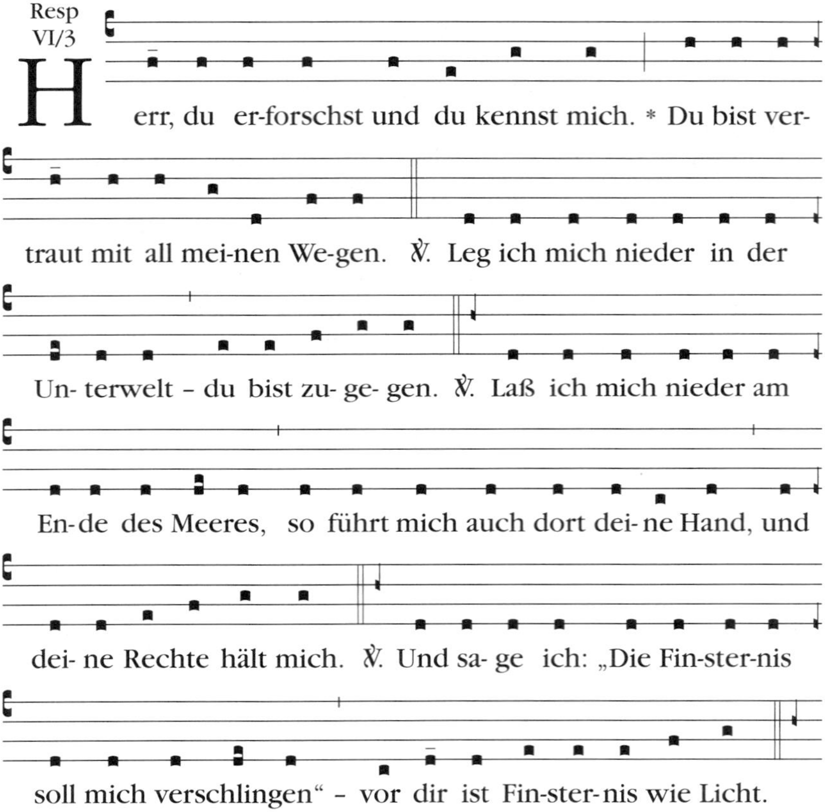

Ps 139,1.3.8-12

Dritte Nokturn

Ant VIII

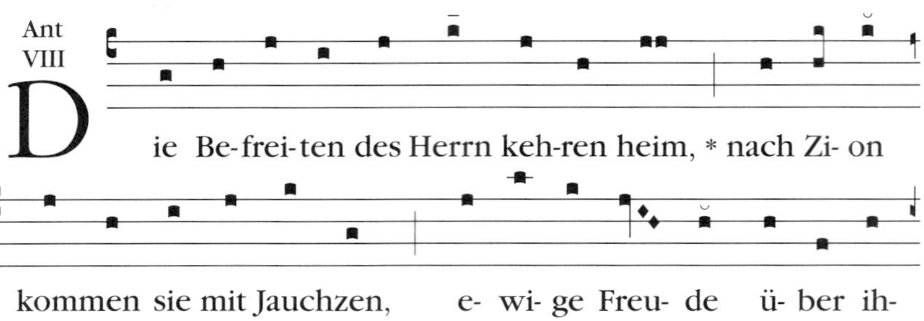

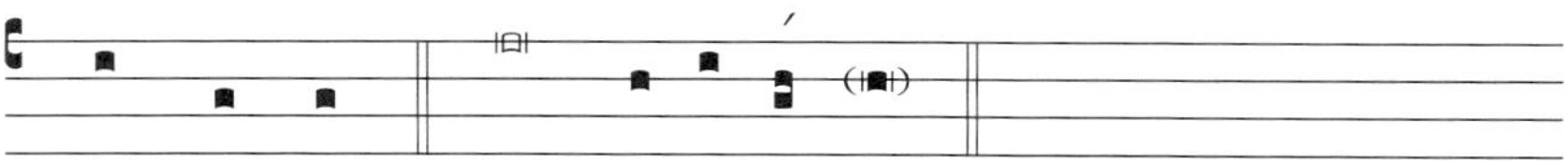

ren Häuptern.

Jesaja 51,9-16 ()

WACH auf, du Arm des HERRN, *
wach auf, und wappne dich mit Stärke!
Wach auf wie in den Tagen von einst, *
wie bei den Geschlechtern der Vorzeit!
Warst nicht du es, der Rahab zerhieb, *
der den Drachen durchbohrte?
Warst nicht du es, der das Meer vertrocknen ließ, *
die Wasser der großen Urflut,
der auf dem Grund des Meeres bahnte einen Weg *
zum Durchzug für die Erlösten?

Die Befreiten des HERRN kehren heim, /
nach Zion kommen sie mit Jauchzen, *
ewige Freude über ihren Häuptern.
Es kehren Freude ein und Wonne, *
Kummer und Seufzen entfliehen.

„Ich bin's, ich selber, der euch tröstet! *
Wie kannst du dich fürchten vor sterblichen Menschen?
Wie kannst du vergessen den HERRN, der dich schuf, *
der den Himmel ausgespannt
und die Erde gegründet?
Wie kannst du immerfort beben
vor dem Grimm des Bedrängers, /
als wäre er imstande zu vernichten? *
Wo ist er nun, der Grimm des Bedrängers?
Bald wird der Geknebelte frei! /
Er fährt nicht tot hinab in die Grube, *
und an Brot wird es ihm nicht mangeln.
Ich bin ja der HERR, dein Gott, /
der das Meer erregt, daß seine Wogen brausen; *
'HERR der Scharen' ist mein Name.

Ich habe meine Worte in deinen Mund gelegt, *
im Schatten meiner Hand dich geborgen.
Ich spanne den Himmel aus und gründe die Erde, *
ich sage zu Zion: 'Mein Volk bist du.'“

℣. Führe mich heraus aus dem Kerker.
℟. Damit ich deinen Namen preise.

Lk 15,20-24

Im Totenoffizium entfällt beim Responsorium die Doxologie. Nach der Antwort auf den letzten Vers wird abschließend noch einmal das ganze Responsum gesungen.

An Allerseelen

Resp
VI/3

Offb 21,3f; 7,16

LAUDES

Zu den Psalmen der Laudes wählt man die Antiphonenreihe A (aus den Psalmen) oder B (aus dem Neuen Testament).

A/Ant 1
VI

B/Ant 1
VI

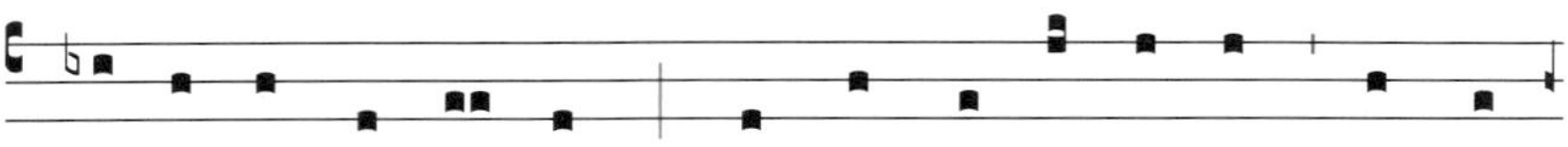

I- sa- aks und Ja- kobs – ein Gott der Le- benden und nicht

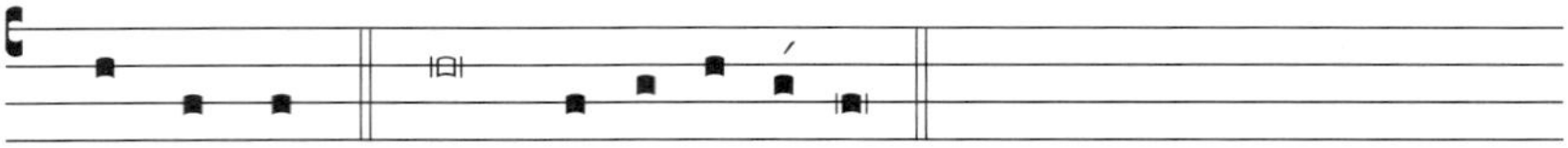

der To- ten. *cf. Mk 12,26f*

Psalm 36 ( )

HERR, deine Liebe reicht bis zum Himmel, *
deine Treue bis zu den Wolken.
Deine Gerechtigkeit steht wie die Berge Gottes, /
wie die große Flut sind deine Entscheide. *
HERR, du wirkst Heil für Menschen und Tiere.
Wie köstlich, o Gott, ist deine Liebe! *
Die Menschen bergen sich im Schatten deiner Flügel.
Sie laben sich am Überfluß deines Hauses, *
du tränkst sie mit dem Strom deiner Wonnen.
Denn bei dir ist die Quelle des Lebens, *
Licht schauen wir in deinem Lichte.

Erhalte deine Liebe denen, die dich kennen, *
und deine Gerechtigkeit
den Menschen mit redlichem Herzen. ( )

A/Ant 2
II

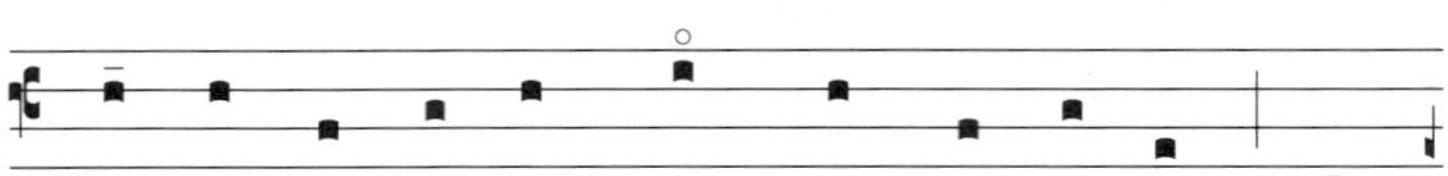

Herr, geh mit dei-nem Knecht nicht ins Ge-richt, * ist

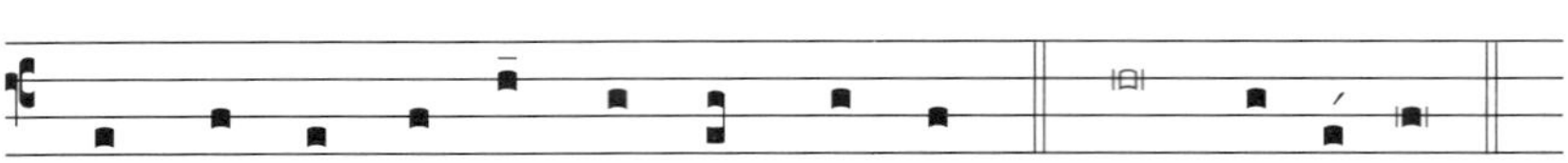

doch kei-ner, der lebt, ge-recht vor dir.

Joh 5,24

Psalm 143

HERR, höre mein Gebet, vernimm mein Flehen, *
in deiner Treue antworte mir, in deiner Gerechtigkeit.
Geh mit deinem Knecht nicht ins Gericht, *
ist doch keiner, der lebt, gerecht vor dir.
Denn der Feind verfolgt mich, tritt mein Leben zu Boden, /
in Finsternis läßt er mich wohnen *
gleich solchen, die längst gestorben sind.
Mein Geist verzagt in mir, *
das Herz erstarrt in meinem Innern.

Ich denke an die Tage der Vorzeit, /
sinne nach über all deine Taten, *
ich erwäge das Werk deiner Hände.
Ich breite nach dir meine Hände aus, *
wie trockenes Land dürstet nach dir meine Seele.
Antworte mir bald, o HERR, *
denn mein Geist ist am Ende.
Verbirg mir nicht dein Antlitz, *
sonst gleiche ich jenen, die niederfahren zur Grube.
Am Morgen laß mich deine Huld erfahren, *
denn auf dich vertraue ich.

Zeig mir den Weg, den ich gehen soll, *
denn zu dir erhebe ich meine Seele.
Entreiße mich meinen Feinden, o HERR, *
zu dir nehme ich meine Zuflucht.

Lehre mich deinen Willen tun, /
du bist ja mein Gott, *
dein guter Geist leitet mich auf ebenem Lande.
Um deines Namens willen, HERR, erhältst du mich am Leben, *
führst mich in deiner Gerechtigkeit heraus aus der Drangsal.
In deiner Huld bringst du meine Feinde zum Schweigen, /
all meine Bedränger läßt du zugrunde gehn, *
weil ich dein Knecht bin.

A/Ant 3
I

B/Ant 3
I

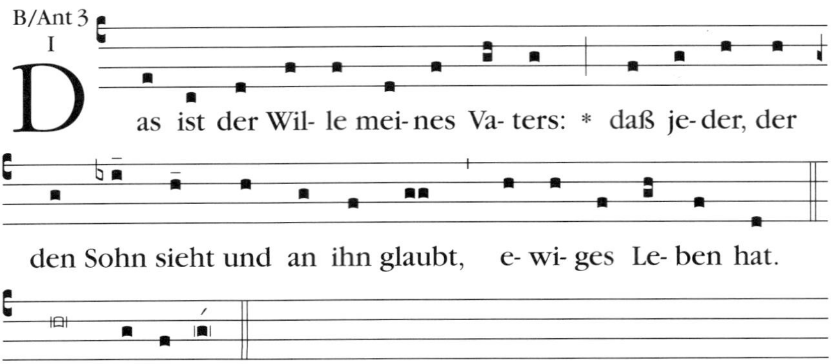

Joh 6,40

Jesaja 38,10-20 ( )

ICH sagte: /
In der Mitte meiner Tage muß ich dahingehn, *
ich bin entboten zu den Toren der Unterwelt
für den Rest meiner Jahre.
Ich sagte: /
Ich werde den HERRN nicht mehr schaun
im Lande der Lebenden, *
keinen Menschen mehr sehn bei den Bewohnern der Erde.
Abgebrochen wurde meine Hütte, *
mir weggetragen wie ein Hirtenzelt.
Ich wob wie ein Weber mein Leben zu Ende *
– da schnitt er mich vom Webstuhl ab.
Noch ehe der Tag zur Nacht wird, *
führst du mein Ende herbei.
Bis zum Morgen schrie ich um Hilfe *
– da zermalmte er wie ein Löwe mein Gebein.
Noch ehe der Tag zur Nacht wird, *
führst du mein Ende herbei.
Ich blicke verschmachtend zur Höhe: *
HERR, ich bin in Bedrängnis, tritt für mich ein!
Was soll ich sagen, damit er mir Antwort gibt? *
Er hat es ja selber getan!

„Der Herr ist für alle, die leben, *
für die, in denen lebendiger Geist ist!"

Siehe, zum Heil wurde mir die Bitternis; /
vor der Grube der Vernichtung hast du meine Seele bewahrt, *
hast hinter dich geworfen all meine Sünden.
Denn die Unterwelt kann dich nicht rühmen, /
der Tod kann dich nicht loben. *
Wer in die Grube fuhr, hofft nicht auf deine Treue.
Der Lebende, nur der Lebende preist dich, /
wie ich es heute tue. *
Der Vater verkündet den Kindern deine Treue:

Der HERR war bereit, mich zu retten! /
Darum rühren wir die Saiten im Hause des HERRN *
alle Tage unseres Lebens.

A/Ant 4
VIII

B/Ant 4
VIII

Joh 5,21

Psalm 146

LOBE den HERRN, meine Seele! /
Loben will ich den HERRN, solange ich lebe, *
will singen meinem Gott, solange ich da bin.

Verlaßt euch nicht auf Fürsten, *
auf einen Menschen, der nicht retten kann.
Entflieht sein Atem, kehrt er zurück zur Erde, *
an jenem Tage ist es aus mit seinen Plänen.

Selig, wer Jakobs Gott zum Helfer hat, *
wer seine Hoffnung auf den HERRN, seinen Gott, setzt.
Er hat Himmel und Erde geschaffen, /
das Meer und alles, was darin lebt; *
er hält die Treue auf ewig:
Recht schafft er den Unterdrückten, /
den Hungernden gibt er Brot; *
der HERR befreit die Gefangenen.
Der HERR öffnet die Augen der Blinden, /
der HERR richtet auf die Gebeugten, *
der HERR liebt die Gerechten.
Der HERR beschützt die Fremden, /
die Waisen und Witwen stützt er, *
doch den Weg der Frevler lenkt er in die Irre.

König ist der HERR auf ewig, *
dein Gott, o Zion, durch alle Geschlechter.

Kurzlesung *1 Kor 15,45.47-49.54*

So steht es in der Schrift: Adam, der Erste Mensch, wurde ein irdisches Lebewesen. Der Letzte Adam wurde lebendigmachender Geist. Der Erste Mensch stammt von der Erde und ist Erde; der Zweite Mensch stammt vom Himmel. Wie der von der Erde irdisch war, so sind es auch seine Nachfahren. Und wie der vom Himmel himmlisch ist, so sind es auch seine Nachfahren. Wie wir nach dem Bild des Irdischen gestaltet wurden, so werden wir auch nach dem Bild des Himmlischen gestaltet werden. Wenn sich aber das Vergängliche mit Unvergänglichkeit bekleidet und das Sterbliche mit Unsterblichkeit, dann erfüllt sich das Wort der Schrift: Verschlungen ist der Tod vom Sieg.

Resp
IV/1

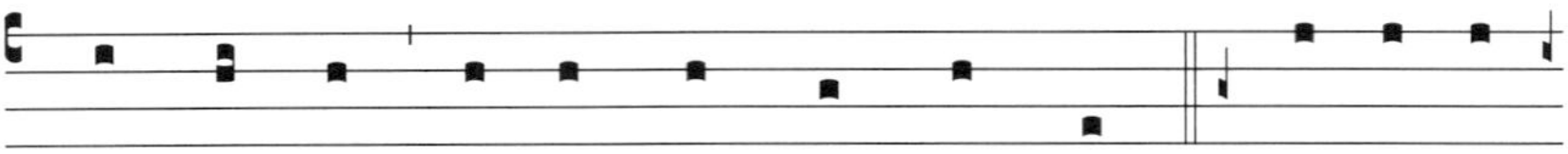

sche schau-en; da- nach sehnt sich mein Herz. ℣. Im Lan- de

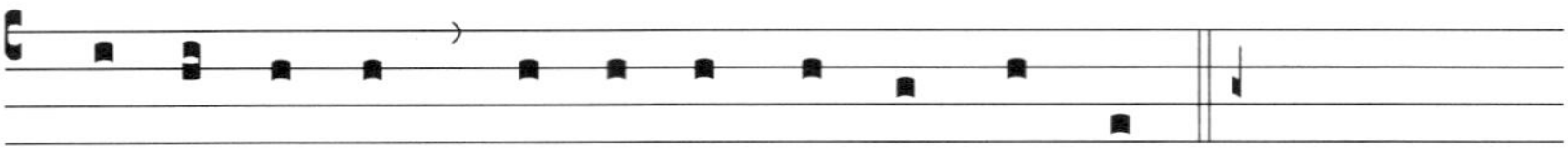

der Le-ben-den wer- de ich wandeln vor Gott.

Ijob 19,25.27.26 (Vulg); Ps 116,9

Im Totenoffizium entfällt beim Responsorium die Doxologie. Abschließend wird noch einmal das ganze Responsum gesungen.

Hymnus

IV

TOD und Vergehen / waltet in allem,
steht über Menschen, / Pflanzen und Tieren,
Sternbild und Zeit.

Du hast ins Leben / alles gerufen.
Herr, deine Schöpfung / neigt sich zum Tode:
Hole sie heim!

Schenke im Ende / auch die Vollendung!
Nicht in die Leere / falle die Vielfalt
irdischen Seins.

Herr, deine Pläne / bleiben uns dunkel. –
Doch singen Lob wir / dir, dem dreieinen,
ewigen Gott. Amen.

℣. Herr, mich verlangt nach deinem Heil.
℟. Meine Seele möge leben und dich loben.

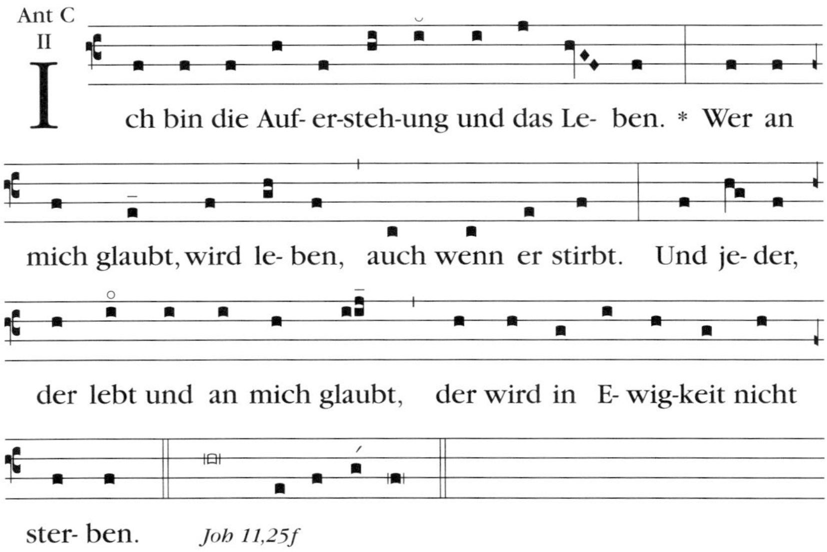

Joh 11,25f

* * *

PROPRIUM
DER HEILIGEN

JANUAR

2. Januar BASILIUS DER GROSSE UND GREGOR VON NAZIANZ
Commune für heilige Männer, 776.

15. Januar MAURUS UND PLAZIDUS
Commune für Mönche und Nonnen, 751.

17. Januar ANTONIUS
Commune für Mönche und Nonnen, 751.

20. Januar SEBASTIAN
Commune der Märtyrerfeste, 730.

21. Januar AGNES
Commune der Märtyrerfeste, 730.

21. Januar MEINRAD
Commune der Märtyrerfeste, 730.

22. Januar VINZENZ
Commune der Märtyrerfeste, 730.

23. Januar HEINRICH SEUSE
Commune für Mönche und Nonnen, 751.

25. Januar

BEKEHRUNG DES APOSTELS PAULUS

FEST

Vigil *wie im Commune der Apostelfeste,* 701.

LAUDES

Psalmodie *wie im Commune der Apostelfeste,* 721.

Kurzlesung *Apg 20,22-24*
Durch den Geist gebunden, ziehe ich nach Jerusalem, und ich weiß nicht, was dort mit mir geschehen wird. Nur das bezeugt mir der Heilige Geist

von Stadt zu Stadt, daß Fesseln und Drangsale auf mich warten. Aber ich will mit keinem Wort mein Leben wichtig nehmen, wenn ich nur meinen Lauf vollende und den Dienst erfülle, der mir von Jesus, dem Herrn, übertragen wurde: das Evangelium von der Gnade Gottes zu bezeugen.

Resp
IV/1

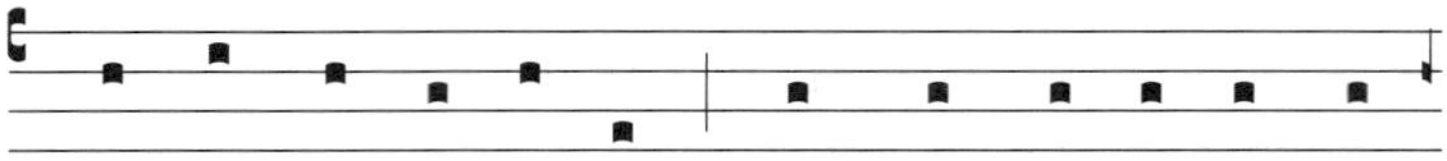

N icht ihr wer- det re- den, * durch euch re- det der Geist

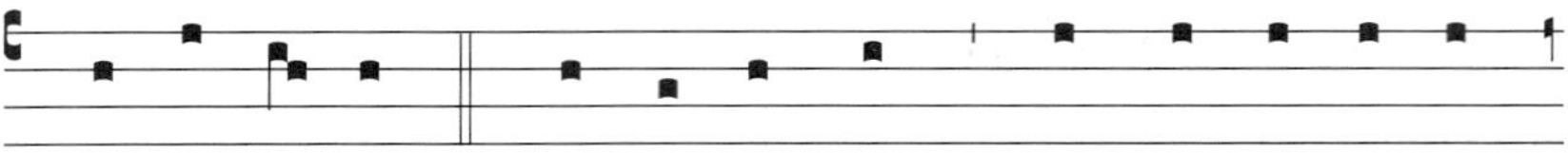

eu- res Va- ters. ℣. Seid oh- ne Furcht, denn was ihr re- den

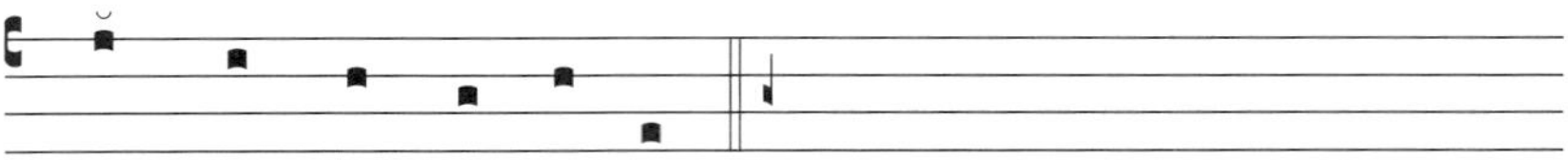

sollt, wird euch ge- ge- ben. *Mt 10,20.19*

Hymnus

VIII

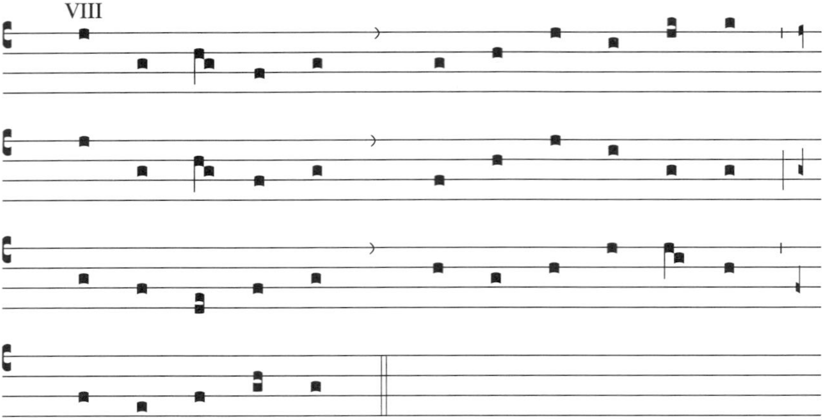

STAUNEND sehen wir / deines Lebens Wandlung:
Saulus hießest du / und ein Feind der Christen,
Paulus bist du jetzt, / und als Christi Zeuge
wird dir die Krone.

Als sein Licht dich trifft, / fällst du blind zu Boden,
stehst verwandelt auf, / seinem Ruf zu folgen.
Eingetaucht in ihn, / bist du neu geworden,
Glied seines Leibes.

Auserwählt vom Herrn, / um das Wort zu künden,
streust du seine Saat, / wirst der Heiden Lehrer,
hast am eignen Leib, / hast durch Tod und Leben
Christus verherrlicht.

Bringe unser Lob / vor den höchsten Vater,
bring es vor den Sohn, / der dich rief in Gnade,
bring es vor den Geist, / dessen Kraft dich drängte,
Christus zu künden! Amen.

℣. Ihre Botschaft geht hinaus in alle Welt.
℟. Ihre Nachricht bis zu den Enden der Erde.

Ant C
I

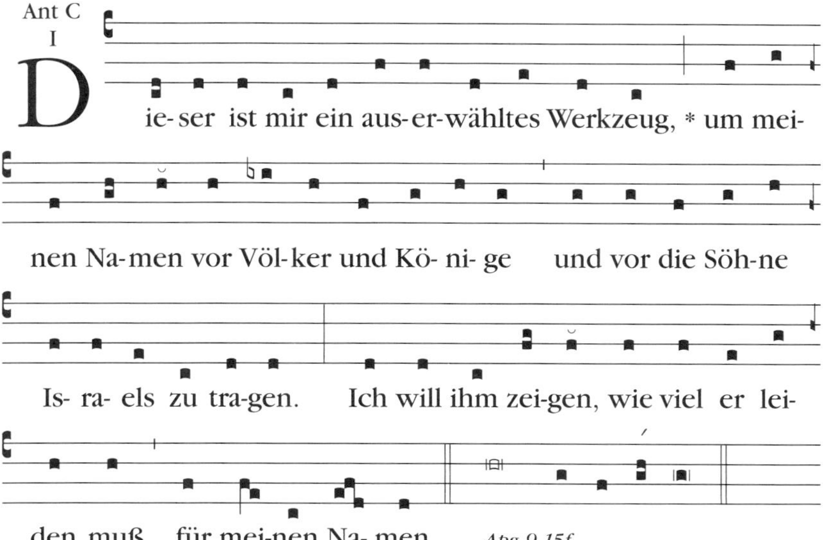

Apg 9,15f

28. Januar THOMAS VON AQUIN
Commune für heilige Männer, 776.

FEBRUAR

2. Februar
DARSTELLUNG DES HERRN
FEST

VIGIL

Invitatorium

℟. II

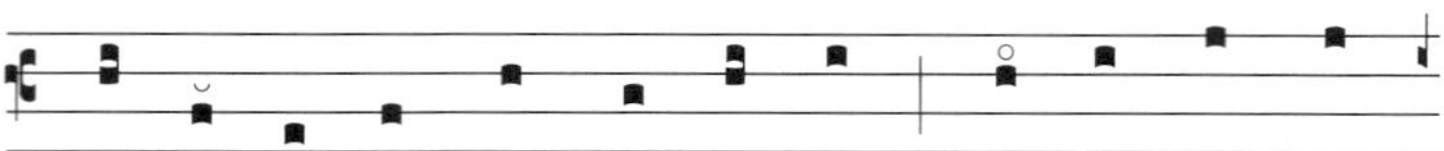

Chri-stus ist das Licht der Völ- ker: * Ihm ge-bührt Lob-

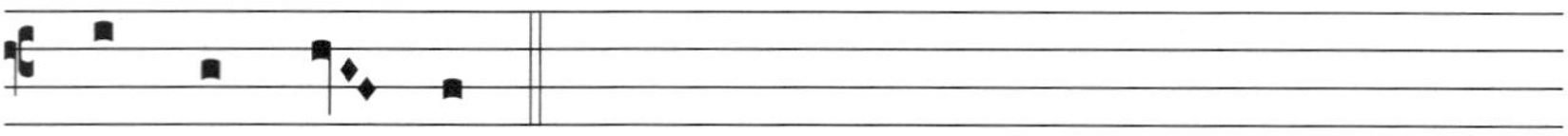

preis und Eh- re.

Zum Invitatorium wird Psalm 100 *gesungen, wie im Commune der Herrenfeste,* 653.

Hymnus

VIII

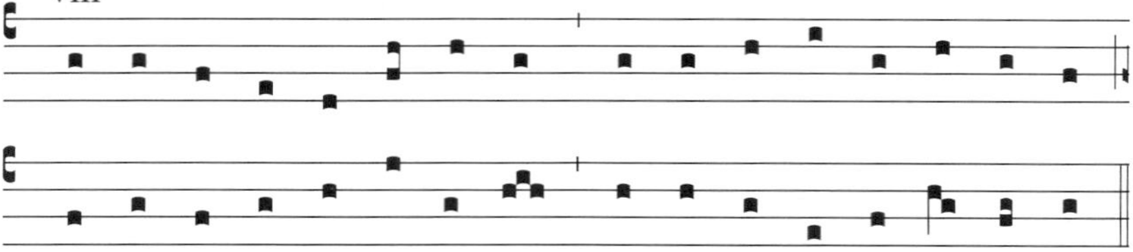

EIN heller Ruf durchtönt die Nacht:
Der Retter, unser Gott, ist da!
Der Herr, den alle Welt ersehnt,
er hat sich unsrer Not erbarmt.

Dem Volk in Nacht und Finsternis
erstrahlt ein Licht, erglänzt ein Stern:
die Herrlichkeit des Herrn erscheint
im Kinde, das Maria hegt.

Des Vaters Glanz, das Licht vom Licht,
erleuchtet unsre Dunkelheit;
nun glaubt und staunt: Gott selbst ist Mensch
und geht in unser Elend ein.

Herr Jesus, dir sei Ruhm und Preis,
Gott, den die Jungfrau uns gebar,
Lob auch dem Vater und dem Geist
durch alle Zeit und Ewigkeit. Amen.

Erste und Zweite Nokturn

Psalmodie und Versikel *wie im Commune der Herrenfeste,* 654.

Resp 1
IV/6

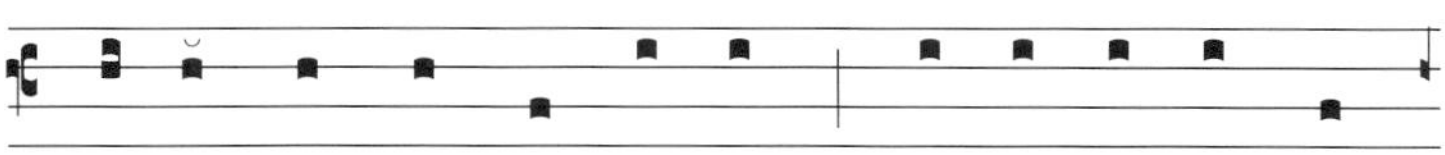

Zi- on, freu dich und jub- le, * ei- le dei-nem Gott

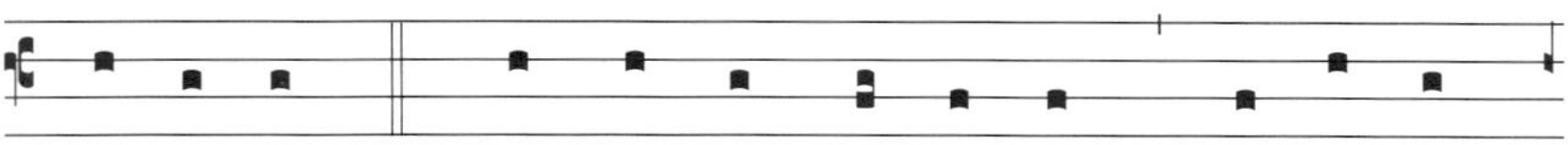

ent-ge- gen! ℣. Schmücke dein Braut-ge-mach, empfan- ge

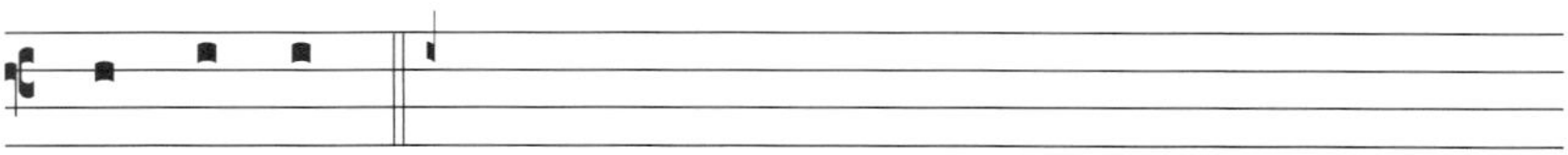

den Kö- nig! *LT*

Resp 2
IV/6

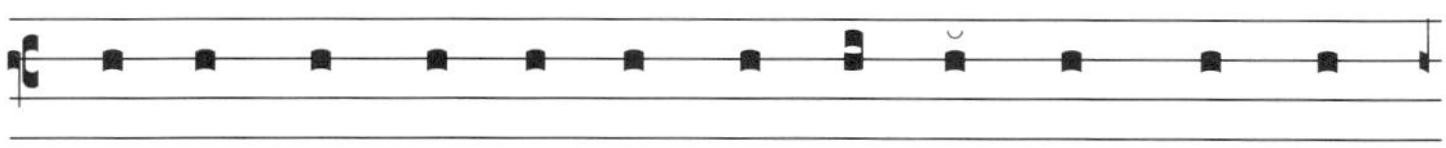

Den vor dem Morgenstern Ge-zeugten bringt die licht-

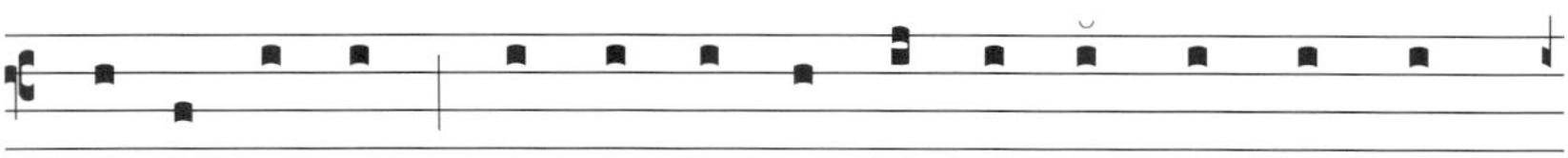

vol- le Wol- ke: * den Kö- nig der Herrlichkeit trägt die Jung-

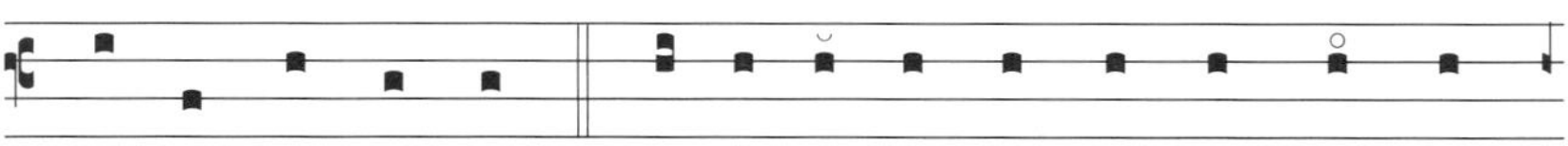

frau auf den Ar-men. ℣. Si- me-on er-kennt in dem Kind den

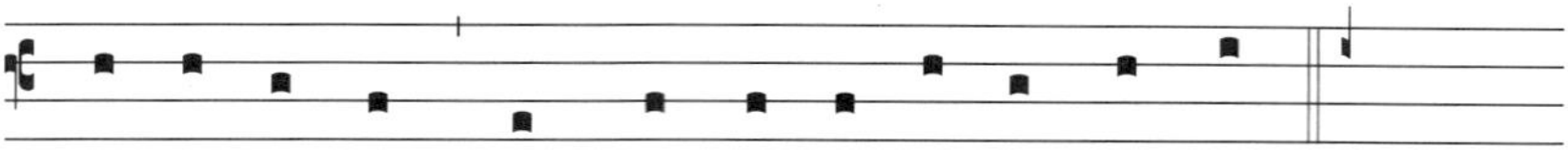

Ret-ter der Welt, den Herrn ü- ber Le-ben und Tod. *LT*

Dritte Nokturn

Ant VIII

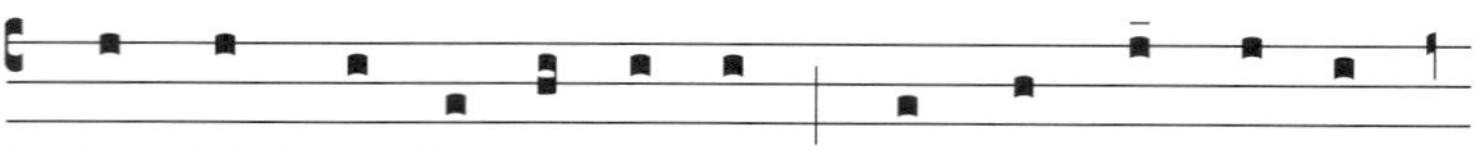

F reut euch mit Je- ru- sa- lem; * denn der Herr lei- tet

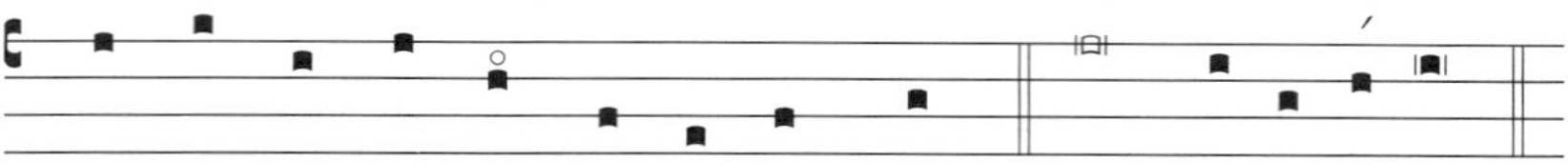

den Frie-den zu ihr wie ei- nen Strom.

Jesaja 66,10-14

FREUT euch mit Jerusalem, der heiligen Stadt! *
Jubelt in ihr, alle, die ihr sie lieb habt!
Seid fröhlich und frohlockt mit ihr, *
alle, die ihr über sie traurig wart!
Saugt euch satt an ihrer tröstenden Brust, *
trinkt und labt euch an den Brüsten ihrer Herrlichkeit!

Denn so spricht der HERR: /
Seht, ich leite den Frieden zu ihr wie einen Strom, *
wie einen rauschenden Bach die Herrlichkeit der Völker.
Ihr werdet gestillt, auf den Armen getragen, *
ihr werdet auf den Knien geschaukelt.
Wie einen, den die Mutter tröstet, /
so will ich selber euch trösten, *
ja, ihr findet Trost in Jerusalem.

Ihr werdet es sehn, /
und euer Herz wird sich freuen: *
Die Hand des HERRN wird sich an seinen Knechten offenbaren.

℣. Steh auf, Jerusalem, und werde licht. Halleluja.
℟. Denn dein Licht ist gekommen. Halleluja.

cf. Jes 42,1.6; 49,6

LAUDES

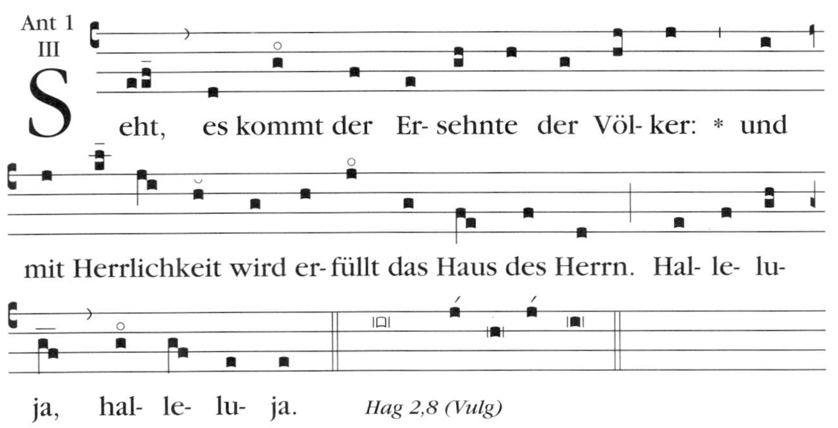

Hag 2,8 (Vulg)

Psalm 93

DER HERR ist König, mit Hoheit bekleidet; *
der HERR hat sich bekleidet und mit Macht umgürtet.
Fest ist der Erdkreis gegründet, *
nie wird er wanken.

Fest steht dein Thron von Anbeginn, *
du bist von Ewigkeit.

Fluten erhoben, HERR, /
Fluten erhoben ihr Tosen, *
Fluten erheben ihr Brausen.

Gewaltiger als das Tosen der mächtigen Wasser, /
gewaltiger als die Brandung des Meeres *
ist gewaltig der HERR in der Höhe.

Deine Gesetze sind fest und verläßlich, /
HERR, deinem Haus ziemt Heiligkeit *
für alle Zeiten.

Mal 3,1

Psalm 110

SO SPRICHT der HERR zu meinem Herrn: *
„Setze dich zu meiner Rechten,
bis ich dir hinlege deine Feinde *
als Schemel für die Füße."

Vom Zion streckt der HERR das Zepter deiner Macht aus: *
„Herrsche inmitten deiner Feinde!
Dein ist die Herrschaft am Tag deiner Macht *
in heiligem Glanz.

Wie den Tau aus dem Schoß des Morgenrots *
habe ich dich gezeugt."
Geschworen hat der HERR /
und wird es nicht bereuen: *
„Du bist Priester auf ewig nach der Ordnung Melchisedeks!"

Der Herr steht dir zur Rechten, *
zerschmettert Könige am Tag seines Zorns.
Unter den Völkern hält er Gericht, /
er häuft die Toten, *
zerschmettert die Häupter weithin auf Erden.

Er trinkt aus dem Bach am Wege, *
so kann er neu das Haupt erheben.

Ant 3
VIII

Jes 42,1; 49,6

Jesaja 42,1-9

SIEHE, mein Knecht – ich halte ihn, *
mein Erwählter – ich habe an ihm Gefallen.
Ich lege meinen Geist auf ihn, *
damit er das Recht zu den Völkern hinausträgt.
Er schreit nicht und lärmt nicht, *
noch läßt er auf der Straße seine Stimme hören.

Er bricht nicht das geknickte Rohr, /
er löscht nicht den Docht, der noch glimmt. *
Er trägt in Wahrheit das Recht hinaus.
Er selbst verlischt nicht und bricht nicht zusammen, /
bis er das Recht auf der Erde begründet hat. *
Auf seine Weisung harren die Inseln.

So spricht Gott, der HERR, /
der den Himmel schuf und wölbte, *
der die Erde gemacht hat und all ihr Gewächs,
der dem Volk auf ihr den Atem verleiht *
und denen, die auf ihr wandeln, den Geist:
„Ich, der HERR, berief dich in Gerechtigkeit, *
ich faßte dich bei deiner Hand.
Ich habe dich gebildet, /
ich machte dich zum Bund des Volkes *
und zum Licht der Heiden,
blinde Augen zu öffnen, /
Gefangene herauszuholen aus dem Kerker, *
und die im Dunkel sitzen, aus der Haft.
Ich bin der HERR – das ist mein Name, /
ich gebe keinem andern meine Ehre *
und nicht den Götzen meinen Ruhm.
Das Frühere – seht, es traf ein, /
und Neues tue ich kund, *
ich mach es euch bekannt, noch ehe es sproßt.“

Psalm 147 B

PREISE den HERRN, Jerusalem! *
Lobsinge deinem Gott, o Zion!

Denn er hat die Riegel deiner Tore gefestigt, *
die Kinder in deiner Mitte gesegnet.
Er umgibt dein Gebiet mit Frieden, *
er sättigt dich mit bestem Weizen.
Er sendet sein Wort zur Erde, *
rasch eilt dahin sein Wille.
Er spendet Schnee wie Wolle, *
streut den Reif aus wie Asche.
Sein Eis wirft er herab wie Brocken, *
vor seinem Frost – wer kann da bestehen?
Er sendet sein Wort aus und läßt sie schmelzen, *
er läßt seinen Wind wehn – da rieseln die Wasser.

Er verkündet Jakob sein Wort, *
Israel seine Gesetze und Rechte.
So hat er an den andern Völkern nicht gehandelt, *
sie lernten das Recht nicht kennen.

Kurzlesung *Zef 3,14f*

Juble, Tochter Zion! Jauchze, Israel! Freue dich, Tochter Zion, und frohlocke von ganzem Herzen! Der Herr hat das Urteil gegen dich aufgehoben und deine Feinde zur Umkehr gezwungen. Der König Israels, der Herr, ist in deiner Mitte; du hast kein Unheil mehr zu fürchten.

Resp
VII

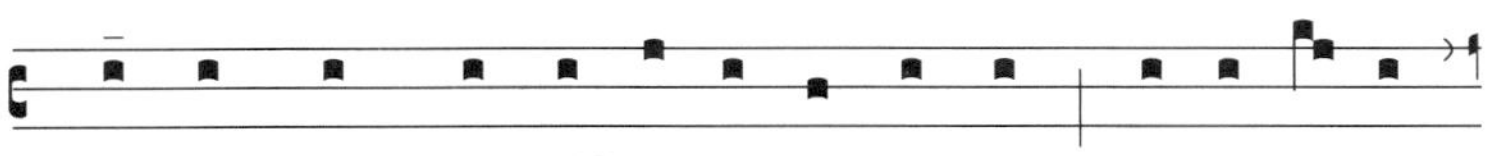

Seht, es kommt der Ersehnte der Völ-ker: * Hal- le- lu- ja,

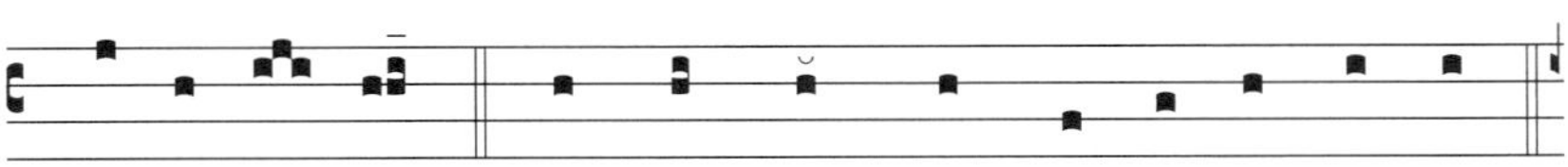

hal- le- lu- ja. ℣. Der Herrscher kommt zu sei-nem Tempel.

Hag 2,8 (Vulg); Mal 3,1

Hymnus

II

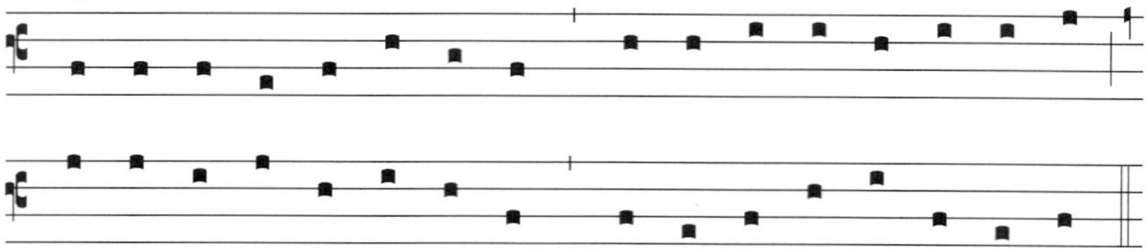

AUF, Zion, schmücke dein Gemach!
Der Herr ist da, den du ersehnt.
Steh auf und mache dich bereit,
empfange Bräutigam und Braut.

Zu seinem Tempel kommt der Herr:
die Eltern bringen Christus dar.
Den das Gesetz nicht binden kann,
er unterwirft sich dem Gesetz.

Tritt, königliche Jungfrau, ein,
bring mit dem Opfer dar dein Kind,
des ew'gen Vaters einen Sohn,
der uns zum Heil erschienen ist.

Was dir verheißen, Simeon,
das ist in diesem Kind erfüllt.
Nun mache allen Völkern kund
das Licht, das ihnen leuchten soll.

Herr, dir sei Preis und Herrlichkeit,
der sich den Heiden offenbart,
mit dir dem Vater und dem Geist
durch alle Zeit und Ewigkeit. Amen.

℣. Jubelt und jauchzt, ihr Bewohner von Zion. Halleluja.
℟. Groß ist in eurer Mitte der Heilige Israels. Halleluja.

Ant C
II

3. Februar BLASIUS
Commune der Märtyrerfeste, 730.

3. Februar ANSGAR
Commune für heilige Männer, 776.

4. Februar RABANUS MAURUS
Commune für heilige Männer, 776.

5. Februar AGATHA
Commune der Märtyrerfeste, 730.

10. Februar

SCHOLASTIKA

FEST/HOCHFEST

VIGIL

Wie im Commune für Mönche und Nonnen, 751.

LAUDES

Ant 1
V

Psalm 100

JAUCHZET dem HERRN, alle Welt! /
Dient dem HERRN mit Freude! *
Kommt vor sein Antlitz mit Jubel!
Erkennt: Der HERR ist Gott! /
Er hat uns geschaffen, wir sind sein Eigen, *
sein Volk und die Herde seiner Weide.

Tretet durch seine Tore mit Dank, /
in seine Höfe mit Lobgesang! *
Dankt ihm, preist seinen Namen!
Denn gut ist der HERR, /
seine Huld währt ewig *
und Geschlecht um Geschlecht seine Treue.

Ant 2
IV

Psalm 63

GOTT, du mein Gott, dich suche ich, *
nach dir dürstet meine Seele.
Nach dir schmachtet mein Leib *
wie dürres, lechzendes Land ohne Wasser.
So schaue ich dich im Heiligtum *
und sehe deine Macht und deine Herrlichkeit.
Ja, deine Liebe ist besser als das Leben. *
Meine Lippen sollen dich rühmen!
So will ich dich preisen mein Leben lang, *
in deinem Namen meine Hände erheben.
Wie an Fett und Mark wird satt meine Seele. *
Mein Mund singe Lob mit jubelnden Lippen!
Wenn ich an dich denke auf meinem Lager, *
sag ich von dir in nächtlichem Wachen:
„Du wurdest meine Hilfe, *
im Schatten deiner Flügel darf ich jubeln;
an dir hängt meine Seele, *
mich hält deine Rechte."

Die mir nachstellen, um mich zu verderben, *
sie müssen hinab in die Tiefen der Erde.
Der Gewalt des Schwertes gibt man sie preis, *
den Schakalen werden sie zur Beute.
Der König aber freue sich an Gott! /
Wer bei ihm schwört, darf sich rühmen. *
Doch allen Lügnern wird der Mund geschlossen.

Ant 3
VI

cf. Hld 4,16

Jesaja 61,10f

VON Herzen will ich mich freuen über den Herrn, *
über meinen Gott soll meine Seele jubeln.
Denn er hat mich bekleidet mit den Gewändern des Heiles *
und mich umhüllt mit dem Mantel der Gerechtigkeit
gleich einem Bräutigam, der sich festlich schmückt, *
gleich einer Braut, die ihr Geschmeide anlegt.

Ja, wie die Erde ihr Gewächs hervorbringt, *
und wie ein Garten seine Saaten sprossen läßt,
so läßt der Herrscher, der Herr, Gerechtigkeit sprießen *
und Ruhm vor allen Völkern.

Ant 4
II

Hld 3,5

Psalm 148

LOBET den Herrn vom Himmel her, *
lobt ihn in den Höhen:
lobt ihn, all seine Engel, *
lobt ihn, all seine Scharen,
lobt ihn, Sonne und Mond, *
lobt ihn, all ihr leuchtenden Sterne,
lobt ihn, ihr Himmel der Himmel *
und ihr Wasser über dem Himmel!
Sie sollen loben den Namen des Herrn! *
Denn er gebot, und sie waren erschaffen.
Er stellte sie hin für immer und ewig, *
gab ein Gesetz, und nie vergeht es.

Lobet den HERRN von der Erde her: *
ihr Ungeheuer und all ihr Tiefen,
    Feuer und Hagel, Schnee und Nebel, *
    du Sturmwind, der seinen Willen ausführt,
ihr Berge und all ihr Hügel, *
ihr Fruchtbäume und alle Zedern,
    ihr wilden Tiere und alles Vieh, *
    kriechende Wesen und gefiederte Vögel,
ihr Könige der Erde und alle Völker, *
ihr Fürsten und alle Richter der Erde,
    ihr jungen Männer und auch ihr Mädchen, *
    ihr Alten mit den Jungen!
Sie sollen loben den Namen des HERRN! /
Denn sein Name allein ist erhaben. *
Seine Hoheit strahlt über Erde und Himmel.

    Die Kraft seines Volkes hat er erhoben /
    zum Lob für all seine Frommen, *
    für Israels Kinder, das Volk, das ihm nahe ist.

Kurzlesung *1 Joh 4,16-18*

Wir haben die Liebe, die Gott zu uns hat, erkannt und gläubig angenommen. Gott ist die Liebe, und wer in der Liebe bleibt, bleibt in Gott, und Gott bleibt in ihm. Darin ist unter uns die Liebe vollendet, daß wir am Tag des Gerichts Zuversicht haben. Furcht gibt es in der Liebe nicht, sondern die vollkommene Liebe vertreibt die Furcht. Denn die Furcht rechnet mit Strafe, und wer sich fürchtet, dessen Liebe ist nicht vollendet.

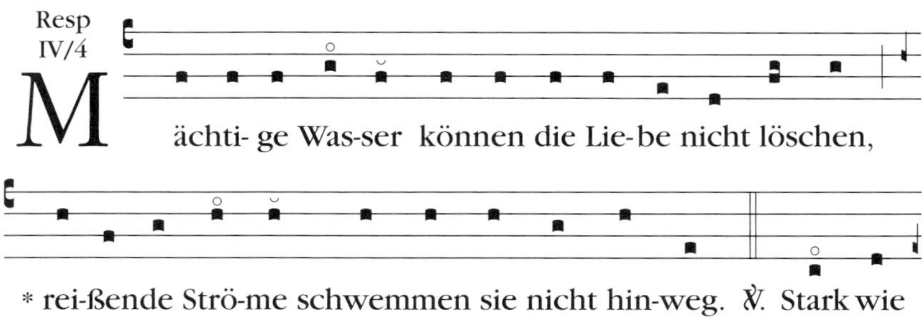

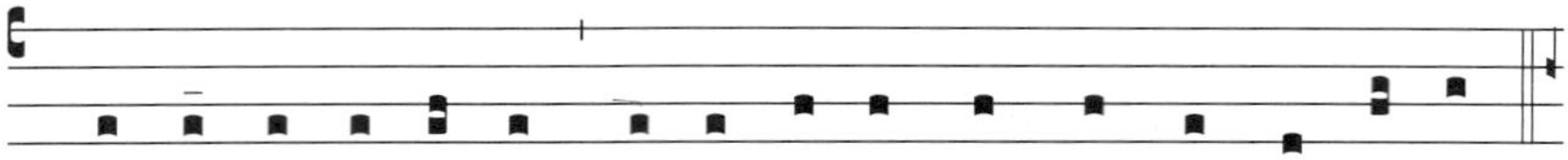

der Tod ist die Lie-be, ih-re Glu-ten sind flammendes Feuer.

Hld 8,7.6

Hymnus

IV

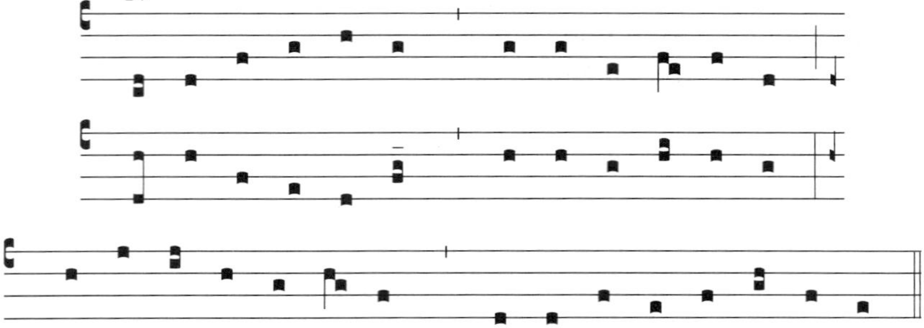

HÖR uns, heilige Frau, / Schwester Scholastika!
Singend preisen wir den, / der dich zur Braut erwählt.
Lehr die Liebe uns leben,
die die Schöpfung in Christus eint.

Frauen scharst du um dich, / wie es der Bruder lehrt.
Lob und Arbeit und Ruh' / bringt eurem Herrn ihr dar.
Quellen fruchtbaren Wassers,
Garten seid ihr in ödem Land.

Dein Gebet wird erhört / gegen des Bruders Wunsch.
Lächelnd sagst du zu ihm: / Gehe doch, wenn du kannst!
Dir war Liebe das Größte,
galt dir mehr als Gesetz und Recht.

Hochgelobt sei der Herr, / Vater der Ewigkeit,
hochgelobt sei der Sohn, / der seine Schöpfung krönt,
hochgelobt sei der Geist auch,
der in Wahrheit das Leben gibt. Amen.

℣. Gott hat sie auserkoren und erwählt.
℟. In seinem Zelt läßt er sie wohnen.

14. Februar CYRILL UND METHODIUS (Fest)
Commune für heilige Männer, 776.

22. Februar

KATHEDRA PETRI

FEST

Vigil *wie im Commune der Apostelfeste,* 701.

LAUDES

Psalmodie *wie im Commune der Apostelfeste,* 721.

Kurzlesung *1 Petr 1,1-5*
Petrus, Apostel Jesu Christi, an die Auserwählten, die als Fremde in der Zerstreuung leben, die von Gott, dem Vater, von jeher ausersehen und durch den Geist geheiligt sind, um Jesus Christus gehorsam zu sein und mit seinem Blut besprengt zu werden. Gnade sei mit euch und Friede in Fülle! - Gepriesen sei der Gott und Vater unseres Herrn Jesus Christus: Er hat uns in seinem großen Erbarmen neu geboren, damit wir durch die Auferstehung Jesu Christi von den Toten eine lebendige Hoffnung haben und das unzerstörbare, makellose und unvergängliche Erbe empfangen, das im Himmel für euch aufbewahrt ist. Gottes Macht behütet euch durch den Glauben, damit ihr das Heil erlangt, das am Ende der Zeit offenbart werden soll.

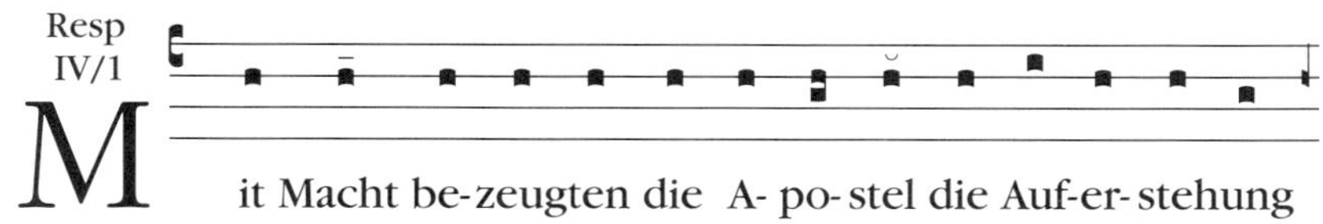

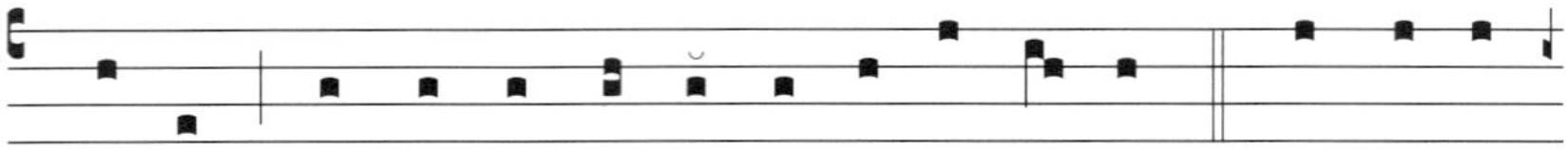

Je- su, * und reiche Gna-de ruh-te auf ih-nen. ℣. Vom Geiste

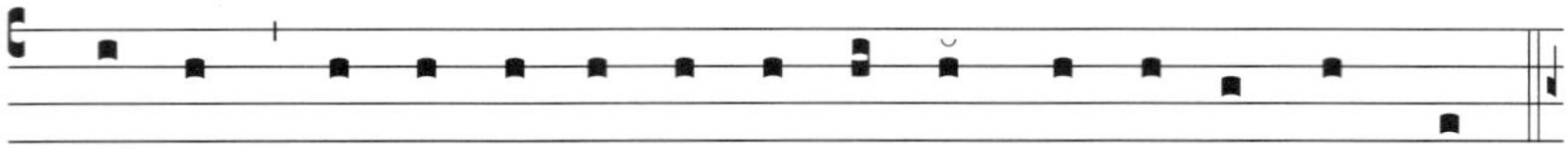

er- füllt, ver-kün-de-ten sie mit Freimut die Ta-ten des Herrn.

Apg 4,33.31

Hymnus

IV

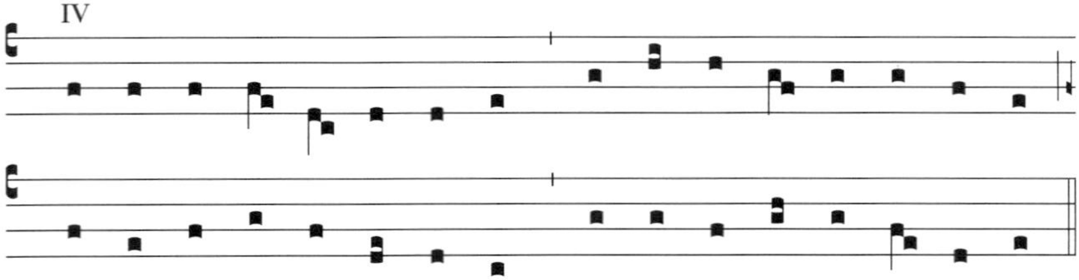

PETRUS, der Kirche Fundament,
mit Recht wirst du 'der Fels' genannt,
denn Christus selber ist der Grund,
der Halt und Stärke dir verleiht.

Du, Petrus, hast den Herrn zuerst
bekannt als wahren Gottessohn.
Dir gab er Auftrag und Gewalt,
sein Volk zu leiten durch die Zeit.

Behüte du als treuer Knecht
die Herde, die dir anvertraut.
Wenn Satan uns wie Weizen siebt,
dann stärke unsres Glaubens Kraft.

Dem Herrn sei Preis und Herrlichkeit,
der seine Kirche lenkt und führt,
dem Vater und dem Geist zugleich
durch alle Zeit und Ewigkeit. Amen.

℣. Erzählt unter den Völkern von Gottes Herrlichkeit.
℟. Bei allen Nationen von seinen Wundern.

Apg 5,30f

23. **Februar** POLYKARP
Commune der Märtyrerfeste, 730.

24. **Februar** MATTHIAS (Fest)
Commune der Apostelfeste, 701.

MÄRZ

19. März

JOSEF

HOCHFEST

Vigil *wie im Commune für heilige Männer,* 776.

LAUDES

Psalmodie *wie im Commune für heilige Männer,* 789.

Kurzlesung *2 Sam 7,28f*
Mein Herr und Gott, du bist der einzige Gott, und deine Worte sind wahr. Du hast deinem Knecht Glück zugesagt. So segne jetzt gnädig das Haus

deines Knechtes, damit es ewig vor deinen Augen Bestand hat. Denn du, mein Herr und Gott, hast es versprochen, und mit deinem Segen wird das Haus deines Knechtes für immer gesegnet sein.

Resp
IV/1

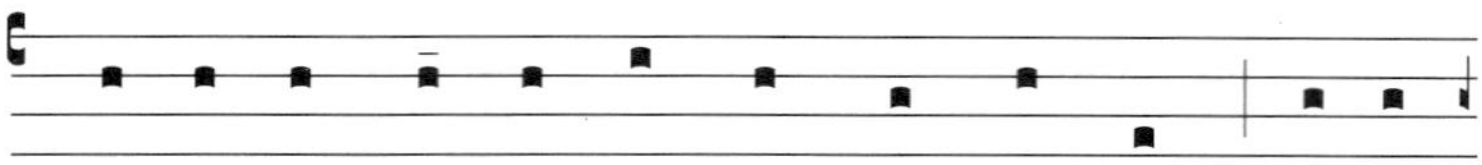

In sei-nem Haus ist Wohlstand und Reichtum, * sei-ne

Ge- rechtigkeit hat Be- stand für immer. ℣. Fest ist sein Herz,

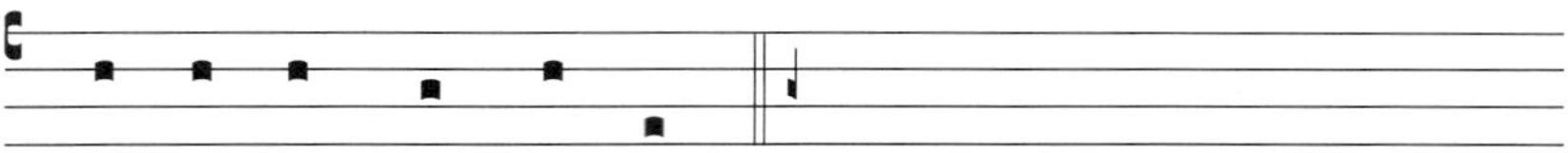

weil es dem Herrn ver-traut. *Ps 112,3.7*

Hymnus

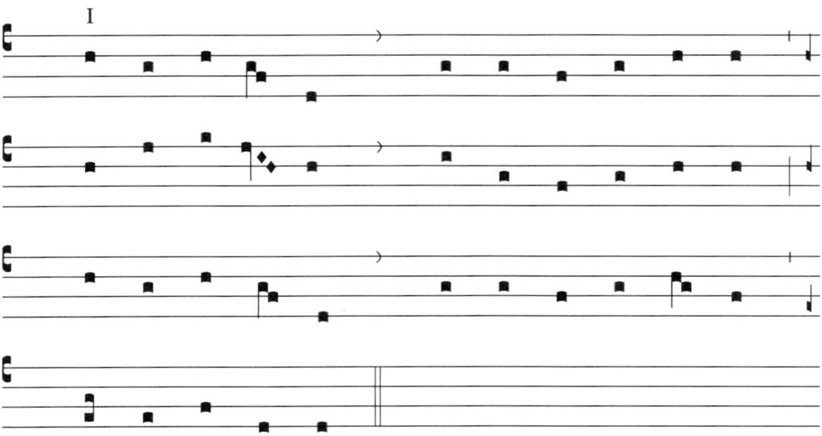

JOSEF, Erwählter, / dem der Herr vertraute,
höre uns heute / deine Größe preisen.
Siehe, der Mutter / gab er zum Gemahl dich,
nannte dich Vater.

Wortlos erfüllst du / Gottes dunklen Willen,
tust ohne Frage, / was er dir gebietet,
demütig dienst du / seinem großen Plane,
treu und beharrlich.

Weil du gehorchtest, / hat dich Gott erhoben.
Christus verlieh dir / Seligkeit und Leben,
er, der die Kleinen, / vor der Welt Geringen,
seliggepriesen.

Lob sei dem Vater / auf dem höchsten Throne,
Lob sei dem Sohne, / Gott, aus Gott geboren,
Lob sei dem Geiste, / der mit beiden eins ist,
immer und ewig. Amen.

℣. Sei zu hören bereit, dann wirst du belehrt.
℟. Neige dein Ohr, so erlangst du Erkenntnis.

Ant C VIII

Lk 12,43f

* * *

21. März

HEIMGANG UNSERES HEILIGEN VATERS BENEDIKT

HOCHFEST/FEST

VIGIL

Invitatorium

Hymnus

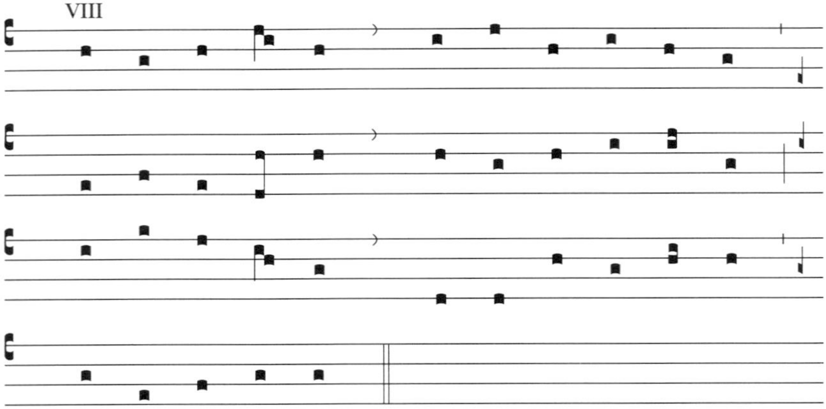

Du bist gesegnet / mit dem Geist der Väter.
Segen verheißt uns / dein geliebter Name.
Segen verbürgt uns / deine hohe Weisung,
Abt Benedictus.

Mitten im Tosen / sturmbewegter Zeiten
bahnte dein Leben / einen Pfad des Friedens,
und deine Regel / wurde Ungezählten
rettende Arche.

Lob sei dem Vater / auf dem höchsten Throne,
Lob sei dem Sohne, / Gott, aus Gott geboren,
Lob sei dem Geiste, / der mit beiden eins ist,
immer und ewig. Amen.

Erste und Zweite Nokturn

Erste und Zweite Nokturn bilden an diesem Fest eine Einheit, mit einer geschlossenen Gruppe von sechs Psalmen. An die Stelle der Antiphon tritt vor jedem Psalm ein kurzer Abschnitt aus dem Prolog der Heiligen Regel.

I

Stehen wir also auf! Die Schrift rüttelt uns wach und ruft: „Jetzt ist die Stunde da, vom Schlafe aufzustehen." Öffnen wir unsere Augen dem göttlichen Licht und hören wir mit aufgeschrecktem Ohr, wozu uns Gottes Stimme laut rufend täglich mahnt: *„Wenn ihr doch heute auf seine Stimme hörtet: Verhärtet euer Herz nicht!"* ... Liebe Brüder, was kann beglückender für uns sein als diese Stimme des Herrn, der uns einlädt? Seht, in seiner Güte *zeigt uns der Herr den Weg zum Leben.*

VII

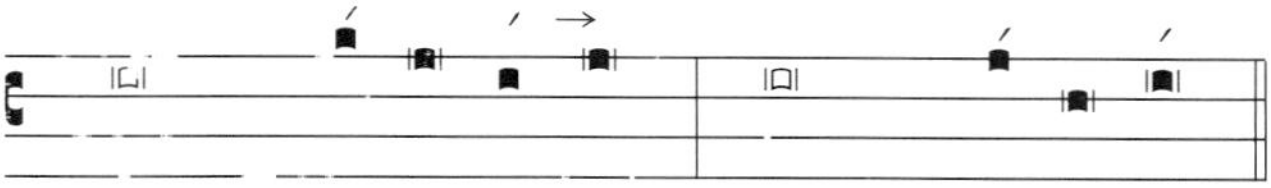

Psalm 16

BEHÜTE mich, Gott, denn ich flüchte zu dir. /
Ich sage zum HERRN: „Mein Herr bist du, *
mein ganzes Glück bist du allein."
Über die 'Heiligen', die im Lande sind, sage ich /
und über die 'Herrlichen', die mir so gefielen: *
„Wer einem andern Gott nachläuft,
dessen Schmerzen mehren sich.

Nie mehr will ich ihnen Opferblut spenden, *
und nie mehr nehm ich ihre Namen auf die Lippen."
HERR, du bist mein Anteil und Becher, *
du selber hältst mein Los in der Hand.
Die Meßschnur fiel mir auf liebliches Land: *
ja, mein Erbe gefällt mir.

Ich preise den HERRN, der mir Rat erteilt: *
selbst zur Nacht ermahnt mich mein Gewissen.
Ich stelle mir den HERRN beständig vor Augen; *
er steht mir zur Rechten: – ich werde nicht wanken!
Darum freut sich mein Herz, meine Seele ist fröhlich, *
sorglos ruht auch mein Leib.
Denn du gibst mich nicht preis der Unterwelt, *
deinen Frommen läßt du nicht schauen die Grube.
Du zeigst mir den Weg zum Leben. /
Vor deinem Angesicht ist Freude in Fülle, *
zu deiner Rechten ist Wonne auf ewig.

II

Wer Ohren hat zu hören, der höre, was der Geist den Gemeinden sagt! Und was sagt er? *„Kommt, ihr Söhne, höret mich! Die Furcht des Herrn will ich euch lehren."* ... Und der Herr sucht in der Volksmenge, der er dies zuruft, einen Arbeiter für sich und sagt abermals: *„Wer ist der Mensch, der Lust hat am Leben, der gute Tage zu sehen wünscht?"* Wenn du das hörst und antwortest: „Ich", dann sagt Gott zu dir: „Willst du das wahre und unvergängliche Leben haben, so *hüte deine Zunge vor dem Bösen und deine Lippen vor falscher Rede! Laß ab vom Bösen und tu das Gute, trachte nach Frieden und jage ihm nach*! Wenn ihr das tut, dann ruhen meine Augen auf euch und meine Ohren hören auf eure Gebete; und noch bevor ihr zu mir ruft, sage ich euch: Seht, ich bin da."

IV 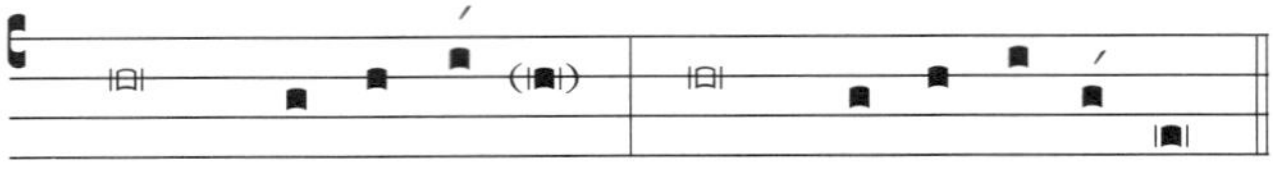

Psalm 34

ALLEZEIT will ich den HERRN lobpreisen, *
sein Lob sei stets in meinem Munde!

Meine Seele rühme sich des HERRN, *
die Armen sollen es hören und fröhlich sein!
Preiset den HERRN mit mir, *
laßt uns gemeinsam seinen Namen erheben!

Ich suchte den HERRN, und er erhörte mich, *
er hat mich all meinen Ängsten entrissen.
Die auf ihn blicken, werden strahlen, *
nie wird vor Scham ihr Antlitz erröten.
Da rief ein Armer, und es hörte ihn der HERR, *
er half ihm aus all seinen Nöten.
Der Engel des HERRN umschirmt, die ihn fürchten, *
und er befreit sie.
Kostet und seht: Der HERR ist gut! *
Selig der Mensch, der zu ihm sich flüchtet!
Fürchtet den HERRN, ihr seine Heiligen, *
denn die ihn fürchten, leiden keinen Mangel.
Selbst Löwen darben und leiden Hunger, *
doch wer den HERRN sucht, braucht kein Gut zu entbehren.

Kommt, ihr Söhne, höret mich! *
Die Furcht des HERRN will ich euch lehren.
Wer ist der Mensch, der Lust hat am Leben, *
der Tage sich wünscht, um Gutes zu sehen.
Hüte deine Zunge vor dem Bösen *
und deine Lippen vor falscher Rede!
Laß ab vom Bösen und tu das Gute, *
trachte nach Frieden und such ihn zu ergreifen!

Die Augen des HERRN blicken auf die Gerechten, *
und seine Ohren hören auf ihr Schreien.
Das Antlitz des HERRN richtet sich gegen die Bösen, *
ihr Gedächtnis von der Erde zu tilgen.
Schrein die Gerechten, so hört sie der HERR, *
er entreißt sie all ihren Nöten.
Der HERR ist nahe den gebrochenen Herzen, *
dem zerschlagenen Geist schafft er Heilung.
Viel Böses muß der Gerechte leiden, *
doch allem wird der HERR ihn entreißen.

Er behütet all seine Glieder, *
nicht eins von ihnen wird zerbrochen.
Den Frevler tötet die Bosheit, *
wer den Gerechten haßt, muß es büßen.
Der HERR erlöst seine Knechte, *
von Strafe bleibt verschont, wer zu ihm sich flüchtet.

III

Gürten wir uns also mit Glauben und mit Treue im Guten, und gehen wir unter der Führung des Evangeliums die Wege des Herrn, damit wir ihn, der uns in sein Reich gerufen hat, zu schauen verdienen. Wollen wir in seinem Reich und in seinem Zelt wohnen, dann müssen wir durch gute Taten dorthin eilen; anders kommen wir nicht ans Ziel. – Fragen wir nun mit dem Propheten den Herrn: *„Herr, wer darf in deinem Zelte Gast sein? Wer darf wohnen auf deinem heiligen Berge?"* Hören wir, Brüder, was der Herr auf diese Frage antwortet und wie er uns den Weg zu seinem Zelt weist.

I
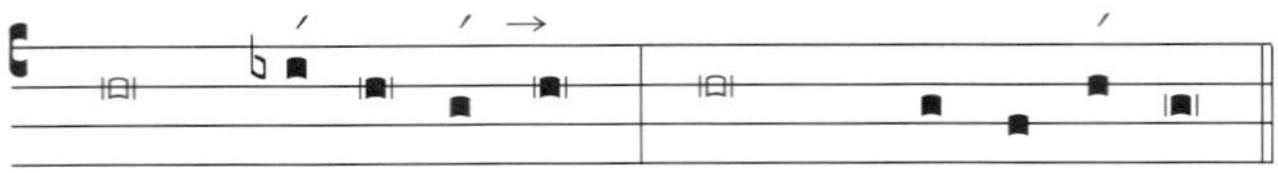

Psalm 15

HERR, wer darf in deinem Zelte Gast sein? *
Wer darf wohnen auf deinem heiligen Berge?

Der makellos lebt und das Rechte tut, *
der im Herzen auf Wahrheit sinnt:
Er verleumdet nicht mit seiner Zunge. /
Er tut seinem Nächsten nichts Böses *
und schmäht nicht seinen Nachbarn.
Der Verworfene ist in seinen Augen verächtlich, *
doch die den HERRN fürchten, hält er in Ehren.
Er ändert seinen Eid nicht, *
auch wenn er sich selbst zum Schaden geschworen hat.
Er leiht nicht sein Geld aus auf Zins, *
und gegen den Schuldlosen läßt er sich nicht bestechen.

Wer also handelt, *
in Ewigkeit wird er nicht wanken.

IV

Brüder, wir haben den Herrn befragt, wer in seinem Zelt wohnen darf, und haben die Bedingungen für das Wohnen gehört. Erfüllen wir doch die Pflichten eines Bewohners! Wir müssen unser Herz und unseren Leib zum Kampf rüsten, um den göttlichen Weisungen gehorchen zu können. Und für alles, was uns von Natur aus kaum möglich ist, wollen wir die Gnade und Hilfe des Herrn erbitten.

VI
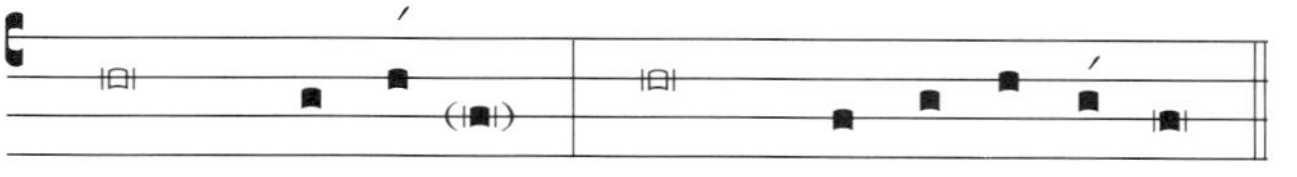

Psalm 27

DER HERR ist mein Licht und mein Heil: *
Wen sollte ich fürchten?
Der HERR schützt mein Leben: *
Vor wem sollte ich bangen?
Dringen Frevler auf mich ein, mich zu verschlingen: *
meine Bedränger und Feinde, sie straucheln und fallen.
Mag ein Heer mich belagern, *
mein Herz wird sich nicht fürchten.
Mag gegen mich der Kampf entbrennen, *
ich bleibe dennoch voll Zuversicht.

Eines erbat ich vom HERRN, /
danach verlangt mich: *
im Haus des HERRN zu wohnen alle Tage meines Lebens,
die Freundlichkeit des HERRN zu schauen *
und nachzusinnen in seinem Tempel.
Er birgt mich unter seinem Dach am Tag des Unheils, /
er beschirmt mich im Schutz seines Zeltes, *
er hebt mich empor auf den Felsen.
Nun kann mein Haupt sich erheben *
über die Feinde, die mich umringen.

So will ich Opfer bringen in seinem Zelt, /
Opfer mit Jubel, *
dem HERRN will ich singen und spielen.

Höre, o HERR, den Ruf meiner Stimme, *
sei mir gnädig und gib mir Antwort!
Mein Herz denkt an dein Wort: /
„Suchet mein Antlitz!“ *
Dein Antlitz, o HERR, will ich suchen.
Verbirg mir nicht dein Antlitz, /
weise deinen Knecht nicht im Zorne zurück, *
du hast mir doch immer geholfen.
Verstoß mich nicht, verlaß mich nicht, *
du Gott meines Heiles.
Selbst wenn mich Vater und Mutter verlassen, *
der HERR gibt mir Heimstatt.

Weise mir, HERR, deinen Weg, *
führe mich, meinen Gegnern zum Trotz, auf ebenem Pfade.
Gib mich nicht preis der Gier der Bedränger, *
denn falsche Zeugen standen gegen mich auf
und schnauben Gewalttat.
Ich aber glaube fest: /
Die Güte des HERRN werde ich schauen *
im Lande der Lebenden.

Harre auf den HERRN und sei stark, *
fasse Mut und harre des HERREN.

V

Wir wollen eine Schule für den Dienst des Herrn einrichten. Bei dieser Gründung hoffen wir, nichts Hartes und nichts Schweres festzulegen. Sollte es jedoch aus wohlüberlegtem Grund etwas strenger zugehen, um Fehler zu bessern und die Liebe zu bewahren, dann laß dich nicht sofort von Angst verwirren und fliehe nicht vom Weg des Heils; er kann am Anfang nicht anders sein als eng. Wer aber im klösterlichen Leben und im Glauben fortschreitet, dem wird das Herz weit, und er läuft in unsagbarem Glück der Liebe den Weg der Gebote Gottes.

VIII
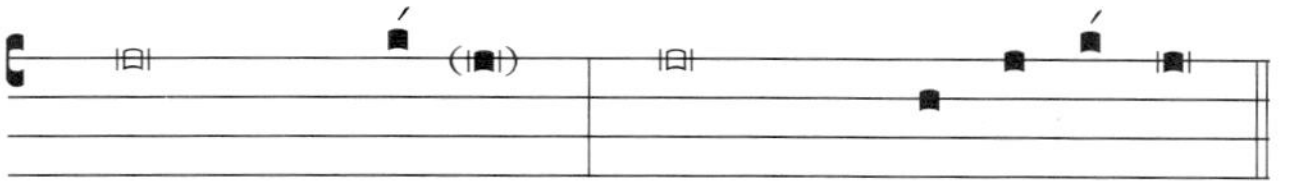

Psalm 66

JAUCHZET Gott zu, alle Lande, /
spielt zum Ruhm seines Namens, *
verherrlicht ihn mit Lobpreis!
Saget zu Gott: /
„Wie furchtgebietend bist du in deinen Werken! *
Ob deiner gewaltigen Macht
schmeicheln dir deine Feinde.
Die ganze Erde betet dich an und singt dir, *
sie singt deinem Namen!“

Kommt und schaut die Taten Gottes! *
Furchtgebietend ist er in seinem Tun an den Menschen.
Er machte das Meer zu trockenem Land, /
sie zogen zu Fuß durch den Strom. *
Dort waren wir über ihn voll Freude.
In seiner Kraft ist er Herrscher auf ewig, /
seine Augen wachen über die Völker, *
damit kein Empörer sich gegen ihn auflehnt.

Ihr Völker, preist unsern Gott, *
laßt laut seinen Lobpreis erschallen.
Er erhielt uns am Leben, *
ließ unsern Fuß nicht wanken:
O Gott, du hast uns geprüft, *
hast uns geläutert, wie man Silber läutert,
du brachtest uns in ein Fangnetz, *
legtest uns drückende Last auf den Rücken,
du ließest Menschen treten auf unser Haupt, /
wir gingen durch Feuer und Wasser. *
Aber du hast uns herausgeführt, hin zur Fülle.

Nun komme ich mit Opfern in dein Haus, *
erfülle dir meine Gelübde,

was meine Lippen dir versprachen, *
was in der Not mein Mund gelobte:
Fette Schafe bringe ich dir als Brandopfer dar /
zusammen mit dem Rauch von Widdern, *
ich bereite dir Rinder und Böcke.

Die ihr Gott fürchtet, kommt alle und hört, *
ich will erzählen, was er mir getan hat:
Mit meinem Mund habe ich zu ihm gerufen, *
da lag mir schon der Lobpreis auf der Zunge.
Hätt' ich es abgesehn auf Böses, *
würde der Herr nicht hören.
Aber Gott hat gehört, *
er hat geachtet auf mein lautes Beten.

Gepriesen sei Gott! /
Denn er wies mein Gebet nicht zurück, *
er hat mir seine Liebe nicht entzogen.

VI

Wir wollen uns der Unterweisung Gottes niemals entziehen und in seiner Lehre im Kloster ausharren bis zum Tod. Wenn wir so in Geduld an den Leiden Christi Anteil haben, dann werden wir auch mit ihm Erben seines Reiches sein.

II 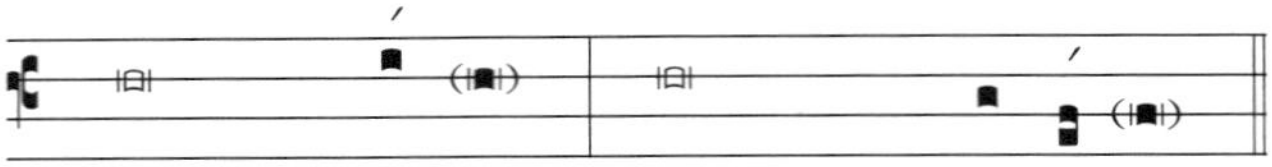

Psalm 84

WIE liebenswert ist deine Wohnung, *
du HERR der Scharen!
Meine Seele verzehrt sich in Sehnsucht *
nach den Höfen des HERREN.
Mein Herz und mein Fleisch, *
sie jauchzen hin zu Gott, dem Lebendigen.
Auch der Sperling findet ein Haus, /
ein Nest die Schwalbe, *
um ihre Jungen zu hegen bei deinen Altären.

HERR der Scharen, mein König und mein Gott: /
Selig, die in deinem Hause wohnen, *
sie dürfen allezeit dich preisen.

Selig die Menschen, denen Kraft kommt von dir, *
die sich zur Wallfahrt entschließen.
Wandern sie durchs Wüstental, /
so machen sie es zur Oase, *
und Frühregen hüllt es in Segen.
Sie schreiten fort von Kraft zu Kraft. *
Der Gott der Götter läßt sich schauen auf dem Zion.

HERR, Gott der Scharen, höre mein Beten, *
vernimm es, du Gott Jakobs.
O Gott, sieh her auf unseren Schild, *
und schau auf das Antlitz deines Gesalbten.
Ja, ein einziger Tag in deinen Höfen *
ist besser als tausend andere.
Das ziehe ich vor: /
an der Schwelle zu stehen im Haus meines Gottes, *
statt zu wohnen in den Zelten der Frevler.
Denn Sonne und Schild ist der HERR, *
Gott ist Gnade und Herrlichkeit.
Der HERR wird geben, /
er versagt kein Gut *
denen, die in Lauterkeit leben.
HERR der Scharen: *
Selig die Menschen, die auf dich vertrauen!

℣. Du zeigst mir den Weg zum Leben.
℟. Vor deinem Angesicht ist Freude in Fülle.

Lesung *RB 72*

Aus der Regel unseres heiligen Vaters Benedikt: Vom guten Eifer, den die Mönche haben sollen. – Wie es einen bitteren und bösen Eifer gibt, der von Gott trennt und zur Hölle führt, so gibt es den guten Eifer, der von den Sünden trennt, zu Gott und zum ewigen Leben führt. – Diesen Eifer sollen also die Mönche mit glühender Liebe in die Tat umsetzen, das bedeutet: Sie sollen einander in gegenseitiger Achtung zuvorkommen; ihre körperlichen und charakterlichen Schwächen sollen sie mit unerschöpflicher Geduld ertragen; im gegenseitigen Gehorsam sollen sie miteinander wetteifern; keiner achte auf das eigene Wohl, sondern mehr auf das des anderen; die Bruderliebe sollen sie einander selbstlos erweisen; in Liebe sollen sie Gott fürchten; ihrem Abt seien sie in aufrichtiger und demütiger Liebe zugetan. Christus sollen sie überhaupt nichts vorziehen. Er führe uns gemeinsam zum ewigen Leben.

Resp
I

Spr 4,20f; Ps 34,12

Dritte Nokturn

℟.
II

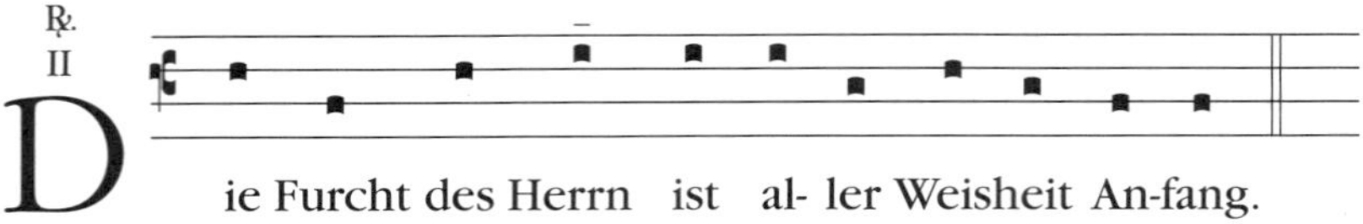

Jesus Sirach 1,1-20 ()

ALLE Weisheit stammt vom HERRN
und ist bei ihm für immer.
Vor allen Dingen ist die Weisheit geschaffen
und die verständige Einsicht seit ewig.

DIE FURCHT DES HERRN IST ALLER WEISHEIT ANFANG.

Nur einer ist weise,
ehrfurchtgebietend über alle Maßen:

der HERR auf seinem Throne.
Er schuf die Weisheit
und hat sie ausgegossen über seine Werke.
Er spendet sie allen, die ihn lieben.

DIE FURCHT DES HERRN IST ALLER WEISHEIT ANFANG.

Der Weisheit Anfang ist: den HERRN zu fürchten.
Schon in der Mutter Schoß empfängt sie der Gerechte.
Der Weisheit Fülle ist: den HERRN zu fürchten.
Ein ganzes Haus füllt sie mit Schätzen.

DIE FURCHT DES HERRN IST ALLER WEISHEIT ANFANG.

Der Weisheit Krone ist: den HERRN zu fürchten.
Aufsprossen läßt sie Heil und Frieden.
Der Weisheit Wurzel ist: den HERRN zu fürchten.
Und ihre Zweige sind der Tage viele.

DIE FURCHT DES HERRN IST ALLER WEISHEIT ANFANG.

Die Furcht des HERRN ist Ruhm und Ehre,
Frohlocken ist sie und ein Kranz zur Feier.
Die Furcht des HERRN erquickt die Herzen,
gibt Freude und ein langes Leben.

DIE FURCHT DES HERRN IST ALLER WEISHEIT ANFANG.

Wer in der Furcht des HERRN verharrt,
dem geht es wohl am Ende.
Am Tage seines Todes wird er gepriesen.

DIE FURCHT DES HERRN IST ALLER WEISHEIT ANFANG.

Ehre dem Vater, Ehre dem Sohne,
Ehre dem Heiligen Geiste.
Wie im Anfang, so auch jetzt und immer
und für ewige Zeiten. Amen.

DIE FURCHT DES HERRN IST ALLER WEISHEIT ANFANG.

℣. Gnädig bist du denen, d<u>ie</u> dich fürchten.
℟. Wer dich fürchtet, Herr, ist gr<u>o</u>ß für immer.

Lesung *Sir 50,1-23()*

Lesung aus dem Buch Jesus Sirach. – Seht, der Mann Gottes, der größte unter seinen Brüdern, der Ruhm seines Volkes. Er war wie ein leuchtender Stern zwischen dem Morgengewölk, wie der Vollmond in den Tagen des Festes, wie die strahlende Sonne über dem Königspalast, wie ein Regenbogen, der in den Wolken erscheint. Er war wie ein Blütenzweig am Festtag, wie eine Lilie am Wasserlauf, wie das Grün des Libanon in den Tagen des Frühlings. Er war wie der Duft des Weihrauchs beim Opfer, wie ein vergoldetes Gefäß, das mit Edelsteinen besetzt ist. Er war wie ein üppiger Ölbaum voller Früchte, wie ein wilder Ölbaum mit saftigen Zweigen. Rings umgab ihn der Kranz seiner Söhne; wie Pappeln am Bach umstanden sie ihn, wie junge Zedern auf dem Libanon. Der Segen des Herrn war auf seinen Lippen, den Namen des Herrn zu nennen, war sein Ruhm. Sein Andenken ist süß wie Honig im Mund und wie Musik bei einem festlichen Mahl. – Lobt den Herrn, den Gott des Alls, der Wunderbares auf Erden vollbringt, der einen Menschen erwählt vom Mutterschoß an und an ihm handelt nach seinem Gefallen. Er gebe euch Weisheit ins Herz. Sein Friede sei mit euch!

Resp
I

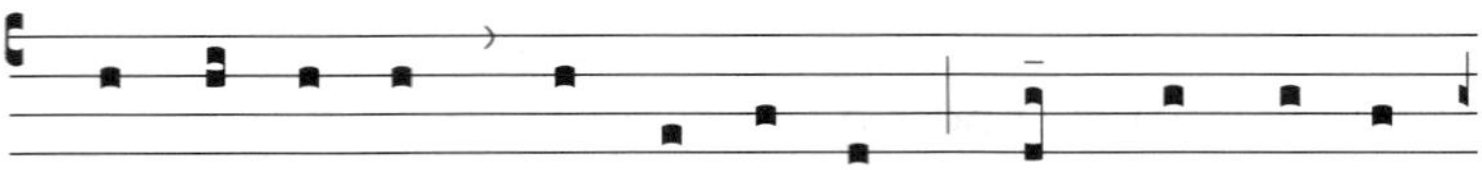

Ihr Dürstenden, kommet zu mir! * Hört, dann werdet

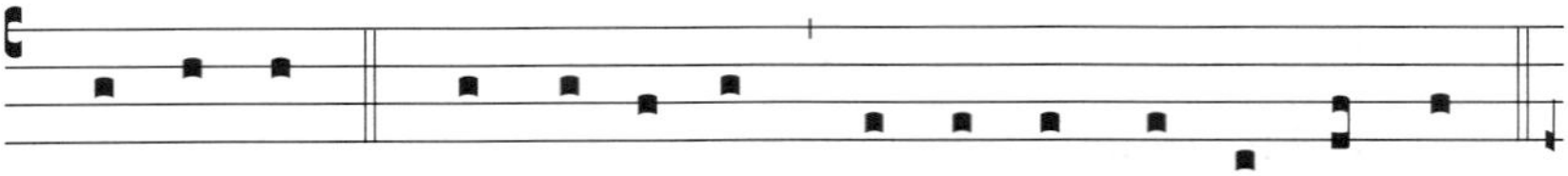

ihr le-ben! ℣. Neigt eu- er Ohr, so er-langt ihr Erkenntnis.

Jes 55,1.3; Sir 6,33

LAUDES

Festpsalmen der Laudes, 439, mit folgenden Antiphonen:

Ant 1
VII

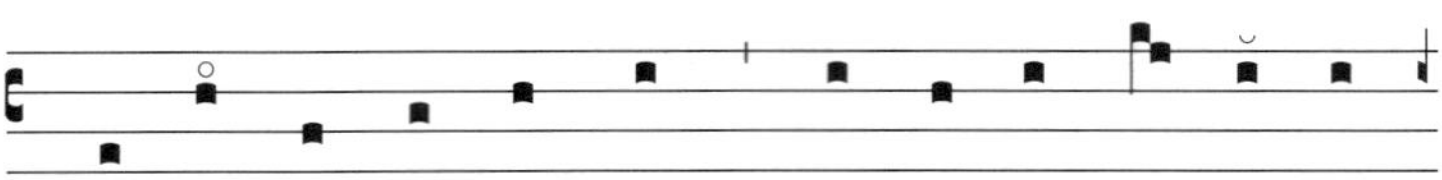

Zieh fort aus dei-nem Land, * aus dei- ner Hei-mat und

aus dei-nem Va- ter-haus; und zie- he in das Land, das ich dir
zei- ge. Gen 12,1
Ant 2
IV
Zu ei-nem gro-ßen Volk will ich dich ma-chen. * Ich
seg-ne dich und ma-che dei-nen Na-men groß. – Du sollst
ein Se-gen sein. Gen 12,2
Ant 3
V
Schau- e zum Himmel auf * und zäh- le die Ster- ne:
so zahlreich wer-den dei- ne Söh-ne sein. Gen 15,5
Ant 4
VII
Ich wer- de seg-nen al- le, die dich seg-nen; * durch

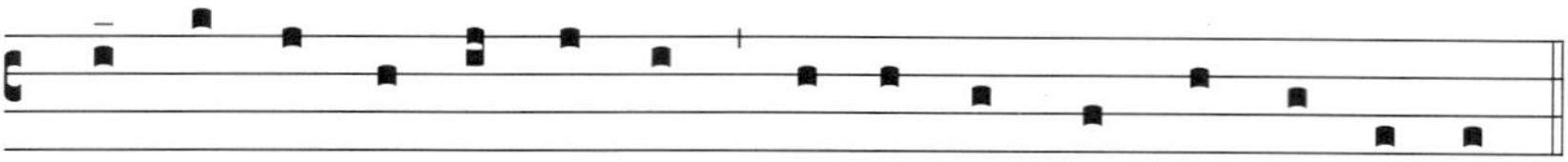

dich sol-len ge- seg-net sein al- le Geschlechter der Er-de.

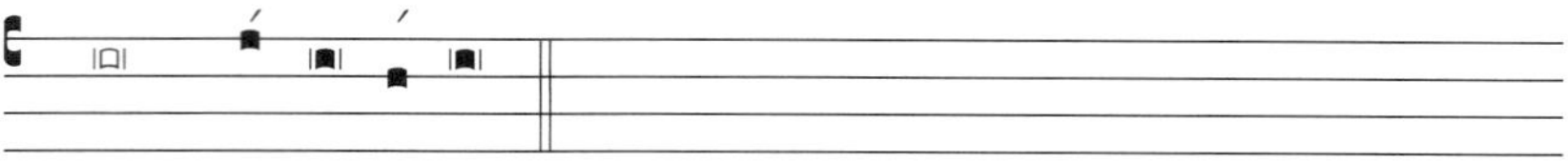

Gen 12,3

Kurzlesung *Hebr 11,6.8-10.15f*

Ohne Glauben ist es unmöglich, Gott zu gefallen; denn wer zu Gott kommen will, muß glauben, daß er ist und daß er denen, die ihn suchen, ihren Lohn geben wird. Aufgrund des Glaubens gehorchte Abraham dem Ruf, wegzuziehen in ein Land, das er zum Erbe erhalten sollte; und er zog weg, ohne zu wissen, wohin er kommen würde. Aufgrund des Glaubens hielt er sich als Fremder im verheißenen Land wie in einem fremden Land auf und wohnte mit Isaak und Jakob, den Miterben derselben Verheißung, in Zelten; denn er erwartete die Stadt mit den festen Grundmauern, die Gott selbst geplant und gebaut hat. Hätten sie, als sie eine Heimat suchten, an jene gedacht, aus der sie weggezogen waren, so wäre ihnen Zeit geblieben zurückzukehren; nun aber strebten sie nach einer besseren Heimat, nämlich der himmlischen. Darum schämt sich Gott ihrer nicht, er schämt sich nicht, ihr Gott genannt zu werden; denn er hat ihnen eine Stadt bereitet.

Resp IV/1

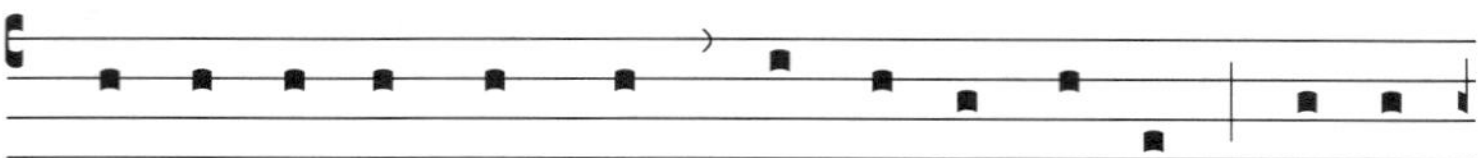

Fei- ern sol-len dich, Herr, all dei- ne Wer-ke, * dei- ne

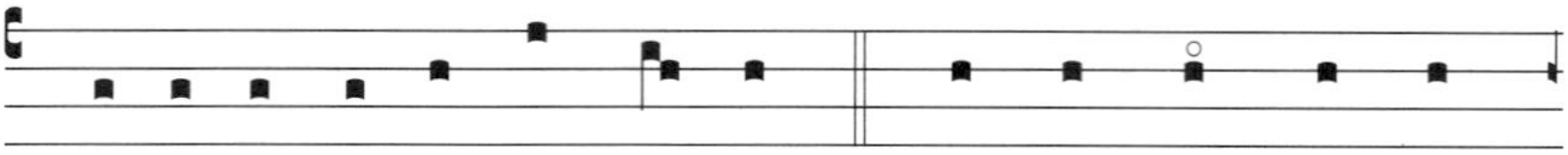

Hei- li-gen sol- len dich prei-sen. ℣. Ein Geschlecht rüh- me

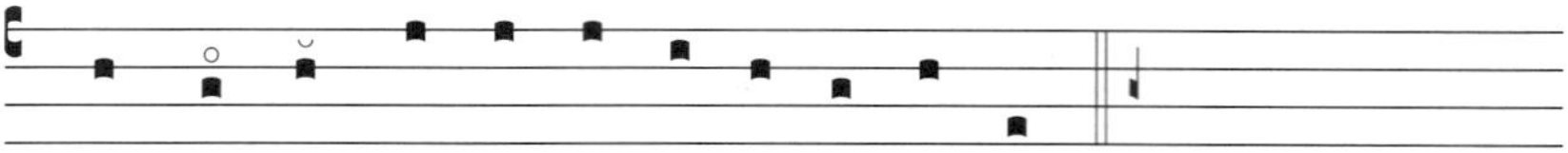

dem an-dern dei- ne ge-wal- ti- gen Ta- ten. *Ps 145,10.4*

Hymnus

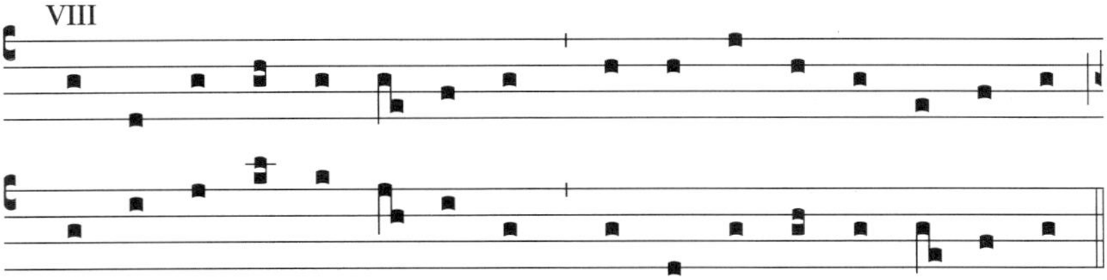

DER goldne Morgen steigt empor
und schenkt im Glanze uns den Tag,
da unser Vater Benedikt
durchschritt das Tor der Ewigkeit.

Wie Abraham, so zog er aus
in neues, unbekanntes Land,
ließ Glanz und Reichtum dieser Welt
und folgt' dem Wort, das ihn berief.

Jetzt tritt er in die heil'ge Stadt,
erreicht das Ziel nach langem Weg
und schaut das Antlitz seines Herrn,
das seine Sehnsucht stets gesucht.

Laß uns dir folgen auf dem Weg,
Gesegneter, so bitten wir,
zum ew'gen Reiche führe uns,
die du der Welt entsagen lehrst.

Dem Vater Lob und Herrlichkeit
und seinem eingebornen Sohn,
Lob auch dem Geist, der beide eint,
durch alle Zeit und Ewigkeit. Amen.

℣. Auf gutes Land ist mein Los gefallen.
℟. Ein herrliches Erbe ward mir zuteil.

Ant C
II

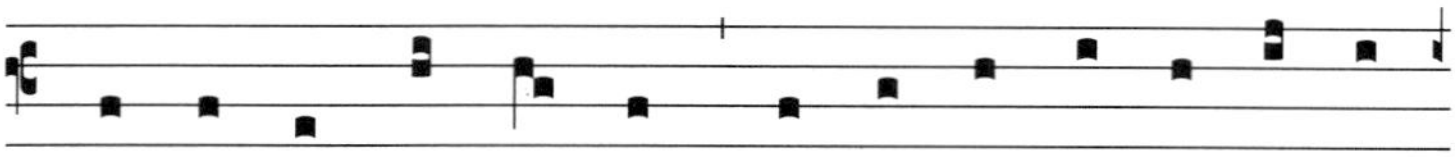

Ge- hört ihr Chri-stus an, * so seid ihr Söh-ne A- bra-

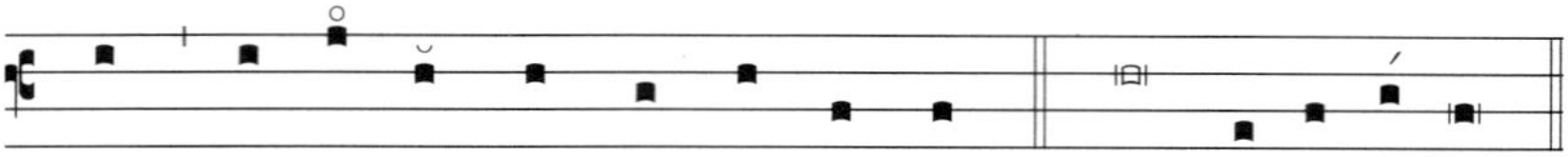

hams und Er-ben kraft der Ver-hei-ßung. *Gal 3,29*

* * *

25. März

VERKÜNDIGUNG DES HERRN

HOCHFEST

VIGIL

Invitatorium

℟.
II

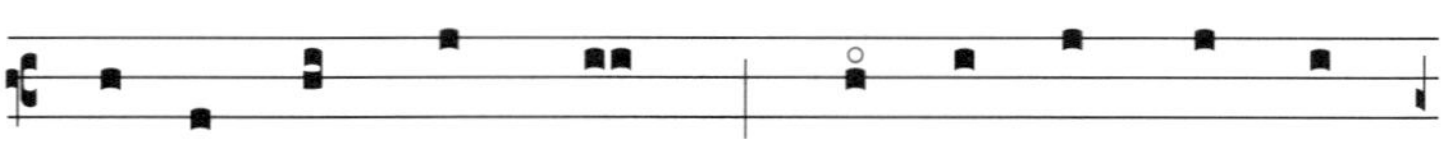

Got-tes Wort ward Fleisch: * Ihm ge-bührt Lobpreis

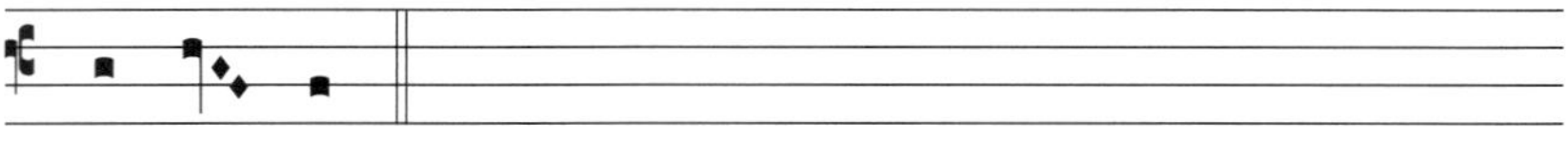

und Eh- re.

Zum Invitatorium wird Psalm 100 *gesungen, wie im Commune der Herrenfeste,* 653.

Hymnus

VIII

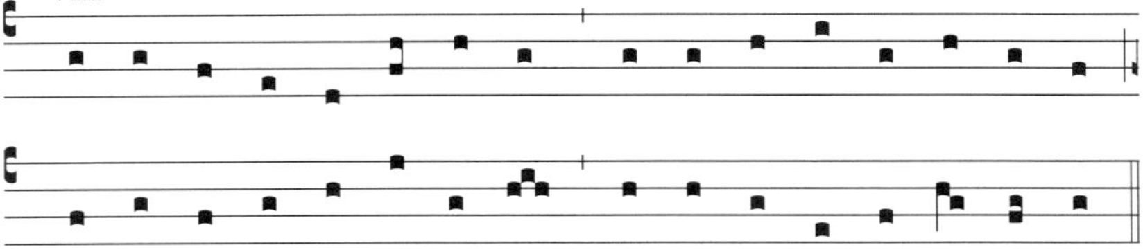

EIN heller Ruf durchtönt die Nacht:
Der Retter, unser Gott, ist da!
Der Herr, den alle Welt ersehnt,
er hat sich unsrer Not erbarmt.

Dem Volk in Nacht und Finsternis
erstrahlt ein Licht, erglänzt ein Stern:
die Herrlichkeit des Herrn erscheint
im Kinde, das Maria hegt.

Des Vaters Glanz, das Licht vom Licht,
erleuchtet unsre Dunkelheit;
nun glaubt und staunt: Gott selbst ist Mensch
und geht in unser Elend ein.

Herr Jesus, dir sei Ruhm und Preis,
Gott, den die Jungfrau uns gebar,
Lob auch dem Vater und dem Geist
durch alle Zeit und Ewigkeit. Amen.

Erste und Zweite Nokturn

Psalmodie und Versikel *wie im Commune der Herrenfeste,* 654.

Resp 1
II

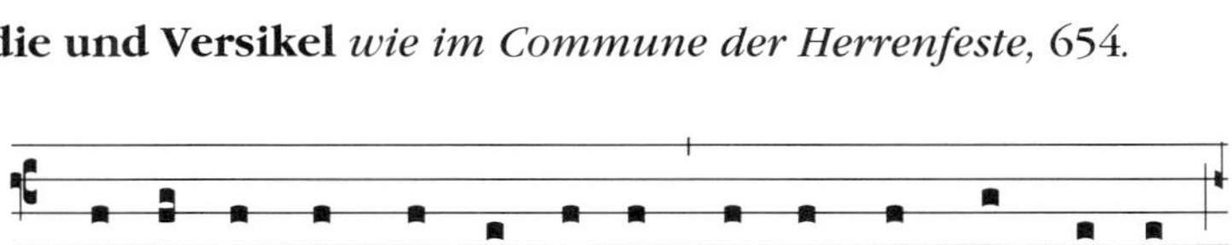

G e-grüßet seist du, Ma- ri- a, du bist voll der Gnade:

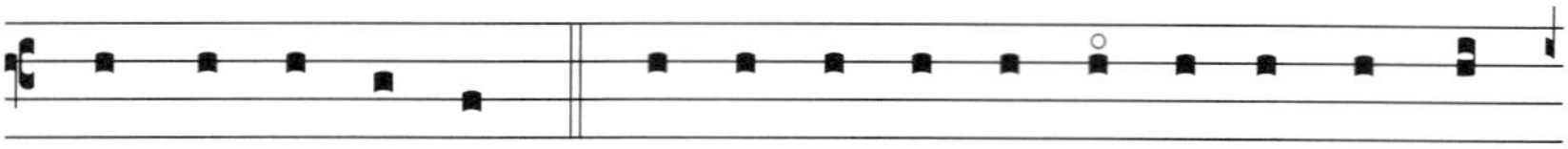

* der Herr ist mit dir! ℣. Du bist ge- be- ne-deit un-ter den Frau-

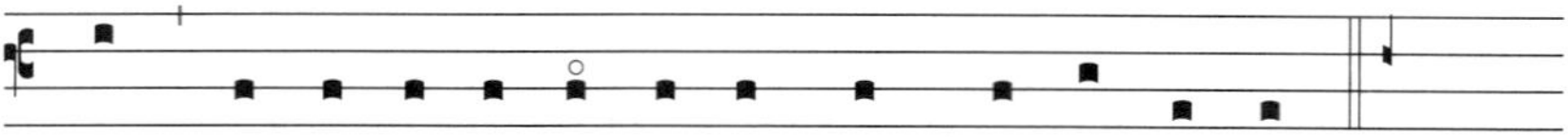

en, und ge-be-ne-deit ist die Frucht dei-nes Lei-bes. *Lk 1,28.42*

Resp 2
II

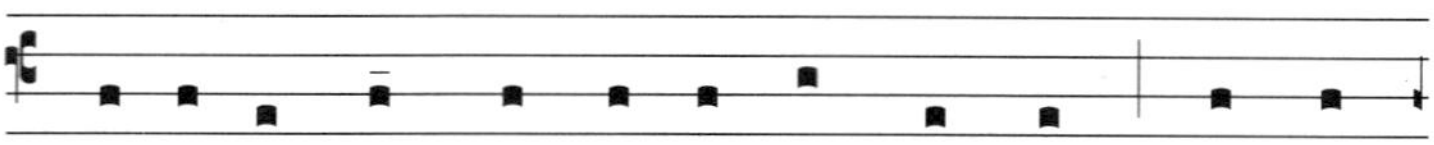

Heiliger Geist wird ü- ber dich kommen, * die Kraft

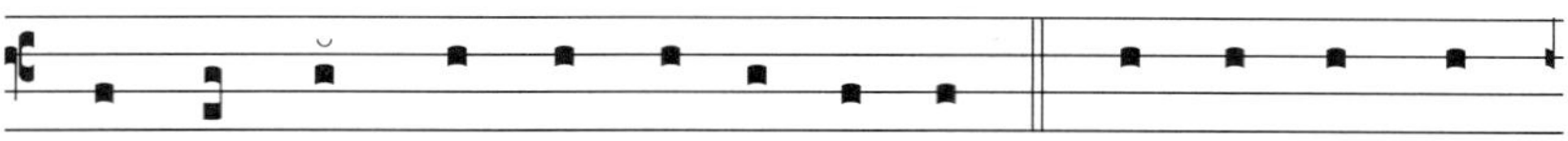

des Höchsten wird dich ü- berschatten. ℣. Fürchte dich nicht,

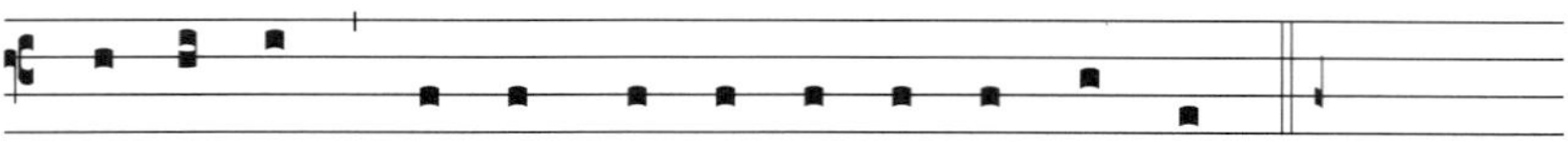

Ma- ri- a, du hast Gna-de ge- funden bei Gott. *Lk 1,35.30*

Dritte Nokturn

Ant
VIII

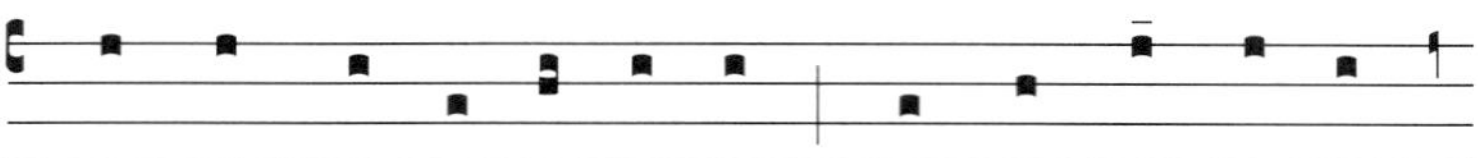

Freut euch mit Je- ru- sa- lem; * denn der Herr lei- tet

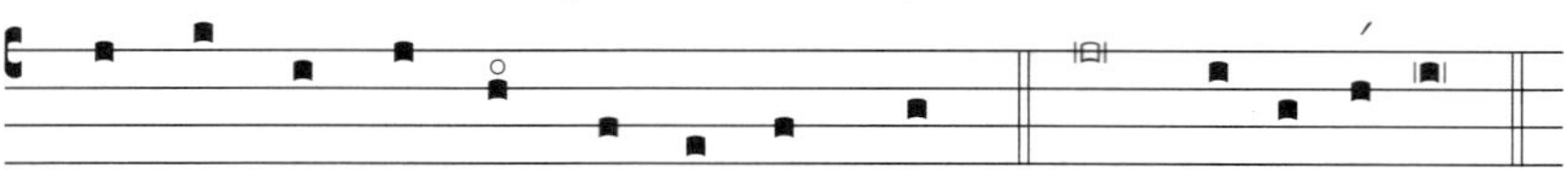

den Frie-den zu ihr wie ei- nen Strom.

Jesaja 66,10-14

FREUT euch mit Jerusalem, der heiligen Stadt! *
Jubelt in ihr, alle, die ihr sie lieb habt!

Seid fröhlich und frohlockt mit ihr, *
alle, die ihr über sie traurig wart!
Saugt euch satt an ihrer tröstenden Brust, *
trinkt und labt euch an den Brüsten ihrer Herrlichkeit!

Denn so spricht dẹr HERR: /
Seht, ich leite den Frieden zu ihr wie einen Strom, *
wie einen rauschenden Bach die Herrlichkeit der Völker.
Ihr werdet gestillt, auf den Armen getragen, *
ihr werdet auf den Knien geschaukelt.
Wie einen, den die Mutter tröstẹt, /
so will ich selber euch trösten, *
ja, ihr findet Trost in Jerusalem.

Ihr werdet ẹs sehn, /
und euer Herz wird sich freuen: *
Die Hand des HERRN wird sich an seinen Knechten offenbaren.

℣. Bis an die Enden der Erde reicht sein Ruhm.
℟. Er wird der Friede sein.

Resp
II

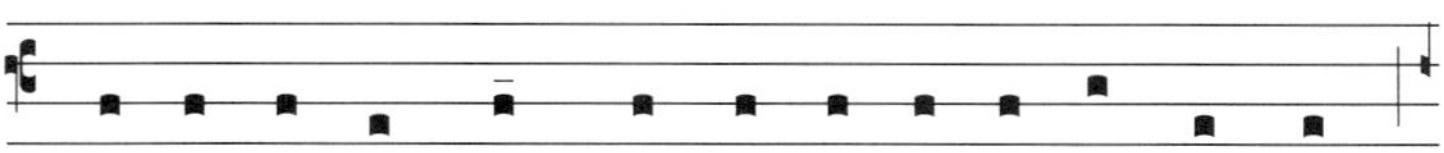

Der Engel des Herrn brachte Ma- ri- a die Botschaft,

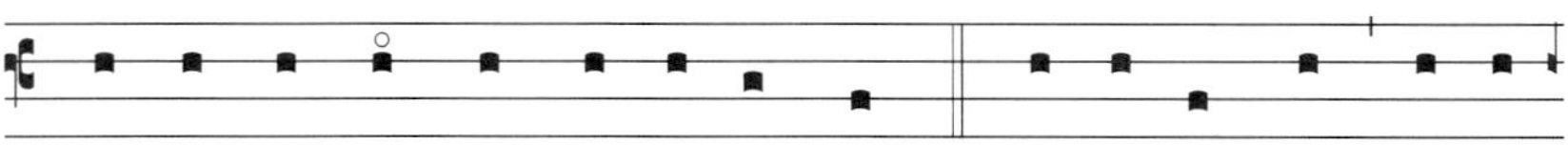

* und sie empfing vom Hei- li- gen Geist. ℣. Ma- ri- a sprach: Siehe,

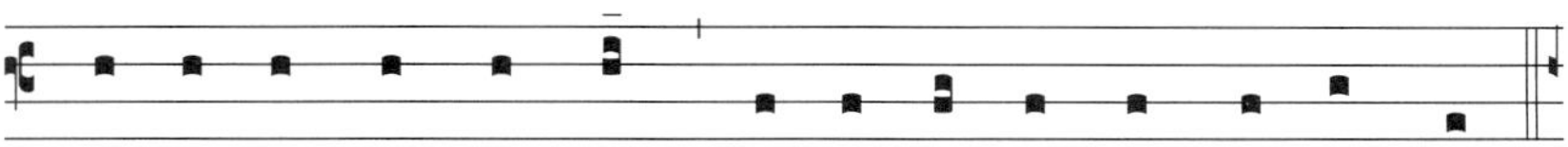

ich bin die Magd des Herrn, mir ge-sche-he nach deinem Wort.

LT; Lk 1,38

LAUDES

Ant 1
I

Jes 7,14

Psalm 93

DER HERR ist König, mit Hoheit bekleidet; *
der HERR hat sich bekleidet und mit Macht umgürtet.
Fest ist der Erdkreis gegründet, *
nie wird er wanken.
Fest steht dein Thron von Anbeginn, *
du bist von Ewigkeit.

Fluten erhoben, HERR, /
Fluten erhoben ihr Tosen, *
Fluten erheben ihr Brausen.
Gewaltiger als das Tosen der mächtigen Wasser, /
gewaltiger als die Brandung des Meeres *
ist gewaltig der HERR in der Höhe.

Deine Gesetze sind fest und verläßlich, /
HERR, deinem Haus ziemt Heiligkeit *
für alle Zeiten.

Ant 2
IV

Jes 9,6

Psalm 110

SO SPRICHT der HERR zu meinem Herrn: *
„Setze dich zu meiner Rechten,
 bis ich dir hinlege deine Feinde *
 als Schemel für die Füße."
Vom Zion streckt der HERR das Zepter deiner Macht aus: *
„Herrsche inmitten deiner Feinde!
 Dein ist die Herrschaft am Tag deiner Macht *
 in heiligem Glanz.
Wie den Tau aus dem Schoß des Morgenrots *
habe ich dich gezeugt."
 Geschworen hat der HERR /
 und wird es nicht bereuen: *
 „Du bist Priester auf ewig nach der Ordnung Melchisedeks!"

Der Herr steht dir zur Rechten, *
zerschmettert Könige am Tag seines Zorns.
 ⌈Unter den Völkern hält er Gericht, /
 er häuft die Toten, *
 ⌊zerschmettert die Häupter weithin auf Erden.

Er trinkt aus dem Bach am Wege, *
so kann er neu das Haupt erheben.

Ant 3
III

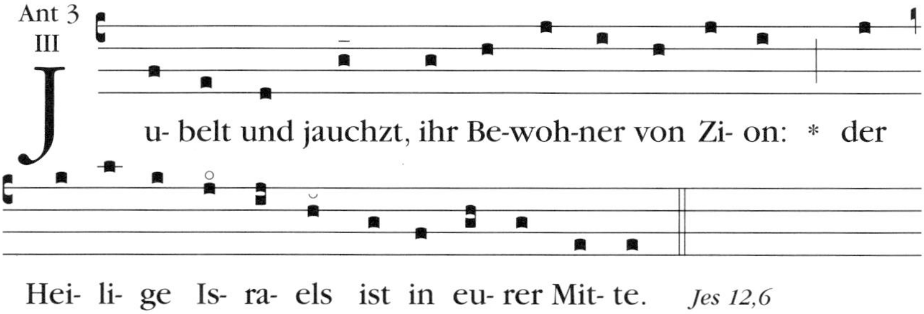

Jes 12,6

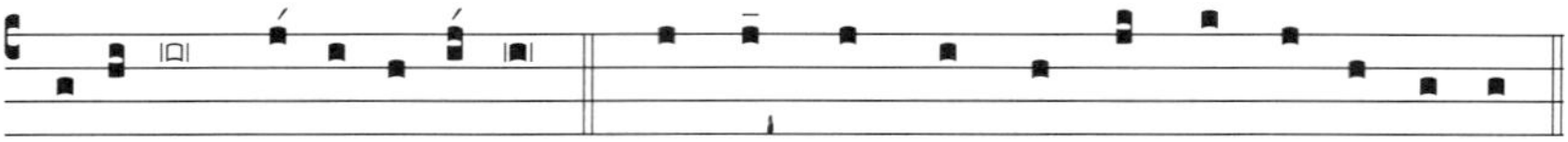

℟. Ge- lobt und hoch er- ho- ben in E-wigkeit.

Daniel 3,52-56

GEPRIESEN bist du, HERR, du Gott unsrer Väter, *
– gelobt und hoch erhoben in Ewigkeit. –
Gepriesen ist deiner Herrlichkeit heiliger Name, *
– gelobt und hoch erhoben in Ewigkeit. –
Gepriesen bist du im Tempel deiner heiligen Herrlichkeit, *
– gelobt und hoch erhoben in Ewigkeit. –
Gepriesen bist du auf dem Thron deiner Herrschaft, *
– gelobt und hoch erhoben in Ewigkeit. –
Gepriesen bist du, der auf den Kerubim thront /
und niederschaut in die Tiefen des Abgrunds, *
– gelobt und hoch erhoben in Ewigkeit. –
Gepriesen bist du in der Feste des Himmels, *
– gelobt und hoch erhoben in Ewigkeit. –

Gepriesen ist der Vater und der Sohn mit dem Heiligen Geiste, *
– gelobt und hoch erhoben in Ewigkeit. –

Ant 4
VII

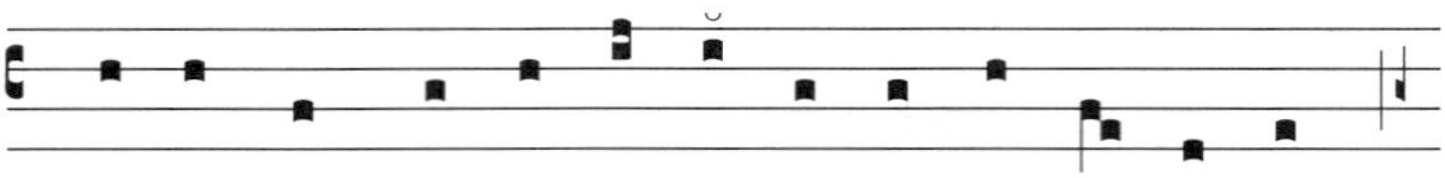

D a- rin ward Got-tes Lie-be un- ter uns of- fen-bar: *

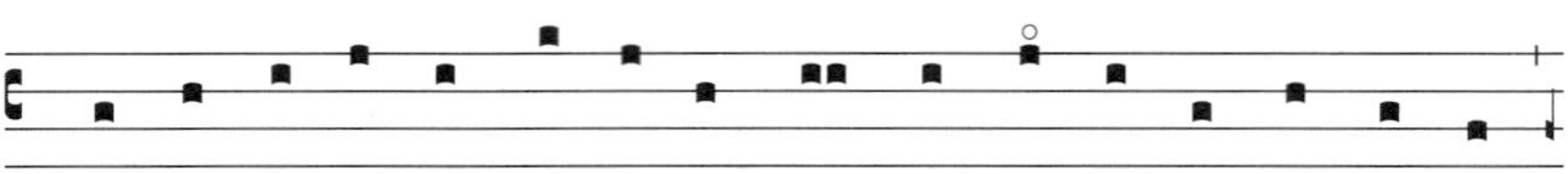

sei-nen ei- ge-nen, ein- zi- gen Sohn hat Gott in die Welt ge-sandt,

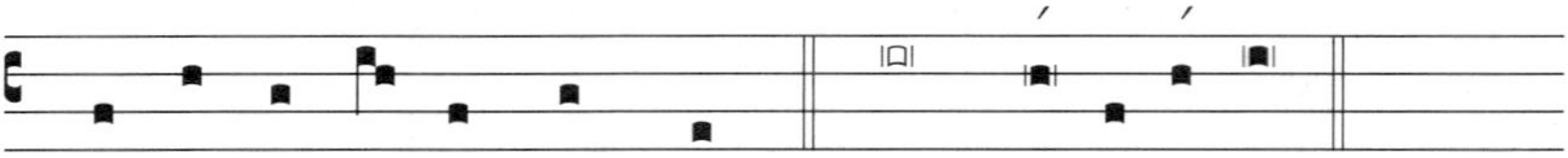

da- mit wir le- ben durch ihn. *1 Joh 4,9*

Psalm 150

LOBT Gott in seinem Heiligtum, *
lobt ihn in seiner mächtigen Feste!
Lobt ihn ob seiner gewaltigen Taten, *
lobt ihn in der Fülle seiner Hoheit!
Lobt ihn mit dem Schall der Posaunen, *
lobt ihn mit Harfe und Leier!
Lobt ihn mit Pauke und Reigen, *
lobt ihn mit Flöten und Saitenspiel!
Lobt ihn mit hellen Zimbeln, /
lobt ihn mit schmetternden Zimbeln! *
Alles, was Atem hat, lobe den HERREN!

Kurzlesung *Jer 23,5f*

Seht, es kommen Tage – Spruch des Herrn –, da lasse ich dem David einen gerechten Sproß erstehen. Er wird als König herrschen und weise regieren, für Recht und Gerechtigkeit wird er sorgen im Land. In seinen Tagen wird Juda Friede zuteil. Israel wird in Sicherheit wohnen. Und das ist der Name, mit dem man ihn nennen wird: „Der Herr ist unser Heil!"

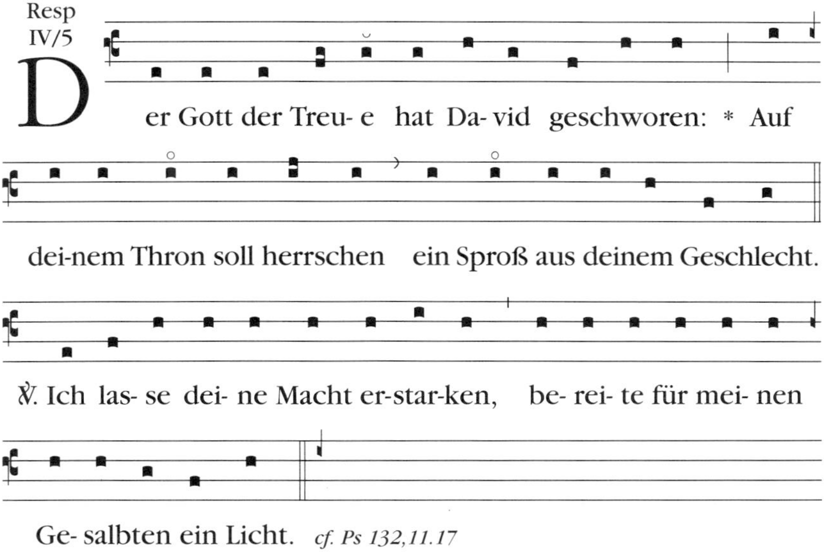

cf. Ps 132,11.17

Hymnus

NUN soll es wissen alle Welt:
Gekommen ist, der Leben bringt,
erschienen ist, der Rettung schafft
und aus des Feindes Joch uns löst.

Denn was Jesaja einst verhieß,
ist in der Jungfrau jetzt erfüllt;
was Gabriel ihr kundgetan,
das wirkt in ihr des Höchsten Kraft.

Empfangen hat Mariens Schoß
des Vaters Wort, den ew'gen Sohn;
ihn, den die ganze Welt nicht faßt,
umschließt und trägt der Jungfrau Leib.

Zur Erde kam des Heiles Licht,
verscheucht die Nacht, besiegt den Tod.
Kommt alle, glaubt und betet an
den Gott im Schoße einer Frau!

Herr Christus, dir sei Ruhm und Preis,
dir, Gottes Sohn und Sohn der Frau,
dem Vater und dem Heil'gen Geist
durch alle Zeit und Ewigkeit. Amen.

℣. Er wird herrschen über das Haus Jakob in Ewigkeit.
℟. Und seiner Herrschaft wird kein Ende sein.

Ant C
VIII

Jes 11,1f

APRIL

21. April ANSELM
Commune für heilige Männer, 776.

21. April KONRAD VON PARZHAM
Commune für heilige Männer, 776.

24. April FIDELIS VON SIGMARINGEN
Commune der Märtyrerfeste, 730.

25. April MARKUS (Fest)
Commune der Apostelfeste, 701.

29. April KATHARINA VON SIENA
Commune für heilige Frauen, 796.

* * *

MAI

2. Mai
HEILIGE MÖNCHE VON ENGELBERG

Vigil *wie im Commune für Mönche und Nonnen,* 751.

LAUDES

Festpsalmen der Laudes, 439, *mit folgenden Antiphonen:*

Ant 1
VII

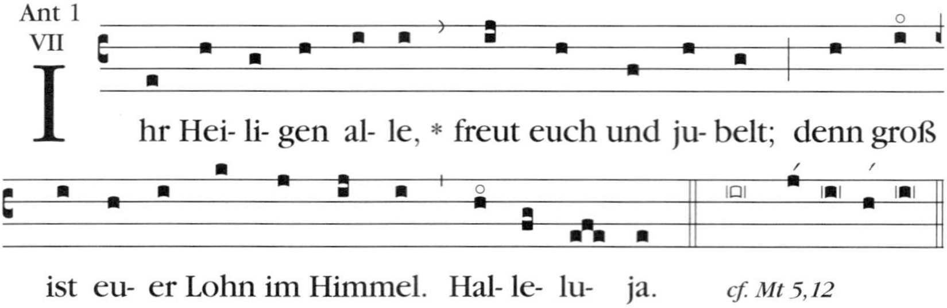

cf. Mt 5,12

Ant 2
II

Jes 60,19

Ant 3
I

Jes 35,10; Ps 137,3

Kurzlesung *Offb 7,14-17*

Einer der Ältesten sprach zu mir: Das sind jene, die aus der großen Bedrängnis kommen; sie haben ihre Gewänder gewaschen und im Blut des Lammes weiß gemacht. Deshalb stehen sie vor dem Thron Gottes und dienen ihm bei Tag und Nacht in seinem Tempel; und der, der auf dem Thron sitzt, wird sein Zelt über ihnen aufschlagen. Sie werden keinen Hunger und keinen Durst mehr leiden, und weder Sonnenglut noch irgendeine sengende Hitze wird auf ihnen lasten. Denn das Lamm in der Mitte vor dem Thron wird sie weiden und zu den Quellen führen, aus denen das Wasser des Lebens strömt. Und Gott wird alle Tränen von ihren Augen abwischen.

Hymnus *wie an Allerheiligen,* 967.

℣. Tretet durch seine Tore mit Dank. Halleluja.
℟. In seine Höfe mit Lobgesang. Halleluja.

3\. Mai PHILIPPUS UND JAKOBUS (Fest)
Commune der Apostelfeste, 701.

5\. Mai GODEHARD
Commune für heilige Männer, 776.

7\. Mai NOTKER
Commune für Mönche und Nonnen, 751.

11\. Mai HEILIGE ÄBTE VON CLUNY
Commune für Mönche und Nonnen, 751.

15\. Mai PACHOMIUS
Commune für Mönche und Nonnen, 751.

22\. Mai ROMANUS
Commune für Mönche und Nonnen, 751.

JUNI

1. Juni JUSTIN
Commune der Märtyrerfeste, 730.

5. Juni BONIFATIUS
Commune für heilige Männer, 776.

9. Juni EPHRÄM DER SYRER
Commune für heilige Männer, 776.

16. Juni BENNO
Commune für heilige Männer, 776.

24. Juni

GEBURT DES HEILIGEN JOHANNES DES TÄUFERS

HOCHFEST

VIGIL

Invitatorium

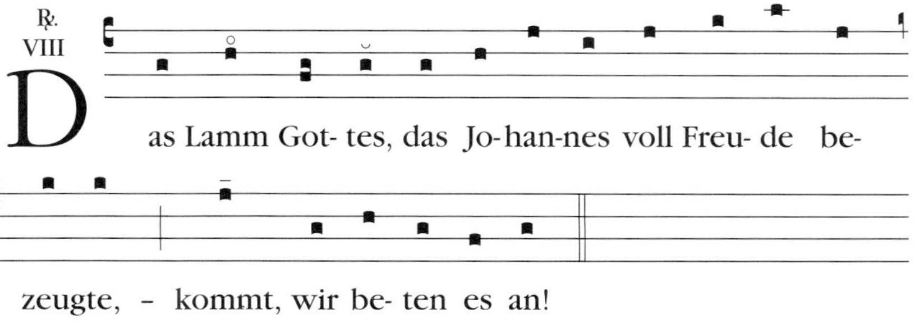

Hymnus

II

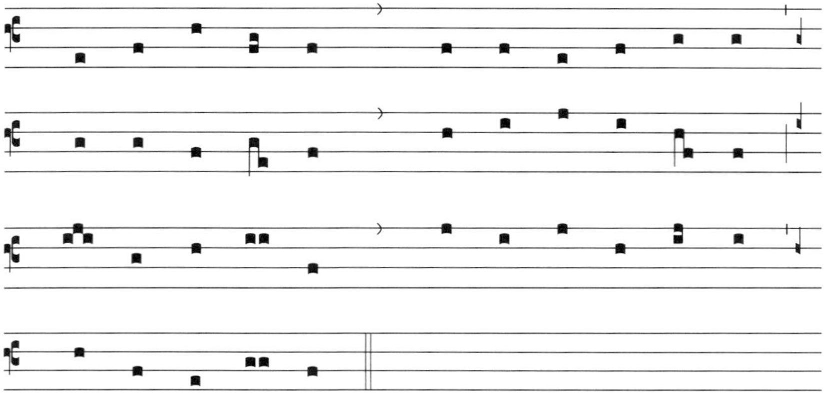

CHRISTUS, dem Herren, / dientest du als Herold.
Ewiger Ratschluß / fand in dir den Boten.
Glücklich wir preisen / alle deinen Namen:
Gruß dir, Johannes!

Noch trägt die Mutter / dich in ihrem Schoße,
du aber fühlst schon, / daß sich naht der König;
Freude bewegt dich, / kindlich ihn zu grüßen
eh' er geboren.

Wüste und Wildnis / wählst du dir zur Wohnstatt,
kündest das Nahen / des ersehnten Retters,
predigst die Umkehr, / rufst das Volk zur Buße,
daß es bereit sei.

Lobpreis und Ehre / Gott, dem ew'gen Vater,
Ehre dem Sohne, / den du uns verkündet,
Ehre dem Geiste, / der ihn dir bezeugte,
immer und ewig. Amen.

Erste, Zweite und Dritte Nokturn

Wie im Commune der Märtyrerfeste, 731.

LAUDES

Festpsalmen der Laudes 439 (ausgenommen der zweite Psalm), mit folgenden Antiphonen:

Lk 1,13

Lk 1,14

Psalm 100

JAUCHZET dem HERRN, alle Welt! /
Dient dem HERRN mit Freude! *
Kommt vor sein Antlitz mit Jubel!
Erkennt: Der HERR ist Gott! /
Er hat uns geschaffen, wir sind sein Eigen, *
sein Volk und die Herde seiner Weide.

Tretet durch seine Tore mit Dank, /
in seine Höfe mit Lobgesang! *
Dankt ihm, preist seinen Namen!

Denn gut ist dẹr HERR, /
seine Huld währt ewig *
und Geschlecht um Geschlecht seine Treue.

Lk 1,17

Kurzlesung *Jes 41,9-13*

Ich habe zu dir gesagt: Du bist mein Knecht, ich habe dich erwählt und dich nicht verschmäht. Fürchte dich nicht, denn ich bin mit dir; hab keine Angst, denn ich bin dein Gott. Ich helfe dir und mache dich stark, ja, ich halte dich mit meiner hilfreichen Rechten. Schmach und Schande kommt über alle, die sich über dich erhitzen. Die mit dir streiten, werden zunichte und gehen zugrunde. Du wirst sie suchen, aber nicht mehr finden, die Männer, die mit dir zanken. Es werden zunichte und finden ihr Ende, die dich bekriegen. Denn ich bin der Herr, dein Gott, der deine rechte Hand ergreift und der zu dir sagt: Fürchte dich nicht, ich werde dir helfen.

Resp
IV/1

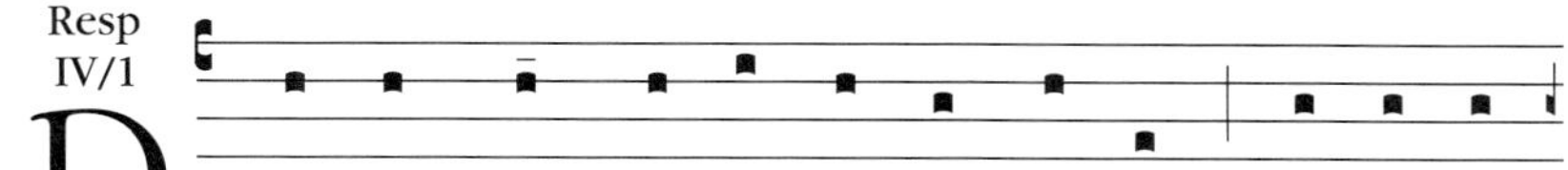

Du sollst gehn, wo- hin ich dich sen- de, * was ich dir

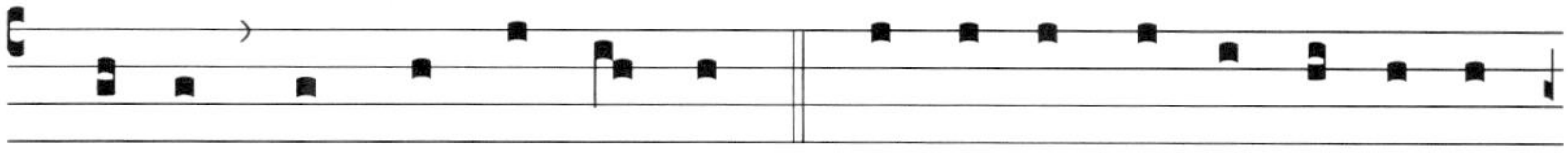

sa- ge, sollst du ver-kün-den. ℣. Ich le- ge mei- ne Wor-te in

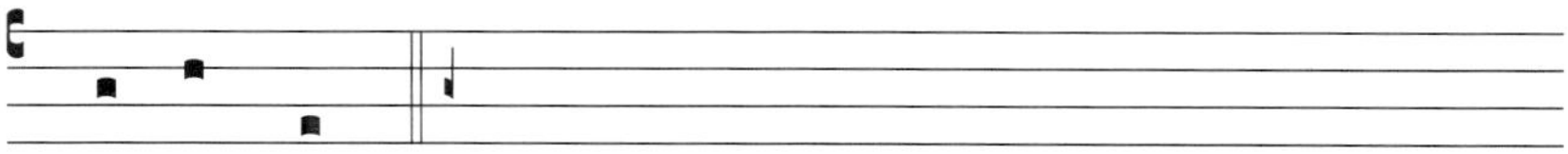

dei-nen Mund. *Jer 1,7.9*

Hymnus

II

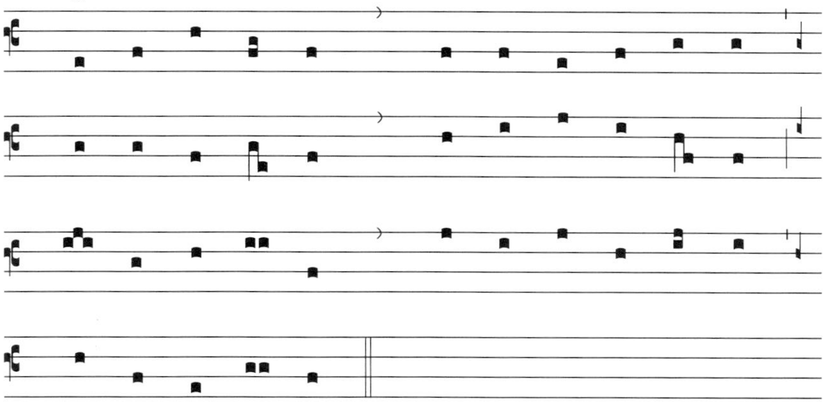

CHRISTUS, dem Herren,/dientest du als Herold.
Ewiger Ratschluß/fand in dir den Boten.
Glücklich wir preisen/alle deinen Namen:
Gruß dir, Johannes!

Den einst die Seher/als das Licht verheißen,
das sie nur ahnend/aus der Ferne schauten,
ihn, der hinwegnimmt/alle Schuld der Erde,
rufst du beim Namen.

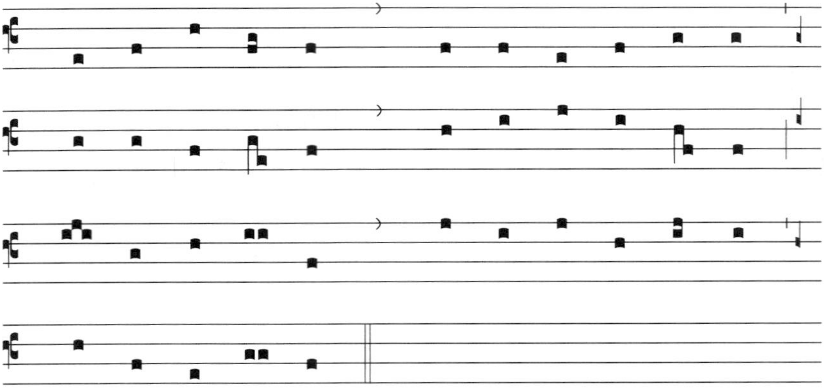

Stimme des Rufers, / der den Weg ihm ebnet,
dich hat vor allen / sich der Herr erkoren:
Lamm ohne Makel, / läßt von dir sich taufen,
der Gottes Sohn ist.

Lobpreis und Ehre / Gott, dem ew'gen Vater,
Ehre dem Sohne, / den du uns verkündet,
Ehre dem Geiste, / der ihn dir bezeugte,
immer und ewig. Amen

℣. 'Prophet des Höchsten' wirst du genannt.
℟. Du wirst dem Herrn vorangehn und ihm die Wege bereiten.

Ant C
VIII

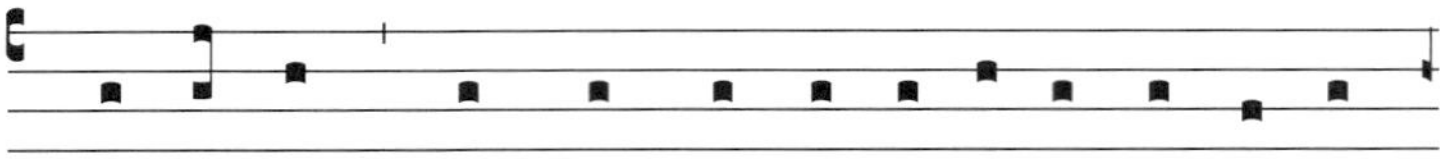

Und sie- he: Der Mund des Zacha- ri- as wur- de auf-

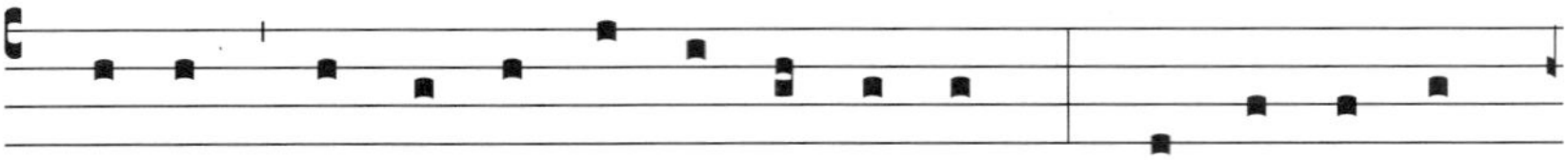

ge- tan, * und sei- ne Zun- ge lös- te sich. Er wur- de vom

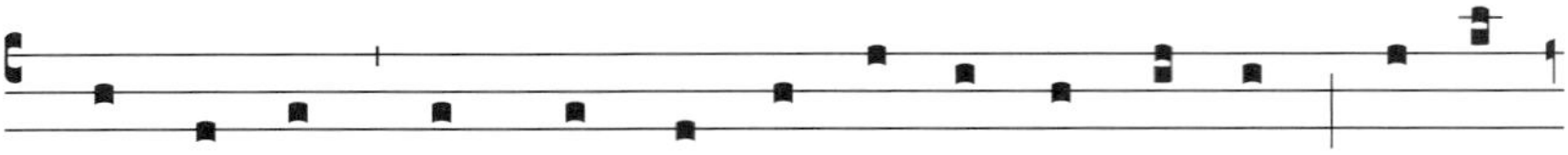

Geist er- füllt und sprach in pro- phe- ti- scher Re- de: Geprie-

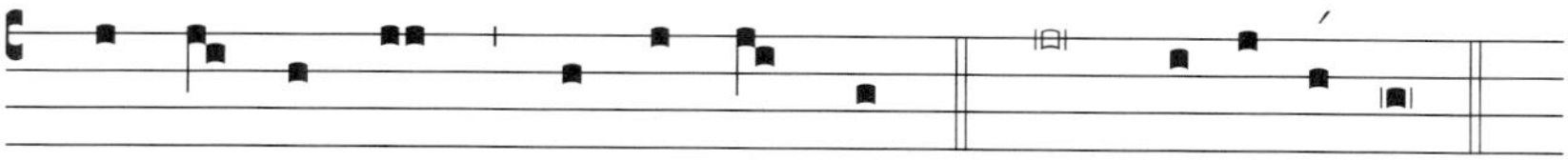

sen sei der Herr, Is- ra- els Gott! *Lk 1,64.67f*

29. Juni

PETRUS UND PAULUS

HOCHFEST

VIGIL

Wie im Commune der Apostelfeste, 701.

LAUDES

Ant 1
VIII

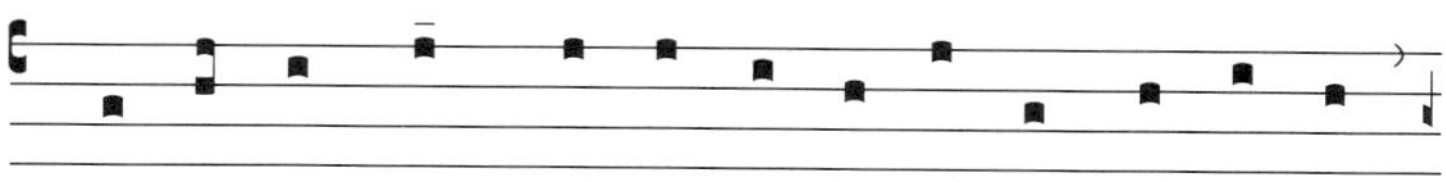

Mit gro-ßer Macht * leg-ten die A- po-stel Zeugnis ab

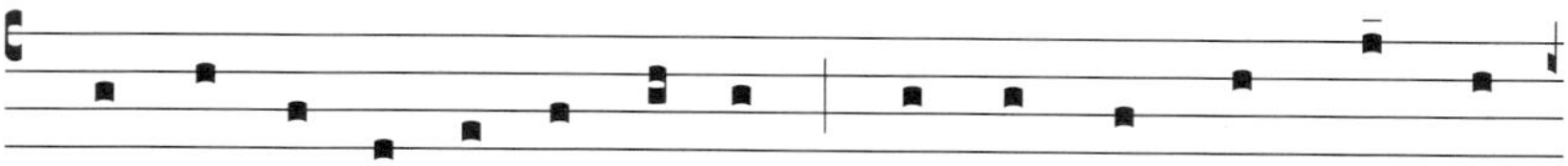

von der Auf- er-stehung Je- su. Und die Hand des Herrn war

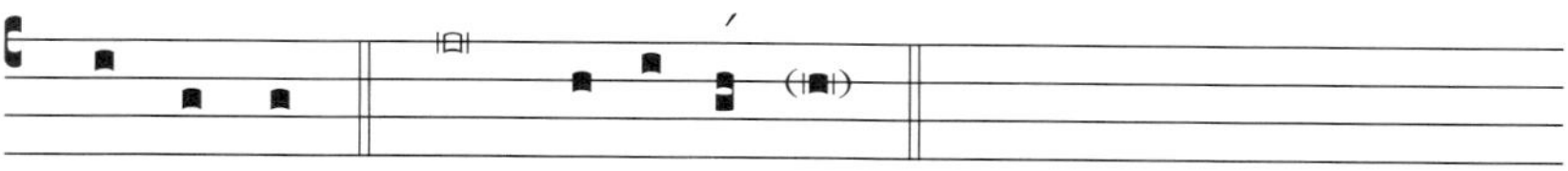

mit ih-nen. *Apg 4,33; 11,21*

Psalm 99

DER HERR ist König: es zittern die Völker! *
Er thront auf den Kerubim: es wankt die Erde!
Groß ist der HERR auf Zion, *
erhaben ist er über alle Völker.
Preisen sollen sie deinen großen und furchtbaren Namen: *
Er ist heilig!

Starker König, der das Recht liebt: /
Du bist es, der die Ordnung begründet, *
du hast Recht und Gerechtigkeit in Jakob geschaffen.
Erhebt den HERRN, unsern Gott! /
Werft euch nieder am Schemel seiner Füße: *
Er ist heilig!

Mose und Aaron sind unter seinen Priestern, /
Samuel ist unter denen, die seinen Namen rufen. *
Sie riefen zum HERRN, – er selbst gab ihnen Antwort.
Aus der Wolkensäule sprach er zu ihnen. /
Sie hielten seine Gebote, *
die Satzung, die er ihnen gegeben.
O HERR, unser Gott, du selbst gabst ihnen Antwort. /
Du warst für sie ein Gott, der erträgt: *
die Frevel an ihnen hast du geahndet.
Erhebt den HERRN, unsern Gott! /
Werft euch nieder an seinem heiligen Berge! *
Denn der HERR, unser Gott, ist heilig!

Ant 2
IV

2 Tim 2,8f

Psalm 56

SEI mir gnädig, o Gott, denn Menschen stellen mir nach; *
sie bedrängen mich feindlich Tag für Tag.

Tag für Tag stellen die Gegner mir nach; *
ja, viele sind es, o Höchster, die mich bekämpfen.
Am Tag, da ich mich fürchten muß, *
setze ich auf dich mein Vertrauen.
Auf Gott, dessen Wort ich preise, /
auf Gott vertraue ich, – ich fürchte mich nicht. *
Was können Menschen mir antun?

Jeden Tag verdrehn sie meine Worte, *
ihr ganzes Sinnen geht auf mein Verderben.
Sie lauern und spähen, /
sie achten genau auf meine Schritte, *
denn sie trachten mir nach dem Leben.
Sollen sie trotz ihres Frevels entrinnen? *
Stürze die Völker, o Gott, in deinem Zorn!
Die Wege meines Elends, du hast sie gezählt. /
In deinem Schlauch sind meine Tränen verwahrt. *
Stehen sie nicht in deinem Buch?
Da weichen die Feinde zurück am Tag, da ich rufe. *
Ich habe erkannt: Mir steht Gott zur Seite.
Auf Gott, dessen Wort ich preise, /
auf Gott vertraue ich, – ich fürchte mich nicht. *
Was können Menschen mir antun?

Ich schulde dir, o Gott, was ich gelobte, *
Dankopfer will ich dir entrichten.
Denn du hast mein Leben dem Tod entrissen. /
Hast du nicht meinen Fuß vor dem Straucheln bewahrt? *
Ich wandle vor Gott im Lichte der Lebenden.

Ant 3
II

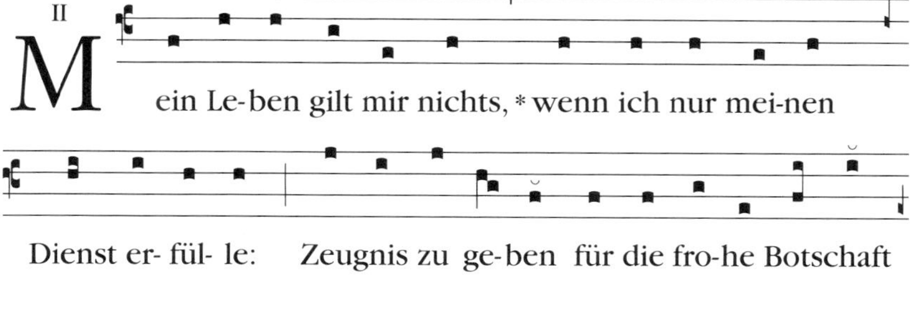

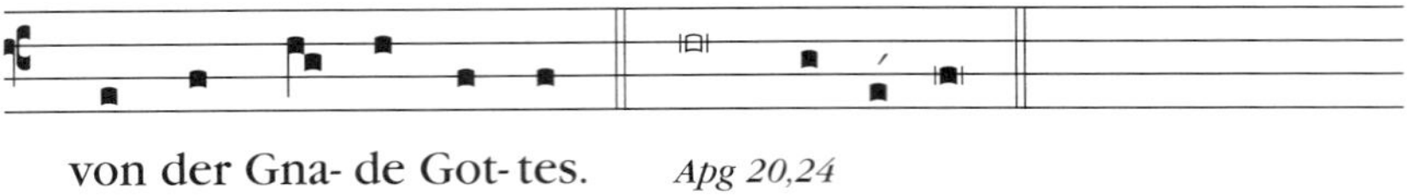

Apg 20,24

Jesaja 43,1-13 ()

ISRAEL, so spricht der HERR, der dich geschaffen hat, *
Jakob, so spricht, der dich gebildet:
„Fürchte dich nicht, denn ich habe dich erlöst, *
ich rief dich beim Namen, – mir gehörst du!
Wenn du durch Wasser schreitest – ich bin bei dir, *
durch Ströme – sie werden dich nicht überfluten.
Gehst du durch Feuer, wirst du nicht verbrennen, *
die Flamme wird dich nicht versengen.
Denn ich, der HERR, bin dein Gott, *
ich, der Heilige Israels, dein Retter.
Ägypten gebe ich für dich als Lösegeld, *
an deiner Stelle Kusch und Saba.
Ich gebe Länder für dich hin *
und Völker für dein Leben,
denn teuer bist du meinen Augen, /
mir wert, weil ich dich liebe. *
Fürchte dich nicht, denn ich bin bei dir.
Ich führe dein Geschlecht herbei vom Aufgang, *
vom Untergang will ich dich sammeln.
Zum Norden sage ich: 'Gib her!', *
und 'Halte nicht zurück!' zum Süden.
'Bring meine Söhne heim aus der Ferne *
und meine Töchter von den Enden der Erde,
sie alle, die nach meinem Namen genannt sind, *
die ich zu meiner Ehre geschaffen, geformt und gebildet.'

Man führe es vor, /
das Volk, das Augen hat und doch blind ist, *
das taub ist, obwohl es Ohren hat.
Alle Völker sind versammelt, *
zusammengetreten sind alle Stämme.

Wer unter ihnen kann solches vermelden, *
wer läßt uns vernehmen, was früher geschehen ist?
    Sie mögen Zeugen stellen, daß man ihnen recht gibt, *
    daß man sie höre und dann sage: 'Es ist richtig!'
Meine Zeugen seid ihr, *
ihr seid mein Knecht, den ich erwählte,
    damit man zur Einsicht komme und mir glaube, *
    damit man erkenne: Ich bin es!
Vor mir ward nie ein Gott gebildet, *
noch wird es nach mir einen geben.
    Ich, ich allein bin der HERR, *
    außer mir ist kein Retter.
Ich habe Heil verkündet und ich habe es geschaffen, /
ich ließ es euch hören: *
Ihr seid meine Zeugen.
    Ich allein bin Gott, *
    und auch künftig bin ich derselbe.
Niemand kann aus meiner Hand entreißen. *
Ich handle – wer könnte es wenden?"

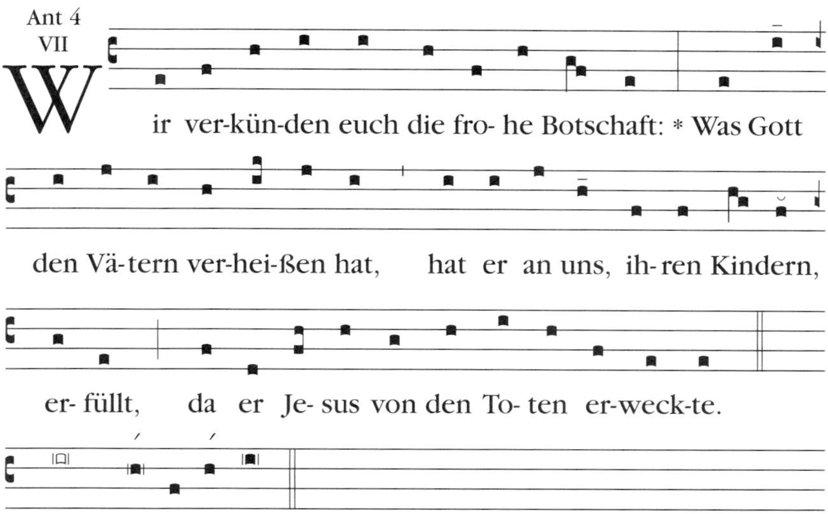

Apg 13,32f

Psalm 150

LOBT Gott in seinem Heiligtum, *
lobt ihn in seiner mächtigen Feste!
Lobt ihn ob seiner gewaltigen Taten, *
lobt ihn in der Fülle seiner Hoheit!
Lobt ihn mit dem Schall der Posaunen, *
lobt ihn mit Harfe und Leier!
Lobt ihn mit Pauke und Reigen, *
lobt ihn mit Flöten und Saitenspiel!
Lobt ihn mit hellen Zimbẹln, /
lobt ihn mit schmetternden Zimbeln! *
Alles, was Atem hat, lobe den HERREN!

Kurzlesung *1 Petr 1,10-12*

Die Propheten haben nach dem Heil gesucht und geforscht, und sie haben über die Gnade geweissagt, die für euch bestimmt ist. Sie haben nachgeforscht, auf welche Zeit und welche Umstände der in ihnen wirkende Geist Christi hindeute, der die Leiden Christi und die darauf folgende Herrlichkeit im voraus bezeugte. Den Propheten wurde offenbart, daß sie damit nicht sich selbst, sondern euch dienten; und jetzt ist euch dies alles von denen verkündet worden, die euch in der Kraft des vom Himmel gesandten Heiligen Geistes das Evangelium gebracht haben. Das alles zu sehen ist sogar das Verlangen der Engel.

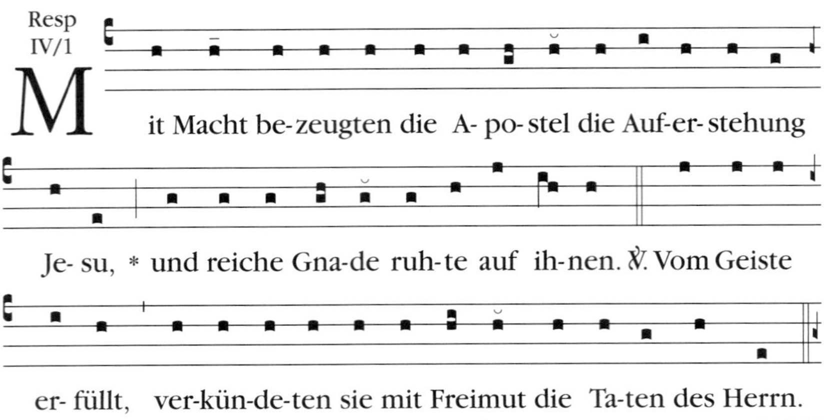

Apg 4,33.31

Hymnus

I

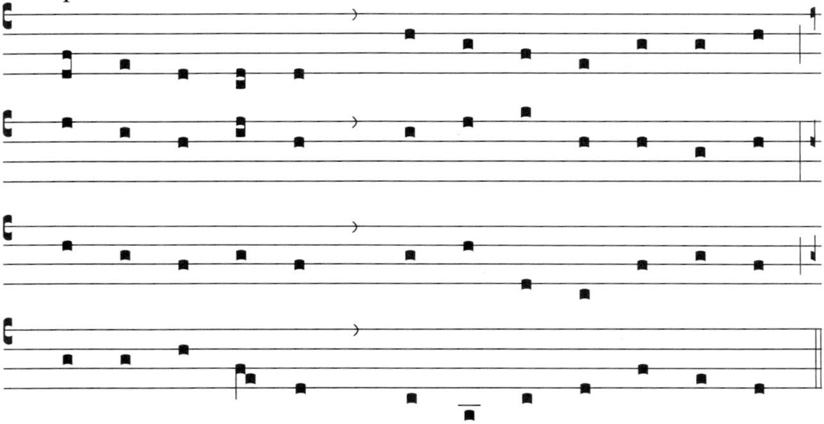

GOLDENES Leuchten / strahlt vom Himmel heut herab!
Vater des Lichtes, / du erfüllst die Welt mit Glanz,
zierest den Himmel, / da im Feste wir begehn
deiner Apostel / herrliches Martyrium.

Pförtner des Himmels, / Petrus, der die Schlüssel trägt,
Künder des Heiles, / Paulus, der die Heiden ruft:
Leuchten des Weltalls, / habt den Glauben ihr bezeugt –
einer am Kreuze / und der andre unterm Schwert.

Göttliche Dreiheit, / Vater, Sohn und Heil'ger Geist,
höre den Lobpreis, / den wir deiner Größe weihn,
da das Gedächtnis / deiner Zeugen uns erfreut.
Gib uns wie ihnen / einst den Thron der Seligkeit! Amen.

℣. Erzählt unter den Völkern von Gottes Herrlichkeit.
℟. Bei allen Nationen von seinen Wundern.

Ant C
II

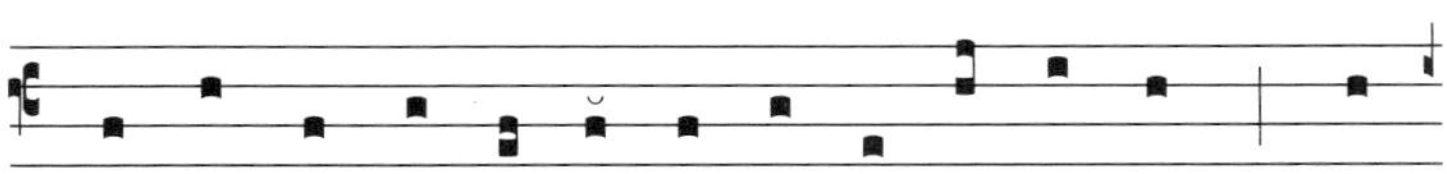

Der Gott uns-rer Vä- ter hat Je- sus auf- er-weckt; * zum

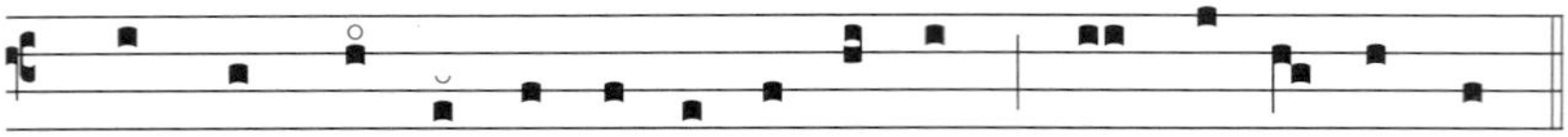

Herrn und Ret- ter hat er ihn er-ho-ben. Das be-zeu-gen wir.

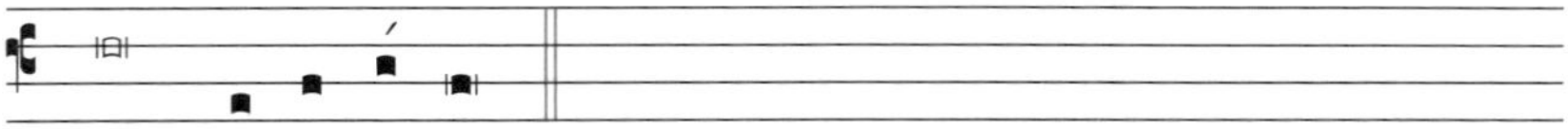

Apg 5,30-32

JULI

2. Juli MARIÄ HEIMSUCHUNG (Fest)

Commune der Marienfeste, 683.

Ant C
I

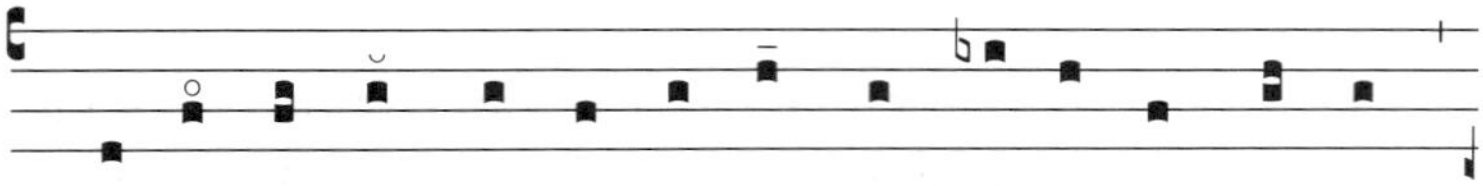

E - li- sa- bet wur- de er-füllt von hei- li-gem Gei-ste *

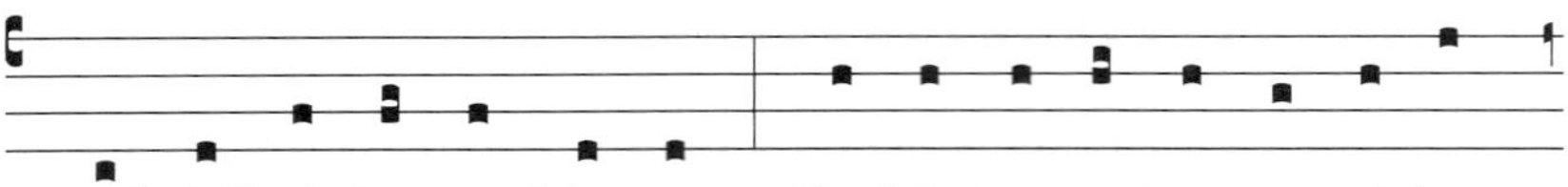

und rief mit lau- ter Stimme: Du bist ge-seg-net vor al- len

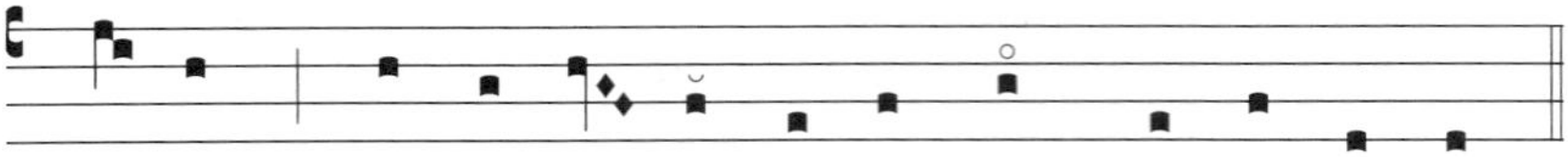

Frau- en, und ge- seg- net ist die Frucht dei- nes Lei- bes.

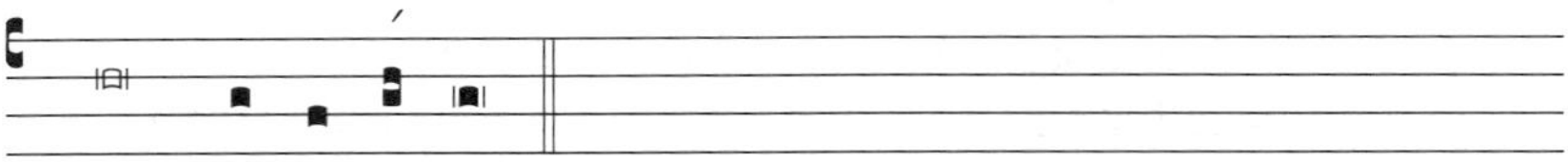

Lk 1,41f

3. Juli THOMAS (Fest)

Commune der Apostelfeste, 701.

Ant C
II

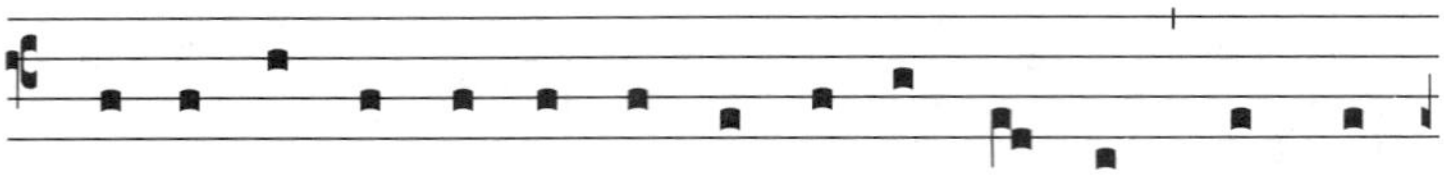

M ei- ne Fin-ger leg- te ich in sei- ne Wunden * und mei-

cf. Joh 20,27f

4. **Juli** ULRICH
Commune für heilige Männer, 776.

8. **Juli** KILIAN, KOLONAT UND TOTNAN
Commune der Märtyrerfeste, 730.

10. **Juli** PLAZIDUS UND SIGISBERT
Commune für heilige Männer, 776.

Ant C
I

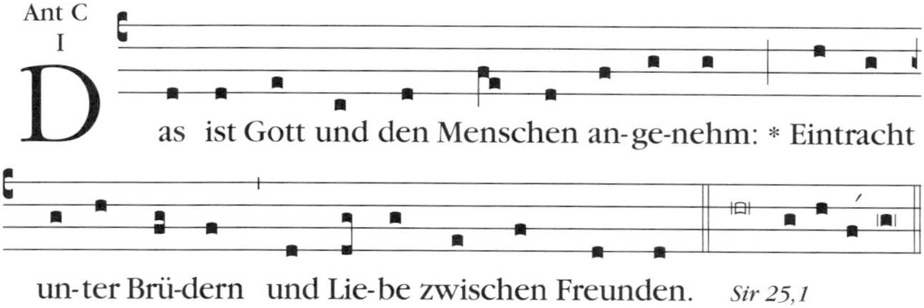

Sir 25,1

10. Juli
DIE HEILIGEN SIEBEN BRÜDER

Vigil *wie im Commune der Märtyrerfeste,* 730.

LAUDES

Psalmodie *wie im Commune der Märtyrerfeste,* 744.

Kurzlesung *1 Thess 2,6-9.11f*
Wir haben keine Ehre bei den Menschen gesucht, obwohl wir als Apostel Christi unser Ansehen hätten geltend machen können. Wie eine Mutter für ihre Kinder sorgt, so waren wir euch zugetan und wollten euch nicht nur am Evangelium teilhaben lassen, sondern auch an unserem eigenen

Leben; denn ihr wart uns sehr lieb geworden. Ihr erinnert euch, Brüder, wie wir uns gemüht und geplagt haben. Ihr wißt auch, daß wir, wie ein Vater seine Kinder, jeden einzelnen von euch ermahnt, ermutigt und beschworen haben, zu leben, wie es Gottes würdig ist, der euch zu seinem Reich und zu seiner Herrlichkeit beruft.

Resp IV/1

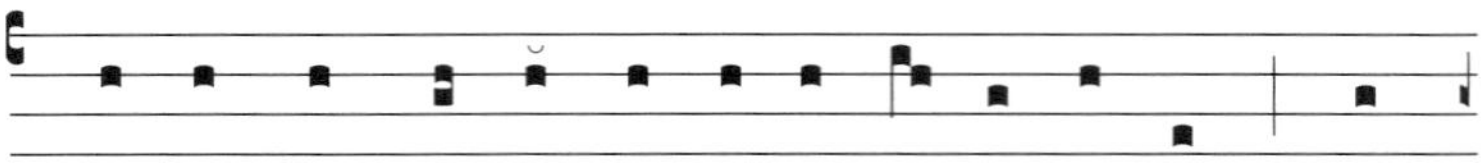

Ich will euch trösten, wie ei-ne Mut-ter trö-stet, * und

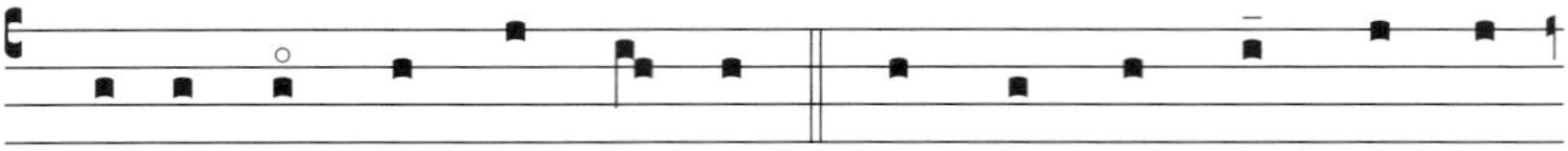

eu- er Herz wird sich freu- en. ℣. Die Hand des Herrn wird sich

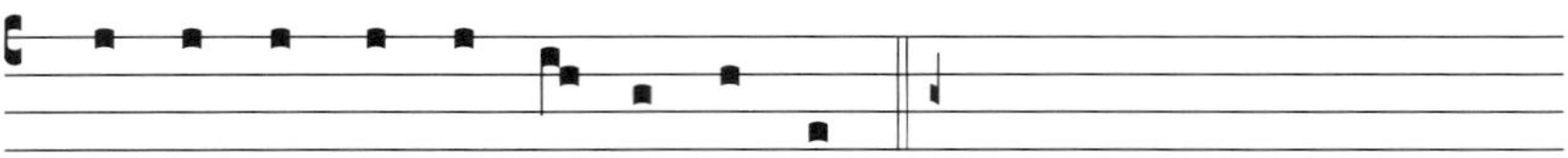

an sei-nen Dienern of- fen-ba- ren. *Jes 66,13f*

Hymnus

II

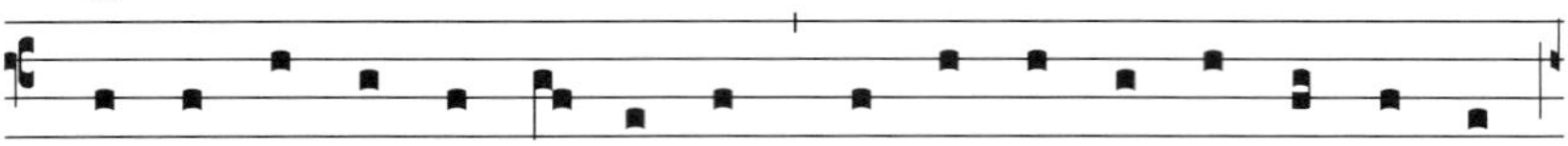

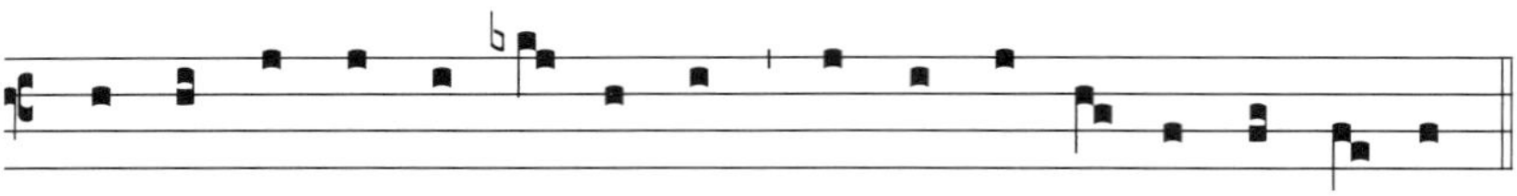

HEUT' preise unser frohes Lied
den Heldenmut der starken Frau,
vor unsern Augen strahlt ihr Bild
im Glanze wahrer Heiligkeit.

Sie harrte mutig aus im Kampf
und hielt der harten Folter stand.
Ihr Starkmut gab den Söhnen Kraft,
dem Herrn im Leiden treu zu sein.

Steh, Mutter, auch den Söhnen bei,
die deinem Schutze sich geweiht,

verleih uns Kraft, den Weg zu gehn,
auf den uns Christi Stimme ruft.

Gott Vater, dir sei Herrlichkeit
und deinem eingebornen Sohn,
und auch dem Geiste Lob und Preis
durch alle Zeit und Ewigkeit. Amen.

℣. Wer seiner Mutter Ehre erweist, erweist sie dem Herrn.
℟. Wer seine Mutter achtet, der sammelt Schätze.

11. Juli

BENEDIKT VON NURSIA

HOCHFEST

VIGIL

Wie im Commune für Mönche und Nonnen, 751.

LAUDES

Psalmodie, Kurzlesung und Responsorium *wie am Fest des Heimgangs unseres heiligen Vaters Benedikt (21. März),* 868 .

Hymnus

VIII

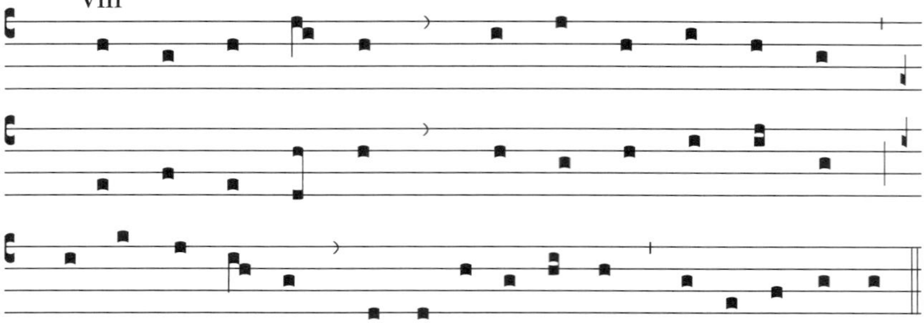

DU bist gesegnet / mit dem Geist der Väter.
Segen verheißt uns / dein geliebter Name.
Segen verbürgt uns / deine hohe Weisung,
Abt Benedictus.

Mitten im Tosen / sturmbewegter Zeiten
bahnte dein Leben / einen Pfad des Friedens,
und deine Regel / wurde Ungezählten
rettende Arche.

Lob sei dem Vater / auf dem höchsten Throne,
Lob sei dem Sohne, / Gott, aus Gott geboren,
Lob sei dem Geiste, / der mit beiden eins ist,
immer und ewig. Amen.

℣. Auf gutes Land ist mein Los gefallen.
℟. Ein herrliches Erbe ward mir zuteil.

Ant C
VII

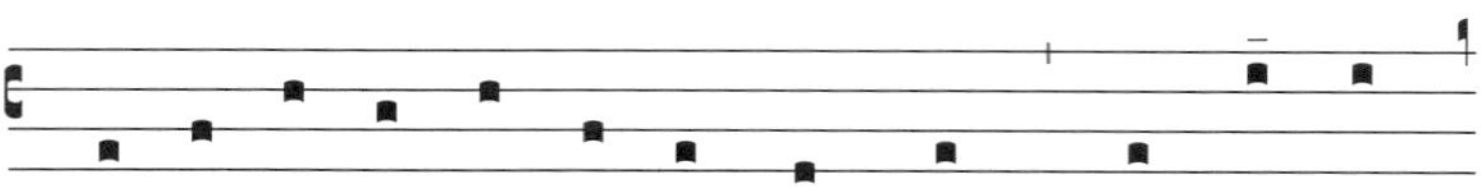

Er hat Se-gen empfan-gen vom Herrn * und Heil von

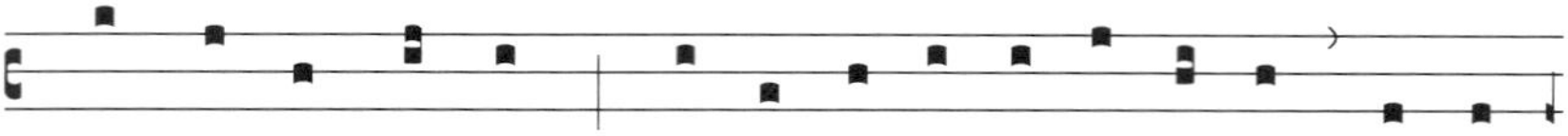

Gott, sei-nem Hel-fer; denn er ge-hör-te zu je-nen, die Got-

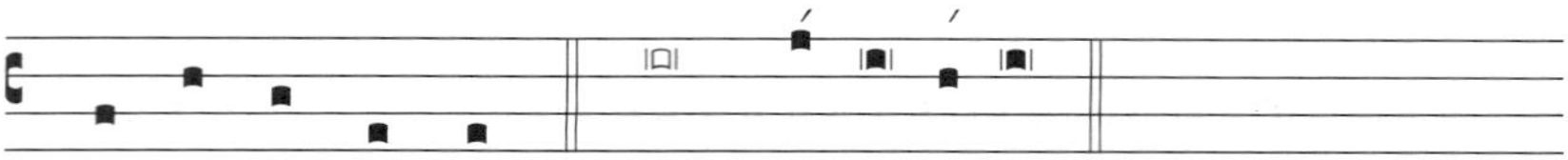

tes Ant-litz su-chen. *cf. Ps 24,5f*

22. Juli

MARIA MAGDALENA

Vigil *wie im Commune für heilige Frauen,* 796.

LAUDES

Ant 1
III

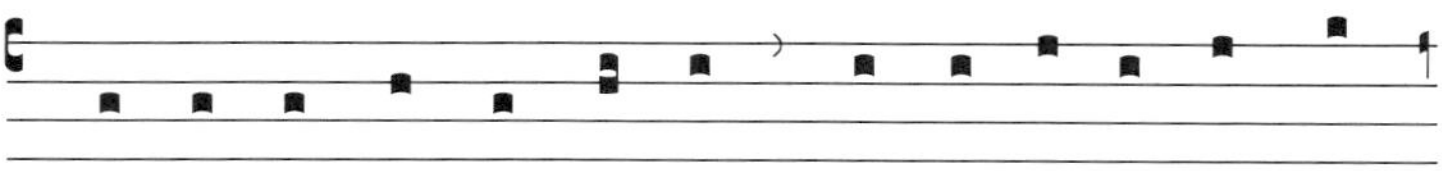

Am ersten Tag der Woche * kam Ma- ri- a von Mag-

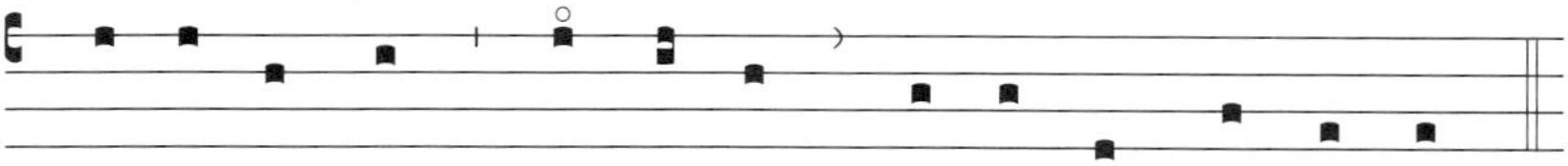

da- la zum Grab – frühmorgens, als es noch dun-kel war.

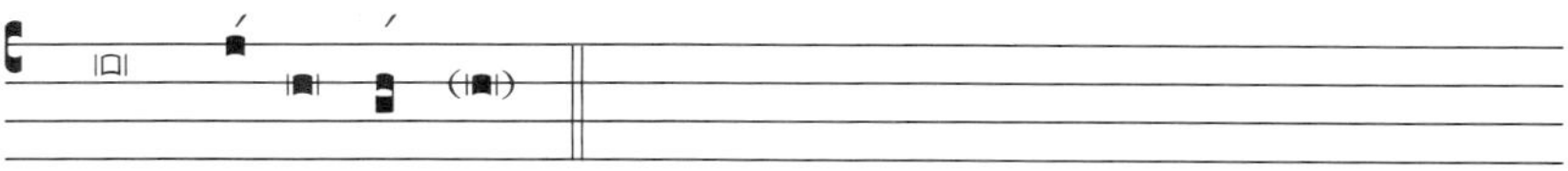

Joh 20,1

Psalm 97

DER HERR ist König! Die Erde frohlocke! *
Freuen sollen sich die vielen Inseln!
Rings um ihn her sind Wolken und Dunkel, *
Gerechtigkeit und Recht sind seines Thrones Stützen.
Feuer läuft vor ihm her, *
ringsum verzehrt es seine Gegner.
Seine Blitze erhellen den Erdkreis, *
die Erde sieht es mit Beben.
Wie Wachs schmelzen vor dem HERRN die Berge, *
vor dem Antlitz des Herrschers der ganzen Erde.
Die Himmel künden seine Gerechtigkeit, *
seine Herrlichkeit schauen alle Völker.

Zuschanden werden, die Bildern dienen, /
die ihrer Götzen sich rühmen. *
Vor ihm werfen alle Götter sich nieder.

Zion hört es und freut sich, *
Judas Töchter jubeln, HERR, über deine Gerichte.
Denn du, o HERR, bist der Höchste über der ganzen Erde, *
hoch erhaben bist du über alle Götter.
Die ihr den HERRN liebt, haßt das Böse! /
Er hütet das Leben seiner Frommen, *
er entreißt sie der Hand der Frevler.
Licht ist dem Gerechten ausgesät, *
Freude denen, die geraden Herzens sind.
Ihr Gerechten, freut euch des HERRN! *
Preist ihn, gedenkt seines heiligen Namens!

Ant 2
II

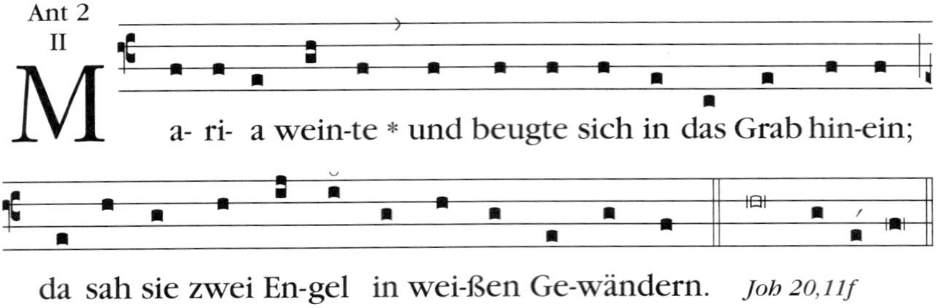

Joh 20,11f

Psalm 63

GOTT, du mein Gott, dich suche ich, *
nach dir dürstet meine Seele.
Nach dir schmachtet mein Leib *
wie dürres, lechzendes Land ohne Wasser.
So schaue ich dich im Heiligtum *
und sehe deine Macht und deine Herrlichkeit.
Ja, deine Liebe ist besser als das Leben. *
Meine Lippen sollen dich rühmen!
So will ich dich preisen mein Leben lang, *
in deinem Namen meine Hände erheben.
Wie an Fett und Mark wird satt meine Seele. *
Mein Mund singe Lob mit jubelnden Lippen!
Wenn ich an dich denke auf meinem Lager, *
sag ich von dir in nächtlichem Wachen:

„Du wurdest meine Hilfe, *
im Schatten deiner Flügel darf ich jubeln;
an dir hängt meine Seele, *
mich hält deine Rechte.“

Die mir nachstellen, um mich zu verderben, *
sie müssen hinab in die Tiefen der Erde.
Der Gewalt des Schwertes gibt man sie preis, *
den Schakalen werden sie zur Beute.
Der König aber freue sich an Gott! /
Wer bei ihm schwört, darf sich rühmen. *
Doch allen Lügnern wird der Mund geschlossen.

Ant 3
VIII

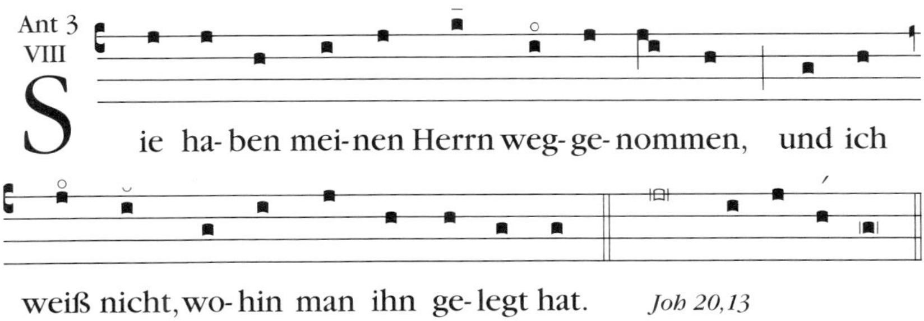

Joh 20,13

Jesaja 61,10 f

VON Herzen will ich mich freuen über den HERRN, *
über meinen Gott soll meine Seele jubeln.
Denn er hat mich bekleidet mit den Gewändern des Heiles *
und mich umhüllt mit dem Mantel der Gerechtigkeit
gleich einem Bräutigam,
der sich festlich schmückt, *
gleich einer Braut, die ihr Geschmeide anlegt.

Ja, wie die Erde ihr Gewächs hervorbringt, *
und wie ein Garten seine Saaten sprossen läßt,
so läßt der Herrscher, der HERR, Gerechtigkeit sprießen *
und Ruhm vor allen Völkern.

Joh 20,16f

Psalm 148

LOBET den HERRN vom Himmel her, *
lobt ihn in den Höhen:
lobt ihn, all seine Engel, *
lobt ihn, all seine Scharen,
lobt ihn, Sonne und Mond, *
lobt ihn, all ihr leuchtenden Sterne,
lobt ihn, ihr Himmel der Himmel *
und ihr Wasser über dem Himmel!
Sie sollen loben den Namen des HERRN! *
Denn er gebot, und sie waren erschaffen.
Er stellte sie hin für immer und ewig, *
gab ein Gesetz, und nie vergeht es.

Lobet den HERRN von der Erde her: *
ihr Ungeheuer und all ihr Tiefen,
Feuer und Hagel, Schnee und Nebel, *
du Sturmwind, der seinen Willen ausführt,

ihr Berge und all ihr Hügel, *
ihr Fruchtbäume und alle Zedern,
  ihr wilden Tiere und alles Vieh, *
  kriechende Wesen und gefiederte Vögel,
ihr Könige der Erde und alle Völker, *
ihr Fürsten und alle Richter der Erde,
  ihr jungen Männer und auch ihr Mädchen, *
  ihr Alten mit den Jungen!
Sie sollen loben den Namen des HERRN! /
Denn sein Name allein ist erhaben. *
Seine Hoheit strahlt über Erde und Himmel.

  Die Kraft seines Volkes hat er erhoben /
  zum Lob für all seine Frommen, *
  für Israels Kinder, das Volk, das ihm nahe ist.

Kurzlesung *Hld 5,4-8*

Mein Geliebter streckte die Hand durch die Luke der Tür; da bebte mein Herz ihm entgegen. Ich stand auf, dem Geliebten zu öffnen. Da troffen meine Hände von Myrrhe, von flüssiger Myrrhe meine Finger. Ich öffnete meinem Geliebten; doch der Geliebte war weggegangen, war fort. Ich suchte ihn, aber ich fand ihn nicht; ich rief ihn, aber er antwortete nicht. Da fanden mich die Wächter bei ihrer Runde durch die Stadt; sie schlugen, sie verletzten mich. Den Mantel entrissen sie mir, die Wächter der Mauern. Ich beschwöre euch, ihr Töchter Jerusalems: Wenn ihr meinen Geliebten findet, sagt ihm, daß ich krank bin vor Liebe.

Resp VI/1

Hymnus

IV

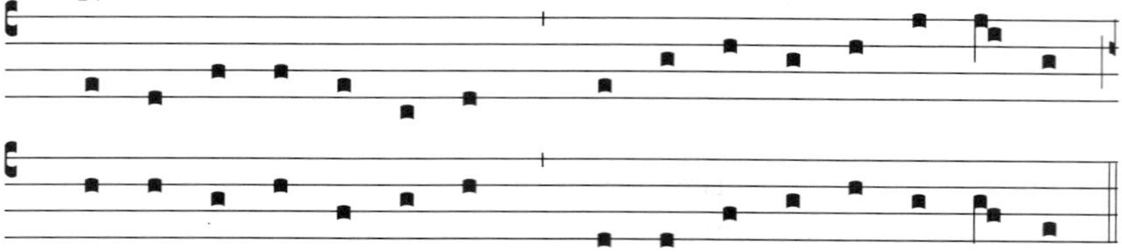

GOTT erkor den Schoß der Frau,
um für uns ein Mensch zu werden:
er hat eine Frau erwählt,
daß sie ihm den Sohn gebäre.

Jesus auf der Wanderschaft
war zu Gast bei guten Frauen,
eine lauschte seinem Wort,
eine hat das Mahl bereitet.

Und die Füße Jesu wusch
eine Frau mit ihren Tränen;
teurer als das Nardenöl
war ihm ihres Herzens Reue.

Bei dem Kreuze, bei dem Grab
hielten Frauen aus in Treue.
„Jesus ist nicht tot, er lebt!",
durfte eine Frau verkünden.

Heil'ger Frauen eingedenk
freudig wir im Lied bekennen:
Gott, der sie in Liebe rief,
ihm sei Lob und Dank und Ehre. Amen.

℣. Gott, du mein Gott, dich suche ich.
℟. Nach dir dürstet meine Seele.

Ant C
IV

Ich stand am Grab und wein- te; * da sah ich mei-nen

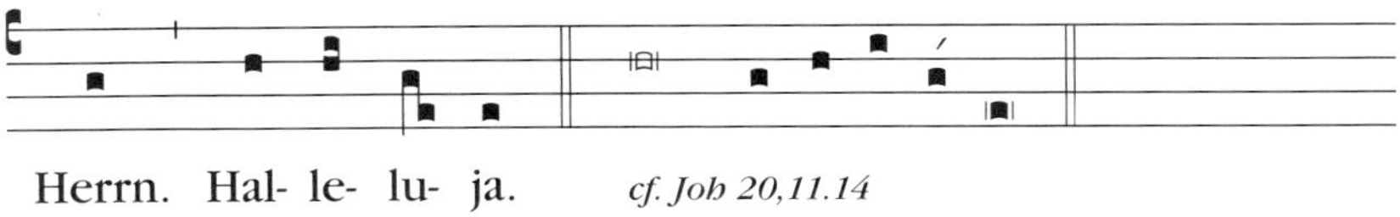

cf. Joh 20,11.14

25. Juli JAKOBUS (Fest)
Commune der Apostelfeste, 701.

26. Juli JOACHIM UND ANNA
Commune für heilige Männer, 776,
oder Commune für heilige Frauen, 796.

29. Juli

MARTA, MARIA UND LAZARUS

VIGIL

Invitatorium *wie im Commune für heilige Männer,* 776.
Hymnus Erwartet den Herrn, 753.
Erste und Zweite Nokturn *wie im Commune für heilige Männer,* 777.

LAUDES

Wie im Commune für heilige Frauen, 799.

Lk 10,39

31. Juli IGNATIUS VON LOYOLA
Commune für heilige Männer, 776.

AUGUST

4. August JOHANNES MARIA VIANNEY
Commune für heilige Männer, 776.

6. August
VERKLÄRUNG DES HERRN
FEST

VIGIL

Invitatorium

℞.
II

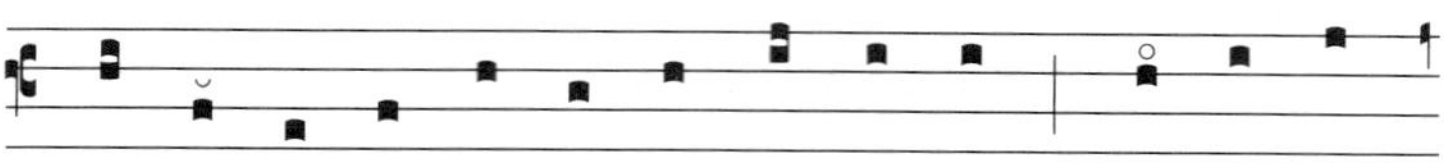

Christus ist der Kö-nig der Herrlichkeit: * Ihm ge-bührt

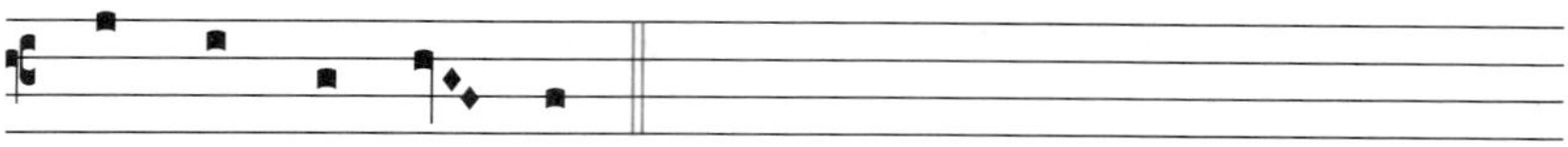

Lobpreis und Eh- re.

Zum Invitatorium wird Psalm 100 *gesungen, wie im Commune der Herrenfeste,* 653.

Hymnus

IV

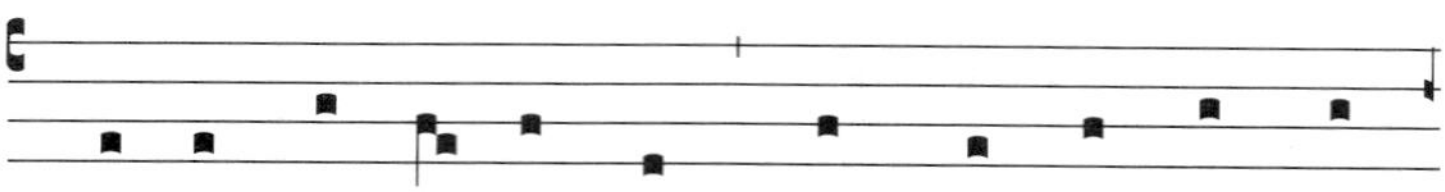

Während du be- test, Herr, strahlt dein Ge-wand wie

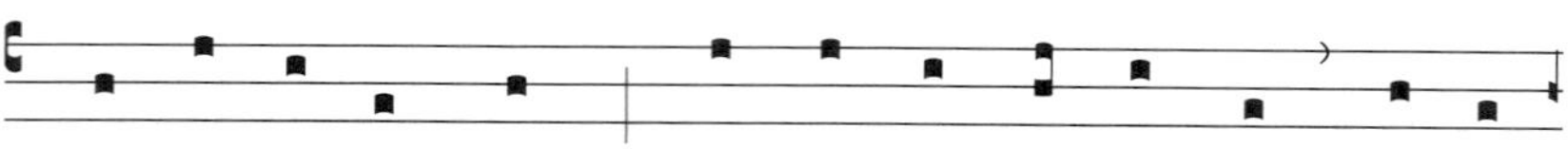

von Son-ne und Schnee. Laß uns drei Hüt-ten, Herr, bau-en

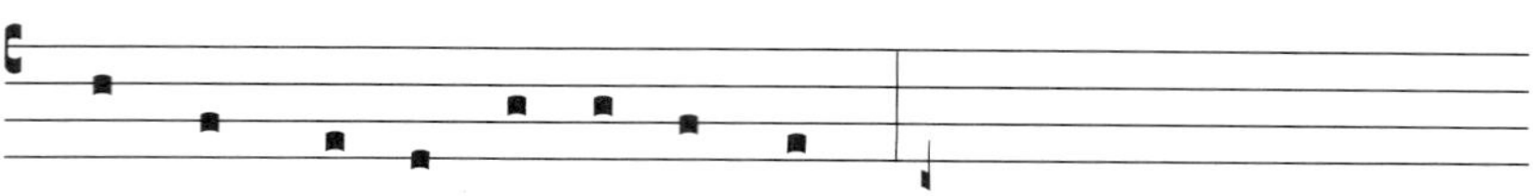

am Rand uns-rer Ta- ge voll Weh.

℟. Wie schön bist du, se- li- ger Christus auf Ta- bor.
Wenn wir er-mat- ten, Herr, hol uns her- ein in den Schat-
ten voll Licht. Laß uns dich schau-en, Herr, Je- sus, al- lein,
von Ge- sicht zu Ge- sicht.
℟. Wie schön bist du, se- li- ger Christus auf Ta- bor.
So wirst du kommen, Herr, schon bricht aus dir dein ur-
e- wi- ger Glanz. Kommst du am En- de, Herr, glü- hen auch
wir mit den Sonnen im Tanz.
℟. Wie schön bist du, se- li- ger Christus auf Ta- bor.

Erste und Zweite Nokturn

Psalmodie und Versikel *wie im Commune der Herrenfeste,* 654.

Resp 1
IV/7

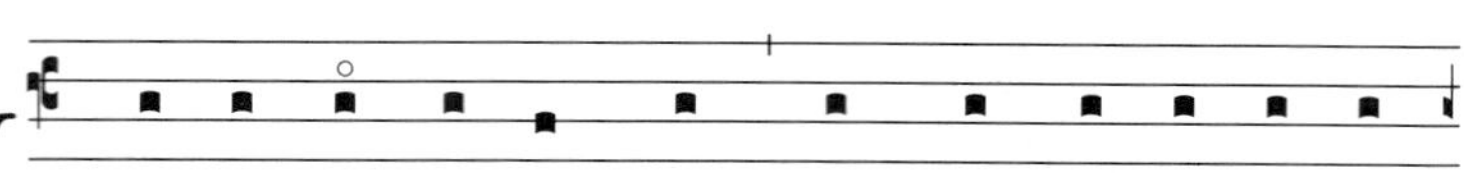

Wie das Licht ist sein Glanz, und Strah-len ge- hen aus

von sei-ner Hand: * Hal- le- lu- ja, hal- le- lu- ja. ℣. Sei- ne

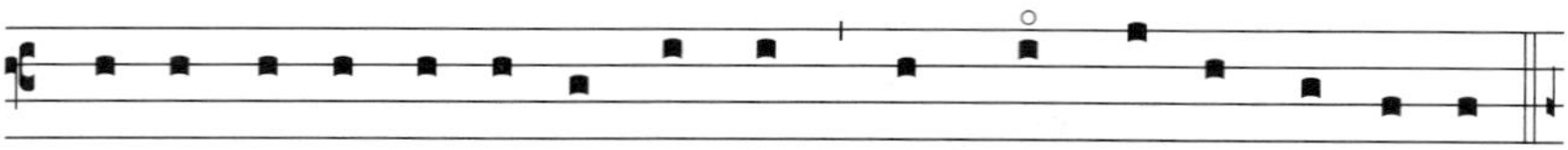

Ho-heit ü-berkleidet die Himmel, sein Ruhm er-füllt die Er-de.

Hab 3,3f

Resp 2
IV/7

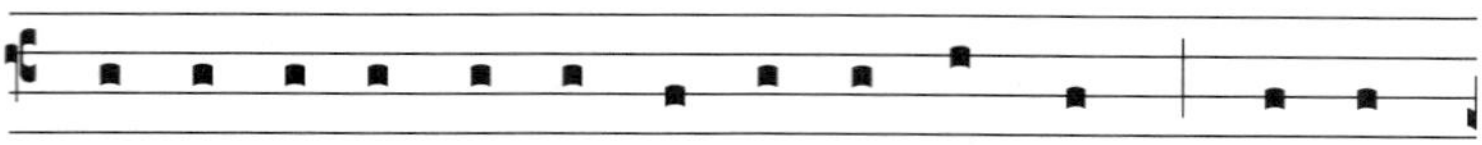

Ich be- rei- te mei-nem Ge-salbten ein Licht: * Hal- le-

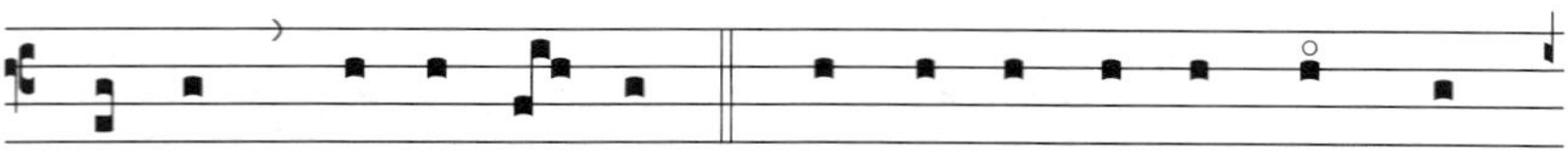

lu- ja, hal- le- lu- ja. ℣. Ich brin-ge sei- ne Macht zum

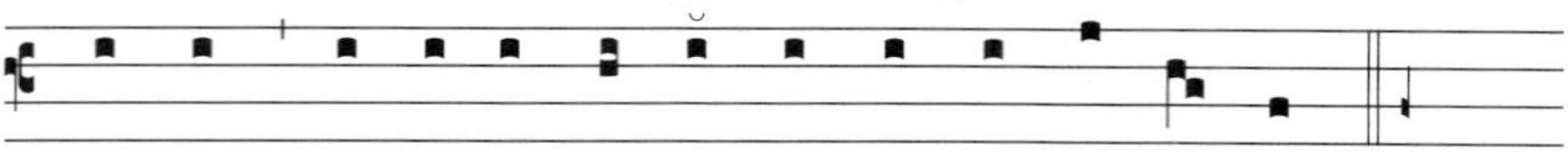

Sprie-ßen, und sei- ne Kro-ne wird auf ihm er-glän-zen. *Ps 132,17f*

Dritte Nokturn

Ant
V

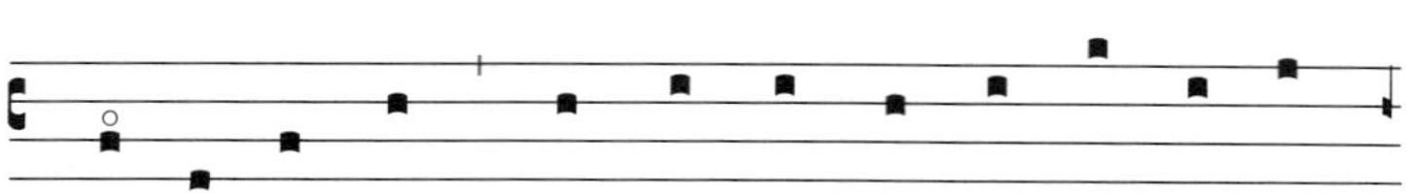

Groß ist der Herr, * sein Wort läßt sei-nen Hel-den er-

Jesus Sirach 43,1-28 ()

WIE schön ist in der Höhe das klare Firmament, *
ein herrlicher Anblick ist die Feste des Himmels.
Die Sonne geht auf, /
und sie erstrahlt in vollem Licht *
– wie staunenswert ist das Werk des Höchsten!
Wenn sie im Mittag steht, versetzt sie alle Welt in Glut. *
Wer hält es aus in ihrer Hitze?
Wird der Schmelzofen entfacht,
bringt er den Guß zum Glühen. *
Der Pfeil der Sonne aber setzt in Brand die Berge,
ihre Feuerzunge verzehrt das bewohnte Land, *
ihr Licht versengt das Auge.
Wahrlich, groß ist der HERR, ihr Schöpfer, *
sein Wort läßt seinen Helden erstrahlen.

Des Himmels Schönheit und Pracht sind die Sterne, *
ein strahlender Schmuck in den Höhen Gottes.
Durch Gottes Wort stehn sie geordnet da *
und ermatten nicht bei ihrem Wachdienst.
Schaue den Regenbogen an, und preise seinen Schöpfer, *
denn er ist groß und überaus herrlich.
Über den Himmelskreis erstreckt er sich in seiner Pracht, *
Gottes Hand spannte ihn aus in der Höhe.
Seine Allmacht zeichnet den Blitz hin *
und läßt die Pfeile des Gerichtes leuchten.

Zu seinem Dienst hat er einen Speicher geschaffen, *
die Wolken fliegen aus wie Vögel.
Seine Allmacht ballt die Wolken zusammen *
und schlägt aus ihnen die Steine des Hagels.
Den Schnee läßt er stieben wie schwärmende Vögel, *
Heuschrecken gleich wirbelt er nieder,

die Schönheit seiner Weiße blendet die Augen, *
das Herz erbebt bei seinem Rieseln.
Er streut den Reif aus wie Salz, *
Saphiren gleich läßt er Eisblumen funkeln.
Den kalten Nordwind läßt er wehen, *
wie Erdschollen läßt er die Quellen erstarren,
jeden See überzieht er mit Eis, *
die Teiche bekleidet er mit einem Panzer.
Was auf den Bergen wächst, versengt er wie durch Dürre, *
was auf den Auen sproßt, wie durch die Glut der Flamme.
Das Träufeln der Wolke schafft für alles Linderung, *
der Tau, der sich ergießt, um das verheerte Land zu laben.

Gott schafft durch sein Wort, was er will. /
Sagten wir doppelt so viel, wir kämen nicht ans Ende. *
So sei unser letztes Wort: Er ist alles!
Wir wollen ihn lobpreisen, /
ergründen können wir ihn nicht – *
er ist ja noch größer als all seine Werke.

℣. Du bist der Schönste unter den Menschen.
℟. Gott hat dich gesegnet auf ewig.

Resp
IV/7

2 Kor 3,18

LAUDES

Ant 1
VIII

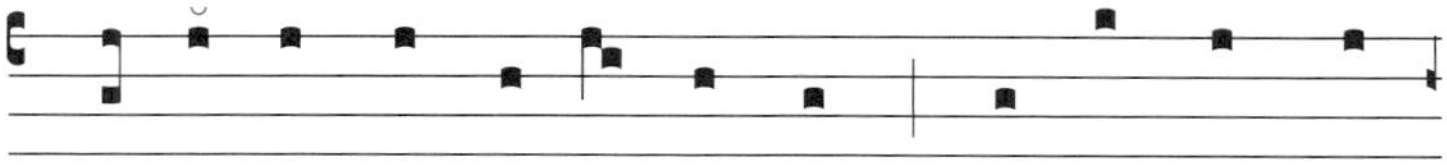

Dieser ist mein ge- lieb-ter Sohn: * auf ihm ruht mein

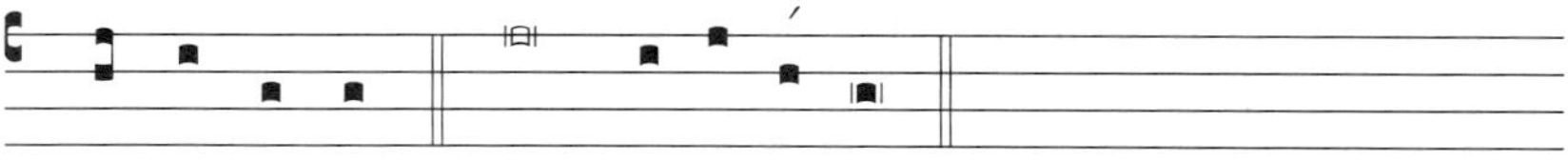

Wohlge- fal- len. *Mt 3,17*

Psalm 93

DER HERR ist König, mit Hoheit bekleidet; *
der HERR hat sich bekleidet und mit Macht umgürtet.
Fest ist der Erdkreis gegründet, *
nie wird er wanken.
Fest steht dein Thron von Anbeginn, *
du bist von Ewigkeit.

Fluten erhoben, HERR, /
Fluten erhoben ihr Tosen, *
Fluten erheben ihr Brausen.
Gewaltiger als das Tosen der mächtigen Wasser, /
gewaltiger als die Brandung des Meeres *
ist gewaltig der HERR in der Höhe.

Deine Gesetze sind fest und verläßlich, /
HERR, deinem Haus ziemt Heiligkeit *
für alle Zeiten.

Ant 2
I

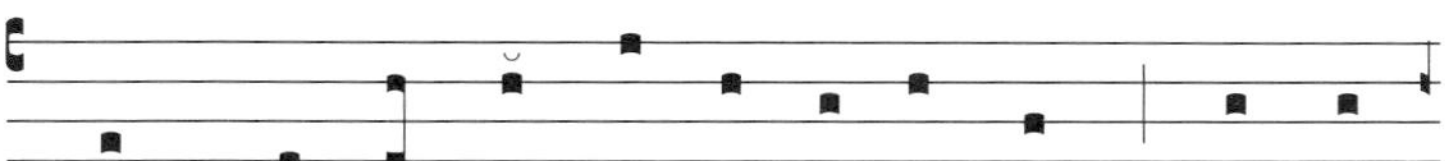

Dein ist die Herrschaft am Tag dei- ner Macht.* Herrsche

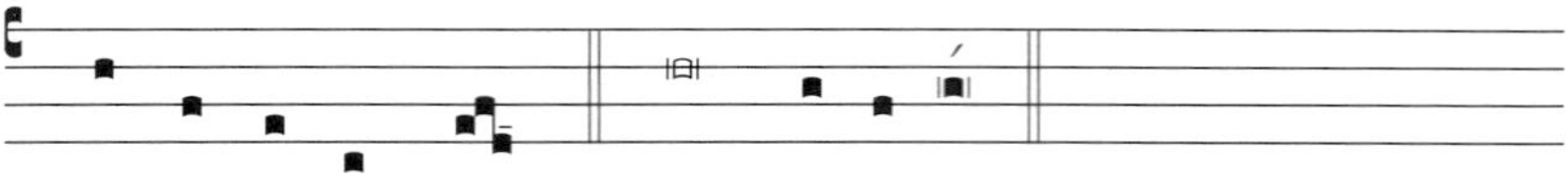

in hei- li-gem Glanz!

Psalm 110

SO SPRICHT der HERR zu meinem Herrn: *
„Setze dich zu meiner Rechten,
bis ich dir hinlege deine Feinde *
als Schemel für die Füße."
Vom Zion streckt der HERR das Zepter deiner Macht aus: *
„Herrsche inmitten deiner Feinde!
Dein ist die Herrschaft am Tag deiner Macht *
in heiligem Glanz.
Wie den Tau aus dem Schoß des Morgenrots *
habe ich dich gezeugt."
Geschworen hat der HERR /
und wird es nicht bereuen: *
„Du bist Priester auf ewig nach der Ordnung Melchisedeks!"

Der Herr steht dir zur Rechten, *
zerschmettert Könige am Tag seines Zorns.
Unter den Völkern hält er Gericht, /
er häuft die Toten, *
zerschmettert die Häupter weithin auf Erden.

Er trinkt aus dem Bach am Wege, *
so kann er neu das Haupt erheben.

Ant 3
III

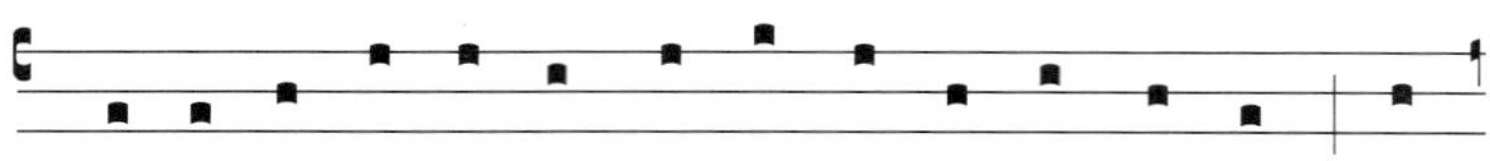

Er ist das E-benbild des un-sichtba-ren Got-tes, * der

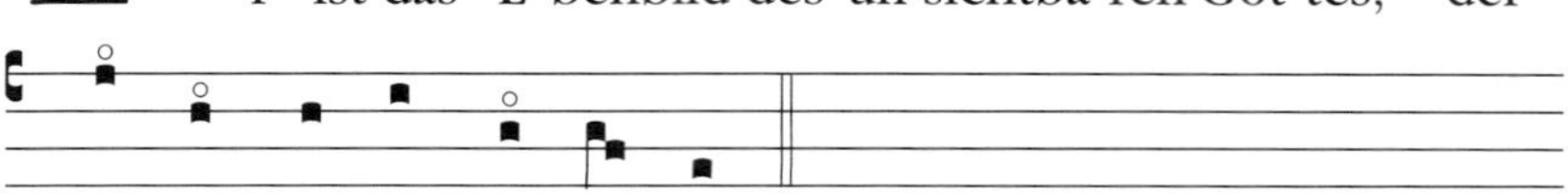

Abglanz sei-ner Herr-lich-keit. *Kol 1,15; Hebr 1,3*

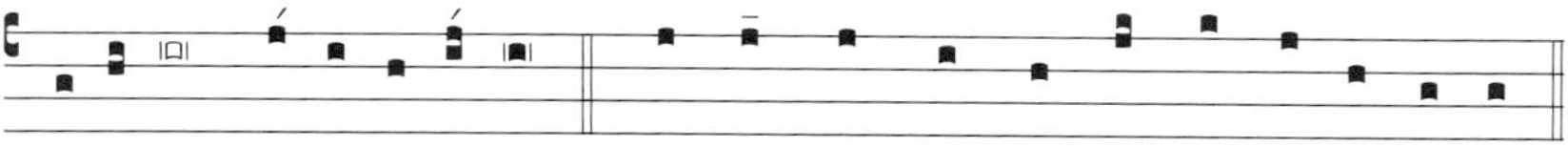

Daniel 3,52-56

GEPRIESEN bist du, HERR, du Gott unsrer Väter, *
- gelobt und hoch erhoben in Ewigkeit. -
Gepriesen ist deiner Herrlichkeit heiliger Name, *
- gelobt und hoch erhoben in Ewigkeit. -
Gepriesen bist du im Tempel deiner heiligen Herrlichkeit, *
- gelobt und hoch erhoben in Ewigkeit. -
Gepriesen bist du auf dem Thron deiner Herrschaft, *
- gelobt und hoch erhoben in Ewigkeit. -
Gepriesen bist du, der auf den Kerubim thront /
und niederschaut in die Tiefen des Abgrunds, *
- gelobt und hoch erhoben in Ewigkeit. -
Gepriesen bist du in der Feste des Himmels, *
- gelobt und hoch erhoben in Ewigkeit. -

Gepriesen ist der Vater und der Sohn mit dem Heiligen Geiste, *
- gelobt und hoch erhoben in Ewigkeit. -

Ant 4
VI

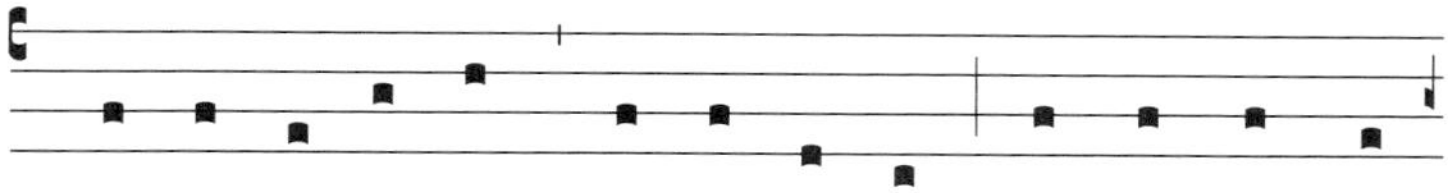

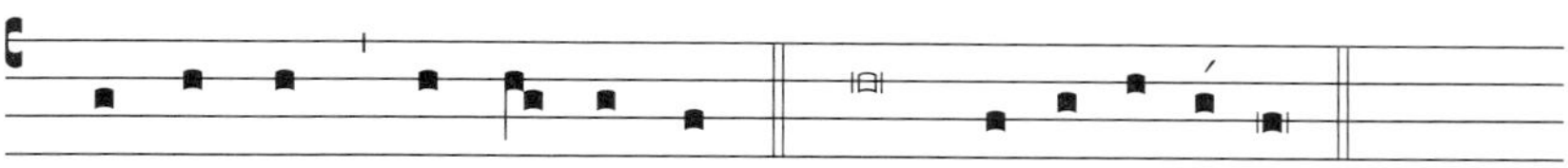

Kol 1,27

Psalm 150

LOBT Gott in seinem Heiligtum, *
lobt ihn in seiner mächtigen Feste!

Lobt ihn ob seiner gewaltigen Taten, *
lobt ihn in der Fülle seiner Hoheit!
Lobt ihn mit dem Schall der Posaunen, *
lobt ihn mit Harfe und Leier!
Lobt ihn mit Pauke und Reigen, *
lobt ihn mit Flöten und Saitenspiel!
Lobt ihn mit hellen Zimbeln, /
lobt ihn mit schmetternden Zimbeln! *
Alles, was Atem hat, lobe den HERREN!

*

Kurzlesung *2 Kor 4,6f*

Gott, der da sprach: Aus Finsternis soll Licht aufleuchten!, er ist in unseren Herzen aufgeleuchtet, damit wir erleuchtet werden zur Erkenntnis des göttlichen Glanzes auf dem Antlitz Christi. Diesen Schatz tragen wir in zerbrechlichen Gefäßen; so wird deutlich, daß das Übermaß der Kraft von Gott kommt und nicht von uns.

Hymnus

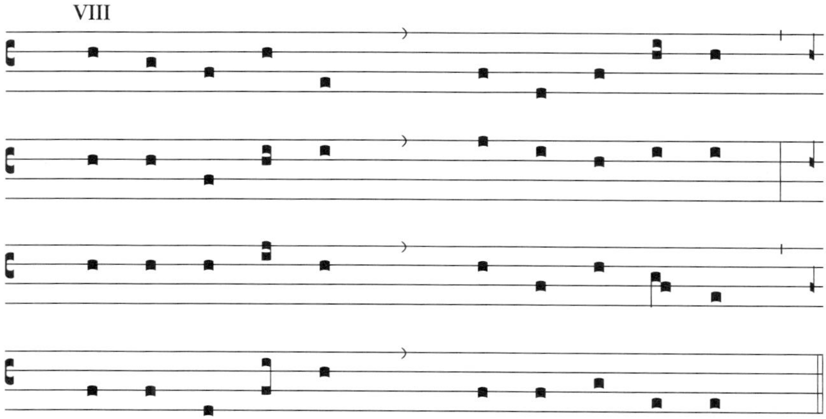

SIEGER im Tode, / strahlend Verklärter,
dich hat der Vater / heute verherrlicht.
Dort auf dem Berge / sprach aus der Wolke
machtvoll die Stimme: / „Ihn sollt ihr hören."

Christus, dich schauten / staunend die Jünger.
Furcht und Entsetzen / warf sie zu Boden.
Jubelnd bekennt dich / heute die Kirche:
Herrlicher Sieger, / du bist das Leben.

Du schenkst den Deinen / Kraft auf dem Wege,
führst sie durch Drangsal / bis zur Vollendung.
Schenk uns des Geistes / machtvolles Wirken,
laß uns beim Vater / ewig dich schauen! Amen.

℣. Bei dir ist die Quelle des Lebens. Halleluja.
℟. In deinem Lichte schauen wir das Licht. Halleluja.

Ant C
II

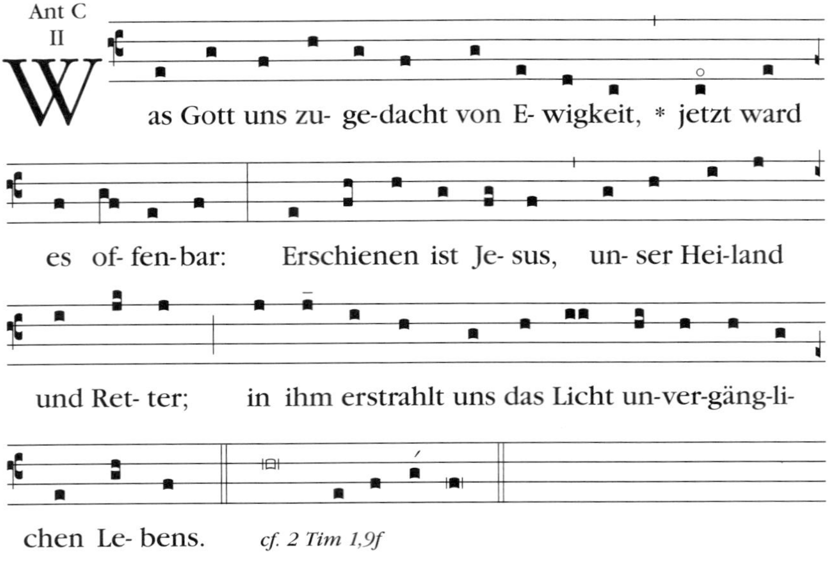

cf. 2 Tim 1,9f

9. August EDITH STEIN
Commune für heilige Frauen, 796.

10. August LAURENTIUS (Fest)
Commune der Märtyrerfeste, 730.

Ant C
VIII

Jes 43,1f

14. August MAXIMILIAN KOLBE

Commune der Märtyrerfeste, 730.

Ant C
IV

Joh 15,13

* * *

15. August

MARIÄ AUFNAHME IN DEN HIMMEL

HOCHFEST

VIGIL

Invitatorium

Hymnus

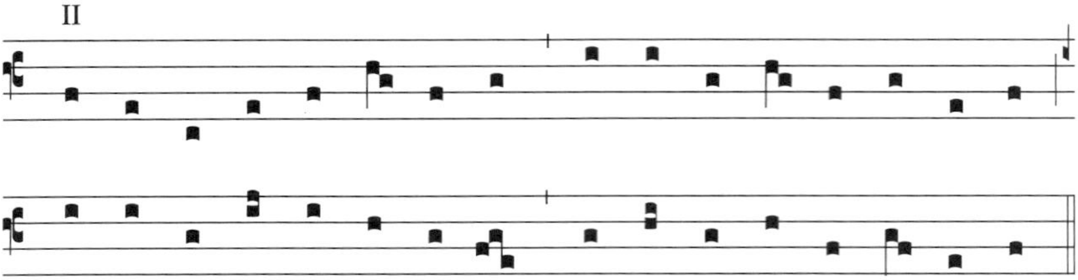

Du große Herrin, schönste Frau,
hoch über Sternen steht dein Thron!
Du trugst den Schöpfer, der dich schuf,
und nährtest ihn an deiner Brust.

Was Eva einst verloren sah,
gibst du im Sohne reich zurück.
Der Himmel öffnet sich in dir:
zur Heimkehr steht der Weg uns frei.

Du Pforte für den Königssohn,
des neuen Lichtes helles Tor,
in dir grüßt jauchzend alle Welt
das Leben, das du ihr geschenkt.

Herr Jesus, dir sei Ruhm und Preis,
Gott, den die Jungfrau uns gebar,
Lob auch dem Vater und dem Geist
durch alle Zeit und Ewigkeit. Amen.

Erste und Zweite Nokturn

Psalmodie und Versikel *wie im Commune der Marienfeste,* 684.

Resp 1
IV/6

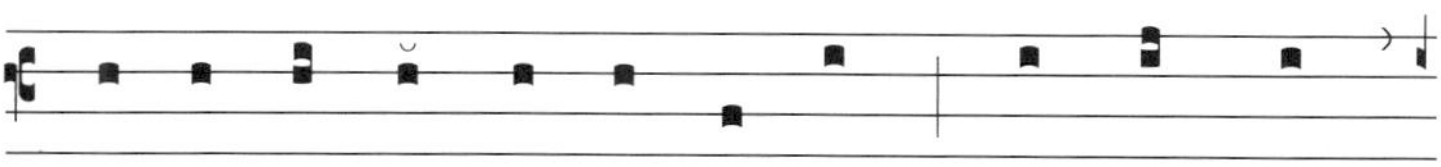

M ei- ne Freundin, ma-che dich auf! * So komm doch,

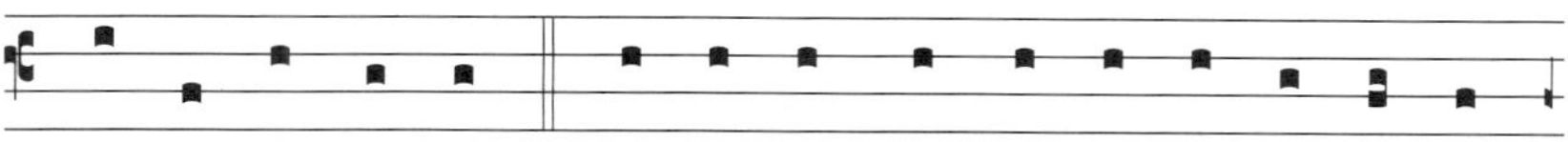

du mei- ne Schöne! ℣. Die er- sten Früchte rei- fen am Fei-gen-

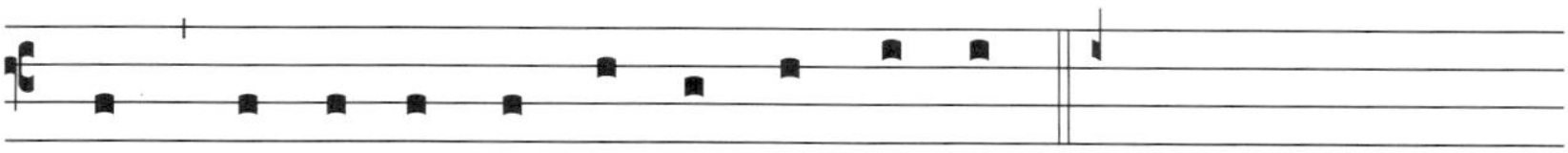

baum, es duf-ten die blü-hen-den Re- ben. *Hld 2,10.13*

Resp 2
IV/6

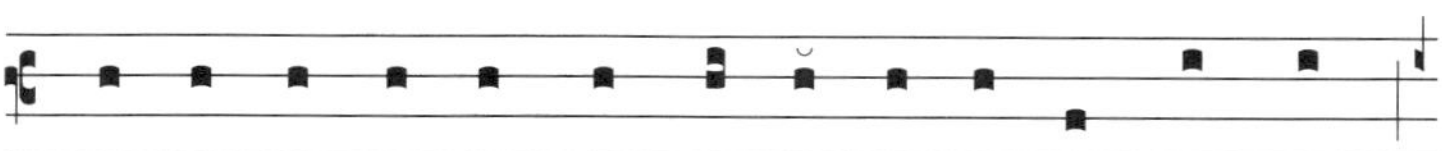

V on nun an preisen mich se- lig al- le Geschlechter,

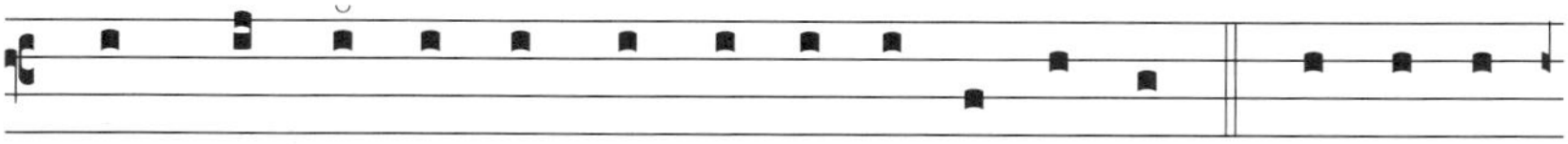

* denn Gro-ßes hat der Mäch-ti- ge an mir ge- tan. ℣. Die Größe

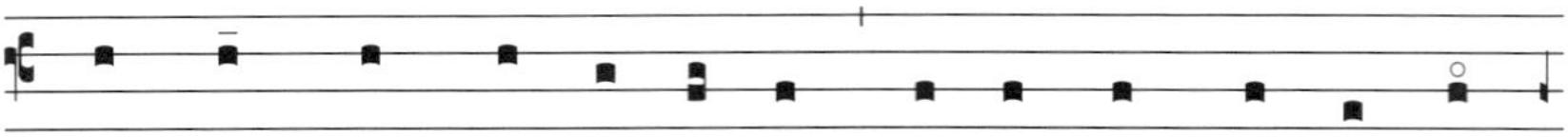

des Herrn preist mei- ne See- le, ü- ber Gott, mei-nen Hei-

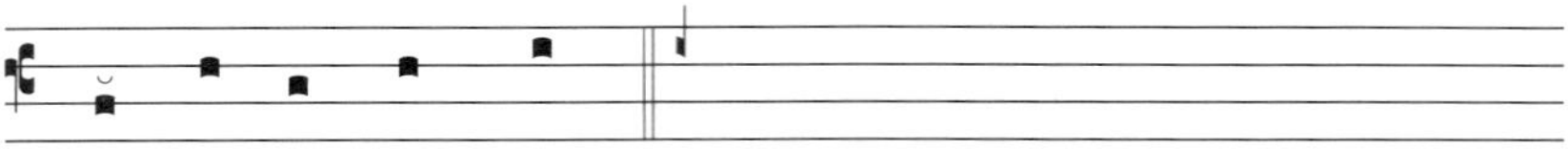

land, ju- belt mein Geist. *Lk 1,48f. 46f*

Dritte Nokturn

℟. VIII

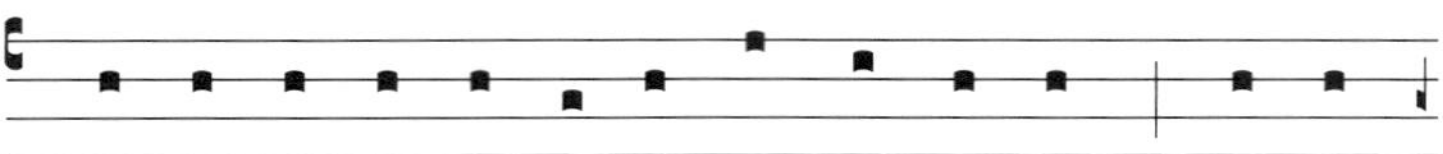

G ro- ßes hat an mir ge-tan der Mäch-ti- ge: hei- lig

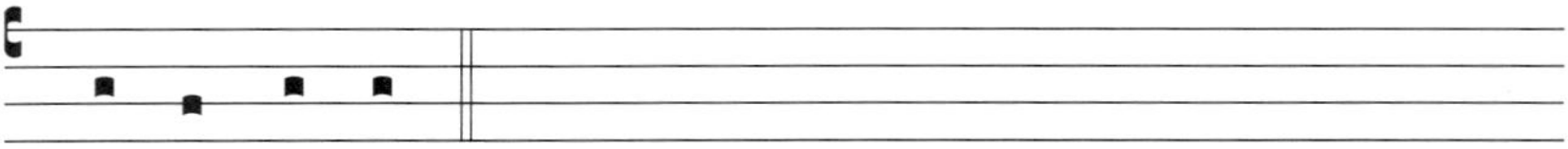

ist sein Na- me. *Lk 1,49*

1 Samuel 2,1-10 ( )

MEIN Herz ist fröhlich im HERRN,
erhöht ist meine Macht durch meinen Gott.
Weit öffnet sich mein Mund gegen meine Feinde;
denn ich freue mich deiner Hilfe.

GROSSES HAT AN MIR GETAN DER MÄCHTIGE:
HEILIG IST SEIN NAME.

Keiner ist heilig wie der HERR,
keiner ist ein Fels wie unser Gott.
Ein wissender Gott ist der HERR,
von ihm werden die Taten gewogen.

GROSSES HAT AN MIR GETAN DER MÄCHTIGE:
HEILIG IST SEIN NAME.

Zerbrochen wird der Bogen der Helden,
die Wankenden aber gürten sich mit Kraft.

Um Brot verdingen sich die Satten,
doch die Hungrigen können feiern für immer.
Die Unfruchtbare - siebenmal gebiert sie,
doch die an Kindern reich war, welkt dahin.

GROSSES HAT AN MIR GETAN DER MÄCHTIGE:
HEILIG IST SEIN NAME.

Der HERR macht tot und macht lebendig,
er führt ins Totenreich hinab und führt auch herauf.
Der HERR macht arm und macht reich,
er erniedrigt und er erhöht.

GROSSES HAT AN MIR GETAN DER MÄCHTIGE:
HEILIG IST SEIN NAME.

Den Geringen richtet er auf aus dem Staub,
aus dem Schmutz erhebt er den Armen.
Er gibt ihm einen Sitz bei den Edlen,
den Thron der Ehre läßt er ihn erben.

GROSSES HAT AN MIR GETAN DER MÄCHTIGE:
HEILIG IST SEIN NAME.

Denn dem HERRN gehören die Säulen der Erde;
er hat den Erdkreis auf sie gegründet.
Die Schritte seiner Frommen hütet er,
die Frevler aber verstummen im Dunkel.
Denn niemand ist stark durch eigene Kraft.
Wer gegen den HERRN streitet, wird zerbrechen.

GROSSES HAT AN MIR GETAN DER MÄCHTIGE:
HEILIG IST SEIN NAME.

Der Höchste läßt im Himmel den Donner erdröhnen,
der HERR richtet die Enden der Erde.
Seinem König gebe er Kraft
und erhöhe die Macht seines Gesalbten.

GROSSES HAT AN MIR GETAN DER MÄCHTIGE:
HEILIG IST SEIN NAME.

Ehre sei dem Vater und dem Sohn
und dem Heiligen Geiste.

Wie im Anfang, so auch jetzt und immer
und für ewige Zeiten. Amen.

GROSSES HAT AN MIR GETAN DER MÄCHTIGE:
HEILIG IST SEIN NAME.

℣. Du bist der R<u>u</u>hm Jerusalems.
℟. Du bist die Freude Israels, der Stolz uns<u>e</u>res Volkes.

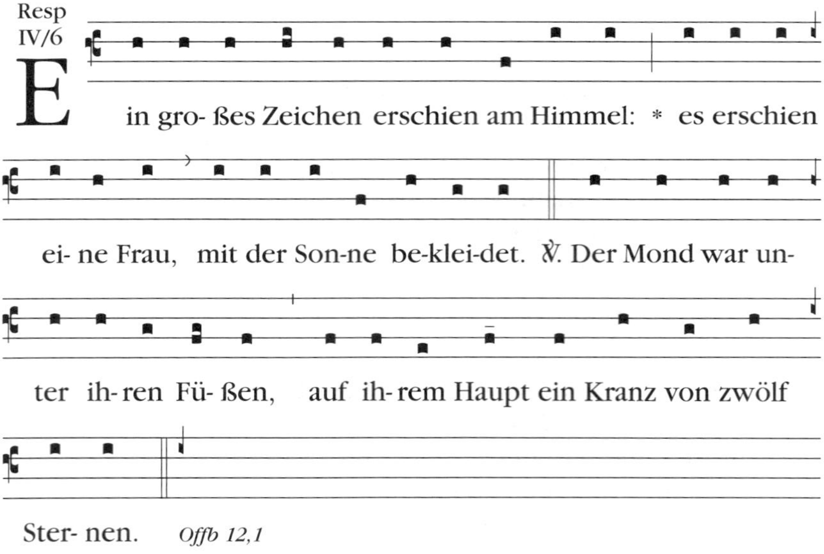

LAUDES

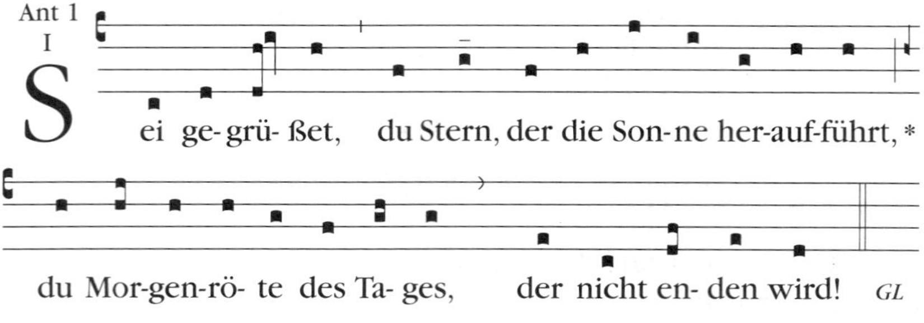

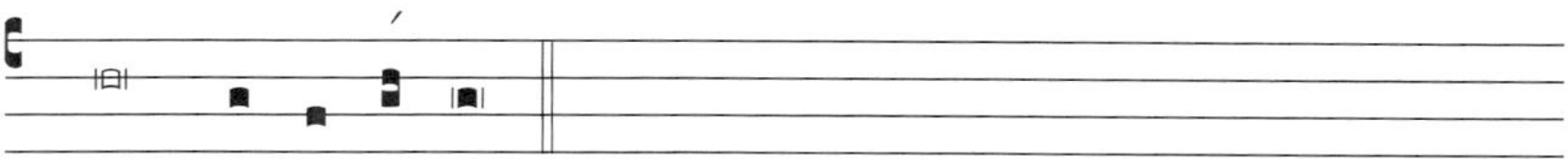

Psalm 100

JAUCHZET dem HERRN, alle Welt! /
Dient dem HERRN mit Freude! *
Kommt vor sein Antlitz mit Jubel!
Erkennt: Der HERR ist Gott! /
Er hat uns geschaffen, wir sind sein Eigen, *
sein Volk und die Herde seiner Weide.

Tretet durch seine Tore mit Dank, /
in seine Höfe mit Lobgesang! *
Dankt ihm, preist seinen Namen!
Denn gut ist der HERR, /
seine Huld währt ewig *
und Geschlecht um Geschlecht seine Treue.

Ant 2
II

Psalm 65

DIR gebührt Lobgesang, *
du Gott auf dem Zion.
Dir erfüllt man Gelübde, – *
du erhörst die Gebete.
Zu dir kommt alles Fleisch, *
die Schuld zu bekennen.

Zu schwer für mich sind unsre Frevel, *
nur du kannst sie vergeben.
Selig, den du erwählst und dir nahen läßt: *
in deinen Höfen darf er wohnen.
Wir wollen uns sättigen am Gut deines Hauses, *
am Gut deines heiligen Tempels.

Mit staunenswerten Taten
gibst du uns Antwort in Treue, *
du Gott unsres Heiles,
du Zuversicht aller Enden der Erde *
und der fernsten Gestade,
der die Berge festigt in seiner Kraft, *
der sich gürtet mit Stärke,
der das Brausen der Meere stillt, *
das Brausen ihrer Wogen, das Tosen der Völker.
Es erschauern vor deinen Zeichen, /
die da wohnen an den Enden der Erde. *
Des Morgens und des Abends Tore machst du jauchzen.

Du sorgst für das Land und tränkst es, *
du überschüttest es mit Reichtum.
Der Gottesbach hat Wasser in Fülle. *
Gedeihen läßt du das Getreide.
Ja, so läßt du gedeihen: *
du wässerst die Furchen, du ebnest die Schollen,
du machst sie weich durch Regen, *
du segnest ihre sprossenden Saaten.
Du krönst das Jahr mit deiner Güte, *
von Fett triefen deine Spuren,
es triefen die Weiden der Steppe, *
mit Jubel gürten sich die Höhen.
Die Anger bekleiden sich mit Schafen, /
die Täler hüllen sich in Korn. *
Sie jauchzen, ja, sie singen.

Jesaja 61,10f

VON Herzen will ich mich freuen über den HERRN, *
über meinen Gott soll meine Seele jubeln.
Denn er hat mich bekleidet mit den Gewändern des Heiles *
und mich umhüllt mit dem Mantel der Gerechtigkeit
gleich einem Bräutigam, der sich festlich schmückt, *
gleich einer Braut, die ihr Geschmeide anlegt.

Ja, wie die Erde ihr Gewächs hervorbringt, *
und wie ein Garten seine Saaten sprossen läßt,
so läßt der Herrscher, der HERR,
Gerechtigkeit sprießen *
und Ruhm vor allen Völkern.

Psalm 150

LOBT Gott in seinem Heiligtum, *
lobt ihn in seiner mächtigen Feste!
Lobt ihn ob seiner gewaltigen Taten, *
lobt ihn in der Fülle seiner Hoheit!
Lobt ihn mit dem Schall der Posaunen, *
lobt ihn mit Harfe und Leier!
Lobt ihn mit Pauke und Reigen, *
lobt ihn mit Flöten und Saitenspiel!
Lobt ihn mit hellen Zimbeln, /
lobt ihn mit schmetternden Zimbeln! *
Alles, was Atem hat, lobe den HERREN!

Kurzlesung *Offb 12,1.5.17*

Ein großes Zeichen erschien am Himmel: eine Frau, mit der Sonne bekleidet; der Mond war unter ihren Füßen und ein Kranz von zwölf Sternen auf ihrem Haupt. Und sie gebar ein Kind, einen Sohn, der über alle Völker mit eisernem Zepter herrschen wird. Und ihr Kind wurde zu Gott und zu seinem Thron entrückt. – Der Drache aber geriet in Zorn über die Frau, und er ging fort, um Krieg zu führen mit ihren übrigen Nachkommen, die den Geboten Gottes gehorchen und an dem Zeugnis für Jesus festhalten.

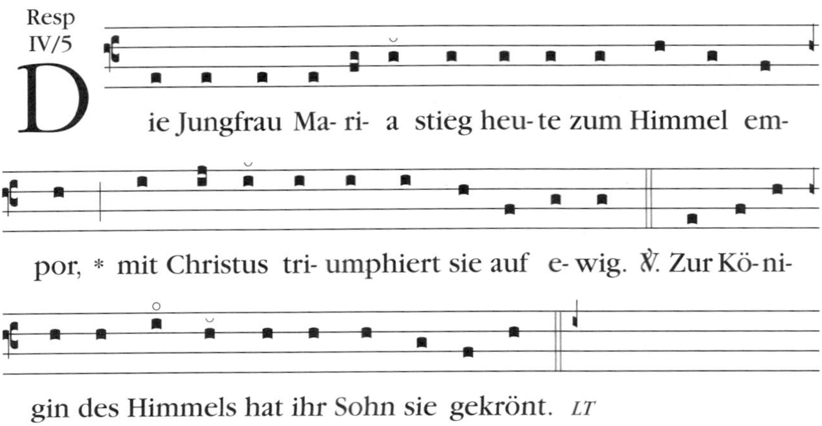

Hymnus

II

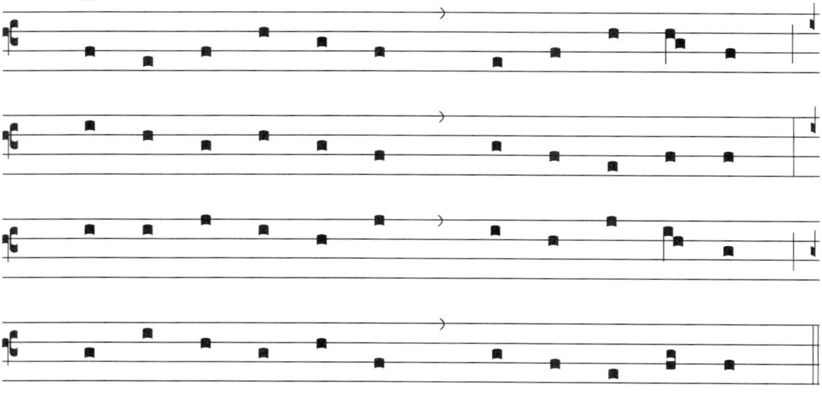

HERRLICH strahlst du im Licht,/Jungfrau Maria,
Kind aus Davids Geschlecht,/Tochter des Königs,
die erhaben nun thront/hoch in den Himmeln
und Gebieterin ist/über die Engel.

Dem allmächtigen Gott/wurdest du Mutter,
hast dem Herrn, der dich schuf,/Wohnung bereitet,
ihm den heiligen Schoß/willig geboten –
und im Fleische ward Gott/Mensch wie wir alle.

Den in Ehrfurcht verehrt/Erde und Himmel,
den Erlöser und Herrn,/bitten wir heute,
da ins himmlische Reich/ganz er dich aufnahm:
Aus dem Dunkel der Welt/führ uns zum Lichte.

Dir sei Ehre und Preis,/Vater des Lichtes,
dir, dem ewigen Sohn,/der uns erlöst hat,
dir, dem Heiligen Geist,/Gott, dem Dreieinen,
dessen Herrschaft und Reich/währe auf ewig. Amen.

℣. Aufgenommen in den Himmel ist die Jungfrau Maria. Halleluja.
℟. Die Engel freuen sich und preisen den Herrn. Halleluja.

cf. Hld 6,10

16. August THEODOR
Commune für heilige Männer, 776.

20. August BERNHARD VON CLAIRVAUX
Commune für Mönche und Nonnen, 751.

24. August BARTHOLOMÄUS (Fest)
Commune der Apostelfeste, 701.

28. August AUGUSTINUS
Commune für heilige Männer, 776.

Hl

29. August ENTHAUPTUNG JOHANNES' DES TÄUFERS
Commune der Märtyrerfeste, 730.

SEPTEMBER

3. September GREGOR DER GROSSE (Fest)
Commune für heilige Männer, 776.

8. September MARIÄ GEBURT (Fest)
Commune der Marienfeste, 683.

14. September
ERHÖHUNG DES HEILIGEN KREUZES
FEST

VIGIL

Invitatorium

℟.
II

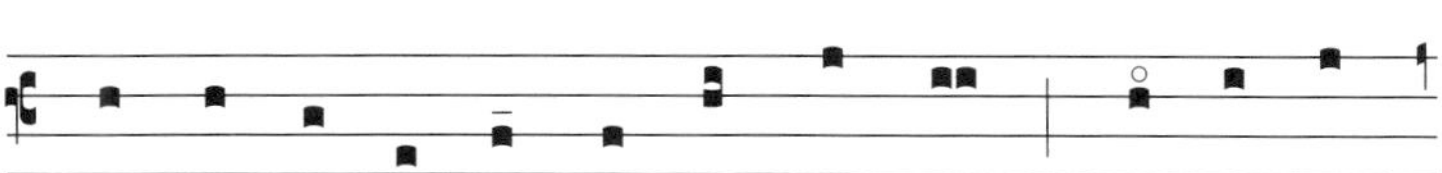

Am Kreu-ze er-höht re-giert der Herr: * Ihm ge-bührt

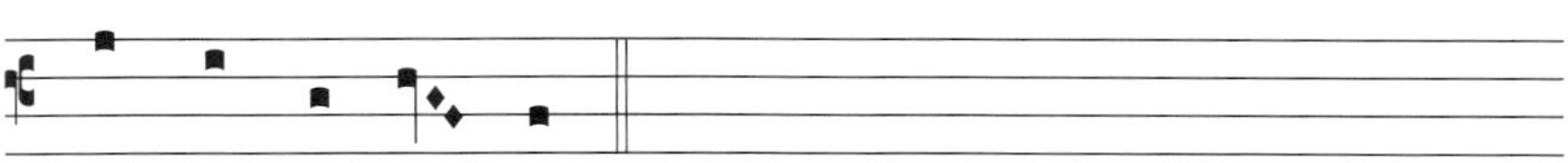

Lobpreis und Eh- re.

Zum Invitatorium wird Psalm 100 *gesungen, wie im Commune der Herrenfeste,* 653.

Hymnus

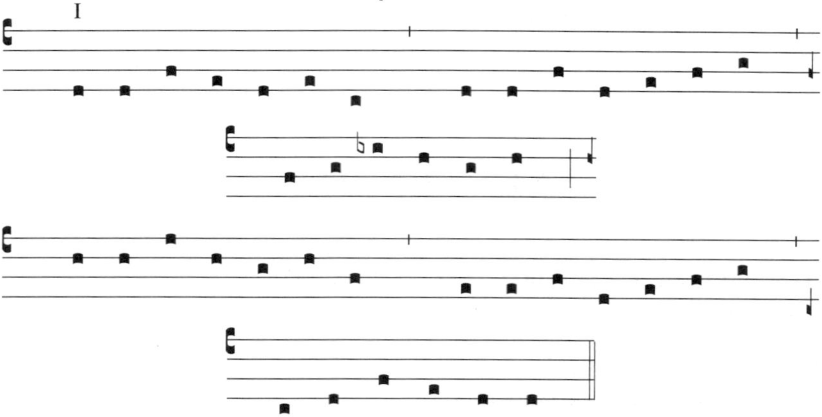

KREUZ des Herrn, du dunkler Kran,
hebst die Welt nach Gottes Plan
aus dem Tod ins Leben,
ziehst den Menschen aus dem Schacht,
deine Arme haben Macht,
ihn ins Licht zu heben.

Gottes Herrlichkeit und Kraft
drängt aus deinem roten Schaft
in die Kontinente.
Alle Welt, die um dich kreist,
wird durchglüht von Christi Geist,
braust, als ob sie brennte.

Christi Kreuz, du hebst ihr Nein
in das Ja des Herrn hinein,
und sie wird dich sehen.
Wenn er kommt am End der Zeit,
wirst du voller Herrlichkeit
groß am Himmel stehen. Amen.

Erste und Zweite Nokturn

Psalmodie und Versikel *wie im Commune der Herrenfeste,* 654.

Resp 1
IV/7

LT

Resp 2
IV/7

LT

Dritte Nokturn

Ant
II

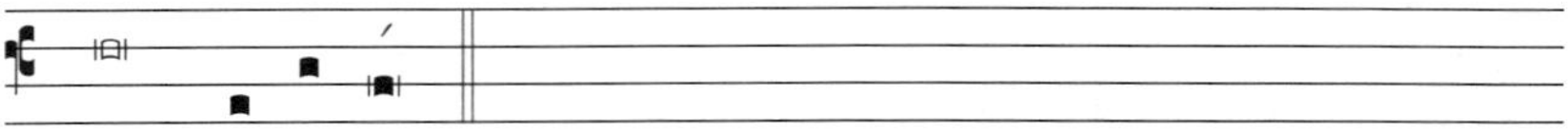

Offb 19,13.15

Jesaja 63,1-7

WER ist dieser, der aus Edom kommt, *
aus Bozra in rot gefärbten Gewändern,
der daherschreitet in prächtigen Kleidern, *
in seiner gewaltigen Kraft?
„Ich bin es, ich verkünde Gerechtigkeit, *
ich, der mächtige Helfer."

Warum ist dein Gewand so rot, *
dein Kleid wie das des Mannes, der die Kelter tritt?
„Ich trat die Kelter, ich allein, *
von den Völkern war niemand dabei.
Ich zertrat die Feinde in meinem Zorn, *
zerstampfte sie in meinem Grimm.
Ihr Blut spritzte auf mein Gewand, *
all meine Kleider habe ich besudelt.
Denn ein Tag der Rache lag mir im Sinn, *
das Jahr meiner Erlösung war gekommen.
Ich sah mich um, doch niemand wollte mir helfen; *
ich war bestürzt, weil keiner mir beistand.
Da half mir mein eigener Arm, *
mein Zorn war meine Stütze.
Ich zertrat die Völker in meinẹm Zorn, /
ich hab sie zerschmettert in meinem Grimm. *
Zur Erde rinnen ließ ich ihr Blut."

Die Huld des HERRN will ich preisẹn, /
die ruhmreichen Taten des HERRN, *
alles, was der HERR für uns getan hat.

℣. Das Zeichen des Kreuzes wird am Himmel stehn.
℟. Wenn der Herr erscheint zum Gericht.

LAUDES

Psalm 93

DER HERR ist König, mit Hoheit bekleidet; *
der HERR hat sich bekleidet und mit Macht umgürtet.
Fest ist der Erdkreis gegründet, *
nie wird er wanken.

Fest steht dein Thron von Anbeginn, *
du bist von Ewigkeit.

Fluten erhoben, HERR, /
Fluten erhoben ihr Tosen, *
Fluten erheben ihr Brausen.

Gewaltiger als das Tosen der mächtigen Wasser, /
gewaltiger als die Brandung des Meeres *
ist gewaltig der HERR in der Höhe.

Deine Gesetze sind fest und verläßlich, /
HERR, deinem Haus ziemt Heiligkeit *
für alle Zeiten.

Hebr 12,2

Psalm 110

SO SPRICHT der HERR zu meinem Herrn: *
„Setze dich zu meiner Rechten,
bis ich dir hinlege deine Feinde *
als Schemel für die Füße.“

Vom Zion streckt der HERR das Zepter deiner Macht aus: *
„Herrsche inmitten deiner Feinde!
Dein ist die Herrschaft am Tag deiner Macht *
in heiligem Glanz.
Wie den Tau aus dem Schoß des Morgenrots *
habe ich dich gezeugt."
Geschworen hat der HERR /
und wird es nicht bereuen: *
„Du bist Priester auf ewig nach der Ordnung Melchisedeks!"

Der Herr steht dir zur Rechten, *
zerschmettert Könige am Tag seines Zorns.
⌈Unter den Völkern hält er Gericht, /
er häuft die Toten, *
⌊zerschmettert die Häupter weithin auf Erden.

Er trinkt aus dem Bach am Wege, *
so kann er neu das Haupt erheben.

Jesaja 51,9-16 ()

WACH auf, du Arm des HERRN, *
wach auf, und wappne dich mit Stärke!

Wach auf wie in den Tagen von einst, *
wie bei den Geschlechtern der Vorzeit!
Warst nicht du es, der Rahab zerhieb, *
der den Drachen durchbohrte?
Warst nicht du es, der das Meer vertrocknen ließ, *
die Wasser der großen Urflut,
der auf dem Grund des Meeres bahnte einen Weg *
zum Durchzug für die Erlösten?

Die Befreiten des HERRN kehren heim, /
nach Zion kommen sie mit Jauchzen, *
ewige Freude über ihren Häuptern.
Es kehren Freude ein und Wonne, *
Kummer und Seufzen entfliehen.

„Ich bin's, ich selber, der euch tröstet! *
Wie kannst du dich fürchten vor sterblichen Menschen?
Wie kannst du vergessen den HERRN, der dich schuf, *
der den Himmel ausgespannt und die Erde gegründet?
Wie kannst du immerfort beben
vor dem Grimm des Bedrängers, /
als wäre er imstande zu vernichten? *
Wo ist er nun, der Grimm des Bedrängers?
Bald wird der Geknebelte frei! /
Er fährt nicht tot hinab in die Grube, *
und an Brot wird es ihm nicht mangeln.
Ich bin ja der HERR, dein Gott, /
der das Meer erregt, daß seine Wogen brausen; *
'HERR der Scharen' ist mein Name.
Ich habe meine Worte in deinen Mund gelegt, *
im Schatten meiner Hand dich geborgen.
Ich spanne den Himmel aus und gründe die Erde, *
ich sage zu Zion: 'Mein Volk bist du.'"

Ant 4
VIII

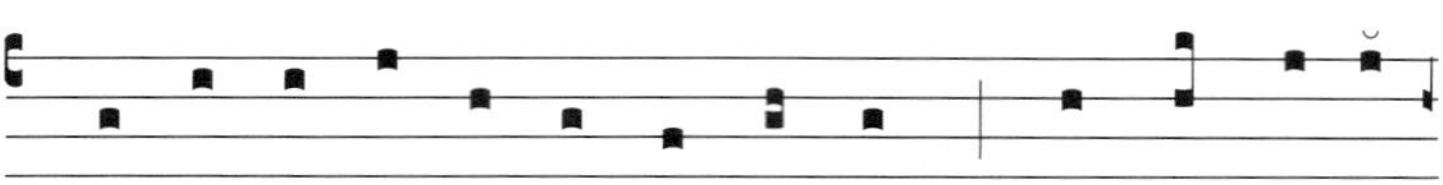

V er-kündet es un- ter den Völ-kern: * Vom Holz her-ab

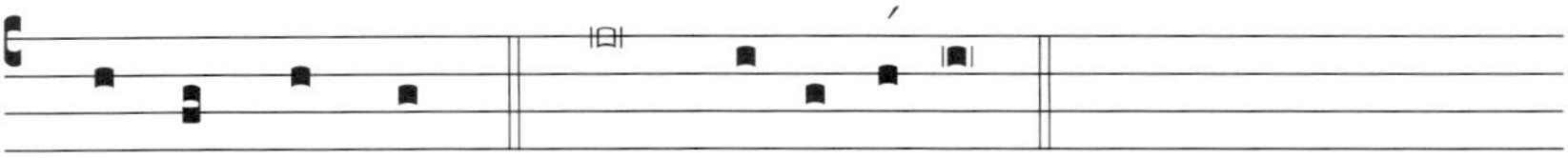

re- giert der Herr! *Ps 96,10 (LXX)*

Psalm 150

LOBT Gott in seinem Heiligtum, *
lobt ihn in seiner mächtigen Feste!
Lobt ihn ob seiner gewaltigen Taten, *
lobt ihn in der Fülle seiner Hoheit!
Lobt ihn mit dem Schall der Posaunen, *
lobt ihn mit Harfe und Leier!
Lobt ihn mit Pauke und Reigen, *
lobt ihn mit Flöten und Saitenspiel!
Lobt ihn mit hellen Zimbẹln, /
lobt ihn mit schmetternden Zimbeln! *
Alles, was Atem hat, lobe den HERREN!

Kurzlesung *Jes 52,13-15*

Seht, mein Knecht hat Erfolg, er wird groß sein und hoch erhaben. Viele haben sich über ihn entsetzt, so entstellt sah er aus, nicht mehr wie ein Mensch, seine Gestalt war nicht mehr die eines Menschen. Jetzt aber setzt er viele Völker in Staunen, Könige müssen vor ihm verstummen. Denn was man ihnen noch nie erzählt hat, das sehen sie nun; was sie niemals hörten, das erfahren sie jetzt.

Resp
IV/1

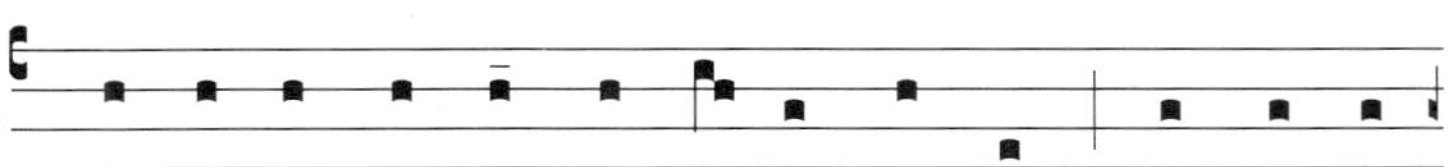

Wir be- ten dich an, Herr Je- sus Christus, * wir prei-sen

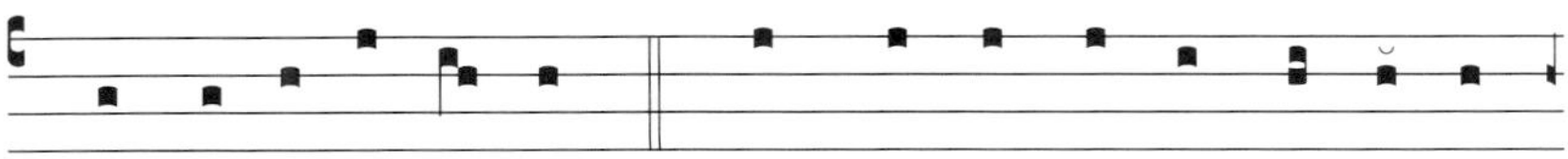

dein hei- li- ges Lei-den. ℣. Durch dei-nen Tod am Kreuze hast

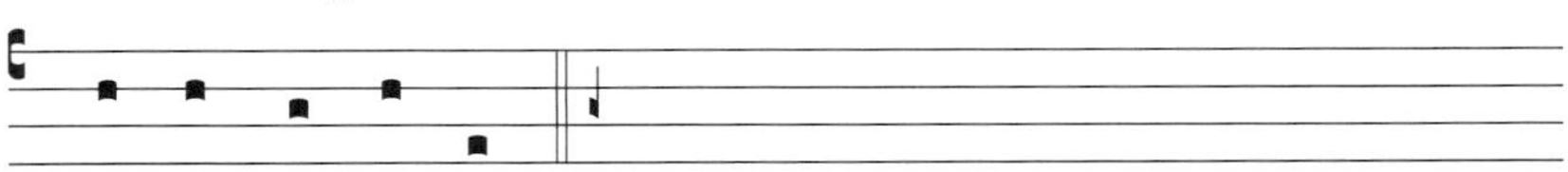

du die Welt er- löst. *LT*

Hymnus

I

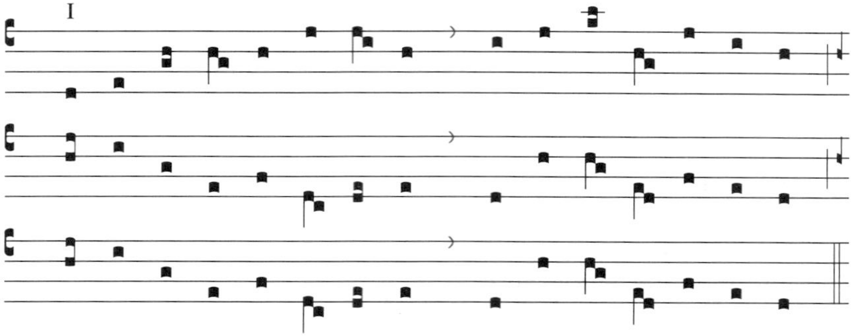

oder

II

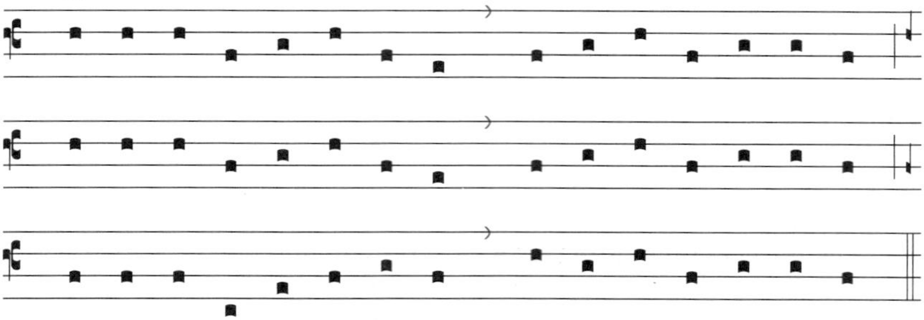

HEILIG' Kreuz, du Baum der Treue, / edler Baum, dem keiner gleich,
keiner so an Laub und Blüte, / keiner so an Früchten reich:
Süßes Holz, o süße Nägel, / welche süße Last an euch!

Beuge, hoher Baum, die Zweige, / werde weich an Stamm und Ast,
denn dein hartes Holz soll tragen / eine königliche Last;
gib den Gliedern deines Schöpfers / an dem Stamme linde Rast.

Du allein warst wert, zu tragen / aller Sünden Lösegeld,
du, die Planke, die uns rettet / aus dem Schiffbruch dieser Welt,
du, gesalbt vom Blut des Lammes, / Pfosten, der den Tod abhält.

Lob und Ruhm sei ohne Ende / Gott, dem höchsten Herrn, geweiht.
Preis dem Vater, Preis dem Sohne, / Preis dem Geist der Heiligkeit.
Einen Gott in drei Personen / lobe alle Welt und Zeit. Amen.

℣. In herrlichem Glanz erstrahlt das Kreuz. Halleluja.
℟. Es tilgt alle Schuld und schenkt der Welt das Leben. Halleluja.

Ant C
II

1 Kor 1,18

15. September GEDÄCHTNIS DER SCHMERZEN MARIENS
Commune der Marienfeste, 683.

17. September HILDEGARD VON BINGEN
Commune für Mönche und Nonnen, 751.

21. September MATTHÄUS (Fest)
Commune der Apostelfeste, 701.

22. September MAURITIUS UND GEFÄHRTEN
Commune der Märtyrerfeste, 730.

24. September RUPERT UND VIRGIL
Commune für heilige Männer, 776.

25. September
NIKLAUS VON FLÜE

VIGIL

Invitatorium *wie im Commune für Mönche und Nonnen,* 751.
Hymnus Es fiel das Feuer des Herrn in dich, 752.
Erste und Zweite Nokturn *wie im Commune für Mönche und Nonnen,* 754.

Dritte Nokturn

Für die Dritte Nokturn stehen zwei Cantica zur Wahl. Man singt entweder das Canticum Weish 8 oder (falls Weish 8 als Lesung vorgesehen ist) das Canticum Sir 4.

Weisheit 8,2.9-18

DIE Weisheit liebe ich und suche sie von Jugend auf, *
heimführen will ich sie als meine Gefährtin,
denn ich weiß, daß sie mir guten Rat gibt *
und Trost in Sorge und Kummer.
Mit der Weisheit genieße ich Ruhm bei der Menge *
und Ehre bei den Ältesten, obgleich ich jung bin.
Ich werde Scharfsinn zeigen als Richter *
und Staunen erregen in den Augen der Mächtigen.
Sie warten gespannt, wenn ich schweige, /
sie merken auf, wenn ich rede, *
sie legen die Hand auf den Mund, solange ich spreche.
Mit der Weisheit erlange ich Unsterblichkeit *
und hinterlasse ewigen Ruhm bei der Nachwelt.
Völker werde ich sorgsam leiten, *
Nationen sind mir untertan.
Schreckliche Tyrannen werden mich fürchten, *
sobald sie von mir hören.
Doch unter dem Volk erweise ich mich als gnädig *
und als tapfer im Kriege.
Kehre ich heim, so ruhe ich bei der Weisheit, *
denn der Umgang mit ihr ist ohne Bitterkeit;

das Leben mit ihr kennt keinen Schmerz, *
sondern nur Frohsinn und Freude.

Dies erwog ich bei mir, bedachte es in meinem Herzen: *
Mit der Weisheit zu leben, bringt Unsterblichkeit,
ihr Freund zu sein, ist reines Entzücken, *
im Mühen ihrer Hände liegt unerschöpflicher Reichtum,
der vertraute Umgang mit ihr führt zur Einsicht, /
im Zwiegespräch mit ihr wird Ruhm erlangt. *
Deshalb gehe ich auf die Suche nach ihr, um sie zu gewinnen.

Hl

Jesus Sirach 4,12-18

WER die Weisheit liebt, der liebt das Leben, *
wer sie sucht, erlangt das Gefallen des HERRN.
Wer sie ergreift, findet Ehre beim HERRN, *
unter dem Segen des HERRN wird er leben.
Der Dienst an ihr ist Dienst am Heiligtum; *
wer sie liebt, den liebt der HERR.

(So spricht die Weisheit:) /
Wer auf mich hört, der richtet gerecht, *
wer mir lauscht, der wohnt in meinen innersten Kammern.
Wer auf mich vertraut, der empfängt mich als Erbteil, *
auch seine Nachkommen werden mich besitzen.
Denn unerkannt gehe ich mit ihm, /
ich bin's, die in Versuchungen ihn prüft, *
bis sein Herz erfüllt ist von mir.

Ich wende mich ihm zu, /
ich zeige ihm den geraden Weg, *
und meine Geheimnisse werde ich ihm enthüllen.

℣. Ein unerschöpflicher Schatz ist die Weisheit.
℟. Wer ihn erwirbt, erlangt die Freundschaft Gottes.

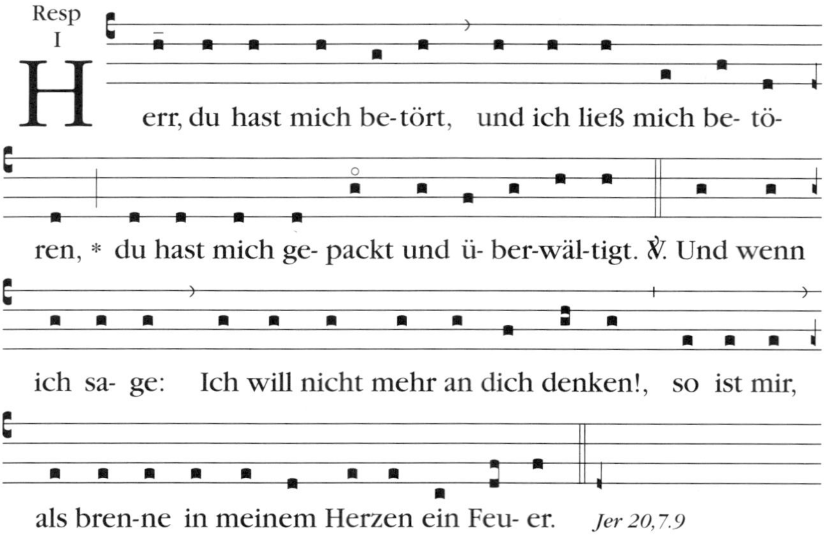

Jer 20,7.9

LAUDES

Kol 3,15

Psalm 93

DER HERR ist König, mit Hoheit bekleidet; *
der HERR hat sich bekleidet und mit Macht umgürtet.
Fest ist der Erdkreis gegründet, *
nie wird er wanken.
Fest steht dein Thron von Anbeginn, *
du bist von Ewigkeit.

Fluten erhoben, HERR, /
Fluten erhoben ihr Tosen, *
Fluten erheben ihr Brausen.
Gewaltiger als das Tosen der mächtigen Wasser, /
gewaltiger als die Brandung des Meeres *
ist gewaltig der HERR in der Höhe.

Deine Gesetze sind fest und verläßlich, /
HERR, deinem Haus ziemt Heiligkeit *
für alle Zeiten.

Ant 2
VI

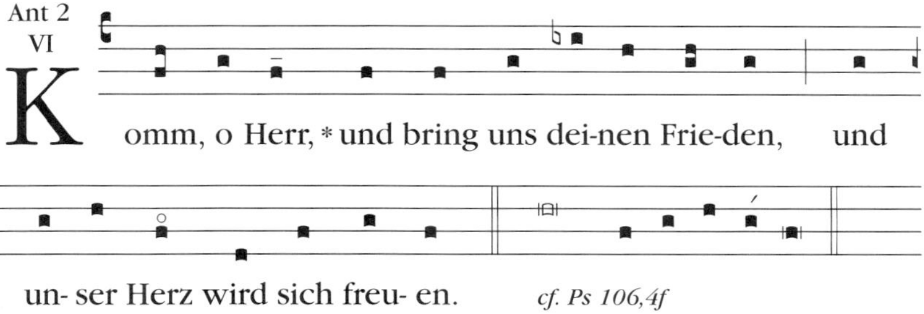

cf. Ps 106,4f

Psalm 63

GOTT, du mein Gott, dich suche ich, *
nach dir dürstet meine Seele.
Nach dir schmachtet mein Leib *
wie dürres, lechzendes Land ohne Wasser.
So schaue ich dich im Heiligtum *
und sehe deine Macht und deine Herrlichkeit.

Ja, deine Liebe ist besser als das Leben. *
Meine Lippen sollen dich rühmen!
So will ich dich preisen mein Leben lang, *
in deinem Namen meine Hände erheben.
Wie an Fett und Mark wird satt meine Seele. *
Mein Mund singe Lob mit jubelnden Lippen!
Wenn ich an dich denke auf meinem Lager, *
sag ich von dir in nächtlichem Wachen:
„Du wurdest meine Hilfe, *
im Schatten deiner Flügel darf ich jubeln;
an dir hängt meine Seele, *
mich hält deine Rechte.“

Die mir nachstellen, um mich zu verderben, *
sie müssen hinab in die Tiefen der Erde.
Der Gewalt des Schwertes gibt man sie preis, *
den Schakalen werden sie zur Beute.
Der König aber freue sich an Gott! /
Wer bei ihm schwört, darf sich rühmen. *
Doch allen Lügnern wird der Mund geschlossen.

Ant 3
I

cf. Jes 66,12

Jesaja 66,10-14

FREUT euch mit Jerusalem, der heiligen Stadt! *
Jubelt in ihr, alle, die ihr sie lieb habt!
Seid fröhlich und frohlockt mit ihr, *
alle, die ihr über sie traurig wart!

Saugt euch satt an ihrer tröstenden Brust, *
trinkt und labt euch an den Brüsten ihrer Herrlichkeit!

Denn so spricht der HERR: /
Seht, ich leite den Frieden zu ihr wie einen Strom, *
wie einen rauschenden Bach die Herrlichkeit der Völker.
Ihr werdet gestillt, auf den Armen getragen, *
ihr werdet auf den Knien geschaukelt.
Wie einen, den die Mutter tröstet, /
so will ich selber euch trösten, *
ja, ihr findet Trost in Jerusalem.

Ihr werdet es sehn, /
und euer Herz wird sich freuen: *
Die Hand des HERRN wird sich an seinen Knechten offenbaren.

Psalm 147 B

PREISE den HERRN, Jerusalem! *
Lobsinge deinem Gott, o Zion!

Denn er hat die Riegel deiner Tore gefestigt, *
die Kinder in deiner Mitte gesegnet.
Er umgibt dein Gebiet mit Frieden, *
er sättigt dich mit bestem Weizen.

Er sendet sein Wort zur Erde, *
rasch eilt dahin sein Wille.
Er spendet Schnee wie Wolle, *
streut den Reif aus wie Asche.
Sein Eis wirft er herab wie Brocken, *
vor seinem Frost – wer kann da bestehen?
Er sendet sein Wort aus und läßt sie schmelzen, *
er läßt seinen Wind wehn – da rieseln die Wasser.

Er verkündet Jakob sein Wort, *
Israel seine Gesetze und Rechte.
So hat er an den andern Völkern nicht gehandelt, *
sie lernten das Recht nicht kennen.

*

Kurzlesung *Röm 15,5-7.13*

Der Gott der Geduld und des Trostes schenke euch die Einmütigkeit, die Christus Jesus entspricht, damit ihr Gott, den Vater unseres Herrn Jesus Christus, einträchtig und mit einem Munde preist. Nehmt einander an, wie auch Christus uns angenommen hat, zur Ehre Gottes. Der Gott der Hoffnung aber erfülle euch mit aller Freude und mit allem Frieden im Glauben, damit ihr reich werdet an Hoffnung in der Kraft des Heiligen Geistes.

Resp
IV/1

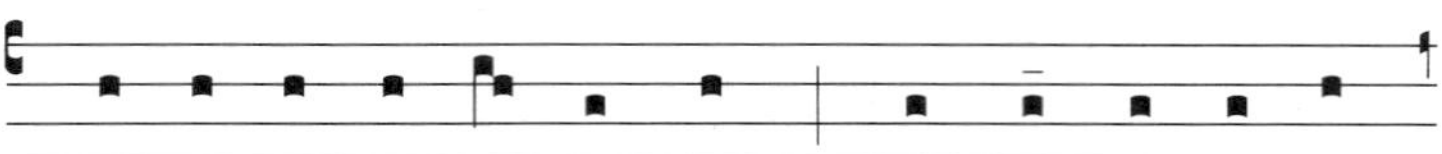

Der Ge- rech-te lebt im Herrn: * das Land er- hält er

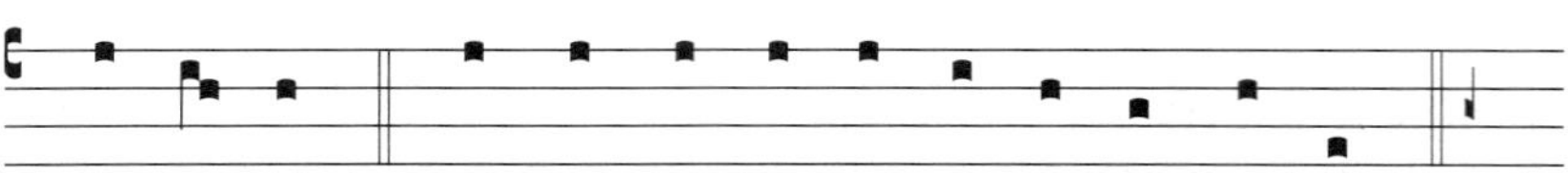

zum Er- be. ℣. Er freut sich an der Fül- le des Frie-dens.

cf. Ps 37,29.11

Hymnus

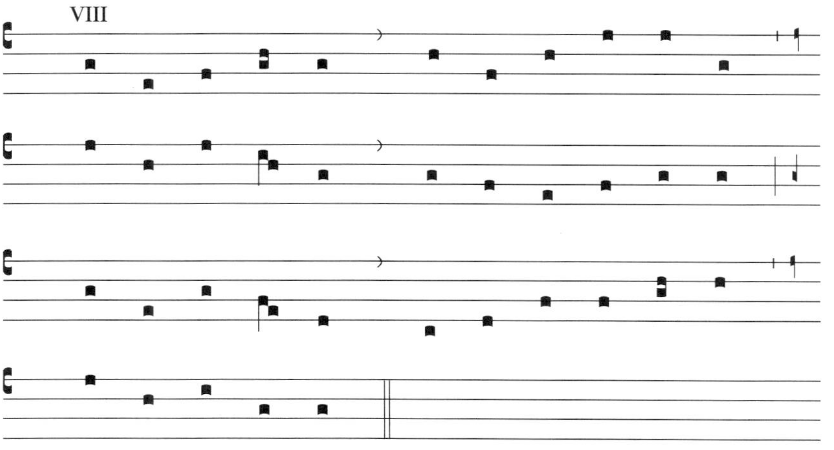

SELIG, wem Christus / auf dem Weg begegnet,
um ihn zu rufen, / alles zu verlassen,
sein Kreuz zu tragen / und in seiner Kirche
für ihn zu wirken.

Bei ihm ist Christus, / stärkt ihn in der Wüste,
schenkt ihm durch Leiden / Anteil an der Freude.
Und seine Brüder / spüren Christi Liebe
in seiner Nähe.

Durch seine Jünger / spricht zu uns der Meister,
ruft uns zur Umkehr, / spendet Licht und Hoffnung.
In ihren Taten / wird die Botschaft Christi
für uns lebendig.

Vater im Himmel, / heilig ist dein Name,
dein Reich wird kommen, / das dein Sohn verheißen.
Hilf uns, im Geiste / ihm den Weg bereiten
als deine Boten. Amen.

℣. Selig, die dem Fri<u>e</u>den dienen.
℟. Söhne Gottes werd<u>e</u>n sie heißen.

Jes 32,15.17

* * *

29. September

MICHAEL, GABRIEL UND RAFAEL UND ALLE HEILIGEN ENGEL

FEST

VIGIL

Invitatorium

Psalm 29

BRINGT dar dem HERRN, ihr Himmlischen,
bringt dar dem HERRN Ehre und Macht!
Bringt dar dem HERRN die Ehre seines Namens,
werft euch nieder vor dem HERRN in heiligem Schmuck!

BRINGT IHM EHRE UND LOB DAR MIT SEINEN HEILIGEN ENGELN!

Die Stimme des HERRN über den Wassern:
der Gott der Herrlichkeit donnert,
der HERR über gewaltigen Wassern.
Die Stimme des HERRN voll Kraft,
die Stimme des HERRN voll Majestät.
Die Stimme des HERRN bricht Zedern,
der HERR zerbricht die Zedern des Libanon.

FALLT NIEDER VOR DEM HERRN!
BRINGT IHM EHRE UND LOB DAR MIT SEINEN HEILIGEN ENGELN!

Er läßt den Libanon hüpfen wie ein Kalb,
wie einen jungen Wildstier den Sirjon.
Die Stimme des HERRN sprüht flammendes Feuer,
die Stimme des HERRN macht beben die Wüste,
der HERR macht beben die Wüste von Kadesch.
Die Stimme des HERRN läßt Hindinnen kreißen,
reißt Wälder kahl.
In seinem Palast ruft alles:
Herrlichkeit!

BRINGT IHM EHRE UND LOB DAR MIT SEINEN HEILIGEN ENGELN!

Der HERR thront über der Flut,
der HERR thront als König in Ewigkeit.
Der HERR gebe Macht seinem Volke!
Der HERR segne sein Volk mit Frieden!

Ehre sei dem Vater und dem Sohne
und dem Heiligen Geiste.
Wie im Anfang, so auch jetzt und immer
und in Ewigkeit. Amen.

BRINGT IHM EHRE UND LOB DAR MIT SEINEN HEILIGEN ENGELN!

FALLT NIEDER VOR DEM HERRN!
BRINGT IHM EHRE UND LOB DAR MIT SEINEN HEILIGEN ENGELN!

Hymnus

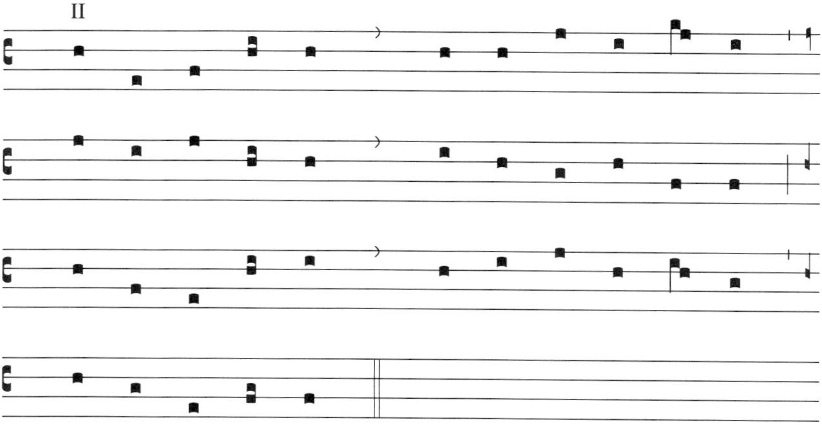

HERR aller Mächte, / Throne und Gewalten,
dir gilt der Lobpreis, / den die Schöpfung darbringt.
Zu deiner Ehre / singen alle Wesen,
die du erschaffen.

Vor deiner Größe / neigen sich in Ehrfurcht
Chöre der Engel, / dienen dir voll Freude.
Alle Erlösten / danken dir auf ewig
für deine Liebe.

Und deine Kirche / jubelt heut mit ihnen,
denn du bist nahe, / führst sie durch die Zeiten,
wehrest dem Bösen, / sendest deine Engel,
uns zu behüten.

Lob sei dem Vater / auf dem höchsten Throne,
Lob sei dem Sohne, / dem die Engel dienen,
Lob sei dem Geiste, / der mit beiden eins ist,
immer und ewig. Amen.

Erste, Zweite und Dritte Nokturn

Wie am Fest der Heiligen Dreifaltigkeit, 344.

LAUDES

Ant 1
I

Psalm 100

JAUCHZET dem HERRN, alle Welt! /
Dient dem HERRN mit Freude! *
Kommt vor sein Antlitz mit Jubel!
  Erkennt: Der HERR ist Gott! /
  Er hat uns geschaffen, wir sind sein Eigen, *
  sein Volk und die Herde seiner Weide.

Tretet durch seine Tore mit Dank, /
in seine Höfe mit Lobgesang! *
Dankt ihm, preist seinen Namen!
  Denn gut ist der HERR, /
  seine Huld währt ewig *
  und Geschlecht um Geschlecht seine Treue.

Ant 2
II

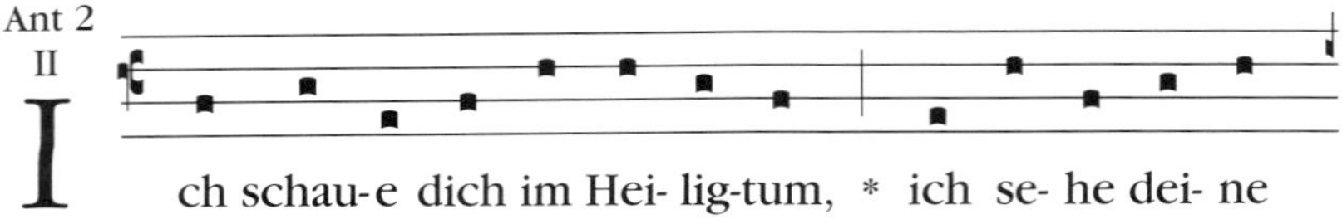

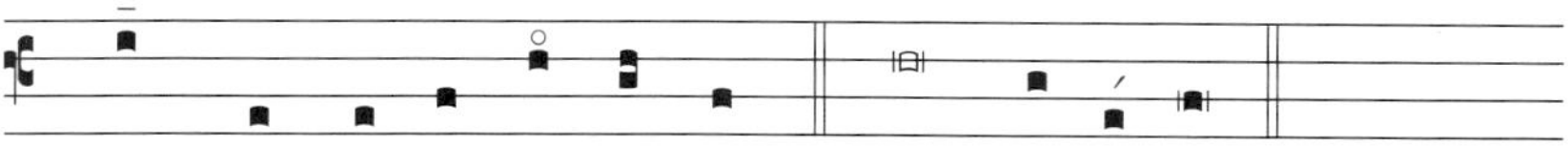

Macht und dei- ne Herrlichkeit.

Psalm 63

GOTT, du mein Gott, dich suche ich, *
nach dir dürstet meine Seele.
Nach dir schmachtet mein Leib *
wie dürres, lechzendes Land ohne Wasser.
So schaue ich dich im Heiligtum *
und sehe deine Macht und deine Herrlichkeit.
Ja, deine Liebe ist besser als das Leben. *
Meine Lippen sollen dich rühmen!
So will ich dich preisen mein Leben lang, *
in deinem Namen meine Hände erheben.
Wie an Fett und Mark wird satt meine Seele. *
Mein Mund singe Lob mit jubelnden Lippen!
Wenn ich an dich denke auf meinem Lager, *
sag ich von dir in nächtlichem Wachen:
„Du wurdest meine Hilfe, *
im Schatten deiner Flügel darf ich jubeln;
an dir hängt meine Seele, *
mich hält deine Rechte."

Die mir nachstellen, um mich zu verderben, *
sie müssen hinab in die Tiefen der Erde.
Der Gewalt des Schwertes gibt man sie preis, *
den Schakalen werden sie zur Beute.
Der König aber freue sich an Gott! /
Wer bei ihm schwört, darf sich rühmen. *
Doch allen Lügnern wird der Mund geschlossen.

Ant 3
III

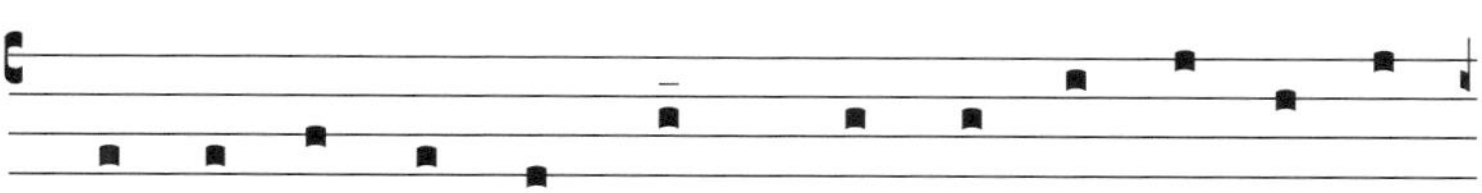

Laßt uns rühmen den Herrn, * den die En- gel lobprei-

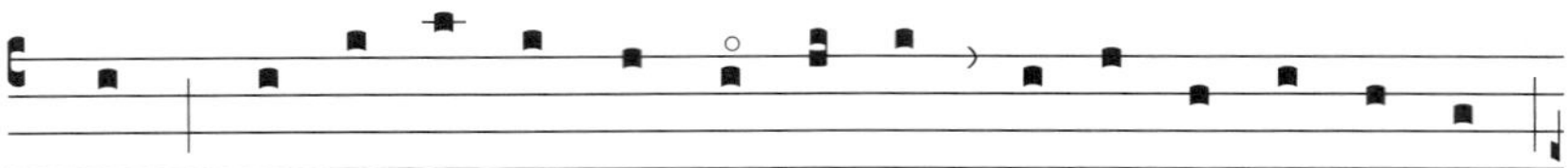

sen, dem Ke-ru-bim und Se- ra- fim in E-wig-keit sin-gen:

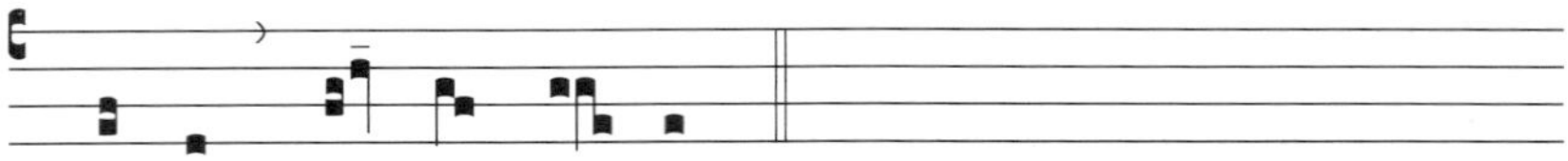

Hei- lig, hei- lig, hei- lig. *LT*

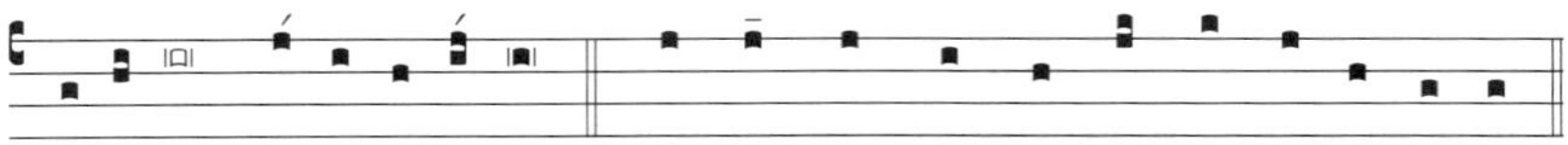

℟. Ge- lobt und hoch er- ho-ben in E-wigkeit.

Daniel 3,52-56

GEPRIESEN bist du, HERR, du Gott unsrer Väter, *
– gelobt und hoch erhoben in Ewigkeit. –

Gepriesen ist deiner Herrlichkeit heiliger Name, *
– gelobt und hoch erhoben in Ewigkeit. –

Gepriesen bist du im Tempel deiner heiligen Herrlichkeit, *
– gelobt und hoch erhoben in Ewigkeit. –

Gepriesen bist du auf dem Thron deiner Herrschaft, *
– gelobt und hoch erhoben in Ewigkeit. –

Gepriesen bist du, der auf den Kerubim thront /
und niederschaut in die Tiefen des Abgrunds, *
– gelobt und hoch erhoben in Ewigkeit. –

Gepriesen bist du in der Feste des Himmels, *
– gelobt und hoch erhoben in Ewigkeit. –

Gepriesen ist der Vater und der Sohn mit dem Heiligen Geiste, *
– gelobt und hoch erhoben in Ewigkeit. –

Psalm 148

LOBET den Herrn vom Himmel her, *
lobt ihn in den Höhen:
lobt ihn, all seine Engel, *
lobt ihn, all seine Scharen,
lobt ihn, Sonne und Mond, *
lobt ihn, all ihr leuchtenden Sterne,
lobt ihn, ihr Himmel der Himmel *
und ihr Wasser über dem Himmel!
Sie sollen loben den Namen des Herrn! *
Denn er gebot, und sie waren erschaffen.
Er stellte sie hin für immer und ewig, *
gab ein Gesetz, und nie vergeht es.

Lobet den Herrn von der Erde her: *
ihr Ungeheuer und all ihr Tiefen,
Feuer und Hagel, Schnee und Nebel, *
du Sturmwind, der seinen Willen ausführt,
ihr Berge und all ihr Hügel, *
ihr Fruchtbäume und alle Zedern,
ihr wilden Tiere und alles Vieh, *
kriechende Wesen und gefiederte Vögel,
ihr Könige der Erde und alle Völker, *
ihr Fürsten und alle Richter der Erde,

ihr jungen Männer und auch ihr Mädchen, *
ihr Alten mit den Jungen!
Sie sollen loben den Namen des HERRN! /
Denn sein Name allein ist erhaben. *
Seine Hoheit strahlt über Erde und Himmel.

Die Kraft seines Volkes hat er erhoben /
zum Lob für all seine Frommen, *
für Israels Kinder, das Volk, das ihm nahe ist.

*

Kurzlesung *Offb 5,11f; 8,2-4*

Ich hörte die Stimme von vielen Engeln rings um den Thron und um die Lebewesen und die Ältesten; die Zahl der Engel war zehntausendmal zehntausend und tausendmal tausend. Sie riefen mit lauter Stimme: Würdig ist das Lamm, das geschlachtet ist, Macht zu empfangen, Reichtum und Weisheit, Kraft und Ehre, Herrlichkeit und Lob. – Und ich sah: Sieben Engel standen vor Gott; ihnen wurden sieben Posaunen gegeben. Und ein anderer Engel kam und trat mit einer goldenen Räucherpfanne an den Altar; ihm wurde viel Weihrauch gegeben, den er auf dem goldenen Altar vor dem Thron verbrennen sollte, um so die Gebete aller Heiligen vor Gott zu bringen. Aus der Hand des Engels stieg der Weihrauch mit den Gebeten der Heiligen zu Gott empor.

Hymnus

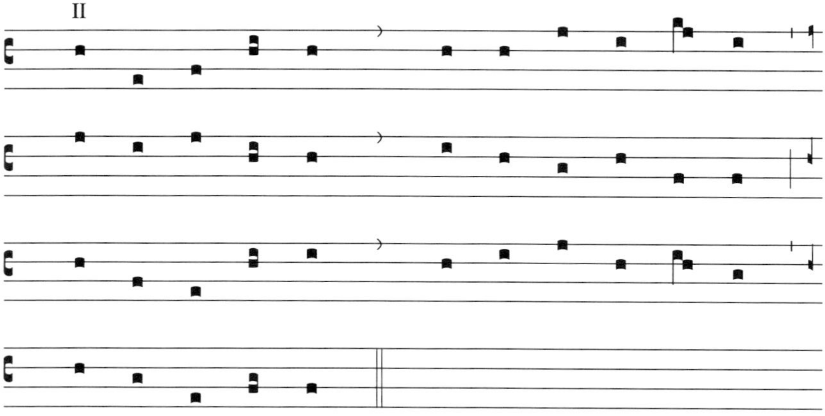

EWIGE Freude / aller heil'gen Engel,
Heiland der Menschen, / Retter und Erlöser,
Christus, verleihe, / daß zu deinem Reiche
einst wir gelangen.

Michael, kämpfe / für die Ehre Gottes,
Engel des Friedens, / banne Krieg und Unheil,
schütze die Kirche, / schütze die Erlösten
vor allem Bösen.

Gabriel, künde / Gottes Plan und Ratschluß,
Bote des Heiles, / lehre uns, zu glauben
und das Geheimnis, / das du offenbartest,
neu zu verkünden.

Rafael, heile / Krankheit und Gebrechen,
lindre die Schmerzen, / spende Trost und Hilfe,
führe uns Blinde / aus der Erde Dunkel
zum Paradiese.

Lob sei dem Vater / auf dem höchsten Throne,
Lob sei dem Sohne, / dem die Engel dienen,
Lob sei dem Geiste, / der mit beiden eins ist,
immer und ewig. Amen.

℣. Preist den Herrn, ihr Engel des Herrn.
℟. Lobt und erhebt ihn in Ewigkeit.

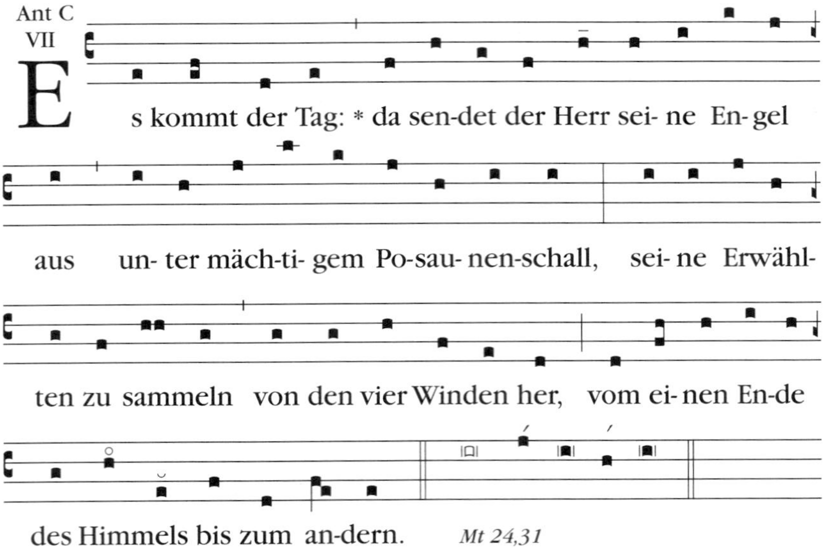

* * *

OKTOBER

1. Oktober THERESIA VOM KINDE JESUS
Commune für Mönche und Nonnen, 751.

4. Oktober FRANZ VON ASSISI
Commune für Mönche und Nonnen, 751.

15. Oktober THERESIA VON AVILA
Commune für heilige Frauen, 796.

16. Oktober GALLUS
Commune für Mönche und Nonnen, 751.

16. Oktober HEDWIG
Commune für heilige Frauen, 796.

17. Oktober IGNATIUS VON ANTIOCHIEN
Commune für Märtyrerfeste, 730.

18. Oktober LUKAS (Fest)
Commune der Apostelfeste, 701.

28. Oktober SIMON UND JUDAS (Fest)
Commune der Apostelfeste, 701.

31. Oktober WOLFGANG
Commune für heilige Männer, 776.

Ps 16,5

NOVEMBER

1. November

ALLERHEILIGEN

HOCHFEST

VIGIL

Invitatorium

℟.
I*

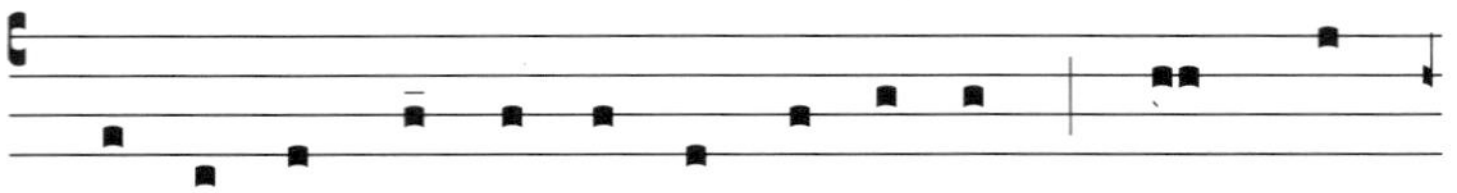

Groß ist der Herr in sei-nen Hei- li- gen. * Kommt und

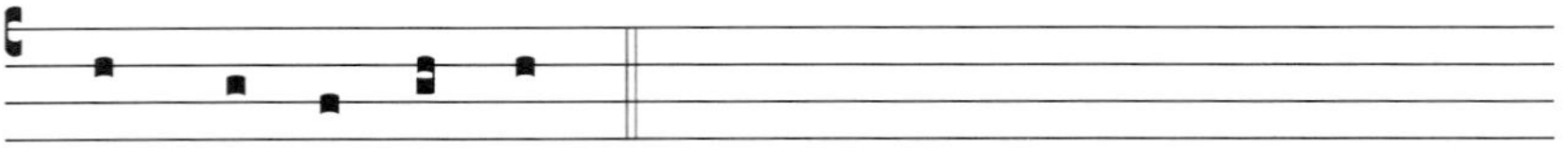

rühmt sei- nen Na-men!

Hymnus

VIII

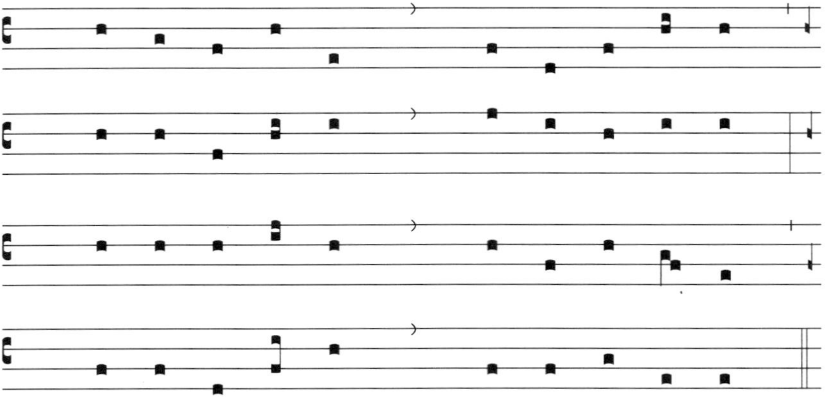

HIMMLISCHE Chöre / preisen den Höchsten.
Engel und Menschen / danken ihm ewig.
Sterbliche Wesen / rief er zum Leben,
gab seine Gnade / Sündern und Armen.

Heilige Freunde, / Zeichen der Hoffnung,
Tod und Verderben / habt ihr bestanden.
Ihr seid vollendet, / lebt in der Freude.
Uns ruft von ferne / eure Gemeinschaft.

Jenseits des Todes / wartet das Leben,
das für uns alle / Christus erwirkt hat.
Ihm sei die Ehre, / der uns berufen,
ewig im Lichte / vor ihm zu stehen. Amen.

Erste, Zweite und Dritte Nokturn

Wie im Commune für heilige Männer, 777.

LAUDES

Festpsalmen der Laudes, 439, *mit folgenden Antiphonen:*

Ant 1
III

Sach 14,5.7

Ant 2
II

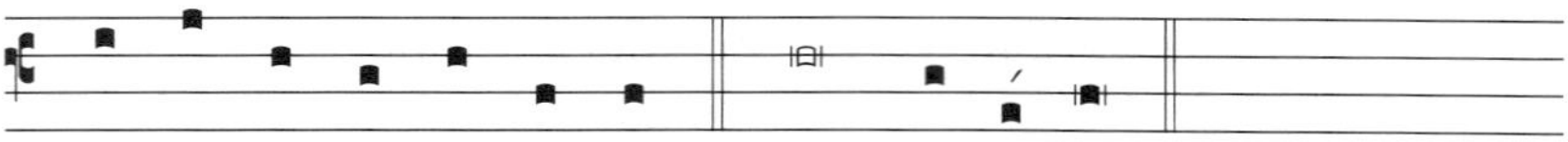

im Rei-che ih- res Va- ters. *Mt 13,43*

Ant 3
V

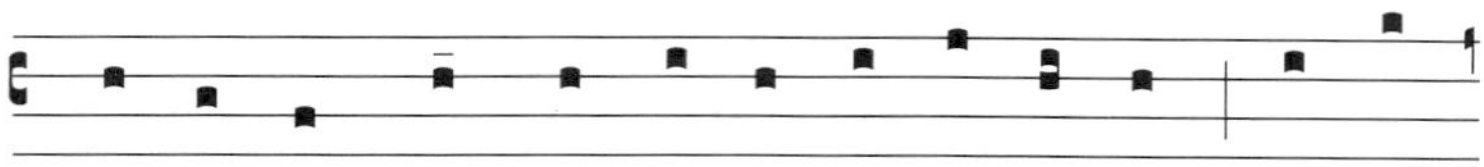

P rei- set den Herrn, ihr See-len der Ge-rechten; * ihr Hei-

li- gen al- le, lob-prei-set ihn! *Dan 3,86f*

Ant 4
VII

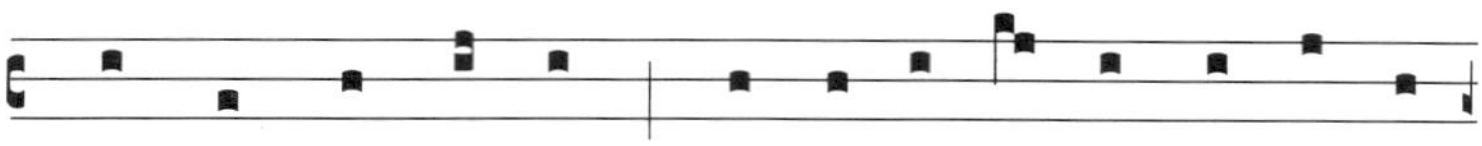

F reut euch und ju- belt; denn eu- re Na-men sind im Him-

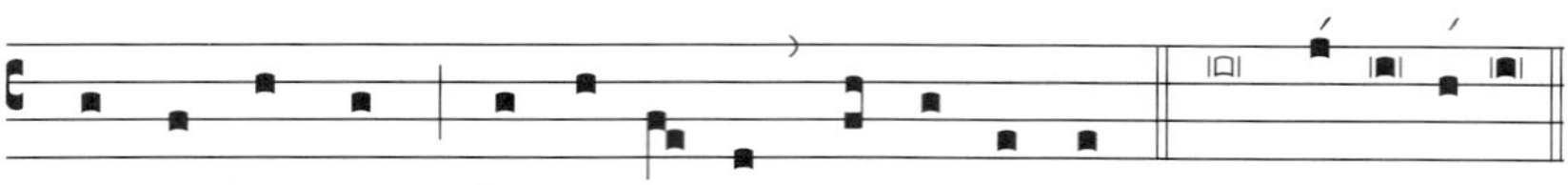

mel verzeichnet. Hal-le- lu- ja, hal-le- lu- ja. *Lk 10,20*

*

Kurzlesung *Offb 7,13-17*

Einer von den Ältesten fragte mich: Wer sind diese, die weiße Gewänder tragen, und woher sind sie gekommen? Ich erwiderte ihm: Mein Herr, das mußt du wissen. Und er sagte zu mir: Das sind jene, die aus der großen Bedrängnis kommen; sie haben ihre Gewänder gewaschen und im Blut des Lammes weiß gemacht. Deshalb stehen sie vor dem Thron Gottes und dienen ihm bei Tag und Nacht in seinem Tempel; und der, der auf dem Thron sitzt, wird sein Zelt über ihnen aufschlagen. Sie werden keinen Hunger und keinen Durst mehr leiden, und weder Sonnenglut noch irgendeine sengende Hitze wird auf ihnen lasten. Denn das Lamm in der Mitte vor dem Thron wird sie weiden und zu den Quellen führen, aus denen das Wasser des Lebens strömt. Und Gott wird alle Tränen von ihren Augen abwischen.

cf. Weish 10,12.17; Mt 25,34

Hymnus

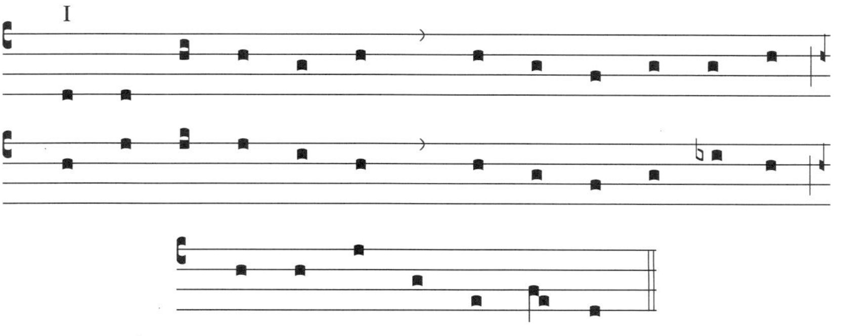

HALLELUJA hebt an, / hallendes Gotteslob,
Bürger himmlischer Stadt, / singt ohne Unterlaß
– ewiges Halleluja!

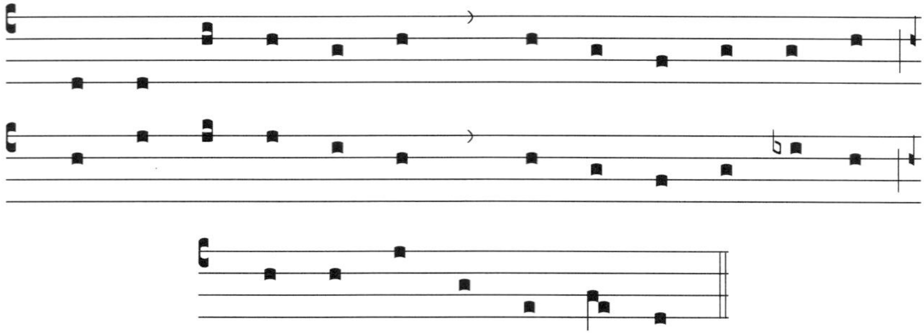

Euer seliges Lob / nehmen die Engel auf,
die Bewohner des Lichts / jubeln im Chore laut
– ewiges Halleluja!

Gottes herrliche Stadt / tönt im Gesange auf,
wirft im Echo zurück / euer frohlockend' Lied,
– ewiges Halleluja!

Großer Schöpfer der Welt, / siehe, auch unser Mund
singt dir jauchzend das Lob, / das deiner Größe ziemt:
– ewiges Halleluja!

Dich, o Christus, erhebt / unserer Stimmen Preis,
dir, allmächtiger Gott, / rufen wir jubelnd zu
– ewiges Halleluja! Amen.

℣. Selig das Volk, dessen Gott der Herr ist. Halleluj<u>a</u>.
℟. Das er zum Erbe sich erkoren. Halleluj<u>a</u>.

Ant C VIII

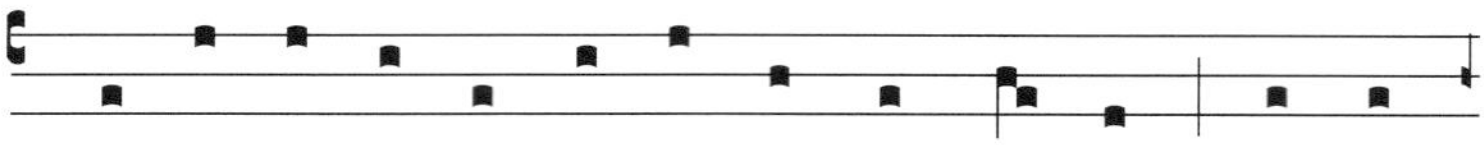

Ich hör-te ei- ne Stimme aus dem Himmel; * sie glich

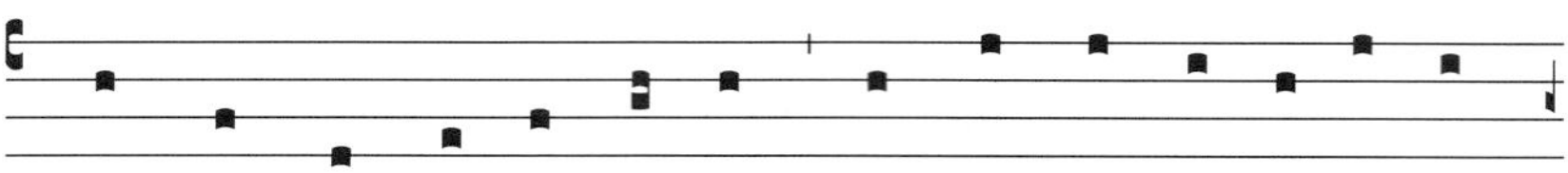

dem Rauschen vie- ler Was-ser, dem Dröhnen ge-wal- ti- gen

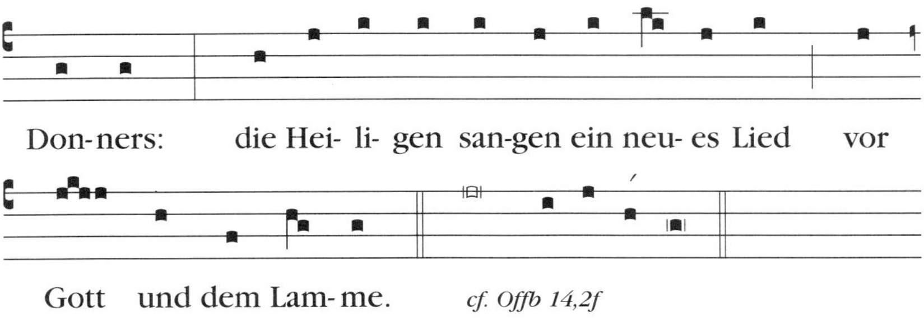

cf. Offb 14,2f

Canticum Offb 19,1f.5-8; 7,10.12 ()

DAS Heil und die Herrlichkeit und die Macht
gebührt unserm Gott, *
denn wahr und gerecht sind seine Gerichte:
Er hat die große Hure gerichtet, /
die mit ihrer Unzucht die Erde verdarb; *
er rächte das Blut seiner Knechte an ihren Händen.
Preist unsern Gott, all seine Knechte *
und alle, die ihn fürchten, Kleine wie Große!
Denn der Herr, unser Gott, der Allherrschende, *
hat angetreten seine Herrschaft.
Laßt uns frohlocken und jauchzen *
und ihm die Ehre erweisen.
Denn gekommen ist die Hochzeit des Lammes, /
die Braut ist bereit, *
sie durfte sich kleiden in strahlendes Linnen.

ANTIPHON

Heil unserem Gott, der auf dem Thron sitzt, *
und Heil dem Lamme!
Lobpreis und Herrlichkeit, Weisheit und Dank, /
Ehre und Macht und Stärke *
gebührt unserm Gott in alle Ewigkeit. Amen.

2. November ALLERSEELEN

Totenoffizium, 806.

6. November LEONHARD
Commune für Mönche und Nonnen, 751.

9. November WEIHETAG DER LATERANBASILIKA (Fest)
Commune der Kirchweihe, 662.

10. November LEO DER GROSSE
Commune für heilige Männer, 776.

11. November MARTIN (Fest)
Commune für heilige Männer, 776.

17. November GERTRUD VON HELFTA
Commune für Mönche und Nonnen, 751.

19. November ELISABETH VON THÜRINGEN
Commune für heilige Frauen, 796.

22. November CÄCILIA
Commune der Märtyrerfeste, 730.

23. November MUTTER FELIZITAS
Commune der Märtyrerfeste, 730.

24. November KOLUMBAN
Commune für Mönche und Nonnen, 751.

25. November EGBERT
Commune für Mönche und Nonnen, 751.

30. November ANDREAS (Fest)
Commune der Apostelfeste, 701.

DEZEMBER

2. Dezember LUZIUS
Commune für heilige Männer, 776.

3. Dezember FRANZ XAVER
Commune für heilige Männer, 776.

6. Dezember
NIKOLAUS

Vigil *wie im Commune für heilige Männer,* 776.

LAUDES

Psalmodie *wie im Commune für heilige Männer,* 789.

Kurzlesung *1 Petr 2,1-5*

Legt alle Bosheit ab, alle Falschheit und Heuchelei, allen Neid und alle Verleumdung. Verlangt, gleichsam als neugeborene Kinder, nach der unverfälschten, geistigen Milch, damit ihr durch sie heranwachst und das Heil erlangt. Denn ihr habt erfahren, wie gütig der Herr ist. Kommt zu ihm, dem lebendigen Stein, der von den Menschen verworfen, aber von Gott auserwählt und geehrt worden ist. Laßt euch als lebendige Steine zu einem geistigen Haus aufbauen, zu einer heiligen Priesterschaft, um durch Jesus Christus geistige Opfer darzubringen, die Gott gefallen.

cf. Offb 1,5f; Joh 17,9.19

Hymnus *wie im Commune für heilige Männer,* 794.

℣. Wer mir nachfolgt, wandelt nicht in Finsternis.
℟. Er hat das Licht des Lebens.

Spr 14,21 (Vulg)

7. Dezember AMBROSIUS

Commune für heilige Männer, 776.

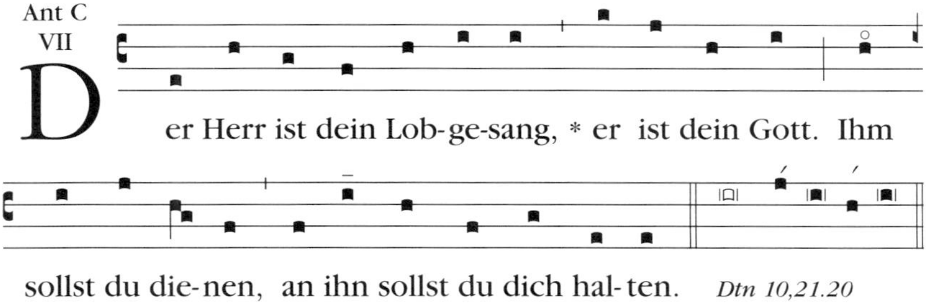

*

8. Dezember

ERWÄHLUNG MARIENS

HOCHFEST

VIGIL

Invitatorium

Hymnus

VII

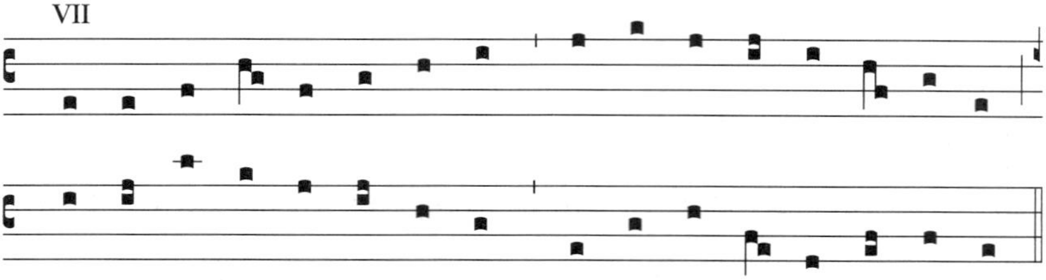

O JUNGFRAU, rein und makellos,
o Mutter, die uns Gott gebar,
des Himmels offne Pforte du,
der Engel Freude, unser Ruhm.

Dich hat vor allem Anbeginn
des Vaters Liebe auserwählt,
daß du, vor jeder Schuld bewahrt,
der Welt den neuen Adam schenkst.

Noch ehe unser Retter kam,
ward dir in Fülle schon zuteil,
was er in Tod und Auferstehn
erwirkte der verlornen Welt.

Du reine Jungfrau, sei gegrüßt,
in der wir unsre Hoffnung schaun:
als großes Zeichen stehst du da,
der neuen Schöpfung klares Bild.

Dem Herrn sei Preis und Herrlichkeit
der uns befreit vom Joch der Schuld,
dem Vater und dem Geiste Lob
durch alle Zeit und Ewigkeit. Amen.

Erste, Zweite und Dritte Nokturn

Wie im Commune der Marienfeste, 684.

LAUDES

Psalmodie *wie im Commune der Marienfeste, 695.*

Kurzlesung *Spr 8,22f.27-31*

Die Weisheit spricht: Der Herr hat mich geschaffen im Anfang seiner Wege, vor seinen Werken, in der Urzeit; in frühester Zeit wurde ich gebildet, am Anfang, beim Ursprung der Erde. Als er den Himmel baute, war ich dabei, als er den Erdkreis abmaß über den Wassern, als er droben die Wolken befestigte und Quellen strömen ließ aus dem Urmeer, als er dem Meer seine Satzung gab und die Wasser nicht seinen Befehl übertreten durften, als er die Fundamente der Erde abmaß, da war ich als geliebtes Kind bei ihm. Ich war seine Freude Tag für Tag und spielte vor ihm allezeit. Ich spielte auf seinem Erdenrund, und meine Freude war es, bei den Menschen zu sein.

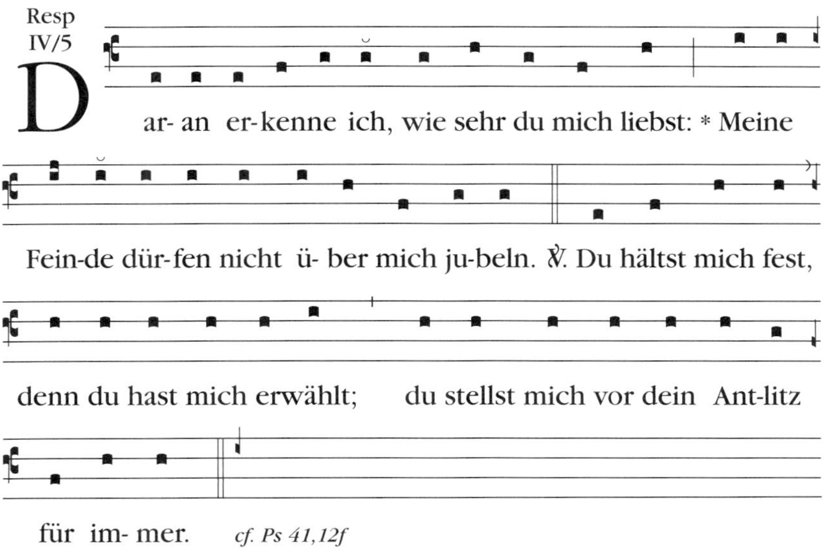

Hymnus

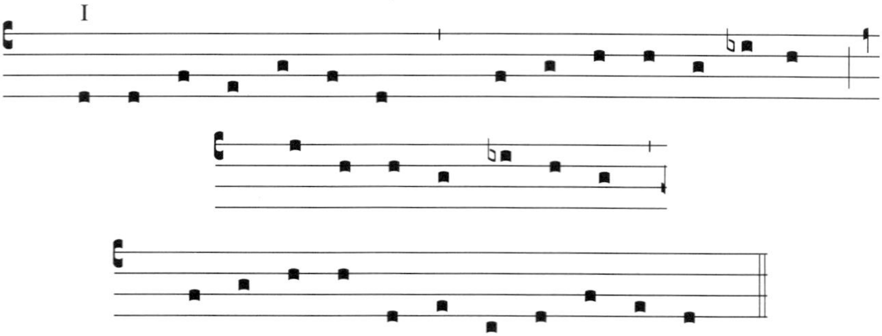

SEI gegrüßt, du Himmelstür,
Stern, der leuchtet für und für,
Heiligste im Himmelsheer,
o Maria, Gottes Mutter, hoch und hehr.

Die des höchsten Königs Sinn
als die einzige im Chor
huldvoll sich zur Magd erkor
schon vor aller Zeiten erstem Anbeginn.

Sünde hat mit böser Macht
nie dein Innerstes betört,
da du Gottes Wort gehört,
hast du Erd und Himmel Fried und Freud gebracht.

Preis dem Vater und dem Sohn
und dem Geist auf gleichem Thron,
deren Ruhm und Herrlichkeit
machtvoll währt durch alle Zeit und Ewigkeit. Amen.

℣. Der Höchste hat seine Wohnung geheiligt.
℟. Am frühen Morgen schon bringt Gott ihr Hilfe.

Ant C
I

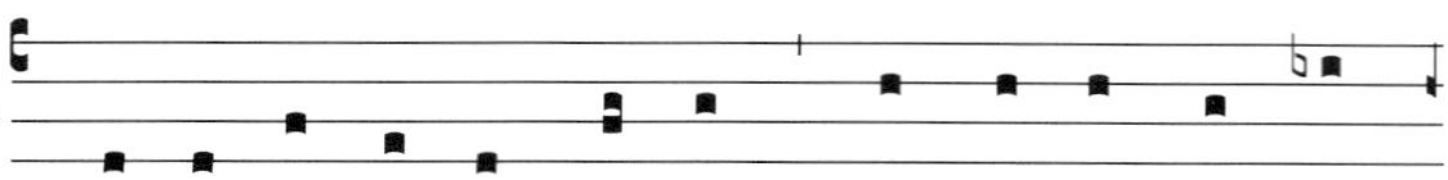

Wo die Sün-de sich mehrte, * da strömte noch rei-

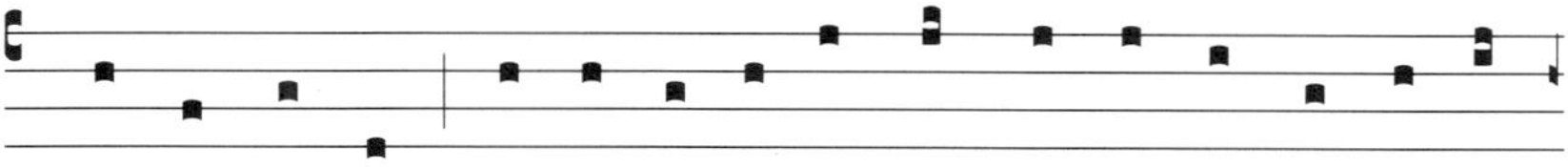

cher die Gnade, da-mit sie ih- re Macht er-wei-se für das Le-

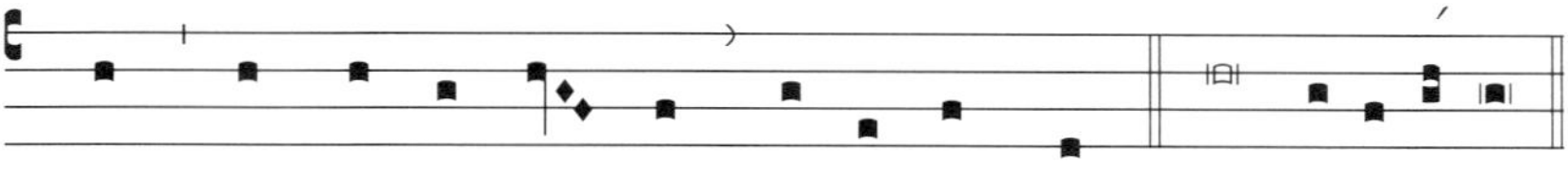

ben durch Je- sus Chri-stus, un- se- ren Herrn. *cf. Röm 5,20f*

13. Dezember ODILIA
Commune für heilige Frauen, 796.

26. Dezember
STEPHANUS
FEST

Vigil *wie im Commune der Märtyrerfeste,* 730.

LAUDES

Psalmodie *wie im Commune der Märtyrerfeste,* 744.

Kurzlesung *Apg 6,2-7*
Die Zwölf riefen die ganze Schar der Jünger zusammen und erklärten: Es ist nicht recht, daß wir das Wort Gottes vernachlässigen und uns dem Dienst an den Tischen widmen. Brüder, wählt aus eurer Mitte sieben Männer von gutem Ruf und voll Geist und Weisheit; ihnen werden wir diese Aufgabe übertragen. Wir aber wollen beim Gebet und beim Dienst am Wort bleiben. Der Vorschlag fand den Beifall der ganzen Gemeinde, und sie wählten Stephanus, einen Mann, erfüllt vom Glauben und vom Heiligen Geist, ferner Philippus und Prochorus, Nikanor und Timon, Parmenas und Nikolaus, einen Proselyten aus Antiochia. Sie ließen sie vor die Apostel hintreten und diese beteten und legten ihnen die Hände auf. Und das Wort Gottes breitete sich aus, und die Zahl der Jünger wurde immer größer.

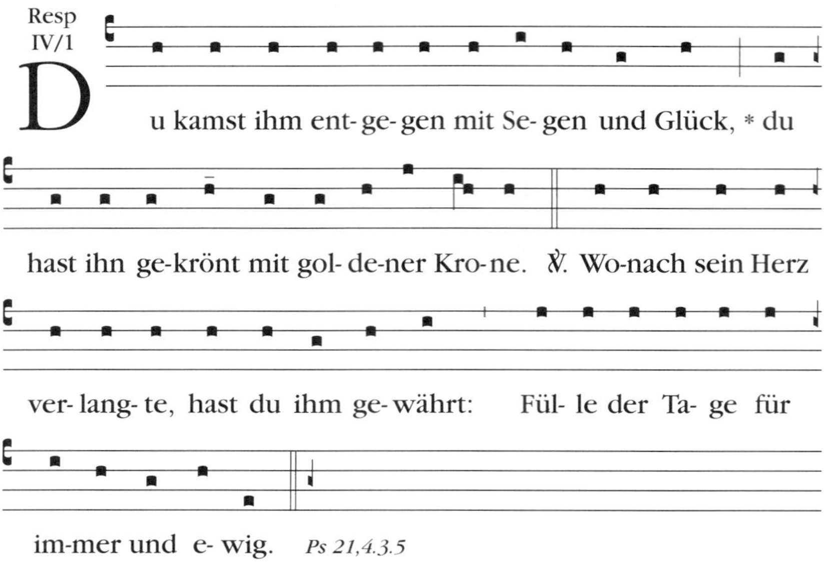

Ps 21,4.3.5

Hymnus

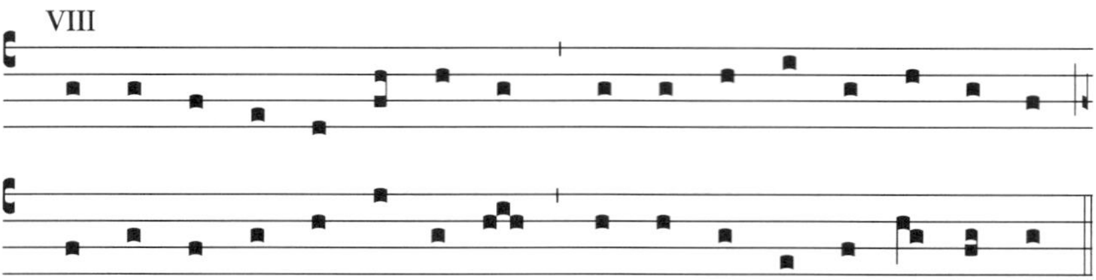

LASST uns im Feste heut begehn
den Sieg, den Stephanus errang;
als erster Zeuge für den Herrn
gab er sein Blut und Leben hin.

„Vergib, o Gott, sie wissen nicht,
was sie jetzt tun an deinem Knecht!"
So betet er, wie einst der Herr,
für seine Mörder noch im Tod.

Er sieht den Himmel offenstehn
und Christus in der Herrlichkeit;
der gibt ihm teil an seinem Licht,
da er im Leiden ihm gefolgt.

Herr Jesus, dir sei Ruhm und Preis,
Gott, den die Jungfrau uns gebar,
dem Vater und dem Geiste Lob
durch alle Zeit und Ewigkeit. Amen.

℣. Mit dem Gewand der Freude hat der Herr ihn bekleidet. Halleluja.
℟. Den Kranz der Schönheit hat er ihm aufs Haupt gesetzt. Halleluja.

Apg 7,55

27. Dezember

JOHANNES

FEST

Vigil *wie im Commune der Apostelfeste,* 701.

LAUDES

Psalmodie *wie im Commune der Apostelfeste,* 721.

Kurzlesung *1 Joh 2,24f.28*

Was ihr von Anfang an gehört habt, das soll in euch bleiben; wenn das, was ihr von Anfang an gehört habt, in euch bleibt, dann bleibt ihr im Sohn und im Vater. Und seine Verheißung an uns ist das ewige Leben. Also bleibt in ihm, meine Kinder, damit wir, wenn er erscheint, Zuversicht haben und bei seinem Kommen nicht zu unserer Schande von ihm gerichtet werden.

1 Joh 3,1f

Hymnus

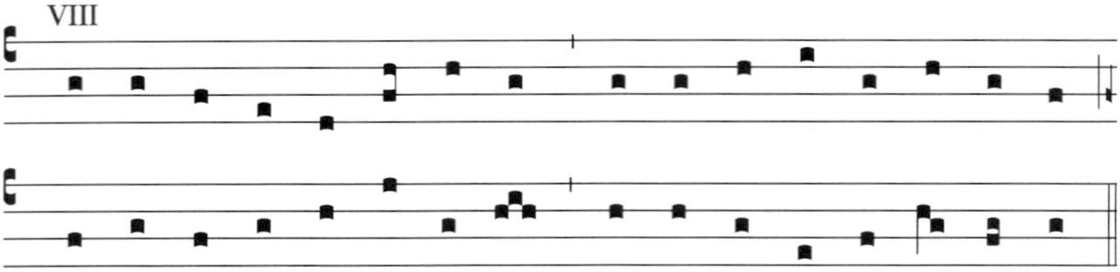

DEN Jünger, der dem Herrn gefolgt,
preist heute unser frohes Lob:
Johannes, der das Wort erkannt,
Johannes, der beim Kreuze stand.

Den Glanz des Sohnes schaute er,
den Glanz, den er vom Vater hat.
Er hat das ew'ge Wort bezeugt,
das uns im Fleisch erschienen ist.

Johannes, der beim Abendmahl
an seines Meisters Brust geruht,
ihn hat der Herr zum Freund erwählt
und ihm die Mutter anvertraut.

Dem ew'gen Wort sei Lob und Preis,
dem Vater, der es uns gesandt,
dem Geiste auch, der uns im Licht
das Leben und die Wahrheit schenkt. Amen.

℣. Aus seiner Fülle haben wir alle empfangen. Halleluja.
℟. Gnade über Gnade. Halleluja.

Ant C
VIII

Joh 21,24

28. Dezember
UNSCHULDIGE KINDER
FEST

Vigil *wie im Commune der Märtyrerfeste,* 730.

LAUDES

Psalmodie *wie im Commune der Märtyrerfeste,* 744.

Kurzlesung *Jer 31,15-17*

So spricht der Herr: Horch! Ein Geschrei ist in Rama zu hören, bitteres Klagen und Weinen. Rahel weint um ihre Kinder und will sich nicht trösten lassen; sie weint um ihre Kinder, denn sie sind nicht mehr. So spricht der Herr: Verwehre deiner Stimme die Klage und deinen Augen die Tränen! Denn es gibt einen Lohn für deine Mühe: Sie werden zurückkehren aus dem Feindesland. Ja, es gibt eine Hoffnung für deine Nachkommen: Die Kinder kehren in ihre Heimat zurück.

Jes 65,18f; Offb 21,4

Hymnus

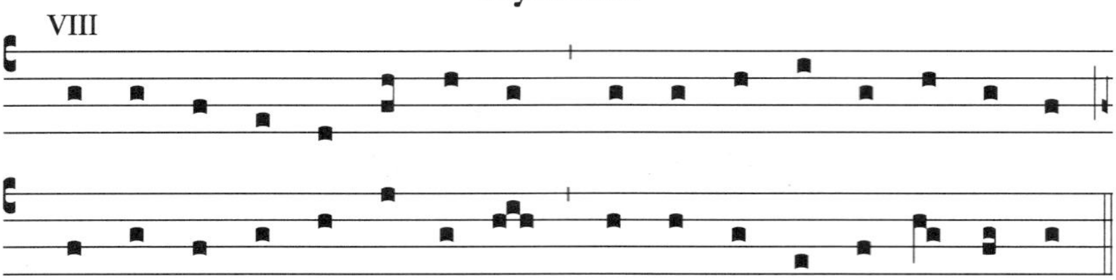

WARUM, ihr Mütter, klaget ihr
und gebt euch ganz dem Schmerze hin?
Die Kinder, die ihr laut beweint,
sind in den Frieden heimgekehrt.

Ein König gab in Furcht und Wahn
den Blutbefehl zu ihrem Mord.
Ein andrer König führt sie sanft
zum Spiele in sein goldnes Haus.

Herr Jesus, dir sei Ruhm und Preis,
dem wahren König dieser Welt,
dem Vater und dem Geiste Lob
durch alle Zeit und Ewigkeit. Amen.

℣. Aus dem Mund der Kinder und Säuglinge schaffst du dir Lob. Halleluja.
℟. Deine Feinde müssen verstummen. Halleluja.

Ant C
II

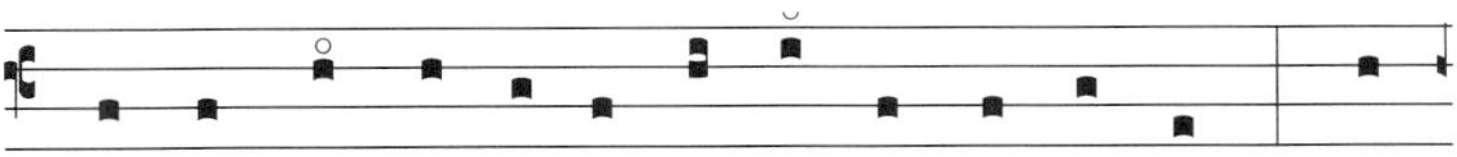

A us der Hand un- se- rer Feinde sind wir be-freit. * Ge-

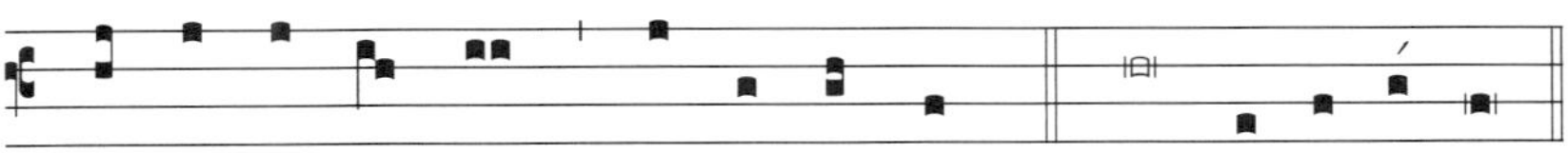

prie- sen sei der Herr, Is- ra- els Gott! *Lk 1,71.68*

* * *

ANHANG

PSALMTÖNE

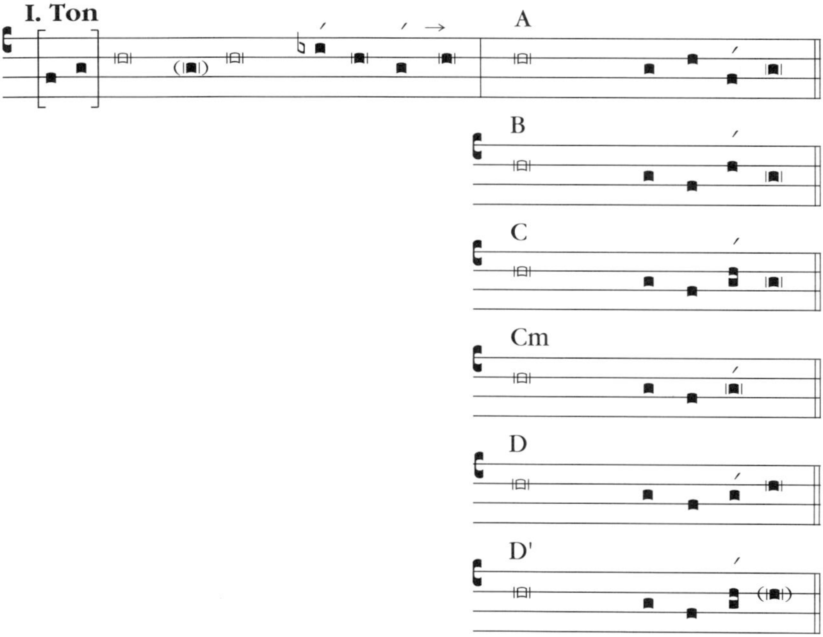

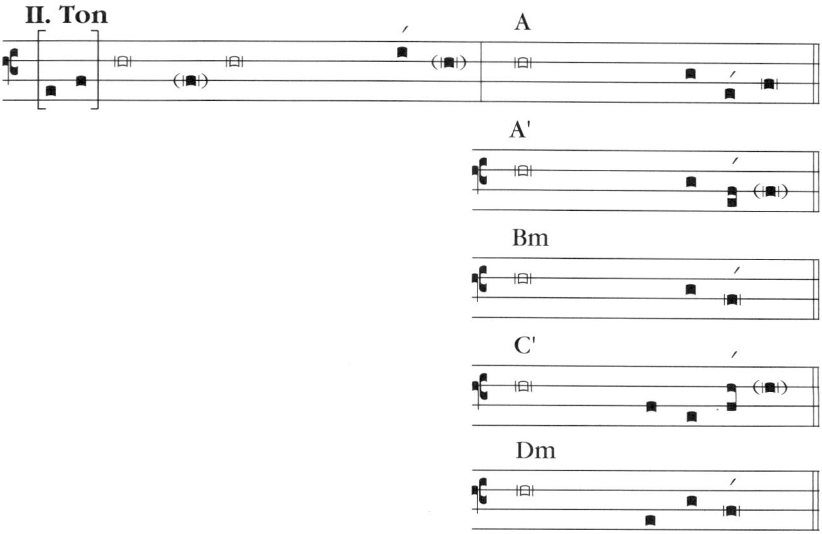

Für die Cantica aus dem Neuen Testament lautet der II. Psalmton:

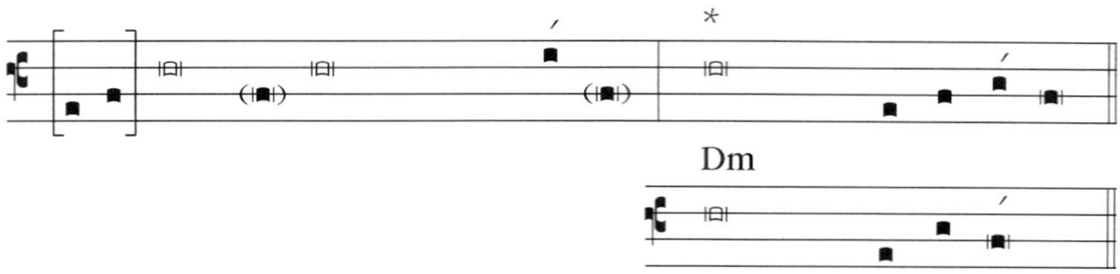

III. Ton

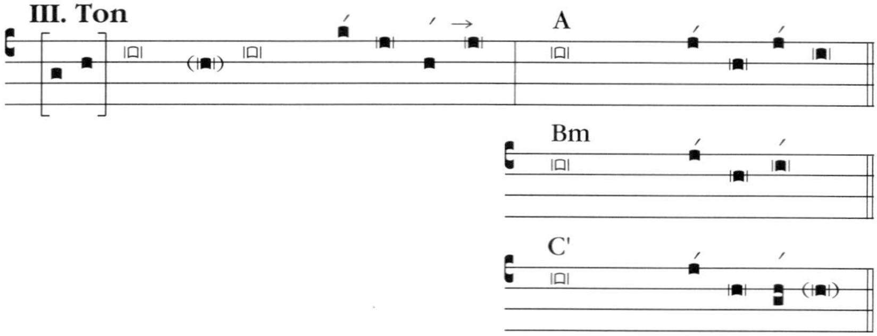

IV. Ton

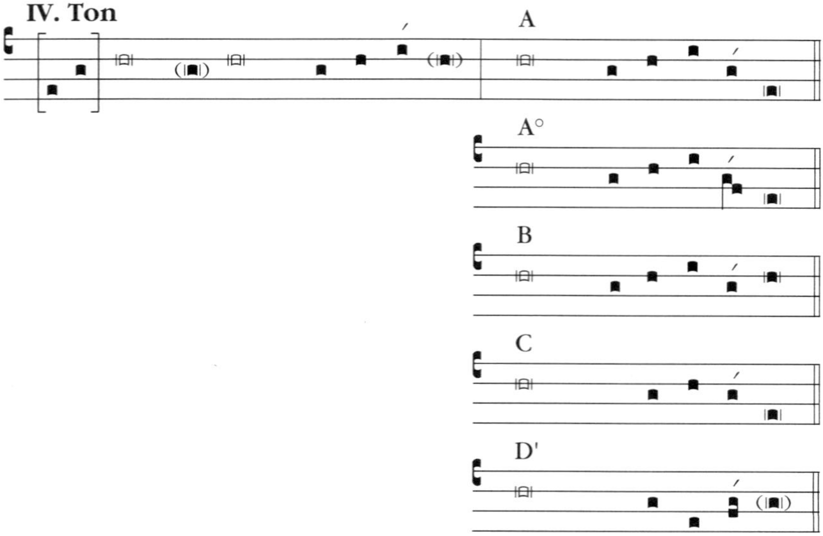

Em

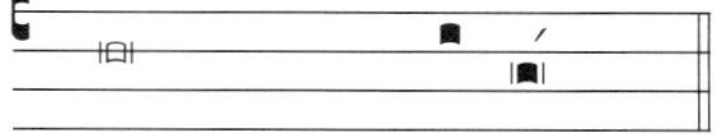

F

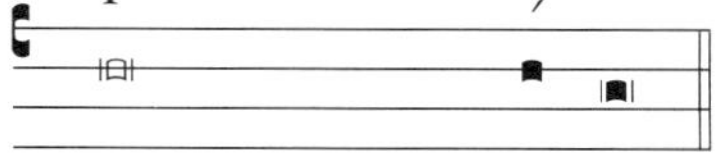

IV. Ton transponiert

tr

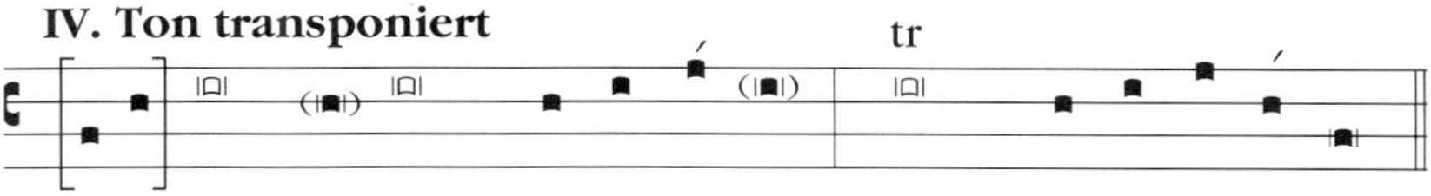

V. Ton

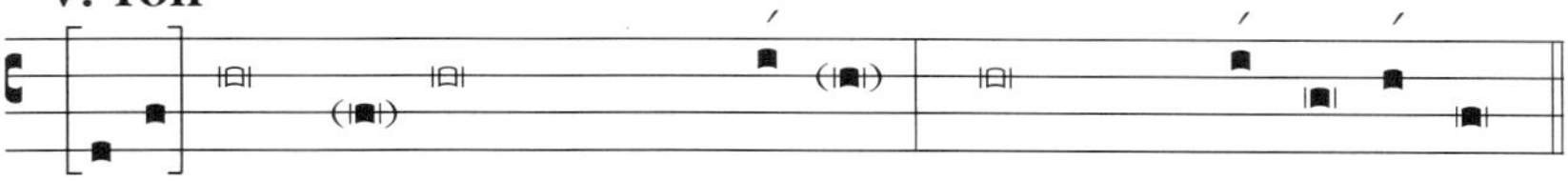

VI. Ton

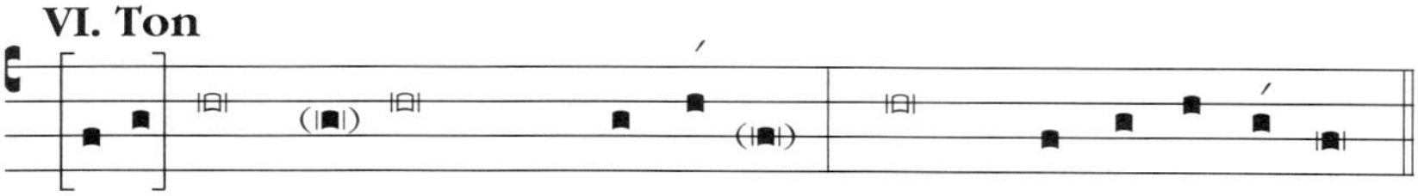

VII. Ton

A

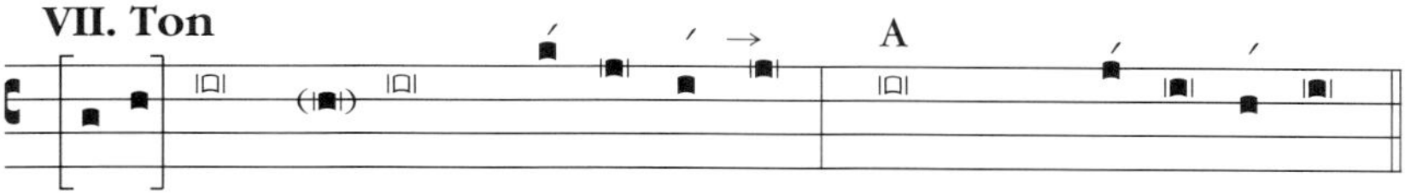

A'

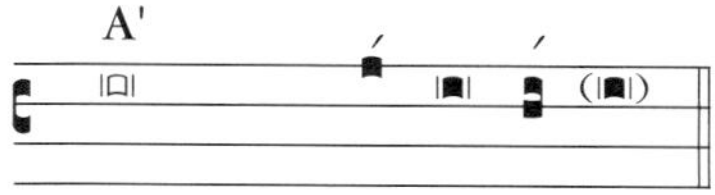

Bm

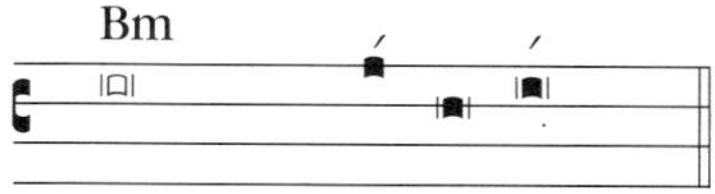

D

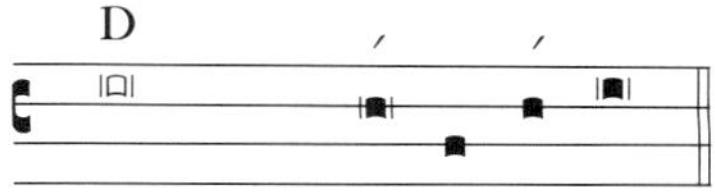

D'

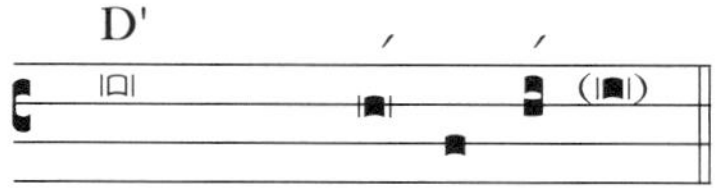

VIII. Ton

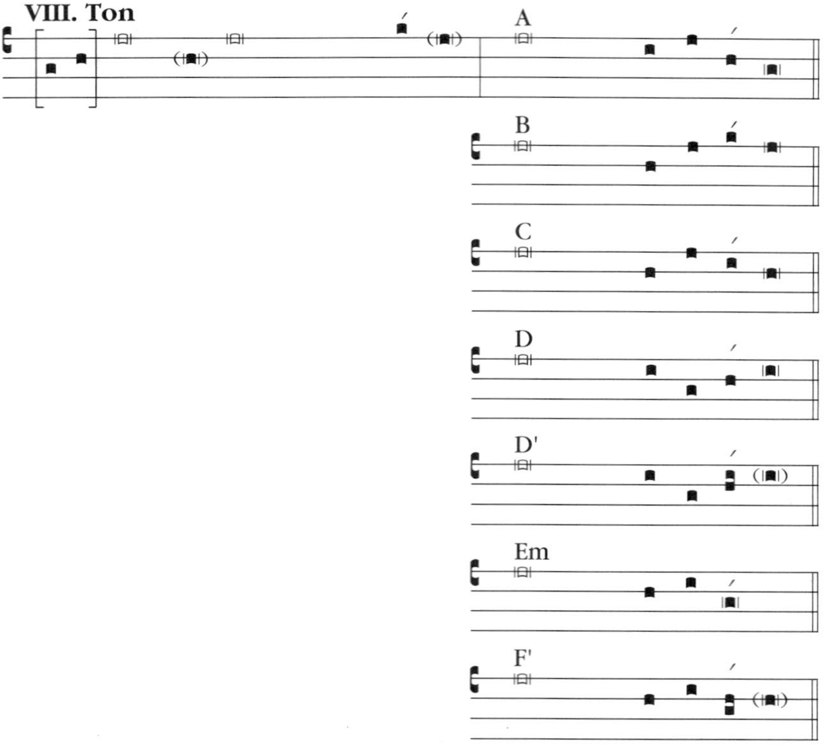

Tonus peregrinus

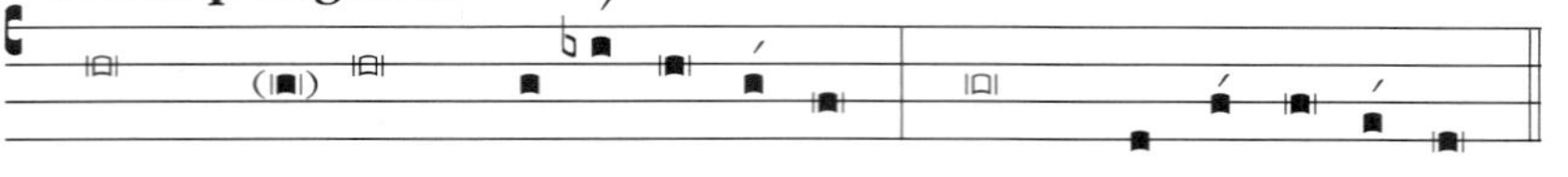

Tonus irregularis

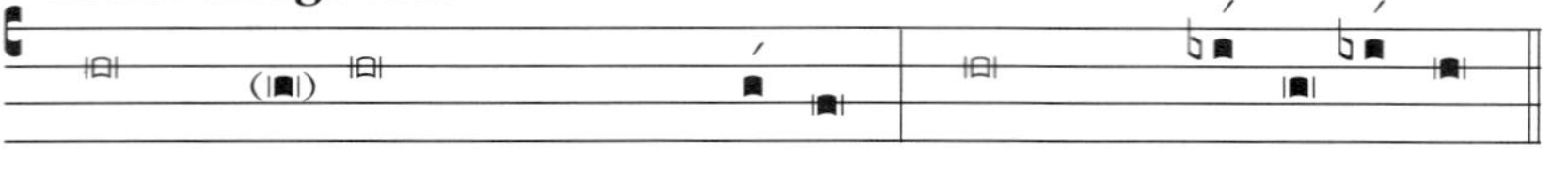

Nicht immer erlaubt der erste Stichos des Psalms den Einsatz des melodischen Initiums. Vor dem Anstimmen eines Psalms (oder Canticums) ist deshalb jeweils zu prüfen, ob zum gegebenen Text das Initium des betreffenden Psalmtons gesungen werden kann. - Bei den "klassischen" Cantica de Evangelio (Magnificat, Benedictus, Nunc dimittis) *können alle Verse mit dem Initium gesungen werden.*

VERSIKELTÖNE

Die jeweils zutreffende Singweise des Versikels ist stets aus der Art der Unterstreichung ersichtlich.

In der Regel wird der Versikel nach dem folgenden Melodie-Modell gesungen:

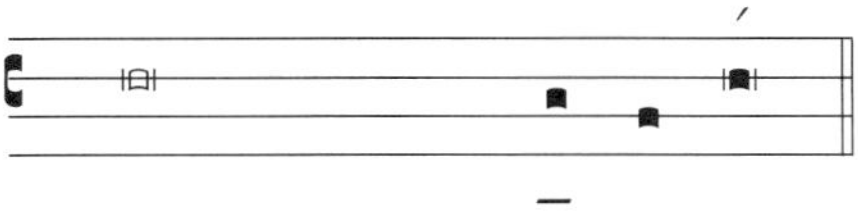

In der Karwoche lautet die Melodie des Versikels:

Versikel mit angefügtem Halleluja *schließen mit dem einfachen Terzfall, oder mit einem kleinen Final-Melisma auf der letzten Silbe, oder mit dem melodisch ausgeformten* Halleluja-*Ruf:*

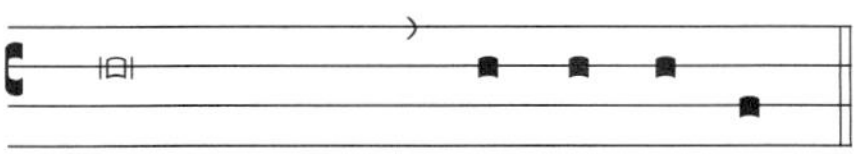

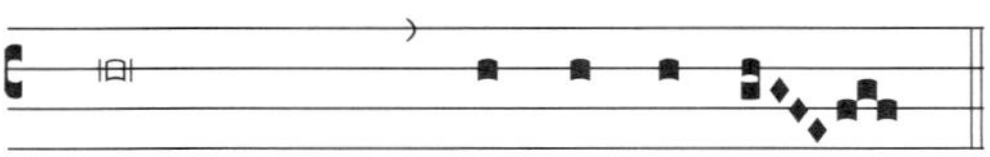

MELODIEN FÜR DIE DOXOLOGIE DER RESPONSORIEN

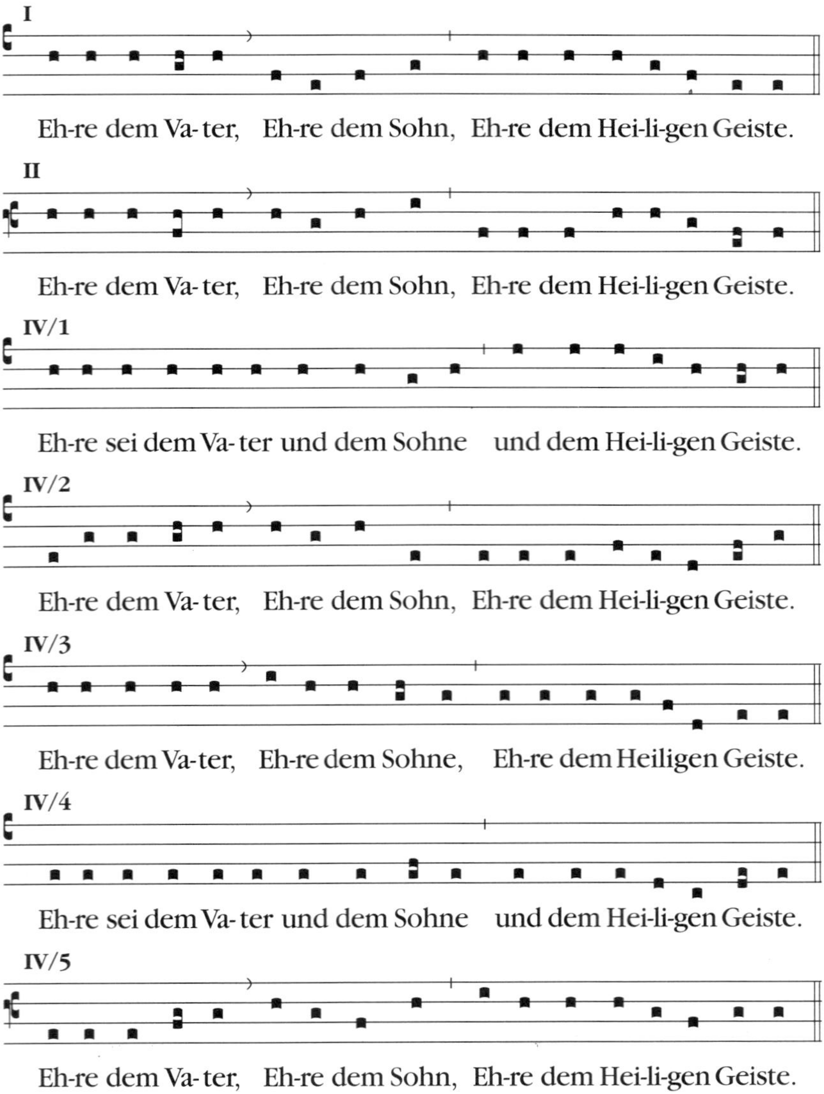

IV/6

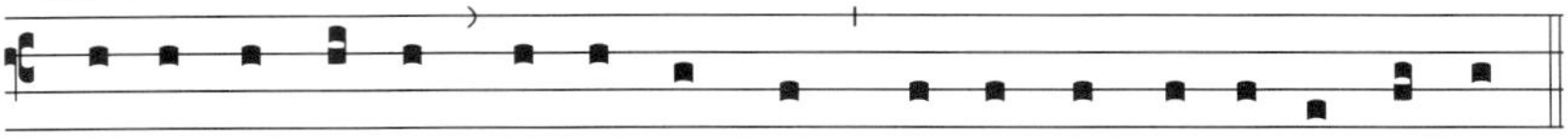

Eh-re dem Va-ter, Eh-re dem Sohn, Eh-re dem Hei-li-gen Geiste.

IV/7

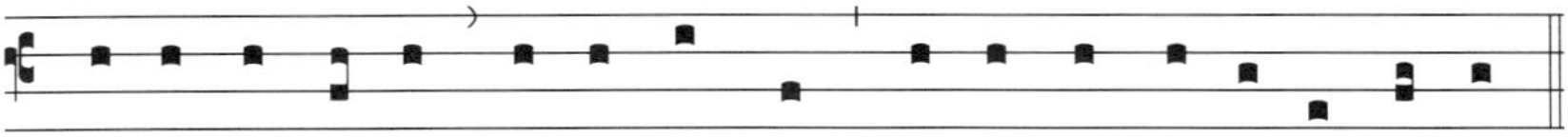

Eh-re dem Va-ter, Eh-re dem Sohn, Eh-re dem Hei-li-gen Geiste.

V

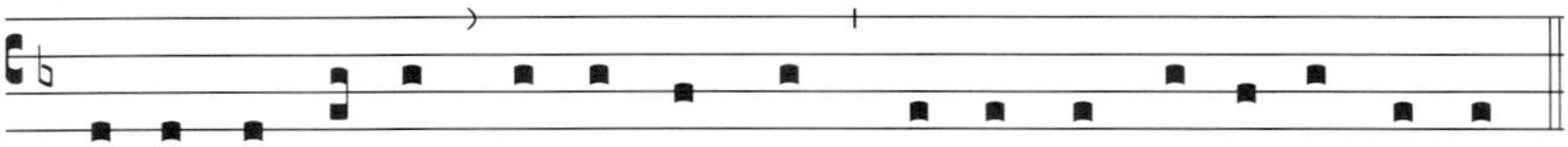

Eh-re dem Va-ter, Eh-re dem Sohn, Eh-re dem Hei-li-gen Geiste.

VI/1

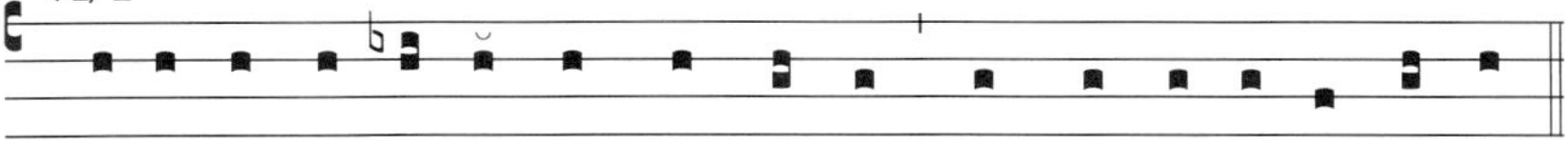

Eh-re sei dem Va-ter und dem Sohne und dem Hei-li-gen Geiste.

VI/2

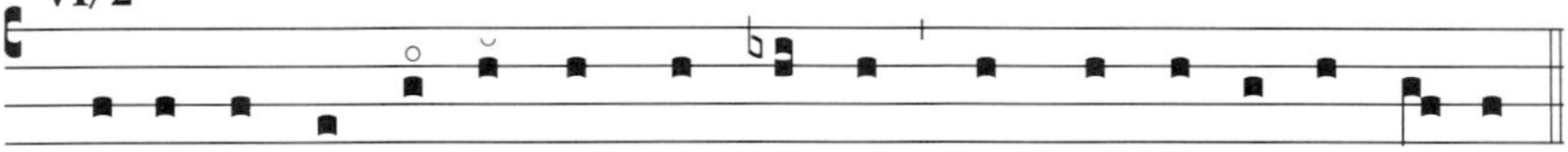

Eh-re sei dem Va-ter und dem Sohne und dem Hei-li-gen Geiste.

VI/3

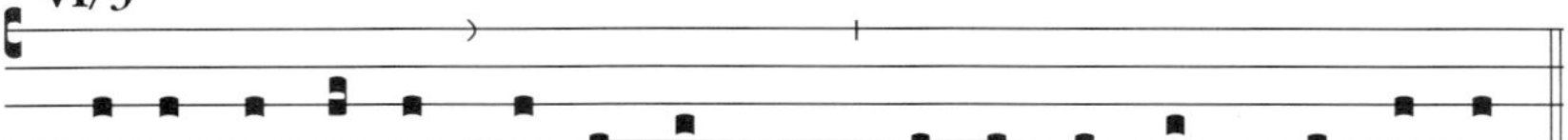

Eh-re dem Va-ter, Eh-re dem Sohn, Eh-re dem Hei-li-gen Geiste.

VII

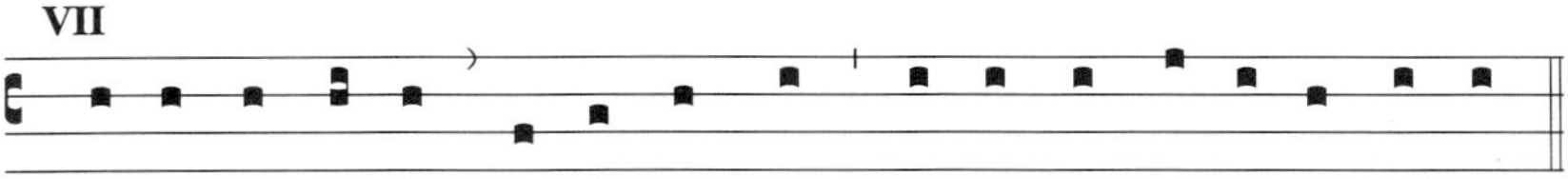

Eh-re dem Va-ter, Eh-re dem Sohn, Eh-re dem Hei-li-gen Geiste.

VIII

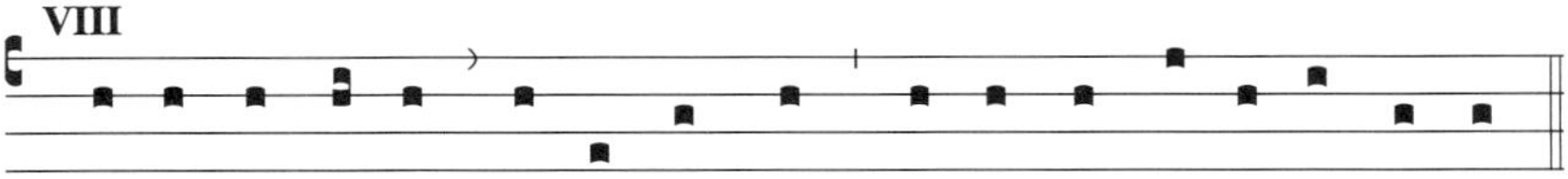

Eh-re dem Va-ter, Eh-re dem Sohn, Eh-re dem Hei-li-gen Geiste.

ANTWORT-RUFE ZU DEN BITTEN UND FÜRBITTEN

Im Jahreskreis

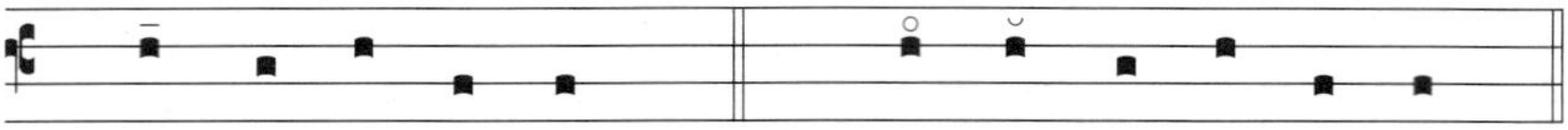

1 Herr, er- bar-me dich. **2** Chri-stus, er- bar-me dich.

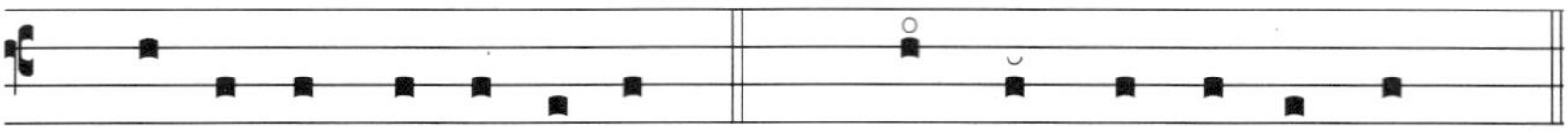

3 Ky- ri- e, e- le- i- son. **4** Chri- ste, e- le- i- son.

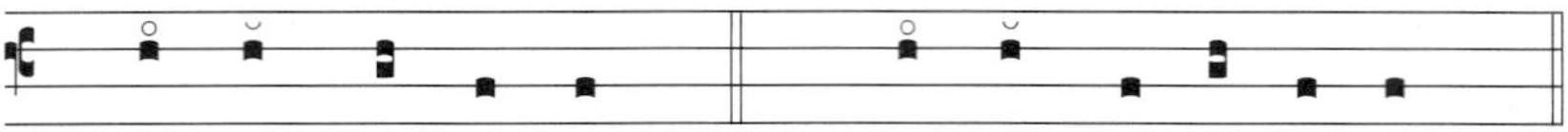

5 Chri-stus, hö- re uns. **6** Chri-stus, er- hö- re uns.

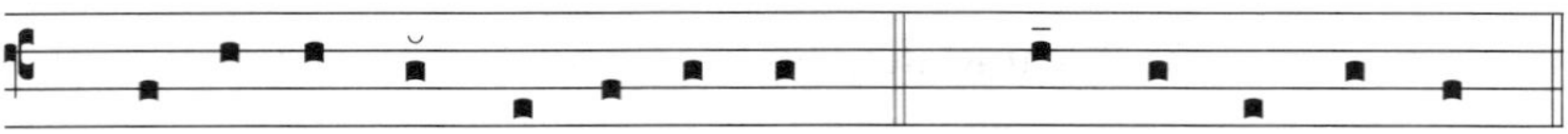

7 Wir bit- ten dich, er- hö- re uns. **8** Herr, sei uns gnä- dig.

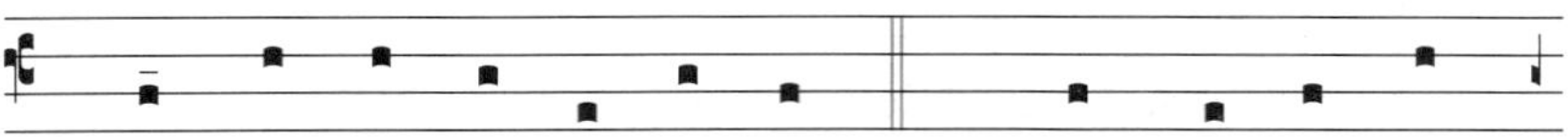

9 Herr, zeig uns dein Er- bar-men. **10** Komm dei- nem Volk

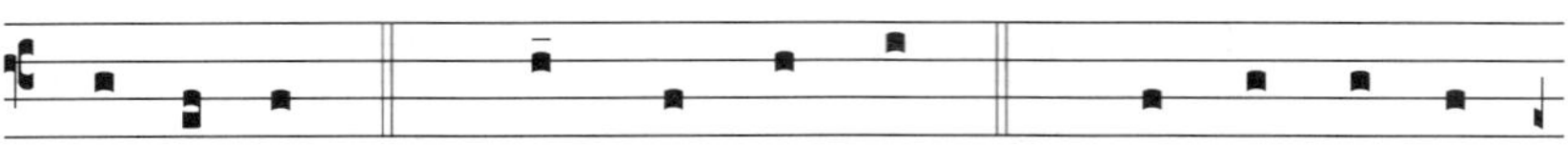

zu Hil- fe. **11** Herr, steh uns bei. **12** Auf dich, o Herr,

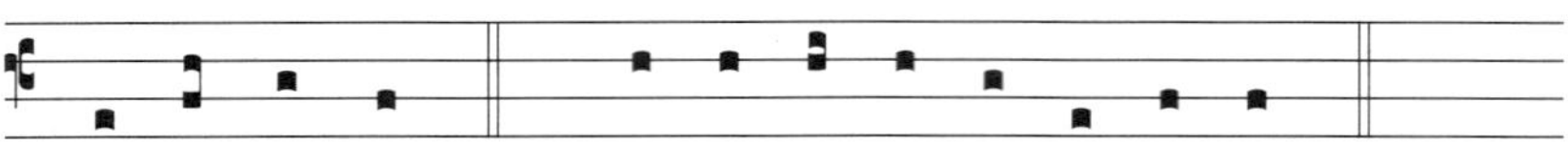

vertrau- en wir. **13** Dir sei Eh- re in E- wig-keit.

14 Eh- re sei Gott in der Hö- he. **15** Herr Je- sus Christus,

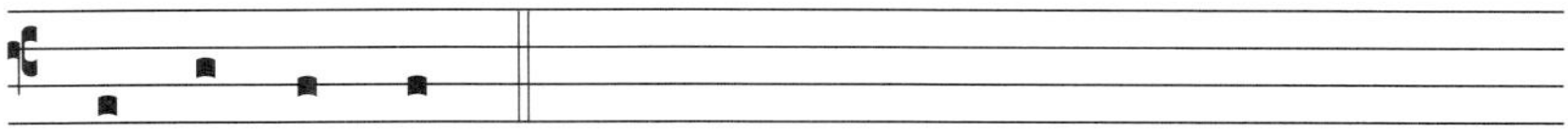

wir prei- sen dich.

Im Advent

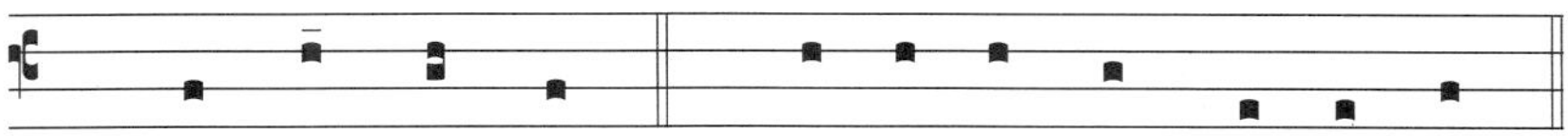

16 Dein Reich komme. **17** Ret- te uns durch dei- nen Sohn.

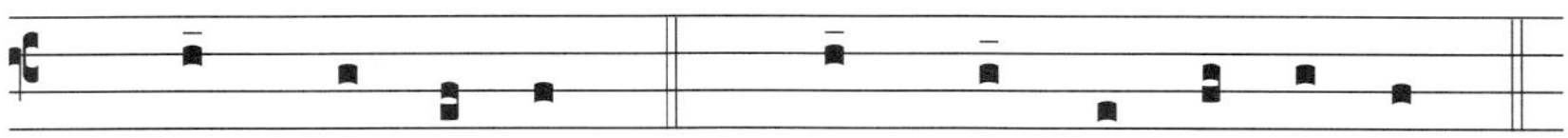

18 Komm, Herr Je- sus. **19** Komm, Herr, und säu-me nicht.

In der Weihnachtszeit

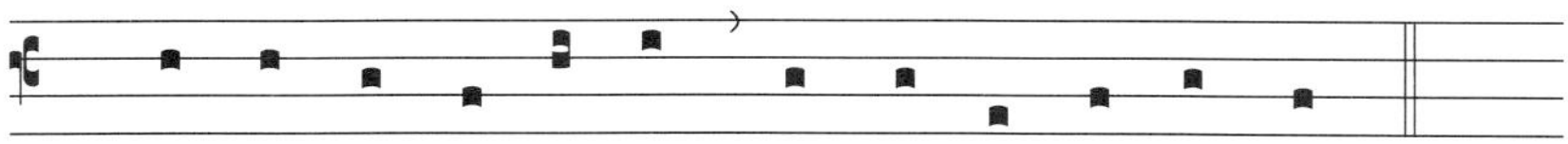

20 Es jauchze die Er- de, denn du bist ge- kommen.

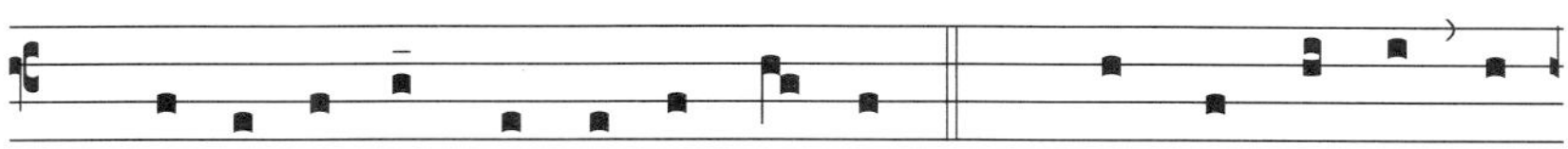

21 Dei-ne Ge-burt bringe uns Frieden. **22** Chri-stus, Ret-ter, er-

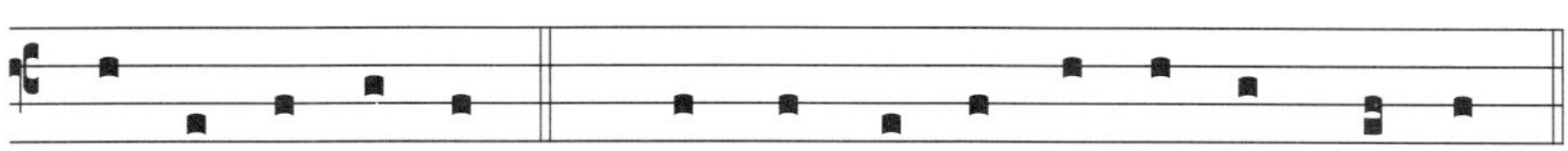

barme dich un-ser. **23** Laß uns dei- ne Herrlichkeit schauen.

In der Fastenzeit

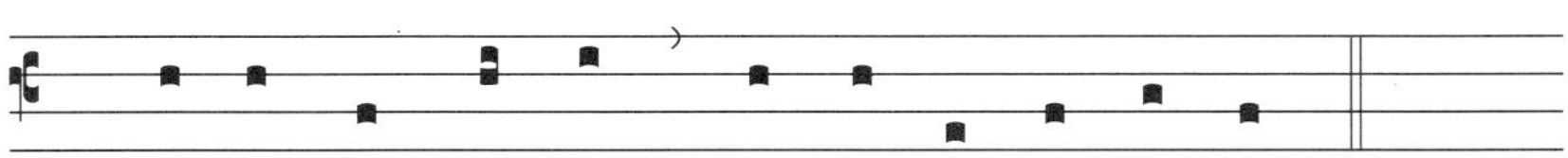

24 Je- sus, Sohn Da- vids, er- bar- me dich un- ser.

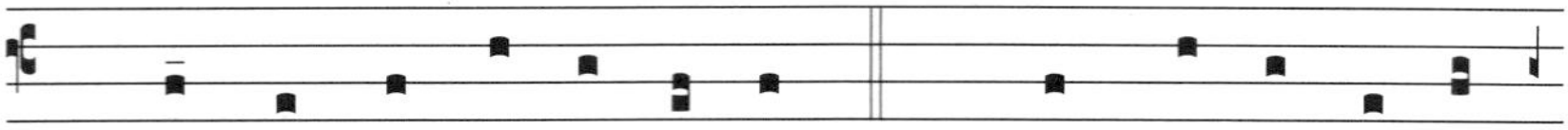

25 Herr, gib uns neu- es Le-ben. 26 Lamm Got-tes, er- bar-

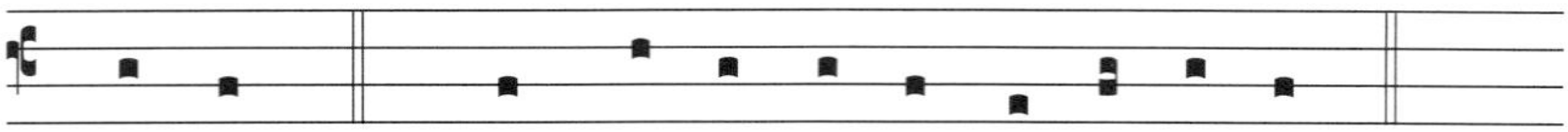

me dich. 27 Um Chri- sti wil- len er- hö- re uns.

In der Osterzeit

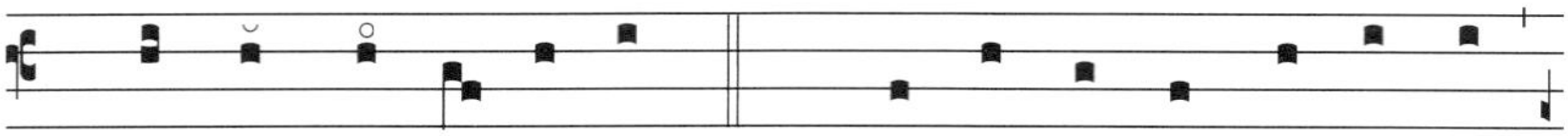

28 A- men. Hal- le- lu- ja. 29 Du Kö- nig der Herrlichkeit,

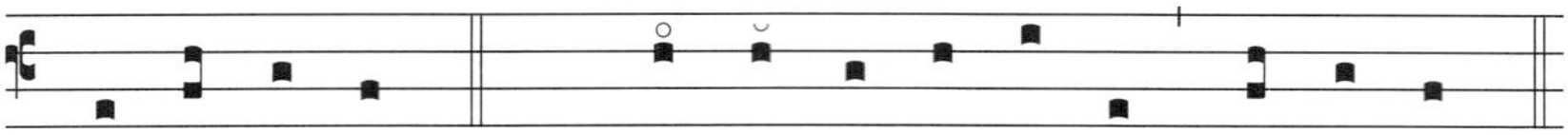

er- hö- re uns. 30 Chri-stus, un-ser Le- ben, ret- te uns.

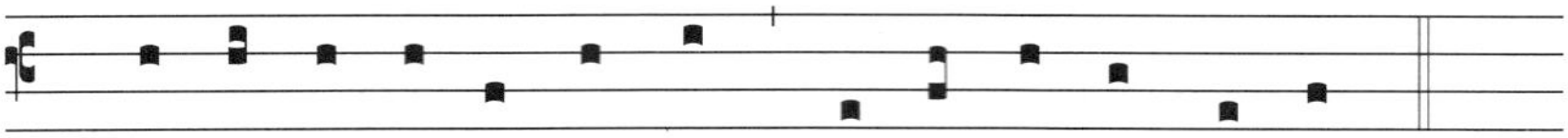

31 Du Sie- ger ü- ber den Tod, er- bar-me dich un- ser.

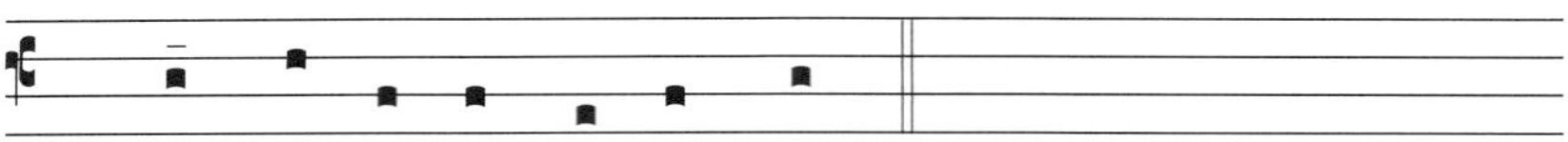

32 Herr, sen-de uns dei- nen Geist.

An Heiligenfesten und in Commune-Offizien

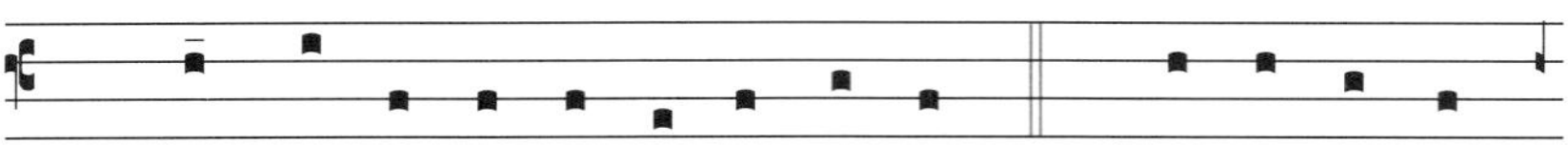

33 Herr, woh-ne in un- se- rer Mit- te. 34 Hö- re auf Ma-

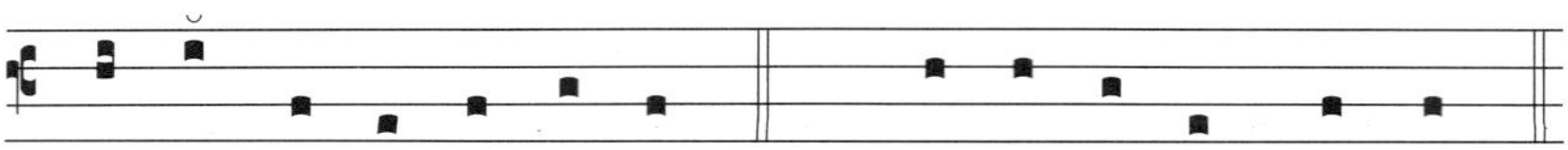

ri- a, die für uns bit- tet. 35 Stär- ke un-sern Glau-ben.

36 Herr, ge- den-ke dei- ner Kir-che. **37** Herr, dich lobt der

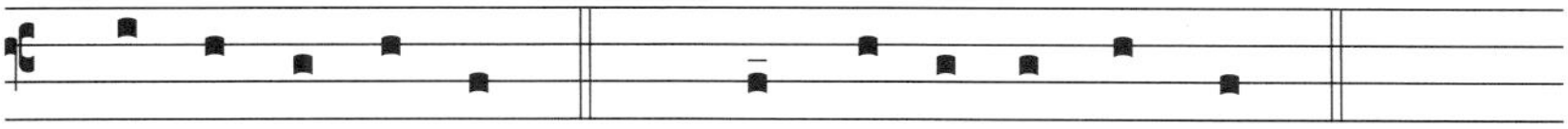

Chor der A- po-stel. **38** Herr, hei- li- ge dein Volk.

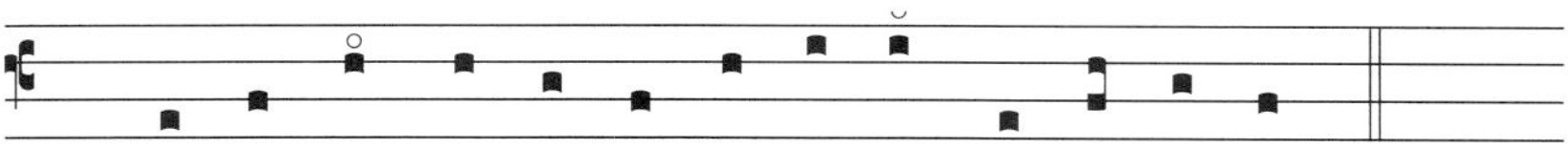

39 Auf die Fürspra-che der Hei- li- gen er- hö- re uns.

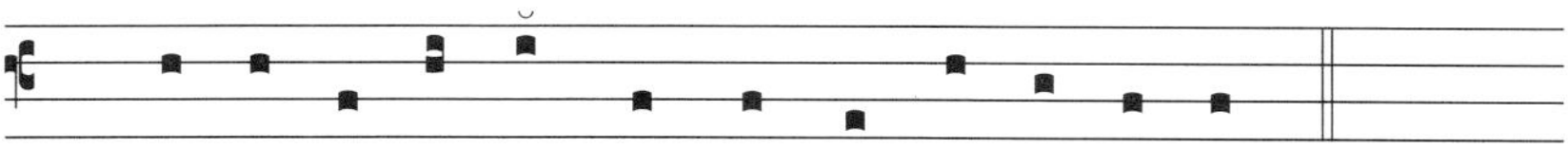

40 Du un- ser Le-ben und uns–re Auf- er-ste-hung.

Wenn ein Antwort-Ruf gesungen werden soll, wird er nach der (gesprochenen) Einladung zum Gebet vom Leiter des Gottesdienstes oder vom Vorsänger vorgetragen und von allen wiederholt. Nach den einzelnen (gesprochenen) Bitten oder Fürbitten wiederholen ihn alle sofort, oder aber er wird jeweils wieder vom Leiter oder Vorsänger intoniert und dann von allen aufgegriffen. (Das gewährt größere Sicherheit beim Anschluß an den gesprochenen Text und ermöglicht zugleich ein kurzes Innehalten nach jeder Bitte.)

Der Vorsänger möge die vorliegenden Rufe lediglich als Modelle für die musikalische Gestaltung solcher Kurztexte betrachten und, ihrem Beispiel folgend, den Antwort-Ruf im Tonraum des nachfolgenden Vaterunsers melodisch frei formulieren. Es geht gerade hier ja weniger um ein Singen „wie es im Buch steht“, als vielmehr um ein möglichst spontanes und herzhaftes Anreden, Hören und Erwidern …

Die Gemeinschaft kann auf jede Bitte statt mit dem gesprochenen oder gesungenen Ruf auch mit einer kurzen Stille antworten. Dann empfiehlt es sich, zum Abschluß aller Bitten und als Überleitung zum Vaterunser das im Ordinarium angegebene dreifache Kyrie *zu singen.*

HINWEISE ZUR AUSFÜHRUNG DER GESÄNGE

Hinweise zur sinngemäßen Ausführung der Gesänge und zum rechten Verständnis ihrer Notation können und müssen sich auf das Grundsätzlichste beschränken, da das „Eigentliche" ohnehin nicht schriftlich zu vermitteln ist. Erinnert sei also nur daran, daß ganz vom Text her und mit Rücksicht auf seine natürlichen Längen und Betonungen zu singen ist. Vor starr äqualistischem Singen, wie es lange Zeit mißbräuchlicherweise für den lateinischen Choralgesang üblich und hartnäckig eingebürgert war, ehe sich die Neuentdeckung seiner ursprünglichen Flexibilität und textgerechten Differenziertheit mehr und mehr Bahn schuf, muß heute hoffentlich nicht mehr ausdrücklich gewarnt werden. Diese Singweise müßte unweigerlich zur Diskreditierung der das Antiphonale prägenden musikalischen Gestaltung führen!

Da keine Notation und kein noch so ausgeklügeltes Zeichensystem die Vielfalt rhythmischer Nuancen der lebendigen Sprache auch nur annähernd wiedergeben kann, hängt hier alles von der Einfühlsamkeit der Sänger und Sängerinnen ab. Gleichwohl schien es geraten, auf rhythmische Zusatzzeichen nicht ganz zu verzichten. Wenn schon die feineren Abstufungen im rhythmischen Verlauf dem Sprachgefühl überlassen werden müssen, so sollte doch an den mit - oder ◦ oder ˘ bezeichneten Stellen der Melodie wenigsten auf die Notwendigkeit deutlicherer Längungen aufmerksam gemacht werden. Allerdings geben auch diese Zeichen keine konkreten Dauerwerte an (ihr „Maß" muß sich im konkreten einzelnen Fall aus dem jeweiligen Textzusammenhang ergeben) und ihre Verschiedenheit bezieht sich weniger auf eine unterschiedliche Quantität der angezeigten Dehnungen als vielmehr auf deren unterschiedliche Qualität und Funktion.

Die herkömmliche Form des Episems (▪̄) steht über Silben, deren Betonung in einer durchaus „nachdrücklichen" Dehnung zum Ausdruck kommen darf. Ein kleiner Kreis über der Note (▪̊) zeigt an, daß der Gesang dem natürlichen Laut- oder Sinngewicht einer Silbe Rechnung tragen soll, ohne sie jedoch durch „unterstreichenden" Nachdruck auffällig hervorzuheben. Der nach oben geöffnete Halbkreis (▪̆) steht über unbetonten Silben, deren (meist nur behutsam anzudeutende) Längung eine vorausgehende Betonung „abfangen" oder die abgerundete melodische Artikulation kleinster Wort- und Sinneinheiten gewährleisten soll. Dehnungen an den Satzenden bzw. vor größeren oder kleineren Einschnitten werden nicht bezeichnet, da sie sich von selbst ergeben.

Das Zeichen ˃ ist kein Pausenzeichen, sondern lediglich eine Hilfe für die sinnvoll artikulierende Gliederung im Satz. In überlangen Sätzen oder Satzteilen steht es an Stellen, die keine Zäsur im eigentlichen Sinn erlauben, wohl aber ein leichtes, eine Binnengliederung respektierendes Beruhigen der Bewegung nötig machen, und an denen noch am ehesten ein rasches und unauffälliges Atemholen möglich ist. An anderen Stellen weist ˃ darauf hin, daß die „rhetorische Deutlichkeit" ein entsprechendes kurzes Innehalten verlangt und unter Umständen sogar ein artikulierendes (wenn auch keinesfalls zäsurierendes) Atmen erwünscht sein läßt. In Hymnen-Melodien dient das gleiche Zeichen (wie das Zeichen / in Hymnen-Texten) lediglich als Orientierungshilfe für das leichtere Erfassen der metrischen Struktur. Hier wäre es besonders verhängnisvoll, es im Sinn einer trennenden Zäsur auszuführen.

ZU DEN QUELLENANGABEN BEI ANTIPHONEN UND RESPONSORIEN

Vulg oder *LXX* = der Textversion der *Vulgata* bzw. der *Septuaginta* entsprechend; *LT* = aus der liturgischen Tradition des lateinischen Ritus; *GL* = aus der Liturgie der griechischen Kirche; *Symbolum* = aus dem *Symbolum Nicaenum*; *RB* = aus der *Regula Benedicti*; *VHl* = aus der Vita (oder Passio) des/der gefeierten Heiligen; *Hl* = ein schriftlich oder mündlich überliefertes Wort des/der gefeierten Heiligen. Die Sigel *VHl* und *Hl* werden nur benützt, wenn der betreffende Text nicht zugleich schon in der liturgischen Tradition (*LT*) nachweisbar ist. Antiphonen, die dem auf sie folgenden Psalm oder Canticum entstammen, bleiben ohne Quellenangabe. [ ] nach einer Antiphon zeigt an, daß sie textlich mit dem Beginn des folgenden Psalms (oder eines der auf sie folgenden Psalmen) übereinstimmt. Der entsprechende Vers entfällt bei der Psalmodie.

REGISTER DER PSALMEN

* * *

REGISTER DER CANTICA

* * *

REGISTER DER KURZLESUNGEN

* * *

REGISTER DER HYMNEN

* * *

INHALT

PROPRIUM DES HERRENJAHRES

ORDINARIUM

WOCHENPSALTER

COMMUNE-OFFIZIEN

PROPRIUM DER HEILIGEN

ANHANG

* * *

MELODIEN FÜR DIE DOXOLOGIE DER RESPONSORIEN

I

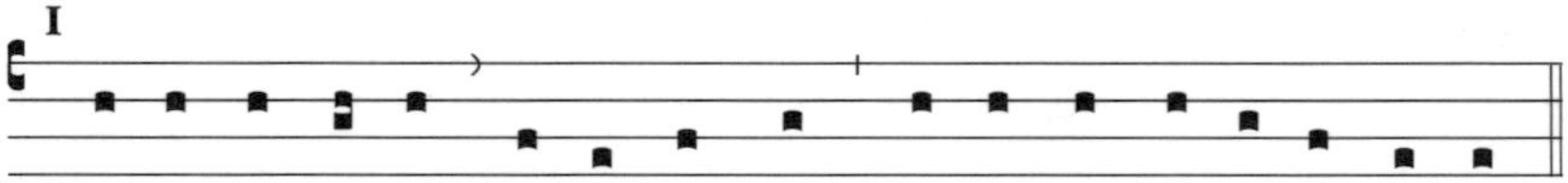

Eh-re dem Va-ter, Eh-re dem Sohn, Eh-re dem Hei-li-gen Geiste.

II

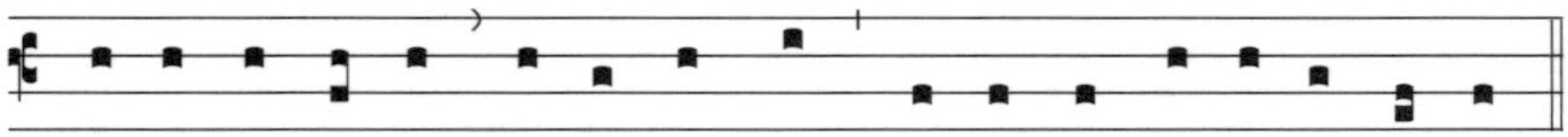

Eh-re dem Va-ter, Eh-re dem Sohn, Eh-re dem Hei-li-gen Geiste.

IV/1

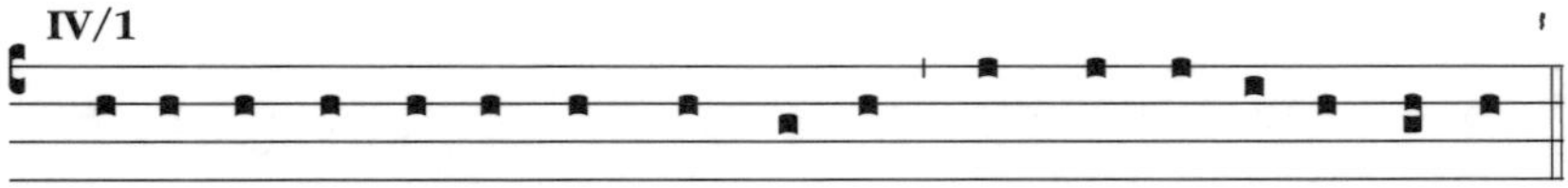

Eh-re sei dem Va-ter und dem Sohne und dem Hei-li-gen Geiste.

IV/2

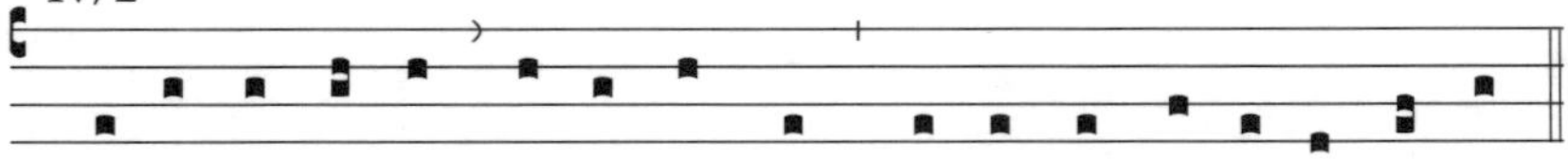

Eh-re dem Va-ter, Eh-re dem Sohn, Eh-re dem Hei-li-gen Geiste.

IV/3

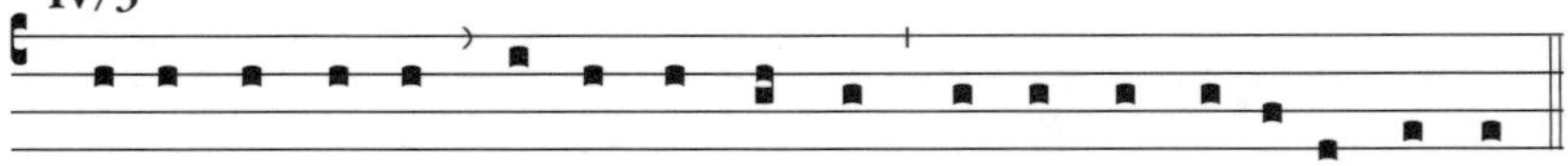

Eh-re dem Va-ter, Eh-re dem Sohne, Eh-re dem Heiligen Geiste.

IV/4

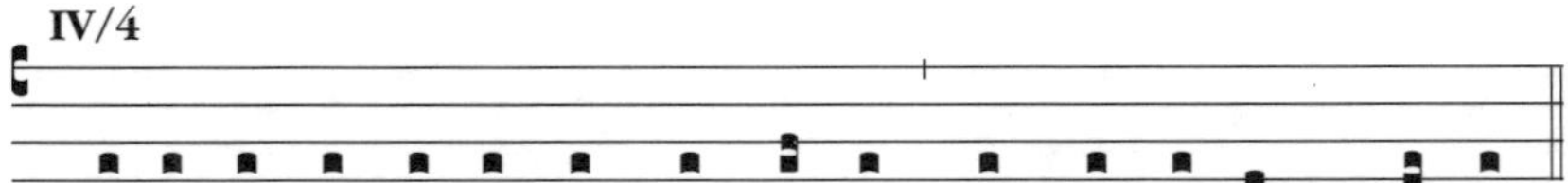

Eh-re sei dem Va-ter und dem Sohne und dem Hei-li-gen Geiste.

IV/5

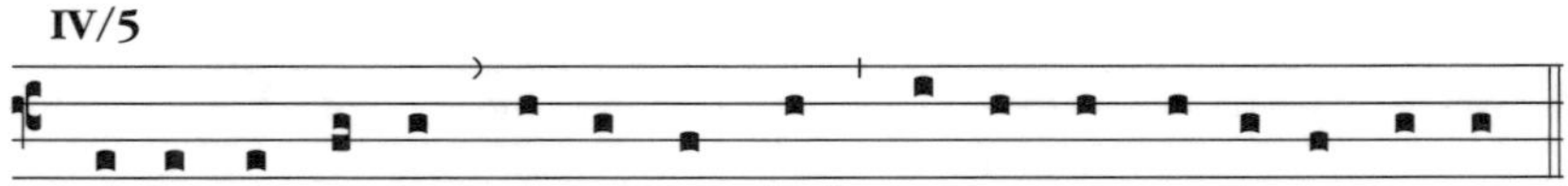

Eh-re dem Va-ter, Eh-re dem Sohn, Eh-re dem Hei-li-gen Geiste.

IV/6

IV/7

V

VI/1

VI/2

VI/3

VII

VIII

PSALMTÖNE

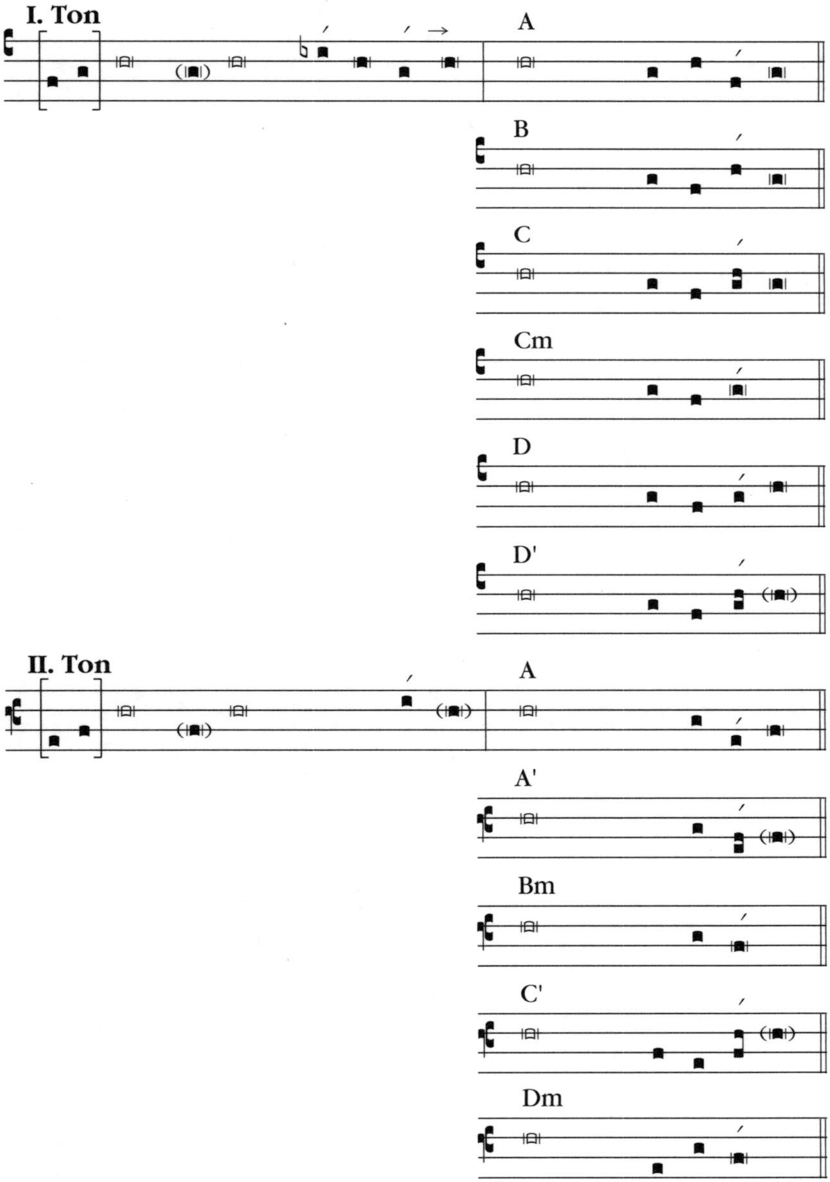

Für die Cantica aus dem Neuen Testament lautet der II. Psalmton:

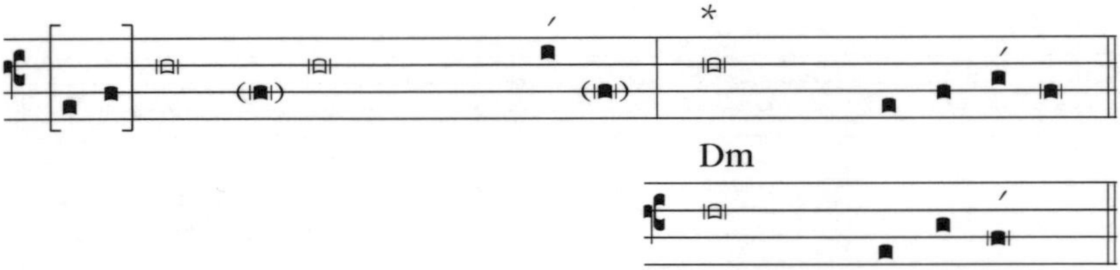

III. Ton

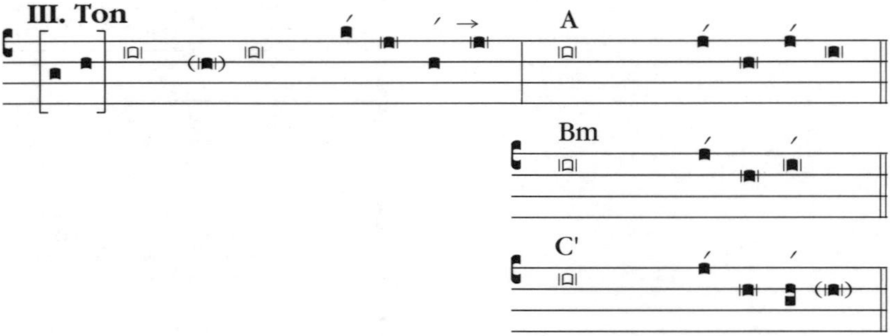

IV. Ton

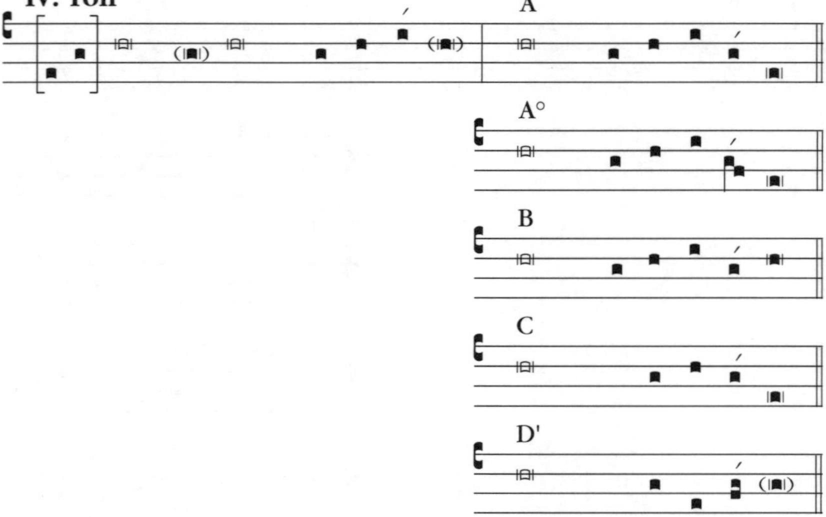

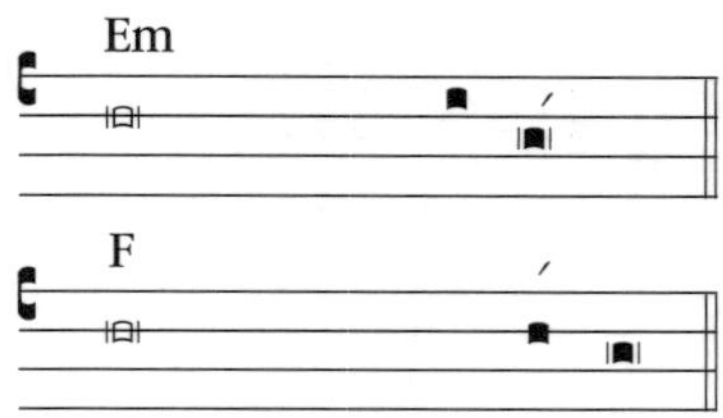

IV. Ton transponiert

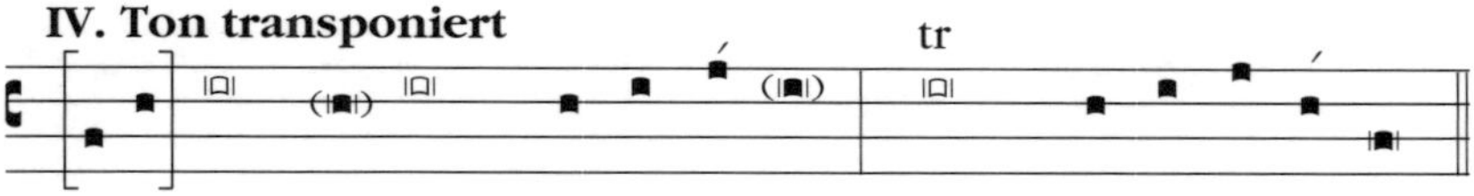

V. Ton

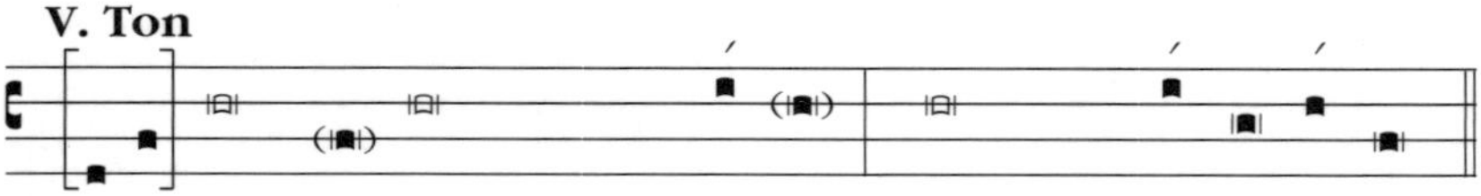

VI. Ton

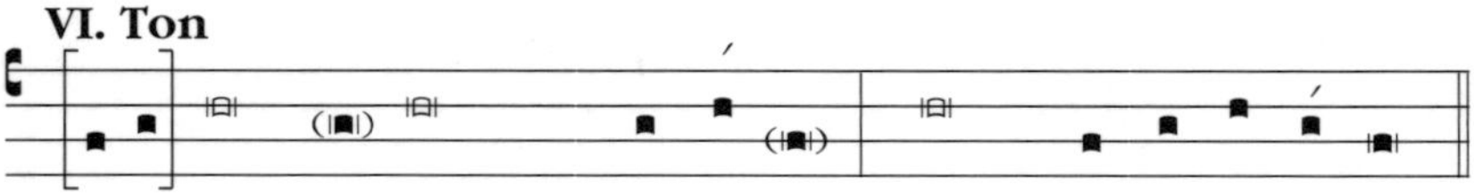

VII. Ton

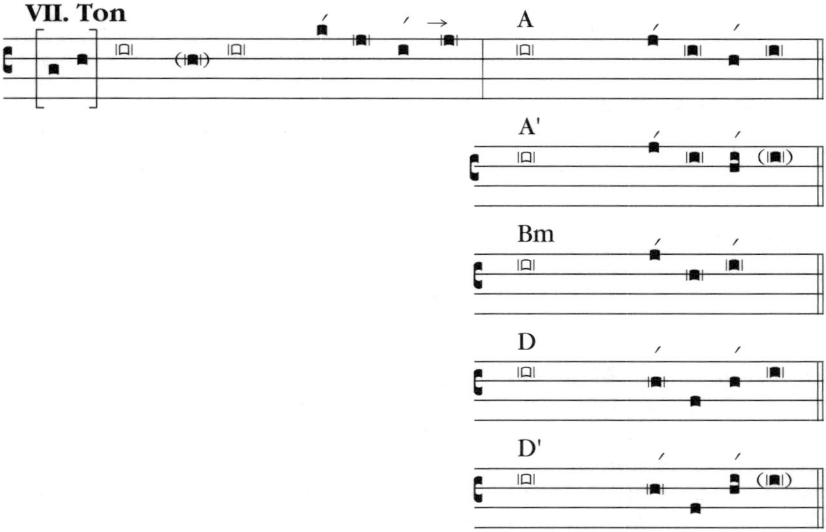

VIII. Ton

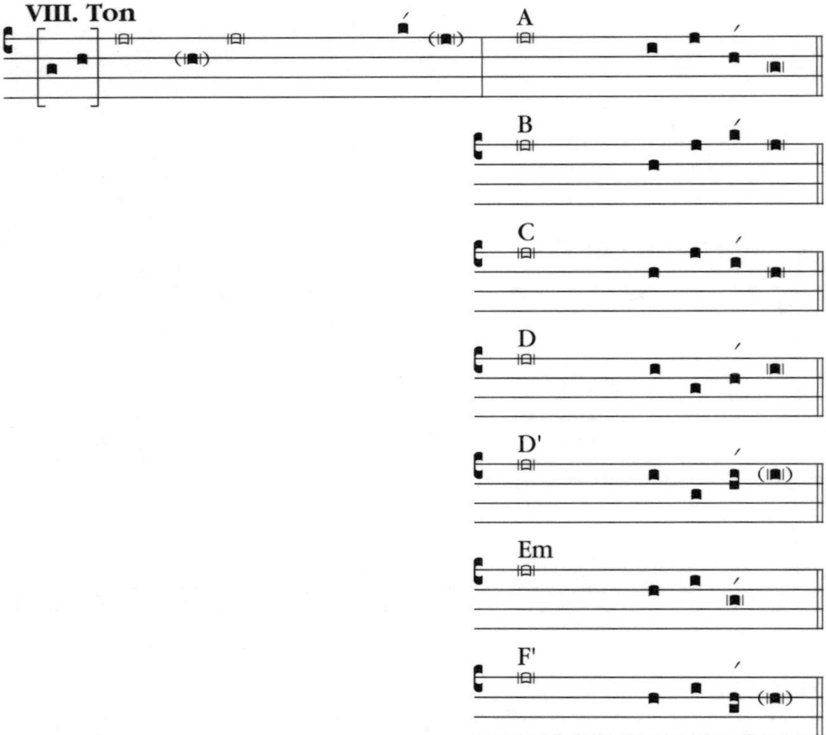

Tonus peregrinus

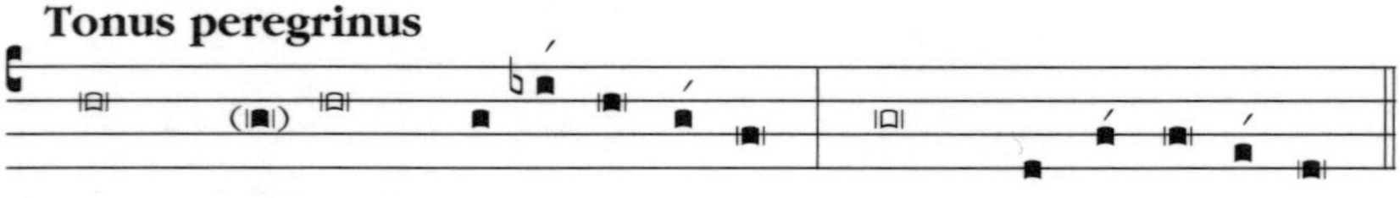

Tonus irregularis

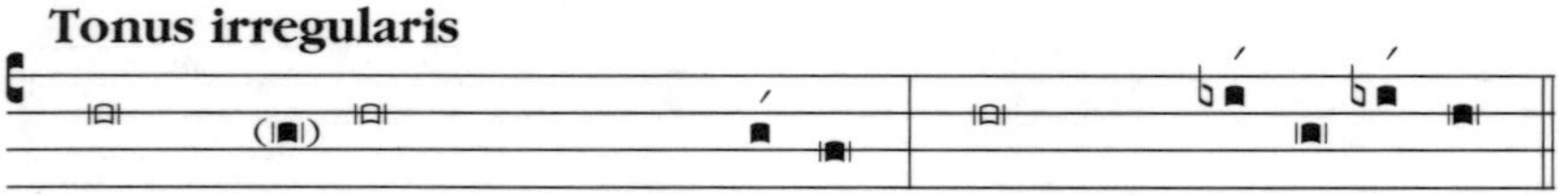

Nicht immer erlaubt der erste Stichos des Psalms den Einsatz des melodischen Initiums. Vor dem Anstimmen eines Psalms (oder Canticums) ist deshalb jeweils zu prüfen, ob zum gegebenen Text das Initium des betreffenden Psalmtons gesungen werden kann. - Bei den "klassischen" Cantica de Evangelio (Magnificat, Benedictus, Nunc dimittis) *können alle Verse mit dem Initium gesungen werden.*

DER PSALM ZUM INVITATORIUM

*Der Psalm zum Invitatorium wird solistisch vorgetragen. Der Vorsänger beginnt mit dem Kehrvers. Dieser wird sogleich von allen wiederholt, ebenso an den mit ℟. oder *℟. bezeichneten Stellen innerhalb des Psalms.*

*Wenn der Kehrvers mit dem Zeichen * versehen ist, wird an den mit *℟. bezeichneten Stellen nur dessen zweiter Teil (vom Zeichen * an) wiederholt. In diesem Fall schließt sich der auf die Doxologie folgenden Wiederholung des zweiten Teils noch einmal der ganze Kehrvers an: der Vorsänger singt ihn bis zum Zeichen *, und alle führen ihn zu Ende.*

Psalm 95

AUF! Laßt uns jauchzen dem HERRN,
jubeln dem Fels unsres Heils!
Laßt uns mit Lobpreis seinem Angesicht nahen,
ihm jubeln mit Liedern! – ℟.

Denn der HERR ist ein großer Gott,
ein großer König über allen Göttern.
In seiner Hand sind die Tiefen der Erde,
sein sind die Gipfel der Berge.
Sein ist das Meer, von ihm geschaffen,
das trockene Land, das seine Hände gebildet. – *℟.

Kommt! Laßt uns niederfallen, uns vor ihm verneigen,
laßt uns niederknien vor dem HERRN, der uns geschaffen.
Denn er ist unser Gott,
wir sind das Volk seiner Weide,
die Herde, von seiner Hand geführt. – ℟.

Wenn ihr doch heute auf seine Stimme hörtet:
„Verhärtet euer Herz nicht wie in Meriba,
wie in der Wüste am Tag von Massa!
Dort haben eure Väter mich versucht,
sie haben mich auf die Probe gestellt
– und hatten doch mein Tun gesehen.“ – *℟.

„Vierzig Jahre war mir dies Geschlecht zuwider.
So sprach ich: Sie sind ein Volk mit irrendem Herzen.

Sie kennen meine Wege nicht.
Da habe ich in meinem Zorn geschworen:
Sie sollen nicht in meine Ruhe kommen." - ℟.

Ehre sei dem Vater und dem Sohne
und dem Heiligen Geiste.
Wie im Anfang, so auch jetzt und allezeit
und in Ewigkeit. Amen. - *℟.

(Die Doxologie erscheint nach Psalm 95 mitunter auch in abgewandeltem Wortlaut.)

Psalm 100

JAUCHZET dem HERRN, alle Welt!
Dient dem HERRN mit Freude!
Kommt vor sein Antlitz mit Jubel! - *℟.

Erkennt: Der HERR ist GOTT!
Er hat uns geschaffen, wir sind sein Eigen,
sein Volk und die Herde seiner Weide. - ℟.

Tretet durch seine Tore mit Dank,
in seine Höfe mit Lobgesang!
Dankt ihm, preist seinen Namen! - *℟.

Denn gut ist der HERR,
seine Huld währt ewig
und Geschlecht um Geschlecht seine Treue. - ℟.

Ehre sei dem Vater und dem Sohn
und dem Heiligen Geiste.
Wie im Anfang, so auch jetzt und immer
und für ewige Zeiten. Amen. - *℟.

*

[I] **Psalm 93**

DER HERR ist König, mit Hoheit bekleidet; *
der HERR hat sich bekleidet und mit Macht umgürtet.
Fest ist der Erdkreis gegründet, *
nie wird er wanken.
Fest steht dein Thron von Anbeginn, *
du bist von Ewigkeit.

Fluten erhoben, HERR, /
Fluten erhoben ihr Tosen, *
Fluten erheben ihr Brausen.
Gewaltiger als das Tosen der mächtigen Wasser, /
gewaltiger als die Brandung des Meeres *
ist gewaltig der HERR in der Höhe.

Deine Gesetze sind fest und verläßlich, /
HERR, deinem Haus ziemt Heiligkeit *
für alle Zeiten.

[II] **Psalm 63**

GOTT, du mein Gott, dich suche ich, *
nach dir dürstet meine Seele.
Nach dir schmachtet mein Leib *
wie dürres, lechzendes Land ohne Wasser.
So schaue ich dich im Heiligtum *
und sehe deine Macht und deine Herrlichkeit.
Ja, deine Liebe ist besser als das Leben. *
Meine Lippen sollen dich rühmen!
So will ich dich preisen mein Leben lang, *
in deinem Namen meine Hände erheben.
Wie an Fett und Mark wird satt meine Seele. *
Mein Mund singe Lob mit jubelnden Lippen!
Wenn ich an dich denke auf meinem Lager, *
sag ich von dir in nächtlichem Wachen:

„Du wurdest meine Hilfe, *
im Schatten deiner Flügel darf ich jubeln;
an dir hängt meine Seele, *
mich hält deine Rechte."

Die mir nachstellen, um mich zu verderben, *
sie müssen hinab in die Tiefen der Erde.
Der Gewalt des Schwertes gibt man sie preis, *
den Schakalen werden sie zur Beute.
Der König aber freue sich an Gott! /
Wer bei ihm schwört, darf sich rühmen. *
Doch allen Lügnern wird der Mund geschlossen.

[III] **Daniel 3,57-88 ()**

PREISET den HERRN, all ihr Werke des HERRN, *
lobt und erhebt ihn in Ewigkeit!
Preiset den HERRN, ihr Engel des HERRN, *
ihr hohen Himmel, lobpreiset IHN!
Preiset den HERRN, alle Wasser droben am Himmel, *
all ihr Mächte, lobpreiset IHN!
Preiset den HERRN, Sonne und Mond, *
ihr Sterne am Himmel, lobpreiset IHN!
Preiset den HERRN, jeder Regen und Tau, *
all ihr Stürme, lobpreiset IHN!
Preiset den HERRN, Feuer und Glut, *
Frost und Hitze, lobpreiset IHN!
Preiset den HERRN, ihr Tropfen des Taus, /
ihr Flocken des Schnees, *
Eis und Kälte, lobpreiset IHN!
Preiset den HERRN, ihr Kristalle von Schnee und Rauhreif, *
ihr Blitze und Wolken, lobpreiset IHN!
Preiset den HERRN, ihr Nächte und Tage, *
Licht und Dunkel, lobpreiset IHN!

Du, Erde, preise den HERRN, *
lob und erheb ihn in Ewigkeit!
Preiset den HERRN, ihr Berge und Hügel, *
alles, was sproßt auf der Erde, lobpreise IHN!

Preiset den HERRN, ihr Quellen, *
ihr Meere und Ströme, lobpreiset IHN!
Preiset den HERRN, ihr Ungeheuer der See /
und alles, was sich regt in den Wassern, *
all ihr Vögel des Himmels, lobpreiset IHN!
Preiset den HERRN, all ihr Tiere, wilde und zahme, *
all ihr Menschen, lobpreiset IHN!

Du, Israel, preise den HERRN, *
lob und erheb ihn in Ewigkeit!
Preiset den HERRN, ihr Priester des HERRN, *
ihr seine Knechte, lobpreiset IHN!
Preiset den HERRN, ihr Heiligen /
und ihr gebeugten Herzen, *
ihr Geister und Seelen der Gerechten, lobpreiset IHN!

Preiset den HERRN, Hananja, Asarja und Mischael, *
lobt und erhebt ihn in Ewigkeit!
Denn er entriß uns der Unterwelt, *
er hat uns errettet aus der Hand des Todes.
Er befreite uns aus dem lodernden Ofen, *
er hat uns erlöst aus der Mitte des Feuers.

Laßt uns preisen den Vater und den Sohn mit dem Heiligen Geist, *
ihn loben und erheben in Ewigkeit!

[IV] **Psalm 150**

LOBT Gott in seinem Heiligtum, *
lobt ihn in seiner mächtigen Feste!
Lobt ihn ob seiner gewaltigen Taten, *
lobt ihn in der Fülle seiner Hoheit!
Lobt ihn mit dem Schall der Posaunen, *
lobt ihn mit Harfe und Leier!
Lobt ihn mit Pauke und Reigen, *
lobt ihn mit Flöten und Saitenspiel!
Lobt ihn mit hellen Zimbeln, /
lobt ihn mit schmetternden Zimbeln! *
Alles, was Atem hat, lobe den HERREN!

DAS CANTICUM DER LAUDES

Benedictus Lk 1,68-79

GEPRIESEN sei der Herr, der Gott Israels, *
denn heimgesucht hat er sein Volk
und ihm Erlösung geschaffen.
Er ließ uns erstehn einen machtvollen Retter *
im Hause seines Knechtes David,
wie er verheißen hat durch den Mund seiner Heiligen, *
durch die Propheten der Vorzeit:
Er werde uns vor unseren Feinden erretten *
und aus der Hand all derer, die uns hassen,
er werde sich unserer Väter erbarmen /
und seines heiligen Bundes gedenken, *
des Eides, den er geschworen unserm Vater Abraham:
uns zu geben, daß wir ihm furchtlos dienen, *
befreit aus der Hand der Feinde,
in Heiligkeit und Gerechtigkeit vor seinem Angesicht *
all unsre Tage.

Und du, mein Kind, wirst 'Prophet des Höchsten' genannt, /
denn du wirst dem Herrn vorangehn *
und ihm die Wege bereiten:
seinem Volk zu schenken die Erkenntnis des Heiles *
in der Vergebung der Sünden
durch unseres Gottes erbarmende Liebe, *
in der uns heimsucht das aufstrahlende Licht aus der Höhe,
um denen zu scheinen,
die in Finsternis sitzen und im Schatten des Todes, *
unsere Füße zu lenken auf den Weg des Friedens.

ANTIPHON

Ehre sei dem Vater und dem Sohne *
und dem Heiligen Geiste.
Wie im Anfang, so auch jetzt und allezeit *
und in Ewigkeit. Amen.